기본권 총론

정재황 ○○●○

박영사

머 리 말

[출간의 산고와 동기]

기본권총론이 드디어 세상의 빛을 보게 되어 이루 말할 수 없이 기쁩니다. 기본권이 헌법의 핵심이고 꽃이라는 점에서 그것의 원론을 다루는 학술서이자 교재를 출간하는 것이 헌법학자로서는 더없이 일생의 중대한 수확이라고 하겠습니다. 더구나 그동안 많은 세월을 투자한 책입니다. 이론의 연구는 물론이고 나아가 어떻게 하면 보다 이해전달이 정확하고 쉽게 될 수 있을까 하는 책으로서 지녀야 할 지식의 이해와 전달의 효율성까지 고민하면서 만든 책입니다. 볼륨이 너무 커서 기본권분야만 하더라도 이렇게 분권을 하여 기본권총론과 기본권각론으로 나누어 출간하게 된 것입니다. 사실 투입된 그동안의 시간들을 다른 개별 주제 학술서 출간에 돌렸으면 더 많은 학술서들이 나왔겠습니다만 우리나라의 헌법학 역사가 이제는 제대로 된 그야말로 교과서로서 독자들이 이해하기 쉬운 학술서이자 교재를 발간할 때가 되었고 그 일이 고통스럽기도 하였으나 그리 해야 할 의무로 본 책을 내놓게 된 것입니다.

이 책 이전에 신헌법입문이 독자들의 많은 사랑을 받았고 애독되어 특별히 새 교재가 나올 필요성을 느끼지 못한다는 지적도 있었습니다만, 신헌법입문으로 기초적 헌법지식을 쌓은 로스쿨학생들이 좀더 넓고 깊게 학습하게 하는 교재를 원하는 데 부응할 수 있을 것입니다. 응용력도 신장하기 위해 헌법재판소 판례분석과 평석을 가능한 한 붙이고자 하였습니다. 변호사시험이 점점 더 논증을 요구하기 때문에 판례와 이론의 단순 암기식은 합격을 보장하지 못할 뿐 아니라 장차 능력있는 변호사로서 길을 가기 위한 능력배양은 바로 이러한 판례, 이론분석, 평가적인 학습에 있습니다.

이 책이 서둘러 출간된 것은 최근의 신종바이러스 코로나19사태 때문에 면대면 강의실 강의가 불가능하여 On-line강의가 중심이 되다 보니 교과서는 물론 좀더 자세한 교재가 개인적 학습을 위해 필요하다는 요구가 많았기 때문입니다. 온라인 강의로 이해가 잘 안될 경우 심화되어 있으면서도 이해되기 쉬운 자세한 교재가 재택 학습 등 개인적 학습에 도움이 많이 된다는 것입니다.

[특징]

헌법이론 중 기초이론이 많이 자리잡은 기본권론 중에 총론의 이론들을 망라하였고 판례들을 단순히 인용한 것이 아니라 가능한 한 분석과 평가를 하면서 인용하였습니다.

[활용방법]

신헌법입문의 열독 후 깊이있는 판례분석을 위한 어드밴스드 교재로 활용되면 매우 유용할 것입니다. 변호사시험이 어느 사례에 대해 단편적으로 결론을 묻는 것이 아니라 어떠한 이유로 그러한 결론에 이르게 되었는지 하는 논리적 증명(논증)을 풀어내어 보라는 요구까지 하고 있습니다. 이는 판례나 헌법지식을 단순히 암기해서는 풀 수 없게 하는 것입니다. 본 교재는 중요한 판례는 가능한 한 왜 그 사건이 제기되어 헌법재판까지 왔는지를 정리하는, 즉 사건개요를 정리하도록 하여 쟁점을 파악하도록 하면서 헌법재판소의 이유제시와 논증을 요약하여 인용하였습니다. 그리고 가능한 한 판례분석과 코멘트를 하였습니다. 이는 앞으로 유사한 사례문제에 적응하도록 하는 것이고 로스쿨 학생들, 법학도들의 리걸마인드 확장 및 나아가 우리 헌법이론의 발전을 위한 것입니다. 그리고 가능한 한 이 교재에 인용된 것만으로도 해당 판례를 상당히 충실히 이해할 수 있도록 정리하고 분석했습니다.

[감사의 글]

이번 출간에도 신세를 많이 졌습니다. 박영사의 안종만 회장님, 조성호 이사님, 김선민 편집이사님의 격려와 도움을 잊을 수 없습니다. 성균관대학교 헌법연구실 출신의 김도협 교수님, 이윤호, 김명수, 이춘희, 김선량, 김슬기, 허창환 박사 등이 좋은 의견과 도움을 주었습니다. 이 자리를 빌려 감사드립니다. 이춘희 박사는 서울시립대 강의 등으로 무척 바쁜데도 최근 중요 판례를 리스트업해주어 저자의 자포자기를 막아주어 무척 고맙기도 했습니다. 성균관대학교 로스쿨의 김동욱, 이한, 손성원 학생들은 3학년이라 변호사시험 준비에도 바쁠 텐데 교열과 교정을 성의껏 봐주었습니다. 덕성을 갖춘 훌륭한 변호사로서 대성할 것이라는 확신을 이번 헌신에서도 느낄 수 있었습니다. 무척 고맙습니다.

[마무리]

부디 이 책이 학술서로서나 법학교재로서 많이 활용되어 헌법과 국가의 존재근거인 기본권의 신장에 기여하여 기본권의 빛이 세상의 모든 사람들에게 가득 비춰지길 기원합니다.

2020. 3. 15. 자택 연구실에서

정재황 씀

차 례

제1장 기본권의 개념과 성격

기본권이라 함은 국민이나 인간, 또는 집단이 누리는 권리로서 국가에 의하여 그 보호가 이루어지는 권리를 말한다. 일단은 그렇게 개념 정의할 수 있겠으나 그동안 기본권의 개념에 대해서는 여러 견해들이 있어 왔다. 기본권이 무엇인가 하는 것은 기본권이 어떤 성격의 권리인가 하는 것을 내포하므로 기본권의 개념 문제는 기본권의 성격 문제와 결부되어 있다. 그리하여 여기서 함께 살펴보기로 한다.

논의의 실익 기본권의 실체를 인식하기 위한 기준을 찾아보고 기본권의 범주를 파악하기 위해서는 먼저 기본권이 무엇이고 어떠한 성격을 지니는 것인지에 대한 규명이 필요하다. 다른 한편으로는 절차법적으로 헌법소원제도에서 헌법소원심판을 청구할 수 있는 요건을 갖추었는지를 판별하기 위하여서도 기본권개념과 성격을 파악할 필요가 있다. 헌법소원은 기본권을 침해받은 데 대해 구제하기 위한 헌법재판제도이고 따라서 헌법소원은 기본권을 침해받은 경우에 제기할 수 있기에 기본권이 무엇인지가 파악되어야 침해되었다고 주장되는 것이 기본권인지 여부가 가려지고 그리하여 기본권침해가 있는지 여부가 가려지며 그 여부에 따라 헌법소원심판을 청구할 수 있는지 여부가 가려질 수 있기 때문이다.

Ⅰ. 자연권성 여부

기본권의 성격에 관한 논의에서 무엇보다 먼저 기본권이 자연권인지 아니면 실정권인지를 두고 오랫동안 자연권론과 실정권론의 이론대립이 있어 왔다. 더불어 결단론이나 통합론적 이론의 입장에서의 기본권성격의 논의도 있어 왔다.

1. 자연권론

(1) 이론

자연권론은 기본권이란 인간으로서 가지는 권리로서 국가 이전에 인간이 태어날 때부터 가지는(생래적인) 인간에 고유한 천부인권이라고 한다. 자연권론에 따르면 아래에서 보는 실정권론과는 달리 현재 통용되고 있는 실정법이 권리로서 보호하고 있는 권리들만이 기본권이 아니라 실정법이 보호하거나 인정하지 않고 있는 권리들도 기본권으로 인정된다.

(2) 발달 개관

자연권론은 고대부터 플라톤, 아리스토텔레스 등에 의해 주장되어 왔고 17세기의 사회계약론으로 더욱 기반이 다져지게 되어 오늘날까지 그 영향력이 이어져 오고 있다. 자연권론은 자연법론을 토대로 하고 있는데 자연법론이 객관적 이론과 주관적 이론으로 나누어짐에 따라 기본권의 성격을 규명하는 자연권론도 두 가지 입장으로 나누어진다.

객관적 자연법론은 사물의 본질, 신의 섭리, 자연의 이치 등으로부터 자연법, 자연권이 나온다고 본다. 사물의 본질, 자연의 이치 등은 인간들의 본성이나 의지에 관계없이 객관적으로 존재하는 요소들이므로 객관적 자연법론이라고 부른다. 객관적 자연법론은 아리스토텔레스(Aristoteles BC 384~BC 322)에서 출발하여 고전적인 자연법론이라고도 하고 중세의 聖 토마스 아퀴나스(Thomas Aquinas 1225~1274)에 의해 계승·발전되었다. 객관적 자연법론은 이후 인간성의 고찰에 관심을 가졌던 고대철학을 재발견하려는 움직임으로 자연법의 논의가 주관적 시각에 더 쏠리는 경향을 보여줌으로써 그 영향력이 약화되었다.

주관적 자연권론은 인간의 본성에서 자연법, 자연권이 나온다고 본다. 사물이 아닌 인간의 본성에서 자연법이 도출된다고 보기에 주관적 자연법론이라고 부른다. 주관적 자연법론도 역시 고대 때부터 나타났고 일찍이 플라톤(Platon BC 428/427~BC 348/347)의 이론에서 찾을 수 있는데 고대 이후 그 영향력이 약해졌다가 중세를 지나 근세에 강해졌기에 주관적 자연법론을 근대적 자연법론이라 한다. 주관적 자연법론은 인간의 이성(理性)에 따라 인간에 대해 규정하게 되는 것으로 인간과 무관할 수 없다고 보았다. 주관적 자연법론은 자연법이 사물에 대한 관찰이 아니라 인간에 대한 내면적 省察에 의하여 드러난다고 본다. 또한 개인적 갈망이 반영되는 것으로 보기에 개인주의적 성격을 띠는 자연법론이다. 바로 이 점에서 근대의 주관적 자연권론은 객관적 자연법론과 차이가 있다. 근대적 자연법론은 17세기, 18세기에 특히 로크와 루소의 사회계약론사상에서 그 절정에 달하였다. 1789년 인권선언이 기초한 자연권론은 바로 이 주관적 자연권론으로서 1789년 인권선언이 '인간'의 양도불가한 자연권(droits naturels, inalién-ables de l'Homme)을 선언한 것은 그 점을 잘 보여준다. 1789년 인권선언의 규정 이래 서구에서는 인권을 주관적 자연권과 동일시하는 경향이 자리잡았다.

(3) 사회계약론과 자연권사상의 발달

근대적, 주관적 자연법론자들은 자연권의 보장을 위한 사회계약(社會契約)의 이론을 제시함으로써 근대적 자연권론의 기초적 철학은 1789년 이전부터 발달되어 온 사회계약의 관념으로 더욱 그 기초가 다져지게 된다. 이처럼 사회계약론이 근대의 자연권론의 전개와 발달의 중심을 이루고 있었고 근대의 자연권론이 그 영향력을 계속 미쳐왔기에 아래에서 사회계약론에 대

해 살펴본다.[1]

1) 사회계약론의 2가지 명제

사회계약론자들은 ① 먼저 인간의 권리상태가 어떻게 변화되었는지를 설명하기 위하여 먼저 자연의 상태(l'état de nature)가 어떠하였다는 주장(가설)과 ② 이 자연상태에서 나아가 보다 나은 인간사회의 보장을 위한 어떠한 내용의 사회계약(contrat social)을 성립시켰다고 하는 주장, 이 2가지 주장의 명제를 내세운다. 이 두 명제는 이 사회계약론에 있어서는 사회와 인간의 권리의 존재를 설명하기 위하여 필수적인 것으로 여겨졌으며 자연상태는 사회가 구성되기 이전의 것으로서 사회는 자연상태를 벗어나고자 원하는 인간들 간에 맺어진 합의에서 생겨나는데 그 합의가 바로 사회계약이고 이 계약이 모든 조직된 인간집단의 기초를 이룬다고 보았다. 이러한 자연상태와 사회계약이라는 명제는 사회계약론자들 간에 공통적이었으나 그 각각의 의미와 내용에 있어서는 차이를 보여주었다.

2) 그로티우스

사회계약이란 관념을 선구적으로 정립한 사상가가 그로티우스(Grotius 1583~1645)이다. 그는 1625년에 발표한 「전쟁과 평화의 법(De jure belli ac pacis)」에서 개인의 자연권을 주장하였는데 자연법이 인간의 본성으로부터 유래하는 법이고 신의 법률과는 구별된다고 보아 자연법을 종교적 기반에서 분리하여 자연법론의 세속화를 이끌었고 자연권도 인간의 본성에부터 도출된다고 보았다. 그는 자연법의 근본적인 기초를 새로이 찾으려고 시도하였고 그리하여 사회계약이론을 제시하게 되는데 원시의 인간들은 사회가 있기 이전에 조직되지 않은 상태인 자연상태에서 살면서 자연권을 보유하고 있었는바 자연상태에서 사회로의 점진적 이행(移行)은 연대(連帶)를 이루려는 인간의 본능에 따라 인간들이 사회에 모여 살고자 하는(군집하고자 하는) 결정을 의미하는 사회계약에 의해 정당화된다고 보았다. 그로티우스의 주관적 권리, 자연상태, 사회계약의 사상은 커다란 반향을 불러일으켰고, 이후의 사회계약론자들에게 사고의 틀을 제공하는 영향을 미쳤다.

3) 홉스

홉스(Thomas Hobbes 1588~1679)는 1651년에 출간된 그의 저서 「레비아탄(Leviathan)」에서 그의 사회계약사상을 전개하였다. 홉스는 권력욕구가 인간본성의 특성이라고 보았고 그리하여 자연상태에서는 강자가 약자들을 짓누르고 강자들끼리 다투는, 인간들이 相爭하는 비참한 무질서(anarchie)상태, '만인에 대한 만인의 투쟁'을 야기할 뿐이라고 보았다. 따라서 인간들은 이러한 혼란한 무질서를 피하고 안전을 확보하기 위하여 사회계약을 성립시키고 강력한 권력을

---

1) 사회계약론의 영향력에 비해 국내 헌법교과서에서 그 서술이 약한 편이다. 사회계약론에 관하여 이해가 쉽도록 비교적 자세하게 서술한 것으로, 정재황, 기본권연구 Ⅰ, 길안사, 1999, 58면 이하 참조.

필요로 한다고 보았다. 권력창설의 사회계약은 이러한 혼란을 피하기 위한 것이므로 인간은 권력에 의존하여 살아갈 수밖에 없기에 그 권력에 자신의 모든 자연적 권리 전부를 양도하였다고 보았다. 자유는 강자들에만 유리한 것이고 자유를 누리는 강자들이 약자를 누르고 강자들 간에도 다투기 때문에 사회의 무질서가 야기되므로 사회계약으로 모든 자유를 양도하여야 한다고 보게 되는 것이다. 결국 그의 사회계약론은 거대한 괴물 레비아탄으로 상징되는 절대적 권력, 그리고 자유의 총체적인 양도에 기초한다.

홉스의 사회계약론에 따르면 계약이 신민과 절대권력자 간에 쌍방적인 것이 아니라 안정을 바라는 신민들이 일방적으로 절대권력자를 추대한 것이기에 절대권력자는 계약의 당사자가 아니므로 신민들의 일방적 계약관계로 보게 된다. 따라서 절대권력자가 폭정을 행하더라도 이를 계약의 폐기 내지 위반이라고 볼 수 없으므로 신민에게는 절대권력자에 저항할 권리가 없다는 결론에 이르게 된다. 홉스의 사회계약론은 결국 절대주의를 정당화하게 되었다. 그렇지만 그 점 때문에 로크와 루소가 부각되게 하였다고 볼 수 있다.

4) 로크

로크(John Locke 1632~1704)는 1690년에 발간된 그의 저서 「시민정부 2론(Two Treatises of civil government)」에서 자연상태를 인간들이 평화롭고 상부상조하는 행복한 상태로 표현하여 홉스와 달리 자연상태를 긍정적으로 보았는데 그럼에도 불구하고 권리를 보다 조직적으로 보호함으로써 더욱 완전한 선(善), 더 많은 행복을 누리기 위하여 인간은 계약에 의해 사회상태로 이행하게 되었고 그리하여 사회계약은 이러한 목적을 위하여 국민이 통치자와 맺게 되는 계약이라고 보았다. 로크는 사회계약을 맺게 된 이유가 자연상태에서도 행복한 삶을 누리던 인간이 보다 나은 행복의 상태로 나아가기 위한 목적만으로 사회계약을 체결한 것이므로 자신의 권리를 전부 양도한다는 것은 상상할 수 없는 일이었다. 이 사회계약으로 사회의 유지에 필요한 정도의 범위에서만 부분적으로, 자유의 최소한 일부만을 양도하는 것을 인정한 것이다. 이러한 부분양도의 이론에서 로크의 자연권사상이 정연한 논리를 갖추게 된다. 즉 개인이 권리를 일부 양도하였을 뿐이기에 사회계약 이후에도 인간은 개인적인 기본적 권리들을 대부분 보유하게 되는데 개인의 권리들은 국가에 의해 주어지는 것이 아니고 천부의 자연권으로서 가지는 권리이기에 대부분을 보유하게 된다고 볼 것이므로 일부양도론에 그의 자연권사상이 뚜렷하게 나타나게 된다. 로크의 사상에 따르면 개인은 자신의 권리를 국가에 대해 요구할 수 있고 그 침해에 대해 국가에 대하여 대항할 수 있으며 국가는 개인의 자유를 존중하고 권리를 보장하는 의무를 지게 된다. 통치자로서는 사회계약으로 국민(신민)의 자유의 일부만을 양도받았을 뿐이고 그 계약은 쌍방간의 것이므로 통치자가 계약을 위배하는 경우 신민은 그에게 복종할 의무가 없고 권력에 저항할 수 있는 권리들을 지닌다는 사상이 나타나게 되었다.

로크의 이론의 목적은 1688년 명예혁명을 정당화하려는 데 있었다. 그의 「시민정부 2론」은 神權에 입각한 절대군주제이론을 반박하고 의회주의의 새 기틀에 부합하는 정치제도를 구상한 것이었고[1] 권력행사자는 피치자의 자유를 존중하여야만 정당성을 인정받을 수 있다고 보았기에 절대군주제에서 제한군주제로의 변화를 추구하였다고 본다. 로크의 자연권사상은 개인주의적이고 자유주의적인 권리의 사상이라고 평가된다. 양도하지 않은 대부분의 권리가 개인적 권리를 구성하게 된다고 보고 개인이 보유하는 권리를 자유로이 자율적으로 행사할 수 있다고 보게 하기 때문이다. 따라서 로크의 철학은 자유주의의 성격이 강한 프랑스의 1789년 인권선언에 영향을 미쳤다.

5) 루소

루소(Jean－Jacques Rousseau 1712～1778)는 ① 인간이 자연상태에서 자유로왔다는 가설과 ② 사회상태를 기초하기 위한 사회계약의 체결이라는 가설에서 출발한다. 루소의 「사회계약론(Du Contrat social ou Principes du Droit poiltique)」은 1762년에 출간되었는데 그 이전에 1755년에 발표된 불평등기원론(Discours sur l'origine de l'inégalité)에서 홉스와는 달리 자연상태를 자유롭고 평등한 평화로운 상태로 상정하였다. 그러나 인간의 욕구로 더 많은 것을 보유하고자 하면서 평등은 사라지고 행복이 희생되어 갔다고 보면서 루소는 인간의 행복과 자유를 되찾을 수 있는 길이 바로 사회계약에 있다고 보았다.

루소의 사회계약론에 있어서 핵심은 '일반의사'(一般意思, 一般意志 la volonté générale)의 이론이다. 일반의사란 사회구성원들의 공동의 의사를 의미하고 사회계약은 바로 이러한 일반의사를 따른다는 약속을 의미한다고 본다. 일반의사에 의해서 인간은 평등과 자유를 확보할 수 있다고 본다. 왜냐하면 모든 구성원들이 동등한 지위에서 일반의사에 복종하기에 평등을 누리게 되고 모두가 스스로 일반의사에 복종할 것을 결정하였기에 일반의사에의 복종은 자신의 의사에의 복종을 의미하므로 결국 인간은 자유롭고, 사회계약의 결과 사회에 있어 그 어느 누구도 타인에게 자신의 의사를 강요할 수 없으며 평등한 관계에서 어느 누구도 타인에게 복종되지 않으므로 자유를 누릴 수 있게 된다고 보기 때문이다. 루소의 이론은 모든 사람의 일반의사에의 복종이 평등을 의미하고 이로써 자유로워진다고 하므로 평등을 강조하는 경향을 보여주었다. 루소의 이론에 따르면 사회계약을 통해 형성된 평등한 사회에서는 권력이 바로 일반의사(la volonté générale)로부터 나온다고 본다. 권력은 모든 구성원들의 의사에 기반하여야 하는데 그 의사가 바로 일반의사라고 보기 때문이다. 자유가 일반의사에서 나온다고 보고 권력도 그러하므로 결국 루소의 이론은 자유와 권력이 대립되는 것이 아니라 조화될 수 있다는 낙관적인 입장을 취하게 된다. 루소의 이론에 있어서는 평등을 보장하는 사회계약에 있어서 동등한

1) W. S. Carpenter, introduction in *John Locke Two Treatises of civil government*, J. M. Dent & Sons Ltd., London, 1960, v면.

조건이 되게 구성원은 자신이 가진 바를 모두 양도한다는 전부양도설의 입장을 취하게 된다.

	Hobbes	Locke	Rousseau
자연상태	무질서	善(행복)	행복(평등)
계약	일방적	쌍방적	일반의지(la volonté générale)

▌Hobbes, Locke, Rousseau의 사회계약론의 비교

6) 정리

사회계약론은 그 실제적인 실용적 측면의 논리보다 인권의 기초를 이론적인 측면에서 보편적이고 근본적인 논리로 정립하려는 노력의 결과이다. 그러나 사회계약론자들 간에 그 도식은 자연상태와 계약이라는 설정에서 유사하지만 그 내용면에서는 차이점을 보여주었다. 당장 로크와 루소는 자연상태의 삶이 행복했다고 가정하는 반면 홉스는 비극적이었다고 가정하는 데서 차이가 나타난다. 사회계약에 있어서의 계약의 양태, 권리의 양도에 있어서도 차이가 난다. 홉스의 이론이 절대군주제의 옹호를 가져왔기에 결국 근대 자연권론에 있어서는 로크와 루소의 계약사상이 중심적이다. 로크의 사상은 자유주의적, 개인주의적 권리개념으로, 루소의 일반의사적인 권리개념은 평등의 관념을 중시하는 두 흐름이 영향을 미쳤다고 볼 것이고 사회계약이 역사적 사실이 아니었지만 그들의 사회계약론이 근대의 자연권론을 뒷받침하여 절대군주의 권력에 대항하여 근대시민혁명과 인권선언 등의 출현에 기여하였다.

(4) 권력분립론과 자연권론

권력을 분립시킴으로써 기본권침탈을 가져오는 권력남용을 막겠다는 사고에서 나온 근대의 권력분립론도 기본권의 관념과 그 보장을 위하여 기여하였다. 권력분립론은 기본권을 주로 자유주의적 성격으로 인식하던 시기에 자리잡았다. 국가권력을 분립, 견제시킴으로써 국가권력이 국민에 대해 간섭하는 것을 막을 수 있고 그리하여 자유가 유지된다고 보았다(자유란 간섭 배제를 의미한다). 몽테스키에의 권력분립론도 국민의 자유가 보장될 수 있는 정치제도의 방안으로서 주창된 것이다. 권력분립론은 국가권력조직행사론(이른바 '통치구조론')에서 자세히 다루게 된다(권력분립주의 및 권력분립주의의 자유주의적 성격에 대해서는 후술 참조). 근대의 자유주의도 자연권론적 사고를 기초로 하는 것이었기에 권력분립론이 자연권론을 뒷받침하는 이론의 의미를 가진다.

2. 실정권론(實定權論) - 법실증주의적 기본권개념

(1) 이론과 전개

실정권론은 실정법규범이 기본권으로서 인정하고 보호하고 있는 권리들만이 기본권이라고 보는 이론이다. 실정법이란 현실세계에서 실제로 통용되고 있는 법을 말한다. 실정권론은

이러한 실정법이 그 내용을 구체화하고 보장방법 등을 설정할 때 비로소 권리로서의 기본권으로 인정된다는 입장이다. 실정권론은 법실증주의(法實證主義, le positivisme juridique)의 기본권이론이다. 법실증주의는 우주질서 또는 인간 본성으로부터 나온다는 자연법은 법의 과학적 접근과는 양립할 수 없는 형이상학적 관념에 해당되는 것이라고 하여 자연법의 실체를 부정하고 실정법만이 효력을 가지는 법규범이라고 보는 이론이다. 즉 법실증주의는 여하한 법적 행위자의 개입과 별도로 우주질서 또는 인간 본성으로부터 직접 나오는 자연법의 존재를 부정한다. 그들은 자연법이 존재할 수 없는 이상, 진정한 유일한 법은 실정법이라고 보고 실정법이란 의회, 행정기관, 또는 법관들인 법적 행위자들에 의해 제정되고 제시된, 현재 통용되고 있는 법을 말한다. 따라서 그들에 의해 인권의 실정법화가 이루어지면 그 실정법화된 범위 내에서 인권이 권리로서 인정된다고 본다. 우리나라에서 현재 실정권론적 입장을 취하고 있는 학자들은 찾아보기 힘들다.[1)] 실정권론은 자연권론이 가지는 항의적 성격(앞서 본대로 절대군주에 대항하는 근대시민혁명은 사회계약론 등의 자연권론에 터잡았다)이 오늘날 국민주권주의가 자리잡은 마당에 의미가 없어졌다고 주장한다.

이러한 법실증주의의 이론은 일반적으로 근대시기에 강하게 나타난 것으로 본다. 그러나 실증주의가 현실중심의 관념이라는 점에서 힘이 법이라는 현실이 지배하였던 고대에서 국왕 등 절대권력을 가진 자가 아무런 이성적 정당화 없이 자신의 명령을 강제하던 시절에서부터 존재하였다고도 볼 수 있다. 따라서 그 역사가 짧다고만 할 수는 없다. 고대 그리스인들이 도시국가의 생활을 규율하는 법률이 현실적인 법률로서 자연법과 서로 대비된다고 보는 경향이 있었고 그리스시대의 궤변론자들이 강자의 법률이 우선적인 지위를 가진다고 본 것은 실정법에 대한 관념이 자리하고 있었음을 보여준다고 할 것이다. 이러한 법실증주의의 관념은 중세에 들어와 외형적으로 없어진 것으로 보였다가 르네상스시기에 재현되고 발달되었다고 지적된다. 또 종교개혁(la Réforme)으로 종교의 영향력이 단절됨으로써 강화된 정치적·경제적 민족주의로 인해 적지 않은 법률들이 제정되었고 이후 실용을 추구하는 경향도 법실증주의를 자라나게 하였다고 본다.[2)]

* 실정법이란 성문법과 다른 말이다. 실정법이란 개념은 성문법뿐 아니라 불문법도 포괄하는 더 넓은 개념이다. 성문법뿐 아니라 불문법인 조리법, 관습법, 판례도 현재 통용되고 있는 것이라면 실정법에 포함된다.

근대에 들어와 실정권론을 주장한 학자로는 독일의 옐리네크(G. Jellinek 1851~1911), 오스트리아의 켈젠(H. Kelsen), 프랑스의 1920년대 까레 드 말베르그(R. Carré de Malberg), 제즈(G. Jèze)

1) 실정권론의 대표적 견해로서, 고 朴一慶, 제6공화국 신헌법, 법경출판사, 1990, 220면.
2) 위와 같은 법실증주의의 전개과정에 대해서는 J. Morange, *Droits de l'homme et libertés publiques*, 5e éd., PUF, Paris, 2000, 46면 이하 참조.

를 들 수 있다. 옐리네크는 '사실의 규범력'을 주장하여 법실증주의적 입장을 취하였다. 그는 국민이 국가에 대한 지위 내지 상태를 분류하여 설명한 이른바 지위(상태)이론을 취하여 국민이 국가에 대해 가지는 소극적 지위에서 자유권이 나오고, 적극적 지위에서 수익권, 능동적 지위에서 참정권, 피동적 지위에서 의무가 나온다고 본다. 그는 국가법인설(國家法人說)을 주장하여 국가의 구성원인 국민을 국가주권의 보유자로 보지 않고 국가 자체가 주권자라고 보아 국민을 국가의 지배대상으로 보았다. 그의 이론에 따르면 자유란 국가가 개입하지 않음으로 해서 주어지는 국가의 은혜인 것으로 국가는 언제든지 이를 제한할 수 있고 거두어들일 수 있는 것이라고 보게 된다. 옐리네크는 소극적, 적극적, 능동적 지위에서 오는 권리들을 어느 정도는 주관적인 공권으로 보긴 하였으나 수익권에서 보듯이 국가의 실정법에 의한 보장이 이루어지는 권리로서 수익권이라고 봄으로써 실정권설의 입장을 취하였다.

실정권론자로 분류되는 또 다른 학자인 켈젠은 순수법학을 제창하여 국가는 곧 법규범체계 그 자체라고 보고 따라서 국민의 국가에 대한 관계란 국민이 법질서에 따르는 관계가 되고 법질서에 복종할 의무를 지며 자유도 법이 규율하는 바에 따르게 된다고 본다. 그리하여 국민에게 자유권이란 권리 자체가 주어지는 것이 아니라 국가권력이 규제하지 않는 범위 내에서, 법규범이 금지하지 않은 상태에 따른 반사적 효과로서 자유로운 상태를 누리게 될 뿐이고 기본권이 공권으로서 인정되는 것은 아니라고 본다. 켈젠은 그의 법단계이론에서 최종적으로 근본규범을 상정하기도 하였는데 그렇다면 과연 순수법학에 철저한지가, 그리고 결국 법철학적 자연법에 의존한 것이 아니냐 하는 점이 논란된다.

프랑스의 Carré de Malberg는 1789년 인권선언은 철학적 진실의 선언이라는 이론적 의미를 가질 뿐이라고 보면서 1789년 인권선언에 나타나는 권리들은 법률에 의해 효력이 발생하는 법률적 효력의 권리들일 뿐이라고 보아 법실증주의적 입장을 취하였다.

(2) 법실증주의의 쇠퇴와 자연권론의 회귀와 우세

법실증주의는 법을 여하한 형이상학과도 단절된 상태로 둘 뿐 아니라 여하한 도덕적 가치를 고려하지도 않는 폐쇄된 질서로 보기 때문에[1] 법실증주의는 정규적으로 형성된 법률들은 그 내용이 어떠하든 간에 그 법적 효력을 인정할 수밖에 없다. 바로 이 점에 법실증주의 위험성이 있다. 법실증주의는 이러한 논리의 덫에 걸려 히틀러의 자유박탈 법률들을 정당화하기 위하여 이용되었으며 이러한 비극적 경험이 법실증주의를 퇴락시켰고 결국 2차대전 이후에 법실증주의를 벗어나 자연권론으로 회귀하는 경향이 강해졌다. 자연권론이 우세를 보이게 된 것은 나치스의 독재라는 역사적 경험뿐 아니라 폐쇄된 권리체계가 아닌 개방적 권리체계로 기본

1) G. Lebreton, *Libertés publiques et Droits de l'Homme*, 3e éd., coll. U, série ≪Droit≫, Armand Colin/Masson, Paris, 1997, 26면.

권의 범위를 확대할 수 있다는 점에서 우월성이 나타났기 때문이다. 또한 자연권론이 기본권을 자연권으로 본다고 하여 기본권의 실정적 보장을 배척하는 것이 아니며 오히려 실정화를 통한 현실적 구속력을 갖게 하고 실정화되지 않은 기본권들을 실정화되도록 강제할 수 있다는 장점을 가진다. 그리하여 1946년 프랑스헌법의 前文, 1948년 유엔의 인권선언, 1950년의 유럽인권협정, 1966년의 유엔의 2가지 국제인권규정(시민 및 정치적 권리에 관한 인권규정과 경제, 사회, 문화적 권리에 관한 인권규정)이 이러한 자연권의 부활의 대열에 선 것이다.

3. 결단론적 헌법개념의 입장

국민의 정치적 결단이 헌법이라고 보는 결단론의 대표적 학자인 C. Schmitt는 기본권을 국가 이전에 인정되는 권리라고 보아 국가로부터의 자유라는 점에 그 본질이 있다고 보았다. 그리하여 결단론적 입장에서는 본래의미의 기본권은 국가로부터의 방어권을 의미하는 자유권이라고 하여 자유권이 중심이 되고 자유권이 절대적인 기본권으로서 강조된다. 반면 국가가 일정한 급부를 제공하여야 하는 생존권(사회권), 그리고 참정권은 국가 이전의 권리가 아니라 국가로부터의 자유가 아니고 그 보장을 위해서는 국가의 법률로 규정되어야 한다고 하는 국가내적인 상대적인 권리로 보았기에 생존권, 참정권은 약하게 본다. C. Schmitt는 제도적 보장이론을 전개하여 자유권에는 해당되지 않으나 보장되어야 할 여러 중요한 제도들이 있다고 보았는데 이 제도적 보장은 기본권보장과 달리 그 핵심만 보장되는 최소한의 보장이라고 보았다(제도적 보장 이론에 대해서는 후술 참조).

4. 통합과정론의 기본권개념, 제도적 기본권론

(1) R. Smend의 이론

R. Smend는 정치적 사실적 통합의 과정을 헌법으로 본다. 즉 하나의 사회공동체에서 일정한 가치세계를 토대로 하여 연대감과 일체감에 의하여 그 사회공동체가 지니고 있는 다양한 이해관계와 그 구성원의 행동양식 및 행동목표 등을 하나로 통합하여 정치적인 일원체 또는 국가를 형성해가는 과정의 원리를 헌법이라고 본다. 따라서 R. Smend의 통합론에 따른 기본권개념은 기본권이 사회공동체의 통합에 있어서의 가치체계를 뜻하고 통합과정의 생성원동력, 즉 통합을 형성해가는 동력을 의미한다고 볼 것이다. R. Smend는 기본권의 권리적 성격보다는 사회구성원들이 동화를 위하여 준수하여야 할 질서로서의 기본권을 더 강조한다(기본권의 이중성. 후술 참조). 우리나라에서 동화적이란 말을 붙여 동화적 통합론으로 주장하는 견해가 있다. 그 견해는 “우리 헌법은 우리 민족의 동화적 통합을 실현하기 위한 수단으로 우리 사회공동체의 저변에 깔려 있는 가치적인 Konsensus를 기본권의 형식으로 보장한 것”이라고 하고 “기본

권이 존중되고 보호된다고 하는 것은 단순한 자연법적 차원을 넘어서 우리 사회가 동화되고 통합되어 가기 위한 불가결의 전제조건이다"라고 본다.[1]

(2) 제도적 기본권론

P. Häberle는 자유가 국가나 국가에 의한 법으로 보장되는 것이므로 자유를 구체적으로 실현시키는 법제도가 있어야 자유가 보장될 수 있다고 보아 자유권이란 결국 제도로 이해되어야 한다고 본다. 그는 기본권의 실효적인 보장을 위하여 제도가 요구된다고 보고 법률에 의해 기본권사항을 규정하는 것은 기본권의 제한보다는 기본권의 구체적 실현을 위한 것이라는 입장이다. P. Häberle도 기본권을 개인의 권리라는 성격뿐 아니라 공동체를 위한 제도라는 객관적 성격을 아울러 가지고 있다고 보아 기본권의 이중성을 인정한다.

5. 사회학적 실증주의(le positivisme sociologique)

프랑스에서 사회학적 실증주의에 입각한 기본권론을 주장하는 학자도 있다. 사회학적 실증주의(社會學的 實證主義)는 집단적 의식(意識)이 희구하고 갈망(渴望)하는 것이 기본권으로 나타난다고 보는 이론이다. 사회학적 실증주의는 법실증주의와 달리 법을 폐쇄된 질서로 보지 않고 법은 사회현실에서 나온 것으로 사회현실로부터 차단될 수 없다고 보고 법에 의하여 존중되어야 하는 가치들에 대해서도 관심을 기울인다고 한다. 가치에 대한 관심은 자연권론과 공통성을 보이는 점이나 자연법이론들과 달리 사회학적 실증주의는 신비로운 초월의 세계로부터가 아니라 집단의 의식으로부터 그 가치들을 끌어내는 점이 다르다고 한다.[2]

6. 동양의 기본권사상

동양에서는 대체적으로 봉건시대가 오래 지배해왔고 시민혁명의 역사가 일찍 나타나지 않았다. 그렇다고 하여 인권이나 인간존중에 대한 사상이 존재하지 않은 것은 아니다. 비록 오늘날의 기본권관념과는 차이를 보일 수 있는 권리사상이고 현실적으로 잘 구현되지 않은 시기들이 있긴 하나 인간에 대한 존중, 인간의 고유한 권리를 인정하는 이론 내지 인간중심적인 사상이 일찍이 발달하여 왔다. 불교의 자애사상('천상천아 유아독존'), 유가(儒家)의 민본(民本)사상 등을 들 수 있다.

우리나라의 경우에도 인간중심적 가치관이 일찍이 나타난 것을 볼 수 있다. 역사적으로 단군신화에 나타난 우리 민족의 인간애, 자연친화적 인간상, 위민사상이 그러하다. 근대에 들

1) 허영, 한국헌법론, 전정7판, 박영사, 2011, 238－239면. "통합론적 관점에서 본 기본권이론만이 우리의 기본권에 적용가능한 것으로 남는다"라고 하면서 Smend의 기본권이론은 기본권의 주관적 권리의 성격을 경시하고 있다는 문제점이 있다고 하고 그리하여 "결국 현시점에서 우리 기본권에 적용될 수 있는 가장 적합한 이론은 Hesse의 양면성이론이라고 하겠다"라는 견해로, 계희열, 헌법학(중), 신정2판, 박영사, 2007, 56면.

2) 사회학적 실증주의를 주장하는 G. Lebreton 교수의 앞의 책, 30－33면 참조.

어서던 시기에 東學에서 나타난 인내천(人乃天) 사상 등 인본주의(人本主義)를 그 중요한 가치로 인정하는 혁명적 사상도 전개되었음을 볼 수 있다.

7. 평가

(1) 실정권론의 문제점

법실증주의는 현실에 통용되는 실정법에서 보장하는 기본권만을 인정함으로써 인간의 본질이 요구하고 인간으로서 누려야 할 중요한 권리들이 실정법화 되어 있지 않다면 이를 기본권으로 인정하지 않아 타당하지 못하다. 실정법적 관점에서 보더라도 적어도 근대 이후에는 헌법의 존재목적이 국민의 기본권을 보장하는 데 있다는 점에서도 그리고 헌법의 개념이 오늘날 형식적 개념이 아니라 실질적 개념으로 확대되고 있고 헌법규범의 확대 중에는 기본권규범의 확대가 중심적이라는 점에서도 타당하지 못하다. 기본권보장을 위한 헌법재판 등에서 기본권규범이 계속 발견, 확인되고 있음은 이를 실증한다. 실정법적으로 보장되는 것이 보다 더 확실성과 명확성이 있다는 것일 뿐 그것에 안주하여야 한다는 것을 의미하지는 않고 기본권의 확장이 요구된다. 법실증주의가 자연권론이 가지는 항의적 성격이 오늘날 소멸되었다고 하나 자연권론의 항의적 성격이 인간에게 필수적인 권리들의 천부인권성에서 나온 것이라는 점에서, 그리고 국가권력 등에 의한 기본권침해의 가능성이 완전히 사라졌다는 보증이 없는 한 오늘날에도 여전히 의미를 가진다. 이는 국가권력 등에 의해 기본권이 침해되면 이의 구제를 요구할 수 있다는 점에서도 그러하다.

국가법인설의 입장에 서서 국민을 지배객체로 본 옐리네크의 이론이나 주관적 공권성을 부정하는 켈젠의 이론은 국민을 기본적 인권의 주체로 보고 기본권의 보장을 국가에 대해 적극적으로 요구할 수 있다고 보아야 하므로 타당하지 못하다.

(2) 결단론의 문제점

결단론이 국가이전의 천부적 자연권으로서 기본권이 존재한다고 보아 기본권의 자연권성을 강조한 점은 공헌이라고 할 수 있다. 그러나 결단론은 국가로부터의 선재적 자유, 방어권으로서의 자유권을 기본권의 고유한 권리라고 보는데, 자유권이 국민의 기초적인 생활을 보장하는 것이어서 중요한 영역의 기본권이긴 하나 그 외에 생존권(사회권), 참정권, 청구권 등도 중요하다는 점에서 비판을 면할 수 없다. 국가가 국민의 기본적인 생활, 사회복지를 위한 시설이나 서비스, 재화 등을 제공하여야(급부의 제공) 하고 국민이 이의 제공을 요구할 수 있는 기본권인 생존권이 중요하다. 오늘날의 헌법이 현대적 복지주의적 의미의 헌법이라는 점이 이를 잘 보여주기도 한다. 선거권(참정권)도 국민의 주권행사에 필수적이고 기본권보호작용을 하여야 하는 국가의 기관구성과 운영을 가능하게 하는 중요한 권리이다. 따라서 결단론적 기본권론이 국가로부터의 자유를 강조하고 생존권이나 참정권 등을 등한시한 것은 받아들일 수 없고 기본권보장에서의 커다란 공백을 보여주고 있다. 국가로부터의 자유, 국가에 대한 방어권이라는 기본권관념 때문에 기본권의 사인 간 효력을 인정하기 어렵게 한다.

(3) 통합론, 사회학적 실증주의, 제도적 기본권론의 문제점

이들 기본권론들이 역동적인 기본권이론을 제공하고 기본권규범의 객관적 성격을 강조하여 국가공권력에 대한 기본권기속성을 더욱 강조한 것은 공헌이라고 볼 수 있다. 그러나 다음과 같은 한계를 가진다.

① 통합과정론은 기본권의 주관적 권리성을 약화시키는 문제점을 가진다. R. Smend가 "기본권의 객관적 규범질서의 면과 제도적인 면을 강조하는 반면에 기본권이 가지는 '주관적 권리'의 측면을 너무 소홀하게 다루고 있다는 점"에 비판을 받고 있다.[1)]

② 사회의 영속성을 위한 사회적 유대는 당연한 사회의 기초이고, 사회적 유대는 사회규범을 형성하기 위한 당연한 전제적 기초이다.

③ 사회학에서의 사회적 연대이론과 같이 이는 사회이론으로서 그때그때의 기본권목록을 제시할 수는 있을지 모르나 시공을 초월하여 있어야 하고 보장되어야 할 기본권이 무엇인지에 대한 해답을 주기 어렵다.

④ 통합론, 사회학적 실증주의에서 말하는 사회적 유대, 집단의식이 어떠한 것인지 그 불명확성이 문제된다. 또 사회구성원들간의 공동의사를 집약할 수 있어 설령 사회적 유대, 공동체의식, 집단의식을 찾을 수 있다고 할지라도 그것을 어떤 유권적인 기관이 그것을 확인할 수 있을 것인지, 그리고 정당성을 부여할 수 있는지 하는 문제도 제기된다.

⑤ 법실증주의가 가치결여적 폐쇄적이라는 점에서 통합론이나 사회학적 실증주의와는 다르나 통합론과 사회학적 실증주의에서도 결국 당대에 존재하는 공동가치 외에는 있어야 할 당위로서의 다른 가치들을 인정하지 않게 된다는 점에서 폐쇄성을 보여줄 수 있다. 오히려 연대라는 것도 결국 인간이 군집을 이루려는 인간본성에서 나온 본능의 결과이므로 자연적인 성격이라고 볼 것인데 통합론자들이 통합, 연대를 들어 자연권론을 부정하는 것은 자기모순일 수 있다.

⑥ 제도적 기본권론은 기본권 자체의 성격과 기본권의 보장을 혼동한 것이다. 실효적 보장을 위한 법제도는 기본권을 실효성있게 보장하는 수단이지 그것 자체가 기본권의 성격이 될 수는 없다. 기본권이 제도라면 실정제도가 없다면 기본권이 없다는 것이 되는데 이는 법실증주의로 가는 것이 된다. 기본권이 기본권보장을 위한 법제도라면 기본권보장을 위한 기본권인 청구권을 특별히 따로 논할 필요가 없어진다.

---

1) 허영, 230면. 같은 취지의 비판으로, 계희열, 57면.

국내에도 제도에서 기본권이 나온다고 보는 이론이 있다. 예를 들어 헌법 제31조 제1항의 최저임금제도의 경우에 근로자에게 최저임금 이상의 임금을 받은 권리를 보장하는 것이라는 견해[1]가 있다. 이는 최저임금 이상의 임금을 받을 권리라는 권리가 최저임금제가 없으면 인정될 수 없다는 것인데 최저임금제라는 제도도 근로의 권리라는 기본권이 있고 그 근로의 권리를 실현하기 위한 수단으로서 나온 제도이다.

8. 결론

위의 여러 이론들이 문제점을 가지고 있기도 한데 위에서 지적된 바를 정리하는 것이 결론을 찾는 길로 나아가는 것이다. 그리고 무엇보다도 중요한 것은 우리 헌법 자체가 어떠한 입장을 취하고 있느냐 하는 것을 살피는 것이고 그것을 기초로 하여 우리의 결론을 맺는 것이 필요하다.

(1) 사견 - 우리 헌법의 명문에 입각한 해석

i) 우리 헌법은 제10조 후문에서 "국가는 개인이 가지는 불가침의 기본적 인권을 확인하고 이를 보장할 의무를 진다"라고 규정하여 기본권을 자연권으로 보는 입장이다. 왜냐하면 ① 국민 이전에 인간으로서 가지는 권리라는 의미인 '人權'이란 용어를 명시하고 있다는 점(천부인권), ② 만약 우리 헌법이 기본권을 실정권으로 본다면 실정법으로 창설해야 할 기본권을 '확인'한다고 규정할 수는 없었을 것인데 헌법 제10조 후문은 '확인하고'라고 하여 원래 인간에 존재하는 자연권이므로 이를 확인한다고 규정한 것으로 볼 것이기 때문이다.

ii) 헌법 제37조 제1항이 "국민의 자유와 권리는 헌법에 열거되지 아니한 이유로 경시되지 아니한다"라고 규정한 것도 우리 헌법이 기본권을 자연권으로 보는 입장을 확인적 의미로 다시 선언하고 있다. 그런데 이 규정이 있기에 우리 헌법이 예정하는 기본권이 자연권으로 되는 것이라고 보는 견해가 있으나[2] 이는 타당하지 못하다. 왜냐하면 이 견해에 따르면 만약 이 규정이 없다면 헌법에 열거되지 아니한 권리가 인정될 수 없다는 것이 되고 이는 결국 기본권을 실정권으로 보는 입장과 마찬가지가 되기 때문이다. 헌법 제37조 제1항은 확인적 규정에 불과하다. 이 규정이 없더라도 기본권은 자연권으로서 존재한다. 나아가 후술하는 대로 헌법에 명시되지 않고 있는 기본권들을 끌어내는 기본권의 파생도 기본권을 자연권으로 보게 하는 실제적 모습이다.

iii) 헌법 제37조 제2항 후문은 기본권을 제한하는 경우에도 "자유와 권리의 본질적인 내용을 침해할 수 없다"라고 규정하고 있는데 이 규정도 우리 헌법이 기본권을 자연권으로 보는

1) 정종섭, 헌법연구 3, 박영사, 2004, 103면.
2) 이런 입장으로 권영성, 헌법학원론, 2007년판, 법문사, 2007.

입장을 나타내고 있다. 이는 본질적 내용은 본래부터 존재하는 것이고 이러한 선존하는 본질적 내용은 기본권을 자연권으로 파악할 때 그 존재를 인정할 수 있으며 이 본질적 내용을 실정법(법률)으로 침해할 수 없다는 것이기 때문이다.

(2) 사견 - 결론

위에서 여러 이론들이 문제점을 가지고 있음을 보았다. 그러한 점에서 그리고 무엇보다도 우리 헌법은 위에서 살펴 본대로 기본권을 자연권으로 보는 입장을 취하고 있다는 점에서, 또한 ① 현재 실정법으로 보호되지 않고 있더라도 인간에게 '있어야 할' 기본권도 존재함을 인정하여야 한다는 점, ② 이러한 '있어야 할' 기본권도 보장되어야 한다는 점, ③ 국가와 헌법의 존재이유는 국민의 기본권보장에 있으므로 이러한 기본권보장을 확대하여야 한다는 점, ④ 기본권의 실정화를 강제할 수 있다는 점[아래의 (3) 보론 참조] 등에서 기본권은 자연권으로 보아야 한다.

(3) 보론 - 실정권과 자연권의 '실정화'의 구분

기본권을 자연권으로 본다고 하여 자연권을 실정법화하는 것을 반대하는 것이 아니라 오히려 그것을 요구한다. 기본권의 보장을 실정법으로 현실화하여야 하기 때문이다. 이는 어떤 기본권이 침해되었을 때 그 침해에 대한 구제를 위한 실정법제도(예를 들어 재판제도)가 마련되어 있어야 그 기본권이 제대로 보장될 수 있다는 것을 생각하면 이해가 된다. 기본권은 자연권으로서 현재 실정법화된 권리들도 있으나 앞으로 실정법화를 통하여 그 보장을 국가의 공권력 등에 의한 뒷받침을 받아 현실적으로 효력을 발휘하도록 해야 할 권리들도 있다. 그러나 실정적 보장의 중요성이 기본권을 실정권화하는 것은 아님은 물론이다. 기본권의 실정화와 기본권을 실정권으로 본다는 것은 다른 문제로서 그 실정법적 보장 문제와 기본권의 본질 문제를 혼동해서는 안 된다. 기본권을 실효적으로 보장하기 위하여 실정화되어야 한다고 해서 기본권을 실정권으로 보게 된다는 것이 아니다. 실정권론의 입장에서는 현재 실현되고 있는 기본권들에 그치고 그 외에 다른 기본권의 실현을 강제할 수 없다. 실정법이 권리라고 규정한 것만 기본권으로 보기 때문이다. 반면 자연권론은 실정법으로 보호되지 않은 기본권도 인정하므로 현재 실정법으로 보호되고 있지는 않으나 '보호되어야 할' 기본권이 앞으로 실정법에 의해 현실적으로 보장될 것을 요구할 수 있다. 더 많은 기본권의 확대보장을 요구할 수 있다는 점이 실정권론과 다른 것이고 이것이 자연권론의 장점이기도 하다.

Ⅱ. 주관적 공권성('主觀的' '公''權'性)

기본권은 주관적 공권이라고 종래 성격규정을 해오고 있다. 이 점에 대해서는 기본권의 권리성, 공권성, 주관성이라는 3가지 문제에 대해 살펴보게 된다.

1. 권리성(權利性)

기본권이 권리가 아니라 단순한 이익이라는 견해가 전혀 없지는 않았는데 대표적으로 H. Kelsen은 국가가 곧 법이라고 보고 자유란 국가의 법률이 금지하지 않기에 누릴 수 있는 반사적 이익이라고 보아 권리가 아니라고 보았다. 그러나 기본권은 국가에 대해 그 보호를 요구할 수 있는 권리로서의 성격을 지닌다. 자유도 그것이 침해되면 국가의 공권력에 의해 그 침해를 제거하여야 한다는 점에서 국가의 보호를 요구할 수 있는 권리라는 점에서도 권리성이 명백히 나타나는 것이다.

나아가 자유권 외에도 생존권, 청구권, 선거권(참정권)과 같은 적극적 성격의 기본권들이 있는데 그것들의 권리성을 부정할 수 없다. 생존권(사회권)에 대해서는 그 권리성을 약하게 보려는 견해들이 없지 않지만 그 권리성을 부정한다면 국가에 의한 적극적 급부활동 등을 요구하거나 구체적 실현을 위한 입법조치 등을 요구할 수 없게 되나 현대의 헌법이 복지주의적 헌법이고 복지를 구현하는 생존권을 헌법에 규정하여 그 권리성을 보장하려고 하고 생존권의 적극적 성격 등이 인정되고 있다. 우리 헌법도 대표적인 생존권인 인간다운 생활을 할 권리에 대해 헌법 제34조가 국민은 인간다운 생활을 할 '권리'를 가진다고 그 권리성을 명시하고 있다. 선거권이 권리가 아니라고 하면 국가기관의 선출이 법적 정당성을 가지지 못하고 기본권 침해에 대한 구제의 권리인 재판청구권, 국가배상청구권 등의 청구권도 권리성이 부정된다면 그 침해에 대한 법적 구제가 이루어지지 않아 침해되는 기본권 자체도 권리로서의 효력을 가지지 못하는 결과를 가져온다. 생존권, 청구권, 참정권 등의 기본권의 침해에 대해서도 헌법재판 등의 사법적 구제수단이 마련되어 있고 마련이 안 된 경우에 그 마련과 운영을 요구할 수 있다는 점에서 권리성이 있다. 기본권의 사법적 구제수단이 강화되어 갈수록 현실적으로 기본권의 권리성이 더욱 강해진다.

2. 공권성(公權性)

종래 권리를 공권과 사권으로 구별하고 기본권은 공권이라고 보는 것이 전통적인 이론이다. 그러나 공권이론에 대해서는 오늘날 근본적인 검토가 필요하다.

(1) 공권성의 관념

권리를 공권(公權)과 사권(私權)으로 구별하고 기본권을 종래 공권으로 보아왔는데 그 논거는 ① 국민과 국가간의 관계와 같은 공적 영역에서 공권이 나오고 사인들 간의 사적 영역에서의 권리로서 사권이 나온다는 구별론(영역론)에 터잡거나 ② 기본권은 공법인 헌법에 의해 보장된다는 점, ③ 기본권은 국가에 대해 그 보호를 요구할 수 있는 권리라는 점에 두고 있다고 할 것이다. ④ 또한 역사적 경험에서 보면 기본권은 국가의 공권력을 제한하는 권리로서 자리잡아 온 것이기도 하므로 기본권은 사권과는 구별된다고 보게 하는 결과를 낳기도 하였다. ⑤ 기본권의 주체라는 관점에서 기본권의 공권성의 근거를 찾기도 한다. 사적인 권리는 그것을 보유하는 특정인들에만 속하는 권리인 반면 기본권은 원칙적으로 모든 사람이 향유할 수 있는 가능성을 가진다는 점에서 차이가 있다고 보고 그 점에서 기본권을 공권으로 파악하려는 것이다.

(2) 근본적 검토

공권과 사권의 구별론에 따라 기본권을 공권으로 보는 종래의 관념에 대해서는 오늘날 새로이 아래와 같은 근본적인 문제제기와 그 검토가 필요하다.

i) 사적 영역에서의 활동의 자유나 사인들 간의 자율을 보장하는 기본권들도 헌법의 기본권규정에서 도출되고 헌법의 기본권으로서 보호된다. 대표적으로 계약의 자유와 사적 자치권이 그것인데 우리 헌법재판소도 헌법 제10조의 행복추구권 속에 '일반적 행동자유권'(一般的行動自由權)이 함축되어 있고 이 일반적 행동자유권에서 계약의 자유가 파생된다고 보고[1] 사적 자치의 원칙(私的自治의 原則)이 이 행복추구권에서 파생된다고 본다.[2] 자유주의경제를 실현하는데 중요한 요소인 계약의 자유나 사인들 간의 자율적 행위를 보장하는 사적 자치권 역시 자본주의경제에 있어서 중요한 요소로서 사인들 간의 권리이다. 또한 재산권은 사권인데 헌법 제23조 제 1 항은 "모든 국민의 재산권은 보장된다"라고 하여 재산권을 기본권으로 규정하고 있다. 그렇다면 기본권을 공권으로 보는 종래 관념에 따르면 계약의 자유, 사적 자치권, 재산권은 사권인가 아니면 공권인가? 아니면 사권이자 공권인가? 여기에 공·사권의 구별론에 대한 문제가 제기되는 것이다.

ii) 영역론(위의 논거 ①)에 의한다면 헌법이 기본권으로 인정한 권리인데도 영역에 따라 달라진다는 모순이 생길 수 있다. 예를 들어 노동조합을 설립할 자유와 같은 권리는 분명히 헌법이 보장하는 기본권인데 영역론에 따른다면 공기업에서의 조합설립의 자유는 공권이고 사기업에서의 조합설립의 자유는 사권이 되며 기본권을 공권으로 보는 구별론은 사기업에서의 조합설립의 자유는 기본권이 아니라고 보게 되는 모순이 있게 된다.

iii) 공·사권 구별론이 기본권은 국가에 의한 보호가 주어지는 것을 들어 기본권을 공권

---

1) 헌재 1991.6.3. 89헌마204, 화재로 인한 재해보상과 보험가입에 관한 법률 제5조 제1항의 위헌여부에 관한 헌법소원, 헌법재판소판례집 제3권, 268면 이하 참조.

2) 헌재 1998.8.27. 96헌가22 등 병합, 민법 제1026조 제2호 위헌제청, 헌법재판소판례집 제10권 2집, 355면 이하 참조. 헌재는 "헌법 제119조 제1항은 사유재산제도와 사적 자치의 원칙 및 과실책임의 원칙을 기초로 하는 자유시장경제질서를 기본으로 하고 있음을 선언하고, 헌법 제23조 제1항은 국민의 재산권을, 헌법 제10조는 국민의 행복추구권과 여기서 파생된 일반적 행동자유권 및 사적 자치권을 보장하는 한편 … "이라고 밝히고 있다(위 판례집, 355면).

으로 인식하려는 것(위의 논거 ③)도 근본적인 검토를 요한다. 왜냐하면 사권도 그 침해에 대해서 결국 공권이 침해된 경우와 같이 법원의 재판 등을 통한 사법적(司法的) 구제라는 국가기능, 국가 공권력(司法은 공권력)에 의해 구제될 수 있다는 점(사인이 자신의 사권을 침해받았더라도 침해당한 사인 자신에 의한 무력행사 등을 통한 구제는 원칙적으로 금지되고 공권력에 의한 재판 등의 분쟁처리절차로 구제되어야 한다. 사인에 의한 자력구제는 예외적으로만 인정된다)에서 차이가 없기 때문이다.[1)]

ⅳ) 기본권의 주체의 관점에서 구별하는 이론, 즉 사권은 특정인들에만 속하는 권리인 반면 공권은 모든 사람에게 속한다고 보아 구별하는 이론(위의 논거 ⑤)도 문제가 있다. 이에 따르면 예컨대, 생계보조비를 받을 권리를 일정 수준의 소득을 가지지 못하는 사람들에게만 부여한다고 했을 때 이 권리는 이러한 사람들만이 누리는 것이고 결국 이러한 생계보조비를 받을 권리라는 인간다운 생활을 할 권리는 私權이라는 결론에 달할 수 있다.

위와 같은 점들을 고려하면 공권과 사권의 구별 자체가 상대화되거나 그 구별을 회의적으로 보게 한다. 위에서 지적된 점들은 사인 간의 법적 관계에 대해서도 국민들 간의 합의인 헌법이 설정한 기본원리들이 적용되고 이는 결국 사법과 헌법은 유리된 것이 아니라는 것을 의미하는 것이기도 하다.

* 기본권의 공권성 문제는 뒤에서 살펴볼 기본권의 제3자적 효력(사인들 간 효력)의 문제에 결부된다. 사인들 간의 권리는 사권인데 기본권이 공권이라면 사인들 간에는 기본권이 그 효력을 발생할 수 없지 않느냐 하는 문제가 제기되기 때문이다(후술 기본권의 효력 부분 중 기본권의 제3자효 참조).

3. 주관적 권리성

기본권은 개개인이 보유하고 행사하며 그 침해에 대해서도 개개인이 그 구제를 요구할 수 있는 권리라고 하여 '주권적' 권리, 주관적 공권이라고 한다. 근대적 자연권론이 기본권을 인간본성에서 도출되는 개인적인 주관적 권리라고 보았던 것은 기술한 바 있다. 기본권이 모든 인간들에게 인정되어야 한다는 점은 일반성과 보편타당성을 가지는 것인데 그러한 기본권이 개개인의 입장에서는 개별적으로 행사하게 된다는 것이다. 따라서 기본권의 행사에 있어서 개인의 상황에 따라 그 행사의 정도에 차이가 있을 수 있다. 예를 들어 생활보조비를 평등하게 받을 권리란 생활능력이나 소득활동능력이 어느 정도인지에 따라 달라질 수 있다. 한편 기본권이 개인 각자에게 주어지는 권리이지만 국가가 기본권을 보호하여야 할 의무, 타인에 의한 존중이 이루어져야 한다는 효과는 객관적이다.

---

1) 비슷한 취지로 J. RIvero, *Les Libertés publiques, t.1. Les droits de l'homme*, 8e éd., P.U.F., Paris, 1997, 20면 참조.

Ⅲ. 이중성(양면성)의 문제

1. 이론

(1) 견해의 대립

기본권의 이중성이론이란 기본권이 권리로서의 성격 외에도 객관적 질서로서의 성격도 가진다는 주장의 이론이다. 우리나라에서 이를 긍정하는 견해와 부정하는 견해가 대립되고 있다. 우리 헌법은 어떠한 입장을 취하는지가 중요하다.

1) 긍정설

"기본권은 … 국민 개개인의 '主觀的 權利'인 동시에 그것은 또한 동화적 통합의 생활형식인 헌법질서의 기본이 되는 '客觀的인 秩序'라고 할 것이다"라고 하여 이중성을 인정하여 '多層構造的' 기본권으로 부르기도 하는 견해(허영, 235－237면), "헌법상의 기본권에 대해서는 주관적 공권성과 더불어 객관적 법질서로서의 성격도 긍정해야 한다"라는 견해(권영성, 303면) 등이 긍정론이다. 독일에서는 기본법 제1조 제2항이 모든 인간공동체의 기초로서(Grundlage jeder menschlichen Gemeinschaft)의 불가침, 불가양의 인권을 인정한다고 선언하고 있기에 객관적 질서로서의 기본권의 성격을 인정하고 있다고 본다. 독일연방헌법재판소도 Lüth판결[1])에서 기본권의 이중성을 인정하기 시작하였다(Lüth판결의 사건, 요지에 대해서는, Lüth이 기본권의 사인 간 효력도 인정한 판결이라서 뒤의 기본권의 사인 간 효력 부분에서도 언급하므로 그 부분을 참조).

긍정론은 기본권이 권리인데 이 권리가 보장되기 위해서는 기본권이 국가권력을 제한하고 국가권력이 기본권존중적으로 행사되기 위한 원리로서 작용하여야 하므로 기본권이 객관적 질서를 이룬다고 본다.

2) 부정설

반면 기본권의 이중성을 부정하는 견해는 기본권은 자연권으로서 공권일 뿐이고 객관적 질서로서의 성격을 가지지 않는다고 본다(문홍주, 197면). 부정설은 기본권 자체는 자연권이나 이것이 실정헌법에 규정됨으로써 헌법규범이 객관적 규범으로서 국가권력을 구속하는 것이기에 권리와 질서의 이분설에 따라 권리적 성격을 강조하는 부정설이 옳다고 본다. 이는 기본권이 헌법에 규정됨으로써 객관적 질서규범이 되는 것이지 기본권 그 자체가 질서는 아니고 권리일 뿐이라는 취지로 이해된다. 비슷한 취지로 보이는 부정설로 "기본권의 법적 성격 그 자체는 어디까지나 자연권으로서 주관적 공권이나, 한국헌법에서 국가권력을 구속하는 객관적 질서를 규정하고 있기 때문에 결과적으로 객관적 질서로서의 성격을 갖게 된다"라고 하는 견

---

1) BVerfGE 7, 198(204f.).

해도 있다.[1] 부정설은 "기본권을 객관적 질서라고 보면 기본권의 주관적 공권으로서의 성격을 약화시키고 기본권과 제도보장의 구별을 불명료하게 할 우려가 있다"라고 지적한다(김철수, 357면).

(2) 판례

1) 헌재

(가) 판례

헌법재판소는 기본권의 이중성을 인정하는 판시들을 한 아래와 같은 결정례들을 보여주고 있다.

판례 1 헌재 1995.7.21. 94헌마125, 영화법 제26조 등 위헌확인, 판례집 7-2, 162면

헌법 제15조에 의한 직업선택의 자유라 함은 자신이 원하는 직업 내지 직종을 자유롭게 선택하는 직업의 선택의 자유뿐만 아니라 그가 선택한 직업을 자기가 결정한 방식으로 자유롭게 수행할 수 있는 직업의 수행의 자유를 포함한다고 할 것인바, 이 자유는 각자의 생활의 기본적 수요를 충족시키는 방편이 되고 개성신장의 바탕이 된다는 점에서 주관적 공권의 성격을 가지면서도 국민 개개인이 선택한 직업의 수행에 의하여 국가의 사회질서와 경제질서가 형성된다는 점에서 사회적 시장경제질서라고 하는 객관적 법질서의 구성요소이기도 하다. 따라서 이와 같은 자유도 다른 기본권의 경우와 마찬가지로 국가의 안전보장·질서유지 또는 공공복리를 위하여 필요한 경우에는 제한이 가하여 질 수 있는 것은 물론이지만 그 제한의 방법은 법률로써만 가능하고 제한의 정도도 필요한 최소한도에 그쳐야 하며 과잉금지의 원칙에 위배되거나 직업선택의 자유의 본질적인 내용을 침해하는 것이어서는 아니 된다고 할 것이다(헌법 제37조 제2항). 이 사건 심판대상 규정들이 위 직업선택의 자유에 대한 제한을 함에 있어서 위와 같은 한계를 일탈하였는지의 여부를 순차로 살핀다. …

판례 2 헌재 2004.3.25. 2001헌마710, 정당법 제6조 제1호 등 위헌확인

[판시] 정치적 기본권은 기본권의 주체인 개별 국민의 입장에서 보면 주관적 공권으로서의 성질을 가지지만, 민주정치를 표방한 민주국가에 있어서는 국민의 정치적 의사를 국정에 반영하기 위한 객관적 질서로서의 의미를 아울러 가진다.

판례 3 헌재 1995.6.29. 93헌바45, 형사소송법 제312조 제1항 단서 위헌소원, 판례집 7-1, 879면

[판시] 국민의 기본권은 국가권력에 의하여 침해되어서는 아니 된다는 의미에서 소극적 방어권으로서의 의미를 가지고 있을 뿐만 아니라, 헌법 제10조에서 국가는 개인이 가지는 불가침의 기본적 인권을 확인하고 이를 보장할 의무를 진다고 선언함으로써, 국가는 나아가 적극적으로 국민의 기본권을 보호할 의무를 부담하고 있다는 의미에서 기본권은 국가권력에 대한 객관적 규범 내지 가치질서로서의 의미를 함께 갖는다. 객관적 가치질서로서의 기본권은 입법·사법·행정의 모든 국가기능의 방향을 제시하는 지침으로서 작용하므로, 국가기관에게 기본권의 객관적 내용을 실현할 의무를 부여한다.

판례 4 헌재 2016.9.29. 2014헌가3 등, 구 '집회 및 시위에 관한 법률' 제3조 제1항 제3호 등 위헌확인

[판시] 집회의 자유는 국가에 대한 방어권으로서 집회의 주체, 주관, 진행, 참가 등에 관하여 국가권력의 간섭이나 방해를 배제할 수 있는 주관적 권리로서의 성격을 가지는 동시에, 자유민주주의를 실현하려는 사회공동체에 있어서 불가결한 객관적 가치질서로서의 성격을 아울러 가진다.

1) 성낙인, 헌법학, 제7판, 법문사, 2007, 248-249면.

위 결정들 외에 이중성을 설시하고 있는 결정례로는, 헌재 1996.8.29. 94헌마113, 판례집 8－2, 153면; 1997.4.24. 95헌마273, 판례집 9－1, 496면; 2002.4.25. 2001헌마614, 판례집 14－1, 427면; 2009.5.28. 2006헌바109, 판례집 21－1 하, 563면 등이 있다.

(나) 헌재판례이론에 대한 검토

판례 1에서 "직업의 수행에 의하여 국가의 사회질서와 경제질서가 형성된다"는 것은 맞다. 그러나 직업의 자유가 그렇게 형성된 "사회적 시장경제질서라고 하는 객관적 법질서의 구성요소"라는 것은 형성을 한 주체(직업자유라는 기본권)가 자신이 형성을 한 결과의 요소(경제질서)가 된다는 것을 뜻하는 것이 되므로 모순이다. 직업은 어느 경제질서, 경제체제에서도 존재하고 직업의 자유는 질서 이전에 인간이 가져야 하는 기본권이다. 그러한 시장경제질서는 직업의 자유를 보다 더 잘 보장하기 위한 수단으로서 기능한다. 시장경제라는 제도기 작동하여 노동시장에서 직업을 구할 수 있고, 사적 자치의 원칙이라는 자유주의 경제질서의 원칙이 노동계약의 자유, 그리고 직업을 자유로이 구할 수 있는 자유가 보장되게 한다.

헌재는 직업의 자유가 " … 사회적 시장경제질서라고 하는 객관적 법질서의 구성요소이기도 하다. 따라서 이와 같은 자유도 다른 기본권의 경우와 마찬가지로 국가의 안전보장·질서유지 또는 공공복리를 위하여 필요한 경우에는 제한이 가하여 질 수 있는 것은 물론이지만"이라고 하여 마치 이중성을 인정하여야 기본권을 제한할 수 있는 것으로 이해하는 듯한 판시를 하고 있다. 그러나 앞서 지적한 대로 우리 헌법은 기본권제한에 관한 기본원칙규정인 헌법 제37조 제2항을 두고 있으므로 이 조항에 따라 제한되어질 수 있는 것이고(더구나 헌재 스스로도 당해 판시에서 "국가의 안전보장·질서유지 또는 공공복리를 위하여 필요한 경우에는 제한이 가하여 질 수 있는 것"이라고 헌법 제37조 제2항 문언을 그대로 옮겨놓고 있다) 이중성을 인정하여야만 기본권제한이 될 수 있는 것은 아니다(전술 참조). 결국 기본권의 이중성을 언급할 이유가 없고 헌법 제37조 제2항, 비례원칙 등을 그대로 적용하여 판단할 수 있다. 위 결정 외에 이중성을 언급하고 있는 95헌마273 결정, 2001헌마614 결정 등을 보아도 특별히 이중성을 인정하여야 헌재의 사건판단이 이루어질 수 있었던 것은 아니었다.

판례 2에서 정치적 기본권의 이중성을 인정하는 판시도 문제이다. 그런데 헌재는 "기본권의 주체인 개별 국민의 입장에서 보면 주관적 공권으로서의 성질을 가지지만"이라고 하는데 이렇게 주관적 공권성을 인정한다면 정치적 자유권 자체가 질서라고 볼 것은 아니다. 정치적 자유권의 행사를 위한 수단으로서 정치질서가 형성되는 것이다(헌법총론에서 다룬 선거제도 등의 정치질서가 마련됨으로써 정치적 자유권의 행사가 보다 충실해짐). 판례 3에서 기본권을 소극적 방어권으로 본 것은 문제이다. 기본권에는 적극적인 생존권, 청구권 등도 있다. 판례 3에서 집회자유 자체는 권리이고 집회제도는 사회제도로서 사회질서를 이루는 것이며 집회제도가 집회자유의 신장을 위한 수단이지 집회자유 내에 있는 성격은 아니다.

2) 대법원

(가) 판례

대법원은 최근 고등학교에서의 종교의 자유가 문제된 사안에서 이중성을 인정하는 듯한 다음과 같은 판시를 한 바 있다.

판례 대법원 2010.4.22. 2008다38288

[판시] "헌법상의 기본권은 제1차적으로 개인의 자유로운 영역을 공권력의 침해로부터 보호하기 위한 방어적 권리이지만 다른 한편으로 헌법의 기본적인 결단인 객관적인 가치질서를 구체화한 것으로서, 사법(私法)을 포함한 모든 법영역에 그 영향을 미치는 것이므로 사인 간의 사적인 법률관계도 헌법상의 기본권 규정에 적합하게 규율되어야 한다"라고 판시한 바 있다(동지 : 대법원 2011.1.27. 2009다19864).

(나) 대법원판례에 대한 검토

기본권을 방어적 권리로서 본 것부터도 문제이다. 사안이 종교의 자유라는 자유권이 문제되었으므로 기본권을 방어적 권리라고 언급한 것은 이해가 되나 오늘날 방어권적이지 않은 적극적 기본권들도 많다. 그리고 결단론적으로 본 것도 문제이다. 기본권은 시대에 따라 국민이 그때마다 결단하여야 할 가치 이전에 '있어야 할' 권리이다. 기본권이 사법영역에서도 그 영향을 미친다는 점을 지적한 것은 타당하나 그 논거가 명확하지 않다. 기본권이 객관적 가치질서로서의 성격을 가져야 사법관계에 기본권이 효력을 발휘하는 것은 아니다(전술 및 후술, 기본권의 사인 간 효력 부분 참조). "사인 간의 사적인 법률관계도 헌법상의 기본권 규정에 적합하게 규율되어야 한다"라는 판시결론은 지극히 타당한데 오히려 그 논증으로 "권리인 기본권을 보장하는 기본권 '규정'이 객관적 가치질서를 이루므로 사인 간의 사적인 법률관계도 헌법상의 기본권 규정에 적합하게 규율되어야 한다"라고 판시하는 것이 보다 논리적으로 더 뚜렷하게 나타내는 것이었다. 대법원의 위 판례가 기본권이 사법에 그 "영향을 미치는 것"이라고 한 것은 '영향'이란 '효과'를 의미하는 것이라는 점에서 기본권의 객관적 가치질서성이 효과로서 나온다고 보는 우리의 입장에 부합하는 면도 있다.

2. 검토와 결론

(1) 기본권 자체의 성격과 기본권효과로서의 질서·제도

기본권의 이중성론에 대한 검토에 있어서 먼저 기본권 자체만을 두고 볼 것인지 아니면 기본권의 효과까지 포함하여 볼 것인지에 따라 그 긍정 여부가 달라진다는 점을 이해해야 한다. 기본권 자체로서는 권리로서의 성격을 가지고, 객관적 질서와 제도는 기본권의 효과로서 형성되는 것이다. 예를 들어 재산권이라는 기본권은 그 자체는 권리이고 재산권이라는 권리를 보장하고 뒷받침하기 위하여 사유재산제도라는 제도가 요구되는 것이며 남의 재산권을 침해하여서는 아니 되고 존중하여야 한다는 사회 · 경제질서(자본주의경제질서)가 재산권의 효과로서 형성되어 자리잡고 있는 것이다. 보다 근본적으로 기본권이 보다 효과적으로 보장되기 위해서는 국가의 법제도 내지 법질서의 확충이 필요하다. 국민의 기본권을 보장하는 데 필요한 행정서비스(예를 들어 인간다운 생활을 할 권리를 보장하기 위한 복지행정서비스)가 이루어져야 하고 기본권이 제대로 보장되기 위해서는 기본권이 침해된 경우에 그 구제가 이루어져야 하는데 기본권의 구제를 위해서는 재판제도가 충분히 마련되어 있는 것이 필요하다(권리를 침해받은 데 대해서 재판으로 구제받는다). 그리고 이러한 제도, 질서는 객관적 법규범 내지 질서로서 국가기관과 공권력을 구속하는 힘이 있다(국가가 사유재산제를 파괴해서는 아니 되고 지켜야 한다). 이처럼 제도나 질서는 기본권을 보장하기 위한 수단이고 기본권의 효과로서 나타나는 것이다. 한편 질서는 기본권에 대하여 제한하는 효과를 가져오기도 한다. 타인과의 사회생활이 질서를 통해 유지되어야 할 경우가 있고 이 질서를 위하여 기본권이 제한될 수도 있는 것이다(교통질서를 위한 통행의 자유에 대한 제한). 기본권제한도 기본권의 효력이 제한됨을 의미하고 이는 역시 질서성이 효과로서 나타남을 보여준다. 오히려 질서성이 기본권에 내재하고 있다고 보면 기본권의 권리성이 제약을 받고 약화될 수도 있다. 결국 기본권의 개념을 기본권의 보장이나 효과까지도 포함하여 파악한다면 몰라도 기본권 자체를 두고 본다면 기본권의 이중성론은 '기본권' 자체의 성격과 기본권의 보장 문제 내지 기본권이 가지는 효력의 문제까지를 포함하여 보는 혼동을 가져오게 한다. 요컨대 기본권의 효과까지 포함하여 본다면 객관적 질서성이 있으나 기본권 자체로는 권리로서의 성격을 가진다.

(2) 기본권상충(충돌)에서의 모순

객관적 질서성이 기본권에 내포되어 있다는 이중성이론에 따르게 되면 기본권의 상충현상을 설명할 수 없게 되는 모순의 경우가 나타난다. 기본권의 상충이란 여러 기본권주체(사람)들 간에 각자의 기본권을 주장함으로써 일어나는 충돌을 말한다(후술 기본권의 상충 참조). 이 상충현상에 있어서 기본권이중론자들이 주장하는 객관적 질서가 모든 사회구성원이 준수하여야 할 질서(그래서 '객관적'이다)라면 충돌되는 타인의 기본권을 그 객관적 질서에 따라 적절히 존중하게 되어 충돌될 것도 없을 것이기 때문이다. 충돌이 일어나는 까닭은 기본권주체가 서로 자신의 기본권을 권리로서 주장하기 때문이다.

(3) 현행 헌법 제37조 제2항과의 모순

현행 우리 헌법 제37조 제2항은 기본권이 '질서유지'를 위하여 제한될 수 있다고 규정하고 있다. 만약 "권리성 + 질서성"이라는 기본권의 이중성을 인정한다면 그 질서가 예를 들어 직업윤리질서와 같이 기본권제약적인 것이라면 그 질서에 의해 기본권제약이 기본권 자체에서 스스로 이루어질 수 있을 것이다. 그러나 우리 헌법 제37조 제2항은 질서유지의 필요가 있더라도 기본권이 스스로 제약되는 것이 아니라 기본권을 '법률'로써 제한할 수 있게 되어 있으므로 우리 헌법 제37조 제2항에 모순된다. 이 점에서 헌법 제37조 제2항은 기본권은 그 자체로는 권리일 뿐이고 질서성을 포함하는 것이 아니라고 보는 것이 우리 헌법의 입장임을 밝혀주고 있는 헌법규정이다. 기본권이 제한된다는 것은 기본권의 효과가 제약을 받는다는 것을 의미하고 질서를 위하여 기본권이 제한된다는 것은 질서성은 기본권 자체의 성격이 아니라 기본권의 효과에 관한 것임을 말한다. 결국 객관적 질서성은 기본권 자체의 속성으로서가 아니라 기본권의 효과로서 나타난다고 볼 것이다.

(4) 기본권규범, 기본권효과의 객관성

기본권 자체는 그 주체에게는 각자가 누리는 권리로서 주관적인 것이고 객관적인 것은 기본권에 관한 규범(기본권규범)과 기본권 효과인 기본권보장 제도와 질서이다. 사회규범은 사회공동체에서 구성원 모두에게 적용되므로 객관적 성격을 가진다. 기본권을 보장하는 규범도 법규범이기에 국가기관뿐 아니라 누구나 지켜야 한다는 객관적 성격을 지닌다(흔히 권리 앞에는 '주관적', 법규범 앞에 '객관적'이란 말을 붙인다).

기본권규범은 어떠한 요건을 갖추거나 사유에 해당되면 기본권을 보장하도록 하는 일반적이고 추상적인 객관성을 가진다. 예를 들어 생활보호비를 받을 권리를 실현하기 위한 기본권규범은 그 권리를 받을 요건 등을 객관적이고 추상적으로 규정하지 '홍길동'이라는 특정인에게 바로 그 권리를 부여하도록 규정하지는 않는다(헌법 제34조 제5항은 "생활능력이 없는 국민은 법률이 정하는 바에 의하여 국가의 보호를 받는다"라고 규정하고 있다). 그리하여 모든 사람이 생활보호비를 받는 것은 아니고 받을 사유에 해당되는 사람이 받게 되는데 그 규범에 해당되어 생활보호비를 받는 사람의 입장에서는 개인의 권리로서 지급받게 되어 주관적 권리가 된다. 이는 기본권규범은 객관적이나 그 규범의 요건에 해당되어 그 권리를 누리는 사람의 입장에서는 주관적임을 의미한다. 이는 사법상의 사권(私權)에 있어서도 마찬가지이다. 예를 들어 A라는 사인이 가지는 소유권은 A 자신의 주관적 권리인데 A는 다른 모든 사람에 대해 자신의 권리임을 주장할 수 있고 사권인 그의 소유권을 다른 사람들이 인정해 주어야 효과를 가지므로 다른 사람들에 대해서는 객관성(다른 모든 사람이 인정한다는 것은 객관적으로 나의 소유권이라는 것을 의미한다. 이를 대세효라고 한다)을 가지는 것이다. 요컨대 기본권의 이중성에 입각하지 않더라도 기본권이 실현되도록 강제되는 법규범과 그 효과가 객관적이고 따라서 이중성의 질서성이 인정되어야 기본권이 다른 사람들에 대해 주장되어질 수 있는 것은 아니다.

(5) 절차법적 모순

기본권의 이중성을 인정할 경우 절차법적인 측면에서도 다음과 같은 모순을 보이게 된다.

기본권구제를 위한 절차제도인 헌법소원은 우리 헌법재판소의 판례나 기본권의 이중성을 긍정하는 학자들도 기본권구제기능뿐 아니라 객관적 헌법질서의 유지기능도 아울러 가진다고 본다(헌법재판 참조). 그런데 기본권 자체가 객관적 헌법질서의 성격을 가진다는 이중성 이론에 따른다면 이러한 헌법소원의 이중적 기능을 언급하는 것이 모순이 된다. 이중성론은 기본권 자체에 객관적 헌법질서도 포함된다고 보므로 헌법소원의 기본권구제기능이라고만 하여야 하고 객관적 헌법질서유지기능을 또 별도로 강조하는 것은 모순이다. 기본권 자체는 권리성만을 가진다고 볼 때 헌법소원의 헌법질서유지기능이 기본권구제기능과 더불어 지적되는 것이 논리적이다.

(6) 결론

위 (2)의 검토에서 살펴본 대로 기본권 자체의 성격으로는 이중성을 가지지 않고 권리성을 가질 뿐이다. 그렇다고 객관적 질서성을 부정하는 것은 결코 아니고 객관적 질서성도 긍정되어야 하는데 객관적 질서성은 기본권의 효과로서, 기본권보장(기본권제한)에서 나타난다. 기본권의 객관적 효과로서의 기본권보장제도와 질서가 마련되고 질서성으로 인해 기본권을 존중하여야 할 의무가 강제되고 국가권력이 기본권에 기속되며 객관적인 헌법질서의 유지도 이루어진다.

Ⅳ. 기본권의 개념정의

1. 개념정의

비로소 여기서 기본권의 개념을 정의하고자 한다. 기본권이라 함은 국민이나 인간이 누리는 기본적인 권리로서 국가에 의하여 그 보호가 이루어져야 할 권리를 말한다. 기본권은 그 침해에 대하여 배제를 요구하거나 적극적인 구제를 요구할 수 있는 힘을 가지는 권리이다. 사실 우리 현행 헌법에 직접 '기본권'이라는 용어를 규정한 조문은 없다. 기본권에 관한 우리 헌법의 제1원칙 규정인 헌법 제10조 후문은 "국가는 개인이 가지는 불가침의 기본적 인권을 확인하고 이를 보장할 의무를 진다"라고 규정하여 '기본적 인권'이란 용어를 사용하고 있다. 우리는 이처럼 우리 현행 헌법이 기본적 인권이라는 말을 규정하고 있기도 하기에 우리 헌법의 의미로 기본권을 천부인권으로서의 자연권으로 파악하고 있으므로 기본권은 기본적 인권의 축약이라고 본다. 기본권이란 용어는 우리나라와 국제사회에서 보편적인 용어로 사용되고 있고 학술용어로 자리잡았다고도 볼 것이다. 개별 법률에서 기본권이란 용어를 사용하는 경우가 있다(헌법재판소법 제68조 1항, 제75조 2항, 3항). 이 경우에도 헌법에서 명시하는 기본권들보다 그 범위가 넓은 권리라고 보아야 한다. 헌법재판소법 제68조 제1항은 "헌법상 보장된 기본권을 침해받은 자는 법원의 재판을 제외하고는 헌법재판소에 헌법소원심판을 청구할 수 있다"라고 규정하고 있는데 법률에 의한 것이 아닌 '헌법상' 보장된 기본권이라는 점, 그리고 우리 헌법재판소 판례도 그러하듯이 헌법에 명시되지 않은 권리들(예를 들어 자기결정권 등)을 기본권으로 인정하여 그 침해에 대해 헌법소원심판을 청구할 수 있음을 인정하는 점 등에서 기본권이라는 용어를 사용하는 경우에도 넓은 의미로 파악됨을 알 수 있다.

2. 인접 용어와의 개념적 구분 문제

(1) 인권

'인권'이라는 용어는 자연권적인 의미를 가진다. 인간이 태어나면서(생래적으로) 당연히 누려야 할 권리라는 의미로서 '人'權이란 용어를 사용한다. 인권은 국가의 존재 이전에, 그리고 국민으로서가 아닌 인간으로서 가지는 권리를 말한다. 기본권을 자연권적으로 보는 학자들은 기본권이라는 용어와 인권(人權 droits de l'homme)이란 용어를 동일시하게 된다. 인권이라는 용어는 세계 모든 사람들에 보편적으로 인정되는 전인류적(全人類的 universel)이고 영구적인 인간의 권리를 의미하며 공적 자유권이 실정법적으로 보장되는 것임에 비해 인권은 일종의 자연권(droit naturel)으로 파악되는 개념이다.[1] 따라서 인권이란 항상 존재하되 어떤 인권적 권리는 실정법적으로 보장되기도 하나 다른 인권적 권리들은 실정법적으로 보장되지 아니하는 경우도 있을 것이다. 바로 이 점 때문에 실정권론의 입장에서는 인권과 기본권이 다른 것으로 보게 된다. 그러나 실정법적으로 보장되고 있지 않은 권리라도 당연히 보장되어야 하고 앞으로 실정법에 의해 보장되도록 요구할 수 있는 권리들도 기본권으로 인정된다는 점에서 자연권으로서의 기본권은 다르다. 자연권으로서의 인권을 기본권으로 파악하는 우리는 기본권을 인권과 같은 의미로 파악하게 된다.

(2) 시민의 권리

'시민권'이란 용어는 시민으로서 누려야 할 권리인 국적권이라든지 공민으로서 국가의 정치에 참여하는 권리인 참정권 등을 주로 의미하여 왔다. 따라서 시민권의 개념은 기본권의 개념보다 좁은 개념으로서 기본권 개념 속에 포함된다.

프랑스 1789년 인권선언은 그 제목이 '1789년 8월 26일의 인간과 시민의 권리들에 대한 선언'(Déclaration des Droits de l'Homme et du Citoyen du 26 août 1789)이다. 이처럼 이 인권선언은 인간의 권리, 즉 '인권'이란 용어와 '시민의 권리'라는 용어를 구별하는 관념을 가지고 있었다. '인권'은 인간에 속하는 것으로 파악되는 모든 권리들을 지칭하는 반면, '시민의 권리'는 사회구성원 내지 국민이란 지위에 결부되어 있는 권리들을 의미한다고 정의하기도 한다. 이러한

---

1) 이러한 뜻으로, J.-P. Costa, Les Libertés publiques en France et dans le Monde, STH, Paris, 1986, 16면; R. Abraham et B. Stirn, La Protection juridictionnelle des Libertés publiques, Cours d'IEP, Paris, 1986-1987, 7면 참조.

구분은 古代에서 자연권(droits naturels)과 시민권(droits civils)으로 구분하여 전자는 천부인권으로서 모든 사회생활에 있어서 모든 개인에게 고유한 권리들이고 후자는 실정법에 의하여 열거된 권리들을 의미한다는 관념에서 유래되는 것으로 볼 수 있다.

V. 기본권과 이른바 '제도적 보장'의 이론

1. 문제의 제기

종래 '제도적 보장'의 이론이 있어 왔다. 제도적 보장론을 기본권론에서 검토하는 것은 제도적 보장이론에서 말하는 제도가 기본권과 상당히 관련이 있기 때문에(예를 들어 직업공무원제라는 제도가 공무담임권이라는 기본권과 관련된다) 기본권의 개념을 살펴봄에 있어서 제도적 보장론이 논의되어 온 것이다. 그러나 종래의 제도적 보장의 이론에 대해서는 검토를 요한다고 본다. 먼저 기존의 제도적 보장론에 대해 살펴본다.

2. 이른바 '제도적 보장'의 이론

(1) 제도적 보장의 개념

제도적 보장 내지 제도보장이란 사회 내지 국가의 여러 제도들 중에 국가의 구성과 조직 및 사회 및 국가의 활동을 가능하게 하고 지속하게 하는 제도들이 있는데 이러한 제도들은 그러한 기능만큼이나 중요하기에 그러한 제도들의 핵심을 헌법 자체에 규정함으로써 그 제도들의 존속이 확보되도록 하는 것을 의미한다. 헌법 자체에 그 핵심을 규정함으로써 하위의 법률이나 명령 등으로 그 제도를 폐지할 수 없도록 하는 것이다. 종래 우리 헌법학계와 판례도 종래 제도적 보장 관념을 인정해 오고 있다. 중요한 제도라고 보아 헌법이 직접 보장하는 제도가 무엇인가는 결국 헌법제정(개정)자의 의사에 의하여 결정될 것이다. 제도적 보장 이론은 독일에서 M. Wolff에 의해 제안되었다. 이를 체계화한 학자는 프랑스의 M. Hauriou의 제도이론에 영향을 받은 C. Schmitt인데 그는 자유와 제도의 보장을 구별하고 공법적 제도의 보장을 '제도적 보장'으로, 私法的 제도의 보장을 '제도보장'으로 구분하여 불렀다.

(2) 제도적 보장의 성격과 효력

1) 객관적 법규범성

제도적 보장의 규범은 권리의 규범이 아니라 객관적으로 존재하여야 할 중요한 제도에 관한 법규범이라는 점에서 기본권과 차이가 난다고 한다. 그리하여 제도적 보장은 객관적 법규범이고 기본권은 주관적 권리라는 점에서 양자가 구별된다고 한다. 우리 헌법재판소의 입장도 그러하다.

판례 헌재 1997.4.24. 95헌바48, 판례집 9-1, 444-445면

[관련설시] 제도적 보장은 객관적 제도를 헌법에 규정하여 당해 제도의 본질을 유지하려는 것으로서, 헌법제정권자가 특히 중요하고도 가치가 있다고 인정되고 헌법적으로 보장할 필요가 있다고 생각하는 국가제도를 헌법에 규정함으로써 장래의 법발전, 법형성의 방침과 범주를 미리 규율하려는 데 있다. 다시 말하면 이러한 제도적 보장은 주관적 권리가 아닌 객관적 법규범이라는 점에서 기본권과 구별되기는 하지만 헌법에 의하여 일정한 제도가 보장되면 입법자는 그 제도를 설정하고 유지할 입법의무를 지게 될 뿐만 아니라 헌법에 규정되어 있기 때문에 법률로써 이를 폐지할 수 없고, 비록 내용을 제한한다고 하더라도 그 본질적 내용을 침해할 수는 없다.

2) 효과 : 최소한의 보장

(가) 핵심(본질)의 보장

종래 제도적 보장은 제도의 핵심, 본질만을 보장한다는 점에서 기본권이 가능한 한 최대한 보장되어야 하는 기본권의 보장과 다르다고 한다. 따라서 제도적 보장의 정도는 제도의 본질적 내용(핵심)만의 보장이라는 최소한의 보장이라고 한다. 헌법재판소의 입장도 '최소한 보장의 원칙'이 적용될 뿐이라고 하여 종래 입장과 마찬가지이다.

판례 헌재 1997.4.24. 95헌바48(위 주에 인용한 결정), 판례집 9-1, 444-445면

[관련설시] 기본권의 보장은 … '최대한 보장의 원칙'이 적용되는 것임에 반하여, 제도적 보장은 기본권 보장의 경우와는 달리 그 본질적 내용을 침해하지 아니하는 범위 안에서 입법자에게 제도의 구체적인 내용과 형태의 형성권을 폭넓게 인정한다는 의미에서 '최소한 보장의 원칙'이 적용될 뿐인 것이다.

(나) 구체화입법형성(재량)

이처럼 제도적 보장이론에 따르면 그 대상이 되는 제도의 본질적 내용(핵심요소)만을 헌법이 보호하는 것이므로 법률이 침해, 변경할 수 없는 것은 그 본질적 내용이다. 따라서 본질적 내용을 침해하지 않는 한에서 제도적 보장에서의 핵심, 본질 외의 그 제도의 구체적 내용들은 입법자에 의해 법률로 형성될 수 있다고 본다. 그리하여 이러한 형성은 입법자(국회)의 상당히 폭넓은 입법재량을 인정하게 한다고 본다. 헌법재판소의 판례도 "제도적 보장은 기본권 보장의 경우와는 달리 그 본질적 내용을 침해하지 아니하는 범위 안에서 입법자에게 제도의 구체적인 내용과 형태의 형성권을 폭넓게 인정한다"라고 하여 같은 입장을 보여주고 있다.[1)]

3) 효과 : 제도적 보장의 산물의 영속성 여부

제도적 보장은 제도의 존속을 보장하기 위하여 그 제도의 본질만을 헌법에서 보호하는 것을 말한다. 따라서 제도적 보장은 제도 자체가 보장되는 것을 의미하는 것이고 제도로 창설된 어느 특정 조직이나 단체도 영구토록 그 존속이 보장되어야 한다는 것을 의미하지는 않는다. 예를 들어 지방자치제도가 제도적 보장으로서 헌법상 보호된다고 하더라도 어느 특정 지방자

1) 헌재 1997.4.24. 95헌바48(위 결정), 같은 판례집, 같은 면.

치단체가 다른 지방자치단체와 통폐합이 필요한 경우 그 통폐합이 가능하다(아래 결정). 예를 들어 지방의 발전을 위한 A시와 B시의 통합을 법률로 한다고 하여 지방자치제도라는 제도적 보장에 위배되는 것은 아니다.

판례 헌재 1995.3.23. 94헌마175, 경기도 남양주시 등 33개 도농복합형태의 시 설치 등에 관한 법률 제8조 위헌확인, 합헌성을 인정하는 기각결정, 판례집 7-1, 452면

[사건] 시, 군 통합을 위한 법률이 주민투표를 거치지 않고 제정되어 군 지역의 주민의 기본권을 침해한다고 하여 청구된 헌법소원심판. [관련판시] 자치제도의 보장은 지방자치단체에 의한 자치행정을 일반적으로 보장한다는 것뿐이고 특정자치단체의 존속을 보장한다는 것이 아니며 지방자치단체의 廢置·分合에 있어 지방자치권의 존중은 위에서 본 법정절차(주민의견조사)의 준수로 족한 것이다.

마찬가지로 복수정당제가 제도적 보장으로서 헌법상 보호된다고 하더라도 어느 특정 정당이 민주적 기본질서에 위배한 경우에는 해산될 수 있다.

4) 재판규범성 문제

(가) 헌법소원의 청구가능성과 재판규범성 문제

위에서 본대로 제도적 보장은 개인의 권리를 보장하는 것이 아니므로 제도적 보장의 규범을 위배하였다고 하여 개인의 권리를 침해하는 것은 아니라고 보는 것이 논리적이다. 반면 헌법소원은 기본권이라는 권리의 침해에 대한 구제의 방법으로 제기하는 헌법재판이다. 따라서 어느 개인이 제도적 보장규범의 위반을 내세워 자신의 기본권구제를 위한 헌법소원심판을 청구할 수는 없다고 보는 것이 일반적인 이론이다. 헌법재판이론에서는 이를 청구인적격이 없다고 한다.

예시 지방자치단체인 A시와 B군이 통합되는 법률이 제정되었다. B군에 거주하는 갑은 도시화로 인해 환경오염이 가속화되는 것을 우려하여 헌법소원을 청구하고자 한다. 갑은 헌법에 지방자치제도라는 제도의 보장을 침해받았다고 주장하면서 청구하고자 한다. 가능할까? 청구할 자격의 문제에서는 원칙적으로 아니다(아래에서 보듯이 직권으로 청구가 적법하다고 볼 수 있는 것은 별론으로 하면). 자신의 환경권이 침해되었다는 주장으로는 가하다.

(나) 객관적 재판에서의 재판규범성 인정

그러나 제도적 보장 규범도 어디까지나 헌법규범이므로 헌법재판에서 적용되어야 할 재판규범성을 가지는 것은 물론이다. 다만, 위에서 서술한 대로 권리규범이 아니므로 개인의 권리구제를 위한 재판에서는 원칙적으로 적용되지 않으나, 이른바 객관적 위법성을 따지는 객관적 재판에서 있어서는 제도적 보장규범이 재판규범으로 적용될 수 있다. 아래와 같은 경우들이 있다.

① **권한쟁의심판에서의 적용** 개인의 권리구제를 위한 재판이 아닌 기관들 간의 권한 다툼을 해결하기 위한 헌법재판인 권한쟁의심판의 경우를 들 수 있다(권한쟁의심판에 대해서는, 헌법재판 참조). 어느 지방자치단체가 자신의 지방자치권에 따른 권한을 침해하였다고 주장하면서

권한쟁의심판을 청구하면 제도적 보장규정이라고 보는 헌법 제117조를 적용한 판단이 이루어질 수 있다.

예시 지방자치단체인 A시가 어느 국가기관의 작용으로 인해 자신의 지방자치권을 침해당하였다고 하여 그 국가기관을 상대로 권한쟁의심판을 청구한 사건에서 헌재는 지방자치권을 규정하고 있는 제도적 보장규범인 헌법 제117조를 적용하여 그 위반 여부를 판단할 수 있다.

실제판례 헌재 2009. 5. 28. 2006헌라6, 서울특별시와 정부 간의 권한쟁의

[사건개요] 행정자치부(현재의 행정안전부) 등 5개 부·청이 2006. 9. 14.부터 2006. 9. 29.까지 서울시에 대하여 자치사무 등 해당 분야에 대한 정부합동감사를 실시하였다. 이에 서울시는 2006. 9. 19. 자치사무에 관한 법령위반사실이 밝혀지지 아니하였고 법령위반 가능성에 대한 합리적인 의심조차 없는 상황에서 구 지방자치법 제158조 단서에 위반하여 사전적·포괄적으로 이 사건 합동감사를 실시하는 것은 헌법과 지방자치법이 서울시에게 부여한 자치행정권, 자치재정권 등 지방자치권을 침해하였다'고 주장하며 권한쟁의심판을 청구하였다. [결정요지] 1. 헌법은 제117조와 제118조에서 '지방자치단체의 자치'를 제도적으로 보장하고 있는바, 그 보장의 본질적 내용은 자치단체의 보장, 자치기능의 보장 및 자치사무의 보장이다. 중앙행정기관의 지방자치단체의 자치사무에 대한 구 지방자치법(1994. 3. 16. 법률 제4741호로 개정되고, 2007. 5. 11. 법률 제8423호로 개정되기 이전의 것, 이하 '구 지방자치법'이라 한다) 제158조 단서 규정의 감사권은 사전적·일반적인 포괄감사권이 아니라 그 대상과 범위가 한정적인 제한된 감사권이라 해석함이 마땅하다. 2. 중앙행정기관이 구 지방자치법 제158조 단서 규정상의 감사에 착수하기 위해서는 자치사무에 관하여 특정한 법령위반행위가 확인되었거나 위법행위가 있었으리라는 합리적 의심이 가능한 경우이어야 하고, 또한 그 감사대상을 특정해야 한다. 따라서 전반기 또는 후반기 감사와 같은 포괄적·사전적 일반감사나 위법사항을 특정하지 않고 개시하는 감사 또는 법령위반사항을 적발하기 위한 감사는 모두 허용될 수 없다. 3. 행정안전부장관 등이 감사실시를 통보한 사무는 서울특별시의 거의 모든 자치사무를 감사대상으로 하고 있어 사실상 피감사대상이 특정되지 아니하였고 행정안전부장관 등은 합동감사 실시계획을 통보하면서 구체적으로 어떠한 자치사무가 어떤 법령에 위반되는지 여부를 밝히지 아니하였는바, 그렇다면 행정안전부장관 등의 합동감사는 구 지방자치법 제158조 단서 규정상의 감사개시요건을 전혀 충족하지 못하였다 할 것이므로 헌법 및 지방자치법에 의하여 부여된 서울특별시의 지방자치권을 침해한 것이다.

② **기관소송에서의 적용** 지방자치단체의 장이 지방의회의 재의결 사항이 법령에 위반된다고 인정되면 지방자치단체의 장은 대법원에 소를 제기할 수 있는데 이것이 행정소송인 기관소송이다(지방자치법 제107조 3항, 제172조 3항). 이 기관소송에서 우리 판례가 제도적 보장규정의 하나로 보는 지방자치제도에 관한 헌법 제117조가 위반되었는지 여부를 대법원이 판단할 수 있다. 그 판단이 기관소송이라는 재판에서 제도적 보장규정이라고 보는 헌법 제117조가 적용됨을 의미하는 것이다.

③ **기관소송에서 이루어진 위헌법률심판, 위헌소원심판에서의 적용** 위 기관소송에서 어느 법률이 제도적 보장규정인 지방자치에 관한 헌법 제117조를 위반하였는지 여부가 문제될 수 있다(이를 재판의 전제성이 있다고 한다). 그 경우에 기관소송의 당사자의 신청에 의해 또는 기관소송을 담당하는 법원이 직권으로 헌법재판소에 그 위반 여부에 대한 판단을 제청할 수 있다. 법원이 제청을 하면 헌법재판소의 위헌법률심판에서 헌법재판소가 그 위반 여부를 가리게 된

다(제107조 1항). 당사자가 제청신청을 했음에도 법원이 만약 제청을 해주지 않으면 당사자는 헌법재판소법 제68조 제2항에 따라 헌법소원심판(이는 권리구제형의 본래의미의 헌법소원심판이 아니라 위헌법률심판을 위한 제2종 헌법소원심판으로서 '위헌소원'심판이라고 불리워지고 사건부호는 '헌바'임. 헌법재판 참조)을 청구할 수 있는데 이러한 위헌소원심판에서 헌법재판소가 그 위반 여부를 판단할 수 있다. 아래의 헌법재판소판례가 실제의 예가 있음을 보여준다.

판례 헌재 1998.4.30. 96헌바62, 지방세법 제9조 위헌소원, 판례집 10-1, 380면
[쟁점] 지방자치단체가 과세를 면제하는 조례를 제정하고자 할 때 내무부장관의 사전허가를 얻도록 한 지방세법 제9조의 규정이 조례제정권의 본질적 내용을 침해하여 헌법에 위반되는지 여부(합헌결정) [사건개요와 결정] 청구인(인천광역시의회)은 수도권신국제공항건설에 따라 토지를 수용당한 주민에 대하여 주민세를 면제해주는 내용의 인천광역시세감면조례중개정조례안(이하 "이 조례안"이라 한다)을 의결하여 인천광역시장에게 이송하고, 인천광역시장은 내무부장관(현재의 행정안전부장관)에게 이 조례안개정허가 신청을 하였다. 그러나 내무부장관은 이미 주민세가 과세된 다른 공공사업과 비교할 때 조세형평의 원칙에 어긋나고 국세인 양도소득세는 과세하면서 그에 부가하여 과세되는 주민세를 면제하는 것은 불합리하다는 이유로 불허가하였다. 인천광역시는 이 조례안에 대한 재의요구를 하고 청구인은 임시회 본회의에서 원안대로 재의결하였다. 이에 인천광역시장은 청구인을 상대로 대법원에 이 조례안은 내무부장관의 사전허가를 얻도록 한 지방세법 제9조 위반으로 위 재의결무효확인소송(기관소송)을 제기하였다. 청구인은 이 지방세법 제9조에 대한 위헌여부심판제청신청을 하였으나 대법원이 기각하자 헌법재판소법 제68조 제2항에 따라 헌법소원심판청구를 하였다. 헌법재판소는 판단결과 합헌으로 결정하였다. [결정요지] 청구인은 이 법률조항은 지방자치단체의 조례제정권을 규정한 헌법 제117조 제1항과 제118조에 위반되어 무효라고 주장하므로 이 점을 검토한다. 이 법률조항이 지방자치단체의 행정과 재정의 조정자로서의 책무와 역할을 맡고 있는 내무부장관의 허가를 받게 한 것은 지방자치단체의 합리성 없는 과세면제 남용을 억제하고 전국의 지방자치단체 상호간의 균형을 맞추게 함으로써 건전한 지방세제를 확립하고 안정된 지방재정의 운영에 기여하게 되는 것이다. 수도권신국제공항건설 사업시행자에게는 국세와 주민세를 과세할 여지가 없고, 신공항 건설사업이 수도권의 항공수요에 대비하고 나아가 국민경제의 발전에 이바지함을 목적으로 하는 공익사업임을 감안한 것으로 토지양도(토지수용)로 인한 소득에 대하여 양도소득세, 주민세를 소유자에게 부과하는 것과 서로 단순·평면 비교할 수는 없는 것이다. 특히 공항연결도로부지 조성을 위하여 토지를 수용당한 주민들에게는 모두 주민세를 부과한 점에 비추어 공항부지와 배후지원단지 내 토지 소유 주민들에게만 주민세를 면제해주는 이 조례안은 오히려 불합리한 차별을 조장하는 결과를 가져올 수도 있다. 이상의 이유로 이 법률조항은 지방자치단체의 조례제정권의 본질적인 핵심영역을 침해한다고 볼 수 없고, 지방자치의 이념에 기초를 둔 합헌심사의 요건인 공익성과 필요성, 합리성을 모두 갖추고 있는 것이다. 그리고 지역주민의 재산권 침해면에서도 지역주민 일부에 대한 주민세의 면제라는 이익보다 조세평등주의와 지방세제의 확립·지방재정의 적정한 운영이라는 공익이 더 우선함이 명백하다. 따라서 이 법률조항은 헌법에 위반되지 아니한다.

④ **위헌법률심판, 위헌소원심판** 위에서 기관소송에서의 재판전제성을 가지는 경우 위헌법률심판(법원이 제청하는 경우), 위헌소원심판(법원이 제청신청을 기각하는 경우)이 이루어지고 그 심판에서 제도적 보장 규범의 침해 여부를 판단하게 되면 제도적 보장 규범의 적용이 있게 된다고 하였는데 기관소송에서가 아닌 일반적인 법원재판 도중에 적용되는 법률규정의 위헌 여부를

가리는 데 있어서도 제도적 보장규범에의 위배 여부를 판단할 경우가 있다. 위헌법률심판(위헌소원심판)은 법률규정의 위헌 여부를 객관적으로 판단하는 재판과정이기 때문이다.

(다) 권리구제형 헌법소원심판에서의 재판규범성

한편 본래의미의 헌법소원심판인 권리구제형 본래의미의 헌법소원심판(헌법재판소법 제68조 제1항의 헌법소원심판)에서도 제도적 보장규범이 재판규범으로서 적용될 가능성이 있다. 자신의 권리구제를 이유로 헌법소원심판을 청구한 청구인이 자신의 기본권침해의 이유로서 제도적 보장규정의 위반을 주장할 수는 없지만 헌법소원심판은 객관적 헌법질서유지의 기능도 수행한다고 하므로(학설, 판례의 일치된 견해임) 그러한 가능성이 있다. 즉 어느 개인의 기본권침해가 있어 일단 청구가 되어 본안판단에 들어가면 헌법재판소가 후자의 기능을 수행하기 위하여 기본권 침해의 위헌 여부 외에 필요하다고 인정할 때에는 직권으로 제도적 보장규정의 위반 여부를 따질 수 있다.

구분	기본권	제도적 보장
성격	권리규범	객관적 법규범
보장범위	'최대한 보장의 원칙'	'최소한 보장의 원칙'(본질사항의 보장)
소송을 통한 권리구제성	헌법소원 가능	헌법소원 적격 부정
재판규범성	긍정	긍정

▌제도적 보장과 기본권의 차이 – 기존이론의 정리

(3) 제도적 보장의 예

그 동안 우리 헌법재판소의 판례가 제도적 보장으로 본 것으로는 직업공무원제,[1] 의무교육제도,[2] 정당제도(복수정당제),[3] 지방자치제도,[4] 혼인·가족제도[5] 등이 있다. 그 외에 사유재산제도, 언론제도 등도 제도적 보장으로 파악되고 있다.

---

1) 헌재 1997.4.24. 95헌바48, 판례집 9-1, 444면.

2) 헌재 1991.2.11. 90헌가27, 판례집 3, 18면. [관련판시] 의무교육제도는 교육의 자주성·전문성·정치적 중립성 등을 지도원리로 하여 국민의 교육을 받을 권리를 뒷받침하기 위한, 헌법상의 교육기본권에 부수되는 제도보장이라 할 것이다.

3) 헌재 1999.12.23. 99헌마135, 판례집 11-2, 800, 812면; 헌재 2004.12.16, 2004헌마456, 판례집 16-2 하, 625면 등.

4) 헌재 1995.3.23. 94헌마175, 판례집 7-1, 438면.

5) 헌재 1990.9.10. 89헌마82, 형법 제241조(간통죄)의 위헌여부에 관한 헌법소원, 판례집 2, 312면; 헌재 1997.3.27. 95헌가14,96헌가7(병합), 민법 제847조 제1항 위헌제청, 판례집 9-1, 205면; 헌재 1997.7.16. 95헌가6 내지 13(병합), 민법 제809조 제1항 위헌제청, 판례집 9-2, 17면; 헌재 2000.8.31. 97헌가12, 국적법 제2조 제1항 제1호 위헌제청, 판례집 12-2, 182면; 헌재 2002.3.28. 2000헌바53, 형법 제259조 제2항 위헌소원, 판례집 14-1, 165면.

3. 제도적 보장 개념에 대한 근본적 검토 - 사견

(1) 제도의 의미 - 기본권보장 수단으로서의 제도

제도적 보장이론에 대해 살펴보면서 먼저 국가나 사회에 있어서 제도가 가지는 의미를 근본적으로 되새겨 보아야 한다. 제도의 의미에 따라 제도적 보장이론의 의미도 나타날 것이기 때문이다. 국가의 존재이유 자체가 국민의 기본권보장에 있고 헌법에 규정된 중요한 많은 제도들은 직·간접적으로 기본권을 보장하기 위한 수단으로서 기능하는 의미를 가진다. 정당제도는 정치적 의사표현의 자유라는 중요한 기본권을 실현하는 제도이다. 직업공무원제도를 보면 그 핵심요소인 정치적 중립성은 공정한 공무수행을 통해 국민의 권익을 보장하기 위한 데 보다 궁극적 목적이 있다는 점에서 국민의 기본권의 실효성확보를 위한 수단의 의미를 가진다. 또한 직업공무원제도는 능력주의, 신분보장 등도 요소로 하는데 국민이 능력에 따라 공무원이 될 수 있게 하고 국민인 공무원이 신분보장 속에서 공무수행을 할 수 있게 하여 공무담임권의 보장을 뒷받침하는 것이고 직업(공무원이라는 직업)의 자유라는 기본권보장에도 관련된다. 헌법재판소는 제대군인가산점제도가 헌법 제7조에서 보장하는 직업공무원제도의 기본적 요소에 포함되는 능력주의와 무관한 불합리한 기준으로 여성 등의 공무담임권이 침해된다고 하여 위헌결정한 바 있다.[1] 또 지방자치단체의 장은 다른 지방자치단체의 장의 동의를 얻어 그 소속 공무원을 전입할 수 있다고 규정한 지방공무원법규정에 대해 헌법재판소는 "헌법 제7조에 규정된 공무원의 신분보장 및 헌법 제15조에서 보장하는 직업선택의 자유의 의미와 효력에 비추어 볼 때", 위 법률조항은 "해당 지방공무원의 동의가 있을 것을 당연한 전제로 하여 그 공무원이 소속된 지방자치단체의 장의 동의를 얻어서만 그 공무원을 전입할 수 있음을 규정하고 있는 것으로 보는 것이 올바른 해석이다"라고 판시한 바 있다.[2] 위와 같은 판례들은 제도적 보장으로 보아온 직업공무원제의 보장이 공무담임권, 직업의 자유 등의 기본권과 관련되는 것을 볼 수 있게 하는 예라고 할 것이다. 헌법재판소 판례 중에는 "기본권에 부수되는 제도보장"이라고 판시한 예도 있다.[3] 이처럼 제도적 보장의 대상인 중요한 제도들이 기본권문제에 결부되어 있다. 그렇다면 제도적 보장론은 기본권의 문제로 해결될 수 있지 않은가 하여 그 실익에 의문이 제기될 수 있다.

---

1) 헌재 1999.12.23. 98헌마363, 판례집 11-2, 770면.

2) 헌재 2002.11.28. 98헌바101, 99헌바8(병합), 판례집 14-2, 616면.

3) 우리 헌법재판소는 의무교육제도에 대해 "국민의 교육을 받을 권리를 뒷받침하기 위한, 헌법상의 교육기본권에 부수되는 제도보장이라 할 것이다"라고 판시한 바 있다(헌재, 1991.2.11. 90헌가27, 판례집 3, 18면). 사실 의무교육제도 외에도 부수적 관련성이 있는 제도적 보장들은 많다. 위에서 언급한 복수정당제, 직업공무원제 외에, 가족제도는 가족에서의 기본권을 위하여, 지방자치제도는 지방의 주민들의 복리를 증진하기 위해서 존재하는 것이어서 부수적이다.

(2) 객관적 법규범의 문제

기본권을 보장하는 규범도 객관적이다. 기본권은 주관적 권리이나 그것을 보장하는 규범은 객관적이다. 재산권이라는 기본권은 그 재산권의 주체 외에 다른 사람들이 그 주체의 재산권이라는 것을 인정하여야 효과가 발생한다는 점에서 모든 다른 사람에 대한 관계에서 객관적이다. 법규범은 객관적이므로 기본권을 보장하는 규범도 객관적이다. 그 점에서 기본권규정은 주관적인 권리규정이고 제도적 보장은 객관적 규범이라고 구별하는 것이 의미있는 것인지 하는 의문이 제기된다.

(3) 최소한 보장의 문제점

종래 제도적 보장론에 따르면 제도적 보장은 최소한의 보장이라고 한다. 그러나 위에서 살펴본 대로 기본권보장을 위한 제도적 보장에서의 제도는 기본권을 보장하기 위한 것인데도, 그리고 종래 이론에 따르면 제도적 보장은 최소한의 보장이고 제도적 보장이라는 이유로 최소한 보장에 그치게 된다는 것은 결국 그 제도가 보장하는 기본권의 최소보장을 가져오게 된다는 문제가 있다. 종래의 제도적 보장이론이 기본권은 최대한 보장을 요한다고 보아왔는데 제도적 보장으로 보호되는 기본권이 최소로 보장된다는 모순을 가져오는 것이다. 또한 종래의 이론에 따르면 제도적 보장은 법률로써는 폐지할 수 없다고 하는데 그렇다면 헌법개정으로는 폐지할 수 있다고 볼 수 있다면 문제가 제기될 제도적 보장이 있다. 예를 들어 복수정당제의 보장은 법률로써 폐지할 수 없을 뿐 아니라 나아가 헌법개정대상도 되지 않는다고 보는데 종래 복수정당제의 보장은 제도적 보장으로 분류되어 온 것으로서 이러한 문제를 보여준다. 위와 같은 점들을 두고 볼 때 제도적 보장이론에 대한 근본적인 검토가 요구된다.

(4) 기본권의 이중성론과 제도적 보장론

앞서 기본권의 이중성론을 검토한 바 있는데 이중성론은 객관적 질서를 기본권이 가진다고 보므로 객관적 질서를 이루는 객관적 제도들을 기본권이 내포한다고 보게 되면 기본권의 보장이 곧 제도의 보장을 가져온다고 보게 된다. 그리하여 이중성론을 취하면서 기본권과 별도로 제도적 보장을 주장하는 것은 중복의 결과에 이르게 한다.

4. 결론

제도적 보장 이론이 기본권이 넓게 인정되지 못하던 시대에 그 보완적 역할을 수행한 점은 인정되나 위에서 살펴본 대로 종래의 제도적 보장의 이론은 문제점을 가지고 있고 아울러 그 실익도 많은지 의문이 든다. 위에서 살펴본 결과 헌법이 보장하고 있는 많은 제도들은 기본권을 보장하기 위한 수단으로서의 의미를 가진다. 그런데 이를 제도적 보장론으로 다루어 최소한의 보장에 그치게 할 수는 없다. 그리하여 종래의 제도적 보장이론을 그대로 받아들일 수는 없다. 다만, 제도적 보장의 대상이 되는 중요한 제도들은 여전히 존재하므로 이를 헌법제도라고 부르고자 한다. 기본권을 보호하기 위한 헌법제도는 그 헌법제도가 보호해야 할 기본권이 어느 정도 중요하냐에 따라 그 헌법제도의 중요도와 그 헌법제도에 대한 보장의 정도가 달리 나타난다고 할 것이다. 아울러 제도가 보장하려는 기본권이 어느 정도의 보장을 요하느냐에 따라 그 제도의 내용을 형성하는 입법자의 입법재량도 달라진다고 보아야 한다.

제2장 기본권의 발달역사

Ⅰ. 외국과 국제사회에서의 발달과 전개

1. 외국의 발달사

앞서 기본권의 성격에 관한 이론고찰에서 본 대로 고대에서부터도 자연권론이 주장되었으나 중세의 암흑기를 거쳐 17세기 사회계약론 등에 의한 자연권사상이 전개되었고 근대 시민혁명을 이끌어 천부인권으로서의 기본권이 발달하게 되었다.

(1) 영국

영국에서는 1215년의 마그나 카르타(Magna Carta)부터 권리보장의 역사가 시작되었다. 그러나 마그나 카르타는 근대적인 인권선언은 아니었고 귀족들의 요구에 의한 권리헌장이었다. 1628년의 권리청원(Petituion of Right)은 의회의 법률에 의하지 않은 조세의 금지와 신체의 자유에 관한 규정을 두었다. 1679년의 인신보호법(Habeas Corpus Act)은 구속적부심사제도를 두어 신체의 자유의 보장의 강화를 가져왔다. 1689년의 권리장전(Bill of Rights)은 명예혁명의 소산으로서 의회의 승인 없는 과세의 금지하고, 청원권, 언론의 자유보장에 관해 규정하였으며, 의회의 승인없이 국왕이 법률을 효력정지할 수 없도록 하는 규정 등을 두어 기본권보장을 확대하여 갔다. 그런데 이러한 권리청원 등은 국민의 권리보장의 기능을 하였지만 국왕에 대한 권력제한의 의미를 강하게 가졌다. 영국은 기본권의 발달이 이처럼 일찍 시작된 역사를 가지고 있으면서도 위 권리청원 등이 인신보호 등 절차적 보장에 주력하였기에 실정권적 경향을 보여주었고 천부인권으로서의 자연권을 강조한 프랑스의 인권선언, 미국의 독립선언 등과 차이를 보여주었다. 보통법 하에서는 시민들은 법에 의해 명시적으로 금지되지 아니하는 한에서는 행위를 자유롭게 할 수 있다는 원칙에 따라 폭넓은 자유가 보장되고 있다.[1)]

---

1) A. W. Bradley & K. D. Ewing, *Constitutional and administrative law*, 12th ed., Longman, London and New York, 1998, 460면.

(2) 미국

미국에서는 1776년의 버지니아 인권선언(The Virginia Declaration of rights)과 미국의 독립선언에서 기본권을 인간의 천부인권으로서 선언하고 있다. 따라서 미국에서는 자연권으로서의 인권으로 이해하는 경향이 강하였다. 버지니아 인권선언은 1776년 6월 12일에 채택되어 미국의 인권선언의 효시로서 인권사에 있어서 중요한 의미를 가지고 이후 다른 주들에서 인권선언이 제정되었다. 버지니아인권선언은 행복추구권, 생명과 자유, 재산권, 신체의 자유, 언론·출판의 자유, 종교의 자유, 참정권, 저항권 등을 규정하고 있었다. 미국독립선언은 앞 부분에 인간의 천부인권으로서 평등권, 생명권, 자유권, 행복추구의 권리를 선언하고 이를 침해하는 정부를 변경, 없앨 수 있는 인민의 권리, 즉 저항권을 선언하고 다음으로 영국 국왕의 식민지에 대한 박해 등을 밝히고 그로써 미국의 독립을 정당화하고 있다. 버지니아 인권선언과 독립선언은 모두 정부에 대한 저항권을 선언하고 있다.

미국 연방헌법은 1787년에 제정되었는데 제정당시에 기본권에 관한 규정들을 두지 않았다. 그뒤 1791년에 'Bill of Rights'로 불리는 수정헌법으로서 10개의 조가 추가되었는데 종교의 자유, 언론·출판의 자유, 신체의 자유, 적법절차조항 등을 규정하였다. 이후에도 1800년대에 들어와 수정헌법이 추가되었다. 적법절차조항의 주(州)로의 확대를 1868년 수정헌법 제14조가 규정하였다. 미국은 흑인에 대한 차별이 인권의 역사에 있어서 해결해야 할 중요한 과제였다. 흑인노예에 대한 해방은 지성들에 의해 주장되었고 링컨대통령에 의해 결국 남북전쟁의 참화를 겪고 이끌어내어졌고 1865년 수정헌법 제13조로 폐지되었으며 1870년 수정헌법 제15조는 흑인에 대한 참정권을 규정하였다. 그러나 이후에도 흑인에 대한 차별이 문제되었고 마틴 루터 킹 목사의 유명한 "나에게는 꿈이 있습니다"라는 워싱턴에서의 연설 이후 인권법이 제정되는 등 인권의 발달이 있었다. 여성의 참정권도 1920년 수정헌법 제19조로 규정되었다.

(3) 프랑스

프랑스는 '1789년 8월 26일의 인간과 시민의 권리선언'(Déclaration des Droits de l'Homme et du Citoyen du 26 août 1789)을 통하여 천부인권으로서의 인간의 권리들을 천명하였다. 이 권리선언은 개인주의적 자유주의적 성격을 강하게 지니고 있다. 이 권리선언 제1조는 모든 인간은 자유롭고 평등하게 태어나고 살아간다고 규정하고, 제2조는 인간의 자연적이고 시효에 걸리지 않는 자연권으로서 자유권, 재산권, 안전권, 압제에 대한 저항권을 규정하고 있다. 또한 제6조는 평등권을, 제7조, 제8조, 제9조는 신체의 자유, 죄형법정주의, 무죄추정권을 규정하고 있고 제10조는 사상과 종교의 자유, 제11조는 사상의 자유로운 커뮤니케이션(소통)의 권리(언론의 자유), 제17조는 재산권이 불가침의 신성한 권리라고 규정하고 있으며 제16조는 권리의 보장이 보증되지 않는 사회는 헌법을 가진 것이 아니라고 선언하고 있다. 1789년 인권선언은 오늘날에도 그 효력을 가진다. 즉 현행 프랑스 헌법(1958년 제5공화국 헌법)은 기본권규정을 거의 두고 있지 않은데 현행 헌법의 전문이 프랑스 국민은 1789년 인권선언에 의해 규정된 인권들에의 애착을 엄숙히 선언한다고 명시함으로써 1789년 인권선언에 규정된 기본권들이 현행 헌법에서도 그 효력을 가짐을 인정하고 있다. 바로 이 전문규정에 근거하여 프랑스의 헌법재판소는 1789년 인권선언에서 기본권들을 파생시키고 확대시켜 옴으로써 현행 헌법에 기본권규정이 거의 없음에도 기본권의 헌법적 보장에 충실을 기하여 왔다. 프랑스에서는 1789년 이후 1848년 헌법의 전문에서 노동, 교육의 권리 등 생존권적 기본권들을 많이 규정하였다. 그러나 대체적으로 일반적이고 추상적인 규정에 그쳐 실효성이 약하였다. 그 뒤 1870년에 도래한 제3공화국에서는 집회, 출판 등의 자유를 헌법이 아닌 개별 법률들로 보장하였지만 그 보장이 실제화되었고 자유주의가 고조되고 인권이 발달된 시기로 평가된다. 프랑스 1946년 헌법(제4공화국헌법)의 전문에서는 생존권(사회권)적 기본권들을 많이 규정하였다. 현행 프랑스 헌법은 역시 그 전문에서 1946년 헌법의 전문에 의해 확인되고 보충된 인권들에 대한 프랑스 국민들의 애착을 엄숙히 선언한다고 명시함으로써 1946년 헌법 전문의 기본권들에 대해서도 현행 헌법에서의 효력을 인정하고 1946년 헌법 전문의 기본권들로부터 헌법재판소가 기본권들을 파생시킴으로써 기본권목록을 확대하여 왔다. 요컨대 과거의 1789년 인권선언과 1946년 헌법 전문의 기본권규정들은 현행 헌법에서 이어 받아 오늘날에도 효력을 가지도록 함으로써 기본권확대를 도모하고 있다. 또한 1946년 헌법전문은 이전의 공화국들에서의 법률들로 인정된 기본원칙들(les principes fondamentaux reconnus par les lois de la République)도 존중하도록 규정하여 과거의 그 법률들에서도 기본권보장의 실정규범이 나온다. 프랑스에서는 법률이 기본권침해의 위헌이 있는지를 심사하는 위헌법률심사제로 법률이 공포되기 전에 심사하는 사전적 심사제를 두고 있었고 원칙적으로 법률공포 후 시행에 들어간 뒤에 하는 사후적 심사제는 두고 있지 않다가 2008년에 사후적 위헌심사제를 도입하여[1] 기본권보장을 더욱 진전시키고 있다.

(4) 독일에서의 발달

독일은 근대적 입헌주의국가의 출현이 늦었고 기본권을 실정권적으로 보는 경향이 강하였던 나라였다. 1807년 베스트팔렌왕국헌법이 프랑스 1789년 인권선언을 본떠서 인권규정을 두어 독일에서의 인권선언의 출발이 되었고 1808년의 바이에른왕국의 헌법에도 인권규정을 두었다. 1814년 프랑스 헌장은 독일의 19세기 여러 주(州)들의 헌법에 영향을 미쳤다. 1849년의 프랑크푸르트 헌법 초안(독일제국헌법안)은 많은 기본권들을 규정하여 독일의 인권보장 역사에 있어서 중요한 의의가 있는 헌법안이었는데 헌법으로 시행되지는 못하였다. 그러나 후일의 바

1) 2010년부터 시행에 들어가 많은 판례들이 이미 형성되고 있다. 프랑스의 사후적 위헌심사제에 대해서는, 정재황, 프랑스의 사후적 위헌법률심사제에 대한 연구, 성균관 법학, 제22권 제3호, 2010, 519면 이하 참조.

이마르공화국의 헌법에 많은 영향을 미쳤다. 1850년의 프로이센 헌법은 인권규정들을 두었으나 실질적인 기능을 하지는 못하였고 인권보장에 소극적이었다고 평가된다. 이후 1919년 바이마르헌법은 자유권들뿐 아니라 생존권적 기본권으로 '인간다운 생활을 할 권리' 등을 규정하여 생존권(사회권)에 관한 중요한 모델 헌법이 되었다. 즉 바이마르헌법 제121조는 모든 경제생활의 질서는 모든 사람에게 인간다운 생활을 보장하는 것이어야 한다고 규정하였다. 그러나 문제는 바이마르공화국 당시 생존권은 법률로 구체화되어야 권리성이 인정된다고 보아 이를 방침적인 권리로 보는 경향이 강하였다. 나치독재의 인권유린이 있었고 2차 세계대전을 일으켰던 국가로서 독일은 그 뼈아픈 반성으로 현행 헌법인 1949년 기본법이 인간의 존엄권과 여러 기본권에 관한 규정들을 많이 두고, 특히 그 기본권들이 직접 효력을 가지는 법으로서 입법, 집행, 사법을 구속함을 분명히 하고 있다. 특히 사법부의 최고지위에 있는 특별한 헌법재판기관인 연방헌법재판소를 창설하여 위헌법률심판과 기본권구제를 위한 헌법소원심판을 활발히 행함으로써 기본권보장을 강화하여 왔다.

2. 국제적 보장

인권에 대한 국제적인 보장은 1차 세계대전 이후 각종 인권관련 조약의 체결(노예매매금지, 난민보호, 부녀와 아동의 매매금지, 아편거래금지, 근로자보호 등을 위한 조약)로 나타났다. 보다 본격적인 보장은 2차 세계대전 이후 국제연합에 의한 노력으로 전개, 발전되었다.

(1) 국제연합 차원

1) 국제연합헌장과 세계인권선언(世界人權宣言)

1945년 6월 26일에 서명된 국제연합(UN)헌장은 전문, 제1조, 제13조에서 기본적인 인권과 인간의 존엄·가치의 보장을 규정하고 제9정에서 경제적·사회적인 권리들을 규정하고 있다. 보다 상세한 인권규정들은 국제연합이 1948년 12월 10일의 총회에서 채택한 세계인권선언(Universal Declaration of Human Rights)에 담겨져 있다. 이 세계인권선언은 먼저 인간의 고유한 존엄성과 평등하고 양여할 수 없는 권리를 승인함을 세계의 자유, 정의, 평화의 기본이라고 천명하고, 인종 등으로 인한 차별을 받지 않을 평등권, 신체의 자유, 고문금지, 공정한 재판을 받을 권리, 무죄추정권, 형벌불소급, 사생활·통신의 자유, 거주이전의 자유, 사상·양심 및 종교의 자유, 언론의 자유, 정보입수의 자유, 집회·결사의 자유 등의 자유권, 망명권, 국적보유·변경권, 참정권, 사회보장·생활보장을 받을 권리, 노동권과 노동조합을 결성할 권리, 교육을 받을 권리, 문화생활의 권리, 본 선언의 권리·자유를 실현하기 위한 사회적·국제적 질서를 향유할 권리 등을 규정하고 있다. 세계인권선언은 이후의 인권선언과 인권조약에 많은 영향을 미쳤다. 그러나 세계인권선언은 국제연합가입국들에 대한 법적 구속력을 가지지는 않는다는 것이 실무와 학계의 일반적 견해[1]로서 그 한계를 가진다.

2) 국제인권규약

(가) 경과

세계인권선언과 달리 법적 구속력을 가지는 조약으로서 국제연합은 1966년 12월 16일에 국제인권규약(International Covenant on Human Rights)을 채택하였다. 국제인권규약은 ① '경제적·사회적 및 문화적 권리에 관한 국제규약'(International Covenant on Economic, Social and Cultural Rights 약칭하여 이른바 'A규약') ② '시민적 및 정치적 권리에 관한 국제규약'(International Covenant on Civil and Political Rights 약칭하여 이른바 'B규약') ③ '시민적 및 정치적 권리에 관한 국제규약 선택의정서', 이 세 가지 조약으로 되어 있다. 'A규약'은 1976년 1월 3일에, 'B규약'은 동년 3월 23일에 발효되었다. 국제인권규약은 세계인권선언보다 자세한 인권규정들을 두고 파업권, 형사보상청구권, 민사적 구금금지, 소수민족의 보호 등을 추가하여 규정하고 있다. 반면에 국적에 관한 권리, 망명권 등은 세계인권선언에는 있었으나 국제인권규약에는 없다. 국제인권규약은 세계인권선언과 달리 가입국가에 대한 의무를 자세히 규정하고 있으므로 비준을 한 국가를 구속하는 법적 강제력을 가진다.

(나) 내용

'A규약', 'B규약' 각각 1부, 2부에는 공통되는 내용으로서 국민의 자결권, 평등권을 규정하고 있으며, 'A규약'의 제3부에는 근로권, 노동조합권, 사회보장에 대한 권리, 건강권, 교육권, 문화생활에 참여할 권리 등 생존권적 권리들을, 'B규약'의 제3부는 생명권, 고문·잔혹한 형벌의 금지, 노예제도·노예매매 금지, 강제노동 금지, 신체의 자유와 안전에 대한 권리, 거주이전의 자유, 공정한 재판을 받을 권리, 무죄추정권, 형벌불소급, 사생활, 통신의 간섭배제, 사상, 양심 및 종교의 자유, 표현의 자유, 평화적인 집회의 권리, 결사의 자유, 가정을 구성할 권리, 아동의 인권, 참정권, 평등권, 소수민족의 권리 등 여러 자유권들과 참정권을 규정하고 있다. 'A규약' 제4부는 가입국의 규약준수 상황을 보고하도록 하고 있고, 'B규약' 제4부에서는 인권이사회를 두고 가입국이 인권보고서를 제출하도록 하며 인권규약 위반 여부에 대해 심사하고 당사국의 주의를 환기시키거나 우호적인 해결을 위하여 당사국에게 주선을 제공하고 조정을 할 수 있도록 규정하고 있다.

(다) 우리나라와 관련사항

우리나라도 1990년 3월 16일 국회의 비준동의를 받아 국제인권규약에 가입하였고 1990년 7월 10일부터 효력을 발생하였다(조약 제1006호, 제1007호). 우리나라는 A규약에 대해서는 애초부터 유보없이 가입하였고 B규약에 대해서는 애초 가입시에 4개 조항, 즉 유죄판결을 받은 사람

1) 우리 헌법재판소판례도 그러하다. 헌재 1997.7.22. 89헌가106; 헌재 2005.10.27. 2003헌바50 등.

의 상급심재판을 받을 권리를 규정한 제14조 제5항, 유죄 또는 무죄선고를 받은 행위에 관하여서 다시 재판 또는 처벌을 받지 아니한다고 규정한 제14조 제7항, 노동조합설립의 설립·가입의 권리와 결사의 자유를 규정한 제22조, 혼인과 이혼에서의 배우자평등을 규정한 제23조 제4항에 대해서는 유보하고 가입하였다가 현재는 제22조에 대해서만 유보를 유지하고 나머지 3조항에 대해서는 그동안 유보를 철회하였다.

(2) 지역적 차원

1) 유럽연합 차원

유럽에 있어서는 1950년 유럽인권규약이 로마에서 서명되었고 1953년 9월 30일에 발효되었는데 폭넓게 기본적인 인권을 담고 있을 뿐 아니라 인권재판소를 두도록 하였는데 이 인권재판소의 역할이 중요하였다. 1961년에는 유럽 사회헌장이 채택되어 중요한 생존권적 기본권들이 규정되었다. 이후 유럽연합체제에서 중요한 기본권규정들을 담은 획기적인 유럽연합헌법이 제정되어 회원국가들의 승인절차를 거쳐 발효되기로 예정되었으나 네덜란드, 프랑스에서 승인을 위한 국민투표에서 부결되어 좌초되었다. 그 뒤 유럽연합조약을 개정하는 조약(the Reform Treaty)이 2007년 12월 13일 리스본에서 서명이 되었고(그리하여 리스본조약이라고도 함) 구성국가들의 비준을 거쳐 2009년 12월 1일에 발효되었다. 그리고 유럽의회에서 위 개정조약 서명 전날인 2007년 12월 12일에 마침내 기본권헌장(la Charte des droits fondamentaux)이 선포되었고 이 기본권헌장은 리스본조약의 발효로 구성국가들을 법적으로 구속하는 힘을 가지게 되어 유럽에서의 핵심적이고 중심적인 인권장전으로서 자리잡게 되었다. 기본권헌장에는 인간존엄, 평등, 자유, 연대, 시민권, 사법적 권리가 규정되어 있고 그 외에도 개인정보보호의 권리, 생명공학에서의 기본권 등 이전의 유럽인권규약에 규정되어 있지 않던 기본권들도 규정되고 있다.

2) 기타 지역

위와 같은 유럽인권규약 등의 영향으로 1969년의 전미(全美)인권협정, 1981년의 이슬람의 인권에 관한 일반선언 등이 채택된 바 있고, 1961년부터 검토되어 온 아프리카 인권조약이 1987년에 발효되었으며 독립국가연합의 인권협정이 1995년에 체결되었다. 동남아시아에서는 논의가 있어 왔긴 하나 아직 뚜렷한 인권보장 조약이 성안되지 못하고 있다.

3. 기본권의 국제적 보장의 특색

2차 세계대전 이후 기본권의 국제적 보장은 다음과 같은 특색을 보여주고 있다.

(1) 자연권으로의 회귀

반인류적인 세계대전의 영향으로 이전에 성행하였던 실정권적인 관념이 자연권적인 관념으로 회귀하는 경향을 보여주었다. 인간의 존엄성이 전쟁으로 말살되었던 데에 대한 반성으로 인간의 천부인권이 강조되었다.

(2) 생존권의 강조

근대 말기부터 복지주의, 사회보장주의가 주창되면서 오늘날 인간다운 생활을 할 권리 등의 생존권적(사회적) 기본권이 강조되고 있다. 자유권도 물론 기초적 권리로서 여전히 중요하나 부익부, 빈익빈의 소수 보호를 위한 생존권의 실현이 현대국가의 중요한 과제가 되고 있다.

(3) 제3세대 인권의 발달

인권의 발달사를 세대별로 분석하기도 한다. 오늘날 제3세대에 접어들어 새로운 권리들이 고양되어야 한다고 주장되고 있다. 제3세대 인권에 대해서는 아래에 별도로 살펴본다.

(4) 정보기본권의 보장·발달

오늘날 특히 인터넷 등을 통한 정보의 신속한 유통과 그것에 따른 개인정보의 침해 등 새로운 양상의 기본권상황이 전개되고 있다. 이에 따라 개인정보자기결정권 등 정보기본권이 발달되어 가고 있다. 우리나라에서의 상황도 마찬가지이다.

(5) 사적(私的) 영역에서의 기본권보장 확대

앞서 기본권의 공권성에서 본 대로 기본권은 국가에 대한 공권으로서 자리잡은 것이고 사적 영역에서는 사권이 인정되는 것이라는 입장을 고수할 경우에 기본권은 사적 영역에서 적용되지 않는 권리가 된다. 그러나 오늘날 강한 조직과 영향력을 가진 사적 단체가 기본권을 침해하는 경우들이 발생하고 공권과 사권의 상대화 등으로 사인들 간에도 기본권이 적용된다는 이른바 기본권의 제3자적 효력(사인들 간 효력, 대사인적 효력)을 인정하는 견해가 강해지고 있다(후술 기본권의 효력 부분 참조). 이로써 기본권의 보장영역이 확대된다.

4. 세대론

(1) 개요

인권의 발달사를 세대론으로 분석하기도 한다. 인권의 제1세대에서는 근대에 자유권과 평등권, 정치적·시민적 권리가 강조되었다. 제2세대에서는 근대말기에 인간다운 생활, 복지의 개념이 강조되면서 국민의 생존권(사회권), 경제적 기본권들이 강화되었다. 오늘날 인권은 제3세대에 있다.

(2) 제3세대 인권의 발달

1) 발달원인과 경과

정치적 억압과 생존에의 배려를 요구하면서 제1, 2세대의 권리들이 정치적 권리와 사회보장적 생존권의 발달을 가져오긴 하였으나 여전히 개발도상국가에서는 기아선상에 있는 인간들, 지역적인 분쟁의 계속, 지구온난화, 자연환경의 파괴, 새로운 과학기술의 발달이 가져오는 변화와 역기능(소외현상) 등 새로운 시대상황이 제3세대 인권을 기대하고 있다.

제3세대 인권론은 국제인권연구소 사무총장이던 Karel Vasak이 주창하여 유네스코의 주도로 논의가 되어 왔고 국제연합은 1978년의 평화적 생존에 관한 선언, 1986년 발전에의 권리 선언, 1992년 환경보호에 관한 리우 선언 등 인류의 발전과 환경 등에 관한 권리로서 유대권의 보장을 위해 노력하여 왔다. 그러나 기존의 국제인권규약에서 나아가 제3세대 인권을 규정하는 새로운 규약을 제정하여야 할 것인지에 대해서 유보적이다.

2) 내용

국제연합에서는 제3세대 인권으로서 유대권(연대권)이 강조되고 있다. 그렇게 보면 유대권(연대권)의 내용이 곧 제3세대 인권의 내용이 된다. 유대권의 구체적 내용이 대해서는 학자들 간 다소 차이가 있긴 하나 "ⅰ) 개발에 대한 권리, ⅱ) 평화에 대한 권리, ⅲ) 의사소통의 권리, ⅳ) 서로 다를 수 있는 권리, ⅴ) 건강하고 조화된 환경에서 살 권리, ⅵ) 인류공동유산으로부터 이득을 받을 권리, ⅶ) 인도적 원조를 받을 수 있는 권리 등이" 포함되어 있다고 한다(김철수, 258면). 근래에는 '지속가능한 발전'(Sustainable Development)의 권리를 헌법에 규정하고 있는 나라들이 나타났다(스웨덴, 프랑스, 남아프리카공화국, 알바니아, 에쿠아도르 등의 헌법). 우리나라의 경우에도 지속가능발전법이 있다.

3) 특색과 전개방향

제3세대 인권이 강조되고는 있으나 여전히 국내의 제1, 2세대인권의 충실한 보장이 요구되고 있으므로 지난 세대의 인권이라고 경시할 수 없음은 물론이다. ⅰ) 정치권이 주가 된 제1세대 인권과는 제3세대 인권이 이데올로기를 떠나서 인간의 일상생활에서 요구되는 중립적 권리로서 자리잡는 기본권들도 그 내용으로 하고 있다. ⅱ) 제3세대 인권을 이루는 권리들은 제1, 2세대의 그것에 비해 구속력이 약하다고 평가된다. ⅲ) 그 실천을 위해 시민단체, 깨어있는 시민의 능동성을 요구한다. 오늘날의 시민사회는 사회관계망(SNS)을 통한 연대가 눈에 띄나 개별적 개성을 강조하는 경향도 강하다. ⅳ) 제3세대 인권은 위에서 본 대로 그 내용적 실천이 평화권, 인류공동유산권 등을 보면 파악되듯이 개별 국가 차원에 머물지 않고 국제적 공조가 있어야 가능하다. 그 공조가 기후협약, 이산화탄소규제와 같은 예에서 보고 있듯이 쉽지 않다.

5. 인공지능(AI) 시대의 기본권

이른바 제4차 산업혁명의 시대에 기본권 문제가 심각히 논의되어야 할 것이다. 인공지능, 스마트 자동차, 바이오 산업, 인체공학, 인공지능을 장착한 로봇 등등 이미 현실화되어 4차 산업혁명이 장차 도래할 것을 예상하는 정도가 아니라 이미 그 시기에 와 있는 것 같다. 인공지능 등 과학기술의 발달이 인간의 존엄성 문제, 그리고 그 이전에 기본권주체성 문제까지도 논의대상을 넓히게 하고 있다. 유럽연합의 의회는 2017년 1월에 이른바 AI로봇 결의안, 즉 인공지능(AI) 로봇에게 '전자적 인간성(electronic personhood)'이라는 법적 지위를 부여하고 그 활용에 있어서 지침을 제시하는 결의안을 채택한 바 있다. 이 지침은 로봇이 그 기능을 일탈하면 작동을 강제로 멈추게 하는 '킬 스위치'를 의무적으로 장착하도록 하고 인간을 위협하는 것이 금지되고 항상 인간명령에 복종할 것 등을 원칙으로 하면서 유럽연합 내에 인공지능 윤리기구 등을 신설하고 고용모델, 조세체제의 개편 등을 권고하고 있다. 로봇을 활용함으로써 인간의 노동기회 상실에 대응한 로봇세의 신설 등이 검토되고 있는 것이다.

Ⅱ. 한국에서의 발달사

1. 제1공화국

(1) 내용

제1공화국헌법에는 평등권, 신체의 자유, 거주와 이전의 자유, 통신의 비밀, 신앙과 양심의 자유, 언론, 출판, 집회, 결사의 자유, 학문과 예술의 자유, 재산권의 보장, 균등한 교육을 받을 권리, 근로의 권리, 근로자의 단결, 단체교섭과 단체행동의 자유, 이익분배균점권(사기업에 있어서 근로자가 이익의 분배에 균점할 권리), 생활무능력자에 대한 국가의 보호, 혼인의 남녀동권, 혼인의 순결과 가족의 건강에 대한 국가의 특별한 보호, 청원권, 재판을 받을 권리, 형벌불소급·일사부재리, 형사피고인의 공개재판을 받을 권리, 형사보상청구권, 공무원을 선거할 권리, 공무담임권, 공무원파면청원권, 국가배상청구권 등의 기본권을 규정하고 있었다. 국민의 의무로서는, 납세의 의무, 국토방위의 의무, 재산권행사의 공공복리적합의무, 초등교육의무, 근로의 의무를 규정하고 있었다.

(2) 평가

제헌헌법에서부터 위와 같이 적지 않은 기본권들을 헌법에서 명시하고 있었고 이익균점권 등의 생존권적 기본권을 두었던 것이 특징이다. 그러나 제헌헌법은 일본제국헌법과 바이마르헌법을 본받아 기본권을 천부인권이 아니라 실정헌법상의 권리로 보는 입장이었다고 평가된다(김철수, 259면). 그 점은 각 개별 기본권에 따라 법률에 그 제한 및 형성을 유보하는 개별적 법률유보조항을 많이 두고 있었다는 데에서 볼 수 있다.

2. 제2공화국

(1) 내용

기본권 목록 자체에는 많은 변화가 없었고 개별적 법률유보를 많이 없앴다. 정당에 대한 규정이 신설되었다. 제2공화국헌법은 "정당은 법률의 정하는 바에 의하여 국가의 보호를 받는다. 단, 정당의 목적이나 활동이 헌법의 민주적 기본질서에 위배될 때에는 정부가 대통령의 승인을 얻어 소추하고 헌법재판소가 판결로써 그 정당의 해산을 명한다"라고 하는 규정을 신설하였다(제2공화국헌법 제13조). 기본권과 관련되는 제도적 보장으로서 위 정당제도 외에 직업공무원제규정을 두기 시작하였다. 즉 제2공화국헌법은 "공무원의 정치적 중립성과 신분은 법률의 정하는 바에 의하여 보장된다"라고 하는 규정을 신설하였다(제2공화국헌법 제27조 2항)

주목할 것은 기본권제한의 방식에서의 변화이다. 제헌헌법에서는 "국민의 자유와 권리를 제한하는 법률의 제정은 질서유지와 공공복리를 위하여 필요한 경우에 한한다"라고 규정하여 "제한하는 법률의 제정은"이라고 했던 것을 제2공화국헌법 제28조 제2항은 "국민의 모든 자유와 권리는 질서유지와 공공복리를 위하여 필요한 경우에 한하여 법률로써 제한할 수 있다"라고 규정하였다. "제정하는 법률은"이란 말과 "법률로써 제한할 수 있다"라는 말은 다른 의미를 가지는 것이다. 개별적 법률유보를 많이 두었던 제헌헌법이었기에 "제한하는 법률의 제정은"이라고 했고 제2공화국헌법은 개별적 법률유보를 많이 없애었기에 이와 같이 일반유보를 둔 것이다. 또한 본질적 내용 침해 금지 규정이 제2공화국헌법에서 명시하기 시작하였고, 아울러 언론, 출판에 대한 허가나 검열과 집회, 결사에 대한 허가를 규정할 수 없다고 처음으로 헌법에 명시적으로 금지하기 시작하였다(제2공화국헌법 제28조 2항 단서).

(2) 평가

개별적 법률유보를 많이 없앤 점, 본질적 내용침해금지를 명시한 점 등에서 기본권을 자연권으로 보는 헌법제정권자의 의사가 나타난 점에 의의가 있다. 아울러 언론·출판에 대한 허가, 검열, 집회·결사에 대한 허가의 금지를 명시한 것도 4.19혁명으로 자리잡은 제공화국 헌법이 민주주의의 수호, 발전을 위하여 도입한 중요한 개정이었다.

3. 제3공화국

(1) 내용

다음과 같은 내용상의 변화가 있다. ① 기본권보장의 원칙규정을 처음으로 두었다. 즉 "모든 국민은 인간으로서의 존엄과 가치를 가지며, 이를 위하여 국가는 국민의 기본적 인권을 최대한으로 보장할 의무를 진다"라고 규정하기 시작하였는데(제3공화국헌법 제8조) 이는 이후의 헌법(제5공화국헌법)에서 행복추구권을 추가하는 등 다소 변화가 있으나 이어져 오고 있다. ② 신체의 자유에 관하여 고문의 금지, 자백의 증거능력 제한 등 새로운 규정들이 들어 왔다. 그리고 사인으로부터 신체의 자유의 불법한 침해를 받은 때에도 법률이 정하는 바에 의하여 구제를 법원에 청구할 권리를 새로이 규정하였다. ③ 직업선택의 자유에 관한 조항을 명시적으로 두었으며, ④ 언론·출판·집회·결사의 자유에 대하여 상세한 규정을 두었고, ⑤ 소급입법에 의한 참정권 제한 또는 재산권 박탈을 금지하였으며, ⑥ 국민의 재판을 받을 권리를 상세화하였고, ⑦ 인간다운 생활을 할 권리, 국가의 사회보장의 증진 노력의무 등 생존권에 관한 규정을 두었으며, ⑧ 근로의 의무를 보다 자세히 하여 근로의 의무의 내용과 조건을 민주주의 원칙에 따르도록 규정하였고, ⑨ 교육의 자주성, 전문성을 새로이 규정하였다.

제2공화국헌법에 있었던 기본권으로서 제3공화국헌법에서 삭제된 기본권은 근로자의 이익배분균점권, 공무원파면청원권이다.

(2) 평가, 특색

인간존엄가치보장을 선언한 기본권보장 원칙의 규정을 신설한 점은 특기할 만하다. 근로자의 이익배분균점권을 없애고 기본권들의 헌법조문상 배열순서가 변하였다. 직업선택의 자유 조항이 새로이 명시되었고 기존의 기본권규정들 중에도 신체의 자유, 언론·출판·집회·결사의 자유, 재판청구권 등에 대해서는 보다 추완하기도 하였다.

4. 제4공화국

(1) 내용

① 개별적 법률유보조항들을 많이 신설하였다. ② 신체의 자유 영역에서, 보안처분에 관한 규정을 새로 두면서 보안처분은 법률에 의하지 아니하고는 할 수 없다고 규정하였다. 강제노역을 형의 선고에 의하지 아니하고는 당하지 아니한다고 규정하였던 이전 헌법과 달리 "법률에 의하지 아니하고는" 받지 아니하는 것으로 변경하였다. 사후영장 대상 범죄를 이전 헌법에서 "현행범인인 경우"와 "장기 3년 이상의 형에 해당하는 죄"라고 규정하였던 것을 "3년 이상의 형에 해당하는 죄" 부분을 없애고 그냥 "현행범인인 경우와 죄를 범하고"라고 하여 그 대상을 확대하였다. 구속적부심사제를 폐지하였고 사인으로부터 신체의 자유의 불법한 침해를 받은 때에도 법률이 정하는 바에 의하여 구제를 법원에 청구할 권리도 삭제하였다. 제3공화국 헌법에 있었던 자백의 증거능력제한규정도 삭제하였다. ③ 언론·출판·집회·결사의 자유에 많은 후퇴가 있었다. "법률에 의하지 아니하고는" 언론·출판·집회·결사의 자유를 제한받지 아니한다고 규정하여 개별적 법률유보를 두었고 특히 허가와 검열의 금지규정을 삭제하였다. 제3공화국 헌법에 있었던 "언론·출판은 타인의 명예나 권리 또는 공중도덕이나 사회윤리를 침해하여서는 아니 된다"라는 규정도 삭제되었다. ④ 재판청구권에 있어서는 군사에 관한 죄, 비상계엄이 선포된 경우만 아니라 대통령이 법원의 권한에 관하여 긴급조치를 한 경우에도 군법회의의 재판을 받게 할 수 있도록 규정하였다. ⑤ 군인·군속·경찰공무원 등이 전투·훈련 등 직무집행과 관련하여 받은 손해에 대하여는 국가배상을 받을 수 없도록(이른바 '이중배상금지'

로 불렸으나 엄밀히 말하면 이중배상의 금지 문제가 아님 - 기본권 각론의 청구권 부분 참조) 금지하였다. 이는 원래 법률인 국가배상법에 있었던 규정이었으나 제3공화국 말기에 대법원에 의해 이 규정이 위헌으로 결정이 되었는데 유신헌법에서 헌법 자체에 규정을 두어 위헌을 피하고자 한 것으로 이는 법실증주의의 극치이자 반헌법적 폭거였다. ⑥ 근로3권에도 개별적 법률유보 규정을 두었다. 공무원과 국가·지방자치단체·국영기업체·공익사업체 또는 국민경제에 중대한 영향을 미치는 사업체에 종사하는 근로자의 단체행동권은 법률이 정하는 바에 의하여 이를 제한하거나 인정하지 아니할 수 있다는 규정을 두었다. ⑦ 기본권제한에 관한 일반원칙에 대해서는 제3공화국헌법이 "국민의 모든 자유와 권리는 질서유지 또는 공공복리를 위하여 필요한 경우에 한하여 법률로써 제한할 수 있으며"라고 규정하였으나 제4공화국헌법은 "국민의 자유와 권리를 제한하는 법률의 제정은 국가안전보장·질서유지 또는 공공복리를 위하여 필요한 경우에 한한다"라고 규정하여 제1공화국헌법과 유사하게 규정하고 있었다. 제4공화국헌법에서는 기본권제한의 한계인 본질적 내용침해금지의 규정을 삭제하였다.

(2) 평가

개별적 법률유보를 다시 두어 실정권적인 성격을 보여주었다.[1)] 본질적 내용침해 금지의 규정을 삭제한 것은 더욱 그러하다. 기본권이 많이 후퇴되었다. 특히 신체의 자유에서 적부심제도의 폐지, 언론·출판·집회·결사에 대한 허가제·검열제 금지 규정을 삭제한 것 등은 대표적이다. 긴급조치로 군법회의의 재판을 받도록 할 수 있게 하는 등 대통령의 긴급조치권으로 기본권의 중요 요소를 제한할 수 있게 하여 기본권이 매우 위축되었다. 권위주의정권이었기에 기본권에 관해서는 전시효과적 규정을 두었다. 예를 들어 의무교육을 초등교육 외에 확장될 수 있게 "적어도 초등교육" 외에 "법률이 정하는 교육"을 의무교육의 대상으로 확대하였으나 실효적이지 못한 규정이었다.

5. 제5공화국

(1) 내용

제5공화국헌법은 ① 개별적 법률유보를 많이 삭제하였다. ② 제5공화국헌법은 새로이 기본권들을 명시하였는데 그러한 기본권들로, 행복추구권, 사생활의 비밀과 자유, 연좌제의 금지, 형사피고인의 무죄추정권, 평생교육에 관한 권리, 환경권(깨끗한 환경에서 생활할 권리) 등이 명시되었고, 정당보상, 정당배상 등을 규정하였다. 근로의 권리 영역에서는 적정임금 보장을 위한 국가의무, 근로조건 기준을 인간의 존엄성을 보장하도록 법률로 정할 것, 국가유공자·상이군경 및 전몰군경의 유가족은 법률이 정하는 바에 의하여 우선적으로 근로의 기회를 부여할

---

1) 이로써 제헌헌법에 복귀하였다는 평가도 있다. 김철수, 261면.

것을 규정하였다. 가족생활에 관하여 처음으로 규정을 두었고 "혼인과 가족생활은 개인의 존엄과 양성의 평등을 기초로 성립되고 유지되어야 한다"라는 규정을 새로이 두었다. ③ 부활된 기본권의 내용으로는 구속적부심제도가 다시 규정되었고, 사후영장 대상 범죄를 제3공화국헌법에서처럼 "현행범인인 경우와 장기 3년 이상의 형에 해당하는 죄"라고 복귀하여 그 대상을 축소하였다. 제3공화국헌법에 있었던 자백의 증거능력제한규정도 부활하였다. 그러나 약식재판에서의 자백의 증거능력을 인정하였다. 제3공화국헌법에 있었던 "언론·출판은 타인의 명예나 권리 또는 공중도덕이나 사회윤리를 침해하여서는 아니 된다"라는 규정을 부활하면서 배상의무를 명시하였다. ④ 재판청구권에 있어서는 군사에 관한 죄, 비상계엄이 선포된 경우만 아니라 대통령이 법원의 권한에 관하여 비상조치를 한 경우에도 군법회의의 재판을 받게 할 수 있도록 규정하였다. 제4공화국헌법에서는 긴급조치권을 두었다가 제5공화국헌법에서는 비상조치권을 두었기에 바뀐 것일 뿐이고 이는 국민의 재판청구권의 중대한 제한이었다. ⑤ 교육재정 및 교원의 지위에 관한 기본적인 사항도 법률사항으로 하였다. ⑥ 기본권제한의 일반원칙으로서 "국민의 모든 자유와 권리는 국가안전보장·질서유지 또는 공공복리를 위하여 필요한 경우에 한하여 법률로써 제한할 수 있으며"라고 하여 제3공화국헌법으로 회귀하면서도 제한사유로 제4공화국헌법부터 추가된 '국가안전보장을 그대로 유지하였다. 그리고 본질적 내용의 침해금지 규정을 부활시켰다. ⑦ 국민의 기본의무로 환경보전의 의무 등이 새로이 규정되었고, 병역의무의 이행으로 인한 불이익처우의 금지를 처음으로 규정하였다.

(2) 평가

제5공화국헌법은 신군부 쿠테타에 의한 집권으로 만들어진 헌법이어서 권력구조를 강하게 하는 반면에 이를 희석하기 위한 행복추구권 등 새로운 기본권들을 명문화하였고 제3공화국헌법에서의 기본권규정들을 많이 부활시켰다. 그러나 전시효과적인 규정들이 적지 않았다.

6. 현행 제6공화국

(1) 내용

제5공화국헌법의 기본권 조항들에 몇 가지 새로운 기본권들을 추가적으로 명시하였다. ① 신체의 자유 영역에서는 ⅰ) 적법한 절차에 의하지 아니하고는 처벌·보안처분 또는 강제노역을 받지 아니한다고 규정하고(제12조 1항 후반) 체포·구속·압수 또는 수색을 할 때에는 적법한 절차에 따라 검사의 신청에 의하여 법관이 발부한 영장을 제시하여야 한다고 규정하여(제12조 3항 본문) 처벌·보안처분·강제노역·체포·구속·압수·수색에 적법절차원칙을 명시적으로 도입하였다, ⅱ) 체포 또는 구속의 이유와 변호인의 조력을 받을 권리가 있음을 고지받을 권리가 새로이 규정되었고(제12조 5항) ⅲ) 구속적부심사청구에 있어서 이전 헌법이 "법률이 정하는 바에 의하여"라고 개별적 법률유보를 두었었는데 이를 삭제하였다. ② 표현의 자유의 영역에서는 i) 언론·출판에 대한 허가나 검열의 금지, 집회·결사에 대한 허가의 금지를 명시하였고(제21조 2항), ii) 통신·방송의 시설기준과 신문의 기능을 보장하기 위하여 필요한 사항은 법률로 정하도록 하였다(제21조 3항). ③ 재산권의 영역에서는 재산권의 수용·사용 또는 제한에 대한 보상은 정당한 보상을 하도록 하였다(제23조 3항). ④ 선거권은 이전 헌법이 선거연령을 20세로 명시하고 있었으나 제6공화국헌법에서는 20세 규정을 없애고 법률이 정하는 바에 의하도록 하였다(제24조). ⑤ 청구권의 영역에서는 i) 군법회의를 군사법원으로 변경하고 군사법원의 재판을 받을 경우에 군사시설에 관한 죄의 경우와 대통령이 법원의 권한에 관하여 비상조치를 한 경우를 삭제하였다(제27조 2항). ii) 형사피해자의 재판절차진술권을 신설하였다. 또한 iii) 형사피고인뿐 아니라 형사피의자에 대해서도 형사보상청구권을 명시하여 형사피의자가 불기소처분을 받은 경우에도 보상을 인정하여 그 범위를 확대하였고(제28조), iv) 범죄피해자의 국가구조청구권을 신설하였다(제30조). ⑥ 생존권 영역에서는 i) 근로자의 최저임금제를 명시하면서 그 실시를 의무적인 것으로 하였고(제32조 1항), ii) 이전 헌법에서도 여자의 근로는 특별한 보호를 받는다는 규정을 두고 있었으나 제6공화국헌법은 특별한 보호를 여전히 명시하면서도 여자에 대한 고용·임금 및 근로조건에 있어서 부당한 차별을 금지하는 규정을 새로이 추가하였으며(제32조 4항), iii) 이전 헌법에서는 단체행동권행사에 대한 법률유보가 있었으나 제6공화국헌법에서는 삭제하였고, iv) 단체행동권이 제한되거나 인정되지 않는 대상으로 이전 헌법은 국가·지방자치단체·국공영기업체·방위산업체·공익사업체 또는 국민경제에 중대한 영향을 미치는 사업체에 종사하는 근로자로 규정하고 있었으나 제6공화국헌법은 법률이 정하는 주요방위산업체에 종사하는 근로자로 축소하였다. v) 여자의 복지와 권익의 향상, 노인과 청소년의 복지향상을 위한 정책을 실시할 국가의 의무를 규정하였다(제34조 3, 4항). vi) 생활능력이 없는 국민에 대한 국가의 보호의무를 여전히 두면서 그 사유로 신체장애자 및 질병·노령 기타의 사유로 명시하였다(제34조 5항). vii) 재해를 예방하고 그 위험으로부터 국민을 보호하여야 할 국가의 의무를 규정하였다(제34조 6항). viii) 환경권의 내용과 행사에 관하여 법률로 정하도록 법정주의를 설정하였으며(제35조 2항), 주택개발정책 등을 통하여 모든 국민이 쾌적한 주거생활을 할 수 있도록 노력할 국가의 의무를 신설하였다(제35조 3항). ix) 국가의 모성보호의 의무를 새로이 규정하였다(제36조 2항). 그 외 과학기술자의 권리보호규정을 두었고(제22조 2항), 대학의 자율성을 명시하였다(제31조 4항).

(2) 평가

이전 헌법에 비하여 개별적 법률유보를 축소하고 새로운 기본권들이 추가되어 기본권의 명시적 헌법규범이 확대되었다. 제6공화국에 들어와서는 헌법재판소에 의한 헌법재판이 활발히 이루어져 이전 헌법들의 기본권규정들이 규범력이 약했던 현실에서 벗어나 그 규범력과 실효성이 증대되고 있다. 정보에 대한 기본권 등을 추가하고 새로이 기본권규정들을 보다 체계화하자는 등의 헌법개정논의가 근간에 이루어지고 있다.[1] 기본권규정의 손질도 필요하나 그 이전에 현행 헌법상 기본권규정들을 보다 적극적으로 실현하기 위한 적극적인 헌법해석과 적용이 있어야 한다. 생존권(사회권) 규정 등에 대한 해석과 적용도 우리 헌법이 어디까지나 사회복지주의를 중요한 원리로 설정하고 있기에 보다 적극적으로 구현하는 방향으로 이루어져야 한다.

1) 이러한 논의에 대한 소개와 분석으로, 정재황, 현행 헌법의 쟁점과 전망, 법제연구 통권 제34호, 한국법제연구원, 2008.6., 11면 이하 참조.

제3장 기본권의 분류와 체계

Ⅰ. 기본권의 분류

1. 기본권분류의 필요성

기본권의 분류는 왜 필요한가? 우리나라에서 분류론을 설명함에 있어서 먼저 분류가 왜 필요한지에 대해 언급하는 교재를 찾아보기 어렵다. 다음과 같은 이유로 기본권의 분류가 필요하다. 분류에 따라 각 분류별 개별 기본권의 특성, 상이점을 고려하여 그것에 걸맞은 법적 보장의 제도, 법리를 찾아나갈 수 있게 하기 위해 필요하다. 예를 들어 어느 기본권이 분류상 청구권에 속한다면 기본권보장을 위한 권리라는 청구권이 가지는 적극적 성격에 적절하게 그 기본권을 적극적인 권리로 해석하고 그 기본권의 보장에 있어서도 보다 적극적인 방법을 강구함이 필요하다고 보아 그러한 방법과 법리를 찾게 된다. 기본권의 분류는 기본권의 체계화와 체계 속에 자리매김을 위해서도 필요하다. 어떠한 분류군의 기본권들이 다른 분류군의 기본권들 보다 상위에 있는지 아니면 상위의 분류군으로부터 파생되는 분류군이어서 하위에 있는지 하는 체계를 찾기 위해서는 먼저 각 분류군의 파악이 필요하고 어느 기본권이 어느 분류에 속하므로 기본권체계상 어느 곳에 자리를 가지는지 하는 그 위상을 파악할 수 있게 하기 때문이다.

2. 기존의 분류

기본권의 분류를 시도한 근대시기의 대표적인 예가 엘리네크(Jellinek)의 지위이론이다. 국민이 국가에 대한 지위 내지 상태를 소극적 지위에서 자유권이, 적극적 지위에서 수익권이, 능동적 지위에서 참정권이, 수동적인 지위에서는 의무가 나온다고 보았다. 이러한 엘리네크의 이론은 국가주권설에 입각하였다는 사실에서부터나 실정권론을 바탕으로 한다는 점부터 이미 오늘날의 이론으로는 적정성을 가지지 못한다. 이후 어떠한 분류기준에 의하느냐에 따라 다양한 분류론이 제시되었다. 이하에서 먼저 우리나라에서 그동안 제시되어 온 분류들을 살펴보고 그 외 분류들을 살펴본다.

(1) 국내에서 제시된 분류론

1) 내용에 따른 분류

기본권이 실현하는 내용에 따른 분류로서, 이 기준에 따라 인간의 존엄과 가치, 행복을 실현하는 내용의 기본권인 인간의 존엄가치권, 행복추구권, 국가공권력이 간섭을 하지 않도록 하는 자유권, 인간다운 생활을 영위하게 하는 것을 내용으로 하는 생존권(사회권), 기본권을 구제하기 위한 내용의 기본권인 청구권, 정치생활을 누리게 하는 내용의 기본권인 정치적 기본권, 경제생활을 누리게 하는 내용의 기본권인 경제적 기본권 등으로 분류된다. 내용별 분류와 다른 분류라고 하면서 영역별 분류를 시도하는 견해들도 있으나 영역별이 내용적으로 나누어지는 것이라면 마찬가지 관점에서의 분류라고 볼 것이다. 예를 들어 경제적 영역의 기본권은 그 실현이 경제적 내용을 가져오는 것이다.

* 문제점 : 다양한 내용, 영역들이 있는데다 내용이나 영역도 세분화할 수 있으므로 어느 정도 크기로 범주화할 것인가에 따라 분류가 달라질 수 있다. 모든 영역을 빠짐없이 포함하기 쉽지 않고 그러한 제외의 위험을 피하기 위해 포괄적 분류를 할 수도 있다. 영역의 구분도 분명하지 않을 수 있다. 어느 기본권이 복합적 내용을 가져 여러 영역에 속할 수 있다. 예를 들어 언론의 자유가 정치적 영역에서만 요구되는 것은 아니다(예를 들어 기업의 광고 – 광고를 언론으로 보는 헌법재판소 판례이론에 따르면). 생존권은 경제적 권리이기도 하다.

2) 법적 성격에 따른 분류

(가) 초국가적인 기본권과 국가내적인 기본권

종래의 이 구분이론에 따르면 전자는 국가가 있기 이전의 자연권을 의미하고 후자는 국가가 기본권실현을 위한 제도를 마련하여야 그 실현이 가능한 권리를 의미한다. 국가내적인 기본권으로는 청구권, 참정권, 생존권 등이 해당된다고 보는 견해들이 많다. 이는 청구권의 경우 예를 들어 청구권의 하나인 재판청구권의 실현을 위해서는 실정법으로 재판제도가 마련되어야 하고 참정권의 경우에도 선거제도 등이, 생존권적 기본권의 경우에도 복지제도 등이 마련되어야 하기 때문이라고 보는 것이다.

* 문제점 : 이 분류는 국가내적 기본권을 실정권으로 이해하게 한다면 그 실익이 있는지 의문이다. 자연권론에서는 국가내적 기본권을, 실정권론에서는 초국가적 기본권을 부정할 것이기 때문이다. 자연권론의 입장에서 국가내적 기본권을 실정권은 아니나 실정화가 더 많이 요구되는 기본권이라고 본다고 한다면 그 점에 실익은 있을 것 같으나 그렇게 보더라도 아래의 또 다른 분류인 프로그램(방침)적 기본권의 분류와 실질적으로 차이가 많지 않다. 프로그램 기본권은 실정법률 없이는 권리성이 없다고 보기 때문이다. 결국 이 분류는 기본권을 자연권으로 보느냐 실정권으로 보느냐 하는 문제가 앞서 기본권의 성격문제에서 따져진 것을 생각하면 별다른 실익이 없는 분류이다.

(나) 진정한 기본권과 부진정한 기본권

전자는 공권으로서의 기본권을 말하고, 후자는 "헌법이 일정한 문화질서 · 경제질서 · 교육제도 등을 규정하고 있는 결과 반사적으로 누리게 되는 권리"라고 하면서 "문화시설이용권 · 자유경쟁권 · 독과점거부권 · 교육시설이용권 등이 이에 해당한다"라고 한다(권영성, 305면).

* 문제점 : 교육에 대한 권리가 있기에 교육시설의 설치나 이용을 요구할 수 있는 효과가 나오는 것이지 교육시설이 있으므로 그러한 권리가 나오고 또 누린다고 보기는 힘들다. 그러한 교육시설이 있건 없건 교육의 권리는 당연히 있는 것이다. 교육시설이 있는 경우에 교육의 권리가 더욱 실효성있게 보장된다는 의미이지 교육시설이 권리를 창조하는 것이 아니다.

3) 주체에 따른 분류

기본권의 주체가 누구인가에 따라 인간의 권리와 국민의 권리, 자연인의 권리와 법인의 권리로 분류하기도 한다(권영성, 304면). 우리는 기본권을 자연권으로 보는 입장이므로 인간의 권리와 국민의 권리로 나누는 데 대해서는 큰 의미를 부여하지 않는다. 오늘날 외국인에게도 국민보다는 제한이 더 많긴 하나 기본권주체성이 인정된다는 점에서 그러하다.

4) 법적 효력에 따른 분류

(가) 현실적(구체적) 기본권과 비현실적 기본권(Programm적 기본권 내지 추상적 기본권)

전자는 헌법규정 자체로 그 효력이 구체적으로 발생하는 기본권을 말하고 후자는 헌법규정 자체로는 직접적이고 구체적인 권리가 실현될 수 없고 입법에 의한 구체적 조치가 취해질 때 권리로서의 효력이 발생한다고 보는 기본권이다. 이 분류는 생존권적 기본권(사회적 기본권)을 둘러싸고 나온 것으로 생존권을 비현실적 기본권으로 보는 견해가 있었기에 나온 것이다.

* 문제점 : 생존권적 기본권은 예를 들어 생활비의 보조 등 현실적으로 재정이 소요되는 것이기에 국가가 재정상황 등을 고려하여 법률로 그 구체적 시행을 규정하여야 그 실현이 가능하다고 보아 과거에 프로그램(Programm 방침)적 기본권 내지 추상적 권리라고 보는 이론들이 있었다(생존권의 성격에 대한 자세한 논의는 기본권 각론 생존권 부분 참조). 따라서 이는 재정상황 등 현실을 고려한 것으로서 기본권의 실현을 위한 실정화의 정도에 따른 분류라고 볼 것이고 기본권의 법규범적 차원의 본질적인 효력에 따른 분류라고 보기 어렵다. 프로그램적인 '상황'의 권리를 의미할 수는 있을지언정 프로그램적인 '성격'의 권리라고 할 수는 없다. 실정화는 생존권 외 다른 기본권(청구권, 참정권 등)에서도 요구된다. 오늘날 생존권을 가능한 한 구체성을 가지는 기본권으로 보려는 견해들이 나오고 있다.

(나) 대국가적 효력만의 기본권과 대사인적(제3자적) 효력도 가지는 기본권

전자는 국가에 대한 구속력만을 가지는 기본권을 말하고 후자는 국가에 대한 구속력은 물론이고 사인들 간에도 구속력을 가지고 효력을 발휘하는 기본권을 말한다. 표현의 자유, 근로3권 등은 제3자적 효력도 인정된다고 본다. 대사인적 효력의 기본권 문제는 후술하는 기본권의 효력에서 중점적으로 다룬다.

* 문제점 : 제3자적 효력의 기본권이란 말은 제3자적 효력을 가지는 기본권이 대국가적 효력도 당연히 가짐에도 후자의 효력은 없고 제3자효력만 가지는 것으로 오해하게 할 소지가 있다. 오늘날 제3자적 효력의 인정이 오히려 원칙적이고 일반적인 것으로 보는 견해를 취하면 이러한 분류는 의미가 없어질 것이다.

5) 제한가능성에 따른 분류 - 상대적 기본권과 절대적 기본권[1]

기본권제한의 가능성에 따라 분류하는 것으로 제한가능한 기본권을 상대적 기본권, 제한이 불가능한 기본권을 절대적 기본권으로 부른다. 우리나라에서 절대적 기본권을 인정할 수 있는가에 대해 논란이 있다. 헌법재판소 판례는 부정설을 취하는 것으로 보인다.[2] 부정설은 모든 기본권이 헌법 제37조 제2항에 따라 법률로 제한될 수 있다고 규정된 점을 그 논거로 한다. 그러나 기본권의 제한 문제에서 언급하겠지만 헌법 제37조 제2항 후문은 본질적 내용은 침해가 금지된다고 규정하고 있고, 따라서 그 내용이 본질적 내용만으로 구성되는 기본권의 경우에는 제한이 가해질 수 없다. 이를 절대적 기본권이라고 본다. 상대적 기본권은 본질적 내용이 아닌 부분에 대해 제한이 가해질 수 있는 일반적인 기본권들이다. 절대적 기본권으로 양심형성의 자유, 신앙의 자유, 학문연구·창작활동 자체의 자유 등을 든다. 이러한 절대적 자유는 내심에 머무는 활동의 자유인데[3] 이러한 활동이 외부로 표현될 경우에는 기본권제한 필요성이 있다면 제한이 가해질 수 있게 된다. 생명권과 같은 본질적 내용으로만 이루어진 기본권의 경우에도 제한이 불가능하다. 결국 우리나라에서 절대적 기본권을 인정할 수 없다는 견해는 모든 기본권이 헌법 제37조 제2항의 일반법률유보가 적용된다는 점을 강조한 것이라고 볼 것이고 이처럼 본질적 내용으로 이루어지는, 내심에 머무르고 외부에 영향을 미치지 않는 기본권행사에 대해서는 법적 제한이 되지 않는다는 점에서는 절대적 기본권이 있다고 볼 것이다.

(2) 그 외 분류

그 외 다음과 같은 분류들을 생각할 수 있다. ⅰ) 정신적 기본권과 물질적 기본권 – 인

1) 이러한 분류를 성질을 기준으로 한 분류에 포함하는 견해도 있다(권영성, 305면).

2) 대표적인 예로, 사형제 결정에서 법정의견은 "우리 헌법은 절대적 기본권을 명문으로 인정하고 있지 아니하며, 헌법 제37조 제2항에서는 국민의 모든 자유와 권리는 국가안전보장·질서유지 또는 공공복리를 위하여 필요한 경우에 한하여 법률로써 제한할 수 있도록 규정하고 있는바, 어느 개인의 생명권에 대한 보호가 곧바로 다른 개인의 생명권에 대한 제한이 될 수밖에 없거나, 특정한 인간에 대한 생명권의 제한이 일반국민의 생명 보호나 이에 준하는 매우 중대한 공익을 지키기 위하여 불가피한 경우에는 비록 생명이 이념적으로 절대적 가치를 지닌 것이라 하더라도 생명에 대한 법적 평가가 예외적으로 허용될 수 있다고 할 것이므로, 생명권 역시 헌법 제37조 제2항에 의한 일반적 법률유보의 대상이 될 수밖에 없다"라고 한다(헌재 2010.2.25. 2008헌가23, 판례집 22-1 상, 56-57면). 반면 목영준 재판관 소수 위헌의견은 "생명권에 대한 제한은 곧 생명의 전부 박탈을 의미하므로, 생명권은 헌법상 제한이 불가능한 절대적 기본권이라고 할 수밖에 없다"라고 한다(동판례집, 94면).

3) 헌재 1997.11.27. 92헌바28, 판례집 9-2, 571면. [판시] 헌법이 보장한 양심의 자유는 정신적인 자유로서 어떠한 사상·감정을 가지고 있다고 하더라도 그것이 내심에 머무르는 한 절대적인 자유이므로 제한할 수 없는 것이나 ….

간의 지적 활동과 관련되는 기본권은 정신적 기본권으로, 물질의 지배 등을 가능하게 하는 기본권은 물질적 기본권으로 분류한다. 사상의 자유, 학문의 자유 등은 전자에 속하고, 재산권 등은 후자에 속한다고 일응 볼 것이다. 그러나 정신적, 물질적 요소를 모두 요구하는 기본권도 있어 문제이다. ii) 목적적 기본권과 수단적 기본권 – 인간의 삶에 있어서 보다 목적적인 의미를 가지는 기본권과 그 목적을 실현하는 수단인 기본권으로 나누는 분류이다. 예컨대 인간의 존엄권은 전자, 직업의 자유 등은 후자로 분류될 것이다. 그러나 무엇에 목적을 두느냐에 따라 목적적 기본권의 범위가 달라질 것이고 대부분의 기본권들은 그 정도의 차이는 있겠지만 수단의 의미를 많이 가질 것이다. iii) 개인적 기본권과 집단적 기본권 – 개인적 기본권이란 개개인의 신분상에 관한 권리 내지 개인적 활동상의 권리를 말한다고 보고 집단적 기본권은 다수의 개인들의 공동적인 활동에 관한 권리를 말한다고 한다. 이 분류는 개인의 신체적 안전의 권리, 개인의 자율권 등이 전자에 속하는 권리이고 집회·결사의 자유, 커뮤니케이션의 자유, 종교의 자유 등이 후자에 속한다고 본다. 그러나 집단적 기본권은 개인적 기본권과 연관되어 있거나 그것의 집합적 활동으로 파악할 수 있다. 사실 언론의 자유도 개인적으로 행사될 수도 있고 집단적으로 행사된다고 볼 수도 있을 것이다. 즉 어느 개인의 자신의 사상을 표현하는 개인적 행동으로서 언론행위도 있고 여러 개인들 간의 사상의 교환을 위한 언론행위도 있다. iv) 소극적 기본권과 적극적 기본권 – 전자는 국가 등의 공권력에 의한 간섭과 침해를 배제할 뿐인 권리이고 따라서 공권력의 적극적인 개입이 금지되게 하는 효과를 가진 권리를 말하고 후자는 오히려 공권력의 적극적 개입을 요구할 수 있는 권리를 의미한다고 말한다. 이 분류는 종래 간섭배제만으로 실현되는 자유권을 적극적 개입을 요하는 생존권과 청구권에 대비하는 것에서 나온 분류이기도 하다. 그러나 어느 유형의 기본권들이 소극적이거나 적극적일 수 있다는 것은 대체적인 특성으로 어느 한 기본권이 전적으로 적극적이거나 소극적이라고 단정할 수는 없다.

(3) 국내 학자들의 분류

국내 학자들의 분류로는, 기본권의 내용에 따라 인간의 존엄과 가치·행복추구권, 평등권, 자유권적 기본권, 생존권적 기본권, 청구권적 기본권, 참정권으로 나누는 견해(김철수, 284면), 내용을 위주로 분류하여 고찰하는 것이 보다 합리적이나 내용상 분류가 문제가 있음을 지적한 뒤 우리 헌법이 내용을 위주로 하여 기본권을 분류하고 있지만 효력이나 성질도 고려하고 있다고 하면서 인간의 존엄과 가치 및 행복추구권, 평등권, 자유권적 기본권, 정치적 기본권, 청구권적 기본권, 사회적 기본권, 국민의 기본적 의무로 나누는 견해(계희열, 187-188면), 편의상 내용과 성질이라는 복합적 기준에 따른다고 하면서 행복추구권(이 견해는 인간의 존엄가치에 대해서는 기본권성을 인정하지 않음), 평등권, 자유권적 기본권, 경제적 기본권, 정치적 기본권, 청구권적 기본권, 사회적 기본권으로 나누는 견해(권영성, 306-307면), 생활영역을 기준으로, 사생활, 정신생활, 문화생활, 건강생활, 경제생활, 정치·사회생활 등의 영역의 기본권들과 권리구제를 위한 기본권 등으로 분류하는 견해(허영, 327면), 저술과 강의의 편의상 전통적인 분류방식을 고려하여, 인간의 존엄과 가치·행복추구권, 평등권, 자유권, 참정권(정치권), 사회권(생존권), 청구권적 기본권(기본권보장을 위한 기본권)을 분류하는 견해(성낙인, 314면) 등이 있다.

3. 검토

(1) 분류의 한계

이상 본 대로 그 기준이 여러 가지일 수 있는 만큼 기본권의 분류가 다양하게 이루어질 수 있다. 위에서 제시된 여러 분류이론이 가지는 문제점들을 지적한 바 있고 위 분류들 중 어느 하나만이 절대적으로 타당하다고 볼 수는 없다. 이는 어느 한 기본권을 중심으로 볼 때 다양한 각도에서 그 기본권이 파악될 수 있고 어느 한 기본권이 어느 분류에 있어서 그 분류된 여러 기본권들 중 한 종류에만 속하는 것이 아니고 여러 기본권들에 포함될 수 있기도 한 때문이다. 예컨대 직업에 관한 권리가 직업의 자유권으로서만 가치를 가지는 것이 아니라 소득활동을 통한 생활유지를 위한 것이라는 점에서는 생존권으로서의 가치도 가진다. 다만, 어느 분류 쪽에 더 기울어져 그 분류의 기본권으로서의 성격을 더 강조할 필요가 있는 경우도 있다. 예를 들어 사회보장수급권과 같은 권리는 생존권적 성격의 기본권으로서 경제적 성격도 가지는 기본권이기도 한데 주로 생존권적 성격이 강조되어야 할 것이다.

또한 어느 한 기본권이 전적으로 현실적·구체적 효력의 권리라거나 전적으로 실정화가 요구되는 권리라고 어느 한쪽으로만 단정할 수 없는 경우도 적지 않다. 어느 한 기본권을 중심으로 볼 때 다양한 각도에서 그 기본권이 파악될 수 있다.

(2) 용어의 문제

분류도 분류이거니와 분류된 기본권들을 어떠한 용어로 부를 것인지도 문제이다. 종래 사용되어 온 명칭들을 다시 검토할 여지가 없지 않다. 우리나라에서 먼저 '사회적' 기본권이란 용어가 생존권적 기본권보다 더 선호되고 있다.[1] 그런데 사실 모든 기본권은 인간이 사회 속에서 살아가면서 필요로 하거나 인간들 간의 사회관계 속에서 필요로 하여 나타나는 기본권이라는 점에서 사회적 기본권이란 말은 포괄적이다. 예를 들어 언론의 자유란 자유권도 다른 사회구성원들과의 소통을 위한 것이라는 점에서 사회적 기본권이다. 자유권인 언론의 자유도 사회적 기본권인 것이다. 거주이전의 자유, 통신의 자유 등도 사회적 성격이 있다. 따라서 생존

1) 우리 헌법재판소도 사회적 기본권이란 말을 더 많이 사용하는 것으로 보이는데, 생존권이란 용어를 사용한 결정례가 없지는 않다(그 예로 헌재 2005.11.24. 2002헌바95 등, 판례집 17-2, 402면 "노동조합의 조직강제권도 이른바 자유권을 수정하는 의미의 생존권(사회권)적 성격을 함께 가지는 만큼…").

권을 사회권이라고 부르면 혼동이 올 수 있다. 물론 사회적 기본권의 '사회적'이란 말이 사회복지적, 사회정책적이란 말을 담고 있음을 일반적으로 인식하고 있다고 하면서 통용되는 것에 반대하지는 않는다. 그러나 우리는 위와 같은 이유로 우리는 생존권이란 용어를 더 선호한다.[1] '참정권'이라는 용어도 검토를 요한다. 종래 선거권 외에 공무담임권도 포함하여 참정권이라고 불러왔는데 그 공무담임 속에는 정치적 선거에 의한 것이 아닌 직업공무원이라는 비정치적 공무원이 되는 것도 포함되는바 '참정'에서의 '정(政)'이 정책을 뜻하는 것으로 보지 않는다면 직업공무원이 되는 공무담임에는 맞지 않는 용어가 된다. 참여가 주관자가 따로 있는 것을 의미한다면 주권자인 국민이 주관하는 것이 아닌 참여한다는 것을 뜻할 수 있는 용어인 참정권이라는 용어가 그 내용을 충분히 나타내고 있지 못하다고도 할 것이다.

4. 소결

헌법상의 기본을 다루는 본서에서는 우리 현행 헌법의 규정들이 어떠한가를 두고 분류를 할 필요가 있다. 현행 헌법은 신체의 자유, 거주·이전의 자유, 직업의 자유 등 자유권들을 먼저 규정을 하고 그 다음으로 선거권, 공무담임권을, 그 다음으로 청원권, 재판청구권 등 청구권들을, 그 다음으로 교육을 받을 권리, 근로의 권리, 근로3권 등 생존권들을 규정하고 있어 내용별로 규정하고 있다고 할 것이다. 또한 어느 기본권의 내용에 따라 그 성격이나 효력도 규명될 것이라는 점에서(예를 들어 생존권은 인간생활에 필수적인 생활여건을 마련하는 것을 내용으로 하는 기본권이라는 점에서 적극성을 띠게 된다) 아무래도 내용이 중심이 된다는 점과 우리 헌법의 규정을 감안하여 내용별, 영역별 분류가 위에서 말한 대로 중복의 가능성 등 문제점이 없진 않긴 하나 기본권 각론에서도 개별 기본권론에서 주로 내용별 분류에 따라 서술하고자 한다(기본권 각론 참조). 다만, 내용별로 분류된 개별 기본권들에 대해 그 성격, 효력 등을 파악할 때에는 위의 분류들을 복합적으로 보되 적실성을 가지는 범위에서 비추어 본다.

Ⅱ. 기본권의 체계

1. 개념과 실익

기본권은 여러 개개 기본권들이 산발적으로 존재하는 것이 아니라 파생관계와 상호 유기

1) 프랑스의 리베로(J. Rivero) 교수는 모든 권리들은 사회 속에서, 사회에 의하여 자리잡았던 것이라는 점과 사회적 권리라는 권리의 카테고리에는 '자유권', 즉 파업의 '자유', 결사의 '자유'의 자매격인 노동조합의 '자유' 등도 포함하기 때문에 사회적 권리라는 용어를 별로 좋아하지 않는다는 견해를 밝히고 있다. J. Rivero, Rapport de synthèse, *Cours Constitutionnelles européennes et Droits fondamentaux*(sous dir. de L. Favoreu), Actes du IIe Colloque d'Aix-en-Provence 19-20 et 21 Fév. 1981, Economica/P.U. d'Aix, -Marseille, Paris/Aix-en-Provence, 1982, 522면.

적인 연관성을 가지는 하나의 계통을 이룬다. 즉 주되는 기본권이 포괄적 기본권으로서 하위의 여러 기본권들을 파생시키고 상호연관적인 기본권들 간에 연결성을 가진다.

기본권규범의 체계적 구축의 실익은 산발적이고 나열적인 기본권이 아니라 포괄적 기본권에서 보다 구체적인 기본권들이 파생되어 나오는 체계를 이루게 함으로써 기본권이 효과적으로 확장되게 하고 기본권의 보호망을 가능한 한 치밀하게 형성하게 하여 기본권의 보장이 탈루되거나 공백이 발생하지 않도록 하여 이로써 기본권의 보장이 보다 충실하고 완벽하게 하는 데에 있다. 이 점 때문에 기본권과 그 보장의 체계화가 필요한 것이다.

기본권들 간의 충돌에서 상호조절이 필요한데 이러한 조절을 위해 충돌되는 기본권들 간의 상하의 우열관계를 따져야 할 필요가 있고 그것을 위하여 충돌되는 기본권들이 각각 기본권 체계에서 어떠한 위치에 있느냐를 살펴볼 필요가 있기에 체계론이 필요하다. 사실 기본권들 간의 階序에 대해서는 우열의 서열관계가 있다는 입장과 없다는 입장이 대립된다. 고정적 계서관계의 인정 여부를 떠나 여하튼 기본권의 충돌에 있어서 이를 해소하기 위하여 충돌되는 기본권들 각각의 중요도를 따져 각각에 있어서 어느 정도씩 양보하도록 할 수밖에 없기에 이러한 충돌과 조절에 있어서 그 중요도에 따라 상하관계가 나타날 수밖에 없다. 이러한 상하관계를 파악하기 위해서 일단은 충돌되는 각 기본권이 기본권체계상 상하 어느 지위에 있는지를 파악하는 것이 필요하다. 그 후 개별 사안에 따라 그 지위가 달라질 수 있다면 달리 조절할 수 있을 것이다. 예를 들어 A기본권이 충돌되는 B기본권보다 일반적인 체계상 우월하지만 당해 사건에서는 대등할 수도 있다. 위와 같은 점에서 기본권체계론이 필요하다. 상충되는 기본권들을 서로 조절하여야 한다고 하더라도 이러한 조절의 전제로서 상충되는 각 기본권의 성격과 기능을 파악하여야 할 필요가 생길 것이고 그 파악에 앞서 본 기본권분류론이 필요하고 또 조절을 위하여 체계론이 기여할 수 있다.

2. 주기본권(包括的 基本權)과 파생적 기본권

우리 헌법상 주되는 포괄적 기본권은 헌법 제10조의 인간의 존엄과 가치 및 행복추구권이다. 학자들 중에는 인간의 존엄과 가치가 기본권이 될 수 없고 이념일 뿐이라고 하고 반면 행복추구권은 기본권이라고 보고 이 행복추구권을 포괄적 기본권으로 보는 이론도 있다(권영성, 295면).

그러나 인간의 존엄과 가치도 기본권으로서 인정될 수 있다. 헌법재판소판례도 인간의 존엄과 가치, 행복추구권에서 여러 기본권들을 파생시키고 있다(자세한 것은 아래의 기본권규범의 인식 참조).

제4장 기본권규범의 인식(法源)

Ⅰ. 논의의 필요성

기본권에 관련되는 법규범들이 어디에 존재하느냐 하는 기본권규범의 인식 문제가 기본권규범의 법원(法源)의 문제이다. 우리의 경우 성문헌법(成文憲法)을 두고 있고 또 그 성문헌법에 기본권에 관한 규정들이 적지 않게 들어 있다. 그러나 그렇다고 하여 기본권규범의 법원의 문제가 간단히 해결되었다고 보거나, 법원의 문제가 애초에 없다고 볼 수 없다. 당장 성문헌법 외의 법규범에서 기본권에 관련되는 또 기본권을 보장하는 규범들이 담겨져 있을 것이기 때문이다. 헌법은 형식적 의미의 헌법인 성문헌법전 외에 다른 형식의 성문법, 불문헌법 등 실질적 헌법도 포함한다. 성문헌법 외 법률의 역할도 중요하다. 헌법의 기본권규정일지라도 헌법규정이 가지는 추상성 때문에 하위규범인 법률로 보다 구체화할 필요가 있는 기본권도 있고 헌법규정 자체가 그 구체화를 법률에 위임하는 경우도 있다. 나아가 법률이 대통령령 등 행정입법(行政立法)에 기본권관련 규범의 설정을 위임하기도 하는데 그 한계문제 등이 중요하다.

한편 기본권의 침해에 대하여 그 구제를 가져오게 하는 보다 효율적이고 강제성이 있는 제도로 오늘날 헌법재판이 활용되고 있다. 이러한 헌법재판에서의 적용기준을 설정함에 있어서도 기본권규범을 찾는 일이 중요하다.

더욱이 기본권의 문제이므로 그 보장범위를 두텁게 하기 위하여 기본권규범의 법원들을 적극적으로 찾아나가는 일이 중요하다. 물론 기본권규범을 인식하는 고찰은 기본권의 실정적 보장을 강화하자는 것이지 기본권이 실정권이라는 의미가 아니다.

Ⅱ. 헌법전

1. 법원으로서의 성문헌법전

성문의 형식적 헌법인 헌법전에서 중요한 기본권들이 명시될 수 있다. 우리나라의 헌법도 그러한 예이고 이렇게 명시된 기본권은 물론 기본권규범의 법원이 되며 실정법적 효력을 가지고 보다 명확성을 가진다. 헌법전에 명시된 기본권들이 있다고 하여 그러한 기본권들에 한정되는 것은 아니고 그 외 자연권적인 권리들을 인정할 수 있다. 또한 헌법전에 명시된 기본권들에서 아래에 보듯이 명시되지 않은 기본권들이 파생될 수 있다.

2. 헌법전문

헌법전문(憲法前文)도 재판규범이 되는 등 법적 효력을 인정하는 것이 일반적인 이론이고 기본권규범을 헌법전문에서도 인정할 수 있고 또 끌어낼 수도 있다. 그런데 헌법전문의 모든 문언에서 구체적인 개별 기본권이 인정되고 도출되는지는 논란될 수 있다. 우리 헌법재판소판례 중에는 기본권이 인정된다고 본 것도 있고 개별 기본권이 도출되지 않는다고 본 것도 있다. 이에 대해서는 후술한다.

* 헌법전문을 적용하여 판단한 헌법재판소 결정례 : ① 선거운동 차별에 관한 결정례－헌재는 정당추천후보자에게 별도로 정당연설회를 할 수 있도록 한 구 국회의원선거법 규정에 대한 일부위헌결정례(헌재 1992.3.13. 92헌마37), ② 시 · 도의회의원 선거 후보자의 기탁금(700만원) 규정에 대한 헌법불합치결정례(헌재 1991.3.11. 91헌마21, 판례집 3, 116), ③ "3 · 1운동으로 건립된 대한민국임시정부의 법통"에 관한 위헌확인결정례(일본위안부로 강제동원된 피해자, 일제강제징병(용)원폭 피해자에 대한 국가보호의무 확인결정, 헌재 2011.8.30. 2006헌마788; 헌재 2011.8.30. 2008헌마648 등). 그러나 헌재는 이 결정 이후 일제의 사할린 강제징용자 등이 청구한 같은 취지의 청구에 대해 작위의무 불이행이 아니라고 하여 각하결정하였다(헌재 2019.12.27. 2012헌마939). ④ "모든 사회적 폐습과 불의를 타파"에 관한 합헌결정례(헌재 2001.8.30. 99헌바92등). 위 결정들에 대해서는, 헌법총론의 헌법의 법원 부분 참조.

Ⅲ. 기본권의 파생 내지 도출

1. 기본권 파생의 의미와 파생출원

기본권의 파생이란 성문헌법에 직접 명시되어 있는 기본권들 외에 성문헌법규정에서 기본권을 끌어내어 이를 인정하는 것을 말한다. 헌법에 명시된 기본권만이 헌법이 보호하는 권리가 아니고 헌법이 명시적으로 규정하고 있지 않은 기본권들도 있는데 이러한 기본권들을 헌법조문에서 찾아내는 것이다. 기본권을 자연권으로 파악하는 우리 헌법으로는 헌법전에 명시적으로 규정되어 있지는 않으나 헌법이 보호하는 기본권들도 있다. 기본권의 파생은 기본권의 보호영역범위를 확대함으로써 국민의 기본권보장을 더욱 두텁게 강화하게 되므로 국민의 기본권보장에 매우 중요하다.

기본권 파생이 이루어지는 출원은 헌법의 조문들인데 주로 헌법 제10조의 인간의 존엄과 가치 및 행복추구권에서 파생(도출)시킬 가능성이 많다. 이는 ① 인간이 인간으로서 존재하기 위하여 갖추어야 할 보다 기본적인 요소가 인간으로서의 존엄과 가치라는 점, ② 헌법의 여러 다른 기본권들이 인간의 존엄과 가치를 실현하기 위한 수단적인 의미를 가진다는 점, 따라서 헌법 제10조가 우리 헌법전에서 기본권에 관한 가장 근본적인 규정이라는 점 등의 결과이기도 하다. 우리 헌법재판소도 헌법에 명시되지 않은 기본권들을 주로 헌법 제10조의 인간의 존엄과 가치 및 행복추구권에서 파생(도출)시키고 있다. 이처럼 헌법 제10조에서 기본권이 파생된다는 의미는 헌법 제10조의 인간의 존엄과 가치 및 행복추구권이 헌법에 명시되어 있지 않은 기본권들을 포함하고 있고 이는 곧 인간의 존엄과 가치·행복추구권이 포괄적 기본권(包括的 基本權)임을 의미한다.

기본권을 헌법조문에서 끌어내는 것은 그만큼 불문의 기본권의 헌법적 근거를 더 강하게 그리고 명확하고도 직접적으로 인정하는 효과가 있다. 헌법조문에 바탕하지 않으면 법관이 헌법의 제정이나 개정을 하는 결과를 가져온다는 비판을 받을 수도 있다.

헌법 제10조에도 인간의 존엄과 가치 부분과 행복추구권 부분 두 부분의 규정이 있으므로 각각에서 파생될 수 있고 경우에 따라서는 두 부분 모두를 모태로 하여 파생되기도 한다. 각각의 파생을 살펴본다.

헌법 제10조 외에도 다른 헌법조문에서 기본권이 파생될 수 있다.

2. '인간의 존엄과 가치' 규정에서의 파생

(1) 파생

헌법에 명시되지 않은 기본권들로서 인간의 존엄과 가치에서 나오는 것으로 볼 수 있는 기본권들로는 생명권, 인격권, 자기결정권 등을 들 수 있다.

(2) 판례

우리 헌법재판소의 판례에 나타난 바를 보면 다음과 같다. "헌법에서 보장된 인격의 존엄과 가치 및 그를 바탕으로 하는 인격권,"[1] "헌법 제10조는 모든 국민은 인간으로서의 존엄과 가치를 가지며 행복을 추구할 권리가 있다고 규정하고 있는바, 이로써 모든 국민은 그의 존엄한 인격권을 바탕으로 하여 자율적으로 자신의 생활영역을 형성해 나갈 수 있는 권리를 가지

1) 헌재 1991.4.1. 89헌마160, 판례집 3, 149면 이하.

는 것이다,"[1] "헌법 제10조의 인간의 존엄과 가치로부터 유래하는 인격권"[2] 등으로 판시하여 인격권이 헌법 제10조에서 파생됨을 밝히고 있다. 헌법재판소는 '일반적 인격권을 언급하기도 한다.[3] '일반적'이라는 의미는 어느 특정 영역만이 아닌 포괄적, 전반적으로 인정된다는 의미이므로 이러한 일반적 인격권을 상정하는 것은 헌법에 명시되지 않은 영역에서의 인격권도 끌어내기 위한 것이다. 헌법재판소는 인간의 존엄과 가치에서 자기결정권을 끌어내고 있다. 그러한 자기결정권으로 개인의 자기운명결정권과 성적(性的) 자기결정권,[4][5][6] 알 권리,[7] 개인정보자기결정권[8] 등을 헌법 제10조의 인간의 존엄과 가치규정에서 파생시키고 있다. 생명권에 대해서는 헌법재판소가 그 파생근거를 직접적이고도 명확하게 헌법 제10조로 적시하고 있는 판례를 찾기는 어려우나[9] "사람의 신체와 생명은 인간의 존엄·가치의 근본이므로"라고[10] 한 판

1) 헌재 1997.3.27. 95헌가14, 96헌가7(병합), 헌재판례집 9-1, 204면.

2) 헌재 2001.7.19. 2000헌마546, 판례집 13-2, 112면; 헌재 2002.7.18. 2000헌마327, 헌재판례집 14-2, 64면.

3) 예를 들어 헌재 1991.9.16. 89헌마165, 판례집 3, 527면.

4) 헌재 1990.9.10. 89헌마82, 판례집 2, 310면; 헌재 2008.10.30. 2007헌가17, 공보 제145호, 1389면([관련판시] 헌법 제10조는 "모든 국민은 인간으로서의 존엄과 가치를 가지며, 행복을 추구할 권리를 가진다. 국가는 개인이 가지는 불가침의 기본적 인권을 확인하고 이를 보장할 의무를 진다."라고 규정하여 개인의 인격권과 행복추구권을 보장하고 있다. 개인의 인격권·행복추구권에는 개인의 자기운명결정권이 전제되는 것이고, 이 자기운명결정권에는 성행위 여부 및 그 상대방을 결정할 수 있는 성적자기결정권이 또한 포함되어 있으며 간통죄의 규정이 개인의 성적자기결정권을 제한하는 것임은 틀림없다). 한편 또 다른 합헌결정인 헌재 2001.10.25. 2000헌바60(판례집 13-2, 485)에서는 "헌법 제10조에서 보장하는 개인의 인격권에는 개인의 자기운명결정권이 전제되는 것이고 이 자기운명결정권에는 성행위여부 및 그 상대방을 결정할 수 있는 성적 자기결정권이 포함되어 있으며"라고 하여 행복추구권을 제외하고 인격권에서 성적 자기결정권을 끌어낸 바 있다. 그뒤 최근 위 헌재 2008.10.30. 2007헌가17에서는 다시 행복추구권을 포함하여 성적 자기결정권의 근거로 하고 있다. 그 외 간통죄의 합헌결정으로는 헌재 1993.3.11. 90헌가70(판례집 5-1, 18 이하. 위 89헌마82 결정과 동지의 결정)도 있었다.

5) 동성동본 간의 혼인금지가 성적 자기결정권의 불평등한 제한으로 위헌이라는 결정에서도 "헌법 제10조는 '모든 국민은 인간으로서의 존엄과 가치를 가지며, 행복을 추구할 권리를 가진다. 국가는 개인이 가지는 불가침의 기본적 인권을 확인하고 이를 보장할 의무를 진다'고 규정함으로써 모든 기본권의 종국적 목적(기본이념)이라 할 수 있고 인간의 본질이며 고유한 가치인 개인의 인격권과 행복추구권을 보장하고 있다. 그리고 이러한 개인의 인격권·행복추구권은 개인의 자기운명결정권을 그 전제로 하고 있으며, 이 자기운명결정권에는 성적 자기결정권 특히 혼인의 자유와 혼인에 있어서 상대방을 결정할 수 있는 자유가 포함되어 있다"라고 하여(헌재 1997.7.16. 95헌가6 내지 13(병합), 판례집 9-2, 16-17) 위 간통죄에 대한 합헌결정(89헌마28; 2007헌가17)에서와 같이 성적 자기결정권을 헌법 제10조의 인간의 존엄과 가치, 행복추구권에서 끌어내는 동지의 결정이 있었다.

6) 자기운명결정권과 성적 자기결정권을 인간의 존엄과 가치, 행복추구권뿐 아니라 헌법 제17조에서 보장하는 사생활의 비밀과 자유에 포함된 것으로 보는 결정례도 있었다(헌재 2002.10.31. 99헌바40, 판례집 제14권 2집, 397).

7) 우리 헌법재판소는 '알 권리'의 헌법적 근거로서 헌법 제10조를 들기도 하지만 주로 헌법 제21조의 언론·출판의 자유규정을 많이 강조하는 경향을 보여주고 있다(헌재 1989.9.4. 88헌마22, 판례집 1, 176 이하; 헌재 1991.5.13. 90헌마133, 판례집 3, 234 이하 참조).

8) 헌법재판소는 지문날인사건결정에서는 개인정보자기결정권이 헌법 제10조 등에서 나오기보다 독자적 기본권으로서 헌법에 명시되지 아니한 기본권이라고 하다가(헌재 2005.5.26. 99헌마513·2004헌마190(병합), 주민등록법 제17조의8 등 위헌확인, 기각, 판례집 17-1, 668-708면) 곧이어 NEIS(교육정보시스템) 결정에서는 헌법 제10조와 제17조에서 개인정보자기결정이 나온다고 보았다(헌재 2005.7.21. 2003헌마282·425(병합), 기각, 판례집 17-2, 90).

9) 사형제도에 대한 합헌결정에서 헌법재판소는 "인간의 생명은 고귀하고, 이 세상에서 무엇과도 바꿀 수 없는 존엄한 인간존재의 근원이다. 이러한 생명에 대한 권리는 비록 헌법에 명문의 규정이 없다 하더라도 인간의 생

례가 있긴 한데 그 판시는 헌법 제10조 인간의 존엄·가치에서 생명권이 나온다고 보게 할 여지가 있다.

인간의 존엄·가치 규정에서 파생되는 기본권들에 대해서는 개별 기본권으로서의 인간의 존엄·가치를 살펴볼 때 좀더 자세히 살펴보기로 한다(기본권 각론 참조).

3. '행복추구권' 규정에서의 파생

(1) 파생

행복추구권으로부터 인간의 행복에 이르게 하는 기본권들이 파생된다. 개인의 욕구가 충족되는 상태가 행복이다. 이러한 상태에 이르게 하는 권리로서 자신을 돋보이게 하는 권리, 원하는 물질을 찾아 이를 소비하거나 소유함으로써 만족할 수 있는 권리, 자신의 개성을 창조하고 이를 표출할 권리 등이 바로 행복추구권에서 파생된다.

(2) 판례

헌법재판소는 행복추구권 속에 「일반적 행동자유권」, 「개성의 자유로운 발현권」 등 헌법에 명시되지 않은 기본권들이 함축되어 있다고 보아 행복추구권의 포괄적 기본권성을 인정하고 있다. 「일반적 행동자유권」에서 또다시 여러 자유권들이 파생된다고 본다. 일반적 행동자유권(一般的 行動自由權)이라 함은 어느 한 영역에서의 자유권이 아니라 포괄적, 전반적으로 인정할 수 있는 자유권을 의미한다고 본다. 헌법에 명시되지 않은 어느 영역에서의 자유권을 끌어내기 위하여 행복추구권에서 나오는 "일반적" 행동자유권을 설정하여 인정하고 있는 것이다. 우리 헌법재판소가 지금까지 헌법에 명시되지 않은 자유권들을 가장 많이 끌어낸(파생시킨) 출처가 바로 이 일반적 행동자유권이다. 따라서 일반적 행동자유권의 중요성은 크다고 할 것이다. 유의할 것은 기본권에는 자유권, 평등권, 생존권, 참정권 등 여러 종류의 기본권들이 있는데 일반적 행동자유권이라는 포괄적 권리는 명칭에서도 그러하듯이 자유권이란 점이다. 헌법재판소가 그동안 일반적 행동자유권에 속하고 거기서 파생되어 일반적 행동자유권에 의해 보호되는 헌법에 명시되지 않은 자유권으로 계약의 자유,[1] 운전의 자유,[2] 하기 싫은 일(음주측정에 응하는 일)을 강요당하지 아니할 권리,[3] 기부금품모집행위의 자유,[4] 부동산 양수인의 소유권

존본능과 존재목적에 바탕을 둔 선험적이고 자연법적인 권리로서 헌법에 규정된 모든 기본권의 전제로서 기능하는 기본권 중의 기본권이라 할 것이다"라고 설시하여(헌재 1996.11.28. 95헌바1, 판례집 8-2, 545) 헌법 제10조를 명시적으로 근거로 하지 않았다. 생명권을 언급하고 있는 다른 결정들에서도 비슷하다(헌재 2008.7.31. 2004헌바81, 공보 제142호, 1037).

10) 헌재 1996.10.31. 94헌가7, 판례집 8-2, 417면.

1) 헌재 1991.6.3. 89헌마204, 판례집 3, 268면 이하 참조.

2) 헌재 2003.6.26. 2002헌마677, 판례집 15-1, 832면.

3) 헌재 1997.3.27. 96헌가11, 판례집 9-1, 264-265면.

4) 헌재 1998.5.28. 96헌가5, 판례집 10-1, 549, 552면.

이전등기를 할 것인지 여부를 스스로 결정할 자유,[1] 결혼식 등에 온 하객들에 음식물을 접대하는 행위의 자유,[2] 사립학교를 자유롭게 운영할 자유,[3] 무상 또는 일회적·일시적으로 가르치는 행위[4] 등을 인정한 바 있다.

위의 일반적 행동자유권 외에 헌법재판소는 행복추구권 속에 그 내용으로서 포함(함축)되어 있고 파생되어 나오는, 헌법에 명시되지 않은 기본권들로 다음과 같은 적지 않은 중요한 기본권들을 인정한 바 있다. 즉 「개성의 자유로운 발현권」,[5] '인격의 자유로운 발현권',[6] '부모의 자녀교육권',[7] 사적 자치권(私的 自治權),[8] 마실 물을 선택할 자유, 수돗물 대신 먹는샘물을 음용수로 이용할 자유,[9] 소비자의 자기결정권,[10] 국민의 의료행위 선택권(의료소비자의 자기결정권),[11] 휴식권[12] 등이 그것이다. 그 외 父(아버지)의 가정생활과 신분관계에서 누려야 할 행복추구권[13] 등에 대해 헌법재판소가 언급한 바 있다.

행복추구권 규정에서 파생되는 기본권들에 대해서는 개별 기본권으로서의 행복추구권을 살펴볼 때 좀더 자세히 살펴보기로 한다(기본권 각론 참조).

4. 헌법전문에서 도출 문제

헌법전문(憲法前文)의 문언에서 구체적으로 기본권이 도출되는지 여부가 문제된다. 문언별

---

1) 헌재 1998.5.28. 96헌바83, 판례집 10-1, 634면.
2) 헌재 1998.10.15. 98헌마168, 판례집 10-2, 596면.
3) 헌재 2001.1.18. 99헌바63, 판례집 13-1, 68면.
4) 헌재 2000.4.27. 98헌가16, 98헌마429(병합), 판례집 12-1, 455면.
5) 헌재 1991.6.3. 89헌마204, 판례집 3, 268면 이하.
6) 헌재 2000.4.27. 98헌가16, 98헌마429(병합), 판례집 12-1, 455면. 그리하여 헌법재판소는 과외교습금지에 의하여 학생의 '인격의 자유로운 발현권'이 제한된다고 본다(위 판례, 위 판례집, 456).
7) 헌재 2000.4.27. 98헌가16, 98헌마429(병합), 판례집 12-1, 446면.
8) 헌재 1998.8.27. 96헌가22, 97헌가2·3·9, 96헌바81, 98헌바24·25(병합) 판례집 10-2, 355; 헌재 2001.5.31. 99헌가18, 판례집 13-1, 1084면; 헌재 2001.7.19. 99헌바9, 판례집 13-2, 7면. 헌법재판소는 사적 자치권을 이처럼 행복추구권에서 바로 파생된다고 하기도 하고 행복추구권에 함축된 일반적 행동자유권의 하나이고 일반적 행동자유권에서 파생되는 것이라고 보기도 한다(헌재 2003.5.15. 2001헌바98, 판례집 15-1, 546; 2007.10.25. 2005헌바96, 판례집 19-2, 474). 어떻게 보든 결국 사적 자치권을 행복추구권에 근거하는 권리라고 보는 것은 마찬가지이다. 헌법재판소는 또한 그냥 "사적 자치권을 보장한 헌법 제10조"라고 판시하기도 하여 헌법 제10조 전체를 근거로 들기도 하였고(헌재 2003.12.18. 2002헌바94; 헌재 2004.1.29. 2002헌가22, 2002헌바40, 2003헌바19·46(병합), 판례집 16-1, 52 등), "일반적 행동자유권 및 계약자유 내지 사적 자치권을 제한한다고 볼 수 없다"라고 판시한 예도 있다(헌재 2005.12.22, 2003헌바88, 공보 제111호, 98). 극히 드물게 '사적 자치권 및 행복추구권의 침해여부'라고 하여 판단한 예도 있다(헌재 2004.10.28. 2003헌가13, 판례집 16-2 하, 80), 그러나 여하튼 헌법재판소 판례의 일반적인 입장은 사적 자치권이 행복추구권, 일반적 행동자유권에서 나온다고 보는 것으로 정리할 수 있다.
9) 헌재 1998. 12. 24. 98헌가1, 판례집 10-2, 840면.
10) 헌재 1996.12.26. 96헌가18, 판례집 8-2, 691면.
11) 헌재 2002.10.31. 99헌바76, 2000헌마505(병합), 판례집 14-2, 429면.
12) 헌재 2001.9.27. 2000헌마159; 헌재 2001.9.27. 2000헌마159, 판례집 13-2, 362면.
13) 헌재 1997.3.27. 95헌가14, 판례집 9-1, 204면.

로 개별적으로 살펴볼 일이다. "정치 · 경제 · 사회 · 문화의 모든 영역에 있어서 각인의 기회를 균등히 하고"라는 헌법전문 문언은 평등권을 담고 있는데 헌법재판소는 이 문언을 적용하여 이의 위배를 인정하는 결정을 한 바 있다.[1] 반면 우리 헌재는 "헌법전문에 기재된 '3 · 1정신'은 우리나라 헌법의 연혁적 · 이념적 기초로서 헌법이나 법률해석에서의 해석기준으로 작용한다고 할 수 있지만, 그에 기하여 곧바로 국민의 개별적 기본권성을 도출해낼 수는 없다"라고 본다.[2] 또한 '대한민국건국60년 기념사업'에 대해 이는 1948. 8. 15.에야 비로소 대한민국이 건국된 것으로 보므로, 대한민국 정부와 대한민국임시정부가 단절되어 헌법전문이 규정한 대한민국임시정부의 법통을 계승하지 못함으로써 대한민국의 정통성을 부정한다는 주장의 헌법소원심판사건에서 헌재는 기본권침해의 가능성이 인정되지 않는다고 하여 각하결정을 한 바 있다.[3] 그러나 "3 · 1운동으로 건립된 대한민국임시정부의 법통…을 계승하고"라고 한 문언은 우리 헌법이 저항권을 받아들인다고 이해하는 입장에서는 헌재의 위 판례의 판시가 3 · 1정신에서는 어떠한 기본권도 도출될 수 없다는 것이라면 위 판시를 이해할 수 없다.

5. 헌법 제37조 제1항의 '열거되지 아니한 기본권'

(1) 법적 성격

헌법 제37조 제1항이 "국민의 자유와 권리는 헌법에 열거되지 아니한 이유로 경시되지 아니한다"라고 규정하고 있는데 여기서 기본권이 끌어낼 수 있는지 하는 문제가 있다. 그 이전에 헌법 제37조 제1항의 성격이 어떠한지에 대한 문제가 있다. 실정권설의 입장에서는 이를 창설적 규정으로 보아 헌법이 명시하지 않은 기본권들을 여기서 인정할 수 있다고 보고 반면 자연권설에서는 이를 확인적 규정으로 보아 이 규정이 없더라도 천부인권적 권리들이 헌법에 명시되지 않더라도 인정된다고 본다. 우리는 이를 확인적 규정으로 보는 입장이다. 이에 관해서는 뒤의 자유권 부분에서 다시 살펴본다(기본권 각론의 자유권 총론 부분 참조).

(2) 헌법재판소의 판례

1) 인정요건

헌재는 헌법 제37조 제1항에 말하는 '열거되지 아니한 기본권'을 새롭게 인정하려면, "그 필요성이 특별히 인정되고, 그 권리내용(보호영역)이 비교적 명확하여 구체적 기본권으로서의 실체, 즉 권리내용을 규범 상대방에게 요구할 힘이 있고 그 실현이 방해되는 경우 재판에 의

1) 헌재 1992.3.13. 92헌마37, 판례집 4, 151면.
2) 헌재 2001.3.21. 99헌마139 · 142 · 156 · 160(병합), 대한민국과 일본국 간의 어업에 관한 협정비준 등 위헌확인, 헌재판례집 13－1, 676면 이하 참조.
3) 헌재 2008.11.27. 2008헌마517, 판례집 20－2 하, 516면. [관련판시] 한편, 헌법전문에 기재된 대한민국임시정부의 법통을 계승하는 부분이 침해되었다는 부분은 청구인들의 법적지위에 현실적이고 구체적인 영향을 미친다고 볼 수 없으므로 기본권침해의 가능성이 인정되지 않는다.

하여 그 실현을 보장받을 수 있는 구체적 권리로서의 실질에 부합하여야 할 것"이라고 한다.[1)]

2) 헌재가 부정한 예

헌재는 위와 같은 요건에 비추어 평화적 생존권[2)], '논리적이고 정제된 법률의 적용을 받을 권리'[3)]는 열거되지 아니한 기본권이 아니어서 헌법상 보장되는 기본권이 아니라고 판단하

1) 헌재 2009.5.28. 2007헌마369, 판례집 21－1 하, 775면. 동지 : 헌재 2011.8.30. 2008헌마477, 공보 제179호, 1314면.

2) 헌재 2009.5.28. 2007헌마369, 판례집 21－1 하, 775면. [쟁점] 대통령이 한미연합 군사훈련의 일종인 2007년 전시증원연습을 하기로 한 결정이 헌법 제10조 및 헌법 제37조 제1항으로부터 인정되는 평화적 생존권을 침해하는지 여부(기본권성 부정) [결정요지] 헌법 전문 및 제1장 총강에 나타난 "평화"에 관한 규정에 의하면, 우리 헌법은 침략적 전쟁을 부인하고 조국의 평화적 통일을 지향하며 항구적인 세계평화의 유지에 노력하여야 함을 이념 내지 목적으로 삼고 있음은 분명하다. 그러나 평화주의가 헌법적 이념 또는 목적이라고 하여 이것으로부터 국민 개인의 평화적 생존권이 바로 도출될 수 있는 것은 아니다. 헌법에 열거되지 아니한 기본권을 새롭게 인정하려면, 그 필요성이 특별히 인정되고, 그 권리내용(보호영역)이 비교적 명확하여 구체적 기본권으로서의 실체 즉, 권리내용을 규범 상대방에게 요구할 힘이 있고 그 실현이 방해되는 경우 재판에 의하여 그 실현을 보장받을 수 있는 구체적 권리로서의 실질에 부합하여야 할 것이다. 그런데 평화적 생존권을 구체적 기본권으로 인정한다고 가정할 때, 그 권리내용이란 우선 "침략전쟁에 대한 것"에서 찾을 수밖에 없을 것이다. 왜냐하면 우리 헌법이 세계평화의 원칙을 규정하면서도 침략전쟁만을 부인하고 있기 때문이다. 따라서 평화적 생존권의 권리내용으로서 상정할 수 있는 것은 "침략전쟁에 강제로 동원되지 아니할 권리", "침략전쟁을 위한 군사연습, 군사기지 건설, 살상무기의 제조·수입 등 전쟁준비 행위가 국민에게 중대한 공포를 초래할 경우 관련 공권력 행사의 정지를 구할 권리" 등일 것이다. 그러나 침략전쟁과 방어전쟁의 구별이 불분명할 뿐만 아니라 전시나 전시에 준한 국가비상 상황에서의 전쟁준비나 선전포고 등 행위가 침략전쟁에 해당하는지 여부에 관한 판단은 고도의 정치적 결단에 해당하여 사법심사를 자제할 대상으로 보아야 할 경우가 대부분일 것이다. 또한, 평상시의 군사연습, 군사기지 건설, 무기의 제조·수입 등 군비확충 등의 행위가 "침략적" 전쟁준비에 해당한다고 볼 수 있는 경우란 거의 없거나 "침략적 성격"·"중대한 공포" 등에 관한 규명이 사실상 곤란하므로, 이에 대하여 평화적 생존권이라는 이름으로 관련 공권력 행사를 중지시키려는 것은 실효적으로 보호받을 가능성을 긍정하기 쉽지 않다. 이러한 사정을 종합적으로 고려해 보면, 평화적 생존권을 헌법에 열거되지 아니한 기본권으로서 특별히 새롭게 인정할 필요성이 있다거나 그 권리내용이 비교적 명확하여 구체적 권리로서의 실질에 부합한다고 보기 어렵다 할 것이다. 결국 청구인들이 평화적 생존권이란 이름으로 주장하고 있는 평화란 헌법의 이념 내지 목적으로서 추상적인 개념에 지나지 아니하고, 평화적 생존권은 헌법상 보장되는 기본권이라고 할 수는 없다(평화적 생존권의 기본권성을 부정한 동지의 결정: 헌재 2010.11.25. 2009헌마146).

3) 헌재 2011.8.30. 2008헌마477, 공보 제179호, 1314면. [결정요지] 우리 헌법은 '논리적이고 정제된 법률의 적용을 받을 권리'라는 기본권을 따로 규정하고 있지 않다. 다만 헌법 제37조 제1항은 '국민의 자유와 권리는 헌법에 열거되지 아니한 이유로 경시되지 아니한다.'라고 규정하고 있으므로 이러한 권리가 헌법에 열거되지 아니한 기본권에 해당하는지 여부에 관하여 살펴본다. 헌법에 열거되지 아니한 기본권을 새롭게 인정하려면, 그 필요성이 특별히 인정되고, 그 권리내용(보호영역)이 비교적 명확하여 구체적 기본권으로서의 실체 즉, 권리내용을 규범 상대방에게 요구할 힘이 있고 그 실현이 방해되는 경우 재판에 의하여 그 실현을 보장받을 수 있는 구체적 권리로서의 실질에 부합하여야 할 것이다. 그런데 논리적이지 않고 정제되지 않은 법률조항이라고 하더라도 일반적인 법률해석방법에 따른 해석을 통하여 어느 정도의 비논리성이나 비정제성은 해소될 수도 있는 것이고, 이러한 해석을 통해서도 해소할 수 없는 비논리성이나 비정제성이 있는 법률조항이라면 명확성의 원칙 등 기존의 헌법상 원칙에 의하여 위헌선언이 가능할 것이므로 이러한 법률조항의 적용을 배제하기 위하여 굳이 청구인들이 주장하는 기본권을 인정할 필요가 있다고 할 수 없다. 그리고 다른 법률조항들과 어느 정도로 충돌될 때에 논리성이나 정제성을 부인할 수 있는지의 기준이 명확하지 아니할 뿐만 아니라, 단지 다른 법률조항과의 법률체계상 불합치가 있다고 하여 바로 위헌이라고 할 수는 없는 것이어서 이러한 이유만으로 일반 국민이 당해법률조항의 적용을 배제해달라고 요구할 힘을 갖는다고 인정하기도 어려우므로 이러한 권리가 구체적 권리로서 실효적으로 보호받으리라는 가능성도 긍정하기 쉽지 않다. 따라서 헌법 제37조 제1항에 의하여 기본권으로 인정되기 위한 요건을 갖추지 못한 '논리적이고 정제된 법률의 적용을 받을 권리'는 헌법상 보장되는 기본권이라고 할 수 없다.

였다. 헌재는 위와 같은 요건을 언급하지 않으면서 주민투표권[1]에 대해서도 부정하였다.

3) 인정례와 분석

헌법재판소가 헌법 제37조 제1항에서 끌어낸 기본권의 예로는, 부모의 자녀교육권[2] 및 학교선택권[3], 부모의 자녀 양육권[4] 등이 있으나 그 예가 매우 드물다. 헌법재판소는 헌법 제37조 제1항에서 나온다고 보는 이러한 기본권들에 대해 헌법 제37조 제1항만을 그 근거로 하는 것이 아니라 헌법 제10조 등 다른 헌법조문들도 함께 근거로 하여 헌법 제37조 제1항은 다른 헌법조문과 더불어 파생근거가 되는 것으로 보는 경향이다. 그 예로 부모의 자녀교육권에 대해 그 근거로 헌법 제37조 제1항뿐 아니라 혼인과 가족생활을 보장하는 헌법 제36조 제1항, 행복추구권을 보장하는 헌법 제10조도 들고 있다. 이러한 헌법재판소의 태도에 대해서는 비판을 가하는 견해가 있다. 평화적 생존권에 대해서는 위에서 본대로 헌법 제37조 제1항에서 끌어낸 선례가[5] 있었으나 후의 결정례가 판례변경을 하여 평화적 생존권의 기본권성을 부정하고 있다.

6. 그 외의 헌법규정에서의 파생

헌법 제10조 외에도 개별 기본권들에 있어서는 개별 기본권의 모(母)기본권을 규정한 조문에서 또다시 여러 세부적 개별 기본권들이 파생될 수 있다. 예를 들어 재판청구권이라는 개별 기본권의 모규정인 헌법 제27조의 재판청구권에서 민사재판청구권, 형사재판청구권, 헌법재판청구권 등이 파생되어 나오고 직업의 자유의 모규정인 헌법 제15조에서 직업선택의 자유, 직업수행의 자유, 전직의 자유, 영업자 간의 자유경쟁에의 권리가 파생된다.

헌법재판소가 헌법 제10조 외에 다른 헌법조문에서 기본권을 파생시킨 예를 보면, 혼인과 가족생활을 보장하는 헌법 제36조 제1항에서 부모의 자녀교육권이 파생된다고 본 예[6]를 들 수 있다.

---

1) 헌재 2005.12.22. 2004헌마530, 공보 111, 154－155면. [판시요지] 우리 헌법은 주민투표권을 기본권으로 규정한 바가 없고, "주민투표권을 헌법상 보장되는 기본권이라고 하거나 헌법 제37조 제1항의 '헌법에 열거되지 아니한 권리'의 하나로 보기는 어렵다. 지방자치법은 주민에게 주민투표권 등을 부여하고 있으나 이러한 제도는 어디까지나 입법에 의하여 채택된 것일 뿐 헌법에 의하여 이러한 제도의 도입이 보장되고 있는 것은 아니다. 그렇다면 주민투표권은 법률이 보장하는 권리일 뿐이지 헌법이 보장하는 기본권 또는 헌법상 제도적으로 보장되는 주관적 공권으로 볼 수 없다. * 동지 : 헌재 2007.6.28. 2004헌마643, 공보 제129호, 759면(그런데 이 결정은 평등권 침해 문제는 있다고 하여 심사를 한 결과 헌법불합치선언을 하였다).

2) 헌재 2000.4.27. 98헌가16, 판례집 12－1, 446면; 헌재 2009. 5. 28. 2006헌마618, 판례집 21－1하, 757면; 헌재 2009.10.29. 2008헌마635, 공보 제157호, 2068면 등.

3) 헌재 2012.11.29. 2011헌마827, 공보 제194호, 1898면.

4) 헌재 2008.10.30. 2005헌마1156, 판례집 20－2상, 1018면.

5) 헌재 2006.2.23. 2005헌마268, 판례집 18－1 상, 304면.

6) 헌재 2000.4.27. 98헌가16, 98헌마429(병합), 판례집 12－1, 446면.

7. 정리

기본권의 파생에 관한 우리 헌법재판소의 판례이론을 도해화하면 다음과 같다.

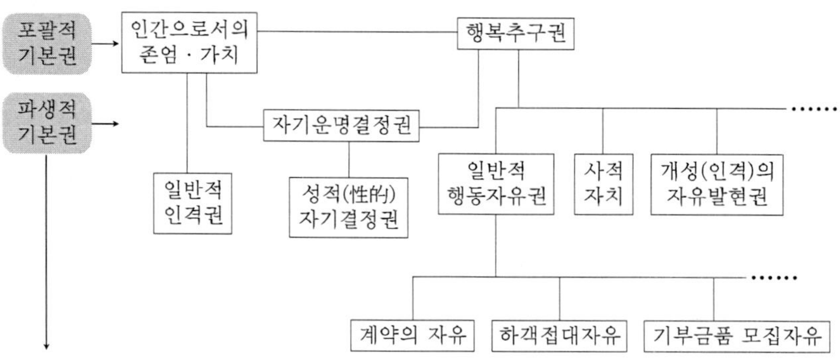

•「—」 표시는 함축, 파생 · 도출관계를 의미함.

8. 보충적 기본권

위의 기본권의 파생관계에 대해 살펴본 것에 연관하여 보충적 기본권의 문제를 살펴볼 필요가 있다.

(1) 보충적 기본권의 개념

개별적 기본권들을 포괄하고 파생시키는 보다 넓은 영역의 기본권이 있다면 그 기본권은 개별적 기본권에 대해 보충적 기능을 하게 되어 보충적 기본권이라고 한다. 기본권의 보충과 구별되어야 할 것은 기본권의 병합(병존) 내지 중첩이다. 보충관계는 어느 개별 기본권이 적용되면 그 적용이 없고 개별 기본권만으로 부족할 때 그것을 보강하는 관계이다. 기본권의 병합 내지 중첩은 그 관련되는 기본권들 모두가 적용되는 관계이다.

* 분해이론 : 어느 한 행위가 여러 의도나 여러 요소로 이루어지는 경우에는 여러 기본권의 보장이 요구되기도 한다. 예를 들어 예술작품을 발표하는 행위는 예술의 자유뿐 아니라 예술작품을 표현하는 언론의 자유의 보장도 요구된다. 이러한 경우 예술의 자유 속에 언론의 자유를 포함하여 넓게 볼 수도 있을 것이나 이를 분리해서 볼 수 있다. 이러한 분해로 기본권의 병합적 적용에서 적용될 기본권들이 찾아내어진다.

(2) 행복추구권, 일반적 행동자유권

1) 행복추구권

행복추구권이 포괄적 기본권이고 다른 개별 기본권들을 파생시키는 출처가 되므로 보다 직접적으로 적용되는 개별 기본권이 있다면 그 개별 기본권(규정)이 우선 적용되어 행복추구권은 보충적으로 적용된다. 우리 헌법재판소도 보충적 적용설을 취하고 있다. 유의할 점은 보충적이라 하더라도 행복추구권이 독자적 적용가치를 가지는 사안일 경우에는 하나의 기본권으로서 적용되고 다른 개별 기본권들도 관련되는 사안이면 그 개별 기본권들과의 병존적 적용이 된다는 것이다. 많은 경우에 행복추구권이 보충적 적용이 되겠지만 위와 같은 병존적 적용의 경우도 드물긴 하나 있을 수 있다. 행복추구권의 보충적 기본권성에 대해서는 개별 기본권론의 행복추구권 부분에서 보다 자세히 다룬다(기본권 각론 참조).

2) 일반적 행동자유권

자유권의 경우(생존권, 참정권 등이 아니라 자유권의 경우) 포괄적 자유권으로서 일반적 행동자유권이 행복추구권에서 파생되는데 이 일반적 행동자유권도 보충적 '자유권'이다. 따라서 직접적으로 관련되는 개별 자유권(규정)이 있는 경우에는 그 개별 기본권(규정)이 우선 적용된다. 헌재도 그러한 입장이다. 즉 사안에서 제한되는 개별 자유권들이 있다면 일반적 행동자유권 문제에 대해서는 심사하지 않는다(헌재 2002.10.31. 99헌바76 등, 판례집 14-2, 410 등). 그런데 일반적 행동자유권이 보충적 기본권이긴 하나 그 자체가 독자적인 별도의 의미를 가지는 경우에는 일반적 행동자유권도 하나의 기본권으로서 적용되고 또 다른 개별 자유권들이 관련될 때는 그 개별 자유권들과의 병존적용이 가능하다.

일반적 행동자유권의 보충성에 대해서는 개별 기본권론에서 자세히 살펴본다.

9. 헌법의 기본원리, 제도

헌재는 공권력의 행사 또는 불행사로 헌법의 기본원리 혹은 헌법상 보장된 제도의 본질이 훼손되었다고 하여 그 점만으로 바로 국민의 기본권이 현실적으로 침해된 것이라고 할 수는 없다고 한다.[1] 그리하여 헌법 제1조 제2항의 국민주권주의와 헌법 제8조 제1항의 복수정당제도가 훼손되었다는 주장의 헌법소원심판에서 청구인들이 주장하는 피청구인의 행위로 국민주권주의라든지 복수정당제도가 훼손될 수 있는지의 여부는 별론으로 하고 그로 인하여 바로 헌법상 보장된 청구인들의 구체적 기본권이 침해당하는 것은 아니라고 판시한 바 있다.[2] 또한 헌재는 "헌법소원심판 과정에서 공권력의 행사 또는 불행사가 위헌인지 여부를 판단함에 있어서 국민주권주의, 법치주의, 적법절차의 원리 등 헌법의 기본원리 위배 여부를 그 기준으로 적용할 수는 있으나, 공권력의 행사 또는 불행사로 헌법의 기본원리가 훼손되었다고 하여 그 점만으로 국민의 기본권이 직접 현실적으로 침해된 것이라고 할 수는 없고"라고 판시한 바 있

1) 헌재 1995.2.23. 90헌마125, 판례집7-1, 243면; 헌재 1998.10.29. 96헌마186, 판례집 10-2, 606면; 헌재 2008.11.27, 2008헌마517, 판례집 20-2 하, 516면 등.
2) 헌재 1998.10.29. 96헌마186, 판례집 제10권 2집, 606-607면.

다.[1] 그리고 '대한민국건국60년 기념사업'이 통일정신, 국민주권원리에 반하는지가 논란된 헌법소원심판사건에서 헌법재판소는 청구인들의 기본권이 현실적으로 침해된 것이라고 할 수 없다고 하여 각하결정을 한 바 있다.[2] 그러나 헌법의 기본원리와 제도가 국민의 기본권실현을 위한 수단일 수 있다는 점에서 그것이 훼손된다면 기본권의 침해도 가져올 수 있다. 예를 들어 복수정당제도는 정당의 복수성, 즉 여러 정당이 있어야 국민의 다양한 정치적 의견의 표현과 이의 반영이 이루어지게 된다는 점에서 정치적 기본권을 구현하기 위한 제도이다. 적법절차의 원리는 기본권보장을 위한 중요한 원칙으로서 헌재의 판례 중에도 적법절차의 원리에 반하므로 기본권을 침해하였다고 판시한 것들이 있다.

10. 영토에 대한 기본권 문제

우리 헌법 제3조는 영토조항을 두고 있다. 헌재는 한·일어업협정에 대한 헌법소원에서, 국민의 기본권 침해에 대한 권리구제를 위하여 그 전제조건으로서 영토에 관한 권리를, 이를테면 영토권이라 구성하여, 이를 헌법소원의 대상인 기본권의 하나로 간주하는 것은 가능한 것으로 판단한 바 있다.

판례 헌재 2001.3.21. 99헌마139등, 대한민국과 일본국간의 어업에 관한 협정비준 등 위헌확인

[관련판시] 청구인들은, 이 사건 협정에서 독도가 우리나라의 영토인 사실을 망각하고 독도를 중간수역에 포함시킴으로써 영해 및 배타적 경제수역에 대한 대한민국 국민인 청구인들의 영토권을 침해하였다고 주장한다. 헌법 제3조는 "대한민국의 영토는 한반도와 그 부속도서로 한다."고 규정하여, 대한민국의 주권이 미치는 공간적 범위를 명백히 선언하고 있다. 이러한 영토조항이 국민 개개인의 주관적 권리인 기본권을 보장하는 것으로 해석하는 견해는 거의 존재하지 않는 것으로 보인다. 그러나 헌법 제3조의 영토조항은 우리나라의 공간적인 존립기반을 선언하는 것인바, 영토변경은 우리나라의 공간적인 존립기반에 변동을 가져오고, 또한 국가의 법질서에도 변화를 가져옴으로써, 필연적으로 국민의 주관적 기본권에도 영향을 미치지 않을 수 없는 것이다. 이러한 관점에서 살펴본다면, 국민의 개별적 기본권이 아니라 할지라도 기본권보장의 실질화를 위하여서는, 영토조항만을 근거로 하여 독자적으로는 헌법소원을 청구할 수 없다 할지라도, 모든 국가권능의 정당성의 근원인 국민의 기본권 침해에 대한 권리구제를 위하여 그 전제조건으로서 영토에 관한 권리를, 이를 테면 영토권이라 구성하여, 이를 헌법소원의 대상인 기본권의 하나로 간주하는 것은 가능한 것으로 판단된다. * 동지 : 헌재 2008.11.27. 2008헌마517.

* 분석 : 위 결정에서 헌재가 "헌법소원의 대상인 기본권의 하나"라고 판시하였으나 헌법소원의 대상은 기본권을 침해하는 공권력의 행사 또는 불행사이므로(헌법재판소법 제68조 제1항) 위 사안에서 헌법소원의 대상은 한·일어업협정인바 정확한 판시가 아니다. 헌법소원을 청구할 수 있게 하는 기본권의 침해

---

1) 헌재 1995.2.23. 90헌마125, 판례집 7-1, 243면.

2) 헌재 2008.11.27. 2008헌마517, 판례집 20-2 하, 516면. [관련판시] 청구인들이 주장하는 것 가운데 통일정신, 국민주권원리 등은 우리나라 헌법의 연혁적·이념적 기초로서 헌법이나 법률해석에서의 해석기준으로 작용한다고 할 수 있지만, 그에 기하여 곧바로 국민의 개별적 기본권성을 도출해 내기는 어렵다. 따라서 이 사건 위원회의 설치 및 운영, 기념사업 추진행위가 역사정신을 왜곡하여 헌법전문 및 헌법에 규정된 헌법정신을 훼손한다는 점만으로는 청구인들의 기본권이 현실적으로 침해된 것이라고 할 수 없다.

(침해되는 기본권의 존재) 요건(헌법소원은 기본권이 침해되었을 때 하는 구제제도이므로 기본권의 침해가능성이 그 하나의 청구요건이다)으로서 영토권을 그 침해되는 기본권의 하나로 간주할 수 있다고 판시하였어야 했다. 여하튼 헌재는 헌법소원심판에 있어서는 영토권을 하나의 기본권으로 간주하였다.

Ⅳ. 법률

법률은 헌법의 기본권을 구체화하는 규정들을 둔다. 또한 기본권의 제한은 법률에 의하여서만 가능하므로(제37조 2항) 법률은 기본권에 관한 사항들을 담게 된다. 기본권을 제한하는 법률이 갖추어야 할 요건과 한계 등에 대해서는 뒤의 기본권 제한에서 살펴본다(후술 기본권제한 참조).

Ⅴ. 행정입법, 자치입법

대통령령, 총리령, 부령 등 행정입법은 법률의 위임을 받아 국민의 기본권에 관한 사항을 둘 수 있다(제75조, 제95조). 지방자치단체의 자치입법, 즉 조례도 기본권에 관한 사항을 정할 수 있다. 다만, 주민의 권리 제한 또는 의무 부과에 관한 사항이나 벌칙을 정할 때에는 법률의 위임이 있어야 한다(지방자치법 제22조 단서).

Ⅵ. 국제조약 및 일반적 국제법규

우리나라가 체결한 조약, 일반적으로 승인된 국제법규가 기본권사항을 담고 있을 수 있다.

Ⅶ. 불문법원 - 헌법관습법, 헌법조리법, 헌법판례

헌법관습법, 헌법조리법, 헌법판례에서도 기본권에 관한 사항들을 담고 있을 수 있다. 헌법관습법의 경우 기본권을 보충하는 효력만을 인정할 수 있다. 헌법판례는 헌법재판이 국민의 기본권보장에 중요한 재판이므로 기본권에 관한 법리를 많이 담고 있다. 또한 국제헌법관습법인 불문국제헌법규범에도 기본권 관련 내용이 있을 수 있다. 헌법관습법, 헌법조리법, 헌법판례 등이 기본권규범으로서의 법원성을 가지는지에 대해서는 견해가 다를 수 있다. 이에 대해서는 헌법총론의 헌법의 법원(法源)에서 살펴본 바 있다(헌법관습법, 헌법조리법, 헌법판례에 대해서는, 헌법총론 헌법의 법원 참조).

제5장 기본권의 주체(기본권의 人的 效力의 정도)

기본권보장에 관한 대원칙을 천명하고 있는 헌법 제10조는 "모든 국민은 … 권리를 가진다"라고 규정하고 있어서 기본권을 향유하는 주체를 국민으로 명시하고 있긴 하나 한국의 국적을 가진 대한민국 국민 외에 외국인도 기본권의 주체가 될 수 있다. 법인도 기본권의 주체가 될 수 있다.

Ⅰ. 논의의 실익

기본권의 주체 문제를 논하는 실익은 물론 누가 기본권의 소지자가 될 수 있는지, 어떤 기본권에 있어서는 누가 그것을 누릴 수 있는 주체가 되는지 하는 실체법적 필요성에 있다. 그러나 그뿐 아니라 절차법적으로도 실익을 가진다. 헌법재판 중에 헌법소원심판은 기본권이 침해되었을 때 청구하여 그 구제를 받기 위한 수단으로서의 헌법재판이므로 기본권을 보유하는 사람이어야 기본권 침해도 있을 수 있고 헌법소원심판을 청구할 수 있다. 따라서 기본권주체일 것이 헌법소원심판청구요건의 하나가 되고 그 점에서 기본권주체 문제의 논의가 절차법에 있어서도 그 실익을 가진다.

헌법소원심판 = 기본권침해에 대한 구제

↓

甲 헌법소원심판 청구자격(A) = 기본권침해를 받은 사람(B)
기본권침해 = 기본권주체임(행사할 수 있음)에도 못하거나 제약받는 상태

↓

乙 기본권침해를 받은 사람(B) = 기본권을 행사할 수 있는 주체여야 함(C)

결론: 甲과 乙의 결합 → ↓

A = B = C ∴ A = C

헌법소원심판 청구자격(A) = 기본권 주체(C)

▌기본권주체론의 절차법적 실익 도해

Ⅱ. 기본권능력

1. 기본권보유능력

기본권보유능력이라 함은 기본권을 누릴 수 있는 법적 지위를 말한다. 일반적으로 모든 국민은 기본권보유능력을 가진다. 민법상의 권리능력을 가진 국민은 물론 기본권보유능력을 가지나 죽은 사람(死者)이나 태아(胎兒)도 기본권보유능력이 인정되는 예외적인 경우가 있으므로 민법상의 권리능력에 비해 기본권보유능력이 더 넓은 범위에서 인정된다.

2. 기본권행사능력

(1) 기존의 개념

국민은 일반적으로 기본권보유능력을 가지지만 그렇다고 하여 모든 국민이 기본권을 실제로 행사할 수 있는 것은 아니다. 기본권을 현실적으로 향유할 수 있는 능력을 기본권행사능력이라고 한다. 심신상실자, 행위무능력자, 미성년자 등은 기본권을 보유할 수는 있으나 실제로 행사하는 데 제약을 받으므로 기본권행사능력이 없거나 제한된다.

기본권행사능력은 기본권보유능력이 일반적인 능력으로 인정되는 것인데 비해 기본권주체에 따라 개별적인 기본권이 실제 행사되기 위해 요구되는 조건을 갖춘 경우에 인정되는 개별적인 행위능력이다. 예를 들어 일반적으로 참정권의 보유능력을 국민이 가지더라도 선거권은 판단능력을 고려하여 일정연령(우리나라는 현재 19세) 이상이어야 선거권행사능력을 인정한다. 피선거권, 직업공무원의 공무담임권의 경우에도 연령상 한계가 있다(40세 이상이어야 대통령 피선거권을 가지고, 직업공무원은 60세에 정년하도록 하는 것). 경제적 활동의 자유에 있어서도 행사능력이 제한될 수 있다(청소년의 영업활동에 대한 제한 등). 기본권행사능력의 인정은 이처럼 개별 기본권에 따라 달라질 수 있다. 인간의 존엄권이나 신체의 자유의 경우와 같이 근원적이고 기초적인 기본권들에 있어서는 대체적으로 기본권보유능력이 있으면 기본권행사능력도 인정된다.

(2) 검토

기본권행사능력은 기본권제한의 문제로 볼 수 있다. 예를 들어 선거권의 연령을 19세나 일정 연령 이상으로 한 것은 기본권행사능력의 문제이기는 하나 기본권의 제한의 문제로도 다룰 수 있다. 즉 일정 연령 미만인 사람에 대해서는 선거권을 부여하지 않는 것이 그 연령 미만인 사람에게는 선거권이 제한되는 것이고 기본권행사능력의 문제를 거론하지 않고서 일반적인 기본권의 제한의 문제로 볼 수도 있다. 판단능력의 미성숙을 이유로 한 기본권제한이라고 볼 수 있는 것이다. 어차피 기본권행사능력도 헌법이 직접 정하거나 법률에 의해 정해지고 기본권제한도 법률에 의한다.

Ⅲ. 자연인(自然人)

1. 국민

(1) 일반국민

우리 헌법 제10조 전문이 "모든 국민은 인간으로서의 존엄과 가치를 가지며, 행복을 추구할 권리를 가진다"라고 규정하고 있듯이 국민이 기본권주체가 됨은 물론이다.

(2) 아동, 청소년, 미성년자, 노인

어린이, 청소년, 미성년자도 인간의 존엄가치, 행복추구권을 비롯한 여러 기본권의 주체가 될 수 있다. 아동, 청소년 등에게는 특히 신체적, 인격적 성장의 발달을 위한 기본권, 즉 교육을 받을 권리 등의 기본권이 중요한 의미를 가진다. 헌재는 초·중·고등학교 학생의 문화향유권을 인정한 바 있다.[1] 아동은 신체적 안전 등을 위한 보호 등 특별한 보호의 대상이 되고 아동학대의 금지는 물론 그 예방이 요구된다. 아동, 청소년에 대한 특별한 보호는 성인들의 기본권의 제한을 더 요구하게 되는 결과를 가져온다. 즉 표현의 자유나 영업의 자유 등에 있어서의 아동, 청소년의 보호를 위한 제약을 들 수 있다. 가족에 의한 양육에 있어서 자율성이 또한 최대한 주어지고 가족에 의한 양육이 어려울 경우에 국가가 이를 구조하여야 한다. 아동보호를 위하여 아동복지법 등이 있고 국내법으로 아동복지법은 국제적으로는 우리나라도 가입한 '아동의 권리에 관한 협약'(Convention on the Rights of the Child)이 있다. 아동, 청소년 등은 부모의 동의 등을 조건으로 기본권행사를 할 수 있거나 민법상의 법적 행위를 함에 있어서 제약을 받고 공직선거에서 투표권이 부여되지 않는 등 기본권행사능력이 제한되는 경우가 많다.

노인들에 대하여 국가나 사회는 더 많은 보호를 제공하여야 한다. 오늘날 의학의 발달 등으로 수명이 연장됨에 따라 노인들에 대한 복지, 근로의 기회보장 등이 더욱더 요구되고 있다. 국가는 노인과 청소년의 복지향상을 위한 정책을 실시할 의무를 진다(제34조 4항). 현재 노인복지법이 있다.

(3) 태아, 초기배아, 사자의 기본권 문제

1) 태아, 초기배아

태아도 자연인으로서 기본권의 주체가 될 수 있는지 하는 문제가 있다. 이는 태아의 생명권에 관한 문제로서 많이 논의되어 왔다. 우리 헌법재판소는 태아가 생명권의 주체가 될 수 있다고 본다.[2] 민법은 "태아는 손해배상의 청구권에 관하여는 이미 출생한 것으로 본다"라고

---

1) 헌재 2004.5.27. 2003헌가1, 판례집 16-1, 670면.

규정하여(민법 제762조) 태아의 손해배상청구권을 인정하고 있다. 그런데 법원은 태아가 살아서 출생한 경우에는 손해배상청구권을 인정하고 살아서 출생하지 못한 태아(사산아)의 손해배상청구권은 이를 부정하고 있는데 이는 법원이 민법 제762조를 해석함에 있어 사람은 생존한 동안에만 권리와 의무의 주체가 된다고 규정한 민법 제3조를 함께 적용하고 있기 때문이다. 이러한 법원의 해석과 민법 제3조의 위헌성 여부가 논란되었으나 헌법재판소는 국가의 보호의무를 위반한 것이 아니라는 이유로 합헌으로 결정하였다.[1] 태아는 그 외에도 인지의 대상이 될 수 있는 권리능력을 가지고(민법 제858조), 상속순위에 관하여는 이미 출생한 것으로 보아 상속에서의 권리능력이 인정되고(민법 제1000조 3항), 유증의 권리능력(민법 제1064조)을 가진다.

그러나 헌재는 아직 모체에 착상되거나 원시선이 나타나지 않은 초기배아에 대해서는 기본권주체성을 부정하였다.[2]

2) 사자(死者)

사자(死者)에 대해서도 기본권을 인정해야 할 경우가 있다. 예를 들어 저작권의 경우 사후에까지 권리로 인정된다(저작권법 제39조). 형법은 공연히 허위의 사실을 적시하여 사자의 명예를 훼손한 자는 처벌하도록 규정하여(형법 제308조) 사자의 인격권을 보장한다. 저작권법 제14조 제2항은 저작자의 사망 후에 그의 저작물을 이용하는 자는 저작자가 생존하였더라면 그 저작인격권의 침해가 될 행위를 하여서는 아니 된다고 규정하고, 다만 그 행위의 성질 및 정도에 비추어 사회통념상 그 저작자의 명예를 훼손하는 것이 아니라고 인정되는 경우에는 그러하지 아니하다고 규정하고 있다.

헌재는 "사자(死者)에 대한 사회적 명예와 평가는 사자와의 관계를 통하여 스스로의 인격

---

2) 헌재 2008.7.31. 2004헌바81; 헌재 2012.8.23. 2010헌바402, 낙태죄 합헌결정, 그리고 이 2010헌바402 합헌결정을 변경한 헌재 2019.4.11. 2017헌바127의 낙태죄 헌법불합치결정에서도 법정의견인 4인의 헌법불합치의견, 2인 재판관의 합헌의견은 태아가 생명권의 주체가 됨을 분명히 하고 있다(3인의 단순위헌의견은 "태아가 생명체라는 점과 별개로, 태아가 과연 기본권 주체로서의 '인간'에 해당하는가에 관하여는 세계적으로 많은 논의가 있고…이러한 경우에도 태아의 생명이 소중하고 보호할 가치가 있음은 부정되지 않았다. 태아가 생명권에 대한 기본권 주체가 되는가에 관계없이, 태아는 그 자체로 생명으로서 점차 성장하여 인간으로 완성될 수 있는 존재…"라고 하여 모호한 설시를 하고 있다).

1) 헌재 2008.7.31. 2004헌바81.

2) 헌재 2010.5.27. 2005헌마346. [결정요지] 출생 전 형성 중의 생명에 대해서 헌법적 보호의 필요성이 크고 일정한 경우 그 기본권 주체성이 긍정된다고 하더라도, 어느 시점부터 기본권 주체성이 인정되는지, 또 어떤 기본권에 대해 기본권 주체성이 인정되는지는 생명의 근원에 대한 생물학적 인식을 비롯한 자연과학·기술 발전의 성과와 그에 터 잡은 헌법의 해석으로부터 도출되는 규범적 요청을 고려하여 판단하여야 할 것이다. 초기배아는 수정이 된 배아라는 점에서 형성 중인 생명의 첫걸음을 떼었다고 볼 여지가 있기는 하나 아직 모체에 착상되거나 원시선이 나타나지 않은 이상 현재의 자연과학적 인식 수준에서 독립된 인간과 배아 간의 개체적 연속성을 확정하기 어렵다고 봄이 일반적이라는 점, 배아의 경우 현재의 과학기술 수준에서 모태 속에서 수용될 때 비로소 독립적인 인간으로의 성장가능성을 기대할 수 있다는 점, 수정 후 착상 전의 배아가 인간으로 인식된다거나 그와 같이 취급하여야 할 필요성이 있다는 사회적 승인이 존재한다고 보기 어려운 점 등을 종합적으로 고려할 때, 기본권 주체성을 인정하기 어렵다.

상을 형성하고 명예를 지켜온 그들의 후손의 인격권, 즉 유족의 명예 또는 유족의 사자에 대한 경애추모의 정에도 영향을 미친다"라고 한다.[1] 이에 관한 구체적 사안으로 ① 국군포로 예우에 필요한 행정입법(대통령령)을 제정하지 않은 행정입법부작위가 등록포로 등의 가족의 명예권을 침해하여 위헌임을 확인한 결정(헌재 2018.5.31. 2016헌마626), ② "친일반민족행위"를 규정한 '일제강점하 반민족행위 진상규명에 관한 특별법' 규정이 조사대상자인 사자(死者)와 아울러 유족(후손)의 인격권(헌법 제10조에서 유래하는 일반적 인격권)을 제한하는 것이라고 보았지만, 그 제한이 비례(과잉금지)원칙을 준수하여 합헌이라고 결정한 예(헌재 2010.10.28. 2007헌가23) 등이 있다(이 결정들에 대해서는 기본권 각론의 인간의 존엄가치의 인격권(명예권) 부분 참조).

(4) 장애인의 기본권

장애인도 기본권의 주체임은 물론이다. 따라서 여기서 장애인이 기본권의 주체가 될 수 있는가 하는 문제가 아니라 당연히 주체가 되는데 장애인의 기본권을 보다 강화하여야 한다는 점에서 특별히 강조된다. 장애인에 대한 평등권, 복지를 위한 생존권 등이 더욱 강화되어야 한다. 국제적 보장 차원에서 유엔의 국제인권규약인 장애인권리협약이 2007년 3월 31일에 성립되어 앞으로 가입국들이 각국에서 비준을 받으면 효력을 발생하게 되는데 이 협약은 장애인들의 차별을 금지하고 장애인들이 도로, 대중교통 등 공간적인 이동시설에의 접근권뿐 아니라 정보와 의사소통을 위한 서비스들에 대한 접근권을 보장하도록 하고 있다. 또한 장애인들의 생존권으로서 교육을 받을 권리, 특히 통합교육과 평생교육에 대한 권리와 고용과 개방적인 근로환경의 제공 등을 규정하고 있다.

우리 헌법 제34조 제5항은 신체장애자는 법률이 정하는 바에 의하여 국가의 보호를 받는다고 규정하고 있다. 장애인복지법, '장애인차별금지 및 권리구제 등에 관한 법률', '장애인활동 지원에 관한 법률'(2011. 1. 4, 제정, 2011. 10. 5 시행) 등의 법률이 있다.

(5) 소수자의 기본권

소수민족 출신자, 사회에서 소외된 사람 등 소수자에 대해서도 기본권의 보장이 이루어져야 함은 물론 특히 사회적 차별 등이 있어서는 아니 된다. 앞으로 다문화사회에서 이들의 기본권보장을 위한 노력이 더욱 절실하다.

(6) 특수신분자의 기본권

과거에 공무원, 군인, 국립대학교 재학생, 수형자 등에 대해서는 특별권력관계론에 따라 기본권주체성을 부정하였다. 그러나 오늘날 특별권력관계론을 부정하고 이들에 대해서도 기본권주체성을 인정한다.

---

1) 헌재 2011.3.31. 2008헌바111; 헌재 2014.6.26. 2012헌마757; 헌재 2018.5.31. 2016헌마626 등.

1) 과거의 '특별권력관계'론

(가) 특별권력관계론의 의의와 법리

이른바 특별권력관계론이란 일반 국민들은 국가와 일반적인 권력관계에 있으나 공무원 등 특수한 신분을 가진 사람들(이하 '특수신분자'라 함)은 국가와 특별한 관계를 가진다고 보는 이론이다. 이는 예컨대 공무원과 국가와의 사이에는 국가의 공공행정의 수행이라는 특별한 목적을 위하여 관계가 성립된 것이므로 이 관계에 있는 공무원이라는 특수신분자는 법률의 근거없이도 국가권력에 의한 포괄적 지배를 받고 이 포괄권력에 복종하여야 하는 관계라는 특별한 권력관계에 있다고 보는 이론이다. 그리하여 이 이론은 이러한 특별한 권력관계에 있어서는 i) 특수신분자가 행정의 영역에서 권리(법)주체가 될 수 없으므로 기본권의 주체가 될 수 없다고 보았고(기본권의 배제), ii) 국가에 의한 권리침해가 있더라도 소송을 통해 다툴 수가 없으며(사법심사의 배제), iii) 행정이 법에 의해서 규율되는 것이 아니라 행정의 합목적성에 의해 규율이 된다고 보았다(행정의 법률적합성의 부정). 특별권력관계론은 독일에서 19세기 후반에 형성된 이론으로서 당시 외견적 입헌주의, 즉 겉으로는 헌법을 가졌으나 국민의 권리는 인권으로서 부여되는 권리가 아니라 국민의 권리일 뿐이었고 진정한 국민주권주의가 아니라 군주의 권력이 강한 입헌군주제하에서 군주가 의회나 법원으로부터 군주의 특권과 행정의 자유로운 영역을 가지려고 등장한 이론이었다. 특별권력관계론은 법인격의 주체는 국가 자체이므로 법은 국가 자체에만 미치는 것이고 그 국가 내부의 영역에는 법이 침투할 수 없다는 사고에 터잡고 있었다. P. Laband, O. Meyer, F. Fleiner 등의 독일학자들에 의해 전개, 발전되어 왔다.

(나) 특별권력관계의 성격과 유형 및 내용

특별권력관계의 성격 문제로 특별권력관계가 일반권력관계와 절대적으로 구분되는 것인가 아닌가 하는 문제가 논의되어 왔다. i) 절대적 구별설은 양자는 그 성립의 기초나 권력적 성격이 달라 각각에 적용되는 법도 달라야 하고 따라서 일반권력관계에 적용되는 법은 특별권력관계에는 적용될 수 없다고 보는 입장이다. ii) 상대적 구별설은 특별권력이라 하더라도 결국 국가의 공권력 그것과 다른 별개의 권력이 아니므로 일반권력관계과 특별권력관계 간에 본질적으로 차이가 있는 것은 아니고 특별권력관계에서는 행정의 특별한 목적을 수행하기 위해 포괄적 권력과 복종이 요구될 뿐인 점에 차이가 있다고 보는 입장이다. 절대적 구별설을 주장하는 학설은 없고 상대적 구별설이 통설로 내려오고 있었다.

특별권력관계의 유형은 특별권력관계가 주로 형성되는 영역에 따라 구분되는 종래의 통설은 i) 공법상 근무관계(공무원의 근무관계), ii) 영조물이용관계(국공립대학교 재학관계), iii) 특별감독관계(국가의 공공단체에 대한 감독관계), iv) 공법상 사단관계(공공조합의 조합원 관계)로 구분하여 왔다. 특별권력관계의 내용은 바로 이러한 유형들에 대응하여 직무상권력, 영조물권력, 감독권력, 사단권력으로 나누어지는 권력들로 구성되며 각 권력은 포괄적인 명령권과 징계권을 그 구성요소로 한다. 포괄적 명령권이란 법률의 근거가 없더라도 특별권력관계에 있는 사람들에 대해 특별권력주체가 의무와 조치를 명할 수 있는 포괄적인 권한을 말하며 징계권은 의무의 위반에 대해 역시 법률상 근거 없이도 일정한 제재를 가하거나 의무이행으로 나아가도록 강제할 수 있는 권한을 말한다고 하였다.

(다) 특별권력관계의 성립과 소멸

일반권력관계는 국민이면 당연히 국가와의 관계에서 성립되는 권력관계이다. 특별권력관계는 법률의 규정에 의하여(수형자의 교도소 수감, 군대 입대, 전염병환자 강제격리 등) 또는 이를 승인하겠다는 당사자의 동의(공무원의 임용, 국공립대학교 입학 등)로 성립된다.

특별권력관계는 원인이 없어졌거나, 목적의 달성, 퇴직이나 일방적 배제 등으로 소멸된다.

2) 독일에서의 변화

독일의 변화를 언급하는 것은 특별권력이론이 생성된 국가가 독일이기 때문이다. 독일에서는 2차대전 후 이론의 변화를 보여주었으며 연방헌법재판소가 1972년의 수형자판결에서 수형자일지라도 기본권을 가지고 기본권의 제한은 법률에 의하거나 근거해서만 가능하다고 판결함으로써 특별권력관계이론의 종말이라는 지적이 나올 정도로 새로운 국면을 맞이하였다. 그리하여 오늘날 독일에서도 종래 특별권력관계라고 불리던 관계에 있어서도 기본권에 대한 제한은 법률에 의하거나 법률의 근거하여서만 가능하다고 보고 특별권력관계에 있는 사람도 자신의 권리가 침해되면 소송이 가능하다고 본다.

3) 우리나라의 현재 이론

(가) 학설

가) 제한적 긍정설

우리나라에서는 특별권력관계론에 대한 비판적 견해가 많았기에 완전한 긍정설은 찾아보기 어렵고 제한적 긍정설을 볼 수 있다. 제한적 긍정설은 공무원관계나 학교관계, 병역근무관계와 같은 특별한 신분관계가 실정법상 여전히 존재하고 이를 부정할 수 없는 것이 현실이므로 법치주의의 전면적인 적용을 고집할 수만은 없기에 제한적으로 특별권력관계이론을 받아들이는 입장이다.

나) 부정설

부정설은 ⅰ) 형식적 부정설, ⅱ) 실질적 부정설, ⅲ) 기능적 재구성설 등으로 나누어진다. ⅰ) 형식적 부정설은 모든 국가권력에는 법치주의가 적용되어야 하므로 아무리 특수신분관계라 할지라도 법치주의의 적용을 받아야 하고 따라서 법치주의의 적용을 받지 않는 특별권력관계를 인정할 수 없다는 입장이다. ⅱ) 실질적 부정설은 일반권력관계나 특별권력관계나 그 본질에서는 차이가 없다고 보아 종래 특별권력관계라고 보아왔던 권력관계를 개별적으로 분석하여 일반권력관계 또는 비권력적인 사법적 관계로 돌려(환원하여) 과거 특별권력관계에서 특별히 취급하고자 했던 법리를 실질적으로 부정하는 견해이다. 예를 들어 국립대학교 재학생이나 사립대학교 재학생이나 그 법률관계는 본질적으로 같은데 이들을 달리 취급하는 것은 인정할 수 없다고 보는 것이다. 실질적 부정설은 그리하여 결국 과거의 특별권력관계라고 보았던 권력관계에서도 기본권의 보장은 이루어져야 하고 기본권의 제한에는 법률의 근거가 필요하다고 본다. iii) 기능적 재구성설은 내부적인 기능관계를 파악하여 그에 상응하는 법리를 구성하고자 하는 이론으로서 실질적인 부정설에 속한다고 볼 수 있다.

한국에서 부정적인 견해가 지배적이다. "특수신분관계에 있는 사람들도 기본권의 향유자임에는 틀림없으며, 다만 그 신분의 특수성으로 말미암아 헌법과 법률로써 일정한 경우에 특별히 기본권을 제한할 수 있다"(김철수, 284면)라는 견해가 대표적이다.

(나) 판례

가) 헌법재판소

헌법재판소도 과거의 특별권력관계이론을 부정하는 입장이다. 헌법재판소의 판례 중에는 "과거에는 특별권력관계의 속성을 중시하여 수용자의 기본권을 소홀히 하고 수용자를 교정행정의 객체로 파악하는 경향이 짙었으나, 오늘날은 수용자도 일반 국민과 같이 헌법상 보장된 기본권의 한 주체로 보고 있다"라고 설시한 판례를 볼 수 있다.[1]

(a) 재소자

헌법재판소는 과거의 특별권력관계론에서 볼 때 특별권력관계에 해당된다고 볼 특수신분자인 재소자에 대한 기본권제한에 관한 결정들에서 특별권력관계를 언급하지는 않으면서 기본권의 제한에 있어서 법률유보를 요구해 왔다.[2] 또한 재소관계를 '특수한 법률관계'라고 부르고 재소자들에 대한 기본권제한에도 법률의 근거를 요한다는 다음과 같은 결정들을 하였다. 즉 금치 처분을 받은 수형자에 대하여 금치 기간 중 운동을 금지하는 구 행형법시행령규정이 수형자의 인간의 존엄과 가치, 신체의 자유 등을 침해하였다고 판단한 결정에서 헌법재판소는 "교도소에서 수형자의 복역관계(재소관계)는 위와 같은 행형목적을 달성하기 위하여, 자유형의 선고를 받은 자를 행형법 등의 규정에 따라 수용함으로써, 국가와 수형자간에 성립하는 특수한 법률관계"라고 그 성격을 밝히면서 "수형자의 기본권 제한에 대한 구체적인 한계는 헌법 제37조 제2항에 따라 법률에 의하여" 설정하게 되며 그 본질적인 내용을 침해하거나 과잉금지의 원칙에 위배되어서는 안 된다고 한다.[3] 금치대상자에 대하여 집필을 전면 금지한 헌법소원

1) 헌재 2005.5.26. 2001헌마728, 판례집 17－1, 724면.
2) 헌재 1998.10.29. 98헌마4, 판례집 10－2, 637면. 그 외 재소자에 대한 서신검열 문제도 있었다. 헌재 1995.7.21. 92헌마144, 판례집 7－2, 94 면 이하 참조.

심판사건에서 "행형법상 징벌의 일종인 금치처분을 받은 자에 대하여 금치기간 중 집필을 전면 금지한 행형법시행령 제145조 제2항 본문 부분은 금치대상자의 자유와 권리에 관한 사항을 규율하는 것이므로 모법의 근거 및 위임이 필요하다"라고 하여 법률유보를 요구하였다는 점에서 특별권력관계이론을 부정하는 입장이다.[1] 헌법재판소는 이 사건에서 문제의 위 시행령조항의 근거를 법률인 행형법상의 징벌 내지 금치에 관한 조항에서 찾을 수 없다고 하여 위헌으로 결정하였다. 결국 헌법재판소는 법률규정없는 기본권제한을 부정함으로써 과거의 특별권력관계론을 받아들이지 않는 입장임을 알 수 있다.

(b) 군인

한편 군형법규정에 관련하여 헌재가 특별권력관계를 언급한 결정례가 있긴 하였다. 그 결정례를 보면, "정당한 명령 또는 규칙을 준수할 의무가 있는 자가 이를 위반하거나 준수하지 아니한 때"에 처벌하도록 한 군형법 제47조에 대한 헌법소원심판에서 청구인이 "특별권력관계인 군 내부의 질서는 징계벌로 규제하는 것이 바람직한데" "형사처벌을 하도록 규정하고 있으므로 과잉금지의 원칙에 위반된다"라고 주장한 바 있었다. 헌재는 이른바 특별권력관계 내부의 질서위반행위라고 하더라도 강력한 제재의 필요가 있을 때에는 국가형벌권을 발동하여 처벌할 수도 있는 것이고 명령의 위반행위에 대하여 단순히 징계벌을 과하여서는 명령의 강제적 실현을 위한 제재의 효과가 불충분하다고 하면서 입법재량의 한계를 벗어나지 않아 그 주장을 받아들이지 않았다.[2] 과거 대표적인 특별권력관계자로 본 군인에 대해서도 기본권은 인정되어

---

3) 헌재 2004.12.16. 2002헌마478, 판례집 16-2 하, 558-559면. [관련판시] (2) 수형자의 법적 지위와 그 기본권 제한 - 징역·금고 등 자유형을 선고받아 그 형이 확정된 자는 그 집행을 위하여 교도소에 구금되며, 교도소는 "수형자를 격리하여 교정·교화하며 건전한 국민사상과 근로정신을 함양하고 기술교육을 실시하여 사회에 복귀하게 하는 것"을 목적으로 하는 국가기관이다(행형법 제1조, 제2조, 제3조). 따라서 교도소에서 수형자의 복역관계(재소관계)는 위와 같은 행형목적을 달성하기 위하여, 자유형의 선고를 받은 자를 행형법 등의 규정에 따라 수용함으로써, 국가와 수형자간에 성립하는 특수한 법률관계라고 할 수 있다. 이에 따라 수형자는 격리된 시설에서 강제적인 공동생활을 하게 되므로 헌법이 보장하는 신체의 자유 등 기본권에 대한 제한은 불가피하다. 그러나 이러한 수형자의 경우에도 모든 기본권의 제한이 정당화될 수 없으며 국가가 개인의 불가침의 기본적인 인권을 확인하고 보장할 의무(헌법 제10조)로부터 자유로워질 수는 없다. 따라서 수형자의 지위에서 제한이 예정되어 있는 자유와 권리는 형의 집행과 도망의 방지라는 구금의 목적과 관련된 신체의 자유 및 거주이전의 자유 등 몇몇 기본권에 한정되어야 하며 그 역시 필요한 범위를 벗어날 수 없다. 특히 수용시설 내의 질서 및 안전 유지를 위하여 행해지는 규율과 징계를 통한 기본권의 제한은 수형자에게 구금과는 별도로 부가적으로 가해지는 고통으로서 다른 방법으로는 그 목적을 달성할 수 없는 경우에만 예외적으로 허용되어야 할 것이다. 이와 같이 수형자의 기본권 제한에 대한 구체적인 한계는 헌법 제37조 제2항에 따라 법률에 의하여, 구체적인 자유·권리의 내용과 성질, 그 제한의 태양과 정도 등을 교량하여 설정하게 되며(헌재 1999.5.27. 97헌마137등, 판례집 11-1, 653, 662 참조), 수용 시설 내의 안전과 질서를 유지하기 위하여 이들 기본권의 일부 제한이 불가피하다 하더라도 그 본질적인 내용을 침해하거나, 목적의 정당성, 방법의 적정성, 피해의 최소성 및 법익의 균형성 등을 의미하는 과잉금지의 원칙에 위배되어서는 안 된다.

1) 헌재 2005.2.24. 2003헌마289, 판례집 17-집, 261면.

2) 헌재 1995.5.25. 91헌바20, 판례집 7-1, 625면. [판시] 어떤 위법행위에 대하여 형사벌로 처벌할 것인가 아니면 행정벌로 제재를 가할 것인가는 그 위반행위의 위험성의 정도나 비난가능성 및 이를 제재하는 목적 등에 비추어 결정할 사항이고, <u>이른바 특별권력관계</u> 내부의 질서위반행위라고 하더라도 강력한 제재의 필요가 있을 때

야 하고 다만, 국가안보를 지키는 군의 조직원이란 점에서 기본권에 대한 제한이 일반 국민이나 다른 공무원에 비해 강하게 이루어질 수 있다.[1] 그러나 그렇더라도 그 제한에 법률적 근거가 필요한데 아래에서 보듯이 완화해서 판례는 인정하는 경향을 보여준다. 군인의 기본권에 대해서는 아래에 별도 항목으로 살펴본다.

헌재 판례 중에 "병의 특수한 지위에 따른 정치적 중립 의무 … 병역의무를 이행하는 군인과 국가 사이에는 공법상 근무 관계, 즉 병역의무관계가 성립하며"라고 하여(헌재 2018.4.26. 2016헌마611) '공법상 근무관계'라는 말을 쓰기도 한다.

나) 대법원

대법원의 판례도 과거의 특별권력관계 법리를 부정하는 입장이다. 대법원의 판례가 특별권력관계라는 용어를 사용하나 그 의미는 과거의 특별권력관계론이 말하는 그것이 아니라 특수한 신분관계에 있는 사람들의 관계를 지칭하고자 하는 것일 뿐이고 특별권력관계는 행정소송의 관할이라는 점에서 민사관계인 일반관계에 대비되는 것을 나타내기 위해 사용된 것이다.[2]

(다) 사견

오늘날 특수신분인(군인, 공무원 등)은 기본권을 누릴 수 있는 주체이고 다만 그들에 대한 기본권제한이 보다 강하다는 점이 문제될 뿐이므로, 기본권주체성 자체를 부정하는 과거의 특별권력관계론은 타당하지 못하다. 특수신분인들도 기본권의 주체가 될 수 있음은 물론이나, 그들은 수행하는 업무와 신분상의 특수성으로 인해 다른 일반 국민에 비하여 더 강한 정도와 범

에는 국가형벌권을 발동하여 처벌할 수도 있는 것이므로 이는 원칙으로 입법자가 제반사정을 고려하여 결정할 입법재량사항에 속한다고 할 것이다. 그런데 군에서는 명령복종관계의 유지가 절대적으로 필요하고 특히 우리의 특수한 안보현실에 비추어 구체적으로 법률로 정할 수는 없으나 군통수작용상 중요한 사항이 있을 수 있는데, 이러한 사항에 관한 명령의 위반행위에 대하여 단순히 징계벌을 과하여서는 명령의 강제적 실현을 위한 제재의 효과가 불충분하게 될 수 있다. 따라서 이 사건 법률규정은 입법자가 군의 특수성과 우리의 안보상황 등을 고려하여 국가형벌권에 의하여 보호받아야 할 정당한 명령 또는 규칙의 위반행위에 대하여 형사처벌을 가하도록 한 것으로서 목적과 수단의 합리성이 인정되고 입법재량의 범위를 현저히 일탈하였다고 보이지 아니하므로 과잉금지의 원칙에 위배된다고 할 수 없다.

1) 헌재 2010.10.28. 2008헌마638, 판례집 22-2하, 230면. [판시] 기본권의 예외 없는 보장을 핵심으로 하는 오늘날의 법치주의 헌법 아래에서 군인이라고 하여 기본권보장의 예외가 될 수는 없으나, 기본권의 보장도 국가의 존립과 안전을 그 기반으로 하는 것이고, 군인은 국가의 존립과 안전을 보장함을 직접적인 존재의 목적으로 하는 군 조직의 구성원이므로, 그 존립 목적을 위하여 불가피한 경우에는 일반인 또는 일반 공무원에 비하여 상대적으로 기본권제한이 가중될 수 있는 것이다.

2) 대법원 1995.6.9. 94누10870, 공1995.7.15.(996), 2401면, [관련판시] 농지개량조합과 그 직원과의 관계는 사법상의 근로계약관계가 아닌 공법상의 특별권력관계이고, 그 조합의 직원에 대한 징계처분의 취소를 구하는 소송은 행정소송사항에 속한다. 대법원 1989.9.12. 89누2103 판결, 집37(3)특, 396면. [판결요지] 서울특별시지하철공사의 임원과 직원의 근무관계의 성질은 지방공기업법의 모든 규정을 살펴보아도 공법상의 특별권력관계라고는 볼 수 없고 사법관계에 속할 뿐만 아니라, 위 지하철공사의 사장이 그 이사회의 결의를 거쳐 제정된 인사규정에 의거하여 소속직원에 대한 징계처분을 한 경우 위 사장은 행정소송법 제13조 제1항 본문과 제2조 제2항 소정의 행정청에 해당되지 않으므로 공권력발동주체로서 위 징계처분을 행한 것으로 볼 수 없고, 따라서 이에 대한 불복절차는 민사소송에 의할 것이지 행정소송에 의할 수는 없다.

위의 기본권제한을 받는 경우가 많은 것은 사실이다. 그러나 그렇더라도 과거의 특별권력관계론에서 기본권주체성을 부정하고 법적 근거 없이도 그러한 제한을 할 수 있다는 입론은 받아들일 수 없고 그러한 강한 제한은 헌법과 법률에 근거하여야만 가능하다. 특수신분인에 대한 기본권제한에 있어서도 그 특수업무나 활동상황에 필요한 최소한의 제한에 그쳐야 하고 기본권의 본질적 내용을 침해할 수는 없다. 결국 특별권력관계에 있는 사람들에게 행정영역에서 기본권을 누리는 것을 부정하거나 기본권을 법률의 근거 없이 제한할 수 있다고 보았던 과거의 특별권력관계론은 부정되고 오늘날 이른바 특별권력관계에 있는 사람들의 기본권도 그 제한을 위해서는 헌법이나 법률의 근거가 필요하다. 요컨대 특수신분인들도 기본권제한에 정도의 차이가 있다는 것일 뿐 기본권의 주체가 될 수 있다. 다만, 오늘날에도 군인, 공무원과 같은 신분자들은 여전히 존재하긴 하고 그 관계가 특수하긴 하며 그 관계를 지칭할 필요가 있는 경우도 있긴 하므로 그 관계를 지칭하려면 그 용어를 '특수신분관계'라고 바꾸어 부르는 것이 비교적 합당하다.

현실적으로 특수신분인에 대한 강한 기본권제한은 공무원의 경우에 노동운동(2005년에 '공무원의 노동조합설립 및 운영 등에 관한 법률'이 제정되어 2006년부터 시행에 들어감으로써 6급 이하 공무원의 경우 노조에 가입할 권리가 인정되고 있다), 정치활동 등에 대한 제한, 국가배상제한(군인, 군무원 등에 대한 국가배상금지), 수형자의 경우에 통신의 제한, 초중등학교의 교육공무원의 정당가입 및 선거운동의 금지[1] 등에서 나타나고 있다.

(라) 실정법적 현황

사실 오늘날 특수신분관계에 있는 사람들에 대해서 기본권을 제한하는 경우에 개별 법률 규정들에 근거를 두는 것이 일반적이다. 예를 들어 공무원에 대해서는 국가공무원법, 지방공무원법 등이 군인공무원에 대해서는 군인사법이, 수형자에 대해서는 '형의 집행 및 수용자의 처우에 관한 법률' 등이 기본권제한에 규정을 두고 있다.

4) 공무원의 기본권 문제

(가) 논의

공무원도 기본권을 누리는 주체가 된다. 공무원도 인간으로서의 존엄과 가치, 행복추구권, 평등권, 자유권, 생존권, 참정권, 청구권 등 전반적으로 기본권을 누린다. 그러나 공무원들은 공무와 관련한 영역과 활동에 있어서, 그리고 공무가 가지는 공공성, 공익성 때문에 기본권이 제한되는 경우가 많다. 공무원의 기본권제한도 그 강도가 일반인에 비해 크더라도 어디까지나

1) 이를 금지하고 있는 정당법 제6조 단서 제1호 및 '공직선거 및 선거부정방지법'(2005. 8. 4.의 개정으로 현재는 법명이 공직선거법이다) 제60조 제1항 제4호에 대하여 합헌결정(헌재 2004.3.25. 2001헌마710)이 있었다. 헌법재판소는 감수성과 모방성 그리고 수용성이 왕성한 초중등학교 학생들에게 교원이 미치는 영향은 매우 크고, 교원의 정치활동은 교육수혜자인 학생의 입장에서는 수업권의 침해로 받아들여질 수 있다는 점을 제한의 합헌사유로 들고 있다.

헌법이나 법률에 의한 근거가 있어야 한다.

(나) 헌재판례

헌재는 "원칙적으로 국가나 국가기관 또는 국가조직의 일부나 공법인은 공권력 행사의 주체이자 기본권의 '수범자'로서 기본권의 '소지자'인 국민의 기본권을 보호 내지 실현해야 할 책임과 의무를 지니고 있을 뿐이므로, 헌법소원을 제기할 수 있는 청구인적격이 없으나 국가기관의 직무를 담당하는 자연인이 제기한 헌법소원이 언제나 부적법하다고 볼 수는 없다"라고 하면서, "만일 심판대상 조항이나 공권력 작용이 넓은 의미의 국가 조직영역 내에서 공적 과제를 수행하는 주체의 권한 내지 직무영역을 제약하는 성격이 강한 경우에는 그 기본권 주체성이 부정될 것이지만, 그것이 일반 국민으로서 국가에 대하여 가지는 헌법상의 기본권을 제약하는 성격이 강한 경우에는 기본권 주체성을 인정할 수 있다"라고 한다.[1] 그리하여 "결국 개인의 지위를 겸하는 국가기관이 기본권의 주체로서 헌법소원의 청구적격을 가지는지 여부는, 심판대상조항이 규율하는 기본권의 성격, 국가기관으로서의 직무와 제한되는 기본권 간의 밀접성과 관련성, 직무상 행위와 사적인 행위 간의 구별가능성 등을 종합적으로 고려하여 결정되어야 할 것이다"라고 한다.[2] 헌재의 "공직자가 국가기관의 지위에서 순수한 직무상의 권한행사와 관련하여 기본권 침해를 주장하는 경우에는 기본권의 주체성을 인정하기 어렵다 할 것이나, 그 외의 사적인 영역에 있어서는 기본권의 주체가 될 수 있는 것이다"라는 판시도 마찬가지이다.[3] 헌재는 그동안 대통령, 지방자치단체의 장, 지방의회의원 등의 공직자들의 헌법소원심판청구를 적법하게 보아 본안판단까지 한 예들을 보여주어 왔다.[4]

(다) 판례비평

그러나 뒤에서 보게 되지만 국가, 국가기관은 기본권주체가 아니지만 국가기관을 구성하는 자연인으로서 공무원은 앞서 본대로 특별권력관계가 부정되고 기본권주체가 된다고 하였기에 위 판시에서 기본권주체 문제로 판단한 것은 의문을 자아내게 한다. 국가기관의 경우에는 기본권이 아니라 권한의 침해가 문제될 것이나 자연인으로서 공무원이 헌법소원을 청구한 것은 권한의 침해가 아니라 기본권의 침해에 대해 다투는 것이라 할 것이고 그렇다면 기본권제한의 문제로 파악하는 것이 논리적이고 오늘날 자연인으로서 공무원에 대해 기본권주체성을 인정하는 입장에 일관성을 유지하는 것이다. 또한 헌재의 위 판례의 입장은 공적 영역과 사적

1) 헌재 2008.1.17. 2007헌마700, 공보 제136호, 159면.
2) 헌재 2008.1.17. 2007헌마700, 위 결정, 공보 제136호, 159면.
3) 헌재 2009.3.26. 2007헌마843.
4) 헌재 1995.3.23. 95헌마53, 판례집 7-1, 463, 471-472면; 헌재 1999.5.27. 98헌마214, 판례집 11-1, 675, 696면; 헌재 2005.5.26. 2002헌마699등; 헌재 2009.3.26. 2007헌마843([판시] 청구인은 선출직 공무원인 하남시장으로서 이 사건 법률 조항으로 인하여 공무담임권 등이 침해된다고 주장하여, 순수하게 직무상의 권한행사와 관련된 것이라기보다는 공직의 상실이라는 개인적인 불이익과 연관된 공무담임권을 다투고 있으므로, 이 사건에서 청구인에게는 기본권의 주체성이 인정된다) 등.

영역의 구분에 따라 판단하려는 것인데 공무원에 따라 그 정치적 영향력 등으로 인해 그 영역 구분이 달라질 수 있다. 또한 공적 활동이란 공무원이 공무를 수행하는 활동을 포함하는 의미일 것인데 공무원의 공무수행은 공무담임권이라는 기본권의 행사이기도 하므로 공적 활동에서 공무원이 기본권주체가 되지 못한다고 그어버리는 것은 공무담임권이라는 기본권행사를 부정하는 결과를 가져온다. 그러한 점들을 생각하면 공무원에 대하여서도 기본권주체의 문제가 아니라 기본권제한의 문제로 파악하는 것이 실질적이다. 위 판례는 대통령이 선거중립의무를 위반하였다고 하여 문제된 사안인데 헌재는 청구인의 행위가 결국 공·사가 혼재된 영역에서 나온 것이므로 문제의 기본권인 표현의 자유의 주체가 된다고 보면서 그 표현의 자유에 대한 제한이 비례(과잉금지)원칙에 반하지 않는다고 보았다. 그런데 비례원칙의 한 요소인 수단의 적합성 판단에 있어서 "국가기관을 구성하는 공무원은 실질적·현실적으로 선거과정이나 결과에 영향을 미칠 수 있는 지위에 있고"라고 판시한 것은 공적 영역으로 인해 기본권이 제한될 수 있음을 인정하는 것이고 그 점에서도 공적, 사적 구분을 그어 기본권주체 여부를 가리는 입장에 의문이 들게 하는 것이다.

(라) 주요제한

종래 공무원의 기본권 제한이 많이 논의되어 온 영역들이나 사안을 아래에 살펴본다.

가) 정치운동의 제한

(a) 제한

공무원의 정치활동에 대한 제한은 직업공무원의 경우에 더욱 강하다. 직업공무원은 정치적 중립성을 지켜야 하므로 정치적 기본권이 제한된다. 헌법 제7조 제2항이 직업공무원은 정치적 중립성이 보장됨을 명백히 밝히고 있다. 공무원법은 공무원이 정당이나 그 밖의 정치단체의 결성에 관여하거나 가입할 수 없다고 규정하여(국가공무원법 제65조 1항, 지방공무원법 제57조 1항) 정당활동에 대해서 전면적으로 금지하고 있다. 현행 정당법은 「국가공무원법」 제2조(공무원의 구분) 또는 「지방공무원법」 제2조(공무원의 구분)에 규정된 공무원, 법령의 규정에 의하여 공무원의 신분을 가진 자는 정당의 발기인 및 당원이 될 수 없다고 규정하고 있다(정당법 제22조 1항). 그러나 대통령, 국무총리, 국무위원, 국회의원, 지방의회의원, 선거에 의하여 취임하는 지방자치단체의 장, 국회의원의 보좌관·비서관·비서, 국회 교섭단체의 정책연구위원과 「고등교육법」 규정에 의한 총장·학장·교수·부교수·조교수·전임강사인 교원은 정당의 발기인, 당원이 될 수 있다(정당법 제22조 1항 1호 단서). 또한 공무원법은 공무원은 선거에서 특정 정당 또는 특정인의 지지나 반대를 하기 위한 행위를 하여서는 아니 되며 공무원은 다른 공무원에게 위와 같은 금지행위를 하도록 요구하거나, 정치적 행위에 대한 보상 또는 보복으로서 이익 또는 불이익을 약속하여서는 아니 된다고 규정하고 있다(국가공무원법 제65조 2항, 지방공무원법 제57조 2

항). 공무원노조의 정치운동도 금지되고 있다(공무원노조법 제4조).

(b) 정치적 견해의 개인적 표명

공무원이 자신의 사적인 생활영역에서의 자신의 정치적 견해를 표명하거나 개인적인 입장에서의 정치적 견해를 표명하는 것에 제약을 가할 수 있는가 하는 문제가 논란된다. 이러한 논의는 대통령이 공무원의 선거중립의무를 규정한 공선법 제9조 제1항이 자신의 정치적 표현의 자유를 침해한다고 주장하고 자신이 어느 모임 등에서 행한 일련의 발언에 대해 중앙선거관리위원회가 공직선거법 제9조 제1항에 위반된다고 판단하여 동 위원회 위원장이 대통령에게 한 2007. 6.의 '대통령의 선거중립의무 준수요청 조치'와 '대통령의 선거중립의무 준수 재촉구 조치'도[1] 위헌이라는 주장으로 헌법소원심판을 청구한 사건에서 이루어졌다. 헌재는 이러한 문제에 있어서 위의 (가)에서 살펴본 대로 먼저 공무원이 헌법소원을 청구할 수 있느냐 여부를 판단함으로써 기본권주체성의 문제부터 제기하였다. 여하튼 헌재는 위의 (가)에서 언급한 기준에 따라, 즉 "결국 개인의 지위를 겸하는 국가기관이 기본권의 주체로서 헌법소원의 청구적격을 가지는지 여부는, 심판대상조항이 규율하는 기본권의 성격, 국가기관으로서의 직무와 제한되는 기본권 간의 밀접성과 관련성, 직무상 행위와 사적인 행위 간의 구별가능성 등을 종합적으로 고려하여 결정되어야 할 것이다"라고 하면서 이 사건에서 아래와 같이 헌재는 이 사건 조치의 대상이 된 청구인의 행위는 순전히 공적인 직무영역에서보다는 어느 정도 공·사가 혼재된 영역에서 나온 것이라고 하여 당해 사안에서 대통령의 기본권의 주체성을 인정하였다. 그리하여 헌법소원심판을 청구할 수 있다고 보아 본안판단으로 들어갔으나 공직선거법 제9조 제1항이 정치적 표현의 자유를 제한함에 있어서 비례(과잉금지)원칙을 위반하지 않아 합헌적이라고 판단하여 기각결정을 하였다.

판례 헌재 2008.1.17. 2007헌마700, 공보 제136호, 159면

[관련판시] 그러므로 대통령도 국민의 한사람으로서 제한적으로나마 기본권의 주체가 될 수 있는바, 대통령은 소속 정당을 위하여 정당활동을 할 수 있는 사인으로서의 지위와 국민 모두에 대한 봉사자로서 공익실현의 의무가 있는 헌법기관으로서의 지위를 동시에 갖는데 최소한 전자의 지위와 관련하여는 기본권 주체성을 갖는다고 할 수 있다(헌재 2004.5.14. 2004헌나1, 판례집 16－1, 609, 638 참조). 이러한 기준을 전제로 하여 살펴보면, 이 사건 조치는 청구인의 참평포럼 모임에서의 강연, W대 명예박사학위 수여식에서의 특강, 6·10민주항쟁 기념식에서의 기념사 및 H신문과의 대담 내용 중에서 일부 정당 및 정치인들에 대한 청구인 개인의 정치적인 의견이나 비판, 야당 정치인이 주장하는 정책에 대한 비판 등을 그 대상으로 하고 있다. 그런데 참평포럼 모임 및 W대 박사학위 수여식은 사적인 성격이 강한 행사

1) 중앙선거관리위원회 위원장(피청구인)은 대통령(청구인)이 어느 모임에서 차기 대통령선거에 있어 특정 정당과 후보자가 되고자 하는 자에 대해 발언한 데 대해 공무원의 선거중립의무를 규정한 공직선거법 제9조를 위반한 것이라고 판단하고 2007.6.7.자의 '대통령의 선거중립의무 준수요청 조치'를 하였다. 이후 대통령이 이후 기념사, 신문과의 대담에서 특정 정당을 지지하는 발언을 하였다고 하여 마찬가지로 위 법률 동조를 위반한 것이라고 판단하여 2007.6.18.자의 '대통령의 선거중립의무 준수 재촉구 조치'를 하였다.

이어서 그곳에서의 발언이 엄밀한 의미에서 대통령의 직무와 관련하여 행해진 것으로 단정하기 어려울 뿐만 아니라, 이 사건 조치의 대상이 된 발언내용 중 상당 부분이 청구인 개인의 정치적 발언들로서 그 전부가 대통령의 권한이나 직무영역과 밀접하게 관련된 것이라고 보기도 어렵다. 또한 피청구인이 이 사건 조치가 사인이 아닌 대통령에 대한 조치임을 명시적으로 표시하였다 하더라도 기본권 주체성을 판단하기 위하여는 조치의 형식이 아닌 실질을 살펴보아야 하므로 이 사건 조치의 대상이 된 청구인의 행위는 순전히 공적인 직무영역에서 보다는 어느 정도 공·사가 혼재된 영역에서 나온 것이라 할 것이다. 결국 표현의 자유가 헌법상 강하게 보장되고 있는 기본권인 점을 고려할 때, 대통령인 청구인도 제한된 범위 내에서는 표현의 자유를 누릴 수 있는 기본권 주체성이 있다고 할 것이다. 청구인은 이 사건 조치로 인하여 대통령으로서의 정치적 표현의 자유가 아닌 개인으로서의 정치적 표현의 자유가 침해되었다고 주장하고 있는바, 앞에서 본 바와 같이 이 사건 조치로 청구인 개인으로서의 표현의 자유가 제한되었을 가능성이 있으므로, 이 사건헌법소원에 있어서 청구인의 기본권 주체성 내지 청구인적격이 인정된다.

위 결정은 공무원의 선거중립의무가 공무원의 표현의 자유와 충돌된다고 한 사안인데 위와 같은 문제는 위 사안 이전에 대통령 탄핵심판사건에서 이미 제기된 바 있었다. 그것은 대통령이 기자회견에서 특정정당의 지지발언을 한 것이 선거중립의무를 위반한 것이냐 하는 문제였다. 헌법재판소는 "모든 공직자는 선거에서의 정치적 중립의무를 부과받고 있으며, 다른 한편으로는 동시에 국가에 대하여 자신의 기본권을 주장할 수 있는 국민이자 기본권의 주체이다. 마찬가지로, 대통령의 경우에도 소속정당을 위하여 정당활동을 할 수 있는 사인으로서의 지위와 국민 모두에 대한 봉사자로서 공익실현의 의무가 있는 헌법기관으로서의 대통령의 지위는 개념적으로 구분되어야 한다"라고 보았다. 그리하여 "대통령은 국가의 원수 및 행정부 수반으로서의 지위에서 직무를 수행하는 때에는 원칙적으로 정당정치적 의견표명을 삼가야 하며, 나아가, 대통령이 정당인이나 정치인으로서가 아니라 국가기관인 대통령의 신분에서 선거관련 발언을 하는 경우에는 선거에서의 정치적 중립의무의 구속을 받는다"라고 보았다. 이 사안에서 헌법재판소는 대통령의 기자회견에서의 지지발언이 국회의원선거를 약 2달 남겨놓은 임박한 시점에서 행해진 것으로 "선거에 대한 부당한 영향력을 행사하고 이로써 선거의 결과에 영향을 미치는 행위를 한 것이므로, 선거에서의 중립의무를 위반하였다"라고 판시하였다.[1] 그러나 헌법재판소는 탄핵(파면)을 하기 위한 사유는 중대한 사유여야 하는데 위 위반은 중대성이 없는 것이라고 하여 탄핵사유로는 보지 않았고 기각결정을 하였다. 생각건대 공무원의 유형에 따라 개인적인 정치적 견해 표명의 허용 여부가 달라질 것이다. 아무래도 정치적 공무원에게는 보다 넓게 인정될 것이고 직업공무원의 경우에는 공적 활동영역에서는 정치적 중립성이 요구된다는 관점에서 다루어져야 할 문제이다. 또 사안별로도 판단되어야 한다. 정치적 영향력을 민감하게 받는 사안인지 여부에 따라 그 제한정도가 달라질 수 있을 것이다.

---

1) 헌재 2004.5.14. 2004헌나1, 판례집 16－1, 638면.

나) 노동운동의 제한

헌법 제33조 제2항은 공무원인 근로자는 "법률이 정하는 자"에 한하여 근로3권을 가진다고 규정하고 있다. 국가공무원법과 지방공무원법은 "공무원은 노동운동이나 그 밖에 공무 외의 일을 위한 집단 행위를 하여서는 아니 된다. 다만, 사실상 노무에 종사하는 공무원은 예외로 한다"라고 규정하고 있다(국가공무원법 제66조 1항, 지방공무원법 제58조 1항). 그러나 '공무원의 노동조합설립 및 운영 등에 관한 법률'(이하 '공노법'이라 함)은 공무원노조를 인정하고 있다. 다만, 모든 공무원에게 가입이 허용되어 있지는 않고 가입할 수 있는 공무원의 범위는 6급 이하의 일반직공무원 등으로 한정되어 있다. 그러나 가입이 허용되어 있는 위와 같은 6급 이하 일반직 공무원 등이라 할지라도 그들 중 다른 공무원에 대하여 지휘·감독권을 행사하거나 다른 공무원의 업무를 총괄하는 업무에 종사하는 공무원 등은 가입할 수 없다(공노법 제6조 1항, 2항). 5급 이상 공무원과 6급 이하 공무원으로서 지휘·감독권을 행사하는 공무원에 대한 가입금지가 위헌이라는 주장의 헌법소원심판이 청구되었으나 헌법재판소는 합헌성을 인정하였다.[1] 또한 노동조합에 가입할 수 있는 특정직공무원의 범위를 "6급 이하의 일반직공무원에 상당하는 외무행정·외교정보관리직 공무원"으로 한정하여 소방공무원을 가입대상에서 제외한 공노법 제6조 제1항 제2호에 대해서도 헌법소원심판이 청구되었으나 기각결정이 되어 합헌성이 인정되었다.[2]

공무원노조는 단체교섭권을 가진다. 단체교섭과 단체협약 체결의 대상은 노동조합에 관한 사항 또는 조합원의 보수·복지 그 밖의 근무조건에 관한 사항이다(공노법 제8조 1항 본문). 단체교섭의 대상이 될 수 없는 사항은 법령 등에 의하여 국가 또는 지방자치단체가 그 권한으로 행하는 정책결정에 관한 사항, 임용권의 행사 등 그 기관의 관리·운영에 관한 사항으로서 근무조건과 직접 관련되지 아니하는 사항인데(동법 동조 동항 단서) 이러한 사항들을 교섭대상에서 제외한 데 대해서는 공무원의 단체교섭권의 과도한 침해로서 위헌이라는 주장의 헌법소원심판이 청구되었으나 헌법재판소는 합헌성을 인정하였다.[3] 정부교섭대표는 단체교섭을 요구하는 노동조합이 2 이상인 경우에는 당해 노동조합에 대하여 교섭창구를 단일화하도록 요청할 수 있다. 이 경우 교섭창구가 단일화될 때까지 교섭을 거부할 수 있다(동법 제9조 4항). 교섭창구 단일화에 관한 위 규정에 대해서도 위헌이라는 주장이 있었으나 헌법재판소는 합리성이 인정된다고 하여 합헌성을 인정하였다.[4] 체결된 단체협약의 내용 중 법령·조례 또는 예산에 의하여 규정되는 내용과 법령 또는 조례에 의한 위임을 받아 규정되는 내용은 단체협약으로서의 효력

1) 헌재 2008.12.26. 2005헌마971, 헌재공보 제147호, 111면
2) 헌재 2008.12.26. 2006헌마462, 헌재공보 제147호, 146면.
3) 헌재 2008.12.26. 2005헌마971, 헌재공보 제147호, 111면.
4) 헌재 2008.12.26. 2005헌마971, 위 결정.

을 가지지 아니한다(동법 제10조 1항). 이 규정에 대해서는 위헌이라는 주장이 있었으나 헌법재판소는 노사합의로 체결된 단체협약이더라도 법률·예산 및 그의 위임에 따르거나 그 집행을 위한 명령·규칙에 규정되는 내용보다 우선하는 효력을 인정할 수는 없다고 하여 합헌성을 인정하였다.[1]

공무원노조가 이처럼 단체교섭권은 인정되지만 단체행동권(쟁의행위권)은 금지되고 있다. 즉 동법은 "노동조합과 그 조합원은 파업·태업 그 밖에 업무의 정상적인 운영을 저해하는 일체의 행위를 하여서는 아니 된다"라고 규정하여(동법 제11조) 쟁의행위를 금지하고 있다. 이러한 쟁의금지조항이 모든 노조공무원에 대하여 금지하고 있어 위헌이라는 주장의 헌법소원심판이 청구되었으나 헌법재판소는 그 금지가 합헌이라고 보았다.[2] 공무원노조의 정치활동도 금지되고 있다(동법 제4조). 공노법 제17조 제3항은 노동조합의 일반법인 노동조합및노동관계조정법 규정의 적용이 배제되는 경우를 규정하면서, 사용자의 부당노동행위 및 그에 대한 구제명령을 이행하지 아니한 경우의 처벌규정인 '노조법 제89조 2호 내지 제90조'를 들고 있는바, 공무원인 노동조합원의 쟁의행위를 처벌하면서 사용자측인 정부교섭대표의 부당노동행위에 대하여는 처벌하지 아니하는 것이 청구인들의 단체교섭권 또는 평등권을 침해한다는 주장이 있었으나 헌법재판소는 합헌성을 인정하였다.[3] 그 밖에 공노법 규정에 대한 위헌주장의 헌법소원심판사건으로는 노동조합의 설립 최소단위를 '행정부'로 규정하여 노동부만의 노동조합 결성을 제한한 공노법 제5조 제1항 중 '행정부'부분 및 노동부 소속 근로감독관 및 조사관의 공무원 노동조합 가입을 제한한 공노법 제6조 제2항 제4호가 단결권 및 평등권을 침해한다는 주장의 사건이 있었으나 헌법재판소는 합헌성을 인정하여 기각결정을 하였다.[4]

교육공무원의 경우 '교원의 노동조합설립 및 운영 등에 관한 법률'이 노동조합결성과 가입을 인정하고 있고 교원노조의 단체교섭권을 인정하고 있다. 그러나 쟁의행위와 정치활동은 금지되고 있다(동법 제8조, 제3조).

국가기관·지방자치단체 및 그 하부기관에 근무하는 공무원은 공무원의 근무환경 개선·업무능률 향상 및 고충처리 등을 위한 직장협의회를 설립할 수 있다('공무원직장협의회의 설립·운영에 관한 법률' 제1조, 제2조, 제6조). 직장협의회에 가입할 수 있는 공무원은 6급 이하의 일반직공무원 및 이에 준하는 연구·특수기술직렬의 일반직공무원 등이다(동법 제3조).

1) 헌재 2008.12.26. 2005헌마971, 위 결정.
2) 헌재 2008.12.26. 2005헌마971, 위 결정.
3) 헌재 2008.12.26. 2005헌마971, 위 결정.
4) 헌재 2008.12.26. 2005헌마971, 위 결정.

5) 군인의 기본권 문제

(가) 인정과 특색

위 특수신분관계에서 본 대로 군인도 기본권의 주체가 될 수 있다. 인간의 존엄과 가치, 행복추구권과 평등권, 신체의 자유, 표현의 자유 등의 자유권, 인간다운 생활을 할 권리, 교육을 받을 권리 등의 생존권, 재판청구권, 청원권 등의 청구권, 참정권 등을 향유할 수 있다. 군인은 국가안전보장, 질서유지 등을 위하여 기본권이 다른 일반인들에 비하여 더 많이 제한될 수 있다. 그러나 그 제한에 법률유보의 원칙이 적용되어야 함은 물론이다.

(나) 판례

가) 법률유보원칙 관련 판례 - 군인의 기본권과 법률유보원칙의 문제 - 불온서적 소지 등 금지

법률유보원칙이란 뒤에서 자세히 살펴보지만, 기본권을 제한하기 위해서는 법률에 근거를 두어야 한다는 것으로 우리 헌법도 제37조 제2항에서 이를 명시하고 있다. 그리고 헌재는 법률에 근거를 두는 것은 법률이 행정입법에 위임하는 것도 포함한다고 본다. 그러나 헌법 제75조는 포괄위임을 금지하므로 법률이 행정입법에 포괄위임하면 이는 법률유보원칙에 위배된다. 앞서 본대로 군인과 같은 특수신분관계에 있는 사람이라 할지라도 그들의 기본권제한을 오늘날 법률의 근거없이 할 수 없으므로 법률 자체나 법률의 구체적 위임을 통해 제한하여야 한다. 이와 관련한 사안으로 군인에 대한 불온서적 소지 등의 금지규정이 문제된 아래의 결정례가 있다. 이 결정례에서 헌재의 법정의견은 그 결정문에서 특별권력관계에 대해 언급하지는 않았다(이강국 헌재소장의 반대의견에서는 특별권력관계에 대한 언급이 있었음). 그러나 군인의 기본권과 관련된 사안이라 여기서 살펴볼 필요가 있는 결정례이다. 그 사안을 보면 다음과 같다. 군인복무규율(대통령령) 제16조의2는 “군인은 불온 유인물·도서·도화 기타 표현물을 제작·복사·소지·운반·전파 또는 취득하여서는 아니 되며, 이를 취득한 때에는 즉시 신고하여야 한다”라고 규정하고 있는데 이러한 불온도서에 관한 기본권의 제한 가능성에 대하여 법률에서 명시적으로 규정하거나, 그 범위를 정하여 위임하고 있지 않다. 그런데 법률인 군인사법 제47조의2는 군인의 복무에 관한 사항으로서 군인사법에 정하지 아니한 사항에 대하여는 따로 대통령령에서 정할 수 있도록 규정하고 있는바 이 군인사법 제47조의2가 헌법 제75조의 포괄위임금지원칙에 위반되는 것인지, 그 법조항이 포괄위임금지원칙에 위반된다면, 군인복무규율의 위 불온도서소지 등의 금지 규정이 법률유보원칙을 위반하는 것이 아니냐 하는 것이 논란되었다. 헌재는 국방의 목적을 달성하기 위하여 상명하복의 체계적인 구조를 가지고 있는 군조직의 특수성을 감안할 때, 군인의 복무 등과 밀접하게 관련되어 있는 부분은 행정부에 널리 독자적 재량을 인정할 수 있는 영역이라고 할 것이므로, 이와 같은 영역에 대하여 법률유보원칙을 철저하게 준수할 것을 요구하는 것은 합리적인 것으로 보기 어렵다고 하였다. 헌재는 군인사법 제

47조의2는 국가의 독립과 영토의 보전 등에 관한 대통령의 헌법상 책무를 다하도록 하기 위하여 헌법이 대통령에게 부여한 군통수권을 실질적으로 존중한다는 차원에서 군인의 복무에 관한 사항을 규율할 권한을 대통령령에 위임한 것이라 할 수 있고, 그 조항이 대통령령으로 규정될 내용 및 범위에 관한 기본적인 사항을 다소 광범위하게 위임하였다 하더라도 이를 헌법 제75조에 어긋나는 것이라고 보기 어렵다고 하면서 법률유보원칙을 준수한 것으로 판단하였다.

판례 헌재 2010.10.28. 2008헌마638, 판례집 22-2하, 231면

[결정요지] 국방의 목적을 달성하기 위하여 상명하복의 체계적인 구조를 가지고 있는 군조직의 특수성을 감안할 때, 군인의 복무 기타 병영생활 및 정신전력 등과 밀접하게 관련되어 있는 부분은 행정부에 널리 독자적 재량을 인정할 수 있는 영역이라고 할 것이므로, 이와 같은 영역에 대하여 법률유보원칙을 철저하게 준수할 것을 요구하고, 그와 같은 요구를 따르지 못한 경우 헌법에 위반된다고 판단하는 것은 합리적인 것으로 보기 어렵다. 또한 대통령은 국가의 독립과 영토의 보전 및 국가의 계속성과 헌법을 수호할 책무를 지고(헌법 제66조 제2항), 이를 위하여 헌법과 법률이 정하는 바에 따라 국군을 통수할 권한을 가지는바(헌법 제74조 제1항), 대통령의 이러한 국군 통수작용은 상황에 따라 탄력적으로 행하여지는 것으로서, 여기에는 광범위한 유동성·긴급성·기밀성 등이 요구되고, 특히 남북한의 군사력이 첨예하게 대치하고 있는 우리의 특수한 안보상황에서 이러한 요구는 더욱 절실하다. 군인사법 제47조의2는 국가의 독립과 영토의 보전 등에 관한 대통령의 헌법상 책무를 다하도록 하기 위하여 헌법이 대통령에게 부여한 군통수권을 실질적으로 존중한다는 차원에서 군인의 복무에 관한 사항을 규율할 권한을 대통령령에 위임한 것이라 할 수 있고, 그 조항이 대통령령으로 규정될 내용 및 범위에 관한 기본적인 사항을 다소 광범위하게 위임하였다 하더라도 이를 헌법 제75조에 어긋나는 것이라고 보기 어렵다. 그리고 군인사법은 군인의 직무의 중요성, 신분 및 근로조건의 특수성 등을 고려하여 국가공무원법에 대한 특례를 규정함을 목적으로 하는 것인바(제1조 참조), 국가공무원법의 공무원 복무관련 규정(제7장 제55조 내지 제66조)은 군인사법 제47조의2의 규정의 위임범위에 관한 해석의 지침을 제공한다고 할 것이고, 또한 군인사법 자체도 제47조에서 군인의 직무상 의무의 대강으로 충성의무, 성실의무, 위험 및 책임회피 금지, 직무이탈금지 등을 정하고 있으므로, 군인사법 제47조의2의 위임에 따른 군인복무규율에서 규정할 내용은 이러한 군인의 직무상 의무를 구체화하거나 이를 확보하기 위하여 필요한 사항 및 국가공무원법상 복무관련 규정에 대한 특례사항 등이 될 것임을 쉽게 예상할 수 있다 할 것이므로, 군인사법 제47조의2가 포괄위임금지원칙에 위배되는 것으로 볼 수 없다. 결국, 군인사법 제47조의2는 포괄위임금지원칙에 위배되지 아니하고, 이 사건 복무규율조항은 이와 같은 군인사법 조항의 위임에 의하여 제정된 정당한 위임의 범위 내의 규율이라 할 것이므로, 이 사건 복무규율조항은 법률유보원칙을 준수하였다 할 것이다. [재판관 이강국의 반대의견] 이른바 '특별권력관계'에 있는 군인의 기본권을 제한하기 위해서는 법률에 의한 기본권제한과 기본권제한에 관한 사법적 통제라고 하는 법치주의의 기본원칙은 그대로 지켜져야 할 것이다. 병역의무를 수행하는 국군 장병들은 헌법상의 의무를 성실히 이행하고 있는 선량한 국민으로서 국가는 이들의 기본권이 자의적으로 제한되지 아니하도록 하여야 함에도 불구하고, 군인사법 제47조의2는 '군인의 복무'라는 광범위하고 기본권 제한의 문제가 제기될 수 있는 분야에 관하여 아무런 한정도 하지 않은 채 대통령령에 위임하고 있어 포괄위임입법금지원칙에 위반되며, 그 위임을 받은 이 사건 복무규율조항 및 이 사건 지시는 위헌적인 위임조항에 근거하고 있어 그 자체로서 위헌으로서 청구인들의 기본권을 침해하였다.

헌재는 군인복무에 관하여는 위와 같이 법률유보를 완화하는 입장을 취하고 있는 것이다.

나) 표현의 자유, 선거운동의 자유

표현의 자유가 군인에게도 인정됨은 물론이고 표현의 자유의 중요성이 강조되나 헌법 제5조 제2항은 국군의 정치적 중립성을 규정하고 있으므로 이를 위해 일반 국민에 비해 더 제약적일 수 있다.

판례 헌재 2018.7.26. 2016헌바139

[판시] 표현의 자유가 헌법상 군무원은 국민의 구성원으로서 정치적 표현의 자유를 보장받지만, 위와 같은 특수한 지위로 인하여 국가공무원으로서 헌법 제7조에 따라 그 정치적 중립성을 준수하여야 할 뿐만 아니라, 나아가 국군의 구성원으로서 헌법 제5조 제2항에 따라 그 정치적 중립성을 준수할 필요성이 더욱 강조되므로, 정치적 표현의 자유에 대해 일반 국민보다 엄격한 제한을 받을 수밖에 없다.

① 병역의무를 이행하는 병(직업군인이 아닌 일반 병 – 필자 주)에 대하여 정치적 중립 의무를 부과하면서 선거운동을 할 수 없도록 하는 국가공무원법 제65조 제2항, 공직선거법 제60조 제1항 제4호, 군형법 제94조 제1항 제4호, 제5호 가운데 제4호에 관한 부분, '군인의 지위 및 복무에 관한 기본법' 제33조 제2항 중 각 병(兵)에 관한 부분이 청구인의 선거운동의 자유를 침해한다는 주장에 대해 헌재는 과잉금지원칙을 준수하여 합헌이라고 한다.

판례 헌재 2018.4.26. 2016헌마611

[결정요지] 가. 병의 정치적 중립 의무 (1) 군인의 정치적 중립 의무 – 군인도 공무원이므로 헌법 제7조에 따른 정치적 중립 의무를 부담하지만, 헌법 제5조 제2항이 규정하는 국군의 정치적 중립을 고려하면 개별 군인의 정치적 중립은 더욱 강조된다. (2) 병의 특수한 지위에 따른 정치적 중립 의무 – 병도 군인이자 공무원이므로 정치적 중립 의무가 있다. 특히, 병의 경우에는 다수가 공동생활을 하므로 어느 병의 일정한 정치적 의사표현이 다른 병의 정치적 의사에 큰 영향을 미칠 수 있는 점, 군인의 약 70%에 이르는 병이 집단 의사표현을 하거나 적어도 일정한 경향성을 가질 경우 국군 전체의 정치적 중립에도 영향을 줄 수 있고 외부에서 볼 때 그것이 국군 전체의 의사로 오도될 가능성이 있는 점 등을 고려하면 의무복무하는 병의 정치적 중립은 반드시 필요하다. 나. 쟁점 및 심사기준 – 선거운동은 국민주권 행사의 일환일 뿐만 아니라, 정치적 표현의 자유의 영역에 속하는 것으로 민주사회를 구성하고 작동하는 요소이므로 제한 입법에 대해서는 엄격한 심사기준이 적용된다. 다. 청구인의 선거운동의 자유를 침해하는지 여부 (1) 목적의 정당성 및 수단의 적합성 – 심판대상조항이 병의 선거운동의 자유를 제한하는 것은, 의무복무하는 병이 본연의 업무에 전념하도록 하는 한편, 헌법이 요구하는 공무원의 정치적 중립성, 국군의 정치적 중립성을 확보하려는 것이며, 또한 선거의 공정성과 형평성을 확보하려는 것이다. 이러한 입법목적은 정당하며 병으로 하여금 원칙적으로 선거운동을 할 수 없도록 하는 것은 이러한 목적을 달성하기 위한 적절한 수단이 된다. (2) 침해의 최소성 – 병은 군인의 다수를 차지하므로, 만약 병이 선거운동을 통하여 선거에서 특정 후보나 정당을 지지하는 경향을 드러내는 경우, 그것이 국군 전체의 의사로 오도될 가능성이 있고 국군의 정치적 중립성이 크게 흔들릴 수 있다. 또한, 병은 원칙적으로 다른 병과 함께 집단생활을 하므로 생활 전반에 걸쳐 병 사이의 밀착 정도가 매우 높아, 어느 병의 선거운동은 다른 병의 선거와 관련한 의사 형성이나 고유의 직무 수행에 부당한 영향을 미칠 수 있다. 비록 병이 군의 지휘체계에서 가장 하부에 위치하지만, 병이 취급하는 정보 중에서도 국가안보와 직결된 민감한 군사비밀이 있고, 특정 후보나 정당과 밀착하여 선거에 영향을 줄 수 있는 비밀을 유출하는 경우 국군의 정치적 중립성은 물론 국가안보에도 위협이 될 수 있다. 또한, 병이 영외에

있더라도 군인이라는 신분은 계속 유지되며 정치적 중립 요구를 받는다는 점에도 변함이 없으므로, 이를 구별하여 휴가 기간에만 선거운동을 허용할 것도 아니다. 심판대상조항이 병의 선거운동의 자유를 전면적으로 제한하고 있으나, 위와 같은 사정을 고려하면 병이 국토방위라는 본연의 업무에 전념할 수 있도록 하고, 헌법이 요구하는 공무원과 국군의 정치적 중립성을 확보하며, 선거의 공정성과 형평성을 확보하기 위하여 반드시 필요한 제한이라 할 수 있다. (3) 법익의 균형성 – 국민의 신뢰와 선거의 공정성 확보라는 공익은 심판대상조항이 선거운동을 전면적으로 금지함에 따라 병이 제한받게 되는 사익보다 더 중요하므로, 심판대상조항은 법익의 균형성 원칙에도 위배되지 않는다. (4) 소결 – 따라서 심판대상조항은 과잉금지원칙에 위배되지 않아 청구인의 선거운동의 자유를 침해하지 않는다.

② **군무원의 정치적 의견 공표행위 금지** 연설, 문서 또는 그 밖의 방법으로 정치적 의견을 공표하거나 한 사람은 2년 이하의 금고에 처한다고 규정한 구 군형법 제94조 중 군무원에 관한 부분이 군무원의 정치적 표현의 자유를 침해하는지 여부에 대해 명확성원칙과 과잉금지원칙을 준수하였다고 보아 합헌결정을 하였다.

판례 헌재 2018.7.26. 2016헌바139

[결정요지] 군조직의 질서와 규율을 유지·강화하여 군본연의 사명인 국방의 임무에 전력을 기울이도록 하고, 우리나라의 민주헌정체제와 이에 대한 국민의 신뢰를 보호하려는 심판대상조항의 입법목적은 정당하고, 심판대상조항에서 군무원이 연설, 문서 또는 그 밖의 방법으로 정치적 의견을 공표하는 것을 금지하고 이를 위반하면 처벌하도록 하는 것은 그러한 입법목적을 달성하기 위한 효과적이고 적합한 수단이 된다. 군무원은 그 특수한 지위로 인하여 헌법 제7조와 제5조 제2항에 따라 그 정치적 표현의 자유에 대해 엄격한 제한을 받을 수밖에 없으므로, 그 정치적 의견을 공표하는 행위 역시 이를 엄격히 제한할 필요가 있다. 그런데 심판대상조항은 가.항에서 본 바와 같이 군무원의 정치적 표현의 자유에 대한 제한을 최소한으로 줄이고 있다. 또한 군무원의 정치적 의견 공표 행위의 목적이나 내용을 고려하여 금지되는 행위를 세분화하는 등의 방법을 사용하는 것만으로는 심판대상조항의 입법목적을 충분히 달성할 수 있다고 볼 수는 없다. 그리고 심판대상조항에서 금지하는 행위는 개정된 군형법 제94조 제1항 제2호와 제5호 중 제2호에 해당하는 행위 부분에서 금지하는 행위에 대체로 포함되므로, 심판대상조항이 금지하는 정치 관여 행위를 지나치게 포괄적으로 규정하고 있다고 볼 수도 없다. 이상을 종합적으로 고려하여 보면, 심판대상조항은 침해의 최소성원칙에 위반되지도 않는다. 심판대상조항은 금지되는 정치 관여 행위를 최소화함으로써 군무원의 정치적 표현의 자유에 대한 제한을 축소하고 있는 반면, 심판대상조항이 달성하고자 하는 공익은 헌법 제5조 제2항에 명문화된 국민의 결단으로부터 유래하는 것이므로 매우 엄중하다. 따라서 심판대상조항으로 보호하고자 하는 공익이 군무원이 심판대상조항으로 인하여 받게 되는 불이익보다 더 크다고 할 것이므로, 심판대상조항은 법익의 균형성원칙에 위반되지도 않는다. 결국 심판대상조항은 군무원의 정치적 표현의 자유를 침해한다고 볼 수도 없다(* 당해사건은 이른바 군사이버댓글사건 관련이었음).

③ **상관명령죄** "문서, 도화 또는 우상을 공시하거나 연설 또는 그 밖의 공연한 방법으로 상관을 모욕한 사람은 3년 이하의 징역이나 금고에 처한다"라고 규정한 군형법 제64조 제2항의 상관 중 "명령복종 관계에서 명령권을 가진 사람"에 관한 부분이 명확성원칙에 위배되고 표현의 자유를 침해한다는 주장에 대해 헌재는 국군통수권자인 대통령으로부터 바로 위 상급자까지를 말하므로 명확하고 금지하는 것은 상관으로서 대통령에 대한 모욕적 표현일 뿐이지

대통령의 정책이나 국정 운영에 대한 비판이나 의견표명 자체를 금지하는 것은 아니므로 침해 최소성의 원칙에도 반하지 아니하는 등 과잉금지원칙을 준수하여 합헌이라고 보았다.

판례 헌재 2016.2.25. 2013헌바111

[결정요지] 가. 이 사건의 쟁점 – 심판대상조항은 공연한 방법으로 상관을 모욕한 사람을 3년 이하의 징역이나 금고에 처벌하도록 하고 있는바, 범죄구성요건으로서 '상관'의 개념이 지나치게 광범위하거나 불명확하여 명확성원칙에 위배되는지 여부가 문제되고, 상관에 대한 '모욕적 표현행위'의 처벌이 과잉금지원칙을 위반하여 표현의 자유를 침해하는지 여부도 문제된다. 나. 명확성원칙 위반 여부 (가) 명령복종이라는 문언 자체가 일의적으로 정의될 수 없다고 할 것이지만, 심판대상조항의 수범자가 계급구조와 상명하복 관계를 특성으로 하는 군조직의 군인 또는 군무원으로 한정되고, 상관에 대한 사회적 평가에 더하여 군기를 확립하고 군조직의 위계질서와 통수체계를 유지하려는 상관모욕죄의 입법목적이나 보호법익 등에 비추어 이를 예견할 수 없을 정도로 광범위한 정도라고 보기는 어렵다. (나) 우리 헌법 제74조 제1항은 "대통령은 헌법과 법률이 정하는 바에 의하여 국군을 통수한다."라고 규정함으로써, 대통령이 국군의 최고사령관이자 최고의 지휘·명령권자임을 밝히고 있다. 또한 헌법 제74조 제2항은 "국군의 조직과 편성은 법률로 정한다."라고 규정하고, 이에 근거하여 국군조직법에서는 대통령과 국군의 명령복종 관계를 정하고 있고, 군인복무규율 제2조 제4호는 "상관이란 명령복종관계에 있는 사람 사이에서 명령권을 가진 사람으로서 국군통수권자로부터 바로 위 상급자까지를 말한다."라고 규정함으로써 국군통수권자인 대통령이 상관임을 명시하고 있다. (다) 그렇다면 심판대상조항은 명확성원칙에 반하지 않는다. 다. 표현의 자유 침해 여부 (1) 입법목적의 정당성 및 수단의 적합성 – 심판대상조항은 상관에 대한 사회적 평가, 즉 외부적 명예의 보호에 더하여 군조직의 질서 및 통수체계를 확립하여 군의 전투력을 유지, 강화하고 이를 통한 국가의 안전보장과 국토방위를 목적으로 하는바, 그러한 입법목적은 정당하다. 상관에 대한 모욕행위를 형사처벌하는 것은 위와 같은 입법목적을 달성하기 위한 적합한 수단이다. (2) 침해 최소성 – 헌법 제5조 제2항에서 "국군은 국가의 안전보장과 국토방위의 신성한 의무를 수행함을 사명으로 하며, 그 정치적 중립성은 준수된다."라고 명시함으로써 군인은 국가공동체와 국민의 생명을 지키는 것을 사명으로 하고 있으며, 이를 수행하기 위해서는 필연적으로 군인의 정치적 중립성 유지가 요청된다. 따라서 군인 개인도 그 정치적 표현에는 제한이 따를 수밖에 없다. 심판대상조항에서 금지하는 것은 상관으로서 대통령에 대한 모욕적 표현일 뿐이지 대통령의 정책이나 국정 운영에 대한 비판이나 의견표명 자체를 금지하는 것은 아니다. 심판대상조항의 입법목적은 '상관에 대한 사회적 평가'라는 개인적 법익이 아니라 '군조직의 질서 및 통수체계'라는 국가적 법익에 있으므로, 모욕의 유형이나 상대방의 피해상황 등을 구체적으로 구분하지 아니하고 모든 상관 모욕행위에 대하여 일괄적으로 3년 이하의 징역형으로 처벌하도록 규정하였다는 사유만으로 법정형을 정할 입법자의 형성권이 자의적으로 행사되었다고 단정하기 어렵고, 나아가 군인에 대한 위와 같은 차별취급은 합리성 내지 정당성을 갖는 것으로 보인다. 더욱이, 대법원은 모욕죄에 대하여 그 시대의 건전한 사회통념에 비추어 살펴보아 그 표현이 사회상규에 위배되지 않는 행위로 볼 수 있는 때에는 형법 제20조의 정당행위에 해당하여 위법성이 조각된다고 판시함으로써, 구체적인 사건에서 표현의 자유를 통해 보장되는 이익 및 가치와 명예 보호를 통한 이익 및 가치가 적절히 조화되도록 모욕죄 규정을 적용하고 있으므로, 심판대상조항에 의한 처벌은 필요최소한의 범위 내에서 표현의 자유를 제한하고 있어서 심판대상조항은 침해 최소성의 원칙에도 반하지 아니한다. (3) 법익균형성 – 심판대상조항으로 제한되는 행위는 상관에 대한 사회적 평가를 저하시킬 만한 추상적 판단이나 경멸적 감정의 표현으로 비록 그 표현에 군인 개인의 정치적 의사 표현이 포함될 수 있다고 하더라도 군조직의 특수성과 강화된 군인의 정치적 중립의무 등에 비추어 그 제한은 수인의 한도 내에 있다고 보인다. 이러한 점을 고려할 때 심판대상조항을 통하여 달성하려는 공익은 그로 말미암아 제한받는 군인의 표현의 자유라는 사익에 비해 결코 작다고 할

수 없다. (4) 소결 – 따라서 심판대상조항은 과잉금지원칙에 위배되지 않아 군인의 표현의 자유를 침해하지 아니한다.

다) 군인들의 성적자기결정권, 사생활의 비밀과 자유

"계간 기타 추행한 자는 1년 이하의 징역에 처한다"라고 규정한 구 군형법(1962.1.20. 법률 제1003호로 제정되고, 2009. 11. 2. 법률 제9820호로 개정되기 전의 것) 제92조 중 "기타 추행"에 관한 부분('이 사건 법률조항')이 죄형법정주의의 명확성원칙에 위반되지 않고 평등권을 침해하지도 않으며 아래에 보듯이 과잉금지원칙을 준수하여 성적자기결정권 및 사생활의 비밀과 자유를 침해하지 않는다고 헌재는 본다.

판례 헌재 2011.3.31. 2008헌가21

[결정요지] (1) 목적의 정당성 및 수단의 적정성 – 이 사건 법률조항은 군 내부의 건전한 공적 생활을 영위하고, 군 조직 전체의 성적건강을 유지하기 위하여 제정된 것으로서, 군이라는 공동사회의 건전한 생활과 군기 확립을 목적으로 하는바, 그러한 입법목적은 정당하며, 동성 군인 간의 성적 만족 행위를 금지하고 이를 형사처벌하는 것은 위와 같은 입법목적을 달성하기 위한 적절한 수단으로 인정된다. (2) 피해 최소성 – 어떤 행위를 범죄로 규정하고 이를 어떻게 처벌할 것인가 하는 문제는 원칙적으로 입법자가 시대적 상황, 국민 일반의 가치관 내지 법 감정, 범죄의 실태와 죄질 및 범죄예방효과 등을 종합적으로 고려하여 결정하여야 할 광범위한 입법재량 내지 형성의 자유가 인정되어야 할 분야이다. 따라서 위와 같은 입법재량권이 과잉금지의 원칙에 반하는 것으로 평가되는 등 헌법규정이나 헌법상 일반원리에 반하여 자의적으로 행사된 경우가 아닌 한, 이는 단순한 입법정책 당부의 문제에 불과하고 헌법위반의 문제는 아니라고 할 것이다. 살피건대 이 사건 법률조항의 입법목적은 군 내부의 건전한 공적 생활을 영위하는 것이고, 그 주된 보호법익은 '군이라는 공동사회의 건전한 생활과 군기'라는 사회적 법익이며, '개인의 성적 자유' 등 개인적 법익은 주된 보호법익이 아니므로, 군형법상 피적용자가 행한 추행의 유형이나 그 상대방의 피해상황 등을 구체적으로 구분하지 아니하고 위와 같은 사회적 법익을 침해한 모든 추행행위에 대하여 일괄적으로 1년 이하의 징역형으로 처벌하도록 규정하였다는 사유만으로는 입법재량권이 자의적으로 행사되었다고 보기 어렵다. 더욱이, 우리나라의 안보상황과 징병제도 하에서 단순한 행정상의 제재만으로는 효과적으로 추행 행위를 규제하기 어렵고, 이 사건 법률조항은 다른 법률에 규정된 추행 관련 범죄와 비교하여 그 법정형이 지나치게 무겁다고 볼 수 없으며, 법정형이 1년 이하의 징역형으로 되어 있어 구체적인 사안을 고려하여 선고유예도 가능하다는 점을 종합해 보면, 피해최소성원칙에 반한다고 볼 수 없다. (3) 법익균형성 – 이 사건 법률조항으로 인하여 군인들이 받게 되는 성적자기결정권이나 사생활의 비밀과 자유의 제한 정도가, 이 사건 법률조항을 통하여 달성하고자 하는 '군이라는 공동사회의 건전한 생활 및 군기의 보호', 나아가 국가의 존립과 모든 자유의 전제조건인 '국가안보'라는 공익보다 크다고 할 수 없으므로, 법익 균형성을 일탈하였다고 보기도 어렵다. (4) 소결 – 따라서 이 사건 법률조항은 헌법 제37조 제2항의 과잉금지원칙에 위반하여 군인들의 성적자기결정권이나 사생활의 비밀과 자유를 침해하지 아니한다.

6) 재소자(수용자)의 기본권 문제

교정시설에 수용되어 있는 사람들, 즉 징역형 등의 형이 확정된 수형자, 형이 확정되지 않은 형사피의자, 형사피고인으로 구속 중에 있는 미결수용자(양자를 수용자라 함)의 기본권은 교정의 목적, 안전과 질서의 유지 등을 위하여 여러 제한을 받는데 '형의 집행 및 수용자의 처우에 관한 법률'이 그 제한을 규정하고 있다. 수용자의 인권도 최대한 존중되어야 하고 미결수용자는 무죄추정을 받으므로 상응한 처우가 이루어져야 한다(동법 제4조, 제79조).

7) 특수신분인의 기본권 제한의 한계

위에서 살펴본 특수신분인의 기본권을 제한하더라도 기본권의 한계규정인 헌법 제37조 제2항에 의한 한계가 있다. 따라서 국가안전보장, 질서유지, 공공복리를 위한 목적을 가지고 법률에 의한 제한이어야 하며 비례(과잉금지)원칙을 지켜야 하고 본질적 내용을 침해해서는 아니 된다.

(7) 재외국민과 외국국적동포

헌법 제2조 제2항은 "국가는 법률이 정하는 바에 의하여 재외국민을 보호할 의무를 진다"라고 그 보호의무를 명시하고 그 보호의 내용을 법률에 위임하고 있다(재외국민 보호의무에 대해서는 헌법총론의 국민 부분 참조). 재외국민도 가능한 한 국내거주 국민이 누리는 기본권을 보장하도록 하여야 한다. 그동안 재외국민에 대한 기본권의 제한으로 논란이 된 중요한 문제가 재외국민에게 투표권을 부여하지 않은 것이었다. 그런데 헌재는 대통령선거, 국회의원선거의 선거권과 국민투표권, 지방선거에서의 선거권과 피선거권, 주민투표권을 부정하고 있었던 구 공직선거법, 국민투표법, 주민투표법 등의 규정에 대해 헌법불합치결정을 한 바 있다. 이후 재외선거를 인정하고 국내거주 재외국민의 경우 국내거소신고인명부에 올라 있을 것을 요건으로 지방선거권, 주민투표권을 인정하는 법개정이 있었다.

외국국적동포에 대해서는 '재외동포의 출입국과 법적 지위에 관한 법률'에 따라 출입국과 한국에서의 활동에 혜택이 주어지고 있다. 이 법률은 제정당시에는 그 수혜범위에서 정부수립 이전에 국외에 이주하여 외국국적을 취득한 사람들(중국, 구 소련지역 동포들)을 제외함으로써 평등권을 침해하였다고 하여 헌법재판소가 헌법불합치결정[1)]을 하였는데 그후 2004년 2월에 개정되어 시정하였다.

2. 외국인

(1) 학설

1) 부정론

(가) 법실증주의

법실증주의자들은 기본권이 국내 실정법에 의하여 인정되는 권리라고 보므로 그 국내의 실정법이 국민에게 적용되는 것이 원칙이므로 외국인에 대해서는 실정법으로 인정되는 기본권

---

1) 헌재 2001.11.29. 99헌마494, 판례집 13-2, 714면.

주체성을 원칙적으로 인정하지 않는 입장을 취하게 된다.

(나) 헌법문언설

우리 헌법 제10조의 문언이 "국민"이라는 점을 들어 외국인에 대해 부정하는 이론(박일경)이다. 이 견해도 법실증주의의 입장이라고 볼 것이다.

(다) 통합론

R. Smend의 통합론에 따르면 기본권이란 사회가 통합되어가는 공동의 가치질서가 기본권이라고 보는 것이므로 외국인에 대해서는 기본권주체로서의 지위를 인정하지 않게 된다.

2) 긍정론

(가) 자연권론

기본권을 천부인권으로 파악하고 '인간'의 권리로 보는 자연권론에서는 논리적으로 외국인과 무국적자들에 대하여 기본권주체로서의 지위를 인정함은 물론이다.

(나) 결단론적 입장

C. Schmit처럼 기본권을 국가 이전의 방어적 권리로 파악할 경우에 외국인에 대해서도 기본권주체성을 인정하게 될 것이다.

(다) 기본권성질설

기본권을 그 성질에 따라 인간의 권리와 국민의 권리로 분류하는 이론이 기본권성질설이라고 하면서 이 이론에 따라 외국인에게도 인간의 권리에 관해서는 그 기본권주체성을 인정하여야 한다는 견해이다. 이 이론은 "기본권성질설에 따라 헌법에 명문의 규정이 있든 없든 성질상 인간의 권리로 볼 수 있는 것은 외국인에게도 보장되어야 하고 그 밖의 기본권은 상호주의에 따라야 한다"라고 본다(권영성, 301-302면).

(라) '동화적' 통합이론

"외국인은 우리 민족의 동화적 통합을 해치지 않고 그들을 우리 사회에 동화시키는 데 필요한 범위 내에서 기본권의 주체가 될 수 있다"라는 견해이다(허영, 234면).

(2) 판례

우리 헌법재판소도 외국인이 기본권의 주체가 될 수 있음을 인정한다.

판례 헌재 1994.12.29. 93헌마120, 판례집 6-2, 477면, 480면; 재외동포 사증 신청 시의 첨부서류에 관한 사건, 헌재 2014.4.24. 2011헌마474 등

[결정요지] 청구인들이 주장하는 바는 대한민국 국민과의 관계가 아닌 외국국적동포들 사이에 '재외동포의 출입국과 법적 지위에 관한 법률'(이하 '재외동포법'이라 한다)의 수혜대상에서 차별하는 것이 평등권 침해라는 것으로서, 참정권과 같이 관련 기본권의 성질상 제한을 받는 것이 아니고 상호주의가 문제되는 것도 아니므로, 외국인인 청구인들은 이 사건에서 기본권주체성이 인정된다.

재외동포의 출입국과 법적 지위에 관한 법률이 정부수립이전에 국외에 이주하여 외국국

적을 취득한 사람에게는 동법의 혜택을 부여하지 않아 평등권의 침해 등을 들어서 청구된 헌법소원심판결정에서도 헌법재판소는 외국인의 기본권 주체성을 다시 확인한 바 있다.

판례 헌재 2001.11.29. 99헌마494, 재외동포의 출입국과 법적 지위에 관한 법률 제2조 제2호 위헌확인
[관련판시] 우리 재판소는, 헌법재판소법 제68조 제1항 소정의 헌법소원은 기본권을 침해받은 자만이 청구할 수 있고, 여기서 기본권을 침해받은 자만이 헌법소원을 청구할 수 있다는 것은 곧 기본권의 주체라야만 헌법소원을 청구할 수 있고 기본권의 주체가 아닌 자는 헌법소원을 청구할 수 없다고 한 다음, '국민' 또는 국민과 유사한 지위에 있는 '외국인'은 기본권의 주체가 될 수 있다 판시하여(헌재 1994.12.29. 93헌마120, 판례집 6-2, 477, 480) 원칙적으로 외국인의 기본권 주체성을 인정하였다. 청구인들이 침해되었다고 주장하는 인간의 존엄과 가치, 행복추구권은 대체로 '인간의 권리'로서 외국인도 주체가 될 수 있다고 보아야 하고, 평등권도 인간의 권리로서 참정권 등에 대한 성질상의 제한 및 상호주의에 따른 제한이 있을 수 있을 뿐이다. 이 사건에서 청구인들이 주장하는 바는 대한민국 국민과의 관계가 아닌, 외국국적의 동포들 사이에 재외동포법의 수혜대상에서 차별하는 것이 평등권 침해라는 것으로서 성질상 위와 같은 제한을 받는 것이 아니고 상호주의가 문제되는 것도 아니므로, 청구인들에게 기본권주체성을 인정함에 아무런 문제가 없다.

그러나 헌재가 "외국인에게 모든 기본권이 무한정 인정될 수 있는 것이 아니라 원칙적으로 '국민의 권리'가 아닌 '인간의 권리'의 범위 내에서만 인정될 것"이라고 보는 결정례들을 보여준 바 있다. 이 결정례들은 "인간의 존엄과 가치 및 행복추구권은 '인간의 권리'로서 외국인도 그 주체가 될 수 있고, 평등권도 인간의 권리로서 참정권 등에 대한 성질상 제한 및 상호주의에 의한 제한이 있을 수 있을 뿐이다"라고 판시하고 있기도 하다.[1] 그러나 자유권과 같은 영역에서도, 예를 들어 언론의 자유와 같은 자유권도 외국인에게도 인정되고 재판청구권과 같은 청구권도 외국인에 인정되는 것이어서 헌재의 위 결정례가 들고 있는 인간의 존엄과 가치 및 행복추구권, 평등권, 참정권 외에도 외국인에 인정되는 기본권이 있음을 위 결정례가 부정하는 것으로 이해하기는 어렵다고 본다. 당장 위 판시가 있었던 산업연수생 2004헌마670 결정에서도 자유권적 기본권의 성격의 "일할 환경에 관한 권리"를 외국인도 누릴 수 있음을 적시하고 있다. 한편 헌재가 외국인의 기본권 주체성에 대해 뚜렷이 인정하고 그 인정되는 범위를 성질설에 따라 판시한 전형적인 예가 있어 아래에 인용한다. 사안은 인천국제공항에서 난민인정신청을 하였으나 난민인정심사불회부결정을 받은 청구인(외국인)을 인천국제공항 송환대기실에 약 5개월째 수용하고 피청구인(인천공항출입국·외국인청장)이 청구인의 변호인의 접견신청을 거부한 것이었는데, 헌재는 이를 청구인에게 보장되는 헌법 제12조 제4항 본문에 의한 변호인의 조력을 받을 권리를 침해한 것이라고 보고 위헌확인결정을 한 사건이었다(* 이 결정에 대해서는 기본권 각론의 변호인의 조력을 받을 권리 부분 참조).

1) 헌재 2001.11.29. 99헌마494; 2007.8.30. 2004헌마670, 산업기술연수생 도입기준 완화결정 등 위헌확인 결정 등.

판례 헌재 2018.5.31. 2014헌마346

[관련판시] 청구인적격 및 자기관련성 – 청구인은 외국인이다. 헌법재판소법 제68조 제1항의 헌법소원은 기본권의 주체만 청구할 수 있는데, 단순히 '국민의 권리'가 아니라 '인간의 권리'로 볼 수 있는 기본권에 대해서는 외국인도 기본권의 주체이다. 청구인이 침해받았다고 주장하는 변호인의 조력을 받을 권리는 성질상 인간의 권리에 해당되므로 외국인도 주체이다(헌재 2012.8.23. 2008헌마430 참조). 따라서 청구인의 심판청구는 청구인적격이 인정된다.

여하튼 헌재는 외국인의 기본권주체성을 인정한다.

(3) 사견 및 외국인의 기본권주체문제의 근본적 검토

생각건대 ① 우리는 기본권을 인간의 권리인 자연권이라고 파악하므로 외국인도 기본권의 주체가 된다고 보고, ② 우리 헌법 제6조 제2항은 "외국인은 국제법과 조약이 정하는 바에 의하여 그 지위가 보장된다"라고 규정하고 있고 여기서의 법적 지위에 기본권주체로서의 지위가 포함된다고 해석되므로 우리 헌법의 해석상으로도 그러하다.

한편, 근본적인 관점에서 ① 우리는 외국인에 대한 기본권의 문제를 기본권주체라는 기본권의 출발점에서의 문제로 다루려는(기본권주체문제는 출발점이다) 경향에 대해 의문이 있다. 기본권을 자연권으로 파악하는 이상 외국인에 대해서도 당연히 기본권주체성을 인정하여야 할 것이고 따라서 외국인에 대한 기본권의 문제는 주체의 문제를 떠나서 외국인의 기본권의 보호범위나 외국인에 대한 기본권의 제한의 문제로 다루는 것이 더 정확한 논의가 된다. 다시 말하면 외국인은 당연히 기본권주체가 되니 기본권주체가 되느냐 안 되느냐를 논할 것이 아니라 외국인이 국민에 비해 어느 정도의 기본권을 보장받으며 제한은 어떠한지를 살피는 문제라고 하는 것이 정확한 파악이 된다. ② 나아가 외국인의 기본권의 보호범위나 제한의 문제를 기본권에 관한 법적 논리로 다루려는 입장 자체에 대한 근본적 검토가 필요하다고 본다. 사실 유럽에서는 2차대전 직후 경제부흥을 위한 노동력의 부족으로 외국인 노동자에 의존하였으나 1970년대 들어와서 오일쇼크, 실업률의 증가 등으로 외국이민의 유입에 제동을 걸어야 할 상황이 전개되었다. 정치적으로도 지역적 분쟁과 난민, 망명허용문제 등이 나타나 외국인의 기본권에 영향을 미쳤다. 외국인에 대한 기본권의 제한은 국내의 상황에 따라 달라질 수 있고 생존권의 경우에는 외국인에게 생활보조금을 부여하기 위해서는 국민에 대한 부여 외에도 그만한 재원이 마련되어야 하기에 현실적 한계가 있다. 따라서 외국인의 기본권문제를 순수한 법적 논리로만 다룰 수 있느냐 하는 의문도 제기되고 외국인의 인권에 관한 문제의 보다 근본적인 규명이 먼저 이루어져야 한다고도 본다.

(4) 외국인의 기본권의 보장범위

1) 개관

외국인에 대해서도 인간으로서 가지는 기본권은 보장되고 따라서 외국인이 기본권주체임이 인정되는데 그 보장의 범위가 논의대상이다. 외국인의 기본권이 어느 정도 보장되는가에 대해 학설은 자연권설을 취하는 경우에 가장 넓게 인정될 것이고 기본권성질설, 동화적 통합이론에 따를 때 제한적이 될 것이다. 헌재는 외국인에게 모든 기본권이 보장되는 것이 아니라 '국민의 권리'가 아닌 '인간의 권리'의 범위 내에서만 인정될 것이라고 본다.[1] 판례나 기본권성질설에 따를 때 '인간의 권리'를 얼마나 넓게 보느냐에 따라 그 보장범위가 달라질 수 있다는 문제가 있다. 아래에 각 기본권별로 살펴본다.

2) 인간의 존엄과 가치, 행복추구권

인간으로서의 존엄과 가치이고, 행복을 추구하는 것은 인간의 당연한 욕구이므로 외국인에게도 인정되는 기본권이다. 우리 헌재도 "인간의 존엄과 가치, 행복추구권은 대체로 '인간의 권리'로서 외국인도 주체가 될 수 있다고 보아야 하고"라고 하여 명시적으로 긍정하고 있다.[2]

3) 평등권

외국인에 대해서도 원칙적으로 평등한 대우를 가능한 한 해주어야 한다. 다만, 상호주의의 적용으로 우리 국민에 대한 보호의 정도에 따라 그 당해 국가의 국민에 대한 우리나라에서의 보호의 정도가 달라지기도 한다. 우리 헌법재판소도 평등권은 인간의 권리로서 외국인에게도 보장되는데 상호주의에 따른 제한이 있을 수 있을 뿐이라고 본다. 제한에 대한 심사기준은 외국인의 입국에 관한 사항 등과 같은 정책재량이 넓은 영역은 완화심사를 취한다는 것이 헌재의 입장이다.

판례 헌재 2001.11.29. 99헌마494, 헌재판례집 13-2, 723-724면; 헌재 2014.4.24. 2011헌마474 등, 재외동포 사증 신청 시의 첨부서류에 관한 사건

[심사기준] 심판대상조항들은 국적에 따라 재외동포체류자격 부여시 단순노무행위 등 취업활동에 종사하지 않을 것임을 소명하는 서류의 제출 여부를 달리 하고 있는바, 단순노무행위 등 취업활동에의 종사 여부 및 국적에 따른 차별로서 헌법이 특별히 평등을 요구하고 있는 경우가 아니고, 외국인에게 입국의 자유가 허용되지 않는 이상 이 사건이 관련 기본권에 중대한 제한을 초래하는 경우라고 볼 수 없다. 우리나라의 특별한 역사적 배경을 감안하여 외국국적동포에게 일반 외국인과는 다른 혜택을 부여하여야 할 정책적, 도의적 필요성이 있다 하더라도, 기본적으로 외국인의 지위에 있는 외국국적동포의 입국과 체류에 관하여 우리나라가 사회, 정치 및 경제, 외교적 상황 등을 고려하여 일정한 제한을 가할 수 없는 것은 아니다. 오히려 출입국관리에 관한 사항 중 외국인의 입국에 관한 사항은 주권국가로서의 기능을 수행하는데 필요한 것으로서 광범위한 정책재량의 영역이므로 … 평등권을 침해하는지 여부는 자의금지원칙 위반 여부에 의하여 판단하기로 한다. [결정요지] 심판대상조항들이 단순노무행위 등 취업활동에 종사할 가능성을 감안하여 중국국적동포들에 대해 연간납세증명서 등을 제출하도록 하는 것은 합리적 이유가 없는 자의적인 차별이라고 보기 어려우므로, 심판대상조항들은 … 평등권을 침해하지 않는다.

---

1) 헌재 2007.8.30. 2004헌마670, 판례집 19－2, 304면.
2) 헌재 2001.11.29. 99헌마494, 헌재판례집 13－2, 724면.

4) 망명비호권(난민의 보호)

망명권(비호권)이란 정치적인 활동, 종교적 이유 등으로 박해를 받은 외국인이 다른 나라의 보호를 받는 권리를 말한다. 프랑스 헌법 제53－1조 제2항은 자유를 위한 행위를 이유로 또는 다른 사유로 프랑스의 보호를 요구하는 모든 외국인에 대하여 망명권을 부여할 수 있다고 명시하고 있고 독일기본법 제16a조 제1항도 정치적 박해를 받는 사람들은 망명권을 향유한다고 규정하고 있다. 우리 헌법은 이에 관한 명시적 규정이 없다. 국적의 선택 등은 자연권으로서 보편적 권리로 볼 수 있는 점, 우리 헌법 제6조 제2항의 외국인지위보장의 정신을 보거나 인권의 국제적 보장의 확대 경향을 고려하여, 그리고 헌법전문이 표방하는 “세계평화와 인류공영”의 이념에 비추어 망명권을 인정하는 것이 우리 헌법해석에서도 가능하다고 본다.

망명자, 난민을 보호하기 위한 국제조약들이 적지 않게 체결되어 있다. 우리나라도 1992년 12월 3일 ‘난민의 지위에 관한 협약’(1951. 7. 28.), ‘난민의 지위에 관한 의정서’에 가입하였다. 이 조약에 가입하기 전인 1984년에 우리 대법원판례는 과거 중국민항기사건에서는 세계 각국이 비호권을 인정하고 있다는 이유로 위법성이 조각되지는 않는다고 보아 소극적인 입장을 보여준 바 있다.

> **판례** 대법원 1984.5.22. 84도39, 항공기운항안전법위반, 총포도검화약류단속법위반, 출입국관리법위반, 항공법위반
> [판시] 중공의 정치, 사회현실에 불만을 품고 자유중국으로 탈출하고자, 민간항공기를 납치하여 입국한 피고인들의 경우 정치적 박해를 받거나 정치적 신조를 달리함으로써 타국에 피난한 정치적 피난민이라고 할 수 있겠으나 정치적 피난민에 대한 보호는 소수의 국가가 국내법상으로 보장하고 있을 뿐 우리나라는 이를 보장하는 국내 법규가 없으며 개개의 조약을 떠나서 일반국제법상 보장이 확립된 것도 아니며 더구나 헤이그 협약 제8조는 항공기납치 범죄를 체약국간의 현행 또는 장래 체결될 범죄인 인도조약상의 인도범죄로 보며 인도조약이 없는 경우에도 범죄인의 인도를 용이하게 할 수 있는 규정을 마련하고 있는 점 등에 비추어 볼 때 민항기납치 행위가 순수한 정치적 동기에서 일어난 정치적 망명을 위한 상당한 수단으로 행하여진 것으로 세계 각국이 비호권을 인정하고 있다는 이유로 위법성이 조각된다고 볼 수 없다.

그러나 현재 출입국관리법은 난민보호에 관한 규정들을 두고 있다. 동법 제2조 제2의2호는 “난민”이라 함은 ‘난민의 지위에 관한 협약’ 제1조 또는 ‘난민의 지위에 관한 의정서’ 제1조의 규정에 의하여 동 협약의 적용을 받는 자를 말한다고 정의하고 있다. 중요한 것은 난민인정사유이다. ‘난민의 지위에 관한 협약’은 ‘인종, 종교, 민족, 특정 사회집단의 구성원 신분 또는 정치적 의견을 이유로 박해를 받을 우려가 있다는 충분한 근거 있는 공포’를 인정요건으로 한다. 대법원은 난민은 국적국을 떠난 후 거주국에서 정치적 의견을 표명하는 것과 같은 행동의 결과로서 ‘박해를 받을 충분한 근거 있는 공포’가 발생한 경우에도 인정될 수 있는 것이고, 난민으로 보호받기 위해 박해의 원인을 제공하였다고 하여 달리 볼 것은 아니라고 한다. 대법원은 이때 그 외국인이 받을 ‘박해’라 함은 ‘생명, 신체 또는 자유에 대한 위협을 비롯하

여 인간의 본질적 존엄성에 대한 중대한 침해나 차별을 야기하는 행위'라고 할 수 있고, 그러한 박해를 받을 '충분한 근거 있는 공포'가 있음은 난민 인정의 신청을 하는 외국인이 증명하여야 할 것이나, 난민의 특수한 사정을 고려하여 그 외국인에게 객관적인 증거에 의하여 주장사실 전체를 증명하도록 요구할 수는 없고, 그 진술에 일관성과 설득력이 있고, 입국 경로, 입국 후 난민 신청까지의 기간, 난민 신청 경위, 국적국의 상황, 주관적으로 느끼는 공포의 정도, 신청인이 거주하던 지역의 정치·사회·문화적 환경, 그 지역의 통상인이 같은 상황에서 느끼는 공포의 정도 등에 비추어 전체적인 진술의 신빙성에 의하여 그 주장사실을 인정하는 것이 합리적인 경우에는 그 증명이 되었다고 할 것이라고 본다.

판례 대법원 2012.3.29. 2010두26476

[사건개요] ○ 이란 국적의 원고는 2003. 10. 4. 대한민국에 입국하였고, 2007. 8. 10. 정치적·종교적 이유로 본국에 돌아가면 박해를 받을 우려가 있다고 주장하면서 출입국관리법 제76조의2에 근거하여 피고 법무부장관에게 난민인정신청을 함 ○ 피고는 2009. 4. 16. '원고의 주장은 난민의 지위에 관한 협약 제1조 및 난민의 지위에 관한 의정서 제1조에서 난민의 요건으로 규정한 박해를 받게 될 것이라는 충분히 근거 있는 공포에 해당되지 아니한다'는 이유로 원고에 대하여 난민인정을 불허하는 처분을 함 ○원고는 피고를 상대로 위 난민인정불허처분의 취소를 구하는 이 사건 소송을 제기함 [소송의 경과] 제1심 법원은 원고의 청구를 기각하였으나, 제2심 법원은 원고의 청구를 인용함 [대법원의 판단] ▷ 관련 법리 – 1. 구 출입국관리법(2010. 5. 14. 법률 10282호로 개정되기 전의 것) 제2조 제2의2호, 제76조의2 제1항, 난민의 지위에 관한 협약 제1조, 난민의 지위에 관한 의정서 제1조의 규정을 종합하여 보면, 법무부장관은 인종, 종교, 국적, 특정 사회집단의 구성원 신분 또는 정치적 의견을 이유로 박해를 받을 충분한 근거 있는 공포로 인해 국적국의 보호를 받을 수 없거나 국적국의 보호를 원하지 않는 대한민국 안에 있는 외국인에 대하여 그 신청이 있는 경우 난민협약이 정하는 난민으로 인정하여야 한다. 난민은 국적국을 떠난 후 거주국에서 정치적 의견을 표명하는 것과 같은 행동의 결과로서 '박해를 받을 충분한 근거 있는 공포'가 발생한 경우에도 인정될 수 있는 것이고, 난민으로 보호받기 위해 박해의 원인을 제공하였다고 하여 달리 볼 것은 아니다. 2. 이때 그 외국인이 받을 '박해'라 함은 '생명, 신체 또는 자유에 대한 위협을 비롯하여 인간의 본질적 존엄성에 대한 중대한 침해나 차별을 야기하는 행위'라고 할 수 있고, 그러한 박해를 받을 '충분한 근거 있는 공포'가 있음은 난민 인정의 신청을 하는 외국인이 증명하여야 할 것이나, 난민의 특수한 사정을 고려하여 그 외국인에게 객관적인 증거에 의하여 주장사실 전체를 증명하도록 요구할 수는 없고, 그 진술에 일관성과 설득력이 있고, 입국 경로, 입국 후 난민 신청까지의 기간, 난민 신청 경위, 국적국의 상황, 주관적으로 느끼는 공포의 정도, 신청인이 거주하던 지역의 정치·사회·문화적 환경, 그 지역의 통상인이 같은 상황에서 느끼는 공포의 정도 등에 비추어 전체적인 진술의 신빙성에 의하여 그 주장사실을 인정하는 것이 합리적인 경우에는 그 증명이 되었다고 할 것이다. ▷ 판단 – 원심이, ① 원고가 쿠르드족으로서 이슬람신도였으나 1999. 11. 14. 한국에 입국하였다가 2001년 말경 일본에 밀입국하여 2003. 2.경 이란으로 강제송환 되었고, 일본에서 밀입국 혐의로 구금되어 있을 무렵 기독교 성경책을 보고 기독교에 관심을 가지게 된 사실, ② 그 후 원고가 2003. 10. 4. 한국에 다시 입국하여 ○○선교회의 예배모임에 참석하다가 △△교회를 다니게 되어 그 교회에서 2005. 3. 13. 세례를 받은 사실, ③ 원고가 2006. 11. 20.부터 원○○가 운영하는 찜질방에서 일하게 되면서 원○○의 권유로 2007. 11.부터 서울 서빙고동 소재 □□교회를 다니게 되었고, 2008. 3. 30. □□교회 교적부에 교인으로 등록하고 7주간의 새신자반 과정을 마친 다음 6개월간의 1대 1 훈련을 받고 2010. 3. 6. 예수제자학교에 입학한 사실, ④ 원○○, 곽○○ 부부는 신실한 기독

교인으로서 원고의 신앙생활을 도와주다가 2010. 3. 8. 원고를 아들로 입양한 사실, ⑤ 원고가 기독교로 개종한 사실이 이란에 있는 원고의 가족들과 지인들에게 알려진 사실 등을 인정한 다음, 지난 몇 년간 이란의 기독교 신자들에 대한 박해가 심화되고 있어 기독교 개종자는 다른 사람들에게 기독교를 전도하지 않더라도 예배활동을 하였다는 이유만으로 박해를 받고 있고, 특히 이슬람교에서 기독교로 개종한 경우 사형에 처해질 수도 있는 사정 등에 비추어 원고에게는 이란으로 귀국하면 이란 당국에 의하여 기독교 개종자라는 이유로 박해를 받을 충분한 근거 있는 공포가 있다고 판단한 것은 정당하다(상고기각).

종교적 박해[1] 성적 자기결정권, 인간의 존엄성의 침해, 박탈을 이유로 한 난민지위를 인정한 행정법원의 판례도 있었다.[2]

출입국관리법은 난민의 지위를 인정하는 절차와 난민에 대한 처우에 관한 규정들을 두고 있는데(동법 제8장의2) 정부는 대한민국에서 난민의 인정을 받고 체류하는 외국인에 대하여 「난민협약」에서 규정하는 지위와 처우가 보장되도록 노력하여야 한다고 규정하고 난민의 인정을 받지 못한 자에 대하여 특히 인도적인 고려가 필요하다고 인정되는 경우 그의 체류를 허가하고 취업활동 허가를 할 수 있도록 규정하고 있다(동법 제76조의8). 또한 난민의 인정을 신청한

---

1) 위 대법원의 2010두26476 판결도 종교적 박해를 이유로 난민지위를 인정한 예인데 그 외 종교적 박해를 이유로 난민지위를 인정한 행정법원의 판례들 : 서울행정법원 2007.1.9. 2006구합28345, 난민인정불허처분취소, 각공2007.3.10.(43),669. [판시사항] 이슬람교에서 기독교로 개종한 이집트인이 난민의 지위에 관한 협약(1951. 7. 28.)에서 말하는 '박해를 받을 충분한 근거가 있는 공포'를 갖고 있다고 볼 수 있어 출입국관리법 제2조 제2의2호에서 정한 난민에 해당한다고 본 판례. [관련판시] 여기에서의 '박해'가 무엇을 의미하는지에 관하여 확립된 견해는 없지만 생명 또는 신체의 자유와 같은 중대한 인권에 대한 침해행위가 일단 이에 해당한다고 할 수 있고, 그 밖에도 일반적으로 문명사회에서 허용될 수 없는 부당한 차별, 고통, 불이익의 강요 등이 이에 해당한다고 할 수 있을 것이며, 박해의 주체는 국가기관에 한정되지 아니하고, 정부의 보호가 이루어지지 않는 상황에서는 비정부조직도 그 주체가 될 수 있다. 예컨대, 국민의 일부가 이웃의 종교적 신념을 존중하지 않는 세속적 국가에서의 종교적 불관용이 있을 수 있고, 이러한 종교적 불관용은 박해에 해당한다. 지역주민이 이웃에게 심히 차별적이거나 공격적인 행위를 하여도, 국가기관이 이를 고의로 묵인하고 효과적인 보호의 제공을 거부하거나 또는 효과적인 보호를 제공할 수 없다면 이러한 행위는 박해로 간주된다. 서울행정법원 2010.4.1. 2009구합38312 [판시사항] 미얀마 친(Chin)족 출신의 기독교 목사에 대한 난민인정불허처분을 취소한 사례 [판시요약] 난민 인정의 요건으로서 그 외국인이 받을 '박해'란 '생명, 신체 또는 자유에 대한 위협을 비롯하여 인간의 본질적인 존엄성에 대한 중대한 침해나 차별을 야기하는 행위'라고 할 수 있고, 이와 같은 박해를 받을 '충분한 근거 있는 공포'가 있음은 난민 인정의 신청을 하는 외국인이 증명하여야 하나, 난민의 특수한 사정을 고려하여 그 외국인에게 객관적인 증거에 의하여 주장사실 전체를 증명하도록 요구할 수는 없으며, 그 진술에 일관성과 설득력이 있고 입국 경로, 입국 후 난민 신청까지의 기간, 난민 신청 경위, 국적국의 상황, 주관적으로 느끼는 공포의 정도, 신청인이 거주하던 지역의 정치·사회·문화적 환경, 그 지역의 통상인이 같은 상황에서 느끼는 공포의 정도 등에 비추어 전체적인 진술의 신빙성에 의하여 그 주장사실을 인정하는 것이 합리적인 경우에는 그 증명이 있다고 할 것이다.

2) 서울행정법원은 남편이 죽으면 남편 형제들 중에 여성이 상속되는 전통이 있는 부족의 여성이 남편을 잃고 남편 형제들이 성관계를 강요하고 생명을 위협하며 재산을 강탈하려고 하자 한국으로 온 여성에 대해 난민의 지위를 인정하는 판결을 한 바 있다(경향신문, 2010년 10월 30일자 보도 참조). * 그외 난민지위를 인정한 서울행정법원 판례 : 에티오피아와 에리트리아 사이의 국경분쟁시 박해를 피해 에티오피아를 탈출한 에리트리아계 에티오피아 국적자에 대하여 난민지위를 인정한 사건(서울행정법원 2008.9.25. 2007구합31911); 난민사건에 있어서 신청인의 주장이 신뢰성 있는 것으로 생각되면, 그 주장에 반하는 상당한 이유가 없는 한 증거가 불충분한 경우라도 신청인에게 유리한 해석에 의한 이익을 부여하여야 한다고 보아 콩고인에 대해 난민의 지위를 인정한 사례(서울행정법원 2008.2.20. 2007구합22115; 동 2006.2.3. 2005구합20993 등].

자, 난민의 인정을 받은 자 등에 대한 지원을 할 수 있도록 하고 있다(동법 제76조의9). 난민의 인정을 받은 자에 대하여는 상호주의를 적용하지 아니한다(동법 제76조의10). 난민보호를 위한 기본법률로 2012년에 난민법이 제정되었는데 난민법은 난민 등에 대한 정의, 강제송환의 금지, 난민인정 신청과 심사의 절차, 난민인정자 등의 처우에 대해 구체적 규정을 두고 있고 2013년 7월 1일부터 시행에 들어간다. '재한외국인 처우 기본법'은 출입국관리법에 따라 난민의 인정을 받은 자가 대한민국에서 거주하기를 원하는 경우에는 국어교육, 대한민국의 제도·문화에 대한 교육 등을 통하여 대한민국 사회에 빨리 적응하도록 지원할 수 있도록 규정하고 있다(동법 제14조 1항).

5) 자유권적 기본권

(가) 양심의 자유, 종교의 자유, 신체의 자유, 사생활의 비밀과 자유, 통신의 비밀, 주거의 자유, 학문과 예술의 자유

위와 같은 자유권들은 대체적으로 국민과 같은 수준의 자유를 누린다고 볼 것이다.[1] 신체의 자유도 정당하게 입국하여 활동 중인 외국인에게 인정됨은 물론이다.

* 변호인의 조력을 받을 권리 : 헌재는 "변호인의 조력을 받을 권리는 성질상 인간의 권리에 해당되므로 외국인도 주체이다"라고 본다(헌재 2012.8.23. 2008헌마430; 헌재 2018.5.31. 2014헌마346(이 결정은 난민인정신청을 하였으나 난민인정심사불회부결정을 받은 청구인을 인천국제공항 송환대기실에 약 5개월째 수용하고 환승구역으로의 출입을 막은 것을 헌재가 헌법 제12조 제4항 본문에 규정된 "구속"에 해당되고 따라서 피청구인이 청구인의 변호인의 접견신청을 거부한 것이 청구인에게 보장되는 헌법 제12조 제4항 본문에 의한 변호인의 조력을 받을 권리를 침해하여 위헌임을 확인한 결정이다) 참조).

(나) 거주·이전의 자유

국가의 안전보장 등을 위한 제한이 있다. 査證(visa)을 발급받아야만 입국이 가능하고 일반적으로 입국의 자유가 부정된다.[2] 적법하게 입국한 외국인의 출국의 자유는 인정된다.

(다) 경제적 자유권

경제적 자유권 영역에서는 외국인에 대한 제한이 현실적으로 적지 않은 편이다.

가) 직업선택의 자유

직업의 자유에 있어서 외국인에 대한 제한이 적지 않다. 예를 들어 導船士의 자격으로 한국국적을 요구하고 있다(도선법 제6조 제1호). 직장 선택의 자유에 대해서 헌재는 이는 "인간의 존엄과 가치 및 행복추구권과도 밀접한 관련을 가지는 만큼" "외국인의 기본권주체성을 전면적으로 부정할 수는 없고, 외국인도 제한적으로라도 직장 선택의 자유를 향유할 수 있다"라고

---

1) 외국인에게도 신체의 자유, 주거의 자유 등은 "성질상 인간의 권리에 해당한다고 볼 수 있으므로 이를 인정하여야 한다"라는 판시를 하는 헌재판례 : 헌재 2012.8.23. 2008헌마430.

2) 헌재 2011.9.29. 2007헌마1083등; 헌재 2011.9.29. 2009헌마351; 헌재 2014.6.26. 2011헌마502.

본다. 그러면서 헌재는 "외국인에게 직장 선택의 자유에 대한 기본권주체성을 인정한다는 것이 곧바로 이들에게 우리 국민과 동일한 수준의 직장 선택의 자유가 보장된다는 것을 의미하는 것은 아니라고" 한다.

판례 ① 헌재 2011.9.29. 2007헌마1083, 공보 제180호, 1460면. [쟁점] 외국인근로자의 사업장 이동을 3회로 제한한 구 '외국인근로자의 고용 등에 관한 법률' 제25조 제4항이 직장 선택의 자유를 침해하는지 여부(부정, 합헌성인정) [결정요지] 이 사건 법률조항은 외국인근로자의 무분별한 사업장 이동을 제한함으로써 내국인근로자의 고용기회를 보호하고 외국인근로자에 대한 효율적인 고용관리로 중소기업의 인력수급을 원활히 하여 국민경제의 균형 있는 발전이 이루어지도록 하기 위하여 도입된 것이다. 나아가 이 사건 법률조항은 일정한 사유가 있는 경우에 외국인근로자에게 3년의 체류기간 동안 3회까지 사업장을 변경할 수 있도록 하고 대통령령이 정하는 부득이한 사유가 있는 경우에는 추가로 사업장변경이 가능하도록 하여 외국인근로자의 사업장 변경을 일정한 범위 내에서 가능하도록 하고 있으므로 이 사건 법률조항이 입법자의 재량의 범위를 넘어 명백히 불합리하다고 할 수는 없다. 따라서 이 사건 법률조항은 청구인들의 직장 선택의 자유를 침해하지 아니한다. ② 직장 선택의 자유를 인정한 또 다른 예 : 헌재 2011.9.29. 2009헌마351, 공보 제180호, 1473면 [쟁점] 외국인 근로자의 사업장 변경허가 기간을 신청일로부터 2개월로 제한한 구 '외국인근로자의 고용 등에 관한 법률' 규정이 직장 선택의 자유를 침해하는지 여부(부정, 합헌성 인정) ③ 외국인근로자 출국만기보험금 지급시기 제한 사건 : 헌재 2016.3.31. 2014헌마367 [결정요지] 고용허가를 받아 우리 사회에서 정당한 노동인력으로서 지위를 부여받은 외국인들의 직장선택의 자유도 인간의 권리로서 보장된다. … 출국만기보험금이 근로자의 퇴직 후 생계 보호를 위한 퇴직금의 성격을 가진다고 하더라도 불법체류가 초래하는 여러 가지 문제를 고려할 때 불법체류 방지를 위해 그 지급시기를 출국과 연계시키는 것은 불가피하므로 심판대상조항이 청구인들의 근로의 권리를 침해한다고 보기 어렵다.

나) 재산권

외국인에 대한 재산권은 상호주의에 의한 제한이 있다(외국인토지법 제3조). 제한의 사유로 우리나라의 경제질서를 교란할 위험이 없지 않기 때문이라는 견해도 있다(권영성, 303면).

(라) 표현의 자유

외국인도 자신의 사상 등을 표현할 자유인 언론 · 출판 · 집회 · 결사의 자유를 일반적으로 가진다. 다만, 국가의 이익이나 안전보장을 위한 제한이 따르기도 한다. 외국인에 대한 제한으로서 지상파방송사의 법인의 대표자, 방송편성책임자가 될 수 없도록 하고 있다(방송법 제13조 3항 1호).

6) 생존권적 기본권

외국인에 대한 생활보조금을 부여하는 국가들도 있긴 하나 우리의 경우에는 부정적 견해가 많다. 부정설은 "사회적 기본권은 자국민의 인간다운 생활을 보장하기 위한 기본권을 의미하므로 외국인에게는 이것이 원칙적으로 인정되지 아니한다. 다만 환경권이라든가, 건강권 등은 인간의 권리로서의 성격도 가지고 있으므로 제한된 범위 내에서 외국인에게도 인정된다"고 본다(권영성, 304면). 반면에 긍정설은 생존권을 자연권으로서 인식하는 경우에는 외국인에게도 생존권의 보장을 인정하여야 논리적이라고 한다.

생각건대 '인간'다운 생활권이므로 인정되어야 한다. 그러나 우리의 재정형편을 고려하여 국민을 우선시할 수밖에 없을 것이다. 문제는 본질적 내용의 침해금지의 위반 가능성이다. 전혀 외국인의 삶에 대해 도외시하는 것은 생존권의 본질의 침해가 될 것이다.

현행 사회보장기본법은 국내에 거주하는 외국인에 대한 사회보장제도의 적용은 상호주의의 원칙에 의하되, 관계법령이 정하는 바에 따른다고 규정하고 있다(동법 제8조).

우리 헌법재판소는 근로의 권리의 경우 외국인의 기본권주체성을 전면적으로 인정하기 어렵다고 본다. 즉 "일할 자리에 관한 권리", 근로의 기회를 제공하여 줄 것을 요구하는 권리는 생존권(사회권적 기본권)의 성격이 강하므로 이에 대한 외국인의 기본권주체성을 전면적으로 인정하기는 어렵다고 한다. 그러나 헌재는 근로의 권리가 "일할 자리에 관한 권리"만이 아니라 "일할 환경에 관한 권리"(건강한 작업환경, 일에 대한 정당한 보수, 합리적인 근로조건의 보장 등을 요구할 수 있는 권리 등)도 함께 내포하고 있는바, "일할 환경에 관한 권리"는 근로자가 기본적 생활수단을 확보하고 인간의 존엄성을 보장받기 위한 것으로서 자유권적 기본권의 성격도 아울러 가지므로 외국인도 그 주체가 될 수 있다고 본다.

판례 ① 헌재 2007.8.30. 2004헌마670 : 산업기술연수생 도입기준 완화결정 등 위헌확인, 판례집 19-2, 305면. [사안 및 결정요지] 외국인 산업연수생에 대하여 근로기준법상 일부 사항에 관하여만 보호대상으로 규정하고 퇴직금, 임금채권 우선변제, 연차유급휴가, 임산부의 보호 등에 관하여는 보호대상으로 규정하고 있지 않고 있는 구 외국인산업기술연수생의 보호 및 관리에 관한 지침(노동부 예규) 제4조, 제8조 제1항, 제17조가 평등원칙을 위배하였다고 하여 위헌선언한 결정임. [관련판시] 근로의 권리란 인간이 자신의 의사와 능력에 따라 근로관계를 형성하고, 타인의 방해를 받음이 없이 근로관계를 계속 유지하며, 근로의 기회를 얻지 못한 경우에는 국가에 대하여 근로의 기회를 제공하여 줄 것을 요구할 수 있는 권리를 말하며, 이러한 근로의 권리는 생활의 기본적인 수요를 충족시킬 수 있는 생활수단을 확보해 주고 나아가 인격의 자유로운 발현과 인간의 존엄성을 보장해 주는 것으로서 사회권적 기본권의 성격이 강하므로(헌재 1991.7.22. 89헌가106, 판례집 3, 387, 421; 헌재 2002.11.28. 2001헌바50, 판례집 14-2, 668, 678 참조) 이에 대한 외국인의 기본권주체성을 전면적으로 인정하기는 어렵다. 그러나 근로의 권리가 "일할 자리에 관한 권리"만이 아니라 "일할 환경에 관한 권리"도 함께 내포하고 있는바, 후자(後者)는 인간의 존엄성에 대한 침해를 방어하기 위한 자유권적 기본권의 성격도 갖고 있어 건강한 작업환경, 일에 대한 정당한 보수, 합리적인 근로조건의 보장 등을 요구할 수 있는 권리 등을 포함한다고 할 것이므로 외국인 근로자라고 하여 이 부분에까지 기본권 주체성을 부인할 수는 없다. 즉 근로의 권리의 구체적인 내용에 따라, 국가에 대하여 고용증진을 위한 사회적·경제적 정책을 요구할 수 있는 권리(헌재 2002.11.28. 2001헌바50, 판례집 14-2, 668, 678)는 사회권적 기본권으로서 국민에 대하여만 인정해야 하지만, 자본주의 경제질서하에서 근로자가 기본적 생활수단을 확보하고 인간의 존엄성을 보장받기 위하여 최소한의 근로조건을 요구할 수 있는 권리는 자유권적 기본권의 성격도 아울러 가지므로 이러한 경우 외국인 근로자에게도 그 기본권 주체성을 인정함이 타당하다. ② 외국인근로자 출국만기보험금 지급시기 제한 사건 : 헌재 2016.3.31. 2014헌마367. [결정요지] 헌법 제32조는 근로의 권리를 보장하고 있고, 근로의 권리는 '일할 자리에 관한 권리'만이 아니라 '일할 환경에 관한 권리'도 보장되어야 한다. '일할 환경에 관한 권리'는 인간의 존엄성에 대한 침해를 방어하기 위한 권리로서 외국인에게도 인정되며, 건강한 작업환경, 일에 대한 정당한 보수, 합리적인 근로조건의 보장 등을 요구할 수 있는 권리 등을 포함한다(헌재 2007.8.30. 2004헌마670 참조). 여기서의 근로조건은 임금과 그 지불방법, 취업시간과 휴식시간 등 근로계약에 의하여 근로자가 근로를 제공하고 임금을 수령하는 데 관한 조건들이고(헌재 2003.7.24. 2002헌바51 참조), … 이 사건 출국만기보험금은 퇴직금의 성질을 가지고 있어서 그 지급시기에 관한 것은 근로조건의 문제이므로 외국인인 청구인들에게도 기본권 주체성이 인정된다.

7) 참정권적 기본권

참정권은 국민주권의 실현이기에 외국인에 대한 부여에 어려운 점이 많다는 것이 일반적인 이론이다. 우리 헌법재판소도 참정권에 대해서는 성질상의 제한이 있다는 입장을 보여주고 있다(헌재 2001.11.29. 99헌마494, 헌재판례집 13-2, 723-724). 국가전체의 대표자인 대통령, 국회의원의 선거에서는 주권의 문제가 있으나 지방선거의 경우에는 그 지방의 주민으로서 생활하고 의무를 지는 외국인에 대해 선거권을 부여하는 것이 필요하다. 우리나라에서도 2005년 공직선거법을 개정하여 일정한 자격을 갖추고 일정 기간 이상 국내에 거주한 외국인에 대하여 지방선거와 주민투표, 주민소환 등에서의 선거권과 투표권을 부여하기 시작하였다. 즉 ① 지방선거권 - 출입국관리법」 제10조(체류자격)의 규정에 따른 영주의 체류자격 취득일 후 3년이 경과한 19세 이상의 외국인으로서 제37조 제1항의 선거인명부작성기준일 현재「출입국관리법」제34조(외국인등록표등의 작성 및 관리)의 규정에 따라 당해 지방자치단체의 외국인등록대장에 등재된 외국인은 그 구역에서 선거하는 지방자치단체의 의회의원 및 장의 선거권을 가진다(공직선거법 제15조 2항 2호. 2005년 8월 4일 개정). ② 주민소환투표권 - 위의 지방선거권에서와 같은 요건을 갖춘 외국인은 주민소환투표권도 가진다(주민소환에 관한 법률 제3조 1항 2호). ③ 주민투표권 - 20세 이상의 외국인으로서 출입국관리 관계법령의 규정에 의하여 대한민국에 계속 거주할 수 있는 자격(체류자격변경허가 또는 체류기간연장허가를 통하여 계속 거주할 수 있는 경우를 포함한다)을 갖춘 자로서 지방자치단체의 조례가 정하는 자는 주민투표권이 있다(주민투표법 제5조 2항).

그러나 우리나라에서 현재 외국인의 정당가입은 여전히 금지되고 있고(정당법 제22조 2항), 지방선거에서의 선거권은 위와 같이 부여하고 있으나 피선거권은 부여하지 않고 있다.

유럽연합의 경우에 회원국가들 내에서는 다른 회원국의 국민이라도 선거권과 피선거권을 지방선거의 경우에 가진다. 유럽연합의 선거권, 피선거권 부여에 대해서 프랑스에서는 국민주권주의에 위반하여 위헌이라는 판결이 있었고 헌법개정을 통하여 부여하게 되었다.

8) 청구권적 기본권

청구권적 기본권은 기본권을 침해받은 경우에 그것을 구제하여 주는 기본권이므로 외국인의 경우에도 대부분 인정된다. 특히 재판청구권, 청원권 등은 외국인들에게도 중요한 기본권으로서 보장되어야 한다. 국제인권규약에도 외국인의 재판청구권이 보장된다고 규정하고 있다

(외국인에게도 재판청구권 등은 "성질상 인간의 권리에 해당한다고 볼 수 있으므로 이를 인정하여야 한다"라는 판시를 하는 헌재판례 : 헌재 2012.8.23. 2008헌마430). 다만, 상호주의에 입각한 제한의 경우가 있는데 국가배상청구권, 범죄피해자구조청구권이 그러한 경우로 외국인이 피해자일 때에는 해당 국가의 상호보증이 있는 때에 인정하도록 하고 있다(국가배상법 제7조; 범죄피해자 보호법 제23조).

(5) '재한외국인 처우 기본법'

재한외국인에 대한 처우 등에 관한 기본적인 사항을 정함으로써 재한외국인이 대한민국 사회에 적응하여 개인의 능력을 충분히 발휘할 수 있도록 하고, 대한민국 국민과 재한외국인이 서로를 이해하고 존중하는 사회 환경을 만들어 대한민국의 발전과 사회통합에 이바지함을 목적으로 현재 '재한외국인 처우 기본법'이 제정되어 있다. 동법은 국가 및 지방자치단체는 위와 같은 목적을 위하여 재한외국인에 대한 처우 등에 관한 정책의 수립 · 시행에 노력하여야 한다고 규정하고 있고(동법 제3조), 재한외국인 등의 인권옹호(동법 제10조), 재한외국인의 사회적응 지원(동법 제11조), 결혼이민자 및 그 자녀의 지원(동법 제12조), 영주권자에 대한 대한민국으로의 입국 · 체류 또는 대한민국 안에서의 경제활동 등의 보장(동법 제13조), 난민에 대한 지원(동법 제14조) 등을 규정하고 있다.

Ⅳ. 법인

1. 법인의 기본권주체성

오늘날 법인(法人) 내지 사회적 단체들이 집단으로 다양한 사회적 활동을 하고 있고 법률관계를 실제로 형성하는 주체로서 역할을 수행하고 있기에 법인의 기본권주체성의 문제가 중요하다. 독일기본법 제19조 제3항과 같이 법인에 대한 기본권주체성을 명시하고 있는 입법례도 있다. 그러나 우리 헌법에는 명시적인 규정이 없다. 법인의 기본권주체성문제에서 먼저 그 의미를 명확히 할 것은 법인의 소속 구성원의 기본권의 문제가 아니라 구성원들을 떠나 법인 그 자체가 기본권을 누릴 수 있는가 하는 문제이다.

예시

S법인 : 자연인 갑, 을, 병 등으로 이루어진 단체

법인의 기본권주체성 문제 = S단체 자체의 표현의 자유
≠ 갑, 을, 병의 각각의 표현의 자유

▌법인의 기본권주체성 문제의 개념도

(1) 학설

1) 부정설

독일의 경우 과거 바이마르헌법 하에서는 법인의 기본권주체성을 부인하는 이론이 일반적이었다. 그 부인론들을 보면, ① 자연인주체설(기본권의 발달사를 보면 인권이라는 자연인에게 부여되는 권리였으므로 법인에 대해서는 기본권주체가 되기 어렵다고 보는 이론), ② 법인부인설(법인의 실체 내지 본체는 법인 그 자체가 아니라 법인으로부터 이익을 향유하는 구성원 개인들이나 법인의 재산을 관리하는 사람 또는 법인의 일정한 목적에 받쳐진 재산 등에 있다고 보는 이론)과 법인의제설(의사를 가질 능력이 없기에 그 자체로는 권리의무의 주체가 될 수 없는 법인이 권리능력을 가지고 권리의무의 주체가 될 수 있는 것은 법률에 의해 권리능력을 가지는 것으로 의제하기 때문일 뿐이므로 법인 그 자체로는 기본적 인권의 주체가 될 수 있는 것은 아니라고 보는 이론) 등이 있다. 법인부인설이나 법인의제설에 따르면 법인구성원인 자연인에 대한 기본권인정으로 족하고 법인 자체의 기본권을 인정할 필요는 없다고 본다. 자연인주체설의 입장에 결국 가까운 입장을 취하게 된다. ③ C. Schmitt의 결단론에서와 같이 초국가적인 권리, 즉 국가 이전의 권리로서의 기본권으로 보는 입장에서는 국가실정법으로 비로소 그 존재를 인정하게 되는 법인에게는 기본권주체성을 인정하기 곤란하다는 입장을 취하게 된다.

2) 긍정설

① 법실증주의(권리주체성은 실정법으로 인정하기만 한다면 자연인이든 법인이든 인정될 수 있으므로 법인도 실정법으로 기본권주체성을 인정할 수 있다는 설), ② 법인실재설(구성원인 자연인과 별개로 오늘날 법인 자체가 실체를 가지고 권리의무의 주체가 될 수 있으므로 기본권주체가 될 수 있다는 설), ③ 귀속설(법인 자체의 권리의 효과는 결국 구성원인 자연인에게도 귀속된다는 이론), ④ 결사활동보장설(동화적 통합론 – 결사는 동화적 통합의 형식인 동시에 수단이고 따라서 법인은 동화적 통합이라는 일정한 공적 기능을 수행하고 있다고 보고 이러한 결사활동의 보호는 결사를 구성하는 개인이 아닌 '법인'의 기본권주체성을 인정하는 경우에만 그 실효성이 기대될 수 있다고 보는 이론, 허영, 237면) 등이 긍정론의 논거로 제시되고 있다.

(2) 판례

우리 헌법재판소는 "우리 헌법은 법인의 기본권 향유능력을 인정하는 명문의 규정을 두고 있지 않지만, 본래 자연인에게 적용되는 기본권 규정이라도 언론·출판의 자유, 재산권의 보장 등과 같이 성질상 법인이 누릴 수 있는 기본권은 당연히 법인에게도 적용하여야 할 것으로 본다"라고 하여 긍정설의 입장을 취한다(헌재 1991.6.3. 90헌마56, 영화법 제12조 등에 대한 헌법소원, 판례집 3, 295 참조). 헌재 판례는 그 긍정의 논거는 명백히 밝히지 않고 있다.

(3) 사견

법인의 구성원이 아니라 법인 그 자체의 기본권주체성을 인정하는 것은 법인 자체의 활동성과 중요성 때문이다(법인현실성설). 오늘날 법인이 사회적 활동을 통하여 자연인의 활동의 범위를 넓혀주고 그 활동을 보완, 촉진하여 자연인의 기본권향유를 보다 실효화하는 등 그 사회적 기여와 가치를 가지는 가지므로 법인의 구성원인 자연인 외에 법인 자체에 대한 기본권의 향유능력을 인정하는 것이 필요하다. 우리 헌법상의 근거로는 헌법 제21조의 결사의 자유를 들 수 있다. 법인을 설립할 수 있는 자유도 결사의 자유에 포함되므로 법인이 결사체로서 여러 가지 활동을 할 것을 전제로 하고 설립될 것이고 그 활동을 위해서는 기본권이 요구되기에 법인이 기본권을 누리지 못한다면 법인이 가지는 결사로서의 법적 의미가 없게 될 것이기 때문이다. 결사의 자유에는 결사활동의 자유가 포함됨은 물론이다. 자연권설의 입장에서는 인간의 천부인권이 기본권이라는 입장이므로 법인의 기본권주체를 인정하기 힘들지 않는가 하는 의문이 있다. 그러나 인간이 집단을 이루어 더불어 살고자 하는 군집성은 인간의 본성이기도 하다. 그 점에서 자연권론에서도 법인의 기본권주체성을 인정할 수 있게 된다. 이는 사단법인의 기본권주체성을 뒷받침하는 데 더 직접적인 논거가 된다. 출언된 재산을 요소로 하여 설립된 법인인 재단법인의 경우에는 헌법 제23조의 재산권규정에서도 헌법적 인정의 근거를 찾을 수 있다. 재단법인의 설립은 재산권의 행사를 위한 것이고 재단법인의 재산권행사가 실제 이루어지려면 재단법인이 재산권이라는 기본권주체로서 활동할 수 있어야 한다. 법인의 기능의 중요성을 오늘날 고려하면 보다 적극적으로 기본권주체성을 인정하려는 헌법해석의 노력을 하고 근본적으로 법인의 기본권을 너무 문리적으로만 해석하지 않는 유연함이 필요하다.

문제는 법인에게 인정되는 기본권에는 소극적 성격의 자유권만이 아니라 적극적인 성격의 청구권 등이 있는데 이에 대해서는 헌법적 근거가 약해지는 것이 사실이다. 주기본권규정인 헌법 제10조는 '인간으로서'라고 규정하고 있기 때문이다. 독일처럼 법인의 기본권주체성을 인정하는 헌법규정을 두는 것이 법인에게 적극적 기본권들을 인정함에 있어서 더욱 선명히 하게 한다.

결국 사법인의 기본권주체성을 인정할 것인바 중요한 것은 실질적으로 법인에게 어떠한 기본권들이 어느 정도의 범위에서 주어져야 할 것인가 하는 문제이다.

2. 기본권주체인 법인의 범위

(1) 사법인(私法人)

私法上의 법인은 기본권주체가 되고 공법상의 법인은 아래에서 보듯이 기본권주체성이 부정되는 경향이 강하다. 법인에도 사람들의 집단인 사단법인과 재화의 출연으로 이루어진 재단법인이 있는바 기본권주체인 사법인에는 사단법인, 재단법인 모두 포함된다. 그리고 사법인의 영리성 여부는 사법인으로서의 기본권주체로서 인정을 받는데 관계가 없고 영리적인 사법인이든 비영리적인 사법인이든 기본권을 누릴 수 있다. 헌법재판소도 "사단법인·재단법인 또는 영리법인·비영리법인을 가리지 아니하고 위 한계 내에서는 헌법상 보장된 기본권이 침해되었음을 이유로 헌법소원심판을 청구할 수 있다"라고 하여[1] 기본권주체인 법인의 범위를 넓게 인정하고 있다.

(2) 사적 외국법인

사적 외국법인(私的 外國法人)이 기본권의 주체가 되는지에 대해 우리 학설은 나뉘고 있다. 독일의 경우 부정적 견해가 많다. 우리나라의 부정설 중에는 상호주의에 따라 해결해야 하고 기본권주체성을 부정하더라도 법치주의와 법률유보에 의한 보호와 재판절차에서는 기본권의 주체성은 인정된다는 견해도 있다(계희열, 67면). 생각건대 외국법인의 경우 두 가지 제약이 따르게 된다. 그 하나는 자연인이 누릴 수 없는 기본권은 외국법인도 누릴 수 없다는 것인데 이는 국내 법인의 경우에도 마찬가지이다. 다른 하나는 외국인이 누릴 수 없는 기본권은 외국법인도 원칙적으로 누릴 수 없다고 볼 것이다. 그런데 대개의 경우 외국인에게도 기본권주체성이 인정되고 다만 그 제한이 강하게 이루어진다. 따라서 외국법인의 경우에도 그 제한이 강하게 이루어질 수 있다. 외국법인에 대해 영업의 자유, 재산권, 재판청구권 등의 기본권이 인정된다고 볼 것이다. 정치자금법은 외국법인의 정치자금 기부를 금지하고 있다(동법 제31조 1항).

(3) 국가(국가기관)·공법인(公法人)(공법인기관)의 기본권주체성 부인

국가나 공법상의 법인과 그 소속 기관은 원칙적으로 기본권주체가 될 수 없다고 보는 것이 일반적인 이론이다. 헌재도 같은 견해를 취한다. 따라서 국가(국가기관), 지방자치단체(지방자치단체기관)가 헌법소원심판을 청구할 수는 없고 청구한다면 각하결정(청구요건을 갖추지 못한 경우에 헌재가 내리는 결정)을 받게 된다.

1) 부인의 논거

국가나 공법인이 원칙적으로 기본권의 주체가 될 수 없는 것은, 첫째, 이들은 오히려 국민이 기본권을 제대로 누릴 수 있도록 기본권을 구현하는 법적 제도를 시행하고 기본권을 보장하기 위한 공권력행사를 담당하고 있기 때문이다. 즉 공법인들은 국민의 기본권행사를 보장하여야 하는 의무를 지닌 주체로서 기본권규범을 준수하고 국민의 기본권을 보다 충실히 보장하여야 할 책무를 지니는 것이다. 헌법재판소도 "국가나 국가기관 또는 국가조직의 일부나 공법인은 기본권의 '수범자(Adressat)'이지 기본권의 주체로서 그 '소지자(Träger)'가 아니고 오히려 국민의 기본권을 보호 내지 실현해야 할 '책임'과 '의무'를 지니고 있는 지위에 있을 뿐이다"라고 판시하여(헌재 1994.12.29. 93헌마120, 불기소처분취소, 판례집 6-2, 477) 같은 입장이다.[2]

둘째, 국가기관들이 가지는 것은 권리가 아니라 공권력 또는 권한이다. 예를 들어 국가가

1) 헌재 1991.6.3. 90헌마56, 영화법 제12조 등에 대한 헌법소원, 판례집 3, 295-296면.

2) 기본권규범의 수범자이지 기본권주체가 될 수 없다는 논거를 '혼동논거', '동일성논거'라고 한다. 자세한 것은, 계희열, 공법인의 기본권주체성, 구병삭박사 정년기념논문집, 1991, 박영사, 11면 이하 참조.

가지는 허가권은 허가할 권리가 아니라 허가할 수 있는 권한을 의미한다. 우리 헌법재판소가 "입법권은 헌법 제40조에 의하여 국가기관으로서의 국회에 속하는 것이고, 국회의원이 국회 내에서 행사하는 질의권·토론권 및 표결권 등은 입법권 등 공권력을 행사하는 국가기관인 국회의 구성원의 지위에 있는 국회의원에게 부여된 권한으로서 국회의원 개인에게 헌법이 보장하는 권리, 즉 기본권으로 인정된 것이라고 할 수는 없다"라고 판시한 것[1)]도 같은 취지라고 할 것이다.

2) 국가(국가기관)

국가도 하나의 공법인으로서 국가 자체와 그 소속 국가기관들은 기본권주체가 될 수 없다. 그동안 국가기관으로서 기본권의 주체가 될 수 없다고 하여 헌법소원심판청구를 할 수 없다고 본 헌재판례로는 국회의 상임위원회의 하나인 노동위원회가 행한 헌법소원심판 청구가 각하한 아래의 결정례가 있었다.

판례 헌재 1994.12.29. 93헌마120, 불기소처분취소, 판례집 6-2, 477면

[사건개요] 92년 국회노동위원회 국정감사에 증인으로 출석하라는 동 위원회 위원장의 요구를 받고도 출석하지 않은 사람에 대해 국회노동위원회가 국회에서의 증언·감정 등에 관한 법률 위반죄로 고발하였으나 검사가 혐의없음의 불기소처분을 하여 국회노동위원회가 검찰에 항고·재항고절차를 밟아 기각되자 위 불기소처분에 대해 국회노동위원회가 청구인이 되어 검사를 피청구인으로 하여 헌법소원을 제기한 것이다. [결정요지] 국가나 국가기관 또는 국가조직의 일부나 공법인은 기본권의 '수범자(Adressat)'이지 기본권의 주체로서 그 '소지자(Träger)'가 아니고 오히려 국민의 기본권을 보호 내지 실현해야 할 '책임'과 '의무'를 지니고 있는 지위에 있을 뿐이다. 그런데 청구인은 국회의 노동위원회로 그 일부조직인 상임위원회 가운데 하나에 해당하는 것으로 국가기관인 국회의 일부조직이므로 기본권의 주체가 될 수 없고 따라서 헌법소원을 제기할 수 있는 적격이 없다.

국회의원이 질의권, 토론권 등을 침해당하였다고 청구한 헌법소원심판사건에서 헌재는 질의권, 토론권 등은 국회의원의 권한인데 이의 침해를 주장하는 것은 기본권의 침해 주장이 아니라고 하여 청구를 각하한 아래의 결정례도 있었다.

판례 헌재 1995.2.23. 90헌마125, 입법권침해 등에 대한 헌법소원, 판례집 7-1, 238면

[사건개요] 1990. 7. 14. 의안처리행위가 이른바 '날치기' 통과였다고 주장하는 야당 국회의원들이 위 의안처리행위에 대해 이는 국회의원들인 자신들의 입법권(질의권, 토론권, 표결권 등)을 침해한 것이라고 주장하며 헌법소원을 청구한 것이다. [결정요지] 입법권은 헌법 제40조에 의하여 국가기관으로서의 국회에 속하는 것이고, 국회의원이 국회 내에서 행사하는 질의권·토론권 및 표결권 등은 입법권 등 공권력을 행사하는 국가기관인 국회의 구성원의 지위에 있는 국회의원에게 부여된 권한으로서 국회의원 개인에게 헌법이 보장하는 권리, 즉 기본권으로 인정된 것이라고 할 수는 없다. 그러므로 국회의 구성원인 지위에서 공권력작용의 주체가 되어 오히려 국민의 기본권을 보호 내지 실현할 책임과 의무를 지는 국회의원이 국회의 의안처리과정에서 위와 같은 권한을 침해당하였다고 하더라도 이는 헌법재판소법

1) 헌재 1995.2.23. 90헌마125, 판례집 7-1, 238면.

제68조 제1항에서 말하는 "기본권의 침해"에는 해당하지 않으므로, 이러한 경우 국회의원은 개인의 권리구제수단인 헌법소원을 청구할 수 없다.

3) 지방자치단체(지방자치단체기관)

지방자치단체도 하나의 공법인(公法人)이다(지방자치법 제3조 1항). 따라서 기본권의 주체가 아니다. 그 소속 기관인 지방자치단체장도 자신의 사무 내지 임무와 관련하여 공권력 행사자로서의 지위에 있는 것이고 기본권의 주체의 지위에 있는 것은 아니라는 것이 헌법재판소의 기본입장이다. 따라서 이들은 업무와 관련한 사안으로 기본권보장수단인 헌법소원심판을 청구할 수는 없다.

i) 지방자치단체장이 헌법소원심판을 청구하여 각하된 판례로는 행정청은 행정소송을 제기하지 못하도록 한 것이 자치권의 침해라고 하여 지방자치단체장이 제기한 헌법소원사건에서 내려진 각하결정인 아래의 결정이 있었다.

판례 헌재 1997.12.24. 96헌마365, 행정심판법 제37조 제1항 위헌확인

[결정이유요지] 공권력의 행사자인 국가나 국가기관 또는 국가조직의 일부나 공법인이나 그 기관은 기본권의 "수범자"이지 기본권의 주체가 아니고 오히려 국민의 기본권을 보호내지 실현해야할 '책임'과 '의무'를 지니고 있을 뿐이다. 따라서 지방자치단체나 그 기관인 지방자치단체의 장은 기본권의 주체가 아니며 이 사건 심판청구인인 제주도의 장인 청구인은 헌법소원 청구인으로서의 적격이 없다고 할 것이므로 이 사건 심판청구는 부적법하다. 각하한다.

ii) 지방의회도 지방자치단체의 소속 기관으로서 기본권주체가 아니다. 지방의회가 헌법소원심판을 청구하여 각하된 판례로는 총정원을 초과하여 사무직원을 증원하기 위해서는 내무부(현재 행정안전부)장관의 사전승인을 받게 한 규정이 지방의회의 자치입법권을 제한한다고 하여 어느 지방의회가 제기한 헌법소원사건이 있다. 아래의 결정이 그것이다.

판례 헌재 1998.3.26. 96헌마345, 지방자치단체의행정기구와정원기준등에관한규정 제14조 제1항 등 위헌확인

[결정요지] 국가나 국가기관 또는 국가조직의 일부나 공법인은 기본권의 '수범자(受範者)'이지 기본권의 주체로서 그 '소지자'가 아니고 오히려 국민의 기본권을 보호 내지 실현해야 할 책임과 의무를 지니고 있는 지위에 있을 뿐이므로, 공법인인 지방자치단체의 의결기관인 청구인 의회는 기본권의 주체가 될 수 없고 따라서 헌법소원을 제기할 수 있는 적격이 없다.

4) 그 외 공법인(公法人)

(가) 公法人으로서의 성격을 가지는 단체

법률상 명시적으로 공법인으로 지정되어 있는 단체는 기본권주체가 될 수 없는 것은 물론인데 법률상 공법인으로 직접 명시되어 있지 않더라도 법해석 등을 통하여 그 단체가 성격상 공법인이라고 판단될 때에도 그 단체의 기본권주체성을 인정할 수 없다. 이처럼 법률에 명시

되지 않은 경우에 공법인성을 가지는지 여부를 판단하는 기준이 문제된다. 주로 그 설립과 존속이 강제되거나 활동이 공익을 위한 단체일 때 공법인성이 인정된다고 할 것이다. 헌재는 농지개량조합에 대해 사법인적 성격도 없지 않으나, 존립목적, 조직과 재산의 형성 및 그 활동전반에 나타나는 매우 짙은 공적인 성격을 고려하여 공익적 목적을 위하여 설립되어 활동하는 公法人이라고 보아 기본권주체성을 부정한 바 있다.

판례 헌재 2000.11.30. 99헌마190, 농업기반공사 및 농지관리기금법 위헌확인, 판례집 12-2, 325면
[쟁점] 농지개량조합을 해산하여 신설되는 농업기반공사에 합병하도록 한 농업기반공사 및 농지관리기금법(1999. 2. 5. 법률 제5759호)의 규정들에 대해 경기도 양평의 농지개량조합이 결사의 자유 등 기본권을 침해하였다는 주장의 헌법소원심판을 청구하였다. [관련판시요약] 농지개량조합(이하 "농조"라 함)의 법적 성격에 의하면, 농조는 그 설립 자체가 강제되지는 않는다는 점 등 사법인적 성격도 없지 않으나, 농조는 구역내 농지소유자의 가입이 강제되는 점(농지개량조합법 제9조 제1항, 제18조 제1항, 제3항), 농조의 기본재산은 조합원들의 출자에 의하여 형성되는 것이 아니라 국가·시방자치단체 또는 농업진흥공사가 설치한 농업생산기반시설을 그대로 인수하여 보유하게 되는 점(동법 제16조), … 농조의 주요사업인 농업생산기반시설의 정비·유지·관리는 조합원들의 권익을 위한 것만이 아니고 수해의 방지 및 수자원의 적정한 관리 등 일반국민들에게도 그 영향을 직접 미치는 고도의 공익성을 띠고 있는 점 등 농조의 존립목적, 조직과 재산의 형성 및 그 활동전반에 나타나는 매우 짙은 공적인 성격을 고려하건대, 이를 공익적 목적을 위하여 설립되어 활동하는 公法人이라고 봄이 상당하다. 따라서 양평 농조의 청구는 헌법소원의 청구인적격을 갖추었다고 보기 어렵다.

직장의료보험조합은 공법인으로서 기본권의 주체가 될 수 없다고[1] 설시한 바 있다.

(나) **특수법인**(공·사법성 겸유의 법인) **등의 기본권주체성 인정**

공법적 성격뿐 아니라 사법적 성격도 아울러 가지는 법인이나 단체의 경우에는 기본권주체성이 인정된다고 본다.

① 헌재는 축산업협동조합에 대해 공·사법성을 겸유한 법인으로 보아 기본권주체성을 인정한 바 있다.

판례 헌재 2000.6.1. 99헌마553, 농업협동조합법 위헌확인, 판례집 12-1, 687면, 706-709면
[판시] 축협중앙회는 지역별·업종별 축협과 비교할 때, 회원의 임의탈퇴나 임의해산이 불가능한 점 등 그 공법인성이 상대적으로 크다고 할 것이지만, 이로써 공법인이라고 단정할 수는 없을 것이고, 이 역시 그 존립목적 및 설립형식에서의 자주적 성격에 비추어 사법인적 성격을 부인할 수 없으므로, 축협중앙회는 공법인성과 사법인성을 겸유한 특수한 법인으로서 기본권의 주체가 될 수 있다.

② 헌재는 학교안전법상 공제회는 공법인적 성격과 사법인적 성격을 겸유하고 있다고 보아 공법인적인 성격이 있더라도 사경제주체로서 활동하는 등의 경우라 기본권주체성이 인정된다고(공법인의 사경제주체활동자로서의 기본권주체성인정에 대해서는 후술 참조) 본다.

1) 헌재 2000.6.29. 99헌마289, 판례집 12-1, 934면.

판례 헌재 2015.7.30. 2014헌가7

[판시] 공제회는 이처럼 공법인적 성격과 사법인적 성격을 겸유하고 있는데, 공제회가 일부 공법인적 성격을 갖고 있다고 하더라도 공무를 수행하거나 고권적 행위를 하는 경우가 아닌 사경제주체로서 활동하는 경우나 조직법상 국가로부터 독립한 고유 업무를 수행하는 경우, 그리고 다른 공권력 주체와의 관계에서 지배복종관계가 성립되어 일반 사인처럼 그 지배하에 있는 경우 등에는 기본권 주체가 될 수 있다.

③ 헌재는 또 공사혼합기업, 그 예로서 국가가 대주주로 참여한 한국전력공사도 계약의 자유, 경영의 자유 등의 기본권주체가 될 수 있다고 본다.

판례 헌재 2005.2.24. 2001헌바71

이 결정은 5인의 위헌의견 결정이었으나 6인 위헌의견에 이르지 못하여 합헌결정이 된 것이었고 4인 합헌의견이 법정의견이 된 결정이었다. 공사혼합기업이 기본권주체가 된다는 점에서는 법정의견이나 위헌의견이나 다를 바 없었다. [판시] 1. 법정의견 – 막대한 경제적 손실을 감수하더라도 안정적인 전기의 공급을 위하여 발전시설 및 전기공급시설에 지속적으로 설비투자를 할 수 있는 국가나 국가의 하부조직 또는 적어도 국가가 그 지분의 과반수 이상을 확보함으로써 그 소유와 경영의 상당한 부분을 책임지는 청구인과 같은 공사혼합기업 … 2. 5인 위헌의견 – 청구인은 전기의 공급이라는 생존배려적 공적과제를 수행하는 법인(한국전력공사법 제2조)이지만 주식회사에 관한 상법규정이 적용되는 주식회사로서(동법 제19조) 주식의 49%까지 민간투자가 가능한(동법 제4조) 공사혼합기업이며 … 전력의 안정적 수급이라는 공적 과제의 수행이 경쟁과 창의를 통하여 효과적으로 개선·확대되고 이윤이 증진되어, 담당기관의 경영의 합리화가 이루어지도록 하기 위하여 법은 청구인을 주식회사의 형태로 조직·운영하고 전력의 수급이라는 공적 과제의 수행을 행정의 방식이 아닌 영업의 방식에 의하도록 규정한 것이라고 보아야 한다. 그렇다면 전기간선시설의 설치 자체는 청구인의 의무로서 공적 과제에 속하지만 그 의무의 수행방식과 비용의 부담문제를 결정하는 것은 청구인의 영업에 속하고 이 부분은 더 이상 순수한 공적 과제라고만 말할 수 없다. 이렇게 보는 것이 청구인을 주식회사의 형태로 조직하여 영업을 하도록 규정한 법의 취지에 부합하고 나아가 청구인에게 출자한 민간주주들의 이익도 함께 보호·대변하여야 하는 청구인의 기능에 부합한다. 그러므로 청구인은 전기간선시설의 설치방식과 비용부담방식 등을 결정하는 문제에 관하여 영업의 자유와 그 전제로서의 계약의 자유 및 재산권 등을 가져야 하고 그 범위 내에서 기본권의 주체가 된다고 할 것이다.

5) 유의

(가) 위헌소원심판의 청구가능성

지방자치단체 소속 기관이 기본권주체가 아니므로 기본권구제를 위한 본래의미의 헌법소원은 청구할 수 없으나 위헌법률심판을 위한 이른바 '위헌소원(헌법재판소법 제68조 제2항에 의한 헌법소원)은 청구할 수 있음에 유의하여야 한다. 즉 지방의회를 대상으로 지방자치단체장이 대법원에 기관소송을 제기하고 그 기관소송에서 적용될 법률이 헌법에 위반되는지 여부에 대해 헌법재판소에 심판을 제청해줄 것을 법원에 지방의회나 지방자치단체장이 신청할 수 있는데 이 신청에 대해 대법원이 기각한 경우에 헌재법 제68조 제2항에 의한 위헌소원심판을 청구할 수 있다.
* 그러한 예로, 헌재 1998.4.30. 96헌바62. 이 결정에 대해서는 앞의 제도적 보장 부분 참조.

(나) 공법상 단체, 공법인도 향유하는 기본권이 인정된 예

헌재는 결정 당시 공법상 영조물이라고 보는 서울대학교가, 그리고 공법인인 국립 세무대학이 대학의 자율권이라는 기본권을 누린다고 보았다(헌재 1992.10.1. 92헌마68; 헌재 2001.2.22. 99헌마613. 이에 대해서는 후술).

6) 국가와 공법인의 기본권주체성 부인에 대한 검토 - 예외적 인정 문제

다음과 같은 점들이 고려되어야 한다.

i) 모든 공적 기관들에 대한 기본권주체성을 전면적으로 부인할 것은 아니다. 국가기관, 공법인기관, 공공단체 중에는 그 임무와 활동의 특수성으로 인해 기본권을 향유할 수 있는 것들도 있다. 예를 들어 국·공립대학교, 국·공영방송사, 국책은행 등에 대해서는 그 기관들의 고유한 목적과 기능의 수행에 관한 기본권들을 누릴 수 있는 주체임을 인정하는 경향이다(이 기관들이 공법인인지보다 공법상 설립된 기관이란 점에서 공법인의 문제로 넓게 보아 여기에서 다룬다). 국·공영방송사와 같이 언론의 자유를 실현하는 국가기관에 대해서는 언론표현의 자유의 주체성을 인정할 수 있다. 헌재는 언론기관인 방송공사의 기본권주체성을 인정한 바 있다. 대학이 국·공립인 경우에도 학문의 자유와 대학의 자유가 인정된다. 대학, 공영언론기관 등의 기본권주체성에 대해서는 별도로 서술한다(후술 V. 참조). 또한 국영이나 공영의 기업도 공익성의 추구에 따른 제한을 많이 받긴 하나 효율적 활동을 위한 기업과 경영의 자유 및 계약의 자유 등이 인정된다. 한편 언론중재 및 피해구제에 관한 법률 제14조 제3항은 국가·지방자치단체, 기관 또는 단체의 장은 당해 업무에 대하여 그 기관 또는 단체를 대표하여 정정보도를 청구할 수 있도록 하고 있는데 이에 대해서는 논란이 없지 않다.

ii) 사실 국가나 지방자치단체는 재산권을 소유할 수 있다(국유재산, 공유재산). 재산권은 헌법상의 기본권이고 그렇다면 재산권이라는 기본권에 관해서는 국가나 공법인도 기본권주체가 될 수 있다고 볼 것인가 하는 문제가 제기된다. 특히 우리 헌법재판소의 판례는 국가나 지방자치단체의 재산(구법상의 분류로 행정재산, 보존재산, 잡종재산) 중 잡종재산은 私法上의 거래대상이 된다고 보므로(국유의 잡종재산은 사경제적 거래대상이고 그 처분·보존 등 행위는 사법(私法)상의 행위인데도 국유의 잡종재산에 대해서는 시효취득을 금지한 것은 합리적 근거없이 국가만을 우대하는 불평등한 규정으로서 평등의 원칙, 사유재산권 규정 등에 위반된다는 헌재의 결정이 있었다(헌재 1991.5.13. 89헌가97)) 잡종재산의 관계에 있어서는 사인과 같은 지위를 가진다고 본 것이었다(현재는 잡종재산이라는 분류가 없어졌다). 결국 예외적으로 국가나 지방자치단체도 재산권 등에 있어서는 기본권주체가 될 수 있는 경우가 있다고 볼 것이다. 그러나 헌재는 지방자치단체가 자신의 재산권이 침해되었다고 하여 헌법소원심판을 청구한 경우에 공법인은 기본권주체가 될 수 없기에 그 침해주장에 대해 살피지 않는다는 입장이다. 농지개량시설이 설치자로부터 농지개량조합에 이관된 경우 소유권을 비롯

하여 농지개량시설의 설치에 관하여 발생한 지방자치단체의 권리의무 역시 농지개량조합에 포괄승계되도록 하는 구 농촌근대화촉진법(1995. 12. 29. 법률 제5077호로 폐지되기 전의 것) 제16조가 지방자치단체의 재산권을 침해한다고 하여 어느 지방자치단체가 위 법조항에 대해 위헌소원심판을 청구한 사건에서 "이 사건 법률조항이 지방자치단체의 재산권을 침해하는지 여부가 문제된다. 먼저 지방자치단체가 기본권의 주체가 될 수 있는지 여부를 살펴보면, … 공권력의 행사자인 국가, 지방자치단체나 그 기관 또는 국가조직의 일부나 공법인은 기본권의 "수범자"이지 기본권의 주체가 아니고 오히려 국민의 기본권을 보호 내지 실현해야 할 '책임'과 '의무'를 지니고 있을 뿐이다. 그렇다면 이 사건에서 지방자치단체인 청구인은 기본권의 주체가 될 수 없고, 따라서 청구인의 재산권 침해 여부는 더 나아가 살펴볼 필요가 없다"라고 판시한 바 있다(헌재 2006.3.23. 2004헌바50, 공보 113호, 328면). 그렇다면 지방자치단체가 가지는 공유재산 등에 대한 소유권을 어떻게 설명하여야 할 것인지 의문이다. 이 판시는 지방자치단체가 가지는 재산은 기본권대상으로서의 재산이 아니란 의미인지, 공유재산권은 그렇다면 기본권으로서의 권리가 아니라 특수한 권리라고 보아야 한다는 의미인지 의문이 있다. 당시의 구법상 공유재산에는 행정재산, 보존재산, 잡종재산이 있었다. 행정재산이나 보존재산의 경우에는 그 대부, 매각 등이 금지되는 제한을 받고 있었으므로 기본권으로서의 재산권으로 보기 힘들다고 하더라도 잡종재산의 경우에는 사적인 거래 대상이었다[위 헌재결정 이후 현행 국유재산법과 '공유재산 및 물품관리법'은 "국(공)유재산은 그 용도에 따라 행정재산과 일반재산으로 구분한다"라고 규정하고 있고 "행정재산의 종류는 공용재산, 공공용재산, 기업용재산, 보존용재산으로, "일반재산"이란 행정재산 외의 모든 국(공)유재산을 말한다고 규정하고 있음(국유재산법 제6조, '공유재산 및 물품관리법' 제5조). 일반재산은 과거 잡종재산처럼 대부·매각·교환 등을 할 수 있다]. 예를 들어 지방자치단체가 가지는 잡종재산을 매입하는 사인은 기본권인 재산권의 대상으로서 그 잡종재산을 보유하게 되는 반면에 잡종재산을 매각하는 지방자치단체는 기본권이 아닌 권리로서의 잡종재산권을 가졌던 것이었다. 이는 하나의 재산권 객체가 그 소유주체에 따라 비기본권의 대상 또는 기본권의 대상이 되기도 한다는 것을 뜻하게 되어버린 것이었다. 국가나 지방자치단체의 재산권에 대해서는 앞으로 정리가 필요한 부분이다.

iii) 국가나 지방자치단체도 계약의 당사자로서 행위하는 경우가 있고 계약의 자유도 누릴 수 있을 것이다. 현재 '국가를 당사자로 하는 계약에 관한 법률'이 있는데 이 법률은 국제입찰에 의한 정부조달계약, 국가가 대한민국 국민을 계약상대자로 하여 체결하는 계약 등 국가를 당사자로 하는 계약에 대하여 적용한다(동법 제2조).

iv) 재판청구권을 보면, 국가나 지방자치단체가 현재 헌법소원을 청구할 수 없다는 것이 헌법재판소의 입장이나 국가기관과 지방자치단체는 권한쟁의심판을 청구할 수 있고 국가나 지방자치단체도 국고작용과 관련하여 민사소송 등을 제기할 수 있다. 현재 '국가를 당사자로 하는 소송에 관한 법률'이 있다.

7) 공법인의 기본권주체성 인정의 경우

공법인의 경우 위에서 그 기본권주체성의 부정에 대한 검토를 이미 하였지만 근간에 헌재는 사경제 주체로서 활동을 하는 경우 등에 긍정하는 판례를 보여주고 있다.

(가) 판례의 긍정 - 사경제(私經濟)주체 등의 공법인의 주체성 긍정

헌재는 "공법인이나 이에 준하는 지위를 가진 자라 하더라도 공무를 수행하거나 고권적 행위를 하는 경우가 아닌 사경제 주체로서 활동하는 경우나 조직법상 국가로부터 독립한 고유 업무를 수행하는 경우, 그리고 다른 공권력 주체와의 관계에서 지배복종관계가 성립되어 일반 사인처럼 그 지배하에 있는 경우 등에는 기본권 주체가 될 수 있다. 이러한 경우에는 이들이 기본권을 보호해야 하는 국가적 기능을 담당하고 있다고 볼 수 없기 때문"이라고 본다. 이 판시는 공법상 재단법인인 방송문화진흥회가 최다출자를 하여 설립된 방송사업자(문화방송사)가 청구한 헌법소원심판의 결정에서 보인 바 있고 그 결정에서 그리하여 문화방송사의 기본권주체성을 인정하였다. 그 사안을 보면, 한국방송광고공사와 이로부터 출자를 받은 회사가 아니면 지상파방송사업자에 대해 방송광고 판매대행을 할 수 없도록 규정하였던 구 방송법 규정 등에 대해 헌재가 헌법불합치결정을 한 뒤 2012년 말에 '방송광고판매대행 등에 관한 법률'이 제정되었고 이 법률은 이전의 독점제를 없애어 방송광고 판매 대행업에 허가제를 도입함으로써 복수의 방송광고 판매 대행업체가 존재할 수 있게 하였다. 그러나 동법은 방송문화진흥회가 최다출자자인 방송사업자(문화방송사) 등의 경우 구 한국방송광고공사의 후신인 한국방송광고진흥공사가 위탁하는 방송광고에 한하여 방송광고를 할 수 있도록 하여 문화방송사가 헌법소원심판을 청구한 것이다. 본안판단에서 헌재는 과잉금지원칙을 준수하였다고 하여 합헌으로 판단하였는데 여하튼 공법인, 공법인에 준하는 단체의 기본권주체성을 인정하는 판시를 하게 된 것에 이 결정의 의의가 있다고 할 것이다. 이처럼 이 사안은 방송이라는 언론의 자유에 관한 것이었는데 학설상으로는 언론활동에 관해서는 이전부터 기본권적 활동으로 보호되어야 한다는 견해가 있어 왔다.

판례 헌재 2013.9.26. 2012헌마271, 공보 204호, 1400면

[결정요지] 다만 공법인이나 이에 준하는 지위를 가진 자라 하더라도 공무를 수행하거나 고권적 행위를 하는 경우가 아닌 사경제 주체로서 활동하는 경우나 조직법상 국가로부터 독립한 고유 업무를 수행하는 경우, 그리고 다른 공권력 주체와의 관계에서 지배복종관계가 성립되어 일반 사인처럼 그 지배하에 있는 경우 등에는 기본권 주체가 될 수 있다. 이러한 경우에는 이들이 기본권을 보호해야 하는 국가적 기능을 담당하고 있다고 볼 수 없기 때문이다. 청구인의 경우 공법상 재단법인인 방송문화진흥회가 최다출자자인 방송사업자로서 방송법 등 관련규정에 의하여 공법상의 의무를 부담하고 있지만, 상법에 의하여 설립된 주식회사로 설립목적은 언론의 자유의 핵심 영역인 방송사업이므로 이러한 업무 수행과 관련하여 당연히 기본권 주체가 될 수 있고, 그 운영을 광고수익에 전적으로 의존하고 있는 만큼 이를

위해 사경제 주체로서 활동하는 경우에도 기본권 주체가 될 수 있는바, 이 사건 심판청구는 청구인이 그 운영을 위한 영업활동의 일환으로 방송광고를 판매하는 지위에서 그 제한과 관련하여 이루어진 것이므로 그 기본권 주체성을 인정할 수 있다.

* 동지의 판시가 있었던 결정례 : 학교안전법 사건, 헌재 2015.7.30. 2014헌가7 [결정요지] (학교안전)공제회는 이처럼 공법인적 성격과 사법인적 성격을 겸유하고 있는데, 공제회가 일부 공법인적 성격을 갖고 있다고 하더라도 공무를 수행하거나 고권적 행위를 하는 경우가 아닌 사경제주체로서 활동하는 경우나 조직법상 국가로부터 독립한 고유 업무를 수행하는 경우, 그리고 다른 공권력 주체와의 관계에서 지배복종관계가 성립되어 일반 사인처럼 그 지배하에 있는 경우 등에는 기본권 주체가 될 수 있다.

* 판례분석 : 위 문화방송 사건의 경우에 굳이 지배복종관계 경우까지 언급할 필요도 없었다. 그냥 광고판매라는 영업활동은 사경제작용이라고 하고 그래서 기본권주체가 된다고 하였어도 충분하다. 명쾌한 판결이 아쉽다. 학교안전법 공제회 사건의 판시에 대해서는 공법인적 성격과 사법인적 성격을 겸하고 있을 때 기본권주체성 판단에 있어서 위에서 축협 사건 결정에서 본 바 있지만 공법인의 사경제적 활동을 전제로 인정한 것은 아니었다는 점에서 그렇게 공법인적 성격에 대해 사경제활동성 등을 요건으로 든 것은 일관성이 없다. 사실 공법인적 성격 부분에서 사경제적 활동이 있는 사안이라면 굳이 공사법인 겸유성을 운위할 필요조차 없었다.

(나) 검토

사경제적 작용에서 공법인의 기본권주체성을 인정하는 것은 뒤에서 살펴보는 대로 공행정작용 중에 비권력적 작용이나 국고작용(사법(私法))이 적용되는 작용에 대해서는 기본권의 효력이 미친다고 보고(후술 기본권의 효력 부분 참조) 사경제작용이 사인 간 작용일 수 있는데 현재 기본권의 사인 간 효력을 인정하고 있으므로 문제가 없다. 다만, 헌재가 공법인이 기본권주체가 될 수 있는 경우로 사경제 주체로서 활동하는 경우 외에 들고 있는 “조직법상 국가로부터 독립한 고유 업무를 수행하는 경우, 그리고 다른 공권력 주체와의 관계에서 지배복종관계가 성립되어 일반 사인처럼 그 지배하에 있는 경우”라는 판시는 검토를 요한다. 독립한 고유 업무를 수행하는 공법인이라도 기본권을 누릴 수 없고 기본권행사를 위해 봉사할 의무를 지는 경우가 있다. 바로 지방자치단체의 경우이다. 아마도 이 판시는 국립교육기관이나 공영 방송사 등을 염두에 둔 것이지만 적절하지 못하다. 또 지배복종관계도 기본권이 국가에 대하여 국민(사인)이 요구할 수 있는 힘을 의미하는데 국민이 지배당하는 관계라고 전제하는 것이라면 적절치 못하다. 그냥 일반 사인으로서 지위를 가지는 경우라고 하면 충분하다.

3. 권리능력(법인격) 없는 사단, 재단

(1) 개념

실질적으로 사단, 재단이라고 할 수 있으나 법인으로 허가를 받지 않거나 설립 중에 있어 권리능력, 법인격없는 사단, 재단(비법인 사단, 재단)인 사적 단체라도 대표자를 두고 일정한 사회적 활동을 하고 있는 경우에는 기본권의 주체로서의 지위가 인정된다. 법인 아닌 사단으로 종중, 교회가 대표적이라고 하고 대법원판례가 인정한 예로 자연부락, 주택조합, 신도회, 회사 채권자들로 구성된 청산위원회 등이 있고 법인 아닌 재단의 예로 육영회(장학재단)가 있다고 한다.[1)]

(2) 판례의 인정기준

헌재도 이를 인정하는데 다음과 같은 기준을 설정하고 있다.

① **헌재기준 2가지 조건** 헌재는 "법인 아닌 사단·재단이라고 하더라도 ⓐ 대표자의 정함이 있고 ⓑ 독립된 사회적 조직체로서 활동하는 때에는 성질상 법인이 누릴 수 있는 기본권을 침해당하게 되면 그의 이름으로 헌법소원심판을 청구할 수 있다"라고(헌재 1991.6.3. 90헌마56) 한다.

② **실제례** ⓐ 헌재가 권리능력 없는 사단으로서 기본권주체성을 인정한 단체의 예로 한국신문편집인협회를 들 수 있다.

판례 헌재 1995.7.21. 92헌마177, 판례집 7-2, 118면

[판시] 청구인협회(한국신문편집인협회)는 언론인들의 협동단체로서 법인격은 없으나, 대표자와 총회가 있고, 단체의 명칭, 대표의 방법, 총회 운영, 재산의 관리 기타 단체의 중요한 사항이 회칙으로 규정되어 있는 등 사단으로서의 실체를 가지고 있으므로 권리능력 없는 사단이라고 할 것이고, 따라서 기본권의 성질상 자연인에게만 인정될 수 있는 기본권이 아닌 한 기본권의 주체가 될 수 있으며, 헌법상의 기본권을 향유하는 범위 내에서는 헌법소원심판청구능력도 있다고 할 것이다. * 그런데 청구인협회의 심판청구는 헌법소원의 다른 요건(자기관련성 요건)을 갖추지 못하여 결국 부적법하다고 각하되었고 편집국장의 청구에 대해서 본안판단하였는데 기각결정이 되었다.

ⓑ 등록이 취소된 정당에 대해 이후에도 '등록정당'에 준하는 '권리능력 없는 사단'으로서의 실질을 유지하고 있다고 볼 수 있어 헌법소원의 청구인능력을 인정한 예(헌재 2006.3.30. 2004헌마246)가 있다.

4. 사법인의 기본권향유의 범위

(1) 범위설정의 기준

1) 성질설(기본권중심설)

각 기본권별로 그 성질이 법인에게도 그 향유의 가능성이 인정되는 기본권인지를 판단하여 사법인의 기본권향유의 범위를 설정하자는 이론이다. 예를 들어 인간의 내심의 자유는 법인에게 인정되지 않는다는 입장을 들 수 있다(김철수). 독일기본법 제19조 제3항은 기본권은 그 성질이 허용하는 한 국내법인들에도 마찬가지로 적용된다고 규정하여 성질설을 취하고 있다.

1) 송덕수, 민법강의(상), 박영사, 2004, 333, 337면 참조.

2) 법인중심설(법인기준설)

법인의 설립목적, 사회적, 공적 기능, 활동 형태 등을 고려하여 관련되는 기본권을 법인이 누리는 기본권으로 보자는 이론이다.

3) 판례

우리 헌법재판소는 "우리 헌법은 법인의 기본권향유능력을 인정하는 명문의 규정을 두고 있지 않지만, 본래 자연인에게 적용되는 기본권규정이라도 언론·출판의 자유, 재산권의 보장 등과 같이 성질상 법인이 누릴 수 있는 기본권을 당연히 법인에게도 적용하여야 할 것으로 본다"라고 판시하여[1] 성질설을 취하고 있다.

4) 평가와 사견

성질설은 일반적으로 법인이 누릴 수 있는 기본권이 무엇인가를 판단하는 기준을 제시하는 것이고 법인중심설은 법인이 누릴 수 있는 이러한 기본권들 중에 어느 특정 법인이 자신의 설립목적, 기능 등에 비추어 볼 때 어떠한 기본권을 누릴 수 있는가 하는 개별적 법인별 기본권의 범위를 찾기 위한 이론으로 보인다. 따라서 양설이 대립관계에 있는 것이 아니다. 성질설에 따라 일반적으로 법인이 누릴 수 있는 기본권들이 나타나고 그 기본권들 중에 특정 법인이 개별적으로 가지는 기본권들이 법인중심적 기준에서 찾아지게 된다. 예를 들어 일반적으로 법인은 그 성질상, 직업의 자유, 언론·출판의 자유, 재산권, 학문의 자유 등을 가진다고 했을 때 그러한 기본권들 중에 A라는 특정 법인은 그 설립목적이나 기능에 비추어 재산권, 직업의 자유를 가진다고 보는 것이다. 양 기준은 병존적이고 전자는 후자를 포괄할 수 있는 것으로 볼 수 있다. 결국 성질상 법인에게도 인정될 기본권들로서 법인의 설립목적, 기능, 활동 형태에 따라 각 개별 법인들에게 인정되는 기본권들이 찾아질 수 있을 것이다. 여하튼 아래에서는 법인이 누릴 수 있는 기본권들에는 어떠한 것들이 있는지를 살펴보기에 성질설에 따라 파악하게 된다. 성질설에 따른 파악을 함에 있어서 각 기본권의 개념을 어떻게 보고 그 보호범위를 어떻게 잡느냐에 따라 법인에게도 인정될 수 있는 기본권의 범위가 달라질 수 있다. 예를 들어 거주의 개념을 인간이 머물러 생활하는 것만을 의미할 것인지 아니면 단체의 활동이 이루어지는 것도 포함할 것인지에 따라 법인에 대한 거주·이전의 자유 인정 여부가 달라질 것이다. 결국 성질·개념범위설에 따라 파악된다.

---

1) 헌재 1991.6.3. 90헌마56, 판례집 3, 295면; 방송사업자에게 사과방송을 명할 수 있도록 한 사건, 헌재 2012.8.23. 2009헌가27.

(2) 사법인, 권리능력없는 단체의 기본권범위

1) 인정되지 않는 기본권

(가) 준거 - 성질설

인간만이 가질 수 있는 육체, 심성 등에 관련되는 기본권들은 성질상 자연인만이 누릴 수 있고 법인은 누릴 수 없다.

(나) 개별검토

① 생명권, 신체안전의 기본권 법인이나 단체에는 생명과 육체가 없으므로 생명권, 신체의 자유, 신체 안전의 기본권이 인정되지 않는다. 헌재도 생명·신체의 안전에 관한 기본권은 정당과 같은 권리능력없는 단체가 누릴 수 없다고 본다.

판례 헌재 2008.12.26. 2008헌마419, 기각결정

[관련판시] 청구인 진보신당은 국민의 정치적 의사형성에 참여하기 위한 조직으로 성격상 권리능력 없는 단체에 속하지만, 구성원과는 독립하여 그 자체로서 기본권의 주체가 될 수 있고, 그 조직 자체의 기본권이 직접 침해당한 경우 자신의 이름으로 헌법소원심판을 청구할 수 있으나, 이 사건에서 침해된다고 하여 주장되는 기본권은 생명·신체의 안전에 관한 것으로서 성질상 자연인에게만 인정되는 것이므로, 이와 관련하여 청구인 진보신당과 같은 권리능력 없는 단체는 위와 같은 기본권의 행사에 있어 그 주체가 될 수 없고, 또한 청구인 진보신당이 그 정당원이나 일반 국민의 기본권이 침해됨을 이유로 이들을 위하거나 이들을 대신하여 헌법소원심판을 청구하는 것은 원칙적으로 허용되지 아니하므로, 이 사건에 있어 청구인 진보신당은 청구인능력이 인정되지 아니한다.

② 인간으로서의 존엄과 가치 인간으로서의 존엄과 가치는 인간이어야 누릴 수 있는 것이므로 법인에게 인정될 수 없다는 견해가 지배적이고 헌재의 판례도 그러하다(아래 결정례). 그러나 인간의 존엄과 가치에서 나오는 명예권 등 인격권에 대해서는 긍정적인 헌재판례가 있는 등 아래에서 보듯이 검토할 점이 있다.

판례 헌재 2006.12.28. 2004헌바67

[쟁점, 청구인주장] 사립학교의 설립·경영자들은 교원노조와 개별적으로 단체교섭을 할 수 없고 반드시 연합하여 단체교섭에 응하도록 규정한 '교원의 노동조합설립 및 운영 등에 관한 법률' 제6조 제1항 후문이 사립학교의 설립·경영자들은 개별적인 단체교섭을 할 수 없고 반드시 연합하여 단체교섭에 응하여야 함으로써 귀책사유 없이 다른 사정으로 사립학교 설립·경영자들 사이에 연합이 이루어지지 않을 경우에도 부당노동행위로 판단받게 되어 관련법령에 따라 형사책임까지 부담해야 하므로 청구인들의 존엄성 및 행복추구권을 침해한다. [판시] 이 사건 법률조항에 의하여 제한되는 기본권 (가) 청구인들은 학교법인이다. 법인격이 있는 사법상의 사단이나 재단은 성질상 기본권주체가 될 수 있는 범위에서 청구인능력을 가진다. 그런데 헌법 제10조의 인간으로서의 존엄과 가치, 행복을 추구할 권리는 그 성질상 자연인에게 인정되는 기본권이라고 할 것이어서, 법인인 청구인들에게는 적용되지 않는다고 할 것이다. 이 사건의 심사기준으로서는, 첫째 이 사건 법률조항이 과잉금지원칙에 위반하여 청구인들과 같은 학교법인의 결사의 자유를 침해하는지 여부와, 둘째 이 사건 법률조항이 청구인들과 같은 학교법인의 평등권을 침해하는지 여부라고 할 것이다(합헌결정).

* 분석 : 헌재의 위와 같은 판시는 청구인이 존엄성 및 행복추구권을 침해한다는 주장을 한 데 대해 판단한 결과이고 결국 본안에서 사립학교 법인의 결사의 자유, 평등권 침해 여부를 두고 본안판단에 들어갔고 합헌결정이 났다.

③ **행복추구권** 법인이나 단체가 행복추구권을 누릴 수 있는지에 대해서는 긍정론, 부정론이 있으나 헌재 판례는 부정설을 취하고 있다.[1)]

판례 헌재 2010.7.29. 2009헌바40

([쟁점, 청구인주장] 이 사건 법률조항 및 동법 시행령 제7조 제1항에 의하면, 식품비를 제외한 학교급식시설 설치·유지비를 학교 설립경영자가 무제한 부담하도록 되어 있는바, 이러한 부담으로 인하여 학교설립 경영자가 양질의 학교(직영)급식 대신 위탁급식을 실시할 수밖에 없게 되어, 사립학교법인인 청구인과 그 학생들의 행복추구권이 침해된다(소극). [판시] 사립학교법인인 청구인의 행복추구권 주장에 대하여 살펴보면, 행복추구권의 성질상 자연인이 아닌 법인에게 행복추구권이 있다고 보기 어려워(헌재 2006.12.28. 2004헌바67, 판례집 18-2, 565, 574-575), 법인인 청구인의 행복추구권은 인정되지 아니한다고 할 것이다. 이 사건 법률조항으로 인한 핵심적인 기본권의 제한은 사립학교 운영의 자유의 제한이고, 평등원칙 위반 여부를 우선 살펴보기로 한다(합헌결정).

④ **평등권** 평등권은 원칙적으로 법인이나 단체에도 인정되나 인간의 성별(남녀간)에 관련된 평등권은 누릴 수 없다.

⑤ **자유권 영역** ⓐ 신체의 자유 – 법인이나 단체는 육체를 가지지 않으므로 헌법 제12조의 신체의 자유를 누릴 수 없다. ⓑ 양심의 자유 – 양심의 자유에 대해서는 부정하는 견해가 일반적이다. 그런데 헌재는 사죄광고강제 일부위헌결정에서 "사죄광고의 강제는 … 정신적 기본권의 하나인 양심의 자유의 제약(법인의 경우라면 그 대표자에게 양심표명의 강제를 요구하는 결과가 된다)이라고 보지 않을 수 없다"라고 하여[2)] 법인의 양심적 자유를 암시하는 듯한 설시를 한 바 있다.

⑥ **생존권 영역** 혼인과 가족생활 기본권, 심성의 성장·발현과 지적 능력을 함양하는 교육을 받을 권리는 인정될 수 없다.

⑦ **참정권** 인간이 투표자인 경우의 선거권, 자연인이 공무담임을 하는 권리 등은 인간에게만 인정된다. 법인이나 단체 자체가 투표를 할 권리가 인정될 경우는 있을 것이다(전체 법인 산하 개별 단체들이 전체 의사를 결정하기 위한 표결을 할 경우).

⑧ **청구권** 형사보상청구권도 법인이나 단체가 구금될 수 없으므로(제28조) 법인에 인정될 수 없다. 범죄피해자구조청구권도 생명·신체에 대한 피해를 그 요건으로 하므로 법인에 인정될 수 없다.

---

1) 헌재 2006.12.28. 2004헌바67, 판례집 18-2, 575면; 헌재 2010.7.29. 2009헌바40, 판례집 22-2 상, 343면.
2) 헌재 1991.4.1. 89헌마160, 판례집 3, 154면.

2) 인정되는 기본권

(가) 평등권

법인은 다른 법인 또는 개인 간에 합리성 내지 비례성 없는 차별을 받지 않을 평등권을 누린다.

판례 법인의 평등권침해라고 하여 헌법불합치결정을 한 예로, 약사만이 약국을 개설할 수 있고 설령 약사들만으로 구성된 법인일지라도 약국을 개설할 수 없도록 금지한 구 약사법규정이 약사들로 구성된 법인의 평등권을 침해하였다고 판단하였다. 헌재 2002.9.19. 2000헌바84, 약사법 제16조 제1항 등 위헌소원, 판례집 14-2, 268면. 이 판례에 대해서는 바로 아래의 직업자유 부분 참조. 법인의 평등권에 관한 합헌결정례로는, 법인의 토지 등 양도소득 산정에서 양도금액에서 양도 당시의 장부가액만을 차감한 금액을 양도소득으로 규정하고 있는 개인의 경우는 '자산을 양도하기 위하여 직접 지출한 비용'을 필요경비로 인정하고 있었던 것과는 달리, 구 법인세법 규정이 법인은 오로지 장부가액만을 비용으로 공제하고 있으므로 평등권 침해 여부가 문제되었던 사건이 있었다. 헌재는 개인보다 우월한 법인의 경제적 지위나 자금동원능력 등을 고려할 때 우리 사회에서 법인의 부동산 투기를 규제할 공익적 요청이 더욱 크므로 법인과 개인을 불합리하게 차별하여 법인의 평등권을 침해하고 있다고도 볼 수 없다고 판시하였다. 헌재 2011.10.25. 2010헌바21.

(나) 자유권

① **직업의 자유** ⓐ 법인은 직업의 자유를 가질 수 있다. 특히 회사법인의 경우 특히 중요한 기본권이다.

판례 법인의 직업의 자유를 침해하여 헌법불합치결정이 있었던 예

자연인인 약사만이 약국을 개설할 수 있고 설령 약사들만으로 구성된 법인일지라도 약국을 개설할 수는 없도록 금지한 구 약사법(2000.1.12. 법률 제6153호로 개정된 것) 제16조 제1항에 대한 헌법불합치결정례 – 헌재 2002.9.19. 2000헌바84, 약사법 제16조 제1항 등 위헌소원, 판례집 14-2, 268면. [주문] 약사법(2000.1.12. 법률 제6153호로 개정된 것) 제16조 제1항은 헌법에 합치하지 아니한다. 이 법률조항은 입법자가 개정할 때까지 계속 적용된다. [결정요지] ▷ 직업선택의 자유에 대한 침해여부 : 이 법률조항의 입법취지는 국민보건을 위하여 의약품의 조제와 판매는 그 분야의 전문가인 약사에게 맡겨야 한다는 것인바, 위의 입법목적을 달성하기 위해서는 실제로 약국을 관리하며 약을 취급하는 사람이 약사이면 되는 것이지, 약국의 설립과 경영 자체를 반드시 자연인 약사에게만 허용하여야 하는 것은 아니므로 입법목적 자체에서 약국의 소유자를 자연인 약사로 한정할 합리적 이유가 도출되지는 않는다. 약사가 아닌 일반 개인과 법인에게 약국의 개설·운영을 허용하지 않는 부분은 정당한 입법형성권의 행사로 인정할 수 있지만, 본래 약국의 개설권이 있는 약사들이 모여 구성한 법인 즉, 구성원 전원이 약사들인 법인에게까지 약국의 개설을 금지하는 것은 이러한 법인의 직업수행의 자유와 법인의 구성원인 개개의 약사들이 법인을 설립하는 방법으로 그들의 직업을 수행하는 자유를 합리적 이유없이 과도하게 침해하는 것이라고 보지 않을 수 없다. 직업수행의 방법으로 법인을 설립하여 운영할 수 있는 자유는 그 직업수행의 자유 속에 내포된 본질적 부분의 하나인데, 이에 대한 침해를 정당화할 공익상의 이유가 별로 없기 때문이다. 그렇다면, 이 법률조항이 구성원 전원이 약사인 법인 및 그러한 법인을 구성하여 약국업을 운영하려고 하는 약사 개인들의 헌법상의 기본권인 직업선택(직업수행)의 자유를 제한함에 있어 입법형성권의 재량의 범위를 명백히 넘어 제한의 방법이 부적절하고 제한의 정도가 과도한 경우로서, 헌법 제37조 제2항 소정의 과잉금지의 원칙에 위배되어 헌법 제15조에서 보장하고 있는 직업선택

의 자유의 본질적 내용을 침해하였다. ▷ 평등권 침해여부 : 약사가 국민의 건강에 직결되는 의약품을 취급하기 때문에 약사가 아닌 사람이 의약품을 판매하고 조제하는 것을 막아야 한다는 목적은 실제로 약을 취급하는 사람(약국의 관리약사)은 반드시 약사자격을 가질 것을 요구함으로써 이룰 수 있는 것이고, 약국의 개설자를 자연인 약사로 한정하여 법인의 약국개설을 금지할 필요는 없다. 또한 법인설립에 관하여 약사와 의약품제조업자 등 약사법상의 다른 직종들을 차별할 합리적 이유도 발견할 수 없다. 그러므로 이 사건 법률조항은 합리적 근거없이 자의적으로 약사들만으로 구성된 법인 및 그 구성원인 약사들의 헌법상 기본권인 평등권을 침해하고 있다. [헌법불합치결정을 할 필요성] 만일 단순위헌을 선고하여 당장 이 사건 법률조항의 효력을 상실시킬 경우에는 약국을 개설할 수 있는 자격에 대한 아무런 제한이 없게 되어 약사가 아닌 일반인이나 그들로 구성된 법인도 약국을 개설할 수 있는 기이한 상태가 됨으로써 더욱 헌법적 질서와 멀어지는 법적 혼란을 초래하게 될 우려가 있다. 또한 합헌적으로 조정하는 데에는 여러 가지 선택가능성이 있을 수 있다. 이러한 선택의 문제는 입법형성권을 갖고 있는 입법자가 제반사정을 고려하여 결정하여야 할 문제이다. 결국 입법자가 이 법률조항을 대체할 합헌적 법률을 입법할 때까지는 일정 기간 동안 위헌적인 법규정을 존속케 하고, 또한 잠정적으로 적용하게 할 필요가 있다.

ⓑ 법인의 직업의 자유에도 직업선택단계에서의 자유와 선택된 직업에 종사할 자유가 있다. 어떤 직업의 활동을 하기 위하여 법인을 설립한다는 것은 직업의 자유 중에서 직업선택의 자유를 구현한다는 의미를 가지기도 한다.[1)]

㉠ 법인의 직업선택의 자유에 관한 헌재결정례 : 바로 위의 헌재 2002.9.19. 2000헌바84도 법인의 직업선택(약국업선택)의 금지에 대해 헌법불합치결정을 한 것이다.

㉡ 법인의 직업수행의 자유에 대한 합헌결정례

판례 헌재 2003.10.30. 2000헌마563, 약사법 제21조 제8항 등 위헌확인

[쟁점 및 기각결정] 의약분업을 위해 의료법인 기관인 병·의원이 외래환자에 대한 조제행위를 할 수 없게 금지하고 있는 약사법(2000.1.12. 법률 제6153호로 개정되어 2000. 7. 1.부터 시행된 것) 제21조 제8항이 의료법인의 직업수행의 자유를 지나치게 제한하는 것인지 여부가 쟁점이었다. 헌재는 그러한 금지가 비례원칙을 준수하여 합헌이라고 보아 기각결정을 하였다. 헌재 2000.2.24. 98헌바94등([쟁점 및 합헌결정] 법인의 '비업무용 토지'에 대한 중과세가 법인의 직업수행의 자유를 침해하는지가 쟁점이었다. 헌재는 비례원칙을 준수하였다고 하여 합헌결정을 하였다).

② **거주·이전의 자유** 법인도 활동의 중심지, 사무소를 두고, 이를 이동할 수 있기에 거주·이전의 자유를 가진다. 대도시 내에 기업법인의 설립에 따른 부동산등기에 대하여는 통상 세율의 5배에 해당하는 등록세를 중과할 수 있도록 규정하고 있는 구 지방세법 제138조 제1항 제3호는 직업수행의 자유와 거주·이전의 자유의 본질적 내용을 침해하고 과잉금지원칙에 반한다는 주장이 있었으나 헌재는 합헌으로 보았다.

---

1) 헌재 1996.4.25. 92헌바47. [판시] 법인의 설립은 그 자체가 간접적인 직업선택의 한 방법이다.

판례 헌재 1996.3.28. 94헌바42, 지방세법 제138조 제1항 제3호 위헌소원, 판례집 8-1, 199면
[결정요지] 어떠한 법인이라도 위 조항이 정하는 중과세의 부담을 감수하기만 한다면 자유롭게 대도시 내에서 설립과 그에 필요한 부동산등기도 할 수 있는 것이므로, 그 때문에 법인이 대도시 내에서 향유하여야 할 거주·이전의 자유가 형해화할 정도에 이르러 그 본질적인 내용이 침해되었다고 볼 수 없다. 기본권제한입법으로서 준수하여야 할 과잉금지의 원칙에 위배되었는지의 여부를 본다. 위 조항은 인구와 경제력의 대도시 집중을 억제함으로써 대도시 주민의 생활환경을 보존·개선하고 지역간의 균형발전 내지는 지역경제를 활성화하려는 복지국가적 정책목표에 이바지하는 규정이므로 그 목적의 정당성이 인정된다. 법인의 대도시 내 활동을 직접 제한하지 아니하고 법인이 대도시 내에서 그 설립 등을 위하여 하는 부동산등기에 대하여 통상보다 높은 세율의 등록세를 부과함으로써 간접적으로 이를 억제하려는 방법을 선택하고 있고, 중과세가 대도시내에 위치한 고가의 부동산을 취득할 정도의 재정능력을 갖춘 법인에 대한 것이라는 점에 비추어 볼 때, 그 정도가 통상세율의 5배라고 하여 반드시 그 목적 달성에 필요한 정도를 넘는 자의적인 세율의 설정이라고 볼 수도 없으므로 그 수단의 상당성과 침해의 최소성도 충족되어 있다. 위 조항에 의하여 보호되는 긴요한 공익(대도시 주민의 생활환경보호, 지역간의 균형있는 발전)과 제한되는 기본권 사이에 법익의 균형성을 갖추었다. 같은 취지 : 헌재 1998.2.27. 97헌바79; 헌재 2002.3.28. 2001헌바24등.

③ **주거의 자유** 법인에 대한 주거의 자유 인정 여부에 대해 긍정하는 설과 부정하는 설이 있으나 주거의 개념범위에 인간이 사는 공간만이 아니라 법인활동의 공간까지 포함시켜 본다면 법인도 법인의 사무소를 두어 주거를 정할 수 있으므로 그 평온성을 보장하는 주거의 자유가 인정될 수 있다.

④ **사생활의 자유와 비밀** 법인에 대한 사생활의 자유와 비밀의 인정 여부에 대해서도 긍정론, 부정론이 대립한다. 사생활의 개념을 인간의 생활만에 국한한다면 부정하게 된다. 생각건대 사생활에서의 생활 속에 단체활동도 포함하는 것이라면 법인활동의 내밀한 사항에 대한 보호라는 법인의 사생활의 비밀·자유가 인정될 수 있다.

⑤ **통신의 비밀보장** 법인의 경우에도 통신의 비밀보장이 요구될 수 있다.

⑥ **언론·출판의 자유** 언론과 출판의 자유가 법인에게 인정됨은 물론이다.[1] 법인의 의사표시를 위하여, 그리고 오늘날 집단에 의한 의사표현의 필요성 때문에 그 의의가 더욱더 커져가고 있고, 특히 언론법인의 경우 표현의 자유가 핵심적인 것은 물론이다.

⑦ **집회의 자유** 법인도 집회의 자유를 가지는데 2가지 경우가 있을 수 있다. 법인 자체가 집회를 개최할 수도 있고(집회개최의 자유) 법인의 대표자가 참석하는 법인들의 집회가 개최될 수도(집회참여의 자유) 있다.

⑧ **결사의 자유** 법인 자체가 결사체이므로 그 법인이 또 다른 결사를 형성할 수 있는가 하는 논의가 있을 것이나 가능하다고 보아야 한다. 예를 들어 전국에 있는 여러 개별 법인들이 회원으로 참여하는 중앙회라는 법인을 구성할 수 있다. 헌재는 사립학교법인들은 교원노

1) 헌재 1991.6.3. 90헌마56, 판례집 3, 295면.

조와 개별적으로 단체교섭을 할 수 없고 반드시 연합하여 단체교섭에 응하도록 한 '교원의 노동조합설립 및 운영 등에 관한 법률' 규정이 교원노조와의 단체교섭을 위하여는 전국단위 또는 시·도 단위의 교섭단의 구성원으로 사실상 강제로 참여해야 하는 것이므로 청구인 사립학교법인들의 결사에 가입하지 아니할 자유라는 '소극적 의미'의 결사의 자유를 제한하고 있다고 보았다. 본안판단결과 비례원칙을 준수하여 합헌이라고 결정하였다.[1] 위 예의 경우에 개별 회원법인들 외에 중앙회도 결사의 자유의 주체가 될 수 있는가 하는 문제가 있는데 결사의 자유에는 결사의 활동과 존속(단체활동·존속)의 자유도 포함되므로 긍정한다. 헌재도 업종별·지역별 축협(회원조합)들 외에 축산업협동조합중앙회 자체도 결사의 자유의 주체로 인정되는가 하는 문제에 대해 "결사체(축산업협동조합중앙회)도 그 조직과 의사형성에 있어서, 그리고 업무수행에 있어서 자기결정권을 가지므로 결사의 자유의 주체가 된다"라고 하여 긍정한 바 있다.[2]

⑨ **종교의 자유** 법인의 종교집회, 종교의식의 자유 등도 인정된다. 이는 특히 종교적 법인의 경우에 더욱 중요하다.

⑩ **학문과 예술의 자유** 대학법인, 연구단체법인 등은 학문의 자유를 누리고 예술가단체인 법인 등도 예술창작발표의 자유 등을 누린다.

⑪ **재산권** 법인도 재산권을 가질 수 있고[3] 재산권을 사용·처분할 수 있다. 특히 재단법인의 경우에는 재산의 출연으로 설립되므로 재산권이 핵심적 기본권이 된다.

(다) 생존권(사회권)

노동조합도 법인일 수 있는데('노동조합 및 노동관계조정법' 제6조 1항) 근로3권(단결권·단체교섭권 및 단체행동권)을 가진다. 환경권이 법인에게도 인정되는지에 대해 긍정설, 부정설이 있다.

(라) 청구권

법인은 자신의 권리구제를 위하여 청원권, 재판청구권, 국가배상청구권 등의 청구권을 가진다.

3) 검토사항 - 법인의 명예권 등 인격권 문제

위에서 인간으로서의 존엄과 가치는 법인에게 인정될 수 없다는 견해가 지배적이라고 하였으나 인간의 존엄과 가치에서 나오는 명예권에 대해서 보면, 법원의 판례가 법인도 명예훼손의 대상이 될 수 있음을 인정하여 법인의 명예를 보호하고 있다.[4] 또한 인격권이나 명예권이 법인에게 인정된다고 본 헌법재판소의 판례가 있다.

---

1) 헌재 2006.12.28. 2004헌바67, 판례집 18-2, 575면.
2) 헌재 2000.6.1. 99헌마553, 판례집 12-1, 706면.
3) 헌재 1991.6.3. 90헌마56, 판례집 3, 295면.
4) 대법원 1996.6.28. 96다12696, 공1996.8.15.(16),2351([판시] 법인의 목적사업 수행에 영향을 미칠 정도로 법인의 사회적 명성, 신용을 훼손하여 법인의 사회적 평가가 침해된 경우에는 그 법인에 대하여 불법행위를 구성한다). 이러한 취지의 판례는 많다. 대법원 2008.10.9. 2006다53146, 공2008하, 1529면 등 참조.

(가) 긍정하는 헌법재판소 판례

① **사죄광고의 강제의 법인 인격권 위해성** 사죄광고의 강제를 위헌이라고 판시한 결정에서 법인의 인격권을 인정하는 설시를 하여 이를 긍정하고 있다.

판례 헌재 1991.4.1. 89헌마160

[당사자] 청구인 주식회사 ○○일보사 외 3인(○○일보사 대표이사, 여성○○의 발행인, 여성○○의 주간, 여성○○의 기자) [관련판시요약] 사죄광고란 양심의 자유에 반하는 굴욕적인 의사표시를 자기의 이름으로 신문·잡지 등 대중매체에 게재하여 일반 세인에게 널리 광포하는 것이다.… 따라서 사죄광고 과정에서는 자연인이든 법인이든 인격의 자유로운 발현을 위해 보호받아야 할 인격권이 무시되고 국가에 의한 인격의 외형적 변형이 초래되어 인격형성에 분열이 필연적으로 수반되게 된다. 이러한 의미에서 사죄광고제도는 헌법에서 보장된 인격의 존엄과 가치 및 그를 바탕으로 하는 인격권에 큰 위해도 된다고 볼 것이다.

② **'법위반 사실 공표'의 법인 명예권 침해성** 우리 헌법재판소가 사회적 신용유지를 위하여 보호되어야 할 법인의 명예권에 대한 지나친 제한이라는 이유로 위헌결정을 한 예가 있었다. 즉 공정거래위원회의 시정명령을 받은 것을 공표하는 것만으로 입법목적이 달성될 수 있음에도 법을 위반하였다는 사실을 인정하는 것까지 공표하게 하는 것은 사업자단체(법인)의 명예권을 지나치게 침해하여 위헌이라고 본 결정이 있었다.

판례 헌재 2002.1.31. 2001헌바43, '독점규제 및 공정거래에 관한 법률' 제27조 위헌소원

[쟁점] 사업자단체의 구성원인 사업자의 사업내용 또는 활동을 부당하게 제한하는 행위를 한 경우에 공정거래위원회가 당해 사업자단체에 대하여 "법위반사실의 공표"를 명할 수 있도록 한 독점규제및공정거래에관한법률(1999. 2. 5. 법률 제5813호로 개정된 것) 제27조 중 "법위반사실의 공표"부분이 인격발현 혹은 사회적 신용유지를 위하여 보호되어야 할 명예권을 위헌적으로 침해하는 것인지 여부(위헌결정) [관련판시요약] 만약 행위자가 자신의 법위반 여부에 관하여 사실인정 혹은 법률적용의 면에서 공정거래위원회와는 판단을 달리하고 있음에도 불구하고 불합리하게 법률에 의하여 이를 공표할 것을 강제당한다면 이는 행위자가 자신의 행복추구를 위하여 내키지 아니하는 일을 하지 아니할 일반적 행동자유권과 인격발현 혹은 사회적 신용유지를 위하여 보호되어야 할 명예권에 대한 제한에 해당한다고 할 것이다.… '법위반으로 공정거래위원회로부터 시정명령을 받은 사실의 공표'로서도 입법목적을 충분히 달성할 수 있음에도 불구하고 굳이 나아가 공정거래법을 위반하였다는 사실을 인정하여 공표하라는 의미의 이 사건 '법위반 사실의 공표' 부분은 기본권제한법률이 갖추어야 할 수단의 적합성 및 침해의 최소성 원칙과 법익균형성의 원칙을 지키지 아니한 것이어서, 결국 헌법 제37조 제2항의 과잉입법금지원칙에 위반하여 행위자의 일반적 행동의 자유 및 명예를 지나치게 침해하는 것이라 할 것이다. * 이 결정의 사안은, 공정거래법의 문제의 조항이 사업자단체를 그 수범자로 하고 있고 위 사안에서 청구인은 사업자단체로서 대한의사협회라는 사단법인이었기에 법인의 명예권이 바로 문제된 사안이었다.

③ **방송사업자 등에 대한 '시청자 사과'명령의 법인 인격권 침해성** 방송통신위원회는 방송사업자·중계유선방송사업자·전광판방송사업자 또는 외주제작사가 제33조의 심의규정 및 제74조 제2항에 의한 협찬고지 규칙을 위반한 경우에 제재를 할 수 있는데 그 제재의 하나로

구 방송법에서는 '시청자에 대한 사과'를 하도록 명할 수 있게 하는 규정(구 동법 동조 동항 제1호)도 두고 있었다. 헌재는 이 규정이 법인의 인격권을 제한한다고 보았고 비례(과잉금지)원칙에 반한 인격권 침해라고 보아 위헌이라고 결정하였다.

판례 헌재 2012.8.23. 2009헌가27

[판시] 이 사건 심판대상조항에 의한 '시청자에 대한 사과'는 사과여부 및 사과의 구체적인 내용이 방송통신위원회라는 행정기관에 의해 결정됨에도 불구하고 마치 방송사업자 스스로의 결정에 의한 사과인 것처럼 그 이름으로 대외적으로 표명되고, 이는 시청자 등 국민들로 하여금 방송사업자가 객관성이나 공정성 등을 저버린 방송을 했다는 점을 스스로 인정한 것으로 생각하게 만듦으로써 방송에 대한 신뢰가 무엇보다 중요한 방송사업자의 사회적 신용이나 명예를 저하시키고 법인격의 자유로운 발현을 저해한다. 법인도 법인의 목적과 사회적 기능에 비추어 볼 때 그 성질에 반하지 않는 범위 내에서 인격권의 한 내용인 사회적 신용이나 명예 등의 주체가 될 수 있고 법인이 이러한 사회적 신용이나 명예 유지 내지 법인격의 자유로운 발현을 위하여 의사결정이나 행동을 어떻게 할 것인지를 자율적으로 결정하는 것도 법인의 인격권의 한 내용을 이룬다고 할 것이다. 그렇다면 이 사건 심판대상조항은 방송사업자의 의사에 반한 사과행위를 강제함으로써 방송사업자의 인격권을 제한하는바, 이러한 제한이 그 목적과 방법 등에 있어서 헌법 제37조 제2항에 의한 헌법적 한계 내의 것인지 살펴본다. * 위헌성 인정.

④ **언론사에 대한 사과문게재의 법인의 인격권 침해성** 선거기사심의위원회가 불공정한 선거기사를 보도하였다고 인정한 언론사에 대하여 언론중재위원회를 통하여 사과문을 게재할 것을 명하도록 하는 공직선거법 규정이 언론사의 인격권을 침해하여 위헌이라는 결정도 있었다.

판례 헌재 2015.7.30. 2013헌가8, 공직선거법에 따른 사과문 게재 명령 사건

[심판대상조항] 선거기사심의위원회가 불공정한 선거기사를 게재하였다고 판단한 언론사에 대하여 사과문 게재 명령을 하도록 한 공직선거법 제8조의3 제3항 중 '사과문 게재' 부분과, 언론사가 사과문 게재 명령을 지체 없이 이행하지 않을 경우 그 발행인 등을 형사처벌 하는 구 공직선거법 제256조 제2항 제3호 나목 중 '제8조의3 제3항에 의한 사과문 게재' 부분, 및 현행 공직선거법 제256조 제2항 제2호 중 '제8조의3 제3항에 따른 사과문 게재' 부분 [쟁점] 선거기사심의위원회가 불공정한 선거기사를 보도하였다고 인정한 언론사에 대하여 언론중재위원회를 통하여 사과문을 게재할 것을 명하도록 하는 공직선거법(2009. 7. 31. 법률 제9785호로 개정된 것) 제8조의3 제3항 중 '사과문 게재' 부분 등이 언론사의 인격권을 침해하는지 여부 [결정요지] (목적의 정당성 및 수단의 적절성) 이 사건 법률조항들은 언론사가 대의민주주의를 실현하는 수단인 선거와 관련된 보도를 함에 있어 공적인 책임의식을 높이고 선거에 관한 공정하고 자유로운 여론이 형성될 수 있도록 하기 위한 것으로서 그 입법목적의 정당성과 수단의 적절성은 인정된다. (침해의 최소성) 그러나 사과문 게재 명령 외에도 정정보도문의 게재 명령이나 해당 언론사가 '공정보도의무를 위반하였다는 결정을 선거기사심의위원회로부터 받았다는 사실을 공표'하도록 하는 방안, 사과의 의사표시가 필요한 경우에도 사과의 '권고'를 하는 방법을 상정할 수 있다. 그럼에도 이 사건 법률조항들은 국민의 기본권을 덜 제한하는 방법으로도 동일한 입법목적을 실현할 수 있음에도 불구하고 더 제한적인 방법을 선택하였으므로, 기본권 제한입법이 준수하여야 할 침해최소성 원칙에 위배된다. (법익의 균형성) 언론에 대한 신뢰가 무엇보다 중요한 언론사에 대하여 그 사회적 신용이나 명예를 저하시키고 인격의 자유로운 발현을 저해함에 따라 발생하는 인격권 침해의 정도는 이 사건 법률조항들이 달성하려는 공익에 비해 결코 작다고 할 수 없다.

(나) 검토 및 사견

법인의 평판이나 명예는 당해 법인의 가치를 나타내고 그 활동에 영향을 준다는 점을 고려하면 법인도 사회적 명예나 평판 등에 대한 권리가 인정되는 것이 필요하긴 하다. 그렇다면 법인의 명예나 평판에 대한 권리는 헌법적 근거를 어디에서 찾을 것인가가 문제된다. 존엄과 가치가 인간으로서의 것이므로 헌법 제10조에서 찾기가 어려운 점이 있다. 생각건대 구성원들의 인적 결속이 강하고 소속 구성원의 귀속감이 법인의 정체성과 밀접히 관련이 있는 법인에 있어서는 법인 자체의 명예, 인격권을 보호하지 않고는 구성원의 인격권에도 영향을 미친다고 보면 구성원의 인격권보호를 위한 법인의 인격권을 인정하는 법리구성을 모색해볼 수 있을 것이다(이는 결코 구성원의 기본권과 법인의 기본권을 혼동하는 것이 아니라 영향을 준다는 의미이다. 어느 대학교의 평판은 그 대학출신 동창들이나 재학생들에게 영향을 줄 수 있다). 다른 한편 헌법 제21조의 결사의 자유에서 그 근거를 찾는 것도 필요하다고 본다. 법인이 명예롭게 활동을 하는 것은 법인으로서 자유를 누리면서 활동함을 의미하는 것이기도 하기 때문이다. 한편으로는 기업법인의 경우 기업의 명예라는 것은 신용과 연결되고 기업의 신용 등은 중요한 자산이 될 수도 있다는 점, 기업의 신용, 명예가 상호가 가지는 이미지에 영향을 줄 수 있기에 재산권으로서의 상호권도 문제될 수 있다는 점에서 헌법 제23조 제1항의 재산권조항도 관련된다고 할 수 있다. 요컨대 법인의 명예권 등 인격권은 헌법 제10조가 아니라 다른 관련 헌법조문에서 그 근거를 찾는 것이 요구된다. 법인의 인격권으로서는 명예권, 성명권 등을 들 수 있다.

V. 대학, 정당, 노동조합, 국·공영방송사 등

1. 대학의 기본권주체성

(1) 국립대학교의 경우

학문의 전당으로서 학문의 자유가 대학의 생명임은 대학의 역사가 보여주는 것이기도 하므로 학문의 자유나 교육의 자율권 등의 기본권을 대학이 누린다고 본다. 사립대학 재단의 경우 사법상의 재단으로서 기본권을 누릴 수 있다. 국공립대학의 경우에는 위에서 국가기관 내지 공법인에 대한 기본권주체성의 부정을 고려하더라도 논란이 있을 수 있다. 학문의 전당으로서 학문의 자유가 대학의 생명임은 대학의 역사가 보여주는 것이기도 하므로 학문의 자유나 교육의 자율권 등의 기본권을 국립대학이더라도 누린다고 본다. 대학에 있어서 그 교육활동의 성격에 있어서 자치의 필수성은 국립, 사립의 구분이 의미가 없다. 국립대학의 기본권주체성을 부정한다면 사립대학과의 관계에서 오히려 역차별이 초래된다. 헌재도 서울대학교가 국립대학교이던 당시에 내린 결정에서 교육의 자주성이나 대학의 자율성을 국립대학인 서울대학교에도 인정되는 헌법상 기본권이라고 판시한 바 있다.

헌법 제31조 제4항은 '대학의 자율성'이라고 규정하고 있다. 대학자치를 제도보장으로 보는 이론이 있다. 대학자율성확보를 위한 활동을 하는 모임인 자치회는 제도인 것은 분명하나 대학자율성 자체를 제도로 볼 수 있을 지는 검토를 요한다. 자율성 자체는 기본권으로 보는 것이 타당하다.

(2) 판례

헌재는 대학자율성에 관한 다음과 같은 결정례들을 내린 바 있다.

① 서울대 입시안 고사과목 결정권 국립대학인 서울대학교는 특정한 국가목적(대학교육)에 제공된 인적·물적 종합시설로서 공법상(公法上)의 영조물(營造物)이고 서울대학교와 학생과의 관계는 공법상의 영조물이용관계(營造物利用關係)라고 하면서 교육의 자주성이나 대학의 자율성을 헌법 제22조 제1항이 보장하고 있는 학문의 자유의 확실한 보장수단으로 꼭 필요한 것으로서 이는 대학에게 부여된 헌법상의 기본권이라고 보아 교육자주성, 대학자율성에 있어서 대학의 기본권주체성을 인정한다.

판례 헌재 1992.10.1. 92헌마68

[쟁점] 대입고사 선택과목에서의 일본어 제외는 평등권과 교육을 받을 권리를 침해하여 위헌인지 여부(기각결정) [관련판시요약] 헌법 제31조 제4항이 "교육의 자주성·전문성·정치적 중립성 및 대학의 자율성은 법률이 정하는 바에 의하여 보장된다"라고 규정하여 보장하고 있는 교육의 자주성이나 대학의 자율성은 헌법 제22조 제1항이 보장하고 있는 학문의 자유의 확실한 보장수단으로 꼭 필요한 것으로서 이는 대학에게 부여된 헌법상의 기본권이다. 따라서 국립대학인 서울대학교는 다른 국가기관 내지 행정기관과는 달리 공권력의 행사자의 지위와 함께 기본권의 주체라는 점도 중요하게 다루어져야 한다. 대학별고사를 실시키로 한 서울대학교가 대학별고사과목을 어떻게 정할 것인가, 영어 이외의 외국어를 선택과목으로 하기로 정하였다면, 그러한 외국어의 범위를 어떻게 정할 것인가는 고등학교 교과과목의 범위 내에서 서울대학교의 자율에 맡겨진 것이므로 서울대학교가 인문계열의 대학별 고사과목을 정함에 있어 일본어를 선택과목에서 제외시킨 것은 적법한 자율권행사라 할 것이다.

② 국립 세무대학 폐지 헌재는 국립대학인 세무대학의 자주적 운영의 자유를 인정한다. 그러나 헌재는 "대학의 자율성은 그 보호영역이 원칙적으로 당해 대학 자체의 계속적 존립에까지 미치는 것은 아니다. … 따라서 이 사건 폐지법에 의해서 세무대학을 폐교한다고 해서 세무대학의 자율성이 침해되는 것은 아니다"라고 결정하였다.

판례 헌재 2001.2.22. 99헌마613

[결정요지] 헌법 제31조 제4항이 보장하는 대학의 자율성이란 대학의 운영에 관한 모든 사항을 외부의 간섭 없이 자율적으로 결정할 수 있는 자유를 말한다. 국립대학인 세무대학은 공법인으로서 사립대학과 마찬가지로 대학의 자율권이라는 기본권의 보호를 받으므로, 세무대학은 국가의 간섭 없이 인사·학사·시설·재정 등 대학과 관련된 사항들을 자주적으로 결정하고 운영할 자유를 갖는다(헌재 1992.10.1. 92헌마68등, 판례집 4, 659, 670 참조). 그러나 대학의 자율성은 그 보호영역이 원칙적으로 당해 대학 자

체의 계속적 존립에까지 미치는 것은 아니다. 즉, 이러한 자율성은 법률의 목적에 의해서 세무대학이 수행해야 할 과제의 범위 내에서만 인정되는 것으로서, 세무대학의 설립과 폐교가 국가의 합리적인 고도의 정책적 결단 그 자체에 의존하고 있는 이상 세무대학의 계속적 존립과 과제수행을 자율성의 한 내용으로 요구할 수는 없다고 할 것이다. 따라서 이 사건 폐지법에 의해서 세무대학을 폐교한다고 해서 세무대학의 자율성이 침해되는 것은 아니다.

③ **법학전문대학원의 입학 제한 문제** 교육부장관이 학교법인 이화학당에게 한 법학전문대학원 설치인가 중 여성만을 입학자격요건으로 하는 입학전형계획을 인정한 부분에 대한 헌법소원심판사건에서 대학의 자율성과 직업의 자유의 충돌을 인정한 다음 과잉금지원칙이 준수되어(우리 헌재는 기본권 충돌을 대개 과잉금지원칙으로 해소하는 경향이다. 후술 기본권 상충 부분 참조) 양자의 합리적인 조화가 이루어졌다고 보아 기각한 결정이 있었다.

판례 헌재 2013.5.30. 2009헌마514

[결정요지] (가) 학교법인 E학당은 헌법 제31조 제4항의 대학의 자율성의 주체인바, 학교법인 E학당의 법학전문대학원 입학전형계획은 학교법인 E학당이 학생의 선발 및 입학 전형에 관하여 대학의 자율성을 행사한 것이고, 이 사건 인가처분에 의하여 청구인의 직업선택의 자유와 사립대학의 자율성이라는 두 기본권이 충돌하게 된다. (나) 교육부장관이 E여자대학교에 법학전문대학원 설치인가를 한 것은 여자대학으로서의 전통을 유지하려는 E여자대학교의 대학의 자율성을 보장하고자 한 것이므로, 이 사건 인가처분은 그 목적의 정당성과 수단의 적합성이 인정되고 직업선택의 자유와 대학의 자율성이라는 두 기본권을 합리적으로 조화시킨 것이며 양 기본권의 제한에 있어 적정한 비례관계를 유지한 것이라고 할 것이다(더 자세한 요지는 뒤의 기본권상충 부분 참조).

④ **교육부장관의 G국립대 법학전문대학원 신입생 1명 모집정지 제재** 헌재는 과잉금지원칙에 반하여 헌법 제31조 제4항이 정하는 대학의 자율권을 침해한다는 결정을 하였다.

판례 헌재 2015.12.23. 2014헌마1149

[결정요지] 국립대학도 헌법 제31조 제4항이 규정하는 교육의 자주성 및 대학의 자율권의 주체로서 헌법소원심판의 청구인능력이 인정된다. 이 사건 모집정지는 과잉금지원칙에 반하여 청구인의 대학의 자율권을 침해한다.

위 판례들에서는 대학의 기본권으로서 교육의 자주성과 대학의 자율성을 들고 있는데 그 외 대학이 누리는 기본권들에 대하여는 분명하지 않고 대학의 기본권이 어느 범위에 걸치는지에 대한 판례의 입장이 아직 분명하지 않다. 대학은 학문연구에 관한 기본권(학문연구의 자유, 학문발표의 자유 등)을 누릴 것이고 재산권, 표현의 자유(학문발표의 자유도 여기에 포함될 수 있을 것이다) 등의 기본권을 누릴 수 있다고 본다.

2. 정당(政黨)

다원화된 민주주의국가에서 정당은 단일 정당체제인 공산국가에서와 달리 복수의 존재를 인정하여야 하고 이를 위해 정당설립과 조직의 자유가 필수적이다. 아울러 설립, 조직된 정당은 국민의 정치적 의사를 수렴하고 형성, 유도해가는 활동을 하는 단체이므로 정치적 표현의 자유권의 행사가 필수적이고 정당들 간에 평등한 대우를 받을 권리 등을 가져야 한다. 따라서 정당의 기본권주체성이 인정된다. 정당이 기본권의 주체가 되므로 기본권이 침해된 경우에 이를 구제받기 위한 헌법소원심판을 청구할 능력도 가지는바 정당이 청구인이 되어 청구한 헌법소원심판사건들이 실제로 있었다. 이러한 헌법소원심판사건을 통하여 정당이 기본권주체로서 향유하는 기본권으로 헌재판례가 확인한 예들은 아래와 같다.

i) 헌재는 정당설립·조직·활동의 자유를 헌법 제8조 1항에 그 근거를 두는 정당의 기본권이라고 인정한다.

판례 헌재 2004.12.16. 2004헌마456, 판례집 16-2 하, 625면

[사건개요와 결정] 지구당을 둘 수 없도록 정당법 규정에 대해 정당설립, 활동의 자유, 정당의 조직선택과 결성의 자유를 침해당하였다고 주장하면서 헌법소원심판을 청구한 사건이다. 헌법재판소는 지구당의 폐지규정이 비례원칙에 반하지 않는다고 하여 기각(합헌성인정)결정을 하였다. [관련판시] 헌법 제8조 제1항은 정당설립의 자유, 정당조직의 자유, 정당활동의 자유 등을 포괄하는 정당의 자유를 보장하고 있다. 이러한 정당의 자유는 국민이 개인적으로 갖는 기본권일 뿐만 아니라, 단체로서의 정당이 가지는 기본권이기도 하다.

ii) 헌재는 선거에 있어서 기회균등의 보장을 받을 수 있는 헌법적 권리가 헌법 제8조 제1항 내지 제3항, 제11호 제1항, 제24조, 제25조를 근거로 하여 정당에게 인정된다고 판시한 바 있다.

판례 헌재 1991.3.11. 91헌마21

[사건개요] 시·도의회의원 후보자의 경우는 700만원의 기탁금을 관할 선거구 선거관리위원회에 기탁하도록 규정하고 있는 구 지방의회의원선거법 제36조 제1항이 정당의 헌법상 보장된 평등권을 침해하는 위헌규정이라고 주장하면서 청구된 헌법소원심판사건이었다. [관련판시] 지방의회의원선거법은 시·도의회의원선거에 있어서는 제31조에서 정당의 후보자 추천을 인정하고, 제41조에서 정당의 선거운동을 인정하고 있으며, 제45조에서는 정당의 선거사무장 등의 선임 및 해임을 규정하는 등 정당의 선거관여를 허용하고 있는데 민중당(정당)은 헌법상의 정당이므로 시·도의회의원선거에 있어서 정당은 직접적인 이해관계를 갖고 있다고 할 것이며, 따라서 자기(관련)성이 있다. … 정당이 선거에 있어서 기회균등의 보장을 받을 수 있는 헌법적 권리는 정당활동의 기회균등의 보장과 헌법상 참정권보장에 내포되어 있다고 할 것이므로 헌법 제8조 제1항 내지 제3항, 제11호 제1항, 제24조, 제25조는 그 직접적인 근거규정이 될 수 있는 것이며, 헌법 전문과 제1조, 제41조 제1항, 제67조 제1항, 제37조 제2항, 제116조 제2항은 간접적인 근거규정이 될 수 있는 것이다. [결정] 헌법재판소는 이처럼 청구요건을 갖추었다고 보고 본안심리에 들어갔는데 그 결과 위헌성을 인정하는 헌법불합치결정을 하였다.

iii) 또한 정당의 소유재산의 귀속관계에 있어서는 법인격 없는 사단으로 보아 그 구성원의 총유라고 하여 정당이 재산권의 주체가 된다고 보았다.[1)]

3. 노동조합

노동조합은 근로자의 근로조건의 향상을 위하여 활동하면서 권익을 대변하는 활동을 하는 단체로서 역시 기본권을 행사할 수 있다. 현행 '노동조합 및 노동관계조정법'은 "노동조합은 그 규약이 정하는 바에 의하여 법인으로 할 수 있다"라고 규정하고 있기도 한데(동법 제6조 1항) 이에 따라 법인성을 취득한 노동조합은 법인으로서 기본권주체성이 더욱 분명해진다. 노동조합도 기본권주체이므로 자신의 기본권이 침해되었을 때에 헌법소원심판을 청구할 능력을 가진다. 실제 노동조합이 헌법소원심판을 청구한 예가 있다.[1)]

4. 국·공영방송사

헌재는 한국방송공사의 수신료에 관하여 법률로 정하지 않아 법률유보원칙에 반한다고 판단한 결정에서 다음과 같이 판시하여 공영방송사의 언론자유 주체성을 명시적으로 밝힌 바 있다.

판례 헌재 1999.5.27. 98헌바70, 판례집 11-1, 645면

[판시] "공영방송사인 공사가 실시하는 텔레비전방송의 경우 특히 그 공적 영향력과 책임이 더욱 중하다 하지 아니할 수 없다. 이러한 공사가 공영방송사로서의 공적 기능을 제대로 수행하면서도 아울러 언론자유의 주체로서 방송의 자유를 제대로 향유하기 위하여서는 그 재원조달의 문제가 결정적으로 중요한 의미를 지닌다. 공사가 그 방송프로그램에 관한 자유를 누리고 국가나 정치적 영향력, 특정 사회세력으로부터 자유롭기 위하여는 적정한 재정적 토대를 확립하지 아니하면 아니 되는 것이다."

Ⅵ. 기본권주체에 관한 종래이론에 대한 검토

위에서 보았듯이 종래 기본권의 주체의 문제에서 주로 많은 논의가 이루어지는 대상은 공무원 등의 이른바 특별권력관계에 있는 신분자, 그리고 외국인 등이다. 그러나 사실 이러한 신분상의 이유로 기본권의 주체가 될 수 있느냐 없느냐 하는 것은 문제의 근원부터 다시 검토되어야 한다. 기본권을 자연권, 즉 천부인권으로 파악하면 모든 인간에 대하여 기본권을 인정하여야 하므로 일반 국민과는 차이가 있는 신분을 가진 사람들 그리고 외국인에 대하여도 기본권의 주체성을 인정하여야 한다. 그렇다면 이들에 대해 기본권을 누릴 수 있는 주체인가 아닌가 하는 문제로 파악하는 것은 문제가 있다.

---

1) 헌재 1993.7.29. 92헌마262, 판례집 5, 216면.

1) 노동단체의 정치자금 기부를 금지한 정치자금에관한법률(1980. 12. 31. 법률 제3302호로 제정된 것. 현재 정치자금법으로 법명이 변경됨) 제12조 제5호에 대한 위헌결정인 헌재 1999.11.25. 95헌마154. 노동조합법 제12조 등 위헌확인결정, 판례집 11-2, 555면 참조.

외국인 등에 대해서도 위에서 본 대로 학설, 판례가 기본권의 주체임을 인정하고 있다. 다만, 외국인에 대해서는 국내의 국가이익이나 현실 때문에 국민에 비해 제약이 더 많다. 특수신분자인 공무원의 경우에도 기본권의 주체성이 인정된다. 다만, 그 임무의 공공성이라는 성격 때문에 그들의 기본권행사에 일반국민보다 더 많은 제약이 따른다. 이처럼 공무원, 외국인은 기본권주체이되 기본권행사에 있어서 일반국민과 비교하여 더 많은 제약을 받는다고 본다면 이들에 대해서는 기본권주체 문제가 아니라 기본권의 제한의 정도 문제로 환원하는 것이 논리적이다.[1] 기본권의 제한 정도는 기본권의 효력범위의 문제이다. 기본권의 제한문제에서는 제한을 가능한 한 억제하여 최대한으로 기본권을 보장하도록 하는 문제가 중요하다는 점을 생각하면 위와 같이 제한의 문제로 파악하는 것은 특수신분자, 외국인 등에 대해서도 최대한 기본권을 보장한다는 입장을 견지하는 것이 되어 헌법의 정신에 보다 더 부응하는 것이다.

위와 같은 근본적인 검토를 염두에 두면서 다만, 특수신분자, 외국인 등에 대한 기본권주체 인정 여부를 둘러싼 기존의 논의들도 살펴보아야 하겠고 기본권주체성을 인정하여야 할 것인가 하는 문제가 제기되는 경우도 있기에(태아, 사자, 법인 등의 경우) 기본권주체라는 제목과 더불어 "기본권의 人的 效力의 정도"라는 제목도 병기한 것이다.

1) 리베로(J. Rivero) 교수는 기본권의 행사에 있어서 공무원, 외국인에 관한 문제를 기본권의 제한문제로 보면서 이들에 가해지는 제한을 상대적 제한으로 본다. 그는 기본권제한을 절대적 제한과 상대적 제한으로 나누어 전자는 모든 사회구성원에 대해 또 모든 일반적인 상황에서 가해질 수 있는 제한이라고 하고 후자는 일반적인 제한이 아니라 시간적, 장소적 또는 人的인 사유로 가해지는 제한이라고 보며, 인적 제한 등 상대적 제한은 사실의 확인을 반영하는 것이라는 견해를 피력하고 있는데 이러한 견해도 맥락을 같이하는 것이라고 할 것이다. J. Rivero, 앞의 책, 171-173면.

제6장 기본권의 효력

제1절 개념과 고찰범위

기본권이 어떠한 내용의 어느 정도의 힘을 가지며 그 효과가 어떠한지에 관한 이론이 기본권의 효력이론이다.

기본권의 효력의 문제는 앞서 살펴본 기본권의 본질 내지 성격의 문제와 관련성을 가진다. 기본권을 실정권으로 보느냐, 자연권으로 보느냐 아니면 또 다른 성격의 권리로 파악하느냐에 따라 그 효력의 범위나 내용도 달라진다. 어떤 기본권은 인간에 있어서 보다 더 중요한 본질적인 성격의 권리라고 한다면 다른 권리들에 우선하는 효력으로 보장되어야 할 것이기 때문이다. 기본권의 효력 문제는 넓게 보면 기본권의 제한 문제를 포함한다. 기본권의 제한문제도 기본권의 실제적인 효력범위의 제한 문제라는 점에서 효력문제로 볼 수 있기 때문이다. 그리고 기본권의 침해에 대한 구제의 문제도 기본권의 효력문제라고 볼 수 있다. 기본권이 침해된 경우에 그 구제가 강구되지 않으면 기본권의 실효성을 회복할 수 없기에 기본권구제의 문제 역시 효력의 문제이기도 한 것이다. 결국, 종래 기본권의 성격, 효력, 제한, 보장(구제) 등으로 편별된 항목들 간에는 상호 연결성이 있다.

위와 같은 점들을 지적하여 두되, 기본권의 성격은 앞서 보았고, 기본권의 제한문제는 이를 별도로 상론하여야 할 만큼 비중이 크기에 앞으로 별개의 장에서 살펴볼 것이며, 기본권보장(구제)에 관해서는 실체법적 보장뿐 아니라 절차법적 보장 등 구체적 보장방법을 별도의 장에서 살펴보고자 한다. 따라서 여기서는 기본권이 국가에 대해 가지는 효력(대국가적 효력)에 대해, 그리고 사인들 간에도 효력을 발휘하는지(제3자적 효력) 하는 문제 등에 대해 살펴보고자 한다.

제2절 대국가적 효력

Ⅰ. 개념

기본권은 국가의 공권력의 행사로 인한 침해로부터 그 보호를 해줄 것을 국가에 요구할 수 있는 힘을 가진다. 이를 대국가적(對國家的) 효력이라고 한다. 또한 기본권의 대국가적 효력은 국가권력은 기본권규범을 준수하고 기본권을 보장하여야 한다는 구속을 받게 하는 힘을 의미하므로 국가에 대한 기본권기속력(基本權羈束力)이라고 표현되기도 한다.

국가가 기본권에 관해서 작용하는 경우로 다음과 같은 경우들이 있다. 첫째, 국가가 국민의 기본권을 헌법에 반하여 침해하는 경우이다. 이 경우에는 기본권이 국가권력의 침해에 대한 제재와 적절한 구제를 요구하는 힘을 발휘하도록 하여야 한다. 둘째, 국가가 헌법이 허용하는 범위 내에서 기본권을 제한하는 위치에 있는 경우이다. 기본권을 제한할 경우에도 국가안전보장, 질서유지, 공공복리를 위하는 목적이 있어야 하고 그런 목적이 있더라도 그 제한은 법률에 의하여야 하고 최소한에 그쳐야 하며 기본권의 본질적 내용을 침해해서는 안 된다(제37조 2항). 셋째, 국민의 기본권은 최대한 보장되어야 하는데 국가가 이러한 보장주체로서 활동하는 경우이다. 우리 헌법 제10조 후문은 “국가는 개인이 가지는 불가침의 기본적 인권을 확인하고 이를 보장할 의무를 진다”라고 규정하여 국가의 기본권보장의무를 명시하고 있다.

Ⅱ. 대국가적 효력의 범위

1. 기본권별 개관

각 개별 기본권들에 있어서 국가에 대해 가지는 효력을 살펴보면, 먼저 인간의 존엄과 가치는 국가가 보장하여야 할 가장 원초적인 기본권으로서, 국가가 인격권 등을 침해하는 법률을 제정하거나 조치를 취해서는 아니 된다. 자유권은 국가의 간섭을 배제하는 효과를 가진다. 국가가 국민의 일상적인 자유로운 활동에 간섭하고 규제할 경우에 국민은 그 배제를 요구할 수 있는 방어권을 가진다. 생존권과 청구권도 국가에 의한 보장이 요구되는데 이 권리들은 국가에 의한 적극적인 조치를 필요로 하는 기본권들이다. 생존권에 대해서는 대국가적 효력을 약하게 보려는 경향이 있긴 하나 국민의 인간다운 생활을 위하여 국가가 적극적으로 생활배려를 하고 생활비 등을 교부하여야 하며 이를 요구할 힘이 대국가적으로 인정된다. 참정권도 국민들이 일정한 조건을 갖춘 한에서는 국가의 정치에 직접, 간접적으로 참여할 수 있게 하고 이를 위한 제도의 완비를 위해 국가가 적극적으로 노력하도록 요구할 힘을 가진다.

2. 국가기관별 및 지방자치단체기관에 대한 효력

국회의 입법권, 정부의 집행권, 법원의 사법권은 국민의 기본권보호를 위하여 행사되어야 하며 기본권에 기속된다. 국회는 기본권을 침해하는 법률을 제정할 수 없고 기본권침해의 법률에 대해서는 위헌법률심판의 대상이 된다. 정부의 집행권은 국민의 기본권에 직접 영향을 미칠 가능성이 제일 많다. 법률은 원칙적으로 추상적인 규범이어서 특정한 국민의 권리, 의무에 바로 영향을 주는 경우는 드물지만 집행작용은 국민의 권리와 의무에 바로 영향을 미치는 작용, 즉 구체적인 이른바 처분의 효과를 가져오는 작용이기 때문이다. 집행작용은 법치행정원리에 따라야 하고 국민의 기본권에 영향을 미치는 집행작용은 법률에 근거하여서만 가능하다. 집행작용이 국민의 기본권을 침해한 경우에 행정쟁송(행정심판과 행정소송) 또는 헌법소원에 의하여 구제된다. 사법권도 국민의 기본권을 침해하는 재판을 행하여서는 안 된다는 구속을 받게 된다. 법원재판에 대한 헌법소원이 현재 인정되지 않고 있어서 사법에 대한 기속력이 한계를 가지고 있다.

지방자치단체의 기관에 대해서도 기본권의 효력이 미침은 물론이고 지방자치단체의 기관도 주민의 기본권을 침해해서는 아니 되고 최대한 보호하여야 한다.

3. 기본권효력이 미치는 국가작용의 범위

(1) 문제의 소재

현대의 국가작용은 그 영역이 넓고 다양한 형태로 이루어짐에 따라 국가의 작용에는 공법이 적용되는 작용뿐 아니라 사법(私法)의 적용을 받는 작용도 있다. 공법의 적용을 받는 작용에도 공권력이 동원되어 국민을 강제하는 등의 효과를 가지는 권력적 공법작용과 그렇지 않은 비권력적 공법작용(비권력적 작용은 이른바 '관리작용'이라고도 불리워짐)이 있다. 사법작용도 물론 비권력적 작용이다. 이러한 구분에 따라 기본권이 공권력이 개입되는 영역에서만 그 대국가적 효력을 가지는 것인지 아니면 비권력적 공법작용, 사법작용에 있어서도 국가는 기본권기속적인 의무가 있는지, 다시 말하자면 비권력적 국가작용에도 기본권규범의 대국가적 효력이 인정되는지가 문제된 것이다. 이러한 논의는 권력작용이 아무래도 기본권의 침해를 가져올 가능성과 정도가 더 크다는 관념, 그리고 사법작용은 사법이 적용되는데 기본권규범을 담고 있는 헌법은 공법이라는 점 등으로 인한 것이라고 볼 것이다. 한편 통치행위에 대한 기본권적용의 문제도 있다.

(2) 권력적 공법작용

국가가 행사하는 공권력들은 기본권을 존중하고 보호하여야 할 의무를 가지며 기본권은 이들 공권력들을 구속하는 힘을 가지고 공권력행사에 대해서는 대국가적 효력을 가지는 것은 물론이다. 공권력작용은 국민의 권리에 미치는 영향이 더욱 크므로 더욱 그러하다. 기본권의 보장역사를 보더라도 기본권의 요구가 국민을 강제하는 공권력작용에 의한 기본권박탈(신체의 자유의 박탈 등)에 대항하여 이루어진 경우가 많았다. 오늘날 국민에 대한 강제적 공권력작용이 공공복리, 질서유지 등을 위해 필요하더라도 어디까지나 법률에 따라 기본권제한의 한계 내에서 이루어져야 한다.

(3) 비권력적 국가작용 - 비권력적 공법작용, 좁은 의미의 국고작용, 행정사법의 작용

1) 유형

비권력적 국가작용에는 비권력적 공법작용(관리작용)과 사법이 적용되는 작용이 있다. 비권력적 공법작용은 행정청이 국민과 대등한 입장에서 계약을 체결하거나 강제력을 동원하지 않고 국민의 자발적 참여, 동의, 협력 등을 통하여 행정목적을 달성하는 작용이다. 사법이 적용되는 작용에는 좁은 의미의 국고작용과 행정사법작용이 있다. 좁은 의미의 국고작용(國庫作用)에는 조달행정작용, 영리활동이 있다. 조달행정작용이란 행정청에 사무용품 등의 물자를 공급하는 매매계약, 청사건립을 위한 토지매입과 같이 공적 임무의 수행을 위한 조성작용이다. 영리활동이란 공적 행정의 수행이 아니라 이익을 거두기 위해 사적인 회사를 운영하거나 사기업에 주주로 참여하는 등의 영리추구활동을 말한다. 행정사법(行政私法)의 작용은 행정기관이 공적 임무를 사법의 형식으로 행하는 작용을 말하며 주택건설, 수돗물공급, 국영체육시설의 설치·운영 등을 그 예로 볼 수 있다. 위와 같은 사법형식에 의한 국가작용은 급부행정의 증가로 나타나는 것이기도 하다.[1)]

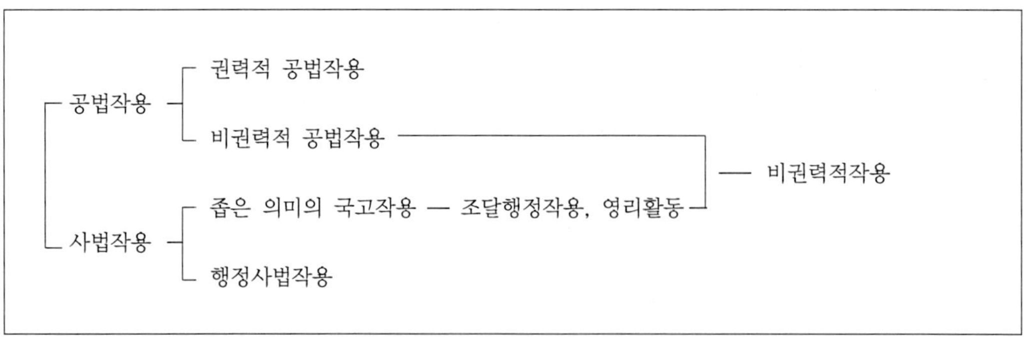

1) 위와 같은 행정작용의 구분에 대한 자세한 것은, 홍정선, 행정법원론(상), 박영사, 2011, 118면 이하, 504면 이하 참조.

2) 기본권효력의 인정

기본권을 국가의 '공권력'으로부터의 침해를 받지 않을 권리로 보는 인식이 있어 왔기에 위와 같은 비권력적 공법작용, 사법형식의 작용에도 기본권의 효력이 미치는지에 대해 논란이 없지 않았다. 부정설은 비권력적 공법작용은 공법이 적용되긴 하나 권력적 요소가 없다는 이유로, 국고작용, 행정사법의 작용은 사법형식으로 이루어진다는 이유로 기본권의 적용을 부인한다. 그러나 다음과 같은 논거로 비권력적 공법작용과 국고작용에도 기본권의 효력이 미치는 것으로 보아야 한다(긍정설).

* 긍정의 논거 – ① 비권력적 공법작용도 당연히 공법이 적용되는 국가작용이므로 공법인 헌법에 의해 보장되는 기본권의 효력이 미친다. 기본권의 대국가적 효력이지 대공권력적 효력이 아니다. ② 우리 헌법 제10조 후문은 국가가 기본권을 보장하여야 할 의무를 진다는 것을 명시하면서 국가가 지는 그 보호의무의 영역 내지 대상을 권력적 작용에 국한하고 있지 않으므로 비권력적 국가작용에 대해서도 당연히 기본권의 효력이 미친다. ③ 비권력적 작용이나 국고작용, 행정사법작용에 기본권의 구속력이 인정되지 않는다면 행정작용이 비권력적 공법작용이나 사법에로의 도피 현상이 나타날 수 있다. ④ 기본권의 최대한원칙에 부합되기 위해서는 비권력적 공법작용, 국고작용 등에 대해서도 기본권의 구속성이 인정되어야 한다. ⑤ 기본권의 침해로부터의 보호의 필요성은 침해작용이 권력적이든 비권력적이든 공법작용이든 사법작용이든 모두 인정된다. 기본권을 침해받는 국민의 입장에서 침해하는 작용이 무엇인지에 따라 피해결과의 유무가 달라지는 것은 아니다. ⑥ 기본권에 구속된다고 하여 비권력적 작용의 수행이 불가능한 것이 아니다. 기본권친화적일수록 그 수행이 오히려 효율적일 수 있다(국민의 협조에 의한 실효성증가). ⑦ 국고작용, 행정사법작용에는 사법이 적용되어 사법관계를 형성하게 되나 아래에서 살펴볼 기본권의 제3자적 효력(사법관계에도 기본권의 효력이 미친다는 것)이 인정되는 이상 기본권의 효력이 사법작용인 국고작용에도 미친다는 것을 인정하여야 한다. 오늘날 긍정설이 일반적인 견해로 자리잡고 있다.

3) 비권력작용의 기본권침해에 대한 구제방법

① 헌법소원 헌법재판소법 제67조 1항은 "공권력의 행사 또는 불행사"를 헌법소원의 대상으로 하고 있는데 비권력적 국가작용은 개념대로라면 공권력을 행사하지 않는 것이므로 원칙적으로 헌법소원의 대상으로 하기가 어려울 것이다. 헌재는 구 '공공용지의 취득 및 손실보상에 관한 특례법'(폐지된 법률임)에 의한 토지 등의 협의취득은 사법상의 매매계약이므로 협의취득에 따르는 보상금의 지급행위는 사법상의 행위로서 공권력행사가 아니고 하천관리청의 하천부지교환의무불이행도 비슷한 취지로 공권력의 불행사가 아니어서 헌법소원심판의 대상이 되지 않는다고 보아 각하결정을 한 바 있다.[1)] 서울특별시장이 위 법률의 환매권 행사를 부인

---

1) 헌재 1992.11.12. 90헌마160, 판례집 4, 787면. [결정요지] 먼저, 특례법에 의한 토지 등의 협의취득은 공공사업에 필요한 토지 등을 공용수용의 절차에 의하지 아니하고 협의에 의하여 사업시행자가 취득하는 것으로서, 그 법적 성질은 사법상의 매매계약과 다를 것이 없다. 그렇다면 그 협의취득에 따르는 보상금의 지급행위는 토지 중에 권리이전에 대한 반대급여의 교부행위에 지나지 아니하므로 그 역시 사법상의 행위라고 볼 수밖에 없다. 따라서 피청구인의 청구인에 대한 1982. 11. 11.자 보상금 지급행위는 헌법소원심판의 대상이 되는 공권력의 행사라고 볼 수 없다. 다음, 청구인이 주장하는 폐천부지의 교환행위는 하천관리청이 하천의 신설 또는 개축으로

하는 어떤 의사표시를 하였다 하더라도, 이는 환매권의 발생 여부 등에 관한 사법관계의 다툼을 둘러싼 주장에 불과하여 헌법소원심판의 대상이 되는 공권력행사가 아니라고 본 결정례[1] 도 있다. 그런데 비권력적 작용에 대해서도 공법적 규율이 가해진다고 보는 점(홍정선, 504면), 헌법소원제도가 기본권구제의 사각지대를 없앤다는 취지에서 도입되었다는 점을 고려하더라도 가능한 한 대상성을 넓히려는 적극성이 필요하다.

비권력적 작용에 법률이 개입하여 또는 법률이 개입하여야 함에도 개입하지 않아 기본권 침해가 있는 경우에는 헌법소원의 제기가 가능하다. 법률도 공권력작용이기 때문이다. 비권력적 작용이 기본권을 침해함을 법률이 용인하고 있는 경우에는 그 법률을 대상으로, 법률의 규정이 없어 이를 방치하고 있는 경우에 공권력의 불행사(법률이 없다는 입법부작위)를 대상으로 하는 헌법소원의 제기가 가능하다. 전자의 예로 국유재산 중 잡종재산에 대해서도(국유재산에는 행정재산, 보존재산, 잡종재산이 있는데 그 중 잡종재산) 시효취득을 금지한 구 국유재산법 규정에 대한 일부위헌결정, 국채증권 멸실의 경우에 공시최고에 의한 제권판결제도를 배제한 국채법규정에 대한 위헌결정 등을 볼 수 있다. 아래에 인용한다.

판례 헌재 1991.5.13. 89헌가97

[사안] 구 국유재산법 제5조 제2항이 "국유재산은 민법 제245조의 규정에 불구하고 시효취득의 대상이 되지 아니한다."라고 규정하여 잡종재산도 시효취득의 대상에서 제외하여 위헌심판이 이루어진 사안. [주 문] 국유재산법(1976. 12. 31. 법률 제2950호) 제5조 제2항을 동법의 국유재산 중 잡종재산에 대하여 적용하는 것은 헌법에 위반된다. [결정요지] 국유잡종재산(國有雜種財産)은 사경제적(私經濟的) 거래의 대상으로서 사적 자치의 원칙이 지배되고 있으므로 시효제도의 적용에 있어서도 동일하게 보아야 하고, 국유잡종재산에 대한 시효취득을 부인하는 동 규정은 합리적 근거없이 국가만을 우대하는 불평등한 규정으로서 헌법상의 평등의 원칙과 사유재산권 보장의 이념 및 과잉금지원칙에 반한다. * 지방자치단체의 공유잡종재산에 대한 동일한 규정인 구 지방재정법 제74조 제2항에 대한 비슷한 취지와 주문의 결정 : 헌재 1992.10.1. 92헌가6.

판례 국채법 제7조 위헌확인, 헌재 1995.10.26. 93헌마246, 위헌결정

[사건개요와 쟁점 및 결정] 청구인은 보관중이던 청구인소유의 국채증권을 도난당하였으나, 공시최고절차에 의한 증서의 실효에 관한 민법 제521조의 적용을 배제하는 구 국채법 제7조 때문에 구제받을 수 없게 되어 헌법소원심판을 청구하였다. 헌재는 위헌결정을 하였다. [심판대상규정과 관련조문] 심판대상규정 : 구 국채법 제7조(1979. 12. 28. 법률 제3178호로 신설된 것으로서 1993.12.31. 법률 제4675호로 폐지되기 전의 것)(멸실한 국채 등의 효력) "민법 제521조의 규정은 국채증권 및 이권에는 이를 적용하지 아니한다." 관련조문 : 민법 제521조(공시최고절차에 의한 증서의 실효) "멸실한 증서나 소지인의 점유를 이탈한 증서는 공시최고의 절차에 의하여 무효로 할 수 있다." [결정이유요지] 우리나라의 경우 국채의 유통성이 떨어지고 있는 근본이유는 국채가 시장의 실제금리보다 지나치게 낮아 그 구매수요창출

말미암아 생긴 폐천부지를 새로이 하천부지로 된 타인의 토지와 교환하여 주는 것으로서, 공법상의 행정처분이 아니라 사경제주체로서 행하는 사법상의 법률행위에 지나지 않는다. 그렇다면 청구인이 주장하는 폐천부지의 교환의무 불이행 역시 헌법소원심판의 대상이 되는 공권력의 불행사라고 볼 수 없다. 결국 이 사건 심판청구를 각하하기로 결정한다.

1) 헌재 1994.2.24. 92헌마283, 판례집 6-1, 107면.

이 어렵고 국채의 효율적 관리도 이루어지지 않아 상품성이 저하된 데 있으므로 멸실된 국채의 실효절차를 배제하여 현금과 같은 강한 교환성을 확보하여 주더라도 그 유통성이 획기적으로 제고될 것이라고 기대하기 어렵다. 결국 이 사건 규정은 원래 입법취지라고 생각되는 국채의 상품성과 유통성 제고에 별다른 기여를 하지 못하고 오히려 국채증권이 멸실된 경우 그 채권자의 권리행사의 길을 완전히 봉쇄함으로써 채무자인 국가가 합리적 이유없이 국민에 대한 채무를 면하게 하는 부당한 효과만을 낳게 하고 있을 뿐이다. 또한 비록 국가라 할지라도 채권채무관계와 같은 민사관계에 있어서는 일반인과 같은 원칙적으로 대등하게 다루어져야 하며 국가라고 하여 우대하여서는 안 될 것임(헌법재판소 1991.5.13. 89헌가97 결정 참조)을 감안할 때 이 사건 조항은 국가에 대하여 비합리적인 우대조치를 하는 것이라고 하지 않을 수 없다. 그렇다면 이 사건 조항이 국채의 유통성을 제고하고자 하는 입법목적을 달성하기 위하여 필요불가결한 적절한 수단이라고는 할 수 없고, 오히려 민사적 채권채무 관계에서 국가에게 우월적 지위를 인정하면서 그 상대방인 국민을 부당하게 차별하는 결과를 초래함으로써 멸실된 국채 채권자의 재산권을 불합리하게 침해하므로 평등의 원칙에 부합되지 아니한다.

② **행정소송, 민사소송** 비권력적 작용의 기본권침해에 대해서는 행정소송이나 민사소송에 의해 구제가 이루어질 수 있다. 민사소송, 행정소송을 담당하는 법원에서 기본권이 문제되는 사안이라면 기본권규범을 적극적으로 적용하여야 한다. 기본권효력을 부인하는 민사소송, 행정소송의 판결에 대해서는 헌법소원으로 다툴 수 있어야 하는데(법원판결도 공권력행사이다) 현재 법원재판에 대한 헌법소원이 금지되어 있어(헌법재판소법 제68조 1항) 문제이다.

③ **국가배상** 헌법 제29조 제1항은 공무원의 직무상 불법행위로 손해를 받은 국민은 법률이 정하는 바에 의하여 국가 또는 공공단체에 정당한 배상을 청구할 수 있다고 규정하고 있다. 국가배상제도란 불법행위는 공무원이 하였으나 배상책임은 국가가 지는 제도이다. 여기의 직무가 어느 범위까지를 포함하느냐에 따라 비권력적 작용으로 인한 손해발생에 대한 국가의 배상책임이 인정된다. 공법상 권력작용만을 뜻한다는 협의설(이를 주장하는 학자는 없다), 나아가 비권력적 공법작용도 포함한다는 광의설, 나아가 사법상의 작용까지도 포함된다는 최광의설이 있다. 판례[1]는 광의설을 취하고 있고 행정법학계의 지배적 학설도 광의설이다. 광의설에 따르면 비권력적 공법작용에 대해 국가배상청구가 가능할 것이나 사법형식의 국가작용에 대해서는 국가나 공공단체가 아닌 불법행위를 한 가해자를 상대로 한 민법상 손해배상을 청구할 수 있을 뿐이다.

(4) 이른바 '통치행위', 재량행위, 국가긴급권에 대한 효력

고도의 정치적 성격을 띠는 국가작용에 대해서는 사법(司法)의 심사대상이 아니라고 보는 이론이 통치행위이론이다. 그리하여 기본권을 침해하는 통치행위에 대해서는 사법적 구제를 받을 수 없어 통치행위에 대해서는 기본권의 효력이 발휘될 수 없는지 하는 문제가 있다. 그

1) 대법원 2004.4.9. 2002다10691[공2004.5.15.(202),783] 국가배상법이 정한 손해배상청구의 요건인 '공무원의 직무'에는 국가나 지방자치단체의 권력적 작용뿐만 아니라 비권력적 작용도 포함되지만 단순한 사경제의 주체로서 하는 작용은 포함되지 않는다.

러나 통치행위의 인정 자체도 문제이고 종래 이론에 따라 통치행위라고 분류되는 국가작용에 대해서도 기본권의 대국가적 효력이 인정된다고 보아야 한다. 통치행위이론에 대해서는 뒤의 사법부 영역에서 집중적으로 살펴보는데 기본권과 직접 관련되는 경우에는 통치행위를 부정하는 것이 헌재 판례이다. 재량행위는 행정목적의 달성을 위하여 집행권이 적정한 방법을 취하도록 선택과 자유를 부여한 결과이지만 어디까지나 국민의 기본권을 최대한 보장하는 범위 내에서 인정되어야 하고 기본권규범에 기속된다(평등원칙, 비례원칙 등은 재량행위에도 적용된다). 행정에 대한 통제의 역사는 기본권보장을 위한 재량통제의 역사이기도 하였다. 국가긴급권에 의한 기본권제한이 예외적으로 이루어질 수 있으나 국가긴급권의 발동은 헌법과 법률이 정한 요건에 따라 이루어져야 하는 만큼 기본권제한도 그러한 요건을 갖추어야 한다.

4. 헌법개정권력에 대한 효력

헌법개정권력의 행사도 국민의 기본권을 신장하는 방향으로 이루어져야 하고 국민의 기본권을 침해하고 기본권상황을 악화하는 헌법개정이 이루어져서는 아니 된다.

제3절 기본권의 대사인적 효력

제1항 개념과 문제의 소재

Ⅰ. 개념과 용어

사인들 사이의 관계에서 기본권규범이 적용되고 기본권이 효력을 가질 때 그 효력을 기본권의 대사인적(對私人的) 또는 사인들 간 효력이라고 한다. 위에서 살펴본 대로 기본권이 국가에 대한 구속력을 가지고 국가가 그 보장을 위한 의무를 지는 대국가적 효력을 가지는데 오늘날 이 기본권이 사인(私人)에 대해서, 사인들 간에도 그 효력을 가지고 사인들의 관계에서도 헌법상의 기본권의 규정들이 적용되는지가 논의되고 있다. 기본권의 대사인적 효력을 제3자적 효력이라고도 한다.

용어해설 '제3자적'이라고 부르는 것은 기본권주체인 국민이 국가와 가지는 관계에서의 대국가적 효력이 국민, 국가라는 양자적인데 비해 국민과 또 다른 국민 간의 관계에서는 국가를 두고 볼 때 제3자 간이 된다고 보기 때문이다.

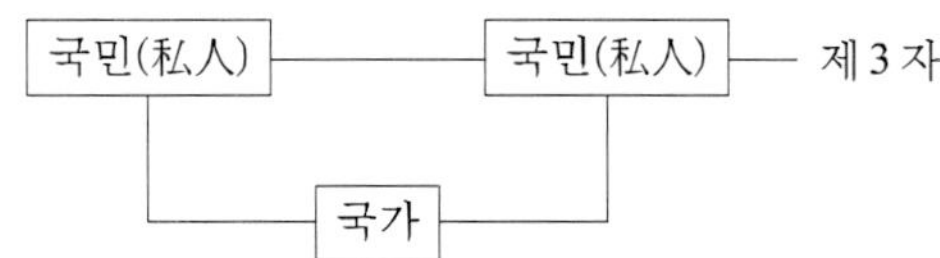

기본권의 대사인적 효력은 기본권의 대국가적 효력에서 나아가 기본권이 사인들 간에도 확대적용된다고 하여 기본권의 확장효라고 불리기도 한다. 그러나 제3자효란 말은 대국가적 효력을 중심으로 하는 관념이 배여있고 확장효란 말은 기본권이 어디까지나 대국가적인 기본권이라는 관념을 전제로 한 것이라고 할 수 있다. 사인들 간의 대등 간에서 효력이라는 의미에서 수평효라고 부르는 견해도 있다.

II. 문제의 소재와 실익

1. 문제의 소재

기존의 이론에서 기본권의 대사인적 효력을 당연히 긍정하지 못하고 이에 대한 논의가 있게 된 연유는 다음과 같다. ① 공법·사법의 구분 때문이다. 기본권이 공법인 헌법에 의해 보장되는 공권이라는 전래적 이론에 따르면 국가와의 공법적 관계에만 적용될 수 있을 뿐이므로 이 기본권이 사법이 적용되는 사인들 간에도 적용될 수 있겠느냐 하는 문제가 제기된 것이다. 즉 공법인 헌법의 기본권규정이 사법관계에 적용되면 전통적인 공법·사법의 체계의 구분을 흔들어 놓게 되는 우려가 있는데 그럼에도 대사인적 효력을 인정할 것인지, 인정한다면 어떻게 인정할 것인지를 논의하여 왔던 것이다. ② 사인들 간에는 사적 자치의 원칙이 적용되어야 한다는 관념도 기본권의 대사인적 효력에 대하여 소극적으로 보는 데 기여하였다. 사적 자치에 맡길 사인들 관계 문제에 기본권이 적용되게 함으로써 국가가 개입하게 되면 사적 자치를 침해할 수 있고 사적 자치 영역에는 사법이 적용되어야 한다는 사고이다.

한편 기본권의 대사인적 효력을 헌법에 명시한 예가 있긴 하다(명시하고 있는 예로, 포르투갈 헌법 제18조 제1항, 스위스 연방헌법 제35조 제3항). 그런데 드물다. 우리의 헌법도 이를 명시하고 있지 않다. 따라서 헌법해석으로 이를 해결하여야 한다.

우리는 보다 근본적인 의문을 가지고 있다. 그것은 과연 기본권의 대사인적 효력 문제를 제3자적 효력이라고 부르면서 특별히 별도로 다룰 필요가 있는 것인가 하는 의문이다. 먼저 기존의 이론을 살펴보고 새로운 논의를 한다.

2. 실익

기본권의 대사인적 효력의 문제는 오늘날 국가조직에 못지않은 대기업 등의 거대 사적 조직이 출현하여 활동하고 있고 이러한 거대 사적 단체, 조직의 출현으로 실제로 기본권의 침해를 가져오는 사례들이 나타나고 있기에(예를 들어 대기업에 의한 오염물질의 대량배출 등으로 인한 환경권침해, 시장의 독과점 등), 그리고 사적 단체나 개인들 간에 기본권이 충돌되는 현상이 나타나기에(예를 들어 언론기관에 의한 명예훼손의 문제, 사용자 기업와 근로자 단체의 대립, 사기업에서의 임금이나 노동문제, 사립학교에서의 종교교육을 둘러싼 갈등 등) 부각되는 문제이기도 하다(기본권상충에 대해서는 후술 참조). 이러한 현실적 문제에 대한 해결을 위해 기본권의 대사인적 효력이 인정되어야 한다. 또한 기본권효력의 확대가 이루어져야 한다는 점에서도 기본권의 대사인적 효력이 중요하다. 국가와 헌법의 존재근거는 기본권의 최대한의 보장에 있고 기본권의 최대한의 보상은 국민의 행복을 증대시킨다. 이러한 필요성은 사인들 간에서도 마찬가지로 요구되는 것이고 기본권이 사인들 간에도 충실히 보장될 때 국민의 기본권보장이 더욱 철저해진다.

제2항 기존의 이론

Ⅰ. 기본권의 대사인적 효력에 관한 외국의 이론

1. 독일의 이론

기본권의 대사인적 효력에 대해 논의를 많이 하여온 국가로는 독일을 들 수 있다.

(1) 부정설

기본권의 대사인적 효력을 부정하는 이론으로는 ① 공사법체계유지설(공법과 사법은 체계를 달리하는데 공법규범인 기본권규범이 사인들 간에도 적용된다면 사인들 간에 적용되어야 할 사법체계와 혼란이 오게 되므로 공법인 헌법의 기본권규범이 사인들 간에 적용되어서는 안 된다는 이론), ② 대국가적 효력설(기본권은 국가에 대하여서 효력을 가지는 권리이므로 사인들 간에는 효력을 가지지 않는다고 보아야 하고 따라서 대사인적 효력을 인정할 수 없다는 설), ③ 사적 자치설(사인들 간의 행위는 사인들 스스로의 의사와 그들 간의 합의에 의해 결정되므로 자신의 권리들을 스스로 제약할 수도 있는 것이므로 기본권규정이 적용되어야 하는 것은 아니라는 설), ④ 법률적 보호설(법률에 의한 기본권보호가 가능하고 충분하므로 헌법상의 기본권규정이 사인들 간에도 적용될 필요가 없다는 설) 등이 있다.

이러한 부정설은 오늘날 사인에 의한 기본권침해가 중요한 문제가 되고 있어 사적 자치에만 맡겨둘 수 없고 법률에 의해 해결될 수 없는 경우에 기본권보장의 공백이 생기므로 비판을 받고 있고 대부분의 학설도 대사인적 효력을 인정한다.

(2) 제한적 직접효력(적용)설

헌법의 기본권규범이 사인들 간에도 바로 효력을 가지고 직접 적용된다는 직접효력(적용)설은 헌법이 최고법인 이상 사법도 헌법의 규범에 따라야 하고 사적 자치로 맺어진 계약이라고 할지라도 헌법의 기본권규범을 위배한 것이라면 무효가 된다고 보아 직접적 효력을 인정하는 입장이다. 그러나 헌법의 모든 기본권규정들이 사인들 간에 직접 적용된다고 보는 전면적 직접적용설은 찾아볼 수 없고 헌법이 명시적으로 직접 적용된다고 규정하고 있는 기본권 또는 성질상 사인들 간에 직접 적용될 수 있는 기본권들만 직접 적용된다고 보는 제한적 직접효력(적용)설이 있다. 예를 들어 이 설은 근로자의 단결권은 사인들 간인 사용자와 근로자 간에 직접 적용된다고 보는 것이다(계희열, 95면).[1)]

(3) 간접적용설 - 공서양속설(매개설)

헌법의 기본권규범이 사인들 간에 바로 적용되는 것이 아니라 중간 매개로서 사법의 적용을 통하여 헌법의 기본권규정의 효과가 나타난다는 이론이다.

이 이론은 직접효력설을 비판하면서 공법과 사법의 체계를 흩뜨리지 않고 사법의 고유성과 독자성을 유지하면서도 기본권규범이 사법관계에도 효력을 발휘할 수 있다고 본다. 이 이론은 기본권규범이 사법관계에 직접 적용되는 것이 아니라 공서양속, 신의성실 등 사법(私法)의 일반원칙조항을 통하여 간접적으로 적용된다고 본다. 즉 간접적용설은 사법상 계약일지라도 기본권을 침해하는 법률행위는 사법(민법)의 공서양속조항[公序良俗條項(독일민법 제138조, 우리 민법 제103조)]의 위반으로서 무효라고 보는 것이다. 이처럼 간접적용설은 사법의 일반원칙 속에 헌법의 기본권보호규범의 내용을 담아 어디까지나 직접 적용되는 것은 사법의 일반원칙이지만 그 적용을 통하여 그 내용인 기본권규범이 결국 간접적이지만 실질적으로 적용되는 결과를 가져온다고 보는 이론이다. 기본권규정이 사법관계에도 이렇게 미치는 효력을 방사효과(放射效果, 파급효과)라고 하는데 이는 기본권이 국가의 존재정당성을 제공하고 생활공동체의 기초를 형성하기 때문이라고 보며 사법의 일반원칙조항이 이러한 방사효의 창의 기능을 한다고 본다. 바로 방사효로 사법관계로의 기본권의 확장효가 나타난다고 본다. 간접적용설은 공서양속설이라고도 불리우고 이러한 사법조항의 매개에 의하여 기본권규정의 효과가 나타난다고 하여 매개설이라고도 불리워진다. 독일에서 G. Dürig 이래 많은 학자들, 연방헌법재판소의 판례는 1958년 Lüth판결 이래 간접적용설을 취해오고 있다.

---

1) 독일의 연방노동법원은 제한적 직접적용설을 취하는데 평등권, 언론의 자유, 부부와 가정의 보호, 인간의 존엄성, 인격의 자유발현권 등을 직접적으로 적용되는 기본권으로 판시하였다.

* 1958년 1월 15일 Lüth판결과 간접적용설(공서양속이론)
나치시대에 '유트 쥐쓰(Jud Süß)'라는 반유태적 영화의 시나리오와 감독을 맡았던 파이트 할란(Veit Harlan)이 1950년에 '불멸의 연인'(Unsterbliche Geliebte)이라는 새로운 영화를 만들게 되자, 당시 함부르크 시의 공보실장이던 에리히 뤼트(Erich Lüth)는 1950년 9월 20일 함부르크 기자협회의장으로서 '독일영화주간' 행사의 일환으로 함부르크시 프레스클럽에 영화배급자와 상영관 업주들이 모인 자리에서 파이트 할란의 영화에 대한 배급과 상영을 하지 말 것을 요청하게 된다. 그 같은 요청의 이유로 에리히 뤼트는 파이트 할란이 유태인 박해의 대표적인 사람으로서 그가 재등장하면 과거 유태인 박해의 아픈 상처가 다시 번질 뿐 아니라 독일에 대한 외국의 불신이 되살아 날 것이라고 보았던 것이다(BVerfGE 7, 198〔199〕). 이에 대해 '불멸의 연인'의 영화제작자(Domnick－Film－Produktion GmbH)와 파이트 할란 측은 에리히 뤼트에게 더 이상의 업무방해적 발언을 중지할 것을 요구하였으나, 그는 그해 10월 27일 파이트 할란에게 보내는 공개서한을 통해 지속적으로 자신의 뜻을 굽히지 않았다(BVerfGE 7, 198〔200〕). 이에 영화제작자(Domnick－Film－Produktion GmbH)와 배급사(Herzog－Film GmbH)는 마침내 함부르크 지방법원에 독일민법 제826조에 근거하여 에리히 뤼트를 피고로 제소하였으며, 이에 대해 1951년 11월 22일에 그의 상영거부요청을 금지시키는 가처분결정을 얻어내었다(BVerfGE 7, 198〔201〕). 당시 함부르크 지방법원은 에리히 뤼트의 상영반대 요청 발언을 민법 제826조의 공서양속(Guten Sitten)에 위반하여 타인에게 손해를 끼친 불법행위로 판단하였던 것이다. 그러나 이 같은 판결에 대해 에리히 뤼트는 기본법 제5조 제1항의 표현의 자유를 침해한다고 이 가처분결정에 대하여 연방헌법재판소에 헌법소원을 제기하게 되며(BVerfGE 7, 198〔202〕), 이에 연방헌법재판소는 함부르크 지방법원의 결정에 대한 에리히 뤼트의 주장을 받아들이게 된다.
그리고 이 사건에서 연방헌법재판소는 '헌법상 기본권조항은 객관적 질서를 의미하고 있으므로 사법영역에서도 타당하다고 할 수 있다. 그리고 이 경우 기본권의 보장에 관한 헌법조항을 직접적으로 사법관계에 적용하기 보다는 당해 민사법의 각 조항, 대표적으로 독일민법 제826조의 적용을 통하여 간접적으로 헌법의 취지를 사법관계에도 확장시켜 판단하는 것으로서(BVerfGE 7, 198〔206〕), 본 사건에서 의사표현의 자유라고 하는 기본권은 사회에서의 인간인격의 직접적인 표현으로서 가장 고결한 인권의 하나이다. 자유민주적 국가질서에 대해 이 기본권은 대단히 중요하다. 왜냐하면 이 기본권은 자유민주적 국가질서의 생활요소라고 할 수 있는 지속적인 정신적 토론과 의사의 경쟁을 비로소 가능하게 해주기 때문이다. 이 기본권은 모든 자유의 기본이다(BVerfGE 7, 198〔208〕).'라고 하여 기본권의 대사인적효력으로서의 간접적용설을 인정하면서 동시에 '인간의 존엄성에 대한 존중과 자유로운 인격발현권이 중심이 되는 이러한 가치질서는 법의 모든 영역에 있어서의 헌법적 근본결단으로서 유효하여야 한다. 즉 입법·행정·사법은 기본권으로부터 지침과 자극을 받으며, 따라서 기본권은 민법에 대해서도 영향을 미친다는 것은 자명한 것으로서 어떤 민사법규도 기본권에 반해서는 안되며, 그것은 기본권의 정신속에서 해석되어야 한다(BVerfGE 7, 198〔205〕)'라고 하면서 '법관 또한 민사법규범에 대한 헌법적 영향을 무시한다면 그는 객관적 규범으로서의 기본권규범의 내용을 간과함으로써 객관적인 헌법을 위반하는 것에 그치는 것이 아니라, 공권력의 담당자로서 판결을 통하여 기본권을 침해하는 것이다(BVerfGE 7, 198〔206 f.〕)'라고 하여 궁극적으로 함부르크 지방법원 판사(재판부)에게도 기본권의 간접적용의 전제로서의 '헌법적 근본결단으로서 유효성'과 '기본권의 정신속에서 해석'할 것을 강조하고 있다.
파이트 하란과 에리히 뤼트 간의 사법적 관계에서 파이트 하란 등이 주장하는 민법 제826조의 공서양속 위반을 이유로 함부르크 지방법원은 파이트 하란측의 손을 들어주었다. 그러나 연방헌법재판소는 함부르크 지방법원의 가처분결정에 대한 에리히 뤼트의 헌법소원심판에서 기본권의 대사인적 효력의 간접적용을 인정하면서 동시에 본 사안에서의 경우 본질적으로 이 사건이 과거 나찌정권하의 활동과 반유대성 등의 정황을 참작해 볼때에 파이트 하란의 민법 제826조의 공소양속 위반의 주장은 에리히 뤼트의 기본법 제5조의 표현의 자유라는 기본법의 정신속에서 해석할 경우에 위법성을 가지지 않는다고 보았으며, 이와 관련하여 가처분결정을 내린 함부르크 지방법원의 재판부(판사) 역시 그 같은 해석의 의무를 진다고 판단하였다.

2. 미국의 이론 - 국가행위의제이론

미국에서는 원래 연방헌법에 기본권조항이 없다가 후에 수정헌법으로 추가되었는데 인권보장규정인 수정헌법 제14조 제1항이 "어떤 주(state)도 미합중국시민의 특권과 면제를 박탈하는 법률을 제정하거나 강제할 수 없고, 적법절차에 의하지 아니하고는 생명, 자유 또는 재산을 박탈할 수 없으며 … 누구에 대해서도 법률에 의한 평등한 보호를 거부할 수 없다"라고 규정하여 주에 대하여 규정하고 있기에 주의 행위, 즉 국가행위에 적용되고 사인의 행위에는 적용되지 않는다고 보아왔다. 이것이 국가행위(state action)이론이다. 국가행위이론은 사적 영역에 대해서는 자치와 자유를 주고 개입하지 않으려는 사고, 사인들의 법적 관계 문제는 연방이 아니라 주의 소관이라는 연방주의 사고, 사인들의 법적 문제를 규율하는 권한은 원칙적으로 의회입법에 의한 것이라는 권력분립적 사고 등에 터잡고 있다. 국가행위이론은 민권법에 대한 위헌판결에서 설정되었다. 즉 인종차별행위를 규제하는 1875년 민권법이 제정되었으나 연방대법원은 주(국가)의 행위만 수정헌법 제14조의 적용을 받는다고 보아 국가행위이론을 설정하였고 사인의 차별행위를 규율하는 민권법에 대해 위헌이라고 선언하였다.[1] 이 판결로 사인들 간의 인권보호에 있어서 암흑기를 보내게 되었다. 그러나 세계 2차 대전을 겪고 흑인에 대한 차별 등 사회적 문제가 일어났고 대기업, 언론기관, 대학 등 조직화되고 큰 사회적 단체들이 나타나 개인의 권리를 침해할 가능성이 높아졌으며 국가는 복지국가를 위한 적극적 행정, 경제규제의 확대 등으로 그 개입이 늘어나면서 사인(私人)들의 행위가 국가행위로 전환되어 인권조항이 적용되어야 할 국가행위의 확대필요성이 생겨났다. 이러한 상황에서 인권보장의 공백을 메우는 일이 법원에 주어질 수밖에 없게 되었다. 그리하여 1940년대 이후 연방대법원의 판례이론으로 사인의 행위일지라도 특정한 사인행위, 즉 국가의 개입이 있거나 관련이 있는 경우 등에는 국가행위로 전환되어 국가행위가 있다고 보아 기본권규범이 적용되어야 한다고 보는 이론들이 형성되었다. 한국에서는 이를 국가행위의 의제(擬制)이라고 소개하여 왔으며 사인이라도 그 행위가 국가의 행위에 유사한 것으로 보려는 국가유사론(looks-like government theory 국가동시설)이라고도 하여 왔다. 여하튼 어떠한 사인의 행위를 국가행위로 볼 것인지에 대한 기준이 명확한 것은 아니고 그 기준공식을 명확히 유형화하는 것은 어렵다. 그동안 그 기준에 관한 이론들이라고 한국에서 소개된 것으로는 국가원조론, 국유재산이론, 특권부여이론, 사법적 강제집행이론, 통치대리(기능)이론 등이 있었는데[2] 아래에 미국판례이론들을 개관한다.

1) The Civil Rights Cases, 109 U.S. 3 (1883).

2) 한국에서 위와 같이 국가원조론, 국유재산이론, 통치대리이론 등 기존의 설명만으로는 미국의 state action이론

(1) 긴밀 관련성이론

국가(주)와 긴밀한 관련을 가지는 사인의 행위를 국가행위로 보아 이러한 사인행위에 대해서는 기본권규정이 적용된다고 보는 이론이다. 문제는 그 관련에 어느 정도의 긴밀성을 가져야 국가행위로 볼 수 있느냐 하는 것이다. 연방대법원이 긴밀한 관련성을 인정한 경우로 국가가 사인에 대해 원조, 허가를 통한 특권을 부여하고 국가규제가 이루어지고 있는 긴밀한 경우 등을 볼 수 있다.

1) 국가원조(state assistance)

국가(주)의 원조(재정지원, 조세감면, 토지수용권의 부여 등)를 받은 사인의 활동은 그 원조로 인해 일정한 요건 하에 국가행위를 하는 것으로 간주될 수 있다고 보고 따라서 그 사인의 활동으로 다른 사인 간에 형성된 법적 관계에 기본권규정이 적용된다고 보는 이론이다. 국가의 원조는 통상적으로 넓게 이루어질 수 있는 것이므로 단순한 원조, 전기·수도·치안 등 일반적인 행정서비스 원조로서는 국가행위로 인정되기 어렵다고 보고 주의 재정적 원조를 받는 사인의 인종차별적 행위와 같은 경우에 특별한 원조로서 국가행위가 된다고 본다. 그리하여 백인의 사립학교 재학생에게 주가 교과서를 무상으로 제공하는 것에 대해 국가행위를 직접 언급하진 않았지만 인종차별적 학교에 대한 원조로서 위헌이라고 한 판결[1]은 그러한 취지의 판결로 본다. 또한 인종차별적인 백인 사립학교로 하여금 시의 운동경기장을 독점 사용할 수 있도록 한 시의 행위는 보조금지급의 효과를 가지는 것이므로 위헌이라고 보았다.[2]

2) 특권부여, 규제의 이론(governmental regulation theory)

이는 국가로부터 일정한 특혜나 특별한 권한을 부여받은 사인이 국가로부터 폭넓은 규제를 받고 국가와 밀접한 관계를 유지하고 있는 특정한 사적 단체의 활동은 국가의 행위와 동일한 것으로 보는 이론이다. 예를 들어 독점권을 제공받으면서 국가의 규제를 받는 버스나 전차 등의 운송회사가 헌법상 권리를 침해한 경우에 국가의 직접적 개입이 있었던 사안이라는 이유로 국가행위로 본 Public Utilities Commission v. Pollak 판결이 있었다.[3] 이 사건은 독점적으로 공공운송을 담당하면서 연방정부의 공공사업위원회(Public Utilities Commission)의 규제를 많이 받고 있던 개인 운송회사의 시내버스에서 약간의 뉴스, 일기예보, 상업광고를 내보내는 라디오 방송을 틀자 승객인 Pollak 등이 이는 라디오를 강제로 청취하도록 하는 것이라며 이의를 제

에 대한 정확히 이해가 어렵고 오해의 소지가 있다고 하면서 미연방대법원의 국가행위 관련 선례들을 검토하여 공적 기능이론, 공생관계이론, 긴밀 관련성이론, 강제 및 조장이론 4가지로 나누어 설명하는 연구로, 이노홍, 미국연방헌법상 국가행위(STATE ACTION)이론에 관한 연구, 이화여자대학교 박사학위논문, 2001, 2면 이하; 이노홍, 미연방대법원의 국가행위심사기준 중 긴밀관련성(Close Nexus)이론에 관한 고찰, 헌법논총, 제15집, 헌법재판소, 2004, 478면 이하 참조.

1) Norwood v. Harrison, 413 U.S. 455 (1973).

2) Gilmore v. City of Montgomery, 417 U.S. 455 (1974).

3) 343 U.S. 451 (1952).

기하였고 위 위원회는 조사 등을 거쳐 공중의 편의, 안전에 침해가 되지 않는다고 하여 이의를 받아들이지 않자 Pollak 등은 수정헌법 제1조, 제5조가 규정하는 헌법적 권리를 침해한다고 하여 법원에 소송을 제기하여 연방대법원은 위 위원회의 개입으로 긴밀한 관련성이 있다고 하여 위 행위를 국가행위로 보았다. 그러나 위헌선언을 하지는 않았다. 이 판결은 한국에서 특권부여이론의 예로 들려지고 있으나 독점적 특권을 준 점 때문에 국가행위로 본 것은 아니었고 국가의 규제(공공사업위원회의 개입)가 있었기에 긴밀 관련성이 있는 국가행위로 본 것이었다. 판례의 경향은 주가 과도한 넓은 규제를 하였다는 이유만으로 긴밀한 관련성이 충분하다고 보는 것은 아니라고 이해된다.

(2) 공생관계·공동참여이론, 국유재산의 이론(state property theory)

공생관계·공동참여이론은 국가소유의 건물 등을 임차한 사인의 행위, 국가가 수익을 누리는 사인의 행위, 국가가 공동참여적인 관계에 있는 사인의 행위를 국가행위로 보는 이론이다. 주 소유의 건물을 임차하여 영업을 하는 식당이 흑인에 대하여 식사제공을 거절한 인종차별행위가 문제된 Burton 판결[1)]에서 연방대법원은 주의 재산을 부여하였으며 주의 수익적인 관계가 있어 주와 공동참여자의 관계에 있는 이러한 사인의 행위는 국가행위이고 위헌이라고 판단하였다. 한국교과서에서 이 Burton 판결의 법리를 국유재산이론으로 소개하고 있다. 국유재산이론이란 국가의 재산인 시설을 임차한 사인이 그 시설에서 다른 사인들의 기본권을 침해하는 행위를 국가행위와 같은 것으로 보아 헌법의 기본권규정을 적용하려는 이론이라고 한다. Burton 판결이 주 소유 건물을 임차한 식당에서 발생한 사건이어서 국유재산이론을 제시한 판례로 소개된 것 같다.[2)] 그리고 국유재산이론의 적용의 요건으로 ① 당해 시설의 운영에 공적자금이 투입되고 있는 경우, ② 당해 시설에 대한 국가의 실질적인 통제가 가해지고 있는 경우, ③ 국가가 위헌적인 행위(인종차별 등)를 간접적으로 행하고자 하는 동기나 의도를 지니고 당해 시설을 임대한 경우여야 하고 ④ 당해 시설은 일반 공중에게 개방되어 일반 공중의 이용을 위해 개방되어 있을 것 등을 요한다고 한다.

(3) 강제·조장이론, 사법적 강제집행이론(judicial enforcement theory)

주가 자신의 권한행사를 통해 사인의 행위를 강제하거나 조장하는 경우 그 사인의 행위가 국가행위가 되고 따라서 헌법을 준수하여야 한다는 이론이다. 강제이론은 1948년 Shelly v. Kraemer 판결[3)]에서 나타났다. 이 사건은 백인들이 백인이 아닌 사람들에게 부동산을 매각하지 못하도록 하는 제한협정을 두고 있었는데 그 협정 당사자 일부가 이를 위반하고 흑인인

---

1) Burton v. Wilmington Parking Authority, 365 U.S. 715 (1961).
2) 그 외 국유재산이론의 판례로 한국에서 소개되고 있는 판결로, Turner v. City of Memphis, 369 U.S. 350 (1962).
3) 334 U.S. 1 (1948).

Shelly에게 매각하자 다른 협정 당사자들이 Shelly의 부동산점유를 금지해달라는 소송을 제기하였고 주 대법원은 점유 금지명령을 하는 판결을 하였기에 Shelly가 연방대법원에 상고한 사건이다. 연방대법원은 위와 같은 제한협정은 스스로 준수되면 수정헌법 제14조의 적용을 받지 않지만 법원의 판결로 강제되면 주의 행위가 되고 이러한 사법적 강제집행은 위헌적인 국가행위라고 판단하였다. 이는 한국교과서에서 사법적 집행이론으로 소개된 것이다. 사실 민사분쟁이 법원에서 판단된다는 점에서 이러한 판례이론에 따르면 모든 민사분쟁에서의 사인행위가 법원의 개입으로 국가행위가 된다는 점에서 문제가 있다는 지적도 있다.

(4) 통치대리(기능)이론(governmental function theory), 공적 기능이론(public function theory)

이는 국가의 통치기능을 대신 수행하는 사인이나 사적 단체의 행위를 국가행위로, 국가의 기능과 같은 사인의 행위를 "공적 기능"(public function)을 행하는 것으로 보아 국가의 행위로 간주할 수 있다는 이론이다. 정당의 예비선거(primary)에 흑인들에게 참여할 자격을 배제한 것은 위헌이라는 판결에서 이 이론이 시작되었다. 텍사스주는 정당의 예비선거에서 선거할 자격에 대해 각 정당이 스스로 정하도록 하여 민주당이 백인 당원들만에 선거권을 부여하여 문제되었다. 연방대법원은 예비선거도 선거의 필수적 과정이므로 이 기능을 정당에 위임함은 정당을 주의 대리인이 되게 하는 것이고 따라서 사적인 단체인 정당이 행하는 예비선거도 주의 통치기능을 대리하는 공적 기능으로서 국가행위가 된다고 하여 그 차별에 대해 위헌으로 결정하였다.[1] 사인의 소유이더라도 공익을 위해 운영되는 시설은 공적 기능을 수행하는 것으로 보는 판례도 있다. 대표적인 것으로 주정부와 무관한 사기업이 소유한 타운(town) 상업지역에서 어느 종교 신자인 Marsh가 무단으로 종교 유인물을 배포하자 회사가 배포중지와 떠날 것을 요구하였으나 따르지 않아 불법침입죄로 기소되어 국가행위가 문제된 사건이 있었다. 연방대법원은 사적 재산이 공용에 제공되면 될수록 소유권은 헌법상 권리에 의한 제한을 받는다고 하면서 타운은 의사소통의 장소라는 이익을 가진다고 언급하고 문제의 타운은 공적 기능을 수행하므로 국가행위임을 인정하고 위헌으로 판시하였다.[2]

(5) 평가

미국의 연방대법원이 위의 여러 인정이론을 적용하여 국가행위로 인정하는 판례를 내놓았으나 하나의 인정이론만이 적용될 것이 아니라 예를 들어 국가의 원조를 받는 사인이 공적 기능을 수행한다면 국가원조론, 공적 기능이론이 모두 적용될 수도 있을 것이다. 근본적으로 '국가행위(state action)'이론은 원칙적으로 사인들 행위는 국가행위가 아니라는 데에 있고 예외적으로 국가행위로 인정된다. 국가행위이론에 대해서는 비판적 견해들이 있으며 그 심사기준

1) Smith v. Allwright, 321 U.S. 649 (1944).
2) Marsh v. Alabama, 326 U.S. 501 (1946).

이 모호하다고 지적되기도 한다. 한편 한국에서 소개되어온 국가원조설, 국가재산이론 등은 문제가 있다. 한국에서 이름 붙여진 국가원조설은 위에서 보았듯이 국가원조를 받는 모든 사인행위가 국가행위로 인정되는 것은 아니고 국가원조를 받고 긴밀한 관련성을 국가와 가지는 사인에 해당된다는 점에서 긴밀 관련성론으로 분류되는 것으로서 국가원조론이라는 명명 자체가 문제될 수 있다. 특권부여의 이론도 특권부여만으로 국가행위로 인정되는 것이 아니라 긴밀 관련성이 있어야 한다는 점에서 그러하다. 그동안 한국에서 그런 이름으로 소개된 것이기에 긴밀 관련성이론이란 항목에서 살펴보긴 하였다.

Ⅱ. 한국에서의 학설과 판례

1. 학설

한국의 학설도 기본권의 사인 간 효력을 긍정하는 견해가 대세이다.

(1) 대사인적 효력 인정근거에 관한 논의

1) 일반론

공법체계와 사법체계의 유지를 위해서는 공권인 기본권의 효력이 사인 간에 미치지 않는다고 보아야 하나 사적 조직, 사인에 의한 기본권침해가 오늘날에 나타나고 있으므로 대사인적 효력의 인정이 필요하다고 본다. 이는 법현실필요론이라고 할 것이다.

2) 동화적 통합이론

동화적 통합이론은 “기본권에 내포된 ‘주관적 공권’ 외에 그 통합촉진적인 ‘객관적 질서성’을 중요시하는 이른바 ‘양면성’의 논리를 받아들이지 않고는 헌법이론적으로 기본권의 대사인적 효력을 논증하기 어렵다”고 한다(허영, 245면). 동화적 통합이론은 이처럼 기본권의 이중적 성격에 근거하여 기본권의 대사인적 효력을 인정하는 입장이다.

3) 분석

기본권의 이중성론을 취하는 견해는 기본권 자체가 객관적 질서성을 가진다는 것을 받아들여야만 대사인적 효력을 인정할 수 있다고 한다. 그러나 앞서 이중성이론 문제를 살펴볼 때 지적한 대로 기본권 자체는 주관적 권리이고 객관적 질서성을 내포하지 않으나 객관적 질서성은 기본권의 효과로서 나타난다고 보므로 이중성을 인정하지 않는 입장이더라도 객관적 질서성의 효과가 있어 대사인적 효력을 인정할 수 있다. 기본권이 기본권주체 개인에게 있어서는 주관적 권리이나 그 효과로서 객관적인 질서를 형성하고 적용되는 것이라면 사인들 간의 사회질서도 객관적 질서이므로 사인들 간에서도 기본권이 적용되고 효력을 발휘하여야 한다. 결국은 기본권의 대사인적 효력이 대국가적 효력과 같이 당연히 나온다고 볼 것이다. 따라서 기본권의 이중성(양면성)이론을 인정하여야만 대사인적 효력을 인정할 수 있다고 볼 것은 아니고 기본권의 효과로 사인들 간에도 당연히 기본권이 적용된다고 보면 된다. 이상의 지적 등 기본권의 대사인적 효력의 인정논거에 대한 자세한 검토는 대사인적 효력의 근본적 검토에서 다루고자 한다(후술 참조).

(2) 인정범위 - 학설

1) 3분법

우리 헌법학계에서는 기본권의 대사인적 효력의 인정범위에 대해 직접적용되는 기본권, 비적용 기본권, 그 외에는 간접적용되는 기본권들로 3분하는 이론이 많다.

(가) 직접적용되는 기본권

가) 학설

학자들마다 다르다. 직접적용되는 기본권으로 ① 근로3권, 언론·출판의 자유, 협의의 인간의 존엄과 가치·행복추구권, 참정권을 드는 견해(김철수, 311면), ② 근로3권만을 드는 견해(권영성, 317면), ③ 언론·출판의 자유만 드는 견해(허영, 253면) 등이 있다.

유의할 것은 위의 ①의 견해가 인간의 존엄과 가치·행복추구권을 들고 있는 데 대해 그럴 경우 인간의 존엄과 가치·행복추구권이 포괄적이므로 모든 기본권들이 결국 직접적용되는 것으로 보아야 하는 문제점이 있다고 지적되는데 이는 잘못된 지적이다. 위 ①의 견해는 포괄적인 인간의 존엄과 가치·행복추구권을 의미하지 않고 '협의'의 인간의 존엄과 가치·행복추구권, 즉 예를 들어 인격권과 같은 경우에 한정하고 있기 때문이다.

판례 아래에서 언급하겠지만 헌재는 기본권의 대사인적 효력을 직접 인정한 예는 아직 없으나 사인들 간의 권리로서 헌법이 보장하는 것으로 소비자보호운동의 보장규정인 헌법 제124조를 드는 판시를 한 바 있다(헌재 2005.3.31. 2003헌바92. 이 결정의 분석에 대해서는 아래 '한국의 판례' 부분 참조). 이 판시에서 소비자권이 기본권이라고 명시하지는 않고 그냥 권리라고만 하였고 헌법 제124조가 소비자보호운동의 보장을 규정한 것이지 소비자권을 직접 명시한 것이 아니라는 점에서 불분명한 점이 있으나 헌법이 보장하는 권리를 기본권으로 본다면 우리 헌재가 사인들 간에 적용되는 기본권이 헌법 제124조에 의해 인정되는 입장을 취한 결정례라고 할 것이다. 소비자의 권리는 사인인 소비자와 또 다른 사인인 기업(판매자) 간의 사인들 간 권리라는 점에서 이를 우리 헌법이 보호하는 기본권이라고 보면 직접적인 제3자효에 법률(사안에서 민사집행법)이 간여한 경우라고 할 것이다. 그런데 헌법 제124조를 기본권규정으로 보기는 어렵고 소비자의 자기결정권 같은 기본권이 헌법 제10조 행복추구권에서 나온다고 우선 보아야 할 것이다(헌재도 그 점 인정한다).

나) 검토(사견)

ⅰ) 직접적용의 의미 보다 근본적으로 직접적용이 된다는 이론도 실정권설적 입장이다. 헌법규정에서 사인들 간의 직접적 효력이 나온다는 것은 헌법규정이 없으면 사인들 간에 자연권적인 성격의 기본권의 효력을 인정하기 힘들다는 결론이 나올 수 있기 때문이다(직접적용설을

취하면서 기본권을 헌법상에 명시되지 않은 자연권에 확장하고 그 자연권에 헌법적 효력을 확장하는 입장이라면 몰라도 그렇지 않으면 실정권적 결과를 가져올 것이다).

ⅱ) **연원상 3자효인 기본권** 연원상 근로3권은 헌법에 직접효가 명시되지 않더라도 직접 적용되어야 할 기본권임을 알 수 있다. 왜냐하면 근로3권은 근로자라는 사인과 사기업을 경영하는 사용자라는 또 다른 사인들 간에서 약자인 근로자의 권익보호를 위하여 단결권, 단체교섭권, 단체행동권이 인정된 것이므로 결국 사인 간의 기본권으로 출발한 것이라고 보아야 한다. 물론 국가가 사용자, 근로자간의 근로3권에 관한 활동에 개입하여 제약할 경우에 그 제약에 대응할 권리로서 대국가적 효력도 가진다.

ⅲ) **인간존엄성의 직접효 부인에 대한 반박** 인간의 존엄성은 우리나라 기본권질서의 기초이고 모든 국가생활의 가치지표라고 하면서 이의 직접적 사인효를 인정하는 것은 결국 모든 기본권의 직접적 사인효를 긍정하는 것이나 다름없다는 지적이 있다(허영, 253면). 그러나 인간의 존엄과 가치도 하나의 기본권으로서 기능할 수 있다. 인격권의 경우가 그것이다. 현실적으로도 명예를 침해한 경우에는 손해배상소송으로 그 구제가 이루어지고 있다는 점에서 사인들 간에도 적용되고 있다. 물론 명예권이 민법 제764조에 근거하여 간접적으로 보호된다고 볼 수도 있으나 민법 제764조는 인격권이 직접 사인들 간에 적용되는 것을 확인하고 있는 것으로도 볼 수 있다.

ⅳ) **헌법 제21조 제4항** 이 항은 "언론·출판은 타인의 명예나 권리 또는 공중도덕이나 사회윤리를 침해하여서는 아니 된다"라고 규정하여 언론·출판의 자유의 제한을 헌법이 직접 규정한 것이지 언론·출판의 자유의 제3자적 보호 효력을 직접 규정한 것은 아니다. 헌법 제21조 제4항이 직접적 보호 효력을 규정한 기본권은 타인의 명예나 권리 등 인격권이다. 결국 헌법 제21조 제4항이 기본권의 대사인적 효력을 직접 규정한다고 하는 것(또는 직접 명시하고 있다는 것)은 맞으나 그 직접 보호의 대상이 인격권이고 언론·출판의 자유의 입장에서 보면 그 제한의 효력을 규정한 것이다.

(나) 적용이 부인(否認)되는 기본권

가) 학설

국가에 대해서만 요구할 수 있는 기본권은 그 성격상 아예 사인 간의 적용이 있을 수 없다. 청원권, 국가배상청구권, 형사보상청구권, 범죄피해자구조청구권, 형사피해자의 재판절차상 진술권 등이 그 예라고 한다. 사법절차적 기본권과 그것을 구현하기 위한 헌법원칙은 범죄수사, 형사재판 등 사법절차를 수행하는 국가권력을 상대로 하여 요구되는 것이라는 이유로 사인들 간의 효력을 부정하는 견해들이 많다. 그러한 기본권과 원칙으로 죄형법정주의,[1] 무죄

---

1) 형벌불소급의 원칙, 죄형법정주의는 기본권이 아니라 법원칙 또는 법원리일 뿐이라고 보는 견해가 있는데[권

추정원칙, 이중처벌금지원칙, 영장에 관한 권리와 사전영장원칙, 불리한 진술의 거부권, 체포·구속의 이유를 알 권리, 변호인의 조력을 받을 권리, 구속적부심사청구권, 고문을 받지 아니할 권리, 자백의 증거능력제한, 군사법원의 재판을 받지 아니할 권리 등을 들 수 있다고 한다.

나) 검토

그 성질과 내용상 사인 간에는 적용될 수 없는 기본권이 있다 그러나 다음 점들에 유의할 일이다. ⅰ) 사법절차적 기본권이라고 하여 모두 사인 간 효력을 부정할 것인지는 검토를 요한다. 대표적인 것으로 무죄추정원칙은 어느 사인이 유죄판결이 있기 전까지는 무죄로 추정하는 것이 오늘날 오히려 사인들 간에도 더욱 중요하다. 예를 들어 재판이 확정되기 전에 사적 언론기관이 유죄인 것으로 보도하는 경우에 문제가 된다. ⅱ) 대국가적일 뿐이라는 것은 그 기본권의 내용이 실현되는 것은 국가에 대해서라는 것이지 사인에 의해 그 기본권의 행사가 방해되어서는 아니 된다는 효력은 사인들 간에도 발생하고 만약 방해되어 행사를 할 수 없어서 손해가 발생한 경우에 사인에 대한 배상책임 등의 법적 효과가 발생할 수는 있음을 유의하여야 한다. 예를 들어 어느 사인이 국가배상청구권, 청원권, 재판청구권을 행사하고자 하는 것을 어느 다른 사인이 방해하는 경우에 그러한 청구권들은 사인 간에 방해배제와 손해배상의 책임이라는 효과를 가진다. 그러나 이러한 효과는 적용이 부인되는 기본권 그 자체의 효과가 아니라 방해함으로써 발생한 효과이다.

(다) 간접적용

애초부터 성격상 국가에 대해서만 요구되어 대사인적 효력이 없는 기본권이나 직접적용되는 기본권들을 제외한 나머지 기본권들은 간접적용된다고 보는 것이 우리 학설의 일반적인 입장이다. 우리 대법원의 판례도 아래에서 보듯이 간접적용설을 취하고 있다.

2) 문제점과 결론

ⅰ) 우리 학설이나 독일 학설이나 결국 간접적용설을 주로 적용하는 상황인데 간접적용설은 민법 등 사법조항에 기본권을 담는 것이어서 헌법이 보호하는 기본권을 헌법이 아니라 사법인 법률에 맡겨버리고 의존하고 이는 결국 대사인효를 헌법적 효력이 아니라 법률적 효력으로 낮추는 결과를 가져온다는 점에서 비판의 여지가 있다. 기본권을 담아 적용되게 하는 그릇인 법률의 규정이 일반조항, 불확정개념을 지니는 것이라면 기본권에 관한 헌법규정의 구체적인 간접적용이 거부되거나 일관성이 결여될 수도 있다. 사법을 적용하는 법원의 재판에서

영성, 330면 주 1)] 이 견해는 형벌불소급원칙, 죄형법정주의가 아예 기본권이 아니므로 사인 간 적용이 되지 않는 것으로 보나 신체의 자유라는 기본권을 보장하기 위한 법원칙이라고 보아야 한다[허영 교수는 "이들 법원칙 내지 법원리는 결코 자기목적적인 것이 아니고 人身權이라는 기본권을 보호하기 위한 것"이라고 한다. 267면 주 1)] 그렇지 않다면 죄형법정주의를 위배하는 법률에 대하여 기본권보장제도인 헌법소원을 청구할 수 없다는 결과를 초래할 것이나 죄형법정주의 위반 여부를 다룬 헌법소원사건들이 많이 있다. 법원칙이라서 사인들 간에 적용되지 아니한다고 보는 것은 타당하지 못하다.

적극적으로 이를 수용하지 않을 경우에 사인들 간의 기본권효력은 충분히 구현되지 못할 수 있다.

ii) 직접적용된다고 보아야 할 기본권들에 대해 논란이 있는 것처럼 그 구분이나 식별이 학자들마다 다르다. 그 구분을 위한 객관적 기준이 있는 것도 아니다. 간접적용된다고 하여 직접적용되는 경우에 비해 사인 간의 기본권의 보호가 약하다면 모르되(직접적용이라고 보든 간접적용이라고 보든 결국 재판에서의 법관의 판단에 맡겨진다) 결국은 적용효가 있는 것이어서 그 구분의 실익이 얼마나 있는지도 의문이다. 따라서 우리는 위에서 직접적으로 적용되는 기본권들에 대해 검토해보았으나 그렇다고 하여 검토된 기본권들만이 직접적으로 효력을 가지고 다른 기본권들에 대해서 간접적 적용효만 인정할 것은 아니다. 우리는 후술하는 대로 직접적용, 간접적용의 구분이 위와 같이 문제점을 가지고 있고 보다 근본적으로 제3자효의 논의 자체에 대한 재검토를 하여야 한다고 본다.

2. 한국의 판례

(1) 헌법재판소

1) 직접적이고 명시적 판시의 부재

우리나라의 헌법재판소가 제3자효에 대해 직접 이론을 밝힌 바는 아직 없다. 그러나 아래의 결정의 판시에서 사인 간의 효력을 인정하는 듯한 입장이 엿보인다.

판례 헌재 2008.7.31. 2004헌바81, 판례집 제20권 2집 상, 103면

[관련판시] 우리 헌법은 제10조 제2문에서 "국가는 개인이 가지는 불가침의 기본적 인권을 확인하고 이를 보장할 의무를 진다."라고 규정함으로써 국가의 적극적인 기본권보호의무를 선언하고 있는바, 이러한 국가의 기본권보호의무 선언은 국가가 국민과의 관계에서 국민의 기본권보호를 위해 노력하여야 할 의무가 있다는 의미뿐만 아니라 국가가 사인 상호간의 관계를 규율하는 사법(私法)질서를 형성하는 경우에도 헌법상 기본권이 존중되고 보호되도록 할 의무가 있다는 것을 천명한 것이다.

2) 부재의 이유

우리 헌법재판소가 직접 제3자효를 언급한 것을 찾기 힘든 것은 헌법재판소에서의 헌법재판의 대상은 주로 법률(위헌법률심판과 헌법소원심판의 경우)이나 행정작용(헌법소원심판의 경우) 등 공권력작용이기 때문이다. 이러한 법률이나 행정작용 등이 사인들 간의 기본권 문제에 대해 규율하는 것이라고 하더라도 그것은 어디까지나 국가의 공권력에 의한 제한으로서 사인 간의 기본권 효력의 문제가 아니라 대국가적 효력에 관한 것이 문제되고 기본권의 대사인적 효력 문제로 다루어지지 않게 되기 때문이다.

3) 시도

한편 사법관계에서의 행위를 공권력작용에 준하는 것으로 보아 헌법소원의 대상으로 하

고 그 사법관계에서 기본권적용 문제를 다룬다면 실질적으로 대사인적 효력 문제를 다루는 경우가 될 수 있을 것이다. 헌법재판소의 판례 중에 그러한 취지의 소수의견이 개진된 예가 있었다. 헌법재판소는 한국방송공사의 예비사원 채용공고 사건에서 그 공고를 사법행위로 보아 헌법소원대상이 아니라고 하였는데 소수 반대의견은 '국가행위이론(state action doctrine)'이나 '기본권의 대사인적 효력 이론'을 거론하면서 공권력에 준하는 것으로 보아 헌법소원대상으로 보자고 주장한 바 있다.[1] 여하튼 헌법소원의 경우 원칙적으로 공권력행사(불행사)를 심판대상으로 하므로 그 예가 드물 것이다.

따라서 사인들 간의 분쟁사건인 민사사건 등을 담당하는 법원에서 주로 제3자효가 구현되어야 할 것이다. 그리고 제3자효를 적용하지 않은 법원판결에 대한 헌법소원이 가능하도록 해야 할 것이다. 문제는 법원의 재판은 헌법소원대상이 현재는 아니라는 것이다(헌재법 제68조 1항).

* 한편 '사적 영역에 적용되는 권리'라고 헌재가 판시한 아래의 예를 볼 수 있다. 사안은 배당기일에 이의한 사람이 배당이의의 소의 첫 변론기일에 출석하지 아니한 때에는 소를 취하한 것으로 보도록 한 민사집행법 제158조가 이의한 사람의 재판청구권을 침해하고 헌법 제124조가 정하고 있는 법률서비스 소비자로서의 국민의 권리를 본질적인 내용에서 침해한다는 주장의 헌법소원심판이었다.

---

1) 헌재 2006.11.30. 2005헌마855, 판례집 18-2, 541면 이하. [판시사항] 한국방송공사의 '2006년도 예비사원 채용공고' 중 "병역필 또는 면제받은 분. 단, 2005. 12. 31. 이전 전역 예정자는 응시 가능합니다." 부분(이하 '이 사건 공고'라 한다)이 헌법소원의 대상이 되는 공권력의 행사에 해당하는지 여부(소극) [결정요지] 공법인의 행위는 일반적으로 헌법소원의 대상이 될 수 있으나, 그 중 대외적 구속력을 갖지 않는 단순한 내부적 행위나 사법적(私法的)인 성질을 지니는 것은 헌법소원의 대상이 되는 공권력의 행사에 해당하지 않는다. 방송법은 "한국방송공사 직원은 정관이 정하는 바에 따라 사장이 임면한다."고 규정하는 외에는(제52조) 직원의 채용관계에 관하여 달리 특별한 규정을 두고 있지 않으므로, 한국방송공사의 이 사건 공고 내지 직원 채용은 피청구인의 정관과 내부 인사규정 및 그 시행세칙에 근거하여 이루어질 수밖에 없다. 그렇다면 한국방송공사의 직원 채용관계는 특별한 공법적 규제 없이 한국방송공사의 자율에 맡겨진 셈이 되므로 이는 사법적인 관계에 해당한다고 봄이 상당하다. 또한 직원 채용관계가 사법적인 것이라면, 그러한 채용에 필수적으로 따르는 사전절차로서 채용시험의 응시자격을 정한 이 사건 공고 또한 사법적인 성격을 지닌다고 할 것이다. 이 사건 공고는 헌법소원으로 다툴 수 있는 공권력의 행사에 해당하지 않는다. 피청구인의 직원 채용관계가 사법적인 것이라면 그 관계에서 발생하는 기본권의 침해 문제 또한 기본적으로 법원에서 다루어져야 할 사항이라 할 것이다. [재판관 조대현, 재판관 이동흡, 재판관 목영준의 반대의견] 오늘날 국가기능의 확대 내지 민간화 추세에 따라 국가기관은 아니면서 그 기능의 일부를 대신하거나 공익적 업무를 수행하는 공공기관 내지 공법인이 늘어나고 있다. 이런 연유로 국민의 기본권은 주로 국가에 의해 침해될 수 있다는 전통적 이론도 새로운 관점에서 재조명해 볼 필요성이 대두되었다. 미국, 독일 등에서는 이미 산업사회의 발달과 더불어 사적 집단이나 세력에 의한 기본권 침해가 증대될 수 있다는 측면을 중시하여 이른바 '국가행위이론(state action doctrine)'이나 '기본권의 대사인적 효력 이론' 등을 들어서 헌법상 기본권이 사인 상호 간의 법률관계에도 적용될 수 있는 방안을 모색하고 있는 추세이다. 방송법에 따르면 한국방송공사는 국가기간방송으로 방송의 공정성과 공익성을 실현하고, 그 자본금 전액을 정부가 출자하고 재원도 주로 국민이 납부하는 텔레비전 방송수신료로 충당되고 있으며, 이사는 방송위원회의 추천으로 대통령이 임명하고, 사장은 이사회의 제청으로 대통령이 임명하며, 그 회계결산은 방송위원회와 국회에 제출하여 승인을 얻어 확정·공표하며, 외부감사는 감사원법에 따라 감사원이 실시한다. 이러한 사정에 비추어 볼 때, 한국방송공사는 공법인 중에서도 특히 공공적 성격이 강하다고 할 수 있을 뿐만 아니라, 한국방송공사의 이 사건 공고처럼 국민의 기본권을 침해할 소지가 있는 경우에 이미 채용된 직원의 근무관계는 사법적인 관계에 해당하므로 법원에 민사소송을 제기함으로써 구제받을 수 있는 것과 달리 단지 피청구인에 대한 입사지원을 준비하는 당사자가 일반법원에 채용공고의 무효확인소송을 제기하거나 집행정지신청을 한 경우에 이것이 허용되어 구제된 사례를 발견할 수도 없다. 그렇다면 이 사건 공고는 공권력 행사에 준하는 것으로 보아 이 사건을 각하할 것이 아니라 본안에 들어가 위헌 여부를 판단하는 것이 옳다.

판례　헌재 2005. 3. 31. 2003헌바92

[판시] 헌법 제124조는 "국가는 건전한 소비행위를 계도하고 생산품의 품질향상을 촉구하기 위한 소비자보호운동을 법률이 정하는 바에 의하여 보장한다."고 규정하고 있는바, 위 조항에 의하여 보호되는 것은 사적 경제영역에서 영리를 추구하는 기업이 제공하는 물품 또는 서비스를 이용하는 소비자가 기업에 대하여 갖는 권리에 관한 것인 반면, 헌법 제27조에 규정된 재판청구권은 국가에 대하여 재판을 청구할 수 있는 주관적 공권에 관한 것이므로 사적 영역에 적용되는 소비자의 권리를 국가가 제공하는 재판제도의 이용의 문제에 적용할 수 없다고 할 것이다. 따라서 이 사건 조항에 있어서는 법률서비스를 이용하는 소비자의 권리 침해문제가 발생하지 아니한다.

* 평가 : 이 결정에서 헌재는 사적 영역에서의 기업에 대한 소비자의 권리(밑줄 친 부분)라고 한다. 헌재가 기본권이라는 용어가 아닌 권리라고 한 것은 소비자권을 우리 현행 헌법이 기본권으로 보는지에 대해 아주 명확히 답하는 것은 아니다. 기실 헌법 제124조가 기본권을 규정한 것인지에 대해서는 논란이 있고 소비자보호운동의 보장규정이지 소비자의 기본권을 규정한 것은 아니라는 부정설이 일단은 우리 헌법 명문에 대한 해석상 보다 직접적인 해석인데 소비자의 권리로는 헌재도 그러하듯이 일단 소비자의 자기결정권과 같은 권리를 행복추구권에서 파생시킬 수 있다. 여하튼 그 논의를 차치하고 헌재가 위 결정에서 판시한 문언 그대로 보면, 그리하여 "위 조항(헌법 제124조)에 의하여 보호되는 것은 … 권리"라고 한 부분은 헌법이 보호하는 권리를 기본권이라고 본다면 위 결정 판시 자체에서는 사실 기본권으로 보는 입장이라고 하겠다. 그렇다면 여기서 여하튼 헌재의 입장은 소비자권이 사인인 소비자와 또 다른 사인인 기업(판매자) 간의 권리라고 보는 입장이라고 하겠고 이는 대사인적 직접적 기본권효력을 법률(이 사안에서는 민사집행법)이 제약하는 경우를 헌재가 지적한 예라고 할 것이다. 그런데 결론부분에서 "재판청구권은 국가에 대하여 재판을 청구할 수 있는 주관적 공권에 관한 것"이라고 한 것은 이해가 어렵다. 기본권이라면 그것은 결국 공권이어야 하는데 소비자권이 기본권이라면 재판청구권과 마찬가지로 공권이라고 보아야 하므로 재판청구권 문제에 소비자권 문제가 나올 수 없다는 논거로서 공권성을 운운하는 것은 모순이기 때문이다(이런 문제가 나오기에 우리는 공권, 사권의 구별론이 가지는 문제점을 이미 지적한 바 있다). 그러니 여기서 재판문제에 소비자권이 개입할 수 없음을 내세울 게 아니라 민사재판업무의 특성을 들어야 할 것이다. 주관적인 공권이 문제가 아니라 핵심은 재판업무가 민사재판의 경우일지라도 국가의 공권력(재판권)이라는 유권적 판단작용이므로 이를 시장에 맡길 성격의 것이 아니므로 사적인 영역에서의 국가 보호를 위해 개입할 수도 있는 소비자권이라는 권리와는 다르다는 점을 내세우는 것이 정당하다. 이 사안이 사인들 간에 적용되는 권리도 헌법이 보호하는 권리로 인정될 수 있음을 인정하는 것은 분명하다. 그런데 사실 위 사안에서는 청구인이 법률서비스를 주장하였더라도 법률서비스가 곧 재판업무이므로 굳이 소비자권 문제까지 다룰 것은 아니고 재판청구권의 제한 문제로 다루면 충분하였다고 할 것이다. 재판 문제가 법률서비스라면 청원권, 국가배상청구권 등과 같은 다른 청구권들, 그리고 나아가 재산권보장, 선거권의 보호, 교육을 받을 권리의 보장 등 다른 자유권, 참정권, 생존권의 보장 등도 법률서비스이다. 그러니 모든 기본권의 제한 문제를 법률서비스 제한 문제를 다루지 못할 것도 아니다. 그러나 그동안 위와 같은 권리들에 대해 제약이 가해지면 기본권의 제한 문제로 보아 온 것이다.

(2) 대법원

대법원의 판례는, 예를 들어 헌법상의 기본권으로서의 환경권에 관한 규정(헌법 제35조 1항)만으로서는 개개의 국민에게 직접으로 구체적인 사법상(私法上)의 권리를 부여한 것이라고 보기는 어렵고, "사법상의 권리로서의 환경권이 인정되려면 그에 관한 명문의 법률규정이 있거나 관계법령의 규정취지나 조리에 비추어 권리의 주체, 대상, 내용, 행사방법 등이 구체적으로 정립될 수 있어야 할 것"이라고 하는 판결이 있었는데 이 판결은 기본권의 사법관계에의 직접적 적용에 대해 부정적 입장을 보여주는 것이었다.

판례 대법원 1995.5.23. 94마2218 판결, 법원공보 제995호, 2236면. 동지 : 대법원 2006.6.2. 2004마1148,1149, 공사착공금지가처분, 공2006.7.15.(254),1240면

[판시] 신청인 내원사, 미타암, 도롱뇽의 친구들이 환경권에 관한 헌법 제35조 제1항이나 자연방위권 등 헌법상의 권리에 의하여 직접 피신청인에 대하여 고속철도 중 일부 구간의 공사 금지를 청구할 수는 없고 환경정책기본법 등 관계 법령의 규정 역시 그와 같이 구체적인 청구권원을 발생시키는 것으로 해석할 수는 없으므로(대법원 1995.5.23. 94마2218 등 참조), 원심이 같은 취지에서 신청인 내원사, 미타암의 신청 중 환경권이나 자연방위권을 피보전권리로 하는 부분 및 신청인 도롱뇽의 친구들의 신청(위 신청인은 천성산을 비롯한 자연환경과 생태계의 보존운동 등을 목적으로 설립된 법인 아닌 사단으로서 헌법상 환경권 또는 자연방위권만을 이 사건 신청의 피보전권리로서 주장하고 있다.)에 대하여는 피보전권리를 인정할 수 없다는 취지로 판단한 것은 정당하고, 환경권 및 그에 기초한 자연방위권의 권리성, 신청인 도롱뇽의 친구들의 당사자적격이나 위 신청인이 보유하는 법률상 보호되어야 할 가치 등에 관한 법리오해 등의 위법이 없다). * 반면, 공해물질 배출공장주에 대해 헌법 제35조와 환경보전법 제60조에 비추어 주민들에 대한 손해배상책임을 인정한 판례도 있긴 하다(대법원 1991.7.26. 90다카26607, 26614, 법원공보 제904호, 2244.

대법원의 다른 판례 중에는 "신앙을 가지지 않을 자유를 침해하지 않는 범위 내에서 학생들에게 종교교육을 함으로써 진리·사랑에 기초한 보편적 교양인을 양성하는 데 목표를 두고 있다고 할 것이므로, 대학예배에의 6학기 참석을 졸업요건으로 정한 위 대학교의 학칙은 헌법상 종교의 자유에 반하는 위헌무효의 학칙이 아니라고" 판단한 예가 있는데[1] 여기서 대학생과 대학교 간의 민사관계로서가 아니라 학칙 자체에 대해 헌법상 종교의 자유규정 위반 여부를 바로 판시한 점에서는 이 판결이 직접적용을 한 것으로 볼 수 있게도 한다. 그러나 명백하지 않다.

그런데 최근에 대법원이 학생의 종교의 자유가 문제된 사안에서 간접적용을 한다는 보다 명시적 판시를 한 예가 있어서 우리 대법원이 기본권의 사인들 간의 효력을 인정하되 간접적용설에 따라 인정하는 입장을 보여주고 있다. 아래의 판례가 그것이다.

판례 대법원 2010.4.22. 2008다38288 손해배상(기)

[판시] "헌법상의 기본권은 제1차적으로 개인의 자유로운 영역을 공권력의 침해로부터 보호하기 위한 방어적 권리이지만 다른 한편으로 헌법의 기본적인 결단인 객관적인 가치질서를 구체화한 것으로서, 사법(私法)을 포함한 모든 법영역에 그 영향을 미치는 것이므로 사인 간의 사적인 법률관계도 헌법상의 기본권 규정에 적합하게 규율되어야 한다. 다만 기본권규정은 그 성질상 사법관계에 직접 적용될 수 있는 예외적인 것을 제외하고는 사법상의 일반원칙을 규정한 민법 제2조, 제103조, 제750조, 제751조 등의 내용을 형성하고 그 해석기준이 되어 간접적으로 사법관계에 효력을 미치게 된다. 종교의 자유라는 기본권의 침해와 관련한 불법행위의 성립 여부도 위와 같은 일반규정을 통하여 사법상으로 보호되는 종교에 관한 인격적 법익침해 등의 형태로 구체화되어 논하여져야 한다."

---

1) 대법원 1998.11.10. 96다37268[학위수여이행] [공1998.12.15.(72),2830]

* 위 대법원 판례는 그러나 제3자적 효력의 근거를 기본권의 객관적 가치질서에서 찾고 있는 것으로 보이는데 객관적 가치질서라면 사인들 간에도 직접 적용되면 될 것이지 왜 굳이 민법규정을 통하여 간접적용되어야 하는지에 대한 설명이 없어 문제이다. 기본권의 이중성론에 대해서 논할 때도 지적하였지만 근본적으로 기본권 자체의 성격에 객관적 가치질서성을 인정하는 것부터가 문제이다(전술 참조).

* 동지 판결 : ① 대법원 2011.1.27. 2009다19864 – 서울YMCA가 남성 회원에게는 별다른 심사 없이 총회원 자격을 부여하면서도 여성 회원의 경우에는 총회원 자격심사에서 배제하여 온 데 대해 손해배상책임을 인정한 판결이다. ② 대법원 2011.9.2. 2008다42430 전원합의체 판결. 인맥지수판결 : 변호사들의 개인신상정보를 기반으로 변호사들의 '인맥지수'를 산출하여 웹사이트에 공개하는 서비스를 제공한 행위는 변호사들의 개인정보에 관한 인격권을 침해하는 위법한 것이라고 판단한 판결이다.

3. 국가인권위원회

국가인권위원회법 제30조 제1항 제2호와 제1호는 사적 법인, 사적 단체, 私人으로부터 차별행위를 당한 경우, 초·중등교육법 제2조, 고등교육법 제2조와 그 밖의 다른 법률에 따라 설치된 '사립' 초·중·고등학교·대학의 업무 수행과 관련하여 대한민국 헌법 제10조부터 제22조까지의 규정에서 보장된 인권을 침해당하였거나 차별행위를 당한 경우에 인권침해나 차별행위를 당한 사람 또는 그 사실을 알고 있는 사람이나 단체는 위원회에 그 내용을 진정할 수 있다고 규정하고 있고 동법 동조 제3항은 위원회는 진정이 없는 경우에도 인권침해나 차별행위가 있다고 믿을 만한 상당한 근거가 있고 그 내용이 중대하다고 인정할 때에는 직권으로 조사할 수 있도록 하고 있다. 이는 사인들 간 기본권침해에 있어서 국가기구에 의한 보호를 실정화한 예이다. '장애인차별금지 및 권리구제 등에 관한 법률'은 사적 생활영역에서 장애를 이유로 한 차별을 금지하고 있고 동법에서 금지하는 차별행위로 인하여 피해를 입은 사람 또는 그 사실을 알고 있는 사람이나 단체는 국가인권위원회에 그 내용을 진정할 수 있도록 하고 있다(동법 제1조, 제38조).

제3항 기존논의에 대한 검토와 새로운 視角에서의 근본적 검토·모색

Ⅰ. 기존논의에 대한 검토

1. 기본권의 이중성을 인정해야만 해결된다는 견해에 대한 검토

앞서도 기본권의 이중성을 인정하여야만 대사인적 효력을 인정할 수 있다는 견해에 대해 검토한 바 있지만 그 견해에 대해서는 다음과 같은 지적을 할 수 있다. ⅰ) 기본권의 대사인적 효력의 논의는 전통적인 공·사권 구별론에 따라 공권인 기본권이 사권관계인 사인들 간에 적용되는 것은 문제라는 데서 비롯된 것인데 그렇다면 기본권이 객관적 질서성을 가짐으로 해서 기본권이 사권화된다면 문제해결이 될 것이나 그렇지 않다. 오히려 문제는 기본권의 양면성을 인정하여 기본권 자체에 객관적 질서성이 있다고 본다면 기본권규정이 사인들 간에도 원칙적으로 간접적용될 것이 아니라 직접적용된다고 보아야 할 것인데도 기본권 이중성설을 취하면서도 간접적용설을 취하는 견해들이 있는데(그런 견해들이 있고 이중성을 인정함이 대세라는 독일에서 간접적용설이 역시 대세라고 한다) 이는 논리적 일관성이 문제된다는 것이다.

ii) 기본권의 이중성 문제는 기본권 자체의 본질 문제로서 권리만으로서의 기본권이냐 객관적 질서성도 내포하는 것이냐 하는 문제이고 기본권의 대사인적 효력의 문제는 기본권의 '효력' 문제이다. 따라서 기본권의 '효력' 문제를 다루는 기본권의 대사인적 효력 문제에 있어서 기본권 자체의 성격 문제로서의 객관적 질서성 문제를 내세워야 하는 것은 아니다.

2. 간접적용설의 문제점

간접적용설은 헌법의 기본권의 구현을 법률에 맡겨버리는 문제점이 있다. 이에 대해서는 앞서 3분설을 살펴볼 때 지적한 바 있다(전술, 1 (2) 2) 참조).

Ⅱ. 근본적인 검토·모색

기본권의 사인 간 효력의 인정논거를 위에서 본 긍정론이나 간접적용론 등을 떠나 아래와 같이 근본적인 또는 새로운 시각에서 찾을 수 있다.

1. 자연권론

기본권을 자연권론으로 보는 입장에서는 기본권이 인간의 권리로서 초국가적, 국가 이전의 권리이니 국가와 무관하게 기본권이 주어지는 것이고 따라서 기본권의 효력을 대국가적 효력에 국한할 이유가 없다는 논리가 가능하다.

2. 사적 자치론을 내세운 소극론에 대한 검토

사인 간의 기본권효력에 대해 소극적으로 본 이유는 공·사법의 구별론에 터잡은 것이고 이는 보다 근본적으로 사인들의 법관계는 사인들 스스로의 의사결정, 즉 사적 자치에 맡겨야 한다는 관념에서 나온 것이다. 그러나 헌법의 기본권이 사적 자치를 부정하려는 것이 아니고 오히려 사적 자치권도 기본권으로서 헌법이 보장하는 기본권이다. 우리 헌재도 기본권으로 인정한다. 직업의 자유, 재산권의 보장, 계약의 자유 등의 경제적 기본권도 사적 자치를 보장하는 것이다(직업선택의 자유를 인정함으로써 근로계약이 사적 자치에 입각하여 체결될 수 있게 한다). 사인들 간의 사적 자치가 제대로 구현되지 않으면 그것의 보장을 위하여 사적 자치권이라는 기본권을 사인들 간에 적용되도록 하는 기본권의 사인 간 효력이 인정되어야 한다. 기본권이 사법관계에 적용되면 사법질서에 혼란이 온다고 하나 이처럼 사적 자치도 기본권이므로 그러한 혼란이 올 수 없다. 한편 사적 자치권 등 경제적 기본권에 대해서도 질서유지(사적 자치를 기반으로 한 질서를 혼란하게 할 때 그 질서유지를 위해), 공공복리를 위해 그리고 반대로 다른 기본권들이 사적 자치라는 이유로 사인에 의해 침해되고 있다면(사적 자치에 따른 것이나 불공정한 근로계약인 경우) 사적 자치권이 하나의 기본권이므로 기본권의 제한으로서 사적 자치권을 제한할 수 있는바 이는 결코 사적 자치를 부정하거나 혼란을 가져오게 하는 것은 아니라 기본권의 제한문제로 다룰 수 있다(그 제한은 사법도 예정하고 있는 것이기도 하다(공서양속에 반하는 법률행위의 무효 – 민법 제103조)). 즉 사적 자치는 물론 최대한 인정되어야 하고 부득이 국가의 개입에 의한 제한이 가능한 한 억제되어야 하며 필요하더라도 최소한에 그쳐야 하는데 이는 다른 기본권들에 있어서와 마찬가지로 기본권을 제한함에 있어서 공공복리, 질서유지 등의 필요가 있어서 법률로써 하여야 하고 최소한에 그쳐야 한다는 비례원칙 등의 한계가 있다는 기본권제한의 한계로서 설명될 수 있다(후술 기본권의 제한 참조). 이처럼 기본권의 보장과 제한 및 그 한계의 법리가 사적 자치에 있어서도 그대로 적용되는 것이다. 기본권이 결코 사적 자치를 부정하는 것이 아니라 사적 자치권도 기본권으로서 보장되고 부득이 필요한 경우 다른 기본권처럼 제한되며 그 제한에 한계가 있는 것이고 따라서 사적 자치가 사인 간에 기본권적용을 거부하여야 할 논거가 될 수 없다.

3. 공사권구별론에 대한 문제제기

기본권의 사인 간 적용 문제를 둘러싼 논란을 배태한 공·사권, 공·사법 구별론에 대해서는 앞의 기본권성격에서 다룬 대로 새로운 검토를 요구받고 있고 그 구별이 상대화되거나 그 구별을 회의적인 것으로 보게 한다. 그렇다면 기본권의 사인 간 효력은 당연히 또는 어렵지 않게 인정될 수 있게 된다.

4. 기본권의 효력의 객관성과 대사인적 효력

앞서 기본권의 성격에서 분석한 대로 기본권 자체는 주관적이나 그 효력은 객관적인 것으로 누구도 어느 특정인의 기본권을 무시하지 못하고 이를 존중하여야 한다(예를 들어 A의 기본권으로서의 소유권인 어느 건물을 어느 누구도 A의 소유로 인정해 주어야 하고 무단침입해서 점거, 사용할 수 없다. 민법 등 사법상의 권리도 그 보장은 객관적이다). 이는 바로 기본권의 효력이 가지는 객관성이 제3자 사인들에게도 그 효력이 미치는 기본권의 대사인적 효력을 확인해준다. 이러한 기본권효과의 객관효에 터잡아 사인 간 기본권효력을 인정한다면 굳이 공법질서 · 사법질서의 구분에 집착할 이유도 없다. 그러면 기본권보장의 객관적 성격은 결국 어디에서 나오는가? 국가의 의무에서 나온다. 기본권을 보호할 의무를 지니는 것이 국가이고 그것이 국가의 존재이유이다. 이러한 국가의무에 따라 기본권이 객관적으로 보장되어야 하는 것은 대국가적인 관계에서뿐 아니라 사인들 간에도 마찬가지이다.

5. 침해의 구제

사인들 간에도 권리분쟁 들이 발생하면 국가의 공권력인 재판을 통해 구제가 된다. 이는 국가에 의한 기본권침해뿐 아니라 사인들 간 기본권 침해에 대해서도 국가에 의한 구제가 요구된다(A의 소유권이 침해당한 경우 그것을 돌려받기 위해서는 사적 보복은 안되고 재판이라는 국가의 공권력에 의존하여야 한다). 사인의 권리에 대한 보호를 위해서도 공권의 경우와 같이 행정조치, 입법이 필요하고 이러한 행정조치, 입법은 국가권력이다. 이는 사인들 간 기본권침해에 대해서도 국가의 공권력에 의해야 하고 이 점에서 전통적인 공권과 사권의 구별이 의미가 없으며 따라서 사인들 간에도 기본권규정이 적용된다고 보는 데 문제가 없다.

6. 침해자 구분의 불요성

기본권이 제대로 효력을 발생하기 위해서는 기본권이 침해되었을 때에 그것을 구제해주는 힘을 가져야 한다. 그 점에서도 기본권의 효력 문제에 있어서 기본권의 침해가 제3자에 의한 침해인가 국가에 의한 침해인가를 구분하는 것이 의미가 없다. 예를 들어 신체의 자유도 국가로부터도 그러하지만 타인으로부터도 신체활동을 방해받지 않을 권리이다. 우리 헌법 제12조는 “누구든지 법률에 의하지 아니하고는 … 강제노역을 받지 아니한다”라고 규정하고 있는데 여기서의 강제노역은 국가에 의한 것만을 의미하고 사인에 의한 것은 제외한다고 명시한 것은 아니다. 우리 헌법은 “모든 국민은 … 한 권리(자유)를 가진다”라는 문언형식을 띠고 있는 것도 국가에 대한 명령규정형식만으로 되어 있는 것이 아니다. 이는 곧 기본권의 효력을 대국가적인 것으로만 볼 것이 아님을 의미하고 보다 근본적으로 결국 대사인적 효력을 별도로 논의하는 데 대한 실질적 필요성에 대해서도 재고를 요하게 하는 것이다

생존권의 경우에는 사실 생존권이 부각된 역사적 원인은 경제적 생존수단을 가진 자가 그렇지 못한 자에 대하여 자신의 의사를 강요할 수 있었던 사실에서 생존수단을 가지지 못한 자들의 생존을 보장하기 위한 것이지 국가에 대한 것은 아니었다. 노동자의 근로3권도 사실은 국가에 대한 노동자의 권리보호가 아니라 私人인 기업자에 대항하는 노동자의 권리를 규정한 것이다. 물론 현대복지국가화가 이루어지면서 국가에 대한 보장책임이 가해지고 있지만 이는

보장의 방향이지 침해의 방향이 아니다.

7. 기본권상충에서 조절과 대사인적 효력

사인들이 기본권 주체들로서 그들 간에 각자의 기본권을 주장하여 충돌이 일어나는 상충이 발생할 수 있고 이를 해결하기 위해 사인들 간의 기본권의 인정을 어느 정도로 할 것인가 하는(이는 배분의 문제일 수 있다) 문제가 있을 수 있다. 이 경우 기본권의 사인 간 효력을 바탕으로 조절이 이루어질 상황이다. 기본권상충의 문제와 기본권의 대사인적 효력 문제와는 무관하다는 견해가 있다. 그러나 상충이 있다는 것은 사인들 간에서 각각의 기본권을 주장하는 것이고 그것은 사인들 간의 기본권효력 문제가 있는 것이므로 무관한 것이 아니다(기본권상충(충돌)과 대사인적 효력의 관계에 대해서는 뒤의 기본권상충 부분에서 다룬다).

사인 간 기본권효력은 사인들 간 기본권조절을 위해 국가개입이 필요한 경우는 어떠한 경우이며 그 조절을 국가가 어떻게 할 것이며 어느 사인이 다른 어느 사인의 기본권을 그러한 조절의 범위를 벗어난 침해가 될 때 침해된 사인에 어떠한 구제책을 강구해줄 수 있을 것인가 하는 문제의 해결을 이끌게 된다. 제3자효의 문제도 기본권조절(제한)의 문제에 기여하게 된다.

8. 사법(私法)의 헌법화

오늘날 사법도 헌법적 원리에 반하여서는 아니 되고 헌법에 근거를 두어야 하는데 이는 특히 위헌법률심사제와 같은 헌법재판에 의해 사법(私法)의 헌법위반 여부가 검증되고 있기 때문이기도 하다. 그리하여 사법도 헌법의 적용을 받는데 이러한 적응현상을 두고 사법의 헌법화(憲法化 constitutionnalisation)라고도 한다. 사실 새로이 사법이 헌법적 근거를 두게 되는 것이 아니므로 사법이 헌법화된다고 하기보다는 사법이 헌법에 근거를 두고 있음을 확인하는 것이라고 보는 것이 정확하다.

Ⅲ. 우리 헌법규정에 근거한 검토

우리나라의 헌법규정을 바탕으로 검토하는 노력이 필요하다.

1. 헌법 제10조 기본권 출발규정의 문언

우리 헌법 제10조는 모든 국민은 '인간'으로서의 존엄과 가치를 가지며, 행복을 추구할 권리를 가진다고 규정하고, 국가는 개인이 가지는 불가침의 기본적 '인권'을 확인하고 이를 보장할 의무를 진다고 하여 인간의 권리로서의 기본권을 강조하고 있으므로 국가 이전에 기본권이고 따라서 대국가적 효력뿐 아니라 사인 간의 효력도 가진다고 보는 입장이다.

2. 사적 자치(私的 自治), 사권(私權), 사법(私法)의 헌법적 근거

우리 헌법재판소는 헌법 제10조의 행복추구권 속에 일반적 행동자유권이 함축되어 있고 이 일반적 행동자유권에서 계약의 자유가 파생된다고 보고[1] 헌재는 사적 자치의 원칙이 이 행복추구권에서 파생된다고 하였다.[2] 또한 우리 헌법 제119조는 대한민국의 경제질서는 개인과 기업의 경제상의 자유와 창의를 존중함을 기본으로 한다고 규정하고 있는 것은 사적 자치의 원칙을 자유시장경제를 기본으로 하고 있음을 선언하고 있는 것이라고 본다. 그렇다면 이는 사인들 간의 사적 자치의 영역에도 헌법이 개입하고 있다는 것을 의미한다. 또한 민사상의 재산권의 내용의 정립을 법률에 맡긴 것도 헌법규정이다(헌법 제21조 제1항). 결국 사인 간의 법적 관계에 대해서도 사인인 국민들 간의 합의인 헌법이 그 기본원리들을 두고 있고 이는 결국 사법과 헌법은 유리된 것이 아니라는 것을 의미한다고 볼 것이다. 따라서 헌법이 사인 간에 적용될 수 없다는 관념은 우리 헌법의 규정 자체나 그 체계를 깊이 있게 분석하지 않는 결과로 볼 여지를 준다. 기본권이 사인들 간에도 효력을 가진다는 의미가 기존의 법질서를 과연 파괴하는 것인지 하는 점도 다시 생각해볼 문제라고 본다.

헌법재판소의 판례 중에 호주제에 대한 결정례는 "헌법은 한 국가의 최고규범으로서 입법 · 행정 · 사법과 같은 모든 공권력의 행사가 헌법에 의한 제약을 받는 것은 물론, 사법(私法)상의 법률관계도 직 · 간접적으로 헌법의 영향을 받게 된다"라고 판시한 바 있다.[3]

3. 기본권보장의 국가의무의 포괄성

먼저 헌법 제10조 후문의 규정은 "국가는 개인이 가지는 불가침의 기본적 인권을 확인하고 이를 보장할 의무를 진다."라고 규정하고 있는데 이 문언은 국가의 보장의무가 국가공권력에 의한 기본권의 침해에 대해서만 보장할 의무로만 규정된 것이 아니므로 사인(私人)에 의한 기본권의 침해에 대한 국가보장의무를 배제하고 있지 않다. 헌법 제10조가 인간의 존엄, 가치라고 규정한 것에 명예권이 포함된다는 것에 이견(異見)은 없을 것이다. 그런데 종래 명예를 침해한 경우 민사소송으로 그 배상을 요구할 수 있다. 민사소송으로 보호되고 있으니 이는 기본

---

1) 헌재 1991.6.3. 89헌마204, 화재로 인한 재해보상과 보험가입에 관한 법률 제5조 제1항의 위헌여부에 관한 헌법소원, 헌법재판소판례집 제3권, 268면 이하 참조.

2) 헌재 1998.8.27. 96헌가22 등 병합, 민법 제1026조 제2호 위헌제청, 헌법재판소판례집 제10권 2집, 355면 이하 참조. 헌재는 "헌법 제119조 제1항은 사유재산제도와 사적 자치의 원칙 및 과실책임의 원칙을 기초로 하는 자유시장경제질서를 기본으로 하고 있음을 선언하고, 헌법 제23조 제1항은 국민의 재산권을, 헌법 제10조는 국민의 행복추구권과 여기서 파생된 일반적 행동자유권 및 사적 자치권을 보장하는 한편 …"이라고 밝히고 있다(위 판례집, 355면).

3) 헌재 2005.2.3. 2001헌가9, 판례집 17-1, 16면.

권이 아니라는 결론을 내릴 수 있는 것인가? 민사소송도 국가의 공권력인 재판권에 의해 수행된다.

4. 위헌법률심판의 대상으로서의 사법(私法)

우리 헌법 제107조 제1항은 "법률이 헌법에 위반되는 여부가 재판의 전제가 된 경우에는 법원은 헌법재판소에 제청하여 그 심판에 의하여 재판한다"라고 규정하고 있다. 여기서 종래 공법적이라고 파악되어 온 법률만에 대하여 헌법위반여부를 심판한다고 한정하고 있지 않다. 사법(私法)인 법률들도 헌법에의 그 위반여부가 심사될 수 있는 것이다. 실제 민법규정이 위헌심사가 되어 위헌성을 인정하는 결정까지 받은 예들이 있다. 몇 가지 예를 아래에 인용한다.

판례 ① 임대차존속기간을 20년으로 제한한 민법(1958. 2. 22. 법률 제471호로 제정된 것) 제651조 제1항(이하 '이 사건 법률조항'이라 한다)에 대한 위헌결정, 헌재 2013.12.26. 2011헌바234. [결정요지] 이 법률조항은 입법취지가 불명확하고, 사회경제적 효율성 측면에서 일정한 목적의 정당성이 인정된다 하더라도 과잉금지원칙을 위반하여 계약의 자유를 침해한다(*자세한 것은 기본권 각론의 일반적 행동자유권, 계약 자유 부분 참조). ② 호주제를 규정한 민법조항들에 대한 헌법불합치결정, 헌재 2005.2.3. 2001헌가9. [결정요지] 심판대상조항인 민법 제778조, 제781조 제1항 본문 후단, 제826조 제3항 본문이 그 근거와 골격을 이루고 있는 호주제는 당사자의 의사나 복리와 무관하게 남계혈통 중심의 가의 유지와 계승이라는 관념에 뿌리박은 특정한 가족관계의 형태를 일방적으로 규정·강요함으로써 개인을 가족 내에서 존엄한 인격체로 존중하는 것이 아니라 가의 유지와 계승을 위한 도구적 존재로 취급하고 있는데, 이는 혼인·가족생활을 어떻게 꾸려나갈 것인지에 관한 개인과 가족의 자율적 결정권을 존중하라는 헌법 제36조 제1항에 부합하지 않는다.

그렇다면 이는 종래 사법적이라고 파악되어 오던 법률들도 헌법과 헌법상의 기본권규정에 합치되어야 함을 의미한다고 보아야 한다. 이는 결국 사법과 공법의 구별의 상대화와 더불어 사인들 간에 적용되는 사법이 헌법의 적용을 받는다는 것을 의미하고 이는 헌법상의 기본권규정을 사법과 사법이 적용되는 사인들 간에도 적용되어야 함을 의미한다.

Ⅳ. 결론

우리의 의견도 제3자적 효력을 인정하는 것인데 그 인정논거는 위의 검토에서 지적된 점들에 비추어 보거나 토대가 되는 기본시각으로 하여 생각해보면 직접효력설이나 간접효력설 등의 종래의 이론에 근거하는 것이 아니라 결국 헌법 자체, 기본권 자체의 효력으로서의 제3자적 효력을 인정하는 것이 자연스럽다는 것이다. 물론 성질상 사인들 간에 관계 없는 기본권의 경우는 그렇지 않은데 이는 기본권의 효력 때문이 아니라 기본권이 적용되는 대상 내지는 방향이 다르기 때문이다. 예를 들어 국가배상청구권은 그 권리가 지향하는 방향 내지 대상 자체가 국가이므로(국가에 대해 배상해달라고 요구하는 것이다) 사인들 간에 적용되지 않는다. 국가배상청구권을 어느 사인이 행사하지 못하도록 막는다면 그것은 물론 사인 간에도 효력이 적용될 것이다. 그러나 그것은 국가배상청구권 자체의 효력은 아니다.

제4항 사인 간의 기본권규범적용의 사법적(司法的) 담보

Ⅰ. 법원재판에서의 담보 - 재판소원의 필요성

위에서 살펴본 대로 결국 기본권의 대사인적 효력이 중요하게 요구되는 영역은 사인들 간의 분쟁에 대한 해결인 법원의 민사절차에서임을 알 수 있다. 따라서 기본권규범이 사인들 간에도 적용된다는 법리를 기본권의 제3자적 효력에 기대어 인정하든 아니면 위에서 논의한 새로운 시각에서 인정하든 이를 인정한다면 그 법리의 효과가 사법적 절차에서 실제로 나타나야 할 것이다.

민사사건의 재판에서 과연 기본권규범이 재판규범으로 적용되고 있는가? 현재로서 그렇게 보기는 힘들다. 일례로서 대법원의 판례는, 헌법상의 기본권으로서의 환경권에 관한 규정(헌법 제35조 제1항)만으로서는 개개의 국민에게 직접으로 구체적인 私法上의 권리를 부여한 것이라고 보기는 어렵고, "사법상의 권리로서의 환경권이 인정되려면 그에 관한 명문의 법률규정이 있거나 관계법령의 규정취지나 조리에 비추어 권리의 주체, 대상, 내용, 행사방법 등이 구체적으로 정립될 수 있어야 할 것"이라고 한다.[1] 또한 국제그룹 해체를 위한 공권력행사에 대한 위헌확인의 헌법소원결정[2]이 있었는데, 이 결정 후 민사재판인 국제그룹 주식인도소송의 항소가 기각되었다. 이 민사사건에서 이 헌법소원결정이 확인한 공권력행사의 위헌성을 바탕으로 원고의 민사관계의 청구가 받아들여질 것으로 기대하였으나 그렇지 않았다. 그러나 대법원도 위에서 본 대로 최근 헌법의 규정을 간접적으로 적용하는 판례들을 내놓고 있다(위 대법원 판례 부분 참조).

헌법상의 기본권규정이 민사재판 등 사인 간의 관계에서도 적용되고 효력을 가지게 하기 위한 보장방법의 하나로서 기본권규정의 효력, 적용이 문제된 민사재판에 대하여 헌법소원이 이루어질 수 있도록 하는 것이 필요하다.[3] 민사재판에서 헌법상의 기본권규정이 적용되지 않

1) 대법원 1995.5.23. 94마2218 판결, 법원공보 제995호, 2236면. 동지 : 대법원 2006.6.2. 2004마1148, 1149, 공사착공금지가처분, 공2006.7.15.(254),1240면. 반면, 공해물질 배출공장주에 대해 헌법 제35조와 환경보전법 제60조에 비추어 주민들에 대한 손해배상책임을 인정한 판례도 있긴 하다(대법원 1991.7.26. 90다카26607, 26614, 법원공보 제904호, 2244).

2) 헌법재판소 1993.7.29. 89헌마31, 공권력행사로 인한 재산권 침해에 대한 헌법소원결정, 헌법재판소판례집 제5권, 2집, 1993, 87면 이하.

은 경우에는 그 재판에 대한 헌법소원이 이루어진다면 헌법재판소에 의한 통제로 헌법의 기본권적용을 담보할 수 있을 것이고 법원도 헌법소원에 의한 통제를 의식하면 헌법의 기본권규정의 적용에 적극적인 입장을 취할 것이기 때문이다. 우리는 공법과 사법의 구별에 대해서도 사실상 그 논란의 역사가 길고 오늘날에도 논의가 끝난 것은 아니며 공권과 사권의 구별에 대해서도 또한 그러한 줄 안다. 사권도 결국 그 침해에 대한 보호, 구제는 공권력에 의해 이루어지는 것이고(바로 재판이 그 대표적인 수단일 것이다), 그 점 공권과 다를 바 없다. 문제는 현재 헌법재판소법이 법원의 재판에 대해서는 헌법소원을 금지하고 있다는 점이다(헌재법 제68조 1항). 이 점 시정이 되어야 기본권의 제3자적 효력이 제대로 발휘될 수 있을 것이다. 이러한 이유에서도 법원재판에 대한 헌법소원심판이 도입되어야 함을 저자는 일찍이 여러 차례 지적한 바 있다.[1]

사실 민사재판에 대한 헌법소원심판이 이루어지게 되면 굳이 제3자효 얘기할 것도 없다. 왜냐하면 제3자효를 부정한 법원의 판결도 공권력작용이므로 이 공권력작용에 대한 판단도 결국 공권력에 대한 일반적인 헌법소원심판일 뿐이다.

Ⅱ. 국가권력의 불개입의 경우

사인 간의 기본권의 다툼에 대해 그 해결을 국가가 해줄 것을 요구할 경우에 국가의 개입이 없다는 부작위에 대한 헌법소원심판이 필요하다. 그런데 헌법재판소는 모든 부작위에 대해 헌법소원심판대상성을 인정하고 있지 않다.

제5항 제3자적 효력의 실현방법

1. 헌법에 의한 방법

앞서 헌법에 기본권의 대사인적 효력을 일반적으로 명시하고 있는 예가 있긴 하나 드물다는 것을 보았다. 개별적으로 어느 기본권들에 대해 대사인적 효력을 헌법이 명시하고 있는 예는 우리 헌법의 경우에도 근로3권과 같은 규정이 있음을 위에서 보았다.

---

3) 이는 역으로 현재 법원재판이 헌법소원의 대상이 되고 있지 않은데 대해 그 대상성을 인정할 필요성의 논거의 하나로서 제3자효의 구현을 위한 재판소원을 인정하여야 한다고 보아야 하는데 이러한 주장을 일찍이 헌법재판소 출범초기부터 한 바 있다. 졸고, "헌법재판소의 한정합헌결정", 「법과 사회」, 제3호, 1990; 졸고, "헌법재판소의 권한과 일반소송", 한·독 국제학술대회, 「공법연구」, 제24집 제1호, 한국공법학회, 1996.

1) 위의 주의 논문 및 정재황, 헌법재판개론, 박영사, 2001년판, 2003년판 참조.

2. 법률에 의한 방법

법률이 개인들 간에서 기본권이 침해되는 경우의 해결을 위한 규정을 두어 대사인적 효력을 발휘하게 할 수도 있다. 언론기관이라는 사적 기관의 보도로 인해 어느 사인의 명예권이 침해된 경우에 반론보도청구권을 행사할 수 있도록 하거나(언론중재 및 피해구제 등에 관한 법률) 사기업에서의 남녀 간의 불평등을 막기 위한 법률(남녀고용평등과 일·가정 양립 지원에 관한 법률) 등이 그 예이다. 국가인권위원회법도 사인들 간의 차별구제를 위해 국가인권위원회가 활동하도록 규정하고 있다.

3. 행정에 의한 방법

행정기관이 집행작용을 함에 있어서 적용되는 헌법이나 법률에 대하여 가능한 한 사인들 간에도 기본권이 효력을 발휘할 수 있게 해석함으로써 기본권의 대사인적 효력을 신장시키도록 하는 것이 필요하다.

4. 사법에 의한 방법

이는 법원이 재판사건에서 적용할 법률을 해석함에 있어서 기본권의 대사인적 효력을 인정하여 이를 담아 법률을 적용하는 방법이다. 법원도 기본권보장기관임은 물론이므로 기본권의 대사인적 효력을 구현하기 위한 적극적 판결노력이 요구된다.

제4절 기본권의 인적 효력의 문제

우리는 앞서 기본권의 주체문제에서 외국인에 대해서도 기본권의 주체가 됨은 자연권론의 입장에서 당연히 인정하여야 한다면 외국인의 기본권 문제는 외국인이 국민에 비해 기본권의 제한이 더 많이 되는 등의 문제로 보아야 하고 이는 외국인이라는 인적 요소에 의한 효력상의 차이라고 볼 수 있다. 공무원 등 특수신분관계에 있는 국민도 기본권제한이 일반 국민에 비해 더 많이 된다는 것이지 기본권주체가 되지 않는다는 것은 결코 아니므로 역시 인적 요소에 의한 기본권의 효력상의 차이가 있다는 것이다. 요컨대 외국인, 특수신분관계에 있는 국민 등은 기본권의 인적 효력에 있어서 일반 국민에 비해 축소되거나 차이를 가질 수 있다.

제5절 기본권의 시간적 효력

기본권주체가 생존해 있는 동안에 그의 기본권의 효력이 존재한다. 기본권 주체의 사후에도 일정 기간 동안 효력을 지속하는 기본권의 예가 없지는 않다(지적 재산권). 기본권주체가 생존하고 있는 경우에도 일정한 기본권이 일정한 경우에 박탈되도록 하는 제도를 두고 있는 외국의 입법례(독일기본법의 기본권 실효제도. 아래 6절 참조)를 볼 수 있다.

한편 우리 헌법은 참정권과 재산권에 대해서는 소급박탈의 금지를 헌법이 명시하고 있다(제13조 2항).

제6절 이른바 '기본권의 포기'론과 기본권 실효제도

Ⅰ. '기본권의 포기'론

1. 개념

기본권의 포기 이론을 기본권이론의 하나로 제시하고 다루는 교재들이 있다. 그 교재에 따르면 기본권의 포기란 기본권주체가 자신의 어느 기본권을 행사하지 않겠다는 명시적 또는 묵시적인 의사를 표명함으로써 그 기본권이 보호하는 법익 등의 향유를 스스로 받지 않는 것을 의미한다.

기본권의 제한은 다른 기본권주체와의 충돌 등의 제한원인이 있어서 그 효력의 일부가 행사되지 못하는 경우이나 기본권의 포기는 그러한 상황이 아님에도 스스로의 의사에 의한 불행사라는 점에서 차이가 있다.

2. 인정 여부

(1) 학설

기본권포기론을 소개하는 교재에 따르면 기본권포기를 둘러싸고 긍정설, 부정설, 절충설이 대립되고 있다고 한다(이러한 학설은 정종섭, 315면 이하 참조).

(2) 검토와 사견

자신의 기본권을 스스로 처분하고자 하는 것도 결국 기본권의 자율적인 행사 여부의 결정권을 의미하는 것이고 따라서 기본권의 자율권, 자기결정권의 문제로 파악하면 되는 것이고 이를 특별한 별도의 이론으로 구성하는 것이 필요한지 하는 의문이 제기된다. 필요성 이전에

'포기'라고 하는 용어가 기본권의 적극적이고 최대한의 보장이라는 명제에 부합되는 것인지 하는, 그리고 기본권의 가치를 하락시키는 이미지를 가지는 이론으로 받아들여질 수 있다는 문제가 있다. 그나마 헌법이론적으로 의미를 가지는 것은 개별 기본권들 중에는 기본권주체에 의한 자율적 처분, 즉 포기가 받아들여지지 않는 기본권들이 있다는 사실에 따라 이를 강조하는 데에 있다. 예를 들어 투표권행사를 스스로 하지 않겠다고 할 수 있는지 아니면 그 행사를 강제할 수 있는 것인지 하는 문제이다. 그러나 이러한 문제는 기본권의 제한과 제한의 한계로서 본질적 내용침해 문제로 다루어도 충분히 해결될 문제이다. 어떤 기본권이 주체가 스스로 제한될 수 없다는 것은 포기할 수 없는 본질적 내용만으로 이루어져 있음을 의미한다.

기본권의 객관적 질서성을 인정하지 않고는 기본권의 포기에 대한 제한을 설명할 수 없다는 견해도 있다. 그러나 기본권 자체에 객관적 질서성이 있어서 포기에 대한 제한이 가능하다고 하지 않더라도 기본권의 효과로서의 객관적 질서성으로 포기제한이 가능하다고 볼 수 있으므로 기본권의 이중성을 인정하여야만 포기제한에 대한 설명이 가능한 것은 아니다. 오히려 이는 근본적으로 기본권포기이론이 별도로 고찰되어야 하는지 하는 의문을 들게 할 뿐이다. 기본권포기이론은 본질적 내용이 아닌 한 자기결정권이라는 기본권의 문제로 해결할 수 있다. 포기는 자기결정권의 행사로, 포기를 못하도록 행사하도록 강제하는 것은 자기결정권의 제한으로 보면 된다.

3. 한계

(1) 한계로서의 요건

기본권포기론의 특별한 이론으로서 설명하고 있는 견해들에 따르면 포기의 요건들을 설정하는데 이러한 요건들은 포기의 한계가 될 것이다. 그런데 포기를 위해서는 먼저 기본권의 주체일 것을 요하는데 기본권의 포기론자들이 말하는 기본권포기의 개념 속에는 기본권주체가 포기한다는 의미가 내포되어 있으므로 이를 특별히 하나의 요건이라고 할 것은 아니다.

(2) 전부포기의 부정

기본권전부를 포기하는 것은 기본권주체로서의 지위를 포기하는 것이고 이는 인간으로서의 지위를 자기부정하는 것이므로 받아들일 수 없다.

(3) 기본권의 자율성, 자기결정성의 한계

우리는 위에서 밝힌대로 기본권의 포기가 아닌 자율성이나 자기결정성의 문제로 파악하고자 하는데 국가안전보장, 질서유지, 공공복리의 필요성을 위하여 기본권포기에 대한 제한이 올 수 있다. 기본권을 포기할 수 있는 것도 기본권의 자율권이라는 기본권적 속성을 의미한다면 포기에 대한 제한도 가능할 것이고 그것은 곧 기본권의 제한의 문제로 환원되기 때문이다.

따라서 비례(과잉금지)원칙도 적용될 수 있고 본질적 내용침해금지도 적용될 수 있으면 이는 기본권포기의 한계가 된다고 할 것이다.

4. 효과와 구체적 문제

(1) 효과

포기론을 설명하는 교재에 따르면 기본권포기는 기본권침해가 되지 않는다(기본권침해의 부인). 포기의 철회, 취소가 가능하다는 것, 포기요건을 갖추지 못한 경우에는 그 포기는 무효라는 것을 포기의 효과로 들고 있다(정종섭, 318면).

(2) 구체적 문제

1) 실정법적 예

실정 법률이 인정하는 예로 언론중재 및 피해구제에 관한 법률 제5조 제2항은 인격권 침해가 사회상규에 반하지 아니하는 한도 안에서 피해자의 동의에 의하여 이루어진 경우에는 법률에 특별한 규정이 없는 한 언론이 그 보도내용과 관련하여 책임을 지지 아니한다고 규정하고 있는 것을 볼 수 있다.

2) 재판청구권, 참정권 등

자신의 권리구제를 위한 제소를 포기할 수 있는지 하는 문제가 있는데 뒤의 재판청구권 부분에서 다룬다. 참정권의 경우에도 투표참여의 포기가 가능한지 하는 문제가 있는데 이는 참정권의 의무성과 관련하여 뒤에서 다루게 된다.

Ⅱ. 기본권의 실효제도

기본권의 실효(失效)제도란 중요한 기본권으로서 그 남용으로 인해 민주질서와 같은 사회의 기본적인 질서를 파괴할 위험성이 있는 경우에 그것을 막기 위해 남용하는 사람이 그 기본권을 행사하지 못하게 하는 제도를 말한다. 독일기본법은 일정한 기본권들에 있어서 실효제도를 명시하고 있다. 즉 표현의 자유, 특히 신문의 자유, 수업의 자유, 집회의 자유, 결사의 자유, 통신의 비밀, 재산권, 망명권 등을 자유민주적 기본질서를 파괴하기 위하여 남용하는 사람에 대해서는 위의 기본권들을 실효시키는 제도를 두고 있다. 기본권의 실효와 그 범위에 대해서는 연방헌법재판소가 선고하도록 하고 있다(독일기본법 제18조).

제7절 기본권의 경합(경쟁)과 상충

문제의 성격 현재 우리 학자들은 기본권의 경합과 상충의 문제를 기본권의 효력 부분에서 다루고 있는 경향이다(허영, 권영성). 그런데 기본권의 경합과 상충이 발생하면 기본권을 제한하고 조절하여야 할 필요가 생긴다. 상충의 경우 예를 들어 A와 B의 기본권이 상충될 때 각각의 기본권을 어떻게 제한하고 조절하여 상충을 해소할 것인가 하는 문제가 제기되는 것이다. 기본권경합은 기본권제한에서만의 문제는 아니고 기본권보호를 위해서도 거론된다. 한 사람의 기본권주체에게 여러 기본권들이 경합될 때 기본권보호역량이 한정된 경우 어느 기본권을 특히 우선하여 보호할 것인가 하는 문제가 나타날 수 있기 때문이다. 그런데 기본권의 제한이나 보호는 실질적으로 기본권의 효력에 관한 것이다. 그 점에서 본서에서는 기본권의 효력 문제에서 살펴본다.

제1항 기본권의 경합(경쟁)

Ⅰ. 개념과 실익

1. 개념

(1) 기본권경합(경쟁)의 의미

어느 한 기본권의 주체에 대해 어떤 국가권력작용이 가해져 그 당해 기본권주체의 여러 기본권들이 동시에 영향을 받게 될 때에 그 각 기본권들의 보호의 정도(또는 제한가능성의 정도)가 다르다면 어느 기본권을 우선하여 보호하는 것이(또는 어느 기본권의 제한, 희생을 가져오는 것이) 그 기본권주체에게 보다 유리한 것인지 하는 문제가 제기된다. 이러한 상황을 기본권의 경합이라고 한다. 기본권의 경합을 기본권의 경쟁이라고 부르기도 한다. 기본권의 경합은 어느 한 기본권주체에 있어서 발생하는 상황이고, 다음에 살펴볼 기본권의 상충은 복수의 상호 다른 기본권주체 간에 각자의 기본권이 서로 충돌되는 상황이라는 점에서 구분된다. 예를 들어 화가 A의 전시된 작품을 철거하는 행위는 화가 A라는 기본권주체의 표현의 자유와 아울러 재산권의 침해도 있게 되는바 이러한 경우에 경합문제가 나온다.

(2) 기본권경합의 개념과 범위

위에서 경합의 의미를 밝히긴 했으나 그 개념이 보다 명확히 될 필요가 있다. 경합의 개념을 정의하는 문제는 경합이 인정되는 범위 문제에 직결된다. 기본권경합의 개념과 관련하여 다음과 같은 점들이 논구되어야 할 것이다.

1) 동등 지위의 기본권 관계

(가) 논의의 소재 - 일반적·포괄적·보충적 기본권과 특별·파생적·개별적 기본권들 간의 관계에서의

경합 여부

기본권경합 범위 문제의 논의의 대상이 될 수밖에 없는 기본권들 간의 관계로서는 동등한 지위에 있는 기본권들 간의 관계에 있어서는 경합관계가 나타난다고 보는 데 이의가 없다. 그런데 일반적·포괄적·보충적 기본권과 특별·파생적·개별적 기본권들 간의 관계에 있어서도 경합관계로 볼 것인가 하는 문제가 있다. 즉 영향을 받는 어느 한 기본권주체의 기본권들 중에 보다 일반적이거나 포괄적인 기본권이 있고 아울러 다른 특별하거나 파생적, 개별적인 기본권이 있다면 이 일반적 기본권과 개별적 기본권들 간의 관계가 경합관계인가 하는 문제이다.

(나) 견해와 판례

가) 견해대립가능성 위의 문제에 대해서는 긍정설과 부정설이 있을 수 있다. 긍정설 중에는 '법조경합'이라고 보아 경합이 된다고 보는 견해도 있다.

나) 판례

판례는 동등 기본권들 간의 관계에서만 경합관계로 보려는 입장을 취하는 것이 대체적인 경향이다. 드물게 일반적·포괄적 기본권인 행복추구권과의 경합관계로 본 결정례가 있긴 하다.[1] 그러나 대체적인 경향은 행복추구권은 보충적 기본권으로서 이에 대한 제한은 심사하지 않는다고 하는 입장을 보여주고 있다. 판례가 보충적 관계에 있는 행복추구권에 대해서도 경합관계로 인정하는 것이 일반적 경향인양 소개하고 있는 잘못된 자습서가 있다. 유의할 일이다.

(다) 검토

사실 앞서 우리는 기본권의 파생관계에서 포괄적 기본권과 개별적 기본권과의 관계에 대해 살펴본 바 있다(전술 기본권체계 부분 참조). 포괄적 기본권과 개별적 기본권의 관계에 대해서

1) 그러한 결정례로, "하나의 규제로 인해 여러 기본권이 동시에 제약을 받는 경우에는 기본권 침해를 주장하는 청구인의 의도 및 기본권을 제한하는 입법자의 객관적 동기 등을 참작하여 먼저 사안과 가장 밀접한 관계에 있고 또 침해의 정도가 큰 주된 기본권을 중심으로 해서 그 제한의 한계를 따져 보아야 할 것이다(헌재 1998.4.30. 95헌가16, 판례집 10-1, 327, 337). 이 사건에서 청구인들의 주장, 입법자의 동기를 고려하면 이 사건 법률조항으로 인한 규제는 공무담임권과 가장 밀접한 관계에 있고, 제한의 정도가 가장 큰 주된 기본권도 공무담임권으로 보이므로, 행복추구권 침해 여부에 대한 청구인들의 주장은 공무담임권 침해 여부에 대한 위 판단을 원용함으로써 족하다고 할 것이다."(헌재 2006.2.23. 2005헌마403, 판례집 18-1상, 331). "행복추구권은 다른 기본권에 대한 보충적 기본권으로서의 성격을 지니고(헌재 2000.12.14. 99헌마112등, 판례집 12-2, 399, 408; 헌재 2002.8.29. 2000헌가5등, 판례집 14-2, 106, 123 등 참조), 특히 어떠한 법령이 수범자의 직업의 자유와 행복추구권 양자를 제한하는 외관을 띠는 경우 두 기본권의 경합 문제가 발생하는데, 보호영역으로서 '직업'이 문제되는 경우 행복추구권과 직업의 자유는 서로 일반특별관계에 있어 기본권의 내용상 특별성을 갖는 직업의 자유의 침해 여부가 우선하여 행복추구권 관련 위헌 여부의 심사는 배제되어야 하는 것이므로(헌재 2003.9.25. 2002헌마519, 판례집 15-2상, 454, 472; 헌재 2007.5.31. 2007헌바3, 공보 128, 589, 595 등 참조), 이 사건에 있어서 청구인들이 게임제공업을 영위하는 행위가 직업의 자유의 보호영역에 포함된다고 보아 앞서 그 침해 여부를 판단한 이상, 행복추구권의 침해 여부를 독자적으로 판단할 필요가 없다"라고 판시한 결정례(헌재 2008.11.27. 2005헌마161 등, 판례집 20-2하, 324)를 볼 수 있다.* 필자 설명 : 위 판시가 행복추구권과의 경합이라고 본 것으로 이해되는 것은 헌재가 경합의 해결방법을 위 사안에서 직업의 자유와 행복추구권이 문제되는 가운데 적용하여 판시를 하고 있기 때문이다.

직접관련성에 있어서 개별 특수적 기본권이 보다 강하고 개별 기본권이 구체적이어서 기본권 보장의 실효성이 낫다고 보아 개별 기본권이 우선해서 적용되고 포괄적 기본권은 보충적으로 적용된다고 본다. 판례도 보충적 적용설을 취하고 있다.[1] 양자의 관계는, 일반적 기본권은 포괄성을 띠고 있고 개별 기본권을 포함하는 포괄관계이자 후자를 보충(보완)하는 관계이므로 경합의 관계로 볼 것은 아니다. 먼저 직접적으로 선택·적용되는 것은 특별·파생적·개별적 기본권이고 일반적 기본권은 애초에 포괄관계의 기본권으로서 선택의 대상 자체도 아니므로 경합관계가 아닌 것이다. 예를 들어 보충적 기본권인 행복추구권과 개별적 기본권인 직업의 자유와의 관계에서는 직업의 자유가 적용되면 보충적 기본권인 행복추구권은 적용이 아니 되므로 관련되는 모든 기본권이 일단은 적용될 상황인 경합하고는 다른 것이다. 긍정설 중에 '법조경합'으로 보는 견해가 있으나 형법의 이론인 '법조경합'으로 헌법상 기본권론에서 긍정설의 논거로 내세우는 것은 문제이다. 당장 기본권제한에 있어서의 경합 문제는 하나의 작용으로 여러 기본권들이 제한되는 경우라서 형법의 법조경합의 개념과도 차이가 있다.

유의할 점은 포괄적 기본권이라도 그 자체가 좁은 의미의 독자적 기본권으로서 직접 적용되어야 할 사안에 있어서는 포괄적 기본권이 아니라 하나의 개별적 기본권으로서 다른 기본권들과 병존관계에 있을 수 있다. 예를 들어 기소유예처분을 받은 어느 피의자가 자신은 혐의가 없다고 주장하였음에도 혐의있다고 인정하는 그 기소유예처분으로 인해 억울한 누명을 썼다고 하는 사안에서 독자적 기본권으로서의 행복추구권을 인정하고 평등권과의 병존적 침해를 인정하는 우리 헌법재판소의 판례사안을 볼 수 있다.[2] 또한 평등권, 공무담임권 등과 더불어 행복추구권 침해 문제를 판단한 결정례가 있다.[3] 그런데 이러한 경우는 병존적용의 경우로서 아래의 2)에서 살펴보는바 경합관계는 아니다. 그러나 행복추구권이 병존적용의 가능성을 가지는 상황에서 행복추구권과 다른 개별 기본권들 간에 선택적인 경합관계가 될 경우도 있을 것이다. 결국 예를 들어 재산권이라는 개별 기본권과 행복추구권이 둘 모두 병존적용될 경우도 있고 둘 중에 어느 하나를 선택하는 경합관계의 경우도 있을 수 있다.

일반적·포괄적 기본권으로서 일반적 행동자유권이 독자적 의미를 가지는 경우에 경합이 인정된 예를 볼 수 있다. 그러한 예는 어떤 일을 직업적으로 수행하지 않는 경우에는 직업의 자유라는 개별 자유권이 문제될 것이나 그 일을 직업으로 행하지 않을 수도 있는데 이러한 자

---

1) 예를 들어 헌재 2002.8.29. 2000헌가5, 판례집 14−2, 123면.

2) 예컨대, 헌재 2006.2.23. 2005헌마1089; 헌재 2005.5.26. 2005헌마58 등.

3) 헌재 2006.6.29. 2005헌마44, 판례집 18−1하, 331−332면. 그런데 이 결정에서 헌재는 "공직을 직업으로 선택하는 경우에 있어서 행복추구권과 직업선택의 자유는 공무담임권을 통해서 그 기본권보호를 받게 된다고 할 수 있다. 그러므로 앞에서 이 사건 동점자처리조항이 국·공립학교의 채용시험과 관련하여 청구인들의 공무담임권을 침해하지 않는 것으로 판단한 이상, 같은 이유에서 이 사건 동점자처리조항은 청구인들의 행복추구권과 직업선택의 자유를 침해하지 않는다"라고 판시하고는 있다.

유는 일반적 행동자유권으로 인정되는 데서 볼 수 있다. 대표적인 판례의 하나로, 운전학원으로 등록하지 않은 자가 대가를 받고 운전교육을 실시하는 것을 금지하는 도로교통법 조항에 대한 헌법재판 사건에서 이를 직업으로 하지 않으면서 대가를 받고 실시하는 경우 직업선택의 자유를 거론할 수 없고 일반적 행동자유권이 문제된다고 본 사안이 있다. 이 판례사안에서는 헌재는 직업선책의 자유와 일반적 행동자유권이 모두 제한받는다고 하면서 입법자의 객관적인 입법동기와 사안과의 관계로 볼 때 직업선택의 자유를 중심으로 하여 판단하기로 한다고 하였고 과잉금지원칙의 위반이 아니라고 결정하였다.[1)]

(라) 사견과 정리

일반적 · 포괄적 · 보충적 기본권과 특별 · 파생적 · 개별적 기본권들 간의 관계에서는 경합관계를 인정하지 않는 것이 논리적이다. 설령 경합관계를 인정하더라도 결국은 개별 · 특별 기본권이 선택되어 적용된다는 점에서 경합을 논할 실익부터 없다.

* 사견 : 기본권경합개념을 좁게 보는 것이 적정하다. 경합은 헌법재판에서 나오고 그 실익은 여러 기본권의 보호를 효과적으로 하자는 것이라는 점, 경합이 선택을 전제로 하는 것이라면 일반과 특별의 관계에서는 특별을, 보충과 개별과의 관계에서 개별을 적용하는 것은 기본권주체의 의도와 무관하게 객관적으로 이루어지는 것이라는 점을 고려하면 선택을 하여야 하는 경합에서는 동등한 의미를 지니는 기본권들 간의 병존을 경합이라고 보는 것이 현실적이라고 할 것이다.

(마) 행복추구권, 일반적 행동자유권, 일반적 기본권의 위치

헌법재판 사안에서 행복추구권의 침해 주장이 빈번하여 행복추구권과 다른 개별 기본권들 간의 관계가 문제인데 이에 대해서는 위에서 더러 언급하였고 이는 행복추구권이 일반적 · 포괄적 · 보충적 기본권이므로 위에서 논의한 대로 독자적 기본권으로서의 지위가 아닌 한에서는 경합관계에서 제외된다. 우리 헌재가 행복추구권에서 파생되는 것으로 보는 일반적 행동자유권도 포괄적 '자유'권의 기본권으로서 역시 위와 같이 경합관계에서 제외된다.

헌법 제21조의 언론 · 출판의 자유는 헌법 제8조의 정당의 자유라는 특별 기본권에 대해

1) 헌재 2003.9.25. 2001헌마447 등. [판시] 이 사건 법률조항으로 인하여 제한되는 기본권 – 이 사건 법률조항은 운전학원으로 등록하지 않은 사람이 대가를 받고 '운전학원 밖이나 운전학원의 명의를 대여받아 운전학원 안에서 운전교육을 하는 것'과 '운전연습을 할 수 있는 시설을 갖추고 이를 이용하게 하는 행위'를 금지하고 있다. 따라서 청구인들과 제청신청인의 경우와 같이 운전교습업이나 운전연습시설제공업을 직업으로 선택하려는 사람이나 법인의 경우에는 운전학원으로 등록을 하지 않는 한, 이를 직업으로 선택하여 영위하지 못하게 되므로 이들 무등록자의 직업선택의 자유가 제한되고, 나아가 이러한 행위를 직업으로 영위하지 않는다고 하더라고 친구나 친지 등으로부터 대가를 받고 운전교육을 하는 일체의 유상운전교육행위를 금지함으로써 헌법 제10조의 행복추구권에 의하여 보장되는 일반적 행동의 자유가 제한된다. 그러나 이 사건에 있어 제청법원과 청구인들은 이 사건 법률조항으로 인하여 직업선택의 자유가 과잉제한되었다고 주장하고, 이 사건 법률조항의 입법취지 또한 등록한 운전학원으로만 운전교습업 또는 운전연습시설제공업의 주체를 제한하려는 것에 있으므로, 입법자의 객관적인 입법동기와 사안과의 관계로 볼 때 직업선택의 자유를 중심으로 하여 이 사건 법률조항이 기본권제한의 헌법적 한계를 지키고 있는지 여부를 판단하기로 한다.

일반적인 기본권이라고 한다. 이러한 일반적 기본권과 특별 기본권 간에도 특별 기본권이 우선 선택·적용되므로 원칙적으로 경합관계가 아니다.

2) 병존적용과 경합

경합이란 말과 병존적용이란 말은 구별되어야 한다. 기본권의 경합은 여러 기본권들이 문제될 때 어느 기본권을 선택하는 것이고 병존적용은 문제되는 기본권들이 모두 적용되는 것이다. 그런데 사실은 기본권의 경합은 여러 기본권들의 병존적용가능성을 전제로 한다. 여러 기본권들이 문제되어야 그 중 어느 기본권의 취사선택인 경합을 얘기할 수 있는 것이기 때문이다. 우리 헌재는 '경합'이란 말을 사용하면서도 병존적용의 판단을 한 판례를 보여주고 있다. 공립 중등학교 교사 임용후보자 선정경쟁시험에서 복수·부전공자에 대한 가산점 부여가 문제된 사안인데 헌재는 공무담임권과 평등권의 제한이 '경합'적으로 문제된다고 하면서도 그 위헌 여부를 함께 모두 판단한 결정례가 그것이다.[1] 이 판례사안의 경우 앞서 언급하였듯이 병합 내지 병존적용이란 용어를 사용하는 것이 타당하다. 그렇지 않으면 경합이론을 별도로 인정할 이유가 없다.

3) 평등권의 경우

평등권과의 경합을 인정한 이례적 판례들이 있긴 하였으나 판례의 대체적인 경향은 평등원칙에 대한 판단은 경합 관계에서 빼내어 별도로 판단하는 것이다. 아마도 평등원칙은 헌법의 주된 일반원칙이기도 하다고 보는 관념이 자리잡은 결과라고 이해된다.

* 이례적 판례 : 헌재가 평등권과 다른 어느 개별 기본권 간의 경합관계로 본다고 한 예들이 있다. 그런데 경합관계라고 하면서 판단에 있어서 평등권을 심사한 뒤 평등권의 침해가 있으므로 그 다른 개별 기본권도 침해하였다고 판단한 다음과 같은 예도 있다. 즉 헌재는 국가유공자 가족 가산점에 대한 헌법불합치결정에서 "이 사건 조항은 국가유공자 등과 그 가족 누구나에게 국가기관 등의 채용시험에서 필기·실기·면접시험마다 만점의 10%의 가산점을 주도록 하고 있다. 이는 동 가산점의 수혜대상자가 아닌 일반 응시자의 공무담임의 기회를 제약 내지 차별하는 것이고, 따라서 평등권과 공무담임권의 침해 여부가 경합적으로 문제된다"라고 한 다음 "이 사건 조항이 공무담임권의 행사에 있어서 일반 응시자들을 차별하는 것이 평등권을 침해하는 것이라면, 같은 이유에서 이 사건 조항은 일반 공직시험 응시자의 공무담임권을 침해하는 것이다"라고 판시한 예가 있다.[2] [분석] 헌재가 경합이라 판시하였음에도 결국

---

1) 헌재 2006.6.29. 2005헌가13, 판례집 18－1하, 165면. [결정요지] (1) 심사의 기준 － (가) 이 사건 복수·부전공 가산점 규정은 교사자격증을 소지한 전체 응시자격자들 중 복수·부전공을 하지 않아 가산점의 수혜대상이 아닌 일반 응시자의 공무담임의 기회를 제약 내지 차별하는 것이므로 공무담임권과 평등권의 침해 여부가 경합적으로 문제된다. (나) 가산점을 받지 못하는 자의 기본권에 대한 중대한 제한이므로 이 사건 복수·부전공 가산점 규정의 위헌 여부에 대하여는 엄격한 심사척도를 적용함이 상당하다. (2) 이 사건 복수·부전공 가산점 규정의 위헌 여부 － 이 사건 복수·가산점 규정의 혜택을 받지 못하는 응시자들에 대한 차별의 효과가 크지 않다. 그리고 이 사건 복수·부전공 가산점 규정은 복수·부전공 기이수자들과 이수예정자들의 신뢰를 보호하기 위해 한시적으로 적용하는 것이라는 점에서 비례의 원칙에 반하여 청구인의 공무담임권이나 평등권을 침해하지 않으므로 헌법에 위반되지 아니한다. * 이와 같은 또 다른 결정례로 헌재 2006.6.29. 2005헌마44, 판례집 18－1하, 329면.

2) 헌재 2006.2.23. 2004헌마675, 판례집 18－1 상, 284, 288면.

평등권과 공무담임권 모두를 판단한 것이어서 경합의 원래 뜻에 따르면 이는 실은 경합이 아닌 것이 된다. 그동안 헌재가 평등권의 침해 여부를 따진 결정례들에서 다른 개별 기본권들의 침해 여부도 아울러 따진 경우들이 많았는데 이러한 대개의 경우들을 경합이라고 할 수는 없고 위 사례도 드문 예이다.

또 "공무담임권과 평등권의 침해 여부가 경합적으로 문제된다. … 결국 제청신청인의 주장은 공무담임권의 제한이 평등원칙에 위반된다는 것이므로 평등권과 공무담임권을 함께 심사하기로 한다"라고 한 뒤 엄격심사(비례심사)를 한 뒤 "이 사건 법률조항이 비례의 원칙에 반하여 제청신청인의 평등권이나 공무담임권을 침해한다고 보기 어렵다"라고 판시한 예도 있다.[1] "평등권과 공무담임권의 침해 여부가 경합적으로 문제된다"라고 하면서 평등권, 공무담임권, 직업선택의 자유 등과 더불어 행복추구권 침해 문제를 판단한 결정례도 있다.[2]

* 경합이란 말을 직접 명시하지 않고 평등권과 사회적 기본권 중 평등권심사로만 판단한 예 – 공무상 질병 또는 부상으로 '퇴직 이후에 폐질상태가 확정된 군인'에 대해서 상이연금 지급에 관한 규정을 두지 아니한 군인연금법에 대한 헌법불합치결정이 그 예이다.[3]

* 차별의 문제가 어느 기본권의 제한에 따라 부수적으로 일어난다고 하면서 평등권 문제에 대해 별도로 판단하지 않는다고 판시한 예도 있었다. 사안은 인터넷게시판 본인확인제 사건이었는데 위헌결정이 있었다.[4] 평등권침해의 문제는 다른 개별 기본권의 한계 문제로 포섭되거나 환원되는 문제라고 보아 이를 다루지 않은 예도 있었다.[5]

---

1) 헌재 2007.12.27. 2005헌가11.
2) 헌재 2006.6.29. 2005헌마44, 판례집 18-1하, 331-332면.
3) 헌재 2010.6.24. 2008헌바128. [판시] 이 사건의 경우 만일 입법자가 상이연금수급권자의 범위를 정함에 있어 어느 집단을 합리적인 이유 없이 포함시키지 아니하거나 연금수혜의 대상에서 제외하는 등 소극적이거나 불충분한 입법형성을 함으로써 입법재량의 한계를 일탈한 경우에는 그러한 흠결을 가진 입법 자체에 의하여 청구인의 사회적 기본권이나 평등권이 모두 침해될 수 있다 할 것이다. 다만, 어떤 법률조항이 동시에 여러 헌법규정에 위반된다고 주장하는 경우에는 이를 주장하는 청구인의 의도 및 입법자의 객관적 동기 등을 참작하여 먼저 그 사안과 가장 밀접한 관계에 있는 헌법규정을 중심으로 헌법에 위반되는지 여부를 따져 보아야 한다. 이 사건의 경우, 입법자가 군인의 상이연금수급권 내지 사회적 기본권의 내용에 관한 입법을 형성함에 있어, 상이군인으로 하여금 인간다운 생활을 영위하도록 하기 위하여 '객관적으로 필요한 최소한의 조치'를 취할 의무를 다하였는지 여부를 그 입법행위가 헌법에 합치되는지에 관한 판단기준으로 삼아, 이 사건 법률조항의 내용이 불완전하거나 불충분하여 헌법상 용인될 수 있는 재량의 범위를 명백히 일탈함으로써 '인간다운 생활을 할 권리'를 보장한 헌법에 위반되는지 여부를 판단할 수도 있을 것이다. 그러나 청구인은 주로 공무원연금법에서 정한 장해급여수급권의 혜택을 받는 일반 공무원과의 차별을 문제 삼고 있는 점 등을 고려해 볼 때 이 사건 법률조항이 헌법에 위반되는지 여부는 헌법 제11조 제1항의 평등원칙과 가장 밀접한 관계가 있으므로, 이 사건 법률조항이 평등원칙에 위배되거나 청구인의 평등권을 침해하는지 여부를 중심으로 살펴보기로 한다.
4) 헌재 2012.8.23. 2010헌마47. [판시] 청구인은 본인확인제가 인터넷이라는 매체에 글을 쓰고자 하는 자에 대하여만 본인확인절차를 거치도록 함으로써 다른 매체에 글을 쓰는 자와 합리적 이유 없이 차별취급하여 인터넷에 글을 쓰고자 하는 자의 평등권을 침해한다고 주장하나, 청구인이 주장하는 차별취급은 본인확인제가 인터넷상의 익명표현의 자유를 제한함에 따라 부수적으로 발생할 수밖에 없는 결과일 뿐인 것으로서 그에 관한 판단은 익명표현의 자유의 침해 여부에 관한 판단과 동일하다고 할 것이므로 별도로 판단하지 아니한다.
5) 헌재 2012.5.31. 2009헌마705. [사안] 공무원에 대하여 집단적 의사표현 행위와 직무 수행 중 정치적 주장을 표시·상징하는 복장 등 착용행위를 금지한 공무원 복무규정에 대한 헌법소원사건 [판시] 이 사건에서 공무원이 비공무원에 비해 특별히 정치적 표현의 자유를 제한받는 이유는 공무원이라는 신분과 지위의 특수성에 기인한 것임이 명백하고, 그러한 특수성에 따른 정치적 표현의 자유에 대한 제한과 한계는 공무원의 정치적 중립성 확

4) 진정경합과 부진정경합의 구분론

외관적으로는 여러 기본권들이 문제되어 기본권의 경합으로 보이지만 실제로는 경합이 아닌 경우가 있다고 하여 이를 진정경합과 구분하여 유사경합(부진정경합)이라고 부르기도 한다. 유사경합보다는 부진정경합, 표현경합이 적절한 용어로 보인다. 기본권의 경합을 나누어 부진정경합의 예로 "예컨대 학문적 표현이나 예술적 수단을 이용한 광고 또는 선전행위를 하는 경우에" "상업적 목적의 광고나 선전행위는 학문적 지식이나 예술적 관념을 전파하는 전형적인 수단이 아니므로, 그러한 행위는 학문의 자유나 예술의 자유로서 보호받을 수는 없는 것이고, 따라서 이러한 경우 진정한 기본권경합의 문제는 발생하지 아니한다"라는 견해가 있다(권영성, 320면). 문제는 기본권주체가 어떠한 의도로 행위를 하였는지는 매우 주관적일 수 있는 경우에 부진정경합(표현경합)을 가려내기가 쉽지 않을 것이라는 데에 있다. 위의 견해에서 들고 있는 예에서 보면 학문적 또는 예술적 행사를 개최하여 문화석 활동도 하고 상업적 수익도 누리려는 어느 단체가 그 학문적 또는 예술적 행사를 홍보하는 광고나 선전을 한다면 이는 상업적 자유와 아울러 학문의 자유, 예술의 자유와 결사의 자유, 표현의 자유(우리 헌법재판소의 판례도 광고도 표현의 자유의 보호대상이라고 본다)도 문제될 수 있다.

5) 복수의 공권력작용으로 인한 복수의 기본권제한

동일한 기본권주체에게 여러 공권력작용이 가해져서 그의 여러 기본권이 문제될 경우에는 경합의 문제가 발생하는지 하는 문제가 있다. 각 공권력작용에 따른 기본권제한이라면 그것은 각각의 기본권제한 문제이고 경합이라고 볼 수 없다. 예를 들어 안전에 문제가 심각한 가옥에서 이주할 것을 명하는 처분을 하고 그 처분에 따르지 않을 경우에 강제이주처분과 이후 가옥의 철거를 가져오는 공권력작용을 할 경우 이주명령과 강제이주처분은 거주·이전의 자유의 제한을, 후자의 공권력작용은 재산권의 제한(철거)이 각각 가해진다.

(3) 개념과 관련하여 문제되는 몇 가지 판례에 대한 검토

우리 헌법재판소도 기본권경합의 개념에 대해 위에서 살펴본 것과 같은 입장을 취하고 있다. 그런데 다음과 같은 판례들은 검토를 요한다.

ⅰ) 헌법재판소는 교수재임용제(기간임용제)에 대한 헌법불합치결정에서 다음과 같이 판시하였다.

판례 헌재 2003.2.27. 2000헌바26, 구 사립학교법 제53조의2 제3항 위헌소원, 헌재판례집 15-1, 176면 이하
[판시] "어떤 법률조항이 동시에 여러 헌법규정에 위반되거나 기본권을 침해한다고 주장하는 경우에는 헌법규정위반 또는 기본권침해를 주장하는 청구인의 의도 및 입법자의 객관적 동기 등을 참작하여 먼

보와 공무원의 정치적 표현의 자유 보장이라는 두 가지 헌법상의 요청에 대한 형량에 의해 결정되는 것이라 할 수 있다. 그렇다면, 평등권침해의 문제는 공무원에 대한 정치적 표현의 자유의 한계 문제로 포섭되거나 환원되는 문제라고 할 수 있으므로, 평등권 침해 문제는 따로 판단하지 않기로 한다.

저 사안과 가장 밀접한 관계에 있는 헌법규정이나 또는 침해의 정도가 큰 기본권을 중심으로 그 위헌 여부를 따져 보아야 한다. 이 사건의 경우 청구인의 주장취지 및 앞에서 살펴본 입법자의 동기를 고려하면 이 사건 법률조항의 위헌 여부는 교원지위법정주의와 가장 밀접한 관계에 있다고 할 것이다. 따라서 이 사건 법률조항이 교원지위법정주의에 위반되는지 여부를 먼저 살핀다"라고 판시하고 있다. 이후 …이 사건 법률조항이 규정하고 있는 기간임용제가 교원지위법정주의에 위반됨을 확인하는 이상, 그밖에 청구인이 주장하는바 교원주의법정주의 위반의 결과 초래될 수 있는 평등권, 학문의 자유, 재판청구권, 근로조건법정주의 위반 여부에 대하여는 따로 판단하지 아니한다.

* 비평 : 위 판시에 대해 다음의 점들이 지적될 수 있다. ① 일단은 원칙(주의)과 권리들 간의 기본권경합이라고 함이 적절한지 의문이다. ② 선해하여 어떤 헌법원칙이 어떠한 기본권이 행사되기 위한 수단이므로 그 어떠한 기본권과 다른 기본권들이 병존할 때 그 어떤 헌법원칙에 대해서도 실질적으로는 경합이라고 부를 수는 있겠다. 물론 그 어떤 헌법원칙의 위배로 인해 침해되는 기본권만이 있고 다른 기본권들이 없다면 경합이 없겠다. 하나의 헌법원칙이 여러 기본권들에 관련된다면 그 여러 기본권들 간에는 경합이 문제되지 않을지도 검토되어야 한다. 위의 사안도 그러한 상황과 같은 상황에 있는 사안이다.

ii) 또한 헌재는 경비업법 제7조 제8항 등에 대한 위헌결정에서 다음과 같이 판시한다.

판례 헌재 2002.4.25. 2001헌마614, 판례집 14-1, 431-432면

[판시] "하나의 규제로 인해 여러 기본권이 동시에 제약을 받는다고 주장하는 경우에는 기본권침해를 주장하는 청구인의 의도 및 기본권을 제한하는 입법자의 객관적 동기 등을 참작하여 먼저 사안과 가장 밀접한 관계에 있고 또 침해의 정도가 큰 주된 기본권을 중심으로 해서 그 제한의 한계를 따져 보아야 한다. 이 사건의 경우 청구인들의 주장취지 및 앞에서 살펴본 입법자의 동기를 고려하면 이 사건 법률조항으로 인한 규제는 직업의 자유와 가장 밀접한 관계에 있다고 할 것이다. 따라서 이 사건 법률조항이 직업의 자유를 제한함에 있어 그 헌법적 한계를 지키고 있는지를 먼저 살핀다. …이상과 같이 이 사건 법률조항은 과잉금지원칙을 위배하여 청구인들의 직업의 자유를 침해하는 위헌의 법률이라고 보는 이상, 직업의 자유에 대한 제한의 반사적 효과이거나 직업의 자유의 침해 여부에 포섭하여 논의될 수 있는 재산권이나 평등권의 침해 여부에 대하여는 따로 판단하지 아니한다."

* 비평 : 위 판시에 대해서는 2가지 점을 지적할 수 있다. ① 위에서 포섭관계라고 하는데 이는 어느 기본권이 어느 기본권을 포함하는 관계를 말하는바 직업의 자유가 재산권과 평등권을 포함한다는 것은 이해가 되지 않는다. 재산권에 대해서는 직업의 자유를 행사하여 소득이 발생하면 재산권을 형성할 기회가 생기는 것은 사실이다. 그러나 이러한 장래의 기회를 우리는 재산권으로 보호된다고 단정할 수 없다(헌재판례도 그러하다). 평등권은 모든 기본권의 문제에 적용될 수 있는 성격의 기본권이다. 평등한 생존권의 실현, 평등한 참정권의 부여, 평등한 청구권의 부여 등에서 보듯이 평등권은 다른 기본권들에 적용될 수 있는 것인바 이를 포섭관계라고 볼 것은 아니고 다른 기본권들이 실현됨에 있어서 요구되는 또 다른 기본권으로서의 평등권이다. 그렇지 않다면 평등권의 의미가 존재하지 않는다. ② 포섭관계에 있는 기본권들이라면 경합의 문제가 나올 수 없다고 보는 것이 논리적이다. 포섭관계는 위에서 일반적·포괄적 기본권과 특별·개별적 기본권 간의 관계와 같다고 볼 것이기 때문이다. ③ 평등권은 경합 문제에서 드러내어 따로 보는 헌재 자신의 입장과는 다른 입장을 보여주고 있다.

iii) 직업의 자유, 행복추구권, 표현의 자유 및 예술의 자유가 동시에 제약되어 경합되고 있다고 보면서 직업의 자유의 침해여부를 중심으로 살피면서 표현·예술의 자유의 침해여부에 대하여도 부가적으로 살펴본 예로 학교정화구역 내 극장설치금지규정에 대한 위헌결정이 있었

다.[1] 경합문제라고 하면서 부가적으로 살펴본 것에는 의문이 없지 않다.

ⅳ) 앞서 언급한 대로 기본권의 경합관계에 있다고 하면서 경합관계에 있는 두 기본권 제한의 위헌여부를 함께 심사하여 결국 모두 판단한 결정례가 있다.[2] 경합의 개념은 경합관계에 있는 기본권들 중 하나의 기본권을 판단하는 것을 전제한다는 점에서 이해가 어려운 판례이다. 그냥 병존, 병합이라고 하여 모두 판단한다면 논리적이다.

2. 실익

(1) 기본권의 최대보장

기본권경합이론은 보다 강한 보호를 받아야 할 기본권을 찾아 보호하고 제한의 경우에는 보다 피해가 적은 기본권을 찾아 제한함으로써 가능한 한 기본권보호를 최대화한다는 점에 실익을 가진다. 보다 어느 기본권의 보장이 더 중요시되느냐를 판단하여 가능한 한 그 기본권을 보장하고 그 기본권의 제한을 피함으로써 기본권의 최대보장을 가져올 수 있을 것인데 이를 위해 경합론은 먼저 경합관계에 있는 기본권들을 살펴보도록 한다는 데 의미가 있다. 그런데 경합 중인 기본권들 중에 가장 피해가 적은 기본권을 제한한다는 것은 기실 후술하는 비례원칙에서 요구하는 기본권의 최소침해문제에 결부된다. 아래에서 검토하는 대로 결국 기본권경합의 문제가 기본권주체의 입장에서는 피해최소를 위한 문제이다.

(2) 절차법적 실익

절차법적 실익으로 헌법재판의 경제성을 들 수 있다. 헌법재판의 경우에는 역으로 경합 중인 기본권들 중 가장 중요시되는 기본권의 제한이 헌법위반인 제한이 아닌지를 먼저 따져보고 위헌이라고 결론이 나면 다른 기본권의 제한에 대한 심사를 하지 않아도 위헌결정을 내릴 수 있다는 경제적이고 집약적인 효과를 발휘할 수 있다(헌법재판의 경제성과 집약성).

Ⅱ. 유형과 사례

1. 보완적 경쟁과 배타적 경쟁?

기본권경쟁의 유형으로서 경쟁하는 기본권들이 상호보완 내지 상승작용을 하는 보통의 경우(예 : "예컨대 국가가 직업선택의 기회균등을 제한한다면 직업선택의 자유와 평등권은 상호 보완적인 경쟁관계이다")와 상호배타적인 경우로 나누어 설명하면서 후자의 경우에 해결책이 필요한데 특별법과 일반법의 관계에 있는 배타적 경쟁의 경우를 '관념적 경쟁'이라고 하면서 이 경우에는 "특

---

1) 헌재 2004.5.27. 2003헌가1, 판례집 16-1, 670면.
2) 헌재 2006.6.29. 2005헌가13, 판례집 18-1하, 165면; 헌재 2006.6.29. 2005헌마44, 판례집 18-1하, 329면.

별법적인 기본권이 우선적인 효력을 가진다"라고(예 : "종교목적의 집회를 제한하는 경우 종교의 자유가 집회의 자유에 우선해서 적용되는 것이 그 한 예이다") 보는 이론이 있다(허영, 255면). 그러나 앞서 서술한 대로 일반(포괄)적 기본권과 특별(개별)적 기본권 간에는 경쟁이 아니라 포섭의 관계, 보충의 관계이다. 배타적 경쟁은 경합중인 어느 한 기본권이 보호되면 다른 기본권이 침해되게 되는 관계의 경합을 의미하는 것으로 보이는데 그러한 예가 얼마나 실제로 있을지 뚜렷한 예가 떠오르지 않는다. 하나의 기본권이 제한되면 경쟁관계에 있는 다른 기본권도 제한이나 침해될 가능성이 클 것이기 때문이다. 종교목적의 집회가 금지되면 종교목적이 실현되지 않아 종교의 자유도 침해된다. 예술가의 그림을 침해하면 예술의 자유와 재산권이 함께 침해된다. 어느 특정 기본권주체에 대한 기본권조치가 동시에 여러 기본권의 침해가 생기는데 배타적인 것은 찾기가 힘들다.

기본권의 보장을 위해서는 물론 보완적 경합이 의미가 있다. 예를 들어 교육을 받을 권리의 보강은 생존권의 향상을 가져온다. 교육을 잘 받고 소득을 위한 지식이 갖추어져 소득활동을 위한 직업의 선택의 길이 열리고 그로써 생존에 필요한 소득이 창출된다면 상승적이고 보완적이다. 또한 어느 기본권이 보장되면 평등권도 상승작용으로 잘 보장되는 것은 사실이다. 이는 평등권은 모든 기본권에 적용되는 기본권이기 때문이기도 하다. 보완적 경쟁도 용어상 문제가 있다. 경쟁이란 다투는 것인데 경쟁이란 용어와 보완이란 용어가 양립될 수 있는지 하는 의문이 있다.

2. 사례

기본권경합의 구체적 사례로, ① 출판업을 금지함으로써 언론출판의 자유를 제한하고 직업선택의 자유를 제약하며, 출판사의 상호를 사용할 수 없게 함으로써 상호권이라는 재산권을 제한하는 경우, ② 전시된 예술작품을 강제철거하여 압수함으로써 작가의 예술표현의 자유와 재산권을 함께 제약하는 경우, ③ 교사에 기간임용제를 실시함으로써 직업의 자유, 학문의 자유, 수업의 자유 등을 함께 제약하는 경우, ④ 어느 단체가 주최한 집회에 참석하고자 하는 사람들을 방해하고 구속하여 결사활동의 자유, 집회의 자유, 신체의 자유를 함께 제한하는 경우, ⑤ 어떤 종교단체의 종교행위를 방송하는 데에 대한 제한은 종교의 자유와 언론의 자유가 함께 제한되는 경우, ⑥ 어떤 종교를 믿는 사람들에 대해서는 공무수행의 직을 수행할 수 없도록 하여 종교의 자유와 공무담임권이 함께 제한되는 경우, ⑦ 어떤 재해로 인해 생활능력을 상당히 상실한 사람에 대해 보상을 위한 조치가 없기에 인간다운 생활권과 아울러 재산권이 제한되는 경우, ⑧ 국가배상청구의 기회를 제한함으로써 청구권과 재산권이 아울러 제한되는 경우 등을 들 수 있다.

3. 유형

① **같은 범주의 기본권들 간의 경합** 기본권분류에 있어서 동일한 범주, 예를 들어 자유권이면 자유권, 생존권이면 생존권 등의 분류범주에 있어서 동일한 범주 내 기본권들 간의 경합(예를 들어 같은 자유권들 중 경합. 위 사례에서 보는 대로 표현의 자유권과 재산권이라는 자유권, 직업의 자유권이 경합될 수 있다)을 들 수 있다.

② **다른 범주에 속하는 기본권들 간의 경합** 자유권, 생존권, 청구권 등과의 경합이 있을 수 있다. 예를 들어 선거운동의 자유권과 참정권, 개성의 자유로운 발현권과 인격형성권 등과 경합, 언론의 자유, 공무담임권, 재판청구권 등과의 경합을 생각할 수 있다.

Ⅲ. 해결방식에 대한 학설과 판례

기본권경합에 있어서 어느 기본권을 심사할 것인가에 대해 여러 이론들이 있어 왔다.

1. 학설

(1) 독일의 이론

기본권경합의 해결에 관한 독일이론으로는 ① 최약설(서로 경합하는 기본권들 중에 제한을 받을 가능성과 그 제한정도가 가장 큰 기본권, 즉 가장 약한 효력의 기본권을 우선하여 보장하여야 한다는 이론. 보장 → 최약기본권, 제한 → 최강기본권. 독일의 소수설), ② 최강설(서로 경합하는 기본권들 중에 제한의 가능성과 정도가 가장 적은 기본권, 즉 가장 강한 효력의 기본권을 우선하여 보장하여야 한다는 이론. 보장 → 최강기본권, 제한 → 최약기본권, 독일의 다수설)이 있다.

(2) 국내의 이론

국내의 이론은 사안의 직접적 관련성을 먼저 따져보고 최강설에 따라 판단하여야 한다는 이론이 많다. 즉 ① "(ㄱ) 여러 기본권 중에서 문제의 사안과 직접적인 관련이 있는 기본권이 우선적으로 적용되고(직접관련기본권적용의 원칙), (ㄴ) 사안과의 관련성이 동일한 경우에는 그 효력이 가장 강력한 기본권이 적용되며(최강력기본권적용의 원칙), (ㄷ) 문제의 사안의 관련이 있는 모든 기본권의 효력이 동일한 경우에는 관련이 있는 기본권 모두가 적용될 수밖에 없을 것이다(관련기본권전부적용의 원칙)"라고 보는 설(권영성, 334면), ② "가장 직접적인 관계가 있는 기본권을 중심으로 해서 최강효력설에 따라 풀어나가려는 융통성 있는 자세가 필요하다"고 하면서 "경쟁하는 기본권 간의 효력의 우열은 기본권을 주장하는 기본권주체의 의도와 기본권을 제한하는 공권력의 동기를 감안하여 개별적으로 판단하되 기본권의 효력이 되도록 강화되는 방향의 해결책을 모색하는 것이 가장 바람직하다"고 보는 설(허영, 256면) 등이 있다.

2. 판례

(1) 판례이론

헌법재판소가 기본권경합의 해결방안으로 취하는 이론을 아래의 전형적인 판례의 판시가 보여주고 있다.

판례 1 헌재 1998.4.30. 95헌가16, 위헌제청사건의 경우, 판례집 10-1, 337면

[사건개요] 출판사 또는 인쇄소의 등록을 한 자가 "음란 또는 저속한 간행물이나 아동에 유해한 만화 등을 출판하여 공중도덕이나 사회윤리를 침해하였다고 인정되는 경우"에는 그 등록을 취소할 수 있도록 규정한 출판사 및 인쇄소의 등록에 관한 법률(1972. 12. 26. 법률 제2393호로 개정된 것) 제5조의2에 따라 출판사등록을 취소하는 처분을 받았는데 이 처분에 대한 행정소송에서 위 규정에 대한 법원의 위헌심판제청이 있었다.

[관련판시] 출판사등록취소제와 제한되는 기본권 등록취소라는 규제는 당해 출판사의 합헌적인 표현에 대한 언론·출판의 자유를 제약할 뿐만 아니라 당해 출판사에 대해 재등록에 소요되는 일정기간 동안 출판업을 못하게 함으로써 직업선택의 자유를 제약하고, 또 그 출판사의 상호를 사용할 수 없게 함으로써 상호권이라는 재산권을 제약한다고 하겠다. 그러므로 이 사건 법률조항은 언론·출판의 자유, 직업선택의 자유 및 재산권을 경합적으로 제약하고 있다. 이처럼 하나의 규제로 인해 여러 기본권이 동시에 제약을 받는 기본권경합의 경우에는 기본권침해를 주장하는 제청신청인과 제청법원의 의도 및 기본권을 제한하는 입법자의 객관적 동기 등을 참작하여 사안과 가장 밀접한 관계에 있고 또 침해의 정도가 큰 주된 기본권을 중심으로 해서 그 제한의 한계를 따져 보아야 할 것이다. 이 사건에서는 제청신청인과 제청법원이 언론·출판의 자유의 침해를 주장하고 있고, 입법의 일차적 의도도 출판내용을 규율하고자 하는 데 있으며, 규제수단도 언론·출판의 자유를 더 제약하는 것으로 보이므로 언론·출판의 자유를 중심으로 해서 이 사건 법률조항이 그 헌법적 한계를 지키고 있는지를 판단하기로 한다.

판례 2 헌재 2002.4.25. 2001헌마614, 헌법소원심판사건의 경우, 판례집 14-1, 426면

[관련판시] 하나의 규제로 인해 여러 기본권이 동시에 제약을 받는다고 주장하는 경우에는 기본권침해를 주장하는 청구인의 의도 및 기본권을 제한하는 입법자의 객관적 동기 등을 참작하여 먼저 사안과 가장 밀접한 관계에 있고 또 침해의 정도가 큰 주된 기본권을 중심으로 해서 그 제한의 한계를 따져 보아야 한다(헌재 1998.4.30. 95헌가16, 판례집 10-1, 327, 337 참조). 이 사건의 경우 청구인들의 주장취지 및 앞에서 살펴본 입법자의 동기를 고려하면 이 사건 법률조항으로 인한 규제는 직업의 자유와 가장 밀접한 관계에 있다고 할 것이다. 따라서 이 사건 법률조항이 직업의 자유를 제한함에 있어 그 헌법적 한계를 지키고 있는지를 먼저 살핀다.

* 동지 : 헌재 2008.5.29. 2006헌마1096, 판례집 20-1 하, 280면; 헌재 2008.10.30. 2005헌마1156, 판례집 20-2 상, 1017면; 헌재 2009.7.30. 2007헌마991 등.

결국 헌법재판소의 판례는 밀접성과 침해의 정도를 그 판단기준으로 하고 사안의 밀접성과 침해의 정도가 가장 큰 주된 기본권인지는 제청신청인, 제청법원의 의도(위헌법률심판사건의 경우), 청구인의 의도(헌법소원심판의 경우), 입법자의 객관적 동기 등을 참작하여 파악하여야 한다

는 입장이다.

(2) 판례이론에 대한 검토

밀접성의 정도를 파악함에 있어서 제청신청인, 제청법원, 청구인의 의도 등에 대한 파악이 명확하지 않을 수 있다. 이는 물론 주관성을 띨 수 있기 때문이다. 아래에서 살펴보듯이 가능한 한 주관성이 배제될 수 있어야 기본권보장을 위한 위헌심사가 충실해질 수 있을 것이다.

3. 관련성의 판단

(1) 주관적 준거와 객관적 준거

경합되는 기본권들 중 가장 관련성이 있는 기본권이 무엇인가를 판단함에 있어서는 2가지의 이론 내지 시각이 대립된다. 즉 기본권주체자의 주관적 의도에 따라 관련성의 정도가 판단되어져야 한다는 설과 주관적 의도와는 무관하게 객관적으로 그 기본권주체와 관련이 가장 많을 기본권을 가려내어야 한다는 설이 그것이다.

(2) 병합적 고려

기본권주체의 의도를 고려한다는 것은 주관적 기준에 따르는 것이고 입법자의 의도 등은 객관적으로 밝혀져야 할 것이다. 기본권은 주관적 공권이기에 어느 기본권주체 자신의 의도가 중심이 되어야 할 것이긴 하다. 직업수행의 자유와 재산권이 함께 문제될 때 그 기본권주체가 어느 것을 더 중요시하고 자신에게 더 중요하다고 볼 것인가에 따라 보호의 대상이 달라질 수 있을 것이다. 그러나 인간의 존엄·가치와 같은 객관적 가치의 기본권은 우선적으로 보장되어야 할 것이다. 개인이 삶을 종식하고 싶다고 하여 자살권을 헌법적으로 받아들일 수는 없는 것이다. 또한 다른 사람과의 기본권충돌로 인해 기본권을 침해받는 어느 기본권주체, 예를 들어 B의 영업활동으로 인해 A의 환경권, 재산권이 함께 침해되는 경우에 A의 환경권, 재산권 중 어느 것을 우선시켜야 할 것인가는 A만의 입장에서 판단할 수는 없다. B라는 충돌되는 다른 기본권주체가 있고 사회전체의 이익이 관련되는 경우도 있을 것이기 때문이다. 이러한 경우에는 객관적 판단이 아울러 이루어져야 할 필요가 생긴다.

요컨대 결국 주관적 준거와 객관적 준거가 아울러 고려되어야 한다.

4. 私見

(1) 문제점과 문제상황

i) 당해 기본권주체에게 어느 기본권이 최강, 최약의 기본권인지에 대한 판단은 주관적일 수 있고 여러 기준을 복합적으로 적용하여 판단할 수밖에 없어서 명확하지 않을 수 있다.

ii) 우리 헌법상 기본권의 우열에 관한 명시적인 규정이 없다. 물론 인간의 존엄·가치는 최상의 위치에 있다. 그 외에 기본권의 우열관계가 고정되어 있지 않기에 사안에 따라 달라질 수 있다. 이 점에서 최강설, 최약설 등의 이론이 우리 헌법 하에서는 적실성을 완전히 가지기 어렵다.

iii) 최약설은 국가나 헌법의 존재근거가 기본권의 최대한의 보장에 있다는 기본권최대보장원칙에 부합되지 않는다. 반면 최강설은 기본권최대보장원칙에는 부합하나 최강기본권이라고 하여 그 사안에서 가장 핵심적인 보장요구가 있는 기본권이라고 항상 볼 수는 없는 경우가 있다. 당해 사안에서 보장되어야 할 중추적인 기본권이나 그것이 일반적으로 반드시 강한 기본권이 아닐 수도 있다. 사실 기본권의 우열관계가 우리 헌법상 고정적이 아니기에 더욱 그러하다.

iv) 기본권의 침해나 제한에 있어서 침해되는 기본권의 강약 여부와 기본권침해의 총량이 반드시 비례하지는 않는다. 즉 최강의 기본권이 침해되었다고 하여 반드시 총체적으로 기본권침해의 정도가 더 크지 않을 수도 있다. 최강의 기본권의 침해가 있다 하더라도 미미한 경우에는 중간 또는 최약의 기본권들의 침해 정도에 따라 전체적인 기본권침해의 정도는 달라질 수 있는 것이다.

v) 기본권의 경합 문제는 사실 경합 자체로 끝나는 것이 아니라, 위의 관련성 판단의 사견(병합적 고려)에서도 간단히 언급한 바 있지만, 다른 기본권들과 상충할 때나 기본권주체의 어느 한 기본권이 공익의 보호를 위해 필요하여 제한될 때 부각될 가능성이 많다. 따라서 기본권의 경합을 겪게 되는 그 기본권주체 한 사람만의 문제가 아니다. 결국 기본권의 상충에 있어서 조절이 이루어져야 한다. 따라서 어느 기본권주체 한사람의 기본권들에 있어서 최약, 최강의 기본권이 무엇인가에 따라 결정될 성질의 것만은 아니다. 예를 들어 甲의 자동차운행의 자유를, 乙의 환경권보호를 위하여 제한하는 결과 갑의 다른 권리인 영업의 자유(자동차를 이용한 영업의 경우)가 동시에 제한받는 경우 갑의 기본권들만을 고려할 수는 없을 것이고 을의 기본권도 아울러 고려하여 이른바 상충에 있어서의 조절로 나아가야 할 것이다.

이 점에서 기본권경합의 문제도 비례(과잉금지)원칙에서 한 요소로 자리잡고 있는 피해최소성으로 해결할 일이다. 기본권경합도 위에서 살펴본 대로 기본권주체에게 가장 적은 피해가 올 제한조치를 가해야 한다는 것이 그 해결방안의 주안점이 되는 것이다. 어느 기본권을 제한하는 것이 그 목적달성에 있어서 기본권주체에게 가장 적은 피해를 줄 것인가 하는 문제는 곧 피해최소성의 문제이다. 그렇다면 비례원칙은 기본권제한의 한계원칙이라는 점에서 기본권경합의 문제는 기본권제한의 문제로 귀착된다. 그렇다면 기본권경합의 이론을 특별히 설정한다고 하여 과연 얼마나 기본권보장에 유익한지는 다시 검토를 요한다고 볼 것이다.

(2) 기본권경합과 기본권상충의 병존

이에 대해서는 바로 위의 (1)에서 문제점 v)로 지적한 바 있다.

(3) 관건

위에서 문제점과 문제상황을 두고 볼 때 결국 기본권의 경합에 있어서 그 해결이 피해최소성을 갖추도록 하는 데 귀결된다. 기본권경합심사에 있어서 어떠한 기본권을 희생하는 것이 그래도 가장 최적치가 되는지를 판단하는 것이 관건이다.

5. 정리 - 판단기준·과정

그 판단기준은 먼저 ① 객관적 가치를 가지는 상위의 기본권(인간의 존엄·가치성)을 우선해서 고려하고, ② 기본권주체의 의도와 기본권제한의 객관적 목적(동기)을 살펴보아, ③ 사안에서 기본권주체에게 있어서 보다 직접적인 관련성이 있는 기본권들을 차례로 그 침해와 정도 문제를 심사하고, ④ 기본권경합의 상황을 겪고 있는 기본권주체에게 가장 적은 희생, 피해최소가 되도록 고려하여 판단하는 것이 필요하다.

유의할 것은 여기서 기본권의 우열관계는 좁은 의미의 인간의 존엄·가치와 같이 객관적인 우월한 기본권이 있긴 하지만 여러 개별 기본권들 간에 우열관계가 반드시 고정적이라고 보기 힘들고 사안에 따라 판단하여야 한다는 점이다.

6. 헌법재판소 판례가 인정한 대표적 구체적 경합사례

(1) '경합' 명시적 판례

우리 헌재의 판례가 인정한 경합의 예들이 적지 않다. 대표적인 그 예들을 본다. ① 음란물 출판사 등록취소 – 언론·출판의 자유, 직업선택의 자유 및 재산권의 경합 – 언론·출판의 자유를 중심으로 심사한 예,[1] ② 학교 정화구역 내에서의 극장시설 및 영업의 금지 –직업의 자유, 행복추구권, 표현의 자유, 예술의 자유의 경합 – 직업의 자유의 침해여부를 중심

1) 헌재 1998.4.30. 95헌가16, 판례집 10-1, 336-337면. [판시] 이 사건 법률조항은 공중도덕이나 사회윤리를 보호하기 위해서 등록한 모든 출판사에 대하여 음란 또는 저속한 간행물의 출판을 금지시키고(1차 규제) 이를 위반한 경우에 당해 출판사의 등록을 취소하는(2차 규제) 수단을 채택하고 있다. 여기서 1차 규제내용인 '음란 또는 저속한 출판의 금지'는 일정한 내용의 표현을 금지시키는 것이어서 헌법 제21조 제1항의 언론·출판의 자유를 제약하는 것으로 볼 수 있다. 한편, 등록이 취소되면 당해 출판사는 음란·저속한 간행물 뿐만 아니라 합헌일 수도 있는 모든 간행물을 동일한 출판사의 이름으로는 출판할 수 없게 된다. 따라서 등록취소라는 2차 규제는 당해 출판사의 합헌적인 표현에 대한 언론·출판의 자유를 제약할 뿐만 아니라 당해 출판사에 대해 재등록에 소요되는 일정기간 동안 출판업을 못하게 함으로써 직업선택의 자유를 제약하고, 또 그 출판사의 상호를 사용할 수 없게 함으로써 상호권이라는 재산권을 제약한다고 하겠다. 그러므로 이 사건 법률조항은 언론·출판의 자유, 직업선택의 자유 및 재산권을 경합적으로 제약하고 있다. … 이 사건에서는 제청신청인과 제청법원이 언론·출판의 자유의 침해를 주장하고 있고, 입법의 일차적 의도도 출판내용을 규율하고자 하는 데 있으며, 규제수단도 언론·출판의 자유를 더 제약하는 것으로 보이므로 언론·출판의 자유를 중심으로 해서 이 사건 법률조항이 그 헌법적 한계를 지키고 있는지를 판단하기로 한다.

으로 살피는 가운데 표현·예술의 자유의 침해여부에 대하여도 부가적으로 살펴본 예,[1] ③ 경비업 겸영의 제한(경비업을 전문으로 하는 별개의 법인을 설립하지 않는 한 경비업과 그 밖의 업종을 겸영하지 못하도록 금지하는 경비업법 규정) – 직업의 자유와 재산권 등의 경합 – 직업의 자유의 침해를 심사한 예,[2] ④ 공무원의 선거운동 기획 참여 금지 – 정치적 표현의 자유와 공무담임권의 경합 – 정치적 표현의 자유가 사안에 더 밀접한 관계에 있다고 하여 이의 침해여부를 판단한 예,[3] ⑤ 남성 단기복무장교의 육아휴직 제외 – 양육권, 인격권, 교육권 등의 경합 – 양육권만에 대해서 판단한 예,[4] ⑥ 대통령선거 5억 원의 기탁금 규정 – 직업선택의 자유, 공무담임권, 재산권 간 경합 – 공무담임권 제한문제만을 판단한 예,[5] ⑦ 특수경비원에 대한 일체의

---

1) 헌재 2004.5.27. 2003헌가1 등, 판례집 16－1, 670면. [쟁점] 정화구역(학교경계선으로부터 200m를 초과하지 않는 범위에서 대통령령이 정하는 바에 따라 설정된 학교환경위생정화구역) 내에서 극장시설 및 영업행위를 금지하고 있는 학교보건법 규정이 직업의 자유, 행복추구권, 표현의 자유 및 예술의 자유를 위헌적으로 침해하는지 여부(대학교의 정화구역의 경우 위헌결정. 유치원 및 초·중·고등학교의 정화구역의 경우 헌법불합치결정) [판시] 정화구역 내에서 극장영업을 하고자 하는 자의 직업의 자유를 침해하여 위헌인지 여부이다. 아울러 학생들의 문화향유에 관한 행복추구권도 문제가 된다고 할 것이다. 한편, 극장의 자유로운 운영에 대한 제한은 공연물·영상물이 지니는 표현물, 예술작품으로서의 성격에 기하여 직업의 자유에 대한 제한으로서의 측면 이외에 표현의 자유 및 예술의 자유의 제한과도 관련성을 가지고 있다. 이와 같이 하나의 규제로 인해 여러 기본권이 동시에 제약을 받는 기본권경합의 경우에는 기본권침해를 주장하는 제청신청인과 제청법원의 의도 및 기본권을 제한하는 입법자의 객관적 동기 등을 참작하여 사안과 가장 밀접한 관계에 있고 또 침해의 정도가 큰 주된 기본권을 중심으로 해서 그 제한의 한계를 따져 보아야 할 것이다. 살피건대, 이 사건 법률조항에 의한 표현 및 예술의 자유의 제한은 극장 운영자의 직업의 자유에 대한 제한을 매개로 하여 간접적으로 제약되는 것이라 할 것이고, 입법자의 객관적인 동기 등을 참작하여 볼 때 사안과 가장 밀접한 관계에 있고 또 침해의 정도가 가장 큰 주된 기본권은 직업의 자유라고 할 것이다. 따라서 이하에서는 직업의 자유의 침해여부를 중심으로 살피는 가운데 표현·예술의 자유의 침해여부에 대하여도 부가적으로 살펴보기로 한다.

2) 헌재 2002.4.25. 2001헌마614, 판례집 14－1, 410면.

3) 헌재 2008.5.29. 2006헌마1096, 판례집 20－1 하, 280면. [관련판시] 선거운동의 자유는 널리 선거과정에서 자유로이 의사를 표현할 자유의 일환으로 정치적 표현의 자유의 한 태양인바, 이 사건 법률조항은 공무원에 대하여 '선거운동의 기획에 참여하거나 그 기획의 실시에 관여하는 행위'(이하 이를 '선거운동의 기획행위'라고 한다)를 금지함으로써 공무원의 정치적 표현의 자유를 제한하고 있다고 볼 것이다. 한편 공무원이 공직선거의 출마예정자일 경우 이 사건 법률조항은 입후보를 위한 선거운동의 기획행위를 금지한다는 측면에서 공무담임권(피선거권)을 제한하는 측면도 있다. 이 사건에서 정치적 표현의 자유와 공무담임권의 제한은 하나의 규제로 인하여 동시에 제약을 받을 수 있는 기본권경합의 성격을 지니는바, 선거운동의 기획행위는 공직출마를 곧바로 제한하는 것은 아니어서 공무담임권보다는 정치적 표현의 자유와 더 밀접한 관계에 있으므로, 이 사건 법률조항이 비례의 원칙에 위배하여 청구인의 정치적 표현의 자유를 침해하고 있는지 여부를 중심으로 살펴보기로 한다.

4) 헌재 2008.10.30. 2005헌마1156, 판례집 제20권 2집 상, 1017－1018면. [쟁점] 남성 단기복무장교를 육아휴직 허용 대상에서 제외하고 있는 구 군인사법(2004. 1. 20. 법률 제7269호로 개정되고, 2007. 12. 21. 법률 제8732호로 개정되기 전의 것) 제48조 제3항 본문 제4호 중 육아휴직 부분(이하 '이 사건 법률조항'이라 한다)이 남성 단기복무장교의 양육권을 침해하는지 여부(기각결정) [관련판시] 또한 기본권경합의 경우에는 기본권침해를 주장하는 청구인의 의도 및 기본권 침해 여부가 문제되는 법률의 입법동기 등을 참작하여 사안과 가장 밀접한 관계에 있고 또 침해의 정도가 큰 주된 기본권을 중심으로 해서 그 제한의 한계를 따져 보아야 할 것인바, 인격권은 청구인의 주장에 의하더라도 자녀에 대한 양육권을 행사하는 과정에서 또는 그 행사의 결과에 부수하는 기본권에 불과하고, 자녀에 대한 교육권 역시 이 사건 법률조항이 정하고 있는 육아휴직의 대상자녀의 연령이 3세 미만이라는 점에서, 양육권과 별도로 인격권이나 교육권의 침해 여부를 판단할 필요는 없다.

5) 헌재 2008.11.27. 2007헌마1024. [판시] 제한되는 기본권 : 청구인은 이 사건 조항이 평등권, 행복추구권, 직업선택의 자유, 공무담임권, 재산권을 침해한다고 주장한다. 이 사건 조항은 후보자등록에 5억 원을 요구함으로써 재산에 따라 공직기회를 차별하고 있으므로, 평등권, 재산권, 공무담임권이 모두 관련된다. 이는 하나의 규제

쟁의행위 금지 – 집회결사의 자유와 단체행동권의 경합 – 공항·항만 등 국가중요시설의 경비업무를 담당하는 특수경비원에게 경비업무의 정상적인 운영을 저해하는 일체의 쟁의행위를 금지하는 경비업법 조항에 대해 그러한 경합을 헌재가 인정하면서 단체행동권에 한정해 판단한 예,[1] ⑧ 택시운전근로자들의 최저임금에 산입되는 임금의 범위는 생산고에 따른 임금을 제외한 임금으로 한다는 내용의 최저임금법(2008. 3. 21. 법률 제8964호로 개정된 것) 제6조 제5항이 청구인들의 계약의 자유와 영업의 자유를 침해하는지 여부가 문제된 사안 – 계약의 자유와 영업의 자유의 경합 – 헌재는 영업의 자유와 계약의 자유가 제한된다고 보면서 영업의 자유가 제한되는 것은 계약의 자유가 제한됨에 따른 결과에 불과하다고 하여 계약의 자유를 중심으로 침해 여부를 살펴보았고 합헌성을 인정하여 기각결정을 한 예,[2] * 계약의 자유와 직업(영업)의 자유 경합을 인정하면서 앞 결정례와 달리 반대로 후자를 중심으로 본 예(직업의 자유와 계약의 자유의 경합 – 신탁업탁자가 신탁재산을 고유재산으로 하거나 이에 관하여 권리를 취득하는 것을 금지한 구 신탁법 규정[3]), ⑨ 국민주택채권 매입강제 – 계약체결의 자유(사적 자치권)와 재산권의 경합 – 국가나 지방자치단체에 등기를 신청하는 국민에게 국민주택채권을 매입하도록 하는 주택법 규정이

로 인해 여러 기본권이 동시에 제약을 받는 기본권경합에 해당하는데, 그러한 경우 기본권침해를 주장하는 의도 및 기본권을 제한하는 입법자의 객관적 동기 등을 참작하여 사안과 가장 밀접한 관계에 있고 또 침해의 정도가 큰 주된 기본권을 중심으로 해서 그 제한의 한계를 따져 보게 된다. 공무담임권의 내용은 일반적으로 국민이 공무담임에 관한 자의적이지 않고 평등한 기회를 보장받음을 의미하는데, 이 사건은 공직취임의 기회 자체가 기탁금 납부 여부에 의하여 제한되고 있다는 측면에서 공무담임권이 사안과 가장 밀접한 관계에 있는 기본권이라고 할 것이다. 그러므로 공직취임 기회를 제한하는 기탁금 액수가 과다하여 공무담임권을 침해하는지 여부가 주된 판단대상이 된다.

1) 헌재 2009.10.29. 2007헌마1359. [판시] 청구인은 경비업법 제15조 제3항으로 인하여 행복추구권, 평등권, 집회결사의 자유 및 단체행동권을 침해받았다고 주장하나 이 조항과 가장 밀접하게 관련되고 가장 침해의 정도가 큰 기본권은 근로3권의 하나인 단체행동권이므로 이에 한정하여 판단하기로 한다.

2) 헌재 2011.8.30. 2008헌마477, 공보 제179호, 1315면. [관련판시] 이 법률조항에 의하여 청구인들은 생산고에 따른 임금을 제외한 임금만으로 최저임금액 이상을 지급하여야 한다. 청구인들은 구체적인 기본권을 특정하지 아니한 채 이 사건 법률조항이 경제적·사회적 자유권을 침해한다고 주장하고 있는바, 이러한 제한 내용은 근로자를 고용하여 용역을 제공하는 청구인들의 활동을 제한한다는 측면에서는 영업의 자유를, 임금의 수준이나 임금의 구성에 관한 근로자와의 계약내용을 제한한다는 측면에서는 계약의 자유를 각 제한한다고 볼 수 있다. 이와 같이 하나의 규제로 인해 여러 기본권이 동시에 제약을 받는 기본권 경합의 경우에는 기본권 제한을 주장하는 의도 및 입법자의 객관적 동기 등을 참작하여 사안과 가장 밀접한 관계에 있고 침해의 정도가 큰 주된 기본권을 중심으로 해서 제한의 한계를 따져보아야 할 것이다. 이 법률조항은 근로계약의 내용을 강제하는 것이고, 일반택시운송사업자들의 영업의 자유가 제한되는 것은 이와 같은 계약의 자유가 제한됨에 따른 결과에 불과하다. 따라서 이 사건에서는 계약의 자유가 보다 밀접하고 침해의 정도가 더 큰 기본권이라고 할 것이므로 이를 중심으로 침해 여부를 살펴본다.

3) 헌재 2018.3.29. 2016헌바468. [판시] 신탁업자가 영업활동의 일환으로 신탁재산을 고유재산으로 하거나 이에 관하여 권리를 취득하고자 하는 것을 제한한다는 측면에서는 헌법 제15조의 직업의 자유에 의하여 보장되는 영업의 자유를, 신탁회사 및 신탁업자가 수탁자와 신탁재산을 고유재산으로 하거나 이에 관하여 권리를 취득하는 것을 내용으로 하는 신탁계약 체결을 제한한다는 측면에서는 헌법 제10조의 일반적 행동자유권에서 도출되는 계약의 자유를 각 제한한다고 볼 수 있다. 심판대상조항의 주된 취지는 신탁회사 및 신탁업자가 신탁재산을 고유재산으로 하거나 이에 관하여 권리를 취득하는 행위 자체를 제한하고자 하는 것이고, 그러한 내용의 신탁계약 체결이 제한되는 것은 이와 같은 영업의 자유가 제한됨으로 인한 부수적인 결과이다. 따라서 이 사건에서는 영업의 자유가 보다 밀접하고 침해의 정도가 더 큰 기본권이라고 할 것이므로 이를 중심으로 침해 여부를 살펴본다.

헌법상 계약체결의 자유(사적 자치권)와 및 재산권 양자를 모두 제한하는 경합관계에 있다고 본 뒤 계약체결의 자유의 침해 여부를 판단한 결정례[1] 등이 있었다. 또한 ⑩ 공무원 복무규정[집단적 의사표현 행위('집단·연명으로 또는 단체의 명의를 사용하여' 행하는 행위) 금지, 정치적 주장을 표시·상징하는 복장 등 착용 금지] — 집회의 자유와 표현의 자유의 경합 — 표현의 자유의 제한으로 판단한 예가 있는데[2] 이 판례는 집회의 자유와 표현의 자유와의 관계에 대해 경합 관계로 본 것이라 할 것이다. 그러나 집회의 자유는 표현의 자유의 하나라고 보는 것이 낫고 그렇게 보아 경합관계가 아니라 포괄관계로 보는 것이 낫다(우리는 언론·출판의 자유와 집회·결사의 자유를 묶어 '표현의 자유'라고 부른다. 헌재의 이 부분 판시는 표현의 자유는 언론·출판의 자유만을 의미한다고 보는 입장이 되는데 집회도 표현의 수단이므로 이 판시는 사실 이해가 되지 않는다). ⑪ 임대차존속기간의 20년 한정규정 — 계약의 자유와 재산권의 경합 — 헌재는 석조건물 등 소유 목적의 일정한 토지임대차를 제외한 임대차의 존속기간을 20년으로 제한한 구 민법 제651조 제1항이 위헌심사대상이 되었는데 헌재는 비례(과잉금지)원칙을 위배하여 계약의 자유를 침해한다고 판단하였는데 그 심사에 있어서 제한되는 기본권을 경합이론으로 정리하여 계약의 자유 침해 여부만 판단하였다.[3] ⑫ 부수적, 간접적 사실상 효과를 배제한 예 — 주민소환의 청구사유가 한정되어 있지 않은데 주

1) 헌재 2011.9.29. 2010헌마85, 헌재공보 제180호, 1493면. 과잉금지(비례)원칙의 위반이 아니라고 하여 합헌성이 인정되었다.

2) 헌재 2012.5.31. 2009헌마705 등, 판례집 24-1하, 554면. [판시] 이 사건 국가공무원 복무규정 제3조 제2항 등은 공무원이 '집단·연명으로 또는 단체의 명의를 사용하여' 행하는 행위를 금지함으로써 공무원의 집단적 의사표현 행위를 제한하고 있으며, 이 사건 국가공무원 복무규정 제8조의2 제2항 등은 정치적 주장을 표시·상징하는 복장 등 착용을 금지함에 있어 그것이 개인적인 행위인지 집단적 행위인지 묻지 아니하고 있는바, 만일 공무원이 집회를 통해 위와 같은 행위를 하려고 할 경우 이 사건 규정들에 의하여 집회의 자유에 대한 제한 역시 발생할 수 있다. 그러나 하나의 규제로 인하여 수개의 기본권이 동시에 제약을 받는 기본권 경합의 경우에는 기본권침해를 주장하는 청구인의 의도 및 기본권을 제한하는 입법자의 객관적 동기 등을 참작하여 사안과 가장 밀접한 관계가 있고 또 침해의 정도가 큰 주된 기본권을 중심으로 해서 그 제한의 한계를 따져 보아야 한다(헌재 2009.7.30. 2007헌마991, 판례집 21-2상, 364, 369 등). 이 사건에 있어 집회는 정치적 의사표현을 위한 하나의 방법이며, 이 사건 규정들이 공무원의 집단적 행위를 제한한다 하더라도 그것이 반드시 집회를 통한 행위를 상정하는 것도 아니므로, 이 사건에서는 집회의 자유보다는 본 사안과 보다 밀접한 관련이 있고 침해의 정도가 큰 공무원의 정치적 표현의 자유에 대한 제한 문제를 중심으로 판단하면 족하다 할 것이다.

3) 헌재 2013.12.26. 2011헌바234. [결정요지] 헌법 제10조에 의하여 보장되는 행복추구권 속에는 일반적 행동자유권이 포함되고, 이 일반적 행동자유권으로부터 계약의 자유가 파생되는바, 이 사건 법률조항으로 인하여 임대차계약의 당사자는 임대차기간에 관한 계약의 내용을 당사자 간의 합의에 의하여 자유롭게 결정할 수 없으므로 계약의 자유가 제한된다. 또한 헌법 제23조 제1항이 보장하고 있는 재산권은 사유재산에 관한 임의적인 이용, 수익, 처분권을 본질로 하는바, 이 사건 법률조항은 임대차 최장기간을 당사자 약정으로 달리 정할 가능성을 배제한 채 예외 없이 20년으로 정함으로써 임대인 소유의 재산에 대한 수익·처분권을 제한하고 있으므로 소유자인 임대인의 재산권 역시 제한된다. 이처럼 하나의 규제로 인해 여러 기본권이 동시에 제약을 받는 경우에는 기본권침해를 주장하는 청구인의 의도 및 기본권을 제한하는 입법자의 객관적 동기 등을 참작하여 사안과 가장 밀접한 관계에 있고 또 침해의 정도가 큰 주된 기본권을 중심으로 해서 그 제한의 한계를 따져 보아야 할 것이다. 이 사건 법률조항에 대한 청구인의 주장, 입법자의 입법동기 등을 고려하면, 임대차존속기간의 제한은 계약의 자유와 가장 밀접한 관계에 있고, 재산권에 대한 제한은 계약의 자유에 대한 제한에 부수하여 2차적으로 발생하는 것에 불과하므로, 계약의 자유를 중심으로 해서 이 사건 법률조항이 그 헌법적 한계를 지키고 있는지를 판단하기로 한다.

민이 자치구의회의원에 대한 주민소환투표를 청구하겠다며 선거관리위원회에 주민소환투표청구인대표자 증명서 발급을 신청하고, 선거관리위원회가 이를 발급하여 주고 공표하여 의원의 피선거권뿐 아니라 명예도 침해되었다는 주장의 헌법소원에서 헌재는 명예를 훼손당한다는 부분은 문제의 주민소환에 관한 법률조항이 주로 의도하는 바와 무관하게 부수적, 간접적으로 발생할 수 있는 사실상의 효과에 불과하다고 하여 공무담임권이 주된 기본권 문제라고 판단한 예가 있다. 판단결과 기각결정이 있었다.[1] ⑬ 직업선택의 자유, 행복추구권, 교육받을 권리, 학문의 자유, 평등권 간의 경합으로 보면서 직업선택의 자유를 중심으로 판단한 예,[2] ⑭ 직업

1) 헌재 2011.3.31. 2008헌마355. [판시] 쟁점의 정리 – 하나의 규제로 인하여 여러 기본권이 동시에 제약을 받는 기본권 경합의 경우에는, 기본권 침해를 주장하는 청구인의 의도와 기본권을 제한하는 입법자의 객관적 동기 등을 참작하여 그 사안과 가장 밀접한 관계에 있고 또 침해의 정도가 큰 주된 기본권을 중심으로 하여 그 제한의 한계를 따져 보아야 할 것이다. 이 사건 심판청구의 주된 쟁점은 심판대상조항이 과잉금지원칙에 위반하여 청구인의 공무담임권을 침해하는지 여부이다. 청구인은 의정활동을 정상적으로 수행할 수가 없어 피선거권도 침해당하였고 허위의 소환청구사유가 공표됨으로써 명예도 훼손당하였다고 주장하나, 피선거권의 제한은 주민소환이 확정되어 소환 대상자가 그 직을 상실하게 될 경우 그로 인하여 실시되는 보궐선거에 후보자로 등록할 수 없다는 것으로서 공무담임권의 박탈에 수반되는 결과이고, 주민소환청구 사유가 공표됨으로써 청구인이 명예를 훼손당한다는 부분은 이 사건 법률조항이 주로 의도하는 바와 무관하게 법이 주민소환절차의 형성에 있어 주민투표법상의 청구인대표자 증명서 교부사실의 공표제도를 준용함으로써 부수적, 간접적으로 발생할 수 있는 사실상의 효과에 불과하다. 따라서, 이 사건 법률조항과 관련되는 주된 기본권인 공무담임권의 침해 여부를 중심으로 이 사건 법률조항이 그 헌법적 한계를 지키고 있는지를 판단하기로 한다.

2) ① 법학전문대학원 입학자격 사건, 헌재 2016.3.31. 2014헌마1046 [쟁점] 법학전문대학원에 입학할 수 있는 자는 학사학위를 가지고 있거나 법령에 따라 이와 동등 이상의 학력이 있다고 인정된 자로 한다고 규정한 '법학전문대학원 설치·운영에 관한 법률'(2007. 7. 27. 법률 제8544호로 제정된 것) 제22조(이하 '이 사건 법률조항'이라 한다)가 학사학위가 없는 자의 직업선택의 자유를 침해하는지 여부 [결정요지] 이 사건 법률조항 및 변호사시험 제5조 제1항을 종합하여 보면, 학사학위를 취득한 자만이 법학전문대학원에 입학할 수 있고, 법학전문대학원에서 소정의 교육과정을 마치고 석사학위를 취득한 자만이 변호사시험에 응시할 수 있다. 따라서 이 사건 법률조항은 학사학위를 취득하지 못한 청구인이 법학전문대학원에 입학하여 종국적으로 변호사시험에 응시할 수 있는 기회를 차단하므로, 변호사를 직업으로 선택하고자 하는 청구인의 직업선택의 자유를 제한한다(헌재 2009.2.26. 2008헌마370등; 헌재 2009.2.26. 2007헌마1262; 헌재 2013.5.30. 2009헌마514 참조). 그리고 이 사건 법률조항은 청구인의 행복추구권, 교육받을 권리, 학문의 자유, 평등권도 제한한다. 그런데 하나의 규제로 인하여 여러 기본권이 동시에 제약을 받는 기본권 경합의 경우에는 기본권 침해를 주장하는 청구인의 의도 및 기본권을 제한하는 입법자의 객관적 동기 등을 참작하여 사안과 가장 밀접한 관계가 있고 또 침해의 정도가 큰 주된 기본권을 중심으로 하여 그 제한의 한계를 따져 보아야 하는바(헌재 2002.4.25. 2001헌마614; 헌재 2009.7.30. 2007헌마991 참조), 청구인의 의도, 이 사건 법률조항의 입법목적 등에 비추어 이 사건의 주된 쟁점은 청구인의 직업선택의 자유가 침해되는지 여부이므로, 위 각 기본권 침해 여부는 직업선택의 자유 침해 여부를 판단할 때 함께 보기로 한다. ② 법학전문대학원 외국어능력 활용 규정 위헌확인 사건, 헌재 2016.12.29. 2016헌마550 [쟁점] 법학전문대학원으로 하여금 필수적으로 외국어능력을 입학전형자료로 활용하도록 규정하고 있는 '법학전문대학원 설치·운영에 관한 법률'(2007. 7. 27. 법률 제8544호로 제정된 것) 제23조 제2항 중 '외국어능력'에 관한 부분이 직업선택의 자유를 침해하는지 여부 [결정요지] 심판대상조항 및 변호사시험법 제5조 제1항을 종합하여 보면, 일정한 외국어능력을 갖춘 자만이 법학전문대학원에 입학할 수 있고, 법학전문대학원에서 소정의 교육과정을 마치고 석사학위를 취득한 자만이 변호사시험에 응시할 수 있다. 따라서 심판대상조항은 외국어능력을 갖추지 못한 사람이 법학전문대학원에 입학하여 종국적으로 변호사시험에 응시할 수 있는 기회를 차단하므로, 변호사를 직업으로 선택하고자 하는 청구인의 직업선택의 자유를 제한한다. 그리고 심판대상조항은 청구인의 행복추구권, 교육을 받을 권리, 학문의 자유를 제한하고, 외국어능력을 갖춘 자와 그렇지 못한 자를 다르게 취급하고 있으므로 평등권도 제한할 수 있다. 그런데 하나의 규제로 인하여 여러 기본권이 동시에 제약을 받는 기본권 경합의 경우에는 기본권 침해를 주장하는 청구인의 의도 및 기본권을 제한하는 입법자의 객관적 동기

선택의 자유와 결사의 자유를 제한하며, 자기책임의 원칙 및 사적 자치의 원칙의 경합에서 재산권을 침해하는지 여부를 중심으로 판단한 예[1]도이 있다. ⑮ 일반적 인격권과 이에 포함되는 명예권 및 직업수행의 자유, 행복추구권을 제한한다고 하면서 그중 징계결정 공개조항과 가장 밀접하게 관련되고 가장 침해 정도가 큰 기본권은 일반적 인격권이므로 이를 중심으로 과잉금지원칙위반 여부를 판단한다고 하고 동 원칙을 준수하여 합헌이라고 본 결정(변호사에 대한 징계결정정보를 인터넷 홈페이지에 공개하도록 한 변호사법조항과 징계결정정보의 공개범위와 시행방법을 정한 변호사법 시행령징계결정 공개조항에 대한 결정)[2]이 있다.

(2) '경합' 비명시적 판례

경합이란 말을 직접 언급하지 않고 여러 기본권이 문제될 수 있음을 판시한 다음의 예들도 있었다. 이 판례들도 경합에 관한 판례들인 것은 분명하다. ① 금치처분 수용자에 대한 집필금지의 위헌결정에서 학문의 자유, 예술의 자유, 직업의 자유, 통신의 자유, 재판청구권, 인격권이 연관될 수 있다고 하면서[3] 표현의 자유를 직접적으로 제한되는 기본권으로 보아 판단

등을 참작하여 사안과 가장 밀접한 관계가 있고 또 침해의 정도가 큰 주된 기본권을 중심으로 하여 그 제한의 한계를 따져 보아야 하는바, 청구인의 의도, 심판대상조항의 입법목적 등에 비추어 이 사건의 주된 쟁점은 청구인의 직업선택의 자유가 침해되는지 여부이므로, 위 각 기본권 침해 여부는 직업선택의 자유 침해 여부를 판단할 때 함께 보기로 한다(헌재 2016.3.31. 2014헌마1046 참조). 한편, 청구인은 임의적인 입학전형자료(사회활동 및 봉사활동에 대한 경력 등)와의 차별 취급도 문제 삼고 있으나, 이는 사람에 대한 비교집단을 전제로 한 주장이 아니거나, 위에서 언급한 평등권 내지 과잉금지원칙 위배 주장에 포섭하여 판단되는 내용이므로 그에 대해 따로 판단하지 아니한다.

1) 법무법인 구성원변호사에게 합명회사 사원의 무한연대책임 준용 사건, 헌재 2016.11.24. 2014헌바203 등 [쟁점] 변호사법(2008. 3. 28. 법률 제8991호로 개정된 것) 제58조 제1항 중 법무법인에 관하여 합명회사 사원의 무한연대책임을 정한 상법 제212조, 신입사원에게 동일한 책임을 부과하는 상법 제213조, 퇴사한 사원에게 퇴사등기 후 2년 내에 동일한 책임을 부과하는 상법 제225조 제1항을 준용하는 부분(이하, '심판대상조항'이라 한다)이 청구인들의 재산권을 침해하는지 여부 [결정요지] 심판대상조항은 법무법인 구성원변호사의 재산을 법무법인 채무를 위한 책임재산에 제공하게 한다는 점에서 재산권을 제한하고, 이러한 무한연대책임의 부과는 법무법인 구성원변호사로서 변호사 업무를 수행하거나 법무법인을 결성함에 실질적인 제약이 되기 때문에 직업선택의 자유와 결사의 자유를 제한하며, 자기책임의 원칙 및 사적 자치의 원칙에도 위반될 소지가 있다. 하나의 규제로 인하여 여러 기본권이 동시에 제약을 받는 기본권 경합의 경우에는 기본권 침해를 주장하는 청구인들의 의도 및 기본권을 제한하는 입법자의 객관적 동기 등을 참작하여 사안과 가장 밀접한 관계가 있고 또 침해의 정도가 큰 주된 기본권을 중심으로 해서 그 제한의 한계를 따져 보아야 하는바, 이 사건의 주된 쟁점은 무한연대책임의 부과로 인하여 청구인들의 재산권이 침해되는지 여부이므로 심판대상조항이 청구인들의 재산권을 침해하는지 여부를 중심으로 판단한다(헌재 2016.3.31. 2014헌마1046 참조).

2) 헌재 2018.7.26. 2016헌마1029. [판시] 이 사건 징계결정 공개조항에 따라 징계결정정보가 인터넷에 공개되면 공개대상자의 사회적 평가가 저하되고 그로 인하여 청구인의 변호사 영업에 지장이 초래될 수 있으므로, 징계결정 공개조항은 헌법 제10조에서 유래하는 일반적 인격권과 이에 포함되는 명예권 및 직업수행의 자유, 행복추구권을 제한한다. 그런데 이처럼 헌법소원의 대상이 되는 규범에 의하여 여러 기본권이 동시에 제약을 받는 기본권 경합의 경우에는 기본권 침해를 주장하는 청구인의 의도 및 기본권을 제한하는 입법자의 객관적 동기 등을 참작하여 사안과 가장 밀접한 관계에 있고, 또 침해의 정도가 큰 주된 기본권을 중심으로 해서 그 제한의 한계를 검토하면 족한 것이고, 관련 기본권을 모두 심사할 필요는 없다. 이 사건에서 징계결정 공개조항과 가장 밀접하게 관련되고 가장 침해 정도가 큰 기본권은 일반적 인격권이므로 이를 중심으로 과잉금지원칙위반 여부를 판단한다.

3) 헌재 2005.2.24. 2003헌마289. [판시] 집필에 대한 제한은 집필행위의 구체적인 내용이나 목적에 따라 매우 다

한 예가 있다. ② 양심적 병역거부자에 대한 결정들에서 양심의 자유와 종교의 자유를 거론한 뒤 양심의 자유 하나의 기본권 문제로만 판단하였다.[1] ③ 수혜법인의 지배주주 등에게만 고율의 증여세를 부과하여 재산권, 기업의 자유, 계약의 자유를 침해하고 조세평등주의, 실질과세원칙, 이중과세금지원칙에 위반된다는 주장에 대해 헌재는 재산권에 대해서만 판단한 예도 있다.[2] ④ 변호사가 비변호사로부터 법률사건 등의 수임을 알선받는 행위를 금지하고 이를 위반한 경우 처벌하는 '변호사법' 제34조 제3항 및 제109조 제2호 가운데 해당 규정('알선수임금지 조항')이 "알선"에 집단소송 등에서 변호사가 소송에 참여할 당사자를 모집하기 위하여 광고하는데 도움을 주고받는 행위까지도 포함되는 것으로 해석하는 한 청구인의 언론·출판·집회·결사의 자유를 침해한다는 주장 – 헌재는 동법 제23조 제1항은 변호사가 업무의 홍보에 필요한 사항을 광고하는 것을 허용하고 있다. 이 부분 청구인의 주장은 결국 "알선"을 금지하는 알선수임금지 조항이 과잉금지원칙에 위배하여 청구인의 직업수행의 자유를 침해한다는 취지이므로, 언론의 자유 등 침해 여부에 대해서는 별도로 다시 판단하지 아니한다고 판시하였다.[3] ⑤ 검사를 받지 아니한 홍삼의 판매금지와 판매목적 진열을 금지하는 인삼산업법 규정에 대한 헌법소원사안에서 직업의 자유와 재산권이 문제된다고 보면서 전자의 문제로만 판단한 예가 있었다.[4] ⑥ 교원노조 명단 공개 금지 – 학부모의 교육권과 알 권리의 경합 – 공시대상정보로서 교원의 교원단체 및 노동조합 가입현황(인원 수)만을 규정할 뿐 개별 교원의 명단은 규정하고 있지 아니한 구 '교육관련기관의 정보공개에 관한 특례법 시행령' 별표 규정이 과잉금지원칙에 반하여 학부모들의 알 권리를 침해하는지 여부가 문제된 사안이었다. 헌재는 교육권은 위 정보에 대한 알 권리의 충족 여부에 따라 간접적으로 영향받는 것이라고 보아 알 권리를 택하여 그 침해 여부를 판단한 예도 있다.[5] ⑦ 직업의 자유와 사립유치원 운영의 자유 – 청

양한 기본권과 관련되어질 수 있다. 예컨대 학술활동을 위한 글을 쓰는 경우에는 학문의 자유, 문학작품의 창작을 위한 경우에는 예술의 자유, 직업으로서의 글쓰기를 위한 경우에는 직업의 자유, 편지를 쓰는 경우와 같이 외부와의 연락을 위한 경우에는 통신의 자유, 소송서류를 작성하기 위한 경우에는 재판청구권, 일기나 비망록 등의 작성을 위한 경우에는 인격권이나 행복추구권과 연관될 수 있다. 그런데 이 사건 시행령조항이 직접적으로 제한하고 있는 것은 집필행위 자체로서 그 집필의 목적이나 내용은 묻지 않고 있는바, 이는 기본적으로는 인간의 정신적 활동을 문자를 통해 외부로 나타나게 하는 행위, 즉 표현행위를 금지하는 것으로 볼 수 있고, 그렇다면 이 사건 시행령조항에 의하여 가장 직접적으로 제한되는 것은 표현의 자유라고 볼 수 있을 것이다.

1) 헌재 2004.8.26. 2002헌가1. [판시] 헌법 제20조 제1항은 종교의 자유를 따로 보장하고 있으므로 양심적 병역거부가 종교의 교리나 종교적 신념에 따라 이루어진 것이라면, 이 사건 법률조항에 의하여 양심적 병역거부자의 종교의 자유도 함께 제한된다. 그러나 양심의 자유는 종교적 신념에 기초한 양심뿐만 아니라 비종교적인 양심도 포함하는 포괄적인 기본권이므로, 이하에서는 양심의 자유를 중심으로 살펴보기로 한다. * 위 결정은 합헌결정이었는데 이후의 합헌결정(헌재 2011.8.30. 2007헌가12)에서도, 병역종류조항에 대한 헌법불합치결정(헌재 2018.6.28. 2011헌바379등)에서도 마찬가지였다.

2) 헌재 2018.6.28. 2016헌바347등.

3) 헌재 2018.7.26. 2018헌바112.

4) 헌재 2008.4.24. 2006헌바68.

5) 헌재 2011.12.29. 2010헌마293, 판례집 23-2하, 887면. [결정요지] 부모는 자녀의 교육에 관하여 전반적인 계

구인들은 유치원의 학교에 속하는 회계의 예산과목 구분을 정한 '사학기관 재무·회계 규칙'(2017. 2. 24. 교육부령) 규정이 청구인들의 직업의 자유를 침해한다고 주장하였으나, 헌재는 위 규정이 사립유치원 운영의 자유와 가장 밀접한 관계에 있다고 보아 직업의 자유에 대한 침해 여부는 따로 판단하지 아니하였다.[1)]

위 ⑤, ⑥, ⑦ 판례에서 경합이란 말을 쓰지 않으면서 그 해결방법은 경합의 해결방법과 같은 것을 언급하고 있다.[2)]

⑧ 또 일정한 한약서에 수재된 처방에 해당하는 품목의 한약제제를 의약품 품목허가·신고를 위한 안전성·유효성 심사대상에서 제외하고 있는 '한약(생약)제제 등의 품목허가·신고에 관한 규정'(2015. 9. 21. 식품의약품안전처고시 제2015-62호) 제24조 제1항 제4호, 제5호가 생명·신체의 안전에 관한 권리, 알 권리, 자기결정권을 침해한다는 주장에 대해 보건권 침해 여부에 대해서만 판단한 예도 있다. 그러면서 헌재는 이 사안에서 보건권 침해 여부를 또 국가의 기본권보장 위반 여부로 판단하였다(이 판단에 대해서는 뒤의 기본권보장의무 부분 참조).

판례 헌재 2018.5.31. 2015헌마1181

[판시] 이 사건과 가장 직접적이고 밀접한 관련이 있는 기본권은 헌법 제36조 제3항의 보건권이고, 청구인들이 주장하는 '생명·신체의 안전에 관한 권리'는 생명·신체의 안전을 보장받기 위하여 건강을 침해받지 아니하고 유지할 권리를 의미하는 것으로서 결국 보건권과 동일한 내용이므로 별도로 판단하지 아니한다. 또한 알 권리와 자기결정권은 보건권의 실현을 위한 권리로서, 그 침해 여부 역시 보건권에 대하여 판단함으로써 함께 판단될 수 있는 내용이므로 따로 판단하지 아니한다. 따라서 이하에서는 보건권의 침해여부에 대해서만 판단한다.

획을 세우고 자신의 인생관·사회관·교육관에 따라 자녀의 교육을 자유롭게 형성할 권리, 즉 자녀교육권을 가진다. 그리고 자녀교육권을 실질적으로 보장하기 위해서는 자녀의 교육에 필요한 정보가 제공되어야 하는바 학부모는 교육정보에 대한 알 권리를 가진다. 이러한 정보 속에는 자신의 자녀를 가르치는 교원이 어떠한 자격과 경력을 가진 사람인지는 물론 어떠한 정치성향과 가치관을 가지고 있는 사람인지에 대한 정보도 포함되는 것이므로, 교원의 교원단체 및 노동조합 가입에 관한 정보도 알 권리의 한 내용이 될 수 있다. 그러므로 개별 교원이 어떤 교원단체나 노동조합에 가입해 있는지에 대한 정보 공개를 제한하고 있는 이 사건 법률조항 및 이 사건 시행령조항은 학부모인 청구인들의 알 권리를 제한하는 것이며, 학부모는 그런 알 권리를 통해 자녀교육을 행하게 되므로 위 조항들은 동시에 교육권에 대한 제약도 발생시킨다고 할 수 있다. 그런데, 하나의 규제로 인해 여러 기본권이 동시에 제약을 받는 경우에는 사안과 가장 밀접한 관계에 있고 또 침해의 정도가 큰 주된 기본권을 중심으로 해서 그 제한의 한계를 따져 보아야 하는바, 학부모의 교육권은 위 정보에 대한 알 권리의 충족 여부에 따라 간접적으로 영향받는 것이라 할 수 있으므로, 사안과 가장 밀접한 관계에 있고 또 침해의 정도가 큰 알 권리를 중심으로 살펴보기로 한다.

1) 헌재 2019.7.25. 2017헌마1038등.

2) 헌재 2008.4.24. 2006헌바68. [판시] 이 사건 법률조항들은 인삼 자가제조자의 재산권(가공인삼의 처분의 자유)을 제한하는 측면도 있다. 이와 같이 하나의 규제로 인해 여러 기본권이 동시에 제약을 받는 경우에는 기본권침해를 주장하는 청구인의 의도 및 기본권을 제한하는 입법자의 객관적 동기 등을 참작하여 먼저 사안과 가장 밀접한 관계에 있고 또 침해의 정도가 큰 주된 기본권을 중심으로 해서 그 제한의 한계를 따져 보아야 한다. 이 사건의 경우 청구인은 인삼경작자가 수확한 인삼을 판매목적으로 자가제조한 경우에도 검사를 받지 아니하였다는 이유로 판매를 금지하고 이를 처벌하는 것이 자가제조자의 재산권을 침해한다고 주장하나, 이 사건 법률조항들은 인삼경작자가 판매목적으로 자가제조한 경우만을 규율하고 있을 뿐 개인적인 용도로 자가제조하는 경우는 규율하고 있지 않으므로 이 사건 법률조항들로 인한 규제는 직업의 자유와 가장 밀접한 관계에 있다고 할 것이다.

* 복수의 기본권제한을 함께 판단한 예 – 헌재는 문제되는 여러 기본권들에 대해 경합이론에 따라 하나의 기본권만의 문제로만 판단하지 않고 그 기본권들을 묶어서 판단하기도 한다. 그러한 예로 ① 인터넷게시판 본인확인제에 대한 위헌결정을 들 수 있다. 헌재는 이 결정에서 익명표현의 자유와 개인정보자기결정권에 대해 판단하였다.[1] ② 위에서 본 학교 정화구역 내에서의 극장시설 및 영업의 금지에 대한 결정에서 헌재는 직업의 자유의 침해여부를 중심으로 살피는 가운데 표현·예술의 자유의 침해여부에 대하여도 부가적으로 살펴보았다.[2] ③ 의료법인·의료기관 또는 의료인이 '치료효과를 보장하는 등 소비자를 현혹할 우려가 있는 내용의 광고'를 한 경우 형사처벌하도록 규정한 의료법(2010. 7. 23. 법률 제10387호로 개정된 것) 제89조 중 제56조 제2항 제2호 부분에 대해서 표현의 자유, 직업수행의 자유 침해 여부를 함께 살펴본 예도 있다.[3]

7. 한계

기본권경합의 이론은 기본권의 최대한 보장의 원칙에 부합되게 적용되어야 하며 만약 가장 약한 기본권이라고 하여 이를 경시하여서는 아니 되고 가장 강한 기본권의 보장으로 충분한 경우가 아닌 한은 가장 약한 기본권들도 보장이 최대한 이루어져야 한다. 기본권침해에 대한 위헌심사의 헌법재판에 있어서 판단의 경제성과 집약성을 위한다는 이유로 기본권경합의 이론이 적용되더라도 법규범에 대한 통제인 헌법재판은 기본권침해를 이유로 헌법재판을 제기한 당사자만에 해당되는 것이 아니라는 점에서(이는 헌법소원에서도 마찬가지로 헌법소원은 개인의 기본권구제기능뿐 아니라 객관적 헌법질서유지기능도 수행하기 때문이다) 경합론에 따라 선택된 기본권침해뿐 아니라 필요하다면 가능한 한 다른 기본권침해도 심사하는 적극성이 요구된다. 여기에 기본권경합이론의 한계가 있다.

---

1) 헌재 2012.8.23. 2010헌마47. [판시] (1) 이 사건 본인확인제는 게시판 이용자가 게시판에 정보를 게시함에 있어 본인 확인을 위하여 자신의 정보를 게시판 운영자에게 밝히지 않을 수 없도록 함으로써 표현의 자유 중 게시판 이용자가 자신의 신원을 누구에게도 밝히지 아니한 채 익명으로 자신의 사상이나 견해를 표명하고 전파할 익명표현의 자유를 제한한다. (2) 그 밖에 본인확인제는 정보통신서비스 제공자에게 게시판 이용자의 본인확인정보를 수집하여 보관할 의무를 지우고 있는데, 본인확인정보는 개인의 동일성을 식별할 수 있게 하는 정보로서 개인정보자기결정권의 보호대상이 되는 개인정보에 해당하고, 개인정보를 대상으로 한 조사·수집·보관·처리·이용 등의 행위는 모두 원칙적으로 개인정보자기결정권에 대한 제한에 해당하므로 본인확인제는 게시판 이용자가 자신의 개인정보에 대한 이용 및 보관에 관하여 스스로 결정할 권리인 개인정보자기결정권을 제한한다. (3) 그런데 청구인 손○규 등은 본인확인제가 인터넷게시판 이용자에게 이름, 주민등록번호 등의 개인정보를 공개하도록 강제함으로써 게시판 이용자의 사생활의 비밀과 자유 역시 제한한다고 주장하나, 위에서 본 바와 같이 이 사건 본인확인제에 의하여 사생활의 비밀과 자유가 구체화된 것이라고 할 수 있는 개인정보자기결정권이 제한된다고 보아 그 침해 여부를 판단하는 이상, 사생활의 비밀과 자유에 대한 침해 문제에 관하여는 따로 판단하지 아니한다. (4) 결국, 이 사건에서는 본인확인제가 과잉금지원칙에 위배하여 표현의 자유인 게시판 이용자의 익명표현의 자유, 정보통신서비스 제공자의 언론의 자유를 침해하는지 여부 및 게시판 이용자의 개인정보자기결정권을 침해하는지 여부가 문제이므로 이에 대하여 살펴본다.

2) 헌재 2004.5.27. 2003헌가1 등. [판시] 위 주 부분 참조.

3) 헌재 2014.9.25. 2013헌바28.

제2항 기본권의 상충[1)]

Ⅰ. 개념과 실익

1. 개념

기본권의 상충(충돌)이란 하나의 같은 사안 속에서 각기 다른 복수의 기본권주체들이 서로 대립되는 각자의 기본권을 주장함으로써 서로 충돌되어 각 기본권주체가 국가에 대하여 자신의 기본권의 보호를 요구하고 있는 상황을 말한다. 헌재도 "기본권의 충돌이란 상이한 복수의 기본권주체가 서로의 권익을 실현하기 위해 하나의 동일한 사건에서 국가에 대하여 서로 대립되는 기본권의 적용을 주장하는 경우를 말하는데, 한 기본권주체의 기본권행사가 다른 기본권주체의 기본권행사를 제한 또는 희생시킨다는 데 그 특징이 있다."라고 한다.[2)] 기본권의 상충은 복수의 기본권주체 간의 문제, 즉 기본권주체의 복수성이라는 점에서 어느 한 기본권주체에 있어서 그의 여러 기본권들이 아울러 영향을 받는 경우인 기본권경합과는 구별된다. 기본권상충의 경우에 복수의 기본권주체들 간의 갈등이므로 그것이 법적 분쟁의 문제로 발달되면 국가권력에 의한 조절이 필요하게 되고 헌법적 문제로 부각된다.

용어문제 한국에서 교과서나 헌재판례에서 '충돌'이란 말을 많이 사용한다. 생각건대 기본권충돌은 서로 다른 방향으로 향하면서 대립되는 충돌을 의미한다. 따라서 서로 마주보며 충돌한다는 의미를 담기 위해서 상충이란 말을 우리는 선호한다.

상충되는 권리는 기본권으로서 보호되는, 즉 기본권의 보호범위 내에 들어가는 기본권들 간의 충돌이어야 한다. 어느 기본권주체가 자신의 기본권의 보호범위 내에 들어가지 않는 행위를 하면서 다른 기본권주체의 기본권과 상충이 있다고 하여 자신의 기본권의 보호를 요구할 수는 없다.

예시 ① 대가를 받고 생명권을 박탈하는 살인을 한 자가 살인청부업도 직업의 자유가 보호하는 직업이라고 하면서 기본권상충을 주장하는 것을 받아들일 수 없음은 물론이고 타인의 본질적 내용으로만 이루어진 생명권의 박탈로 당연히 금지되어야 할 행위이다. ② 예를 들어 파업권을 행사하면서 인간의 생명, 안전을 해하는 행위까지도 이를 할 수 있다고 주장하는 경우 이는 이미 정당한 파업권의 범위를 벗어난 것이므로 충돌이라고 할 수 없다.[3)]

---

1) 이에 관한 자세한 것은, 졸고, 기본권의 상충에 관한 연구, 성균관법학 제19권 제2호(2007. 8), 15면 이하 참조. 이하의 글들도 이 논문을 주로 옮겨놓고 약간 가필, 수정·보완한 것이다. 판례는 이 논문에 수록된 것보다 더 증보된 것이다. 물론 시간이 흘렀기 때문이다.
2) 헌재 2005.11.24. 2002헌바95, 판례집 17－2, 401면.
3) 이러한 취지의 예를 들고 있는 문헌으로, G. Vedel, La place de la déclaration de 1789 dans le ≪bloc de constitutionnalité≫, La Déclaration des Droits de l'Homme et du Citoyen et la Jurisprudence, Colloque des

위와 같은 경우를 유사충돌이라고 부르기도 하나(권영성, 323면) 이러한 경우에는 기본권의 보호를 받지 못하기에 애초부터 전혀 충돌의 문제가 아니므로 '유사'가 아니라 '비'상충이라고 하여야 한다.

각 기본권이 가지는 규범영역의 확정이 항상 간단하고도 쉽게 이루어지는 것은 아니다. 기본권영역은 헌법 자체가 일의적으로 규정한 경우가 아니라면 기본권규범의 해석을 통하여 확정될 경우가 많을 것이므로 해석자에 따라 주관적일 수 있다. 또한 규범영역은 시대적 상황이나 사회적 여건 등에 따라 달리 나타날 수도 있다.

기본권상충 자체는 사실의 문제이다. 국가의 개입이 없더라도 있을 수 있는 사실이다. 기본권상충에 있어서 기본권주체가 국가에 그 해결을 위한 개입을 요구하거나 국가가 필요에 의해 개입하게 되면 헌법적 문제로 부각된다. 따라서 헌법적 문제로서의 기본권상충의 개념은 국가가 그 해결을 위하여 개입하는 상황에 있는 것을 포함하는 것으로 볼 것이다.

개념3요소 요컨대 헌법적 문제해결을 요하는 기본권의 상충은 ① 복수의 기본권주체의 존재, ② 충돌되는 진정한 기본권(보호범위 내의 권리)의 존재, ③ 국가에 대한 보호요청이 있을 것을 그 개념요소로 한다(기본권의 3각관계).

2. 기본권상충과 기본권의 이중성, 제3자효

(1) 기본권상충과 기본권 이중성

기본권의 이중성을 인정하여 객관적 질서로서의 기본권이 사인 간에도 제3자적 효력을 가지는 것으로 보게 되고 기본권상충문제가 헌법적 문제로 부각되었다고 보는 설명(권영성, 321-322면)이 있다. 그러나 앞서 기본권의 제3자효에서 검토한 대로 객관적 질서성을 인정해야 제3자효를 인정할 수 있는 것으로 보는 것부터 이러한 견해는 문제가 있고 사인들 간의 기본권의 충돌은 기본권이 각자의 주관적 권리이고 이 주관적 권리를 각 기본권 주체가 주장하다 보니 충돌이 발생한다고 보아야 한다. 오히려 기본권이중론자들이 주장하는 객관적 질서가 모든 사회구성원이 준수하여야 할 질서(그래서 '객관적'이다)라면 충돌되는 타인의 기본권을 그 객관적 질서에 따라 적절히 존중하게 되어 충돌될 것도 없다(자동조절). 충돌이 일어나는 것은 기본권이 권리인데 이 권리를 외부적으로 행사하려고 하면서 나타나는 것이므로 기본권의 권리성으로 인해, 그리고 그 기본권의 효과(행사) 문제로서 일어나는 것이다. 기본권의 효과로서 객관적 질서는 기본권상충을 해소하여 찾아야 할 질서이기도 하다. 기본권 속에 객관적 질서성이 내재하여 그 때문에 기본권충돌이 일어난다면 권리의 충돌뿐 아니라 질서 간 충돌도 나타나는 것으로 되는데 이는 혼란으로 끌어들일 수 있고 받아들일 수 없다. 따라서 기본권의 이

---

25 et 26 mai 1989 au Conseil constitutionnel, P.U.F., Paris, 1989, 58면.

중성을 인정하여야만 기본권상충문제가 헌법적 문제로 부각된다고 하는 것은 타당하지 않고 혼란만 가져올 수 있다.

(2) 기본권상충과 기본권의 제3자효문제

기본권상충이 기본권주체들 간의 문제이므로 사인들 간에 기본권의 효력이 미친다는 제3자효가 요구되는 상황 내지 문제와 기본권상충의 상황 내지 문제가 서로 다른 성격의 것인지 여부가 기본권상충의 개념 내지 성격의 규명을 위해 논의되고 있다. 기본권의 제3자적 효력은 기본권의 충돌과 문제상황이 다르다는 견해들이 있다. 문제상황이 다르다고 보는 견해는 그 논거로 "제3자효력문제는 대체로 어느 일방의 사인이 사실적인 힘에 의하여 다른 사인의 기본권을 침해하는 경우에 제기되는 문제인데 대하여, 충돌문제는 대체로 사인과 사인 간의 기본권이 국가공권력을 매개로 하여 상호 대립하는 상황에서 국가공권력이 그 대립을 해소하기 위해 여기에 개입하는 경우에 제기되는 문제이기 때문이다"라고 한다(권영성, 335면). 생각건대 첫째, 기본권의 사인들 간의 효력을 인정하지 않는다면 충돌상황에 있는 사인들이 각각 주장하는 권리가 기본권으로서 보호되지 않는 것이라는 결론에 이르게 되고 사인인 각 기본권주체가 자신의 기본권이 기본권상충의 문제는 없는 것이 된다. 제3자효가 인정되지 않으면 어느 사인이 다른 사인으로부터의 '기본권'의 침해가 있었다고 주장할 충돌이 없게 된다. 따라서 기본권들이 사인들 간에 상충이 된다는 것은 제3자효의 인정을 전제로 하여야 한다. 둘째, 사인들인 기본권주체들 간의 충돌은 그 충돌에 있어서 각 기본권주체의 기본권의 효력을 어느 정도 인정할 것인가 하는 문제가 되므로 그것은 곧 사인들 간의 기본권의 효력인 제3자효문제가 되는 것이다. 셋째, 국가공권력이 그 대립을 해소하기 위해 개입하는 경우에 기본권상충이 문제된다고 하나 기본권의 제3자효가 문제되는 상황도 사인들 간에 국가에 의한 기본권의 보호가 요구될 상황이다. 국가가 아닌 사인과 또 다른 3자인 사인 간, 즉 사인들인 기본권주체들 간에 아무런 분쟁이 없다면 물론이고 분쟁이 있더라도 그들 간의 자율적인 평화로운 해결이 이루어지는 경우라면 국가와 헌법이 개입할 것은 아니고 헌법적 문제가 되지 않을 것이다.[1] 기본권의 제3자효의 문제도 결국 다른 사인과의 관계에서의 자신의 기본권을 국가가 보호해달라는 요구가 있을 때 헌법적 문제가 된다.[2] 제3자효의 문제나 기본권의 상충문제나 모두 국가의 개입에 의한 해결이 필요하기에 문제의 성격이 다르지 않다. 기본권이 사인들 간에 효력을 가지는 것

1) 미국에서 기본권의 제3자효가 많이 적용된 예가 흑백 간 분쟁의 사안들이었다는 점을 상기하더라도 이를 이해할 수 있다.

2) 프랑스에서 기본권이라는 용어 보다 '공적' 자유(libertés publiques)라는 용어가 자주 쓰이는데 '공적'이란 국가에 의한 침해이든 사인에 의한 침해이든 그 구제, 보호는 공적인 국가의 개입으로 이루어진다는 관념 때문이다(이러한 취지로, L. Richer, Les Droits dl'Homme et du Citoyen, Economica, Paris, 1982, 4면). 이러한 관념이 여기서 시사하는 바 있다고 할 것이다. 프랑스에서의 공적 자유권의 개념에 대해서는, 졸저, 기본권연구 Ⅰ, 길안사, 1999, 149면 이하 참조.

도 결국 국가가 입법이나 재판작용에 의해 이를 보호하기 때문이라는[1] 점에서 제3자효 문제의 상황과 기본권상충의 상황은 다르지 않다. 기본권상충문제는 “대립되는 두 기본권주체와 국가권력의 3각관계의 문제라고도 말할 수 있을 것이다(허영, 전정3판, 2007, 264면).” 기본권의 대사인(제3자)적 효력도 국가권력의 개입이 있어 헌법적 문제로 되어 3각관계의 문제로 자리잡는다. 그래서 사인들 간의 기본권의 효력을 ‘제3자’적 효력이라고 부르는 것이다. 대법원의 판례에서도 이를 확인할 수 있다. 학생의 종교의 자유와 학교의 종교교육의 자유가 상충한 사안에서 대법원은 제3자적 효력을 인정하면서 기본권상충문제를 다루었다.[2] 한편 여기서 기본권의 제3자효의 실제성에 대한 보다 근본적인 검토가 필요하다. 앞서 제3자효가 문제되는 상황도 결국 국가의 개입을 요하는 상황이라고 하였는데 그렇다면 국가권력의 개입으로 사인들 간만의 문제가 아니라 결국 대국가적 효력의 문제로 귀결된다.

3. 기본권상충론의 실익

기본권은 국가나 헌법의 존재목적이고 인간의 생활에 기본적인 권리이므로 최대한의 보장이 요구됨은 물론이다. 따라서 기본권의 상충에 있어서 그 해결을 위하여 상충되는 기본권들을 불가피하게 희생시킬 수밖에 없더라도 이러한 희생을 최소화하는 조절을 함으로써 가능한 한 상충되는 기본권들을 최대한 보장할 수 있는 방법을 찾아야 한다. 기본권이 상충할 때 어느 기본권주체의 어떠한 기본권들이 어느 정도 충돌되고 있는지를 파악하는 일은 기본권의 조절을 위한 전제적 과제이다. 기본권의 조절은 어느 한 기본권을 전적으로 희생시키는 것이 아니고 각 기본권주체들이 가능한 한 조금씩 최소한의 양보 내지 희생을 통하여 결국 전체적으로 기본권보호의 양을 최대화하여(win win) 최적의 상태(optimum)를 실현하기 위한 것인데 이러한 조절을 위해서는 어떠한 기본권들이 어느 정도 충돌되고 있는가를 파악하여 그 우선순위와 희생의 정도를 가늠하여야 할 것이다. 바로 여기에 상충론이 오늘날 기본권의 조절을 위한 방법론으로서의 실익이 있다. 문제는 기본권상충의 해결방법이 기본권제한의 방법들과는 별개의 것인가 하는 데에 있다(후술 참조).

Ⅱ. 유형 및 사례

1. 유형

(1) 동종(同種) 기본권들 간의 상충

동일한 기본권 간에 상충이 있을 수 있다. 예컨대 어느 일간지의 주간, 논설위원, 편집장,

1) J. Rivero et H. Moutouh, Libertés publiques, t. I , P.U.F., 9e éd., Paris, 2003, 163－164면.
2) 대법원 2010.4.22. 2008다38288. 이 판결에 대해서는 후술, 기본권상충 부분 참조.

기자들 간에 어떤 사건을 두고 견해에 차이가 있을 경우에는 같은 종류의 기본권인 언론의 자유에 있어서 상충이 있게 된다. 종교의식의 행사를 둘러싸고 서로 다른 종교를 가진 사람들, 무신자들 간에 충돌이 있다면 이는 종교의 자유라는 같은 기본권을 둘러싸고 발생하는 상충이다.

(2) 이종(異種) 기본권들 간의 상충

이 상충의 모습은 어느 기본권이 다른 종류의 기본권의 침해가 없이는 행사될 수 없는 경우에 나타난다. 예컨대 특정인에 대한 언론보도에 있어서 언론의 자유와 사생활의 비밀의 충돌, 어느 장소에서의 집회의 자유와 보행의 자유 간의 충돌, 경영의 자유와 근로의 권리 사이의 충돌 등이 그러한 경우들이다.

(3) 자유권과 생존권 간의 상충 내지 갈등관계

異種 기본권들 간의 상충으로 자주 나타나는 예가 자유권과 생존권 간의 상충의 예들이다. 어느 한 개인의 재산권(자유권)을 제한함으로써 타인들의 인간다운 생활을 할 권리(생존권)의 실현에 도움을 주는 경우, 예컨대 A의 소유로 되어 있는 토지를 수용하여 여러 사람의 주거를 마련하여 인간다운 생활을 할 수 있게 하는 경우, 그것은 자유권의 희생에 따른 생존권의 보장이 되고 자유권과 생존권 간의 갈등관계가 나타난다. 사실 오늘날 생존권, 사회적 권리들이 사회적 약자들을 보호하여 다른 사회구성원들과 같이 인간다운 생활을 할 권리를 보장하기 위한 권리이기에 모든 사회구성원들 간에 실질적 평등의 이념을 구현하는 것이다. 그렇다면 생존권은 평등을 지향하여 자유권과 생존권과 갈등관계는 자유권과 평등권의 갈등관계로 볼 수 있다. 그러나 생활조건의 향상이 자유를 제대로 행사할 수 있게 한다는 점에서 자유와 평등 내지 생존권이 반드시 대립이나 긴장의 관계에만 있는 것은 아니고 상보관계(相補關係)가 될 수도 있다.

2. 사례

사인들 간의 기본권의 상충현상은 일상에서 의식적이든 무의식적이든 빈번하게 일어날 수 있고 어렵지 않게 찾아볼 수 있다. 예를 들어 ① 공직자의 재산공개에 있어서 국민의 알 권리와 사생활비밀·자유권 간의 상충, ② 언론사가 보도 등에서 어느 사람의 명예에 관한 언급을 한 경우의 언론·출판의 자유와 명예권·인격권 간의 상충, ③ 소음을 발생하는 공장의 운영으로 인근 주민이 숙면을 방해받는 경우에 공장운영이라는 영업의 자유와 쾌적한 환경에서 생활할 권리(숙면권) 간의 상충, ④ 교사가 자신의 신앙이나 사상을 수업에서 강조할 경우의 교사의 종교 내지 사상의 자유와 학생들의 교육을 받을 권리의 상충, ⑤ 기업이 사원의 채용에 있어서 특정한 신조를 가진 사람에 대해서는 채용을 거부한 경우에 기업의 경영의 자유와 특정 지원자들의 근로의 권리, 사상의 자유와의 상충, ⑥ 어느 단체의 집회와 시위 때문에 통행권이 방해될 경우에 집회의 자유와 왕래(통행)의 권리의 상충, ⑦ 흡연권과 혐연권 간의 충돌 등을 들 수 있다.

위의 사례에서 ③, ④, ⑤의 사례는 환경권, 교육을 받을 권리, 근로의 권리가 생존권에 해당되기에 위의 1. (3)에서 살펴본 유형인 자유권과 생존권 간의 상충의 예들이다.

Ⅲ. 해결방법에 관한 학설이론

1. 해결방법들

<u>* 용어의 문제</u> 먼저 기본권충돌의 '해결'이란 말에 오해의 소지가 있다. 충돌이 사라지도록 한다는 해결이 아니다. 충돌은 주어진 상황 하에서는 어쩔 수 없이 그대로 남아 있을 수밖에 없다. 따라서 여기서의 '해결'이란 충돌되는 기본권들 간에 각 기본권을 어느 정도로, 어떻게 제한하여 가장 원만한 결과를 가져오게 할 것인가 하는 문제이다. 즉 충돌되는 기본권 간의 '조절'을 의미한다. 어느 기본권이 완전히 우월하여 그 기본권만 보장해야 하는 경우도 있긴 하나 해결은 조절을 의미한다.

우리나라에서는 그동안 기본권상충의 해결방식에 관해 아래와 같은 방안들이 제시되어 왔다. 그 방안들은 독일에서 많이 거론되어 온 것들이다. 해결방법으로서 입법의 자유영역이론, 기본권의 서열이론, 법익형량론, 실제적 조화(규범조화)이론 등이 제시되고 있다.[1)]

(1) 여러 방법들

1) 규범내용확정론

제1차적 해결준거로서 충돌되는 기본권의 규범내용의 확정을 들고 있는 견해가 있다. 어느 기본권의 보호영역(내용)이 무엇인지를 먼저 설정하여 어느 행위가 보호될 기본권의 범위에 속하는지를 먼저 파악하여야 한다는 것이다. "이러한 기본권의 해석론을 통해 기본권충돌의 문제로 보이는 많은 부분들이 기본권의 類似衝突의 문제로 여과될 수 있을 것이다"라고 한다(권영성, 340면).

2) 입법의 자유영역이론

헌법에서 기본권상충의 해결에 관한 규정을 두고 있지 않을 때에는 원칙적으로 기본권충돌의 해결을 입법자의 자유로운 형성에 맡겨야 하고 법원이나 헌법재판소의 해석에 의해서 해결하는 것은 적절하지 않다고 보는 이론이다. 이 이론에 대해서는 무엇보다도 다양한 기본권 충돌현상이 많은데 이에 대해 일일이 입법이 정형화하여 정하는 것이 어렵고 기본권충돌의 해결문제는 헌법해석의 문제인데 헌법해석은 입법자만이 아니라 법원, 헌법재판소도 행하는 것

1) 이러한 독일의 이론에 대해서는, 계희열, 헌법학(중), 신정판, 박영사, 2004, 124면 이하; 성정엽, 기본권충돌에 대한 헌법이론적 접근, 공법학연구, 창간호, 1999, 945면 이하; 홍성방, 기본권의 경합과 충돌, 안암법학, 제9호, 1999, 5면 등 참조.

이라는 점에서 비판을 받고 있다.[1)]

3) 서열이론

기본권들 간에는 상하의 우열관계가 있다고 보고 기본권의 충돌시에 상위의 기본권을 하위의 기본권에 우선하여 보호하여야 한다는 이론이다. 이 이론에 대해서는, 이 이론이 기본권의 서열관계가 인정되는 것을 전제로 하는 이론인데 인간의 생명권, 존엄권과 같은 상위의 위치를 인정할 수 있는 기본권이 있긴 하나 기본권들에 대해 확정적인 서열인정이 불가능하기에 문제가 있다는 비판을 받고 있다.

4) 법익(이익)형량론

법익(이익)형량론은 상충되는 각 기본권의 법익(이익)을 상호 비교하여 보다 더 큰 법익(이익)을 가진 기본권을 우선하여 보호한다는 방법론이다. 이익형량에 있어서 어느 기본권을 우선할 것인가 하는 기준에 관한 국내학설로는 (ㄱ) 생명권·인격권우선의 원칙, (ㄴ) 생존권우선의 원칙, (ㄷ) 자유권우선의 원칙 등을 제시하는 견해를 들 수 있다(권영성, 327면). 또한 상하기본권의 상위의 기본권에 우선적 효력이 인정되는데 "'인간의 존엄성' 또는 '생명권'과 같은 기본권질서의 가치적인 핵이 다른 모든 기본권보다 상위에 있다"고 보고, 동위기본권 간의 상충시에는 ① 인격적 가치우선의 원칙(재산적 가치를 보호하기 위한 기본권보다 인격적 가치를 보호하기 위한 기본권을 우선시키자는 것), ② 자유우선의 원칙(평등은 그 자체에 의미가 있는 것이 아니라 자유를 실효성있게 하는 조건이므로 평등보다 자유를 우선시키자는 것)에 따라 이익형량이 행해질 수 있다는 견해(허영, 259면)가 있다.

우리나라에서는 이 법익형량의 방법에 대해 법익형량 결과 법익이 큰 기본권을 택하고 법익이 적은 기본권을 희생하여야 한다는 점에 문제가 있다는 지적들이 있다.

5) 규범조화적 해석(실제적 조화의 원리)[2)]

이는 충돌되는 기본권들 중 어느 한 기본권을 전적으로 희생시키지 않고 양 기본권이 최대한 존중되도록 하는 방안을 찾아야 한다는 것이다. 즉 "두 기본권이 상충하는 경우에도 이익형량에 의해 어느 하나의 기본권을 다른 기본권에 우선시키지 않고, 헌법의 통일성을 유지하기 위해서 상충하는 기본권 모두가 최대한으로 그 기능과 효력을 나타낼 수 있는 조화의 방법을 찾으려는 것"을 규범조화적 해석이라고 한다(허영, 266면).

규범조화적 해석(실제적 조화)의 방법론으로는 "상충하는 기본권 모두에게 일정한 제약을 가함으로써 두 기본권 모두의 효력을 양립시키되 두 기본권에 대한 제약은 필요한 최소한에 그치도록 하는" 과잉금지의 방법과, "상충하는 기본권을 다치지 않는 일종의 대안을 찾아내서 기본권의 상충관계를 해결하려는" 대안식 해결방법(代案式 解決方法), 최후수단의 억제방법이 있

---

1) 계희열, 125면 등 참조.
2) 독일의 이 이론에 대해서는 '규범조화적 해석'보다 '실제적 조화의 원리'로 번역하는 것이 적절하다는 지적[계희열, 헌법학(상), 신정판, 박영사, 2004, 80면, 주 68]이 있다.

다고 한다(허영, 267－268면).

6) 형평성의 원칙

이 이론은 위의 실제적 조화의 원리에 유사한 이론으로 보인다. 이 이론은 "충돌하는 기본권 모두가 최대한으로 그 효력을 유지할 수 있게 함으로써, 각 기본권 간에 형평이 유지될 수 있도록 하는 원칙"이라고 하며, 이 원칙을 위한 방법으로 "모든 기본권에 비례적으로 공평하게 제약을 가함으로써 각 기본권의 핵심영역을 유지함은 물론 기본권 모두의 효력을 양립시키려는" 공평한 제한의 원칙, "공평한 제한까지도 수용하기 어려울 경우에는, 기본권 모두의 효력을 유지하는 대안 내지 절충안을 찾아내는 방법"을 말하는 대안(代案, 折衷案)발견의 원칙, 두 가지 방법을 들고 있다(권영성, 341면).

(2) 국내의 학설의 입장

국내에서는 위의 여러 방법론들 중에 어떠한 방법으로 기본권상충을 해결할 것인지에 대해 여러 견해들이 표명되고 있다. "기본권충돌의 문제를 그래도 가장 적절하게 해결해 주는 방법은 충돌하는 기본권을 어느 하나도 희생시키지 않고 모두 최대한 실현시키는 실제적 조화의 원리에 따른 해결이라고 하겠다"라는 견해(계희열, 128면), "상충하는 기본권의 문제는 '이익형량'과 이들 '규범조화적 해석방법'을 모두 동원해서 다각적인 검토를 해야 하는 매우 복합적인 성질의 사안"이라는 견해(허영, 268면), 제1차적 해결준거로 규범내용확정에 따라 해결하고, 이로써 해결되지 않으면 제2차적 해결준거로 법익형량원칙과 형평성원칙으로서의 공평한 제한의 원칙, 대안(절충안)발견의 원칙을 적용하고, 이로써도 해결되지 아니할 경우에 최종적으로 제3차적 해결준거인 입법에 의한 해결을 할 수밖에 없다고 보는 견해(권영성, 339－342면), "이익형량의 방법을 적용하되, 가치서열이론에 따라 기본권을 위계질서화하여 비교·형량하여야 하며, 궁극적으로는 규범조화적 해석을 통해 기본권의 최적화를 기해야 할 것이다"라는 견해,[1] "기본권의 충돌의 경우에 어느 것이 우선하는가는 구체적인 경우마다 비교형량(이익형량, 법익형량)에 따른다"라는 견해,[2] "과잉금지의 원칙이나 비례의 원칙 등에 입각하여 규범조화적인 해석을 하는 것이 바람직할 것이나, 실제로는 이를 통해서도 명확한 결론을 도출하기란 쉽지 않다"라는 견해(성낙인, 276면), 실제적 조화의 이론에 따라 해결되는 것이 바람직하다는 견해,[3] "현재 실질적인 비중을 갖고 있는 것은 실제적 조화와 법익형량의 두 가지라고 할 수 있다"라는 견해,[4] 사안관련성에서 가장 직접적인 기본권을 고려하되 법익형량에 의하여 양자택일을 할 수밖에 없는 경우에는 우월한 지위에 있는 기본권을 보호하고 그렇게 할 수 없는 경우에는

1) 윤명선, 기본권 충돌시의 효력문제, 고시연구(1996. 4), 81면.
2) 양건, 헌법강의 Ⅰ, 법문사, 2007, 247－248면.
3) 홍성방, 헌법학, 개정4판, 현암사, 2006, 311면.
4) 장영수, 헌법학, 제2판, 홍문사, 2007, 505－506면.

비례적 제한원칙에 따라 적정한 조화점을 찾아내게 되는데 이 과정에서 대안을 마련하는 방식도 고려되고 대안마련이 어려운 경우에는 결국 특정 기본권을 불가피하게 후퇴시킬 수밖에 없는데, 이런 때에는 과잉금지원칙에 합치하여야 한다는 견해[1] 등이 있다.

2. 각 해결방법들에 대한 평가

(1) 규범영역의 확정론

규범영역의 확정은 근본적으로 상충이 존재하는지 여부를 가리기 위한 전제적 판단이지 이것이 해결 자체를 가져오는 것은 아니다. 상충문제에 해당되지 않는 사안을 거르는 과정은 될 것이다. 기본권규범의 보호범위에 들어가지 않는 사안의 경우에는 상충이 애초에 없는 상황이므로 규범내용의 확정이 상충 자체의 해결과정의 하나가 되는 것은 아니다. 따라서 더구나 기본권상충의 개념에서 기본권규범의 보호영역을 벗어난 경우의 충돌은 기본권상충이 아니라고 보면서 규범내용의 확정을 기본권상충해결의 준거로 보는 견해는[2] 기본권상충 여부의 식별까지 기본권상충의 해결과정에 포함시키지 않는 한 논리적으로 모순이다.

(2) 입법의 자유영역론, 제3차해결준거로서의 입법에 의한 해결

입법의 자유영역이론이나 제3차해결준거로 입법에 의한 해결을 제시하는 이론은 상충해결의 방식에 관한 이론이 아니라 그 해결을 할 임무를 누가 수행하는가 하는 해결의 주체문제에 관한 것이므로 애초에 해결방법들 중의 하나로 보기 힘들다. 물론 입법자가 기본권상충해결의 임무를 수행한다. 그러나 기본권상충의 해결을 '어떻게' 할 것인가 하는 것이 해결방식의 문제이므로 상충을 해결하는 입법을 함에 있어서 어떤 방법을 취할 것인가가 제시되어야 하는데 아무런 해결기준을 제시하지 않고 그냥 입법에 해결을 맡긴다는 것은 결국 전혀 문제해결을 가져오게 하는 것이 아니고 문제를 그대로 남겨두는 것이다. 따라서 입법의 자유영역론은 입법자가 해결임무를 수행한다고 보는 것은 맞으나 기본권상충을 해결하기 위한 방법이나 준거는 아니다.

(3) 서열이론

첫째, 서열이론이 항상 어느 기본권이 다른 기본권보다 어떠한 상황관계에서도 우선한다고 보는 고정적 서열관계를 전제하는 입장이라면 이는 받아들이기 곤란하다. 물론 인간의 생명권, 존엄권과 같이 어느 나라, 어느 시대에서나 객관적으로 상위의 기본권으로서 자리잡고 있는 기본권이 있다. 그러나 항상 기본권들의 상하의 자리매김이 고정적으로 확정되어 있는

---

1) 정종섭, 헌법학원론, 제2판, 박영사, 2007, 296면.

2) 예를 들어, 권영성, 336면("기본권을 주장하는 자의 행위가 당해 기본권규정의 보호범위를 벗어난 것인 때에는 진정한 의미에서의 기본권충돌의 문제는 발생하지 않는다"), 340면("일단 (제1차적으로는) 기본권의 규범내용을 해석론을 통하여 확정하는 작업의 차원에서 해결의 실마리를 찾아야 할 것이다").

것은 아니라고 볼 것이다. 개별 사안에서의 상충되는 기본권들 간의 실질적인 우열관계 내지는 각각의 상대적인 중요도를 측정하고 판단하는 것은 가능할 것이다.

둘째, 우열(중요도)이 파악된 뒤 일률적으로 상위 기본권은 전적으로 보장하고 하위 기본권은 일방적으로 이를 희생시키는 양자택일식, 승자독식적인 적용을 하여야 한다는 서열이론이라면 이를 받아들일 수 없다. 이는 기본권의 최대보장의 원칙에 반한다. 하위의 기본권이기에 상위의 기본권을 위하여 희생이 된다고 할지라도 전적인 희생이 불가피한 경우(이러한 경우에도 기본권의 본질적 내용은 침해될 수 없기에 전적인 희생이라는 표현이 부적절한 면이 있긴 하다. 원칙적으로 본질적 내용을 제외한 완전한 희생을 의미한다)가 아니라면 완전한 희생을 가져오지 않고 상위의 기본권의 행사에 방해가 되지 않는 범위 내에서 최대한 이를 보장해주어야 할 것이기 때문이다.[1] 예를 들어 공중이 다니는 거리에서의 통행의 자유가 그 곳에서의 상행위(商行爲)의 자유보다도 더 우선하고 후자가 열위에 있다. 후자는 통행의 필요성에 따라, 통행의 불편을 막기 위해 제한될 수 있기 때문이다. 하지만 보행의 자유에 지장을 주지 않는 정도의 상행위는 허용될 수 있다.[2]

그렇다면 개별 충돌사안마다 그 실질적인 우열관계 내지 중요도를 따지고 실질적인 우열의 판단결과 우열관계가 나타나는 경우에 열위의 기본권을 전적으로 희생시키지 않는다면 상충되는 각 기본권의 우열관계 내지 상대적 중요도를 따지는 판단과정은 타당성을 가진다.

중요도나 서열에 대한 판단과정은 다음 단계의 과정인 법익형량에 있어서 상충되는 기본권들의 이익을 비교하기 위한 과정으로서의 의미를 가진다. 이는 법익형량이 상충되는 각 기본권의 법익의 양과 비중을 상대적으로 측정 · 비교하는 것인데 이러한 상대적 측정을 위해 먼저 어느 기본권이 실질적으로 더 우선적이고 중요한 것인가를 파악하는 것이 필요하기 때문이다.

물론 실질적으로 서열 내지 중요도에 차이가 나타나지 않거나 두드러지지 않는 경우도 있

---

1) 기본권 간의 서열(hiérarchie)에 따른 제한을 인정하면서도 하위 기본권을 전적으로 희생시키지 않고 상위 기본권의 주체의 이익을 위하여 일정 범위 제한될 경우가 있다고 보는 견해로, J. Rivero et H. Moutouh, 앞의 책, 167면 참조.

2) J. Rivero et H. Moutouh, 위의 책, 같은 면은 이러한 법리가 나타난 프랑스 최고행정법원(Conseil d'Etat)의 판례로 1951년 6월 22일에 선고한 Daudignac판결을 들고 있다. 이 판결의 사안은, 길거리에서 사진촬영을 해주는 영업이 번창하자 이러한 영업에 대해 사진관 영업자들이 반발하고 보행자들은 그들의 통행에 방해가 되고 그들의 사전동의 없는 촬영으로 초상권이 침해된다는 항의를 많이 함에 따라 여러 市들에서 이를 규제하게 되었고 그 규제로서 사전허가를 받도록 한 市長의 規則들이 만들어졌는데 이 규칙에 대해 행상 촬영영업을 하던 사람이 제기한 월권소송(recours pour excès de pouvoir)이었다. 최고행정법원은 시장이 그러한 행상 촬영의 영업행위가 통행과 공공질서에 대해 가져올 수 있는 불편을 방지하는 데 필요한 조치를, 특히 통행인들의 의사에 반하여 통행인들을 촬영하는 행위를 금지하거나 필요한 경우에는 일정한 거리 또는 일정한 시간대에 이러한 영업을 금지하는 조치를 취할 권한은 가지나 그렇더라도 사전의 허가제로 하는 것은 법이 부여한 권한을 넘어선 것이라는 취지로 이를 취소하는 판결을 하였다. 이 판결은 제한되는 노상의 상행위의 자유라도 가능한 한 보장이 이루어져야 하고 의사에 반한 촬영금지, 일정한 거리(장소), 시간대에 한정하는 정도의 기본권제한으로 목적달성이 가능하다고 보고 그보다 더 강한 사전허가제는 잘못된 것이라는 취지이다. 이 판결의 내용과 그 평석에 대해서는, M. Long, P. Weil, G. Braibant, P. Delvolvé et B. Genevois, Les grands Arrêts de la Jurisprudence administrative, 11e éd., Dalloz, Paris, 1996, 454면 이하 참조.

을 것이다. 동종의 기본권들 간의 충돌이 주로 그러할 것이다. 이 경우에는 대등한 조절이 이루어질 것이다. 예컨대 서로 다른 의견을 표명하여 충돌이 예상되는 두 집회에 대해 이를 금지하지 않고 적절한 경찰적 조치를 예방하는 가운데 그 대립되는 집회들의 개최를 허용하는 것은 이러한 조절이 된다.[1)]

(4) 법익(이익)형량론

법익(이익)형량론의 의미 내지 기능이 어떠하다고 보는가에 따라 그 적용의 가치성이 달라진다. 법익형량이론에 대해서는 법익이 큰 기본권을 택하고 적은 기본권을 희생하여야 한다는 점에 문제가 있다는 지적들이 우리나라에서 있다. 그러나 법익형량론이 형량 결과 이익이 적은 기본권을 언제나 완전히 희생하는 것으로 보는 양자택일식의 방법이라면 이를 받아들이기 곤란하다. 이는 역시 기본권의 최대보장원칙에 부합하지 않고 버려지는 쪽의 기본권은 본질적 내용의 침해가 되기도 할 것이기 때문이다. 충돌되는 기본권들 각각에 대한 법익의 측정 결과 어느 한 기본권만을 보장하고 다른 기본권을 (본질적 내용을 제외하고[2)]) 완전히 희생하여야 할 경우가 있을 것이나 그러한 경우가 아니라면 측정된 각 기본권의 이익의 정도에 상응하는 보호를 하고 전적인 희생이 아니라 약간씩의 희생에 그치게 할 수 있다. 이러한 법익형량의 방법은 쌍방의 적절한 양보를 통한 최적치를 찾기 위하여 조금씩 양보하게 하는 방법으로 활용될 수 있으므로 바로 실제적 조화의 방법이 된다. 이러한 법익형량의 방법은 결코 실제적 조화라는 달성해야 할 목표와는 무관한 별개의 것이 아니라 그 목표를 실현하는 수단으로서의 의미를 가진다.

상충하는 기본권 각각을 어느 정도 희생, 양보하게 하느냐를 가늠하기 위해서 이익(법익)형량이 필요하다. 법익형량 자체가 해결의 종료를 가져오는 것은 아니다. 법익형량은 이를 통해 상충하는 기본권들 각각에 대해 어느 정도의 보호, 희생을 가져오게 하는지 그 양 내지 범위를 측정하게 된다. 법익형량의 결과 어느 한 기본권을 위해 다른 기본권이 (본질적 내용을 제외하고) 전적으로 희생되어야 할 경우가 아니라면 각 기본권이 가지는 이익의 정도에 상응하여 각 기본권이 희생하게 될 것인데 여기서 그 희생이 최소한으로 되도록 하는 방안을 찾아야 한다. 이 점에서 결국 법익형량은 최소희생을 찾는 것을 그 기능적 목적으로 하는 비례원칙을

---

1) 이러한 조절지침이 제시된 프랑스 최고행정법원(Conseil d'Etat)의 판례로 1933. 5. 19.에 선고한 Benjamin판결을 들 수 있다. 이 판결의 사안을 보면, 서로 대립되는 두 집회에 대해 모두 금지한 시장의 처분에 대해 제기된 월권소송인데, 최고행정법원은 먼저 시장이 가지는 공공질서를 위한 권한과 집회의 자유의 존중이 서로 조절되어야 한다고 보고, 사안에서 시장이 내세운 금지의 사유는 집회를 금지하지 않고서 자신의 권한에 속하는 경찰적 조치를 취하여 공공질서를 유지할 수 없을 정도로 중대한 사유가 아니라고 보아 문제의 처분을 취소하는 판결을 하였다. 이 판결에 대해서는, Rec., 541면; M. Long, P. Weil, G. Braibant, P. Delvolvé et B. Genevois, 위의 책, 282면 등 참조)을 들 수 있다.

2) 사실 중요도가 우위인 기본권의 보장을 위하여 하위의 기본권의 본질적 내용까지도 제한되는 경우가 예외적이긴 하지만 있을 수 있는데 이 문제에 대해서는 뒤의 V. 근본적 검토에서 상충해결의 한계 문제로서 다룬다.

적용하기 위한 과정이 된다. 우리 헌법재판소가 기본권제한의 한계로서 확립하여 빈번히 적용하고 있는 비례(과잉금지)원칙의 요소들의 하나로서 법익균형성이 있는바 이것도 또한 이익형량론이 필요함을 보여준다.

이익형량의 기준에 관하여 상하기본권 간 동위기본권 간의 상충의 경우를 구별하여 설명하는 견해는 인간의 존엄성을 기본권질서의 가치적인 핵으로 보아 다른 모든 기본권보다 상위에 있다고 보면서도 동위기본권 간의 상충시에는 인격적 가치를 보호하기 위한 기본권을 우선시키자고 하는데 인간존엄성이 인격적 권리이므로 이는 동위기본권 간의 문제가 아닌 것으로 되므로 자기모순을 보여준다.

문제는 어느 기본권을 보다 우위에 있다고 볼 것인지, 그리고 어느 정도의 법익의 양을 가지는지에 대한 판단자의 주관이 개입할 수 있다는 점이다. 물론 인간의 존엄권과 같이 객관적으로도 우월성을 가지는 근본적 기본권이 있긴 하나 다른 기본권들 간에 있어서 그 우열관계를 설정하는 데에 어려움이 있다.

(5) 실제적 조화원리(규범조화적 해석) 내지 형평성의 원칙

실제적 조화원리는 그것 자체가 해결을 가져오게 하는 구체적 방법이 아니라 지향하고 달성하여야 할 목표 내지 결과이다. 규범조화적 방법이라는 설명 아래 다시 규범조화를 가져오는 방법으로 비례(과잉금지)원칙, 대안식 해결방법 등을 구체적인 방법으로 제시하고 있다는 것은 규범조화적 해석이 하나의 직접적인 해결방법이라기보다 해결방향 내지 목표임을 보여주는 것이다.

서열이론이나 법익형량론, 비례(과잉금지)원칙이 실제적 규범조화에 이르기 위한 판단과정이고 규범조화를 이루기 위한 방법이 된다. 상충되는 기본권들 간의 실질적인 중요도를 따지고 각 기본권의 법익을 상대적으로 측정·비교하여 가능한 한 어느 한 쪽을 일방적으로 희생시키지 않고 각 법익에 상응하는 보호와 제한을 가져오게 하고 각 기본권이 희생되는 정도가 최소화되도록 비례원칙에 따른 해결방안을 찾는 것은 상충되는 기본권들의 보장에 있어서 최적치를 찾아 조절하는 과정 내지 방법이기 때문이다. 사실, 규범조화적 해석을 위한 방법론의 하나로 들려지고 있는 과잉금지의 방법은 우리 헌법재판소가 기본권제한의 법리로서 확립하여 적용하고 있는 것이다. 이처럼 규범조화적 방법의 하나인 과잉금지(비례)원칙이 사실상 기존에 기본권제한의 한 원칙으로서 자리잡고 있다. 이는 기본권상충의 경우에도 결국 기본권제한의 법리가 적용된다는 것을 의미한다. 우리 헌법재판소판례 중에도 "조화로운 방법을 모색하되(규범조화적 해석), 법익형량의 원리, 입법에 의한 선택적 재량 등을 종합적으로 참작하여 심사하여야 할 것이다"라고 설시한 예가 있다.[1)]

---

1) 헌재 2007.10.25. 2005헌바96, 판례집 19-2, 473-474면.

한편 서열론, 법익형량론, 비례원칙 등을 적용하여 상충해결을 함에 있어서 기본권의 본질적 내용의 보장에 어려운 문제가 없지 않다. 그것은 중요도가 우위인 기본권의 보장을 위하여 하위의 기본권의 본질적 내용까지도 제한되는 경우가 예외적이긴 하지만 있을 수 있다는 것이다. 이 문제에 대해서는 뒤의 V. 근본적 검토에서 상충해결의 한계 문제로서 다룬다.

실제적 조화(규범조화적 해석)의 한 방법이라고 하는 대안식 해결에 대해 검토가 필요하다. 규범조화적 해석의 한 방법으로서의 대안해결에서 말하는 대안이란 상충되는 기본권들 어느 것이나 건드리지 않는 방법으로서의 대안을 의미하는 것으로 이해된다. 그렇게 이해함으로써 절충안과는 구별된다고 볼 것이다. 그런데 상충되는 상황을 그대로 둔 채 어느 기본권도 다치지 않게 하는 대안을 찾을 수는 없다. 그러한 대안이 발견될 수 있다면 이는 애초에 충돌의 문제가 발생하지 않을 경우라는 것을 의미한다. 원래의 상황을 변화시키면서 해결하는 대안은 있을 수 있다. 예를 들어 비좁은 노상에서의 행상의 영업이 통행에 방해가 된다고 할 때 그 상황을 그대로 둔 상태에서 충돌되는 통행의 자유와 행상의 자유 어느 것이나 건드리지 않고 해결을 할 수는 없을 것인데 상황을 바꿀 수 있는 경우 예를 들어 도로의 확장 내지 광장의 건설로 상황이 변화될 수 있다면 두 자유권이 모두 충분히 보장될 수 있을 것이다. 그러나 상황의 변화를 가져올 수 없는 경우에 어느 기본권도 영향을 받지 않게 해결하는 대안을 찾을 수 없다. 이는 아래에서 살펴볼 우리 헌법재판소의 결정례에서도 나타난 사례인 흡연권과 혐연권의 충돌사안에서 별도의 흡연구역이나 금연구역의 설정이 상충상황 자체에서의 대안이라고 볼 수 없다는 사실에서도 파악된다. 흡연구역이나 금연구역은 흡연자와 비흡연자가 함께하지 않는 공간이므로 당연히 충돌이 없기 때문이다. 충돌이 있게 되는 상황인 흡연자와 비흡연자가 함께하는 상황에서는 두 주체의 흡연권과 혐연권이라는 두 기본권을 모두 건드리지 않는 대안은 있을 수 없고 우월한 기본권인 건강을 위한 혐연권을 보장하고 흡연권을 부정할 수밖에 없다. 절충식 해결방법도 특별한 별도의 의미를 가지지 못한다. 이는 상충하는 기본권들에 대해 서로 간에 각각 가장 적게 희생하게 하는 방안을 찾는 것이므로 비례(과잉금지)원칙이 내포하는 최소침해원칙의 적용을 의미하고 이는 결국 규범조화의 방법론이 그 구체적 방법으로 제시하는 대안식 방법 외에 또 다른 방법인 과잉금지원칙의 적용에 해당되는 것이기 때문이다. 대안에 의한 해결의 예로 수혈거부자에 대해 친족회 동의로 수혈을 하는 방안을 예로 드는 견해들이 있다(허영). 그러나 이는 기본권상충문제의 해결을 가져온 대안이 아니다. 결국 수혈거부자의 종교의 자유는 침해된 것이기 때문이다. 혼인을 이유로 한 퇴학제에 대해서 휴학을 조건으로 하는 혼인허용이 대안이라는 견해(권영성)도 있으나 휴학은 학업과 혼인의 병행이 아니라 학업의 중단이라는 점에서 문제해결이 되는 대안이 아니다.

Ⅳ. 판례

우리나라의 헌법재판소와 대법원도 그동안 명시적으로 기본권의 충돌을 언급하면서 그 해결을 위한 법리에 대해 판시하였던 몇 건의 결정들을 한 바 있다. 이러한 판례들을 검토하면서 위에서 우리가 논의한 바의 실제성을 살펴보고자 한다.

1. 헌법재판소 판례

(1) 해결방법

헌법재판소는 "두 기본권이 충돌하는 경우 그 해법으로는 기본권의 서열이론, 법익형량의 원리, 실제적 조화의 원리(=규범조화적 해석) 등을 들 수 있다"라고 한다. 그리하여 헌법재판소는 자신이 "기본권 충돌의 문제에 관하여 충돌하는 기본권의 성격과 태양에 따라 그때그때마다 적절한 해결방법을 선택, 종합하여 이를 해결하여 왔다"라고 하였다.[1] 그리고 기본권의 서열이나 법익의 형량을 통하여 어느 한 쪽의 기본권을 우선시키고 다른 쪽의 기본권을 후퇴시킬 수 없는 경우에는 "헌법의 통일성을 유지하기 위하여 상충하는 기본권 모두가 최대한으로 그 기능과 효력을 발휘할 수 있도록 조화로운 방법을 모색하되(규범조화적 해석), 법익형량의 원리, 입법에 의한 선택적 재량 등을 종합적으로 참작하여 심사하여야 할 것이다"라고 한다.[2]

(2) 구체적 판례

기본권상충의 문제를 다룬 헌법재판소의 판례로는 아래와 같은 사안들이 있었다.

1) 반론권(인격권)과 보도기관의 언론의 자유의 충돌

정기간행물의 보도에 의한 인격권 등의 침해를 받는 피해자에게 반론의 게재를 요구할 수 있는 반론권은 보도기관에 대해서는 언론의 자유에 대한 제약이 된다. 따라서 헌법재판소는 이러한 반론권(인격권)과 보도기관의 언론의 자유가 충돌한다고 보고 "이와 같이 두 기본권이 서로 충돌하는 경우에는 헌법의 통일성을 유지하기 위하여 상충하는 기본권 모두가 최대한으로 그 기능과 효력을 나타낼 수 있도록 하는 조화로운 방법이 모색되어야 할 것이고, 결국은 이 법에 규정한 정정보도청구[3]제도가 과잉금지의 원칙에 따라 그 목적이 정당한 것인가 그러한 목적을 달성하기 위하여 마련된 수단 또한 언론의 자유를 제한하는 정도가 인격권과의 사이에 적정한 비례를 유지하는 것인가의 여부가 문제된다"라고 보았다. 결국 헌법재판소는 반

1) 헌재 2005.11.24. 2002헌바95, 판례집 17-2, 401면.
2) 헌재 2007.10.25. 2005헌바96, 판례집 19-2, 473-474면.
3) 이 결정이 있었던 당시에 '정기간행물의 등록 등에 관한 법률'은 '정정보도청구권'제도를 규정하였고 바로 이 결정에서 그것이 문제되었는데 헌법재판소는 명칭에 불구하고 이를 실질적인 '반론권'제도로 보고 판단하였다. 그뒤 동법이 개정되어 '반론권'으로 변경되어 규정되었고 현재는 '언론중재 및 피해구제 등에 관한 법률'이 반론권제도에 대해 규정하고 있다.

론권과 언론자유 간의 충돌에 있어서 그 해결방법으로 이처럼 과잉금지원칙을 적용하였다. 그리하여 과잉금지원칙심사의 결과 "정정보도청구권제도는 그 명칭에 불구하고 피해자의 반론게재청구권으로 해석되고 이는 언론의 자유와는 비록 서로 충돌되는 면이 없지 아니하나 전체적으로는 상충되는 기본권 사이에 합리적인 조화를 이루고 있는 것으로 판단된다"라고 하여 합헌결정을 하였다.

판례 헌재 1991.9.16. 89헌마165, 판례집 3, 529면 이하

[결정요지] ▷ 제한의 목적 : 이 법이 정한 정정보도청구권은 위에서 본 바와 같이 정기간행물의 보도에 의한 인격권 등의 침해를 받는 피해자에게 반론의 게재를 요구할 수 있는 즉 이른바 "반론권"을 뜻하는 것으로서 헌법상 보장된 인격권, 사생활의 비밀과 자유에 그 바탕을 둔 것이며, 나아가 피해자에게 반박의 기회를 허용함으로써 언론보도의 공정성과 객관성을 향상시켜 제도로서의 언론보장을 더욱 충실하게 할 수도 있다는 뜻도 함께 지닌 것이다. 따라서 그 제도의 목적은 정당하다. ▷ 제한의 적정성 : 이 법은 첫째, 반론의 대상을 사실적인 주장에 국한함으로써 의견의 진술 등 가치판단의 표현에 관한 언론의 자유를 보장하고 있고(이 법 제16조 제1항), 둘째, 사실적 주장이라고 하더라도 피해자가 정정보도청구권의 행사에 정당한 이익을 갖지 아니하거나 청구된 정정보도의 내용이 명백히 사실에 반하는 경우 또는 사업적인 광고만을 목적으로 하는 경우에는 정정보도문의 게재를 거부할 수 있도록 하여 청구권의 행사범위를 축소하여 있으며(이 법 제16조 제3항 단서), 셋째, 정정보도청구권의 행사는 일간신문 또는 통신의 경우에는 14일 이내, 그 밖의 정기간행물인 경우에는 1월 이내로 제한하여 단기의 제청기간을 채택하여 언론기관이 장기간 불안정한 상태에 빠져 있는 위험을 방지하고 있고(이 법 제16조 제1항), 넷째, 정정보도는 사실적 진술과 이를 명백히 전달하는 데 필요한 설명에 국한되고 위법한 내용을 포함할 수 없으며, 정정보도문의 자수는 이의의 대상이 된 공표내용의 자수를 초과할 수 없고(이 법 제16조 제4항·제5항), 다섯째, 정정보도사건의 심판청구의 전심절차로서 언론중재위원회의 중재를 필요적으로 규정함으로써 당사자간의 자율적인 교섭에 의한 해결의 기회를 보장하고 있다(이 법 제19조 제1항). 또한 내용상 반론의 제도인 점에서 언론기관의 이름으로 하는 정정보도가 아니라 피해자의 이름으로 해명한다는 점에서 언론기관의 명예 및 신뢰성을 직접적으로 떨어뜨리는 것으로는 되지 아니하도록 장치가 되어 있다. 따라서 현행의 정정보도청구권은 언론의 자유를 이부 제약하는 성질을 가지면서도 반론의 범위를 필요·최소한으로 제한함으로써 양쪽의 법익 사이의 균형을 도모하고 있다.

2) 명예권(인격권)과 표현의 자유의 충돌 - 모욕죄 -

헌재는 공연히 사람을 모욕한 자를 처벌되도록 한 형법 제311조 모욕죄 조항에 대해 이는 "외부적 명예를 보호하기 위함이다. 그와 반면에 심판대상조항은 표현의 자유를 제한하고 있으므로 결국 심판대상조항에 의하여 명예권과 표현의 자유라는 두 기본권이 충돌하게 된다"라고 본다. 그리하여 헌재는 "이와 같이 두 기본권이 충돌하는 경우 헌법의 통일성을 유지하기 위하여 상충하는 기본권 모두 최대한으로 그 기능과 효력을 발휘할 수 있도록 조화로운 방법이 모색되어야 할 것이고, 결국은 과잉금지원칙에 따라서 심판대상조항의 목적이 정당한 것인가, 그러한 목적을 달성하기 위하여 마련된 수단이 표현의 자유를 제한하는 정도와 명예를 보호하는 정도 사이에 적정한 비례를 유지하고 있는가의 관점에서 심사하기로 한다"라고 하여 판단결과 비례원칙을 준수하여 합헌이라고 결정하였다.

판례 헌재 2013.6.27. 2012헌바37. 이 결정에 대해서는 기본권 각론의 표현의 자유 부분 참조.

3) 흡연권과 혐연권(건강권)의 충돌

흡연권과 혐연권(비흡연자가 담배연기를 꺼리고 흡연으로부터 자유로울 권리)이 서로 상충한다. 헌법재판소는 흡연권은 헌법 제10조, 제17조에 근거하고 혐연권(비흡연자가 담배연기를 꺼리고 흡연으로부터 자유로울 권리)은 헌법 제10조, 제17조, 나아가 건강권과 생명권에 기하여서도 인정된다고 보았다. 그리하여 헌법재판소는 혐연권은 이처럼 사생활의 자유뿐만 아니라 생명권에까지 연결되는 것이므로 혐연권이 흡연권보다 상위의 기본권이라고 보면서 "상하의 위계질서가 있는 기본권끼리 충돌하는 경우에는 상위기본권우선의 원칙에 따라 하위기본권이 제한될 수 있으므로, 결국 흡연권은 혐연권을 침해하지 않는 한에서 인정되어야 한다"라고 보았다. 그리고 헌법재판소는 흡연권의 제한이 비례(과잉금지)원칙을 위반하였는지를 심사하였는데 이를 위반하지 않았다고 판단하여 합헌성을 인정하였다.

판례 헌재 2004.8.26. 2003헌마457, 기각, 판례집 16-2(상), 361면

[결정요지] 1. 흡연권의 헌법적 근거 – 흡연자들이 자유롭게 흡연할 권리를 흡연권이라고 한다면, 이러한 흡연권은 인간의 존엄과 행복추구권을 규정한 헌법 제10조와 사생활의 자유를 규정한 헌법 제17조에 의하여 뒷받침된다. 2. 흡연권의 제한 가능성 (1) 기본권의 충돌 – 위와 같이 흡연자들의 흡연권이 인정되듯이, 비흡연자들에게도 흡연을 하지 아니할 권리 내지 흡연으로부터 자유로울 권리가 인정된다(이하 이를 '혐연권'이라고 한다). 혐연권은 흡연권과 마찬가지로 헌법 제17조, 헌법 제10조에서 그 헌법적 근거를 찾을 수 있다. 나아가 흡연이 흡연자는 물론 간접흡연에 노출되는 비흡연자들의 건강과 생명도 위협한다는 면에서 혐연권은 헌법이 보장하는 건강권과 생명권에 기하여서도 인정된다. 흡연자가 비흡연자에게 아무런 영향을 미치지 않는 방법으로 흡연을 하는 경우에는 기본권의 충돌이 일어나지 않는다. 그러나 흡연자와 비흡연자가 함께 생활하는 공간에서의 흡연행위는 필연적으로 흡연자의 기본권과 비흡연자의 기본권이 충돌하는 상황이 초래된다. 그런데 흡연권은 위와 같이 사생활의 자유를 실질적 핵으로 하는 것이고 혐연권은 사생활의 자유뿐만 아니라 생명권에까지 연결되는 것이므로 혐연권이 흡연권보다 상위의 기본권이라 할 수 있다. 이처럼 상하의 위계질서가 있는 기본권끼리 충돌하는 경우에는 상위기본권우선의 원칙에 따라 하위기본권이 제한될 수 있으므로, 결국 흡연권은 혐연권을 침해하지 않는 한에서 인정되어야 한다. (2) 공공복리를 위한 제한 – 흡연은 비흡연자들 개개인의 기본권을 침해할 뿐만 아니라 흡연자 자신을 포함한 국민의 건강을 해치고 공기를 오염시켜 환경을 해친다는 점에서 개개인의 사익을 넘어서는 국민 공동의 공공복리에 관계된다. 따라서 공공복리를 위하여 개인의 자유와 권리를 제한할 수 있도록 한 헌법 제37조 제2항에 따라 흡연행위를 법률로써 제한할 수 있다. (3) 이 사건 조문의 흡연권 제한 – 이 사건 조문은 위와 같은 근거에서 청구인을 포함한 흡연자의 흡연권을 일정부분 제한하고 있다. 다. 과잉금지원칙의 위반여부 – 이 사건 조문은 국민의 건강을 보호하기 위한 것으로서(국민건강증진법 제1조 및 국민건강증진법시행규칙 제1조 참조) 목적의 정당성을 인정할 수 있고, 흡연자와 비흡연자가 생활을 공유하는 곳에서 일정한 내용의 금연구역을 설정하는 것은 위 목적의 달성을 위하여 효과적이고 적절하여 방법의 적정성도 인정할 수 있다. 또한 이 사건 조문으로 달성하려고 하는 공익(국민의 건강)이 제한되는 사익(흡연권)보다 크기 때문에 법익균형성도 인정된다. 나아가 이 사건 조문이 형식적으로 이 사건 조문의 각 호에 규정된 시설에 해당하더라도 실제로 피해를 주지 않는 곳에서는 금연구역지정의 의무를 부과하지 않고 있는 점 등에 비추어 볼 때, 흡연자들의

흡연권을 최소한도로 침해하고 있다고 할 수 있다. 그렇다면 이 사건 조문은 과잉금지원칙에 위반되지 아니한다.

4) 근로자 단결권과 노동조합 단결권[조직강제(Union Shop)권] 간의 충돌

근로자가 노동조합에 가입할 것을 고용조건으로 하고 가입하지 않은 것을 해고사유로 하는 이른바 유니온 샵(Union Shop)은 근로자 개인의 기본권인 단결하지 않을 권리나 노동조합선택권 등의 단결권과 상충한다. 바로 이러한 문제가 헌법재판의 대상이 된 바 있다. 즉 구 '노동조합 및 노동관계조정법' 제81조 제2호 단서가 노동조합이 당해 사업장에 종사하는 근로자의 3분의 2 이상을 대표하고 있을 때에는 근로자가 그 노동조합의 조합원이 될 것을 고용조건으로 하는 단체협약의 체결은 부당노동행위에서 제외하여 단체협약을 매개로 한 조직강제(유니온 샵)협정의 체결을 용인하고 있다. 이 단서규정이 근로자의 단결권을 보장한 헌법 제33조 제1항 등에 위반되는지 여부가 논란되어 헌법재판이 제기되었다. 헌법재판소는 충돌이론을 적용하여 심사하여 합헌으로 결정한 바 있다. 헌법재판소는 이 결정에서 아래에서 보듯이 노동조합의 단결권(조직강제권)과 충돌되는 개별 근로자의 단결권이 ⅰ) 단결하지 아니할 자유 또는 ⅱ) 단결선택권 두 가지라고 보아 이 두 기본권 별로 각각 나누어 판시하였다.

(가) 근로자의 단결하지 아니할 자유와 노동조합의 적극적 단결권 간의 충돌

헌법재판소는 개별 근로자가 노동조합에 가입하지(단결하지) 않을 자유는 헌법 제33조 제1항의 근로3권규정에 포함되지 않고 헌법 제10조의 행복추구권에서 파생되는 일반적 행동자유 또는 제21조 제1항의 결사의 자유에서 그 근거를 찾을 수 있다고 보아 소극적, 보충적 자유라고 본다. 반면에 단결권은 '사회적 보호기능을 담당하는 자유권'으로서의 성격을 가지고 일반적인 시민적 자유권과는 질적으로 다른 권리로서 설정되어 헌법상 그 자체로서 결사의 자유에 대한 특별법적인 지위를 가진다고 보고 근로자의 노동조합의 조직강제권도 자유권을 수정하는 의미의 생존권(사회권)적 성격을 함께 가지는 만큼 노동조합의 적극적 단결권은 근로자 개인의 단결하지 않을 자유보다 중시된다고 본다. 그리하여 헌법재판소는 "노동조합에 적극적 단결권(조직강제권)을 부여한다고 하여 이를 두고 곧바로 근로자의 단결하지 아니할 자유의 본질적인 내용을 침해하는 것으로 단정할 수는 없다"라고 판시하였다.

판례 헌재 2005.11.24. 2002헌바95등, 판례집 17-2, 401-402면

[심판대상조문] 노동조합및노동관계조정법 제81조(부당노동행위) 사용자는 다음 각 호의 1에 해당하는 행위(이하 "부당노동행위"라 한다)를 할 수 없다. 1. 생략 2.…. 다만, 노동조합이 당해 사업장에 종사하는 근로자의 3분의 2 이상을 대표하고 있을 때에는 근로자가 그 노동조합의 조합원이 될 것을 고용조건으로 하는 단체협약의 체결은 예외로 하며, 이 경우 사용자는 근로자가 당해 노동조합에서 제명된 것을 이유로 신분상 불이익한 행위를 할 수 없다. [결정요지] 근로자의 단결하지 아니할 자유와 노동조합의 적극적 단결권의 충돌 : 노동조합의 조직강제는 근로자의 단결하지 아니할 자유를 제한할 여지가 있

> 는데, 이 사건 법률조항은 지배적 노동조합의 경우 일정한 형태의 조직강제를 용인하고 있으므로 여기서 근로자의 단결하지 아니할 자유와 노동조합의 적극적 단결권(조직강제권)이 충돌하는 상황이 생긴다. 헌법 제33조 제1항에서 보장된 근로자의 단결권은 단결할 자유만을 가리킬 뿐이고, 단결하지 아니할 자유 이른바 소극적 단결권은 이에 포함되지 않는다고 보는 것이 우리 재판소의 선례라고 할 것이다(헌재 1999.11.25. 98헌마141, 판례집 11-2, 614, 623-624 참조). 그렇다면 근로자가 노동조합을 결성하지 아니할 자유나 노동조합에 가입을 강제당하지 아니할 자유, 그리고 가입한 노동조합을 탈퇴할 자유는 근로자에게 보장된 단결권의 내용에 포섭되는 권리로서가 아니라 헌법 제10조의 행복추구권에서 파생되는 일반적 행동의 자유 또는 제21조 제1항의 결사의 자유에서 그 근거를 찾을 수 있다. 이와 같이 근로자의 단결하지 아니할 자유와 노동조합의 적극적 단결권이 충돌하는 경우 단결권 상호간의 충돌은 아니라고 하더라도 여전히 헌법상 보장된 일반적 행동의 자유 또는 결사의 자유와 적극적 단결권 사이의 기본권 충돌의 문제가 제기될 수 있다. 살피건대, 근로자는 노동조합과 같은 근로자단체의 결성을 통하여 집단으로 사용자에 대항함으로써 사용자와 대등한 세력을 이루어 근로조건의 형성에 영향을 미칠 수 있는 기회를 갖게 된다는 의미에서 단결권은 '사회적 보호기능을 담당하는 자유권' 또는 '사회권적 성격을 띤 자유권'으로서의 성격을 가지고 있고(헌재 1998.2.27. 94헌바13등, 판례집 10-1, 32, 44 참조) 일반적인 시민적 자유권과는 질적으로 다른 권리로서 설정되어 헌법상 그 자체로서 이미 결사의 자유에 대한 특별법적인 지위를 승인받고 있다. 이에 비하여 일반적 행동의 자유는 헌법 제10조의 행복추구권 속에 함축된 그 구체적인 표현으로서, 이른바 보충적 자유권에 해당한다. 따라서 단결하지 아니할 자유와 적극적 단결권이 충돌하게 되더라도, 근로자에게 보장되는 적극적 단결권이 단결하지 아니할 자유보다 특별한 의미를 갖고 있다고 볼 수 있고, 노동조합의 조직강제권도 이른바 자유권을 수정하는 의미의 생존권(사회권)적 성격을 함께 가지는 만큼 근로자 개인의 자유권에 비하여 보다 특별한 가치로 보장되는 점 등을 고려하면, 노동조합의 적극적 단결권은 근로자 개인의 단결하지 않을 자유보다 중시된다고 할 것이어서 노동조합에 적극적 단결권(조직강제권)을 부여한다고 하여 이를 두고 곧바로 근로자의 단결하지 아니할 자유의 본질적인 내용을 침해하는 것으로 단정할 수는 없다.

헌법재판소는 근로자의 단결하지 않을 자유와의 충돌에 있어서 근로자의 단결하지 않을 자유에 대한 제한이 합헌적인 것인지에 대해 비례(과잉금지)원칙에 따른 심사를 하지는 않았다. 따라서 단결하지 않을 자유에 대한 문제의 제한이 최소제한에 그치고 있는 것인지에 대한 심사가 이루어지지는 않았다고 볼 것이다.

(나) 근로자의 단결선택권과 노동조합의 집단적 단결권의 충돌

헌법재판소는 개인적 단결권은 헌법상 단결권의 기초이자 집단적 단결권의 전제가 되기 때문에 이 두 기본권 간의 충돌에 있어서는 기본권의 서열이론이나 법익의 형량을 통하여 어느 기본권이 더 상위기본권이라고 단정할 수 없고 어느 쪽을 우선시키고 다른 쪽을 후퇴시킬 수는 없다고 보았다. 따라서 이러한 경우 헌법의 통일성을 유지하기 위하여 상충하는 기본권 모두가 최대한으로 그 기능과 효력을 발휘할 수 있도록 조화로운 방법을 모색하되(규범조화적 해석), 법익형량의 원리, 입법에 의한 선택적 재량 등을 종합적으로 참작하여 심사하여야 한다고 보았다. 그리하여 헌법재판소는 비례심사를 하였는데 그 제한목적이 정당하고 그 목적달성에 효과적이고 적절한 방법이며 근로자의 단결선택권을 필요 · 최소한으로 제한하고 있고 두 기본권 사이에 균형을 도모하고 있다고 하여 합헌으로 결정하였다.

판례 헌재 2005.11.24. 2002헌바95등, 위 주에서 인용된 결정과 같은 결정, 판례집 17-2, 402-405면 [심판대상조문] 위 주 부분을 참조. [결정요지] – 근로자의 단결선택권과 노동조합의 집단적 단결권의 충돌 (가) 심사의 방법 : 이 법률조항은 특정한 노동조합의 가입을 강제하는 단체협약의 체결을 용인하고 있으므로 근로자의 개인적 단결권(단결선택권)과 노동조합의 집단적 단결권(조직강제권)이 동일한 장에서 서로 충돌한다. 이와 같이 개인적 단결권과 집단적 단결권이 충돌하는 경우 기본권의 서열이론이나 법익형량의 원리에 입각하여 어느 기본권이 더 상위기본권이라고 단정할 수는 없다. 왜냐하면 개인적 단결권은 헌법상 단결권의 기초이자 집단적 단결권의 전제가 되는 반면에, 집단적 단결권은 개인적 단결권을 바탕으로 조직·강화된 단결체를 통하여 사용자와 사이에 실질적으로 대등한 관계를 유지하기 위하여 필수불가결한 것이기 때문이다. 즉 개인적 단결권이든 집단적 단결권이든 기본권의 서열이나 법익의 형량을 통하여 어느 쪽을 우선시키고 다른 쪽을 후퇴시킬 수는 없다. 따라서 이러한 경우 헌법의 통일성을 유지하기 위하여 상충하는 기본권 모두가 최대한으로 그 기능과 효력을 발휘할 수 있도록 조화로운 방법을 모색하되(규범조화적 해석), 법익형량의 원리, 입법에 의한 선택적 재량 등을 종합적으로 참작하여 심사하여야 한다. (나) 제한목적의 정당성 : 이 법률조항이 예정하고 있는 조직강제는 근로자의 단결체인 노동조합의 조직유지 및 강화에 목적이 있고, 이를 통하여 궁극적으로는 근로자 전체의 지위향상에 기여하는 만큼 단결권을 보장한 헌법의 이념에도 부합하는 것이어서 그 목적의 정당성을 인정할 수 있다. (다) 제한되는 기본권 상호간에 적정한 비례의 유지 : 노동조합이 그 조직을 유지·강화하기 위하여 특정한 노동조합의 조합원이 될 것을 고용조건으로 하는 단체협약을 체결하는 것은 그 목적을 달성하기 위하여 효과적이고 적절한 방법이라고 할 수 있다. 유니온 샵 협정과 같은 단체협약상의 조직조항을 이용하는 것 외에 달리 실효성 있는 대체적 수단을 상정하는 것도 용이하지 않다. 다만 근로자 개인의 단결선택권을 무리하게 침해하지 않도록 하는 조화로운 범위 내에서 일정한 한계를 설정하는 것이 요청된다. 이러한 관점에서 볼 때 먼저 이 법률조항은 단체협약을 매개로 한 조직강제를 적법·유효하게 할 수 있는 노동조합을 일정한 범위로 한정하고 있다. 즉 조직강제 또는 이에 따른 해고 등 신분상 불이익에 대한 정당성을 뒷받침할 정도로 충분한 지배적 조직, 즉 당해 사업장에 종사하는 근로자의 3분의 2 이상을 대표하고 있는 노동조합일 것을 요건으로 하고 있다. 또한 지배적 지위에 있는 노동조합의 권한남용으로부터 개별근로자를 보호하기 위하여 사용자는 근로자가 당해 노동조합에서 제명된 것을 이유로 신분상 불이익한 행위를 할 수 없도록 규정하여 근로자의 단결선택권이 제한되는 조직강제의 범위를 오직 근로자가 자발적으로 노동조합을 탈퇴하거나 이에 가입하지 않는 경우로 한정하고 있어 근로자의 단결선택권을 필요·최소한으로 제한하고 있다. 나아가 궁극적으로 지배적 노동조합에 가입을 원하지 않는 개별근로자들도 노동조합의 활동에 의한 과실, 즉 노동조합이 획득한 근로조건을 실질적으로 향유하므로 조직강제는 개별근로자의 단결선택권을 일부 제약하는 면이 있으나, 이를 허용하는 노동조합의 범위를 지배적 지위에 있는 노동조합으로 제한하는 등 근로자의 단결선택권과 노동조합의 집단적 단결권(조직강제권) 사이에 균형을 도모하고 있고, 상충·제한되는 두 기본권 사이에 적정한 비례관계도 유지되고 있다. (라) 입법에 의한 선택적 재량 : 입법자는 보완·상충관계에 있는 두 기본권을 최대한 보장하는 최적정(最適正)의 경계를 설정하는 것이 필요하다. 직접적인 강제방법을 피하고 사용자와의 단체협약이라는 간접적인 수단을 매개로 하여 가입을 강제하고 있고, 실제로 이를 통하여 제한되는 단결권의 범위도 근로자의 단결선택권에 한정될 뿐 단결권 자체를 전면적으로 박탈하는 것은 아니며, 노동조합의 조직강제를 위하여 선택할 수 있는 여러 가지 수단 가운데 달리 더 유효·적절한 수단을 상정하기도 쉽지 아니한 점 등을 감안한다면, 이는 입법자에게 부여된 입법 선택적 재량의 범위를 벗어난 것이라고 할 수 없다. (마) 따라서 전체적으로 상충되는 두 기본권 사이에 합리적인 조화를 이루고 있고 제한에 있어서도 적정한 비례관계를 유지하고 있으며, 또 근로자의 단결선택권의 본질적인 내용을 침해하는 것으로도 볼 수 없다. 따라서 이 법률조항은 근로자의 단결권을 보장한 헌법 제33조 제1항 등에 위반되지 않는다.

(다) 유니온 샵 규정에 대한 법개정과 향후상황

"근로자가 어느 노동조합에 가입하지 아니할 것 또는 탈퇴할 것을 고용조건으로 하거나 특정한 노동조합의 조합원이 될 것을 고용조건으로 하는 행위. 다만, 노동조합이 당해 사업장에 종사하는 근로자의 3분의 2 이상을 대표하고 있을 때에는 근로자가 그 노동조합의 조합원이 될 것을 고용조건으로 하는 단체협약의 체결은 예외로 하며"라고 하여 유니온 샵을 인정하는 노동조합 및 노동관계조정법 제81조 제2호는 2006년 12월 30일 다음과 같이 개정되었다. 즉 동호 단서가 이전에는 "근로자가 당해 노동조합에서 제명된 것을 이유로 신분상 불이익한 행위를 할 수 없다"라고만 규정하였으나 개정규정은 제명뿐 아니라 "탈퇴하여 새로 노동조합을 조직하거나 다른 노동조합에 가입한 경우"에도 신분상 불이익을 받지 않도록 하여 유니온 샵의 구속을 받지 않도록 하였다. 따라서 결국 유니온 샵의 단체협약은 자발적으로 어느 노조이든 가입하지 않은(자발적 비가입) 근로자에 대해서만 강제하는 효력을 가지도록 바뀌었다. 따라서 2011년 7월 1일부터는 어느 노조이든 가입을 하지 않고 있으면 해고되는 것이므로(자발적 비가입만 강제) 근로자 개인의 단결선택권을 제약하는 문제는 없고(어느 노조든 가입하면 되므로) 단지 근로자 개인의 소극적 단결권(단결하지 않을 자유)만이 문제되어 하나의 충돌만, 즉 소극적 단결권과 집단적 단결권 간의 상충[위 (가)의 상충]만이 있게 되어 상황이 달라졌다.

5) 채권자취소제도에서의 채권자의 재산권과 채무자·수익자의 일반적 행동자유 간의 충돌, 채권자의 재산권과 수익자의 재산권 간의 충돌

헌재는 채권자취소권제도에 대한 위헌소원심판에서 위의 기본권들 간의 충돌이 있고 쟁점이 된다고 파악하였다. 그런데 헌법재판소는 그 해결방법으로, 재산권과 일반적 행동의 자유권(계약의 자유) 중 어느 하나를 상위기본권이라고 할 수는 없기 때문에 기본권의 서열이나 법익의 형량을 통하여 어느 한 쪽의 기본권을 우선시키고 다른 쪽의 기본권을 후퇴시킬 수는 없다고 보고 규범조화적 해석, 법익형량의 원리, 입법에 의한 선택적 재량 등을 종합적으로 참작하여 심사하여야 한다고 보았다. 그러면서도 결국은 비례심사로 판단하여 합헌으로 결정하였다.

판례 헌재 2007.10.25. 2005헌바96, 민법 제406조 제1항 위헌소원, 판례집 19-2, 467면

[쟁점과 심판대상] <쟁점> 민법 제406조 제1항은 "채무자가 채권자를 해함을 알고 재산권을 목적으로 한 법률행위를 한 때에는 채권자는 그 취소 및 원상회복을 법원에 청구할 수 있다"라고 하여 채권자취소권제도를 두고 있다. 이러한 채권자취소권제도는, 채권자취소권이 행사되면 채권자의 재산권인 채권의 실효성은 확보될 수 있는 반면, 채무자와 수익자(채무자의 행위로 인하여 이득을 받은 자) 간의 법률행위가 취소되고 수익자가 취득한 재산이 채무자의 책임재산으로 회복되게 됨으로써 채무자와 그 수익자의 일반적 행동의 자유 내지 여기에서 파생되는 계약의 자유와 수익자의 재산권이 제한되는 결과를 가져오게 된다. 즉 이 사건 법률조항으로 인하여 채권자의 재산권과 채무자 및 수익자의 일반적 행동의 자유, 그리고 채권자의 재산권과 수익자의 재산권이 동일한 장에서 충돌하는 문제가 발생하게 된다. <심판대상규정> 민법 제406조 제1항 중 '이익을 받은 자'에 관한 부분(이하 '이 사건 법률조항'이

라 한다). 민법 제406조(채권자취소권) ① 채무자가 채권자를 해함을 알고 재산권을 목적으로 한 법률행위를 한 때에는 채권자는 그 취소 및 원상회복을 법원에 청구할 수 있다. 그러나 그 행위로 인하여 이익을 받은 자나 전득한 자가 그 행위 또는 전득 당시에 채권자를 해함을 알지 못한 경우에는 그러하지 아니하다. [결정요지] 이 사건 법률조항은 채권자에게 채권의 실효성 확보를 위한 수단으로서 채권자취소권을 인정함으로써, 채권자의 재산권과 채무자와 수익자의 일반적 행동의 자유 내지 계약의 자유 및 수익자의 재산권이 서로 충돌하게 되는바, 위와 같은 채권자와 채무자 및 수익자의 기본권들이 충돌하는 경우에 기본권의 서열이나 법익의 형량을 통하여 어느 한 쪽의 기본권을 우선시키고 다른 쪽의 기본권을 후퇴시킬 수는 없다고 할 것이다. 사적 자치의 원칙은 헌법 제10조의 행복추구권 속에 함축된 일반적 행동자유권에서 파생된 것으로서 헌법 제119조 제1항의 자유시장 경제질서의 기초이자 우리 헌법상의 원리이고, 계약자유의 원칙은 사적 자치권의 기본원칙으로서 이러한 사적 자치의 원칙이 법률행위의 영역에서 나타난 것이므로, 채권자의 재산권과 채무자 및 수익자의 일반적 행동의 자유권 중 어느 하나를 상위기본권이라고 할 수는 없을 것이고, 채권자의 재산권과 수익자의 재산권 사이에서도 어느 쪽이 우월하다고 할 수는 없을 것이기 때문이다. 따라서 이러한 경우에는 헌법의 통일성을 유지하기 위하여 상충하는 기본권 모두가 최대한으로 그 기능과 효력을 발휘할 수 있도록 조화로운 방법을 모색하되(규범조화적 해석), 법익형량의 원리, 입법에 의한 선택적 재량 등을 종합적으로 참작하여 심사하여야 할 것이다. 채권자취소권제도는 채권자 보호라는 법의 정적 안정성과 관념적 권리인 채권의 실효성을 확보하려는 것으로서 그 목적의 정당성을 인정할 수 있고, 이 사건 법률조항에서는 채권자취소의 대상이 되는 법률행위를 재산권을 목적으로 한 법률행위로 한정하고 그 중에서도 사해행위만을 그 대상으로 하고, 주관적 요건으로 채무자의 사해의사 및 수익자의 악의를 요하며, 채권자취소의 범위도 책임재산의 보전을 위하여 필요한 범위 내로 제한된다. 또한 사해행위취소의 상대방인 수익자는 채무자에 대한 부당이득반환청구 또는 담보책임의 추궁에 의하여 손해의 전보를 받을 수 있고, 채권자취소권의 행사기간도 일반 법률행위의 취소권 행사기간보다 훨씬 단기간으로 정함으로써(민법 제406조 제2항) 법률관계의 조속한 확정을 도모하고 있다. 한편 입증책임규범은 사실의 존부불명의 경우에 법관으로 하여금 재판을 할 수 있게 하는 보조수단으로서 구체적으로 누구에게 입증책임을 분배할 것인가는 입법자가 입증책임 분배의 기본원칙에 따라 정할 수 있는 입법형성의 영역이라고 보아야 할 것이고, 입법자가 이 사건 법률조항에서 수익자의 악의를 채권자취소권의 장애사유로 정한 것은 채무자보다는 직접적인 거래당사자인 수익자가 스스로의 선의를 입증하는 것이 훨씬 용이한 위치에 있다는 점을 고려한 것으로서 그 합리성을 인정할 수 있다. 종합하여 보면, 전체적으로 상충되는 기본권들 사이에 합리적인 조화를 이루고 있고, 그 제한에 있어서도 적정한 비례관계를 유지하고 있다고 보여진다. 따라서 이 사건 법률조항이 채무자와 수익자의 일반적 행동의 자유권이나 수익자의 재산권을 침해하는 것으로 볼 수 없다. 그렇다면 이 사건 법률조항은 헌법에 위반되지 아니한다.

6) '알 권리'(정보공개청구권)와의 충돌

(가) 정보공개청구권과 사생활의 비밀과 자유 간의 상충

공공기관이 보유·관리하는 개인정보를 공개하면 개인의 사생활의 비밀 또는 자유를 침해할 우려가 있다고 인정되는 경우에 이를 비공개할 수 있도록 규정하고 있는 '공공기관의 정보공개에 관한 법률' 제9조 제1항 제6호 본문이 알 권리(정보공개청구권)를 침해하는지 여부에 대해 판단하면서 두 기본권 간의 충돌이 있는바 두 기본권 중 어느 기본권이 우월하다고 할 수 없으므로 조화로운 방법을 모색하여야 한다고 하면서 결국 과잉금지(비례)원칙에 따른 심사를 하였고 알 권리(정보공개청구권)와 사생활의 비밀과 자유 사이에 균형을 도모하고 있고, 상충·제한되는 두 기본권 사이에 적정한 비례관계도 유지되고 있다고 보아 합헌으로 결정하였다.

판례 헌재 2010.12.28. 2009헌바258, 판례집 22-2하, 721면

[결정요지] (가) 심사의 방법 – 이 사건 법률조항은 공공기관이 보유·관리하는 개인정보를 공개하면 개인의 사생활의 비밀 또는 자유를 침해할 우려가 있다고 인정되는 경우에 이를 비공개대상으로 할 수 있도록 함으로써, 국민의 알 권리(정보공개청구권)와 개인정보 주체의 사생활의 비밀과 자유가 서로 충돌하게 되는바, 위와 같은 기본권들이 충돌하는 경우에 기본권의 서열이나 법익의 형량을 통하여 어느 한 쪽의 기본권을 우선시키고 다른 쪽의 기본권을 후퇴시킬 수는 없다. 정보공개청구권은 알 권리의 당연한 내용이며, 알 권리는 헌법 제21조의 표현의 자유에 당연히 포함되는 기본권으로서 개인의 자유권적 기본권에 해당하고, 헌법 제17조의 사생활의 비밀과 자유 또한 개인의 자유권적 기본권에 해당하므로 국민의 알 권리(정보공개청구권)와 개인정보 주체의 사생활의 비밀과 자유 중 어느 하나를 상위 기본권이라고 하거나 어느 쪽이 우월하다고 할 수는 없을 것이기 때문이다. 따라서 이러한 경우에는 헌법의 통일성을 유지하기 위하여 상충하는 기본권 모두가 최대한으로 그 기능과 효력을 발휘할 수 있도록 조화로운 방법을 모색하되(규범조화적 해석), 법익형량의 원리, 입법에 의한 선택적 재량 등을 종합적으로 참작하여 심사하여야 한다. (나) 입법목적의 정당성 및 수단의 적절성 – 개인정보가 정보주체의 의사와 무관하게 누구에게나 노출되어 개인의 사생활의 비밀과 자유가 침해되는 것을 방지하고자 하는 이 사건 법률조항의 입법목적은 정당하고, 공개하면 개인의 사생활의 비밀 또는 자유를 침해할 우려가 있다고 인정되는 개인정보를 비공개할 수 있도록 한 것은 그 입법목적을 달성하기 위한 효과적이고 적절한 수단이라고 할 수 있다. (다) 기본권제한 정도의 비례성 이 사건 법률조항은 국민의 알 권리(정보공개청구권)를 일부 제약하는 면이 있으나, 비공개대상으로 정할 수 있는 개인정보의 범위를 공개될 경우 개인의 사생활의 비밀 또는 자유를 침해할 우려가 있다고 인정되는 정보로 제한하는 등 국민의 알 권리(정보공개청구권)와 개인정보 주체의 사생활의 비밀과 자유 사이에 균형을 도모하고 있고, 상충·제한되는 두 기본권 사이에 적정한 비례관계도 유지되고 있다.

* 검토 : 이 결정에서 헌재는 "이 사건 법률조항은 공공기관이 보유·관리하는 개인정보를 공개하면 개인의 사생활의 비밀 또는 자유를 침해할 우려가 있다고 인정되는 경우에 이를 비공개대상으로 할 수 있도록 함으로써, 국민의 알 권리(정보공개청구권)와 개인정보 주체의 사생활의 비밀과 자유가 서로 충돌하게 되는바"라고 하나 이 사건 법률조항은 알 권리와 사생활비밀권이 서로 충돌할 수 있는 상황에서 이를 조절하는 방법으로 일반적으로 정보공개를 인정하되 사생활 비밀 정보를 비공개로 한 것이지 충돌이 이 사건 법률조항으로 인해 생기는 것은 아니다.

(나) 학부모의 '교원의 교원단체 및 노동조합 가입에 관련된 정보'에 대한 알 권리와 교원의 사생활의 비밀과 자유, 개인정보자기결정권과의 충돌

교원의 개인정보 공개를 금지하고 있는 '교육관련기관의 정보공개에 관한 특례법' 제3조 제2항과 공시대상정보로서 교원의 교원단체 및 노동조합 가입현황(인원 수)만을 규정할 뿐 개별 교원의 명단은 규정하고 있지 아니한 구 '교육관련기관의 정보공개에 관한 특례법 시행령' 별표 규정이 과잉금지원칙에 반하여 학부모들의 알 권리를 침해하는지 여부가 논란되었다. 헌재는 학부모의 알 권리와 교원의 사생활의 비밀과 자유(개인정보 자기결정권)이 충돌하는 문제상황이라고 보았다. 헌재는 두 기본권을 합리적으로 조화시킨 것으로서 양 기본권의 제한에 있어

적정한 비례관계를 유지한 것이라고 보아 기각결정을 하여 합헌성을 인정하였다.

판례 헌재 2011.12.29. 2010헌마293, 판례집 23-2하, 879면

[결정요지] 가. 알 권리를 보장한다는 것은 곧 알 권리의 대상이 되는 정보를 공개한다는 것인바, 이는 당해 정보의 정보주체에 대해 사생활의 비밀과 자유를 제한하는 결과를 초래한다. 나아가 정보의 주체는 개인정보 자기결정권을 가지는바 교원의 교원단체 및 노동조합 가입 정보에 대한 공개는 당해 교원의 개인정보 자기결정권에 대해서도 제한을 가하는 것이라 할 수 있다. 결국, 이 사건은 교원의 교원단체 및 노동조합 가입에 관한 정보의 공개를 요구하는 청구인들의 알 권리 및 그것을 통한 교육권과 그 정보의 비공개를 요청하는 정보주체인 교원의 사생활의 비밀과 자유 및 이를 구체화한 개인정보 자기결정권이 충돌하는 문제상황이다. 이와 같이 두 기본권이 충돌하는 경우에는 헌법의 통일성을 유지하기 위하여 상충하는 기본권 모두 최대한으로 그 기능과 효력을 발휘할 수 있도록 조화로운 방법이 모색되어야 한다. 따라서 이 사건 법률조항 및 이 사건 시행령조항이 알 권리를 제한하는 목적이 정당한 것인가, 그러한 목적을 달성하기 위하여 마련된 수단이 알 권리를 제한하는 정도와 개인정보 자기결정권을 보호하는 정도 사이에 적정한 비례를 유지하고 있는가의 관점에서 이 사건을 심사하기로 한다. 나. 판단 – (1) 제한목적의 정당성 : 정보의 공개를 통해 일방의 알 권리를 충족한다는 것은 정보를 공개당하는 타방 정보주체의 사생활의 비밀과 자유 및 개인정보 자기결정권이 제한된다는 것을 의미하므로 이 사건 법률조항과 시행령조항은 알 권리를 일정 부분 보장함과 동시에 교원의 개인정보 보호를 위하여 학부모 등 국민의 알 권리를 제한하고 있으므로 그 목적의 정당성을 인정할 수 있다. (2) 기본권 제한의 비례성 : (가) 이 사건 법률조항의 경우 – 교육관련기관정보공개법상 '개인정보'에 대한 명시적 정의가 존재하지는 아니한다. 개인정보의 성격과 내용은 매우 다양하고 폭넓은 것인바, 이 사건 법률조항은 그러한 개인정보의 성격과 내용을 가리지 아니하고 일률적으로 그 공개를 금지하고 있는 듯이 보이므로 알 권리를 지나치게 제한하는 것이 아닌지 문제된다. 살피건대, 교육관련기관정보공개법 제4조에 의해 준용되는 '공공기관의 정보공개에 관한 법률'은 '개인정보'라 할 수 있는 "당해 정보에 포함되어 있는 이름·주민등록번호 등 개인에 관한 사항으로서 공개될 경우 개인의 사생활의 비밀 또는 자유를 침해할 우려가 있다고 인정되는 정보"를 비공개대상정보로 규정하면서도, 일정한 사유가 있는 경우에는 비공개대상정보에서 제외하도록 함으로써 개인정보 보호와 정보 공개 사이의 균형을 도모하고 있으며('공공기관의 정보공개에 관한 법률' 제9조 제1항 제6호 참조), 비공개결정에 대해서는 그에 불복할 수 있는 이의신청, 행정심판, 행정소송 등을 인정하여(동법 제18조, 제19조, 제20조 참조) 이 사건 법률조항에 따른 비공개로 인하여 알 권리를 제한받은 사람을 위한 구제절차 역시 마련하고 있다. 그렇다면, 이 사건 법률조항은 알 권리와 개인정보 자기결정권이라는 상충되는 두 기본권 사이에 적정한 비례관계를 유지하고 있다 할 것이다. (나) 이 사건 시행령조항의 경우 – 개별 교원의 교원단체 및 노동조합 가입 정보는 위 '개인정보 보호법' 제23조상의 노동조합의 가입·탈퇴에 관한 정보로서 '민감정보'에 해당하므로, 그 공개에는 최대한의 신중과 자제가 요청된다. 그렇다면, 이 사건 시행령조항이 교원의 교원단체 및 노동조합 가입 현황(인원 수)은 공시대상으로 삼으면서도 개별 교원의 가입 정보는 공시대상으로 삼지 않는 것은 알 권리와 개인정보 보호 모두를 충족시키는 것이라 할 것이다. (3) 소결 : 교원의 교원단체 및 노동조합 가입에 관한 정보는 '개인정보 보호법'상의 민감정보로서 특별히 보호되어야 하며 그것이 공개됨으로써 발생할 교원의 개인정보 자기결정권에 대한 중대한 침해가능성을 고려할 때, 이 사건 법률조항이 교원의 개인정보 공개를 금지하는 한편 이 사건 시행령조항이 가입 현황(인원 수)만을 공시의 대상으로 규정한 것은 학부모 등 국민의 알 권리와 교원의 개인정보 자기결정권이라는 두 기본권을 합리적으로 조화시킨 것이며 양 기본권의 제한에 있어 적정한 비례관계를 유지한 것이라고 할 수 있다. 따라서 이 사건 법률조항과 이 사건 시행령조항은 청구인들의 알 권리를 침해하여 헌법에 위반된다고 할 수 없다.

7) 대화자의 통신의 비밀과 공개자의 표현의 자유 간의 충돌

헌재는 공개되지 아니한 타인 간의 대화를 녹음 또는 청취하여 지득한 대화의 내용을 공개하거나 누설한 자를 처벌하는 통신비밀보호법 규정은 헌법 제18조에 의하여 보장되는 통신의 비밀을 보호하기 위함이나 다른 한편으로는 위법하게 취득한 타인 간의 대화내용을 공개하는 자를 처벌함으로써 그 대화내용을 공개하는 자의 표현의 자유를 제한하게 되어 통신의 비밀과 표현의 자유라는 두 기본권이 충돌하게 된다고 본다. 헌재는 조화로운 방법이 모색되어야 하므로, 과잉금지(비례)원칙에 따라서 심사하기로 한다고 하면서 그 심사결과 합헌이라고 결정하였다. 이 사건에서 형법상의 명예훼손죄와 같은 위법성조각사유에 관한 특별규정(진실한 사실로서 오로지 공공의 이익을 위한 때)을 두지 않아 공개자의 표현의 자유를 침해한다는 것이 위헌의 중요한 주장이유이었는데 헌재는 형법 제20조의 정당행위에 의한 위법성조각사유 규정을 적정하게 적용하면 표현의 자유가 적절히 보장된다고 보아 합헌으로 결정한 것이다.

판례 헌재 2011.8.30. 2009헌바42, 공보 제179호, 1250면

[결정요지] (1) 이 사건의 심사 기준 – 이 사건 법률조항에 의하여 대화자의 통신의 비밀과 공개자의 표현의 자유라는 두 기본권이 충돌하게 된다. 이와 같이 두 기본권이 충돌하는 경우 헌법의 통일성을 유지하기 위하여 상충하는 기본권 모두 최대한으로 그 기능과 효력을 발휘할 수 있도록 조화로운 방법이 모색되어야 하므로, 과잉금지원칙에 따라서 이 사건 법률조항의 목적이 정당한 것인가, 그러한 목적을 달성하기 위하여 마련된 수단이 표현의 자유를 제한하는 정도와 대화의 비밀을 보호하는 정도 사이에 적정한 비례를 유지하고 있는가의 관점에서 심사하기로 한다. (2) 이 사건 법률조항이 불법 취득한 타인간의 대화내용을 공개한 자를 처벌함에 있어 형법 제20조(정당행위)의 일반적 위법성조각사유에 관한 규정을 적정하게 해석 적용함으로써 공개자의 표현의 자유도 적절히 보장될 수 있는 이상, 이 사건 법률조항에 형법상의 명예훼손죄와 같은 위법성조각사유에 관한 특별규정을 두지 아니하였다는 점만으로 기본권 제한의 비례성을 상실하였다고는 볼 수 없다. * 이 결정에 대한 보다 자세한 것은 기본권 각론의 표현의 자유 부분 참조.

8) 생존권(신체장애자에 대한 국가보호)과 자유권(직업의 자유)의 충돌

헌재는 시각장애인에 대하여만 안마사 자격인정을 받을 수 있도록 하는 이른바 비맹제외 기준을 설정하고 있는 구 의료법 규정에 대한 기각(합헌성인정)결정에서 헌법 제34조 제5항에 따른 헌법적 요청(시각장애인의 국가보호라는 헌법적 요청)과 비시각장애인의 직업(안마사업)선택의 자유가 충돌하는 상황이 문제될 수 있다고 보았다. 그리하여 헌재는 기본권제한한계인 비례(과잉금지)원칙의 최소침해성 및 법익균형성 심사과정에서 국가보호의 헌법적 요청, 기본권의 제약 정도 등을 형량할 필요가 있다고 하였고 비례심사결과 비례원칙을 준수한 것으로 보아 기각결정을 하였다.

판례 헌재 2008.10.30. 2006헌마1098, 판례집 20-2 상, 1104면

[결정요지] (1) 문제되는 기본권과 위헌심사방법 – 헌법 제34조 제1항은 "국가는 사회보장·사회복지

의 증진에 노력할 의무를 진다."'고 규정하여 국민의 생존권 보장의무를 부과하고, 제5항에서는 "신체장애자 및 질병·노령 기타의 사유로 생활능력이 없는 국민은 법률이 정하는 바에 의하여 국가의 보호를 받는다."고 규정함으로써 특히 신체장애자를 비롯한 자립능력이 부족한 국민에 대한 국가의 보호의무를 천명하고 있다. 이와 같이 입법자로서는 사회적 약자인 신체장애자의 생존권 보호라는 헌법적 요청에 상응하여 적극적으로 복지정책을 형성할 의무를 부담하는데, 이러한 입법이 일반국민의 기본권과 충돌하는 상황을 예상할 수도 있다. 시각장애인 안마사제도를 규정한 이 사건 법률조항의 경우, 헌법 제34조 제5항에 따른 헌법적 요청과 일반국민의 직업선택의 자유 등 기본권이 충돌하는 상황이 문제될 수 있는 것이므로 위 법률조항에 대한 위헌심사 과정에서 이러한 상황을 충분히 고려하여야 할 것이다. 그 경우 헌법 제37조 제2항에 의한 기본권제한입법의 한계를 벗어날 수 없지만, 구체적인 최소침해성 및 법익균형성 심사과정에서 이러한 헌법적 요청뿐만 아니라, 일반국민의 기본권 제약 정도, 시각장애인을 둘러싼 기본권의 특성과 복지정책의 현황, 시각장애인을 위한 직업으로서의 안마사제도와 그와 다른 대안의 가능성 등을 종합하여 형량할 필요가 있을 것이다. (2) 이 사건 법률조항에 대한 위헌 여부 – 이 사건 법률조항은 시각장애인에게 삶의 보람을 얻게 하고 인간다운 생활을 할 권리를 실현시키려는 데에 그 목적이 있으므로 입법목적이 정당하고, 다른 직종에 비해 공간이동과 기동성을 거의 요구하지 않을 뿐더러 촉각이 발달한 시각장애인이 영위하기에 용이한 안마업의 특성 등에 비추어 시각장애인에게 안마업을 독점시킴으로써 그들의 생계를 지원하고 직업활동에 참여할 수 있는 기회를 제공하는 이 사건 법률조항의 경우 이러한 입법목적을 달성하는 데 적절한 수단임을 인정할 수 있다. 나아가 시각장애인에 대한 복지정책이 미흡한 현실에서 안마사가 시각장애인이 선택할 수 있는 거의 유일한 직업이라는 점, 안마사 직역을 비시각장애인에게 허용할 경우 시각장애인의 생계를 보장하기 위한 다른 대안이 충분하지 않다는 점, 시각장애인은 역사적으로 교육, 고용 등 일상생활에서 차별을 받아온 소수자로서 실질적인 평등을 구현하기 위해서 이들을 우대하는 조치를 취할 필요가 있는 점 등에 비추어 최소침해성원칙에 반하지 아니하고, 이 사건 법률조항으로 인해 얻게 되는 시각장애인의 생존권 등 공익과 그로 인해 잃게 되는 일반국민의 직업선택의 자유 등 사익을 비교해 보더라도, 공익과 사익 사이에 법익 불균형이 발생한다고 단정할 수도 없다. 따라서 이 사건 법률조항이 헌법 제37조 제2항에서 정한 기본권제한입법의 한계를 벗어나서 비시각장애인의 직업선택의 자유를 침해하거나 평등권을 침해한다고 볼 수는 없다. * 충돌문제에 관한 같은 취지의 지적을 하고 있는 결정례 : 헌재 2010.7.29. 2008헌마664등.

9) 병역면제사유의 공개

한편 헌법재판소는 4급 이상 공무원들의 병역 면제사유인 질병명을 관보와 인터넷을 통해 공개하도록 하는 '공직자등의 병역사항 신고 및 공개에 관한 법률' 규정에 대하여 헌법불합치결정을 하였는데 기본권충돌 문제를 본안문제의 논증과정에서 부각하지 않으면서 헌법불합치결정을 하는 이유부분에서 "병역공개제도와 사생활 보호라는 자칫 충돌할 수 있는 양 법익을 보다 조화롭게 형량(衡量)하는 다른 절차나 방법이 있다면 이를 채택할 수도 있을 것이다" 라고 판시한 예가 있다.

판례 헌재 2007.5.31. 2005헌마1139, 판례집 19-1, 728면

10) 헌법적 가치의 충돌 – 양심적 병역거부의 문제

헌법적 가치의 충돌도 인정하는데 양심적 병역거부에 관한 결정에서 국방의무라는 헌법적 가치와 양심의 자유가 충돌한다고 보았다. 그 해결방법은 역시 비례원칙에 의해야 한다고 보았다. 그리하여 대체복무제를 규정하지 아니한 병역종류조항은 침해최소성을 갖추지 못하고 또 법익균형성을 가지지 못하여 과잉금지원칙에 위배하여 양심적 병역거부자의 양심의 자유를 침해한다고 판단했고 결국 헌법불합치결정을 하였다.

판례 헌재 2018.6.28. 2011헌바379등, 병역법 제88조 제1항 등 위헌소원 등

[판시] 국가의 존립과 안전을 위한 불가결한 헌법적 가치를 담고 있는 국방의 의무와 개인의 인격과 존엄의 기초가 되는 양심의 자유가 상충하게 된다. 이처럼 헌법적 가치가 서로 충돌하는 경우, 입법자는 두 가치를 양립시킬 수 있는 조화점을 최대한 모색해야 하고, 그것이 불가능해 부득이 어느 하나의 헌법적 가치를 후퇴시킬 수밖에 없는 경우에도 그 목적에 비례하는 범위 내에 그쳐야 한다. * 대법원도 동지의 충돌을 지적한다(대법원 2018.11.1. 2016도10912 전원합의체 [병역법위반]〈양심적 병역거부와 병역법 제88조 제1항의 정당한 사유〉

* 위 판시에 대한 검토 : 헌재는 "양 가치를 양립시킬 수 있는 조화점을 최대한 모색해야 하고, 그것이 불가능해 부득이 어느 하나의 헌법적 가치를 후퇴시킬 수밖에 없는 경우에도 그 목적에 비례하는 범위 내에 그쳐야 한다"라고 하는데 앞서 우리는 어느 한 기본권의 후퇴도 전적으로 완전한 부정이 아닐 수 있다는 것을 인정하는 점에서는 타당한 판시이다. 그러나 다른 한편 "양 가치를 양립시킬 수 있는 조화점"이라고 함으로써 상충하는 각 기본권 모두 전혀 제한(후퇴)되지 않고 양립하는 경우를 조화적 해결로 보는 입장인데 이는 모순이다. 양 기본권이 전혀 제한됨이 없이 양립한 채 존재한다면 충돌은 아예 없었던 것이라는 것을 의미하기 때문이다. 양 기본권 중 어느 기본권이 제한될 수밖에 또는 모두 제한될 수밖에 없는 상황이 충돌이다. 상충이 없는데 조화점을 찾을 것도 없다. 그리고 이는 종래 학설, 그리고 헌재 자신의 판례에서도 조화적 해결방식으로 비례(과잉금지)원칙을 적용한 것을 보더라도 그러하다. 상충하는 상황에서 기본권이 제한될 수밖에 없는데 제한되더라도 최소한의 제한에 그치게 비례원칙으로 제한을 정하여 결국 조화로운 해결을 가져오게 하여야 하는 것이다. 위 판시에서도 결국 "비례하는 범위 내에 그쳐야"라고 한다. 헌재의 결론도 대체복무제를 인정하여 최소범위에서 조절하자는 것이므로 위의 검토에 지적한 내용을 판시에 담는 것이 보다 적절할 것이다.

* 이전에도 위와 같은 충돌을 지적하고 비례원칙에 비추어 판단하였는데(그 이전에는 비례원칙을 적용하지 않아 비판을 받았음) 합헌으로 결정한 바 있었고[1] 위 2018년 판례가 그 합헌결정을 변경한 것이다.

11) 대학의 자율권과 직업선택의 자유의 충돌

교육부장관이 학교법인에게 한 법학전문대학원 설치인가 중 여성만을 입학자격요건으로 하는 입학전형계획을 인정한 부분이 남성의 직업선택의 자유와 사립대학의 자율성이라는 두 기본권이 충돌하게 한다고 보면서 양 기본권의 제한에 있어 적정한 비례관계를 유지한 것이라고 하여 기각결정을 하였다.

---

1) 헌재 2011.8.30. 2008헌가22 등, 공보 제179호, 1211면. 양심적 예비군 훈련 거부자의 경우에 대한 동지의 결정례 : 헌재 2011.8.30. 2007헌가12, 공보 제179호, 1192면.

판례 헌재 2013.5.30. 2009헌마514

[결정요지] (가) 학교법인 E학당은 헌법 제31조 제4항의 대학의 자율성의 주체인바, 학교법인 E학당의 법학전문대학원 입학전형계획은 학교법인 E학당이 학생의 선발 및 입학 전형에 관하여 대학의 자율성을 행사한 것이고, 이 사건 인가처분에 의하여 청구인의 직업선택의 자유와 사립대학의 자율성이라는 두 기본권이 충돌하게 된다. (나) 교육부장관이 E여자대학교에 법학전문대학원 설치인가를 한 것은 대학의 교육역량에 대한 객관적인 평가에 따른 것이지 여성 우대를 목적으로 한 것이 아니며, 설치인가를 하면서 E여자대학교의 이 사건 모집요강 내용을 그대로 인정한 것은 여자대학으로서의 전통을 유지하려는 E여자대학교의 대학의 자율성을 보장하고자 한 것이므로, 이 사건 인가처분은 그 목적의 정당성과 수단의 적합성이 인정된다. (다) 학생의 선발, 입학의 전형도 사립대학의 자율성의 범위에 속한다는 점, 여성 고등교육기관이라는 E여자대학교의 정체성에 비추어 여자대학교라는 정책의 유지 여부는 대학 자율성의 본질적인 부분에 속한다는 점, 이 사건 인가처분으로 인하여 남성인 청구인이 받는 불이익이 크지 않다는 점 등을 고려하면, 이 사건 인가처분은 청구인의 직업선택의 자유와 대학의 자율성이라는 두 기본권을 합리적으로 조화시킨 것이며 양 기본권의 제한에 있어 적정한 비례관계를 유지한 것이라고 할 것이다. 따라서 이 사건 인가처분이 청구인의 직업선택의 자유를 침해한다고 할 수 없다.

12) 정보통신망의 사생활 침해, 명예훼손과 임시적 차단조치 – '사인의 사생활의 비밀과 자유 또는 인격권'과 '사인의 표현의 자유' 간 충돌 –

정보통신망을 통하여 일반에게 공개된 정보로 말미암아 사생활 침해나 명예훼손 등 타인의 권리가 침해된 경우 그 침해를 받은 자가 삭제요청을 하면 정보통신서비스 제공자는 권리의 침해 여부를 판단하기 어렵거나 이해당사자 간에 다툼이 예상되는 경우에는 30일 이내에서 해당 정보에 대한 접근을 임시적으로 차단하는 조치를 하여야 한다고 규정하고 있는 '정보통신망 이용촉진 및 정보보호 등에 관한 법률' 제44조의2 제2항 중 '임시조치'에 관한 부분 및 제4항이 문제된 사안이다. 헌재는 '사인의 사생활의 비밀과 자유 또는 인격권'과 '사인의 표현의 자유'라는 기본권 충돌상황에서 임시적으로나마 30일이라는 범위 내에서 전자에 우위를 두는 선택을 한 것이 과잉금지원칙에 위반하여 정보게재자의 표현의 자유를 지나치게 제약하는 것인지 하는 점이 쟁점이라고 하면서 결국 그 해결을 과잉금지원칙에 따라 판단하여 합헌성을 인정하는 기각결정을 하였다.

판례 헌재 2012.5.31. 2010헌마88

[판시] 이 사건의 쟁점은 이 사건 법률조항이 '타인의 사생활, 명예 등 권리'를 침해하는 또는 침해한다고 주장되고 있는 정보에 대하여 권리침해 주장자로부터의 '삭제 등 요청'과 '소명'이라는 요건하에 정보통신서비스 제공자로 하여금 30일의 범위 내에서 임시조치를 하도록 함으로써, '사인의 사생활의 비밀과 자유 또는 인격권'과 '사인의 표현의 자유'라는 기본권 충돌상황에서 임시적으로나마 30일이라는 범위 내에서 전자에 우위를 두는 선택을 한 것이 과잉금지원칙에 위반하여 정보게재자의 표현의 자유를 지나치게 제약하는 것인지 하는 점이다. 입법목적이 정당하고 그 입법목적이 정당하고 수단 또한 적절하다. 정보의 공개 그 자체를 잠정적으로 차단하는 것 외에 반박내용의 게재, 링크 또는 퍼나르기 금지, 검색기능 차단 등의 방법으로는 이 사건 법률조항의 입법목적을 효과적으로 달성할 수 없어 정보게재자의 표현의 자유를 필요최소한으로 제한하도록 설정되어 있다고 할 수 있다. 헌법 제21조 제4항의

취지 등에 비추어 볼 때, 사생활 침해, 명예훼손 등 타인의 권리를 침해할 만한 정보가 무분별하게 유통됨으로써 타인의 인격적 법익 기타 권리에 대한 침해가 돌이킬 수 없는 상황에 이르게 될 가능성을 미연에 차단하려는 공익은 매우 절실하므로 법익균형성 요건도 충족한다.

13) 국가의 권한과 기본권이 충돌한다고 본 예

기본권간의 충돌이 아니라 국가의 권한과 기본권이 충돌한다고 헌재가 본 결정례가 있다. 바로 부모의 교육권과 국가의 규율권한의 충돌의 경우가 그러하다고 본 헌재결정례들이 그것들이다.

① **과외교습금지 위헌결정** 헌재는 자녀의 양육과 교육에 있어서 부모의 교육권은 교육의 모든 영역에서 존중되어야 한다는 점을 강조하면서도, 학교교육에 관한 한 국가는 헌법 제31조에 의하여 부모의 교육권으로부터 원칙적으로 독립된 독자적인 교육권한을 부여받았으므로, 학교의 제도, 조직, 학교유형, 교육목표, 수업의 내용 및 방법 등 학교교육에 관한 광범위한 형성권을 가지고 있다고 판시한 바 있다(헌재 2000.4.27. 98헌가16등, 판례집 12-1, 427, 451 참조). 다만, 부모는 자녀 교육에 관한 전반적 계획을 세울 권리를 가지고 있으며, 학교교육이 자녀의 전체 교육에 중대한 영향을 미친다는 점을 고려할 때 국가는 학교제도를 구체적으로 형성함에 있어서 부모의 자녀교육권을 존중하여야 하는바, 학교제도에 관한 국가의 규율권한과 부모의 교육권이 서로 충돌하는 경우 어떠한 법익이 우선하는가의 문제는 구체적인 경우마다 법익형량을 통하여 판단해야 한다고 본다(헌재 2000.4.27. 98헌가16등, 판례집 12-1, 450). 바로 과외교습금지 위헌결정에서 위 법리를 설시하기 시작하였다.

② **무시험전형** 다음의 결정례 사안은 이른바 고교평준화지역에서 일반계 고등학교에 진학하는 학생을 교육감이 학교군별로 추첨에 의하여 배정하도록 하는 초·중등교육법시행령 조항이 학부모의 자녀 학교선택권을 침해하는지 여부가 문제된 것인바 헌재는 학교제도에 관한 국가의 규율권한과 부모의 교육권이 서로 충돌하는 경우로 보았다. 헌재는 이 경우 어떤 법익이 우선하는가는 법익형량을 통하여 판단한다는 입장을 보이면서 과잉금지원칙심사를 하여 이를 준수하였다고 판단하여 합헌성을 인정하는 기각결정을 하였다.

판례 헌재 2009.4.30. 2005헌마514

[판시] 부모는 자녀 교육에 관한 전반적 계획을 세울 권리를 가지고 있으며, 학교교육이 자녀의 전체 교육에 중대한 영향을 미친다는 점을 고려할 때 국가는 학교제도를 구체적으로 형성함에 있어서 부모의 자녀교육권을 존중하여야 하는바, 학교제도에 관한 국가의 규율권한과 부모의 교육권이 서로 충돌하는 경우 어떠한 법익이 우선하는가의 문제는 구체적인 경우마다 법익형량을 통하여 판단해야 한다.

2. 대법원

(1) 대법원의 주축원리

대법원은 주로 이익형량, 실제적 조화 등을 통한 해결을 취하는 입장이다.

(2) 구체적 판례

대법원은 기본권충돌에 관한 다음과 같은 구체적인 판례들을 보여주었다.

ⅰ) 반론보도청구권과 언론기관의 언론의 자유 간의 충돌 사안에서 "서로 충돌하는 두 헌법적 이익 사이의 갈등은 상충하는 이익 모두가 최대한으로 그 기능과 효력을 나타낼 수 있도록 하는 조화로운 방법을 모색함으로써 두 이익이 최적으로 실현될 수 있는 경계획정을 통하여 해결하게 된다"라고 판시한 바 있다.

판례 대법원 2006.11.23. 2004다50747

[판결요지] 언론기관도 헌법 제21조에 기하여 기본권으로서 언론의 자유를 가지는데, 보도내용의 진실 여부를 가리지 아니하고 반론보도문 게재의무가 부과됨으로써 직접적으로 언론기관의 편집의 자유가 제한됨과 동시에 간접적으로 언론기관의 활동을 위축시켜 보도의 자유를 포함한 언론기관의 언론의 자유가 제한되는 결과가 초래되고, 이에 따라 반론보도청구권은 언론기관의 언론의 자유와 서로 충돌하는 면이 있음을 피할 수 없다. 이와 같이 서로 충돌하는 두 헌법적 이익 사이의 갈등은 상충하는 이익 모두가 최대한으로 그 기능과 효력을 나타낼 수 있도록 하는 조화로운 방법을 모색함으로써 두 이익이 최적으로 실현될 수 있는 경계획정을 통하여 해결하게 된다. 언론중재 및 피해구제 등에 관한 법률 부칙 제3조에 따라 적용되는 구 정기간행물의 등록 등에 관한 법률(2003. 5. 29. 법률 제6905호로 개정되기 전의 것) 제16조 제3항은 위와 같이 상충하는 이익의 조화를 꾀하는 방법의 하나로서 '피해자가 반론보도청구권의 행사에 정당한 이익을 갖지 않는 경우'나 '청구된 반론보도의 내용이 명백히 사실에 반하는 경우' 등에는 반론보도의 게재를 거부할 수 있도록 하고 있다. 반론보도청구권이 원칙적으로 보도내용의 진실성을 요건으로 하지 않아 반론보도내용이 진실인지 여부를 묻지 아니하면서도 그 허위성이 명백한 경우에는 '명백히 사실에 반하는 경우'라 하여 예외적으로 반론보도의 게재를 거부할 수 있도록 한 것은 그 허위의 '명백성'이 반론보도청구권 행사의 정당한 이익을 탈락시킨다는 관념에 기초한 것이라 할 수 있고, 이와 마찬가지로 그 허위성을 반론보도청구인 스스로 인식한 경우에는 허위성을 '인식'하고서도 감연히 반론보도청구를 한다는 점이 정당한 이익을 탈락시켜 반론보도내용의 진실 여부를 묻지 않는 원칙에 대한 또 하나의 예외를 구성하게 된다. 돌이켜 이 사건에 관하여 보건대, 대법원 최종판결, 민사확정판결에 따르면 이들 반론보도내용들은 허위이거나 적어도 허위일 가능성이 매우 높다는 것이 밝혀졌다고 할 수 있다. 그리고 이들 반론보도내용은 신청인이 직접 관련되거나 신청인 본인의 행위를 내용으로 하는 것으로서 그 진실 여부에 대하여 신청인이 몰랐을 수가 없는 것들이다. 그렇다면 원심으로서는 위 반론보도내용들이 객관적으로 과연 허위인지, 그리고 그것이 허위라면 신청인이 이를 미리 알고 있었는지 여부 등을 심리함이 마땅하다. 그럼에도 불구하고, 이에 관한 별다른 심리를 하지 아니하고 만연히 신청인의 반론보도청구가 정당한 이익이 있다고 판단한 원심판결에는 반론보도청구권 행사의 정당한 이익에 관한 법리를 오해하거나 그에 관한 심리미진으로 판결에 영향을 미친 위법이 있다고 하지 않을 수 없다. 원심판결을 파기하고, 사건을 다시 심리·판단하게 하기 위하여 원심법원에 환송하기로 하여 관여 대법관의 일치된 의견으로 주문과 같이 판결한다.

* 동지 : 대법원 2009.1.15. 2008그202. [결정요지] 해결방법에 대한 설시(* 위 판결과 같음). 반론보도

청구권이 언론기관의 언론의 자유와 서로 충돌하는 면도 있음을 고려할 때, 위와 같은 특별한 사정이 있다면 집행정지를 허용할 필요성이 있다고 할 것이므로, 규칙 제4조 제1항이 정정보도청구 등 사건의 판결에 대한 집행정지를 민사집행법 제309조에 규정된 절차에 따르도록 한 것이 헌법 및 언론중재법에 위반된다고 할 수는 없다. 이와 관련한 특별항고인의 주장은 받아들일 수 없다.

ii) 종립 사립 고등학교(종교단체가 설립한 사립학교)가 가지는 종교교육의 자유 및 운영의 자유와 학생들이 가지는 소극적 종교행위의 자유 및 소극적 신앙고백의 자유 사이에 충돌이 문제된 사건 – 대법원은 이 사건에서 다음과 같이 판시한 바 있다. "이와 같이 하나의 법률관계를 둘러싸고 두 기본권이 충돌하는 경우에는 구체적인 사안에서의 사정을 종합적으로 고려한 이익형량과 함께 양 기본권 사이의 실제적인 조화를 꾀하는 해석 등을 통하여 이를 해결하여야 하고, 그 결과에 따라 정해지는 양 기본권 행사의 한계 등을 감안하여 그 행위의 최종적인 위법성 여부를 판단하여야 한다." (* 아래에 자세한 요지)

판례 대법원 2010.4.22. 2008다38288

[판시사항]

[1] 사인에 의한 '종교의 자유' 침해가 불법행위를 구성하는 형태

[2] 고등학교 평준화정책에 따른 학교 강제배정제도가 위헌인지 여부(소극)

[3] 고등학교 평준화정책에 따른 학교 강제배정으로, 종립학교가 가지는 '종교교육의 자유 및 운영의 자유'와 학생들이 가지는 '소극적 종교행위의 자유 및 소극적 신앙고백의 자유'가 서로 충돌하는 경우 그 해결 방법

[4] 공교육체계에 편입된 종립학교의 학교법인이 가지는 '종교교육의 자유 및 운영의 자유'의 한계

[5] 종립학교가 고등학교 평준화정책에 따라 강제배정된 학생들을 상대로 특정 종교의 교리를 전파하는 종파교육 형태의 종교교육을 실시하는 경우, 그 위법성의 판단 기준

[6] 종립학교가 특정 종교의 교리를 전파하는 종파적인 종교행사와 종교과목 수업을 실시하면서 참가 거부가 사실상 불가능한 분위기를 조성하는 등 신앙을 갖지 않거나 학교와 다른 신앙을 가진 학생들의 기본권을 고려하지 않은 것은, 학생의 종교에 관한 인격적 법익을 침해하는 위법한 행위이고, 그로 인하여 인격적 법익을 침해받는 학생이 있을 것임이 충분히 예견가능하고 그 침해가 회피가능하므로 과실 역시 인정된다고 한 사례

[7] 학교의 학생에 대한 징계처분이 불법행위를 구성하기 위한 요건

[8] 교육감이 사립학교의 교육관계 법령 등 위반에 대하여 시정·변경명령 등 권한을 행사하지 않은 것이 직무상 의무를 위반한 것으로 위법하다고 인정되기 위한 요건

[9] 서울특별시 교육감과 담당 공무원이 취한 일부 시정조치들만으로는 종립학교의 위법한 종교교육이나 퇴학처분을 막기에는 부족하여 결과적으로 학생의 인격적 법익에 대한 침해가 발생하였다고 하더라도, 교육감이 더 이상의 시정·변경명령 권한 등을 행사하지 않은 것이 객관적 정당성을 상실하였다거나 현저하게 합리성을 잃어 사회적 타당성이 없다고 볼 수 있는 정도에까지 이르렀다고 하기는 어렵다고 한 사례

[판결요지]

(1) 기본권의 침해와 손해배상청구

[1] 헌법상의 기본권은 제1차적으로 개인의 자유로운 영역을 공권력의 침해로부터 보호하기 위한 방어적 권리이지만 다른 한편으로 헌법의 기본적인 결단인 객관적인 가치질서를 구체화한 것으로서, 사법을

포함한 모든 법 영역에 그 영향을 미치는 것이므로 사인 간의 사적인 법률관계도 헌법상의 기본권 규정에 적합하게 규율되어야 한다. 다만 기본권 규정은 그 성질상 사법관계에 직접 적용될 수 있는 예외적인 것을 제외하고는 사법상의 일반원칙을 규정한 민법 제2조, 제103조, 제750조, 제751조 등의 내용을 형성하고 그 해석 기준이 되어 간접적으로 사법관계에 효력을 미치게 된다. 종교의 자유라는 기본권의 침해와 관련한 불법행위의 성립 여부도 위와 같은 일반규정을 통하여 사법상으로 보호되는 종교에 관한 인격적 법익침해 등의 형태로 구체화되어 논하여져야 한다.

(2) 학생과 학교법인의 기본권 충돌과 그 위법성 판단

[2] 공교육체계의 헌법적 도입과 우리의 고등학교 교육 현실 및 평준화정책이 고등학교 입시의 과열과 그로 인한 부작용을 막기 위하여 도입된 사정, 그로 인한 기본권의 제한 정도 등을 모두 고려한다면, 고등학교 평준화정책에 따른 학교 강제배정제도에 의하여 학생이나 학교법인의 기본권에 일부 제한이 가하여진다고 하더라도 그것만으로는 위 제도가 학생이나 학교법인의 기본권을 본질적으로 침해하는 위헌적인 것이라고까지 할 수는 없다.

[3] 고등학교 평준화정책에 따른 학교 강제배정제도가 위헌이 아니라고 하더라도 여전히 종립학교(종교단체가 설립한 사립학교)가 가지는 종교교육의 자유 및 운영의 자유와 학생들이 가지는 소극적 종교행위의 자유 및 소극적 신앙고백의 자유 사이에 충돌이 생기게 되는데, 이와 같이 하나의 법률관계를 둘러싸고 두 기본권이 충돌하는 경우에는 구체적인 사안에서의 사정을 종합적으로 고려한 이익형량과 함께 양 기본권 사이의 실제적인 조화를 꾀하는 해석 등을 통하여 이를 해결하여야 하고, 그 결과에 따라 정해지는 양 기본권 행사의 한계 등을 감안하여 그 행위의 최종적인 위법성 여부를 판단하여야 한다.

[4] 고등학교 평준화정책 및 교육 내지 사립학교의 공공성, 학교법인의 종교의 자유 및 운영의 자유가 학생들의 기본권이나 다른 헌법적 가치 앞에서 가지는 한계를 고려하고, 종립학교에서의 종교교육은 필요하고 또한 순기능을 가진다는 것을 간과하여서는 아니 되나 한편으로 종교교육으로 인하여 학생들이 입을 수 있는 피해는 그 정도가 가볍지 아니하며 그 구제수단이 별달리 없음에 반하여 학교법인은 제한된 범위 내에서 종교의 자유 및 운영의 자유를 실현할 가능성이 있다는 점을 감안하면, 비록 종립학교의 학교법인이 국·공립학교의 경우와는 달리 종교교육을 할 자유와 운영의 자유를 가진다고 하더라도, 그 종립학교가 공교육체계에 편입되어 있는 이상 원칙적으로 학생의 종교의 자유, 교육을 받을 권리를 고려한 대책을 마련하는 등의 조치를 취하는 속에서 그러한 자유를 누린다고 해석하여야 한다.

[5] [다수의견] 종립학교가 고등학교 평준화정책에 따라 학생 자신의 신앙과 무관하게 입학하게 된 학생들을 상대로 종교적 중립성이 유지된 보편적인 교양으로서의 종교교육의 범위를 넘어서서 학교의 설립이념이 된 특정의 종교교리를 전파하는 종파교육 형태의 종교교육을 실시하는 경우에는 그 종교교육의 구체적인 내용과 정도, 종교교육이 일시적인 것인지 아니면 계속적인 것인지 여부, 학생들에게 그러한 종교교육에 관하여 사전에 충분한 설명을 하고 동의를 구하였는지 여부, 종교교육에 대한 학생들의 태도나 학생들이 불이익이 있을 것을 염려하지 아니하고 자유롭게 대체과목을 선택하거나 종교교육에 참여를 거부할 수 있었는지 여부 등의 구체적인 사정을 종합적으로 고려하여 사회공동체의 건전한 상식과 법감정에 비추어 볼 때 용인될 수 있는 한계를 초과한 종교교육이라고 보이는 경우에는 위법성을 인정할 수 있다.

(3) 이 사건 종교교육의 위법 여부에 관한 판단

[6] 종립학교가 고등학교 평준화정책에 따라 강제배정된 학생들을 상대로 특정 종교의 교리를 전파하는 종파적인 종교행사와 종교과목 수업을 실시하면서 참가 거부가 사실상 불가능한 분위기를 조성하고 대체과목을 개설하지 않는 등 신앙을 갖지 않거나 학교와 다른 신앙을 가진 학생의 기본권을 고려하지 않은 것은, 우리 사회의 건전한 상식과 법감정에 비추어 용인될 수 있는 한계를 벗어나 학생의 종교에 관한 인격적 법익을 침해하는 위법한 행위이고, 그로 인하여 인격적 법익을 침해받는 학생이 있을 것임이 충분히 예견가능하고 그 침해가 회피가능하므로 과실 역시 인정된다고 한 사례.

[7] [다수의견] (가) 학생에 대한 징계가 징계대상자의 소행, 평소의 학업 태도, 개전의 정 등을 참작하여 학칙에 정한 징계절차에 따라서 징계위원들이나 징계권자의 자율적인 판단에 따라 행하여진 것이고, 실제로 인정되는 징계사유에 비추어 그 정도의 징계를 하는 것도 무리가 아니라고 인정되는 경우라면, 비록 그 징계양정이 결과적으로 재량권을 일탈한 것으로 인정된다고 하더라도 이는 특별한 사정이 없는 한 법률전문가가 아닌 징계위원들이나 징계권자가 징계의 경중에 관한 법령의 해석을 잘못한 데 기인하는 것이라고 보아야 하므로, 이러한 경우에는 징계의 양정을 잘못한 것을 이유로 불법행위책임을 물을 수 있는 과실이 없다. 그러나 학교가 그 징계의 이유로 된 사실이 퇴학 등의 징계처분의 사유에 해당한다고 볼 수 없음이 객관적으로 명백하고 조금만 주의를 기울이면 이와 같은 사정을 쉽게 알아볼 수 있는데도 징계에 나아간 경우와 같이 징계권의 행사가 우리의 건전한 사회통념이나 사회상규에 비추어 용인될 수 없음이 분명한 경우에 그 징계는 그 효력이 부정됨에 그치지 아니하고 위법하게 상대방에게 정신적 고통을 가하는 것이 되어 그 학생에 대한 관계에서 불법행위를 구성하게 된다.
(나) 갑에 대한 퇴학처분은 그 징계의 이유로 된 사실이 퇴학처분에 해당한다고 볼 수 없음이 객관적으로 명백하고 징계권자 또는 징계위원들이 조금만 주의를 기울이면 이와 같은 사정을 쉽게 알아 볼 수 있음에도 징계에 나아간 것으로, 그 징계권의 행사가 우리의 건전한 사회통념이나 사회상규에 비추어 용인될 수 없음이 분명하여 갑에 대하여 불법행위가 된다고 본 사례.
(나) 갑에 대한 퇴학처분은 교사에게 불손하게 반항하였다는 징계사유와 아울러 징계양정의 자료로 삼을 수 있는 비위사실들을 감안하면, 그 징계처분의 이유로 된 사실만으로 징계대상이 된 학생이 개전의 가망이 없다고 단정하기에는 부족하여 퇴학처분이라는 징계양정이 과하다고 볼 수는 있을지라도, 그 징계에서 인정된 사실이 퇴학처분을 할 정도의 사유에 해당하지 아니함이 객관적으로 명백하였거나 징계권자 또는 징계위원들이 조금만 주의를 기울였더라면 이를 쉽게 알 수 있었던 경우에 해당한다고 보기는 어려워, 학교법인에게 징계의 양정을 잘못한 것을 이유로 불법행위책임을 물을 수 있는 과실이 있다고 볼 수 없다고 한 사례.
[8] [다수의견] 초·중등교육법은 제6조에서 사립학교는 교육감의 지도·감독을 받는다고 규정하고, 제7조에서 교육감은 학교에 대하여 교육과정운영 및 교수·학습방법에 대한 장학지도를 실시할 수 있도록 규정하고 있다. 또한 제63조 제1항에서 "관할청은 학교가 시설·설비·수업·학사 및 기타 사항에 관하여 교육관계 법령 또는 이에 의한 명령이나 학칙을 위반한 경우에는 학교의 설립·경영자 또는 학교의 장에게 기간을 정하여 그 시정 또는 변경을 명할 수 있다."고 규정하고 있다. 이러한 규정은 교육의 공공성을 고려하여 사립학교 교육에 있어서도 국가 교육이념을 실현하고 그 운영의 적정성을 확보하기 위한 것일 뿐 아니라 나아가 그러한 학교 운영을 통하여 학생 개개인의 균형 있는 정신적·육체적 발달을 도모하려는 취지라고 봄이 상당하다. 그러나 교육감이 위 법률의 규정에서 정하여진 직무상의 의무를 게을리하여 그 의무를 위반한 것으로 위법하다고 하기 위해서는 그 의무 위반이 직무에 충실한 보통 일반의 공무원을 표준으로 할 때 객관적 정당성을 상실하였다고 인정될 정도에 이르러야 한다. 또한 교육감의 장학지도나 시정·변경명령 권한의 행사 등이 교육감의 재량에 맡겨져 있는 위 법률의 규정 형식과 교육감에게 그러한 권한을 부여한 취지와 목적에 비추어 볼 때 구체적인 상황 아래에서 교육감이 그 권한을 행사하지 않은 것이 현저하게 합리성을 잃어 사회적 타당성이 없는 경우에 해당하여야만 교육감의 직무상 의무를 위반한 것으로서 위법하게 된다.
[9] 서울특별시 교육감과 담당 공무원이 취한 일부 시정조치들만으로는 종립학교의 위법한 종교교육이나 퇴학처분을 막기에는 부족하여 결과적으로 학생의 인격적 법익에 대한 침해가 발생하였다고 하더라도, 교육감이 더 이상의 시정·변경명령 권한 등을 행사하지 아니한 것이 객관적 정당성을 상실하였다거나 현저하게 합리성을 잃어 사회적 타당성이 없다고 볼 수 있는 정도에까지 이르렀다고 하기는 어렵다고 한 사례.

iii) 개인정보의 무단공개시 정보주체의 인격권과 공개자의 표현의 자유 간의 충돌이 문제된 사안에서 이익형량을 한 예도 있다. 대법원은 "개인정보에 관한 인격권 보호에 의하여 얻을 수 있는 이익(비공개 이익)과 표현행위에 의하여 얻을 수 있는 이익(공개 이익)을 구체적으로 비교 형량하여" 판단한다는 입장이다. 이 사안에서 변호사의 '인맥지수' 제공행위는 인격권 침해라고 인정되고 변호사들의 '승소율이나 전문성 지수 등'을 제공하는 행위는 인격권침해의 위법행위가 아니라고 판단하였다.

판례 대법원 2011.9.2. 2008다42430 전원합의체, 정보게시금지등, 변호사 정보제공(변호사 인맥지수 제공행위) 사건

[판결요지] [1] 정보주체의 동의 없이 개인정보를 공개함으로써 침해되는 인격적 법익과 정보주체의 동의 없이 자유롭게 개인정보를 공개하는 표현행위로서 보호받을 수 있는 법적 이익이 하나의 법률관계를 둘러싸고 충돌하는 경우에는, 개인이 공적인 존재인지 여부, 개인정보의 공공성 및 공익성, 개인정보 수집의 목적·절차·이용형태의 상당성, 개인정보 이용의 필요성, 개인정보 이용으로 인해 침해되는 이익의 성질 및 내용 등의 여러 사정을 종합적으로 고려하여, 개인정보에 관한 인격권의 보호에 의하여 얻을 수 있는 이익(비공개 이익)과 표현행위에 의하여 얻을 수 있는 이익(공개 이익)을 구체적으로 비교 형량하여, 어느 쪽의 이익이 더욱 우월한 것으로 평가할 수 있는지에 따라 그 행위의 최종적인 위법성 여부를 판단하여야 한다. 변호사 정보 제공 웹사이트 운영자가 변호사들의 개인신상정보를 기반으로 변호사들의 인맥지수를 산출하여 공개하는 서비스를 제공한 사안에서, 인맥지수의 사적·인격적 성격, 산출과정에서 왜곡 가능성, 인맥지수 이용으로 인한 변호사들의 이익 침해와 공적 폐해의 우려, 그에 반하여 이용으로 달성될 공적인 가치의 보호 필요성 정도 등을 종합적으로 고려하면, 운영자가 변호사들의 개인신상정보를 기반으로 한 인맥지수를 공개하는 표현행위에 의하여 얻을 수 있는 법적 이익이 이를 공개하지 않음으로써 보호받을 수 있는 변호사들의 인격적 법익에 비하여 우월하다고 볼 수 없어, 결국 운영자의 인맥지수 서비스 제공행위는 변호사들의 개인정보에 관한 인격권을 침해하는 위법한 것이다. * 4인 대법관의 반대의견 있음. [2] 변호사 정보 제공 웹사이트 운영자가 대법원 홈페이지에서 제공하는 '나의 사건검색' 서비스를 통해 수집한 사건정보를 이용하여 변호사들의 승소율이나 전문성 지수 등을 제공하는 서비스를 한 행위에 대한 판단 : 피고가 이 사건 사건정보를 이용하여 승소율이나 전문성 지수 등을 산출한 방법이 객관적으로 보편타당하고 충분한 방법이라고 할 수는 없지만, 사적인 법 영역에서도 헌법상 중요한 기본권의 하나인 표현의 자유를 보장하는 취지를 구현하기 위해서는 그 표현방법에 엄격한 기준을 적용하여서는 아니 된다. 또한 승소율이나 전문성 지수 등에 대하여 객관적으로 보편타당한 판단 기준을 설정하는 것에는 분명한 한계가 있을 뿐만 아니라, 피고가 그 산출의 근거와 방식 및 한계까지 이 사건 홈페이지에 공개하고 있어 이용자로서도 승소율이나 전문성 지수 등의 불완전성과 한계성을 알 수 있었을 것으로 보이며, 그 산출방법이 변호사마다 달리 적용되는 것도 아니다. 따라서 피고의 승소율이나 전문성 지수 등의 산출방법이 합리성을 잃었다고 볼 수도 없다. 나아가 법률수요자의 입장에서는 비록 피고가 제공하는 승소율이나 전문성 지수 등이 불완전한 정보라 하더라도 법률서비스의 중요성에 비추어 볼 때 법률서비스 제공자인 변호사의 능력과 자질에 대한 다방면의 검토가 필요할 것이며, 그러한 측면에서 위와 같은 정보도 참고할 수 있는 정도의 정보는 될 수 있고, 결국 그러한 정보의 취사선택은 법률수요자들에게 맡겨져야 할 것이다. 아울러 위와 같이 산출방법의 내역과 그 불완전성 및 한계성이 공개되어 있는 이상, 피고의 승소율이나 전문성 지수 등의 서비스 제공으로 인하여 원고들의 사회적·직업적 평가가 실제로 침해될 우려도 그다지 크다고 할 수는 없다. 공적 존재인 변호사들의 지위, 사건정보의 공공성 및 공익성, 사건정보를 이용한 승소율이나 전문성 지수

등 산출 방법의 합리성 정도, 승소율이나 전문성 지수 등의 이용 필요성, 이용으로 인하여 변호사들 이익이 침해될 우려의 정도 등을 종합적으로 고려하면, 웹사이트 운영자가 사건정보를 이용하여 승소율이나 전문성 지수 등을 제공하는 서비스를 하는 행위는 그에 의하여 얻을 수 있는 법적 이익이 이를 공개하지 않음으로써 얻을 수 있는 정보주체의 인격적 법익에 비하여 우월한 것으로 보여 변호사들의 개인정보에 관한 인격권을 침해하는 위법한 행위로 평가할 수 없다.

ⅳ) 대법원도 헌재처럼 "양심적 병역거부의 허용 여부는 헌법 제19조 양심의 자유 등 기본권 규범과 헌법 제39조 국방의 의무 규범 사이의 충돌·조정 문제가 된다"라고 본다.

판례 대법원 2018.11.1. 2016도10912 전원합의체, 양심적 병역거부와 병역법 제88조 제1항의 정당한 사유

[판결요지] [1] 양심에 따른 병역거부, 이른바 양심적 병역거부는 종교적·윤리적·도덕적·철학적 또는 이와 유사한 동기에서 형성된 양심상 결정을 이유로 집총이나 군사훈련을 수반하는 병역의무의 이행을 거부하는 행위를 말한다. 양심을 포기하지 않고서는 집총이나 군사훈련을 수반하는 병역의무를 이행할 수 없고 병역의무의 이행이 자신의 인격적 존재가치를 스스로 파멸시키는 것이기 때문에 병역의무의 이행을 거부한다는 것이다. 헌법상 국가의 안전보장과 국토방위의 신성한 의무, 그리고 국민에게 부여된 국방의 의무는 아무리 강조해도 지나치지 않다. 국가의 존립이 없으면 기본권 보장의 토대가 무너지기 때문이다. 국방의 의무가 구체화된 병역의무는 성실하게 이행하여야 하고 병무행정 역시 공정하고 엄정하게 집행하여야 한다. 헌법이 양심의 자유를 보장하고 있다고 해서 위와 같은 가치를 소홀히 해서는 안 된다. 따라서 양심적 병역거부의 허용 여부는 헌법 제19조 양심의 자유 등 기본권 규범과 헌법 제39조 국방의 의무 규범 사이의 충돌·조정 문제가 된다. [2] 피고인이 지방병무청장 명의의 현역병입영통지서를 받고도 입영일부터 3일이 지나도록 종교적 양심을 이유로 입영하지 않고 병역을 거부하여 병역법 위반으로 기소된 사안에서, 제반 사정에 비추어 피고인의 입영거부 행위는 진정한 양심에 따른 것으로서 구 병역법 제88조 제1항에서 정한 '정당한 사유'에 해당할 여지가 있는데도, 피고인이 주장하는 양심이 위 조항의 정당한 사유에 해당하는지 심리하지 아니한 채 양심적 병역거부가 정당한 사유에 해당하지 않는다고 보아 유죄를 인정한 원심판결에 법리오해의 잘못이 있다.

3. 판례에 대한 검토

(1) 헌재판례에 대한 검토

ⅰ) 먼저 헌재의 판례 중에는 "기본권의 서열이나 법익의 형량을 통하여 어느 쪽을 우선시키고 다른 쪽을 후퇴시킬 수는 없다고 할 것이다. 따라서 이러한 경우 헌법의 통일성을 유지하기 위하여 상충하는 기본권 모두가 최대한으로 그 기능과 효력을 발휘할 수 있도록 조화로운 방법을 모색하되, 법익형량의 원리, 입법에 의한 선택적 재량 등을 종합적으로 참작하여 심사하여야 한다"라고[1] 판시한 예가 있는데 이는 검토를 요한다. "어느 쪽을 우선시키고 다른 쪽을 후퇴시킬 수는 없다"라는 의미가 명확하지 않다. 이 문구는 상충되는 기본권 중 어느 한 기본권은 완전히 인정하고 다른 기본권은 완전히 그 효력을 부정하는 것을 의미하는 것으로 보인다. 왜냐하면 후퇴가 완전 후퇴가 아니라 일부 후퇴라면 비례원칙 등에 의한 조절이 가능

1) 헌재 2005.11.24. 2002헌바95, 판례집 17-2, 403면.

할 것이고 조화로운 해석방법을 취할 수 있을 것인데 판시는 “후퇴시킬 수는 없다고 할 것이다. 따라서 이러한 경우 … 상충하는 기본권 모두가 최대한으로 그 기능과 효력을 발휘할 수 있도록 조화로운 방법을 모색 … ”이라고 하고 있기 때문이다. 판시를 좀더 명확히하기 위해서는 ‘완전히’ 후퇴시킬 수는 없다고 하였어야 했다. 요컨대 상충에 있어서 어느 한쪽 기본권만을 인정할 경우가 아니라면 다른 한쪽 기본권이 조금만 인정되는 경우라도 조화적 해석을 하여야 한다는 것을 판례가 좀더 분명히 할 필요가 있다. * 위 지적은 대상 판시가 아래 유니온 샵 결정에서 나온 것이므로 아래 그 부분도 참조.

ii) 헌법재판소가 “두 기본권이 충돌하는 경우 그 해법으로는 기본권의 서열이론, 법익형량의 원리, 실제적 조화의 원리(=규범조화적 해석) 등을 들 수 있다”라고 설시한 판례는 실제적 조화의 원리 자체가 해법은 아니라는 점에서 문제가 있다.

규범조화적 방법을 적용한 것으로 평가되고 있는 반론권결정에서도 결국 그 해결은 비례(과잉금지)원칙에 따라 이루어졌는데 이는 위에서 지적한 대로 규범조화적 해석 자체가 해결을 가져오는 것이 아니라는 사실을 판례에서 실제로 보여주었다고 할 것이다.

iii) 흡연권결정은 상충해결에 있어서 서열이론이 처음으로 명시적으로 적용된 예이다. 그러나 흡연할 자유의 기본권성에 대해서는 논란이 있을 것인데 그 문제는 규범영역의 확정 문제로 위에서도 언급한 대로 상충해결 자체가 아니라 그 이전의 상충 여부에 대해서부터 논의하게 할 성질의 것이 되나 우리 헌법재판소는 행복추구권과 사생활의 자유를 근거로 비교적 간단히 기본권성을 인정하고 있다. 여하튼 상충상황이 있고 그 해결방법에 대해 살펴보는 것이 주 목적인 이번의 본 연구에서는 이 사례가 상충해결에서 어떠한 법리를 전개했는지를 보기 위해 일단 헌법재판소가 기본권으로 인정한 입장에서 그 해결법리에 국한하여 살펴보면, 첫째, 헌법재판소는 비흡연권(건강권)의 이익이 크고 흡연자와 비흡연자가 공존할 때 그 이익, 즉 건강의 보호는 열위의 기본권의 행사인 흡연행위를 막는 방법밖에 없기 때문에 열위의 기본권(흡연권)의 행사가 우위의 기본권(혐연권)을 위한 범위에서는 완전히 금지된다고 보아 양자택일의 해결을 하였다. 이로써 흡연권의 기본권성을 실제에서 많이 감쇄시킨 결과를 가져온다. 둘째, 그러면서도 흡연권 자체의 완전한 박탈을 받아들이지 않고 상충상황이 아닌 상황에서의 최소제한을 위한 비례원칙의 심사가 있었다. 이러한 심사에 대해서는 상충상황 자체에서 양자택일을 할 수밖에 없더라도 상충 외의 장에서 열위의 기본권이 보장될 수 있는 방안을 마련할 것을 의미한다.

iv) 유니온 샵 결정의 경우에 ① 근로자의 단결하지 않을 자유와 노조의 단결권 간의 충돌에 대해서는 기본권서열이론으로 해결하고 ② 근로자의 단결선택권과 노조의 단결권 간의 충돌에 대해서는 비례(과잉금지)원칙을 적용한 판단을 하여 결론을 내렸다. 그런데 ①의 판단에서 헌법재판소는 노조의 단결권이 더 중시된다는 이유로 근로자의 단결하지 않을 자유의 본질적 내용을 침해하지 않는다고 판시하는 데 그쳤으나 이는 판단이 충분하지 못했다. 왜냐하면 최소한의 제한에 그쳤는지 하는 비례원칙 심사가 필요하고 가능하기도 하였던 사안이었기 때문이다. 심판대상조문 자체도 단결하지 않을 자유를 완전히 박탈하고 있는 것은 아니다. 즉 심판대상조문은 모든 노동조합이 아니라 당해 사업장에 종사하는 근로자의 3분의 2 이상을 대표하는 노동조합의 경우에만 유니온 샵을, 그것도 유니온 샵이 당연히 인정되는 것이 아니라 단체협약의 체결로써 이를 할 수 있게 하고 근로자가 제명된 경우는 제외하고 근로자가 오직 자발적으로 탈퇴하거나 비가입한 경우에 한정하고 있으므로 이런 점들을 두고 최소침해원칙을 위배하였는지를 따져볼 수 있었다. 마냥 노조의 단결권이 근로자의 단결하지 않을 자유에 비해 중시된다고만 하고 후자를 일방적으로 희생시키는 것으로 판단하여 서열판단만으로 마무리할 사안이 아니었다. 위에서 언급한 대로 서열이론에 따라 어느 한 기본권이 우선하고 다른 기본권이 열위에 있다고 하더라도 그 열위의 기본권을 완전히 희생시키지 않을 수 있다면 최소한의 제한에 그치도록 노력하여야 하기 때문이다. 헌법재판소의 입장은 근로자의 소극적 단결권(단결하지 아니할 자유)을 생존권규정인 헌법 제33조 제1항의 단결권조항이 아니라 일반적 행동자유권 또는 헌법 제21조 결사의 자유를 근거로 한다고 하면서 헌법 제33조 제1항의 노조의 단결권은 헌법 제21조 결사의 자유의 특별법적 지위를 가진다고 보는 점을 그 논거로 하는 것으로 이해된다. 그러나 근로자의 소극적 단결권의 근거에 대해 헌법재판소의 그러한 입장을 받아들인다고 하더라도 헌법 제21조의 결사의 자유도 상당히 중요한 자유권이라는 점에서 최소한의 제한가능성 여부는 판단을 요하는 것이었다. 요컨대 근로자의 단결하지 않을 자유를 최소한으로 제한하는 방안이 없는지를 살펴보아야 하였고 그것은 당해 사안에서 가능했을 뿐 아니라 결국 이를 위해 법익형량방법, 비례원칙을 적용하여 판단하였어야 했다. ②에 대한 판단에 있어서 규범조화적 방법을 택한 이유를 밝히면서 "개인적 단결권이든 집단적 단결권이든 기본권의 서열이나 법익의 형량을 통하여 어느 쪽을 우선시키고 다른 쪽을 후퇴시킬 수는 없다고 할 것이다. 따라서 이러한 경우 헌법의 통일성을 유지하기 위하여 상충하는 기본권 모두가 최대한으로 그 기능과 효력을 발휘할 수 있도록 조화로운 방법을 모색하되(규범조화적 해석: 헌재 1991.9.16. 89헌마165, 판례집 3, 518, 528 참조), 법익형량의 원리, 입법에 의한 선택적 재량 등을 종합적으로 참작하여 심사하여야 한다"라고 판시하고 있다. 이러한 헌법재판소의 판시에 대해서는 다음과 같은 점들에서 문제가 있고 검토가 필요하다. 첫째, "어느 쪽을 우선시키고 다른 쪽을 후퇴시킬 수는 없다"라고 본 것은 상충되는 기본권들 간에 대등관계일 경우에만 규범조화적 해석방법이 적용될 수 있다고 보는 관념이 판례의 입장에 자리잡고 있는 것으로 이해하게 한다. 그러나 대등관계가 아니고 상충되는 기본권들 중 어느 한 기본권이 더 중요하여 이를 보다 더 보호하더라도 이를 규범조화적 해결이 아니라고 볼 것은 아니다. 50 대 50의 동등한 보호 내지 제한이 아니라 각 기본권들의 중요도와 법익에 상응하여 예를 들어 70 대 30의 보호를 해줌으로써 최적치를 구하는 것도 규범조화적 해결이 될 수 있다.

v) 헌재는 규범조화적 방법을 내세우면서 대개 비례(과잉금지)원칙 심사를 주로 하여 충돌에 대해 판단을 하여 왔다. 위 반론권결정, 유니온 샵 결정, 위 채권자취소권제도에 관한 결정, 안마사에 관한 결정, '알 권리'(정보공개청구권)와 사생활의 비밀과 자유 간의 상충에 관한 사안, 공개되지 아니한 타인 간의 대화를 녹음 또는 청취하여 지득한 대화의 내용을 공개하거나 누설한 자를 처벌하는 통신비밀보호법 규정에 의해 대화자의 통신의 비밀과 공개자의 표현의 자유라는 두 기본권의 충돌 사안 등에서 결국 비례심사로 해결한 예들을 보여주고 있다.

그 외에도 위에서 살펴본 다른 결정례 사안인 양심적 병역거부 사안, 학부모의 '교원의 교원단체 및 노동조합 가입에 관련된 정보'에 대해 알 권리와 교원의 사생활의 비밀과 자유, 개인정보자기결정권과의 충돌 사안 등에서도 역시 비례성심사를 하였다.

요컨대 위의 헌법재판소의 판례들에서는 결국 대부분 비례(과잉금지)원칙을 적용하여 상충문제를 해결하였거나 적용하여 해결할 수 있는 상황이었다. 기본권의 제한에 적용되는 원칙들의 하나가 비례원칙이라는 점에서 기본권상충도 종국적으로는 비례(과잉금지)원칙과 같은 기본권제한원칙들에 의해 해결한다는 점에서 앞서 우리가 언급한 대로 기본권의 상충문제를 기본권제한의 문제와 다른 성격의 것으로 볼 것이 아니라는 것을 실증하고 있다. 예를 들어 어느 개인의 사적 정보가 국민의 알 권리를 위하여 공개되면 상호 충돌이 있게 된다. 충돌의 문제가 있는가 하는 것은 제한(조절)의 필요성이 있는가를 의미할 뿐이다. 요컨대 결국 기본권상충은 기본권제한의 문제이면서 기본권상충에 대한 해결도 기본권제한의 방법에 따라 이루어진다고 볼 것이다. 위와 같은 지적이 있은 뒤[1] 최근에 헌법재판소 판례 경향은 비례원칙심사를 위주로 하고 있는 것으로 보인다.

헌재가 기본권상충해결에서 과잉금지원칙에 의존하는 경향이 주류라는 점에서 다음과 같은 점도 검토되어야 한다. 즉 헌재는 "조화로운 방법을 모색하되(규범조화적 해석), 법익형량의 원리 … 등을 종합적으로 참작하여 심사하여야 한다"라고 하여 결국 규범조화적 해석에 있어서 법익형량의 법리를 적용하여야 한다고 판시하였다. 이는 법익형량원리가 규범조화의 한 방법이 된다고 보는 입장이다. 그러면서도 그 다음의 판단에서는 전반적으로 주로 비례(과잉금지)원칙의 위배여부를 심사하였다. 이는 법익형량을 비례원칙과 동일시하는 것인지 아니면 비례원칙심사에 있어서 최소피해원칙의 준수 여부를 심사하는 가운데 법익형량을 묵시적으로 담고 있는 것인지 명확한 입장을 알 수 없다. 헌재가 유니온 샵 결정에서 "근로자의 단결선택권과

---

1) 졸고, 기본권의 상충에 관한 연구, 성균관법학 제19권 제2호, 2007, 29면 이하 참조.

노동조합의 집단적 단결권(조직강제권) 사이에 균형을 도모하고 있고"라고 하는 판시를 하고 있긴 하다. 우리는 앞서 각 기본권이 가지는 이익의 정도에 상응하게 각 기본권이 최소한으로 희생되도록 하는 방안을 찾기 위한 판단, 즉 규범조화를 위한 비례원칙의 준수 여부를 가리기 위한 한 과정으로서의 법익형량에 대해 지적한 바 있다. 여하튼 위 결정에서 헌재는 결국 비례원칙심사를 통해 합헌성을 인정하고 있다. 즉 조직강제의 목적의 정당성을 인정할 수 있다고 보았고, 문제의 심판대상규정의 방법이 그 목적을 달성하기 위하여 효과적이고 적절한 방법이며, 근로자의 단결선택권을 필요·최소한으로 제한하고 있다고 보았고, 근로자의 단결선택권과 노동조합의 집단적 단결권(조직강제권) 사이에 균형을 도모하고 있고, 상충·제한되는 두 기본권 사이에 적정한 비례관계도 유지되고 있다고 판단하여 결국 비례원칙심사를 한 것이다.[1)]

vi) 끝으로 헌법재판소는 입법자의 선택적 재량의 한계에 대해 심사하고 있다. 그러나 비례(과잉금지)원칙의 준수가 사실 입법자의 재량의 한계를 이루므로 이러한 심사는 사실상 불필요하고 중복된다. 당장 헌법재판소가 앞서 비례원칙심사에서 "유니온 샵 협정과 같은 단체협약상의 조직조항을 이용하는 것 외에 달리 실효성 있는 대체적 수단을 상정하는 것도 용이하지 않다"라고 판시하였는데 뒤의 입법자의 선택적 재량에 관한 심사에서도 "노동조합의 조직강제를 위하여 선택할 수 있는 여러 가지 수단 가운데 달리 더 유효·적절한 수단을 상정하기도 쉽지 아니한 점 등을 감안한다면, 이는 입법자에게 부여된 입법 선택적 재량의 범위를 벗어난 것이고 할 수 없다"라고 판시하여 그 취지가 같다.

(2) 대법원판례에 대한 검토

대법원의 판례도 이익형량, 조화적 방법에 의하여 최적실현의 경계획정을 한다는 것이므로 역시 기본권의 제한문제로 가게 됨을 보여준다(* 비례(과잉금지)원칙은 ① 목적의 정당성, ② 방법의 적절성, ③ 피해의 최소성, ④ 법익의 균형성, 이 4요소로 이루어진 기본권제한원칙인데 이에 대해서는 뒤의 기본권제한의 한계 문제에서 자세히 다루는 중요한 원칙이다. 후술 참조).

V. 근본적 검토

i) 기본권상충이란 결국 기본권제한을 가져오는 원인을 이룬다. 상충되는 기본권들의 각 주체에게 기본권의 희생을 요구하고 있기 때문이다. 충돌의 문제가 있는가 하는 것은 제한의 필요성이 있는가를 의미한다. 위의 여러 충돌사안들에서 예외없이 제한문제가 나온다. 예를 들어 반론권결정에서나 근로자의 단결선택권결정에서도 사실상 기본권들 간의 조절을 위해 기본

---

1) 이 부분 판시의 자세한 것은 판례집 17-2, 403-404면; 위 [결정요지] 참조.

권이 제한되고 이는 이 두 결정들에서도 기본권제한에 대해 적용되는 비례(과잉금지)원칙을 적용하고 있는 사실을 두고 보더라도 그러하다. 기본권상충이 어느 나라, 어느 시대에서나 나타나는 현상이라는 점에서 다른 나라의 이론을 참조하면, 예컨대, 프랑스에서 학자들은 기본권제한의 사유로 기본권상충의 현상인 기본권공존(coexistence des libertés)에서의 대립을 들고 있고,[1] 기본권제한이 이루어지는 한 경우로 기본권상충을 해결하는 기본권조절을 들고 있기도 하다.[2]

ii) 기본권상충의 해결에 있어서 가능한 한 어느 한 기본권을 완전히 희생시키지 않고 각각의 기본권에 대해 최소한의 희생을 요구하는 데 그치도록 하여야 한다. 그리하여 전체적으로 최대한의 기본권보장이 이루어지도록 하여야 한다. 따라서 상충되는 기본권들에 대한 최소한의 제한을 가져오는 방법을 찾는 것이 결국 중요한 관건임을 알 수 있다. 그 점에서도 기본권제한에서와 다르지 않다. 서열이론, 법익형량론도 상충되는 기본권들 모두가 가능한 한 최대한 보장되고 최소한의 제한에 그치게 하는 방향으로 적용되어야 하고, 비례(과잉금지)원칙의 적용을 요구하는 것도 결국 그것 때문이다.

iii) 이처럼 기본권상충의 해결을 위한 과정은 각 기본권의 최소한 희생으로 최적치를 가져오게 하는 것으로 상충되는 기본권들 간의 조절을 수행하는 것이다. 기본권상충에 있어서 이의 해결은 각 기본권주체의 입장에서는 기본권의 제한을 받는 것이고 이를 제한하는 입법자 등의 입장에서는 상충되는 기본권주체들 간의 기본권조절을 수행하는 것이 된다. 기본권상충의 해결이 기본권제한의 문제이고 그 해결은 기본권들 간의 조절로서의 의미를 가진다는 점에서 오늘날 기본권제한은 일방적 기본권침해가 아니라 기본권의 최대한의 보장을 위한 기본권조절로서의 의미를 가지는 것이다.[3] 기본권의 조절은 각 기본권의 최대한 보장이라는 점에서 기본권의 실효성을 가져오기 위한 것이기도 하다.[4]

iv) 위와 같은 파악은 기본권상충의 해결을 위해서도 결국 기본권제한의 법리가 적용된다는 것을 의미한다. 기본권상충의 해결이 최소한의 희생을 지향하고 기본권제한에 있어서의 핵심도 최소한의 제한에 있다는 점을 보더라도 그러하다. 실은 규범조화적 해석을 위한 방법론의 하나로 들려지고 있는 비례(과잉금지)원칙 방법도 우리 헌법재판소가 기본권제한의 법리로서 확립하여 적용하고 있는 법리라는 사실에서도 그러하다. 그리고 위에서 행한 헌법재판소의 판례에 대한 검토에서 나타났듯이 실제에 있어 비례(과잉금지)원칙을 적용하여 상충문제를 해결한

---

1) J. Rivero et H. Moutouh, 앞의 책, 164면 이하 참조.

2) J. Morange, Droits de l'Homme et Libertés publiques, 5e éd. revue et augmentée, P.U.F., Paris, 2000, 423면 이하 참조.

3) 이러한 지적에 관해서는 졸저, 기본권연구 Ⅰ, 길안사, 1999, 345면 이하 참조.

4) 기본권의 조절이란 조절되는 권리들의 실효성 그 자체(effectivité même)라고 보는 견해로, V. Saint-James, La Conciliation des Droits de l'Homme et des Libertés en Droit public français, P.U.F., Paris, Publications de la Faculté de droit et des Sciences économiques de l'Université de Limoges, 1995, 470면 등 참조.

예들도 그 점을 보여주고 기본권의 상충문제를 기본권제한의 문제와 다른 성격의 것으로 볼 것이 아니라는 것을 실증하고 있다.

요컨대 결국 기본권상충에 고유한 또는 특유한 해결방법이 있다고 볼 것이 아니라 기본권상충에 대한 해결도 기본권제한의 방법에 따라 이루어진다고 볼 것이다.[1] 헌재도 기본권충돌의 문제를 기본권제한의 일반원칙을 해결한다는 취지로 판시한 예가 있다. 헌재는 "검열의 성격을 띠지 아니한 심사절차의 허용 여부는 표현의 자유와 이와 충돌되는 다른 법익 사이의 조화의 문제이므로 헌법상의 기본권제한의 일반적 원칙인 헌법 제37조 제2항에 의하여 상충하는 다른 법익과의 교량과정을 통하여 결정된다 할 것이다"라고 판시한 바 있다.[2] 그리하여 충돌되는 기본권들의 실질적인 중요도(서열)를 살펴 각각의 법익의 정도를 측정, 비교하고 각 기본권의 법익의 정도에 상응하는 제한과 보호를 가져오게 하며 전체적으로 최소한의 제한과 최대한 보호가 되도록 한다. 충돌되는 기본권에 있어서 그 해결을 위한 제한에 있어서 헌재가 비례원칙이 적용될 사안이라고 판단하면 각 기본권이 제한되는 정도를 최소화하기 위한 비례(과잉금지)원칙을 적용한다. 물론 어느 정도의 강도나 밀도의 비례원칙을 요구할 것인지 그리하여 일반적으로 불려온 비례심사를 할 것인지 여부, 또는 그렇지 않고 어떤 내용의, 어느 정도 강도의 비례원칙심사를 할 것인지가 사안에 따라 달라질 수 있을 것이다. 중요도와 법익의 비교, 비례(과잉금지)원칙의 적용에서 어느 한 기본권을 우선하여야 하더라도 다른 기본권을 가능한 한 최소한의 범위에서 제한하도록 하여야 하고 본질적 내용을 침해하지 않아야 한다. 상충에서의 실질적 중요도(서열)에 대한 파악과 법익형량은 각각의 기본권을 어느 정도까지 제한하는 것이 피해최소성을 갖추는 것인지에 대한 측정과 판단을 위한 것이라고 볼 것이다.

v) 한편 비례(과잉금지)원칙 등 기본권상충의 해결방법은 그 상충을 위한 조절에서의 한계를 이루는 것이기도 하다. 또한 상충해결을 위한 조절에 있어서 기본권의 본질적 내용을 침해할 수 없다는 것도 한계를 이룬다. 하위의 기본권이라도 상충해결에 있어서 그 본질적 내용을 침해하여서는 아니 된다. 이러한 한계는 결국 우리 헌법 제37조가 기본권제한의 한계로서 본질적 내용의 침해금지를 명시하고 있으므로 기본권상충의 해결이 기본권제한의 문제임을 의미하는 것이기도 하다. 그런데 기본권상충해결에 있어서 본질적 내용의 보장에 있어서 사실 예외적이긴 하지만 어려운 경우가 나타날 수 있다. 즉 상위의 기본권의 보장을 위하여 하위의 기본권의 본질적 내용까지도 제한되는 경우가 나타날 수 있다. 상충되는 상황에서 본질적 내용을 보호하지 못할 상황이라면 가능한 한 그 상충 외의 영역에서 본질적 내용을 보장하는 방

1) "우리나라에서는 일반적 제한원리로 헌법 제37조 2항의 일반유보에 따라 이익형량과 과잉금지, 비례의 원칙으로서 처리할 수 있기 때문에 (기본권상충은) 특별히 논란할 필요가 없다"라고 보는 견해로, 김철수, 416, 418면 참조.

2) 헌재 1996.10.4. 93헌가13, 판례집 8－2, 224면.

안을 강구하여야 한다. 그러한 예로, 위의 흡연권결정에서 보았듯이 흡연권은 비흡연자와 함께 있을 때 전혀 보장될 수 없는 것인데, 다만, 비흡연자와 함께 있지 않은, 즉 비상충상황에서 보장이 이루어진다. 그러나 어느 기본권의 본질적 내용을 침해할 수밖에 없고 상충을 벗어날 수도 없는 경우에 해결과 조절의 방법을 찾기가 어렵다는 점에서 사실 기본권상충해결론의 현실적 한계가 있다. 예를 들어 임신중절을 하지 않을 경우에 모의 생명유지가 어려울 경우에 본질적 내용만으로 이루어진 두 생명권이 상충하고 자의 생명권을 보호하면 모의 생명권을 상실하게 된다. 이러한 문제는 종전에도 기본권제한에서의 한계 문제로 이미 거론되어 왔던 문제이다.

vi) 기본권상충에서의 조절은 입법자, 행정청, 그리고 자주 재판관에 의하여 이루어진다.[1] 이 점 기본권의 제한도 입법자, 행정청에 의해, 그리고 재판을 통해 실질적으로 이루어진다는 점에서도 기본권상충해결에 관한 판단을 하는 주체와 차이가 없고 이 점 또한 기본권상충에서의 조절은 기본권제한의 의미를 가짐을 볼 수 있다. 행정은 법집행작용이고 행정이 기본권제한을 하려면 법률에 근거를 두어야 하므로 일차적으로는 입법자에 의한 조절이 이루어진다.[2] 헌법 제37조 제2항도 기본권제한을 법률로써 하도록 규정하여 원칙적으로 입법자에 의한 조절이 이루어진다. 조절을 함에 있어서 입법자의 입법재량이 인정될 수 있을 것이나 재량에도 한계가 있다.

입법자의 조절은 위헌법률심판의 기회에 헌법재판소에 의한 통제를 받게 되고 이로써 이차적으로 헌법재판소에 의한 조절이 이루어질 수 있다. 법원에 의해서도 조절이 이루어질 수 있는데 법원은 추상적인 법률을 집행한 행정처분 등에 대해 그 법률적용이 타당하였는지를 검토하면서 보다 구체적인 법익형량에 들어갈 수 있다.

제8절 기본권의 서열(우열)관계 문제[3]

Ⅰ. 문제의 제기 : 서열관계의 인정여부

기본권이 상충할 때 그 기본권들 간에 조절을 하여 상충을 해결함에 있어서 모두 동등하게 보호할 것인지 아니면 어느 기본권의 우월성을 인정하여 보다 더 많은 보호를 하고(보다 덜

---

1) J. Morange, 앞의 책, 423면.

2) B. Genevois, La Jurisprudence du Conseil constitutionnel – Principes directeurs, Éd. STH, Paris, 1988, no342, 205면; G. Drago, La conciliation entre principes constitutionnels, D.S., chr., 1991, 267면.

3) 이에 관한 본격적인 국내논문은 드물다. 졸고, 기본권 규범간의 우열관계 여부에 대한 논의 – 프랑스에서의 논의, 세계헌법연구(세계헌법학회 한국학회 회지) 제4호(1999. 8) 참조.

제한하고) 다른 기본권은 덜 보호할(보다 더 제한할) 것인지 하는 선택의 문제가 있다. 이러한 선택에 있어서 기본권의 중요도에 따라 어느 기본권을 더 희생되게 하고 덜 희생되게 할 것이고 이러한 중요도가 결국은 기본권들 간에 서열관계(hiérarchie)를 의미한다. 그러나 이러한 서열관계가 어떠한 것인지에 대해서는 아직까지 많은 연구가 이루어지지는 않았다. 문제는 서열관계가 고정되어 있어 이에 따라 결정되는 것인지 아니면 기본권들 간에 서열관계가 사안에 따라 유동적일 수 있는가 하는 것이다. 기본권규범의 서열관계에는 형식적 서열관계와 실질적 서열관계가 있다.

II. 기준과 판별 방법

1. 형식적 서열관계와 실질적 서열관계

서열관계를 보는 관점 내지 준거에 따라 형식적 서열관계를 인정하는 학설과 이를 부정하면서도 실질적 관점에서 서열관계를 인정하는 학설이 있다. 형식적 서열관계(hiérarchie formelle)는 법규범의 형식, 즉 헌법전, 법률, 명령 등 규범형식 내지 법규범의 정립기관 등에 따른 우열관계를 말한다(물론 헌법전에 있는 헌법규범이 형식상 가장 높다). 실질적 서열관계(hiérarchie matérielle)는 헌법규범이 존재하는 형식을 묻지 않고 법규범의 내용과 그 구체적 사안에 따라 또는 그 법규범이 보장되는 정도가 강한가 약한가에 따른 우열관계를 말한다.

2. 고정적 서열관계 여부

기본권의 서열관계가 고정적이어서 어떠한 사안에서도 그러한 우열관계에 따라 해결될 것으로 볼 것인지 아니면 기본권의 서열관계는 개별적인 사안들에서 달라질 가능성이 있는 것인지에 따라 서열관계의 적용이 달라질 수 있다.

3. 우리 판례의 경향

서열관계를 인정하는 견해에 따르면 하위의 헌법규정이 상위의 헌법규정에 반해서는 안되고 하위의 헌법규정이 상위의 헌법규정에 반하는지를 심사할 수 있다고 보게 된다. 그런데 우리 헌재는 헌법규정이 위헌심사대상이 되는지가 논란된 국가배상법결정에서 헌법의 개별규정 상호간의 효력의 차이를 인정하는 전제하에서 상위의 헌법규정에 위배되는 하위의 헌법규정은 위헌으로 위헌심사의 대상이 된다는 견해가 있을 수는 있으나 각 개별 헌법규정에 "그 효력상의 차이를 인정하여야 할 형식적인 이유를 찾을 수 없다"라고 하면서 헌법규정이 위헌심사의 대상이 되지 못한다는 입장을 보여준 바 있다.[1)] 그러나 헌법재판소는 흡연권 판례 등

위에서 본 기본권상충에 관한 결정례들에서(전술 기본권상충 부분 참조) 사실상 서열을 인정하는 예를 보여준 바 있다. 따라서 그리고 위 국가배상법결정이 헌법규정에 대한 위헌심사가 가능한가 하는 문제를 중심에 두고 판시되었다는 점을 감안한다면 결국 우리 헌법재판소는 실질적인 서열관계를 인정하고 있다고 볼 것이다.

4. 소결

법의 단계구조적인 관점에서 형식적 서열관계를 긍정할 수 있을 것이다. 즉 이는 헌법, 법률, 명령으로 내려가는 법단계구조상의 우열관계이다. 그러나 성문헌법국가일지라도 성문헌법 외에 실질적 의미의 헌법이 법률 등 하위형식의 법에도 헌법적 내용이 담겨져 있을 수 있으므로 그 구분이 쉽지 않다. 또한 성문헌법전 내에서의 헌법규정들 간에도 우열관계가 있다고 볼 것이므로 형식적 서열관계를 인정한다고 하여 문제가 해결되는 것은 아니다. 모두 다 형식은 성문헌법전 내의 헌법규정이기 때문이다.

실질적 서열관계라 함은 구체적인 사안별로 그 우열을 가릴 수 있는 서열관계가 있다고 보는 입장인바 형식적 서열관계를 인정하지 않는 입장에서도 헌법재판관에 의하여 각 헌법규범, 기본권규범이 인정받는 중요성의 정도, 그리고 그로써 보장되는 정도에 차이가 있다는 점에서 실질적 서열관계(hiérarchie matérielle)를 인정하는 견해들이 적지 않다. 기본권 상충이 어떠한 기본권들 간에 또 어떠한 상황에서 일어나는 것인지에 따라 문제되는 기본권들 간의 우열관계가 달리 나타날 수도 있다.

결국 다음과 같이 정리된다. 먼저 상위의 가치를 가지는 우월적인 기본권들에 대해 고정적인 위치를 인정하여야 할 경우가 있다. 생명권과 같은 인간의 존엄·가치권의 핵심적 내용을 이루는 기본권의 경우가 그러하다. 상위의 가치를 가지는 기본권 외에 많은 기본권의 경우에는 실질적인 서열관계에 따라서 우열이 가려지게 된다.

5. 판별 방법

기본권의 우열이 한 사회의 한 시기에서의 정치·경제적 철학에 달려 있다고 본다면 그 기본권의 목록은 고정적이지 않고 변화를 보이게 될 것이다.[1] 따라서 실질적인 서열관계를 가려내는 것이 쉽지 않다. 일반적인 방법을 보면, ① 인간의 존엄과 가치, 생명권과 같은 기본권들이 상위에 있으므로 그 우월성을 인정하여야 한다. 이는 인간의 고유하면서 인간의 존재 그 자체의 존속을 좌우하는 기본권들이기 때문이기도 하다. 생명권과 같은 경우에는 그 우선적

---

1) 헌재 1995.12.28. 95헌바3, 헌재판례집 7-2, 841면.
1) G. Burdeau, 앞의 책, 22면.

보호가 시대를 초월해서 달라지지는 않는 것이라고 볼 것이다. 생명권에 대해서도 오늘날 존엄사, 안락사, 낙태, 인공수정, 인간복제 등의 문제들이 나타나고 있긴 하다. ② 대체적으로 신체적 자유가 기초적 기본권으로서, 그리고 정신적 영역의 기본권들이 경제적, 물질적 기본권들보다 상위에 있다고 볼 것이다. 그러나 상황에 따라 정신적 자유가 반드시 경제적 자유(예를 들어 기초소득을 얻기 위한 직업의 자유)보다 우월하다고 볼 수 없는 경우도 있을 수 있다. ③ 목적적인 기본권들이 수단적 기본권들보다 상위에 있다고 볼 것이다. ④ 보충적 기본권보다 개별적 기본권이 더 우선해서 적용될 수 있다. ⑤ 또한 특별조항우선의 원칙 등의 방법으로 판단할 수 있을 것이다. 예를 들어 언론·출판의 자유에 대한 허가와 검열의 금지규정인 헌법 제21조 제2항은 일반적인 기본권제한의 법률유보규정인 헌법 제37조 제2항에 우선하는 특별규정으로서 언론·출판의 자유가 특별히 더 강한 보장을 받음을 의미한다. ⑥ 신법우선의 원칙의 적용을 고려할 수 있을 것이나 신법이 반드시 우선하는 것은 아니라는 점에서 항상 적용될 수 있는 것은 아니다.

헌법규범들이 확대되어 인정됨으로 인하여 그 규범들 간의 서열관계를 가려내는 것이 점점 더 어려워질 수도 있다.[1)]

유의할 것은 어느 기본권이 서열상 우월하다고 하여 충돌하는 다른 기본권이 전적으로 희생되어야 하는 것은 아니다.

기본권규범의 우열관계는 오늘날 국제적인 기본권보장의 경향에 비추어 국제법과의 관계에서도 어려운 문제들을 가져온다. 국제조약의 헌법적 효력의 인정과 국제조약을 기준으로 하는 헌법재판의 가능성 등의 문제가 논의되고 있다. 우리 헌법재판소는 국제조약들에 대하여 헌법재판의 규범으로 적용하는 데 소극적인 편이다[2)](헌법총론 국제질서 참조).

---

1) J.－M. Auby, Sur l'étude de la hiérarchie des normes en droit public, Eléments de problématique, Mélanges dédiés à Robert Pelloux, Ed. L'Hermès, Lyon, 1980, 27면.

2) 예컨대, 헌재 1991.7.22. 89헌가106, 사립학교법 제55조·제58조 제1항에 대한 위헌심판, 판례집 제3권, 426－429면; 헌재 1998.7.16. 97헌바23, 구 형법 제314조 위헌소원, 판례집 제10권 2집, 265면 등 참조.

제7장 기본권의 제한

제1절 서설

Ⅰ. 기본권제한이론의 의미

1. 기본권제한의 개념과 필요성

기본권의 제한이란 어떤 기본권이 가지는 내용, 보호범위 또는 그 효력을 축소하는 것을 말한다. 우리 헌법 제10조 후문은 개인이 가지는 "기본적 인권"을 "불가침"이라고 규정하고 있는데 이러한 불가침을 명시하고 있으면서도 어떻게 헌법은 그 제한의 법리를 규정할(제37조 제2항) 수 있을까 하는 의문을 가질 수 있다. 그러나 인간들이 고립되어 살아가는 것이 아니라 사회 속에서 다른 사람들과 더불어 삶을 영위하여 가면서 여러 사람들과의 관계가 형성될 수밖에 없고 이런 관계 속에서 어느 사람의 영업의 자유로 발생하는 소음 때문에 다른 사람의 환경권이 침해될 수 있는 예에서 보듯이 어느 한 사람의 기본권의 행사가 다른 사회구성원들의 기본권들과 공익에 영향을 미치는 상황이 생기기도 한다. 앞서 기본권분류이론에서 개인적 자유와 사회적 권리의 문제 등에 대한 검토에서도 살펴보았듯이 기본권은 고립된 개인의 권리가 아니라 다른 여러 사회구성원과 더불어 살아가는 가운데의 권리이다. 물론 절대적으로 보장되어야 할 기본권의 내용이 있기도 하지만 각자의 모든 기본권을 절대적으로 고집할 수만은 없고 다른 사람들의 기본권들과 조절이 되어야 한다. 바로 여기서 여러 사람들 간의 기본권의 조절, 공익의 달성 등을 위한 기본권제한의 필요성이 나타난다. 기본권을 행사하려는 각각의 개인의 주관적 입장에서 바라볼 때에는 제한이라는 효과로 나타나지만 다른 사람들의 기본권들과의 관계에서 볼 때에는 조절의 문제가 된다. 기본권이 불가침의 권리라고 하더라도 현실적으로 조절할 수밖에 없는 경우가 나타나므로 결국 헌법 제10조에서의 불가침이란 절대적이란 의미가 아니라 기본권의 최대한의 존중을 의미한다고 볼 수밖에 없다. 따라서 제한의 관념

보다는 조절이라는 관념이 불가침이란 말에 더 충실할 수 있다고 볼 것이다. 우리 제헌헌법과 제2공화국헌법 제1장 총강 제5조는 "대한민국은 정치, 경제, 사회, 문화의 모든 영역에 있어서 각인의 자유, 평등과 창의를 존중하고 보장하며 공공복리의 향상을 위하여 이를 보호하고 조정하는 의무를 진다"라고 규정하여 국민들의 권리 간의 조정의무를 국가에 지우는 명시적 규정을 두고 있었다.

* 용어의 문제 – '침해'와 '제한' – 기본권의 '침해' 여부라고 하거나 기본권의 '제한' 여부라고 하여 침해와 제한이라는 용어가 혼용되기도 한다. 헌재의 판례에서는 기본권이 제한받을 수도 있는데 그 제한의 방법과 정도가 헌법이 인정하는 범위를 벗어난 위헌적이면 '침해'라고 좁게 말하는 경향을 보여준다. 따라서 합헌적 제한이란 말은 성립되나 합헌적 침해라는 말은 성립되지 않는다고 보는 것이다. 그런데 이를 구별하지 않고 사용하기도 한다.

예시 헌재 2019.6.28. 2017헌바135. [결정요지] 심판대상조항은 … 도시철도운영자 등의 직업수행의 자유를 제한한다. … 심판대상조항은 과잉금지원칙을 위반하여 도시철도운영자 등의 직업수행의 자유를 침해하였다고 볼 수 없다. 5. 결론 그렇다면 심판대상조항은 헌법에 위반되지 아니하므로 관여 재판관 전원의 일치된 의견으로 주문과 같이 결정(합헌결정)한다.

2. 최대 보장을 위한 최소·최적의 조절적 제한

기본권의 제한은 가능한 한 어느 기본권주체에 대한 일방적인 희생의 강요가 아닌 최소한의 희생에 그치도록 하고 어느 한 개인이 다른 개인에 비해 불리하게 작용하지 않도록 그 제한을 최소화하고 개인의 기본권이 최대한 행사될 수 있도록 조절하는 것이어야 한다. 즉 기본권의 최적치(optimum)를 찾기 위한 노력이어야 하고 사회구성원 모두의 기본권이 최적의 보호를 받을 수 있는 결과를 가져오게 하여야 한다. 기본권제한의 필요성이 있더라도 각 기본권에 최소한의 침해가 되는 것에 그치도록 함으로써 총체적으로 보다 극대화된 기본권보장이 이루어질 것을 요구한다. 기본권을 불가피하게 제한하여야 하더라도 최대한 그 피해가 적은 결과를 가져오는 제한이어야 하고 그리하여 이는 결국 제한이 최대한의 보장의 관념으로 이끌어지게 하는 것이다. 따라서 기본권의 제한 문제를 기본권의 침해문제가 아니라 기본권을 최대한 보장하기 위한 문제로 파악하는 시각이 필요할 것이다. 어느 사람의 기본권에 대한 제한으로 보다 더 큰 공익을 보호할 수 있다면(예를 들어, 조세는 납부하는 개인에게는 재산권의 제한이 되나 담세능력에 따라 최소한의 조세를 거둠으로써 그 조세로 중요한 공익사업을 수행할 수 있는 경우) 그리고 어느 기본권의 제한이 사실상 다른 기본권들의 신장을 가져오게 한다면 그리고 그 제한이 최소한에 머문다면 기본권의 제한을 침해라는 소극적 시각보다는 발전적 시각에서 이를 바라볼 수 있을 것이다.

요컨대 중요한 것은 어떻게 하면 가능한 한 각자에게는 최소한의 기본권침해가 되면서 전체적으로는 보다 최대한의 기본권보장이 되도록 하느냐 하는 제한의 범위를 찾느냐 하는 문제이다(그것은 또한 헌법이 용인하는 기본권제한의 범위를 찾는 것이다).

3. 기본권의 보호영역(보호범위)과 기본권제한

기본권제한 문제를 판단함에 있어서 기본권의 보호영역(보호범위)을 정하는 것이 먼저 요구된다. 예를 들어 직업의 자유에 대한 제한문제에 있어서 제한받는 행위가 직업의 자유가 보호하는 영역에 속하는 것인지를 먼저 파악하게 된다. 그 보호영역의 파악을 위해서는 직업의 개념이 무엇인지를 살펴보게 된다. 직업의 개념이 어떠한가에 따라 그 보호영역도 달라지기 때문이다. 헌법이 직접 많은 기본권들에 대해 그 개념과 보호범위의 확정을 명시하고 있지 않으므로, 예를 들어, 양심, 거주, 주거, 언론, 통신, 사생활, 재산권, 종교 등에 대해 그 보호범위를 해석하여야 할 필요가 생긴다. 기본권의 보호영역은 기본권의 구성요건이라고도 한다.

Ⅱ. 기본권제한이론의 임무(기능)

1. 기본권제한의 남용방지와 기본권신장

기본권제한이론은 기본권의 제한을 가능한 억제하고 제한의 남용을 방지하기 위한 원칙들을 설정하여야 한다. 바로 이 점에서 기본권의 제한론에 있어서는 제한 그 자체보다 제한의 범위나 방법 등에 대한 한계를 설정하는 법리가 그 중심적 내용이 된다.

기본권의 제한은 제한필요성이 있더라도 가능한 최소한의 제한에 그치도록 함으로써 기본권의 신장을 가져오는 것이어야 한다. 예를 들어 중요한 공익인 청소년보호를 위해 어느 영업에 대한 금지가 필요하여 제한하더라도 전면금지가 아닌 청소년의 출입가능성이 있는 일정 시간대, 일정 지역에서만의 금지로 목적달성이 된다면 중요한 공익을 실현하면서도 그 정도의 최소제한에 그침으로써 기본권의 최대보장을 기할 수 있을 것이다. 기본권의 조절에 있어서 어느 기본권의 일방적 희생이 아니라 각 기본권의 최소한의 제한이 될 수 있게 조절하는 것이 필요하다.

2. 예방적 기능

기본권제한의 원칙은 기본권제한의 헌법적 한계를 미리 설정하여 놓고 그 한계를 벗어난 제한을 하지 못하게 함으로써 자의적(恣意的)인 기본권제한을 사전에 방지할 수 있게 하며 그리하여 위헌적인 기본권침해로부터 기본권을 예방하는 기능을 수행할 수 있도록 한다. 기본권이 침해된 뒤에 기본권을 구제하는 것에 비해 사전적인 예방이 기본권보장에 더욱 효율적임은 당연하다.

3. 분배의 기능

기본권의 조절, 제한은 분배의 의미를 가지기도 한다. 특히 공공복리를 위한 제한이나 조절의 경우는 더욱 그러하다. 자유권과 생존권 간의 충돌에 있어서는 생존권을 우선하여 분배를 실현하겠다는 헌법의 의지가 나타난다. 헌법은 재산권을 공공복리에 적합하게 행사하도록 하는데 재산권은 자유권이고 이 자유권을 공익을 위해 제한하는 것이다. 경제의 자유를 무한정 인정함으로 해서 발생할 수 있는 시장의 독과점을 막으려고 시장에 대해 규제를 가하고 이로써 경제적 자유를 제한하게 된다. 그러나 이러한 제한은 시장기능의 회복을 통하여 필요한 물품을 사회구성원들이 원활하게 구입할 수 있게 하여 결국 다른 사회구성원들의 복지를 배려하고 이들에게 사회적 이익을 배분해주기 위한 것이기도 하다.

Ⅲ. 기본권제한의 유형

기본권제한의 유형은 여러 기준에 따라 분류될 수 있을 것이다.

1. 공권력에 따른 제한

입법에 의한 제한, 행정권에 의한 제한, 사법권에 의한 제한이 있다. 상대적으로 주로 입법에 의한 제한과 행정에 의한 제한이 많이 이루어져 왔는데 행정은 법률이 위임하여야(법률에 근거가 있어야) 제한할 수 있다(제75조). 사법적 제한은 재판을 통하여 기본권제한을 가져오는 조치를 인정할 수 있다(예를 들어 형벌을 부과하는 판결, 납세의무를 확인하는 판결 등). 사법은 침해된 기본권을 구제하는 기능을 한다.

2. 규범에 따른 제한

헌법이 직접 하는 제한, 법률에 의한 제한, 행정입법에 의한 제한, 자치입법에 의한 제한 등을 들 수 있다. 행정입법, 자치입법은 법률의 위임을 받아야 기본권제한에 관한 규정을 둘 수 있다.

3. 시간적 제한

기본권행사가 있기 전에 이루어지는 제한인 사전적·예방적(억제적)인 제한과 기본권행사가 이루어진 후 그 행사가 법이 설정한 한계를 벗어난 경우에 형사처벌 등의 제재를 가하는 사후억제적 제한으로 나눌 수 있을 것이다. 사전억제적 방식은 자유주의의 이데올로기에는 친숙하지 못한 것이라고 볼 것이어서 예외적으로 행해져야 한다. 그리고 사전억제가 허용되는 영역도 있을 것이나 정신적 영역에서는 허용이 어렵다(언론·출판에 대한 사전검열, 허가의 금지).

4. 인적(人的)인 제한

공무원, 외국인에 대하여는 일반 국민의 제한보다도 더 강하게 기본권의 행사에 있어서 제약을 받는다. 종래 우리나라에서는 이러한 공무원, 외국인에 대하여는 이른바 기본권의 '주체'(主體)의 문제로 다루어 왔으나 우리는 이를 제한의 문제로 보는 것이 보다 타당한 점이 있다고 본다. 종래의 것과 다른 시각에서 이러한 문제제기와 공무원, 외국인 등에 대한 기본권의 문제는 전술한 바 있다(기본권주체 부분 참조).

5. 기술적 요인에 의한 제한

어떠한 기본권은 기술의 발달이 그 보장을 좌우할 수 있다. 사실상 기본권을 보장하는 기술의 발달로 기본권보장이 확대되어 온 역사적 경험을 우리는 볼 수 있다. 그러나 다른 한편 기술의 발달은 오히려 기본권의 새로운 침해나 그 한계 문제를 가져오기도 한다. 예컨대 생명공학의 발달은 인간의 존엄성, 생명권에 대한 새로운 문제를 제기하고 있고 컴퓨터의 발달은 음란물의 전파를 급속히, 대량적으로 가능하게 하여 청소년의 보호를 위한 표현자유의 제한을 요구하고 있다.

제2절 기본권제한의 기본법리

제1항 기본권제한의 방식

Ⅰ. 헌법직접적 제한

1. 의의

헌법직접적 기본권제한이란 헌법이 스스로 직접 어느 기본권에 제한을 가하는 것을 말한다. 기본권의 내재적 한계를 인정하고 이를 명문화하고 있는 경우를 헌법직접적 기본권제약으로 보는 견해(권영성, 344면)도 있으나 뒤에서 보듯이 우리 헌법상 내재적 한계를 기본권제한의 하나로 인정할 수는 없으므로 타당하지 못한 견해이다. 헌법직접적 제한을 헌법유보라고 부르는 학설이 있는데 그 용어에 대한 검토가 필요하다. 헌법이 어떤 기본권에 대한 제한에 관해 직접 규정을 두는 것은 그 기본권에 대한 헌법의 특별한 보호의도, 제한남용의 방지, 헌법가치의 반영 등을 위한 것인데 이에 대해서는 아래에 별도로 살펴본다.

2. 현행 헌법의 예

(1) 직접적 기본권제한의 헌법조항

현행 헌법에서 헌법직접적 제한 규정이 어느 헌법규정들인지 학설에 따라 차이가 있을 수 있긴 한데 우리 학설들이 거론하고 있는 헌법직접적 제한 규정들을 보면 다음과 같다.

① 정당의 목적·조직과 활동이 민주적이어야 하며, 정당의 목적이나 활동이 민주적 기본질서에 위배되어서 아니 된다는 정당에 대한 제한규정을 두고 있다(제8조 2항과 4항). 헌법 제8조 제2항과 제4항은 기본권의 장이 아니라 총강규정이긴 하나 이 조항이 기본권규정인 헌법 제21조 제1항의 결사의 자유조항의 특별규정의 성격을 가지고 있고 이 조항이 정당결사활동의 자유에 대한 제한을 이루고 있으므로 기본권에 대한 명시적인 헌법직접적 제한으로 본다.

② "언론출판은 타인의 명예나 권리 또는 공중도덕이나 사회윤리를 침해하여서는 아니 된다"라고 하여 언론·출판의 자유에 대한 제한을 직접 규정하고 있다(제21조 4항). 이를 대부분 학설들은 헌법직접적 제한이라고 보고 우리 헌법재판소도 "헌법적 한계"라고 본다.[1] 개별적 가중법률유보라고 하는 견해(계희열, 137면)도 있다.

③ "재산권의 행사는 공공복리에 적합하도록 하여야 한다"라고 하여 오늘날 재산권의 사회적 한계인 공공복리에 적합하여야 한다는 제한을 명시하고 있다(제23조 2항).

④ "군인·군무원·경찰공무원 기타 법률이 정하는 자가 전투·훈련 등 직무집행과 관련하여 받은 손해에 대하여는 법률이 정하는 보상 외에 국가 또는 공공단체에 공무원의 직무상 불법행위로 인한 배상은 청구할 수 없다"라고 규정하여 국가배상청구권에 있어서의 제한을 직접 두고 있다(제29조 2항). 그러나 이 제한규정은 보다 상위의 헌법규범(제10조, 제11조)에 반하여 정당성이 없는 '헌법률'이다.

⑤ 근로3권을 가지는 공무원을 한정하고(법률이 정하는 공무원. 제33조 제2항), 법률이 정하는 주요방위산업체에 종사하는 근로자의 단체행동권은 법률이 정하는 바에 의하여 이를 제한하거나 인정하지 아니할 수 있다고 규정하고 있다(동조 제3항).

⑥ 비상계엄이 선포된 때에는 법률이 정하는 바에 의하여 영장제도, 언론·출판·집회·결사의 자유에 관하여 특별한 조치를 할 수 있다고 규정하고 있다(제77조 제3항).

⑦ 재판청구권에 대한 헌법직접적 제한도 볼 수 있다. "대한민국의 영역 안에서는 중대한 군사상 기밀·초병·초소·유독음식물공급·포로·군용물에 관한 죄" 중 법률이 정한 경우와

---

1) 헌재 2001.8.30. 2000헌바36, 판례집 13-2, 234면.

비상계엄이 선포된 경우를 제외하고는 군인, 군무원이 아닌 일반국민이 군사법원의 재판을 받지 아니한다고 규정하여(제27조 제2항) 일반국민이 군사법원의 재판을 받을 경우를 한정하는 문구로 규정하고 있는데 그 경우에는 일반국민이 '일반'법원의 재판을 받을 권리가 제한된다는 점에서 헌법직접적 제한이라고 볼 것이다. 또한 "군인·군무원의 범죄나 군사에 관한 간첩죄의 경우와 초병·초소·유독음식물공급·포로에 관한 죄" 중 법률이 정한 경우에 한하여(사형을 선고한 경우에는 제외) 비상계엄하의 군사재판을 단심으로 할 수 있다고 규정하고 있다(제110조 4항).

위의 ①, ②, ③, ⑥ 제한은 내용적인 직접제한이라고 할 수 있고 ④, ⑤의 제한은 기본권주체에 대한 직접제한이라고 할 수 있다. ⑦ 제한은 주체에 대한 직접제한(일반국민에 대한 제한)과 내용적 직접제한이 함께 있다.

(2) 일반적 헌법유보론(?)

위에서 본 우리 헌법상의 헌법직접적 제한은 개별 기본권들에서의 제한이고 모든 기본권들에 대한 헌법직접적 제한인 일반적인 헌법직접적 제한은 우리 헌법에 없다. 일반적 헌법직접적 제한을 '일반적' 헌법유보라고 부르면서 기본권 내재적 제약을 일반적 헌법유보로 보려는 견해가 있다. 즉 "타인의 권리를 침해하지 않는 한, 그리고 헌법질서 또는 도덕률을 위반하지 않는 한 인격발현에의 권리를 가진다"라고 규정하고 있는 독일기본법 제2조 제1항과 같은 일반적 헌법유보가 우리 헌법에는 없다고 하면서 "그러나 일반적 헌법유보에 관한 조항이 없을지라도 타인의 권리·도덕률·헌법질서 등의 존중은 국가적 공동생활을 위하여 기본권에 당연히 내재하는 제약사유이다"라고 하는 견해가(권영성, 2005년판, 345면) 그것이다. 이러한 견해는 헌법'유보'라는 용어는 문제가 없지 않거니와 뒤에서 살펴보는 대로 우리 헌법은 내재적 한계를 인정하지 않는 입장이므로 타당하지 못하다. 한편 독일기본법 제2조 제1항의 규정은 인격발현권이라는 개별 기본권에 관한 헌법적 제약이므로 개별적 제한인 것으로서 '일반적' '헌법유보'가 아니기도 하다.

3. 헌법직접적 제한의 의미 내지 기능

헌법이 직접적으로 어느 기본권에 대해 제한을 가하는 것은 다음과 같은 의미와 기능을 가진다. i) 특별한 보호의도, 제한남용 방지 – 헌법직접적 제한도 기본권을 제한하는 것이긴 하나 그 제한사유를 한정하여 그 사유 외에 제한될 수 없게 함으로써 오히려 그 기본권을 특별히 보호하려는 헌법의 의도가 나타난다. 헌법 제8조 제4항이 정당은 그 목적, 활동이 민주적 기본질서를 위배한 경우에만 해산되도록 한 것은 정당결사의 자유를 특별히 보호하겠다는 의지가 나타난 것이다. 이는 입법자나 행정부가 정당을 함부로 해산할 수 없음을 경고하는 기능을 한다. 이는 헌법이 정한 제한을 넘어서서 입법자가 제한할 수 없도록 제한의 남용을 막는 방어기능을 한다. 헌법은 법률이 정하는 주요방위산업체에 종사하는 근로자의 단체행동권은 법률이 정하는 바에 의하여 이를 제한하거나 인정하지 아니할 수 있다고 규정하고 있는데(제33조 제3항) 이는 그냥 방위산업체가 아닌 법률이 정하는 '주요' 방위산업체의 근로자인 경우에 한하고 단체행동권에 대한 제한만을 언급하여 단결권, 단체교섭권에 대해서는 규정하지 않으므로 방위산업체근로자에 대한 근로3권 제한을 더 이상 넓히는 제한을 해서는 아니 된다는 것을 밝히는 의미가 있다. ii) 헌법가치의 반영 -헌법이 지향하는 가치나 이념을 실현하기 위한 직접적 제한도 있다. 헌법 제23조 제2항은 오늘날 공공복리의 가치가 중요하므로 재산권의 공공복리기속성이라는 중요한 법리를 헌법 자체가 확인하고 있는 것이다. iii) 중요 기본권에 대한 헌법적 조절 의도 - 중요한 기본권이어서 타 법익과의 충돌의 경우에도 그 기본권을 제한, 조절할 수 없는 것인가 하는 문제가 발생하는 데 이에 대해 헌법이 그 문제에 대해 명확히 하고자 헌법직접적 제한규정을 두기도 한다. 헌법 제21조 제4항이 언론출판이 타인의 권리를 존중해야 한다고 직접 명시한 것은 아무리 언론출판의 자유가 우월하더라도 타인의 권리와의 조절이 필요하다는 것을 언론출판의 중요성을 감안하여 헌법이 직접 밝혀두겠다는 의미이다. 입법자에 대한 방어적 기능, 기본권남용에 대한 경고적 기능, 헌법의 통일성 유지를 위한 헌법정책적 기능을 드는 견해도 있다.[1)]

헌법 제29조 제2항의 군인 등에 대한 국가배상금지규정은 위의 어느 기능에도 상응하는 것이 아니다. 군인 등에 대한 배상금지규정은 원래 제3공화국 당시에 국가배상법이라는 법률에 있었던 규정인데 이에 대해 대법원의 위헌판결이 나자 유신헌법 때 헌법조문화하였기에 이는 부정적인 법실증주의의 극치요, 헌법에 대한 파괴이다. 따라서 헌법 제29조 제2항에 대해서는 위와 같은 기능을 실현하는 것이라고 볼 수 없다.

1) 허영, 282면 이하는, 기본권의 헌법적 한계의 기능과 효과로, (가) 입법자에 대한 방어적 기능(입법자가 법률에 의해 기본권을 제한하는 경우에 지켜야 되는 재량권의 한계를 헌법에 명시함. 헌법재판에 의하지 아니한 정당해선은 입법권자가 규정할 수 없도록 한 것이 그 예라고 함), (나) 기본권남용에 대한 경고적 기능(문제가 되는 기본권의 내용을 헌법제정권자 스스로 명백히 밝힘으로써 해당되는 기본권이 남용 내지 악용될 수 있는 소지를 줄이는 기능. 언론출판의 자유의 한계, 재산권의 공공복리 한계 등이 해당 기본권의 남용방지를 줄이는 기능의 예라고 함), (다) 헌법의 통일성 유지를 위한 헌법정책적 기능(한계를 직접 헌법에 밝혀놓은 기본권과 기타의 헌법적 보호법익과의 합리적인 조화를 실현시켜 헌법의 통일성 유지 기능. 직업공무원제도와 노동3권을 조화시키기 위해 공무원의 노동 3권을 예외적으로만 인정하는 것이 그 예라고 함)을 들고 있다.

Ⅱ. 법률유보에 의한 제한(법률에 의한 제한)

1. 필요성과 의미

헌법 자체에서 일일이 구체적으로 기본권을 제한하는 내용을 두는 헌법직접적 제한 방식만을 원칙으로 고집한다면 헌법이 예정하지 못한 제한필요성이 새로이 나타날 때마다 헌법개정을 요구하게 될 것이다. 그러나 이러한 빈번한 헌법개정이 현실적으로 어렵다. 이와 같은 현실적 한계가 있으므로 기본권제한에 있어서 일반적이고 주가 되는 방식은 국민의 대표기관인 의회가 국민의 의사에 따라 그때그때 제정하는 법률에 의한 제한이다. 이렇게 법률에 근거를 두어 기본권을 제한하는 것을 법률유보에 의한 기본권제한이라고 한다. 법률유보에 의한 제한을 헌법간접적 적용이라고 부르는 학자들도 있다(권영성, 성낙인).

여기서의 법률은 물론 국회가 제정한 이름이 '법률'인 형식적 의미의 법률을 말한다. 대통령령 등의 법률하위의 법규명령(행정입법)은 법률의 구체적 위임을 받은 경우에만 기본권제한에 관한 규정을 둘 수 있다. 조약도 국회의 동의를 받아 기본권을 제한할 수 있다.

2. 법률유보의 정당성과 기능 및 문제점

법률유보에 의한 기본권의 제한은 법률이 국민의 대표기관인 의회에서 국민의 의사로서 제정되므로 법률에 의한 기본권제한은 국민의 의사에 의한 제한이라는 점에서 그 정당성을 찾는다. 그 외 기능 및 문제점에 대해서는 제2항의 일반원칙에서 자세히 살펴본다(후술, 제2항 I 참조).

3. 기본권제한 법률유보

용어문제 법률유보에는 기본권을 제한하는 법률유보뿐 아니라 아래에서 보듯이 기본권형성적인 법률유보도 있다. 그런데 여기서는 기본권의 제한을 위한 법률유보를 살펴보기에 '기본권제한 법률유보'라는 이름으로 다룬다. 단순히 법률유보라고 하더라도 특별한 설명이 없다면 기본권제한 법률유보의 의미로 사용된 것이다.

(1) 유형 - 개별적 기본권제한 법률유보와 일반적 기본권제한 법률유보

법률유보에 의한 기본권제한의 경우에도 '개별적' 기본권제한 법률유보와 '일반적' 기본권제한 법률유보가 있다.[1)]

---

1) 계희열, 136면 이하는 개별적 법률유보를 다시 개별적 단순법률유보(입법자가 일정한 요건의 제약 없이 개별기본권을 제한할 수 있는 것)와 개별적 가중법률유보(헌법에 명시된 특정의 전제조건이나 목적에 따라서만 법률이 기본권을 제한할 수 있도록 한 것)로 나누고 우리 헌법상 언론·출판의 자유의 책임 조항인 헌법 제21조 제4항을 개별적 가중법률유보조항이라고 한다.

(2) 개별적 기본권제한 법률유보

개별적 기본권제한 법률유보란 헌법이 어느 특정 개별 기본권에 대해 법률에 따라 제한된다고 규정한 경우이다. 현행 헌법에는 많지는 않지만 다음과 같은 개별적 기본권제한 법률유보들을 두고 있다.

① 신체의 자유에 관하여 헌법 제12조 1항 후절이 "법률…에 의하지 아니하고는 처벌·보안처분 또는 강제노역을 받지 아니한다"라고 규정하고 있다. 이는 죄형법정주의를 규정한 개별적 기본권제한 법률유보조항이다. 헌법 제13조 제1항은 "모든 국민은 행위시의 법률에 의하여 범죄를 구성하지 아니하는 행위로 소추되지 아니하며"라고 하여 죄형법정주의의 한 요소이기도 한 형벌불소급원칙을 정하면서 행위시 법률에 의한 처벌을 규정하고 있다.

② 헌법직접적 제한이면서 개별적 기본권제한 법률유보인 경우도 있다. 헌법이 어느 개별 기본권에 대해 직접적 제한을 하면서 그 제한의 구체적 내용을 법률에 맡길 수도 있다. 그러한 예로서 ㉠ 국가배상청구가 금지되는 사람으로 헌법 제29조 제2항은 군인·군무원·경찰공무원 외에 '기타 법률이 정하는 자'도 규정하고 있는데 그 사람에 대해서는 국가배상이 금지된다는 점에서 헌법직접적 제한이면서 그런 사람을 법률로 정하도록 한 점에서는 개별적 기본권제한 법률유보이다. 이 조문은 정당성이 없다고 이미 지적하였다. ㉡ 근로3권이 인정되는 공무원을 법률로 정하도록 한 헌법 제33조 2항, "법률이 정하는 주요방위산업체에 종사하는 근로자의 단체행동권은 법률이 정하는 바에 의하여 이를 제한하거나 인정하지 아니할 수 있다"라고 규정하고 있는 헌법 제33조 3항도 그러하다. ㉢ 비상계엄이 선포된 때에는 법률이 정하는 바에 의하여 영장제도, 언론·출판·집회·결사의 자유에 관하여 특별한 조치를 할 수 있다고 규정하고 있다(제77조 제3항). 언론자유 등에 대한 제한이라는 점에서 헌법직접적 제한이면서 법률이 정하는 바에 의하여 제한하라는 점에서는 개별적 기본권제한 법률유보이다. ㉣ 재판청구권에 대한 예로는 일반국민이 군사법원의 재판을 받을 경우로 "대한민국의 영역 안에서는 중대한 군사상 기밀·초병·초소·유독음식물공급·포로·군용물에 관한 죄" 중 법률이 정한 경우라고 규정한 것(제27조 제2항), 비상계엄하의 군사재판을 단심으로 할 수 있는 경우를 "군인·군무원의 범죄나 군사에 관한 간첩죄의 경우와 초병·초소·유독음식물공급·포로에 관한 죄" 중 법률이 정하도록(사형을 선고한 경우에는 제외) 한 것(제110조 4항)을 들 수 있다.

③ 재산권에 관하여 헌법 제23조 제1항 후문이 "그 내용과 한계는 법률로 정한다"라고 규정한 부분에 대해서는 논란이 있다. 이를 기본권제한적 개별적 법률유보조항의 예로 드는 학자들이 있다(김철수, 318면; 권영성, 347면). 재산권의 내용을 형성하는 기본권형성적 법률유보라고 보고 기본권제한유보가 아니라고 보는 반론도 있다(허영, 279면). 우리 헌법재판소 판례는 기본권형성유보로 본다.[1] 생각건대 재산권의 내용과 한계를 법률로 정하라는 것은 재산권이라는

기본권의 보호영역(범위)을 법률로 정하라는 의미이다. 이는 입법자가 보호범위를 어느 정도로 할 것인가를 정할 수 있도록 하는 기본권보호범위형성유보라고 할 것이다. 그런데 내용뿐 아니라 한계도 언급하고 있다는 점에서 사실 보호범위를 축소하여 제한하는 입법이 이루어질 수도 있다. 그 점에서 헌법 제23조 제1항의 "재산권의 내용과 한계"라는 규정은 재산권의 내용에 대한 형성유보적 성격과 한계유보로서의 성격을 아울러 띤다고 할 것이다.

(3) 일반적 기본권제한 법률유보

일반적 기본권제한 법률유보란 어느 기본권을 가리지 않고 모든 기본권들에 대해 제한을 법률로 할 수 있도록 하는 경우를 말한다.[1] 우리 헌법은 제37조 2항에 "국민의 모든 자유와 권리는 국가안전보장·질서유지 또는 공공복리를 위하여 필요한 경우에 한하여 법률로써 제한할 수 있으며"라고 규정하여 일반적 기본권제한 법률유보조항을 두고 있다.

현행 헌법 하에서는 과거 헌법에 비해 개별적 법률유보는 많이 삭제되어 별로 없고 기본권제한은 주로 일반적 기본권제한 법률유보에 의하여 이루어진다. 따라서 일반적 기본권제한 법률유보에 대한 법리가 기본권제한에서의 중심이 되고 그 법리의 이해가 중요하며 아래에서 헌법 제37조 제2항에 따른 기본권제한에 관한 이론을 주로 살펴보게 되고 이 책에서 별도의 항으로 살펴본다(제2항 참조).

4. 다른 유형의 법률유보와의 비교

헌법이 법률로 정하도록 한 경우들 중에는 위에서 본 기본권제한 법률유보와 다른 유형의 법률유보인 기본권형성유보, 절차형성적 법률유보, 헌법제도 보장의 형성유보 등도 있다. 기본권제한 법률유보를 보는 여기서 그 대조와 구분을 위하여 살펴본다.

(1) 기본권형성 법률유보

1) 기본권형성 법률유보의 개념과 용어문제

기본권형성적 법률유보란 기본권의 실현을 위한 구체적인 내용이나 방법, 절차 등을 법률로 정하도록 헌법이 위임한 경우를 말한다. 예를 들어 헌법 제30조가 타인의 범죄행위로 인하여 생명·신체에 대한 피해를 받은 국민은 법률이 정하는 바에 의하여 국가로부터 구조를 받을 수 있다고 하여 범죄피해구조청구권의 구체적인 방법이나 기준 등을 법률로 구성해나갈 것을 법률에 위임하고 있는 것을 들 수 있다.

기본권형성 법률유보를 기본권구체화 법률유보라고도 한다. 그런데 기본권제한 법률유보

---

1) 헌재 1993.7.29. 92헌바20, 판례집 5-2, 44, 49면.

1) 계희열, 138면 이하는 일반적 법률유보를 다시 일반적 단순법률유보(입법자가 특정요건의 제약 없이 법률로써 모든 기본권을 제한할 수 있는 것)와 일반적 가중법률유보(입법자가 특정요건하에서만 기본권을 제한할 수 있다는 것)로 나누고 우리 헌법 제37조 제2항은 공공복리 등의 요건하에서만 제한할 수 있게 하였다고 하여 일반적 가중법률유보라고 한다.

도 기본권의 제한의 방법이나 절차를 법률로 구체화하도록 한다는 점에서 구체화, 형성적 법률유보라고 볼 수도 있다. 예를 들어 영업상 위생의무 위반시 제재를 가하는 기본권제한적 법률의 경우 가해질 수 있는 여러 제재방식들 중에 어떤 제재방식을 택하고 설정할 것인지 구체적으로 형성해야 할 필요가 생긴다. 따라서 그 구별을 위하여 기본권형성 법률유보를 기본권실현적인 형성적 법률유보라고 부르는 것이 보다 정확할 것이다. 그러나 여기서는 일단 기본권형성(기본권구체화) 법률유보를 기본권제한 법률유보와 구별되는 의미의 용어로 사용하고자 한다.

한편 기본권 실현적 법률유보와 기본권강화 내지 보장적 법률유보로 나누는 견해(허영. 280–281면)가 있는데 과연 그 구분이 뚜렷한지 의문이다. 기본권보장적인 것이 곧 실현적인 것이고 보장도 보다 강화된 보장일 것을 요구하는 것이 당연하므로 실현적인 것과 강화적인 것의 구별이 분명하지 않고 실익도 의문스럽다.

2) 기본권형성 법률유보의 주요영역

기본권형성 법률유보는 그 실현을 위해 국가의 구체적 작용을 요구하는 성격의 기본권에 있어서 주로 나타난다. 예를 들어 생존권적 기본권 등과 같이 국가가 적극적으로 일정한 작용을 행하거나 일정한 재화를 공급하여야(예를 들어 생활시설의 건설이나 생활보조비의 지급 등) 그 구체적인 실현이 가능한 기본권인 경우에 법률로 구체적 형성을 함으로써 나타날 가능성이 많다. 유의할 것은 생존권적 기본권의 영역에 형성유보가 많다고 하여 생존권을 추상적 권리나 입법방침적(Programm적) 권리로 보아야 하는 것은 아니라는 점이다. 국민의 생존에 필요한 기반이 마련되어야 하고 인간답게 살아갈 수 있도록 하여야 하는 국가의 법적 의무가 있는 것은 분명하므로 헌법규정 자체로 권리로 인정되는 구체적 권리인데, 다만 어떤 내용으로 생존권을 실현할 것인가 하는 것을 법률로 구체화하는 것을 의미할 뿐이다. 위와 같은 점에서 "사회적 기본권을 구체적 권리로 파악할 경우, 기본권형성적 법률유보의 개념은 수용될 여지가 없다고 본다"라는 견해(권영성, 346면)는 타당하지 않다. 이 견해는 헌법에 의해 직접 권리로 인정되느냐 하는 문제(구체적 권리인가 추상적 권리 또는 프로그램적 권리인가 하는 문제)와 그 실현방법의 구체화 문제(형성을 통한 구체화 문제)를 혼동하고 있다. 참정권과 청구권의 영역에서도 형성적 법률유보가 많다.

3) 현행 헌법상의 기본권형성 법률유보조항

현행 헌법상 기본권형성 법률유보조항으로서는 ① 통신·방송의 시설기준과 신문의 기능을 보장하기 위한 사항(제21조 3항), ② 저작자·발명가·과학기술자와 예술가의 권리의 보호(제22조 2항), ③ 재산권의 내용(제23조 제1항 일부), 재산권을 수용·사용 또는 제한한 경우 그 제한에 대한 보상(제23조 3항), ④ 선거권(제24조), ⑤ 공무담임권(제25조), ⑥ 청원권(제26조 1항), ⑦ 형사보상청구권(제28조), ⑧ 국가배상청구권(제29조 1항), ⑨ 범죄구조청구권(제30조), ⑩ 최저임금제(제32조 1항 후절), ⑪ 근로조건의 기준(제32조 3항), ⑫ 국가유공자 등의 우선적 근로기회 부여(제

32조 6항), ⑬ 신체장애자 등 생활능력이 없는 국민에 대한 국가의 보호(제34조 5항), ⑭ 환경권의 내용과 행사(환경권법정주의. 제35조 2항) 등이 있다. 위에서 보는 대로 현행 헌법상 기본권형성 법률유보도 역시 생존권, 참정권, 청구권 영역에 많이 있다. 자유권 영역에서도 찾을 수 있다(위 ①, ②, ③). 사실 통신·방송의 기능보장의 헌법문언상 '보장'으로 되어 있어 기본권형성 법률유보로 분류하였으나 방송 등에 대한 시설기준을 법률이 너무 엄격히 규정한다면 형성유보라기보다 규제적, 제한적 법률유보가 될 수 있다.[1]

4) 효과

(가) 입법재량

기본권제한적 법률유보에서의 형성은 기본권제한을 가져오므로 기본권제한이 가지는 한계를 지켜야 하므로 입법자의 선택의 폭이 좁아진다. 반면에 기본권형성적 유보의 경우에는 가능한 한 기본권향유의 최대화를 도모하도록 하면서도 입법자에게 그 내용의 설정이나 실현 방법의 선택에 있어서 재량이 더 많이 인정될 수 있다. 그러나 재량에도 한계가 있다. 재량의 한계로서 보통 재량의 일탈과 재량의 남용을 들 수 있다. 기본권형성 법률유보에 있어서는 기본권제한 법률유보의 경우에 비하여 입법재량을 더 넓게 인정하게 되어 재량통제가 충분하지 못할 경우에는 역기능이 나타날 수 있음을 경계하여야 한다.

(나) 기본권형성 법률유보와 입법부작위

기본권형성을 위한 법률유보가 있음에도 이러한 기본권형성을 위한 법률이 없는 부작위 상태인 것은 국가의 입법의무를 저버리는 것이고 기본권보장의무를 소홀히한 것이다. 이에 대한 구제방법은 헌법재판에 의해 입법부작위가 위헌임을 확인하고 입법으로 나아가야 한다(자세한 것은 후술하는 기본권의 구제와 헌법재판 부분을 참조).

(2) 절차형성적 법률유보

이 법률유보는 기본권실현을 위한 절차들을 법률로 정하도록 하는 데 주안이 있는 형성유보이다. 이 법률유보도 절차에 주안을 둔 것이지 절차의 형성이라는 점에서는 기본권형성적 법률유보에 해당된다. 현행 헌법상 절차형성적 법률유보의 사항으로는 신체의 자유의 보장에 관한 절차에 있어서 ① 국선변호인제도(제12조 4항), ② 체포 또는 구속의 이유 등을 통지하여야 할 가족 등 사람의 범위(제12조 5항)가 있고, 그 외에 ③ 법률에 의한 재판을 받을 권리(제27조 1항), ④ 형사피해자의 재판절차상 진술권(제27조 5항) 등이 있다. 사실 앞서 본 기본권내용 형성유보에도 절차적 요소가 함께 할 수 있다. 예컨대 특히 청원권, 형사보상청구권, 국가배상청구권, 범죄구조청구권과 같은 청구권의 경우에는 그 내용뿐 아니라 청원절차, 보상절차, 배

1) 그러한 가능성을 보여준 예가 자기소유인 시설을 보유해야 신문발행을 할 수 있게 한 것을 위헌이라고 판단한 헌법재판소결정(헌재 1992.6.26. 90헌가23, 판례집 4, 300면)에서 볼 수 있다.

상절차, 구조절차도 법률에서 규정하기 때문이다.

(3) 헌법제도의 보장(종래 제도적 보장)에서의 형성유보

이는 종래 학설에 따른 제도적 보장들의 구체적 내용을 법률로 형성하도록 유보한 경우이다. 그 예로, ① 교육의 자주성·전문성·정치적 중립성 및 대학의 자율성(제31조 4항), ② 교육제도·교육재정·교원지위에 관한 기본적인 사항(제31조 6항)에 대해 법률로 정하도록 한 것을 들 수 있다. 이 법률유보에 대해서는 다음의 점들이 지적되어야 한다. i) 우리는 제도적 보장이론에 대하여 최소보장에 그칠 수 있다는 점에서 문제를 제기한 바 있고 종래의 제도적 보장이 아니라 헌법제도의 보장이라고 본다. 이는 그 헌법제도가 기본권과 관련성을 가지는 경우 더욱 중요한 의미의 지적이다. 위의 ①과 ②의 예도 제도적 보장의 형성유보라기보다 교육의 권리를 보다 충실히 하기 위한 기본권관련 헌법제도의 보장을 형성하게 하는 법률유보라고 보면 된다. ii) 대학의 자율성보장은 우리 헌법재판소가 서울대학교의 입시안결정에서 대학의 기본권이라고 본 바 있는 반면 종래 학설은 제도적 보장으로 보아온 것이기에 불분명한 면이 있다. iii) 헌법재판소는 이른바 전교조 사건에서 교원지위에 관한 기본적 사항을 법률로 정하도록 한 헌법 제31조 제5항(위 ②)을 형성유보로 보지 않고 사립학교교원들의 근로3권을 제한할 수 있게 하는 근거로 보아 헌법 제33조 제1항에 우선하여 적용된다고 하면서 근로3권을 전면박탈한 것이 합헌이라고 보았다. 이 판례는 결국 헌법 제31조 제6항을 기본권제한 법률유보로 본 것으로 종래의 제도적 보장이론이 제도적 보장규정으로 본 입장과 달리한 것이다. 헌법 제31조 제6항이 "교원의 지위에 관한 기본적인 사항"을 법률로 정하도록 한 것은 교원의 지위를 존중해주고 법률로 그 지위를 보장할 것이지 침해하라는 것이 아니라고 해석되므로 동항을 기본권제한 법률유보로 본 것은 타당하지 못했다. 이를 제도적 보장규정으로 보아온 종래의 제도적 보장이론에 따르더라도 더욱 문제가 되는 결정이었다. 최소보장인 제도적 보장의 규정이 기본권 규정(근로3권 규정인 제33조 1항)보다 우선한다는 결과를 가져오기 때문이다.[1)]

제2항 제한의 일반원칙(법률에 의한 제한) - 헌법 제37조 제2항에 의한 제한

위에서 언급한 대로 법률에 의한 기본권제한이 오늘날 기본권제한의 일반적이고 보편적인 형태이므로 일반적 법률유보를 규정하고 있는 우리 헌법 제37조 2항이 기본권제한의 일반적 원칙을 규정하고 있는 것이다. 따라서 기본권제한의 일반원칙을 헌법 제37조 2항의 해석을 통하여 살펴보게 된다.

1) 이러한 지적의 평석으로, 졸고, 교원의 권리·지위에 관한 헌법재판소판례의 경향, 한국교육법연구, 한국교육법학회, 1995, 214면 이하 참조.

헌법 제37조 제2항 : [기본권제한의 일반원칙, 법치주의] 국민의 모든 자유와 권리는 국가안전보장·질서유지 또는 공공복리를 위하여 필요한 경우에 한하여 법률로써 제한할 수 있으며, 제한하는 경우에도 자유와 권리의 본질적인 내용을 침해할 수 없다.

Ⅰ. 법률유보원칙의 의의와 기능

1. 의의

기본권제한의 법률유보원칙이란 기본권을 제한하는 국가적 작용이나 조치는 그 근거가 반드시 법률에 규정되어야 함을 의미한다. 여기서의 법률이란 물론 국회가 '법률'이라는 이름으로 제정하는 형식적 의미의 법률을 말한다. 예외적으로 형식은 법률이 아니나 헌법규정에 따라 법률의 효력을 가지는 긴급명령, 긴급재정경제명령(제76조 2항, 1항)과 조약 중 국회의 동의를 얻어 성립되어 법률적 효력을 가지는 조약도 실질적인 법률로서 기본권제한을 할 수 있다.

대통령령, 총리령, 부령과 같은 명령(법률하위규범, 행정입법)은 법률에 근거를 두고 법률이 구체적 위임을 해준 경우에만 기본권제한에 관한 규정을 둘 수 있다(제75조, 제95조). 행정입법에 의한 기본권제한 문제는 뒤에 상술한다(후술, 기본권의 예외적 제한 부분 참조). 지방자치단체의 조례도 법률의 위임을 받아 기본권제한을 할 수 있는데(지방자치법 제22조), 다만 헌법재판소와 대법원의 판례는 포괄적 위임이라도 가능하다고 본다(후술 참조).

2. 법률유보의 정당성과 기능 및 문제점

(1) 정당성

법률이 국민의 대표기관인 국회에서 제정되는 것이므로 법률이 국민의 의사라고 볼 수 있고 따라서 법률에 의한 기본권의 제한은 기본권을 제한받는 국민이 스스로의 의사에 의한 제한이라고 볼 수 있게 한다는 점에서 그 정당성을 가진다. Rousseau는 법률을 국민의 일반의사(일반의지, la volonté générale)라고 하였다. 법률유보의 기초에 영향을 미친 관념이라고 볼 수 있다.

그러나 이 정당성은 진정한 국민의 의사에 부합되는 충실한 입법을 전제로 한다. 국민의사에 맞지 않는 법률로 기본권제한의 남용이 올 수 있기 때문이다.

(2) 법률유보의 기능

1) 실질적 법치주의의 구현

기본권의 제한은 법률에 의하여야 하므로 이는 법치주의의 구현이다. 행정이 법률에 근거를 두도록 하는 법치주의를 실현함으로써 행정권의 자의적인 기본권침해(제한)로부터 기본권을 보호하고, 사법권도 법률의 규정에 따라 국가의 기본권제한행위의 적법성을 심사하게 하므로 법률유보는 기본권을 보장하는 기능을 하는 것은 물론이다. 그러나 나치즘의 경험이 말해주듯이 법률에 의하기만 하면 제한이 가능하다는 것은 형식적 법치주의로서 이를 받아들일 수 없고 오늘날의 법치주의는 단순히 형식을 법률에 의한 것으로 충분하지 않고 그 법률의 내용이 헌법에 합치되는 것이어야 한다는 실질적 법치주의를 의미한다.[1] 즉 여기서의 법률은 헌법의 기본이념에 합치되고 특히 법률에 의한 기본권제한의 경우에도 헌법이 설정한 제한원리와 그 제한의 한계를 지켜 국민의 기본권을 최대한 보장하는 것이어야 함은 물론이다. 앞서 법치주의에서 본대로 법치주의는 기본권의 보장, 자의의 배제, 법적 예측가능성, 법적 안정성을 위해 기능하고(헌법총론 참조) 법적 예측가능성, 법적 안정성은 기본권의 보장을 위한 것이다. 법치주의에 입각하여 법률로 기본권을 제한하는 것은 기본권을 제한하는 국가권력행사의 내용이 어떠하고 기본권의 제한의 내용이 어떠한지를 미리 국민들이 법률을 통하여 주지함으로써 예측가능성을 가지도록 하고[2] 법적 안정성을 가지도록 하는 데에 있다. 실질적 법치주의를 보장하기 위하여서는 헌법의 기본권규정에 위배되는 법률규정에 대한 심사제도가 중요하므로 오늘날 위헌법률심사제 등 헌법재판이 발달하였고 정착되어 있다.

2) 기본권제한의 '한계'

유의할 것은 우리 헌법이 일반적 유보조항을 두고 있는 것은 법률에 의하기만 하면 기본권제한이 모든 기본권들에 대해 항상 쉽사리 제한될 수 있다는 의미로 이 조항을 인식하여서는 아니 된다는 점이다. 위에서 강조하였듯이 헌법 제37조 2항은 기본권제한에 관한 규정이자 아울러 기본권제한의 한계를 규정하고 있기도 하다.[3] 기본권제한을 법률에 의하도록 한 것 자체가 기본권제한의 한계를 이루는 것이다. 행정 등 국가권력이 법률에 근거가 없는 한 기본권을 제한할 수 없다는 한계가 되기 때문임은 물론이다. 헌법 제37조 제 2 항은 법률에 의하여야 한다는 이러한 형식상의 한계 외에 국가안전보장·질서유지·공공복리라는 목적상의 한계, 본질적 내용을 침해할 수 없다는 내용상의 한계 등을 설정하고 있기도 하다. 헌법 제37조 제 2 항에 비례(과잉금지)원칙이 내포되어 있다고 보는 견해에 의하면 기본권제한은 최소한에 그쳐야 한다는, 즉 비례원칙에 의한 한계도 설정한다고 본다. 법률에 의하기만 하면 제한이 가능하다는 것은 형식적 법치주의이다. 오늘날 법치주의는 실질적 법치주의이고 실질적 법치주의란 기본권을 제한하는 법률의 내용이 기본권제한한계를 준수하는 법률이어야 할 것을 의미한다. 따라서 실질적 법치주의 하에서 기본권제한법률유보는 기본권제한을 법률에 근거해서만 할 수 있다는 것이 강조되기도 하여야 하지만 그 내용의 준수, 즉 법률에 의한 기본권제한에서의 그

1) 동지 : 헌재 1992.2.25. 90헌가69, 91헌가5, 90헌바3(병합), 판례집 4, 114면.
2) 동지 : 헌재 1993.5.13. 92헌마80, 판례집 5-1, 379면.
3) 일반적 법률유보로서의 조항보다는 '기본권제한입법의 한계조항'으로 파악하여야 한다는 견해로, 허영, 277면 이하 참조. 그러나 헌법 제37조 제2항은 일반적 기본권제한 법률유보조항이자 아울러 제한한계조항이기도 한 것으로 보아야 한다.

한계가 더욱 강조된다.

요컨대 헌법 제37조 제2항은 일반적 기본권제한 법률유보조항이자 기본권제한법률의 한계를 설정한 조항이다.

판례 헌법재판소도 헌법 제37조 2항을 일반적 법률유보조항으로 보면서도 "헌법 제37조 제2항의 규정은 기본권 제한입법의 수권(授權) 규정이지만, 그것은 동시에 기본권 제한입법의 한계(限界) 규정이기도 하기 때문에, 입법부도 수권의 범위를 넘어 자의적인 입법을 할 수 있는 것은 아니며"라고 판시하여 같은 입장이다(헌재 1990.9.3. 89헌가95).

3) 기본권조절, 분배, 소수의 보호 기능

서로 기본권이 주장되고 대립될 때 기본권제한법률은 국가가 국민들 간의 기본권을 조절하는 기능을 수행하고 공익이 최대화되도록 조절하여야 한다. 각 기본권주체가 가지는 기본권을 적절하게 조절함으로써 배분의 기능이 이루어지기도 한다. 이울러 보호가 필요한 소수에 대해 그들의 기본권을 보호한다는 의미를 가지기도 한다.

(3) 현실적 문제점과 보완

1) 문제점

법률유보가 현실적으로는 충분한 기능을 하지 못하는 경우가 있다.[1] 이러한 문제점들로, ① 불충분한 국민의사의 전달(기본권제한을 위한 입법에는 국민의 다양한 의사가 제대로 전달되어 반영되어야 하나 그렇지 못한 경우가 있다. 일부 계층에 의한 여론지배로 populism의 폐해 등이 나타나기도 한다), ② 당리당략입법(오늘날 정당국가화경향의 폐해로서 국민의 의사에 유리된 당리당략적인 정치적 이해계산에 얽힌 법률이 나오고 특히 졸속입법가능성이 적지 않아 법률에 의한 기본권제한에 충분한 정당성을 주지 못할 경우도 있다), ③ 소수보호의 취약(특정집단의 이익만을 위한 기본권제한법률이 나올 수 있고 사실 소수의 보호가 잘 안 될 수 있다), ④ 전문성, 의원자질의 부족(의원들이 기본권을 제한하여야 할 분야에 대해 전문적인 지식이 부족한 가운데 법률을 제정하는 등 불충실한 입법이 이루어지기도 한다), ⑤ 정보의 부족(국민이나 의원이 기본권 관련 입법에 대한 현실적 문제나 실무적 상황 등에 대한 정보를 가지지 못하기도 한다) 등을 들 수 있다. 이러한 문제점들은 국가권력규범론에서 국민대표주의의 현대적 문제점 내지 입법권의 문제점에 대해 다루면서 자세히 살펴보게 된다.

2) 헌법상의 한계설정과 보완책

우리 헌법은 법률유보가 제대로 기능하고 기본권의 최대한 보장을 위하여 기본권제한법

---

1) 법률유보의 기능을 순기능·역기능으로 나누어 보는 견해가 있다(허영, 271면 이하). 이 견해는 기본권보호기능을 순기능으로 보고, "반면에 입법권자가 법률로써 한다면 헌법에 보장된 기본권이라도 제한할 수 있다는 의미로 법률유보를 이해하는 경우에는 법률유보는 오히려 입법권자에게 기본권제한의 문호를 개방해주는 역기능을 가지게 된다"라고 한다. 그러나 사실 역기능은 법률유보의 법리 자체가 가지는 기능이 아니라 법률의 정상적 기능의 일탈이라고 볼 것이고 따라서 법률유보의 정상적인 긍정적 기능이 현실적으로 제대로 작동되지 않는 현실적 문제점들이 지적되어야 한다.

률에 대한 한계를 설정하고 있다. 바로 비례원칙(과잉금지원칙, 제37조 2항)이 그 한계가 되고 있고, 본질적 내용침해금지규정도 기본권제한입법의 한계이다.

법률유보의 현실적 문제점을 고치거나 보완하기 위한 대책으로는, ① 입법절차의 투명성과 충실성이 강화되어야 한다. 국회의 입법절차를 개선하고 특히 입법예고제의 강화로 국민의 참여를 늘려야 한다. ② 정당의 민주화를 통하여 당리당략 등을 벗어난 입법이 이루어지도록 하여야 한다. ③ 자질있는 인사들의 국회진출이 가능하도록 선거제를 개선하고 의원들의 전문성을 제고하여야 한다. ④ 위헌적인 기본권제한법률을 제거하기 위하여 헌법재판에 의한 통제를 강화하여야 한다.

Ⅱ. 법률유보 원칙의 내용

1. 서설

(1) '법률에 근거를 두어야 한다'의 의미

법률에 근거를 두어야 한다는 것은 3가지 의미를 가진다. 첫째, 기본권제한은 헌법이 직접 하지 아니하는 한 법률을 떠나서는 할 수 없다는 의미이다(의미 ⅰ). 둘째, 법률에 근거가 있어야 한다는 것이 기본권제한에 관한 모든 사항들을 법률 자체에 규정하여야 한다는 것을 의미하는 것은 아니다. 바로 이 점이 다른 법형식에로 위임이 가능하다는 의미이다(의미 ⅱ). 그러나 어디까지나 위임을 어떤 범위에서 한다는 규정을 법률 자체에 규정하여 법률상의 근거를 두어야 한다. 헌재도 "기본권제한에 관한 법률유보원칙은 법률에 근거한 규율을 요청하는 것이므로, 그 형식이 반드시 법률일 필요는 없다 하더라도 법률상의 근거는 있어야 한다"라고 판시한다.[1] 우리 헌법 제75조도 '구체적 범위'를 정한 위임을 인정하고 있다. 결국 이는 법률유보원칙을 규정한 헌법 제37조 제2항과 행정입법에의 위임을 인정하고 있는 헌법 제75조가 함께 적용될 문제이다. 따라서 제한의 구체적 내용은 법률 자체에 바로 규정되어 있지 않고 다른 법형식에 위임되어 규정된다고 하더라도 괜찮으나 그 제한의 근원은 상당한 정도의 내용을 담은 문언으로 법률 자체에 규정해두어야 한다. 사실 위임한다는 것을 법률 자체에 두어야 한다는 요구는 법률에 기본권제한의 근원을 두어야 함을 의미하므로 위 의미 ⅰ에 포섭된다. 셋째, 본질적이고도 중요한 사항은 법률 자신이 직접 규정해 두어야 한다(의미 ⅲ). 이 본질적 사항은 위임이 안 된다.

(2) 법률유보원칙의 내용 개관

위의 3가지 의미에 따라 법률유보원칙의 내용도 다음과 같이 3가지 요구를 중심으로 이

1) 헌재 2006.5.25. 2003헌마715, 판례집 18－1하, 121－122면; 헌재 2009.4.30. 2005헌마514 등.

루어진다. ⅰ) 먼저 법률에 기본권제한의 근거가 있어야 한다는 당연한 요구(법률의 근거 문제), ⅱ) 법률이 하위 법에 위임할 경우 자신이 그 위임을 한다는 근거를 명백히 해두고 위임을 함에 있어서 그 한계를 지켜야 한다는 것(위임의 한계 문제), ⅲ) 위임이 불가한, 법률 자신이 직접 규정하여야 할 본질적 사항이 있다는 것(의회유보) 등을 내용으로 한다. 이하 2. 3. 4에서 자세히 분설한다.

2. 법률의 근거(의미 ⅰ)

(1) 위헌성 - 법률 내 제한근거의 부재

기본권을 제한하는 공권력의 작용이나 조치는 반드시 법률에 그 근거가 있어야 할 것을 요구한다. 이는 달리 표현하면 법률에서 기본권을 제한할 수 있다는 아무런 규정이 없는데도 기본권을 제한하는 행정조치 등 공권력작용을 하는 것은 법률유보원칙에 위반된다는 것이다. 예를 들어 헌재는 경찰서장이 옥외집회신고서를 반려한 행위는 법률의 근거 없이 청구인들의 집회의 자유를 침해한 것으로서 헌법상 법률유보원칙에 위반된다고 보았다(헌재 2008.5.29. 2007헌마712).

(2) 위반결정례

헌재가 법률에 기본권제한의 근거가 규정되어 있지 않음에도 제한하여 법률유보원칙에 반하고 결국 위헌이라고 판단한 주요 결정례를 아래에 살펴본다.

① '공고'가 위반한 예

㉠ 교사임용시험 가산점 사건 헌재는 대전광역시 교육감이 특정 사범계대학 출신자 및 복수·부전공 교사자격증 소지자에 대해서만 가산점을 부여하도록 공고(公告)한 '2002학년도 대전광역시 공립중등학교 교사임용후보자 선정경쟁시험 시행요강' 규정은 아무런 법률적 근거가 없는 것이라고 하여 법률유보원칙에 위배되는 것이라고 결정한 바 있다.

판례 **헌재 2004.3.25. 2001헌마882, 2002학년도 대전광역시 공립중등학교 교사임용후보자 선정경쟁시험 시행요강 취소, 판례집 16-1, 441면**

[결정요지] 공립중등학교 교사 임용시험에 있어서 사범대 가산점과 복수·부전공 가산점은 적용대상에서 제외된 자의 공직에의 진입 자체를 가로막을 수 있는 점에서 그 공무담임권 제한의 성격이 중대하고, 서로 경쟁관계에 놓여 있는 응시자들 중 일부 특정 집단만 우대하는 결과를 가져오는 점에서 사전에 관련당사자들의 비판과 참여가능성이 보장된 공개적 토론과정을 통해 상충하는 이익간의 공정한 조정을 도모할 필요성이 절실하다. 그러므로 위 가산점들에 관하여는 법률에서 적어도 그 적용대상이나 배점 등 기본적인 사항을 직접 명시적으로 규정하고 있어야 했다. 그런데 피청구인(대전광역시 교육감)이 위 가산점 항목을 공고하게 된 법률적 근거라고 주장하는 교육공무원법 제11조 제2항에서는 단지 "…공개전형의 실시에 관하여 필요한 사항은 대통령령으로 정한다."라고만 할 뿐, 이 사건 가산점 항목에 관하여는 아무런 명시적 언급도 하고 있지 않다. 그러므로 위 가산점 항목은 결국 아무런 법률적 근거가 없다고 보아야 하고, 따라서 헌법 제37조 제2항에 반하여 청구인의 공무담임권을 침해한다고 할

것이다.

㉡ **고졸검정고시 재응시 금지공고 사건** 고졸검정고시에 이전에 합격한 사람이 다시 응시하지 못하도록 공고한 시행계획(교육청 공고)이 법률유보원칙에 반하여 교육을 받을 권리를 침해함을 인정한 헌재결정례가 있었다. 헌재는 고졸검정고시규칙은 이미 응시자격이 제한되는 자를 특정적으로 열거하고 있으면서 특히 '검정고시에 합격한 자'에 대하여만 응시자격 제한을 공고에 위임했다고 볼 근거도 없으므로, 이 사건 공고는 기본권 제한의 법률유보원칙에 위배하여 청구인의 교육을 받을 권리 등을 침해한다고 본 것이다.

판례 헌재 2012.5.31. 2010헌마139

[결정요지] 일반적으로 기본권침해 관련 영역에서는 급부행정 영역에서보다 위임의 구체성의 요구가 강화된다는 점, 이 사건 응시제한이 검정고시 응시자에게 미치는 영향은 응시자격의 영구적인 박탈인 만큼 중대하다고 할 수 있는 점 등에 비추어 보다 엄격한 기준으로 법률유보원칙의 준수 여부를 심사하여야 할 것인바, 고졸검정고시규칙과 고입검정고시규칙은 이미 응시자격이 제한되는 자를 특정적으로 열거하고 있으면서 달리 일반적인 제한 사유를 두지 않고 또 그 제한에 관하여 명시적으로 위임한 바가 없으며, 단지 '고시의 기일·장소·원서접수 기타 고시시행에 관한 사항' 또는 '고시 일시와 장소, 원서접수기간과 그 접수처 기타 고시시행에 관하여 필요한 사항'과 같이 고시시행에 관한 기술적·절차적인 사항만을 위임하였을 뿐, 특히 '검정고시에 합격한 자'에 대하여만 응시자격 제한을 공고에 위임했다고 볼 근거도 없으므로, 이 사건 응시제한은 위임받은 바 없는 응시자격의 제한을 새로이 설정한 것으로서 기본권 제한의 법률유보원칙에 위배하여 청구인의 교육을 받을 권리 등을 침해한다.

② **'권력적 사실행위'가 위반한 예 - 방송사 경고 사건** 방송사에 대한 제재로서 '경고'가 당시 방송법에 규정이 없었음에도(지금은 있음) 방송위원회가 경고(권력적 사실행위)를 한 것은 법률유보원칙에 위배된 것이라고 하여 그 경고를 취소하였다.

판례 헌재 2007.11.29. 2004헌마290, 경고 및 관계자 경고 처분취소

[사건개요] 주식회사 ○○방송은 시사고발프로그램인 '○○수첩'에서 '친일파는 살아있다 2'라는 제목의 텔레비전 프로그램을 방송하였는데, 선거방송심의위원회는 위 방송이 "그 내용의 구성에 있어 특정한 입후보예정자에게 유리하거나 불리하도록 한 것이며 해당 입후보자가 출마할 지역구내 타 후보와의 형평성을 지키지 아니한 것"이라며 '경고 및 관계자 경고'를 하는 심의결정을 하여 방송위원회에 통보하였고, 방송위원회는 청구인들에게 '경고 및 관계자 경고'를 하였다. ○○방송과 제작책임자 프로듀서는 언론의 자유를 침해한 것이라고 하여 헌법소원심판을 청구하였다. [결정요지] 방송사업자에게 있어서 방송사업의 재허가 추천 여부는 매우 본질적인 문제라고 볼 것인바, 이사건 경고가 방송평가에 위와 같은 불이익을 주고 그 불이익이 방송사업자의 재허가 심사절차에 반영되는 것이라면 사실상 방송사업자에 대한 제재수단으로 작용하고, 단순한 행정지도의 범위를 넘어서는 것으로서 규제적 구속적 성격을 가지고 있으며 청구인 ○○방송의 방송의 자유에 직접적으로 효과를 미치고 있다고 볼 것이므로, 헌법소원의 대상이 되는 권력적 사실행위에 해당한다. 이 사건 경고가 피청구인(방송위원회)이 방송사업자에게 방송표현 내용에 대한 경고를 함으로써 해당 방송에 대하여 제재를 가하는 것이라고 볼 때, 그러한 제재는 방송의 자유를 제한하는 것이므로 헌법 제37조 제2항에 따라 법률적 근거를 지녀야 한다. 2006.1.24. 개정되기 전의 구 '선거방송심의위원회의 구성과 운영에 관한 규칙'(이하 '이 사건 규칙'이라

한다) 제11조 제2항은 "심의위원회는 심의기준을 위반한 정도가 경미하다고 판단되는 경우 주의 또는 경고를 정할 수 있다"고 하였다. 그런데 이 사건 규칙에 의한 그러한 '주의 또는 경고'는 2006. 10. 27. 개정되기 전 구 방송법 제100조 제1항에 나열된 제재조치에 포함되지 아니한 것이었으며, 법률의 위임에 따라 정할 수 있는 '제재조치'의 범위를 벗어난 것이었다. 따라서 이 사건 규칙 제11조 제2항에 근거한 이 사건 경고는 기본권 제한에서 요구되는 법률유보원칙에 위배된 것이므로 더 나아가 살펴볼 필요 없이 청구인 ○○방송의 방송의 자유를 침해하므로 이를 취소한다. * 위 사건 후 방송법에 주의, 경고의 제재를 포함하는 개정이 있었다.

③ 옥외집회신고서 반려행위 위에서 이미 인용(引用)한 인용결정(認容決定)이고 그 결정요지는 아래와 같다(위의 (1)의 예시 판례).

판례 헌재 2008.5.29. 2007헌마712

[결정요지] 우리 헌법은 모든 국민에게 집회의 자유를 보장하고 있고, 집회에 대한 사전허가제를 금지하고 있는바, 옥외집회를 주최하고자 하는 자는 집시법이 정한 시간 전에 관할경찰관서장에게 집회신고서를 제출하여 접수시키기만 하면 원칙적으로 옥외집회를 할 수 있다. 그리고 이러한 집회의 자유에 대한 제한은 법률에 의해서만 가능하므로 법률에 정하여지지 않은 방법으로 이를 제한할 경우에는 그것이 과잉금지 원칙에 위배되었는지 여부를 판단할 필요 없이 헌법에 위반된다. 그런데 이 사건 피청구인은 청구인 ○○합섬HK지회와 ○○생명인사지원실이 제출한 옥외집회신고서를 폭력사태 발생이 우려된다는 이유로 동시에 접수하였고, 이후 상호 충돌을 피한다는 이유로 두 개의 집회신고를 모두 반려하였는바, 법의 집행을 책임지고 있는 국가기관인 피청구인으로서는 집회의 자유를 제한함에 있어 실무상 아무리 어렵더라도 법에 규정된 방식에 따라야 할 책무가 있고, 이 사건 집회신고에 관한 사무를 처리하는데 있어서도 적법한 절차에 따라 접수순위를 확정하려는 최선의 노력을 한 후, 집시법 제8조 제2항에 따라 후순위로 접수된 집회의 금지 또는 제한을 통고하였어야 한다. 만일 접수순위를 정하기 어렵다는 현실적인 이유로 중복신고된 모든 옥외집회의 개최가 법률적 근거 없이 불허되는 것이 용인된다면, 집회의 자유를 보장하고 집회의 사전허가를 금지한 헌법 제21조 제1항 및 제2항은 무의미한 규정으로 전락할 위험성이 있다. 결국 이 사건 반려행위는 법률의 근거 없이 청구인들의 집회의 자유를 침해한 것으로서 헌법상 법률유보원칙에 위반된다.

④ 집회자들에 대한 물포 발포행위의 법률유보원칙 위배성 헌재는 경찰서장이 2015. 5. 1. 22:13경부터 23:20경까지 사이에 최루액을 물에 혼합한 용액을 살수차를 이용하여 청구인들에게 살수한 행위(이하 '이 사건 혼합살수행위')가 법률유보원칙에 위배되어 청구인들의 신체의 자유와 집회의 자유를 침해하여 위헌임을 확인한다는 결정을 하였다.

판례 헌재 2018.5.31. 2015헌마476, 물포 발포행위 등 위헌확인

[결정요지] (1) 쟁점 정리 – 집회·시위의 해산 또는 저지를 위해 최루액을 혼합한 용액을 살수하는 행위는 집회의 자유뿐만 아니라 신체의 자유로부터 도출되는 신체를 훼손당하지 아니할 권리에 대한 직접적 제한을 초래한다. 그러므로 이 사건 혼합살수행위로 인해 직접 제한되는 기본권은 신체의 자유와 집회의 자유다. (2) 법률유보원칙 위배 여부 – (가) 살수차는 사용방법에 따라서는 경찰장구나 무기 등 다른 위해성 경찰장비 못지않게 국민의 생명이나 신체에 중대한 위해를 가할 수 있는 장비에 해당한다. 신체의 자유는 다른 기본권 행사의 전제가 되는 핵심적 기본권이고, 집회의 자유는 인격 발현에 기여하는 기본권이자 표현의 자유와 함께 대의 민주주의 실현의 기본 요소다. 집회나 시위 해산을 위한

살수차 사용은 이처럼 중요한 기본권에 대한 중대한 제한이므로, 살수차 사용요건이나 기준은 법률에 근거를 두어야 한다. '경찰관 직무집행법'은 경찰장비 중 경찰장구, 무기, 분사기 등의 사용요건을 직접 규정하고 있다(법 제10조의2 내지 제10조의4). 그러나 살수차에 대하여는 경찰장비의 하나로 규정하고 있을 뿐(제10조 제2항) 구체적 사용요건이나 방법에 대해서는 별도의 규정을 두고 있지 않다. 이 사건 대통령령에서 '불법집회 · 시위로 인해 발생할 수 있는 생명 · 신체의 위해와 재산 · 공공시설의 위험을 억제하기 위해 부득이한 경우 현장책임자의 판단에 의하여 최소한의 범위 안에서' 사용할 수 있다고 규정하고 있을 뿐이다(제13조 제1항). (나) 위해성 경찰장비 사용의 위험성과 기본권 보호 필요성에 비추어 볼 때, '경찰관 직무집행법'과 이 사건 대통령령에 규정된 위해성 경찰장비의 사용방법은 법률유보원칙에 따라 엄격하게 제한적으로 해석하여야 한다. 위해성 경찰장비는 본래의 사용방법에 따라 지정된 용도로 사용되어야 하며 다른 용도나 방법으로 사용하기 위해서는 반드시 법령에 근거가 있어야 한다. 살수차는 고압의 물줄기를 분사하여 사람의 신체에 대한 훼손을 최소화하면서 군중을 해산하는 데 사용하는 기타장비다. 살수차는 물줄기의 압력을 이용하여 군중을 제압하는 장비이므로 그 용도로만 사용되어야 한다. 살수차로 최루액을 분사하여 살상능력을 증가시키려면 법령에 근거가 있어야 한다. 최루액을 물에 섞어 살수하는 '혼합살수' 방법도 이 사건 대통령령에 열거되지 않은 새로운 위해성 경찰장비에 해당한다. '기타장비'인 살수차와 '분사기 · 최루탄 등'인 최루제를 혼합 사용하는 방법의 최루액 혼합살수는 이 사건 지침에만 근거를 두고 있는데, 이 사건 지침에 혼합살수의 근거 규정을 둘 수 있도록 위임하고 있는 법령은 어디에도 없다. (다) 이 사건 대통령령은 제4조에서 제16조까지 각 경찰장비별 사용기준에 대하여 일반적 비례원칙을 준수할 것을 요구하면서도, 특히 그 사용방법에 따라 생명 또는 신체에 중대한 위험을 초래할 가능성이 있는 경찰장비에 대하여는 14세 미만의 자 또는 임산부에 대하여 전자충격기 또는 전자방패를 사용하여서는 아니 된다는 등의 특별 준수사항을 구체적으로 규정하고 있다. 그런데 살수차에 대하여는 제13조 제1항에서 일반적 비례원칙을 준수할 것만을 규정하고 있다. (라) 이 사건 대통령령이 살수차의 사용에 대하여 총기나 물포 등과 달리 특별 준수사항을 구체적으로 규정하지 않고 있는 것은 살수차가 사람의 생명이나 신체에 주는 위험도가 상대적으로 약하다는 것을 전제로 하고 있는 것으로 보인다. 그런데 살수차의 구체적 사용기준을 법령에서 구체적으로 정하지 않고 경찰청 내부 지침에 맡겨 둔 결과, 부적절한 살수차의 운용으로 집회나 시위 참가자가 사망하거나 다치는 사고가 계속 발생하고 있다. 이런 상황에서 이 사건 지침이 법령에 근거 없이 혼합살수의 방식으로 살수차의 살상능력을 높일 수 있도록 한 것은 심각한 문제가 아닐 수 없다. 살수차는 국민의 생명과 신체에 심각한 위험을 초래할 수 있고 실제로 집회 참가자의 사망사고를 일으키고 있는 경찰장비다. 살수차의 구체적 운용방법과 절차 등에 관한 기본적 사항은 법률이나 대통령령에 규정하여 살수차 운용을 엄격하게 제한함으로써 국민의 생명과 안전을 도모하여야 한다. (마) 국민의 기본권과 관련 있는 중요한 법규적 사항은 최소한 법률의 구체적 위임을 받은 법규명령에 규정되어야 한다. 그럼에도 불구하고 '경찰관 직무집행법'이나 이 사건 대통령령 등 법령의 구체적 위임 없이 국민의 생명과 신체에 심각한 위험을 초래할 수 있는 살수차를 이용한 혼합살수 방식을 규정하고 있는 이 사건 지침은 법률유보원칙에 위배된다. 따라서 이 사건 지침만을 근거로 한 이 사건 혼합살수행위 역시 법률유보원칙에 위배하여 청구인들의 신체의 자유와 집회의 자유를 침해한 공권력 행사로 헌법에 위반된다. (3) 결론 – 이 사건 혼합살수행위는 헌법에 위반되므로 위헌임을 확인한다. * 헌재는 종료된 행위에 대해서는 취소나 무효확인결정을 할 수 없다고 하여 '확인'결정을 한다.

3. 위임(의미 ii)

헌법 제75조 : "대통령은 법률에서 구체적으로 범위를 정하여 위임받은 사항과 법률을 집행하기 위하여 필요한 사항에 관하여 대통령령을 발할 수 있다."

헌법 제95조 : "국무총리 또는 행정각부의 장은 소관사무에 관하여 법률이나 대통령령의 위임 또는 직권으로 총리령 또는 부령을 발할 수 있다."

(1) 법률유보원칙과 위임

기본권제한을 행정입법에 위임한다는 것은 법률유보원칙에 있어서 다음과 같은 의미를 가진다.

① **위임근거의 법률규정 존재** 법률유보원칙은 법률이 스스로 정해야 할 사항(아래의 3. 의회유보의 사항)이 아닌 사항을 대통령령 등 행정입법이 정하도록 위임하는 것을 부정하지는 않는다. 우리 헌법 제75조는 "대통령은 법률에서 구체적으로 범위를 정하여 위임받은 사항과 법률을 집행하기 위하여 필요한 사항에 관하여 대통령령을 발할 수 있다"라고 규정하고 헌법 제95조는 "국무총리 또는 행정각부의 장은 소관사무에 관하여 법률이나 대통령령의 위임 또는 직권으로 총리령 또는 부령을 발할 수 있다"라고 규정하고 있기 때문이다. 행정입법에 기본권제한사항을 위임하는 경우 그 위임도 법률에 근거를 둔 것이므로 법률유보가 이루어진다고 보는 것이다. 따라서 법률이 직접 제한하지 않고 대통령령, 부령 등 행정입법이 제한에 관한 사항을 두도록 위임하려면 그 위임하는 규정을 법률에 두어야 하는데 그렇지 않거나 위임하는 법률규정이 없는데도 행정입법이 기본권을 제한하는 것은 법률유보원칙에 반하여 헌법에 위반된다. 행정입법에의 위임을 법률유보원칙과 별개의 문제로 보는 견해도 있으나 위임의 근거를 법률에 규정하여야 한다는 점에서 법률유보원칙에도 포함된다. 그 위임도 법률에 근거를 둔 것이므로 법률유보가 이루어진다고 보는 것이다. 헌재판례도 그 점을 밝히고 있다.[1] 예를 들어 헌재는 행정사 자격시험을 시·도지사의 재량으로 실시하지 아니하여도 되는 것으로 규정한 구 행정사법 시행령규정은 상위법인 행정사법 제4조에 의하여 모든 국민에게 부여된 행정사 자격취득의 기회를 박탈한 것으로 모법으로부터 위임받지 아니한 사항을 하위법규에서 기본권 제한 사유로 설정하고 있는 것이므로 법률상 근거 없이 기본권을 제한하여 법률유보원칙에 위반한다는 위헌결정을 한 바 있다.[2] 그 외 위반례는 아래[(2)의 2) (가) ③ 참조].

② 아래에서 보는 대로 행정입법에 기본권제한을 위임하더라도 그 위임의 근거가 있어야

---

1) "법률유보의 원칙은 '법률에 의한' 규율만을 뜻하는 것이 아니라 '법률에 근거한' 규율을 요청하는 것이므로 기본권 제한의 형식이 반드시 법률의 형식일 필요는 없고 법률에 근거를 두면서 헌법 제75조가 요구하는 위임의 구체성과 명확성을 구비하기만 하면 위임입법에 의하여도 기본권 제한을 할 수 있다 할 것이다." 헌재 2005. 2.24. 2003헌마289, 판례집 17-1, 269면; 헌재 2007.11.29. 2004헌마290, 판례집 19-2, 623면.

2) 헌재 2010.4.29. 2007헌마910.

한다는 점만 요구되는 것이 아니라 그 위임이 구체적이어야 한다는 점도 법률유보원칙에서 요구된다. 포괄위임은 기본권제한사항의 규정을 거의 행정입법에 넘겨버리는 것이므로 법률 자신이 제한한다는 의미를 탈각하는 것이기 때문이다.

* 헌법이 직접 법률로 정하도록 한 사항을 대통령령에 위임할 수 있는지 여부 - 이 문제는 헌법이 법률로 정할 것을 직접 규정한 사항을 법률이 직접 정하지 않고 대통령령에 위임하는 것이 받아들여질 수 있는가가 논의되기도 한다. 이 문제는 헌법이 직접 법률사항으로 규정하지 않으나 헌법 제37조 제2항에 따라 기본권을 제한할 필요가 있어 법률로 기본권을 제한하는 법률규정이 그 제한에 관한 구체적 사항을 대통령령에 위임하는 많은 경우의 위임과는 구별되는 문제이다. 헌법이 특정사항에 대해 법률로 정하라고 직접 명시한 개별유보이기 때문이다. 이러한 문제가 제기된 사건은 헌법 제33조 제2항이 노동3권이 인정되는 공무원을 법률로 정하도록 위임하고 있음에도 불구하고 국가공무원법(법률)이 "사실상의 노무에 종사하는 공무원"은 노동3권을 허용하면서 그 범위를 다시 대통령령에 위임하고 있는 것을 두고 위헌이라고 주장한 헌법소원사건이었다. 헌재는 "법령이 위임받은 사항에 대하여 전혀 규정하지 아니하고 재위임하는 것은 위임입법의 원리에 반한다고 할 것이나, 위임받은 사항에 관하여 대강을 정하고 그 중의 특정사항을 범위를 정하여 다시 하위법령에 위임하는 것은 헌법에 위반되지 않는다. 살피건대, 법 제66조 제1항은 헌법에 따라 '사실상 노무에 종사하는 공무원'에 대하여는 노동3권이 인정된다고 하고 다만, 그 구체적인 범위에 대해서는 대통령령 등으로 정할 것을 같은 조 제2항에서 재위임한 것이므로, 법률에 위임한 사항을 다시 대통령령 등에 위임하였다는 이유만으로 법 제66조 제2항이 위임입법의 원리에 위반된다고 할 수 없다"라고 한다. 즉 헌재는 위와 같이 헌법에서 직접 위임한 법률사항을 법률이 대통령령 등에 위임하는 경우도 재위임하는 경우로 허용된다고 보고[1)] 그 위헌 여부는 구체적 재위임인지 여부를 보아 판단을 한다고 한다.[2)]

현재 기본권에 관한 한 개별적 법률유보가 별로 없어서 헌법이 직접 구체적으로 어떤 기본권사항을 법률에 위임하는 경우가 적다면 위 논의의 실익도 그리 많은지 재고할 일이다. 다만, 헌법 자체가 헌법제개정주체의 의사를 밝혀놓은 것을 법률로 자의로 변경하지 못하도록 하자는 취지는 중요하다.

(2) 모법률상 위임근거

1) 필수성

법률 자체가 기본권제한에 관한 사항을 모두 규정하지 않고 위임을 할 수는 있으나 위임한다는 사실을 법률에 명시함이 필수적이다. 이에 대해서는 위에서 이미 언급한 바 있다.

2) 위반례 - 위임의 무근거(행정입법의 위임근거가 법률에 없는 경우)

모법률에 위임한다는 뜻의 근거가 없는 사항인데도 시행령이 그 사항을 규정하여 위헌이라고 본 예를 살펴본다.

---

1) 따라서 헌법 제37조 제2항에 의거하여 기본권을 제한하는 법률이 대통령령에 일정 제한사항을 위임하고 대통령령이 다시 일정한 범위로 한정하여 부령에 위임하는 재위임의 경우와 그 적용법리를 같이한다(아래 재위임 부분 참조).

2) 이상 헌재 2007.8.30. 2003헌바51.

① **면회횟수 제한** 미결수용자의 면회횟수를 매주 2회로 제한하고 있는 구 군행형법시행령(대통령령) 규정이 법률의 위임이 없어 법률유보원칙에 반한다고 결정하였다.

판례 헌재 2003.11.27. 2002헌마193, 판례집 15-2 하, 311면

[결정요지] 군행형법 제15조는 제2항에서 수용자의 면회는 교화 또는 처우상 특히 부적당하다고 인정되는 사유가 없는 한 이를 허가하여야 한다고 규정하여 면회의 횟수를 제한하지 않는 자유로운 면회를 전제로 하면서, 제6항에서 "면회에의 참여…에 관하여 필요한 사항은 대통령령으로 정한다."라고 규정함으로써, 면회에의 참여에 관한 사항만을 대통령령으로 정하도록 위임하고 있고 면회의 횟수에 관하여는 전혀 위임한 바가 없다. 따라서 이 사건 시행령규정이 미결수용자의 면회횟수를 매주 2회로 제한하고 있는 것은 법률의 위임 없이 접견교통권을 제한하는 것으로서, 헌법 제37조 제2항 및 제75조에 위반된다.

② **금치기간 중 집필금지** 행형법상 징벌의 일종인 금치처분을 받은 자에 대하여 금치기간 중 집필을 전면 금지한 구 행형법시행령(대통령령) 규정은 법률(구 행형법)에 근거가 없어 법률유보의 원칙에 위반된다고 결정되었다.

판례 헌재 2005.2.24. 2003헌마289, 판례집 17-1, 261면

[결정요지] 행형법상 징벌의 일종인 금치처분을 받은 자에 대하여 금치기간 중 집필을 전면 금지한 행형법시행령 제145조 제2항 본문 부분(이하 '이 사건 시행령조항'이라 한다)은, 금치대상자의 자유와 권리에 관한 사항을 규율하는 것이므로 모법의 근거 및 위임이 필요하다. 행형법 제46조 제2항 제5호는 징벌의 일종으로 "2월 이내의 금치"를 규정하고 있으나, 금치의 개념 자체로부터는 그 사전적 의미가 제시하는 징벌실 수용이라는 특수한 구금형태만을 추단할 수 있을 뿐이고 거기에 집필의 전면적 금지와 같은 일정한 처우의 제한 내지 박탈이라는 금치의 효과 내지 집행방법까지 포함되어 있다거나 동 조항으로부터 곧바로 제한되는 처우의 내용이 확정된다고 볼 수 없고, 행형법 제46조 제4항은 징벌을 부과함에 있어 필요한 기준을 법무부장관이 정하도록 규정하고 있으나, 그 위임사항이 "징벌의 부과 기준"이지 "징벌의 효과나 대상자의 처우"가 아님은 문언상 명백하므로, 모두 이 사건 시행령조항의 법률적 근거가 된다고 할 수 없다. 다만 행형법 제33조의3 제1항은 수용자에 대하여 원칙적으로 집필을 금지하고 있다고 볼 수 있으나, 이 사건 시행령조항은 같은 조항에서 규정하고 있는 접견이나 서신수발 등과 달리 교도소장이 예외적으로라도 이를 허용할 가능성마저 봉쇄하고 있고, 위 행형법 제33조의3 제1항보다 가중된 제한을, 그것도 모법과 상이한 사유를 원인으로 집필의 자유를 박탈하고 있으므로 이 역시 이 사건 시행령조항의 법률적 근거가 된다고 할 수 없어 이 사건 시행령조항은 금치처분을 받은 수형자의 집필에 관한 권리를 법률의 근거나 위임 없이 제한하는 것으로서 법률유보의 원칙에 위반된다.

③ **행정사 자격시험 재량적 불실시** 이에 관해서는 위에서 인용한 바 있다[위의 (1) ②]. 아래에 자세한 결정요지 등을 정리한다.

판례 헌재 2010.4.29. 2007헌마910

[심판대상조문] 행정사법 시행령(2008. 2. 29. 대통령령 제20741호로 일부 개정된 것) 제4조(행정사의 자격시험) ①~② 생략 ③ 시·도지사는 법 제6조 제2항의 규정에 의한 시험전부면제대상자의 수 및 법 제8조의 규정에 의하여 행정사업의 신고를 한 자의 수등 관할구역내의 행정사의 수급상황을 조사하여 시

험실시의 필요성을 검토한 후 시험의 실시가 필요하다고 인정하는 때에는 시험실시계획을 수립하고, 이를 행정안전부장관에게 보고하여야 한다. [사건개요] 청구인은 행정사가 되고자 행정사 자격시험 응시를 준비하고 있는 자인바, 관련 정부부처에 행정사 자격시험에 관하여 문의한 결과 '행정사는 현재까지 경력공무원에 대한 자격부여를 통하여 배출되어 왔고, 행정사 자격시험을 실시한 적은 없으며, 앞으로도 실시계획이 없다'는 취지의 답을 듣게 되자, 행정사법 시행령 제4조 제3항이 '행정사의 수급상황을 고려하여 필요한 경우에만 행정사 자격시험을 실시할 수 있도록 규정'함으로써 자격시험을 통해 행정사가 되는 길을 막고 있어 청구인의 직업선택의 자유 등을 침해한다고 주장하면서, 그 위헌확인을 구하는 이 사건 헌법소원심판을 청구하였다. [결정요지] 행정사법 제4조가 행정사는 행정사의 자격시험에 합격한 자로 한다고 규정한 취지는, 모든 국민에게 행정사 자격의 문호를 공평하게 개방하여 국민 누구나 법이 정한 시험에 합격한 자는 법률상의 결격사유가 없는 한 행정사업을 선택하여 이를 행사할 수 있게 함으로써 특정인이나 특정 집단에 의한 특정 직업 또는 직종의 독점을 배제하고 자유경쟁을 통한 개성신장의 수단으로 모든 국민에게 보장된 헌법 제15조의 직업선택의 자유를 구현시키려는 데 있는 것이다. 그러므로 행정사법 제4조에서 행정사 자격시험에 합격한 자에게 행정사의 자격을 인정하는 것은 행정사 자격시험이 합리적인 방법으로 반드시 실시되어야 함을 전제로 하는 것이고, 따라서 행정사법 제5조 제2항이 대통령령으로 정하도록 위임한 이른바 "행정사의 자격시험의 과목·방법 기타 시험에 관하여 필요한 사항"이란 시험과목·합격기준·시험실시방법·시험실시시기·실시횟수 등 시험실시에 관한 구체적인 방법과 절차를 말하는 것이지 시험의 실시여부까지도 대통령령으로 정하라는 뜻은 아니다. 그럼에도 불구하고 이 사건 조항은 행정사 자격시험의 실시 여부를 시·도지사의 재량사항으로, 즉, 시험전부면제대상자의 수 및 행정사업의 신고를 한 자의 수 등 관할구역내 행정사의 수급상황을 조사하여 시험실시의 필요성을 검토한 후 시험의 실시가 필요하다고 인정하는 때에는 시험실시계획을 수립하도록 규정하였는바, 이는 시·도지사가 행정사를 보충할 필요가 없다고 인정하면 행정사 자격시험을 실시하지 아니하여도 된다는 것으로서 상위법인 행정사법 제4조에 의하여 청구인을 비롯한 모든 국민에게 부여된 행정사 자격 취득의 기회를 하위법인 시행령으로 박탈하고 행정사업을 일정 경력 공무원 또는 외국어 전공 경력자에게 독점시키는 것이 된다. 그렇다면 이 사건 조항은 모법으로부터 위임받지 아니한 사항을 하위법규에서 기본권 제한 사유로 설정하고 있는 것이므로 위임입법의 한계를 일탈하고, 법률상 근거 없이 기본권을 제한하여 법률유보원칙에 위반하여 청구인의 직업선택의 자유를 침해한다.

④ '감사보고서에 기재하여야 할 사항을 기재하지 아니하는 행위'를 범죄의 구성요건으로 규정한 구 '주식회사의 부감사에 관한 법률' 제20조 제1항 제2호 전단이 위임하지 않고 있는데도 그 기준을 증권관리위원회 및 금융감독위원회의 내부규칙으로 정한 것은 법률유보위배로 판단되었다.

판례 헌재 2004.1.29. 2002헌가20

[판시] 이 사건 법률조항은 범죄구성요건에 해당하는 '감사보고서에 기재하여야 할 사항을 기재하지 아니하거나'의 의미 내용에 관하여 이를 하위 법령에 전혀 위임조차 하지 아니하고 있음에도 불구하고 증권관리위원회 및 금융감독위원회가 정한 내부규칙인 회계감사기준은 특히 그 제4장의 보고기준에서 위 사항에 대하여 마치 법률의 위임을 받은 것처럼 그 내용을 직접 상세히 규정하고 있다. 그렇다면 이는 구성요건적 행위를 법률의 위임없이 사실상 하위규범에 의하여 정의하고 제한하고 있는 것이 될 것이므로 국민의 모든 자유와 권리에 대한 제한을 반드시 '법률'에 의하여만 할 수 있도록 규정한 헌법 제37조 제2항 전단을 직접 위배하는 것이 된다.

⑤ 시각장애인에 한하여 안마사 자격인정을 받을 수 있도록 하는, 이른바 비맹제외기준(非盲除外基準)을 설정하고 있는 구 '안마사에 관한 규칙'(보건복지부령) 규정에 대한 위헌결정(헌재 2006.5.25. 2003헌마715)에서는 법률유보원칙 위반이라고 명백히 밝힌 의견이 5인 다수의견이었다. 안마사자격에 관한 사안은 이후 합헌결정이 내려졌다(헌재 2008.10.30. 2006헌마1098).

(3) 위임형식(위임받는 행정입법의 형식)

1) 헌법규정상의 위임형식

헌법이 법률이 위임해줄 수 있는 대상 내지 행정입법의 형식으로 명시적으로 규정하고 있는 것은 대통령령, 총리령, 부령이다(제75조, 제95조)

2) 행정입법에 대한 전제적 설명

행정입법의 개념, 종류에 대해서는 뒤의 국가권력론에서 자세히 다루게 되는데 여기서 기본권사항의 위임 문제를 이해하기 위해 전제적인 설명이 필요할 것이다.

(가) 개념

오늘날 행정이 복잡다단하고 변화가 빈번한데 구체적 사항을 법률 자체에 규정하게 되면 변경필요가 있을 때 탄력적으로 법률개정이 이루어지면 몰라도 그것이 어려우므로 법률을 집행하는 행정부가 법률에 위임하거나 법률시행에 필요하여 행정부가 구체적 사항을 정할 때 성립되는 규범을 행정입법이라고 한다.

(나) 종류

이에는 내용적으로 다시 두 가지로 나누어진다. 국민의 권리의무에 영향을 미치는 사항을 정하는 법규명령과 행정기관의 사무처리나 질서유지 등을 위하여 행정기관 내부에서만 효력을 가진다고 일반적으로 보는 행정규칙으로 나누어진다. 법규명령은 다시 법률이나 상위 법규명령의 위임을 받아 제정되는 위임명령과 그러한 위임이 없이 법률이나 상위 행정입법을 시행하기 위해 필요하여 제정되는 집행명령으로 나누어진다. 현재 헌법이 명시하는 대통령령, 총리령, 부령은 법규명령이고 실제 법령의 이름으로는 대통령령은 시행령, 총리령과 부령은 시행규칙으로 명칭이 부여되고 있다.

예시 건축 안전에 관한 법을 예로 들어 법종류와 법명칭을 예시해 본다.
건축법 → 법률
건축법시행령 → 법규명령으로서 위임명령인 대통령령
건축법시행규칙 → 법규명령으로서 국토교통부장관의 부령

유의 총리령도 시행규칙으로 불린다(예 : 식품위생법시행규칙). 총리령인 시행규칙은 국무총리 소속 중앙행정기관인 '처'나 '위원회'에 소관 업무에 관한 사항들을 법률이 위임해주면 제정된다(예 : 식품위생은 국무총리 소속 식품의약품안전처 소관업무 → 식품위생법의 시행규칙은 총리령). 처령이라는 위임형식이 존재하지도 않는다.

대법원규칙, 헌법재판소규칙(제108조, 제113조 2항), 중앙선거관리위원회규칙(제114조 6항)도 법규명령으로 보는 견해가 많고 그 견해에 따르면 기본권사항을 위임받을 수 있다. 국회규칙(제64조 1항) 중에는 법규성이 있는 규칙도 있을 수 있다(예 : 국회방청규칙, 국회정보공개규칙, '국회 입법예고에 관한 규칙', 국회청원심사규칙, '부패방지 및 국민권익위원회의 설치와 운영에 관한 법률의 시행에 관한 국회규칙' 등). 감사원규칙에 대해서는 논란이 많다.

행정규칙은 일반적으로 행정내부적 효과를 가지므로 법규성이 없다고 보고 그 명칭이 고시, 훈령, 예규, 내규 등으로 불린다.

□ 행정입법
- 법규명령 – 위임명령, 집행명령(헌법 제75조, 제95조)
  대통령령(시행령), 총리령, 부령(시행규칙)
  * 대법원규칙, 헌법재판소규칙, 중앙선거관리위원회규칙, 국회규칙
  (헌법 제108, 113조 제2항, 제114조 제6항, 제64조 제1항)
- 행정규칙 – 고시, 훈령, 예규, 내규, 지침 등

▌행정입법의 종류

3) 행정규칙에의 위임 문제

(가) 문제의 소재

행정규칙에 기본권제한사항을 위임할 수 있을 것인가 하는 문제가 논의된다. 위에서 언급한 대로 행정규칙은 일반적으로 행정내부의 효력을 가지는 것이라고 보고 기본권사항은 행정외부 국민에 영향을 미치는 것으로 보는데 그렇게 본다면 행정규칙에 기본권사항을 위임할 수 없다는 결론을 가져오기 때문이다. 이 문제는 법규성을 가지는 행정입법으로서 현재 우리 헌법이 명시하는 위임입법형식으로 대통령령, 총리령, 부령(그리고 대법원규칙, 헌법재판소규칙, 중앙선거관리위원회규칙도 법규성이 있다고 보나 여하튼 현재 많이 제정되고 있고 비중이 큰 법규명령은 대통령령, 총리령, 부령이다)을 규정하고 있는 헌법 제75조, 제95조 등의 헌법규정들의 성격을 어떻게 볼 것인가 하는 점에 위 문제가 달려있다. 다시 말하자면 헌법이 위임형식으로 명시하고 있는 것만 법규명령인지, 즉 법규성을 가지는 것인지 아니면 그렇지 않은 입법형식(이것은 결국 형식적으로 고시, 훈령, 예규, 내규 등 행정규칙이다)도 법규성을 가질 수 있는 것으로 인정할 것인가 하는 데에 위 문제가 달려있다.

(나) 학설과 헌재판례

가) 학설

이에 대해서는 예시설과 열거설로 나누어진다. 예시설에 따르면 헌법이 명시하고 있는 대

통령령, 총리령, 부령 등에 대한 위임은 예시적인 것이고 그 외의 법형식의 행정입법에도 위임이 가능하다고 보는 견해이다. 열거설은 그것을 부정하고 대통령령, 총리령, 부령 등 헌법이 위임대상 법형식으로 명시하고 있는 것에 한정하여 위임할 수 있다는 견해이다.

나) 헌재판례

헌재는 헌법 제75조, 제95조가 명시하고 있는 위임입법의 형식(즉 대통령령, 총리령, 부령)은 예시적인 것으로 보아야 할 것이고, 법률이 어떤 사항을 행정규칙에 위임하더라도 그 행정규칙은 위임된 사항만을 규율할 수 있는 것이므로, 국회입법의 원칙과 상치되지 않는다고 한다. 아래에 대표적인 결정례를 하나 인용한다.

판례 헌재 2008.11.27. 2005헌마161

[판시] 오늘날 의회의 입법독점주의에서 입법중심주의로 전환하여 일정한 범위 내에서 행정입법을 허용하게 된 동기가 사회적 변화에 대응한 입법수요의 급증과 종래의 형식적 권력분립주의로는 현대사회에 대응할 수 없다는 기능적 권력분립론에 있다는 점 등을 감안하여 헌법 제40조와 헌법 제75조, 제95조의 의미를 살펴보면, 국회입법에 의한 수권이 입법기관이 아닌 행정기관에게 법률 등으로 구체적인 범위를 정하여 위임한 사항에 관하여는 당해 행정기관에게 법정립의 권한을 갖게 되고, 입법자가 규율의 형식도 선택할 수도 있다 할 것이므로, 헌법이 인정하고 있는 위임입법의 형식은 예시적인 것으로 보아야 할 것이고, 그것은 법률이 행정규칙에 위임하더라도 그 행정규칙은 위임된 사항만을 규율할 수 있으므로, 국회입법의 원칙과 상치되지도 않는다. 다만, 형식의 선택에 있어서 규율의 밀도와 규율영역의 특성이 개별적으로 고찰되어야 할 것이고, 그에 따라 입법자에게 상세한 규율이 불가능한 것으로 보이는 영역이라면 행정부에게 필요한 보충을 할 책임이 인정되고 극히 전문적인 식견에 좌우되는 영역에서는 행정기관에 의한 구체화의 우위가 불가피하게 있을 수 있다. 그러한 영역에서 행정규칙에 대한 위임입법이 제한적으로 인정될 수 있다. * 동지 : 헌재 2004.10.28. 99헌바91; 헌재 2006.12.28. 2005헌바59; 헌재 2008.7.31. 2005헌마667; 헌재 2009.4.30. 2007헌마106 등 참조.

(다) 이른바 '법령보충규칙'인 행정규칙

가) 헌재판례에서의 인정

헌재는 위와 같이 예시설을 취하여 대통령령, 총리령, 부령과 같은 법규명령이 아닌 훈령, 예규, 고시와 같은 행정규칙 형식의 행정입법에의 위임을 할 수도 있다고 본다. 즉 헌재는 제정형식은 비록 고시, 훈령, 예규 등과 같은 행정규칙이더라도, "그것이 상위법령의 위임한계를 벗어나지 아니하는 한, 상위법령과 결합하여 대외적인 구속력을 갖는 법규명령으로서 기능하게" 되는 행정규칙을 인정한다.

판례 헌재 1992.6.26. 91헌마25, 판례집 4, 444, 449면; 헌재 2004.1.29. 2001헌마894, 판례집 16-1, 114, 125면; 2008.11.27. 2005헌마161등; 2009.4.30. 2007헌마106등.

이처럼 상위법령인 법률이 위임을 하여(또는 법률의 위임을 받은 상위 법규명령(대통령령, 총리령, 부령)이 다시 위임을 하여)(이를 판례는 '상위법령과 결합하여'라고 표현) 제정된 행정규칙을 학계에서는 이른바 '법령보충규칙'이라고 부른다.

나) 법령보충규칙의 개념정의와 예시

두 가지 개념요소를 가진다. 형식적인 측면의 요소에서는 법령보충규칙은 시행령(대통령령), 시행규칙(부령)이라는 이름을 가지지 않고 고시, 예규, 훈령 등 행정규칙의 이름을 가진 것이다. 내용은 그 범위는 아래 한계에서 보듯이 전문적 · 기술적 사항이나 경미한 사항에 한하나 법규성을 가진다. 일반적으로 행정규칙은 법률이나 그 위임을 받은 법규명령에 근거하지 않고도 제정될 수 있다. 예를 들어 행정안전부장관이 부령이 아니라 행정규칙인 고시를 법령에 근거하지 않고도 자신의 권한 내에서 정할 수 있다. 그러나 이 법령보충규칙은 법률과 그 위임을 받은 법규명령 등으로 근거가 있어서 제정되는 것이다. 위 헌재판례가 상위법령이라 함은 법률에 근거를 둔 경우뿐 아니라 대통령령, 총리령, 부령에 근거를 둔 것도 포함될 것을 예정한 것으로 생각되는데 어차피 대통령령, 총리령, 부령도 법률에 근거가 있어야 제정되므로 출발이 법률이 되어야 할 것이다.

부령이나 법령보충규칙이나 둘다 법률에 근거가 있어야 한다는 점에서는 차이가 없다. 다만, 그 문구는 다르다. 전자의 경우 " … 부령으로 정한다"라고 규정되나, 후자는 " … 정하여 고시할 수 있다" " … 장관이 정하여 고시한 … " 등으로 규정된다.

유의 법령보충규칙은 다른 일반적인 행정규칙과 달리 법률 내지 법률의 위임을 받은 법규명령이 그 근거를 두어야 제정될 수 있다는 점에 유의해야 한다. 따라서 위 문언에 대해 서술한 것처럼 "장관이 고시한다" 등의 문언이 법률이나 법률위임받은 법규명령 자체에 나타나 있어야 법령보충규칙이다.

다) 한계

헌재는 위와 같은 법령보충규칙을 인정하면서도 법령보충규칙의 인정에 대해서는 다음과 같은 한계를 설정하고 있다.

① 불가피성의 한계 다만, 행정규칙은 법규명령과 같은 엄격한 제정 및 개정절차를 요하지 아니하므로, 기본권을 제한하는 작용을 하는 법률이 입법위임을 할 때에는 대통령령, 총리령, 부령 등 법규명령에 위임함이 바람직하다고 함(* 헌재가 불가피하다는 말은 여기서 직접 하지 않으나 필자가 그렇게 이해하고 정리함. 불가피성의 언급은 아래 ②의 ㉠에서 하고 있음).
② 내용적 한계 ㉠ 전문적·기술적 사항이나 경미한 사항에 한정 – 위 나)와 같은 법령보충규칙에의 위임을 할 때에도 적어도 행정규제기본법 제4조 제2항 단서에서 정한 바와 같이 법령이 전문적·기술적 사항이나 경미한 사항으로서 업무의 성질상 위임이 불가피한 사항에 한정된다 할 것이고, ㉡ 구체적 위임일 것 – 그러한 사항이라 하더라도 포괄위임금지의 원칙상 법률의 위임은 반드시 구체적·개별적으로 한정된 사항에 대하여 행하여져야 할 것이라고 함[1]

---

1) 헌재 2006.12.28. 2005헌바59; 헌재 2008.7.31. 2005헌마667; 헌재 2012.2.23. 2009헌마318; 헌재 2014.7.24. 2013헌바183; 헌재 2016.3.31. 2014헌바382; 헌재 2016.10.27. 2015헌바360등; 헌재 2016.2.25. 2015헌바191;

라) 헌법재판의 대상성과 그 재판형식

법령보충규칙이 헌법재판으로 판단되어야 할 상황에서 그 헌법재판의 대상이 되는가 하는 문제가 있는데 이 문제는 법령보충규칙만이 대상이 되는가 또는 모법인 법률규정과 더불어 법령보충규칙도 대상이 되는가 등의 문제이다. 분명한 것은 헌법재판 중 위헌법률심판의 경우에는 법령보충규칙에 위임하는 그 법률규정만이 대상이고 그 위임이 적정하였는지를 심사하게 되고 법령보충규칙은 대상이 되지 않는다는 점, 법령보충규칙은 법령소원(법령도 공권력작용이므로 본래의미의 헌법소원으로서 공권력행사인 법령이 대상이 되는 본래의미의 헌법소원을 법령소원이라고 부른다. 헌법재판 참조)의 대상이 된다는 점(헌재 1992.6.26. 91헌마25, 판례집 4, 444, 449면; 헌재 2004.1.29. 2001헌마894, 판례집 16-1, 114, 125면 등. 아래 판례 ③ 참조)이다.

마) 법령보충규칙을 인정한 판례 - 전문적·기술적 사항이나 경미한 사항, 위임 불가피성

법령보충규칙이라는 용어를 사용한 경우가 아니더라도 전문적·기술적 사항이나 경미한 사항인 점, 위임 불가피성을 들어서 행정규칙에 기본권사항 위임을 인정하고 그것의 위헌 여부를 판단한 아래의 판례들이 있다.

① **금융감독위원회의 고시** '금융산업의 구조개선에 관한 법률' 규정이 부실금융기관을 결정할 때 '부채와 자산의 평가 및 산정'의 기준과 적기시정조치의 기준과 내용에 관하여 금융감독위원회의 고시에 위임하고 있는데 헌재는 이는 전문적·기술적 사항으로서 불가피성이 인정되어 위임가능하다고 보았다.

판례 헌재 2004.10.28. 99헌바91

[결정요지] 우선, 이 사건 법률 제2조 제3호 가목 소정의 '부채와 자산의 평가 및 산정'에 관하여 볼 때, 위와 같은 기준은 부실금융기관의 결정여부를 판단하는 중요한 기준이 되고 있다. 그렇지만, 금융감독위원회에서 정할 부채와 자산의 개념은 회계학상의 용어로서 위와 같은 개념을 실무상 적용할 때 해당분야의 기술적·전문적인 경험이 필요하다. 또한 어떠한 항목이 '자산' 또는 '부채'에 포함될 것인지에 관하여 이를 일률적으로 규정하기 곤란할 정도로 그 내용이 너무나 다양하고, 그 판단을 하려면 고도의 전문지식이 필요하며, 국가경제정책을 고려하여야 한다. 따라서, 부실금융기관의 판단근거가 되는 '부채와 자산의 평가 및 산정'이라는 사항은 전문적·기술적 사항으로 업무의 성질상 금융감독위원회의 고시로 위임함이 불가피한 사항이라고 볼 수 있다. 다음으로, 이 사건 법률 제10조 제2항에서 위임된 '적기시정조치의 기준과 내용'에 관한 사항 또한 금융감독위원회의 고시로 정하는 것이 부적절하다 할 수 없다. 이 사건 법률에서 규율대상으로 하고 있는 금융기관은 은행, 보험회사, 종합금융회사 등 그 범위가 매우 넓고, 각 금융기관의 영업형태, 재무회계의 기준, 위험도의 종류 등이 서로 달라서 하나의 법률에서 모든 금융기관을 통할하는 통합기준을 마련한다는 것도 어려울 뿐만 아니라 이러한 상황에서 각 적기시정조치별로 모든 금융기관에 대하여 적용가능한 기준을 마련하여 규정하고 그 기준에 맞는 조치를 하도록 하는 것은 사실상 불가능하고 그와 같은 적기시정조치는 그 명칭에서도 알 수 있는 바와 같이 금융기관의 부실화를 예방하고 건전한 경영을 유도하기 위한 것으로서 적기에, 그리고 급변하는 금융, 자본시장의 상황을 적절히 고려하여 이루어져야 한다는 점에서 본다면, '적기시정조치의

헌재 2016.2.25. 2013헌마838 등.

기준과 내용'이라는 사항 또한 전문적·기술적인 것으로 업무의 성질상 금융감독위원회의 고시로 위임함이 불가피한 사항이라고 할 수 있다.

② 시공자 선정을 위한 경쟁입찰방법의 고시에의 위임 구 '도시 및 주거환경정비법'(2010. 4. 15. 법률 제10268호로 개정되고, 2013. 3. 23. 법률 제11690호로 개정되기 전의 것) 제11조 제1항 본문 중 "조합은 제16조에 따른 조합설립인가를 받은 후 조합총회에서 국토해양부장관이 정하는 경쟁입찰의 방법으로 건설업자 또는 등록사업자를 시공자로 선정하여야 한다"라고 규정하고 있다. 전문성이 인정된다.

판례 헌재 2016.3.31. 2014헌바382

[결정요지] 1. 심판대상조항은 정비사업의 시공자 선정과정에서 공정한 경쟁이 가능하도록 하는 절차나 그에 관한 평가 및 의사결정 방법 등의 세부적 내용에 관하여 국토해양부장관이 정하도록 위임하고 있는바, 이는 전문적·기술적 사항이자 경미한 사항으로서 업무의 성질상 위임이 불가피한 경우에 해당한다. 2. 심판대상조항에 따라 국토해양부장관이 규율할 내용은 공정한 경쟁을 담보할 수 있는 방식이 될 것임을 충분히 예측할 수 있으므로, 심판대상조항은 포괄위임금지원칙에 위배되지 아니한다. 3. 심판대상조항은 달리 시공자 선정의 공정성을 확보하면서도 조합이나 계약 상대방의 자유를 덜 제한할 수 있는 방안을 찾기 어려우므로, 과잉금지원칙에 위배되어 계약의 자유를 침해한다고 볼 수 없다.

③ 통계청장의 조세감면 대상 업종 분류 고시 전문적·기술적 지식이 요구된다.

판례 헌재 2006.12.28. 2005헌바59

[사안과 심판대상규정] 조세감면의 대상이 되는 업종의 분류를 통계청장이 고시하는 한국표준산업분류에 위임할 필요성이 인정되는지 여부가 문제된 사안이다. * [심판대상 조항] 조세특례제한법(2001. 12. 29. 법률 제6538호로 개정된 것) 제2조(정의) ③ 이 법에서 사용되는 업종의 분류는 이 법에 특별한 규정이 있는 경우를 제외하고는 통계법 제17조의 규정에 의하여 통계청장이 고시하는 한국표준산업분류에 의한다. [결정요지] 조세특례제한법 제2조 제3항은 업종의 분류를 통계청장이 고시하는 한국표준산업분류에 의하도록 규정하고 있는바, 한 국가 내의 모든 업종을 세부적으로 분류하는 작업에는 고도의 전문적·기술적 지식이 요구되고, 많은 전문인력과 시간이 소요되며, 분류되는 업종의 범위 역시 방대하므로, 입법자가 각 업종 간의 공통점과 상이점에 착안하여 다양한 업종을 일일이 분류하여 법률에 열거하는 것은 입법기술상 불가능할 뿐만 아니라, 국제표준산업분류가 세계 각국의 산업분류에 있어 표준적인 역할을 담당하고, 한국표준산업분류 역시 이를 기초로 한 것으로서 국내외에 걸쳐 가장 공신력 있는 업종분류결과로 받아들여지고 있는 사정 등을 모아 보면 업종의 분류에 관하여 판단자료와 전문성의 한계가 있는 대통령이나 행정각부의 장에게 위임하기 보다는 통계청장이 고시한 한국표준산업분류에 위임할 필요성이 인정된다. * 동지 : 헌재 2014.7.24. 2013헌바183.

④ 한약사 임의조제가 허용되는 한약처방의 범위 확정의 보건복지부장관에의 위임 전문성이 요구된다.

판례 헌재 2008.7.31. 2005헌마667

[사안] 구 약사법 제21조 제7항에서 한약사의 임의조제가 허용되는 한약처방의 범위를 보건복지부장관

이 정하도록 위임한 것이 위헌인지 여부 [결정요지] 구체적으로 이 사건 구 약사법 제21조 제7항 단서에 대하여 살펴보면, 한약처방의 종류 및 그 조제방법이라는 것은 그 대상이 매우 다양하고, 세부적, 기술적, 가변적 사항으로서 어떠한 처방에 대하여 한약사에게 임의조제를 허용할 것인가는 그 처방이 일반적으로 안정성과 유효성이 인정된 것인지 여부를 고려하여 판단하여야 하는 전문적·기술적 영역이며, 그 판단을 위해서는 고도의 전문지식이 필요하다. 또한 실제로도 이 사건 조제규정의 내용을 보면 매우 기술적이고 세부적이라는 점을 알 수 있다. 따라서 이러한 내용을 법규명령에 위임하지 아니하고 보건복지부 고시에 위임하는 것은 허용된다.

⑤ **"게임제공업소의 경품취급기준" 고시** 사행성 조장이나 청소년 유해성의 판단근거가 되는 '경품의 종류 및 경품제공방식'이라는 사항은 어느 정도 전문적·기술적인 것으로 그 규율영역의 특성상 소관부처인 문화관광부의 고시로 위임함이 요구된다.

판례 헌재 2008.11.27. 2005헌마161

[사안] 이 사건 모법조항은 게임제공업자에 대해서 "사행성을 조장하거나 청소년에게 해로운 영향을 미칠 수 있는 '일정한 태양'의 경품제공행위를 하지 아니할 것"을 명하면서, 그 태양으로 "문화관광부장관이 고시하는 종류 외의 경품을 제공하는 행위"와 "문화관광부장관이 고시하는 방법에 의하지 아니한 경품제공행위"를 규정하고 있고, 음비게법 제50조 제3호는 이를 위반한 자를 2년 이하의 징역이나 2천만원 이하의 벌금에 처하도록 하고 있다. 따라서 이 사건 모법조항이 헌법이 들고 있는 법규명령의 형식이 아닌 문화관광부장관의 고시에 위임한 형식 그 자체가 헌법에 위배되는지가 문제되었다. [결정요지] 이 사건 모법조항은 사행성 조장이나 청소년에게 해로운 영향을 미치는 경품제공행위를 막기 위하여 게임제공업자가 게임이용자에게 제공하는 경품의 종류와 경품제공방식을 규율하려는 것이다. 그런데 어떤 종류의 경품을 어떠한 방식으로 어느 정도 제공하는 것이 사행성을 조장하거나 청소년에게 유해한지에 관하여 이를 일률적으로 규정하기 곤란하고, 그 판단을 하려면 관련행정기관과의 협의 또는 관련연구기관에서 축적한 전문지식의 활용이 필요하며, 국가의 경제적·사회적 정책을 고려하여야 한다. 따라서 사행성 조장이나 청소년 유해성의 판단근거가 되는 '경품의 종류 및 경품제공방식'이라는 사항은 어느 정도 전문적·기술적인 것으로 그 규율영역의 특성상 소관부처인 문화관광부의 고시로 위임함이 요구되는 사항이라고 볼 수 있다. * 동지 : 헌재 2009.4.30. 2007헌마106.

⑥ **특수 유형 온라인서비스**(P2P, peer to peer 등과 같은 서비스) **제공자 범위의 장관 고시에 위임** 다른 사람들 상호간에 컴퓨터 등을 이용하여 저작물 등을 전송하도록 하는 것을 주된 목적으로 하는 특수한 유형의 온라인서비스제공자로 하여금 권리자의 요청이 있는 경우 당해 저작물 등의 불법적인 전송을 차단하는 기술적인 조치 등 필요한 조치를 하도록 한 저작권법 규정이 그 특수한 유형의 온라인서비스제공자의 범위를 문화체육관광부장관이 정하여 고시할 수 있도록 한 규정이 직업의 자유를 침해하였다고 하여 제기된 헌법소원심판사건에서 고시에 위임할 수 있는가가 논란되었다. 헌재는 전문지식 활용 필요성을 들어 위임가능성을 인정하였다.

판례 헌재 2011.2.24. 2009헌바13

[결정요지] 저작물 등의 불법적인 전송과 같은 저작권 침해의 양상과 방법은 기술의 발달과 온라인 문화의 변화에 따라 계속적으로 변화해 왔으며, 저작권 등 침해에 악용되기 쉬운 온라인서비스의 양상 역

시 복잡하고 다양한 형태로 나타나고 있다. "다른 사람들 상호 간에 컴퓨터 등을 이용하여 저작물 등을 전송하도록 하는 것을 주된 목적으로 하는 온라인서비스(저작권법 제104조 제1항)", 즉 "특수한 유형의 온라인서비스"가 구체적으로 어떤 기술적 표지나 구조를 가진 경우에 저작물 등의 불법적인 전송행위에 대한 관여가능성이 있는지의 문제는 온라인 문화와 인터넷 기술현황에 대한 분석과 연구를 거쳐 정해져야 할 것이고, 또한 상황에 따라 유동적으로 대처할 필요성이 있는 것이므로 그러한 판단에는 관련 행정기관과의 협의 또는 관련 연구기관에서 축적한 전문지식의 활용이 필요하다. 따라서 "특수한 유형의 온라인서비스제공자의 범위"를 법률에서 구체적으로 특정하는 데는 어려움이 있으며, 그 규율영역의 특성상 소관부처인 문화체육관광부의 고시에 대한 위임이 인정될 수 있다고 할 것이다.

⑦ **공정거래위원회 고시** '표시·광고에 포함하여야 할 사항과 방법'을 공정거래위원회 고시에 직접 위임한 '표시·광고의 공정화에 관한 법률' 제4조 제1항("공정거래위원회는 상품 등이나 거래 분야의 성질에 비추어 소비자 보호 또는 공정한 거래질서 유지를 위하여 필요한 사항으로서 다음 각 호의 어느 하나에 해당하는 사항인 경우에는 사업자 등이 표시·광고에 포함하여야 하는 사항과 표시·광고의 방법을 고시할 수 있다")에 근거하여 제정된 문제의 고시 규정 「(상조업종의 중요정보) 나-2 중요정보 항목 중 '차량의 종류 및 무료로 제공되는 차량거리', '총 고객환급의무액', '고객불입금에 대한 관리방법', '표시장소'」 부분이 상조업자들의 영업의 자유, 광고표현의 자유 및 평등권을 침해한다고 주장하는 헌법소원심판사건 – 위임 가능성 인정.

판례 헌재 2012.2.23. 2009헌마318

[결정요지] 1. 헌법이 인정하고 있는 위임입법의 형식은 예시적인 것으로 보아야 할 것이고, 법률이 어떤 사항을 행정규칙에 위임하더라도 그 행정규칙은 위임된 사항만을 규율할 수 있는 것이므로, 국회입법의 원칙과 상치되지 않는다. 이 사건 모법조항은 소비자의 보호 또는 공정한 거래질서의 유지를 위하여 사업자 등이 표시·광고함에 있어 포함하여야 할 사항과 그 방법을 규율하기 위한 것으로서, 이를 일률적으로 규정하기는 곤란하고, 그 판단은 어느 정도 전문적·기술적인 것으로 그 규율영역의 특성상 소관부처인 공정거래위원회의 고시로 위임함이 요구되는 사항이라고 볼 수 있다. 따라서 이 사건 모법조항의 위임형식은 헌법에 위배되지 아니한다.

⑧ **기초연금법상 '선정기준액'을 법규명령이 아닌 보건복지부장관 고시로 정하도록 위임하는 것**

판례 헌재 2016.2.25. 2015헌바191

[결정요지] '선정기준액'은 기초연금 수급자가 65세 이상인 사람 중 100분의 70 수준이 되도록 정해야 하는 것으로, 이는 전체 노인가구의 소득·재산 수준과 생활실태를 다양한 자료에 의해 파악한 다음 이를 통계화하여 분석하고 그 밖에 물가상승률, 국가재정상황 등도 종합적으로 고려하여 전문적·기술적으로 판단할 수밖에 없는데 그러한 판단을 하려면 고도의 전문성이 필요하므로, 이러한 내용을 법규명령이 아닌 보건복지부 고시에 위임하는 것은 허용된다.

⑨ 초·중등교육법 제23조 제3항의 위임에 따라 동법 시행령 제43조 제1항 제1호가 규정한 초등학교의 교과에 '외국어(영어)'가 포함되어 있음에도 불구하고, 초등학교 1, 2학년의 교과에서 영어 과목을 배제한, 동법 제23조 제2항의 위임에 따라 제정된 '초·중등학교 교육과

정'(교육과학기술부 고시 제2012－31호) － 합헌성 인정.

판례 헌재 2016.2.25. 2013헌마838

[결정요지] 1. 초등학교의 교육과정은 교육을 둘러싼 여러 여건에 따라 적절히 대처할 필요성이 있기 때문에 이에 관한 모든 사항을 법률에 규정하는 것은 입법기술상 매우 어렵다. 특히, 초등학교 교육과정의 편제와 수업시간은 교육여건의 변화에 따른 시의적절한 대처가 필요하므로 교육현장을 가장 잘 파악하고 교육과정에 대해 적절한 수요 예측을 할 수 있는 해당 부처에서 정하도록 할 필요가 있다. 따라서 초·중등교육법 제23조 제2항이 교육과정의 기준과 내용에 관한 기본적인 사항을 교육부장관이 정하도록 위임한 것 자체가 교육제도 법정주의에 반한다고 보기 어렵다. 이 사건 고시 부분에서 초등학교 1, 2학년의 교과에 영어를 배제하였다 하더라도, 이는 초·중등교육법 제23조 제2항 및 제3항의 위임에 따라 초·중등교육법 시행령 제43조 제1항 제1호가 규정한 교과의 범위 내에서 그 내용을 구체화한 것이므로, 위임 범위를 벗어났다고 볼 수 없다. 2. 이 사건 고시 부분은 청구인들의 인격의 자유로운 발현권과 자녀교육권을 침해하지 않는다.

⑩ 누구든지 학교환경위생 정화구역에서는 「청소년 보호법」 제2조 제5호 가목 7)에 해당하는 업소와 같은 호 가목 8)에 따라 여성가족부장관이 고시한 영업에 해당하는 업소에 해당하는 행위 및 시설을 하여서는 아니 된다는 학교보건법(2011. 9. 15. 법률 제11048호로 개정되고, 2016. 2. 3. 법률 제13946호로 개정되어 시행되기 전의 것) 제6조 제1항 본문 중 위 해당부분(즉 위 조문에서 밑줄친 '여성가족부장관이 고시한' 부분) － 합헌 인정.

판례 헌재 2016.10.27. 2015헌바360등

[결정요지] 1. 이 사건 청소년 보호법 조항이 여성가족부고시에 위임하고 있는 사항은 어느 정도 전문적·기술적인 사항이자 새로운 변종 성매매 업소의 등장에 따라 빠르게 대처하여야 하는 규율영역의 특성상 청소년보호위원회가 결정하고 소관부처인 여성가족부 장관이 고시하도록 위임함이 불가피한 경우에 해당하므로, 이 사건 청소년 보호법 조항이 금지되는 행위 및 시설의 구체적 결정을 고시에 위임한 것이 헌법에서 정한 위임입법의 형식을 갖추지 못하여 헌법에 위배된다고 할 수 없다. 2. 여성가족부고시가 규정할 내용은 청소년이 출입하거나 근로할 경우 청소년에 대한 접촉 내지 노출이 불가피하여 청소년의 심신발달에 해로운 영향을 주는 업소가 될 것임을 어렵지 않게 예측할 수 있다. 따라서 이 사건 법률 조항은 포괄위임금지원칙에 위배되지 아니한다. 3. 이 사건 법률조항이 학교환경위생 정화구역 내에서 이 사건 청소년 보호법 조항에 규정된 영업을 일절 금지하는 것은 주위환경으로부터 바람직하지 못한 유해요인을 제거하여 학습에 전념할 수 있는 분위기를 갖추어 주고자 하는 학교보건법의 입법목적을 위하여 필요한 범위 내의 것이므로 청구인들의 직업수행의 자유를 침해하지 아니한다.

⑪ 식품의약품안전처장이 공중위생상 필요한 경우 고시하는 축산물 가공방법의 기준을 준수하도록 규정한 '축산물 위생관리법'

판례 헌재 2017.9.28. 2016헌바140

[결정요지] 축산물 가공방법의 기준을 정하는 작업에는 축산업 및 이와 관련된 식품공학에 관한 전문적·기술적 지식이 요구되고, 국내외 축산업의 발전과 주요 식품 관련 정책 등에 따른 탄력적·기술적 대응과 규율 역시 필요하므로, 심판대상조항이 이를 식품의약품안전처고시에 위임하는 것은 불가피하

다. 그러므로 심판대상조항이 축산물 가공방법의 기준을 식품의약품안전처고시에 위임한 것이 헌법에서 정한 위임입법의 형식을 갖추지 못하여 헌법에 위반된다고 할 수 없다. 2. 심판대상조항은 포괄위임금지원칙에 위반되지 아니한다. 3. 심판대상조항이 과태료와 같은 행정질서벌이 아니라 형벌을 규정하였다고 해서 책임과 형벌 간의 비례원칙에 위반된다고 할 수 없다. 4. 심판대상조항이 형벌체계의 균형성을 상실하여 평등원칙에 위반된다고 할 수 없다.

⑫ 계약의 체결·이행 등과 관련한 금품 제공 등으로 부정당업자 제재 처분을 받은 자를 일정 기간 위와 같은 수의계약의 계약상대자에서 배제하도록 규정한 구 '지방자치단체 입찰 및 계약 집행기준'(2016. 11. 14. 행정자치부예규 제70호로 개정되고, 2017. 7. 26. 행정안전부예규 제1호로 개정되기 전의 것) 제5장 <별표 1> ③ 중 '지방자치단체를 당사자로 하는 계약에 관한 법률 시행령 제92조 제1항 제10호에 따라 부정당업자 제재 처분을 받고 그 종료일로부터 6개월이 지나지 아니한 자'에 관한 부분(이하 '이 사건 예규조항'이라 한다) － 헌재는 이 예규조항이 헌법소원의 대상이 되는 '공권력의 행사'에 해당된다고 보고 본안판단에 들어갔다. 법률유보원칙과 과잉금지원칙을 준수하여 합헌성을 인정.

판례 헌재 2018.5.31. 2015헌마853
[결정요지] 이 사건 예규조항은 상위법령의 위임에 따라 '지방자치단체를 당사자로 하는 계약에 관한 법률'(이하 '지방계약법'이라 한다)상 수의계약의 계약상대자 선정 기준을 구체화한 것이고, 국가가 일방적으로 정한 기준에 따라 지방자치단체와 수의계약을 체결할 자격을 박탈하는 것은 상대방의 법적 지위에 영향을 미치므로, 이 사건 예규조항은 헌법소원의 대상이 되는 공권력의 행사에 해당한다. * 이 결정에서 4인의 반대의견은 "이 사건 예규조항은 지방자치단체가 사인과의 사법상 계약관계를 공정하고 합리적·효율적으로 처리할 수 있도록 관계 공무원이 지켜야 할 계약사무 처리에 관한 필요한 사항을 정한 지방자치단체의 내부규정에 불과하고, 계약의 상대방이나 상대방이 되고자 하는 사인의 권리·의무를 규율하는 것이 아니다. 그러므로 대외적 구속력을 가지는 행정규칙에 해당하지 않는 이 사건 예규조항에 대한 심판청구는 헌법소원 대상성이 없어 부적법하므로 각하하여야 한다"라는 의견을 제시하고 있다.

* <u>대법원도 일찍이 법령보충규칙을 인정해 왔다.</u> 예를 들어 대법원 1994.3.8. 92누1728. [판시] 식품제조영업허가기준(건사회부장관의 고시)이라는 고시는 공익상의 이유로 허가를 할 수 없는 영업의 종류를 지정할 권한을 부여한 구 식품위생법 제23조의3 제4호에 따라 보건사회부장관이 발한 것으로서, 실질적으로 법의 규정내용을 보충하는 기능을 지니면서 그것과 결합하여 대외적으로 구속력이 있는 법규명령의 성질을 가진 것이다.

(라) 평가

ⅰ) 행정적으로 기술적이고 전문적인 사항을 법령보충규칙에 위임하는 것은 그렇다고 하더라도 범죄 구성요건까지 위임할 수 있도록 허용하는 데 대해서는 검토를 요한다. 죄형법정주의의 예외로 법규명령에 위임은 우리 헌법 제75조가 명시하기도 하여 허용되나 법령보충규칙에 범죄구성요건까지도 위임할 수 있다고 보는 것은 헌법적합성에 의문이 들게 한다.

ⅱ) 법령보충규칙은 실무상 전문성을 발휘하고 신속히 대처하기 위해 필요하다. 그러나

법제처심사를 거치지 않고 공포도 되지 않는다는 점에서 입법과정이 법규명령의 경우보다도 완화되어 있는 점이 개선되는 것이 필요하다. 신속심사공고제도 등의 도입을 모색해 신속심사의 어려움 때문에 법령보충규칙으로 돌리는 일은 막도록 노력하여야 할 것이다.

(마) 위임없는 재량준칙의 경우

법률이 위임한 바 없는 사항을 행정내부의 행정규칙으로 정한 것에 대해 사실상 법규성을 인정할 경우가 있는지(국민의 권리의무에 관한 규정을 법규라고 하므로 법규성 인정 문제는 국민의 권리제한 가능 문제로 될 수도 있다) 하는 문제로서는 재량준칙의 문제가 있다. 헌재는 "행정규칙이 재량권행사의 준칙으로서 그 정한 바에 따라 되풀이 시행되어 행정관행을 이루게 되어 평등의 원칙이나 신뢰보호의 원칙에 따라 행정기관이 그 상대방에 대한 관계에서 그 규칙에 따라야 할 자기구속을 당하게 되는 경우에는 대외적인 구속력을 갖게 되어 헌법소원의 대상이 된다"라고 한다.[1]

* 재량준칙으로 보고 위헌성을 인정한 판례 : 외국인 산업연수생에 대하여 근로기준법상 일부 사항에 관하여만 보호대상으로 규정하고 퇴직금, 임금채권 우선변제, 연차유급휴가, 임산부의 보호 등에 관하여는 보호대상으로 규정하고 있지 않고 있는 구 외국인산업기술연수생의 보호 및 관리에 관한 지침(노동부 예규) 제4조, 제8조 제1항, 제17조에 대해 헌재는 재량준칙임을 인정하여 헌법소원심판의 대상이 되고 본안판단에 들어갔다. 주로 평등권 침해 문제로 판단하였다. 결국 아래 결정요지와 같이 외국인 산업연수생에 대한 차별이 있고 이 차별에 합리적 이유없어 청구인의 평등권을 침해한다고 보았고 또한 법률유보원칙에 반한다고 보았다.

판례 헌재 2007.8.30. 2004헌마670, 산업기술연수생 도입기준 완화결정 등 위헌확인, 판례집 19-2, 297면 [위헌, 각하]

[결정요지] (1) 적법요건에 관한 판단 – 공권력의 행사 여부와 기본권침해의 가능성 – 이 사건 노동부 예규의 경우 – 행정규칙이라도 재량권행사의 준칙으로서 그 정한 바에 따라 되풀이 시행되어 행정관행을 이루게 되면, 행정기관은 평등의 원칙이나 신뢰보호의 원칙에 따라 상대방에 대한 관계에서 그 규칙에 따라야 할 자기구속을 당하게 되는바, 이 경우에는 대외적 구속력을 가진 공권력의 행사가 된다. 지방노동관서의 장은, 사업주가 이 사건 노동부 예규 제8조 제1항의 사항을 준수하도록 행정지도를 하고, 만일 이러한 행정지도에 위반하는 경우에는 연수추천단체에 필요한 조치를 요구하며, 사업주가 계속 이를 위반한 때에는 특별감독을 실시하여 제8조 제1항의 위반사항에 대하여 관계 법령에 따라 조치하여야 하는 반면, 사업주가 근로기준법상 보호대상이지만 제8조 제1항에 규정되지 않은 사항을 위반한다 하더라도 행정지도, 연수추천단체에 대한 요구 및 관계 법령에 따른 조치 중 어느 것도 하지 않게 되는바, 지방노동관서의 장은 평등 및 신뢰의 원칙상 모든 사업주에 대하여 이러한 행정관행을 반복할 수밖에 없으므로, 결국 위 예규는 대외적 구속력을 가진 공권력의 행사가 된다. 나아가 위 예규 제4조와 제8조 제1항이 근로기준법 소정 일부 사항만을 보호대상으로 삼고 있으므로 청구인이 주장하는 평등권 등 기본권을 침해할 가능성도 있다. 그렇다면 이 사건 노동부 예규는 대외적인 구속력을 갖는 공권력행사로서 기본권침해의 가능성도 있으므로 헌법소원의 대상이 된다 할 것이다. (2) 본안에 관한 판단 – 이 사건 노동부 예규조항의 위헌 여부 – 평등권 침해 여부 (가) 쟁점의 정리 – 외국인 산업연수생을 다른 근로자와 차별함으로써 헌법상의 평등원칙을 위반하였는지 여부가 이 사건의 쟁점이고, 그 전제로서 외국인 산업연수생을 근로기준법상의 근로자로 인정할 수 있는지가 문제된다. (나) 외국인 산

1) 헌재 1990.9.3. 90헌마13; 헌재 2007.8.30. 2004헌마670 등.

업연수생의 근로자성 – 외국인 산업연수생이 사용종속관계에서 사실상 노무를 제공하고 그에 대한 대가로 금품을 수수하고 있다면 실질적 근로자성을 갖고 있다고 할 것이다. (다) 평등원칙 – 심사기준 – 이 사건 노동부 예규는 근로의 권리를 어느 범위까지 보호할 것인가에 관한 것인바, 이는 헌법에서 특별히 평등을 요구하는 부분이 아니고 특히 근로의 권리는 사회권적 기본권으로서의 성격이 강하여 그 보호범위를 제한하는 것이 기본권에 대한 중대한 침해가 된다고 보기도 어려우므로 평등권심사에 있어서의 완화된 심사기준인 자의(恣意)금지원칙에 따라 판단하여야 할 것이다. (라) 판단 – 살피건대, 위와 같은 차별의 근거로서, ① 근로의 권리와 같은 사회권적 기본권의 영역에서는 차별이 폭넓게 인정될 수 있다는 점, ② 외국인 산업연수생은 그 체류목적이 '연수'로서 일반 외국인 근로자와도 구별된다는 점 등이 주장되고 있다. 그러나 위와 같은 목적을 달성하기 위하여, 정부가 사업주로 하여금 산업연수생을 순수하게 '연수' 목적으로만 사용하도록 철저하게 지도감독하거나, 사실상 노무를 제공하게 허용하려면 산업연수생의 임금을 생산성에 맞게 책정하거나, 국내 고용시장의 안정을 위하여 외국인 근로자의 체류기간을 한정하는 것은 별론으로 하고, 산업연수생이 연수라는 명목 하에 사업주의 지시 · 감독을 받으면서 사실상 노무를 제공하고 수당 명목의 금품을 수령하는 등 실질적인 근로관계에 있는 경우에도, 근로기준법이 보장한 근로기준 중 주요사항을 외국인 산업연수생에 대하여만 적용되지 않도록 하는 것은 합리적인 근거를 찾기 어렵다. 특히 연수업체는 이 사건 중소기업청 고시가 정한 요건(중소기업기본법 제2조 해당, 산업연수생에 대한 숙박시설 제공 능력 등)을 갖추어야 하고(제28조), 연수업체의 규모에 상응한 인원만을 배정받을 수 있어(제32조 제2항, 별표 2), 사용자의 법 준수능력이나 국가의 근로감독능력 등 사업자의 근로기준법 준수와 관련된 제반 여건이 갖추어졌다 할 것이므로, 이러한 사업장에서 실질적 근로자인 산업연수생에 대하여 일반 근로자와 달리 근로기준법의 일부 조항의 적용을 배제하는 것은 자의적인 차별이라 아니할 수 없다. 그렇다면 이 사건 노동부 예규는 청구인의 평등권을 침해한다고 할 것이다.

한편 앞에서 본 바와 같이 근로기준법 제5조와 '국제연합(UN)의 경제적 · 사회적 및 문화적 권리에 관한 국제규약'(이른바 '사회권규약' 또는 'A규약') 제4조는 "이 규약의 당사자국은 … 반드시 법률에 의하여 정하여지는 제한에 의해서만, 그러한 권리를 제한할 수 있음을 인정한다" 라고 규정한 데 따라 '동등한 가치의 노동에 대한 동등한 보수를 포함한 근로조건을 향유할 권리'를 제한하기 위하여는 법률에 의하여만 하는바, 이를 법률이 아닌 행정규칙에서 규정하고 있으므로 위 법률유보의 원칙에도 위배된다.

분석 재량준칙이 헌법소원의 대상이 되는지 여부를 특별히 따지는 이유를 알 수 없다. 헌법소원의 대상은 공권력의 행사이고 어차피 재량준칙도 행정청이 되풀이한 공권력행사이므로 그것의 헌법소원대상성을 인정하는 데에 문제가 없다. 중요한 것은 법률의 근거(위임) 없는 재량준칙으로도 기본권을 제한할 수 있는 것인가에 있다. 재량준칙의 대외적 구속력을 강조하면서 기본권침해성을 역점적으로 논증하는 태도를 취하는 것은 역설적으로 법률의 위임없는 재량준칙으로도 기본권제한이 가능하다는 관념을 가지게 할 수도 있다. 위 노동부예규가 평등원칙 위반이라고 하면서 판시에서도 밝힌 대로 법률유보의 위반으로도 보았는데 당초 법률유보위반으로 하여 위헌으로 보는 것으로 그치면 더욱 명쾌하였을 것이다.

(바) 기타

예규가 근거가 없는 법률유보원칙 위반이라는 주장의 사건에서 헌재가 문제의 예규에 대해서는 법률의 위임이 없다는 것은 인정하면서도 헌법소원심판의 청구요건 중 하나인 직접성이 없다는 이유로 예규에 대한 청구 부분에 대해서는 각하하면서도 문제된 기본권침해행위에 대해서 형사소송법 제196조, 제199조에 근거한 것으로서 법률에 근거를 둔 것이라고 간단히 보고 그 행위의 합헌성을 인정한 아래와 같은 예가 있다.

판례 헌재 2018.8.30. 2014헌마843

[쟁점] 채증활동규칙이 법률에 근거가 없어서 법률유보원칙에 위배되는지 여부, 경찰의 채증활동으로서 집회참가자 촬영행위가 위헌인지 여부 [판시] 1. 이 사건 채증규칙에 대한 판단 – 이 사건 채증규칙(경찰청 예규)은 법률로부터 구체적인 위임을 받아 제정한 것이 아니며, 집회·시위 현장에서 불법행위의 증거자료를 확보하기 위해 행정조직의 내부에서 상급행정기관이 하급행정기관에 대하여 발령한 내부기준으로 행정규칙이다. 청구인들을 포함한 이 사건 집회 참가자는 이 사건 채증규칙에 의해 직접 기본권을 제한받는 것이 아니라, 경찰의 이 사건 촬영행위에 의해 비로소 기본권을 제한받게 된다. 따라서 청구인들의 이 사건 채증규칙에 대한 심판청구는 헌법재판소법 제68조 제1항이 정한 기본권 침해의 직접성 요건을 충족하지 못하였으므로 부적법하다. 2. 이 사건 촬영행위에 대한 판단 – 이 사건 촬영행위는 형사소송법 제196조, 제199조에 근거한 것으로서 법률에 근거를 둔 것이며, 범죄수사를 위한 촬영행위와 관련하여 형사소송법 등에 구체적이고 명확한 근거규정은 없다. 그러나 사법경찰관은 범죄의 혐의가 있다고 인식하는 때에는 범인, 범죄사실과 증거에 관하여 수사를 개시·진행하여야 하고(형사소송법 제196조 제2항), 수사목적을 달성하기 위해 필요한 조사를 할 수 있으므로(형사소송법 제199조 제1항 본문), 경찰은 집회·시위현장에서 범죄가 발생한 때에는 증거수집을 위해 이를 촬영할 수 있다. * 이하 채증규칙이 아니라 촬영행위가 과잉금지원칙을 위반하였는지 여부를 판단하였고 그 결과 부정적으로 보고 기각결정을 하였다(인용결정을 해야 한다는 반대의견이 5인 의견으로 다수였으나 6인 정족수 규정을 못채워 기각결정이 된 것임).

분석 결국 헌재는 촬영행위의 법률적 근거로 일반적으로 범죄수사를 위해 필요한 조사를 경찰에 할 수 있게 한 형사소송법 규정을 제시한 것인데 초상권과 같이 중요한 인격권 문제가 대두되는 촬영행위에 대한 법률유보를 이렇게 일반적 규정에서 끌어내는 것에 문제가 없는지 검토가 필요하다. 헌재가 위 판시 직전에 초상권이라는 인격권, 개인정보자기결정권, 집회의 자유가 침해되는 중대 사안인 것을 강조한 점과 곧이어 최소한에 그쳐야 하며 과잉금지원칙을 준수하였는지를 보는 논증과정을 헌재 스스로 하고 있다는 점에 비추어 보아도 체계성을 갖추지 못한 판단이다. 예규를 법률수준으로 끌어올려야 할 사안이다.

4) 조례에의 위임 문제

기본권제한사항을 법률이 지방자치단체의 조례에도 위임할 수 있다. 다만, 우리 헌재는 아래에서 보는 구체적 위임원칙이 조례에의 위임의 경우에는 적용되지 않고 포괄위임이라도 지방자치의 성격상 인정된다고 본다(이에 관한 자세한 것은 아래 '(5) 조례, 정관에의 포괄적 위임 허용' 참조).

(4) 위임의 한계 – 구체적 위임의 원칙

기본권제한에 관한 사항을 법률이 행정입법에 위임하더라도 우리 헌법 제75조, 제95조가 규정하는 다음과 같은 한계를 가진다. 그것은 구체적 위임이어야 한다는 것이다.

1) 헌법규정

헌법 제75조는 아래와 같이 구체적 위임의 원칙을 명시하고 있다.

헌법 제75조 : “대통령은 법률에서 구체적으로 범위를 정하여 위임받은 사항과 법률을 집행하기 위하여 필요한 사항에 관하여 대통령령을 발할 수 있다."

헌법 제95조 : "국무총리 또는 행정각부의 장은 소관사무에 관하여 법률이나 대통령령의 위임 또는 직권으로 총리령 또는 부령을 발할 수 있다."

* 헌법 제95조는 제75조와 달리 '구체적으로 범위를 정하여'라는 구체적 위임에 관해 명시하고 있지 않다. 그러나 판례와 학설은 헌법 제95조에 따른 총리령, 부령의 경우에도 구체적 위임원칙이 적용되는 것으로 해석한다.

2) 구체적 위임의 개념과 구체성의 기준(정도)

어느 정도의 구체성이 요구되는지 하는 구체적 위임의 개념과 그 기준이 중요하다. 그만큼 헌법재판에서 구체적 위임인지 여부가 중요한 쟁점이 된 사례들이 실제로 많다. 헌재는 구체적 위임의 개념이자 구체성의 정도에 관한 기준을 주로 예측가능성에 두고 있다. 이는 그동안 많은 판례에서 설시하여 확립된 판례로서 아래와 같다.

- '구체적으로 범위를 정하여'라 함은 법률에 이미 대통령령 등 하위법규에 규정될 내용 및 범위의 기본사항이 가능한 한 구체적이고도 명확하게 규정되어 있어서 당해 법률 그 자체로부터 대통령령 등에 규정될 내용의 대강을 예측할 수 있어야 함을 의미한다.
- 예측가능성의 유무는 당해 특정조항 하나만을 가지고 판단할 것은 아니고 관련 법조항 전체를 유기적·체계적으로 종합 판단하여야 하며, 각 대상법률의 성질에 따라 구체적·개별적으로 검토하여야 한다.
- 이와 같은 위임입법의 구체성, 명확성의 요구 정도는 그 규율대상의 종류와 성격에 따라 달라진다. 처벌법규나 조세법규 등 국민의 기본권을 직접적으로 제한하거나 침해할 소지가 있는 법규에서는 구체성·명확성의 요구가 강화되어 그 위임의 요건과 범위가 일반적인 급부행정법규의 경우보다 더 엄격하게 제한적으로 규정되어야 하는 반면에, 규율대상이 지극히 다양하거나 수시로 변화하는 성질의 것일 때에는 위임의 구체성·명확성의 요건이 완화된다(완화하여 판단한 결정례로, 헌재 2002.12.18. 2001헌바52; 헌재 2011.9.29. 2007헌마1083 참조).

▌헌법재판소 판례의 기본법리

* 위임의 구체성 관련 행정규칙(예규)에의 위임에서의 밀도 정도 : 법률이 행정입법에 위임함에 있어서 그 위임 필요성 또는 법률이 규율하는 밀도의 요구정도에 대해 헌재는 재량이 강한 경우에 밀도가 상대적으로 약하다고 본다. 그 예로 계약의 체결·이행 등과 관련한 금품 제공 등으로 부정당업자 제재처분을 받은 자를 일정 기간 수의계약의 계약상대자에서 배제하도록 규정한 구 '지방자치단체 입찰 및 계약 집행기준'(2016. 11. 14. 행정자치부예규 제70호로 개정되고, 2017. 7. 26. 행정안전부예규 제1호로 개정되기 전의 것)의 '부정당업자 제재 처분을 받고 그 종료일로부터 6개월이 지나지 아니한 자'에 관한 부분(이하 '이 사건 예규조항'이라 한다)이 위임범위를 벗어난 것으로서 법률유보원칙에 반하여(* 위임범위 벗어난 것이 법률유보원칙 위배라는 법리에 대해서는 아래 '법률유보원칙과 위임한계원칙과의 관계' 참조) 직업수행의 자유를 침해하는지를 판단하는 헌법소원사건에서 헌재는 규율 밀도가 상대적으로 약하다고 보았다.

판례 헌재 2018.5.31. 2015헌마853

[청구인주장] 이 사건 예규조항이 '부정당업자 제재 처분을 받고 그 종료일로부터 6개월이 지나지 아니

한 자'를 수의계약상대자의 배제사유로 규정한 것은 모법에 근거가 없거나 모법의 위임 범위를 벗어난 것으로 법률유보원칙에 위반되고, 위 조항이 계약의 목적·성질·규모 등과 관계없이 일률적으로 6개월간 수의계약의 체결을 금지하는 것은 과잉금지원칙에 위반하여 청구인의 영업의 자유를 침해한다. [판시] 이 사건 예규조항은 지방계약법 제9조 제3항 및 이 사건 시행령조항의 위임에 따라 지방계약법상 수의계약의 계약상대자 선정 기준을 구체화한 것으로 볼 수 있다.하위법령에 규정된 내용이 상위법령이 위임한 범위 안에 있는지 여부를 판단함에 있어서는, 당해 특정 법령조항 하나만 가지고 판단할 것이 아니라 관련 법령조항 전체를 유기적·체계적으로 고려하여 종합적으로 판단하여야 한다. 어느 규율대상이 기본권적 중요성을 가질수록, 그리고 그에 관한 공개적 토론의 필요성 내지 상충하는 이익 간 조정의 필요성이 클수록 그 규율대상이 국회의 법률에 의하여 직접 규율되어야 할 필요성 및 그 규율밀도의 요구 정도가 더 증대되는데(헌재 2004.3.25. 2001헌마882 참조), 지방계약법상 수의계약의 경우는 보다 간이한 절차로 특정인과 계약을 체결하여 일정한 영업이익을 보장함으로써 계약상대방에게 혜택을 주는 것인 점, 수의계약은 위와 같이 제한적·보충적으로 이루어지는 것이므로 경쟁입찰계약과 달리 본질상 계약상대방의 결정에 일정한 재량이 인정될 필요가 있는 점을 고려하면, 수의계약상대자의 선정과 관련한 사항을 규율함에 있어서는 국회의 법률로써 이를 직접 규율하여야 할 필요성 또는 그 규율밀도의 요구 정도가 상대적으로 약하다. * 법률유보원칙뿐 아니라 그외 과잉금지원칙도 준수하여 합헌성이 인정됨.

3) 예측가능성과 명확성의 관계(포괄위임금지원칙과 명확성원칙의 관계)

예측가능성과 명확성의 관계가 논의된다. 이를 달리 보는 견해가 있다. 그러나 헌재는 명확성원칙과 포괄위임금지원칙은 관련성을 가진다고 본다. 즉 헌법재판소는 명확성원칙과 포괄위임금지원칙의 관계에 대하여, "헌법 제75조는 '대통령은 법률에서 구체적으로 범위를 정하여 위임받은 사항에 관하여 대통령령을 발할 수 있다'라고 규정하여 위임입법의 헌법상 근거를 마련함과 동시에 위임은 구체적으로 범위를 정하여 하도록 하여 그 한계를 제시하고 있는바, 이는 행정부에 입법을 위임하는 수권법률의 명확성원칙에 관한 것으로서 법률의 명확성원칙이 행정입법에 관하여 구체화된 특별규정이라고 할 수 있으므로 수권법률조항의 명확성원칙 위배 여부는 헌법 제75조의 포괄위임금지의 원칙의 위반 여부에 대한 심사로써 충족된다"라고 판시한 바 있다.[1)] 생각건대 판례이론에서 보듯이 법률 자체에서 앞으로 행정입법에 정해질 대강의 내용을 예측할 수 있어야 한다는 것은 예측할 정도로 알 수 있는 그 정도의 명확성은 있어야 한다는 의미이므로 행정입법에의 위임에 있어서는 명확성원칙의 적용이 예측가능성요구로 나타난다고 할 수 있다.

4) 법률유보원칙과 위임한계원칙과의 관계

법률유보원칙이 위임한계(포괄위임금지)원칙을 포함하는 관계인가 하는 것이 논의될 수 있다. 법률이 위임의 근거를 둔다는 것은 구체적 내용으로서 규정되어야 한다는 것을 포함하는 의미라면, 그리하여 법률에 위임하는 근거는 있으나 그 위임이 구체적이지 않다는 것도 법률

1) 헌재 2007.4.26. 2004헌가29, 판례집 19-1, 349, 365-366면; 헌재 2011.2.24. 2009헌바13, 판례집 23-1상, 53, 63면; 헌재 2010헌바385 등 참조.

에 근거한 것이 아니라고 본다면 법률에 근거를 둘 것(법률의 위임을 받을 것)과 그 위임이 구체적이어야 한다는 것(위임한계)을 묶어 법률유보원칙으로 볼 수 있을 것이다. 구별하는 견해에 의하더라도 어쨌든 양원칙 모두 헌법원칙으로 준수되어야 하므로 실익이 그리 있다고 보이지는 않는다.

5) 대법원규칙, 헌법재판소규칙에 대한 포괄위임금지원칙의 적용문제

대법원, 헌법재판소도 규칙을 제정할 수 있고 이 규칙들도 법규명령이라는 견해가 지배적이며 법규명령이므로 기본권사항들을 제정할 수 있다. 문제는 이 규칙들을 명시하고 있는 헌법 제108조와 제113조 제2항은 법률이 구체적으로 범위를 정하여 주는 위임에 따라 제정된다고 규정하지 않고 "법률에 저촉되지 아니하는 범위 안에서" 제정할 수 있다고 규정하고 있어서 구체적 위임(포괄위임금지)원칙이 적용되지 않는가 하는 문제이다. 실제로 대법원규칙에 대해서는 이 문제가 헌재에서 다루어졌고 이를 긍정하는 것이 헌재판례인데 헌법재판소규칙에 대해서도 앞으로 문제될 수 있을 것이다.

(5) 조례, 정관에의 포괄적 위임 허용

1) 조례의 경우

(가) 포괄위임의 인정

헌재는 법률이 조례에 대해 기본권제한사항을 위임할 수도 있다고 본다. 다만, 조례에의 위임에 있어서는 행정입법[시행령(대통령령), 시행규칙(부령) 등]에 대해 위임하는 경우와 달리 포괄위임도 가능하다고 본다. 그러나 생각건대 죄형법정주의와 같은 경우에는 포괄위임이 허용되지 않아야 할 것이다.

(나) 포괄위임 인정의 근거

헌재는 아래와 같은 논거를 제시한다.

* 조례에의 포괄위임 인정의 논거
▷ 1. 조례의 제정권자인 지방의회는 선거를 통해서 그 지역적인 민주적 정당성을 지니고 있는 주민의 대표기관임 ▷ 2. 헌법이 지방자치단체에 대해 포괄적인 자치권을 보장하고 있음.

(다) 결정례

① 담배자동판매기설치금지조례

판례 헌재 1995.4.20. 92헌마264등

[결정요지] (1) 법률의 위임과 관련한 헌법위반 여부 – 조례의 제정권자인 지방의회는 선거를 통해서 그 지역적인 민주적 정당성을 지니고 있는 주민의 대표기관이고, 헌법이 지방자치단체에 대해 포괄적인 자치권을 보장하고 있는 취지로 볼 때 조례제정권에 대한 지나친 제약은 바람직하지 않으므로 조례에 대한 법률의 위임은 법규명령에 대한 법률의 위임과 같이 반드시 구체적으로 범위를 정하여 할 필요가 없으며 포괄적인 것으로 족하다고 할 것이다. 이 사건의 경우를 보면, 담배사업법(법률 제4065호)은 제16조 제4항에서 "소매인의 지정기준 기타 지정에 관하여 필요한 사항은 재무부령으로 정한다."고 규정하고 있고, 재무부령인 담배사업법

시행규칙은 제11조 제1항의 별표 2 "제조담배소매인의 지정기준" 중 자동판매기란에서 "1. 자동판매기는 이를 일반소매인 또는 구내소매인으로 보아 소매인 지정기준을 적용한다. (단서 생략) 2. 청소년의 보호를 위하여 지방자치단체가 조례로 정하는 장소에는 자동판매기의 설치를 제한할 수 있다."고 규정하고 있으며, 이 사건 조례들은 위 규정들에 따라 제정된 것이다. 그렇다면 이 사건 조례들은 법률의 위임규정에 근거하여 제정된 것이라고 할 것이며, 이러한 위임에 의하여 자판기의 설치제한 및 철거에 관하여 규정하고 있는 이 사건 심판대상규정 역시 자판기의 전면적인 설치금지를 내용으로 하는 등의 특별한 사정이 없는 이상 위임의 한계를 벗어난 규정이라고 볼 수 없다. (2) 직업선택의 자유의 침해 여부 – 자판기를 통한 담배판매는 구입자가 누구인지를 분별하는 것이 매우 곤란하기 때문에 청소년의 담배구입을 막기 어려워 위 미성년자보호법 규정의 취지를 몰각시키고 있을 뿐만 아니라, 그 특성상 판매자와 대면하지 않는 익명성, 비노출성으로 인하여 청소년으로 하여금 심리적으로 담배구입을 용이하게 하고, 주야를 불문하고 언제라도 담배구입을 가능하게 하며, 청소년이 쉽게 볼 수 있는 장소에 설치됨으로써 청소년에 대한 흡연유발효과도 매우 크다. 결국 이 사건 심판대상규정은 기본권제한입법에 있어서 반드시 지켜져야 할 과잉금지의 원칙에 위배하여 헌법 제15조에 의하여 보장된 청구인들의 직업선택의 자유를 침해하였다고 볼 수 없다. (3) 평등권의 침해 여부 – 이 사건 심판대상규정이 담배의 특수성과 이에 따른 청소년 보호의 필요성을 특히 고려하여 담배소매인들에게 다른 판매업 종사자들에 비하여 자판기에 관한 특별한 규제를 하고 있다 하여도 이러한 제한은 합리성이 인정되어 자의적인 차별이라고 할 수 없으므로 이러한 측면에서도 청구인들의 평등권이 침해되었다고는 볼 수 없다. (4) 소급입법에 의한 재산권의 박탈 여부 등 – 위 부칙조항은 이 사건 조례들의 시행일 이전까지 계속되었던 자판기의 설치·사용에 대하여는 규율하는 바가 없고, 장래에 향하여 자판기의 존치·사용을 규제할 뿐이므로 그 규정의 법적 효과가 시행일 이전의 시점에까지 미친다고 할 수 없어 헌법 제13조 제2항에서 금지하고 있는 소급입법이라고 볼 수는 없다. 다만 위 부칙조항에서 조례의 시행 전에 청구인들이 적법하게 설치한 자판기에 대하여도 조례의 시행일로부터 3개월 이내에 철거하도록 하는 것이 비록 소급입법에 의한 규제는 아니라고 하더라도 법치주의의 원리에서 파생되는 신뢰보호의 원칙이나 법적안정성의 요구에 어긋나는 것은 아닌가를 살펴보기로 한다. 청소년의 보호라는 공익상의 필요에 비추어서 바람직하지 않으므로 자판기를 철거하도록 하되, 3개월의 유예기간을 두어 자판기의 처분경로의 모색 등 경제적 손실을 최소화할 수 있도록 함으로써 이미 자판기를 사용하여 영업을 하고 있는 청구인들을 비롯한 담배소매인에 대하여도 어느 정도의 배려를 하고 있다고 할 것이다. 그렇다면 신뢰보호와 법적 안정성을 외면하여 헌법상의 법치주의의 원리에 어긋난 것이라고 볼 수 없다. (5) 결론 – 그렇다면 이 사건 심판대상규정으로 인하여 헌법상 보장된 청구인들의 기본권이 침해되었다고 할 수 없으므로 청구인들의 이 사건 심판청구는 이유 없어 이를 모두 기각하기로 한다.

② **서울특별시 학생인권조례의 차별받지 않을 권리 조항** 헌재는 위 포괄위임허용법리를 다시 밝히면서 이 조항(동 조례 제5조 3항)이 교육기본법 제12조 제1항, 제2항, 초·중등교육법 제18조의4, '아동의 권리에 관한 협약', 각급 학교의 운영에 관한 사무를 지도·감독할 권한을 규정한 지방자치법 제9조 제2항 제5호 등의 법률상 근거를 가지고 있어서 법률유보원칙을 준수하고 있다고 판단하였다.

판례 헌재 2019.11.28. 2017헌마1356

[심판대상조항] 서울특별시 학생인권조례(2017. 9. 21. 서울특별시조례 제6608호로 개정된 것) 제5조 ③ 학교의 설립자·경영자, 학교의 장과 교직원, 그리고 학생은 제1항에서 예시한 사유를 이유로 차별적 언사나 행동, 혐오적 표현 등을 통해 다른 사람의 인권을 침해하여서는 아니 된다. [결정요지] 1. 법률유보원칙 위배로 인한 표현의 자유 침해 여부(소극) (1) 이 사건 조례 제5조 제3항은 학교 구성원인 청구인들의 표현의 자유를 제한하는 것으로 지방자치법 제22조 단서 소정의 주민의 권리 또는 의무 부과에 관한 사항을 규율하는 조례

에 해당한다고 볼 여지가 있다. 그런데 조례의 제정권자인 지방의회는 지역적인 민주적 정당성을 지니고 있으며, 헌법이 지방자치단체에 대해 포괄적인 자치권을 보장하고 있는 취지에 비추어, 조례에 대한 법률의 위임은 반드시 구체적으로 범위를 정하여 할 필요가 없으며 포괄적인 것으로 족하다. (2) 살피건대, 교육기본법 제12조 제1항, 제2항, 초·중등교육법 제18조의4, '아동의 권리에 관한 협약'(United Nations Convention on the Right of the Child)은 학생의 인권이 학교교육 또는 사회교육의 과정에서 존중되고 보호될 것, 교육내용, 교육방법 등은 학생의 인격을 존중할 수 있도록 마련될 것, 아동은 신분, 의견, 신념 등을 이유로 하는 모든 형태의 차별이나 처벌로부터 보호되도록 보장될 것 등과 같이 학생의 기본적 인권이 보장되도록 규정하고 있고, 지방자치법 제9조 제2항 제5호, '지방교육자치에 관한 법률' 제20조 제1호는 교육감이 학생의 인권이 헌법과 법률, 협약 등에서 규정하고 있는 바와 같이 존중되고 보장될 수 있도록 관할 구역 내 학교의 운영에 관한 사무를 지도·감독할 수 있는 권한을 갖고 있으며, 이를 적절히 수행하기 위한 방편으로 교육에 관한 조례안의 작성 및 제출 권한이 있음을 규정하고 있다. (3) 따라서 이 사건 조례 제5조 제3항은 서울특별시 교육감이 서울특별시 내 각급 학교의 운영에 관한 사무를 지도·감독함에 있어 헌법과 법률, 협약 등에서 규정, 선언하고 있는 바를 구체적으로 규범화하여 마련한 학교 운영 기준 중 하나로 위와 같은 법률상 근거에 기인한 것이고, 이 사건 조례 제5조 제3항이 법률의 위임 범위를 벗어난 것도 아니다. 그러므로 이 사건 조례 제5조 제3항은 법률유보원칙에 위배되어 학교 구성원인 청구인들의 표현의 자유를 침해하지 아니한다.

2) 정관의 경우

(가) 허용

헌재는 헌재가 정관에 자치법적 사항을 위임한 경우에는 헌법상의 포괄위임입법금지의 원칙이 원칙적으로 적용되지 않는다고 보아 포괄위임을 허용하는 위 조례에 대한 것과 같은 취지의 법리를 보여주고 있다.

(나) 한계

그러나 헌재는 한계를 두고 있다. 즉 "그러나 공법적 기관의 정관 규율사항이라도 그러한 정관의 제정주체가 사실상 행정부에 해당하거나, 기타 권력분립의 원칙에서 엄격한 위임입법의 한계가 준수될 필요가 있는 경우에는 헌법 제75조, 제95조의 포괄위임입법금지 원칙이 적용되어야 할 것이다"라고 한다. 또한 의회유보원칙도 아래에 보듯이 적용된다고 한다.[1)]

4. 의회유보의 원칙(의미 iii) - 본질적 사항의 법률유보원칙

(1) 개념

법률이 기본권제한에 관한 사항을 행정입법에 위임할 수도 있지만 위임해서는 아니 되고 법률 자신이 직접 규정하여야 할 사항들이 있다. 그렇게 법률이 직접 정하여야 할 사항에 관한 법률유보원칙은 법률을 만드는 곳이 의회이므로 법률이 직접 정한다는 것은 곧 의회가 직접 정하도록 의회에 맡겨져 있는 것이라는 의미이므로 이를 의회유보(Parlamentsvorbehalt)원칙이라고 한다. 우리 헌재도 의회유보원칙을 설정하고 있다.

---

1) 헌재 2001.4.26. 2000헌마122.

(2) 의회유보의 범위

1) 중요사항의 의미

중요한 문제는 어느 사항이 의회가 스스로 직접 법률로 규정하도록 요구되는 사항인가 하는 의회유보의 범위 내지 대상이 어떠한가 하는 점이다. 오늘날 본질사항유보설이 일반적인 설득력을 얻고 있다. 본질사항유보설은 국민의 기본권에 관련되거나 중요한 공익의 실현을 위한 중요사항은 반드시 의회 자신이 직접 정하여야 한다는 이론이다. 헌재도 "국민의 기본권실현에 관련된 영역에 있어서는 행정에 맡길 것이 아니라 국민의 대표자인 입법자 스스로 그 본질적 사항에 대하여 결정하여야 한다는 요구까지 내포하는 것으로 이해하여야 한다"라고 하여 본질사항유보설을 취하고 있다. 이 법리에 비추어 헌재는 텔레비전방송수신료의 금액의 결정은 국회가 스스로 결정해야 할 본질적 사항이므로 국회의 관여 없이 이를 전적으로 한국방송공사가 결정하여 부과·징수하도록 한 구 한국방송공사법 제36조 제 1 항이 법률유보의 원칙에 반하는 것이라고 판단하고 헌법불합치결정을 하였다.[1)]

2) 법리 적용 및 위배 인정 결정례

우리 헌재가 본질사항유보설에 비추어 판단하여 의회유보원칙을 위배하여 위헌성을 인정한 결정례를 아래에 살펴본다.

① **텔레비전방송수신료 사건결정** 헌재는 수신료의 금액의 결정은 국회가 스스로 결정해야 할 본질적 사항이므로 국회의 관여 없이 이를 전적으로 한국방송공사가 결정하여 부과·징수하도록 한 구 한국방송공사법 제36조 제 1 항이 법률유보의 원칙에 반하는 것이라고 판단하고 헌법불합치결정을 하였다.

판례 헌재 1999.5.27. 98헌바70, 한국방송공사법 제35조 등 위헌소원, 판례집 11-2, 633면

[쟁점] 텔레비전방송수신료의 금액을 국회가 스스로 결정하거나 결정에 관여함이 없이 한국방송공사가 결정하여 부과·징수하도록 한 한국방송공사법(1990. 8. 1. 법률 제4264호로 개정된 것) 제36조 제1항은 법률유보의 원칙에 반하는 것인지 여부(헌법불합치결정) [결정이유요지] (가) 오늘날 법률유보원칙은 단순히 행정작용이 법률에 근거를 두기만 하면 충분한 것이 아니라, 국가공동체와 그 구성원에게 기본적이고도 중요한 의미를 갖는 영역, 특히 국민의 기본권실현에 관련된 영역에 있어서는 행정에 맡길 것이 아니라 국민의 대표자인 입법자 스스로 그 본질적 사항에 대하여 결정하여야 한다는 요구까지 내포하는 것으로 이해하여야 한다(이른바 의회유보원칙). 그리고 행정작용이 미치는 범위가 광범위하게 확산되고 있으며, 그 내용도 복잡·다양하게 전개되는 것이 현대행정의 양상임을 고려할 때, 형식상 법률상의 근거를 갖출 것을 요구하는 것만으로는 국가작용과 국민생활의 기본적이고도 중요한 요소마저 행정에 의하여 결정되는 결과를 초래하게 될 것인바, 이러한 결과는 국가의사의 근본적 결정권한이 국민의 대표기관인 의회에 있다고 하는 의회민주주의의 원리에 배치되는 것이라 할 것이다. 입법자가 형식적 법률로 스스로 규율하여야 하는 그러한 사항이 어떤 것인가는 일률적으로 획정할 수 없고, 구체적 사례에서 관련된 이익 내지 가치의 중요성, 규제 내지 침해의 정도와 방법 등을 고려하여 개별적으로 결정할

1) 헌재 1999.5.27. 98헌바70. 이 결정의 요지는 본문 아래 위배 인정례로 인용함.

수 있을 뿐이나, 적어도 헌법상 보장된 국민의 자유나 권리를 제한할 때에는 그 제한의 본질적인 사항에 관한 한 입법자가 법률로써 스스로 규율하여야 할 것이다. 헌법 제37조 제2항은 "국민의 모든 자유와 권리는 국가안전보장·질서유지 또는 공공복리를 위하여 필요한 경우에 한하여 법률로써 제한할 수 있다"고 규정하고 있는바, 여기서 "법률로써"라고 한 것은 국민의 자유나 권리를 제한하는 행정작용의 경우 적어도 그 제한의 본질적인 사항에 관한 한 국회가 제정하는 법률에 근거를 두는 것만으로 충분한 것이 아니라 국회가 직접 결정함으로써 실질에 있어서도 법률에 의한 규율이 되도록 요구하고 있는 것으로 이해하여야 한다. (나) 이러한 관점에서 볼 때, 이 법 제36조 제1항은 법률유보, 특히 의회유보의 원칙에 위반된다. 수신료는 특별부담금으로서 국민에게 금전납부의무를 부과하는 것이므로, 공사가 수신료를 부과·징수하는 것은 국민의 재산권에 대한 제한을 가하는 행정작용임에 분명하고, 공사가 그 방송프로그램에 관한 자유를 누리고 국가나 정치적 영향력, 특정 사회세력으로부터 자유롭기 위하여는 적정한 재정적 토대를 확립하지 아니하면 아니 되는 것이다. 이와 같이 수신료는 국민의 재산권보장의 측면에서나 공사에게 보장된 방송자유의 측면에서나 국민의 기본권실현에 관련된 영역에 속하는 것이고, 수신료금액의 결정은 납부의무자의 범위, 징수절차 등과 함께 수신료에 관한 본질적이고도 중요한 사항이므로, 수신료금액의 결정은 입법자인 국회가 스스로 행하여야 할 것이다. 그런데 이 법 제36조 제1항은 국회의 결정 내지 관여를 배제한 채 공사로 하여금 수신료의 금액을 결정하도록 맡기고 있다. 이상과 같은 이유로 이 법 제36조 제1항은 법률유보원칙(의회유보원칙)에 어긋나는 것이어서, 헌법 제37조 제2항과 법치주의원리 및 민주주의원리에 위반된다. <헌법불합치결정> 이 법률조항에 대해서 단순위헌결정을 하여 수신료 수입이 끊어진다면 공사의 방송사업은 당장 존폐의 위기에 처하게 될 것이고, 그러한 사태는 우리 사회에 적지 않은 파장을 미치게 됨은 물론 방송의 자유와 국민의 알 권리도 사실상 심각한 훼손을 입게 될 것이으로 1999. 12. 31.까지는 부득이 이 법 제36조 제1항의 효력은 지속되어야 할 것이며, 동 조항의 효력은 1999. 12. 31.이 경과하여 비로소 상실된다.

* 한국방송공사법은 2000년에 폐지되고 현재는 방송법에 한국방송공사에 관한 규정들이 있다.

② 도시환경정비사업 시행에서의 동의정족수 헌재는 토지 등 소유자가 도시환경정비사업을 시행하는 경우 사업시행인가 신청 전에 얻어야 하는 토지 등 소유자의 동의의 정족수는 본질적 사항인데도 이를 법률이 아니라 토지 등 소유자의 자치규약에 정하도록 한 구 '도시 및 주거환경정비법' 규정이 법률유보 내지 의회유보원칙에 반하여 위헌이라고 결정하였다.

판례 헌재 2011.8.30. 2009헌바128

[결정요지] 토지등소유자가 도시환경정비사업을 시행하는 경우 사업시행인가 신청시 필요한 토지등소유자의 동의는 개발사업의 주체 및 정비구역 내 토지등소유자를 상대로 수용권을 행사하고 각종 행정처분을 발할 수 있는 행정주체로서의 지위를 가지는 사업시행자를 지정하는 문제로서 그 동의요건을 정하는 것은 토지등소유자의 재산권에 중대한 영향을 미치고, 이해관계인 사이의 충돌을 조정하는 중요한 역할을 담당한다. 그렇다면 사업시행인가 신청시 요구되는 토지등소유자의 동의정족수를 정하는 것은 국민의 권리와 의무의 형성에 관한 기본적이고 본질적인 사항으로 법률유보 내지 의회유보의 원칙이 지켜져야 할 영역으로서 동의정족수는 자치규약에 정할 것이 아니라 입법자가 스스로 결정하여야 할 사항이라 할 것이다. 따라서 사업시행인가 신청에 필요한 동의정족수를 자치규약에 정하도록 한 이 사건 동의요건 조항은 법률유보 내지 의회유보원칙에 위배된다. * 같은 취지의 결정 : 헌재 2012.4.24. 2010헌바1.

(3) 의회유보원칙의 의미

기본권제한에 관한 중요한 본질사항을 의회가 직접 규정하지 않는다면 법률유보원칙은 실질적으로 의미를 상실한다. 본질적 사항을 의회가 스스로 제정하여야 한다고 해서 다른 사항들을 행정부에 위임하여야 한다는 것이 아니라 어디까지나 법률유보는 법률에 의한 기본권 제한이 원칙이라는 것이므로 그 외 사항도 가능한 한 의회가 제정하도록 하여야 한다. 즉 본질사항의 유보란 의회의 최소한의 의무라는 의미이다.

본질사항유보설이 가지는 문제점으로 무엇이 본질사상이냐 하는 것이 항상 뚜렷하지 않을 수도 있다는 점이 지적되고 있다. 반대로 오히려 그 점 때문에 탄력적용성을 가질 수도 있다는 점을 지적할 수도 있을 것이다.

(4) 적용범위 - 판례의 입장

① **정관에의 위임시에도 적용** 헌재는 법률이 공법적 기관의 정관(定款)에 위임하는 경우에도 기본적이고 본질적 사항은 반드시 국회가 정하여야 한다는 법률유보원칙이 적용된다는 입장이다.

판례 헌재 2001.4.26. 2000헌마122, 농업기반공사 및 농지기금관리법 부칙 제6조 단서 위헌확인, 판례집 13-1, 973면

[판시] 법률이 자치적인 사항을 정관에 위임할 경우 원칙적으로 헌법상의 포괄위임입법금지 원칙이 적용되지 않는다 하더라도, 그 사항이 국민의 권리 의무에 관련되는 것일 경우에는, 적어도 국민의 권리와 의무의 형성에 관한 사항을 비롯하여 국가의 통치조직과 작용에 관한 기본적이고 본질적인 사항은 반드시 국회가 정하여야 한다는 법률유보 내지 의회유보의 원칙이 지켜져야 할 것이다.

위 수신료 사건에서도 한국방송공사가 행정기관은 아닌 기관이었다. 헌재는 "공사는 비록 행정기관이 아니라 할지라도 그 설립목적, 조직, 업무 등에 비추어 독자적 행정주체의 하나에 해당하며"라고 판시하였다.

② **납세의무의 중요 사항 내지 본질적 내용 관련 사항의 위임가능성 인정** 헌재는 납세의무의 중요한 사항 내지 본질적인 내용에 관련된 것이라 하더라도 그 중 경제현실의 변화나 전문적 기술의 발달 등에 즉응하여야 하는 세부적인 사항에 관하여는 국회제정의 형식적 법률보다 더 탄력성이 있는 행정입법에 이를 위임할 필요가 있다고 한다(헌재 1995.11.30. 94헌바40등; 헌재 2002.1.31. 2001헌바13; 헌재 2018.6.28. 2016헌바347등). 이는 조세영역에서 의회유보원칙의 예외를 인정하는 것이라고 볼 것이다. 그러나 구체적 위임원칙(예측가능성)은 요구한다.

5. 법률유보와 의회유보

법률유보는 법률에 기본권제한에 관한 근거가 있을 것을 요하는 것으로서 법률에 근거가 있으면 되므로 행정입법 등에 위임할 수도 있음을 인정하는 것이다(다만, 행정입법에의 그 위임은

구체적이어야 한다). 의회유보도 법률에 근거를 두어야 한다는 것은 법률유보를 실현하는 것임은 물론이나 기본권제한에 본질적인 사항은 반드시 의회가 스스로 직접 정해야 하는 것을 말한다. 그 점에서 의회유보는 더 좁은 유보가 되고 '법률유보 중의 유보'라고 할 수 있다.

6. 위임입법한계(포괄위임금지)원칙과의 법률유보, 의회유보

기본권의 제한의 내용을 법률이 대통령령 등 하위 행정입법에 위임을 할 수도 있는데 다만, 그 위임에 있어서는 구체적 범위를 정하여 위임을 하여야 한다는(제75조, 제95조) 한계가 있다. 이것이 위에서 살펴본 위임입법의 한계(포괄위임금지, 구체적 위임)원칙이다. 이러한 법률유보원칙, 의회유보원칙과 위임입법의 한계원칙이 혼동될 수 있다. 법률유보원칙은 법률에 근거를 두어야 한다는 것이므로 법률이 행정입법에 위임한다는 근거를 둘 것을 요하는 원칙이다. 의회유보원칙은 본질사항은 의회가 직접 법률로 정하여야 한다는 원칙이고 그 외 구체적이고 기술적인 사항은 행정입법에의 위임은 가능하되 그 위임에 있어서 준수해야 할 일정한 한계, 즉 구체적 범위를 정하여 위임하여야 한다는 한계가 있다고 하는 원칙이 위임입법한계원칙이다. 즉 의회유보원칙은 본질사항은 위임 자체가 될 수 없다는 원칙이고, 반면에 위임한계(구체적 위임)원칙은 가능한 사항의 위임에서 그 한계를 설정하는 원칙이라는 점에서 구별된다.

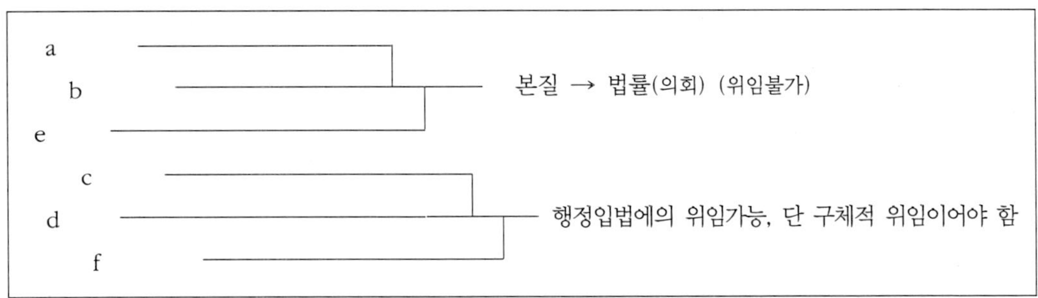

* 도해 – a, b, e는 본질사항이어서 법률이 반드시 직접 정하여야 함. c, d, f는 본질사항은 아니어서 행정입법에의 위임이 가능하나 구체적 위임이라는 한계가 있다.

7. 법률유보원칙, 포괄위임금지원칙의 위배 여부와 개별 기본권의 내용적 위배 여부

법률유보원칙, 포괄위임금지원칙, 의회유보원칙의 위배 여부 문제와 당해 개별 기본권의 내용적 위헌 여부와의 관계가 논의될 수 있다. 헌재의 판례 중에는 별개로 검토되어야 할 문제라고 보는 것으로 이해하게 하는 것이 있다. 즉 "이 사건 조항이 … 직업의 자유 내지 영업의 자유를 부당하게 침해하는 것이 아닌지가 문제된다. 이러한 문제는 … 위임입법 문제와는 무관하며, 설령 이 사건 조항에서 위임입법이 헌법적으로 허용되는 범위에 있다고 하더라도,

그것과 별도로 제기되는 것이다"라고 판시한 예를 볼 수 있다.

판례 헌재 2005.7.21. 2004헌가30, 판례집 17-2, 12면

[쟁점] 1. '자동차운전전문학원을 졸업하고 운전면허를 받은 사람 중 교통사고를 일으킨 비율이 대통령령이 정하는 비율을 초과하는 때'에는 학원의 등록을 취소하거나 1년 이내의 운영정지를 명할 수 있도록 한 도로교통법 제71조의15 제2항 제8호의 '교통사고' 부분(이하 '이 사건 조항'이라 한다)이 포괄위임입법금지원칙에 위배되는지 여부(적극) 2. 이 사건 조항이 운전전문학원 운영자의 직업의 자유를 침해하는지 여부 [판시] 이 사건 조항은 운전전문학원의 수료생이 일정 비율 이상의 교통사고를 일으킨 경우 해당 학원에 대하여 운영정지나 등록취소를 할 수 있게 한다. 이러한 행정제재를 받으면 학원 운영자는 해당 운전전문학원의 영업을 일정 기간 혹은 영구적으로 하지 못하게 되는 것이므로, 이 사건 조항이 학원 운영자의 직업의 자유 내지 영업의 자유를 부당하게 침해하는 것이 아닌지가 문제된다. 이러한 문제는 위에서 본 위임입법 문제와는 무관하며, 설령 이 사건 조항에서 위임입법이 헌법적으로 허용되는 범위에 있다고 하더라도, 그것과 별도로 제기되는 것이다.

요컨대 어떤 기본권제한규정이 법률유보와 포괄위임금지의 원칙을 위배하지 않았다고 하더라도 당해 개별 기본권이 그 외에 내용 자체가 헌법에 위배될 수 있다(예를 들어 비례원칙의 위반). 반대로 어느 기본권제한규정이 내용적으로 너무 많은 사항을 행정입법에 위임하여 포괄위임금지원칙에 위배될 경우도 있을 것이다. 여하튼 법률의 근거가 없거나 포괄위임이었던 경우에도 이후 법률에 위임근거를 두거나 포괄위임성을 치유하는, 즉 법률이 구체적 위임을 두는 경우에는 그 제한의 내용이 과잉금지원칙 등에 위배되지 않는 한 위헌이 아닐 수 있게 된다.

Ⅲ. 제한의 대상

법률로써 제한할 수 있는 기본권의 범위가 어떠하냐에 대해 학설로는, ① 자유권한정설[1](자유권만이 제한대상이 된다고 보는 설로서, 자유권 외 생존권, 청구권 등에 대한 법률유보는 그 내용, 절차를 형성하는 의미하고 제한을 의미하지는 않으므로 제한대상이 아니라고 보는 설), ② 기본권전반설(자유권뿐 아니라 모든 기본권이 제한대상이 된다고 보는 설로서 기본권전반이 제한대상이라고 하더라도 본질적 내용은 침해가 금지되므로 기본권남용이 올 수 없다고 보는 설)이 있다. 물론 후자가 일반적인 견해이다.

생각건대 헌법 제37조 제2항도 "모든 자유와 권리는 … 제한할 수 있으며"라고 규정하고 있듯이 자유권뿐 아니라 모든 기본권들이 그 대상이다. 자유권한정설은 자유권에만 제한가능성을 한정한다고 하여 보다 기본권보장에 긍정적이라고 일견 보일지 몰라도 타당하지 않다. 생존권의 경우에도 형성유보만이 아니라 다른 사람들과의 생존권 간의 조절 등을 위한 제한유보가 있을 수 있고 공익을 위하여 제한될 수 있다(예를 들어 중요한 공익사업인 필수공익사업의 업무 중 필수유지업무에서의 근로3권 제한. 노동조합 및 노동관계조정법 제42조의2). 그리고 청구권, 참정권 등에

1) 한태연, 헌법학, 1977, 905면.

대해 그 제한가능성을 부정한다면 질서유지, 공공복리 등을 위해 그 기본권들을 제한할 필요가 있는 경우에도 제한을 불가능하게 할 것이므로(예를 들어 재판청구권을 보더라도 제소기간의 제한이 필요한 경우가 있고 실제 제한되고 있다. 자유권한정설은 일정한 자격을 갖추지 못한 사람에 대하여 질서유지, 공공복리를 위하여 공무담임권(당연히 자유권 아님)을 제한할 필요가 있는 경우 어떻게 설명할 것인지도 문제이다) 타당성이 없다.

한편 헌법 제37조 2항이 제한이 가능한 대상을 모든 기본권으로 규정하고 있으나, 동항 단서가 "제한하는 경우에도 자유와 권리의 본질적인 내용을 침해할 수 없다"라고 규정하고 있듯이 그 내용이 본질적 내용만으로 이루어진 기본권의 경우(예를 내심에 머무는 양심형성의 자유, 신앙심형성의 자유 등)에는 그 기본권 전체에 대해 전혀 제한이 이루어지지 못한다. 우리 학자들 중에는 이를 절대적 기본권이라고 부르기도 한다. 우리나라에서 절대적 기본권을 인정할 수 없다는 이론도 있으나 이는 모든 기본권이 헌법 제37조 제2항의 일반법률유보가 적용된다는 점을 강조한 것이고 여기서 절대적 기본권을 인정한다는 것은 내심에 머무르고 외부에 영향을 미치지 않는 기본권행사에 대해서는 법적 제한이 되지 않는다는 점에서는 절대적 기본권이 있다는 의미이다.

Ⅳ. 기본권을 제한하는 법률의 요건

기본권을 제한하는 법률은 일반성·추상성, 명확성 등의 요건을 갖추어야 한다.

1. 법률의 개념

기본권을 제한하는 법률은 무엇보다 먼저 국회가 '법률'이라는 이름으로 제정하는 형식적 의미의 법률을 말한다. 예외적으로 형식은 법률이 아니나 헌법규정에 따라 법률의 효력을 가지는 긴급명령, 긴급재정경제명령(제76조 2항·1항) 그리고 국회의 동의를 얻어 성립되어 법률적 효력을 가지는 조약도 실질적인 법률로서 기본권을 제한할 수 있다. 대통령령, 총리령, 부령과 같은 법률하위의 법규명령은 법률이 구체적 위임을 해준 경우에만 기본권제한에 관한 규정을 둘 수 있다(제75조, 제95조). 지방자치단체의 조례도 법률의 위임을 받아야 기본권을 제한할 수 있다(지방자치법 제22조).

2. 일반성·추상성

(1) 개념과 원칙

i) 기본권을 제한하는 법률은 원칙적으로 모든 사람들에게 일반적으로 적용될 가능성을

가져야 한다(일반성). ii) 당장의 어느 구체적 사건에 적용될 것을 의도하는 것이 아니라 장차 법률에서 정한 요건에 해당되는 사건이 나타나면 적용이 될 것을 예정하기에 추상적이어야 한다(추상성). 법률은 이처럼 일반성, 추상성을 가져야 하므로 법률 그 자체에서 구체적 법적 효과가 바로 나오지는 않는다. 구체적 효과가 나오는 작용은 처분이다. 처분과 법률은 구별된다. 공법에서 '처분'(행정처분, 행정행위)이란 용어는 구체적 효과를 바로 발생시키는 집행작용을 말한다. 법률은 그것 자체로 어느 사람에게 구체적인 권리, 의무에 영향을 직접적으로 가져오지는 않는다. 처분과 같은 집행작용이 있어야 비로소 어느 특정 국민에게 법적 효과가 나타나는 것이다.

예시 처분과 법률의 구분

조세법이 있다고 하여 甲이라는 특정인이 그 조세법의 적용에 따라 바로 조세를 납부할 의무(재산권의 제한)라는 법적 효과가 나오는 것이 아니라 그 조세법에 해당되는 행위나 사실이 있을 경우에(예를 들어 甲에게 소득이 발생한 경우) 세무당국에 의하여 조세(예를 들어 소득세 50만원) 부과처분이라는 '처분'을 받게 되면 비로소 법적 효과(50만원의 세금을 내야 하는 의무라는 법적 효과가(그 조세는 甲의 재산이다) 甲에게 나타나게 된다. 법률 → 행정처분(조세부과처분) → 국민의 기본권(재산권)에 대한 효과발생. 소득세법 자체에 甲, 50만원이라는 규정이 나오지 않고 소득이 있을 때 과세한다는 내용으로 규정(예를 들어 소득세법 제3조는 "거주자에게는 이 법에서 규정하는 모든 소득에 대해서 과세한다"라고 규정)되어 있으므로 일반적이고 추상적이라는 것이다.

(2) 일반성·추상성의 근거(이유)

법률이 일반성, 추상성을 가져야 하는 근거는 i) 법적 예측가능성, ii) 법적 안정성, iii) 평등원칙, iv) 권력분립주의 등에 있다. 만약 법률이 언제든지 특정인에게 구체적 기본권제한 효과를 가져오게 할 수 있다면 그 제한을 예측할 수 없게 하고 따라서 법적 안정성을 깨뜨릴 수 있기 때문이다. 또한 법률이 특정인과 특정사건을 대상으로 기본권을 제한한다면 제한되지 않는 다른 사람들, 다른 사건들에서와 차별을 가하는 것이어서 평등원칙을 위반하는 것이기도 하기 때문이다. 그리고 처분은 법을 집행하는 행정권의 권한에 속하는데 입법권이 구체적 처분을 직접 하게 되면 권력분립주의에 반한다는 것이다.

(3) 처분적 법률, 개별사건법률, 개별인대상 법률

1) 문제의 소재

법률은 일반성·추상성을 그 요건으로 하는데 오늘날 사회복지를 위하여 국가의 보호를 필요로 하는 사람들 또는 위기상황을 극복하기 위하여 특정한 사람이나 사건에만 적용되는 법률을 제정할 필요가 생기는데 이에 대한 예외를 둘 수 없는가 하는 문제가 제기된다. 처분적 법률 문제가 그것이다.

2) 처분적 법률의 개념과 유형

우리 헌법이 처분적 법률에 대해 무엇이라고 개념정의를 내리고 있지 않고 학설상 일치된 정의를 볼 수 없다. 그동안 우리나라에서 논의되어 온 처분적 법률이란 그 법률 자체가 어느 특정(개별) 사람이나 특정 사건에 대해 행정작용이나 사법재판작용 없이도(매개함이 없이) 법률 자체가 바로 권리나 의무에 관한 법적 효과를 발생시켜 처분을 발한 것과 같은 효과가 나타나는 법률을 의미한다(위 '법률'과 '처분'의 구분 설명 참조). 헌재도 "행정집행이나 사법재판을 매개로 하지 아니하고 직접 국민에게 권리나 의무를 발생하게 하는 법률, 즉 법률이 직접 자동집행력을 갖는 처분적 법률"이라고 판시한 바 있다.[1] 처분적 법률은 이처럼 ① 대상의 특정성(개별성)과 ② 자동집행성을 그 요소로 한다. 따라서 처분적 법률은 그 법률 자체로 어떤 특정 국민의 기본권에 대한 효과가 바로 발생하게 한다. 처분이 있어야 법효과가 발생하는, 즉 처분을 매개로 하여 집행되는 법률은 처분적 법률이라고 할 수 없다(아래 판례 중 ③ 참조). 처분적 법률은 특정한 목적성을 가진다고 한다. 이 점에서 일반적인 법률도 목적성을 가지고 있으므로 처분적 법률의 개념을 특별히 인정할 필요가 없다는 견해도 있다.

판례 [처분적 법률인지가 논란되었으나 부정된 예]

① 보안관찰처분대상자에 대한 출소 후 신고의무 부과 – 헌재 2003.6.26. 2001헌가17, 보안관찰법 제27조 제2항 위헌제청, 보안관찰법 제27조 제2항 등 위헌소원, 판례집 15–1, 602면. [판시] 보안관찰법 제6조 제1항 전문 후단이 보안관찰처분대상자에게 출소 후 신고의무를 법 집행기관의 구체적 처분(예컨대 신고의무부과처분)이 아닌 법률로 직접 부과하고 있기는 하나 위 조항은 보안관찰처분대상자 중에서 일부 특정 대상자에게만 적용되는 것이 아니라 위 대상자 모두에게 적용되는 일반적이고 추상적인 법률규정이므로 법률이 직접 출소 후 신고의무를 부과하고 있다고 하더라도 처분적 법률 내지 개인적 법률에 해당된다고 볼 수 없으므로 권력분립원칙에 위반되지 아니한다.

② 문화재의 은닉 등에 대한 처벌 – 헌재 2007.7.26. 2003헌마377, 문화재보호법 제81조 제4항 등 위헌확인, 판례집 19–2, 90면. [판시] 청구인들은 문화재보호법의 이 사건 법률조항들이 형사소송법에 규정한 공소시효의 적용을 실질적으로 배제하고, 공소시효가 적용되는 일반 사범과 다르게 취급하며, 특정인들에 대한 처분적 법률로서 청구인들의 평등권을 침해한다고 주장한다. 그러나 위 조항들은 공소시효의 적용을 전혀 배제하고 있지 아니하다. 즉 공소시효에 관한 일반이론은 이 사건 법률조항들에도 동일하게 적용되고, 그에 따라 실행행위가 종료되는 때, 즉 '은닉' 내지 '보유·보관'이 종료되는 때로부터 공소시효는 진행된다. 또한 이 사건 법률조항들은 특정인이나 특정사건을 규율하는 내용을 담고 있지 아니하며, 전 국민을 수범자로 하는 일반적 법률이라 할 것이므로 처분적 법률이 아니다.

③ 행정중심복합도시의 예정지역을 충청남도 연기군 및 공주시의 지역 중에서 지정하도록 규정하고 있는 '신행정수도 후속대책을 위한 연기·공주지역 행정중심복합도시 건설을 위한 특별법' 제11조 제2항에 대한 위헌소원사건 – 헌재 2009.2.26. 2007헌바41, 공보 제149호, 424. [판시] 청구인들은, 이 법률조항은 '연기·공주'라는 특정지역에 거주하는 주민이면서 특정범위의 국민인 청구인들에 대하여만 특별한 희생을 강요하는 처분적 법률이며, '연기·공주지역'의 주민들을 다른 지역의 주민들에 비하여 합리적인 근거 없이 차별적 대우를 하는 것으로서 평등권을 침해한다고 주장한다. 우선, 이 법률조항은 이 사건 처분을 매개로 하여 집행된다는 점에서 처분적 법률이라고 할 수 없으므로, 이 부분 주장은 더 나아가 살필 것 없이 이유 없다.

④ 친일재산 국가귀속 – 헌재 2011.3.31. 2008헌바141, 판례집 제23권 1집 상, 312면. [판시] 청구인

1) 헌재 1989.12.18. 89헌마32, 판례집 1, 352면.

들은 친일재산을 그 취득·증여 등 원인행위시에 국가의 소유로 하도록 규정한 '친일반민족행위자 재산의 국가귀속에 관한 특별법' 제3조 제1항 본문 규정이 처분적 법률이므로 위헌이라고 주장하나, 이 규정들은 친일반민족행위자의 친일재산에 일반적으로 적용되는 것이므로 위 법률조항들을 처분적 법률로 보기도 어렵다. 그러므로 청구인들의 이 부분 주장은 받아들일 수 없다.
⑤ 한정면허의 일반면허로의 전환 – 헌재 2018.2.22. 2015헌마552. [판시] 개정된 해운법에 의하여 구 해운법상의 한정면허제도가 폐지됨에 따라, 그 면허의 근거가 상실되는 기존 한정면허를 받은 사업자에 대하여 개정법에 따른 일반면허를 받은 것으로 의제하는 내용의 경과조치를 규정한 해운법 부칙 제3조(이하 '심판대상조항')의 실제 수범자가 목포지방해양수산청 산하의 노화농협을 포함한 4개 지역농협뿐이고 그로 인한 피해자도 청구인과 합자회사 목포대흥상사로 한정되므로, 심판대상조항이 '처분적 법률'로서, 그 내용이 헌법상 평등원칙에 위반되고, 처분청에 부여된 일반면허권한을 박탈한다는 점에서 입법형성권의 한계를 일탈하였다는 취지로 주장한다. 기록에 의하면, 개정법 시행 당시 구법 제4조 제2항에 따라 한정면허를 받은 기존 사업자가 노화농협 등 4개 지역농협에 불과한 사실은 인정되나, 심판대상조항의 문언이나 규정형식, 관련규정의 내용과 체계 및 구조 등을 종합해 보면, 심판대상조항이 특정인이나 개별사건을 규율하는 내용을 담고 있지 아니하고, 위와 같이 심판대상조항의 적용을 받는 대상이 한정된 것은 개정법 시행 당시의 상황에 따른 우연한 결과일 뿐, 입법자가 처음부터 그 규율의 대상이나 범위를 노화농협 등 4개 지역농협으로 특정하려는 의도를 가지고 있었다고 볼 수는 없다. 따라서 심판대상조항은 특정인에 대해서만 적용되는 개인대상법률 등 처분적 법률에 해당하지 않는다고 할 것이므로, 이를 전제로 한 청구인의 위 주장은 받아들일 수 없다.

위와 같은 개념정의에 따른 처분적 법률의 유형으로는 ① 개별사건법률(특정의 사건들에 대해서만 적용되는 법률), ② 개별인(개인)대상 법률(특정의 사람들에게만 적용되는 법률)이 있다. ③ 한시적 법률도 해당된다고 보는 견해들(권영성, 787면; 김철수, 1316면; 성낙인, 731면 등)이 있다.[1] 그러나 한시법이란 일정한 기간에만 효력을 가지는 법을 말하므로 위의 개념정의에 따르면 특정인이나 특정대상사건에 대해 일정 기간 어떠한 권리, 의무의 효과가 나타난다면 처분적 법률이 될 수 있겠으나 그 적용대상이 일반적인 사람과 사건에 적용되고 단지 한시적일 뿐이라면(예를 들어 2012년 1년 동안만 어떤 조세를 부과하는 한시법의 적용대상이 특정되어 있지 않는 경우) 처분적 법률로 볼 수 없다. 한시성이 처분성을 결정짓는 것은 아니다. 한편 개별사건과 개별인대상이 혼재하는 처분적 법률도 있을 수 있다. 개별사건에 특정인들에 대해 적용되는 법률이 그런 경우로 우리 헌법재판소가 심판한 '5·18민주화운동 등에 관한 특별법'도 그 예가 된다.

3) 처분적 법률의 허용 여부, 허용기준

처분적 법률의 허용 여부를 둘러싸고 부정설과 긍정설이 대립된다. 부정설은 처분적 법률은 개별성, 구체성을 가지므로 법률의 일반성, 추상성 요건에 반하고 평등원칙과 권력분립원칙에 반하여 허용되지 않는다고 본다.

① 평등원칙 위배 문제에 대하여 처분적 법률은 위에서 본 법률의 일반성·추상성 요

1) 권영성, 787면은 "개별인적 법률로는 부정선거관련자처벌법·정치활동정화법·부정축재처리법·정치풍토쇄신을위한특별조치법 등을, 개별사건적 법률로는 긴급금융조치법·긴급통화조치법 등을, 한시적 법률로는 재외국민취적·호적정정및호적정리에관한임시특별법 등을 들 수 있다"라고 한다.

건에 반하고 평등원칙에 반하여 허용되지 않는 것이 원칙이다. 그러나 오늘날 구체적 타당성과 형평성을 고려하여 처분적 법률을 제정하여야 할 필요가 있는 경우가 있다(예컨대 위난예상지역 주민에 대해 거주·이전의 자유를 그들에 대해서만 제한하여 강제퇴거하게 하여 다른 지역 주민들처럼 안전하게 생활할 수 있게 할 필요가 있어 강제퇴거를 위한 법을 제정하고자 할 경우). 오늘날의 평등의 관념은 형식적·외형적 평등이 아니라 실질적·상대적 평등의 관념으로서 차별일지라도 그 차별에 합리성이 있다면 평등하다. 구체적 형평성을 고려하여 제정되는 법률은 실질적·상대적 평등의 관념에서 합리성을 가져 합헌적일 수 있으므로 오늘날에 허용될 수 있는 처분적 법률도 있다. 현대 사회복지적 민주주의와 법치주의의 이념에 따라 구체적 형평성, 실질적 정의가 강조되고 이것이 처분적 법률을 요구하기도 한다.

② 권력분립적 문제에 대해서 권력분립원칙의 주안점이 권력남용을 막기 위하여 견제와 균형이 중요하다는 데에 있으므로 국가의 목적, 기본권의 보장을 위하여 입법부와 활동하거나 입법부와 집행부 간에 상호협력을 하는 것을 거부하는 것은 아니다. 따라서 기본권보장 등 헌법이 지향하는 목적을 실현하기 위하여 합리적 이유에서 입법이 집행을 바로 하는 처분적 법률을 만드는 것이라면 권력분립원칙이 처분적 법률의 부정으로만 이르게 하는 것은 아니다.

③ 허용기준 따라서 처분적 법률의 허용기준은 실질적·상대적 평등의 관념에서 그 법률이 적용되는 사람·사항들과 적용대상이 아닌 다른 사람·사항들 간의 차별을 정당화하는 합리적 사유가 존재하여야 합헌일 수 있다. 헌법재판소판례도 5·18민주화운동 등에 관한 특별법 제2조 위헌제청사건 등에서 우리 헌법상 어느 곳에서도 개별사건법률에 대한 정의를 하고 있지 않음은 물론, 개별사건법률을 금지하는 명문규정도 없는바, "특정규범이 개별사건법률에 해당한다 하여 곧바로 위헌을 뜻하는 것은 아니고 비록 특정법률 또는 특정조항이 단지 하나의 사건만을 규율하려고 한다고 하더라도 이러한 차별적 규율이 합리적인 이유로 정당화될 수 있는 경우에는 합헌적일 수 있다"라고 본다.[1] 사실 평등 여부의 기준으로 합리성 여부가 거론되고 있다.

4) 판례

판례 [개별사건법률, 개인대상법률 등 처분적 법률의 합헌성이 인정된 예]

① 5·18민주화운동 등에 관한 특별법사건 – 헌재 1996.2.16. 96헌가2, 96헌바7,13(병합), 판례집 8−1, 51면. [쟁점] 1979년 12월 12일과 1980년 5월 18일을 전후하여 발생한 헌정질서파괴범죄행위에 대하여 공소시효의 진행이 정지되도록 규정한 5·18민주화운동 등에 관한 특별법(1995년 12월 21일 법률 제5029호) 제2조는 「개인대상법률」, 「개별사건법률」로서 위헌인지 여부(합헌결정) [관련판시요약] 특별법이 이른바 12·12 사건과 5·18 사건에만 적용됨을 명백히 밝히고 있으므로 … 오로지 위 두 사건에 관

---

1) 헌재 1996.2.16. 96헌가2등, 판례집 8−1, 69면. 동지 : 헌재 2001.2.22. 99헌마613, 판례집 13−1, 376면; 헌재 2005.6.30. 2003헌마841, 판례집 17−1, 1008−1009면; 헌재 2008.1.10. 2007헌마1468, 판례집 20−1 상, 27면 등.

련된 헌정질서파괴범만을 그 대상으로 하고 있어 특별법 제정 당시 이미 적용의 人的 範圍가 확정되거나 확정될 수 있는 내용의 것이므로 개별사건법률임을 부인할 수는 없다. 그러나 우리 헌법은 어느 곳에서도, 개별사건법률에 대한 定義를 하고 있지 않음은 물론 개별사건법률의 입법을 금하는 명문의 규정도 없다. 개별사건법률금지의 원칙은 "법률은 일반적으로 적용되어야지 어떤 개별사건에만 적용되어서는 아니 된다"는 법원칙으로서 헌법상의 평등원칙에 근거하고 있는 것으로 풀이되고, 그 기본정신은 입법자에 대하여 기본권을 침해하는 법률은 일반적 성격을 가져야 한다는 형식을 요구함으로써 평등원칙위반의 위험성을 입법과정에서 미리 제거하려는 데 있다 할 것이다. 개별사건법률은 개별사건에만 적용되는 것이므로 원칙적으로 평등원칙에 위배되는 자의적인 규정이라는 강한 의심을 불러일으킨다. 그러나 개별사건법률금지의 원칙이 법률제정에 있어서 입법자가 평등원칙을 준수할 것을 요구하는 것이기 때문에, 특정규범이 개별사건법률에 해당한다 하여 곧바로 위헌을 뜻하는 것은 아니다. 비록 특정법률 또는 특정조항이 단지 하나의 사건만을 규율하려고 한다고 하더라도 이러한 차별적 규율이 합리적인 이유로 정당화될 수 있는 경우에는 합헌적일 수 있다. 따라서 개별사건법률의 위헌여부는, 그 형식만으로 가려지는 것이 아니라, 나아가 평등의 원칙이 추구하는 실질적 내용이 정당한지 아닌지를 따져야 비로소 가려진다. 이른바 12·12 및 5·18 사건의 경우 그 이전에 있었던 다른 헌정질서파괴범과 비교해 보면, 공소시효의 완성여부에 관한 논의가 아직 진행 중이고, 집권과정에서의 불법적 요소나 憲政史의 정립을 위한 과거청산의 요청에 미루어 볼 때 비록 특별법이 개별사건법률이라고 하더라도 입법을 정당화할 수 있는 공익이 인정될 수 있다고 판단된다. 따라서 이 법률조항은 개별사건법률에 내재된 불평등요소를 정당화할 수 있는 합리적인 이유가 있으므로 헌법에 위반되지 아니한다.

② 세무대학폐지법률 사건 – 헌재 2001.2.22. 99헌마613, 판례집 13-1, 375-376면. [관련판시] 어떤 법률이 개별사건법률 또는 처분법률의 성격을 띠고 있다고 해서 그것만으로 헌법에 위반되는 것은 아니다. 따라서 아래에서 보는 바와 같이 정부의 조직 및 기능 조정을 위해 세무대학을 폐지해야 할 합리적 이유가 있는 것이므로 이 사건 폐지법은 그 처분법률의 성격에도 불구하고 헌법적으로 정당하다 할 것이다.

③ 뉴스통신진흥에 관한 법률 사건 – 헌재 2005.6.30. 2003헌마841, 판례집 17-1, 1008-1009면. [사건개요] 청구인 회사와 연합뉴스사는 뉴스통신진흥에관한법률이 제정·시행되자 위 법률 부칙 제3조에 따라 바로 위 법률에 의하여 등록된 뉴스통신사가 되었는데, 위 법률은 연합뉴스사를 국가기간뉴스통신사로 지정하여 이에 대해서는 재정보조 등 여러 가지 지원방안을 규정하고 있는 반면, 청구인 회사에 대해서는 일반적인 뉴스통신사에 대한 정부의 지원 외에 별도의 다른 지원방안을 규정하고 있지 않았다. 이에 청구인들은 위와 같이 서로 경쟁관계에 있는 뉴스통신사 일방에 대한 부당한 지원으로 인하여 자신들의 평등권, 언론·출판의 자유, 직업선택의 자유, 재산권 등이 부당하게 침해되었다고 주장하면서 위 법률 제10조 등의 위헌확인을 구하는 헌법소원심판을 청구하였다. [관련판시] 심판대상조항은 상법상의 주식회사에 불과한 연합뉴스사를 주무관청인 문화관광부장관의 지정절차도 거치지 아니하고 바로 법률로써 국가기간뉴스통신사로 지정하고, 법이 정하는 계약조건으로 정부와 뉴스정보 구독계약을 체결하게 하며, 정부가 위탁하는 공익업무와 관련하여 정부의 예산으로 재정지원을 할 수 있는 법적 근거를 법률로써 창설하고 있는바, 이는 특정인에 대해서만 적용되는 '개인대상법률'으로서 처분적 법률에 해당한다. 뉴스통신시장에서 국가기간뉴스통신사의 지정이 필요한 경우 통상적으로 상정할 수 있는 입법형식은 국가기간뉴스통신사의 기능과 역할, 그리고 그 대상이 될 수 있는 자격과 지정절차 등을 법률에서 규정하고 그 구체적인 지정행위는 소관 행정청의 집행행위에 의하는 형식이 될 것인데, 법은 구체적인 법집행행위로서 '지정행위'를 거치지 아니하고 법률에서 직접 연합뉴스사를 국가기간뉴스통신사로 지정하고 있으므로 그 자체로 법적용상의 차별취급이 야기되는 것이다. 그러나 우리 헌법은 처분적 법률로서 개인대상법률 또는 개별사건법률의 정의를 따로 두고 있지 않음은 물론, 이러한 처분적 법률의 제정을 금하는 명문의 규정도 두고 있지 않은바, 특정규범이 개인대상 또는 개별사건법률에 해당한다고

하여 그것만으로 바로 헌법에 위반되는 것은 아니라고 할 것이다. 결국 심판대상조항이 일반 국민을 그 규율의 대상으로 하지 아니하고 특정 개인만을 그 대상으로 한다고 하더라도 이러한 차별적 규율이 합리적인 이유로 정당화되는 경우에는 허용된다.

④ 이른바 BBK특검법 사건 – 헌재 2008.1.10. 2007헌마1468, 한나라당 대통령후보 이명박의 주가조작 등 범죄혐의의 진상규명을 위한 특별검사의 임명 등에 관한 법률 위헌확인, 판례집 20-1 상, 1면. [사건] 위 법률 제2조가 처분적 법률인지 논란됨. 동법 제2조는 이른바 BBK사건 등 특정사건들을 열거하여 수사하도록 하여 처분적 법률규정이라는 논란이 제기된 것임. [청구인주장] 이 사건 법률은 특정 개인인 대통령후보자 이명박을 대상으로 한 처분적 법률로서 법률은 일반성·추상성을 가져야 한다는 입법권의 한계를 벗어난 것이고, 이러한 법률에 따라 특별검사제도를 도입하고 그 수사에 의해서 형사처벌을 하는 것은 이명박 개인뿐만 아니라 이 사건 법률의 적용대상인 청구인들의 공정한 재판을 받을 권리, 행복추구권에서 파생되는 일반적 행동자유권을 침해하는 것이다. [판시요약] 우리 재판소는, 특정한 법률이 이른바 처분적 법률에 해당한다고 하더라도 그러한 이유만으로 곧바로 헌법에 위반되는 것은 아니라는 점을 수차 밝혀 왔다. 즉 우리 헌법은 처분적 법률로서의 개인대상법률 또는 개별사건법률의 정의를 따로 두고 있지 않음은 물론, 이러한 처분적 법률의 제정을 금하는 명문의 규정도 두고 있지 않으므로 특정한 규범이 개인대상 또는 개별사건법률에 해당한다고 하여 그것만으로 바로 헌법에 위반되는 것은 아니다. 다만 이러한 법률이 일반국민을 그 규율대상으로 하지 아니하고 특정 개인이나 사건만을 대상으로 함으로써 차별이 발생하는바, 그 차별적 규율이 합리적인 이유로 정당화되는 경우에는 허용된다(헌재 1996.2.16. 96헌가2등, 판례집 8-1, 51, 69; 헌재 2001.2.22. 99헌마613, 판례집 13-1, 367, 376; 헌재 2005.6.30. 2003헌마841, 판례집 17-1, 996, 1008-1009 등 참조). 따라서 이 사건 법률 제2조가 처분적 법률에 해당한다는 청구인들의 주장은 결국 위 조항으로 인하여 청구인들의 평등권이 침해되었다는 주장으로 볼 것이다. …그러한 차별취급이 합리적인 이유로 정당화될 수 있는지 여부에 따라 그 위헌 여부가 결정된다고 할 것이다. …위에서 본 바와 같은 특별검사제도의 장단점 및 우리나라 특별검사제도의 연혁에 비추어 볼 때, 검찰의 기소독점주의 및 기소편의주의에 대한 예외로서 특별검사제도를 인정할지 여부는 물론, 특정 사건에 대하여 특별검사에 의한 수사를 실시할 것인지 여부, 특별검사에 의한 수사대상을 어느 범위로 할 것인지는, 국민을 대표하는 국회가 검찰 기소독점주의의 적절성, 검찰권 행사의 통제 필요성, 특별검사제도의 장단점, 당해 사건에 대한 국민적 관심과 요구 등 제반 사정을 고려하여 결정할 문제로서, 그 판단에는 본질적으로 국회의 폭넓은 재량이 인정된다고 보아야 할 것이다. 따라서 특별검사제도에 관한 국회의 결정이 명백히 자의적이거나 현저히 부당한 것으로 인정되지 않는 한 존중되어야 할 것인바, 앞에서 본 입법경위에 비추어 볼 때 국회가 여러 사정을 고려하여 이 사건 법률 제2조가 규정하고 있는 사안들에 대하여 특별검사에 의한 수사를 실시하도록 한 것이 명백히 자의적이거나 현저히 부당한 것이라고 단정하기 어렵다. … 결국 특별검사에 의한 수사의 실시와 그 대상을 규정하고 있는 이 사건 법률 제2조에 의한 차별취급은 합리적인 이유가 있어 정당화된다 할 것이므로, 청구인들의 평등권이 침해된 것으로 볼 수 없다(* 이 결정에서 동행명령규정에 대해서는 위헌결정이 있었다).

⑤ '태권도 진흥 및 태권도공원 조성 등에 관한 법률' 최초시행일이 경과한 후 사퇴 또는 임기가 종료되거나 새로 선임된 임원은 이 법에 따른 국기원의 임원으로 보지 아니한다고 규정하고 있는 동법 부칙 규정 – 헌재 2011.5.26. 2010헌마183, 판례집 23-1 하, 213면. [판시] 특정한 규범이 개인대상 또는 개별사건법률에 해당한다고 하여 그것만으로 바로 헌법에 위반되는 것은 아니다. 다만 이러한 법률이 일반국민을 그 규율대상으로 하지 아니하고 특정 개인이나 사건만을 대상으로 함으로써 차별이 발생하는바, 그 차별적 규율이 합리적인 이유로 정당화되는 경우에는 허용된다. 결국, 청구인의 주장은 위 조항들로 인하여 위 청구인들의 평등권이 침해되었다는 주장으로 볼 것이고, 차별취급을 받게 된 것이 합리적인 이유로 정당화될 수 있는지 여부에 따라 그 위헌 여부가 결정된다고 할 것이다. 위에서 이

미 살펴본 바와 같이, 위 부칙조항이 직업의 자유를 침해한다고는 볼 수 없을 뿐만 아니라, 태권도 진흥법 최초 시행일 당시의 이사와 그 이후에 선임된 이사 사이의 신뢰 보호의 필요성에는 분명한 차이가 있다고 할 것이므로, 법 최초 시행일 당시의 기존 국기원의 이사와 그 이후 선임된 기존 국기원의 이사를 달리 취급하는 것에는 합리적 이유가 있다 할 것이다. 따라서 위 법률조항들은 평등권을 침해하지 않는다.

판례 [개인대상법률, 처분적 법률로 인정되고 그 법률규정에 대한 위헌결정이 있었던 예]
국가보위입법회의법 등의 위헌여부에 관한 헌법소원 – 헌재 1989.12.18. 89헌마32, 판례집 1, 343면. [관련판시] 국가보위입법회의법 부칙 제4항 후단이 규정하고 있는 "… 그 소속 공무원은 이 법에 의한 후임자가 임명될 때까지 그 직을 가진다."라는 내용은 행정집행이나 사법재판을 매개로 하지 아니하고 직접 국민에게 권리나 의무를 발생하게 하는 법률, 즉 법률이 직접 자동집행력을 갖는 처분적 법률의 예에 해당하는 것이며 … 위 후단은 조직의 변경과 관련이 없음은 물론 소속공무원의 귀책사유의 유무라던가 다른 공무원과의 관계에서 형평성이나 합리적 근거 등을 제시하지 아니한 채 임명권자의 후임자임명이라는 처분에 의하여 그 직을 상실하는 것으로 규정하였으니, 이는 결국 임기만료되거나 정년시까지는 그 신분이 보장된다는 직업공무원제도의 본질적 내용을 침해하는 것으로서 헌법에서 보장하고 있는 공무원의 신분보장 규정에 정면으로 위반된다. 그 위헌성은 명백하다.

판례 [처분적 법률로 인정되고 그 법률규정내용에 대한 한정위헌결정이 있었던 예]
보훈기금법 부칙 제5조에 대한 한정위헌결정 – 헌재 1994.4.28. 92헌가3, 판례집 6–1, 203면 [사안] "이 법(보훈기금법) 시행 전에 해산된 원호대상자직업재활법에 의한 원호대상자정착직업재활조합 서울목공분조합의 자산 및 부채는 기금에 귀속한다"라고 규정한 보훈기금법 부칙 제5조가 헌법에 위배되는지 여부 [결정요지] 신청인들이 주장하는 바와 같이 보훈기금법 시행 전에는 여전히 이 사건 분조합원이 분조합 자산에 관한 소유권을 합유하고 있었다면, 보훈기금법 부칙 제5조는 이 사건 분조합 또는 분조합원의 사유재산을 박탈하여 보훈기금에 귀속시키기 위한 개별적 처분법률이고, 사유재산권의 공용징수는 헌법 제23조 제3항의 제한 범위 내에서만 가능한 것인데 보훈기금법의 어디에도 이 사건 분조합의 자산을 수용하기 위하여 헌법이 정한 요건과 절차를 규정하고 있지 아니하다. 따라서 그러한 취지로 해석하는 한 보훈기금법 부칙 제5조는 국민의 재산권을 보장하는 헌법 제23조 제1항, 제3항에 위반된다고 아니할 수 없다(한정위헌결정. [주문] 1. 보훈기금법(1981.3.27. 법률 제3400호, 구 원호기금법) 부칙 제5조는, 이를 자산 및 부채 귀속의 근거규정으로 해석하는 한, 헌법에 위반된다).

5) 한계와 재검토

어디까지나 처분적 법률은 예외적으로 인정되어야 한다. 국민들에는 다양한 계층이 있으므로 사회복지국가원리에 따라 상응하는 형평성 있는 국가작용이 이루어지도록 하기 위하여, 그리고 위기관리나 급변하는 사회생활에 적절히 대처하기 위하여 처분적 법률이 필요하다고 하더라도 위의 인정기준인 합리성을 지키며 기본권제한의 한계 내에서 예외적으로 인정될 수 있다. 국민의 기본권을 제한하는 사안에서는 처분적 법률의 제한을 통하여 더 중요한 기본권의 보호가 이루어질 때 인정되어야 한다. 처분적 법률이 법률의 일반성·추상성을 요구하는 그 근본이유인 평등원칙, 권력분립원칙을 실질적으로 위배하지 않아야 한다. 결국 중요한 것은 기본권제한 한계, 합리성, 헌법의 규정과 헌법의 기본원칙을 준수하여야 한다는 것이다.

6) 처분적 법률에 대한 위헌심사

① **위헌법률심판** 처분적 법률이 법원의 재판에서 그 위헌 여부가 재판의 전제가 된 경우에는 당사자의 신청 또는 직권에 의해 법원이 헌법재판소에 위헌법률심판 제청을 함으로써 그 위헌 여부가 심사될 수 있다(제107조 1항). 위에서 인용된 처분적 법률 사건들에 대한 위헌제청사건들이 실제 있었다(96헌가2결정 등).

② **헌법소원심판**(법령소원심판) 처분적 법률은 집행작용이 없더라도 국민의 기본권이 직접 침해될 수 있으므로 헌법소원심판의 청구요건인 직접성이 인정되어 그 처분적 법률을 대상으로 바로 헌법소원심판을 청구할 수 있다. 물론 그 외 청구요건인 자기관련성, 현재성, 권리보호이익, 청구기간 준수 등의 요건을 갖추어야 적법한 청구가 된다. 그러나 헌법소원심판의 또 다른 청구요건인 보충성의 원칙은 요구되지 않는다. 보충성원칙이란 다른 권리구제절차가 있으면 그 절차를 모두 거쳐야 헌법소원심판을 청구할 수 있다는 청구요건인데 법령 자체의 효력을 직접 다투는 것을 소송물로 하여 일반법원에 소송을 제기하는 길이 없어, 구제절차가 있는 경우가 아니기 때문이다. 그동안 헌재는 법령이 직접 기본권을 침해하는 경우에 법령소원이라고 하여 법령소원으로 처분적 법률 사건들에 대한 헌법소원사건 결정들을 한 예들을 보여주고 있다(위의 판례들 참조).

(4) 재판효적 법률

특정한 개인의 권리를 박탈하는 재판과 같은 효과의 입법을 제정할 경우 이를 사권박탈법(bill of attainder)이라고 한다. 이는 특정인에 대한 권리박탈을 재판이 없이 바로 법률로 가져오는 것이므로 물론 금지된다[미국연방헌법 제1조 제9항 (3)은 사권박탈법 제정금지를 명시하고 있다]. 사권박탈법은 입법권에 의한 사법권(司法權)의 침해이기도 하여 헌법 제101조 제1항을 위반하는 것이기도 하다.

* 반국가행위자 궐석재판의 위헌성 – 구 반국가행위자의처벌에관한특별조치법은 검사는 피의자가 반국가행위자인 것이 인정되고 정당한 이유 없이 검사의 출석요구에 2회 이상 불응한 때에는 궐석재판의 청구를 할 수 있도록 하고 기일에 출석하지 아니하면 궐석재판을 하도록 하면서 동법 제7조 제7항은 이 궐석재판에서 법원은 최초의 공판기일에 검사로부터 공소장에 의하여 피고인의 인적사항 및 공소사실의 요지와 의견을 들은 후 증거조사 없이 피고인에 대한 형을 선고하여야 한다고 규정하였다. 헌재는 이처럼 특정 사안에 있어 법관으로 하여금 <u>증거조사에 의한 사실판단도 하지 말고</u>, 최초의 공판기일에 공소사실과 검사의 의견만을 듣고 결심하여 형을 선고하라는 것은 "입법에 의해서 사법의 본질적인 중요부분을 대체시켜 버리는 것에 다름아니어서 우리 헌법상의 권력분립원칙에 어긋나는 것이다"라고 보았고 사법권의 법원에의 귀속을 명시한 헌법 제101조 제1항에도 위반된다고 보았다.

<u>**판례**</u> 헌재 1996.1.25. 95헌가5, 판례집 8-1, 18-19면

[결정요지] 사법(司法)의 본질은 법 또는 권리에 관한 다툼이 있거나 법이 침해된 경우에 독립적인 법원이 원칙적으로 직접 조사한 증거를 통한 객관적 사실인정을 바탕으로 법을 해석·적용하여 유권적인 판단을 내리는 작용이라 할 것이다. 그런데 특조법 제7조 제7항이 특정 사안에 있어 법관으로 하여금

증거조사에 의한 사실판단도 하지 말고, 최초의 공판기일에 공소사실과 검사의 의견만을 듣고 결심하여 형을 선고하라는 것은 입법에 의해서 사법의 본질적인 중요부분을 대체시켜 버리는 것에 다름 아니어서 우리 헌법상의 권력분립원칙에 어긋나는 것이다. 우리 헌법은 권력 상호간의 견제와 균형을 위하여 명시적으로 규정한 예외를 제외하고는 입법부에게 사법작용을 수행할 권한을 부여하지 않고 있다. 그런데도 입법자가 법원으로 하여금 증거조사도 하지 말고 형을 선고하도록 하는 법률을 제정한 것은 헌법이 정한 입법권의 한계를 유월하여 사법작용의 영역을 침범한 것이라고 할 것이다. 따라서 특조법 제7조 제7항 본문은 사법권의 법원에의 귀속을 명시한 헌법 제101조 제1항에도 위반된다.

3. 명확성 - 기본권제한법률의 명확성원칙

(1) 기본권제한법률 명확성원칙의 개념과 기능 및 근거

1) 개념

기본권제한법률의 명확성원칙이란 기본권을 제한하는 법률의 규정 내용이 그 제한을 받는 국민이 이해할 수 있도록 가능한 한 명료할 것을 요구하는 원칙을 말한다. 기본권제한규정이 모호하거나 확대해석의 가능성이 있거나 그 적용범위가 광범위하여서는 아니 된다는 원칙을 말한다. 여기서 "기본권제한법률"의 명확성원칙이라는 제목 하에 서술한 것은 기본권제한의 문제가 아닌 경우에도 법률의 요건으로서 명확성원칙이 요구되고(이는 국민이 법률의 내용을 분명히 알아야 할 알 권리의 요구이기도 하다) 있는데 기본권제한의 경우에 그 명확성의 정도가 더욱 요구되어 여기서 별도로 강조하여 살펴보기 때문이다. 일반적인 법률요건으로서의 명확성원칙의 요구에 대해서는 국가권력규범론, 입법부의 권한 부분의 법률제정권에서 법률의 요건으로 언급하게 되기도 한다. 기본권심사를 많이 하고 있는 헌재는 "명확성의 원칙은 법치국가원리의 한 표현으로서 기본권을 제한하는 법규범의 내용은 명확하여야 한다는 헌법상의 원칙이다"라고 정의하고 있다.[1)] 헌재결정들의 사안에서 이 명확성원칙을 중요한 쟁점으로 한 경우가 많고 따라서 이에 관한 판례법리도 많이 형성되어 있다.

2) 명확성원칙과 과잉금지(침해최소성)원칙

기본권을 제한하는 법률문언이 제한되는 범위를 넓게 정하고 있어서 모호하면 그것은 불명확한 것이어서 명확성원칙의 위반이 된다. 아울러 넓게 포괄적인 제한이 되면 지나친 제한으로서 과잉금지원칙, 그 중에 특히 침해최소성원칙에 반하게 되는 것이기도 하다. 그러한 경우에 양자와의 관계가 논의될 수 있다. 생각건대 명확성원칙은 제한의 입법취지나 내용을 제대로 인식할 수 있게 하여야 한다는 점에 방점이 주어지고 과잉금지원칙은 그 제한의 정도가 어떠한가 하는 점에 관심이 주어진다고 할 것이다.

3) 기능

명확성은 ① 주지성(周知性), ② 예측가능성, ③ 법적 안정성, ④ 자의의 방지를 위하여 필

1) 헌재 2004.2.26. 2003헌바4, 판례집 16－1, 297면.

▌ 명확성원칙이 중요함을 일깨우는 다음과 같은 전해져 오는 이야기

#1 : 때는 바야흐로 12세기경 신심이 강했던 α는 십자군원정을 떠나면서 험난한 원정에서 살아돌아올 것같지 않은데 자신이 없는 동안 자신의 재산인 현재 우리 돈으로 치면 100억원 상당의 재산을 관리해 달라고 친구 β에게 맡겼다. 그리고 다음과 같은 계약(약조)를 맺었다. "그럴 확률이 높겠지만 내가 원정 떠난지 10년이 넘도록 돌아오지 않으면 자네가 그 재산을 모두 가지시게나." "신의 가호로 만약 10년 내에 내가 돌아오면"하고는 "자네가 원하는 만큼 돌려주시게나."

#2 : α는 천신만고 끝에 살아서 돌아왔다. 돌아온 후 상당 기간이 지났음에도 β는 α의 재산을 돌려주지 않고 있었는데 α가 말은 못하고 속으로 애를 태우던 차 10억을 돌려주었다. 그러나 10분의 1만 돌려주고 10분의 9를 차지한 β에 대해 α는 매우 서운했고 이 정도는 도의가 아니라는 뜻을 비추었으나 β는 더 이상 반환할 생각이 없었고 두 사람의 불화는 내심 깊어갔다. 오랜 친구라 말을 못하고 있다가 α는 β에게 Solomon왕께 재판을 맡겨 그 판결에 따르자고 제안하였고 β는 계약문언이 분명히 '원하는 만큼'이라는 점을 들어 헛수고라고 하면서도 그러자고 하여 솔로몬왕에게 재판을 청구하였다.

#3 : 드디어 판결의 날이 왔다. 솔로몬왕의 판결은 다음과 같았다.
[주문] β는 α에게 90억을 돌려주라. [이유] '자네가 원하는 만큼'을 계산하면 여기서 '자네'는 β이고 전체 100억에서 10억을 α에게 돌려준 β로서는 나머지 90억을 원하는 만큼 액수이었다. 그렇다면 그 원하는 만큼 돌려주어야 하는 것이 두 사람 간의 계약이므로 결국 90억을 돌려주어야 한다. (* β가 원하는 만큼 돌려주어야 하는데 그 액수 = 100억원(재산전체) − α에게 준 10억 = 90억 ! 헉 !)
(출처: 이형식, 농담, 궁리, 2004에 수록된 위와 같은 줄거리의 글을 읽고 그것에서 취의하여 필자가 법적 서술로 명확성원칙의 중요성을 각인하기 위해 윤색함)

* 의미 : '원하는 만큼'에 '돌려주길'이란 단어가 누락된 것을 지적하여 명확하지 않은 계약은 달리 해석된다는 촌철살인(寸鐵殺人)의 교훈!

요하다. 명확성은 기본권을 제한하는 법률의 내용을 분명하게 규정하여 국민들이 이를 명백히 인식할 수 있게 함으로써 이를 주지하여 제한되는 기본권이 무엇이며, 그 범위는 어떠한지를 사전에 파악할 수 있도록 하고 예측이 가능하도록 하며, 이로써 국민생활의 법적 안정성을 유지하게 한다(어떠한 행위를 하면 기본권이 제한될 수 있음을 미리 알아 그 행위를 하지 않음으로써 법적 생활이 안정성을 가진다). 명확성원칙은 포괄적이고 모호한 규정을 방지함으로써 법을 집행하는 행정청의 자의를 방지하는 기능도 한다.[1)]

4) 근거

명확성원칙은 예측가능성, 법적 안정성이라는 측면에서는 법치주의에서 나온다고 할 수 있고 따라서 법치주의의 헌법상 근거인 헌법 제37조 제2항을 그 근거로 한다. 자의의 방지는

1) 헌재 2005.6.30. 2005헌가1, 806면. [관련판시] 법치국가원리의 한 표현인 명확성의 원칙은 기본적으로 모든 기본권 제한입법에 대하여 요구된다. 규범의 의미내용으로부터 무엇이 금지되는 행위이고 무엇이 허용되는 행위인지를 수범자가 알 수 없다면 법적 안정성과 예측가능성은 확보될 수 없게 될 것이고, 또한 법집행 당국에 의한 자의적 집행을 가능하게 할 것이기 때문이다.

차별을 막아 평등원칙을 준수하게 하므로 헌법 제11조 평등원칙도 그 근거가 된다. 형사처벌에 관하여서는 죄형법정주의에서 명확성원칙을 그 파생요소로 하고 있기에 죄형법정주의를 규정하고 있는 헌법 제12조 제1항도 근거로 한다. 또한 권력분립원칙을 근거로 한다는 견해도 있다.[1] 명확하지 않은 법률을 집행과정이나 재판과정에서 해석을 통해 적용하게 되면 입법을 실질적으로 행정부나 사법부에 맡기는 결과를 가져올 수도 있다는 것이다. 헌재도 그런 점을 지적한 바 있다.

판례 헌재 1992.4.28. 90헌바7

[판시] 법률이 규정한 용어나 기준이 불명확하여 그 적용대상자가 누구인지 어떠한행위가 금지되는지의 여부를 보통의 지성을 갖춘 사람이 보통의 이해력과 관행에 따라 판단할 수 없는 경우에도 처벌된다면, 그 적용대상자에게 가혹하고 불공정한 것일 뿐만 아니라, 결과적으로 어떠한 행위가 범죄로 되어야 하는 가를 결정하는 입법권을 법관에게 위임하는 것으로 되기 때문에 권력분립의 원칙에도 반하는 것으로 되기 때문이다.

(2) 명확성의 정도와 판단 기준

1) 명확성의 정도

(가) 문제의 소재

기본권제한법률이 항상 일의적으로(하나의 뜻으로) 일반인이 이해될 수 있도록 그 문언이 구체적인 것이 물론 이상적이다. 그런데 앞서 법률의 요건으로서 일반성·추상성을 요구한다고 하였기에 법률의 문언 자체가 일반적이고 추상적일 수밖에 없고 또한 인간생활이 복잡다단하기에 이를 규율하여야 하는 기본권제한법률로서는 그 규율할 대상이 넓고 다양하다. 또한 인간생활은 변화의 가능성이 있으므로 법률이 모든 사항을 미리 세세히 정하기 힘들 수도 있다. 그러므로 법률문언이 넓은 영역을 아우르며 복잡하고 다양하며 변화되는 영역에 적응하기 위해 간결하고 추상적이며 탄력적으로 작성될 필요가 있어 다의적인 경우가 나타난다. 이러한 경우에 명확성원칙의 준수여부를 어떻게 판단할 것인가가 문제된다. 우리 헌재는 처벌(형벌)법규의 경우에도 "다소 광범위하여 법관의 보충적인 해석을 필요로 하는 개념을 사용하였다고 하더라도 통상의 해석방법에 의하여 건전한 상식과 통상적인 법감정을 가진 사람이면 당해 처벌법규의 보호법익과 금지된 행위 및 처벌의 종류와 정도를 알 수 있도록 규정하였다면 헌법이 요구하는 처벌법규의 명확성에 배치되는 것이 아니다"라고 한다(아래 명확성 판단기준 참조).

(나) 불확정개념, 개괄조항의 문제

불확정개념, 개괄조항을 사용하는 경우 명확성원칙에 반하느냐가 문제된다. 헌재는 위와 같은 상황에서 "어느 정도 추상적이고 개괄적인 개념 또는 변화하는 사회현상을 수용할 수 있

---

1) 홍기태, 명확성의 원칙에 관한 연구, 헌법논총, 11집, 2000, 278면.

는 개방적인 개념을 사용하는 것이 불가피하다"라고 보아 법률의 명확성원칙은 개괄조항이나 불확정 법개념의 사용을 금지하는 것이 아니라고 하면서 "다양한 과제를 이행하고 각 개별적 경우의 특수한 상황을 고려하며 현실의 변화에 적절하게 대처할 수 있도록 하기 위하여 입법자는 불확정 법개념을 사용할 수 있으나 법률이 불확정 개념을 사용하는 경우라도 법률해석을 통하여 행정청과 법원의 자의적인 적용을 배제하는 객관적인 기준을 얻는 것이 가능하다면 법률의 명확성원칙에 부합하는 것이다"라고 한다.

판례 헌재 2004.7.15. 2003헌바35등, 판례집 16-2, 88면

[관련설시요약] 법률이란 일반·추상적 규범으로서 그 본질상 규율하고자 하는 생활관계에서 발생가능한 모든 법적 상황에 대하여 구체적이고 서술적인 방식으로 법률의 내용을 규정하는 것은 불가능하며, 어느 정도 추상적이고 개괄적인 개념 또는 변화하는 사회현상을 수용할 수 있는 개방적인 개념을 사용하는 것이 불가피하다. 너무 구체적으로 규정된 법률은 현대의 복잡한 생활관계에서 발생하는 다양한 요구에 부응하는 것을 불가능하게 하는 경직성의 위험이 있는 반면, 너무 불명확한 법률은 국민인 수범자로 하여금 자신의 행위에 따른 법적 결과를 예측할 수 없게 함으로써 개인의 자유행사를 제한하는 효과를 가져오는 것이다. 그러므로 법률의 명확성원칙은 입법자가 법률을 제정함에 있어서 개괄조항이나 불확정 법개념의 사용을 금지하는 것이 아니다. 행정부가 다양한 과제를 이행하고 각 개별적 경우의 특수한 상황을 고려하며 현실의 변화에 적절하게 대처할 수 있도록 하기 위하여 입법자는 불확정 법개념을 사용할 수 있으나 이로 인한 법률의 불명확성은 법률해석의 방법을 통하여 해소될 수 있어야 한다. 따라서 법률이 불확정 개념을 사용하는 경우라도 법률해석을 통하여 행정청과 법원의 자의적인 적용을 배제하는 객관적인 기준을 얻는 것이 가능하다면 법률의 명확성원칙에 부합하는 것이다.

관련판례 : ⓐ 건설업 등록을 필요적으로 말소하도록 하는 사유로 건설업자가 '부정한' 방법으로 건설업의 등록을 한 경우를 규정한 건설산업기본법 규정 : 헌재 2004.7.15. 2003헌바35. [판시] 이 사건 법률조항의 의미를 전반적으로 살펴볼 때 '부정한 방법'이란, 실제로는 기술능력·자본금·시설·장비 등에 관하여 법령이 정한 건설업 등록요건을 갖추지 못하였음에도 자본금의 납입을 가장하거나 허위신고를 통하여 기술능력이나 시설, 장비 등의 보유를 가장하는 수단을 사용함으로써 등록요건을 충족시킨 것처럼 위장하여 등록하는 방법을 말하는 것으로 그 내용이 충분히 구체화되고 제한된다고 판단된다. 따라서 이 사건 법률조항에 규정된 '부정한 방법'의 개념이 약간의 모호함에도 불구하고 법률해석을 통하여 충분히 구체화될 수 있고, 이로써 행정청과 법원의 자의적인 법적용을 배제하는 객관적인 기준을 제공하고 있으므로 이 사건 조항은 법률의 명확성원칙에 위반되지 않는다. ⓑ '공공복리'에 대한 결정례 : 자동차운송업자는 "공공의 복리를 저해하는 행위를 하여서는 아니 된다"라고 규정한 구 자동차운수사업법 규정 – 헌재 2000.2.24. 98헌바37. [판시] 직접적인 처벌규정이 아닌 이 사건 조항들이 '공공복리'라는 개념을 사용하고 있더라도 동법의 목적과 자동차운수사업의 전문성, 기술성, 시의성, 그리고 동법의 적용을 받는 수범자가 사업면허를 받았거나 등록을 받은 자동차운송사업 종사자임을 감안할 때, 이는 "자동차운수사업에 관한 질서확립과 자동차운수의 발달도모를 통한 운송에 있어서의 안전과 쾌적 및 편의 등"에 관한 것으로 예측할 수 있고, 또 이 사건 조항들이 처벌규정이 아닌 일반적인 준수사항의 개괄적 내용과 이에 위반할 경우 필요한 조치를 취할 수 있다는 정도의 내용을 담고 있는 점을 함께 고려할 때, 일반적 명확성 원칙을 위반한 것이라 할 수 없다. ⓒ 고도의 전문적인 판단을 요하는 민감한 부분인 경우의 불확정개념 필요 : 바로 아래 별도 판례로 인용함.

* 군인의 불온도서 소지·운반·전파·취득 금지를 규정하고 있는 군인복무규율(대통령령) 제16조의2가 알 권리를 제한하는데 헌재는 과연 어떤 도서가 금지된 도서인지에 관하여 단순히 '불온'이라는 개념을

사용하고 있을 뿐 달리 구체적인 규정을 두고 있지 않으므로, 이 사건 복무규율조항의 '불온'의 개념이 과연 명확성원칙을 준수한 것인지가 문제된다고 하면서 그 문제를 다루면서 헌재는 "이 사건 복무규율조항이 정하는 분야인 정신전력의 영역은 고도의 전문적인 판단을 요하는 민감한 부분이 아닐 수 없으므로, 이와 같은 사항에 대하여 사전에 일의적으로 명확하게 규율하는 것은 그다지 쉽지 않고, 오히려 현실의 변화에 유연하게 대응할 수 있도록 불확정개념으로 규율할 필요성이 있다"라는 입장을 밝힌 바 있다. 그리하여 위 사안에서 헌재는 금지되는 행위가 예측가능하다고 하여 명확성원칙에 위배되지 않는다고 보아 아래와 같이 기각결정을 하였다.

판례 헌재 2010.10.28. 2008헌마638, 판례집 22-2하, 216면

[결정요지] 이 사건 복무규율조항에서 사용하고 있는 '불온'의 개념은 사전적으로 '사상이나 태도 따위가 통치 권력이나 체제에 순응하지 않고 맞서는 성질'이라고 하는 의미를 가지고 있는바, 이는 가치관에 기한 판단을 포함하는 것으로서 구체적이고 객관적인 의미를 표방하는 개념으로 보기는 어려운 측면이 있다. 한편, 공산주의 체제인 북한과 군사적으로 대치하고 있는 우리의 국가안보상황은 매우 가변적이어서 이를 미리 예측하여 규율하기 어려울 뿐만 아니라, 이 사건 복무규율조항이 정하는 분야인 정신전력의 영역은 고도의 전문적인 판단을 요하는 민감한 부분이 아닐 수 없으므로, 이와 같은 사항에 대하여 사전에 일의적으로 명확하게 규율하는 것은 그다지 쉽지 않고, 오히려 현실의 변화에 유연하게 대응할 수 있도록 불확정개념으로 규율할 필요성이 있다. 군인사법 제47조의2에 따라 군인의 복무 기타 병영생활에 관한 기본사항을 규정함을 목적으로 제정된 군인복무규율은, 국민의 군대로서 국가를 방위하고 자유민주주의를 수호하며 조국의 통일에 이바지함을 국군의 이념으로 하고(제4조 제1호), 대한민국의 자유와 독립을 보전하고 국토를 방위하며 국민의 생명과 재산을 보호하고 나아가 국제평화의 유지에 이바지함을 국군의 사명으로 규정하고 있는바(제2호), 이들 규정을 종합하여 볼 때, 이 사건 복무규율조항은 이와 같은 국군의 이념 및 사명을 해할 우려가 있는 도서로 인하여 군인들의 정신전력이 저해되는 것을 방지하기 위한 조항이라고 할 것이고, 따라서 여기에 규정한 '불온도서'는 '국가의 존립·안전이나 자유민주주의체제를 해하거나, 반국가단체를 이롭게 할 내용으로서, 군인의 정신전력을 심각하게 저해하는 도서'를 의미하는 것으로 해석할 수 있다. 이 사건 복무규율조항은 일반 국민을 대상으로 하지 않고 국가안전보장의 사명을 수행하는 국군의 구성원인 군인을 수범자로 한정하고 있는바, 통상적인 법감정과 복무의식을 가지고 있는 군인이라면 이 사건 복무규율조항의 규율내용을 이와 같이 예측하고 이를 행동 및 의사결정의 기준으로 삼을 수 있다 할 것이고, 또한 이 사건 복무규율조항을 위반한 행위에 대한 징계처분의 취소를 구하는 행정소송에서도 법관의 통상적인 해석적용에 의하여 보완될 수 있으므로 법집행당국의 자의적인 집행의 가능성 또한 크지 않다 할 것이다. 결국, 이 사건 복무규율조항은 규범의 의미내용으로부터 무엇이 금지되고 무엇이 허용되는 행위인지를 알 수 있어, 법적 안정성과 예측가능성이 확보될 수 있다 할 것이므로, 명확성원칙에 위배되는 법령조항이라고 보기 어렵다.

생각건대 위와 같은 법률상황에 있다 하더라도 입법단계에서부터 최대한 확정개념을 취하도록 하고 불확정개념은 가능한 한 억제하며 법률을 집행하는 행정청, 적용하는 법관의 자의적 해석이 개입할 수 없게 최대한 객관성을 가지도록 규정하는 노력을 다하여야 한다. 헌재도 불확정개념을 둘 수밖에 없는지에 대한 심사를 적극적으로 해야 한다.

(다) 대상에 따른 명확성 요구 정도

기본권제한의 대상에 따라 요구되는 명확성의 정도가 달라진다고 본다. 즉 기본권의 침해가 중대한 영역인지에 따라 명확성의 정도가 달리 요구될 수 있다. 헌재는 "명확성의 원칙은 모

든 법률에 있어서 동일한 정도로 요구되는 것은 아니고 개개의 법률이나 법조항의 성격에 따라 요구되는 정도에 차이가 있을 수 있으며 각각의 구성요건의 특수성과 그러한 법률이 제정되게 된 배경이나 상황에 따라 달라질 수 있다"라고 한다.[1] 헌재는 아래에서 보듯이 대상에 따른 명확성 요구 정도를 엄격한 명확성과 일반적 명확성으로 나누어 판단하는 경향을 보여주고 있다.

가) 엄격한 명확성과 일반적 명확성

① **엄격한 명확성** 그 제한의 효과가 크고 국민의 기초적인 생활영역에 미칠 경우에는 제한의 법규정의 내용이 보다 명확하여야 한다(엄격한 명확성의 요구). 그러한 영역으로 죄형법정주의, 표현의 자유 등에서 더욱 강한 명확성을 요구한다. 죄형법정주의에서는 구성요건명확성 원칙이 제1의 파생원칙이라는 점에서 당장 명확성의 정도를 강하게 요구됨을 볼 수 있고 이는 죄형법정주의가 국민의 기초적 자유인 신체의 자유에 관한 것이기 때문이다. 헌법재판소도 적법절차나 죄형법정주의가 적용되는 영역에서는 엄격한 의미의 명확성의 원칙이 적용된다고 한다.[2] 표현의 자유도 민주정치의 초석이고 불명확한 법률에 의한 표현의 자유 제한은 표현을 꺼리게 하는 위축효과를 가져오므로 표현의 자유를 제한하는 법률은 명확하지 않으면 그 자체로 위헌을 면할 수 없다. 영미법에서도 '모호성 때문에 무효'(void for vagueness)라는 원칙이 설정되어 있다. 우리 헌재도 표현의 자유의 제한입법에 대해 엄격한 명확성원칙이 요구된다고 한다.

판례 헌재 2010.12.28. 2008헌바157

[관련판시] 법률은 되도록 명확한 용어로 규정하여야 한다는 명확성의 원칙은 민주주의·법치주의 원리의 표현으로서 모든 기본권제한입법에 요구되는 것이나, 표현의 자유를 규제하는 입법에 있어서는 더욱 중요한 의미를 지닌다. 현대 민주사회에서 표현의 자유가 국민주권주의 이념의 실현에 불가결한 것인 점에 비추어 볼 때, 불명확한 규범에 의한 표현의 자유의 규제는 헌법상 보호받는 표현에 대한 위축효과를 수반하고, 그로 인해 다양한 의견, 견해, 사상의 표출을 가능케 하여 이러한 표현들이 상호 검증을 거치도록 한다는 표현의 자유의 본래의 기능을 상실케 한다. 즉, 무엇이 금지되는 표현인지가 불명확한 경우에, 자신이 행하고자 하는 표현이 규제의 대상이 아니라는 확신이 없는 기본권주체는 대체로 규제를 받을 것을 우려해서 표현행위를 스스로 억제하게 될 가능성이 높은 것이다. 그렇기 때문에 표현의 자유를 규제하는 법률은 규제되는 표현의 개념을 세밀하고 명확하게 규정할 것이 헌법적으로 요구된다. 이 사건 법률조항은 표현의 자유에 대한 제한입법이며, 동시에 형벌조항에 해당하므로, 엄격한 의미의 명확성원칙이 적용된다.

표현의 자유와 관련한 규제에서의 형사처벌은 표현의 자유의 엄격성, 죄형법정주의의 엄격성이 모두 요구되는 경우이다. 위의 판례도 그 예이지만 다음 결정례도 그 한 예이다.

판례 헌재 2014.9.25. 2012헌바325

[판시] 명확성원칙의 요구 정도 – 정보통신망법 제44조의7 제1항 제8호를 포함한 정보통신망법 제44

1) 헌재 2005.6.30. 2005헌가1, 판례집 17-1, 806면. 동지 : 헌재 2002.7.18. 2000헌바57, 판례집 14-2, 16면; 헌재 2005.4.28. 2003헌바40, 공보 104, 587면 등.

2) 헌재 2000.2.24. 98헌바37, 판례집 12-1, 179면.

조의7 제1항은 누구든지 정보통신망을 통하여 각 호에 규정된 불법정보를 유통해서는 아니 된다고 하고 있는바, 이에 위반하여 불법정보를 유통시킨 자를 형사처벌하는 조항은 없으나, 해당 정보가 위 조항 각 호에 해당하는 경우 서비스제공자 등에게 방송통신심의위원회가 해당 정보의 시정요구를 하거나, 방송통신위원회가 해당 정보의 취급거부, 정지 또는 제한을 명할 수 있고, 서비스제공자 등이 방송통신위원회의 명령에 따르지 않을 경우 형사처벌을 받게 된다(정보통신망법 제73조 제5호). 따라서 이 사건 법률조항들은 형사처벌과 밀접한 관련이 있는 조항이고, 동시에 언론의 자유를 제한하고 있으므로, 엄격한 의미의 명확성원칙이 적용된다.

② **일반적 명확성** 헌재는 적법절차나 죄형법정주의가 적용되는 영역에서는 위에서 언급한 대로 엄격한 의미의 명확성의 원칙이 적용되고 법률규정 자체가 구성요건이 되거나 처벌을 규정하고 있는 것이 아닌 경우에는 일반적 명확성의 원칙이 적용된다는 법리를 표명하고 있다.[1] 헌재는 "일반론으로는 어떠한 규정이 부담적 성격을 가지는 경우에는 수익적 성격을 가지는 경우에 비하여 명확성의 원칙이 더욱 엄격하게 요구되고, 죄형법정주의가 지배하는 형사 관련 법률에서는 명확성의 정도가 강화되어 더 엄격한 기준이 적용되지만, 일반적인 법률에서는 명확성의 정도가 그리 강하게 요구되지 않기 때문에 상대적으로 완화된 기준이 적용된다"라고 한다.[2]

③ **의문점과 검토** 엄격한 명확성이 요구되는 경우 외에는 전부 동일한 정도의 완화된 명확성을 요구하는 것인지 아니면 엄격한 정도와 완화된 정도 사이에 중간 정도의 명확성이 요구되는 경우로 구분되는지 또는 완화된 명확성 정도에 있어서도 완화의 정도에 차이가 있을 수 있는지 하는 의문이 있다. 즉 형사처벌과 같은 경우가 아니나 불이익한 사안의 경우의 일반적 명확성의 정도와 수익적인(아니면 수시변화적인) 사안의 경우의 완화된 명확성 간에 정도에 차이가 있는지 하는 의문인 것이다. 헌재는 "죄형법정주의가 지배하는 형사관련 법률에서는 명확성의 정도가 강화되어 더 엄격한 기준이 적용되지만, 일반적인 법률에서는 명확성의 정도가 그리 강하게 요구되지 않기 때문에 상대적으로 완화된 기준이 적용된다"라고 판시하기도 하는데[3] 이 점 명확하지 않다.

나) 수익적 규정

이 경우에 국민에게 부담을 주는 것이 아니므로 명확성 요구정도가 완화된다. 그런데 급부를 제공하는 등의 수익적 규정의 경우 명확성원칙이 완화된다고 하나 사실 수익적 규정은 이익을 부여하는 것이므로 기본권제한의 문제가 아니다. 그러나 수익적 규정이라 하더라도 본인에게 그 수익적 규정의 요건에 맞지 않는 사람에게는 불이익이 될 수 있어 제한이 오는 면

1) 헌재 2000.2.24. 98헌바37, 자동차운수사업법 제24조 제1항 등 위헌소원, 헌재판례집 12-1, 169면.
2) 헌재 2005.6.30. 2005헌가1, 판례집 17-1, 806면. 동지 : 헌재 2002.7.18. 2000헌바57, 판례집 14-2, 16면; 헌재 2005.4.28. 2003헌바40, 공보 104, 587면 등.
3) 헌재 2004.2.26. 2003헌바4, 판례집 16-1, 297면.

이 있으므로 명확성원칙의 문제가 생긴다고 할 것이다. 수익적 규정에 대한 예로 오랜 기간 사실상 공무원으로 근무하여 온 임용결격공무원에 대한 생계유지나 생활보장을 위하여 특별채용의 기회를 부여하는 시혜적인 성격을 띠고 있는 법률규정에 대해 명확성의 정도가 그리 강하게 요구되지 않기 때문에 상대적으로 완화된 기준이 적용된다고 본 결정례가 있다.[1] 한편 수익과 부담이 동시에 부여되는 경우도 있다.

* 완화례 : 재요양 요건에 관한 결정 – 산업재해보상보험법 제51조 제1항은 재요양 요건으로 "요양급여를 받은 자가 치유 후 요양의 대상이 되었던 업무상의 부상 또는 질병이 재발하거나 치유 당시보다 상태가 악화되어 이를 치유하기 위한 적극적인 치료가 필요하다는 의학적 소견이 있으면 다시 제40조에 따른 요양급여를 받을 수 있다"라고 규정하고 있다. 이 조항에 대해 "재요양의 요건에 관하여 별도의 예시나 정의규정을 두지 않고, "업무상의 부상 또는 질병"이라는 추상적 규정만을 두고 있어 명확성원칙에 반한다"라는 주장이 제기되었다.

판례 헌재 2018.12.27. 2017헌바231

[판시] 일반론으로는 어떠한 규정이 부담적 성격을 가지는 경우에는 수익적 성격을 가지는 경우에 비하여 명확성원칙이 더욱 엄격하게 요구되고, 특히 죄형법정주의가 지배하는 형사관련 법률에서는 명확성의 정도가 강화되어 더 엄격한 기준이 적용된다. 이 사건 재요양 요건조항은 일정한 경우 재요양의 혜택을 부여하는 수익적 성격을 갖는 규정이므로 명확성의 정도가 완화된다. * 이하 헌재는 명확하다는 논증을 하고 있다. * 판례비평 : 과연 재요양이 수익적인 것으로만 볼 것인지 의문이다. 노동자가 산업재해로 노동력이 감소 내지 상실되는 데 대한 기초적인 보전조치를 수익으로 보는 것에 의문이 든다.

다) 입법기술상 완화요소(규율대상의 다양성, 수시변화성)

또한 헌재는 "기본권제한입법이라 하더라도 규율대상이 지극히 다양하거나 수시로 변화하는 성질의 것이어서 입법기술상 일의적으로 규정할 수 없는 경우에는 명확성의 요건이 완화되어야 할 것이다"라고 한다.

판례 헌재 1999.9.16. 97헌바73, 판례집 11-2, 300면

[쟁점] 집합건물재건축의 요건으로서 건축후 "상당한 기간"이 경과되어 건물이 훼손되거나 일부 멸실된 경우를 규정한 것이 명확성의 원칙에 위반되는지 여부. [결정이유요지] 명확성의 원칙은 규율대상이 극히 다양하고 수시로 변화하는 것인 경우에는 그 요건이 완화되어야 하고, 특정 조항의 명확성 여부는 그 문언만으로 판단할 것이 아니라 관련 조항을 유기적·체계적으로 종합하여 판단하여야 하는바, 집합건물재건축의 요건을 건축후 "상당한 기간"이 경과되어 건물이 훼손되거나 일부 멸실된 경우로 표현한 것은 재건축 대상건물의 다양성으로 인하여 입법기술상 부득이한 것이라고 인정되며, 또 관련 조항을 종합하여 합리적으로 판단하면 구체적인 경우에 어느 정도의 기간이 "상당한 기간"에 해당하는지는 알 수 있다고 할 것이다.

(라) '예시적 입법'의 경우

예상되는 행위들을 구체적으로 규정하고는 이어 "기타의 행위"라고 하는 입법형식인 '예

---

1) 헌재 2004.2.26. 2003헌바4, 판례집 16-1, 298면.

시적 입법'의 형식(예를 들어 "A, B, C, D, 기타 이에 유사한 행위는 금지된다"라는 법문)에 대해 명확성 위반의 논란이 있다. 헌재는 "예시적 입법형식이 법률명확성의 원칙에 위배되지 않으려면 예시한 구체적인 사례(개개 구성요건)들이 그 자체로 일반조항의 해석을 위한 판단지침을 내포하고 있어야 할 뿐 아니라, 그 일반조항 자체가 그러한 구체적인 예시들을 포괄할 수 있는 의미를 담고 있는 개념이어야 한다"라고 본다.[1)2)]

2) 명확성 판단의 기준

헌재는 "당해 법률조항의 입법목적, 당해 법률의 체계 및 다른 규정들과의 상호관계를 고려하거나 이미 확립된 판례를 통한 해석방법을 통하여 그 규정의 해석 및 적용에 대한 신뢰성이 있는 원칙을 도출할 수 있어서 법률조항의 취지를 예측할 수 있는 정도의 내용이라면 그 범위 내에서 명확성의 원칙은 유지되고 있다고 보아야 할 것이고, 또한 법관의 보충적인 가치판단을 통한 법문의 해석으로 그 의미내용을 확인해낼 수 있다면 명확성의 원칙에 반한다고 할 수 없을 것이다"라고 한다.[3)] 명확성 판단의 기준으로 헌재는 평균인의 입장에서 법률전문가 등의 조언을 통해 이해가 되면 명확성을 인정할 수 있다는 판례도 있다.[4)] 한편 헌재는 죄형법정주의, 형벌법규의 경우 "건전한 상식과 통상적인 법감정을 가진 사람이면 당해 처벌법규의 보호법익과 금지된 행위 및 처벌의 종류와 정도를 알 수 있도록 규정하였다면" 명확성원칙을 준수한 것으로 보기도 한다. 결국 헌재는 명확성 판단에 있어서 법관 등 법률전문가의 해석에 그 기준을 두는 경우도 있고 통상인(건전한 상식과 통상적인 법감정을 가진 사람, 일반인, 평균인)의 이해에 그 기준을 두는 경우도 있다고 보인다.

3) 검토사항과 사견

위에서 우리 헌재는 대상에 따라 엄격한 명확성기준과 일반적 명확성기준으로 구분하였는데 그러한 구분에 맞추어 명확성 판단의 기준도 달라져야 하지 않는가 하는 문제가 있다. 엄격한 기준을 적용할 때에는 어떠한 보다 강화된 심사를 하는지 판례에 명백한 법리가 표명되어 있지는 않다. 위에서 본대로 헌재는 법관에 의한 해석을 기준으로 한다고 보기도 하고 통상(일반)인의 이해를 기준으로 한다고 보기도 한다. 통상인의 이해를 기준으로 할 경우란 통상인이 이해할 정도로 보다 더 상세하게 규정될 것을 요하는 것이라면 엄격한 명확성을 요하는 것이고 법관에 의한 해석을 기준으로 하는 것은 법관이 법해석전문가라는 점에서 보다 완

---

1) 헌재 2000.4.27. 98헌바95; 헌재 2002.6.27. 2001헌바70; 헌재 2009.3.26. 2007헌바72; 헌재 2009.5.28. 2007헌바24; 헌재 2010.3.25. 2009헌가2; 헌재 2011.3.31. 2008헌가21 등.

2) 조세법률주의에 있어서 예시적 입법의 명확성원칙 위배 문제를 다룬 결정례로, 헌재 2002.9.19. 2001헌바74, 판례집 14-2, 321면 참조.

3) 헌재 1992.2.25. 89헌가104, 판례집 4, 79; 헌재 1998.4.30. 95헌가16, 판례집 10-1, 342면; 헌재 2001.6.28. 99헌바31, 판례집 13-1, 1239면; 2004.2.26. 2003헌바4, 판례집 16-2, 297면 등.

4) 헌재 2005.3.31. 2003헌바12, 판례집 17-1, 349면.

화된 명확성을 요하는 경우라고 볼 수 있을지도 모른다. 법관의 해석도 법관이 통상인의 입장에서 보는 해석이라면 달라질 수 있을 것이기도 하다. 이러한 문제에 대한 연구, 그리고 보다 구체적인 기준설정을 위한 집중적인 연구가 앞으로 필요한 부분이다.

생각건대 법률이 명확한지 여부에 대한 판단은 통상의 사람들이 상식으로서 그 뜻이 이해가 될 정도여야 명확하고 법관이나 법률전문가에 의한 보충적 해석도 법관, 법률전문가 자신의 지식으로 자신이 이해되면 명확하다는 것이 아니라 법관이나 법률전문가가 통상인의 입장에 서서 살펴보고 보충해석하여 명확성 여부가 판단되도록 하여야 할 것을 원칙으로 함이 필요하다. 더구나 법률전문가의 조력에 비용이 든다면 명확성 기준을 일반인 자신이 스스로 이해될 정도로 명확성을 요구하는 것이 더욱 필요하다. 법률문언을 알기 쉽게 보다 구체적으로 규정할 수 있음에도 그러하지 않을 경우에는 명확성원칙의 위반이 될 수 있다.

판례 헌재 2005.3.31. 2003헌바12, 판례집 17-1, 349-350면

[관련판시] 한편 명확성 원칙의 준수 여부는 문제된 법령의 문구가 확실하지 않음으로써 자의적이고 차별적인 적용을 가져올 수 있는지 여부에 의하여서도 판별될 수 있다. 다만 법령이 그 집행자에게 어느 정도의 재량을 부여한다는 이유만으로 바로 무효로 할 것은 아니고, 집행자에게 신뢰할 수 있는 확고한 기초를 제시하여 그 법령이 원래 의미하고 목적하는 것 이상의 자의적 적용을 방지할 수 있어야 할 것이다. 또한 당해 법령의 성질 및 규제대상 등에 비추어 입법기술상 최고의 상태로 작성되었는지 여부가 명확성 판단의 또 하나의 기준이 될 수 있다. 일반 추상적 표현을 불가피하게 사용한다 하더라도 예시의 방법, 정의규정을 별도로 두는 방법, 주관적 요소를 가중하는 방법 등으로 보다 더 구체적 입법이 가능함에도 불구하고 이러한 입법적 개선을 하지 아니하고 있는지 여부가 헌법위반의 판단기준이 될 수 있는 것이다.

4) 계획재량과 불확정적인 개념 사용의 필요성 및 심사기준

행정청이 도시계획 등 행정계획을 추진할 경우에도 국민의 재산권 등 기본권에 영향을 줄 경우에는 법률에 따라야 하고 그 법률은 명확성을 가져야 한다. 그런데 계획행정에 대해서는 이른바 '불확정 개념'을 사용하여 문언을 규정할 수밖에 없는 경우도 있고 계획재량을 비교적 넓게 인정해 줄 필요도 있다. 이에 따라 법률내용이 명확한지에 대해서도 완화된 심사를 할 가능성이 많다. 헌재는 "행정청이 행정계획을 수립함에 있어서는 일반 재량행위의 경우에 비하여 더욱 광범위한 판단 여지 내지는 형성의 자유, 즉 계획재량이 인정되는바, 이 경우 일반적인 행정행위의 요건을 규정하는 경우보다 추상적이고 불확정적인 개념을 사용하여야 할 필요성이 더욱 커진다"라고 한다. 그러면서 "행정청에 대하여 광범위한 판단 여지 내지 형성의 자유, 즉 계획재량이 부여된 경우 명확성의 정도가 그리 강하게 요구되지 않고 상대적으로 완화된 기준이 적용된다"라고 본다. 위와 같은 판례의 입장이 뚜렷하게 나타난 예로 다음과 같은 예가 있다. "건설교통부장관은 주택법 제7조 제1항의 규정에 의한 택지수급계획이 정하는 바에 따라 택지를 집단적으로 개발하기 위하여 필요한 지역을 예정지구로 지정할 수 있다"라

고 규정한 구 택지개발촉진법 제3조 제1항은 택지수급계획만으로는 구체적인 대상지역이 어떠한 요건을 갖춘 경우에 택지개발예정지구로 지정될 것인지에 관하여 아무런 기준을 제시하지 않고 있으므로 주택공급을 위하여 필요하다는 정도의 추상적인 필요성만을 기초로 택지개발예정지구 지정처분이 가능하도록 규정하고 있는 것으로서 명확성원칙에 반한다는 주장이 제기되었다. 헌재는 위와 같이 완화된 심사기준을 적용하여 위반이 아니라고 판단하여 합헌결정을 하였다.

판례 헌재 2007.10.4. 2006헌바91

[결정요지] 가. 명확성원칙 (1) 법률이 행정부에 대한 수권을 내용으로 하는 것이라면 수권의 목적, 내용 및 범위를 명확하게 규정함으로써 행정청의 자의적인 법적용을 배제할 수 있는 객관적인 기준을 제시하고, 국민으로 하여금 행정청의 행위를 어느 정도 예견할 수 있도록 하여야 할 것이다. 다만, 그 규율대상이 지극히 다양하거나 수시로 변화하는 성질의 것이어서 입법기술상 일의적으로 규정할 수 없는 경우에는 이와 같은 예측가능성의 정도가 완화된다 할 것이고, 또 예측가능한지 여부는 그 규정의 문언만으로 판단할 것이 아니라 관련조항을 유기적·체계적으로 판단하여야 한다. (2) 이 사건 예정지구의 지정 및 그에 따른 택지개발계획 및 택지개발사업 실시계획의 수립, 택지개발 사업시행 등 일련의 작용들은 모두 택지개발, 공급이라는 목표를 위하여 필요한 수단들을 조정하고 통합하는 작용으로서 행정계획에 해당한다. 행정계획에 있어서는 다수의 상충하는 사익과 공익들의 조정에 따르는 다양한 결정가능성과 그 미래전망적인 성격으로 인하여 그에 대한 입법적 규율은 상대적으로 제한될 수밖에 없다. 따라서 행정청이 행정계획을 수립함에 있어서는 일반 재량행위의 경우에 비하여 더욱 광범위한 판단 여지 내지는 형성의 자유, 즉 계획재량이 인정되는바, 이 경우 일반적인 행정행위의 요건을 규정하는 경우보다 추상적이고 불확정적인 개념을 사용하여야 할 필요성이 더욱 커진다. 나. 명확성원칙의 위반 여부 (1) 구 택지개발촉진법 제1조, 제2조 제1호, 제3호, 제3조 제1항 및 구 주택법 제7조 제1항을 종합하면, 건설교통부장관에게 이 사건 예정지구를 지정할 수 있는 권한을 부여하는 목적은 '도시지역의 시급한 주택난을 해소하기 위함'이라 할 것이고, 수권의 내용과 범위는 '주택건설에 필요한 택지의 취득·개발·공급 및 관리 등에 관하여 특례를 인정할 필요성이 있는 경우에 국토의 계획 및 이용에 관한 법률에 의한 도시지역과 그 주변지역 중에서 구 주택법 제7조 제1항의 규정에 의한 택지수급계획이 정하는 주택 및 택지의 수요를 충족시키기에 적합한 규모의 택지를 집단적으로 개발하기 위하여 필요한 지역'에 대하여 이 사건 예정지구를 지정하는 것임을 알 수 있다. (2) 한편 이 사건 지정처분조항만으로 구체적으로 언제, 어디에 예정지구를 지정할 것인지 예측할 수 있는가에 대한 문제는 여전히 남게 된다. 어떠한 지역을 대상으로 이 사건 예정지구를 지정할 것인지와 관련하여서도 지리적·지형적 여건, 교통여건, 주택수요, 다른 도시계획 등과의 충돌 여부, 나아가 국가균형발전이념에 부합하는지 여부에 이르기까지 여러 가지 사항을 종합적으로 검토한 다음 이에 대한 고도의 전문적·기술적 판단을 필요로 한다. 바로 이와 같은 이유에서 행정청에 대하여 광범위한 판단 여지 내지 형성의 자유, 즉 계획재량이 부여된 것이다. 따라서 이 사건 지정처분조항은 그 규율대상이 지극히 다양하거나 수시로 변화하는 성질의 것이어서 입법기술상 일의적으로 법률에서 그 요건을 규정하는 것은 사실상 불가능하며 바람직한 것도 아니다. 오히려 입법부보다 많은 경험과 전문성을 가지고 구체적인 행정문제에 보다 가까이 있는 행정청으로 하여금 책임 있는 결정을 내리도록 하는 것이 요망되는 경우에 속한다 할 수 있다. 따라서 명확성의 정도가 그리 강하게 요구되지 않고 상대적으로 완화된 기준이 적용된다 할 것이다. (3) 결국 이 사건 지정처분조항은 규정 자체의 내용과 구 택지개발촉진법 제1조, 구 주택법 제7조 제1항 등에 대한 유기적·체계적 해석과 더불어 아래에서 보는 바와 같이 이 사건 예정지구 지정에 있어서 이해관계

인들의 이해관계를 적절히 조정하기 위한 절차를 보장하고 있는 점 등을 종합적으로 고려해보면, 이 사건 지정처분조항이 이 사건 예정지구 지정에 관한 기준을 더 세부적이고 구체적으로 규정하고 있지 않다고 하더라도 법집행자가 예정지구 지정에 대하여 아무런 기준 없이 자의적으로 법적용을 할 수 있을 정도로 지나치게 광범위한 재량권을 부여하고 있다고 볼 수 없고, 나아가 수범자의 예견가능성을 해할 정도로 불명확하다고 할 수 없다. 따라서 이 사건 지정처분조항은 헌법상의 명확성원칙을 위반한 것이라고 할 수 없다.

5) 행정소송의 집행정지 요건

헌법과 행정법의 복합적 문제라고 볼 수 있어서 인용해 본다. 헌재는 "'회복하기 어려운 손해'와 '긴급한 필요'라는 다소 추상적이고 광범위한 의미를 가진 것으로 보이는 용어를 사용하고 있더라도, 이 사건 집행정지 요건 조항의 입법목적 및 다른 규정들과의 상호관계 등에 비추어 법관의 법 보충작용을 통한 판례에 의하여 합리적으로 해석할 수" 있다고 보아 명확성원칙을 준수한 것으로 본다.

판례 헌재 2018.1.25. 2016헌바208

[판시] 이 사건 집행정지 요건 조항에서 집행정지 요건으로 규정한 '회복하기 어려운 손해'는 대법원 판례에 의하여 '특별한 사정이 없는 한 금전으로 보상할 수 없는 손해로서 이는 금전보상이 불능인 경우 내지는 금전보상으로는 사회관념상 행정처분을 받은 당사자가 참고 견딜 수 없거나 또는 참고 견디기가 현저히 곤란한 경우의 유형, 무형의 손해'를 의미한 것으로 해석할 수 있고, '긴급한 필요'란 손해의 발생이 시간상 임박하여 손해를 방지하기 위해서 본안판결까지 기다릴 여유가 없는 경우를 의미하는 것으로, 이는 집행정지가 임시적 권리구제제도로서 잠정성, 긴급성, 본안소송에의 부종성의 특징을 지니는 것이라는 점에서 그 의미를 쉽게 예측할 수 있다. 이와 같이 심판대상조항은 법관의 법 보충작용을 통한 판례에 의하여 합리적으로 해석할 수 있고, 자의적인 법해석의 위험이 있다고 보기 어려우므로 명확성 원칙에 위배되지 않는다.

(3) 법률의 위임과 명확성원칙

1) 양자의 관계

기본권제한사항을 법률이 직접 정하지 않고 행정입법에 위임할 경우 우리 헌법 제75조는 구체적 위임을 요구하고 있다. 위임입법의 한계 문제는 앞서 법률유보에서 보았고 또 법률에 의한 제한의 예외로서 기본권의 예외적 제한 부분에서 법규명령에 의한 기본권제한을 보면서도 살펴보게 된다(후술, 기본권의 예외적 제한 부분 참조). 헌재는 예측가능성의 유무에 따라 판단하는 경향이다.[1] 이는 예측을 할 정도로 분명한가 하는 문제라고 볼 것이고 그렇다면 법률의 구체적 위임의 정도가 명확성원칙 위배 여부 문제와 결부된다. 헌재는 이를 경합문제로 본 결정

1) 헌재는 예를 들어 "대통령령에 규정될 내용의 대강을 예측할 수 없으므로, 국민들로서는 어떠한 행위가 금지되고 어떠한 행위가 허용되는지를 알 수 없다고 할 것이다. 결국, 이 사건 법률조항은 죄형법정주의에서 도출된 명확성의 원칙에 위반될 뿐만 아니라 위임입법의 한계를 일탈하여 헌법에 위반된다"라고 판시한다(헌재 2002.5.30. 2001헌바5, 판례집 14-1, 489).

례도 있고[1] 포괄위임금지원칙이 명확성원칙이 행정입법에 관해 구체화된 특별규정이라고 보아 포괄위임금지원칙 위반 여부만 보면 된다고 본 결정례도 있다.[2] 여하튼 포괄위임인지 여부의 판단이 명확성 여부에 연관되므로(법률이 포괄적으로 위임해주었다는 것 자체가 법률이 모호하게 처벌규정을 두었다는 것이 되고 이는 법률의 합헌성요건인 명확성을 위배한 것이 된다) 포괄위임인지 여부에 대한 판단이 관건이 된다.

2) 위임의 명확성 정도의 기준

(가) 조세, 처벌 등의 경우와 급부작용의 경우

헌재는 조세, 처벌 등에 관한 사항을 위임함에 있어서는 법률이 급부행정법규보다 더 엄격하게 위임을 해주어야 한다고 보아 위임의 명확성의 정도를 강하게 요구한다.

판례 이를 설시한 결정례들은 많다. 예로, 헌재 2010.2.25. 2007헌바131등. [설시] 위임입법의 구체성·명확성 내지 예측가능성의 유무는 위임된 사항의 성질에 따라 구체적·개별적으로 검토하여야 할 것이다. 위임의 구체성·명확성의 요구 정도는 그 규율대상의 종류와 성격에 따라 달라질 것이지만 특히 처벌법규나 조세법규와 같이 국민의 기본권을 직접적으로 제한하거나 침해할 소지가 있는 법규에서는 구체성·명확성의 요구가 강화되어 그 위임의 요건과 범위가 일반적인 급부행정의 경우보다 더 엄격하게 제한적으로 규정되어야 하는 반면에, 규율대상이 지극히 다양하거나 수시로 변화하는 성질의 것일 때에는 위임의 구체성·명확성의 요건이 완화되어야 할 것이다.

(나) 반대급부있는 금전납부의무 사항의 경우

조세에 관한 사항의 위임에 있어서는 명확성 요구의 정도가 강하다. 그런데 헌재는 조세 아닌 금전급부의무에 관한 사항의 위임에 있어서 그 의무에 대해 일정한 반대급부가 주어지는 경우에는 반대급부 없이 금전납부의무가 부과되는 조세보다 위임의 명확성의 정도가 완화된다고 본다. 바로 국민연금의 경우가 그렇다고 본다. 국민연금은 가입기간 중에 보험료의 납부라는 금전납부의무를 지지만 반대급부로 일정한 급여를 지급받게 되기 때문이다.

판례 헌재 2007.4.26. 2004헌가29등, 판례집 19-1, 366-367면

[판시요지] 이 사건의 경우에 제청법원은 국민연금이 국민에게 금전급부의무를 부과하는 성질이 강하므

1) 헌재는 '경합'으로 본다. 즉 "범죄와 형벌에 관한 사항에 대한 위임입법의 한계와 관련된 요구는 죄형법정주의에서 파생되는 명확성의 원칙의 요구와 경합된다"라고 한다(헌재 2002.5.30. 2001헌바5, 판례집 14-1, 487).

2) 헌재 2007.4.26. 2004헌가29 등, 판례집 19-1, 365-366면. [판시] 법률의 명확성원칙과 포괄위임금지원칙의 관계 – 제청법원은 법 제3조 제1항 제3호 및 제19조 제2항에 대하여 모두 법률의 명확성원칙 위배와 포괄위임금지원칙의 위배를 들고 있다. 헌법 제75조는 "대통령은 법률에서 구체적으로 범위를 정하여 위임받은 사항에 관하여 대통령령을 발할 수 있다."고 규정하여 위임입법의 헌법상 근거를 마련함과 동시에 위임은 구체적으로 범위를 정하여 하도록 하여 그 한계를 제시하고 있다. 이는 행정부에 입법을 위임하는 수권법률의 명확성원칙에 관한 것으로서 법률의 명확성원칙이 행정입법에 관하여 구체화된 특별규정이라고 할 수 있다(헌재 1999.4.29. 94헌바37, 판례집 11-1, 289, 325-326). 따라서 이 사건 법률조항의 명확성원칙 위배 여부는 헌법 제75조의 포괄위임금지의 원칙의 위반 여부에 대한 심사로써 충족된다 할 것이므로 이하에서는 이 사건 법률조항의 포괄위임금지원칙 위배 여부에 대하여만 검토하기로 한다. * 동지 : 헌재 2011.2.24. 2009헌바13등; 헌재 2013.8.29. 2011헌가19등.

로 법 제3조 제1항 제3호에 대하여 위임입법 시 요구되는 구체성의 정도는 일반 급부행정법규보다 강하게 요구된다고 한다. 그러나 헌법재판소는 국민연금제도는 가입기간 중에 납부한 보험료를 급여의 산출근거로 하여 일정한 급여를 지급하는 것이므로 반대급부 없이 국가에서 강제로 금전을 징수하는 조세와는 성격을 달리하며, 국민연금보험료를 조세로 볼 수는 없다고 결정한 바 있다(헌재 2001.4.26. 2000헌마390, 판례집 13-1, 977, 984). 우리나라의 국민연금이 강제가입제도를 취하고 있는 것은 사회보험의 하나로서 소득재분배 기능을 담보하기 위한 것임은 부정할 수 없고, 연금보험료와 급여와의 관계를 어떻게 정할 것인가 하는 것은 사회적 효율성과 개별적 공평성을 고려하여 입법자가 적절하게 선택하는 것으로서 연금보험료와 급여 사이에 반드시 비례관계를 상정할 것은 아니며, 실제로 우리 국민연금의 경우 최고등급 소득자도 자신이 부담한 연금보험료의 합계액보다는 많은 금액의 급여를 수령하게 되므로, 지금 당장 보험료 납부의무를 진다고 하여 조세와 유사하다거나 국민에게 부담적 성질을 갖는 제도라고 단정할 수 없다고 하는 점에서 위와 같은 헌법재판소의 결정내용은 여전히 타당하다. 그렇다면 이 사건 법률조항이 입법을 위임함에 있어서 지켜야 할 헌법상의 원칙을 준수하고 있는지를 판단하기 위한 심사기준으로 연금보험료 납부의무를 부과하는 점에만 초점을 맞추어 조세행정법규와 같은 정도의 위임의 명확성·구체성을 요구할 수는 없다 할 것이므로 조세법규에서의 심사기준보다는 완화되어야 할 것이다.

(4) 제한되는 기본권과 제한사유, 근거조항 등의 적시

어느 기본권이 제한되는지를 명확히 적시하여야 하고 어떠한 사유로 제한하는지(제한사유 내지 목적은 주로 기본권제한입법의 목적조항에 나타나게 될 것이다), 가능한 한 제한근거가 되는 헌법조항을 명시하여야 한다.

(5) 법용어의 문제

기본권을 제한하는 법규정의 의미에 대한 명확한 이해의 가능성은 법률용어 자체가 일반인이 사용하는 보편적인 용어로 되어 있을 경우에 높아진다. 입법자는 가능한 한 법용어를 일상적인 용어로 규정하는 데 노력할 의무를 진다.

(6) 명확성원칙 위반의 예

명확성원칙을 위반하여 위헌성이 인정된 판례들로는 죄형법정주의와 관련하여 처벌(형벌) 규정에 관한 것과 표현의 자유에 관한 것들이 많았다(죄형법정주의에 있어서, 그리고 표현의 자유에 관한 명확성원칙에 관한 판례들에 대한 자세한 것은 기본권 각론의 죄형법정주의 부분 및 표현의 자유 부분 참조).

그외 명확성원칙 위반이라고 인정된 결정례들을 아래에 살펴본다.

① **필요적(당연) 면허취소** 반드시 운전면허를 취소(필요적 취소)시켜야 하는 사유들 중 '운전면허를 받은 사람이 자동차 등을 이용하여 범죄행위를 한 때'라는 구 도로교통법 규정은 범죄의 중함 정도, 고의성 여부 측면 등을 전혀 고려하지 않고 자동차 등을 범죄행위에 이용하기만 하면 반드시 운전면허를 취소하도록 하므로 그 포섭범위가 지나치게 광범위하여 명확성원칙에 위반된다.

판례 헌재 2005.11.24. 2004헌가28, 판례집 17-2, 378면

[결정요지] 이 사건 규정의 법문은 '운전면허를 받은 사람이 자동차등을 이용하여 범죄행위를 한 때'를 필요적 운전면허 취소사유로 규정하고 있는바, 일반적으로 '범죄행위'란 형벌법규에 의하여 형벌을 과하는 행위로서 사회적 유해성 내지 법익을 침해하는 반사회적 행위를 의미한다 할 것이므로 이 사건 규정에 의하면 자동차등을 살인죄의 범행 도구나 감금죄의 범행장소 등으로 이용하는 경우는 물론이고, 주된 범죄의 전후 범죄에 해당하는 예비나 음모, 도주 등에 이용하는 경우나 과실범죄에 이용하는 경우에도 운전면허가 취소될 것이다. 그러나 오늘날 자동차는 생업의 수단 또는 대중적인 교통수단으로서 일상생활에 없어서는 안될 필수품으로 자리잡고 있기 때문에 그 운행과 관련하여 교통관련 법규에서 여러 가지 특례제도를 두고 있는 취지를 보면, 이 사건 규정의 범죄에 사소한 과실범죄가 포함된다고 볼 수는 없다. 그럼에도 불구하고 이 사건 규정이 범죄의 중함 정도나 고의성 여부 측면을 전혀 고려하지 않고 자동차 등을 범죄행위에 이용하기만 하면 운전면허를 취소하도록 하고 있는 것은 그 포섭범위가 지나치게 광범위한 것으로서 명확성원칙에 위반된다고 할 것이다.

② **제한상영가 등급 영화의 불명확한 정의** '제한상영가' 등급의 영화를 '상영 및 광고·선전에 있어서 일정한 제한이 필요한 영화'라고만 정의한 구 영화진흥법 규정은 제한상영가 등급의 영화가 어떤 영화인지를 말해주기보다는 제한상영가 등급을 받은 영화가 어떠한 법률적 제한을 받는지를 기술하고 있는바, 이것으로는 제한상영가 영화가 어떤 영화인지를 알 수가 없어 명확성원칙에 위배된다(헌법불합치결정).

판례 헌재 2008.7.31. 2007헌가4, 헌법불합치결정.

③ **입찰참가자격 제한기간 상한의 불확정** ㉠ 정부투자기관이 계약을 체결함에 있어서 공정한 경쟁 또는 계약의 적정한 이행을 해칠 것이 명백하다고 판단되는 자에 대하여 일정기간 입찰참가자격을 제한할 수 있도록 한 구 정부투자기관관리기본법(현재 '공공기관의 운영에 관한 법률'이 있음) 규정은 입찰참가자격제한의 핵심적·본질적 요소라고 할 수 있는 자격제한기간을 특정하지 않은 채 단지 "일정기간"이라고만 규정하여 입찰참가자격 제한기간의 상한을 정하지 않고 있어 자의적인 집행을 가능하게 하는 것이므로 명확성의 원칙에 위반된다(헌법불합치결정).

판례 헌재 2005.4.28. 2003헌바40, 헌법불합치결정

[결정요지] 정부투자기관이 계약을 체결함에 있어서 공정한 경쟁 또는 계약의 적정한 이행을 해칠 것이 명백하다고 판단되는 자에 대하여 일정기간 입찰참가자격을 제한할 수 있도록 한 정부투자기관관리기본법 제20조 제2항은 입찰참가자격제한의 핵심적·본질적 요소라고 할 수 있는 자격제한기간을 특정하지 않은 채 단지 "일정기간"이라고만 규정하여 입찰참가자격 제한기간의 상한을 정하지 않고 있는바, 이는 자격제한사유에 해당하는 자로 하여금 위 조항의 내용만으로 자격제한의 기간을 전혀 예측할 수 없게 하고 동시에 법집행당국의 자의적인 집행을 가능하게 하는 것이므로 위 법률조항은 명확성의 원칙에 위반된다.

㉡ 구 '국가를 당사자로 하는 계약에 관한 법률' 규정의 '입찰참가자격의 제한기간을 대

통령령이 정하는 일정기간으로 규정하고 있는 부분'은 기간을 특정하지 않은 채 단지 "일정기간"이라고만 규정함으로써 입찰참가자격 제한기간의 상한을 정하지 않고 있어 불명확하다(헌법불합치결정).

판례 헌재 2005.6.30. 2005헌가1, 헌법불합치결정.

④ **퇴직 후 범죄에 대한 공무원퇴직급여의 환수** 구 공무원연금법 제64조 제3항의 급여제한의 급여제한을 퇴직 후의 사유에도 적용하는 것이 위헌인데 동항은 그 제한사유가 '재직 중의 사유'만인지 '퇴직 후의 사유'도 해당되는지에 관하여 일체의 언급이 없어 불명확하여 명확성의 원칙에 어긋난다(한정위헌결정).

판례 헌재 2002.7.18. 2000헌바57, 한정위헌결정

[결정요지] 이 사건 법률조항은 급여청구권을 제한 내지 박탈하는 부담적 성격을 갖고 있는 규정이므로 명확성의 원칙에 관하여 엄격한 기준이 적용되는 것인데도, 이 사건 법률조항은 그 앞의 제1항, 제2항에서 "재직 중의 사유로"라고 그 사유의 발생시기를 명확히 하고 있는 것과는 달리, 그 사유가 '재직 중의 사유'만인지 '퇴직 후의 사유'도 해당되는지에 관하여 일체의 언급이 없이 해당 범죄의 종류만을 열거하고 있다. 이러한 법문상의 표현은 입법의 결함이라고 할 것이고, 이로 인하여 대립적 해석을 낳고 있는바, 이러한 불명확한 규정에 의하여 '퇴직 후의 사유'를 급여제한의 사유에 해당하는 것으로 본다면, 이는 법규정이 불명확하여 법집행당국의 자의적인 법해석과 집행을 가능하게 하는 것으로서 헌법상의 명확성의 원칙에 어긋나는 조항이라 하겠다. [주문] 공무원연금법 제64조 제3항은 퇴직 후의 사유를 적용하여 공무원연금법상의 급여를 제한하는 범위내에서 헌법에 위반된다.

(7) 명확성원칙 준수의 예

위에서 인용된 결정례들 중 명확성 원칙 준수의 합헌성 인정 결정례들이 있었다. 그 외 중요 합헌결정례들을 더 보면 ① 정보공개에 관련된 것으로 공공기관이 보유·관리하는 개인정보를 공개하면 개인의 사생활의 비밀 또는 자유를 침해할 우려가 있다고 인정되는 경우에 이를 비공개할 수 있도록 규정하고 있는 '공공기관의 정보공개에 관한 법률' 제9조 제1항 제6호 본문이 명확성의 원칙을 준수하였다고 본 결정례(헌재 2010.12.28. 2009헌바258, 판례집 22-2하, 721 참조), 공공기관이 보유·관리하는 시험에 관한 정보로서 공개될 경우 업무의 공정한 수행이나 연구·개발에 현저한 지장을 초래한다고 인정할 만한 상당한 이유가 있는 경우에는 이를 공개하지 아니할 수 있도록 정하고 있는 '공공기관의 정보공개에 관한 법률' 제9조 제1항 제5호에서 정보공개를 하지 아니할 수 있는 시험정보의 범위로서 정하고 있는 "업무의 공정한 수행"이나 "현저한 지장"이라는 개념이 불명확한 개념으로서 명확성의 원칙에 위반되는지가 논란되었으나 헌재는 예측가능성이 있다고 하여 아래와 같이 합헌으로 결정한 예 등이 있었다.

판례 헌재 2009.9.24. 2007헌바107

[결정요지] "업무의 공정한 수행"이나 "연구 · 개발에 현저한 지장"이라고 하는 개념이 다소 추상적인 개념이라고 할 것이나, 이와 같은 추상적 기준은 시험정보의 특성 및 시험정보를 공개하지 아니할 수 있도록 하고 있는 입법취지, 당해 시험의 특성, 해당 정보와 관련된 시험관리 업무의 특성 등을 감안하여 해석한다면 그 규율범위의 대강을 예측할 수 있다. 따라서 이 사건 법률조항이 지나치게 불명확한 것으로서 법 집행기관의 자의적인 해석을 가능하게 하는 법률조항이라거나, 수범자의 예측가능성을 침해하는 법률조항이라고 보기 어렵다. 따라서 이 사건 법률조항은 기본권 제한에 관한 명확성의 원칙에 위반하지 아니한다.

② '친일반민족행위자 재산의 국가귀속에 관한 특별법'(이하 '친일재산귀속법') 제2조 제1호는 재산이 국가에 귀속되는 대상인 친일반민족행위자로 보는 자를 규정하고 있는데 그 중 가목은 "'일제강점하 반민족행위 진상규명에 관한 특별법'(이하 '반민규명법') 제2조 제6호 내지 제9호의 행위를 한 자(제9호에 규정된 참의에는 찬의와 부찬의를 포함한다). 다만, 이에 해당하는 자라 하더라도 작위(작위)를 거부 · 반납하거나 후에 독립운동에 적극 참여한 자 등으로 제4조의 규정에 따른 친일반민족행위자재산조사위원회가 결정한 자는 예외로 한다"라고 규정하고 있다. 반민규명법 제2조 제6호 내지 제9호의 행위는 을사조약 · 한일합병조약 등 국권을 침해한 조약을 체결 또는 조인하거나 이를 모의한 행위(6호), 한일합병의 공으로 작위를 받거나 이를 계승한 행위(7호), 일본제국의회의 귀족원의원 또는 중의원으로 활동한 행위(8호), 조선총독부 중추원 부의장 · 고문 또는 참의로 활동한 행위(9호)이다(이는 2006. 9. 22. 법률 제7975호로 개정된 것. 이후 개정으로 제7호는 삭제됨). 바로 이 친일재산귀속법 제2조 제1호 가목이 법률의 명확성원칙에 반한다는 주장이 있었는데 헌재는 부정하였다.

판례 헌재 2011.3.31. 2008헌바141등

[결정요지] 이 사건 정의조항은 "반민규명법 제2조 제6호 내지 제9호의 행위를 한 자(제9호에 규정된 참의에는 찬의와 부찬의를 포함한다)"를 "친일반민족행위자"로 규정하고 있는바 이러한 규정을 불명확하다고 볼 수 없다. 특히 청구인들은 위 네 가지 사유에 해당하더라도 작위를 거부 · 반납하거나 후에 독립운동에 적극 참여한 자 등으로 이 사건 조사위원회가 결정한 자는 예외로 한다고 규정한 위 정의조항의 단서 중 "독립운동에 적극 참여한 자" 부분이 명확성원칙에 위배된다고 주장하나, 이 부분은 '일제강점하에서 우리 민족의 독립을 쟁취하려는 운동에 의욕적이고 능동적으로 관여한 자'라는 문언적 의미를 가지는 것으로서 조문구조 및 어의에 비추어 그 의미를 넉넉히 파악할 수 있고, 설령 위 조항에 어느 정도의 애매함이 내포되어 있다 하더라도 이는 다른 규정들과의 체계조화적인 이해 내지 당해 법률의 입법목적과 제정취지에 따른 해석으로 충분히 해소될 수 있으므로, 위 조항의 의미는 명확성의 기준에 어긋난다고 볼 수 없고 적어도 건전한 상식과 통상적인 법감정을 가진 사람으로서는 위 조항의 의미를 대략적으로 예측할 수 있다고 보인다. 따라서 이 사건 정의조항은 법률의 명확성원칙에 위반되지 않는다. * 동지 : 헌재 2011.11.24. 2009헌바292.

V. 기본권제한(조절)의 사유(목적)

기본권을 제한함에 있어서는 그 제한을 정당화하는 사유가 존재하여야 한다.

1. 새로운 시각에서의 검토필요성

기본권제한사유에 대해 검토하기에 앞서 먼저 기본권제한사유가 가지는 근본적 의미에 대해 새로이 파악하는 것이 중요하다. 기본권제한을 가져오게 하는 사유들 중에 일반적으로 빈번한 사유인 질서유지를 예를 들어 생각해보자. 질서유지를 막연히 기본권의 제한사유로 파악하여 왔다. 그러나 사회조직과 공공질서가 유지되지 않는다면 기본권의 행사도 불가능하게 된다. 무질서에 맡겨진 사회에서 국민의 자유와 권리도 위축 내지 침해되거나 없어질 수 있다는 점에서 사회구조와 공공질서를 보장하는 궁극적 목적도 역시 기본권의 보장에 있다. 앞서 기본권의 제한을 새로운 시각에서 보아 기본권제한도 결국 기본권의 행사를 가능하게 하기 위하여 이루어진다고 본 것과 맥락을 같이 한다. 이는 공공질서의 필요성이 있다는 이유만으로 기본권을 제한하는 정당성을 당연히 가진다는 것이 아니라 기본권의 행사를 가능하게 하기 위한 질서의 유지, 사회의 유지라는 시각에서 출발하여야 한다는 것을 의미한다. 이는 그러한 의미에서 기본권행사를 가능하게 하는 사회질서유지를 위한 정도로 가능한 한 기본권제한을 최소화하여야 한다는 당연한 명제에도 부합된다. 공공복리의 경우에도 제한을 통한 보다 더 큰 공익의 산출을 가져오기 위한 것이다.

결국 기본권제한사유도 기본권의 최대보장, 기본권제한의 최소화에 터잡아 설정되어야 한다는 것으로 귀결된다. 이는 질서유지, 공공복리 등의 기본권제한사유가 있더라도 그 제한이 최소에 그쳤는지 하는 그 외 기본권제한한계를 지켜야 한다는 점에서도 그러하다.

2. 현행 헌법상의 제한사유에 대한 검토

현행 헌법 제37조는 “국민의 모든 자유와 권리는 국가안전보장·질서유지 또는 공공복리를 위하여 필요한 경우에 한하여 법률로써 제한할 수 있으며, 제한하는 경우에도 자유와 권리의 본질적 내용을 침해할 수 없다”라고 규정하여 국가안전보장·질서유지 또는 공공복리 이 3가지를 명시적인 기본권제한사유로 하고 있다.

(1) 국가안전보장

1) 개념

이 사유는 제4공화국 유신헌법 때부터 헌법에 추가되었다. 이전에는 국가안전보장은 질서유지 속에 포함된다고 보았다. 국가의 안정보장이란 영토의 보전, 국가의 존립과 안전, 대외적으로 국가의 독립성의 보장, 국가의 존립에 관련되는 기본적인 헌법질서의 유지 등을 의미한다. 국가안전보장에 일반적인 질서유지까지 포함하는지가 논란된다. 국가안전보장을 질서유지와 별도로 명시한 것은 오히려 질서유지의 중요한 요소이면서도 이를 특별히 강조하기 위해 국가안전보장을 제한사유로 명시한 것이라고 볼 것이다. 결국 국가안전보장에 관한 질서유지가 여기 국가안전보장에 해당된다.

국가는 국민의 기본권을 보장하기 위하여 존재한다. 따라서 기본권의 보장을 위해서 국가의 존립이 필요하고 이러한 국가의 보장을 위하여 기본권을 제한할 필요가 있다. 결국 국가안전보장을 위한 기본권제한도 기본권의 보장을 위한 것이라는 점이 보다 궁극적인 목적이다.

헌법재판소는 아래의 판례에서 국가안전보장을 의미하는 국가의 존립·안전을 위태롭게 한다 함은 "대한민국의 독립을 위협·침해하고 영토를 침략하며 헌법과 법률의 기능 및 헌법기관을 파괴 마비시키는 것으로 외형적인 적화공작 등일 것"이라고 밝힌 바 있다.

판례 헌재 1990.4.2. 89헌가113, 국가보안법 제7조에 대한 위헌심판

[주요사항] ▷ 국가의 존립·안전의 의미 [쟁점] 반국가단체 활동의 찬양·고무 등의 처벌규정인 국가보안법 제7조는 그 문언해석상 헌법 제4조에 부합되지 않는 등 위헌인지 여부(한정합헌결정) [설시경위] 반국가단체의 활동을 찬양·고무한 자와 찬양·고무를 위한 문서·도화 등의 표현물을 제작·반포 등을 한 자를 처벌하는 국가보안법 제7조 제1항·제5항은 그 문언이 지나치게 포괄적이고 애매하거나 막연하고 불명확하여 처벌법규의 구체성·명확성을 요구하는 죄형법정주의에 반한다고 하여 위헌심판이 제청되었다. 헌법재판소는 문언이 지나치게 다의적이고 그 적용범위가 넓어 문언 그대로 해석·운영할 경우 위헌이므로 한정축소해석해야 한다고 한 뒤, 국가의 존립·안전을 위태롭게 하거나 자유민주적 기본질서에 위해를 줄 경우에 적용된다는 한정합헌결정을 하였는데 그 결정이유에서 국가의 존립·안전의 개념을 밝히게 된 것이다. [주문] "국가보안법 제7조 제1항 및 제5항(1980.12.31. 법률 제3318호)은 각 그 소정행위가 국가의 존립·안전을 위태롭게 하거나 자유민주적 기본질서에 위해를 줄 경우에 적용된다고 할 것이므로 이러한 해석하에 헌법에 위반되지 아니한다." [관련설시요약] 「여기에서 국가의 존립·안전을 위태롭게 한다 함은 대한민국의 독립을 위협·침해하고 영토를 침략하며 헌법과 법률의 기능 및 헌법기관을 파괴 마비시키는 것으로 외형적인 적화공작 등일 것이며 …」

2) 국가안전보장을 위한 제한의 법률

주로 국가안전보장을 위한 목적의 기본권제한 법률로 형법, 국가보안법, 군사기밀보호법, 민방위기본법 등이 있다. 국가보안법에 대해서는 논란이 있었고 국가보안법규정들에 대해 한정합헌결정, 합헌결정 등이 있었다(한정합헌결정례 : 위 89헌가113 결정례 및 헌재 1990.6.25. 90헌가11, 판례집 2, 165; 헌재 1992.1.28. 89헌가8, 판례집 4, 4; 헌재 1997.1.16. 92헌바6, 판례집 9-1, 1. 단순합헌결정례 : 헌재 1996.10.4. 95헌가2, 판례집 8-2, 283; 헌재 1997.1.16. 92헌바6 판례집 9-1, 1; 헌재 1999.4.29. 98헌바66, 헌재공보 제34호, 397 등).

(2) 질서유지

1) 개념

(가) 공공의 안녕질서

질서유지의 개념에서 질서를 공공의 안녕질서로 보는 견해가 많다. 질서유지의 개념이 물리적인 안전을 위한 질서만을 의미하는가 아니면 윤리적 질서와 같은 정신적 질서도 포함하느냐 하는 문제가 있다.

(나) 사견 - 물리적 질서와 정신적 질서

i) 질서의 개념과 범위에는 ① 물리적 질서(사회생활에서의 물리적인 기반의 유지와 안전)과 나아가 ② 정신적 질서(사회의 윤리 내지 도덕의 유지라는 정신적인 가치의 보장)까지도 포함된다. 사회질서의 유지에 사회의 윤리 내지 도덕의 준수가 포함된다고 보는 것에는 논란이 없지 않을 것이다. 도덕적 질서란 개념도 모호하고 그 기준도 명확하지 않으므로 이를 악용할 소지가 있다. 그러나 최소한 공통적인 도덕률을 보존하기 위하여 자유가 제한될 수 있다. 인간사회는 정신세계이기도 하기 때문이다. 그 악용을 막기 위해 가능한 한 질서유지의 개념과 범위를 한정하여야 한다. 또한 어느 사회나 공통된 그리고 시대를 초월하는 가치도 있다고 보아야 할 것인데, 특히 인간생명의 존중 등이 바로 그것이라고 할 것이다. 요컨대 윤리나 도덕이라는 질서의 유지는 가능한 한 최소한의 범위에서(법은 도덕의 최소한이다) 인정하여야 한다. 다시 말하여 윤리나 도덕의 유지를 위한 헌법적, 법률적 개입은 윤리나 도덕의 침해가 사회의 유지나 발전을 저해하는 상황으로 불가피할 때 인정될 수 있고 그 개입이 가능한 한 최소에 그쳐야 한다.

ii) 질서의 개념 속에 헌법질서도 당연히 포함된다고 보아야 한다. 민주적 질서도 포함된다. 민주적 질서에는 자유주의적 요소의 질서뿐 아니라 사회복지적 민주적 질서도 포함된다(헌법총론의 기본질서 부분을 참조). 후자의 민주적 기본질서는 복지주의를 그 중요한 내용으로 하므로 이는 주로 생존권의 실현을 위한 제한사유로서의 의미를 가진다.

(다) 질서유지와 국가안전보장

질서유지 속에는 위에서 다룬 국가의 안전보장도 포함하느냐 아니면 공공의 안녕질서, 헌법질서만을 포함하느냐 하는 문제가 있다. 제4공화국헌법 전에는 국가안전보장을 기본권제한사유로 헌법이 명시하지 않았고 당시 질서유지 속에 국가안전보장이 포함되는 것으로 해석되었다. 넓은 의미로는 질서유지 속에 국가안전보장이 포함될 수 있다. 우리 헌법 제37조 제2항은 질서유지와 별도로 국가안전보장을 제한사유로 하고 있는데, 따라서 질서유지의 개념 속에 국가안전보장을 제외하는 것으로 볼 수 있고 또는 질서유지 개념을 넓게 보면서 국가안전보장을 특별히 별도로 강조한 것으로 볼 수도 있다.

2) 질서유지를 위한 기본권제한의 법률

질서유지를 주목적으로 하는 기본권제한법률로는, 형법, 질서위반행위규제법, '집회 및 시위에 관한 법률', 도로교통법, 경찰법, 경찰관직무집행법, 출입국관리법, '특정강력범죄의 처벌에 관한 특례법', '폭력행위 등 처벌에 관한 법률', 경범죄처벌법, 질서위반행위규제법 등이 있다.

(3) 공공복리(公共福利)

1) 학설

학설들을 보면, 소극적 질서유지를 넘어서 국가구성원의 公共의 행복과 이익을 말한다고 하고, 나아가 "자유국가로부터 복지국가를 지향하고 있는 오늘날에 있어서 무엇이 공통된 복리냐 하는 것은 기본적 인권을 제한함으로써 얻어지는 사회적 이익과 제한하지 않을 경우에 유지되는 개인의 이익과를 비교하여 전자의 가치가 클 경우에 전자의 이익을 공공복리라고 보는 견해(문홍주, 352면), '사회생활을 하는 만인공통의 공존공영의 이익을 의미한다"고 하는 견해(구병삭, 321면), "사회적 약자를 현재수준보다 향상케 하는 국가시책에서 사회구성원의 전체가 이익을 볼 수 있는 상호관계"라는 견해(윤세창, 113면), "현대적 복지국가의 이념을 구현하는 적극적인 의미를 갖는 것으로, 인권 상호간의 충돌을 조정하고 각인의 인권의 최대한의 보장을 꾀하는 사회정의의 원리라고 보아야 할 것"이라는 견해(김철수, 329－330면), "공동으로 사회생활을 영위하는 사회구성원 전체를 위한 公共的 이익(국민일반의 생활안전과 건강증진 또는 사회·경제영역의 안정·발전·편의 등), 즉 「국민공동의 이익」으로 이해하지 않으면 아니 된다"라는 견해(권영성, 337면) 등이 있다.

2) 사견

공공복리의 개념은 일의적으로 정의되기가 쉽지 않을 것이다. 그러나 공공복리가 가지는 다음과 같은 개념지표 내지 개념요소를 통해 그 개념을 파악할 수 있다.

① 사회구성원들 전체의 <u>공공의 이익을 추구</u>한다. ② <u>적극성</u>의 의미를 가진다. 공익을 조성해가기 위한 국가의 정책이 적극적으로 입안되고 시행되어야 공공복리가 구현될 수 있다. ③ <u>형성적 성격</u>을 가진다. 규제적이고 억제적인 방향이 아니라 사회구성원의 전체의 이익을 조성하고 발전시켜나가는 성격을 가진다. ④ <u>분배적 성격</u>을 가진다. 사회구성원 모두의 이익을 위한 것이 공공복리이므로 특정 계층의 국민에게만 재화나 기회가 집중되어서는 아니 되고 분배가 적절히 이루어져야 함을 의미한다. ⑤ 공공복리가 사회구성원들의 삶이 공동적으로 유리한 결과를 가져오는 상태를 말하므로 <u>평등의 사상</u>이 기저에 깔려있다.

우리 현행 헌법에는 제37조 제2항 외에도 공공복리의 용어가 나타나고 있다. 재산권에 대해서 우리 헌법 제23조 제2항이 그 행사가 공공복리에 적합하여야 한다고 규정한 것이 그 예이다. 우리나라 헌법만이 아니라 각국 헌법이 공공복리를 위한 제한을 많이 들고 있는데 공공복리라는 표현 대신에 사회적 기속성, 사회적 기능성 등의 용어가 사용되기도 한다. 예컨대, 이태리 헌법 제42조는 사회적 기능을 위한 재산권의 제한을 명시하고 있다. 공공복리라는 용어를 대신하여 그 외에 사회적 필요성, 사회적 구속성 등으로도 불린다.

한편 헌법 제23조 제3항은 "공공필요에 의한 재산권의 수용·사용 또는 제한 및 그에 대한 보상은 법률로써 하되, 정당한 보상을 지급하여야 한다"라고 규정하고 있는데, 여기서의 공공필요의 개념과 헌법 제37조 제2항의 공공복리의 개념과의 정도 차이의 문제가 있다. 이 양자간의 관계에 대해서 헌재는 '공공용지의 취득 및 손실보상에 관한 특례법' 제9조 제1항 위헌제청사건[1]에서, 헌법 제23조「제2항은 재산권 행사의 공공복리적합의무, 즉 그 사회적 의무성을 규정한 것이고, 제3항은 재산권 행사의 사회적 의무성의 한계를 넘는 재산권의 수용·사용·제한과 그에 대한 보상의 원칙을 규정한 것이다」라고 판시하고 있다. 즉 '공공필요'가 '공공복리'보다는 더 강한 제약의 필요성을 의미한다고 할 것이다.[2] 공공필요에는 특별한 희생을 요구한다고 보는 것이 일반적이다.

3) 공공복리 사유에 대한 검토와 유의점

i) 공공복리는 사실 다른 제한목적인 '국가안전보장', '질서유지'보다 더 종국적인 목적이다. 국가의 존립이나 질서도 결국 공익의 증진을 위한 것이다. 따라서 질서유지와 공공복리의 목적을 엄격히 분립하여 고려할 수 있을 것인지 의문이다.

ii) 생존권(사회권)의 경우 공공복리라는 사유에 의한 제한이 가능한 것일까? 어느 한 개인의 인간다운 생활을 할 권리를 보장하는 것은 사회구성원 모두가 인간답게 살고 그 질이 보장되는 삶을 영위할 수 있게 하는 것이며 그것이 곧 복지의 상태, 공공복리의 상태라면 생존권에 있어서는 공공복리가 그 제한사유가 아니라 달성하여야 할 목표 내지 생존권을 보장하기 위한 사유가 된다.[3] 생존권의 보장을 위하여 다른 기본권(예컨대 자유권)을 제한하게 하는 사유로서 공공복리가 작용한다. 그러나 반면에, 생존권을 누려야 할 사람들 간에 생존권의 조절이 필요할 수는 있다. 오히려 생존권의 실현은 분배 내지 조절의 관념에 친숙한 것이다. 이러한 조절을 위해서는 어느 정도 생존권주체들 각각에 대해 생존권의 제한이 가해질 수 있다. 이러한 점에서는 공공복리를 위한 생존권의 제한을 생각할 수 있다. 결국 공공복리가 생존권에 있어서는 목표이자 제한의 사유가 될 수도 있다. 즉 생존권의 경우에도 형성유보만이 아니라 다른 사람들과의 생존권 간의 조절을 위한 제한유보가 있을 수 있고 공익을 위하여 제한될 수 있다(예를 들어 중요한 공익사업인 필수공익사업의 업무 중 필수유지업무에서의 근로3권 제한. 노동조합 및 노동

---

1) 헌재 1994.2.24. 92헌가15, 판례집 6－1, 38면 이하 참조.

2) 김남진·박상희, 토지공법론, 경세원, 1994, 7면도 "제3항은 … 재산권의 사회적 구속성의 한계를 넘는 적법한 재산권의 제한과 그에 대한 보상의 원칙을 명문화하고 있다"라고 한다.

3) 최대권, 헌법학강의, 박영사, 1998, 204면.

관계조정법 제42조의2).

iii) 긴급명령, 긴급재정경제명령처분에 의하여 기본권을 제한하더라도 소극적인 목적의 제한만이 가능하고 공공복리를 증진하기 위한 목적으로 제한할 수는 없다. 이는 일반적 견해이고 헌재판례[1]의 입장이다.

iv) 공공복리가 현실적으로는 순기능만을 보여주지 않을 수도 있다. 공공복리에 입각한 사회복지에 무임승차하거나 복지가 효율성을 저하시킬 수도 있다. 이는 경계하여야 할 점이다.

4) 공공복리를 위한 제한의 법률의 예

주로 공공복리를 위한 목적으로 각종제한을 규정하고 있는 법률들로, '국토의 계획 및 이용에 관한 법률', '공익사업을 위한 토지 등의 취득 및 보상에 관한 법률', 환경정책기본법, 자연환경보전법, 대기환경보전법, 의료법, 약사법, 도로법, 건축법 등을 들 수 있다.

(4) 검토 - 3가지 사유의 성격

1) 복합성

어느 목적에 따른 제한을 담고 있는 법률인지, 즉 어떤 법률은 공공복리를 위한 제한을 하는 법률이고, 어떤 법률은 질서유지를 위한 법률이라는 식의, 또는 공공복리를 위해 제정된 법률에는 무엇무엇이 있다는 식의 분류가 그동안 많았다. 그러나 그러한 분류는 상대적이다. 하나의 법률이 국가안전보장을 위한 것이면서 질서유지를 위한 법률(예컨대 형법)도 있기에, 그리고 국가안전보장이나 질서유지도 보다 궁극적으로는 공공복리를 위한 것이기에 어느 한 법률이 여러 목적을 위한 제한법률일 수 있고 따라서 이러한 분류는 절대적이지 않다. 여기서 그럼에도 분류를 한 것은 제한사유에 해당하는 개별 법률을 살펴봄으로써 제한사유에 따라 법률에서 실제로 어떠한 제한이 구체적으로 이루어지고 있는지를 파악하기 위함이다. 다음과 같은 점을 평가의 의미로서 지적할 수 있다.

어느 기본권제한이 국가안전보장, 질서유지, 공공복리 중에 어떤 한 목적만을 위한 것이 아니라 복합적일 경우도 있다. 질서유지, 공공복리의 목적이 엄격히 구분되지 않는 경우가 있을 것이다. 예를 들어 세계적인 오페라공연이 있게 되는 공연장의 질서를 유지하는 것은 질서유지 자체로 끝나는 것이 아니고 결국 오페라라는 예술문화를 누릴 생존권이라는 공공복리를 증진시키기 위한 질서조성이라는 의미를 가진다. 따라서 각종 기본권제한법률들이 각각 어떠한 목적으로 제정되었느냐 하는 문제에 있어서도 어느 하나의 목적만이 아니라 여러 목적을 병합적으로 가질 수 있다.

2) 불확정개념성의 문제

헌법 제37조 제2항의 질서유지, 공공복리 등의 개념은 대체적으로 불확정적이다. 이는 헌

---

1) 헌재 1996.2.29. 93헌마186, 판례집 8, 121면.

법 제37조 제2항이 기본권제한에 관한 일반적 법리를 규정한 결과이다. 일반법리를 정하면서 불확정개념을 사용할 수밖에 없다. 따라서 이는 개별적인 사안에서 제한하는 법률이 구체화시켜야 할 개념이다. 그런데 구체적 사안에서 그러한 필요성이 존재하느냐 하는 문제에 대한 판단이 주관적일 수 있다는 점에서 가능한 한 한정적으로 해석하여 제한의 남용을 막도록 하여야 한다.

3) 비례원칙의 한 요소인 목적정당성 준거로서의 3가지 사유

위의 기본권제한사유는 비례(과잉금지)원칙에서 목적정당성을 판단함에 있어서 준거가 된다. 즉 국가안전보장, 질서유지, 공공복리의 필요성이 있어서 그것을 위한 제한이라면 목적정당성을 갖춘 것이 된다(후술 비례원칙 참조).

Ⅵ. 기본권제한의 단계

기본권제한은 보다 그 제한정도가 적은 단계에서부터 시도하여 제한의 목적달성이 그 단계에서 가능하다면 더 강한 정도로 나아가지 않고 제한하려는 목적의 달성이 그 단계로서 어렵다면 보다 더 강한 정도의 제한단계로 나아가는 단계적 제한이 되어야 한다. 이는 물론 침해최소원칙(후술하는 비례원칙의 한 요소이다)이 요구하는 바이다. 우리 헌법재판소도 기본권행사 '방법'에 대한 제한이, 기본권행사 '여부'에 대한 제한(즉 기본권행사 자체를 금지하는 제한)보다 먼저 이루어져야 한다고 보아 단계론을 인정한다.[1)]

Ⅶ. 기본권제한법률의 한계

1. 한계의 의미와 한계원칙들

기본권제한법률의 한계란 기본권을 제한하더라도 일정한 요건과 절차를 준수하여야 하고 내용적으로도 기본권을 제한할 필요성에 상응한 정도에 그쳐야 하고 넘어설 수 없는 범위를 의미한다.

앞에서 본 법률유보원칙, 기본권제한법률이 갖추어야 할 요건인 일반성, 명확성의 요건, 목적(제한)사유 등도 사실 한계의 문제이다. 이는 앞에서 밝힌 바 있듯이 법률유보에 의한 기본

1) 헌재 1998.5.28. 96헌가5, 판례집 10-1, 541면. [관련설시요약] 기본권을 제한하는 규정은 기본권행사의 '방법'에 관한 규정과 기본권행사의 '여부'에 관한 규정으로 구분할 수 있다. 침해의 최소성의 관점에서, 입법자는 그가 의도하는 공익을 달성하기 위하여 우선 기본권을 보다 적게 제한하는 단계인 기본권행사의 '방법'에 관한 규제로써 공익을 실현할 수 있는가를 시도하고 이러한 방법으로는 공익달성이 어렵다고 판단되는 경우에 비로소 그 다음 단계인 기본권행사의 '여부'에 관한 규제를 선택해야 한다(동지 : 헌재 1999.4.29. 94헌바37, 판례집 11-1, 312~313면).

권제한이 법률에 의하여야 한다는 기본권제한의 한계를 의미하는 것이기도 하므로 일반적 법률유보이론 전반이 사실상 기본권제한에 있어서의 한계이론의 의미를 띠고 있는 것이기 때문이다.

여기서는 그 외 중요한 한계원리들인 비례의 원칙, 신뢰보호원칙, 본질적 내용침해금지 등에 대해 고찰한다.

2. 비례(과잉금지)원칙

(1) 개념

기본권제한사유인 국가안전보장·질서유지 또는 공공복리를 위하여 필요한 경우라고 하더라도 무조건 기본권제한이 가능한 것이 아니라 그러한 목적에 부합되고 그 목적을 달성할 수 있는 효과를 가지는 제한방법을 강구하여야 하며 그 제한의 필요성의 정도에 상응한 정도의 제한을 하여야 하고 가능한 한 필요 최소한의 기본권제한에 그치며, 기본권제한으로서 오는 공공의 이익이 제한당하는 개인의 이익보다 많아야 한다는 원칙을 비례의 원칙(과잉금지의 원칙)이라고 한다. 이 원칙은 기본권을 제한함에 있어서 가장 중요한 한계를 설정하는 주요원칙이고 국가공권력에 대한 통제원리로서 작용한다.

실제 우리 헌법재판소가 기본권제한의 한계를 일탈했는가 여부를 판단함에 있어서 비례(과잉금지)원칙을 적용하여 그 위배 여부를 심사한 판례들이 많다.

* 용어의 문제 – 비례원칙이란 용어 대신에 과잉금지원칙이라는 말을 사용하기도 하는데 두 용어는 같은 의미를 가지며 우리 헌법재판소도 두 용어를 같은 의미로 사용하면서 과잉금지원칙이란 말을 더 많이 사용하고 있다. 헌재의 본격적인 활동 이전에는 비례원칙이란 용어가 사용되어 왔다. 본서에서도 병용한다.

(2) 비례의 원칙의 헌법적 근거

1) 학설

비례원칙의 근거로 기본권의 본질에서 찾으려는 설, 법의 일반원칙의 하나라고 보는 설, 법치국가원리설, 평등원칙을 근거로 한다고 보는 설 등이 있을 수 있고 우리 헌법의 경우 제37조 제2항의 '필요한 경우에 한하여'에서 찾는 견해가 있다.

2) 판례

우리 헌법재판소는 "헌법 제37조 제2항이 요구하는 과잉금지의 원칙,"[1] "헌법 제37조 제2항에서 정하고 있는 기본권 제한의 한계인 과잉금지의 원칙"[2]이라고 하여 헌법 제37조 제2

---

1) 헌재 2010.2.25. 2009헌바38, 판례집 22-1 상, 286면.
2) 헌재 2009.9.24. 2009헌바28, 판례집 21-2 상, 647면.

항을 비례원칙의 헌법적 근거로 본다.

3) 사견

생각건대 헌법 제37조 제2항도 '필요한 경우에 한하여'라는 문언이 비례원칙을 내포하고 있긴 하나 구체적으로, 직접적으로 비례원칙을 명시하고 있지는 않다. 어문법적으로 '필요한' 이란 용어가 앞의 용어인 '위하여'와 연결되어 국가안전보장, 질서유지 또는 공공복리를 위하여 필요하다면 그런 사유가 있을 때에 한해서만 제한이 가능하다고 해석되고 '필요한 경우에 한하여'라는 문언 속에 최소한의 제한이 되어야 한다는 의미의 용어나 문구가 직접 나타나 있는 것은 아니다. 다시 말하면 헌법 제37조 제2항 "위하여 필요한 경우에 한하여"에서 '위하여'와 '필요한' 사이에 콤마가 있다면, 그리고 '필요한'의 의미에 최소한이라는, 즉 필요한 만큼만이라는 의미가 담겨져 있다고 해석된다면 판례와 같은 해석을 취할 수 있을 것이나 그렇지 않은 현재 조문으로는 그렇게 보기 어렵다. 그리고 기본권제한에 있어서 비례원칙, 특히 피해최소성원칙의 준수를 요하지 않는 정도의 제한도 그 헌법적 근거는 헌법 제37조 제2항일 수밖에 없다는 점에서도 그러하다. 요컨대 헌법 제37조 2항은 우리 헌법재판소가 설정하고 있는 비례원칙의 요소들 중의 한 요소인 목적의 정당성(국가안전보장, 질서유지, 공공복리라는 목적)의 요소는 직접 표시되어 있으나 비례원칙의 다른 요소인 피해최소성이나 법익균형성 등은 간접적으로 내포되어 있다고 볼 것이다. 사실 비례원칙은 헌법에 명시적 근거가 없더라도 헌법의 일반원칙으로서 자리잡고 있다고 볼 것이다. 특히 기본권의 최대보장의 원칙에서 최소침해성 등의 요구가 당연히 도출된다고 볼 것이다. 그런데 한편으로 비례원칙이 법치주의의 요소 내지 내포라고 본다면 우리 헌법상의 법치주의의 근거는 헌법 제37조 제2항이므로 비례원칙의 근거를 헌법 제37조 제2항이라고 할 수 있다. 여하튼 우리 헌법의 경우에도 헌법 제37조 제2항에 내재한다고 보든 헌법일반원칙으로 보든 비례원칙이 헌법적 근거를 가지는 기본권제한의 기본원칙이 되고 있다.

(3) 적용범위

비례원칙이 입법상의 한계로만 작용하는 것인지 아니면 다른 국가작용들인 행정작용이나 사법적 작용에도 그리고 지방자치단체의 작용 등에도 적용되는 원칙인지가 논의될 수 있다. 비례의 원칙이 법치주의의 요소라고 본다면 법치주의가 모든 국가작용에 적용되므로 입법작용 외 모든 국가작용에 적용된다. 헌법재판소는 주로 입법작용에 대해서 비례원칙을 적용하여 심사한다. 이는 헌법재판소가 주로 규범(입법)을 그 심사대상으로 하는 경우가 많기 때문이다. 그러나 헌재도 "국가가 입법, 행정 등 국가작용을 함에 있어서는 합리적인 판단에 입각하여 추구하고자 하는 사안의 목적에 적합한 조치를 취하여야 하고, 그때 선택하는 수단은 목적을 달성함에 있어서 필요하고 효과적이며 상대방에게는 최소한의 피해를 줄 때에 한해서 그 국가작용은 정당성을 가지게 되고 상대방은 그 침해를 감수하게 되는 것이다"라고 판시한 바 있다(헌재 1989.12.22. 88헌가3, 판례집 1, 378면). 또한 헌재는 "헌법 제37조 제2항의 비례원칙은, 단순히 기본권제한의 일반원칙에 그치지 않고 모든 국가작용은 정당한 목적을 달성하기 위하여 필요한 범위 내에서만 행사되어야 한다는 국가작용의 한계를 선언한 것"이라고 판시한 바도 있다.[1] 그리고 헌재는 행정작용에 대한 위헌성 심사에서도 비례원칙을 적용하는 예들을 보여주었다. 예를 들어 지문정보를 보관·전산화하고 이를 범죄수사목적에 이용하는 행위에 대해 비례(과잉금지)원칙심사를 한 바 있다.[2] 또한 경찰조사를 받는 사람의 조사과정의 촬영을 허용한 사법경찰관의 행위에 대해 비례원칙 심사를 하여 위헌임을 확인한 결정례(2012헌마652)도 있다. 생각건대 다른 행정작용도 기본권제한을 위한 작용을 한다는 점과 그 제한이 지나쳐서는 아니 된다는 점에서 비례원칙이 적용된다. 재판작용에 있어서도 국민의 재판청구권을 제한함에 있어서 비례원칙이 적용되어야 한다. 재판결과 예를 들어 형벌을 부과할 때에도 과잉해서는 아니 되고 범죄의 질과 정도에 상응하는 형벌이 부과되어야 한다. 요컨대 국가작용에 따라 그 적용의 구체적 모습이 다소 다르게 나타날 수도 있으나 비례원칙은 국가작용을 합헌적으로 행사하게 하는 원칙으로서 여러 국가작용들에 적용된다. 다만, 입법작용, 행정작용, 사법작용별로 또 각 작용에서 사안의 성격에 따라 그 적용강도 내지 효과는 차이가 있을 수 있다.

요컨대 헌법 제37조 제2항의 비례원칙은 동 조항이 기본권을 제한하는 '법률'에 대하여 규정하고 있다는 점을 들어 기본권제한을 하는 입법에 대한 한계원리라고 보는 것이 직접적이라고 볼지 모르나 헌법의 기본원칙으로서 비례원칙은 입법작용 외의 국가작용에도 적용되는 원리이다.

자치입법인 지방자치단체의 조례에 대해서도 비례(과잉금지)원칙이 적용된다는 것이 우리 헌법재판소 판례의 입장이고[3] 실제 심사를 한 예들이 있다.

판례 예를 들어 학교교과교습학원 및 교습소의 교습시간을 05:00부터 22:00까지 규정한 '서울특별시(부산광역시) 학원의 설립·운영 및 과외교습에 관한 조례' 규정이 학생의 인격의 자유로운 발현권, 부모의 자녀교육권, 학원운영자 등의 직업의 자유를 침해하는지 여부에 대해 헌재는 비례심사를 하여 합헌성을 인정한 바 있다(헌재 2009.10.29. 2008헌마454, 판례집 21-2 하, 402면; 헌재 2009.10.29. 2008헌마635, 공보 제157호, 2083면).

기본권의 유형별로도 자유권뿐 아니라 공무담임권 등에도 적용된다.

판례 공무담임권에 적용하여 비례심사를 한 예로, 헌재 2002.8.29. 2001헌마788(판례집 14-2, 219. [쟁

1) 헌재 2011.8.30. 2007헌가12, 공보 제179호, 1211면.
2) 헌재 2005.5.26. 99헌마513, 판례집 17-1, 691면.
3) 헌재 1995.4.20. 92헌마264, 판례집 7-1, 573-574면. [관련설시] "과잉금지의 원칙은 국가가 국민의 기본권을 제한하는 내용의 입법활동을 함에 있어서 지켜야 할 기본원칙으로서 지방의회의 조례입법에 의한 기본권제한의 경우에도 준수되어야 할 것."

점] 금고 이상의 형의 선고유예를 받은 경우에는 공무원직에서 당연히 퇴직하는 것으로 규정한 구 지방공무원법 제61조 중 제31조 제5호 부분(이하, "이 사건 법률조항"이라 한다)이 헌법 제25조의 공무담임권을 침해하고 있는 것인지 여부(적극). [결정요지] 공무원이 금고 이상의 형의 선고유예를 받은 경우에는 공무원직에서 당연히 퇴직하는 것으로 규정하고 있는 이 사건 법률조항은 금고 이상의 선고유예의 판결을 받은 모든 범죄를 포괄하여 규정하고 있을 뿐 아니라, 심지어 오늘날 누구에게나 위험이 상존하는 교통사고 관련 범죄 등 과실범의 경우마저 당연퇴직의 사유에서 제외하지 않고 있으므로 최소침해성의 원칙에 반한다. * 이 결정은 이전의 헌재가 1990.6.25. 89헌마220 결정에서 위 규정이 헌법에 위반되지 아니한다고 판시한 것을 판례변경한 것이다.

한편 헌법재판소는 비례원칙 심사를 하지 않고 합리성 여부 심사에 그치는 경우도 있다. 입법재량이 많이 인정되는 영역에서는 비례심사를 완화해서 하기도 한다.

(4) 비례(과잉금지)원칙의 요소

1) 학설

학설로는 비례원칙의 요소들을 나름대로 정립하는 견해도 있다. 예를 들어 적격성, 필요성, 기대가능성을 그 요소로 하는 견해(김철수, 331면)가 있는데 적격성이란 제한수단이 제한목적을 달성하는 데 유용한 수단이어야 한다는 것이고 필요성이란 보다 가벼운 개입으로써 제한목적달성이 불가능한가 하는(피해가 가장 적은 방법을 택하여야 한다는 요구) 문제이고, 기대가능성이란 예측가능하여야 한다는 원칙을 의미하는 것으로 이해된다. 적합성(방법의 적절성), 필요성(피해의 최소성), 협의의 비례성(수인가능성, 상당성, 법익균형성)을 그 요소로 보는 견해(계희열, 156면)도 있다. 아래에서 보는 우리 헌법재판소의 4요소설을 그대로 따르는 학설도 있다(권영성, 352면 이하). 또한 과잉금지원칙을 방법상의 한계로 보고 목적정당성을 별도로 목적상 한계로 보면서 과잉금지의 원칙의 요소로 적합성원칙, 최소침해원칙, 균형의 원리 3요소를 들고 있는 견해도 있다(허영, 276면 이하). 그러면서도 여하튼 우리 학자들은 대체적으로 헌법재판소의 입장을 소개하고 있다.

2) 판례 - 4요소설

기본권제한의 합헌성여부를 심사함에 있어서 비례의 원칙(과잉금지의 원칙)을 적용하는 헌법재판소는 이 과잉금지원칙의 요소로서 ① 목적의 정당성, ② 방법의 적절성, ③ 피해의 최소성, ④ 법익의 균형성을 들고 있는바 그 요소들에 맞는 제한인지 여부의 심사를 통하여 문제되고 있는 기본권제한법률의 합헌성여부를 심사하고 있다. 이는 확립된 판례이론이다.

헌재판례의 확립된 법리 : 아래의 설시는 헌재 1992.12.24. 92헌가8, 형사소송법 제331조 단서 규정에 대한 위헌심판결정에서 처음 나온 것으로 이래 수많은 판례에서 위와 같이 설시해 오고 있고 근래에는 각 요소에 대한 위와 같은 설시 없이 바로 4요소에 비춘 판단을 하는 예들이 보인다.

판례 ▷ 과잉금지원칙의 4요소 = ① 목적의 정당성, ② 방법의 적절성, ③ 피해의 최소성, ④ 법익의 균형성 <관련설시요약> 국가작용 중 특히 입법작용에 있어서의 과잉입법금지의 원칙이라 함은 "국가가 국민의 기본권을 제한하는 내용의 입법활동을 함에 있어서 준수하여야 할 기본원칙 내지 입법활동의 한계를 의미하는 것으로서, 국민의 기본권을 제한하려는 입법의 목적이 헌법 및 법률의 체제상 그 정당성이 인정되어야 하고(목적의 정당성), 그 목적의 달성을 위하여 그 방법이 효과적이고 적절하여야 하며(방법의 적절성), 입법권자가 선택한 기본권제한의 조치가 입법목적 달성을 위하여 설사 적절하다 할지라도 가능한 한 보다 완화된 형태나 방법을 모색함으로써 기본권의 제한은 필요한 최소한도에 그치도록 하여야 하며(피해의 최소성), 그 입법에 의하여 보호하려는 공익(公益)과 침해되는 사익(私益)을 비교형량할 때 보호되는 공익이 더 커야 한다(법익의 균형성)는 법치국가의 원리에서 당연히 파생되는 헌법상의 기본원리의 하나인 비례의 원칙을 말하는 것이다.

3) 판례이론에서의 각 요소의 법리와 판례경향

아래에서 위 판례이론에 대한 평가가 있겠지만 여하튼 현재 우리 헌법재판소의 판례이론에 있어서는 4요소이론이 확립된 상황이므로 우선 아래에서 그 요소들의 법리와 판례경향을 각각 살펴본다.

(가) 목적의 정당성

가) 개념

기본권을 제한하는 목적이 정당하여야 한다. 헌재는 목적의 정당성을 “국민의 기본권을 제한하려는 입법의 목적이 헌법 및 법률의 체제상 그 정당성이 인정되어야 하고”라고 한다. 우리 헌법 제37조 2항은 기본권제한의 목적을 ‘국가안전보장’, ‘질서유지’, ‘공공복리’로 명시하고 있으므로 기본권제한이 국가안전보장, 질서유지, 공공복리 중에 하나를 위한다는 목적을 가져야 하고 비례심사에서 목적정당성 심사는 바로 이 3가지 사유에 해당하는지를 판단하는 것이고 그 중 적어도 하나에 부합되는 제한입법이어야 목적의 정당성이 인정된다.

나) 심사

목적정당성을 가지는지에 대한 심사는 두 단계로 이루어지게 된다. ① 먼저 그 법률이 제한하여 달성하려는 목적이 있는지, 있다면 무슨 목적인지를 살펴보아야 한다. 법률이 명시적으로 밝히고 있는 목적, 법률의 문언, 국회의 입법과정자료 등에 나타난 입법취지 등을 비추어 보아 목적을 살피게 된다. ② 다음 단계로 그 법률이 제한하여 달성하려는 목적이 국가안전보장, 질서유지, 공공복리에 해당하는지를 보아야 한다. 그 법률이 취한 조치가 그러한 목적달성을 가져올 가능성이 있는지에 대한 심사는 그 다음 단계로서 비례원칙 두 번째 요소인 방법의 적절성 심사가 된다.

다) 판례 - 목적정당성을 갖추지 못한 것으로 본 결정례

기본권제한입법을 함에 있어서 입법자인 국회는 대개 일정한 목적을 제시하고 있고 특히 질서유지, 공공복리의 개념이 넓어 그 목적이 그것에 해당된다고 볼 가능성이 많기에 목적정당성 자체가 인정되지 않아 위헌으로 결정된 판례들이 그리 많지는 않다. 목적정당성을 갖추지 못하여 위헌이라고 본 몇 가지 결정례를 아래에서 본다.

① 동성동본혼인금지규정에 대한 헌법불합치결정

판례 헌재 1997.7.16. 95헌가6, 민법 제809조 제1항 위헌제청
[판시] 결국 이 사건 법률조항은 헌법 제10조, 제11조 제1항, 제36조 제1항에 위반될 뿐만 아니라 그 입법목적이 이제는 혼인에 관한 국민의 자유와 권리를 제한할 "사회질서"나 "공공복리"에 해당될 수 없다는 점에서 헌법 제37조 제2항에도 위반된다.

② 노동조합의 정치자금 기부금지 규정에 대한 위헌결정

판례 헌재 1999.11.25. 95헌마154, 노동조합법 제12조 등 위헌확인, 판례집 11-2, 580면
[판시] 결론적으로, 이 사건 법률조항의 입법목적인 ''노동단체의 정치화 방지'나 '노동단체 재정의 부실우려'는 헌법상 보장된 정치적 자유의 의미에 비추어 입법자가 헌법상 추구할 수 있는 정당한 입법목적의 범위를 벗어난 것으로 판단된다. 설사 이러한 입법목적 중 일부가 정당하다고 하더라도, 이 사건 법률조항이 사회세력 누구나가 자유롭게 참여해야 할 정치의사형성과정과 정당한 이익조정과정을 근로자에게 불리하게 왜곡시키는 결과를 가져온다는 점에서 이러한 기본권 침해의 효과는 매우 중대하다. 이에 반하여, 이 사건 법률조항을 통하여 달성하려는 공익인 '노동단체 재정의 부실 우려'의 비중은 상당히 작다고 판단된다. 따라서 노동단체의 기부금지를 정당화하는 중대한 공익을 인정하기 어려우므로 이 사건 법률조항은 노동단체인 청구인의 표현의 자유 및 결사의 자유의 본질적 내용을 침해하는 위헌적인 규정이다. * 위 위헌결정 이후 노동단체의 정치자금 기부금지 조항이 삭제되어 노동단체의 정치자금 기부가 가능해졌다가 기업의 불법 정치자금제공이 사회적으로 크게 문제되어 2004. 3. 12. 법률 제7191호로 개정된 정치자금법은 기업의 정치헌금을 원천적으로 봉쇄하기 위하여 노동조합을 포함한 모든 단체의 정치자금 기부를 금지하였다. 이 개정된 금지규정에 대해서 헌법소원심판이 청구되었으나 헌재는 이번에는 합헌으로 결정하였다(헌재 2010.12.28. 2008헌바89, 판례집 22-2 하, 659면).

③ 재외국민의 대통령·국회의원선거권(국정선거권), 국민투표권의 전면적 부정(헌법불합치결정)

판례 헌재 2007.6.28. 2004헌마644, 판례집 19-1, 879면
[관련판시] 공직선거법 제37조 제1항은 단지 주민등록이 되어 있는지 여부에 따라 선거인명부에 오를 자격을 결정하여 그에 따라 선거권 행사 여부가 결정되도록 함으로써, 엄연히 대한민국의 국민임에도 불구하고 주민등록법상 주민등록을 할 수 없는 재외국민의 선거권 행사를 전면적으로 부정하고 있는바, 그와 같은 재외국민의 선거권 행사에 대한 전면적인 부정에 관해서는 위에서 살펴본 바와 같이 어떠한 정당한 목적도 찾기 어렵다. 그러므로 법 제37조 제1항은 헌법 제37조 제2항에 위반하여 재외국민의 선거권과 평등권을 침해하고 헌법 제41조 제1항 및 제67조 제1항이 규정한 보통선거원칙에도 위반된다.

④ 혼인빙자간음죄에 대한 위헌결정

판례 헌재 2009.11.26. 2008헌바58, 형법 제304조 위헌소원, 판례집 21-2 하, 520면
[판시] 이 사건 법률조항의 경우 형벌규정을 통하여 추구하고자 하는 목적 자체가 헌법에 의하여 허용되지 않는 것으로서 그 정당성이 인정되지 않는다고 할 것이다.

⑤ '지역경제육성'과 자도소주구입명령제도의 위헌성

판례 헌재 1996.12.26. 96헌가18, 주세법 제38조의 7 등에 대한 위헌제청, 판례집 8-2, 698면

[관련판시요약] 입법자가 개인의 기본권침해를 정당화하는 입법목적으로서의 "지역경제"를 주장하기 위하여는, 각 지역에 하나의 기업이 더 존재하는 것이 지역경제에 어떠한 의미로든 기여를 한다는 지극히 당연한 사실을 넘는, 문제되는 지역의 현존하는 경제적 낙후성이라든지 아니면 특정 입법조치를 취하지 않을 경우 발생할 지역 간의 심한 경제적 불균형과 같은 납득할 수 있는 구체적이고 합리적인 이유가 있어야 한다. 왜냐하면 지역경제의 육성이란 한 마디로 지역 간의 상이한 경제력과 경쟁조건의 수정과 조정을 그 목적으로 하기 때문이다. 그러나 전국 각도에 균등하게 하나씩의 소주제조기업을 존속케 하려는 주세법에서는 수정되어야 할 구체적인 지역 간의 차이를 확인할 수 없고, 따라서 1도 1소주제조업체의 존속유지와 지역경제의 육성 간에 상관관계를 찾아 볼 수 없으므로 "지역경제의 육성"은 이 사건 법률조항의 위 (1)에서 지적한 기본권침해를 정당화할 수 있는 공익으로 고려하기 어렵다.

* 분석 – 헌재는 헌법 제123조가 지역경제육성은 지역 간의 균형있는 발전을 위한 것이라고 규정하고 있는데 따라 지역경제육성이 지역 간 차이에 대한 수정을 목적으로 하는 것이라고 보고 자도소주규정이 지역간 차이에 대한 수정을 목적으로 하는 것이 아니라는 점에서 위와 같이 판시한 것으로 보인다.

⑥ 기초의회의원선거에서의 정당의지지·추천 표방금지

판례 헌재 2003.1.30. 2001헌가4, 판례집 15-1, 17면

[심판대상규정] 구 공직선거및선거부정방지법 제84조(무소속후보자등의 정당표방금지) 자치구·시·군의 회의원선거의 후보자와 무소속후보자는 특정 정당으로부터의 지지 또는 추천 받음을 표방할 수 없다. 다만, 정당의 당원경력의 표시는 그러하지 아니하다. [관련판시] 법 제84조의 입법목적과 관련하여 볼 때, 지방분권 및 지방의 자율성이 보장되도록 하겠다는 것 자체에 대하여는 정당성을 부인할 여지가 없으나, 그를 위해 기초의회의원선거에서 정당의 영향을 배제하고 인물 본위의 투표가 이루어지도록 하겠다는 구체적 입법의도에 대하여는 그 정당성이 의심스럽다. 선거에 당하여 정당이냐 아니면 인물이냐에 대한 선택은 궁극적으로 주권자인 국민의 몫이고, 입법자가 후견인적 시각에서 입법을 통하여 그러한 국민의 선택을 대신하거나 간섭하는 것은 민주주의 이념에 비추어 바람직하지 않기 때문이다. * 동지 : 헌재 2003.5.15. 2003헌가9 등, 판례집 15-1, 503면.

⑦ **경찰조사를 받는 사람의 조사과정의 촬영을 허용한 사법경찰관의 행위** 사법경찰관이 보도자료 배포 직후 기자들의 취재 요청에 응하여 청구인이 경찰서 조사실에서 양손에 수갑을 찬 채 조사받는 모습을 촬영할 수 있도록 허용한 행위의 목적정당성을 부정한 아래의 결정례가 있다.

판례 헌재 2014.3.27. 2012헌마652

[관련판시] 피청구인(사법경찰관)은 기자들에게 청구인이 경찰서 내에서 수갑을 차고 얼굴을 드러낸 상태에서 조사받는 모습을 촬영할 수 있도록 허용하였는데, 청구인에 대한 이러한 수사 장면을 공개 및 촬영하게 할 어떠한 공익 목적도 인정하기 어려우므로 촬영허용행위는 목적의 정당성이 인정되지 아니한다(자세한 결정요지는 기본권 각론의 초상권 부분 참조).

(나) 방법의 적절성

우리 헌법재판소는 기본권제한의 비례원칙의 '방법'에 관한 요소를 방법의 적절성과 피해

최소성 두 가지로 다시 구분한다. 그 중 여기서는 방법의 적절성을 본다.

가) 개념

방법의 적절성이란 기본권제한의 목적을 달성하는 데 효과가 있는 방법(수단)이어야 한다는 것을 말한다. 헌재는 "그 목적의 달성을 위하여 그 방법이 효과적이고 적절하여야 하며"라고 한다. 즉 목적과 방법 간에 관련성을 가지는가, 그 방법이 그 목적을 실현할 수 있는 가능성을 가진 것인가 하는 문제이다. 그 방법이 목적달성가능성을 가지면 기본권제한을 가장 적게 가져오는지는 묻지 않고 이 방법의 적정성은 갖춘 것이 된다. 유효성(실효성), 효과성은 묻지만 그 방법이 가장 적은 비용의 최적의 목적실현을 가져오는지 하는 효율성은 묻지 않는다.[1] 따라서 방법의 적절성을 갖춘 방법은 유일한 것일 수도 있지만 반드시 유일하여야 하는 것이 아니고[2] 여러 가지일 수 있다(방법의 복수성 인정). 제한의 정도, 피해의 정도가 가장 큰 방법이나 가장 적은 방법이나 모두 방법의 적절성은 있다고 보게 된다.

나) 방법의 적절성의 전제로서의 방법의 정당성·합헌성

기본권제한을 위해 동원되는 방법(수단)은 정당하고도 합헌적인 것이어야 한다. 이 문제는 방법의 적절성의 전제로서 요구된다. 목적을 달성하는 효과가 있는 목적관련적인 방법일지라도 정당하지 않거나 위헌적이라면 이를 받아들일 수 없다. 방법의 정당성·합헌성은 방법의 적절성을 목적과 방법의 관련성만을 의미하는 것으로 본다면 별도의 요소로 볼 수도 있다. 여하튼 방법의 정당성·합헌성은 요구된다. 그 방법이 가져오는 효과가 정당하여야 한다.

헌법이 기본권제한방법으로서 채택할 수 없도록 직접 개별적으로 명시하고 있는 경우가 있다. 예를 들어 고문과 형사상 불리한 진술강요의 금지(제12조 2항), 언론·출판에 대한 허가, 검열, 집회·결사에 대한 허가금지(제21조 2항)를 들 수 있다. 사실 헌법이 직접 금지하고 있는 이러한 방법을 취한 경우에는 그 자체로 위헌이 된다. 이는 헌법 제37조 제2항의 비례원칙 적용의 결과가 아니라 헌법이 개별적으로 금지하고 있는 그 당해 헌법규정의 위반이다. 대표적인 경우로 언론·출판에 대한 사전검열에 해당되는 제한방법을 취한 경우에는 그것으로 벌써 위헌이 된다(헌법 제21조 2항 위반). 헌재도 사전검열에 해당되는지 여부를 심사하여 사전검열에

---

1) 헌재 2006.6.29. 2002헌바80, 판례집 18－1 하, 196면. [관련판시] 방법의 적절성에 관하여 본다. 법인으로 하여금 각 거래에 대해 계산서를 교부하게 하고 그 합계표를 제출하도록 의무지우며 이를 이행하지 아니하거나 불성실하게 이행하는 경우 가산세로써 제재를 가하는 것이, 근거과세 확립 또는 과세표준 양성화라는 목적을 달성하는 유일한 방법은 아니라 할 것이다. 각 법인에 대해 세무조사를 실시하여 거래내용을 확인하는 방법 등 여러 가지 방법을 생각해 볼 수 있다. 그러나, 우리 재판소가 방법의 적절성으로 심사하는 내용은 입법자가 선택한 방법이 최적의 것이었는가 하는 것이 아니고, 그 방법이 입법목적 달성에 유효한 수단인가 하는 점에 한정되는 것이다. 그렇다면 계산서 교부, 합계표 제출의무를 부과하는 것이 과세표준의 양성화에 기여하는 바가 없다고 할 수 없으므로 이 부분에 대한 방법의 적절성은 인정된다. * 그러나 피해최소성이 없다고 하여 위헌결정되었다(그 위헌요지는 아래 피해최소성 부분에서 인용된 것 참조).

2) 헌재 1989.12.22. 88헌가13, 판례집 1, 381면.

해당하면 비례원칙심사로 나아가지 않는다.[1)]

다) 목적관련성의 판단 - 효과성 판단

(a) 장래 효과

방법의 적절성 판단에서 방법이 정당하고 합헌적인지, 그리고 그 목적달성에 효과가 있고 그 효과가 정당하고 합헌적인 것인지를 판단하게 된다. 기본권제한 법률이 택한 방법들이 현재 구체적 효과들을 나타낼 때에는 그 효과현상을 보고 판단하면 된다. 그런데 법률은 추상적인 것이므로 현재 나타나고 있는 효과가 아닌 앞으로 계속 시행이 되어가면서 나타나는 효과도 있을 것이다. 입법자로서는 기본권제한의 방법을 정하면서 장래의 효과에 대한 예측도 하게 되는데 이러한 입법자의 예측에 대해 방법의 적절성 판단에 있어서 헌재는 어느 정도까지 입법자의 판단을 인정하느냐 하는 문제가 있다. 헌법재판이 제기된 사안에서는 이미 그 효과가 나타나 있을 수 있다. 기본권이 제한되는 효과가 있었기에 헌법재판이 제기된 것이기 때문이다. 그러나 헌법재판이 제기된 후에도 아직 그 효과가 현실에서 판명되지 않은 불확실한 경우도 있을 것이다. 기본권의 중요성에 따라 입법자의 예측판단을 받아들이는 정도가 달라질 것인데 중요한 기본권의 제한인 경우에는 심사정도가 강해질 수 있을 것이다.

(b) 효과의 정도

헌재는 "수단의 적합성은 입법자가 선택한 방법이 목적 달성에 최적의 것이 아니라 하더라도 그 수단이 입법목적 달성에 유효한 수단이라면 인정된다"라고 한다(헌재 2006.6.29. 2002헌바80; 헌재 2018.6.28. 2015헌마545 등 참조). 또 "제한의 실효성이 다소 의심된다는 이유만으로 수단의 적합성을 부정할 수 없다"라고도 한다(헌재 2010.2.25. 2008헌마324; 헌재 2018.6.28. 2015헌마545 등 참조).

라) 판례 - 방법의 적절성이 없다고 본 결정례

방법의 적절성이 없다는 점으로 비례원칙을 위반하였다고 본 결정례로 아래의 몇 가지를 살펴본다.

(a) 자유권

i) 정치적 표현의 자유

① 인터넷 활용, SNS활용 선거운동금지의 위헌성 인정 헌재는 탈법방법에 의한 문서·도화의 배부·게시를 금지하는 공직선거법 제93조 제1항의 '기타(그 밖에) 이와 유사한 것'에 인터넷 활용, 트위터 등 SNS에 의한 방법, 즉 '정보통신망을 이용하여 인터넷 홈페이지 또는 그 게시판·대화방 등에 글이나 동영상 등 정보를 게시하거나 전자우편을 전송하는 방법'이 포함

1) 그리하여 헌재는 "이 사건 법률조항이 규정하고 있는 영상물등급위원회의 등급분류보류제도는 우리 헌법이 절대적으로 금지하고 있는 사전검열에 해당하는 것으로서 더 나아가 비례의 원칙이나 명확성의 원칙에 반하는지 여부를 살펴볼 필요도 없이 헌법에 위반된다고 할 것이므로 주문과 같이 결정한다"라고 판시한 바 있다(헌재 2001. 8.30. 2000헌가9, 판례집 13-2, 151). 그동안 사전검열에 대한 심사를 하고 위헌으로 선언한 결정례들이 많았다. 헌재 1996.10.4. 93헌가13, 판례집 8-2, 212면; 헌재 2008.6.26. 2005헌마506, 판례집 20-1 하, 397면 등 참조.

되는 것으로 해석하는 한 헌법에 위반된다는 한정위헌결정을 하였다.

판례 헌재 2011.12.29. 2007헌마1001

[판시요약] 정치적 표현 및 선거운동의 자유의 중요성을 고려하면, 그리고 인터넷은 누구나 손쉽게 접근 가능한 매체이고, 비용이 매우 저렴하여 선거운동비용을 획기적으로 낮출 수 있는 정치공간으로 오히려 매체의 특성 자체가 '기회의 균형성, 투명성, 저비용성의 제고'라는 공직선거법의 목적에 부합하는 것이라고도 볼 수 있어 그 제한이 후보자 간의 경제력 차이에 따른 불균형이라는 폐해를 방지한다는 입법목적의 달성을 위한 적절한 수단이라 할 수 없다(제한수단의 적절성 부정).

② 기초의회의원선거에서의 정당의 지지·추천 표방금지

판례 헌재 2003.1.30. 2001헌가4, 판례집 15-1, 17면

[심판대상규정] 구 공직선거및선거부정방지법 제84조(무소속후보자등의 정당표방금지) 자치구·시·군의 회의원선거의 후보자와 무소속후보자는 특정 정당으로부터의 지지 또는 추천 받음을 표방할 수 없다. 다만, 정당의 당원경력의 표시는 그러하지 아니하다. [관련판시] 법 제84조의 규율내용이 과연 지방분권 및 지방의 자율성 확보라는 목적의 달성에 실효성이 있는지도 매우 의심스럽다. 즉, 후보자가 정당의 지지·추천을 받았는지 여부를 유권자들이 알았다고 하여 이것이 곧 지방분권 및 지방의 자율성 저해를 가져올 것이라고 보기에는 그 인과관계가 지나치게 막연하다. 한편, 위 조항 단서에서는 후보자의 당원경력의 표시를 허용함으로써 유권자들이 정당의 지지·추천 여부를 알 수 있는 우회적 통로를 열어놓고 있고, 후보자가 정당에 대해 지지를 표방하거나 정당이 독자적으로 후보자에 대한 지지를 밝히는 행위 혹은 후보자가 당선 후에 소속 정당을 위해 의정활동을 벌이는 행위 등에 대해서는 이를 규제할 법적 근거가 없다. 이러한 법적 상황에서 단지 후보자가 유권자들에게 정당의 지지·추천 받은 사실을 알리지 않는다고 하여 과연 정당의 영향이 효과적으로 배제될 수 있을지도 매우 불확실하다. 따라서, 위 조항은 수단의 적합성을 인정하기 어렵다. * 동지 : 헌재 2003.5.15. 2003헌가9 등, 판례집 15－1, 503면.

ⅱ) 결사의 자유

① 검찰총장의 퇴직일부터 2년간 정당활동 제한의 위헌성

판례 헌재 1997.7.16. 97헌마26, 판례집 9-2, 72면

[심판대상규정] 검찰총장은 퇴직일부터 2년 이내에는 정당의 발기인이 되거나 당원이 될 수 없다고 금지한 구 검찰청법 규정 [결정요지] 검찰의 정치적 중립은 검찰총장을 비롯한 모든 검사가 이에 대한 확고한 소신 아래 구체적 사건의 처리에 있어 공정성을 잃지 않음으로써 확보될 수 있는 성질의 것이지 검찰총장 퇴직후 일정기간 동안 정당의 발기인이나 당원이 될 수 없도록 하는 규정만으로 그 입법목적을 얼마나 달성할 수 있을지 그 효과에 있어서도 의심스럽다.

② 축산업협동조합의 복수설립금지규정에 대한 위헌결정

판례 헌재 1996.4.25. 92헌바47, 판례집 제8권 1집, 370면

[심판대상규정] 축협조합의 구역 내에는 같은 업종의 조합을 2개 이상 설립할 수 없다고 금지한 구 축산업협동조합법 규정. [결정요지] 축협의 육성·발전을 도모한다는 이 사건 심판대상조항의 입법목적은 공공복리를 위하여 개인의 기본권을 제한하는 경우에 해당되므로 정당하다. 방법의 적절성 – 협동조합은 대기업에 종속될 수밖에 없는 소비자나 중소생산업자 등 사회적·경제적 이해관계를 같이 하는 자들

이 그들의 권익을 옹호하기 위하여 결합한 인적단체로서 조합원들의 자발적이고 자주적인 조직체라는 데서 그 본질을 찾을 수 있고, 이와 같은 본래의 존재의의로 인하여 다른 결사와는 구별되는 고유의 조직적인 특징을 가지는바, 이를 협동조합원칙이라고 한다. 협동조합원칙은 ㉠ 조합공개의 원칙, ㉡ 민주적 관리의 원칙 등을 그 내용으로 하고 있고, 이 중 심판대상조항과 특히 관련되는 것이 조합공개의 원칙이다. 조합공개의 원칙에 따라 구성원의 자주적인 판단에 따라 자유롭게 조합이 설립될 것도 보장되어야 한다. 따라서 조합원은 반드시 하나의 조합에의 가입만에 한정할 것이 아니고 새로운 조합 설립을 저지하는 것은 협동조합의 본질을 해하는 것이 되는 것이다. 그런데 이 심판대상조항은 조합구역을 같이 하는 동종의 업종별축협이 복수로 설립되는 것을 금하고 있으므로 조합공개의 원칙에 반한다. 이 심판대상조항 때문에 그들은 원칙적으로 새로운 조합을 설립할 수가 없고 조합활동을 하기 위하여는 기존조합에 가입할 수밖에 없는바, 사회적·경제적 이해관계를 같이하는 자들이 그들의 권익을 옹호하기 위하여 자발적으로 결합함을 특질로 하는 협동조합의 본질에 반하게 된다. 따라서 이 심판대상조항은 입법목적의 달성을 위하여 앞서 본 바와 같은 우리 헌법의 기본원리에 배치되고 협동조합의 본질에 반하는 수단을 택하여 양축인이 자주적으로 협동조합을 설립하여 그들의 권익을 보호할 수 없게 함으로써 양축인의 결사의 자유, 직업수행의 자유의 본질적인 내용을 침해하고 있으며, 따라서 이 사건 심판대상조항은 과잉금지의 원칙에 반하여 청구인의 결사의 자유, 직업의 자유를 침해하는 위헌의 법률조항이라고 할 것이다.

* 평가 – 위 결정은 본질에 반하는 수단을 택하였다는 점에서 과잉금지원칙의 방법의 적절성을 갖추지 못하여 본질적 내용도 침해하고 과잉금지원칙에도 위배된다는 것인데 결론은 같지만 협동조합의 본질에 반한다는 점에서 본질적 내용 침해만으로 위헌이라고 하는 것이 더 선명하고 논리적이었다.

iii) 재산권

① 국세의 1년간 소급우선징수 규정

판례 헌재 1990.9.3. 89헌가95, 판례집 2, 260면

[결정요지] 조세의 우선징수의 필요성은 일반적으로 긍인(肯認)되고 있는 바이므로 위 국세기본법 조항의 목적의 정당성은 일응 인정할 수 있다고 할 것이다. 그러나 과세관청이 아닌 담보물권자가 담보권설정채무자의 장래에의 조세채무의 발생 및 체납여부를 예측한다는 것은 매우 기대하기 어려운 것이라는 점 등을 종합하면 이 사건 심판대상의 규정은 방법의 적정성의 원칙에 반하는 것은 물론, 법익의 균형성 또는 피해의 최소성의 원칙에도 문제가 있는 것이라고 아니할 수 없는 것이다.

② 공무원의 신분, 직무상 의무와 관련이 없는 범죄의 경우에도 퇴직급여 등을 제한하는 규정 공무원 또는 공무원이었던 자가 재직중의 사유로 금고 이상의 형을 받은 때에는 대통령령이 정하는 바에 의하여 퇴직급여 및 퇴직수당의 일부를 감액하여 지급하도록 한 구 공무원연금법 제64조 제1항 제1호가 방법의 적절성, 피해의 최소성을 갖추지 못하여 재산권을 침해하는 위헌규정이라고 결정한 바 있다.

판례 헌재 2007.3.29. 2005헌바33, 판례집 19-1, 211면

[결정요지] 공무원의 신분이나 직무상 의무와 관련이 없는 범죄의 경우에도 퇴직급여 등을 제한하는 것은, 공무원범죄를 예방하고 공무원이 재직중 성실히 근무하도록 유도하는 입법목적을 달성하는 데 적합한 수단이라고 볼 수 없다. 그리고 특히 과실범의 경우에는 공무원이기 때문에 더 강한 주의의무 내지

결과발생에 대한 가중된 비난가능성이 있다고 보기 어려우므로, 퇴직급여 등의 제한이 공무원으로서의 직무상 의무를 위반하지 않도록 유도 또는 강제하는 수단으로서 작용한다고 보기 어렵다. 입법자로서는 입법목적을 달성함에 반드시 필요한 범죄의 유형과 내용 등으로 그 범위를 한정하여 규정함이 최소침해성의 원칙에 따른 기본권 제한의 적절한 방식이다. 단지 금고 이상의 형을 받았다는 이유만으로 이미 공직에서 퇴출당할 공무원에게 더 나아가 일률적으로 그 생존의 기초가 될 퇴직급여 등까지 반드시 감액하도록 규정한다면 그 법률조항은 침해되는 사익에 비해 지나치게 공익만을 강조한 입법이라고 아니할 수 없다. * 이 결정은 헌재 자신의 선례 합헌결정인 1995.6.29. 91헌마50 결정, 1995.7.21. 94헌바27 결정을 변경한 것이다(판례변경). 군인연금법 규정에 대한 비슷한 취지의 결정 : 헌재 2009.7.30. 2008헌가1.

iv) 직업의 자유

① 직업의 자유 중 직업선택의 자유의 침해라고 명시적으로 밝힌 결정례로 다음의 결정들이 있었다.

㉠ 세무사 자격 보유 변호사에 대한 세무사업무 금지의 직업선택자유 침해 – 헌재는 세무사 자격 보유 변호사에 대해 세무사업무를 할 수 없게 등록을 금지하는 세무사법규정이 세무사업무를 전면적으로 금지하고 있으므로 수단의 적합성조차 없다고 보았다(헌재 2018.4.26. 2015헌가19 [결정요지] 기본권 각론의 직업선택의 자유에 인용된 것을 참조).

㉡ 세무사 자격 보유 변호사에 대해 (역시 등록이 안되게 금지되어) 세무조정업무를 일체 할 수 없도록 하는 법인세법, 소득세법 규정이 과잉금지원칙을 위배하여 직업선택의 자유를 침해한다는 결정에서도 전면적 금지를 하고 있으므로 수단의 적합성조차 없다고 보았다(헌재 2018.4.26. 2016헌마116 [결정요지] 기본권 각론의 직업선택의 자유 참조).

㉢ 비영리법인만에 의한 지적측량 업무 인정의 직업선택자유 침해

판례 헌재 2002.5.30. 2000헌마81, 판례집 14-1, 543면

[판시사항] 지적측량 업무를 비영리법인만 대행할 수 있도록 규정한 구 지적법 제41조 제1항이 과잉금지원칙에 위배되어 지적기술자의 자격을 취득한 개인이나 그들로 구성된 영리법인 등의 직업선택의 자유를 침해하는지 여부(헌법불합치결정) [결정요지] (1) 목적의 정당성 – "측량성과의 정확성"을 통해 국민의 권익을 보호하고자 하는 이 법률조항의 입법목적은 정당하다고 볼 수 있다. (2) 수단의 적합성 – 지적측량을 주된 업무로 한 비영리법인의 설립이라고 하는 이 법률조항의 요건이 과연 초벌측량에 의한 측량성과의 정확성을 확보한다고 하는 입법목적의 달성에 적합한 수단에 해당하는지를 본다. 주된 목적사업인 지적측량이란 결국 법 제50조 제1항에 따라 토지소유자로부터 지적측량수수료를 직접 납부받는 초벌측량을 뜻하는바, 초벌측량은 이처럼 지적측량수수료를 대가로 한 수익사업이므로, 비영리법인이 추구할 목적사업 자체가 될 수 없다. 또한, 초벌측량을 주된 목적사업으로 하여 비영리법인이 설립되었다고 하는 사정은 그 자체로 초벌측량을 수행하겠다는 의미 이상이 될 수 없으므로, 그 측량성과의 정확성 확보와는 별개의 것이다. 그러므로, 이 법률조항이 규정하는 비영리법인에 의하여 초벌측량이 수행된다고 하여 그 측량성과의 정확성을 확보하는 데 따로 기여하는 바가 있다고 볼 수는 없다. 이 법률조항이 규정하고 있는 비영리법인이란 초벌측량으로 지적측량수수료의 수입을 추구하려는 영리법인과 달리 볼 바가 없다. 따라서, 이와 같은 비영리법인의 설립요건은 초벌측량으로 인한 측량성과의

정확성을 확보한다고 하는 입법목적의 달성과는 무관하므로, 그 수단의 적합성부터 인정할 수 없다고 하겠다.

② 그냥 직업의 자유 침해라고 한 결정례로, 졸업자의 교통사고비율에 따른 자동자운전학원 운영정지의 위헌성을 인정한 아래의 결정례가 있다.

판례 헌재 2005.7.21. 2004헌가30, 판례집 17-2, 1면

[쟁점] '자동차운전전문학원을 졸업하고 운전면허를 받은 사람 중 교통사고를 일으킨 비율이 대통령령이 정하는 비율을 초과하는 때'에는 학원의 등록을 취소하거나 1년 이내의 운영정지를 명할 수 있도록 한 도로교통법 제71조의15 제2항 제8호의 '교통사고' 부분(이하 '이 사건 조항'이라 한다)이 운전전문학원 운영자의 직업의 자유를 침해하는지 여부 [결정요지] (가) 교통사고는 본질적으로 우연성을 내포하고 있고 사고의 원인도 다양하며, 이는 운전기술의 미숙함으로 인한 것일 수도 있으나, 졸음운전이나 주취운전과 같이 운전기술과 별다른 연관이 없는 경우도 있다. 이 사건 조항이 운전전문학원의 귀책사유를 불문하고 수료생이 일으킨 교통사고를 자동적으로 운전전문학원의 법적 책임으로 연관시키고 있는 것은 운전전문학원이 주체적으로 행해야 하는 자기책임의 범위를 벗어난 것이며, 교통사고율이 높아 운전교육이 좀더 충실히 행해져야 하며 오늘날 사회적 위험의 관리를 위한 위험책임제도가 필요하다는 사정만으로 정당화될 수 없다. (나) 운전교육과 기능검정이 철저하더라도 교통사고는 우연적 사정과 운전자 개인의 부주의로 발생할 수 있다는 것을 감안하면, 교통사고를 예방하고 운전교육과 기능검정을 철저히 하도록 한다는 입법목적은 이 사건 조항으로 인하여 효과적으로 달성된다고 할 수 없다. 운전교육 및 기능검정의 내실화 및 이를 통한 교통사고 예방은 이 사건 조항이 아니더라도 운전전문학원의 지정 요건과 교육내용, 기능검정 등에 관하여 마련되어 있는 도로교통법과 동법시행령·시행규칙의 구체적이고 자세한 규정들이 제대로 집행된다면 가능하다. 이 사건 조항은 입법목적을 달성하기 위한 수단으로서 부적절하며, 운전전문학원의 영업 내지 직업의 자유를 필요 이상으로 제약하는 것이다.

(b) 자기결정권, 직업의 자유

자도소주 구입명령제도와 중소기업의 보호

판례 헌재 1996.12.26. 96헌가18, 판례집 8-2, 700면

[결정요지] 중소기업의 보호란 공익이 자유경쟁질서안에서 발생하는 중소기업의 불리함을 국가의 지원으로 보완하여 경쟁을 유지하고 촉진시키려는 데 그 목적이 있으므로, 이 사건 법률조항이 규정한 구입명령제도(소주판매업자가 매월 소주류 총구입액의 100분의 50 이상을 자도소주(그 도에서 생산되는 소주)로 구입하도록 하는 구입명령제도)는 이러한 공익을 실현하기에 적합한 수단으로 보기 어렵다. … 따라서 이 사건 법률조항은 소주판매업자의 직업의 자유는 물론 소주제조업자의 경쟁 및 기업의 자유, 즉 직업의 자유와 소비자의 행복추구권에서 파생된 자기결정권을 지나치게 침해하는 위헌적인 규정이라 아니할 수 없다.

(c) 공무담임권, 피선거권

① 제대군인 가산점 위헌결정

판례 헌재 1999.12.23. 98헌마363, 판례집 11-2, 788면

[결정요지] 가) 가산점제도의 입법목적 – 가산점제도의 주된 목적은 군복무 중에는 취업할 기회와 취

업을 준비하는 기회를 상실하게 되므로 이러한 불이익을 보전해 줌으로써 제대군인이 군복무를 마친 후 빠른 기간내에 일반사회로 복귀할 수 있도록 해 주는 데에 있다. … 제대군인이 아닌 사람에 비하여 상대적으로 불리한 처지에 놓이게 된 제대군인의 사회복귀를 지원한다는 것은 입법정책적으로 얼마든지 가능하고 또 매우 필요하다고 할 수 있으므로 이 입법목적은 정당하다. 나) 차별취급의 적합성 여부 – 여성과 장애인에 대한 차별금지와 보호는 이제 우리 법체계내에 확고히 정립된 기본질서라고 보아야 한다. 그런데 가산점제도는 아무런 재정적 뒷받침없이 제대군인을 지원하려 한 나머지 결과적으로 이른바 사회적 약자들의 희생을 초래하고 있으므로 우리 법체계의 기본질서와 체계부조화성을 일으키고 있다고 할 것이다. 요컨대 제대군인에 대하여 여러 가지 사회정책적 지원을 강구하는 것이 필요하다 할지라도, … 가산점제도는 공직수행능력과는 아무런 합리적 관련성을 인정할 수 없는 성별 등을 기준으로 여성과 장애인 등의 사회진출기회를 박탈하는 것이므로 정책수단으로서의 적합성과 합리성을 상실한 것이라 하지 아니할 수 없다.

② 과도한 기탁금규정에 대한 위헌결정

판례 헌재 2001.7.19. 2000헌마91, 판례집 13-2, 77면

[결정요지] 구 공직선거및선거부정방지법 규정이 2천만원의 기탁금을 국회의원선거 후보자등록의 요건으로 일률적·절대적으로 요구하는 것은 후보자난립방지라는 목적을 공평하고 적절히 달성하지도 못하면서, 진실된 입후보의 의사를 가진 많은 국민들, 특히 서민층과 젊은 세대들로 하여금 오로지 고액의 기탁금으로 인한 경제적 부담으로 말미암아 입후보 등록을 포기하지 않을 수 없게 하고 있으므로 이들의 평등권과 피선거권, 이들을 뽑으려는 유권자들의 선택의 자유를 침해하는 것이라고 하지 않을 수 없다.

(다) 피해최소성

가) 개념

헌재는 피해최소성을 "입법권자가 선택한 기본권제한의 조치가 입법목적 달성을 위하여 설사 적절하다 할지라도 가능한 한 보다 완화된 형태나 방법을 모색함으로써 기본권의 제한은 필요한 최소한도에 그치도록 하여야 하며"라고 한다. 피해최소성이란 기본권제한에 있어서 목적달성에 필요한 최소한의 제한조치를 취하고 가장 피해가 적게 나타나는 방법으로 제한을 하여야 한다는 비례원칙의 요구를 말한다. 예를 들어 위법행위에 대한 제재를 가하여 기본권제한을 가져오는 경우에서 그 위법성이 약한 정도인가 강한 정도인가 하는 경중에 따라 제재의 정도도 상응하여 비례적으로 가해져야 한다. 즉 경미한 영업의무 위반에 대해 경고처분 정도로 충분한 제재가 됨에도 더 강한 제재인 영업의 정지처분을 하는 것은 바로 피해최소성원칙에 위배되는 것이다. 목적은 대개 정당성을 가지는 경우가 많고 방법도 목적관련성을 가지는 경우가 많다. 한편 과잉하다는 것이 지나친 제한이고 최소제한이 아니라는 의미이고 비례(과잉금지)원칙은 가능한 한 기본권제한을 억제하고 최소한에 그치도록 하는 것이므로 결국 비례원칙에서 매우 핵심적인 것은 피해최소성에 있다고 할 것이다. 현실적으로도 빈번히 검토되고 유의되어야 할 점은 피해최소성을 갖추었느냐 하는 것이다. 실제 헌재가 비례원칙 위반으로 위헌이라고 결정한 사례들 중에 이 피해최소성의 위배를 이유로 한 것을 많이 볼 수 있다.

나) 판단방법

통상 피해최소성의 충족 여부는 ⅰ) 기본권제한이 목적의 달성에 필요한 범위에 그쳤는지 여부(예를 들어 어떠한 영업행위를 완전히 금지하지 않고 청소년보호라는 목적을 위해 청소년출입이 우려되어 규제가 필요한 시간대에만 영업금지를 하는 것), ⅱ) 기본권제한목적의 달성을 가능하게 하는 방법으로서 보다 피해가 적은 완화된 다른 방법, 즉 대안이 있느냐를 살펴봄으로써 판단되어진다(예를 들어 공공복리라는 제한목적의 달성을 위하여 일정한 행위를 금지하는 기본권제한규정을 위반한 경우에 징역이나 벌금 등의 형사처벌을 하기보다는 과징금을 부과하는 것으로도 그 금지효과가 있다면 과징금부과가 대안으로 채택될 수 있을 것임). ⅰ)과 ⅱ)는 연관되어 있기도 하다(제한방법이 필요범위를 벗어나 더 많은 제한이 된 경우).

ⅲ) 장래효과에 입법자의 예측에 대한 헌재의 판단 피해최소성에 대한 판단을 위해서는 방법의 적절성, 즉 목적관련성을 가지는 방법들이 가지는 법적 효과를 측정하여야 한다. 이와 관련하여 현재가 아닌 장래에 발생될 효과에 대한 논의가 있다. 즉 헌재는 “기본권을 제한하는 법률의 위헌성여부가 미래에 나타날 법률 효과에 달려 있다면, 헌법재판소가 과연 어느 정도로 이에 관한 입법자의 예측판단을 심사할 수 있으며, 입법자의 불확실한 예측판단을 자신의 예측판단으로 대체할 수 있는 것일까?”라고 문제제기를 하였다. 그리고 헌재는 “법률이 제정되면 미래에 있어서 작용하고 효과를 발생시키므로, 입법자는 법률의 형태로써 정치적 결정을 내리는 과정에서 법률과 법현실과의 관계에 관한 일정한 예측으로부터 출발한다. 그러나 이러한 예측판단에는 항상 불확실한 요소가 내재되어 있다. 따라서 헌법재판소의 규범심사과정에서 결정의 전제가 되는 중요한 사실관계가 밝혀지지 않는다든지 특히 법률의 효과가 예측되기 어렵다면, 이러한 불확실성이 공익실현을 위하여 국민의 기본권을 침해하는 입법자와 기본권을 침해당하는 국민 중에서 누구의 부담으로 돌아가야 하는가 하는 문제가 제기된다”라고 한다. 그러면서 두 가지 경우로 나누어 ㉠ “법률이 개인의 핵심적 자유영역(생명권, 신체의 자유, 직업선택의 자유 등)을 침해하는 경우 이러한 자유에 대한 보호는 더욱 강화되어야 하므로, 입법자는 입법의 동기가 된 구체적 위험이나 공익의 존재 및 법률에 의하여 입법목적이 달성될 수 있다는 구체적 인과관계를 헌법재판소가 납득하게끔 소명·입증해야 할 책임을 진다고 할 것이다”라고 하고 ㉡ “반면에, 개인이 기본권의 행사를 통하여 일반적으로 타인과 사회적 연관관계에 놓여지는 경제적 활동을 규제하는 사회·경제정책적 법률을 제정함에 있어서는 입법자에게 보다 광범위한 형성권이 인정되므로, 이 경우 입법자의 예측판단이나 평가가 명백히 반박될 수 있는가 아니면 현저하게 잘못되었는가 하는 것만을 심사하는 것(명백성통제에 그침)이 타당하다”라고 한다.[1] 위와 같은 기준을 헌재가 설정하게 된 결정례는 의료요양기관강제지정제도에 대한 위헌주장의 위헌소원사건이었는데 헌재는 강제지정제도에 대해서는 명백성통제에

1) 헌재 2002.10.31. 99헌바76, 판례집 14－2, 432면.

그쳐야 한다고 하면서 판단결과 피해최소성 위반을 부정하여 합헌으로 결정하였다.

판례 헌재 2002.10.31. 99헌바76, 판례집 14-2, 430면 이하

[결정요지] 비록 강제지정제에 의하여 의료인의 직업활동이 포괄적으로 제한을 받는다 하더라도 강제지정제에 의하여 제한되는 기본권은 '직업선택의 자유'가 아닌 '직업행사의 자유'이다. 직업선택의 자유는 개인의 인격발현과 개성신장의 불가결한 요소이므로, 그 제한은 개인의 개성신장의 길을 처음부터 막는 것을 의미하고, 이로써 개인의 핵심적 자유영역에 대한 침해를 의미하지만, 일단 선택한 직업의 행사방법을 제한하는 경우에는 개성신장에 대한 침해의 정도가 상대적으로 적어 핵심적 자유영역에 대한 침해로 볼 것은 아니다. 의료인은 의료공급자로서의 기능을 담당하고 있고, 의료소비자인 전 국민의 생명권과 건강권의 실질적 보장이 의료기관의 의료행위에 의존하고 있으므로, '의료행위'의 사회적 기능이나 사회적 연관성의 비중은 매우 크다고 할 수 있다. 이러한 관점에서 볼 때, '국가가 강제지정제를 택한 것은 최소침해의 원칙에 반하는가'에 대한 판단은 '입법자의 판단이 현저하게 잘못되었는가'하는 명백성의 통제에 그치는 것이 타당하다고 본다. 요양기관 강제지정제가 입법목적을 달성할 수 있는 유효한 수단 중에서 가장 국민의 기본권을 적게 침해하는 수단에 해당하는가 하는 문제가 제기된다. 입법자가 강제지정제를 채택한 것은 첫째, 의료보험의 시행은 인간의 존엄성실현과 인간다운 생활의 보장을 위하여 헌법상 부여된 국가의 사회보장의무의 일환으로서 이를 위한 모든 현실적 여건이 성숙될 때까지 미루어질 수 없는 중요한 과제라는 규범적 인식, 둘째, 우리의 의료기관 중 공공의료기관이 약 10여%에 불과하기 때문에 민간의료기관을 의료보험체계에 강제로 동원하는 것이 의료보험의 시행을 위해서는 불가피다는 현실적 인식에 기초하고 있는 것으로 보인다. 더욱이 국가는 이미 1977년 계약지정제를 일시적으로 도입한 바 있는데, 그 당시 지역적·진료부문별 의료공백이 크게 발생하였으며 지정수가제 등을 이유로 다수의 의료인이 요양기관으로의 지정을 거부하는 등 부정적인 경험을 하였는바, 이러한 '현실화된' 우려가 강제지정제로 전환하는 직접적인 계기로서, 그리고 현재의 상황이 당시의 상황과 근본적으로 달라진 것이 없다는 판단이 제도 유지의 근거로 각 작용한 것으로 보인다. 이러한 관점 등을 고려할 때, 입법자가 계약지정제를 취하는 경우 의료보장이란 공익을 실현할 수 없다는 현실 판단이 잘못되었다고 할 수 없으므로, 강제지정제를 택한 것은 최소침해의 원칙에 위반되지 않는다.

다) 심사정도

헌재는 ① "입법자가 택한 수단보다 국민의 기본권을 덜 침해하는 수단이 존재하더라도 그 다른 수단이 효과 측면에서 입법자가 선택한 수단과 동등하거나 유사하다고 단정할 만한 명백한 근거가 없는 이상, 그것이 과잉금지원칙에 반한다고 할 수는 없다"라고 한다.[1] ② 입법재량이 광범위한 사안에서 피해최소성심사에서 명백성심사로 완화된다는 판례도 있다. 사안은 주민소환제에 관한 것이다. 주민소환의 청구사유에 관하여 아무런 규정을 두지 않은 것, '주민소환에 관한 법률' 제7조 제1항 제2호 중 시장에 대한 부분이 당해 자방자치단체 주민소환투표청구권자 총수의 100분의 15 이상 주민들만의 서명으로 당해 지방자치단체의 장에 대한 주민소환투표를 청구할 수 있도록 한 것 등이 과잉금지원칙에 위반한다는 주장의 헌법소원 사건이었다. 헌재는 위와 같은 심사방법을 제시하면서 판단결과 합헌성을 인정하였다.

1) 헌재 2009.11.26. 2008헌마114; 헌재 2012.8.23. 2010헌가65.

판례 헌재 2009.3.26. 2007헌마843

[판시] 나. 심사의 방법 – … 그런데 선출직 공무원의 공무담임권은 선거를 전제로 하는 대의제의 원리에 의하여 발생하는 것이므로 공직의 취임이나 상실에 관련된 어떠한 법률조항이 대의제의 본질에 반한다면 이는 공무담임권도 침해하는 것이라고 볼 수 있다. 또 입법자는 주민소환제의 형성에 있어 광범위한 입법재량을 갖고 있다고 볼 수 있으나, 앞서 본 바와 같이 대의제의 본질적인 부분을 침해하여 공무담임권을 침해하여서는 아니 된다는 한계를 지켜야 하므로, 이를 전제로 이 사건 법률조항이 대의제의 본질적인 부분을 침해하는지와 과잉금지원칙에 위반되어 청구인의 공무담임권을 침해하는지 여부를 살펴보아야 할 것이다. 다만, 과잉금지원칙을 심사하면서 피해의 최소성을 판단함에 있어서는 입법재량의 허용 범위를 고려하여 구체적으로는 '입법자의 판단이 현저하게 잘못 되었는가' 하는 명백성의 통제에 그치는 것이 타당하다 할 것이다(헌재 2002.10.31. 99헌바76등).

위 iii)의 ㉡에서 언급한 대로 "개인이 기본권의 행사를 통하여 일반적으로 타인과 사회적 연관관계에 놓여지는 경제적 활동을 규제하는 사회·경제정책적 법률을 제정함에 있어서는 입법자에게 보다 광범위한 형성권이 인정되므로, 이 경우 입법자의 예측판단이나 평가가 명백히 반박될 수 있는가 아니면 현저하게 잘못되었는가 하는 것만을 심사하는 것(명백성통제에 그침)이 타당하다"라고 한다.[1]

결국 입법재량(형성)이 넓게 인정될수록 명백성통제에 그치고 피해최소성심사가 완화된다.

③ 헌재는 상업광고의 규제에 대한 위헌심사에서 '피해최소성' 심사를 완화하여 한다고 판시한 바 있다(기본권 각론의 언론의 자유 참조).

라) 피해최소성 위반사례의 몇 가지 유형

피해최소성의 구체적 적용을 이해하기 위하여 그동안 우리 헌재의 결정례에 나타난 위반사례 유형을 살펴본다.

(a) 완화된 방법의 존재

기본권제한을 완화하는 방법이 존재하는 경우에 피해최소성을 위반하는 것이 된다. 대표적인 예로 지적측량(초벌측량) 업무를 비영리법인만 대행할 수 있도록 한 구 지적법규정이 헌법불합치결정을 받은 아래와 같은 예를 볼 수 있다.

판례 헌재 2002.5.30. 2000헌마81, 판례집 14-1, 544면

[판시사항] 지적측량(초벌측량) 업무를 비영리법인만 대행할 수 있도록 규정한 구 지적법 제41조 제1항이 과잉금지원칙에 위배되는지 여부(헌법불합치결정) [결정요지] 피해의 최소성 – 대행자에 의한 초벌측량이 선행되고 지적직공무원의 검사측량이 뒤따르는 2원적 측량구조에서 그 대행자와 지적직공무원은 서로 동일한 기술자격을 취득하여(법 제40조 제1항) 엄격한 사후관리를 받고 있다(자격기본법 제5조, 제12조, 국가기술자격법 제11조, 제12조). 그러므로, 지적직공무원과 동일한 자격을 취득한 지적기술자가 수행하는 이상, 초벌측량에 의한 측량성과의 정확성 확보에 지장이 초래된다고는 할 수 없으며, 가사 그 정확성이 다소 미흡하다 할지라도 다시금 지적직공무원의 엄정한 검사측량이 뒤따르기 때문에 지적

---

1) 헌재 2002.10.31. 99헌바76.

공부 등록사항의 부실로까지 이어질 개연성은 희박하다. 이에 법은 지적기술자가 아닌 자의 지적측량만을 엄벌할 뿐(법 제52조 제2호), 측량법(제64조 제4호)과 같은 허위측량에 대한 제재규정을 두지 않고 있다. 이에 더하여 법 제41조 제2항 및 법시행령 제50조, 그리고 이에 따른 법시행규칙 및 지적사무처리규정은 초벌측량 대행업무의 전반에 걸쳐 구체적이고 상세한 행정감독 규정을 두고 있다. 그럼에도 입법자가 그 측량성과의 정확성 확보에 미흡하다는 판단을 한다면 지적측량을 대행하는 자에게 지적직공무원에 준하는 결격사유를 설정하든지, 측량법을 감안하여 일정 등급 이상 기술자의 현장배치 내지 관리규정을 덧붙이거나 허위측량에 대한 제재와 아울러 측량도서를 실명화하는 방안 등을 강구할 수도 있고(동법 제42조, 동법시행령 제22조·제26조), 기초측량 및 공공측량의 용역을 도급받는 측량업자와 마찬가지로 그 인적 구성이나 기술능력 및 장비기준 등의 등록요건을 요구할 수도 있다. 즉, 예컨대 대한지적공사와 같은 법인의 형태와 개인인 지적기술자의 업무영역을 나눈다거나 같은 법인형태라도 자본규모나 소속 지적기술자의 수에 따라, 그리고 개인의 지적기술자의 경우는 그 자격의 차이(기술사인지, 기사인지, 산업기사인지 등)에 따라 업무영역을 나누는 방법이 가능하다고 할 것이다. 그렇다면, 이와 같이 한층 완화된 제한수단을 외면한 채 오히려 입법목적을 달성하는 효과의 면에서 적합하지도 아니한 비영리법인의 설립요건과 같이 그 제한의 강도가 높은 수단을 선택한 것은 피해의 최소성 원칙에 위반된다.

(b) 의무부과 없이도 목적실현이 가능한 경우

헌재는 "아예 국민에게 의무를 부과하지 아니하고도 그 목적을 실현할 수 있음에도 불구하고 국민에게 의무를 부과하고 그 의무를 강제하기 위하여 그 불이행에 대해 제재를 가한다면 이는 과잉금지원칙의 한 요소인 "최소침해성의 원칙"에 위배된다"라고 한다. 이에 관한 결정례로 다음의 예를 볼 수 있다. 등기부에 의하여 전산으로 관리되어 계산서 교부 또는 합계표 제출을 강제하지 않더라도 손쉽게 거래내용을 확인할 수 있는 부동산의 경우까지 이를 교부, 제출하도록 하고 미교부 또는 미제출시 공급가액의 100분의 1이라는 일률적이고 과중한 세율의 가산세를 부과하는 구 법인세법 규정이 과잉금지원칙에 위배되어 재산권을 침해한다는 주장에 대해 헌재는 피해최소성원칙에 반한다고 하여 위헌으로 결정하였다.

판례 헌재 2006.6.29. 2002헌바80, 판례집 18-1 하, 196면

[결정요지] 과세관청은 교부, 제출에 의하지 아니하더라도 부동산등기법이나 부동산등기특별조치법에 의하여 등기소나 검인관청으로부터 거래자료를 송부받아 그 거래 내용을 파악하고 관리할 수 있는 방도를 법적으로 확보하고 있음에도 불구하고, 납세자들로 하여금 부가적으로 위와 같은 의무를 부담하게 하여 최소성원칙에 어긋나 납세자의 재산권을 침해한다.

(c) 기본권행사 '여부'에 대한 제한

i) 헌재는 우선 기본권을 보다 적게 제한하는 단계인 기본권행사의 '방법'에 관한 규제로써 공익을 실현할 수 있는가를 시도하고 이러한 방법으로는 공익달성이 어렵다고 판단되는 경우에 비로소 그 다음 단계인 기본권행사의 '여부'에 관한 규제를 선택해야 한다고 본다. 기본권행사 '방법'에 관한 규제로도 목적달성이 되는데도 불구하고 기본권을 보다 강하게 제한하는 행사 '여부'에 대한 제한까지 나아가는 것은 지나치다는 것이다. 이 판례법리는 기부금품의

모집행위를 원칙적으로 금지하면서 오로지 법에 정한 일정한 목적의 경우(동법이 정해놓은 '국제적으로 행해지는 구제금품' 등 7가지 목적의 경우)에 한하여 당시 내무부장관 등의 허가를 받아야만 모집행위를 할 수 있도록 하고 허가를 받지 아니한 모집행위를 형사처벌을 하도록 규정한 구 기부금품모집금지법 규정이 행복추구권의 과도한 제한으로 위헌이라고 판단한 결정에서 제시되고 적용된 것이다. 이 사안은 법이 정한 위 목적에 해당되지 않으면 아예 모집이 금지되었다는 점에서 기본권행사 '여부'(가부)에 대한 제한이라고 본 것이다.

판례 헌재 1998.5.28. 96헌가5, 판례집 제10권 1집, 541면

[결정요지] 입법자는 공익실현을 위하여 기본권을 제한하는 경우에도 입법목적을 실현하기에 적합한 여러 수단 중에서 되도록 국민의 기본권을 가장 존중하고 기본권을 최소로 침해하는 수단을 선택해야 한다. 기본권을 제한하는 규정은 기본권행사의 '방법'에 관한 규정과 기본권행사의 '여부'에 관한 규정으로 구분할 수 있다. 침해의 최소성의 관점에서, 입법자는 그가 의도하는 공익을 달성하기 위하여 우선 기본권을 보다 적게 제한하는 단계인 기본권행사의 '방법'에 관한 규제로써 공익을 실현할 수 있는가를 시도하고 이러한 방법으로는 공익달성이 어렵다고 판단되는 경우에 비로소 그 다음 단계인 기본권행사의 '여부'에 관한 규제를 선택해야 한다. 법 제3조에 규정된 모집목적(동법이 정해놓은 '국제적으로 행해지는 구제금품' 등 7가지 목적 – 저자 주)을 충족시키지 못하는 경우에는 기부금품을 모집하고자 하는 자는 기본권을 행사할 수 있는 길이 처음부터 막혀 있다. 따라서 법 제3조에서 허가의 조건으로서 기부금품의 모집목적을 제한하는 것은 기본권행사의 '방법'이 아니라 '여부'에 관한 규제에 해당한다. 그러나 국민의 '재산권보장과 생활안정', 즉 '모집행위에 의한 폐해나 부작용의 방지'라고 하는 법이 달성하려는 공익을 실현하기 위하여 기부금품의 모집행위를 독자적인 법률에 의하여 규율할 필요성이 비록 있다고 하더라도, 규율의 형태에 있어서 모집목적에 관한 제한보다는 기본권의 침해를 적게 가져오는 그 이전의 단계인 모집절차 및 그 방법과 모집된 기부금품의 사용에 대한 통제를 통하여, 즉 기본권행사의 '방법'을 규제함으로써 충분히 입법목적을 달성할 수 있다고 보여진다.

ii) 모집목적에 대하여 원칙적으로 제한을 두지 않으면서, 공공의 안녕과 질서를 침해할 위험이 없고 모집행위의 합법적인 시행과 모집목적에 따른 기부금품의 사용이 충분히 보장되며 모집에 소요되는 비용과 모집된 금액 사이에 명백한 불균형이 우려되지 아니한 경우에는 허가를 해주는 질서유지행정 차원의 허가절차를 통해서도 충분히 법이 의도하는 목적을 실현할 수 있다. 따라서 법이 의도하는 목적인 국민의 재산권보장과 생활안정은 모집목적의 제한보다도 기본권을 적게 침해하는 모집행위의 절차 및 그 방법과 사용목적에 따른 통제를 통해서도 충분히 달성될 수 있다 할 것이므로, 모집목적의 제한을 통하여 모집행위를 원칙적으로 금지하는 법 제3조는 입법목적을 달성하기에 필요한 수단의 범위를 훨씬 넘어 국민의 기본권을 과도하게 침해하는 위헌적인 규정이라 아니할 수 없다.

iii) 위 법리를 적용한 위헌성인정 결정례들로 다음의 결정들이 있었다.

① 위에서 본 구 기부금품모집금지법 결정

② 특별시·광역시에 있어서 택지의 소유상한을 660㎡(200평)으로 정한 구 '택지소유상한에

관한 법률'(현재는 폐지되고 없음) 규정에 대한 헌법불합치결정

판례 헌재 1999.4.29. 94헌바37, 판례집 11-1, 289면

[판시] 침해의 최소성의 관점에서, 입법자는 그가 의도하는 공익을 달성하기 위하여 우선 기본권을 보다 더 적게 제한하는 단계인 기본권 행사의 방법에 관한 규제로써 공익을 실현할 수 있는가를 시도하고, 이러한 방법으로는 공익달성이 어렵다고 판단되는 경우에 비로소 그 다음 단계인 기본권 행사의 가부에 관한 규제를 선택하여야 한다(헌재 1998.5.28. 96헌가5, 판례집 10-1, 541, 556 참조). 개인이 가구별 소유상한을 초과하여 택지를 소유하거나 법인이 택지를 소유하고자 하는 경우에는 법에 정해진 사유에 해당하는 경우를 제외하고는 허가를 받을 수 없으므로, 이 경우 택지재산권을 행사할 수 있는 길이 처음부터 막혀 있다. 따라서 법이 택지소유 상한을 정한 것은 기본권 행사의 방법이 아니라 그 가부에 관한 규제에 해당한다. 어떠한 경우에도 어느 누구라도 660㎡를 초과하는 택지를 취득할 수 없게 한 것은, "적정한 택지공급"이라고 하는 입법목적을 달성하기 위하여 필요한 정도를 넘는 과도한 제한이라고 하지 않을 수 없다. 따라서 택지소유의 상한을 지나치게 낮게 정한 법 제7조 제1항 제1호는 헌법상의 재산권을 과도하게 침해하는 위헌적인 규정이다(* 저자로서는 이 결정의 결론에 대해서는 수긍하기 힘들다).

③ 구 행형법상 징벌의 일종인 금치처분을 받은 자에 대하여 금치기간 중 집필을 전면 금지한 구 행형법시행령 규정이 과잉금지의 원칙에 위반된다고 한 위헌결정

판례 헌재 2005.2.24. 2003헌마289, 판례집 17-1, 261면

[결정요지] 침해의 최소성 - 침해 최소성의 관점에서 기본권을 보다 적게 제한하는 단계인 기본권행사의 '방법'에 관한 규제로써 의도하는 목적을 달성할 수 있는가를 시도하고 이러한 방법으로는 목적 달성이 어렵다고 판단되는 경우에 비로소 그 다음 단계인 기본권행사의 '여부'에 관한 규제를 선택해야 한다. 이 사건 시행령조항은 징벌실 수용이라는 금치의 집행에 더하여 집필 금지라는 불이익을 부가한 것으로서, 그 규정 자체에서 볼 때 징벌실 수용에 덧붙여진 집필 금지가 과연 위와 같은 입법목적 달성을 위해 반드시 필요한 조치인지 의문이 든다. 금치 집행의 본질적 효과인 징벌실 수용과 그에 따르는 불가피한 사실상의 처우 제한 이외의 불이익은 가능한 한 최소한에 그치는 것이 수형자의 기본권 보장면에서 바람직하다 할 것이고, 따라서 집필의 전면적 금지는 필요한 최소한도를 넘는 기본권 제한에 해당한다고 볼 여지가 있는 것이다. 행형법은 모든 규율 위반에 대해 금치의 처분을 할 수 있도록 규정하고 있다. 결국 어떠한 규율 위반이라 하더라도 그 내용과 경중에 관계없이 집필 금지가 가능하다는 결과가 되는데, 이러한 제한이 교도소의 질서유지와 규율준수, 대상자의 교화를 위한 필요최소한도의 제한으로 볼 수 있을지는 매우 의문이라고 하겠다. 또한 굳이 집필행위를 제한하고자 하는 경우에도 집필행위 자체는 허용하면서 집필시간을 축소하거나 집필의 횟수를 줄이는 방법 또는 접견이나 서신수발과 같이 예외적으로 집필을 허용할 수 있는 사유를 구체적으로 한정하여 집필을 제한하는 방법 등을 통해서도 규율준수를 꾀하고자 하는 목적은 충분히 달성될 수 있을 것으로 보인다. 그런데 이 사건 시행령조항으로 인해 금치처분을 받은 자는 최장 2개월간 집필이 무조건 금지되는바, 설사 그 집필의 목적과 내용이 수용자의 개인적인 사유로 반드시 허용되어야 할 경우이거나 또는 집필을 허용하는 것이 교정·교화상 도움이 되는 경우라고 하더라도 금치대상자에게 집필기회를 부여할 가능성이 원천봉쇄되어 있는 것이다. 결국 이 사건 시행령조항이 규율 위반자에 대해 불이익을 가한다는 면만을 강조하여 금치처분을 받은 자에 대하여 집필의 목적과 내용 등을 묻지 않고, 또 대상자에 대한 교화 또는 처우상 필요한 경우까지도 예외 없이 일체의 집필행위를 금지하고 있음은 입법목적 달성을 위한 필요최소한의 제한이라는 한계를 벗어난 것이라고 할 것이다. 따라서 과잉금지의 원칙에 위반된다.

ⅳ) 허가의 요건과 절차를 규정하지 않고 허가여부를 행정청의 자유재량에 맡긴 경우 위의 기본권행사 '여부'의 제한 문제에 결부된 문제가 위 기부금품모집금지법 사건에서와 같이 허가의 요건과 절차를 규정하지 않고 허가여부를 행정청의 자유재량에 맡긴 경우의 문제(그렇게 맡김으로써 기본권행사 '여부'에 대한 제한이 되었다)이다. 그러한 예로 위에서 살펴본 구 기부금품모집금지법 규정에 대한 위헌결정의 예를 볼 수 있다.

판례 헌재 1998.5.28. 96헌가5

[결정요지] 법은 제3조에 규정된 경우가 존재하는 때에만 행정청이 허가를 하도록 규정하여 그 규정에 열거한 사항에 해당하지 아니한 경우에는 허가할 수 없다는 것을 소극적으로 밝히면서 한편, 어떠한 경우에 행정청이 허가를 할 의무가 있는가 하는 구체적인 허가요건을 규정하지 아니하고, 허가여부를 오로지 행정청의 자유로운 재량행사에 맡기고 있다. 따라서 기부금품을 모집하고자 하는 자는 비록 법 제3조에 규정된 요건을 총족시킨 경우에도 허가를 청구할 법적 권리가 없다. 법 제3조는 기부금품을 모집하고자 하는 국민에게 허가를 청구할 법적 권리를 부여하지 아니함으로써 국민의 기본권－행복추구권－을 침해하는 위헌적인 규정이다.

(d) **포괄적**(전면적) **금지**

필요한 정도의 금지를 넘어서 포괄적, 전면적 금지를 하는 것은 피해최소성에 반한다. 다음과 같은 전형적인 예들을 볼 수 있다.

① **포괄적 겸직금지** 행정사(行政士)에 대해서는 행정사법에 규정된 업무 외의 모든 업무에 대하여 포괄적으로 겸직을 금지한 구 행정사법 제35조 제1항 제1호에 대해 헌법재판소는 행정사의 겸직을 허용하는 경우 폐해의 발생가능성이 있다거나 업무의 공정성이 저해될 수 있는 업무범위에 한정하여 금지하지 않아 최소침해성원칙에 명백히 위배된다고 보았다.[1)]

② **인터넷 활용, SNS활용 선거운동금지의 위헌성 인정** 헌재는 탈법방법에 의한 문서·도화의 배부·게시를 금지하는 공직선거법 제93조 제1항의 '기타(그 밖에) 이와 유사한 것'에 인터넷 활용, 트위터 등 SNS에 의한 방법, 즉 '정보통신망을 이용하여 인터넷 홈페이지 또는 그 게시판·대화방 등에 글이나 동영상 등 정보를 게시하거나 전자우편을 전송하는 방법'이 포함되는 것으로 해석하는 한 헌법에 위반된다는 한정위헌결정을 하였다.

판례 헌재 2011.12.29. 2007헌마1001

[판시요약] 금지기간이 장기라는 점(선거일 전 180일부터 선거일까지), 허위사실공표나 비방 등을 처벌하는 조항을 따로 두고 있다는 점에서 피해최소성 요건을 충족시키지 못한다. 인터넷 매체라는 개념 자체가 다소 광범위하고, 장차 인터넷을 사용한 매체가 어디까지 그 영역을 넓혀가게 될 것인지는 지금 시점에서 예측하기 어려우므로, 인터넷 매체에 관하여 지금까지 제기된 우려와 걱정 외에도 선거의 공정성에 관련한 또 다른 문제점이 발생할 위험이 전혀 없다고 단정할 수는 없을 것이다. 그러나, 그러한 문제가 구체적으로 발생하거나 또는 임박하게 된 경우 그 구체적 문제점에 따라 필요한 최소한의 범위

1) 헌재 1997.4.24. 95헌마90, 판례집 9－1, 474면.

에서 규제책을 모색하여 대응하는 것은 별론으로 하고, 이 사건 법률조항과 같이 일반적·포괄적 금지조항으로써 인터넷 상 정치적 표현 내지 선거운동 일체를 일정한 기간 전면적으로 금지하고 처벌하는 것은 최소침해성의 요건을 충족시키지 못한다.

③ **국내주재 외교기관 청사의 경계지점으로부터 1백미터 이내의 장소에서의 옥외집회를 전면적으로 금지한 구 '집회 및 시위에 관한 법률' 제11조 제1호 규정의 위헌성 인정** 아래 결정은 단순위헌결정이었는데 이외에도 '집회 및 시위에 관한 법률'의 금지규정들 중 국회의사당, 법원청사, 국무총리 공관 경계로부터 100미터 내 집회금지규정들에 대해 전면적 금지로서 침해최소성원칙에 반하여 위헌성이 인정되어 헌법불합치결정이 있었다.

판례 헌재 2003.10.30. 2000헌바67, 판례집 15-2 하, 41면
[결정요지] 입법자가 '외교기관 인근에서의 집회의 경우에는 일반적으로 고도의 법익충돌위험이 있다'는 예측판단을 전제로 하여 이 장소에서의 집회를 원칙적으로 금지할 수는 있으나, 일반·추상적인 법규정으로부터 발생하는 과도한 기본권제한의 가능성이 완화될 수 있도록 일반적 금지에 대한 예외조항을 두어야 할 것이다. 즉 이 사건 법률조항의 보호법익에 대한 위험이 구체적으로 존재하지 않는 경우에 대하여 예외적으로 집회를 허용하는 규정을 두어야만, 이 사건 법률조항은 비례의 원칙에 부합하는 것이다. 그럼에도 불구하고 이 사건 법률조항은 전제된 위험상황이 구체적으로 존재하지 않는 경우에도 이를 함께 예외 없이 금지하고 있는데, 이는 입법목적을 달성하기에 필요한 조치의 범위를 넘는 과도한 제한인 것이다. 그러므로 이 사건 법률조항은 최소침해의 원칙에 위반되어 집회의 자유를 과도하게 침해하는 위헌적인 규정이다(이 결정에 대한 보다 자세한 것은 기본권 각론의 집회의 자유 부분을 참조).

포괄적 금지는 위에서 본 기본권행사 '여부'에 대한 제한이라는 이유로도 최소침해원칙 위반이 될 수 있을 것이다. 사실 전면적 금지는 그것에 대한 완화나 보완조치가 수반되지 않는다면 본질적 내용의 침해라는 문제를 가져올 수도 있을 것이다.

(e) **필요적 제재의 경우**

헌재는 "입법자가 임의적 규정으로도 법의 목적을 실현할 수 있는 경우에 구체적 사안의 개별성과 특수성을 고려할 수 있는 가능성을 일체 배제하는 필요적 규정을 둔다면 이는 비례의 원칙의 한 요소인 "최소침해성의 원칙"에 위배된다"는 것을 여러 차례 확인한 바 있다.[1)]

① **필요적 취소**

㉠ **지입제 경영** 여객운송사업자가 지입제 경영을 한 경우 구체적 사안의 개별성과 특수성을 전혀 고려하지 않고 그 사업면허를 필요적으로 취소하도록 한 구 여객자동차운송사업법 제76조 제1항 단서 중 제8호 부분이 피해최소성의 원칙에 반한다고 결정한 바 있다.

판례 헌재 2000.6.1. 99헌가11, 판례집 12-1, 575면
[결정요지] 입법자가 임의적 규정으로도 법의 목적을 실현할 수 있는 경우에 구체적 사안의 개별성과

1) 헌재 1995.11.30. 94헌가3; 헌재 1998.5.28. 96헌가12; 헌재 2000.6.20. 99헌바11등; 헌재 2003.6.26. 2001헌바31.

특수성을 고려할 수 있는 가능성을 일체 배제하는 필요적 규정을 둔다면 이는 비례의 원칙의 한 요소인 "최소침해성의 원칙"에 위배된다. 이 사건 법률조항은 이에 그치지 아니하고 법 제13조에 위반하기만 하면 해당 사업체의 규모, 전체 차량 중 지입차량이 차지하는 비율, 지입의 경위 등 제반사정을 전혀 고려할 여지 없이 필요적으로 면허를 취소하도록 규정하고 있다. 이에 따라 지입차량의 비율이 극히 일부분에 불과한 경우에도 사업면허의 전부를 취소할 수밖에 없게 되었다. 종래의 임의적 취소제도로도 철저한 단속, 엄격한 법집행 등 그 운용 여하에 따라서는 지입제 관행의 근절이라는 입법목적을 효과적으로 달성할 수 있었을 것으로 보이므로, 기본권침해의 정도가 덜한 임의적 취소제도의 적절한 운용을 통하여 입법목적을 달성하려는 노력은 기울이지 아니한 채 기본권침해의 정도가 한층 큰 필요적 취소제도를 도입한 이 사건 법률조항은 행정편의적 발상으로서 피해최소성의 원칙에 위반된다.

* 유의할 것은 필요적 제재가 위험이나 사람의 생명 등에 관련된 사안일 경우에는 헌재가 합헌으로 본 결정례들도 있다는 것이다. 주택관리업 허위등록행위에 대한 필요적 등록말소를 피해최소성원칙을 준수한 합헌으로 본 결정례 등이 그 예이다.

판례 헌재 2003.6.26. 2001헌바31, 판례집 15-1, 691면

[결정요지] 허위등록업자들이 공동주택의 관리를 하게 된다면 공동주택의 안전에 커다란 위해를 초래할 가능성이 높아진다는 사실을 쉽게 예상할 수 있을 뿐만 아니라 이러한 공동주택의 안전에 대한 위험은 결국 대형사고로 이어져 국민의 생명과 재산에 돌이킬 수 없는 손해를 가져온다는 것은 그동안 우리사회가 겪은 수많은 대형사고의 경험이 입증하고 있다. 그러므로 허위등록을 한 경우 주택관리업등록을 필요적으로 말소하도록 하는 이 사건 법률조항은 국민의 생명과 재산에 미치는 위험과 그 위험방지의 긴절성을 고려할 때 반드시 필요한 것이며, 보다 완화된 입법수단인 임의적 말소나 영업정지만으로는 이러한 위험을 방지하기에 부족하다 할 것이다. 나아가 이 법은 등록이 말소된 후에도 2년이 경과하면 다시 주택관리업등록을 할 수 있도록 하여(제39조 제2항) 기본권제한을 완화하는 규정을 두고 있으므로 이러한 점 등을 종합적으로 고려하면 이 사건 법률조항은 피해최소성의 원칙에도 부합된다.

㉡ 필요적 운전면허취소제

ⓐ 위헌성 인정례 : '운전면허를 받은 사람이 자동차 등을 이용하여 범죄행위를 한 때' 반드시 운전면허를 취소하도록 한 구 도로교통법 규정이 직업의 자유 등을 침해하는 것인지 여부가 논란되었는데 헌재는 최소침해성 위반으로 위헌결정을 한 바 있다.

판례 헌재 2005.11.24. 2004헌가28, 판례집 제17권 2집, 378면

[결정요지] 만약 자동차 등을 운전면허 본래의 목적과 배치되는 범죄행위에 이용하게 되면 이는 국민의 생명과 재산에 큰 위협이 될 것이므로 자동차 등을 교통이라는 그 고유의 목적에 이용하지 않고 범죄를 위한 수단으로 이용하는 경우 운전면허를 취소하도록 하는 것은 원활한 교통을 확보함과 동시에 차량을 이용한 범죄의 발생을 막기 위한 것으로 그 목적이 정당하고 수단도 적합하다. 그러나 이 사건 규정은 자동차 등을 이용하여 범죄행위를 하기만 하면 그 범죄행위가 얼마나 중한 것인지, 그러한 범죄행위를 행함에 있어 자동차 등이 당해 범죄 행위에 어느 정도로 기여했는지 등에 대한 아무런 고려 없이 무조건 운전면허를 취소하도록 하고 있으므로 이는 구체적 사안의 개별성과 특수성을 고려할 수 있는 여지를 일체 배제하고 그 위법의 정도나 비난의 정도가 극히 미약한 경우까지도 운전면허를 취소할 수밖에 없도록 하는 것으로 최소침해성의 원칙에 위반된다. 한편, 이 사건 규정에 의해 운전면허가 취소되면 2년 동안은 운전면허를 다시 발급 받을 수 없게 되는바, 이는 지나치게 기본권을 제한하는 것으로서 법익균형성원칙에도 위반된다. 그러므로 이 사건 규정은 직업의 자유 내지 일반적 행동자유권을 침

해하여 헌법에 위반된다.

ⓑ 합헌성 인정례 : 반면에 교통사고로 사람을 사상한 후 제50조 제1항 및 제2항의 규정에 의한 필요한 조치 및 신고를 하지 아니한 때 반드시 운전면허를 취소하도록 한 도로교통법 규정에 대해서는 합헌으로 결정한 바 있다.

판례 헌재 2002.4.25. 2001헌가19, 판례집 14-1, 235면

[결정요지] 이 사건 법률조항에 대한 입법취지와 관련하여 특히 우리나라는 아직도 바람직한 교통문화가 정착되지 못하고 건전한 교통질서가 확립되지 못하여 세계적으로 가장 높은 교통사고율을 나타내고 있으며, 특히 사고 후 피해자를 구호하지 않고 도주하는 이른바 "뺑소니" 사범도 계속 늘어나고 있는 것이 현실이고, … 위와 같은 우리의 교통현실과 국민의 교통질서의식, 문화 등을 감안하여 그에 상응하는 행정적 제재수단으로 입법자가 필요적 면허취소라는 수단을 선택한 것으로 볼 수 있다. 또한 대법원은 도주차량의 경우, 그 법정형이 징역형만으로 되어 있고 가중처벌하고 있는 점을 감안, 사안의 개별성과 구체적인 사정을 종합적으로 고려하여, 그 구성요건을 엄격히 해석하고 있어서, 그 구체적 사정을 고려하여 가벌성이 없는 경우 그 범죄성립을 부인하고 있으므로, 그에 해당하는 경우 이 사건 법률조항에 의한 필요적 면허취소의 대상이 되지 않게 된다. 나아가 그 구성요건에 해당된다고 하더라도 징역형으로 처벌받지 않는 경우(선고유예를 선고받는 경우)에는 그 취소 후 면허결격기간은 1년에 그치게 된다. 따라서 이 사건 법률조항이 구체적 사안의 개별성과 특수성을 고려할 일체의 가능성을 배제하고 있는 것은 아니다. 그렇다면, 교통질서의 확립뿐만 아니라, 피해자의 생명, 신체에 대한 구호에도 만전을 기하고자 하는 이 사건 법률조항의 경우, 운전면허정지처분 등의 가능성을 배제하였다고 하여 그것으로 인하여, 공공의 도로를 이용하여 자동차 등을 운행할 이익이나 그것을 영업의 수단으로 이용할 편익을 과도하게 침해하였다고 보기는 어렵다.

② 필요적 몰수

㉠ 무등록 음반 등의 판매업자에 대한 필수적 몰수 음반·비디오물 판매업의 등록을 하지 않은 판매업자가 소유 또는 점유하는 음반 또는 비디오물을 필수적으로 몰수하도록 규정하여, 심의를 받은 적법한 음반 등도 반드시 전부 몰수하게 하는 구 '음반 및 비디오물에 관한 법률' 규정은 기본권의 제한은 그 입법목적을 달성함에 필요한 최소한도에 그쳐야 한다는 헌법 제37조 제2항의 과잉입법금지원칙에 반한다는 위헌결정이 있었다.

판례 헌재 1995.11.30. 94헌가3, 판례집 7-2, 550면

[결정요지] 가사 부적법한 음반 등은 그 사회적 위험성이 매우 커서 이 법 제21조에 의한 조치를 할 수 있도록 규정한 것만으로는 부족하여 필요적 몰수의 필요성이 있다고 하더라도, 이 사건 법률조항은, 그보다 사회적 위험성이 현저히 작은 적법한 음반 등에 대하여서까지 획일적으로 필요적 몰수를 규정함으로써 국민의 기본권의 제한은 그 입법목적을 달성함에 필요한 최소한도에 그쳐야 한다는 헌법 제37조 제2항의 정신에 위배되는 규정이라고 하지 않을 수 없다. 위에서 지적한 여러가지 사정을 종합하면, 무등록 음반판매업자 등이 소유 또는 점유하는 모든 음반 등을 필요적으로 몰수하도록 규정한 이 사건 법률조항은 지나치게 가혹한 형벌을 규정함으로써 형벌체계상 균형을 잃고 형벌 본래의 기능과 목적을 달성함에 있어 필요한 정도를 현저히 일탈하여 결국 입법재량권이 자의적으로 행사된 경우에 해당한다고 볼 것이다. 따라서 이 사건 법률조항은 국민의 재산권등 기본권의 제한은 그 입법목적을 달성함에

필요한 최소한도에 그쳐야 한다는 헌법 제37조 제2항의 과잉입법금지원칙에 반한다고 판단된다.

ⓛ **타소장치 물품 무신고 반출시 필요적 몰수·추징** 타소장치(보세구역 아닌 장소에 장치)의 허가를 받고 물품반입신고를 하였으나 수입신고 없이 물품을 반출한 경우 당해 물품을 필요적으로 몰수·추징하도록 한 구 관세법규정이 최소침해성의 원칙에 위배되어 과잉금지원칙에 반한다는 위헌결정이 있었다.

판례 헌재 2004.3.25. 2001헌바89

[결정요지] 구 관세법 제198조 제2항 등 위헌소원 [결정요지] 타소장치의 허가를 받고 수입물품을 반입하기 위해서는 적하목록, 수량 및 가격 등 제반사항을 신고하여야 하므로, 관세당국은 타소장치 허가를 받은 곳에 반입된 물품을 파악할 수 있고, 물품이 신고없이 반출된다고 하더라도 관세의 징수를 확보할 수 있다. 입법자가 임의적 규정으로도 법의 목적을 실현할 수 있는 경우에 구체적 사안의 개별성과 특수성을 고려할 수 있는 가능성을 일체 배제하는 필요적 규정을 둔다면 이는 비례의 원칙의 한 요소인 '최소침해성의 원칙'에 위배된다. 관세법의 입법목적은 타소장치 허가를 받고 장치한 물품을 무신고수입한 행위자의 책임에 따라서 법관의 개별적·구체적인 양형에 따라 임의적인 몰수·추징을 함으로써 얼마든지 달성될 수 있다. 그런데 구 관세법 제198조 제2항 및 제3항 중 제179조 제2항 제1호 가운데 제67조 제1항의 허가를 받아 보세구역이 아닌 장소에 장치한 물품을 제137조 제3항, 제1항에 의한 신고를 하지 아니하고 수입한 자에 관하여 적용되는 부분(이하 '이 사건 법률조항'이라 한다)은 타소장치 허가를 받고 장치한 물품에 대한 수입신고를 단순히 업무상 착오나 과실로 해태하고 반출한 경우와 같이 행위자의 책임이 무겁지 않은 경우에도, 일률적으로 해당 물품 전부를 필요적으로 몰수·추징하고 있으므로, 형벌 본래의 기능과 목적을 달성함에 있어 필요한 정도를 현저히 일탈함으로써 "최소침해성의 원칙"에 위배되어 헌법 제37조 제2항의 과잉금지원칙에 반한다.

③ **필요적 직위해제** 형사사건으로 공소제기된 사립학교 교원은 반드시 직위해제되는 것으로 규정한 구 사립학교법 규정에 대해 피해최소성원칙에 반하여 위헌이라는 결정이 있었다.

판례 헌재 1994.7.29. 93헌가3, 판례집 6-2, 1면

[결정요지] 어떠한 내용의 형사사건이건 이를 가리지 않고 공소가 제기되기만 하면 그것만을 이유로 하여 당연히 직위해제처분을 하도록 되어 있다. 따라서 그 형사사건이 중대한 범죄이건 경미한 범죄이건 파렴치범이건 아니건 고의범이건 과실범이건 상관이 없는 것이다. 형사사건으로 기소되기만 하면 유죄판결을 받을 고도의 개연성이 있는가의 여부에 무관하게 경우에 따라서는 벌금형이나 무죄가 선고될 가능성이 큰 사건인 경우에 대하여서까지도 당해 교원에게 일률적으로 직위해제처분을 하지 않을 수 없는 불합리성이 있는 것이다. 그렇다면 목적의 정당성은 일응 인정된다고 할지라도 방법의 적정성·피해의 최소성·법익의 균형성을 갖추고 있지 못하다고 할 것이므로 헌법 제37조 제2항의 비례의 원칙에 어긋나서 헌법 제15조의 직업선택의 자유(구체적으로는 직업수행의 자유)를 침해하는 것이라고 할 수밖에 없다. 비슷한 취지의 구 국가공무원법 규정에 대해서도 비슷한 취지의 위헌결정이 있었다(헌재 1998.5.28. 96헌가12).

④ **위반의 경중(輕重)에 따른 제재가 아닌 경우** 위의 필요적 제재의 경우에도 나타나는 문제이긴 한데 제재가 전혀 필요없는 것이 아니라 제재가 필요하다고 하더라도 무조건 필요적

으로 중한 제재를 가할 것이 아니라 그 제재의 원인이 된 위반의 정도가 가벼운지 무거운지(경중 輕重)에 따라 그 제재의 경중도 달리하여야 피해최소성을 갖춘 것이 된다. 위의 자동차이용 범죄행위시의 필요적 운전면허취소의 위헌성에 대한 결정례에서도 경중에 따른 제재가 아닌 점에서 위헌성이 인정된 바 있다.

판례 헌재 2005.11.24. 2004헌가28

[결정요지] 원활한 교통을 확보함과 동시에 차량을 이용한 범죄의 발생을 막기 위한 것으로 그 목적이 정당하고 수단도 적합하다고 할 것이다. 그러나 이 사건 규정은 자동차 등을 이용하여 범죄행위를 하기만 하면 그 범죄행위가 얼마나 중한 것인지, 그러한 범죄행위를 행함에 있어 자동차 등이 당해 범죄 행위에 어느 정도로 기여했는지 등에 대한 아무런 고려 없이 무조건 운전면허를 취소하도록 하고 있으므로 이는 구체적 사안의 개별성과 특수성을 고려할 수 있는 여지를 일체 배제하고 그 위법의 정도나 비난의 정도가 극히 미약한 경우까지도 운전면허를 취소할 수밖에 없도록 하는 것으로 최소침해성의 원칙에 위반된다 할 것이다. 한편, 이 사건 규정에 의해 운전면허가 취소되면 2년 동안은 운전면허를 다시 발급 받을 수 없게 되는바, 이는 지나치게 기본권을 제한하는 것으로서 법익균형성원칙에도 위반된다. 그러므로 이 사건 규정은 직업의 자유 내지 일반적 행동자유권을 침해하여 헌법에 위반된다.

그런데 헌재는 형벌의 부과문제에 대해서 넓은 입법재량을 인정하고 있다.1)

(f) 기본권유형별

헌재는 비례(과잉금지)원칙을 많은 기본권침해에 대해 적용하여 심사하는데 그렇다고 모든 기본권침해에 대해 적용하는 것은 아니고 그 적용도 강도를 달리하기도 한다. 아래의 기본권 영역별로 몇 가지 사례들을 살펴본다.

① **인격권**

㉠ **신체과잉수색행위**

판례 헌재 2002.7.18. 2000헌마327, 판례집 14-2, 54면

[판시사항] 피청구인이 청구인들로 하여금 경찰관에게 등을 보인 채 상의를 속옷과 함께 겨드랑이까지 올리고 하의를 속옷과 함께 무릎까지 내린 상태에서 3회에 걸쳐 앉았다 일어서게 하는 방법으로 실시한 정밀신체수색으로 인하여 청구인들의 기본권이 침해되었는지 여부(적극) [결정요지] 피청구인이 유치장에 수용되는 자에게 실시하는 신체검사는 수용자의 생명·신체에 대한 위해를 방지하고 유치장 내의 안전과 질서를 유지하기 위하여 흉기 등 위험물이나 반입금지물품의 소지·은닉 여부를 조사하는 것으로서, 위 목적에 비추어 일정한 범위 내에서 신체수색의 필요성과 타당성은 인정된다 할 것이나, 그 목적 달성을 위하여 필요한 최소한도의 범위 내에서 또한 수용자의 명예나 수치심을 포함한 기본권이 침해되는 일이 없도록 충분히 배려한 상당한 방법으로 이루어져야 한다. 그런데 청구인들은 공직선거및선거부정방지법위반의 현행범으로 체포된 여자들로서 체포될 당시 흉기 등 위험물을 소지·은닉하고 있었을 가능성이 거의 없었고, 처음 유치장에 수용될 당시 신체검사를 통하여 위험물 및 반입금지물품의 소지·은닉 여부를 조사하여 그러한 물품이 없다는 사실을 이미 확인하였으며, 청구인들이 변호인 접견실에서 변호인을 접견할 당시 경찰관이 가시거리에서 그 접견과정을 일일이 육안으로 감시하면서 일부

1) 헌재 1995.4.20. 91헌바11; 2004.3.25. 2001헌바895 등 이를 표명한 결정례는 많다.

청구인의 휴대폰 사용을 제지하기도 하였던 점 등에 비추어 청구인들이 유치장에 재수용되는 과정에서 흉기 등 위험물이나 반입금지물품을 소지·은닉할 가능성이 극히 낮았던 한편, 당해 경찰서의 경우 변호인 접견 후 신체검사를 실시하여 흉기 등 위험물이나 반입금지물품의 소지·은닉을 적발한 사례가 없었던 사실을 피청구인이 자인하였으며, 특히 청구인들의 옷을 전부 벗긴 상태에서 청구인들에 대하여 실시한 이 사건 신체수색은 그 수단과 방법에 있어서 필요 최소한의 범위를 명백하게 벗어난 조치로서 이로 말미암아 청구인들에게 심한 모욕감과 수치심만을 안겨주었다고 인정하기에 충분하다. 따라서 피청구인의 청구인들에 대한 이러한 과도한 이 사건 신체수색은 그 수단과 방법에 있어서 필요한 최소한도의 범위를 벗어났을 뿐만 아니라, 이로 인하여 청구인들로 하여금 인간으로서의 기본적 품위를 유지할 수 없도록 하는 것으로서 수인하기 어려운 정도라고 보여지므로 헌법 제10조의 인간의 존엄과 가치로부터 유래하는 인격권 및 제12조의 신체의 자유를 침해하는 정도에 이르렀다고 판단된다.

㉡ 계구의 상시적 착용

판례 헌재 2003.12.18. 2001헌마163, 판례집 15-2 하, 562

[결정요지] 교도소에 수용하는 동안 상시적으로 양팔을 사용할 수 없도록 하는 계구를 착용하게 한 행위는 기본권 제한을 최소화하면서도 도주, 자살 또는 자해의 방지 등과 같은 목적을 달성할 수 있음에도 불구하고 헌법 제37조 제2항에 정해진 기본권제한의 한계를 넘어 필요 이상으로 장기간, 그리고 과도하게 청구인의 신체거동의 자유를 제한하고 최소한의 인간적인 생활을 불가능하도록 하여 청구인의 신체의 자유를 침해하고, 나아가 인간의 존엄성을 침해한 것으로 판단된다.

② **자유권** 위에 인용된 예들 중에서도 자유권에 관한 예들을 볼 수 있는데 아래에 개별 자유권별로 정리할 수 있다.

㉠ **신체의 자유** 위 ①의 ㉠, ㉡의 예는 인간존엄성과 더불어 자유권인 신체의 자유권의 침해도 인정한 예이다.

㉡ **특히 언론·출판·집회·결사의 자유**(표현의 자유) 그 중요성으로 인해 그 침해여부에 대한 판단에서 피해최소성심사를 한 예들이 많다. 위 (d) ②가 그 예이다.

㉢ 직업의 자유, 재산권과 같은 경제적 자유권에 있어서도 피해최소성 심사를 행한 예들을 볼 수 있다.

▸ 직업의 자유의 경우 – 위 (a), (d) ①, (e) ① ㉠ 등이 그 예이다.

▸ 재산권의 경우 - 예 : 계산서교부·합계표제출 요구와 불이행시의 가산세부과의 위헌성 - 헌재는 과세관청이 이미 법인의 거래자료를 확보하고 있으면서 다시 법인으로 하여금 계산서 교부 또는 합계표 제출을 요구하고 이를 이행하지 아니하는 경우 가산세의 제재를 가하는 구 법인세법 규정이 최소침해원칙을 위배하여 법인의 재산권을 침해하는 위헌이라고 결정하였다.

판례 헌재 2006.6.29. 2002헌바80

[결정요지] 재화나 용역을 공급하는 법인으로 하여금 공급받는 자에게 계산서를 교부하게 하고, 각 매출처별 또는 매입처별 계산서 합계표를 과세관청에 제출하도록 의무지운 후, 그 의무불이행에 대한 제재로써 가산세를 부과하는 것이 이 사건 가산세 규정이다. 재화나 용역을 공급하는 자와 이를 공급받는

자인 거래상대방과의 유통상 연관관계에서 볼 때, 일방 당사자의 매출액은 곧 그 거래상대방의 지급비용의 합계와 같기 때문에 이를 상호대조함으로써 근거과세를 확립하고, 과세표준을 양성화하고자 하는 것이 이 사건 가산세 규정의 입법목적이라 할 것인데, 소득신고의 진실성이 담보되지 아니한다면 헌법상의 납세의무는 형해화될 것이기 때문에 위와 같은 입법목적은 정당하다. 나아가 계산서 교부, 합계표 제출의무를 부과하는 것이 과세표준의 양성화에 기여하는 바가 없다고 할 수 없으므로 이 부분에 대한 방법의 적절성은 인정된다. 그러나 부동산을 공급하는 경우에는 법인에게 계산서 교부, 합계표 제출의무를 부과하지 아니하더라도 각 과세관청은 부동산등기법이나 부동산등기특별조치법에 의하여 등기소나 검인관청으로부터 거래자료를 송부받아 그 거래 내용을 파악하고 관리할 수 있는 방도를 법적으로 확보하고 있다. 그러함에도 불구하고, 납세자들로 하여금 부가적으로 위와 같은 의무를 부담하게 하고, 이를 이행하지 아니하는 경우 공급가액의 1%에 이르는 가산세를 부과하는 구 법인세법(1998. 12. 28. 법률 제5581호로 개정되기 전의 것) 규정은 법익침해의 최소성원칙에 어긋나 납세자의 재산권을 침해한다.

㉣ 통신비밀의 자유

판례 헌재 2012.2.23. 2009헌마333

[결정요지] 이 사건 시행령조항은 교정시설의 안전과 질서유지, 수용자의 교화 및 사회복귀를 원활하게 하기 위해 수용자가 밖으로 내보내는 서신에 대해 봉함하지 않은 상태로 제출하도록 한 것이나, 이와 같은 목적은 교도관이 수용자의 면전에서 서신에 금지물품이 들어 있는지를 확인하고 수용자로 하여금 서신을 봉함하게 하는 방법, 봉함된 상태로 제출된 서신을 X-ray 검색기 등으로 확인한 후 의심이 있는 경우에만 개봉하여 확인하는 방법, 그리고 서신에 대한 검열이 허용되는 경우에만 무봉함 상태로 제출하도록 하는 방법 등으로도 얼마든지 달성될 수 있다고 할 것인바, 이 사건 시행령조항이 수용자가 보내려는 모든 서신에 대해 무봉함 상태의 제출을 강제함으로써 수용자의 발송 서신 모두를 사실상 검열 가능한 상태에 놓이도록 하는 것은 기본권 제한 규범이 지켜야 할 침해의 최소성 요건을 위반하는 것이다. 이 사건 시행령조항은 과잉금지원칙에 위배되어 수용자의 통신비밀의 자유를 침해한다.

㉤ 양심의 자유(예 : 양심적 병역거부 사건) 등에서도 비례원칙의 피해최소성 심사를 한 예를 볼 수 있다. 최근의 양심적 병역거부 관련 헌법불합치결정에서 그러했다.

판례 헌재 2018.6.28. 2011헌바379등. * 이 결정 등 양심적 병역거부에 관한 결정에 대해서는 기본권 각론의 양심의 자유 부분 참조.

③ 공무담임권 금고 이상의 형의 선고유예를 받은 경우에는 공무원직에서 당연히 퇴직하는 것으로 규정한 구 지방공무원법 제61조 중 제31조 제5호 부분이 아래와 같이 최소침해성을 위배하여 헌법 제25조의 공무담임권을 침해하고 있다고 보았고 공무원 인사 관련 여러 비슷한 규정들에 대한 위헌결정이 있었다. * 유의할 점은 범죄의 종류와 내용을 가리지 않아 최소침해성 위배라는 것이어서 범죄 종류에 따라 이와 같은 규정을 둔 것은 합헌이라고 본다.

판례 헌재 2002.8.29. 2001헌마788

[결정요지] 최소침해성 원칙 위반여부 — 이 사건 법률조항은 공무원이 저지른 범죄의 종류나 내용을 불문하고 범죄행위로 금고 이상의 형의 선고유예를 받게 되면 당연히 공직에서 퇴직하도록 하고 있다. 그런데, 같은 금고 이상의 형의 선고유예를 받은 경우라고 하여도 범죄의 종류, 죄질, 내용이 지극히 다

양하므로, 그에 따라 국민의 공직에 대한 신뢰 등에 미치는 영향도 큰 차이가 있다. 또한 일반적으로 선고유예의 판결을 받은 경우는 법정형이 1년 이하의 징역이나 금고 또는 벌금형인 경우로서 개전의 정상이 현저한 경우를 그 요건으로 하여 법원이 재량으로써 특별히 가벼운 제재를 하는 경우이다. 이 사건 법률조항이 규율하는 경우는 비록 선고유예 가운데에서 금고 이상의 형을 받은 경우로 한정되어 있으나, 이 경우에도 역시 당해 피고인의 책임 및 불법의 정도가 현저하게 크다고 할 수 없는 것이다. 그렇다면, 입법자로서는 유죄판결의 확정에 따른 당연퇴직의 사유로서 금고 이상의 형의 선고유예의 판결을 받은 모든 범죄를 포괄하여 규정할 것이 아니라, 입법목적을 달성함에 반드시 필요한 범죄의 유형, 내용 등으로 그 범위를 가급적 한정하여 규정하거나, 혹은 적어도 지방공무원법상에 마련된 징계 등 별도의 제도로써도 입법목적을 충분히 달성할 수 있는 것으로 판단되는 경우를 당연퇴직의 사유에서 제외시켜 규정하였음이 마땅하였으며, 이와 같은 방식으로 규정함이 최소침해성의 원칙에 따른 기본권 제한 방식이라고 할 것이다. 결국 이 사건 법률조항은 범죄의 종류와 내용을 가리지 않고 모두 당연퇴직사유로 규정함으로써 입법목적을 달성하기 위하여 필요한 최소한의 정도를 넘어 청구인들의 기본권을 과도하게 제한하여 공무담임권을 침해하였다고 할 것이다. 동지 : 국가공무원에 대한 같은 취지의 규정에 대한 같은 취지의 결정으로, 헌재 2003.10.30. 2002헌마684. 군인에 대한 같은 취지의 규정에 대한 같은 취지의 결정으로, 헌재 2003.9.25. 2003헌마293.

④ **청구권** 재판절차진술권(청구권)의 침해의 최소성 위반례 판례는 아래와 같다.

판례 헌재 2009.2.26. 2005헌마764, 판례집 21-1 상, 172면

[결정요지] 교통사고 피해자가 신체의 상해로 인하여 생명에 대한 위험이 발생하거나 불구 또는 불치나 난치의 질병에 이르게 된 경우, 즉 중상해를 입은 경우(형법 제258조 제1항 및 제2항 참조), 사고발생 경위, 피해자의 특이성(노약자 등)과 사고발생에 관련된 피해자의 과실 유무 및 정도 등을 살펴 가해자에 대하여 정식 기소 이외에도 약식기소 또는 기소유예 등 다양한 처분이 가능하고 정식 기소된 경우에는 피해자의 재판절차진술권을 행사할 수 있게 하여야 함에도, 이 사건 법률조항에서 가해차량이 종합보험 등에 가입하였다는 이유로 교통사고처리특례법 제3조 제2항 단서조항(이하, '단서조항'이라고 한다)에 해당하지 않는 한 무조건 면책되도록 한 것은 기본권침해의 최소성에 위반된다.

마) 피해최소성 심사 강도의 의미

헌재는 비례심사에 있어서 그 강도를 매우 엄격하게 하기도 하고 느슨하게 하기도 한다. 그런데 그 강도의 정도는 결국 피해최소성 판단에서 어느 정도로 하느냐에 달렸다고 볼 것이다. 그 예로 헌재는 상업광고의 규제에 대한 위헌심사에서 '피해최소성' 심사를 완화하여 한다고 판시한 바 있다.

판례 헌재 2005.10.27. 2003헌가3, 판례집 17-2, 198면

[판시] 상업광고는 표현의 자유의 보호영역에 속하지만 사상이나 지식에 관한 정치적, 시민적 표현행위와는 차이가 있고, 한편 직업수행의 자유의 보호영역에 속하지만 인격발현과 개성신장에 미치는 효과가 중대한 것은 아니다. 그러므로 상업광고 규제에 관한 비례의 원칙 심사에 있어서 '피해의 최소성' 원칙은 같은 목적을 달성하기 위하여 달리 덜 제약적인 수단이 없을 것인지 혹은 입법목적을 달성하기 위하여 필요한 최소한의 제한인지를 심사하기보다는 '입법목적을 달성하기 위하여 필요한 범위 내의 것인지'를 심사하는 정도로 완화되는 것이 상당하다.

(라) 법익균형성

가) 개념과 판단방법

헌재는 법익균형성을 "입법에 의하여 보호하려는 공익(公益)과 침해되는 사익(私益)을 비교형량할 때 보호되는 공익이 더 커야 한다"라고 설명한다. 법익균형성을 좁은 의미(협의)의 비례성이라고도 한다. 기본권이 제한되는 개인을 관점에 두고 보면 그 제한을 개인이 감내할 만한 것이어야 한다는 것이므로 수인가능성이라고도 한다. 법익균형성은 기본권제한으로 달성하려는 목표인 공익이 무엇인지를 찾아 그 크기를 살펴보고 다른 한편으로는 제한됨으로써 오는 개인의 불이익이 무엇인지를 찾아 그 크기를 살펴보아 양자의 크기를 비교한다(법익의 형량). 공익은 그 기본권을 제한하려는 목적에 결부되어 있으므로 그 목적을 헌법이 어느 정도 보호하느냐 하는 중요도에 따라 공익의 정도도 달라질 것이다. 개인의 이익은 그 개인이 제한받는 기본권의 중요도에 따라 그 크기가 달라질 것이다. 공익과 사익, 양 법익의 측정, 비교는 객관적으로 이루어져야 하고 헌법재판관, 법관, 법집행기관의 주관적 가치관에 따른 평가로 이루어져서는 아니 된다.

*** 공무원 당연퇴직사유에 대한 심사에서의 법익균형성 심사 – 엄격심사**

판례 헌재 2002.8.29. 2001헌마788등

[판시] … 법익균형성 원칙의 위반여부 – 공무원의 퇴직이란 당해 공무원의 법적 지위에 대한 가장 본질적인 제한이며, 이 가운데 당연퇴직이란 일정한 사유만 발생하면 별도의 실체적, 절차적 요건없이 바로 퇴직되는 것이므로 공무원직의 상실 가운데에서도 법적 지위가 가장 예민하게 침해받는 경우이다. 따라서, 공익과 사익간의 비례성 형량에 있어서 더욱 엄격한 기준이 요구되는 경우라고 할 것이다. 이 사건 법률조항은 위에서 살펴본 바와 같이 당연퇴직사유를 적절한 제한없이 포괄적으로 규정함으로써 공익을 사익에 비해 지나치게 우선시키고 있어 법익균형성의 원칙에 반하는 것이다. 하지만, 이 사건 법률조항은 그 외에도 다음과 같은 이유로 공익과 사익이 적절한 균형을 이루고 있는 입법이라고 할 수 없다.

나) 법익균형성 위반 결정례

법익균형성에 관한 판단을 한 결정례들은 많이 있다. 법익균형성의 실제적 적용에 대한 이해를 위해 기본권유형별 몇 가지 위반 사례만 살펴본다.

ⅰ) **재산권** 퇴직 후 범죄에 대한 공무원퇴직급여 환수의 법익불균형성 – 구 공무원연금법 제64조 제3항의 급여제한의 급여제한을 '재직 중의 사유'가 아닌 '퇴직 후의 사유'에도 적용하는 것이 법익균형성을 잃어 재산권을 침해하는 위헌이라고 보아 한정위헌결정을 하였다.

판례 헌재 2002.7.18. 2000헌바57, 판례집 14-2, 1면. 한정위헌결정

[결정요지] 공무원으로서의 직무상 의무인 성실의무, 복종의무 등은 원칙적으로 재직 중에 부과되는 의무이지 퇴직한 후에도 계속 부담하는 것으로는 볼 수 없다. 또한 직무의 종류나 근무기간 등을 전혀 구분함이 없이 일률적으로 규정하여 입법형성의 자유를 넘어선 과도한 제한이다. 따라서, 이 사건 법률조

항에 의한 급여제한의 사유가 퇴직 후에 범한 죄에도 적용되는 것으로 보는 것은, 입법목적을 달성하기 위한 방법의 적정성을 결하고, 공무원이었던 사람에게 입법목적에 비추어 과도한 피해를 주어 법익균형성을 잃는 것으로서 과잉금지의 원칙에 위배하여 재산권의 본질적 내용을 침해하는 것으로 헌법에 위반된다. [주문] 공무원연금법 제64조 제3항은 퇴직 후의 사유를 적용하여 공무원연금법상의 급여를 제한하는 범위 내에서 헌법에 위반된다.

ii) **정치적 표현의 자유** ① 기초의회의원선거 후보자로 하여금 특정 정당으로부터의 지지 또는 추천 받음을 표방할 수 없도록 한 구 공직선거및선거부정방지법 규정 – 헌재는 법익의 균형성을 현저히 잃고 있다고 하여 정치적 표현의 자유를 침해하는 위헌이라고 판단하였다.

판례 헌재 2003.1.30. 2001헌가4, 판례집 15-1, 7면

[결정요지] 법 제84조가 지방자치 본래의 취지 구현이라는 입법목적의 달성에 기여하는 효과가 매우 불확실하거나 미미한 반면에, 이 조항으로 인해 기본권이 제한되는 정도는 현저하다. 즉, 후보자로서는 심지어 정당의 지지·추천 여부를 물어오는 유권자들에 대해서도 침묵하지 않으면 안 되는 바, 이는 정당을 통해 정계에 입문하려는 기초의회의원 후보자에게 지나치게 가혹하다. 또한, 지방의회의원 선거의 선거기간이 14일로 규정되어 있고 사전선거운동이 금지되는 등 선거의 공정성을 담보하는 각종의 규제들이 마련되어 있어서 실제로 유권자들이 기초의회의원 후보자와 접촉할 수 있는 기회는 그리 많지 않은 데다가 이른바 4대 지방선거가 동시에 실시되고 있는 탓으로 유권자들이 후보자들 개개인의 자질과 능력을 일일이 분석·평가하기란 매우 힘든 실정이므로 현실적으로 후보자에 대한 정당의 지지·추천 여부는 유권자들이 선거권을 행사함에 있어서 중요한 참고사항이 될 수밖에 없는데도 불구하고, 무리하게 후보자의 정당표방을 금지하는 경우에는 유권자들은 누가 누구이고 어느 후보가 어떠한 정치적 성향을 가졌는지도 모르는 상태에서 투표를 하거나 아니면 선거에 무관심하게 되어 아예 투표 자체를 포기할 수도 있다. 이러한 점들을 종합할 때, 정당표방을 금지함으로써 얻는 공익적 성과와 그로부터 초래되는 부정적인 효과 사이에 합리적인 비례관계를 인정하기 어려워, 법익의 균형성을 현저히 잃고 있다고 판단된다. * 이 결정은 합헌으로 본 선례인 1999.11.25. 99헌바28 결정을 변경한 것이다(판례변경).

② 인터넷 활용, SNS활용 선거운동금지의 위헌성 인정 – 헌재는 탈법방법에 의한 문서·도화의 배부·게시를 금지하는 공직선거법 제93조 제1항의 '기타(그 밖에) 이와 유사한 것'에 인터넷 활용, 트위터 등 SNS에 의한 방법, 즉 '정보통신망을 이용하여 인터넷 홈페이지 또는 그 게시판·대화방 등에 글이나 동영상 등 정보를 게시하거나 전자우편을 전송하는 방법'이 포함되는 것으로 해석하는 한 법익균형성을 갖추지 못하여 헌법에 위반된다는 한정위헌결정을 하였다.

판례 헌재 2011.12.29. 2007헌마1001

[판시] 이 사건 법률조항이 인터넷 상 정치적 표현 내지 사전선거운동을 금지함으로써 얻어지는 선거의 공정성은 명백하거나 구체적이지 못한 반면, 인터넷을 이용한 의사소통이 보편화되고 각종 선거가 빈번한 현실에서 이 사건 법률조항이 선거일 전 180일부터 선거일까지 장기간 동안 인터넷 상 정치적 표현의 자유 내지 선거운동의 자유를 전면적으로 제한함으로써 생기는 불이익 내지 피해는 매우 크다 할 것이므로, 이 사건 법률조항은 법익균형성의 요건을 갖추지 못하였다.

iii) **직업의 자유** 자동차운전학원 졸업생 사고비율에 따른 운영정지

판례 헌재 2005.7.21. 2004헌가30, 판례집 17-2, 1면

[쟁점] '자동차운전전문학원을 졸업하고 운전면허를 받은 사람 중 교통사고를 일으킨 비율이 대통령령이 정하는 비율을 초과하는 때'에는 학원의 등록을 취소하거나 1년 이내의 운영정지를 명할 수 있도록 한 도로교통법 제71조의15 제2항 제8호의 '교통사고' 부분(이하 '이 사건 조항'이라 한다)이 운전전문학원 운영자의 직업의 자유를 침해하는지 여부. 앞의 방법적절성 등에서 이미 인용한 결정한 예임. [결정요지] 이 사건 조항이 추구하는 입법목적이 이 사건 조항을 통하여 달성될 것인지가 불투명한 반면, 이 사건 조항에 따른 행정제재를 당하는 운전전문학원은 자신이 충실히 운전교육과 기능검정을 하였더라도 피할 수 없는 제재를 당할 수 있게 되고, 그러한 제재가 가져오는 영업상의 손실은 큰 것이다. 이 사건 조항은 법익의 균형성 원칙에 위배된다.

ⅳ) **선거권 - 부재자투표개시시각**(10시)**의 위헌성**(헌법불합치) 헌재는 부재자투표의 개시시각을 오전 10시로 한 구 공직선거법 제155조 제2항 규정에 대해 법익균형성을 갖추지 못한 선거권의 침해로 헌법에 합치되지 아니한다고 보고, 2013. 6. 30.을 시한으로 입법자의 개선입법이 이루어질 때까지 잠정적으로 적용하도록 하는 헌법불합치결정을 하였다.

판례 헌재 2012.2.23. 2010헌마601

[결정요지] 이 사건 투표시간조항이 투표개시시간을 일과시간 이내인 오전 10시부터로 정한 것은 투표시간을 줄인 만큼 투표관리의 효율성을 도모하고 행정부담을 줄이는 데 있고, 그 밖에 투표종료시간을 정할 때 발생할 수 있는 부재자투표의 인계·발송절차의 지연위험 등과는 관련이 없다. 이에 반해 일과시간에 학업이나 직장업무를 하여야 하는 부재자투표자는 투표개시시간을 일과시간 이내인 오전 10시부터로 정하고 있는 이 사건 투표시간조항으로 인하여 일과시간 이전에 투표소에 가서 투표할 수 없게 되어 사실상 선거권을 행사할 수 없게 되는 중대한 제한을 받는다. 그렇다면 이 사건 투표시간조항 중 투표개시시간 부분은 수단의 적정성, 법익균형성을 갖추지 못하므로 과잉금지원칙에 위배하여 청구인의 선거권을 침해하는 것이다.

ⅴ) **공무담임권 - 선고유예에 의한 공무원결격** 금고 이상의 형의 선고유예를 받은 경우에는 공무원직에서 당연히 퇴직하는 것으로 규정한 구 지방공무원법 제61조 중 제31조 제5호 부분이 법익균형성을 갖추지 못하여 헌법 제25조의 공무담임권을 침해하여 위헌이라고 결정하였다.

판례 헌재 2002.8.29. 2001헌마788, 판례집 14-2, 219면

[결정요지] 이 사건 법률조항은 위에서 살펴본 바와 같이 당연퇴직사유를 적절한 제한없이 포괄적으로 규정함으로써 공익을 사익에 비해 지나치게 우선시키고 있어 법익균형성의 원칙에 반하는 것이다. 동지 : 헌재 2003.9.25, 2003헌마293, 판례집 15-2 상, 536면.

ⅵ) **재판청구권에 대한 법익불균형한 제한의 예** 국가정보원 직원(퇴직한 자를 포함)이 "사건당사자로서 직무상의 비밀에 속한 사항을 증언 또는 진술하고자 할 때에는 미리 원장의 허가를 받아야 한다"라고 규정한 구 국가정보원직원법 규정이 법익균형성을 갖추지 못한 재판청구권의 제한이라고 하여 헌법불합치결정을 하였다.

판례 헌재 2002.11.28. 2001헌가28

[결정요지] 이 법률조항에서 국가정보원장이 그 직원등의 소송상 진술의 허가여부를 결정함에 있어서 공익상 필요성 여부 등에 관한 아무런 제한요건을 정하고 있지 아니함으로 인하여 국가정보원장의 재량으로 동 허가여부에 대한 판단을 할 수 있도록 한 것은 국가비밀 보호라는 공익유지에 편중하여 동 허가의 대상자인 위 직원 등의 재판청구권을 지나치게 광범위하게 제한하는 것이다. 소송당사자의 진술에 대한 국가정보원장의 허가에 대하여는 국가이익에 대한 중요도와 비공개의 불가피성 여부를 기준으로 한 엄격한 요건이 설정되어야 하며, 이 요건을 준수하였는지 여부에 대한 사법적 통제가 이루어질 수 있도록 하여야 한다. 국가이익에 대한 중요도와 비공개의 불가피성 여부를 기준으로 한 엄격한 비교형량의 판단을 도외시한 채 정보가치가 희박한 보안사항까지 국가정보원장의 판단에 의하여 소송당사자의 사익의 가치와 중요도에 관계없이 동 사익에 우선할 수 있도록 허용하는 것은 공익과 사익간에 합리적인 비례관계를 형성하지 못하고 있다. 따라서 이 법률조항은 과잉금지원칙에 위배하여 소송당사자의 재판청구권을 침해하고 있다.

4) 평가와 사견

(가) 목적정당성

목적정당성을 비례(과잉금지)원칙의 한 요소로 포함하여 비례심사를 하는 헌법재판소의 확립된 판례에 대해 반론이 없지 않다. 즉 과잉금지원칙을 방법상의 한계로 보고 목적정당성은 별도로 목적상 한계로 보아 목적정당성을 과잉금지원칙에 포함시키지 않는 견해, 과잉금지원칙은 수단에 대한 심사이고 목적정당성 심사는 목적에 대한 심사이므로 목적정당성을 과잉금지원칙에 포함하여서는 안 된다는 견해가 있다. 기본권을 제한하고자 하는 목적이 정당하다는 것은 헌법 제37조 제2항이 인정하는 국가안전보장, 질서유지, 공공복리라는 제한사유들 중 어느 하나에 해당되는 것을 의미하므로 목적정당성 요소는 사실 위에서 본 기본권제한사유에 해당된다는 것을 의미하는 것은 물론이고 헌재도 그렇게 본다. 기본권제한사유(목적)의 문제로 보아 분리하여 심사하든 목적정당성의 문제로 비례심사에서 심사하든 여하튼 그 심사는 행해지게 된다는 점에서 그 논의의 실익은 없는 것으로 볼 수 있다. 그러나 비례원칙심사의 입장에서는 법논리적으로는 비례원칙 2번째 요소인 방법의 적절성을 위하여 목적정당성이 비례원칙에 포함된다고 보는 것이 타당하다. 기본권을 제한하는 방법이 제한의 목적을 달성하는데 효과적인가 하는가를 판단하기 위해서는 먼저 그 방법이 달성하려는 목적을 살펴보아야 하고 그런 연후에 그 방법의 목적과의 관련성이 파악되어질 수 있기 때문에 보다 연결성을 찾는 데 연결성이 가깝다.

(나) 방법의 적절성 요소의 문제점

판례이론에서 사용하고 있는 '방법의 적절성'이란 용어가 과연 적절한지 의문이다. '적절' 하다는 말에 대해 국어사전은 '알맞다'라고 정의를 하고 있다. '알맞다'라고 함은 일상 대화에서 경제성, 즉 피해가 가장 적은(비용이 가장 적게 드는) 것을 고려한 결과까지도 포함하여 '적절'

이란 말을 사용하고 있음을 의미하니 이는 적절성이란 결국 최소침해의 관념을 포함하는 것으로 볼 수 있을 것이기 때문이다.

* 예를 들어 며칠 간 영업정지로도 위법행위에 대한 제재와 앞으로의 위법을 막을 수 있음에도 영업허가를 철회하여 앞으로 수익 월 300만원을 2년간 벌지 못하게 한다면 일반 시민은 그것은 적절하지 못하고 지나치다고 말할 것이다.

헌법재판소가 설정한 방법의 적절성이란 목적달성에 효과가 있는 방법인지 하는 데 주안점이 있으므로 '방법의 실효성', '방법의 효과성' 내지 '방법의 목적관련성'이라고 부르는 것이 보다 적확할 것이다.

(5) 헌법재판에서의 적용

1) 완화심사와 엄격심사

(가) 개관

헌재판례에서 비례심사를 행하는 경우가 많은 것은 물론이나 헌재는 기본권의 종류에 따라 합리성 심사인 완화심사에 그치고 4요소 비례원칙 심사인 엄격심사를 하지 않은 경우도 있다. 이 구분은 헌재 자신이 한 것이다. 완화심사는 비례심사를 하지 않고 그것을 합리성심사에 그치는 것이라고 한 것도 헌재 자신이다. 정리하면 헌재는 비례심사를 행하는 경우를 엄격심사, 행하지 않은 경우를 완화심사라고 한다. 비례심사를 하는 경우와 그렇지 않은 경우를 헌재는 제한되는 기본권의 중요성 등에 따라 구분하는 경향을 보이기도 한다. 그러나 아직까지 그 구분에 대한 충분히 체계적인 기준을 명시적으로 밝히고 있지는 않다. 판례에 대한 분석을 통해 윤곽을 잡을 수 있을 것이긴 하다. 기본권주체인 국민의 입장에서 보면 비례원칙 4요소별로 다소 완화하는 것을 인정하더라도 가능한 한 원칙적으로 비례원칙심사를 하는 것이 기본권의 최대보장을 위해서 요구된다. 아래에 그 영역을 살펴본다.

(나) 비례심사 영역

비례심사가 자유권 영역에서만 이루어진다는 견해도 있다. 그러나 자유권 외에도 헌재는 비례심사를 행하고 있다.

① **자유권** 비례원칙심사의 예가 많다. 우리 헌재의 경우 표현의 자유와 같은 중요한 자유권, 재산권 등의 침해에 대해 비례원칙심사를 하고 있다.

② **청구권** 청구권인 청원권, 재판청구권 등을 제한하는 법률 등에 대해 비례원칙심사를 한 예들이 있다.

판례 * 재판청구권의 제한에 대한 비례심사를 하여 헌법불합치결정이 된 예 : 헌재 2002.11.28. 2001헌가28, 국가정보원직원법 제17조 제2항 위헌제청. [판시사항] 국가정보원직원법 제17조 제2항(이하, "이 사건 법률조항"이라 한다) 중 "직원(퇴직한 자를 포함한다)이 사건당사자로서 직무상의 비밀에 속한 사항을 진술하고자 할 때에는 미리 원장의 허가를 받아야 한다."는 부분이 과잉금지의 원칙에 위배하여 소송당사자의 재판청구권을 침해하는 것인지 여부(헌법불합치결정). [결정요지] 이 사건 법률조항에서 국가정보원장이 그 직원등의 소송상 진술의 허가여부를 결정함에 있어서 공익상 필요성 여부 등에 관한 아무런 제한요건을 정하고 있지 아니함으로 인하여 국가정보원장의 재량으로 동 허가여부에 대한 판단을 할 수 있도록 한 것은 국가비밀 보호라는 공익유지에 편중하여 동 허가의 대상자인 위 직원 등의 재판청구권을 지나치게 광범위하게 제한하는 것이다. 소송당사자의 진술에 대한 국가정보원장의 허가에 대하여는 국가이익에 대한 중요도와 비공개의 불가피성 여부를 기준으로 한 엄격한 요건이 설정되어야 하며, 이 요건을 준수하였는지 여부에 대한 사법적 통제가 이루어질 수 있도록 하여야 한다. 국가이익에 대한 중요도와 비공개의 불가피성 여부를 기준으로 한 엄격한 비교형량의 판단을 도외시한 채 정보가치가 희박한 보안사항까지 국가정보원장의 판단에 의하여 소송당사자의 사익의 가치와 중요도에 관계없이 동 사익에 우선할 수 있도록 허용하는 것은 공익과 사익 간에 합리적인 비례관계를 형성하지 못하고 있다. 따라서 이 사건 법률조항은 과잉금지의 원칙에 위배하여 소송당사자의 재판청구권을 침해하고 있다. * 또 다른 예 : 헌재 2013.8.29. 2011헌마122, 형의 집행 및 수용자의 처우에 관한 법률 시행령 제58조 제4항 등 위헌확인. [판시사항] 가. 변호사와 접견하는 경우에도 수용자의 접견은 원칙적으로 접촉차단시설이 설치된 장소에서 하도록 규정하고 있는 형의 집행 및 수용자의 처우에 관한 법률 시행령(2008. 10. 29. 대통령령 제21095호로 개정된 것) 제58조 제4항(이하 '이 사건 접견조항'이라 한다)이 재판청구권을 침해하는지 여부(적극) 나. 헌법불합치결정을 하고, 잠정 적용을 명한 사례 [결정요지] 가. 이 사건 접견조항에 따르면 수용자는 효율적인 재판준비를 하는 것이 곤란하게 되고, 특히 교정시설 내에서의 처우에 대하여 국가 등을 상대로 소송을 하는 경우에는 소송의 상대방에게 소송자료를 그대로 노출하게 되어 무기대등의 원칙이 훼손될 수 있다. 변호사 직무의 공공성, 윤리성 및 사회적 책임성은 변호사 접견권을 이용한 증거인멸, 도주 및 마약 등 금지물품 반입 시도 등의 우려를 최소화시킬 수 있으며, 변호사접견이라 하더라도 교정시설의 질서 등을 해할 우려가 있는 특별한 사정이 있는 경우에는 예외를 두도록 한다면 악용될 가능성도 방지할 수 있다. 따라서 이 사건 접견조항은 과잉금지원칙에 위배하여 청구인의 재판청구권을 지나치게 제한하고 있으므로 헌법에 위반된다.

③ **평등권에서 엄격심사를 하는 경우** 평등권에서 완화심사와 엄격심사로 나누어 엄격심사에 있어서는 비례심사를 행한다.

④ **선거권에 대한 제한** 헌재는 다음과 같이 선거권에 대한 제한에 대해 특별히 비례원칙심사를 하는 이유를 밝힌 바 있다. "국민이면 누구나 그가 어디에 거주하든지 간에 주권자로서 평등한 선거권을 향유하여야 하고, 국가는 국민의 이러한 평등한 선거권의 실현을 위해 최대한의 노력을 기울여야 할 의무를 진다는 것은 국민주권과 민주주의의 원리에 따른 헌법적 요청이다. 입법자는 국민의 선거권 행사를 제한함에 있어서 주권자로서의 국민이 갖는 선거권의 의의를 최대한 존중하여야만 하고, 선거권 행사를 제한하는 법률이 헌법 제37조 제2항의 과잉금지원칙을 준수하고 있는지 여부를 심사함에 있어서는 특별히 엄격한 심사가 행해져야 한다."[1)]

⑤ **생존권의 경우** 생존권에 대해서는 비례원칙심사에 대해 소극적으로 보는 경향이 있다. 그러나 다음과 같은 점들에 주목하여야 할 것이다.

i) 생존권에 대해서는 생존권의 하나인 사회보장수급권에 대해서는 입법형성을 이유로

1) 헌재 2007.6.28. 2004헌마644, 판례집 19-1, 879면.

비례원칙심사를 찾아보기 힘들긴 하다. 주로 최소한의 조치, 보장이 이루어졌는지를 심사한 판례들이 많다. 그러나 생각건대 형성된 사회보장수급권을 제한하는 경우에는 비례원칙심사가 이루어질 경우가 있다고 볼 것이다. 예를 들어 사회보장수급권이 인정되어 받는 급여를 제한하는 경우에는 재산권을 제한하는 면도 있으므로 이에 대해서는 비례심사가 이루어질 수 있다. 그러한 예들을 헌재판례에서도 볼 수 있다. 한 가지 예를 보면, 의료보험급여제한에 대한 한정위헌결정에서 헌재는 재산권을 과도하게 제한하여 비례(과잉금지)원칙에 반할 뿐만 아니라 사회적 기본권으로서의 의료보험수급권의 본질을 침해하여 헌법에 위반된다고 판시한 바 있다.

판례 헌재 2003.12.18. 2002헌바1

[판시사항] 1. 구 국민의료보험법상의 의료보험수급권이 재산권으로서의 성질을 가지는지 여부(적극) 2. 구 국민의료보험법 제41조 제1항(이하 '이 사건 법률조항'이라 한다)의 보험급여 제한 사유에 고의와 중과실에 의한 범죄행위 이외에 경과실에 의한 범죄행위까지 포함되는 것으로 해석하는 것이 재산권에 대한 과도한 제한으로서 재산권을 침해하는지 여부(적극) 3. 경과실에 의한 범죄행위에 기인하는 보험사고에 대하여 의료보험급여를 제한하는 것이 사회적 기본권으로서의 의료보험수급권의 본질을 침해하는지 여부(적극) [결정요지] 1. 법률에 의하여 구체적으로 형성된 의료보험수급권에 대하여 헌법재판소는 이를 재산권의 보장을 받는 공법상의 권리로서 헌법상의 사회적 기본권의 성격과 재산권의 성격을 아울러 지니고 있다고 보므로, 보험급여를 받을 수 있는 가입자가 만일 이 사건 법률조항의 급여제한 규정에 의하여 보험급여를 받을 수 없게 된다면 이것은 헌법상의 재산권과 사회적 기본권에 대한 제한이 된다. 2. 이 사건 법률조항은 보험급여의 제한 사유인 '범죄행위'에 고의나 중과실에 의한 것 이외에 경과실에 의한 것까지 포함하고 있는바, 고의·중과실을 제외한 경과실범의 경우에는 그 비난가능성이 상대적으로 낮으며 우연히 발생한 경과실에 의한 범죄행위에 기인한 보험사고에 대하여 보험급여를 하는 것이 의료보험의 공공성에 위반된다고 보기 어렵다. 보험재정의 공공성을 유지하기 위하여 범죄행위에 기인한 보험사고에 대하여 보험급여를 하지 않는 것은 고의범과 중과실범의 경우로 한정하면 충분하므로, 여기에서 더 나아가 경과실범에 의한 보험사고의 경우에까지 의료보험수급권을 부정하는 것은 기본권 제한에 있어서의 최소침해의 원칙에 어긋나며, 나아가 보호되는 공익에 비하여 침해되는 사익이 현저히 커서 법익균형의 원칙에도 어긋나므로 이는 재산권에 대한 과도한 제한으로서 헌법에 위반된다. 3. 경과실의 범죄로 인한 사고는 개념상 우연한 사고의 범위를 벗어나지 않으므로 경과실로 인한 범죄행위에 기인하는 보험사고에 대하여 의료보험급여를 부정하는 것은 우연한 사고로 인한 위험으로부터 다수의 국민을 보호하고자 하는 사회보장제도로서의 의료보험의 본질을 침해하고 사회적 기본권으로서의 의료보험수급권의 본질을 침해하여 헌법에 위반된다.

ii) 생존권의 하나인 근로3권과 같은 경우에는 비례원칙심사를 한 예들을 볼 수 있다. 청원경찰로서 국가공무원법 제66조 제1항의 규정에 위반하여 노동운동 기타 공무 이외의 일을 위한 집단적 행위를 한 자를 형사처벌하도록 규정한 청원경찰법 제11조에 대해서도 과잉금지원칙심사를 하여 위반이 아니라고 본 결정례도 있었는데[1] 이후 그 금지는 과잉금지원칙위반이라는 헌법불합치결정으로 폐기되었다.

1) 헌재 2008.7.31. 2004헌바9, 판례집 20-2상, 50면.

판례 헌재 2017.9.28. 2015헌마653

[결정요지] (1) 목적정당성 및 수단적합성 – 인정될 수 있다. (2) 침해의 최소성 – 국가중요시설의 경비 업무를 수행하는 특수경비원의 경우에도 쟁의행위를 금지할 뿐이다. 청원경찰은 특정 경비구역에서 근무하며 그 구역의 경비에 필요한 한정된 권한만을 행사하므로, 청원경찰의 업무가 가지는 공공성이나 사회적 파급력은 군인이나 경찰의 그것과는 비교하여 견주기 어렵다. 그럼에도 심판대상조항은 군인이나 경찰과 마찬가지로 모든 청원경찰의 근로3권을 획일적으로 제한하고 있다. 이상을 종합하여 침해의 최소성 원칙에 위배된다. (3) 법익의 균형성 – 근로3권의 전면적 박탈이라는 점에서, 심판대상조항은 법익의 균형성도 인정되지 아니한다(혼란이 발생할 우려가 있어서 헌법불합치결정).

헌재는 공항·항만 등 국가중요시설의 경비업무를 담당하는 특수경비원에게 경비업무의 정상적인 운영을 저해하는 일체의 쟁의행위를 금지하는 경비업법 제15조 제3항이 과잉금지원칙을 위반하여 특수경비원의 단체행동권을 침해하는지 여부에 대해 헌재가 심사하여 위반되지 않는다고 결정한 바 있다.

판례 헌재 2009.10.29. 2007헌마1359

[결정요지] 이 사건 법률조항은 특수경비원들이 관리하는 국가 중요시설의 안전을 도모하고 방호혼란을 방지하려고 하는 것이므로 그 목적의 정당성을 인정할 수 있고, 수단의 적합성도 인정할 수 있다. 특수경비원에 대하여 단결권, 단체교섭권에 대한 제한은 전혀 두지 아니하면서 단체행동권 중 '경비업무의 정상적인 운영을 저해하는 일체의 쟁위행위'만을 금지하는 것은 입법목적 달성에 필요불가결한 최소한의 수단이라고 할 것이어서 침해의 최소성 원칙에 위배되지 아니한다. 또 이 사건 법률조항에 의한 기본권제한은 법익의 균형성 원칙에 위배되지 아니한다.

또 "사업장의 안전보호시설에 대하여 정상적인 유지·운영을 정지·폐지 또는 방해하는 행위는 쟁의행위로서 이를 행할 수 없다"라고 규정한 '노동조합 및 노동관계조정법' 규정을 위반한 행위를 처벌하는 동법규정에 대해 과잉금지원칙을 준수하여 합헌이라고 결정하였다.

판례 헌재 2005.6.30. 2002헌바83

[결정요지] 첫째, 이 법률조항들의 입법목적은 사람의 생명·신체의 안전보호에 있어 정당하다. 둘째, 그 방법의 적정성도 인정된다. 셋째, 이 사건 법률조항들은 쟁의행위가 안전보호시설의 유지·운영을 정지·폐지·방해하는 행위로 되는 경우에 한하여 그 쟁의행위를 제한하는 것은 안전보호시설의 중요성에 비추어 볼 때 더 이상 완화된 방도가 있다고 할 수 없으므로, 피해의 최소성도 갖추었다. 넷째, 이 사건 법률조항들이 추구하는 공익은 '사람의 생명·신체의 안전'이라는 법익이 이 사건 법률조항들에 의하여 제한되는 청구인들의 단체행동권에 비하여 크다고 할 것이므로, 법익균형성도 갖추었다.

헌재는 양심적 병역거부에 관한 결정들에서 "헌법 제37조 제2항의 비례원칙은, 단순히 기본권제한의 일반원칙에 그치지 않고, 모든 국가작용은 정당한 목적을 달성하기 위하여 필요한 범위 내에서만 행사되어야 한다는 국가작용의 한계를 선언한 것이므로, 비록 이 사건 법률조항이 헌법 제39조에 규정된 국방의 의무를 형성하는 입법이라 할지라도 그에 대한 심사는 헌법상 비례원칙에 의하여야 한다"라고 판시한 바 있다.

판례 헌재 2018.6.28. 2011헌바379 등

[판시] 이 사건 법률조항은 헌법상 기본의무인 국방의 의무를 구체적으로 형성하는 것이면서 또한 동시에 양심적 병역거부자들의 양심의 자유를 제한하는 것이기도 하다. 이 사건 법률조항으로 인해서 국가의 존립과 안전을 위한 불가결한 헌법적 가치를 담고 있는 국방의 의무와 개인의 인격과 존엄의 기초가 되는 양심의 자유가 상충하게 된다. 이처럼 헌법적 가치가 서로 충돌하는 경우, 입법자는 두 가치를 양립시킬 수 있는 조화점을 최대한 모색해야 하고, 그것이 불가능해 부득이 어느 하나의 헌법적 가치를 후퇴시킬 수밖에 없는 경우에도 그 목적에 비례하는 범위 내에 그쳐야 한다. 헌법 제37조 제2항의 비례원칙은, 단순히 기본권제한의 일반원칙에 그치지 않고, 모든 국가작용은 정당한 목적을 달성하기 위하여 필요한 범위 내에서만 행사되어야 한다는 국가작용의 한계를 선언한 것이므로, 비록 이 사건 법률조항이 헌법 제39조에 규정된 국방의 의무를 형성하는 입법이라 할지라도 그에 대한 심사는 헌법상 비례원칙에 의하여야 한다. 동지 : 헌재 2011.8.30. 2008헌가22등 * 이 결정은 동지이긴 하나 양심적 병역거부에 관한 합헌결정이었는데 이후 바로 위 헌재 2018.6.28. 2011헌바379등결정으로 변경폐기된 것이다.

2) 비례심사의 정도(강도)

(가) 강도차이의 기준 - 기본권의 중요성, 제한효과의 정도 등에 따른 차이

헌법재판소는 비례심사를 하는 경우에도 그 밀도(엄격의 강도)를 달리하기도 한다. 즉 제한되는 기본권의 중요도, 기본권이 제한되는 영역, 제한되는 법익들의 비중, 기본권제한이 가지는 효과의 정도 등에 따라 심사강도에 차이를 보여주는 경향이 있다. 헌재의 판례들에 나타난 경향을 보면 다음과 같다.

가) 엄격심사

ⅰ) **<u>표현의 자유, 신체의 자유, 선거권</u> 등의 제한에 대한 강한 비례심사** 표현의 자유는 사상의 전파, 민주공동체의 의사결정에서의 중요성 등을 고려하여, 신체의 자유는 인간의 기초적 자유라는 점에서, 선거권은 있어서는 강한 비례심사를 행하여야 할 것이다. 판례도 그러한 경향이다.

판례 헌재 2011.12.29. 2007헌마1001

[판시] 오늘날 정치적 표현의 자유는 자유민주적 기본질서의 구성요소로서 다른 기본권에 비하여 우월한 효력을 가진다고 볼 수 있고, 정치적 표현의 자유가 억압당하는 경우에는 국민주권과 민주주의 정치원리는 공허한 메아리에 지나지 않게 될 것이므로, 이를 제한하는 입법에 대하여는 엄격한 심사기준을 적용하여야 할 것이다.

ⅱ) **구속기간의 연장** 헌재는 군사법경찰관의 구속기간의 연장을 허용하는 군사법원법 제242조 제1항 중 제239조 부분(이하 '이 사건 법률규정'이라 한다)이 과잉금지의 원칙에 위배되는지 여부를 심사함에 있어서의 심사기준은 그 기본권의 중요성에 비추어 엄격한 기준에 의하여야 한다고 본다.

판례 헌재 2003.11.27. 2002헌마193

[판시] 군사법원법 제239조가 규정하고 있는 군사법경찰관의 10일간의 구속기간은 형사소송법 제202조에 상응하는 같은 내용의 규정으로서 이러한 구속기간의 허용 자체가 헌법상 무죄추정의 원칙에서 파생되는 불구속수사원칙에 대한 예외라고 보아야 한다. 그런데 이 사건 법률규정은 경찰단계에서는 구속기간의 연장을 허용하지 아니하는 형사소송법의 규정과는 달리 군사법경찰관의 구속기간의 연장을 허용함으로써 예외에 대하여 다시 특례를 설정하였고 이로써 기본권 중에서도 가장 기본적인 것이라고 할 수 있는 신체의 자유에 대한 제한을 가중하고 있다. 그렇다면 이 사건 법률규정이 과잉금지의 원칙(비례의 원칙)에 위배되는지 여부를 심사함에 있어서는 그 제한되는 기본권의 중요성이나 기본권제한 방식의 중첩적·가중적 성격에 비추어 엄격한 기준에 의할 것이 요구된다.

iii) **기본권 형해화 경우의 엄격 비례심사** 기본권을 형해화시키는 경우라고 하여 엄격심사를 한 헌재의 판례가 있다. 위에서도 언급한 직업수행의 자유에 대한 제한은 비교적 넓게 인정되고 그 제한에 대한 위헌심사에 있어서는 비례원칙심사를 하더라도 완화심사를 하는 경향이다. 그런데 헌재는 직업수행의 자유에 대한 제한이지만 그 실질이 직업수행의 자유를 형해화시키는 경우에는 그것이 직업선택이 아닌 직업수행의 자유에 대한 제한이라고 하더라도 엄격한 심사기준이 적용된다고 본다.[1] 형해화하는 정도라면 기본권의 본질적 내용의 침해가 문제되는 경우인데 후술하는 본질적 내용침해금지에서 비례원칙심사를 적용하는 상대설이 있는바 그것에 따르면 이러한 헌재는 입장은 상대설적 입장이라고 할 것이다. 그러나 절대설이 타당하다고 보므로 문제가 있다.

나) 완화된 비례심사

(a) 행하는 경우

i) **경제사회적 사항에서의 제한에 대한 완화된 비례심사** 헌재는 반면 "개인의 본질적이고 핵심적 자유영역에 속하는 사항이라기보다는 <u>사회적 연관관계에 놓여지는 경제적 활동을 규제하는 경제사회적인 입법사항</u>"에 해당되는 경우 "비례의 원칙의 적용에 있어서도 보다 완화된 심사기준이 적용된다"라고 한다.[2] 그러한 예로, ① 일반도시가스사업자에게 가스간선시설의 설치의무를 부과하고 그 설치비용도 전부 부담하도록 하고 있는 구 주택건설촉진법 규정이 계약의 자유를 침해하는 것인지 여부가 쟁점이 된 사안,[3] ② 2년을 초과하여 기간제근로자를 사용할 수 없도록 한 '기간제 및 단시간근로자 보호 등에 관한 법률' 규정이 기간제근로자의 계약의 자유를 침해하는지 여부가 쟁점이 된 사안 등이 있다.[4] 헌재는 사회적 연관성,

---

1) 헌재 2008.11.27. 2006헌마352, 판례집 20-2하, 380면.

2) 헌재 2009.5.28. 2006헌바86, 판례집 21-1 하, 519면. [판시] 이 사건은 청구인의 영업시설인 가스간선시설의 설치비용을 누구에게, 어느 정도로 부담시킬 것인지의 문제로서 개인의 본질적이고 핵심적 자유영역에 속하는 사항이라기보다는 사회적 연관관계에 놓여지는 경제적 활동을 규제하는 경제사회적인 입법사항에 해당하므로 비례의 원칙의 적용에 있어서도 보다 완화된 심사기준이 적용된다고 할 것이다.

3) 헌재 2009.5.28. 2006헌바86, 바로 위 주 합헌결정.

4) 헌재 2013.10.24. 2010헌마219, 기각결정. 이 기준이 적용된 그 외 예들로 헌재 2010.7.29. 2008헌마581; 헌재

사회적 기능이 클수록 광범위한 제한이 정당화된다고 보는 경향이다.

판례 헌재 1998.12.24. 89헌마214, 판례집 10-2, 945면

[관련판시요약] 재산권에 대한 제한의 허용정도는 재산권행사의 대상이 되는 객체가 기본권의 주체인 국민 개개인에 대하여 가지는 의미와 다른 한편으로는 그것이 사회전반에 대하여 가지는 의미가 어떠한가에 달려 있다. 즉, 재산권 행사의 대상이 되는 객체가 지닌 사회적인 연관성과 사회적 기능이 크면 클수록 입법자에 의한 보다 광범위한 제한이 정당화된다. 다시 말하면, 특정 재산권의 이용이나 처분이 그 소유자 개인의 생활영역에 머무르지 아니하고 일반국민 다수의 일상생활에 큰 영향을 미치는 경우에는 입법자가 공동체의 이익을 위하여 개인의 재산권을 규제하는 권한을 더욱 폭넓게 가진다고 하겠다.

ii) **입법형성권이 넓은 영역에서의 완화된 비례심사** 헌재는 입법형성권이 넓게 인정되는 영역에서는 약화된 심사를 하여 입법형성권의 정도에 따라 심사정도의 차이를 보여주기도 한다.

iii) **수익행위의 거부** "수익적, 급부적 행위의 거부, 예외적 허용의 거부의 경우 침해적인 행위에 비하여는 보다 완화된 심사가 가능하다고 할 수 있다"라고 한다. 문화관광부장관이 공고한 '외국인전용 신규카지노업 허가계획' 공고에서 허가대상기관을 한국관광공사로 한정한 것이 기존 카지노업자들의 직업선택의 자유를 침해하였다는 주장의 헌법소원사건에서 헌재의 이러한 입장이 표명된 바 있다. 헌재는 카지노업 허가는 본래 유해한 것으로서 억제적으로 금지되던 행위를 공익 목적을 위하여 예외적으로 허용하는 것이므로(형법으로 금지하고 있는 행위(도박장개설행위)를 할 수 있도록 허용하는 것이므로), 그 허가가 있게 되면 본래 할 수 없던 행위를 할 수 있게 되어 권리영역의 확대를 가져오게 되는 것이고, 그러한 의미에서 수익적, 급부적 행위라고 할 수 있다고 보았다. 그리하여 사안에서의 심사는 수익적, 급부적 행위의 거부에 대한 심사로서 완화될 수 있다고 보아 과잉금지원칙의 위반이 아니라고 판단하였다.

판례 헌재 2006.7.27. 2004헌마924

[결정요지] 이 사건 공고는 청구인들의 신규시장에의 진입을 막아 직업선택의 자유를 제한하고 있다고 할 수 있다. 그런데, 카지노업 허가는 본래 유해한 것으로서 억제적으로 금지되던 행위를 공익 목적을 위하여 예외적으로 허용하는 것이므로(형법으로 금지하고 있는 행위(도박장개설행위)를 할 수 있도록 허용한다는 것 – 저자 주), 그 허가가 있게 되면 본래 할 수 없던 행위를 할 수 있게 되어 권리영역의 확대를 가져오게 되는 것이고(본래 할 수 있던 행위를 회복하는 것과 다르다), 그러한 의미에서 수익적, 급부적 행위라고 할 수 있다. 청구인들이 이 사건 공고로써 카지노업의 신규시장에서 배제되었다는 것은 수익적, 급부적 행위를 거부당한 것이고, 본래 할 수 없던 행위에 대한 예외적 허용이 거부되어 여전히 그 행위를 할 수 없음에 그치는 것이다. 이러한 수익적, 급부적 행위의 거부, 예외적 허용의 거부 또한 합헌적, 합법적이어야 함은 재론의 여지가 없고, 그 합헌, 합법성 여부는 과잉금지의 원칙에 의하여 심사할 수 있으나, 침해적인 행위에 비하여는 보다 완화된 심사가 가능하다고 할 수 있다. (1) 카지노업이 도박개장 행위로서 원래 금지되어 있는 영역으로서, 국내에서 예외적으로 허용되는 것은 오로지 관광사업의 하나로 공익 목적의 실현을 위하여서인바, 사회적으로 유해하여 억제적으로 금지된 시장에 사기업이 진입하여 영리를 추구하는 것이나 그러한 시장에 진입하기 위하여 경쟁을 하는 것이 바람직

2005.2.24. 2001헌바71; 헌재 2002.10.31. 99헌바76 등도 있다.

하지 않은 점 등에 비추어 보면, 문화관광부장관이 이 사건 공고를 통하여 신규허가대상기관을 한국관광공사로 한정하고 영리기업인 청구인들을 배제한 것은 신청·허가과정의 투명성과 공익성을 확보하고 일반 영리기업에 대한 허가 때 나타날 수 있는 특혜시비와 국민일반에게 미치는 사회적 충격을 완화하는 한편 카지노에서 발생하는 이익금을 공익목적사업의 재원으로 활용하기 위한 공익성을 확보하기 위한 것이라는 목적의 정당성을 긍정할 수 있다. (2) 아울러, 카지노업의 신규허가가 금지된 도박개장행위를 오로지 공익목적을 위하여 예외적으로 허용하는 것이고, 그 예외적 허용기준을 설정하는 재량이 인정된다고 한다면, 영리기업인 청구인들에 대하여 종래와 같이 일반적 금지를 그대로 유지하여 새로운 시장에의 진입을 계속 허용하지 않는 수단을 선택할 수도 있다고 보인다. (3) 한편, 청구인들이 이번에 허가되는 새로운 시장에 진입할 수 없다고 하여 어떠한 새로운 권리의 침해나 직접적으로 경제적인 손실이 발생한 것도 아니며, 새로운 시장에의 진입 제한은 이 사건 공고에 한정된 것이고, 향후 이 사건 신규 허가 이후에 다시 카지노업 신규허가가 있을 경우까지 영구적으로 제한된 것이 아니다. 이렇듯 청구인들에 대한 신규허가시장으로의 진입제한의 효과는 비교적 경미한데 비하여, 기왕에 관광진흥 등의 목적으로 설립된 한국관광공사로 하여금 관광사업의 하나로 신규카지노업을 운영하도록 하여 관광진흥에 이바지하고, 그 이익금을 재원으로 공익사업을 할 수 있다면 그 공익실현의 효과는 크다고 할 수 있다. (4) 따라서, 이 사건 공고가 새로운 카지노업 시장을 예외적으로 확대하면서도 청구인들의 진입을 제한하였다고 하여도 기본권제한의 한계 내의 것으로 과잉금지의 원칙에 위배된다고 할 수 없다.

위의 같은 비례심사에서의 완화심사를 한다는 것은 완화심사, 엄격심사뿐 아니라 중간적 심사가 이루어지고 있다는 것을 의미하는 것이기도 하다.

여하튼 그러나 심사강도에 대한 체계적인 기준이 명확하게 설정되어 있는 것은 아니고 앞으로 판례가 더욱 형성되고 그 분석이 더욱 치밀해지면서 다듬어질 것이다.

(b) '완화된' 비례심사의 의미

한편 위에서 언급한 대로 헌재가 완화된 비례심사를 하기도 하는데 완화된 비례심사가 어떠한 심사인지 하는 것이 문제된다. 비례원칙 4요소 각각을 완화해서 하는 것인지 아니면 어느 한 요소를 심사하지 않는다는 것인지 명확하지 않다. 역시 앞으로 연구되어야 할 문제이다. 그런데 헌재는 완화된 비례심사를 한다고 하면서 4요소 중 피해의 최소성심사를 완화해서 심사한다는 입장을 보여주곤 하였다.

피해최소성 심사를 완화하여 행한 예

① 상업광고 : 헌재는 상업광고도 사상·지식·정보 등을 불특정다수인에게 전파하는 것이므로 언론·출판의 자유에 의한 보호를 받는 대상이 되어 비례원칙의 적용을 받으나 사상이나 지식에 관한 정치적, 시민적 표현행위와는 차이가 있으므로 '피해의 최소성' 원칙은 "입법목적을 달성하기 위하여 필요한 최소한의 제한인지를 심사하기 보다는 '입법목적을 달성하기 위하여 필요한 범위 내의 것인지'를 심사하는 정도로 완화되는 것이 상당하다"라고 한다.[1]

1) 헌재 2005.10.27. 2003헌가3, 판례집 17－2, 198면. [쟁점] "특정의료기관이나 특정의료인의 기능·진료방법"에 관한 광고를 금지하는 의료법(2002. 3. 30. 법률 제6686호로 개정되기 전의 것) 제46조 제3항 및 그 위반시 300만 원 이하의 벌금에 처하도록 하는 동법 제69조가 표현의 자유 내지 직업수행의 자유를 침해하는지 여부(위헌결정). 상업광고에서의 피해최소성 완화심사를 표명한 다른 동지의 판례 : 헌재 2008.5.29. 2007헌마248, 판례집 20－1 하, 296면; 헌재 2010.7.29. 2006헌바75, 공보 제166호, 1366면 등.

② 명부제시, 구두에 의한 주민소환 서명요청활동 : 헌재는 표현내용에 대한 규제는 원칙적으로 중대한 공익의 실현을 위하여 불가피한 경우에 한하여 엄격한 요건 하에서 허용되는 반면, 표현내용과 무관하게 표현의 방법을 규제하는 것은 합리적인 공익상의 이유로 폭넓은 제한이 가능하여 완화된 비례심사를 한다는 입장이다. 그리하여 '피해의 최소성' 요건은 입법목적을 달성하기 위한 덜 제약적인 수단은 없는지 혹은 필요한 최소한의 제한인지를 심사하기 보다는 '입법목적을 달성하기 위하여 필요한 범위 내의 것인지'를 심사하는 정도로 완화시켜 판단하여야 할 것이라고 한다.

판례 헌재 2011.12.29. 2010헌바368, 공보 제183호, 122

[쟁점] "소환청구인대표자등이 소환청구인서명부를 제시하거나 구두로 주민소환투표의 취지나 이유를 설명하는 경우를 제외하고는 누구든지 인쇄물·시설물 및 그 밖의 방법을 이용하여 서명요청 활동을 할 수 없다"라고 규정하여 주민소환투표청구를 위한 서명요청 활동을 '소환청구인서명부를 제시'하거나 '구두로 주민소환투표의 취지나 이유를 설명하는' 두 가지 경우로만 엄격히 제한하고 이에 위반할 경우 형사처벌하는 주민소환에 관한 법률 제32조 제1호 중 제10조 제4항에 관한 부분조항이 표현의 자유를 제한함에 있어 과잉금지원칙을 위반하였는지 여부(소극) [청구인주장] 주민소환투표청구를 위한 서명요청의 방법을 소환청구인서명부 제시와 구두 설명에 한정하고 있는바, 이와 같은 방법만으로는 주민소환에 관한 법률이 정한 서명요청활동기간(60일) 이내에 주민소환투표청구에 필요한 서명인원수(투표권자 총수의 15%)의 서명을 받는 것은 사실상 불가능하므로, 이는 국민주권의 원리와 참정권에 근거한 주민소환권을 형해화하는 것으로서 과잉금지원칙에 위반된다. [결정요지] 가. 이 사건 법률조항은 주민소환투표를 청구하는 데 필요한 서명의 총수를 확보하려는 서명요청 활동의 방법을 '소환청구인서명부를 제시'하거나 '구두로 주민소환투표의 취지나 이유를 설명'하는 방법으로만 제한하고 있다. 서명요청 활동이란 주민소환투표권자들에게 해당 소환청구사유에 대하여 주민소환투표를 청구한다는 의사표시를 해 줄 것을 요구하는 활동이라는 점에서 필연적으로 서명요청 활동을 하는 자의 표현의 자유와 관련되어 있다. 즉, 이 사건 법률조항은 주민소환투표를 청구하는 의사표시로서의 서명을 요청하는 행위의 행사방법을 위 두 가지 이외에는 허락하지 않음으로써 '표현의 방법'을 제한하고 있는 것이다. 일반적으로 국가가 개인의 표현행위를 규제하는 경우, 표현내용에 대한 규제는 원칙적으로 중대한 공익의 실현을 위하여 불가피한 경우에 한하여 엄격한 요건하에서 허용되는 반면, 표현내용과 무관하게 표현의 방법을 규제하는 것은 합리적인 공익상의 이유로 폭넓은 제한이 가능하다. 뿐만 아니라, 서명요청 활동은 주민소환청구권 행사의 전제 내지 실현수단의 의미를 가지므로 주민소환제도에 대한 경우와 마찬가지로 그 내용과 방법에 관하여 입법자의 형성의 자유가 인정되는 영역이라고도 할 수 있다. 따라서 이 사건 법률조항에 대한 과잉금지원칙 위반 여부를 심사함에 있어서는, 일반적인 표현의 자유에 대한 제한에 적용되는 엄격한 의미의 과잉금지원칙 위반 여부의 심사가 아닌 실질적으로 완화된 심사를 함이 상당하고, 특히 '피해의 최소성' 요건은 입법목적을 달성하기 위한 덜 제약적인 수단은 없는지 혹은 필요한 최소한의 제한인지를 심사하기 보다는 '입법목적을 달성하기 위하여 필요한 범위 내의 것인지'를 심사하는 정도로 완화시켜 판단하여야 할 것이다. 나. 이 사건 법률조항은 대의제의 본질적인 부분을 침해하지 않도록 극히 예외적이고 엄격한 요건을 갖춘 경우에 한하여 주민소환을 인정하려는 제도적 고려에서, 서명요청이라는 표현의 방법을 '소환청구인서명부를 제시'하거나 '구두로 주민소환투표의 취지나 이유를 설명'하는 방법, 두 가지로만 엄격히 제한함으로써, i) 주민소환투표청구가 정치적으로 악용·남용되는 것을 방지함과 동시에, ii) 서명요청 활동 단계에서 흑색선전이나 금품 살포와 같은 부정한 행위가 이루어지는 것을 방지하여 주민소환투표청구권자의 진정한 의사가 왜곡되는 것을 방지하려고 하였는바, 위 입법목적은 정당하고 수단은 적절하다. 또한, 주민소환제도의 남용 내지 악용을 막기 위해서는 주민소환투표청구를 하는 과정에서 진지한 사회적 합의와 숙고가 이루어질 수 있도록 하고, 흑색선전이나 금품 살포 등 부정행위가 개입하여 주민소환투표청구권자의 진의가 왜곡되는 것을 막아야 할

필요성이 매우 크다는 점, 이 사건 법률조항은 주민소환투표청구에 관한 의사표시를 요청하는 표현활동을 방법적으로 제한하고 있을 뿐 서명요청의 의사가 배제되어 있는 단순한 의견개진이나 준비활동 등 정치적·사회적 의견 표명은 제한하고 있지 않은 점 등에 비추어 볼 때, 이 사건 법률조항이 주민소환투표청구를 위하여 요구되는 많은 수의 서명을 받는 것을 사실상 불가능하게 함으로써 청구인의 주민소환투표청구권을 형해화하는 것이라고 보기도 어렵다. 따라서 침해의 최소성 요건도 충족한다. 이 사건 법률조항으로 인하여 제한되는 개인의 표현의 자유 등 사익에 비하여 주민소환투표제도의 부작용 억제를 통한 대의제 원리의 보장과 소환대상자의 공무담임권 보장, 지방행정의 안정성 보장이라는 공익이 훨씬 크므로, 법익균형성 요건도 충족한다. 따라서, 이 사건 법률조항은 표현의 자유를 제한함에 있어 과잉금지원칙을 위반하지 않는다.

다) 복합심사

하나의 기본권에 있어서도 그 기본권의 내용에 따라 제한의 정도나 심사강도를 달리한다. 예를 들어 ① 직업의 자유는 직업결정의 자유와 결정된 직업의 수행의 자유 두 가지를 주요내용으로 하는데 헌재는 직업의 '결정'(선택)의 자유에 비해 직업의 '행사'(수행)의 자유에 대하여는 더 넓은 제한이 가능하다고 한다.[1] 따라서 직업결정의 자유의 제한에 대해 더 엄격한 비례심사를 하게 된다. ② 국가가 개인의 표현행위를 규제하는 경우, 표현의 '내용'에 대한 규제는 원칙적으로 중대한 공익의 실현을 위하여 불가피한 경우에 한하여 엄격한 요건 하에서 허용되는 반면(즉 엄격한 비례심사를 하는 반면), 표현내용과 무관하게 표현의 '방법'을 규제하는 것은 합리적인 공익상의 이유로 폭넓은 제한이 가능하다고 본다.[2] 그러나 직업의 행사, 표현의 방법에 대한 규제가 사실상 표현내용, 직업선택에도 영향을 준다는 점에서 이러한 법리에는 문제가 없지 않다. ③ 헌재는 토지재산권들 간에도 심사강도에 차이를 두어 "농지의 경우 그 사회성과 공공성은 일반적인 토지의 경우보다 더 강하다고 할 수 있으므로, 농지 재산권을 제한하는 입법에 대한 헌법심사의 강도는 다른 토지 재산권을 제한하는 입법에 대한 것보다 낮다고 봄이 상당하다"라고 한다.[3] 재산권의 범주에 있어서도 그 종류에 따라 달리 다룬다고 볼 것이다.

(나) 근본적 검토 - 합리성심사는 비례심사가 아닌가?

위에서 계속 비례심사는 엄격심사 그렇지 않은 합리성 심사에 그치는 심사는 완화심사라는 헌재의 입장에 따라 헌재의 판례들을 분석하였다. 그런데 다음과 같은 문제제기를 한다. 합리적이라는 것은 무엇을 의미하는가? 그것이 해결되지 않으면 사실 완화심사를 별도로 인정하는 것의 문제점, 완화된 비례심사와 그냥 완화심사와의 구별이 모호한 문제점 등이 그대로 남게 된다. 비례적인 해결은 합리적이지 않은 것인가? 이 무슨 엉뚱한 질문인가? 합리적이다. 지

---

1) 이 점을 밝히고 있는 판례는 많다. 예컨대, 헌재 1995.4.20. 92헌마264, 판례집 7-1, 564면; 헌재 2002.6.27. 2000헌마642, 2001헌바12(병합), 판례집 14-1, 652면 등.

2) 헌재 2002.12.18. 2000헌마764, 판례집 14-2, 869면; 헌재 2011.12.29. 2010헌바368, 공보 제183호, 122면.

3) 헌재 2010.2.25. 2008헌바80, 판례집 22-1 상, 227면.

극히. 또 합리성 심사에서 그 심사내용과 기준은 어떠한가? 합리적인지를 살피기 위해서는 우선 그 제한조치가 정의롭고 정당해야 할 것 아닌가? 그리고 그 목적달성을 이루는 방법의 제한조치인지를 보아야 하지 않을까? 그렇다면 적어도 목적정당성, 방법적절성은 심사할 수밖에 없는 것이고 그렇다면 그것은 비례심사가 아닌가?

(6) 비례(과잉금지)원칙과 입법재량

입법자가 기본권제한에 관한 사항을 정함에 있어서 재량(형성의 자유)이 인정되기도 한다. 이러한 입법재량 사항에 있어서 비례원칙의 적용이 어떠한지가 문제된다. 이는 헌법재판소가 입법재량의 문제에 대한 심사에 있어서 비례원칙심사를 하느냐, 또 어느 정도로 하느냐 하는 문제로서도 살펴볼 필요가 있다. 비례원칙과 입법재량 문제에 대해서는 뒤의 입법재량 문제로 함께 살펴본다(후술 참조).

(7) 비례원칙의 한계

첫째, 기본권제한의 목적에 대한 판단이 주관적일 수 있다. 예를 들어 '공공복리'라는 개념도 주관적일 수 있기에 과연 공공복리의 목적이 존재하는지 여부에 대한 판단이 객관적으로 항상 명확하지 않을 수 있다.

둘째, 어느 기본권제한방법이 '최소의 침해'를 가져오는 것인지에 대한 판단도 모든 사람들의 의견의 일치를 볼 수 없는 경우가 있다. 왜냐하면 보다 피해가 적은 다른 방법이 있음에도 판단자들이 이를 인식하지 못할 수도 있기 때문이다.

셋째, 법익균형성의 평가는 객관적이어야 한다. 그럼에도 현실적으로 법익의 균형성에서 따져보아야 하는 공익의 크기는 판단하는 사람의 주관에 좌우될 수도 있다. 무엇을 중요한 사회적 가치인가에 대한 생각이 다를 수가 있다.

넷째, 비례원칙으로 해결할 수 없는 사안들이 있다. 특히 기본권주체들 간에 기본권의 본질적 내용만으로 이루어진 기본권들이 서로 충돌할 경우에는 비례원칙을 적용하기 어렵다. 예를 들어 전투에서 상호간에 생명을 빼앗거나 빼앗기는 상황이 그러한 경우이다. 이는 법이 규율할 수 없는 상황의 영역이라고 할 것이다.

3. 신뢰보호원칙(信賴保護原則)

공공복리 등 기본권을 제한할 필요가 있어 어느 국민의 기본권을 제한하는 공권력행사가 있게 되더라도 다른 한편으로는 이 제한으로 그동안 형성된 법관계에 대해 그 국민이 가지고 있던 신뢰에 손상이 올 경우가 있는데 기본권제한에 있어서 이러한 신뢰를 가능한 한 보호하여야 한다. 따라서 신뢰보호원칙은 기본권제한에 있어서 한계를 구성하는[1] 헌법상의 중요한

1) 헌재도 "신뢰이익보호원칙을 준수하지 않는 등 기본권제한입법의 한계를 일탈하여 위헌인가 … 하는 점이 문

하나의 원칙이다.

(1) 신뢰보호원칙의 개념

신뢰보호원칙이라 함은 어떠한 법률 등 국가작용으로 일단 형성된 권리관계(법률관계)가 이후의 새로운 법률 등 국가작용 등으로 기존의 그 권리관계가 깨뜨려지지 않고 지속될 것이라는 믿음이 있고 이러한 믿음이 존중되어야 하는 것이라면 이를 보호하여야 한다는 원칙을 말한다. 우리 헌재는 신뢰보호원칙은 "특정한 법률에 의하여 발생한 법률관계는 그 법에 따라 파악되고 판단되어야 하며, 과거의 사실관계가 그 뒤에 생긴 새로운 법률의 기준에 따라 판단되지 않는다는 국민의 신뢰를 보호하기 위한 것"이라고 설명하고 있다.[1] 헌법재판소는 신뢰보호원칙의 의의에 대해 "신뢰보호의 원칙은 헌법상 법치국가 원리로부터 파생되는 것으로, 법률이 개정되는 경우에는 기존 법질서와의 사이에 어느 정도의 이해관계의 상충은 불가피하다고 할 것인바, 이 경우 기존의 법질서에 대한 당사자의 신뢰가 합리적이고 정당한 반면, 법률의 제정이나 개정으로 야기되는 당사자의 손해가 극심하여 새로운 입법으로 달성코자 하는 공익적 목적이 그러한 당사자의 신뢰가 파괴되는 것을 정당화할 수 없는 경우, 그러한 새 입법은 허용될 수 없다는 것이다"라고 한다.[2]

(2) 근거 - 법치주의에서 파생

우리 현행 헌법은 신뢰보호원칙을 명시적으로 직접 언급하는 조문을 가지고 있지 않다. 신뢰보호는 기존의 법률상태의 보장, 존속을 기대하는 것이므로 신뢰를 가지는 주체에 있어서 법적 안정성을 의미한다. 법적 안정성과 예측가능성은 법치주의의 기초라는 점에서 신뢰보호원칙은 법치주의에 근거한다고 본다. 우리 헌법재판소도 신뢰보호원칙이 헌법상의 원칙이고 법치주의에서 파생된다고 본다.[3]

행정절차법 제4조 제2항은 "행정청은 법령 등의 해석 또는 행정청의 관행이 일반적으로 국민들에게 받아들여진 때에는 공익 또는 제3자의 정당한 이익을 현저히 해할 우려가 있는 경우를 제외하고는 새로운 해석 또는 관행에 의하여 소급하여 불리하게 처리하여서는 아니 된다"라고 하여 신뢰보호원칙을 규정하고 있다.

(3) 적용요건과 적용 - 헌법재판소 판례를 중심으로

국민의 기본권보장에 대한 신뢰는 보호되어야 하나 사회적, 경제적 여건 때문에 새로운 정책이나 규제로 신뢰를 깨뜨려야 할 필요가 생긴다. 헌재는 신뢰보호의 원칙은 법치국가원리

제된다"라고 하여 신뢰보호원칙이 기본권제한의 한계의 하나임을 밝히고 있다(헌재 1997.11.27. 97헌바10, 판례집 제9권 2집, 665).

1) 헌재 1996.4.25, 94헌마119, 판례집 제8권 1집, 433면; 헌재 2003.3.27. 2002헌바35, 판례집 제15권 1집, 280면 등 참조.

2) 헌재 1995.6.29. 94헌바39, 판례집 7－1, 910면; 헌재 2000.7.20. 99헌마452, 판례집 12－2, 145－146면 등.

3) 헌재 1995.6.29. 94헌바39, 판례집 7－1, 910면 등 참조.

에 근거를 두고 있는 헌법상의 원칙으로서 국민의 신뢰를 보호하기 위한 것이나, "사회환경이나 경제여건의 변화에 따른 정책적인 필요에 의하여 공권력행사의 내용은 신축적으로 바뀔 수밖에 없고 그 바뀐 공권력행사에 의하여 발생된 새로운 법질서와 기존의 법질서와의 사이에는 어느 정도 이해관계의 상충이 불가피하므로, 국민들의 국가의 공권력행사에 관하여 가지는 모든 기대 내지 신뢰가 절대적인 권리로서 보호되는 것은 아니다"라고 한다.[1] 따라서 모든 신뢰가 무조건 보호되는 것이 아니라 일정한 요건 하에서 보호된다. 그러면 어떠한 경우에 신뢰가 보호되는지 신뢰보호원칙의 적용요건이 중요하다. 신뢰보호원칙의 적용요건과 적용기준에 대해서는 앞으로 판례가 좀더 짜여져야 할 것이다. 그동안 헌법재판소의 결정례들을 두고 아래와 같이 정리해볼 수 있겠다.

1) 보호될 신뢰의 요건(신뢰이익가치요건)

(가) 개념

개인이 가지는 주관적인 신뢰가 모두 보호되는 것은 아니고 보호받을 가치가 있는 신뢰이어야 보호된다. 헌재는 "국민이 가지는 모든 기대 내지 신뢰가 헌법상 권리로서 보호될 것은 아니고, 신뢰의 근거 및 종류, 상실된 이익의 중요성, 침해의 방법 등에 의하여 개정된 법규·제도의 존속에 대한 개인의 신뢰가 합리적이어서 권리로서 보호할 필요성이 인정되어야 한다"라고 본다.[2] 따라서 신뢰보호원칙이 적용되기 위해서는 보호가치가 있는 신뢰이익인지부터 먼저 가려져야 한다(적용요건).

(나) 기준 : 예측(견)불가능성, 유인된 신뢰

헌재는 개인의 신뢰이익의 보호가치 여부와 그 정도를 판단함에 있어서 2가지 기준을 아래의 결정례에서 거시하고 있다.

판례 헌재 2002.11.28. 2002헌바45, 구 병역법 제71조 제1항 단서 위헌소원, 판례집 13-2, 713면

[쟁점] 의무사관후보생의 병적에서 제외된 사람의 징집면제연령을 31세에서 36세로 상향조정한 구 병역법 제71조 제1항 단서(1999. 2. 5. 법률 제5758호로 일부 개정되고, 1999. 12. 28. 법률 제6058호로 개정되기 전의 것)가 신뢰보호원칙에 위반되는지 여부(부정, 합헌결정) [관련판시요약] 법률의 존속에 대한 개인의 신뢰가 어느 정도로 보호되는지 여부에 대한 주요한 판단기준으로 다음과 같은 2가지 요소를 거시할 수 있다. 1) 법령개정의 예측성 : 먼저, 법적 상태의 존속에 대한 개인의 신뢰는 그가 어느 정도로 법적 상태의 변화를 예측할 수 있는지, 혹은 예측하였어야 하는지 여부에 따라 상이한 강도를 가진다. 그런데, 일반적으로 법률은 현실상황의 변화나 입법정책의 변경 등으로 언제라도 개정될 수 있는 것이기 때문에, 원칙적으로 이에 관한 법률의 개정은 예측할 수 있다고 보아야 한다. 따라서, 청구인과 같이 의과대학에 입학하여 의무사관후보생 병적에 편입된 사람이 그 당시 법률규정에 따른 징집면제연령에 대하여 가지고 있던 기대와 신뢰가 절대적인 것이라고는 볼 수 없다. 2) 유인된 신뢰의 행사여부

---

1) 헌재 1996.4.25. 94헌마119, 판례집 8-1, 445-446면; 2001.6.28. 2001헌마132, 판례집 제13권 1집, 1466면.
2) 헌재 1992.10.1. 92헌마68등, 판례집 4, 659, 683면; 헌재 1995.6.29. 94헌바39, 판례집 7-1, 896, 910면; 헌재 2002.2.28. 99헌바4, 판례집 제14권 1집, 116면 등 참조.

: 다음으로, 개인의 신뢰이익에 대한 보호가치는 ① 법령에 따른 개인의 행위가 국가에 의하여 일정방향으로 유인된 신뢰의 행사인지, ② 아니면 단지 법률이 부여한 기회를 활용한 것으로서 원칙적으로 사적 위험부담의 범위에 속하는 것인지 여부에 따라 달라진다. 만일 법률에 따른 개인의 행위가 단지 법률이 반사적으로 부여하는 기회의 활용을 넘어서 국가에 의하여 일정 방향으로 유인된 것이라면 특별히 보호가치가 있는 신뢰이익이 인정될 수 있고, 원칙적으로 개인의 신뢰보호가 국가의 법률개정이익에 우선된다고 볼 여지가 있다. 그런데, 이 사건 법률조항의 경우 국가가 입법을 통하여 개인의 행위를 일정방향으로 유도하였다고 볼 수는 없고, 따라서 청구인의 징집면제연령에 관한 기대 또는 신뢰는 단지 법률이 부여한 기회를 활용한 것으로서 원칙적으로 사적 위험부담의 범위에 속하는 것이다.

결국 헌재의 위 결정례는 ⅰ) 예측(견)불가성과 ⅱ) 유인된 신뢰라는 2가지 요소를 들고 있다고 할 것이다. 아래에서 위 ⅰ), ⅱ) 요건에 대해 좀더 살펴본다.

결정례 중에는 "개인이 이러한 국가작용에 대한 신뢰에 따라 일정한 행위를 하여야 하며" 라는 요건을 설정한 아래와 같은 예도 볼 수 있다.

판례 헌재 2018.12.27. 2017헌바215

[사건개요] 택지개발사업지구에서 시행되는 주택건설사업의 경우 종전에는 택지개발사업이 광역교통시설 부담금 부과 대상으로 결정되었는지 여부를 불문하고 그 부과 대상에서 제외하던 것을, 심판대상조항으로 인하여 택지개발사업이 광역교통시설 부담금 부과대상으로 결정된 경우에만 부담금이 면제되도록 한 것은 광역교통법이 위와 같이 개정되기 전 택지개발사업지구 내 대지를 매수한 주택건설사업자(청구인)의 재산권을 침해하고, 부담금 면제에 대한 신뢰를 침해하여 신뢰보호원칙에 반한다. [결정요지] 신뢰보호원칙 위반 여부 (가) 신뢰보호원칙의 의의 및 심사기준 – 신뢰보호원칙의 위반 여부를 판단하기 위해서는 첫째, 국가가 법률의 제정과 같은 작용을 통해 신뢰의 기초를 형성하여야 하고, 둘째, 개인이 이러한 국가작용에 대한 신뢰에 따라 일정한 행위를 하여야 하며, 셋째, 그 개인의 신뢰와 법률의 개정으로 인한 공익을 서로 형량하여야 한다. … 신뢰이익의 보호가치는 법률에 따른 개인의 행위가 국가에 의하여 일정방향으로 유인된 신뢰의 행사인지 아니면 단지 법률이 부여한 기회를 활용한 것으로서 원칙적으로 사적 위험부담의 범위에 속하는 것인지 여부에 따라 달라질 것이고, 개인이 어느 정도로 법적 상태의 변화를 예측할 수 있었는지, 혹은 예측하였어야 하는지 여부 또한 중요한 고려요소가 될 것이다. 그리고 경과규정의 유무와 그 내용은 신뢰이익 침해의 정도를 판단하는 데 고려요소로 작용할 수 있다. (나) 판단 – 1) 우선 신뢰보호원칙이 적용되기 위해서는 헌법적으로 보호되는 신뢰이익이 존재하여야 하는데, 이는 개인이 법률의 제정과 같은 국가작용에 대한 신뢰를 기초로 일정한 행위를 하였음을 전제로 한다. 그런데 청구인이 '일정한 행위'라고 주장하는 이 사건 대지 매수행위는 가사 주식회사 ○○에스디가 청구인의 자매회사라거나 주식회사 ○○에스디로부터 동의를 받았다 하더라도 법률상 이는 주식회사 ○○에스디의 행위일 뿐 그것이 청구인의 행위라고 볼 수는 없고, 달리 청구인이 '일정한 행위'를 하였다고 볼 만한 아무런 자료가 없다. 즉, 개정 전 광역교통법을 신뢰하고 외부로 현실화된 청구인의 어떠한 행위가 있었다고 볼 수 없으므로 신뢰보호원칙이 문제될 여지가 없다. 3) 가사 청구인의 주장처럼 주식회사 ○○에스디의 이 사건 대지 매수행위를 청구인의 행위로 본다 하더라도, 그 신뢰이익의 보호가치가 크다고 할 수 없다. 청구인의 부담금 면제에 대한 기대 또는 신뢰는 단지 법률이 부여한 기회를 활용한 것으로서 원칙적으로 사적 위험부담의 범위에 속하는 것이다. 이러한 부담금 면제의 혜택은 장래에 폐지되는 방향으로 개정될 수 있으리라는 것을 충분히 예측할 수 있다고 보아야 한다. 한편, 입법자는 법개정에 따른 혼란을 최소화하기 위해 법률개정으로 인한 불의타(不意打)를 방지하는 경과조치를 하였다. 이처럼 청구인의 부담금 면제에 대한 신뢰는 그 보호가치가 크다고 볼 수 없

는 반면, 심판대상조항은 위와 같은 부담금의 일실이라는 문제를 해결하기 위해 이루어진 법 개정의 결과로서 그 추구하는 공익의 가치가 크다. 그렇다면 부담금 면제에 대한 청구인의 신뢰가 법 개정의 이익에 우선하여 특별히 헌법적으로 보호할 만한 가치나 필요성이 있다고 보기 어려우므로 심판대상조항이 신뢰보호원칙에 위반되었다고 볼 수 없다.

* 판례평가 – 첫째, 일정한 행위를 하였을 것을 내세우는 것이 반드시 필요한지 모르겠다. 부작위상태로 있어야 그 신뢰가 보호되는 사안이 있을 수 있을 것이기 때문이다. 둘째, 이 판시의 논증은 신뢰보호가치가 있는 이익인지 여부를 살피면서 위배 여부를 가리는 이익형량심사와 경과조치 유무 판단을 함께 하고 있어서 혼란스럽다[일단 보호가치 있는 신뢰인지부터 보고 그리하여 신뢰보호원칙이 적용될 사안이라면 다음 단계로 이익형량 심사 등으로 나아간다는(아래의 신뢰보호원칙 위반 여부의 판단기준으로서 이익형량 등 참조) 지금까지의 주류적 판례입장이 논증에서 보다 명확하다].

가) 예측(견)불가성

장차 법률의 개폐(개정·폐지)에 의해 그 신뢰가 깨뜨려질 것을 예측할 수 있는 경우라면 그 신뢰는 보호받기 힘들고 보호되는 신뢰이익은 법으로부터 통상의 일반인으로서 기존의 법률관계나 이익이 존속되기 어렵다고 예측할 수 없었던 상태에서의 신뢰이익이어야 한다는 것이다. 헌재는 '법령개정의 예측성'이라 하였으나 그 점에서 '예측(견)불가성'이라고 하는 것이 신뢰보호요건으로서 더 적확한 것이 될 것이다. 헌재는 위 2002헌바45 결정에서 "법적 상태의 존속에 대한 개인의 신뢰는 그가 어느 정도로 법적 상태의 변화를 예측할 수 있는지, 혹은 예측하였어야 하는지 여부에 따라 상이한 강도를 가진다"라고 하여 그 예측불가성의 정도에 따라 보호의 정도가 다르다고 보는 것으로 이해된다. 그리고 헌재는 "일반적으로 법률은 현실상황의 변화나 입법정책의 변경 등으로 언제라도 개정될 수 있는 것이기 때문에, 원칙적으로 이에 관한 법률의 개정은 예측할 수 있다고 보아야 한다"라고 한다.[1] 입법형성권이 넓을수록 법률의 변화가능성이 많으므로 예견불가능성이 약해진다고 할 것이다.[2] 헌재는 "입법자의 입법형성권의 범위가 매우 넓다는 점 … 따라서 국민들은 이러한 영역에 관한 법률이 제반 사정에 따라 언제든지 변경될 수 있다는 것을 충분히 예측할 수 있다고 보아야 한다"라고 판시한 바 있다.[3]

예측불가성에 대한 결정례는 다음과 같다.

i) 인정한 결정례

① 국세관련 경력공무원에 대한 세무사자격 자동부여제의 폐지 구 세무사법은 국세에 관

1) 헌재 2002.11.28. 2002헌바45, 판례집 13-2, 713면.

2) 헌재는 제도의 형성에 있어서 광범위한 입법의 자유(재량)가 인정되는 제도가 계속 유지될 것이라는 신뢰는 입법자가 여러 사정을 고려하여 그 제도에 대한 새로운 규율을 할 수 있는 것이므로 헌법상의 보호가치가 큰 신뢰라고 보기 어렵다고 하는데(헌재 2004.6.24. 2002헌바15, 판례집 16-1, 732면) 새로운 규율을 할 수 있다는 것은 예측불가성이 없거나 적다는 것을 의미하는 것이라고도 하겠다.

3) 위 2002헌바45, 같은 판례집 13-2, 같은 면.

한 행정사무 종사경력이 10년 이상 등 경력이 있는 공무원에 대해 당연히 세무사자격이 부여되도록 하였는데 개정된 세무사법은 이를 폐지하고 부칙에서 2000년 12월 31일 현재 위 경력요건을 갖춘 국세관련 경력공무원에게만 구법 규정을 적용하여 세무사자격이 부여되도록 하였는데 위 경력요건을 아직 갖추지 못하여 세무사자격 자동부여를 받지 못하게 된 경력 공무원들이 이 개정된 세무사법 부칙조항이 신뢰이익을 침해한다고 하여 헌법소원을 제기하였다. 헌재는 이 자동부여제가 40여년간 줄곧 시행되어 오면서 단시일 내에 폐지 또는 변경되리라고 예상할 만한 별다른 사정도 없었기에 강도 높게 보호할 필요성이 있는 합리적이고도 정당한 신뢰라고 하여 결국 헌법불합치결정을 한 바 있다.

판례 헌재 2001.9.27. 2000헌마152, 판례집 13-2, 347면. 이 결정의 자세한 요지는 아래 나) 유인된 신뢰 부분 참조) * 특허청 경력공무원에 대한 변리사자격 자동부여제의 폐지에 대해서도 비슷한 취지의 헌법불합치결정이 있었다(헌재 2001.9.27. 2000헌마208, 판례집 13-2, 375면).

② 6인승 밴형화물자동차운송사업에 대한 승차정원제한, 화물제한 6인승 밴형화물자동차에 대해 승차정원을 3인으로 제한하고, 화물제한을 하는 구 화물자동차운수사업법시행규칙 조항은 이 승차정원제한 조항을 두기 이전에 사업등록한 6인승 밴형화물자동차운송사업자의 법적 신뢰를 심각하게 예상치 못한 방법으로 법적 신뢰를 제약한다고 하여 한정위헌으로 결정한 바 있다.

판례 헌재 2004.12.16. 2003헌마226, 판례집 제16권 2집 하, 580면.

ii) 부정적 결정례

① 조세우대조치(감면)의 축소 헌재는 "조세우대조치는 조세공평에 배치되므로 그에 대한 기대나 신뢰가 절대적으로 보호되어야 할 가치가 있다고 할 수는 없고 오히려 경제현상의 변화에 따라 신축적인 개정이 요구되는 조세법분야에 있어서 위와 같은 조세우대조치는 잠정적인 것으로서 장래의 개정이 쉽사리 예측가능하다"라고 하여 조세우대조치의 축소(전액 면세에서 50%감면으로 축소)에 대해 신뢰보호의 원칙에 위배된다고 할 수 없다고 판단하였다.

판례 헌재 1995.3.23. 93헌바18, 판례집 7-1, 385면

[결정요지] 비과세나 감면제도와 같은 조세우대조치는 조세공평에 배치되므로 그에 대한 기대나 신뢰가 절대적으로 보호되어야 할 가치가 있다고 할 수는 없고 오히려 경제현상의 변화에 따라 신축적인 개정이 요구되는 조세법분야에 있어서 위와 같은 조세우대조치는 잠정적인 것으로서 장래의 개정이 쉽사리 예측가능하다고 할 것이며, 또한 공유수면매립지의 양도로 인한 소득에 대한 특별부가세 감면규정은 앞서 본 바와 같이 수년에 걸쳐 개정을 거듭하면서 점차 폐지되는 방향으로 나아갔고 그 과정에서 이미 매립면허를 받은 사업시행자가 상당한 기간 내에 사업을 완료하고 매립지를 양도할 경우에는 법개정으로 인한 불이익을 받지 않을 수 있었으므로 기존의 매립사업자에 대한 배려도 어느 정도 되었다고 볼 것이다. 그러므로 이 법률규정은 … 신뢰보호의 원칙에 위배된다고 할 수 없다.

② **외국인 근로자 고용에 관한 업무 대행의 제한** '고용허가제 대행기관 운영에 관한 규정'(고용노동부 고시)이 일정한 요건을 갖추어 대행기관으로 지정된 자에 한해 외국인 근로자의 고용에 관한 업무를 대행할 수 있도록 규정하여 대행기관 지정이 어렵게 되었는바 이는 기존에 이 업무를 대행하여 온 행정사들의 직업수행의 자유를 신뢰보호원칙을 위반하여 침해하는 것인지가 논란된 바 있다. 헌재는 규율 상태의 변경 가능성에 대한 예측 가능성이 충분하였다고 보아 침해를 부정하였다.

판례 헌재 2011.10.25. 2010헌마661

[결정요지] 이 사건 고시 조항의 입법목적인 대행업무 수행의 공공성 및 투명성 확보, 외국인 근로자의 인권보호 등의 중요성 및 시급성에 비추어 보면, 대행업무와 관련하여 부당한 금품수수 혹은 송출비리 등을 발생시킬 수 있는 우려가 있는 요인은 가능한 한 이를 조속히 제거하는 것이 공익에 적합한 반면에, 기존에 대행 업무를 수행하고 있던 자들은 그 신뢰의 근거가 된 법령의 순차 개정으로 인해 그 규율 상태의 변경 가능성에 대한 예측 가능성이 충분하였고, 그 신뢰의 기간 또한 6년 정도로 그리 길지 않았으며, 이들이 위와 같은 대행 업무를 수행하는 것은 그들의 직업수행의 일부에 불과하여, 이들이 입게 되는 불이익의 내용이 이 사건 고시 조항을 통해 달성하려는 공익적 가치에 비해 결코 우월하다고 할 수 없다. 따라서 이 사건 고시 조항은 신뢰보호원칙에 위반하여 기존에 대행 업무를 수행하던 행정사 등인 청구인들의 직업수행의 자유를 침해하지 않는다.

③ **반복음주운전의 총포소지허가 결격사유** 총포소지허가의 결격사유를 정한 '총포·도검·화약류 등의 안전관리에 관한 법률'(2015. 7. 24. 법률 제13429호로 개정된 것) 제13조 제1항 제6호의3 중 '음주운전으로 벌금 이상의 형을 선고받은 날부터 5년 이내에 다시 음주운전으로 벌금 이상의 형을 선고받고 그 집행이 종료(집행이 종료된 것으로 보는 경우를 포함한다)되거나 면제된 날부터 5년이 지나지 아니한 사람'을 결격사유로 한 그 규정 부분은 신뢰보호반복 음주운전자를 결격사유로 하지 않을 것이라는 신뢰는 보호가치 없는 신뢰라고 하여 신뢰보호원칙에 반하지 않는다고 결정하였다.

판례 헌재 2018.4.26. 2017헌바341

[결정요지] 신뢰보호원칙 위반 여부 (1) 헌법상 보호가치 있는 신뢰이익이 존재하는지 여부 – 총포소지허가를 신청하는 사람 중 청구인과 같이 반복하여 음주운전을 한 사람은 구법 하에서 허가를 받을 수 있는 것으로 신뢰하여 왔다고 하더라도, 총포의 소지는 원칙적으로 금지되고 다만 예외적으로 허가되는 것으로서 그 결격사유 역시 사회적·정책적 판단에 따라 새로이 규정, 시행될 수 있는 것임을 고려하여야 한다. 총포화약법의 입법연혁을 살펴보아도 1981. 1. 10. 법률 제3354호로 총포소지허가의 결격사유를 규정한 이래 점차 사유가 추가되고 허가의 기준이 강화되는 방향으로 수차례 개정되었다. 따라서 입법자가 반복하여 음주운전을 하는 자를 총포소지허가의 결격사유로 규제하지 않을 것이라는 데 대한 청구인의 신뢰가 보호가치 있는 신뢰라고 보기 어렵다. 또한 총포화약법 제13조 제2항은 같은 조 제1항 각 호의 결격사유에 해당되지 않는다 하더라도 다른 사람의 생명·재산 또는 공공의 안전을 해칠 우려가 있다고 인정되는 경우 소지허가를 하지 아니할 수 있다고 규정하고 있어 반드시 허가를 하여야 하는 기속행위라고 할 수는 없으므로(대법원 1993.5.14. 92도2179; 대법원 2001.2.9. 98두17593 참조), 반

복하여 음주운전을 한 청구인이 총포소지허가를 받을 수 있을 것이라는 데 대한 신뢰가 제도의 존속에 대한 합리적인 신뢰에 해당한다고 할 수도 없다. (2) 심판대상조항이 추구하는 공익 – 총포화약법은 총포소지허가에 결격사유를 두어 총기 사용 부적격자를 배제하고 총포보유로 발생할 수 있는 위해를 사전적으로 방지하고자 하였다. 특히 음주운전을 반복하는 사람은 준법의식이 미약한 것으로 의심되고 또 주취 중 부주의하게 총포를 사용할 위험을 배제할 수 없기 때문에, 심판대상조항은 이들을 결격사유로 규정하여 국민의 생명 및 신체의 안전을 보호하고, 공공의 안전을 확보하여 사회적 혼란이나 불안감이 초래되지 않도록 하였다. (3) 공익과 신뢰이익간의 형량 – 총포소지허가의 반복음주운전이 결격사유로 규정되지 않을 것이라는 청구인의 신뢰는 총기소지허가의 기준은 사회환경이나 정책의 변화에 따라 구법질서가 더 이상 적절하지 아니하다는 입법자의 판단 아래 언제든지 새로이 규정될 수 있는 것이므로, 보호가치가 크다고 할 수 없다. 또한 5년간 총기소지가 제한될 뿐이고, 부칙 제2조에서 심판대상조항은 개정법 시행 후 최초로 접수된 총포소지허가 신청 및 갱신부터 적용한다고 규정하고 있는 이상 이미 받은 허가까지 취소하는 것은 아니므로, 침해되는 신뢰이익의 정도가 중하지 아니하다. 반면 음주운전을 반복하는 사람은 음주 상태에서 총포를 사용하여 사고를 야기할 위험성이 있고, 총기 안전사고를 예방하여 국민의 생명·신체를 보호하는 것은 가능한 조속히 달성해야 하는 것이므로, 이를 허가 결격사유로 규정하여 총포 등을 소지할 수 없도록 하여야 할 필요성이 크다. 따라서 보호해야 할 청구인의 신뢰의 가치는 그다지 크지 않은 반면 공공의 안전을 보호해야 할 공익적 가치는 중대하다 할 것이므로, 음주운전 전력이 있는 사람들을 위해 별도의 경과규정을 두지 않았다 하여 심판대상조항이 신뢰보호원칙에 위반된다 할 수 없다.

* 판례비평 : 이 결정은 신뢰보호가치가 없다고 하고서는 이익형량까지 갔다. 신뢰보호가치가 없으면 그것으로 더 이상 판단하는 것이 논리적으로 모순이다.
* 그 외 보호가치 있는 신뢰를 인정하기 어렵다는 결정례 : 헌재 2016.11.24. 2013헌가19.

나) 유인된 신뢰

국가가 법률 등 작용을 통해 신뢰나 기대를 유도, 유발, 유인 또는 부여하는 선행적 조치가 있었던 경우에 보호가치 있는 신뢰가 된다는 것이다. 헌재는 "법률에 따른 개인의 행위가 단지 법률이 반사적으로 부여하는 기회의 활용을 넘어서 국가에 의하여 일정 방향으로 유인된 것이라면 특별히 보호가치가 있는 신뢰이익이 인정될 수 있고, 원칙적으로 개인의 신뢰보호가 국가의 법률개정이익에 우선된다고 볼 여지가 있다"라고 한다.[1)]

i) 국가가 신뢰를 부여한 조치가 아니어서 '선행하는 법적 상태에 대한 신뢰'를 부정한 결정례 세무당국에 사업자등록을 하고 영업행위를 해오던 사람에 대해 그 영업을 금지한 데 대해 신뢰보호원칙의 위반이라는 주장의 헌법소원이 제기되었다. 그러나 헌재는 사업자등록이 그 영업행위의 계속에 대하여 국가가 신뢰를 부여한 어떠한 조치라고 보기도 어려우므로 신뢰보호의 전제가 되는 선행하는 법적 상태에 대한 신뢰 자체를 인정할 수 없다고 하여 주장을 받아들이지 않았다.

1) 위 2002헌바45.

판례 헌재 2003.9.25. 2001헌마447

[판시사항] 세무당국에 사업자등록을 하고 운전교습업을 영위해오던 운전교습업자의 운전교육행위를, 운전학원으로 등록하지 않은 자가 대가를 받고 운전교육을 실시하는 것을 금지하는 도로교통법 제71조의16 제1호로 일률적으로 금지하는 것이 신뢰보호의 원칙 또는 소급입법금지원칙에 위배되어 재산권을 침해하는지 여부(소극) [결정요지] 이 사건 도로교통법 조항이 신설되기 전에도 이미 학원법에 의하여 운전학원으로 등록하지 않고는 운전교육을 할 수 없었고, 또한 비록 그 실효성이 크지는 않았지만 운전학원으로 등록하지 않고 운전교육을 하는 자에 대한 단속도 꾸준히 있어왔다. 나아가 청구인들이 비록 세무당국에 사업자등록을 하고, 운전교육업에 종사하였다고 하더라도, 사업자등록은 과세행정상의 편의를 위하여 납세자의 인적사항 등을 공부에 등재하는 행위에 불과하고, 허가 또는 면허제도와는 달리 이로 인하여 그 사업의 적법성이 보장되는 것 또한 아니라고 할 것이므로 사업자등록여부가 운전교습업의 계속에 대하여 국가가 신뢰를 부여한 어떠한 조치라고 보기도 어렵다. 따라서 신뢰보호의 전제가 되는 선행하는 법적 상태에 대한 신뢰 자체를 인정할 수 없는 이 사건에 있어 신뢰보호원칙에 위배하여 청구인들의 재산권과 직업의 자유를 침해하였다는 청구인들의 주장 역시, 더 나아가 살필 필요도 없이 이유없다.

ii) **국가에 의해 유인되거나 부여된 신뢰임을 인정한 결정례**

① **국세관련 경력공무원에 대한 세무사자격 자동부여제의 폐지로 인한 신뢰침해** 구 세무사법은 국세에 관한 행정사무 종사경력이 10년 이상이고, 일반직 5급 이상 공무원으로서 5년 이상 재직한 경력이 있는 경우에는 당연히(세무사자격시험을 거침이 없이) 세무사자격이 부여되게 규정하고 있었는데 개정된 세무사법은 이를 폐지하고 부칙에서 2000년 12월 31일 현재 위 경력요건을 갖춘 국세관련 경력공무원에게만 구법 규정을 적용하여 세무사자격이 부여되도록 하였다. 이에 위 경력요건을 아직 갖추지 못하여 세무사자격 자동부여를 받지 못하게 된 경력공무원들이 이 개정된 세무사법 부칙조항이 신뢰이익을 침해한다고 하여 헌법소원을 제기하였다. 헌재는 국가가 제정한 법률의 규정에 의하여 형성된 것으로서, 단순한 가능성이 아닌 확정적인 법률효과에 바탕을 둔 신뢰이고 40여 년간 줄곧 시행되어 오면서 단시일 내에 폐지 또는 변경되리라고 예상할 만한 별다른 사정도 없었기에 강도 높게 보호할 필요성이 있는 합리적이고도 정당한 신뢰라고 하면서 이 폐지는 신뢰이익을 과도하게 침해한 것으로서 헌법에 위반된다고 하여 헌법불합치결정을 한 바 있다.

판례 헌재 2001.9.27. 2000헌마152

[결정요지] 먼저 청구인들이 5급 이상의 공무원으로 국세관서에서 근무를 개시할 당시에 시행되던 구법 제3조 제2호는 청구인들의 경우에 일정한 자격부여요건만 충족하면 당연히, 즉 별도의 인·허가나 세무사자격시험을 거치지 않고도 곧바로 세무사자격이 부여되는 것으로 규정하고 있었다. 따라서 청구인들의 세무사자격 부여에 대한 기대는 국가가 제정한 법률의 규정에 의하여 형성된 것으로서, 단순한 가능성이 아닌 확정적인 법률효과에 바탕을 둔 것이다. 국세관련 경력공무원에 대한 세무사자격 부여제도는 앞에서 본 바와 같이 상당한 실무경험을 갖춘 경력공무원들의 경우에는 일응 세무사의 업무를 수행하기에 충분한 고도의 전문적 지식이나 자질을 갖추었다고 볼 수 있다는 측면에 실질적 근거를 둔 것으로서 세무사법의 제정으로 세무사제도가 도입된 이래 약 40여년간 줄곧 시행되어 오면서 제도 자체의

합리성과 합목적성이 폭넓게 인정되어 왔다. 또 청구인들의 입장에서는 이러한 제도가 단시일 내에 폐지 또는 변경되리라고 예상할 만한 별다른 사정도 없었다. 따라서 청구인들의 세무사자격 부여에 대한 신뢰는 위에서 본 여러 사정에 비추어 볼 때 단순한 기대의 수준을 넘어서 강도 높게 보호할 필요성이 있는 합리적이고도 정당한 신뢰라 할 것이고, 청구인들이 급여나 대우 등의 면에서 보다 유리한 직장이나 부서를 마다하고 국세관서에서 5급 이상 공무원으로 장기간 종사하기로 결정한 데에는 이러한 세무사자격 부여에 대한 강한 기대 내지 신뢰가 중요한 바탕이 되었을 것임은 결코 부인할 수 없다. 그런데 그 이후 이 사건 법률조항 등의 개정으로 말미암아 청구인들은 세무사자격시험을 거치지 않는 한 그 자격이 부여되지 않게 되었다. 청구인들이 세무사자격을 취득하기 위해서는 종전과 달리 반드시 세무사자격시험에 합격하여야만 한다는 점에서, 청구인들이 입게 된 불이익의 정도, 즉 신뢰이익의 침해정도는 중대하다고 아니할 수 없고, 그것이 헌법적으로 무시할 수 있을 정도로 가볍다고 볼 수는 없다. 반면, 청구인들의 신뢰이익을 침해함으로써 일반응시자와의 형평을 제고한다는 공익은 위와 같은 신뢰이익 제한을 헌법적으로 정당화할 만한 사유라고 보기 어렵다. 그러므로 기존 국세관련 경력공무원 중 일부에게만 구법 규정을 적용하여 세무사자격이 부여되도록 규정한 위 세무사법 부칙 제3항은 충분한 공익적 목적이 인정되지 아니함에도 청구인들의 기대가치 내지 신뢰이익을 과도하게 침해한 것으로서 헌법에 위반된다.

* 특허청 경력공무원에 대한 변리사자격 자동부여제의 폐지로 인한 신뢰침해 − 위 세무사자격 자동부여제 폐지의 사안과 비슷한 취지의 헌법불합치결정이 있었다(헌재 2001.9.27. 2000헌마208, 판례집 13−2, 375면).

② **위헌결정된 법률규정에 의한 신뢰 문제** 위헌결정시까지의 신뢰 인정 : 국립사범대학 졸업자의 교원우선임용 조항(구 "교육공무원법 제11조 ① 교사의 신규채용에 있어서는 국립 또는 공립의 교육대학·사범대학 기타 교원양성기관의 졸업자 또는 수료자를 우선하여 채용하여야 한다")에 대한 헌법재판소의 위헌결정(89헌마89)이 있기 이전에 국립사범대학을 졸업하여 임용이 예정되어 있었으나, 위 위헌결정에 따라 교원으로 임용되지 아니한 자를 구제하기 위하여 중등교원 임용시험에 있어서 별도의 특별정원을 마련하도록 하는 국립사범대학졸업자중교원미임용자임용등에관한특별법 규정에 대한 헌법소원사건에서 그 예를 볼 수 있었다. 이 헌법소원심판은 중등교사임용시험을 준비하고 있는 사람들이 청구한 것이었고 청구인들은 이렇게 별도 특별정원을 마련하도록 한 것이 한정된 교육공무원직을 두고 경쟁관계에 있는 청구인들의 평등권, 공무담임권을 침해한다고 주장하였고 이 평등권 침해 여부에 대한 판단에 있어서 목적의 정당성 여부를 살피면서 신뢰이익 문제가 다루어졌다. 헌재는 "미임용자들은 위헌결정이 있기 이전의 구 교육공무원법 제11조 제1항이 유효한 것으로 믿고 국·공립사범대학을 졸업하면 교육공무원인 중등교원으로 무시험 우선 채용될 수 있을 것을 신뢰하여 우수한 대학입학고사 성적에도 불구하고 다른 대학에의 진학 기회를 포기하고 중등교원이 되기 위하여 국·공립 사범대학에의 진학을 선택하고 학업을 수행하여 졸업한 후 시·도 교육위원회별로 작성한 교사임용후보자명부에 등재되어 임용이 예정되어 있었던 자들이다. 이러한 미임용자들의 결정과 행위는 국가의 입법행위에 의하여 일정한 방향으로 유인된 신뢰의 행사라고 평가될 수 있으므로, 이들은 구 교육공무원법

제11조 제1항의 존속에 대한 주관적 신뢰이익을 갖는다 할 것이다"라고 판시하였다.[1] 결국 위헌이었던 법률규정으로 인한 신뢰도 보호되어야 한다는 것인데 이 점을 헌재는 위헌결정의 장래효로 설명한다. 우리 헌법재판소법 제47조 제2항은 위헌으로 결정된 법률조항이 소급하여 효력을 상실하지 않고 위헌결정이 있는 날로부터 효력을 상실하도록 규정하여 '장래효'를 규정하고 있어 위헌이라고 결정되더라도 위헌결정이 있기까지에는 효력을 가졌던 법률조항이 된다는 것이다. 그리하여 헌재는 "비록 우리 재판소의 결정에 의하여 구 교육공무원법 제11조 제1항이 위헌으로 선언되었으나, 우리 헌법재판소법 제47조 제2항은 장래효의 원칙을 규정함으로써 위헌법률이 당연히 무효인 것이 아니라 위헌결정으로 장래 효력을 상실하도록 되어 있어 헌법재판소에 의한 위헌확인시까지는 유효한 신뢰의 근거로 작용할 수 있다"라고 한다. 결국 미임용자의 신뢰이익을 인정하여 청구인들의 평등권이 침해되지 않았다고 하여 기각결정을 하였다.

③ **사법시험 제1차시험에서의 영어대체시험제도** 사법시험 제1차 시험의 어학과목을 영어로 한정하고 영어시험을 다른 시험기관의 시험으로 대체하도록 하며(제3항), 대체시험의 종류를 토플(TOEFL) 등으로 하여 일정 점수 이상을 영어대체시험의 합격에 필요한 점수로 정하는 '영어대체시험' 제도가 제2외국어 과목으로 시험공부를 해오던 수험생의 신뢰(제2외국어 과목으로써 사법시험을 볼 수 있으리라는 신뢰)를 훼손하여 위헌이라는 주장이 있었다. 헌재는 국가가 오래도록 제2외국어를 시험과목으로 삼아 옴으로써 제2외국어 과목을 선택하여 집중적으로 공부한 경우가 적지 아니할 것이므로 국가가 개인의 행위를 일정방향으로 유도하였다고 볼 수 있을 것이어서 그 신뢰는 이를 보호해야 할 필요가 큰 경우에 속한다고 보았다. 그러나 유예기간을 두고 있고 비교형량상 공익이 훨씬 더 크다고 보아 합헌성을 인정하였다.

판례 헌재 2007.4.26. 2003헌마947

[관련판시] 살피건대, 개인의 신뢰이익에 대한 보호가치는 ① 법령에 따른 개인의 행위가 국가에 의하여 일정방향으로 유인된 신뢰의 행사인지, ② 아니면 단지 법률이 부여한 기회를 활용한 것으로서 원칙적으로 사적 위험부담의 범위에 속하는 것인지 여부에 따라 달라진다. 만일 법률에 따른 개인의 행위가 단지 법률이 반사적으로 부여하는 기회의 활용을 넘어서 국가에 의하여 일정 방향으로 유인된 것이라면 특별히 보호가치가 있는 신뢰이익이 인정될 수 있고, 원칙적으로 개인의 신뢰보호가 국가의 법률개정이익에 우선된다고 볼 여지가 있다. 그런데, 이 사건의 경우 국가가 기존의 사법시험제도를 통하여 오래도록 제2외국어를 시험과목으로 삼아 옴으로써 청구인들이 제2외국어 과목을 자신의 사법시험과목으로 선택하여 집중적으로 공부한 경우가 적지 아니할 것이므로 국가가 개인의 행위를 일정방향으로 유도하였다고 볼 수 있을 것이어서 청구인들이 가지고 있었던 시험과목에 관한 기대 또는 신뢰는 이를 보호해야 할 필요가 큰 경우에 속한다 할 것이다. 그러나, 법적 상태의 존속에 대한 개인의 신뢰는 그가 어느 정도로 법적 상태의 변화를 예측할 수 있는지, 혹은 예측하였어야 하는지 여부에 따라서도 영향을 받을 수 있는데 청구인들과 같이 사법시험을 준비하는 자로서는 사회의 변화에 따라 시험과목이

1) 헌재 2006.3.30. 2005헌마598, 판례집 18-1 상, 447면.

달라질 수 있음을 받아들여야 할 것이고, 자신이 공부해 오던 과목으로 계속하여 응시할 수 있다는 기대와 신뢰가 절대적인 것이라고 볼 수는 없다. 또 시행령이 2001. 3. 31. 제정되어 시행됨에도 불구하고 사법시험 제1차시험의 어학과목 변경에 관한 부분은 약 2년 9개월의 유예기간을 두고 2004. 1. 1.부터 시행하도록 하는 경과규정을 두고 있는바(부칙 제1조), 위 유예기간은 사법시험응시자들이 변화된 상황에 적응할 수 있는 상당한 기간으로 판단된다. 이에 비하여 '법조계의 국제화, 개방화에 대비한 법조인의 국제화 촉진 및 국제적 법률문제에 대한 실무능력 향상'이라는 입법목적 내지 공익은 청구인들의 불이익에 비하여 훨씬 크다 할 것이므로 사법시험 제1차시험의 어학과목 변경에 따른 사법시험준비자의 신뢰이익이 헌법상 용인될 수 없을 정도로 침해되었다고는 판단되지 아니한다.

(다) 예견가능하였고 국가에 의해 유도되지 않은 경우

신뢰보호가치요건 두 가지가 모두 결여되었다고 본 결정례를 보면, '사행성 간주 게임물'의 개념을 설정하고 이에 해당하는 경우 경품제공 등을 금지한 문화관광부고시 규정이 게임제공업자들의 직업의 자유를 침해하는지 여부가 논란된 사안에서 헌재는 과잉금지원칙 위반 심사를 하는 가운데 신뢰보호원칙 위배 여부 심사도 하였다. 헌재는 사행성이 과도하게 높은 게임물일 경우 그 유통이 금지될 수 있다는 가능성을 충분히 예견할 수 있었다고 보아 신뢰이익의 보호가치는 미약하고 그들의 영업행위는 특정 경제정책상의 목표를 달성하기 위하여 국가에 의하여 유도된 사경제의 활동에 속하는 것이 아니라, 스스로의 위험부담으로 법률이 부여한 기회를 활용한 경우에 지나지 않는다고 보아 특별히 보호되어야 하는 신뢰이익이라 볼 수 없다고 판단하였고 그 유예기간도 적절하여 과잉금지의 원칙에 위반되지 않는다고 하여 그 합헌성을 인정하였다.

판례 헌재 2008.11 27. 2005헌마161등

[결정요지] 입법자는 새로운 인식을 수용하고 변화한 현실에 적절하게 대처해야 하기 때문에, 국민은 현재의 법적 상태가 항상 지속되리라는 것을 원칙적으로 신뢰할 수 없다. 이 사건의 경우, 국가는 '음반·비디오물 및 게임물에 관한 법률'을 제정·시행한 이후 게임제공업소에서 제공하는 게임물의 사행성이 사회문제화 되자 2001. 5. 24. 법을 전부 개정하여 게임물의 사행화를 방지하기 위한 규정을 강화하면서 문화관광부장관과 영상물등급위원회에 게임제공업소용 게임물에 대한 사행성 판정기준의 정립을 위임함으로써 게임제공업소를 운영하려는 자들에 대하여 법령에 근거한 개인의 신뢰를 제한하거나 배제하려는 명확한 규범적 표현을 하였고, 또한 음비게법의 위임에 따라 제정된 '게임제공업소의 경품취급기준'과 '게임제공업용게임물등급분류기준 세부규정' 등이 사행성이 높은 게임물의 유통을 저지하는 방향으로 개정되어 왔다는 점에서 볼 때 사행성이 과도하게 높은 게임물일 경우 그 유통이 금지될 수 있다는 가능성을 충분히 예견할 수 있었다고 보이므로, 음비게법의 시행을 전후하여 이 사건 게임물 제공업을 영위하여 온 청구인들에게 인정될 수 있는 신뢰이익의 보호가치는 미약하다고 할 것이다. 또한, 청구인들의 영업행위는 특정 경제정책상의 목표를 달성하기 위하여 국가에 의하여 유도된 사경제의 활동에 속하는 것이 아니라, 스스로의 위험부담으로 법률이 부여한 기회를 활용한 경우에 지나지 않는다고 할 것이므로, 그러한 관점에서도 법규개정의 이익에 우선하는 특별히 보호되어야 하는 신뢰이익이라 볼 수 없다. 이 사건 심판대상규정이 청구인들에게 부여한 60일의 유예기간은 법규개정으로 인한 상황변화에 적절히 대처하기에 지나치게 짧은 것이라고 할 수 없다. 따라서 이 사건 심판대상규정은 그 시행시기에 대하여 적절한 유예기간을 부여함으로써 청구인들의 신뢰이익을 충분히 고려하고 있으므로,

과잉금지의 원칙에 위반하여 직업의 자유를 침해하는 위헌적인 규정이라 할 수 없다. * 위 결정 이후 게임의 결과로 상품권을 제공할 수 있도록 하던 것을 못하도록 한, 즉 경품용상품권제도를 폐지한 문화관광부장관의 고시가 신뢰보호원칙에 반하는가 하는 문제에 대해 경품의 종류에서 상품권이 제외될 수 있다는 가능성을 충분히 예견할 수 있었다고 보이므로, 경품용상품권제도가 도입된 이후 이 사건 게임물 제공업을 영위하여 온 청구인들에게 인정될 수 있는 신뢰이익의 보호가치는 미약하고 게임제공업자의 영업행위는 특정 경제정책상의 목표를 달성하기 위하여 국가에 의하여 유도된 사경제의 활동에 속하는 것이 아니라, 스스로의 위험부담으로 법률이 부여한 기회를 활용한 경우에 지나지 않는다고 할 것이며 유예기간이 적절하다고 하여 부정한 결정례 : 헌재 2009.4.30. 2007헌마106, 공보 제151호, 980면.

(라) 기타 보호가치 없는 경우, 특별히 보호할 필요가 없는 경우

헌재가 그 외 보호가치가 없다고 보거나 헌법이 특별히 보호할 필요가 없다고 본 경우로는 다음과 같은 경우들이 있었다.

가) 보호가치가 부정된 예

① **소멸되었거나 가변적인 신뢰** 헌재는 이미 소멸되었거나 가변적인 것으로 된 신뢰는 존재하지 않거나 존재한다 하더라도 매우 미약한 것에 불과하여 헌법적 보호의 대상이 될만한 현저한 신뢰라고 보기는 어렵다고 한다.

판례 헌재 2006.2.23. 2004헌마597, 판례집 제18권 1집 상, 259면

[판시사항] 숙박업자에게 매년 위생교육을 받을 의무를 부과하고 있는 공중위생관리법(2004. 1. 29. 법률 제7147호로 개정된 것) 제17조 제1항 중 같은 법 제2조 제1항 제2호의 숙박업을 하고자 같은 법 제3조 제1항의 신고를 한 자에 대하여 매년 위생교육을 받도록 한 부분(이하 '이 사건 법률조항'이라 한다)이 신뢰보호원칙에 위배하여 직업수행의 자유를 침해하는지 여부(소극) [결정요지] 이 사건 법률조항의 입법과정 및 관련법령을 종합해 보면, 정기적인 위생교육제도는 공중위생법이 1986. 5. 10. 제정될 당시부터 원래 있었던 것이고 공중위생관리법(1999. 2. 8. 제정 법률 제5839호)의 제정과 더불어 규제완화 차원에서 한 때 폐지되기도 하였으나 2002. 8. 26. 법률 제6726호로 공중위생관리법이 개정되면서 다시 부활의 근거가 마련되었는데 이에 의하면 보건복지부령으로 정하기만 하면 숙박업자에 대하여도 정기적인 위생교육을 재차 실시할 수 있게 된 것이므로 정기적인 위생교육의 계속적 폐지에 대한 청구인들의 신뢰라고 하는 것은 이 때부터 이미 소멸되었거나 가변적인 것으로 바뀌었다고 할 것이다. 따라서 청구인들이 주장하는 것과 같은 신뢰는 존재하지 않거나 존재한다 하더라도 매우 미약한 것에 불과하여 헌법적 보호의 대상이 될만한 현저한 신뢰라고 보기는 어렵다. 그렇다면 헌법적 보호의 대상이 될만한 현저한 신뢰가 청구인들에게 존재함을 전제로 하는 청구인들의 이 부분 주장은 이유 없다. … 설사 청구인들이 주장하는 것과 같은 신뢰 내지 신뢰이익이 존재한다고 하더라도 이러한 신뢰이익의 침해를 이 사건 법률조항이 추구하는 위에서 본 공익과 비교, 형량하더라도 위 공익의 비중이 훨씬 더 중요하다고 인정되므로, 이 사건 법률조항이 청구인들의 신뢰를 과도하게 침해하는 것이라고 볼 수는 없고 따라서 이 조항이 신뢰보호원칙에 반하는 방법으로 직업수행의 자유를 침해한 것이라고 볼 수 없다.

② **반사적 이익, 반사적 기회활용** 여객자동차운수사업법(이하 "법"이라 한다)이 개정되어 그동안 운행이 허용되어 왔던 백화점 등의 셔틀버스운행이 개정규정 공포 후 6월이 경과한 때부터 금지되었는데 이 법규정에 대해 백화점 등이 신뢰보호원칙을 위반하는 것이라는 주장이

제기되었다. 헌재는 이전까지 셔틀버스를 규제없이 운행해 왔다 하더라도 이는 법규의 미비로 인하여 누려왔던 반사적 이익에 불과하다고 보았고, 설사 그렇지 않다 하더라도 비교·형량할 때 공익의 우월성을 인정할 수 있다고 하여 합헌성을 인정하였다.

판례 헌재 2001.6.28. 2001헌마132, 판례집 제13권 1집, 1466면

[결정요지] 살피건대, 청구인들이 이 사건 법률조항의 입법이 있기까지 관할관청의 묵인 하에 그동안 무상셔틀버스를 규제없이 운행해 왔다 하더라도 이는 법규의 미비로 인하여 누려왔던 반사적 이익에 불과하다고 할 것이고, 설사 그렇지 않다 하더라도 청구인들이 갖고 있는 셔틀버스운행에 대한 신뢰보호와 이 사건 법률조항의 입법으로 새로이 달성하려는 공익목적과를 비교·형량할 때 공익의 우월성을 인정할 수 있으므로, 사회환경이나 경제여건의 변화에 따라 구법질서가 더 이상 적절하지 아니하다는 입법자의 정책적인 판단에 의한 이 사건 법률조항의 입법으로 말미암아 청구인들이 구법질서에서 누리던 신뢰가 손상되었다 하더라도 이를 일컬어 헌법적 한계를 넘는 위헌적인 공권력행사라고는 평가할 수 없다고 하겠다.

* 검토 – 그러나 이 결정은 기본권법리에 비추어 볼 때 받아들이기 곤란하다. 버스운행을 할 자유가 반사적 이익이라고 보면 자유권의 기본권성을 부정하는 결과를 가져오기에 타당하지 않다. 반사적 이익에 불과한 것이 아니라 셔틀버스운행을 할 영업의 자유권을 제한한 것이다. 헌재 스스로도 "청구인들의 영업의 자유에 제약을 가한 점이 있다 하더라도 그 제약은 헌법상 정당한 범위 내의 제한이라고 할 것이다"라고 하고 더구나 비례(과잉금지)원칙심사도 하였다는 것은 기본권으로 인정하는 것을 전제로 한 것인데도 반사적 이익이라고 하면 자기모순이다. 이는 헌법재판절차법상 논리성도 갖추지 못한 것이다. 반사적 이익이라고 한다면 애초에 헌법소원심판의 청구요건인 '침해되는 기본권의 존재'(기본권침해가능성)가 없어 본안에 들어가지 않고 각하하였어야 논리적이었는데 본안판단까지 나아갔다. 결국 위 사안은 기본권의 제한으로 인하여 신뢰보호가 문제된 것이라고 보았어야 했다.

③ **보완지침** 헌재는 종전부터 시행되어 오던 제도를 보완하기 위한 지침의 경우 헌법상 보호할 가치가 있는 신뢰가 침해되었다고 볼 수 없다고 한다.

판례 헌재 1997.7.16. 97헌마38

[판시사항] 종합생활기록부에 의하여 절대평가와 상대평가를 병행, 활용하도록 한 교육부장관 지침이 교육개혁위원회의 교육개혁방안에 따라 절대평가가 이루어 질 것으로 믿고 특수목적고등학교에 입학한 학생들의 신뢰이익을 침해하는 것인지 여부(소극) [결정요지] 청구인들이 이른바 특수목적고등학교인 외국어고등학교에 입학하기 위하여 원서를 제출할 당시 시행되었던 종합생활기록부 제도는 처음부터 절대평가와 상대평가를 예정하고 있었고, 대학입학전형에 있어서 학생부를 절대평가방법으로 활용할 것인가 상대평가방법으로 활용할 것인가 등 그 반영방법도 대학의 자율에 일임되어 있었다. 따라서 그 이후 공표된 이 사건 제도개선보완시행지침은 1999학년도까지 대입전형자료로 절대평가와 상대평가를 병행하도록 하고 다만 종전 종합생활기록부제도의 문제점을 보완하기 위하여 과목별 석차의 기록방법 등 세부적인 사항을 개선, 변경한 데 불과하므로 이로 인하여 청구인들의 헌법상 보호할 가치가 있는 신뢰가 침해되었다고 볼 수 없다.

나) 특별한 보호 필요성이 있다고 보기 어려운 경우, 보호가치가 크지 않은 경우

① **불확실하고 잠정적인 기대** '1세대 3주택 이상'에 해당하는 자에 대해서는 장기보유

특별공제를 배제하고 양도소득 과세표준에 60%의 단일 세율을 적용하도록 소득세법이 개정된 것이 장기보유특별공제 제도와 일반 양도소득세율 제도가 변함없이 존속될 것이라는 신뢰를 침해하여 신뢰보호원칙에 위배되는지 여부가 문제된 사안에서 헌재는 조세·재정정책의 탄력적·합리적 운용 필요성에 따른 조세에 관한 법규·제도의 신축적 변화 가능성 등을 고려하면 그 존속에 대한 기대는 불확실하고 잠정적인 것에 불과하다고 보아 헌법이 특별히 보호할 필요가 있는 것이라 보기 어렵다고 판시하였다.

판례 헌재 2010.10.28. 2009헌바67

[판시] 조세의 정책적 기능, 이 사건에 있어서 1세대 3주택 이상에 해당하는 자에 대한 주택 양도에 따른 양도소득세 강화를 통한 주거생활의 안정이라는 정책적 목적과 앞서 본 바와 같은 조세·재정정책의 탄력적·합리적 운용 필요성에 따른 조세에 관한 법규·제도의 신축적 변화 가능성 등을 고려하면, 1세대 3주택 이상에 해당하는 자들에 대한 장기보유특별공제 조항과 일반 양도소득세율의 존속에 대한 청구인의 기대는 불확실하고 잠정적인 것에 불과하다고 할 것이다. 따라서 1세대 3주택 이상에 해당하는 자에 대한 양도소득금액을 정함에 있어 장기보유특별공제, 일반 양도소득세율 제도가 변함없이 존속될 것이라는 청구인의 신뢰는 헌법상 특별히 보호하여야 할 가치나 필요성이 있는 것이라고 보기 어렵다.

② **광범위한 입법형성의 자유** 헌재는 사회보장법리의 영향을 받는 제도와 같이 그 형성에 있어서 광범위한 입법형성의 자유(재량)가 인정되는 제도가 계속 유지될 것이라는 신뢰는 입법자가 여러 사정을 고려하여 그 제도에 대한 새로운 규율을 할 수 있는 것이므로 헌법상의 보호가치가 큰 신뢰라고 보기 어렵다고 한다.

판례 헌재 2004.6.24. 2002헌바15

[판시사항] '가입자자격을 상실한 후 1년이 경과한 국민연금 가입자'는 반환일시금을 받을 수 없도록 개정된 구 국민연금법 조항, 국민연금법 부칙조항이 신뢰보호의 원칙에 위반되는지 여부(소극) [결정요지] 국민연금반환일시금은 공적연금의 급여 중의 하나로 사회보장법리의 영향을 받으며, 반환일시금의 수급요건, 수급권자의 범위, 급여금액 등을 법률로 형성함에 있어 입법자는 광범위한 형성의 자유를 누린다고 할 것이어서, 청구인과 같이 국민연금가입자자격을 상실한 자가 그로부터 1년이 경과하면 반환일시금을 지급받을 수 있다고 신뢰하였다고 하더라도 입법자는 여러 사정을 고려하여 반환일시금에 대한 새로운 규율을 할 수 있는 것이므로, 반환일시금 제도가 계속 유지될 것이라는 신뢰는 헌법상의 보호가치가 큰 신뢰라고 보기 어렵다. 반면 반환일시금 수급요건의 제한은 국민연금가입자들에게 되도록 연금급여를 받을 수 있도록 하고, 국민연금 재정의 장기적 기반을 확충하고 전국민을 대상으로 하는 국민연금 제도의 운용을 확보하기 위한 것으로 달성하고자 하는 공익이 중대하고, 고용보험의 도입으로 실업급여가 지급되고, 가입대상의 확대로 가입자가 전직 등을 하더라도 연금급여를 받기 위한 최소가입기간을 충족할 수 있는 등 국민연금제도의 초기와는 달리 반환일시금 지급의 필요성이 줄어들었다. 또한 이 사건 법률조항으로 인하여 가입자의 보장수준이 현저히 약화되었다고 보기 어렵고 이 사건 법률조항은 경과규정을 두고 있다. 그렇다면 이 사건 법률조항이 신뢰보호원칙에 위배된다고 할 수 없다.

(마) 조세법의 경우

헌재는 "조세법의 영역에 있어서는 국가가 조세·재정정책을 탄력적·합리적으로 운용할 필요성이 매우 큰 만큼, 조세에 관한 법규·제도는 신축적으로 변할 수밖에 없다는 점에서 납세의무자로서는 구법질서에 의거한 신뢰를 바탕으로 적극적으로 새로운 법률관계를 형성하였다든지 하는 특별한 사정이 없는 한 원칙적으로 세율 등 현재의 세법이 변함없이 유지되리라고 기대하거나 신뢰할 수는 없다"라고 하는 입장이다.

판례 헌재 2002.2.28. 99헌바4

[관련판시] 이 사건의 경우에 비록 이 사건 법률조항의 시행 이전에는 법인세법상 청구인이 차입금과다법인에 해당하고, 또 이 사건 임야를 보유하고 있다는 사실에 의하여 지급이자 손금불산입이라는 과세상 불이익을 받지는 아니하였다. 그러나 청구인은 이를 바탕으로 하여 어떠한 새로운 법률관계를 형성한 것이 아니라 이미 취득하여 보유하고 있던 이 사건 임야를 계속 보유한 것에 불과하고, 달리 청구인의 신뢰를 새로운 입법의 시행에 우선하여 보호하여야 할 특별한 사정을 찾아볼 수 없다. 그러므로 비록 청구인이 향후에도 그러한 세법이 그대로 유지되어 위와 같은 과세상 불이익을 받지 않으리라고 신뢰하였다고 하더라도 이러한 신뢰는 단순한 기대에 불과할 뿐이지, 헌법상 권리로서 보호하여야 할 신뢰라고 보기는 어렵다. 동지 : 헌재 2003.4.24. 2002헌바9, 판례집 15－1, 415면; 헌재 2008.5.29. 2006헌바99, 판례집 20－1 하, 158면; 헌재 2008.9.25. 2007헌바74, 판례집 20－2상, 523－524면; 헌재 2010.10.28. 2009헌바67, 판례집 제22권 2집 하, 118－119면; 헌재 1998.11.26. 97헌바58, 판례집 10－2, 680－683면 등.

(바) 신뢰보호가치요건 판단의 의미

신뢰보호가치요건을 갖춘 것으로(신뢰가치가 있다고) 판단되더라도 그 신뢰가치가 그것으로 바로 보호되는 것은 아니다. 그 다음 단계로 아래에서 보듯이 그 신뢰를 보호할 수 있는 것인지를 판단하기 위한 비교형량, 즉 신뢰이익과 공익을 비교형량하는 것으로 나아가게 된다. 신뢰보호가치요건의 판단에서 아예 신뢰가치가 없다면 그것으로 그치고, 있다면 비교형량으로 나아가는 것이다. 따라서 신뢰보호가치요건의 판단은 비교형량을 위한 전제적 판단의 의미를 가진다.

2) 신뢰보호원칙 위배 여부(신뢰가 보호될지 여부)의 판단기준(방법)

(가) 비교형량

가) 법리

헌재는 신뢰보호원칙의 위배 여부(신뢰보호를 인정할지 여부)를 비교형량으로 판단한다. 이는 거의 확립된 판례법리라고 볼 것이다.

판례 헌재의 확립된 판례 헌재 2001.4.26. 99헌바55, 판례집 13-1, 885-886면

[주요판시사항]

▷ 신뢰보호원칙의 위배여부의 판단 : 비교형량

[관련설시] 신뢰보호원칙의 위배 여부를 판단하기 위하여는, 한편으로는 침해받은 이익의 보호가치, 침해의 중한 정도, 신뢰가 손상된 정도, 신뢰침해의 방법 등과 다른 한편으로는 새 입법을 통해 실현하고자 하는 공익적 목적을 종합적으로 비교·형량하여야 한다.

* 동지 : 헌재 1995.10.26. 94헌바12, 판례집 7-2, 460-461면; 1998.11.26. 97헌바58, 판례집 10-2, 680-683면; 헌재 1999.7.22. 97헌바76 등, 판례집 11-2, 195면; 헌재 2000.7.20, 판례집 12-2, 144-145면; 헌재 2009.5.28. 2005헌바20; 헌재 2015.10.21. 2013헌바248; 헌재 2018.12.27. 2017헌바215 등 이러한 법리가 표명된 결정례들은 많다.

그리하여 ① 신뢰이익(가치)의 정도를 측정하고, ② 신뢰를 침해함으로써 거둘 수 있는 공익 등을 측정한 뒤 ③ 서로 비교하는 과정을 통해 신뢰보호원칙의 위배 여부를 판단하게 된다. 비교결과 ①의 이익이 ②의 이익 보다 우위에 있는 것으로 나타남에도 신뢰를 깨뜨린 경우에는 신뢰보호원칙을 위배한 것이라고 본다. 헌재는 "신뢰보호원칙의 위반 여부를 판단함에 있어서는, 첫째, 보호가치 있는 신뢰이익이 존재하는가, 둘째, 과거에 발생한 생활관계를 현재의 법으로 규율함으로써 달성되는 공익이 무엇인가, 셋째, 개인의 신뢰이익과 공익상의 이익을 비교 형량하여 어떠한 법익이 우위를 차지하는가를 살펴보아야 할 것이다"라고 한다.[1] 이 판시에서 헌재가 첫째로 보호가치 있는 신뢰이익이 존재하는가를 살펴본다고 한 것은 위의 신뢰보호가치요건의 충족 여부와 더불어 또는 나아가 신뢰이익(가치)의 정도를 살펴봄을 의미한다고 할 것이다. 요컨대 신뢰보호가치요건의 판단에 있어서 신뢰보호가치가 있느냐 여부에 대한 판단뿐 아니라 신뢰가치가 있다고 판단되는데 그 신뢰이익이 어느 정도인지를 판단하는 것까지 포함할 수도 있을 것이고 그 경우에는 신뢰보호가치의 '존재 여부'에 대한 판단과 가치의 '정도'에 판단이 이루어지는 것이라고 볼 것이다.

나) 신뢰보호가치요건판단과 비교형량

신뢰보호가치요건을 갖추어 가치있는 신뢰라고 하면 다음 단계로 위에서 보듯이 비교형량을 하는데 신뢰가치가 없는 경우에는 그것에서 그치게 될 것이다. 우리 헌재의 판례들 중에는 신뢰가치가 없거나 미약하다고 하면서 비교형량까지 가는 경우가 있다.[2] 이는 미약하나마 있을 수 있는 신뢰가 있다면 비교형량까지 하여 판단하겠다는 것으로 이해된다.

다) 적용례

한 가지 전형적인 예를 아래에 인용한다.

위헌결정례 : 헌재 2009.5.28. 2005헌바20

[쟁점] 최고보상제도의 시행 이전에 이미 장해사유가 발생하여 장해보상연금을 수령하고 있던 수급권자

---

1) 헌재 2009.5.28. 2005헌바20, 판례집 제21권 1집 하, 464면.

2) 헌재 2007.2.22. 2003헌마428, 판례집 19-1, 118면. [판시] 종전의 시행규칙 조항이 향후 개정될 것이라고 충분히 예상할 수 있었다고 할 것이어서 위 청구인들의 신뢰는 존재하지 않거나 존재한다고 하더라도 매우 미약하여 헌법적 보호의 대상이 될만한 현저한 신뢰라고 보기 어렵고 그 신뢰보호의 필요성도 인정하기 어렵다고 할 것이다. … 청구인들이 주장하는 것과 같은 신뢰 내지 신뢰이익이 존재한다고 하더라도 앞에서 본 바와 같은 이유로 구 시행규칙의 존속에 대한 신뢰의 보호가치는 크다고 할 수 없고, 이러한 신뢰이익의 침해를 위 공익과 비교·형량하여 보더라도 위 공익이 더욱 중요하다고 할 것이고 그 신뢰를 보호할 수단도 갖추고 있는 이상 이 사건 심판대상 조항은 신뢰보호의 원칙에 위배되지 않는다.

에게도 최고보상제도를 일정 유예기간 후 적용하도록 한 산업재해보상보험법 부칙조항이 신뢰보호원칙에 위배하여 재산권을 침해하는지 여부(적극) [결정요지] 신뢰보호원칙의 위반 여부는 한편으로는 침해되는 이익의 보호가치, 침해의 정도, 신뢰의 손상 정도, 신뢰 침해의 방법 등과 또 다른 한편으로는 새로운 입법을 통하여 실현하고자 하는 공익적 목적 등을 종합적으로 형량하여야 한다. (2) 청구인들은 산재를 입은 후 공단으로부터 장해급여를 평균임금을 기준으로 장해등급에 따라 증감 변동하는 연금을 지급받는다는 사실을 통지받았다. 그리하여 청구인들은 그 당시 '산재사고에 따라서 받는 장해연금은 평균임금을 기준으로 하여 장해율에 따라 소정의 비율을 적용한 금액이고, 평균임금이란 실제임금을 기준으로 한다'고 믿고, 그 무렵부터 자신이 종전에 지급받던 평균임금에 자신의 장해등급에 따른 지급률을 적용하여 산정된 장해보상연금을 지급받아 왔으며, 향후 법 개정에 의하여 위와 같은 방식의 지급기준이 변경됨으로써 장해보상연금이 감액될 것이라고는 예상할 수 없었을 것으로 보인다. 그런데, 법 개정으로 시행되게 된 최고보상제도는 실제의 평균임금이 노동부장관이 고시하는 한도금액 이상일 경우 그 한도금액을 실제임금으로 의제하는 것이므로, 만약 위 최고보상제도가 기존의 피재 근로자로서 장해보상연금 수급자들인 청구인들에게도 그대로 적용된다면 이는 평균임금 및 장해보상연금 지급수준에 대한 청구인들의 정당한 신뢰를 침해하는 것이라고 할 것이다. 심판대상조항은 기존의 장해보상연금 수급자인 청구인들에게 최고보상제도가 적용되도록 함으로써 청구인들의 산재보상연금 산정기준에 대한 정당한 법적 신뢰를 심각하고 예상치 못한 방법으로 해하는 것이라고 할 것이다. (3) 최고보상제도를 적용함으로써 달성하려는 공익은 한정된 재원으로 보다 많은 재해근로자와 그 유족들에게 적정한 사회보장적 급여를 실시하고 재해근로자 사이에 보험급여의 형평성을 제고하여 소득재분배의 기능을 수행하려는 데 있는 것으로 보인다. (4) 장해급여제도는 본질적으로 소득재분배를 위한 제도가 아니고, 손해배상 내지 손실보상적 급부인 점에 그 본질이 있는 것으로, 산업재해보상보험이 갖는 두 가지 성격 중 사회보장적 급부로서의 성격은 상대적으로 약하고 재산권적인 보호의 필요성은 보다 강하다고 볼 수 있어 다른 사회보험수급권에 비하여 보다 엄격한 보호가 필요하다. 최고보상제를 도입하는 것 자체는 입법자의 결단으로서 형성적 재량권의 범위 내에 있다고 볼 여지도 있을 것이나, 그러한 경우에도 제도 시행 이전에 이미 재해를 입고 산재보상수급권이 확정적으로 발생한 청구인들에 대하여 그 수급권의 내용을 일시에 급격히 변경하여 가면서까지 적용할 수 있는 것은 아니다. (5) 소결 − 이상에서 살펴본 바에 의하면, 청구인들의 구법에 대한 신뢰이익은 그 보호가치가 중대하고 그 침해의 정도가 극심하며 신뢰침해의 방법이 과중한 것인 반면, 피재 근로자들 간의 소득격차를 완화하고 새로운 산재보상사업을 실시하기 위한 자금을 마련한다는 공익상의 필요성은 청구인들에 대한 신뢰보호의 요청에 우선할 정도로 충분히 크다고 보기 어렵다. 따라서 심판대상조항은 신뢰보호의 원칙에 위배되어 청구인들의 재산권을 침해하는 것으로서 헌법에 위반된다.

라) 위헌으로 결정된 법률규정 경우의 비교형량

어느 법률규정이 위헌으로 결정된 경우 그 위헌결정 이전 그 법률규정으로 인해 형성된 신뢰가 보호되어야 하는 것인지, 보호되어야 한다면 어느 정도로 보호될 수 있는지 하는 문제가 있다. 이 문제는 국립사범대학 졸업자의 교원우선임용 조항(구 교육공무원법 제11조 1항)에 대한 헌법재판소의 위헌결정이 있기 이전에 임용이 예정되어 있었으나, 위 위헌결정으로 인해 임용되지 아니한 자(이하 '미임용자'라 함)를 위하여 중등교원 임용시험에 있어서 별도의 특별정원을 마련하도록 하는 국립사범대학졸업자중교원미임용자임용등에관한특별법 규정에 대한 헌법소원 결정에서 다루어진 바 있다. 이 헌법소원 결정은 앞서도 살펴본 바 있다. 헌재는 교원우선임용조항이 위헌결정되긴 하였으나 미임용자들이 그 교원우선임용조항에 대해 위헌결정시까지 가진 신뢰는 헌법재판소법 제47조 제2항이 장래효를 규정하고 있기에 이에 따라 유효하다고 보았다(전술 참조). 이처럼 위헌으로 결정된 법률규정에 대한 신뢰를 인정한다면 다음으로 비교형량과정에서 어느 정도 보호되어야 하는지가 문제된다. 헌재는 "이러한 신뢰이익은 위헌적 법률의 존속에 관한 것에 불과하여 위헌적인 상태를 제거해야 할 법치국가적 공익과 비교형량해 보면 공익이 신뢰이익에 대하여 원칙적인 우위를 차지하기 때문에 합헌적인 법률에 기초한 신뢰이익과 동일한 정도의 보호, 즉 "헌법에서 유래하는 국가의 보호의무"까지는 요청할 수는 없다"라고 보았다. 그러나 헌재는 입법 정책적 차원에서 구제조치라는 이유로 그 정당성을 인정하였다. 그런데 위헌결정에 대한 기속력 위반이 논란될 수 있는바 헌재는 "입법자가 위와 같은 사정들을 참작하여, 입법 정책적 차원에서 구제조치를 마련한 이 사건 법률규정이 헌법재판소의 위헌결정에 정면으로 위반되는 것이라고 볼 여지는 없다"라고 하였는데 그 이유로 한시적이고 제한적인 구제조치라는 점을 들었다. 그리하여 헌재는 미임용자 중의 일부를 구제하기 위해 입법된 이 사건 법률규정의 목적은 정당하다고 보았다.

판례 헌재 2006.3.30. 2005헌마598, 판례집 제18권 1집 상, 447면

[관련판시] 비록 우리 재판소의 결정에 의하여 구 교육공무원법 제11조 제1항이 위헌으로 선언되었으나, 우리 헌법재판소법 제47조 제2항은 장래효의 원칙을 규정함으로써 위헌법률이 당연히 무효인 것이 아니라 위헌결정으로 장래 효력을 상실하도록 되어 있어 헌법재판소에 의한 위헌확인시까지는 유효한 신뢰의 근거로 작용할 수 있다. 그러나, 이러한 신뢰이익은 위헌적 법률의 존속에 관한 것에 불과하여 위헌적인 상태를 제거해야 할 법치국가적 공익과 비교형량해 보면 공익이 신뢰이익에 대하여 원칙적인 우위를 차지하기 때문에 합헌적인 법률에 기초한 신뢰이익과 동일한 정도의 보호, 즉 "헌법에서 유래하는 국가의 보호의무"까지는 요청할 수는 없다. 즉 미임용자들이, 위헌적 법률에 기초한 신뢰이익이 보호되지 않는다는 이유를 들어 교육공무원의 공개전형을 통한 선발을 규정한 현행 교육공무원법을 위헌이라고 하거나, 위헌적 법률에 기초한 신뢰이익을 보장하기 위한 법률을 제정하지 않은 부작위를 위헌이라고 주장할 수는 없는 것이다. 입법자가 위와 같은 사정들을 참작하여, 입법 정책적 차원에서 구제조치를 마련한 이 사건 법률규정이 헌법재판소의 위헌결정에 정면으로 위반되는 것이라고 볼 여지는 없다. 왜냐하면, 위헌결정은 국·공립 사범대학 졸업자들을 중등교원으로 무시험 우선채용 하는 것이 평등원칙에 반하여 위헌임을 선언한 것인데 반하여, 특별정원 및 부전공과정 제도는 위헌 선언된 구 교육공무원법의 입장으로 회귀하여 미임용자들을 전부 중등교원으로 무시험 우선채용하자는 것이 아니라 신뢰이익을 입법적으로 보호하는 차원에서 중등교원임용시험을 치르되 다만 한시적이고 제한적인 경쟁을 거쳐 중등교원이 될 수 있는 기회를 제공한 것에 불과한 것이기 때문이다. 그러므로, 미임용자 중의 일부를 구제하기 위해 입법된 이 사건 법률규정의 목적은 정당하다.

요컨대 위헌결정된 법률규정으로 인한 위헌결정 이전까지의 신뢰는 위헌결정이 되지 않은 법률규정으로 인한 신뢰보다 비교형량에서 약하게 평가된다는 것이다.

(나) 유예(경과)규정의 설정

가) 의미와 설정방식

① **의미** 종래 해오던 활동을 일정기간 그대로 수행할 수 있게 유예기간을 두거나 경과규정을 둔 경우에 신뢰침해가 완화된다. 헌재도 유예기간의 설정, 경과조치 여부 등에 대해 살피는 판단을 하고 있다.

판례 헌재 1995.4.20. 92헌마264,279(병합), 판례집 7-1, 577면

[관련판시요약] 청소년의 보호라는 공익상의 필요에 비추어서 바람직하지 않으므로 자판기를 철거하도록 하되, 3개월의 유예기간을 두어 자판기의 처분경로의 모색 등 경제적 손실을 최소화할 수 있도록 함으로써 이미 자판기를 사용하여 영업을 하고 있는 청구인들을 비롯한 담배소매인에 대하여도 어느 정도의 배려를 하고 있다고 할 것이다. 그렇다면 위 부칙조항에서 이미 설치되어 있는 자판기를 조례의 시행일로부터 3개월 이내에 철거하도록 하였다고 하여 청구인들의 신뢰보호와 법적 안정성을 외면하여 헌법상의 법치주의의 원리에 어긋난 것이라고 볼 수 없다. 청구를 기각한다). 동지 : 헌재 1997.11.27. 97헌바10, 판례집 9-2, 670면; 헌재 2000.7.20. 99헌마452, 판례집 12-2, 149면; 헌재 2007.4.26. 2003헌마947, 판례집 19-1, 540면; 헌재 2009.5.28. 2005헌바20, 공보 제152호 등.

신뢰보호원칙의 준수에 경과규정의 존치를 필수적인 것으로 판시한 아래와 같은 판례도 있다.

판례 헌재 2003.10.30. 2001헌마700, 판례집 15-2(하), 160면

[관련판시] 그런데 만약 개정법률이 기존 직업행사권자들에게 아무런 경과규정을 두고 있지 않는다면, 직업의 자유를 장래로 합헌적으로 제한하고 있더라도, 신뢰보호의 원칙에 위배되어 헌법상 직업의 자유를 침해할 수 있다. 따라서 개정법률에 의해서 장래에는 허용되지 않을 직업 행사가 과거에는 적법하게 허용되고 있어서 이러한 직업을 행사하고 있던 기본권자들에게 개정법률은 반드시 적절한 경과규정을 부여해야 한다. * 사안의 법규정은 1년의 유예기간을 설정하고 있었는데 헌재는 지나치게 짧은 유예기간이 아니라고 하여 신뢰보호원칙의 위반이 아니라고 보았다.

② **설정방식** 그 설정방식으로 헌재는 "일반적으로 신뢰보호의 구체적 실현수단으로 사용되는 경과규정에는 ㉠ 기존 법률이 적용되던 사람들에게 신법 대신 구법을 적용하도록 하는 방식과, ㉡ 적응보조규정을 두는 방식 등이 있다"라고 한다.

판례 헌재 2002.11.28. 2002헌바45, 판례집 14-2, 714-715면

[관련판시] 일반적으로 신뢰보호의 구체적 실현수단으로 사용되는 경과규정에는 ① 기존 법률이 적용되던 사람들에게 신법 대신 구법을 적용하도록 하는 방식과, ② 적응보조규정을 두는 방식 등이 있다. 이 사건에 관련하여 입법자는 군복무이행이 가지는 기본권제약적인 성격을 감안하여, 의무사관후보생 병적 등에서 제적된 사람의 징집면제연령을 31세에서 36세로 상향조정하는 내용이 포함된 구 병역법(이하 '1991년 법률'이라 한다)의 부칙 제3조에 '이 법 시행전에 특수병과사관후보생의 병적에 편입된 자는 이 법에 의하여 특수병과사관후보생의 병적에 편입된 것으로 보며, 그 병적에서 제적되는 자에 대한 의무부과는 종전의 규정에 의한다.'라고 규정하여 1983년 법률의 시행 당시 위 병적에 편입되었다가 제적된 사람 중 1991년 법률이 시행되기 이전에 이미 종전 법률 소정의 징집면제연령인 31세에 이르렀거나 이

에 임박했던 자들이 새로운 법질서를 예측하지 못하고 있다가 갑자기 징집되는 상황에 대비하였다. 또한, 입법자는 위와 같은 1991년 법률 부칙 제3조의 경과규정을 2년 이상 존속시킨 다음, 이러한 경과규정이 삭제된 1993년 법률을 시행하면서 '특수병과사관후보생의 병적에서 제적된 사람으로 현역병으로 입영하여야 할 사람 중 31세 이상인 사람은 공익근무요원으로 복무할 수 있다.'라는 취지의 임의적 적응조정규정(제71조 제2항, 제1항 제4호)을 신설함으로써 종전의 법률을 적용받던 사람 등의 기본권제약적 요소를 부분적으로 완화시킬 수 있는 보완조치를 하였다. 결국 우리 입법자는 …개정 법률에 적응할 수 있도록 나름대로 보완조치를 한 것이므로, 위와 같은 개정 법률로 인하여 개인이 입은 신뢰이익 침해의 정도는 작다고 할 수 있다.

나) 유예기간의 적정성 여부 판단 기준

유예기간이 적정한지 여부는 "신뢰이익의 보호가치, 변화한 법적 상황에 어느 정도로 유연하게 대처할 수 있는가 하는 침해의 정도 또는 신뢰가 손상된 정도, 개정법률을 통하여 실현하려는 공익적 목적 등을 고려하여 구체적인 사안마다 개별적으로 판단하여야 한다"라는 헌법재판소 판례들이 있었다.

판례 헌재 2002.7.18. 99헌마574; 헌재 2009.9.24. 2009헌바28

[쟁점] 기존에 자유업종이었던 인터넷컴퓨터게임시설제공업에 대하여 등록제를 도입하고 등록하지 아니하면 영업을 할 수 없도록 하는 '게임산업진흥에 관한 법률' 규정이 신뢰보호원칙을 위배하여 기존의 동 업자의 기본권을 침해하는 것인지 여부(부정) [결정요지] 이 사건의 경우, 일반 게임제공업자들이 2002년 이후부터 계속하여 '스크린경마 사태', '바다이야기 사태' 등의 사회적 문제를 야기하여 일반 게임제공업만이 아니라 인터넷컴퓨터게임시설제공업을 포함한 게임산업 전반에 대한 제도의 재확립이 요청되고 있었다는 것을 청구인들로서는 충분히 예견할 수 있었고, 인터넷컴퓨터게임시설의 경우 '고돌이 게임', '포커게임' 등 사행성 게임프로그램을 설치함으로써 간단히 사행성 게임물기기로 변환될 수 있으므로 기존의 인터넷컴퓨터게임시설제공업자에게만 특별히 등록에 대한 예외를 부여하는 것에 대하여 이의를 제기하는 공익상의 이유가 존재하며, 청구인들이 현재까지 등록을 하지 못하고 있는 것은 게임산업진흥법이 요구하는 시설기준의 불비 때문이 아니라 등록제를 도입하기 전부터 시행되고 있던 학교보건법 등 다른 법령상의 규제를 해소하지 못한 것에서 비롯된 것인 점 등을 고려할 때, 이 사건 법률조항을 시행함에 있어 청구인들에게 주어진 2007. 4. 20.부터 2008. 5. 17.까지 1년 이상의 유예기간은 법개정으로 인한 상황변화에 적절히 대처하기에 지나치게 짧은 것이라고 할 수 없다. 따라서 게임산업진흥법은 부칙의 경과규정을 통하여 종전부터 PC방 영업을 영위하여 온 청구인들을 비롯한 인터넷컴퓨터게임시설제공업자의 신뢰이익을 충분히 고려하고 있으므로, 이 사건 법률조항이 신뢰보호의 원칙에 위배된다고 할 수 없다.

다) 적용례 - 몇 가지 예들을 본다.

i) 유예기간을 두지 않아 위헌으로 본 결정례

판례 증자소득공제율 인하 - 헌재 1995.10.26. 94헌바12

[쟁점] 증자소득공제율(增資所得控除率)을 낮추는 조세감면규제법의 개정이 법인(法人)의 사업연도(매년 7월 1일부터 그 다음 해 6월 30일까지 1년간) 중간인 12월 31일에 있었는데, 개정시점 이전에 이미 경과된 사업연도 기간(즉 7월 1일부터 12월 31일까지)에 대하여서도 위 개정 신법의 낮은 공제율을 적용하여

더 많은 세금을 부과받은 회사법인이 이처럼 법개정이 있기 이전의 사업연도 기간에 대해서도 신법을 적용하는 것은 위헌이라고 주장하여 청구된 헌법소원사건이었다(한정위헌). [결정요지] 이 사건 규정은 청구인 법인의 사업년도의 도중에 청구인에게 불리하게 개정되어 당해 전(全) 사업년도에 걸쳐 적용되게 된 것이므로 이 사건에서는 소급입법과 신뢰보호의 원칙이 우선적으로 문제된다고 할 것이다. … 입법자로서는 구법에 따른 국민의 신뢰를 보호하는 차원에서 상당한 기간 정도의 경과규정을 두는 것이 바람직한데도 그러한 조치를 하지 않아 결국 청구인의 신뢰가 상당한 정도로 침해되었다고 판단된다. 따라서 적어도 이 사건 규정의 발효일 이전에 도과된 사업년도분에 대해서는 이 사건 규정은 적용될 수 없다고 할 것이다. [주문] 조세감면규제법(1990. 12. 31. 개정 법률 제4285호) 부칙 제13조 및 제21조는 법인의 사업년도 중 이 법 시행일 이전의 당해 자본증가액의 잔존증가소득 공제기간에 대하여 적용하는 한 헌법에 위반된다.

ii) 유예기간을 두어 합헌성을 인정한 결정례

① **담배자동판매기철거 조례** 헌재는 조례의 시행일로부터 3개월 이내에 철거하도록 3개월의 유예기간을 두어 자판기의 처분경로의 모색 등 경제적 손실을 최소화할 수 있도록 함으로써 신뢰보호원칙에 부합된다고 보았다.

판례 헌재 1995.4.20. 92헌마264

[결정요지] 위 부칙조항이 신뢰보호의 원칙에 어긋나는지 여부는 기존 법질서하에서 널리 허용되었던 자판기의 설치·사용에 대한 청구인들의 신뢰를 보호할 필요성 및 법적 안정성의 요청과 조례제정으로 달성하고자 하는 공익목적을 형량하여 판단하여야 할 것이다. 이 사건의 경우 위 부칙조항에서는 자판기의 계속적인 존치·사용을 허용하는 것은 미성년자보호법의 취지를 무색하게 하여 청소년의 보호라는 공익상의 필요에 비추어서 바람직하지 않으므로 자판기를 철거하도록 하되, 3개월의 유예기간을 두어 자판기의 처분경로의 모색 등 경제적 손실을 최소화할 수 있도록 함으로써 이미 자판기를 사용하여 영업을 하고 있는 청구인들을 비롯한 담배소매인에 대하여도 어느 정도의 배려를 하고 있다고 할 것이다. 그렇다면 위 부칙조항에서 이미 설치되어 있는 자판기를 조례의 시행일로부터 3개월 이내에 철거하도록 하였다고 하여 청구인들의 신뢰보호와 법적 안정성을 외면하여 헌법상의 법치주의의 원리에 어긋난 것이라고 볼 수 없다.

② **법학과목이수제도의 도입** 사법시험 제1차시험 응시자격으로 일정학점 이상 법학과목을 이수하도록 하는 '법학과목이수제도'의 도입이 법학학점을 취득하지 아니하고도 사법시험에 응시할 수 있다는 기존의 신뢰를 훼손하는 것이라는 주장이 있었다. 헌재는 상당히 보호가치 있는 신뢰임을 인정하면서도 비교형량상 공익이 보다 우월하고 대상조치, 유예기간을 두고 있다고 하여 신뢰보호원칙에 위반되지 않는다고 보았다.

판례 헌재 2007.4.26. 2003헌마947

[관련판시] 살피건대, 변호사자격시험이자 판사, 검사 등 법조직역의 공무담임의 전제가 된다는 점에서 공무원임용시험으로서의 성격도 있는 종전 사법시험제도의 실시 이래 장기간 학력제한을 하지 않았다는 점에서 상당히 보호가치 있는 신뢰가 형성되었다고 볼 수 있으나, 법학과목이수제도에 의한 응시자격제한은 법학교육과 연계시켜 법조인을 선발함으로써 대학교육을 정상화함과 아울러 국가인력자원의 효율적 배분을 도모하고자 하는 공익이 그 제한으로 침해받은 이익의 가치와 신뢰의 손상된 정도에 비

추어 보다 우월하다고 할 것이고, 위에서 본 바와 같이 응시자격 구비를 위한 상당한 대상조치가 마련되어 있으며, 법학과목이수제도의 시행까지 5년의 유예기간을 둔 점을 종합해 볼 때, 법학과목이수관련 법령이 신뢰보호원칙에 위반된다고 보기 어렵다.

③ **식품접객업소에서 배달시 합성수지 도시락 사용금지** 시행규칙의 개정 후 시행일까지 6개월의 적응기간을 둠으로써 식품접객업으로 도시락 영업을 하는 자들의 피해를 최소화하고 그 신뢰를 보호하는 방법도 취하고 있다고 하여 신뢰보호의 원칙에 위배되지 않는다고 보았다.

판례 헌재 2007.2.22. 2003헌마428, 판례집 19-1, 118면.

라) 예외

그러나 사안에 따라서는 기본권제한이 시급하고 중대한 공익을 위하여 바로 기본권제한의 효과가 발생하도록 하여도 기본권의 침해가 미미한 경우 등에는 유예기간(경과)규정을 두지 않더라도 신뢰보호원칙을 위반한 것으로 볼 수 없다고 할 것이다. 헌재는 환경보호와 관련한 사안들에서 이러한 취지의 판시를 한 바 있다.

판례 ① 헌재 2002.8.29. 2001헌마159, 판례집 14-2, 212면

[관련판시] 이 사건 규칙이 구 규칙 하에서 사업장일반폐기물의 수집·운반업의 허가를 받은 자에 대하여 경과규정을 두어 그들로 하여금 변화한 법적 상태에 적응하고 대처할 수 있는 적절한 시간적 여유를 주지 아니한 점을 유의할 필요는 있다. 그러나 앞에서 본 바와 같은 환경공해의 심각성과 그 개선의 시급성에 비추어 보면 환경공해유발의 요인은 가능한 한 이를 조속히 제거하는 것이 공익에 적합하고, 청구인과 같은 기존의 사업자가 경과규정에 의한 혜택도 없이 바로 영업범위를 일부 축소당하더라도 그 규모가 미미하여(전체 사업장일반폐기물 중 약 7%) 그로 인하여 입는 불이익이 그다지 크지 아니하고, 또한 청구인과 같은 사업자가 생활폐기물의 수거를 위한 별도의 영업허가를 얻는 데에 무슨 규정상의 장애가 있는 것도 아니므로 오히려 경과규정을 두지 않는 것이 환경공해문제의 효과적인 개선을 위하여 보다 합리적이라고 보인다. 따라서 규칙이, 그 개정 전에 사업장일반폐기물의 수집·운반업의 허가를 받은 자에 대하여, 별도의 경과규정을 두지 않은 것은 청구인의 신뢰이익을 과도하게 침해하는 조치라고 볼 수는 없다.

② 자동자 연료(휘발유)용 첨가제의 첨가비율 축소 - 헌재 2005.2.3. 2003헌마544, 판례집 17-1, 148면

[쟁점] 유사연료가 대기환경보전법상의 첨가제로 유통되는 것을 방지할 목적으로 대기환경보전법시행규칙(환경부령)을 개정하여 자동차 연료용 첨가제의 첨가비율을 1% 미만으로 제한한 것 및 이러한 제한규정을 신설하면서 경과규정을 두지 아니한 것이 기존의 40% 첨가제 제조·판매사의 신뢰에 반하여 영업의 자유를 침해하는지 여부 [결정요지] 만일 현존상태의 지속에 대한 신뢰가 우선되어야 할 경우라면 입법자는 지속적 또는 과도적으로 이를 보호하는 조치를 취하여야 할 의무가 있으며 이는 경과규정의 형태로 나타난다고 할 수 있다. … 이 비율조항에서 첨가제의 첨가비율을 제한함으로써 얻게 되는 공익은 이 사건 제품들이 사실상 휘발유를 대체하는 연료로 사용되면서 명목상으로는 첨가제로 유통되어 연료 내지 유사휘발유에 가해지는 각종 규제를 회피하는 것을 방지함으로써 결과적으로 휘발유에 부과되는 각종 조세를 탈세하는 것을 방지하고 위에서 살펴본 바와 같이 이 사건 제품들에 함유된 알콜성분에 의해 배출되는 포름알데히드 등의 유해한 배기가스의 배출을 억제하여 국민의 건강과 환경을 보호할 수 있다는 것으로 이러한 공익은 매우 크고 중대한 것이라 할 것이다. 한편 청구인들이 대기환경

보전법상의 연료제조기준 등 관련법규를 충족시킨다면 이 사건 제품들을 예전처럼 휘발유에 40%까지 첨가하는 일종의 연료로 제조·판매할 수도 있다. 그렇다면 이 사건에서 청구인들에게 보호가치 있는 신뢰이익을 인정하기 어렵다고 할 것이고 설령, 청구인들에게 신뢰이익이 인정된다 하더라도 위와 같은 공익과 비교, 형량할 때 이 비율조항에서 추구하는 공익이 훨씬 중요하다고 할 것이므로 이 비율조항이 첨가제의 첨가비율을 1% 미만으로 제한한 것이 청구인들의 신뢰에 반하여 기본권제한의 합리적인 입법한계를 넘어 청구인들의 영업의 자유를 침해하고 있는 것으로 판단되지 아니한다. 아울러 이 사건 제품들이 명목상으로는 첨가제라고 하면서 실제로는 휘발유를 대체하는 연료로 사용되는 것은 대기환경보전법상 첨가제의 성격에 부합하지 아니하는, 사실상 탈법행위의 성질을 가지는 것이므로, 이 비율조항에 대하여 경과규정을 두지 않은 것이 불합리하다고 할 수 없다. 그렇다면 이 비율조항은 신뢰보호의 원칙에 위반하여 청구인들의 영업의 자유를 침해하지 아니한다(* 평가 : 이 결정에서는 "공익은 매우 크고 중대한 것이라 할 것이다. … 그렇다면 이 사건에서 청구인들에게 보호가치 있는 신뢰이익을 인정하기 어렵다"라고 판시하고 있는 것은 사실상 신뢰보호가치 여부 판단에 있어 보호정도를 가늠하는 비교형량을 이미 하고 있다).

3) 신뢰보호원칙에 관한 헌법재판소 결정례

(가) 신뢰보호원칙을 위반한 것으로 판단한 결정례

① 귀책사유의 유무를 불문하고 후임자의 임명으로 국회공무원을 면직시키도록 한 국가보위입법회의법 부칙 규정.[1)]

② 조세감면규제법 부칙조항 등을 법 시행일 이전의 당해 자본증가액의 잔존증가소득 공제기간에 대하여 적용하는 것.[2)]

③ 법 시행 이전부터 택지를 소유하고 있는 개인에 대하여 일률적으로 소유상한을 적용하도록 한 택지소유상한에 관한 법률규정.[3)]

④ 지방고등고시의 응시상한연령의 기준일이 되는 최종시험시행일을 예년보다 늦추어 연도말로 정함으로써 응시상한연령을 5일 초과되게 하여 제2차시험에 응시할 수 있는 자격을 박탈한 공무원 임용시험(지방고등고시 2차시험) 시행계획 공고.[4)]

⑤ 국세관련 경력공무원에 대한 세무사자격 자동부여제의 폐지.[5)]

⑥ 특허청 경력공무원에 대한 변리사자격 자동부여제의 폐지.[6)]

⑦ 최고보상제도의 시행 이전에 이미 장해사유가 발생하여 장해보상연금을 수령하고 있던 수급권자에게도 최고보상제도를 적용하도록 한 산업재해보상보험법 부칙조항.[7)]

---

1) 헌재 1989.12.18. 89헌마32, 판례집 1, 343면.
2) 헌재 1995.10.26. 94헌바12, 판례집 제7권 2집, 447면
3) 헌재 1999.4.29. 94헌바37, 판례집 11－1, 289면.
4) 헌재 2000.1.27. 99헌마123, 판례집 12－1, 75면.
5) 헌재 2001.9.27. 2000헌마152, 판례집 13－2, 347면.
6) 헌재 2001.9.27. 2000헌마208, 판례집 13－2, 375면.
7) 헌재 2009.5.28. 2005헌바20, 공보 제152호, 1065면.

⑧ 한정위헌결정례

㉠ 6인승 밴형화물자동차운송사업에 대한 승차정원제한, 즉 6인승 밴형화물자동차에 대해 승차정원을 제한하고(3인), 화물제한을 하는 화물자동차운수사업법시행규칙 조항은 이 승차정원제한 조항을 두기 이전에 사업등록한 6인승 밴형화물자동차운송사업자의 법적 신뢰를 심각하게 예상치 못한 방법으로 제약하여 신뢰보호원칙에 위배한다고 보아 한정위헌결정을 한 바 있다.

판례 헌재 2004.12.16, 2003헌마226

[판시사항] 밴형화물자동차의 구조를 정원 3인으로 하도록 한 화물자동차운수사업법시행규칙 제3조 후단 제2호('정원제한조항')와, 밴형화물자동차가 승객과 화물을 동시에 운송할 경우 승객(화주) 1인당 화물중량 40kg 이상이거나 화물용적 80,000㎤ 이상일 것으로 한 화물자동차운수사업법 제2조 제3호 후문 및 동법시행규칙 제3조의2 제1항, 제2항('화물제한조항')이 6인승 밴형화물자동차운송사업자의 직업수행의 자유를 신뢰보호원칙에 위배하여 침해하는지 여부(한정위헌) [주문] 화물자동차운수사업법시행규칙(2001. 11. 30. 건설교통부령 제304호로 개정된 것) 제3조 후단 제2호, 화물자동차운수사업법(2002. 8. 26. 법률 제6731호로 개정된 것) 제2조 제3호 후문, 화물자동차운수사업법시행규칙(2003. 2. 27. 건설교통부령 제352호로 개정된 것) 제3조의2 제1항, 제2항은 2001. 11. 30. 전에 화물자동차운송사업의 등록을 한 6인승 밴형화물자동차운송사업자에게 적용되는 한 헌법에 위반된다. [결정요지] 1. 정원제한조항이 제정된 2001. 11. 30. 전에 화물자동차운송사업의 등록을 한 밴형화물자동차운송사업자들에게 정원제한조항과 화물제한조항(이하 '심판대상조항들'이라 한다)이 적용되는 것은 신뢰보호의 원칙에 위반된다. 2001. 11. 30. 정원제한조항이 제정되기 전 화물자동차운송사업을 등록한 6인승 밴형화물자동차운송사업자들은, 당시 화물자동차영업이 면허제에서 등록제로 전환되었고, 그 전에 승차정원을 3인으로 한정하던 규정과 화물자동차의 바닥면적제한 규정이 폐지되었으며, 따라서 6인승 밴형화물자동차를 등록하여 승객과 화물을 동시에 운송할 수 있었고, 그 경우 화물의 중량이나 부피에 대하여 특별한 제한이 없었기 때문에 동 운송사업에 종사하게 된 것이다. 그렇다면 동 6인승 밴형화물자동차운송사업자들이 종전 법에 대하여 가졌던 신뢰는 정당한 것으로서 보호될만한 가치를 지닌다. 그런데 정원제한조항이 적용되는 경우 동 6인승 밴형화물자동차운송사업자들의 6인승 콜밴 영업에 대한 종전의 법적 신뢰는 상당히 침해되며, 이에 더 나아가 화물제한조항은 승객 1인당 화물중량 40kg 이상이거나 화물부피 80,000㎤ 이상이 되도록 제한하므로, 이러한 규제에 의하면 동 6인승 밴형화물자동차운송사업자들의 콜밴 영업은 애초 등록시 존재하던 영업 환경에 비추어 볼 때 극히 축소될 수밖에 없어, 심판대상조항들은 청구인들의 법적 신뢰를 심각하게 예상치 못한 방법으로 제약하고 있다. 한편 심판대상조항들은 택시업계와 콜밴업계 사이의 운송질서 확립 차원에서 마련된 것인데, 그러한 운송질서의 유지는 결과적으로 택시업계의 종전 영업범위를 보호하는 것이 되지만, 국민의 운송시설 이용에 새롭게 편의를 주는 것은 아니므로 중대한 공익목적에 해당한다고 볼 수는 없다. 그렇다면 심판대상조항들이 추구하는 운송질서 확립이라는 공익과 동 6인승 밴형화물자동차운송사업자들의 종전 법에 대한 신뢰 침해의 정도 및 이로 인해 동 6인승 밴형화물자동차운송사업자들에게 초래되는 불이익 등을 비교형량할 때, 심판대상조항들은 정원제한조항 제정 전에 등록한 동 6인승 밴형화물자동차운송사업자들의 법적 신뢰를 과도하게 침해하므로, 이들에 대하여 적용되는 한, 신뢰보호의 원칙에 위반된다(한정위헌). 또 이는 기본권을 위헌적인 방법으로 제한하는 것이므로 이들의 직업수행의 자유를 침해한다.

2. 심판대상조항들은 2001. 11. 30. 이후 화물자동차운송사업의 등록을 한 밴형화물자동차운송사업자들에 대해서는 신뢰보호원칙에 위반되거나 이들의 기본권을 침해하지 않는다. * 이 결정 후, 밴형 화물자

동차에 대한 승차정원 제한이 없었던 2001. 11. 30. 이전에 사업자등록을 하고 6인승 밴형 화물자동차를 사용하여 화물운송업을 해 온 운송업자의 영업에 대한 신뢰는 사업자등록 당시 사용하던 밴형 화물자동차에 한정되고, 위 화물자동차를 교체하는 경우 교체된 새로운 화물자동차는 위 신뢰의 대상에 포함되지 아니한다는 점을 확인하는 결정례가 나왔다(헌재 2011.10.25. 2010헌마482).

㉡ 사법연수원에 입소할 당시의 법원조직법에 의하면 사법연수원의 소정 과정을 마치면 바로 판사임용자격을 취득할 수 있었으나, 이후 2011. 7. 18. 법원조직법이 개정되어 2013. 1. 1.부터는 사법연수원의 소정 과정을 마치더라도 일정 기간 이상의 법조경력을 갖추어야 판사로 임용될 수 있게 되는데 헌재는 그러한 부칙규정이 "2011. 7. 18. 당시 사법연수생의 신분을 가지고 있었던 자가 사법연수원을 수료하는 해의 판사 임용에 지원하는 경우에 적용되는 한" 신뢰보호원칙에 반하여 헌법에 위반된다는 '한정위헌'결정을 한 예.

판례 헌재 2012.11.29. 2011헌마786 등, 법원조직법 부칙 사건

[쟁점] 법원조직법이 종전에는 사법연수원 수료만으로 판사임용자격을 부여하였던 것을 판사임용에 단계적으로 3년, 5년, 7년, 10년 이상의 법조경력을 요하는 것으로 개정하면서, 이 사건 심판대상 조항에 청구인들과 같이 법 개정 당시 이미 사법연수원에 입소한 사람들에 대한 경과조치를 두지 아니한 것이 종전 규정에 대한 청구인들의 신뢰를 침해하는지가 문제된다. 따라서 이 사건의 쟁점은 이 사건 심판대상 조항이 신뢰보호원칙에 반하여 청구인들의 공무담임권을 침해하는지 여부이다. [결정이유 요지] 이 사건 심판대상 조항은 이 사건 법원조직법 개정 시점인 2011. 7. 18. 당시에 이미 사법연수원에 입소하여 사법연수생의 신분을 가지고 있었던 자가 사법연수원을 수료하는 해의 판사 임용에 지원하는 경우에 적용되는 한 신뢰보호원칙에 반하여 청구인들의 공무담임권을 침해한다.

⑨ **헌법불합치결정례** 토양오염관리대상시설의 양수자도 오염원인자로 간주되기 시작한 구 토양환경보전법 규정의 시행일인 2002. 1. 1. 이전에 토양오염관리대상시설을 양수한 자를 무제한적으로 모두 오염원인자로 간주한 동법의 규정은 신뢰보호원칙에 위배된다고 하면서 적정한 개선입법을 하도록 적용중지의 헌법불합치결정을 한 예가 있었다.

판례 헌재 2012.8.23. 2010헌바28, 구 토양환경보전법 제2조 제3호 등 위헌소원 사건

[결정이유 요지] 신뢰이익을 보호할 필요가 있는 양수 시점의 확정은 총체적인 법상태를 고려하여 입법자가 정할 사항이지만, 적어도 이 사건 오염원인자조항이 2002. 1. 1. 이후에 이루어진 토양오염관리대상시설의 양수에 대해서 적용되는 경우에는 앞서 본 바와 같이 보호가치 있는 신뢰를 인정하기 어렵다. 그러나 이 사건 오염원인자조항이 2002. 1. 1. 이전에 이루어진 토양오염관리대상시설의 양수에 대해서 무제한적으로 적용되는 경우에는, 기존 법상태에 대한 신뢰의 정당성, 책임회피 가능성의 부재, 신뢰침해 결과의 중대성을 고려해 볼 때, 토양오염을 신속하고 확실하게 제거·예방하고, 그로 인한 손해를 배상한다는 이 사건 오염원인자조항이 추구하는 공익만으로는 신뢰이익에 대한 침해를 정당화하기 어렵다. 따라서 이 사건 오염원인자조항은 2002. 1. 1. 이전에 토양오염관리대상시설을 양수한 자를 그 양수 시기의 제한 없이 모두 오염원인자로 간주하여 보호가치 있는 신뢰를 침해하였으므로, 신뢰보호원칙에 위배된다.

(나) 위반이 아니라고 본 결정례

① **담배자동판매기철거조례** 기존의 담배자동판매기를 시행일로부터 3개월 이내에 철거하도록 한 조례의 부칙규정이 신뢰보호원칙에 위배되는지 하는 문제에 대해 헌재는 청소년의 보호라는 공익상의 필요로 철거하도록 한 것이므로 위배되지 않다고 보고 합헌성을 인정하였다.[1)]

② **1979년 12월 12일과 1980년 5월 18일을 전후하여 발생한 헌정질서파괴범죄행위에 대하여 공소시효의 진행이 정지되도록 규정한 '5·18민주화운동 등에 관한 특별법' 제2조** 특별법 시행당시 공소시효가 아직 완성되지 않았다고 보는 경우에는 신뢰보호원칙에 반하지 않는다고 보았다(* 공소시효가 완성되었다고 보는 경우에는 재판관 5인이 한정위헌의견을 밝혔으나 위헌결정 정족수 6인에 이르지 못하여 결국 합헌결정이 되었음).

판례 헌재 1996.2.16. 96헌가2, 판례집 8-1, 86면

[결정요지] 만일 법원이 특별법이 처벌하려는 대상범죄의 공소시효가 아직 완성되지 않았다고 판단한다면, 특별법은 단지 진행중인 공소시효를 연장하는 법률로서 이른바 부진정소급효를 갖게된다. 헌법재판소의 판례도 형벌규정에 관한 법률 이외의 법률은 부진정소급효를 갖는 경우에는 원칙적으로 허용되고, 단지 소급효를 요구하는 공익상의 사유와 신뢰보호의 요청 사이의 교량과정에서 신뢰보호의 관점이 입법자의 형성권에 제한을 가할 뿐이라는 것이다. 즉 공소시효제도에 근거한 개인의 신뢰와 공소시효의 연장을 통하여 달성하려는 공익을 비교 형량하여 개인의 신뢰보호이익이 공익에 우선하는 경우에는 소급효를 갖는 법률은 헌법상 정당화될 수 없다. 그러나 특별법의 경우에는 왜곡된 한국 반세기 헌정사의 흐름을 바로 잡아야 하는 시대적 당위성과 아울러 집권과정에서의 헌정질서파괴범죄를 범한 자들을 응징하여 정의를 회복하여야 한다는 중대한 공익이 있다. 또한 특별법은 모든 범죄의 공소시효를 일정시간 동안 포괄적으로 정지시키는 일반적인 법률이 아니고, 그 대상범위를 헌정질서파괴범죄에만 한정함으로써 예외적인 성격을 강조하고 있다. 이에 비하면 공소시효는 일정 기간이 경과되면 어떠한 경우이거나 시효가 완성되는 것은 아니며, 행위자의 의사와 관계없이 정지될 수도 있는 것이므로 아직 공소시효가 완성되지 않은 이상 예상된 시기에 이르러 반드시 시효가 완성되리라는 것에 대한 보장이 없는 불확실한 기대일 뿐이므로 공소시효에 의하여 보호될 수 있는 신뢰보호이익은 상대적으로 미약하다 할 것이다. 따라서 공소시효가 완성되지 아니하고 아직 진행중이라고 보는 경우에는 헌법적으로 허용될 수 있다 할 것이므로 위에서 본 여러 사정에 미루어 이 법률조항은 헌법에 위반되지 아니한다.

③ **교육공무원인 교사의 정년 단축**(65세에서 62세로) 기존의 교육공무원 교사의 신뢰이익보다 정년단축으로 얻어지는 공익이 크다고 보아 합헌성을 인정하였다.

판례 헌재 1996.2.16. 96헌가2, 판례집 8-1, 86면

[결정요지] 만일 법원이 특별법이 처벌하려는 대상범죄의 공소시효가 아직 완성되지 않았다고 판단한다면, 특별법은 단지 진행중인 공소시효를 연장하는 법률로서 이른바 부진정소급효를 갖게된다. 헌법재판소의 판례도 형벌규정에 관한 법률 이외의 법률은 부진정소급효를 갖는 경우에는 원칙적으로 허용되고, 단지 소급효를 요구하는 공익상의 사유와 신뢰보호의 요청 사이의 교량과정에서 신뢰보호의 관점이 입법자의 형성권에 제한을 가할 뿐이라는 것이다. 즉 공소시효제도에 근거한 개인의 신뢰와 공소시효의

1) 헌재 1995.4.20. 92헌마264, 판례집 7-1, 576면.

연장을 통하여 달성하려는 공익을 비교 형량하여 개인의 신뢰보호이익이 공익에 우선하는 경우에는 소급효를 갖는 법률은 헌법상 정당화될 수 없다. 그러나 특별법의 경우에는 왜곡된 한국 반세기 헌정사의 흐름을 바로 잡아야 하는 시대적 당위성과 아울러 집권과정에서의 헌정질서파괴범죄를 범한 자들을 응징하여 정의를 회복하여야 한다는 중대한 공익이 있다. 또한 특별법은 모든 범죄의 공소시효를 일정시간 동안 포괄적으로 정지시키는 일반적인 법률이 아니고, 그 대상범위를 헌정질서파괴범죄에만 한정함으로써 예외적인 성격을 강조하고 있다. 이에 비하면 공소시효는 일정 기간이 경과되면 어떠한 경우이거나 시효가 완성되는 것은 아니며, 행위자의 의사와 관계없이 정지될 수도 있는 것이므로 아직 공소시효가 완성되지 않은 이상 예상된 시기에 이르러 반드시 시효가 완성되리라는 것에 대한 보장이 없는 불확실한 기대일 뿐이므로 공소시효에 의하여 보호될 수 있는 신뢰보호이익은 상대적으로 미약하다 할 것이다. 따라서 공소시효가 완성되지 아니하고 아직 진행중이라고 보는 경우에는 헌법적으로 허용될 수 있다 할 것이므로 위에서 본 여러 사정에 미루어 이 법률조항은 헌법에 위반되지 아니한다.

④ **법 시행전 개발착수하였으나 개발진행중인 사업에 대한 개발부담금 부과** 개발이익환수에관한법률 시행전에 개발에 착수하였지만 아직 개발을 완료하지 아니한 사업, 즉 개발이 진행중인 사업에 개발부담금을 부과하는 것이 신뢰의 원칙에 위반되는지 여부가 논란되었으나 헌재는 부정하였다.

판례 헌재 2001.2.22. 98헌바19, 판례집 13-1, 212면

[결정요지] 가. 사업시행자가 국가 또는 지방자치단체로부터 인가 등을 받아 개발사업을 시행한 결과 개발사업 대상토지의 지가가 상승하여 정상지가 상승분과 투입된 비용을 초과하는 개발이익이 생긴 경우, 그 일부는 불로소득적인 이익이므로 그 보호가치가 그다지 크지 않은 반면, 인구에 비하여 국토가 좁은 상황에서 토지에 대한 투기를 방지하고 토지의 효율적인 이용을 촉진함을 목적으로 하는 개발부담금제도의 공익적 가치는 매우 중요하다. 나. 이 사건 청구인이 개발사업을 시행하기 전에도 이미 국토이용관리법에 의하여 개발사업시행자의 개발부담금납부의무가 존재하였지만, 단지 동법에 의하여 그 시행이 유보되고 있었을 뿐이므로 개발부담금의 미부과(未賦課)에 대한 신뢰가 실제로는 개발부담금부과의 계속적 유보에 대한 기대 정도에 불과하여 그 보호가치가 크다고 할 수 없다. 다. 개발이익환수에관한법률 시행 전에 사업에 착수한 경우에는 착수한 때부터 동법 시행일까지의 기간에 상응하여 안분되는 개발이익부분을 동법 제8조의 부과기준에서 제외함으로써 동법 시행 전에 사업을 시작한 자의 신뢰이익을 기본적으로 부과대상에서 제외하고 있으므로 그러한 사업자가 지니고 있던 개발부담금의 미부과에 대한 신뢰가 손상된다 하여도 그 손상의 정도 및 손해는 비교적 크지 않음에 반하여 이로써 달성하려고 하는 공익은 훨씬 크므로 이와 같은 신뢰의 손상은 신뢰보호의 원칙에 위배되는 것이 아니다.

⑤ **의무사관후보생병적 제외자의 징집면제연령상향조정**(31세에서 36세로) 앞서 인용한 결정례.1)

⑥ **외국 치과, 의과대학 졸업자에 대한 예비시험 추가 및 경과규정** 외국 치과, 의과대학 졸업한 우리 국민이 국내 의사면허시험을 치기 위해서는 기존의 응시요건에 추가하여 새로이 예비시험을 치도록 한 의료법 규정 및 새로운 예비시험의 실시를 일률적으로 3년 후로 한 동법 부칙의 “경과규정”이 지나치게 가혹한 것이라고 하기 어려워 신뢰보호의원칙에 위배되지

1) 헌재 2002.11.28. 2002헌바45, 판례집 14－2, 704면.

않는다고 보았다.

판례 헌재 2003.4.24. 2002헌마611
[결정요지] 신뢰보호원칙의 위반여부는 한편으로는 침해받은 신뢰이익의 보호가치, 침해의 중한 정도, 신뢰침해의 방법 등과 다른 한편으로는 새 입법을 통해 실현코자 하는 공익목적을 종합적으로 비교형량하여 판단하여야 한다. 청구인들이 장차 치과의사 면허시험을 볼 수 있는 자격 요건에 관하여 가진 구법에 대한 신뢰는 합법적이고 정당한 것이므로 보호가치 있는 신뢰에 해당하는 것이지만, 한편 청구인들에게 기존의 면허시험 요건에 추가하여 예비시험을 보게 하는 것은 이미 존재하는 여러 가지 면허제도상의 법적 규제에 추가하여 새로운 규제를 하나 더 부가하는 것에 그치고, 이러한 규제가 지나치게 가혹한 것이라고 하기 어려운 반면, 이러한 제도를 통한 공익적 목적은 위에서 본 바와 같이 그 정당성이 인정된다. 따라서 경과규정은 신뢰보호의 원칙에 위배한 것이라 보기 어렵다.

⑦ **연금액 조정방식, 퇴역연금급여액 산정기초의 변경** 헌재는 기존의 연금수급자에 대하여도 종래의 보수연동의 방식에서 물가변동률에 따른 연금액 조정방식(물가연동제를 기초로 하면서도 보수연동제가 어느 정도 가미된 절충형)을 적용하도록 변경(개정)한 것, 퇴역연금급여액의 산정기초를 종전의 '퇴직 당시의 보수월액'에서 '최종 3년간 평균보수월액'으로 변경한 것이 신뢰보호의 원칙에 반하지 않는다고 보았다.

판례 헌재 2003.9.25. 2001헌마194, 판례집 15-2 상, 391면
[결정요지] 1. 물가연동제의 방식에 의한 연금조정을 통해 연금재정의 파탄을 막고 군인연금제도를 건실하게 유지하는 것은 긴급하고도 대단히 중요한 공익인 반면, 보호해야 할 연금수급자의 신뢰의 가치는 크지 않고, 신뢰의 손상 또한 연금액의 상대적인 감소로서 그 정도가 심하지 않으므로, 위 부칙조항은 헌법상 신뢰보호의 원칙에 위배된다고 볼 수 없다. 2. 퇴역연금의 산정을 평균보수월액에 기초하도록 개정한 것은 종국적으로 군인연금재정의 악화를 개선하여 연금제도의 유지·존속을 도모하려는 데에 목적이 있고, 그와 같은 입법목적의 공익적 가치는 매우 크다고 하지 않을 수 없으므로 신뢰보호의 원칙에 위배된다고 보기 어렵다.

⑧ **의약분업의 실효성을 위한 제한으로서 의료기관의 시설 일부를 분할·변경 또는 개수하여 약국을 개설하는 것의 금지** 아래에 살펴볼 결정례.[1)]

⑨ **국민연금반환일시금제도에 대한 개정** 앞서 인용된 결정례.[2)]

⑩ **자동자 연료(휘발유)용 첨가제의 첨가비율 축소** 앞서 인용된 결정례.[3)]

⑪ **중고자동차 성능점검부 발행주체에서의 자동차매매사업조합의 배제** 아래에서 살펴볼 결정례.[4)]

⑫ **식품접객업소에서 배달시 합성수지 도시락 사용금지** 식품접객업소에서 배달 등의 경

1) 헌재 2003.10.30. 2001헌마700, 판례집 15-2 하, 160면.
2) 헌재 2004.6.24. 2002헌바15, 판례집 16-1, 732면.
3) 헌재 2005.2.3. 2003헌마544, 판례집 17-1, 148면.
4) 헌재 2006.1.26. 2005헌마424, 판례집 18-1 상, 36면.

우에 합성수지 재질의 도시락 용기의 사용을 금지하는 내용의 '자원의 절약과 재활용촉진에 관한 법률 시행령' 규정, 위 법 시행규칙 규정이 문제되었다. 헌재는 신뢰는 존재하지 않거나 존재한다고 하더라도 매우 미약하여 헌법적 보호의 대상이 될만한 현저한 신뢰라고 보기 어렵고 신뢰이익의 침해를 위 공익과 비교·형량하여 보더라도 위 공익이 더욱 중요하다고 할 것이어서 신뢰보호의 원칙에 위배되지 않는다고 보았다.

판례 헌재 2007.2.22. 2003헌마428, 판례집 19-1, 118면

[결정요지] (가) 신뢰이익의 존재와 보호의 필요성 – 시행규칙 개정 이전에 사업자등록을 하고 영업을 시작한 청구인들은 일응 구 시행규칙에 의하여 배달 등의 경우에 합성수지 도시락 용기를 사용할 수 있는 것으로 신뢰하였다고 할 수 있으나, 앞에서 본 이 사건 심판대상의 입법연혁과 관련 법령의 내용을 살펴보면, 1995년부터 도시락제조업자의 합성수지 도시락 용기의 사용이 금지되었고, 1999년에는 식품제조·가공업, 즉석판매제조·가공업에서 도시락에 사용되는 1회용 합성수지 용기의 사용억제를 하였고, 이후 도시락업자들이 식품접객업으로 영업신고를 한 후 도시락영업을 함으로써 위 제한을 회피하자 2002. 12. 30. 시행규칙을 개정하여 2003. 7. 1.부터 배달되는 경우에도 위 용기의 사용을 금지하는 등 합성수지 도시락 용기의 사용제한이 확대되어 왔던 점을 알 수 있고, 또한 청구인들 대부분은 ○○도시락의 각 가맹점주들로서 주로 도시락을 판매하는 자들인바, 식품접객업 이외의 경쟁 도시락 업종에서는 이미 합성수지 도시락 용기의 사용이 금지되어 있다는 사정을 충분히 알았을 것으로 보이는 점 등을 고려하면, 위 청구인들은 배달 등의 경우에 예외를 인정한 종전의 시행규칙 조항이 향후 개정될 것이라고 충분히 예상할 수 있었다고 할 것이어서 위 청구인들의 신뢰는 존재하지 않거나 존재한다고 하더라도 매우 미약하여 헌법적 보호의 대상이 될만한 현저한 신뢰라고 보기 어렵고 그 신뢰보호의 필요성도 인정하기 어렵다고 할 것이다. (나) 이익형량과 신뢰보호방법 – 한편, 합성수지 폐기물이나 1회용품의 발생량을 줄이는 것은 지속적으로 추구할 필요가 있는 국가의 정책이고, 그 맥락에서 합성수지 도시락 용기의 사용금지는 우선적으로 합성수지 폐기물량을 원천적으로 감소하게 하는 직접적인 효과가 있고 그 결과 합성수지의 매립·소각에 따른 환경 문제도 줄게 하는 환경개선과 국민건강 증진 효과를 가져올 수 있어 그 공익적 가치가 매우 크다. 그리고 이 사건 심판대상 조항은 청구인들에게 합성수지 도시락 용기의 사용을 금지하는 것일 뿐 대체용기의 사용에 의한 도시락 영업이 가능하도록 하였고, 시행규칙의 개정 후 시행일까지 6개월의 적응기간을 둠으로써 식품접객업으로 도시락 영업을 하는 자들의 피해를 최소화하고 그 신뢰를 보호하는 방법도 취하고 있다. 따라서 청구인들이 주장하는 것과 같은 신뢰 내지 신뢰이익이 존재한다고 하더라도 앞에서 본 바와 같은 이유로 구 시행규칙의 존속에 대한 신뢰의 보호가치는 크다고 할 수 없고, 이러한 신뢰이익의 침해를 위 공익과 비교·형량하여 보더라도 위 공익이 더욱 중요하다고 할 것이고 그 신뢰를 보호할 수단도 갖추고 있는 이상 이 사건 심판대상 조항은 신뢰보호의 원칙에 위배되지 않는다.

⑬ **법학과목이수제도** 사법시험 제1차시험 응시자격으로 일정학점 이상 법학과목을 이수하도록 하는 '법학과목이수제도'의 도입이 법학학점을 취득하지 아니하고도 사법시험에 응시할 수 있다는 기존의 신뢰를 훼손하는 것이라는 주장이 있었다. 헌재는 상당히 보호가치 있는 신뢰임을 인정하면서도 비교형량상 공익이 보다 우월하고 대상조치, 유예기간을 두고 있다고 하여 신뢰보호원칙에 위반되지 않는다고 보았다.

판례 헌재 2007.4.26. 2003헌마947, 판례집 19-1, 542면

[관련판시] 살피건대, 변호사자격시험이자 판사, 검사 등 법조직역의 공무담임의 전제가 된다는 점에서 공무원임용시험으로서의 성격도 있는 종전 사법시험제도의 실시 이래 장기간 학력제한을 하지 않았다는 점에서 상당히 보호가치 있는 신뢰가 형성되었다고 볼 수 있으나, 법학과목이수제도에 의한 응시자격제한은 법학교육과 연계시켜 법조인을 선발함으로써 대학교육을 정상화함과 아울러 국가인력자원의 효율적 배분을 도모하고자 하는 공익이 그 제한으로 침해받은 이익의 가치와 신뢰의 손상된 정도에 비추어 보다 우월하다고 할 것이고, 위에서 본 바와 같이 응시자격 구비를 위한 상당한 대상조치가 마련되어 있으며, 법학과목이수제도의 시행까지 5년의 유예기간을 둔 점을 종합해 볼 때, 법학과목이수관련 법령이 신뢰보호원칙에 위반된다고 보기 어렵다.

⑭ **중소기업특별세액감면규정 배제** 헌재는 세무조사의 사전통지를 받고 수정신고를 하는 경우 중소기업특별세액감면 규정을 적용하지 아니하도록 한 구 조세특례제한법 제128조 제3항을 동법 시행 후 수정신고하는 분부터 적용하도록 한 동법 부칙 제30조가 신뢰보호원칙에 위배되지 않는다고 보았다.

판례 헌재 2008.5.29. 2006헌바99, 판례집 20-1 하, 142면

[결정요지] 청구인은 개정 전의 법 제128조 제3항에 의하여 '2003 사업연도분에 대한 세액누락사실이 발각되어 세무조사를 받게 되더라도 과세관청의 경정결정이 있기 전까지 수정신고를 하게 되면 자발적으로 수정신고한 경우와 마찬가지로 중소기업특별세액감면혜택을 박탈당하지 않을 것'이라는 기대 내지 신뢰를 가졌다고 볼 수 있다. 이러한 신뢰는 신축적·잠정적인 조세우대조치에 대한 것으로서 단순한 기대에 불과하고, 당초 일부 세액을 누락하여 신고하였던 이상 언제든지 경정결정이 내려질 수 있는 상태였으므로 종전 법에 의하더라도 세액감면혜택의 존속 여부가 확실하였다고 볼 수 없어 그 신뢰의 보호가치가 적다. 특히 구법상의 입법미비사항을 악용하면 일부 세액을 누락하고 신고하여도 감면 규정을 계속 적용받을 수 있을 것이라는 점에 대한 신뢰에 해당한다고 볼 수 있어 그 보호가치와 필요성은 극히 적다. 한편, 법 제128조 제3항은 조세형평의 원칙을 실현하고 납세자의 성실신고를 유도한다는 데 그 입법목적이 있다. 또한 이 사건 부칙조항은 세무조사 통지를 받은 후에야 수정신고를 한 비성실납세자에 대하여 사업연도의 경과 여부를 불하고 누락세액에 대한 감면을 배제함으로써 비성실납세자 간의 조세형평을 실현하는 한편, 위 조항이 개정·시행되기 전에 수정신고를 마친 분에 대하여는 개정법령을 적용하지 않음으로써 이미 확정된 납세의무에 대한 납세자의 신뢰 및 법적 안정성을 보호하기 위한 것이다. 그렇다면 법 제128조 제3항과 이 사건 부칙조항이 달성하고자 하는 공익목적은 청구인이 침해받는 신뢰이익에 비하여 매우 중대하다고 할 것이므로, 이 사건 부칙조항은 헌법상 신뢰보호원칙에 위반된다고 볼 수 없다.

⑮ **게임제공업에서 경품용상품권제도의 폐지** 아래에서 볼 결정례.[1)]

⑯ **기존에 자유업종이었던 인터넷컴퓨터게임시설제공업에 대한 등록제 도입** 앞서 인용된 결정례.[2)]

⑰ **6인승 밴형 화물자동차를 교체한 경우** 위에서 본 한정위헌결정례인 6인승 밴형화물

---

1) 헌재 2009.4.30. 2006헌마1258.

2) 헌재 2009.9.24. 2009헌바28, 판례집 21-2 상, 633면.

자동차운송사업에 대한 승차정원제한 결정 후, 밴형 화물자동차에 대한 승차정원 제한이 없었던 2001. 11. 30. 이전에 사업자등록을 하고 6인승 밴형 화물자동차를 사용하여 화물운송업을 해 온 운송업자의 영업에 대한 신뢰는 사업자등록 당시 사용하던 밴형 화물자동차에 한정되고, 위 화물자동차를 교체하는 경우 교체된 새로운 화물자동차는 위 신뢰의 대상에 포함되지 아니한다는 점을 확인하는 결정례(기각결정례)가 나왔다.[1]

⑱ **영업행위 금지로 인한 신뢰보호원칙 위배의 재산권 침해 주장** 영업행위를 더 이상 할 수 없도록 금지하는 경우 신뢰보호원칙을 위배하여 재산권을 침해한다는 주장이 있곤 한다. 이에 대해 헌재는 금지되는 것은 행위의 제한일 뿐이라고 하여 신뢰보호원칙 위배를 받아들이지 않는다.

판례 예를 들어, 헌재 2003.9.25. 2001헌마447, 판례집 15-2 상, 437면. [관련판시요약] 청구인들은 그동안 청구인들이 적법하게 영위해오던 운전교습업이 이 사건 법률조항의 신설로 인하여 소급적으로 금지되었고, 그동안 정부의 정책을 믿고 세무당국에 사업자등록을 한 후 적법하게 운전교습업을 영위해 왔음에도 이 사건 법률조항을 신설하여 더 이상 이를 할 수 없게 한 것은 신뢰보호원칙에 위배하여 청구인들의 재산권을 침해한다고 주장한다. 이 사건 법률조항은 일정한 직업과 행위를 금지하거나 제한하는 것일 뿐, 이러한 직업활동의 수행이나 행위로 인하여 얻은 구체적인 재산에 대한 사용·수익 및 처분권한을 제한하는 것은 결코 아니라고 할 것이므로, 청구인들의 이러한 주장은 이유없다.

이는 영업행위의 제한이지 이전의 영업행위로 이미 취득한 재산에 대해 제한을 가하는 것이 아니라고 보기 때문인 것으로 이해된다. 그런데 위 ①의 담배자동판매기철거 조례 결정에서는 "(4) 소급입법에 의한 재산권의 박탈 여부 등"이라는 제목으로 신뢰보호원칙 위배 여부를 살피고 있어 여기 ⑱의 입장과 일관되지 않는 것으로 보게 할 소지가 있다.

4) 행정상의 법률관계에서의 요건

(가) 대법원 판례

행정상의 법률관계에 있어서 신뢰보호원칙의 적용요건은 행정소송 등을 담당하는 대법원의 판례에 의하여 일찍이 설정되어 왔다.

대법원은 그 요건을 다음과 같이 설정·정립하고 있다.

판례 대법원 2006.2.24. 2004두13592; 동 2007.3.29. 2005후2168; 동 2001.9.28. 2000두8684; 동 2005.7.8. 2005두3165; 동 2002.11.8. 2001두1512; 동 2001.9.28. 2000두8684; 동 2001.11.9. 2001두7251 등. 아래의 법리를 표명한 대법원 판례들은 많다.

"첫째 행정청이 개인에 대하여 신뢰의 대상이 되는 공적인 견해표명을 하여야 하고, 둘째 행정청의 견해표명이 정당하다고 신뢰한 데에 대하여 그 개인에게 귀책사유가 없어야 하며, 셋째 그 개인이 그 견해표명을 신뢰하고 이에 상응하는 어떠한 행위를 하였어야 하고, 넷째 행정청이 위 견해표명에 반하는 처분을 함으로써 그 견해표명을 신뢰한 개인의 이익이 침해되는 결과가 초래되어

1) 헌재 2011.10.25. 2010헌마482, 공보 181호, 1656면.

야 하며, 마지막으로 위 견해표명에 따른 행정처분을 할 경우 이로 인하여 공익 또는 제3자의 정당한 이익을 현저히 해할 우려가 있는 경우가 아니어야 한다"

* 마지막 요건은 행정법학자들의 다수설에 따르면 요건이 아니라 한계라고 한다. 또한 신뢰와 처리 사이에 인과관계가 있을 것을 별도의 요건으로 행정법학자들은 설정하기도 한다.

(나) 헌재판례법리와 대법원판례법리의 차이점

위에서 살펴본 헌법재판소의 판례는 위 대법원의 5요건 판례이론과 같은 법리를 제시하고 있지 않다. 이는 아마도 헌법재판소는 행정청의 처분과 같은 보다 구체적인 행위보다는 법률 등 법규범에 대한 심사에서 신뢰보호원칙 위배 여부를 따지게 되는 때문인 것으로 짐작된다. 앞으로 이에 대하여 대법원과 헌법재판소 판례의 비교검토 등 연구가 필요하다고 볼 것이다.

(다) 법령(행정입법)에 대한 대법원판례법리

한편 신뢰보호원칙을 적용한 대법원 판례들 중에는 위의 5요건에 비춘 판단을 하지 않고 "신뢰보호원칙의 위배 여부를 판단하기 위하여는 한편으로는 침해받은 이익의 보호가치, 침해의 중한 정도, 신뢰가 손상된 정도, 신뢰침해의 방법 등과 다른 한편으로는 새 법령을 통해 실현하고자 하는 공익적 목적을 종합적으로 비교·형량하여야 할 것이다"라고 하면서 판단하는 판례들도 있다.[1] 이와 같은 판시는 위에서 본대로 헌법재판소가 신뢰보호원칙 위반 여부를 판단함에 있어서 적용하는 법리와 동일한데 이러한 판시들이 나타난 사안들은 개정된 시행령, 조례 등 법령, 법규범의 개정 등으로 인한 신뢰침해가 문제된 사안들이었다.

판례 대법원 2006.11.16. 2003두12899 전원합의체 [불합격처분취소]〈변리사법 시행령 사건〉[집54(2)특,311; 공2006.12.15.(264), 2085]

[판시사항] 법령의 개정시 입법자가 구 법령의 존속에 대한 당사자의 신뢰를 침해하여 신뢰보호 원칙을 위배하였는지 여부의 판단 기준 및 변리사 제1차 시험을 절대평가제에서 상대평가제로 환원하는 내용의 변리사법 시행령 개정조항을 즉시 시행하도록 정한 부칙 부분이 헌법에 위반되어 무효인지 여부(적극) [판결요지] [다수의견] (가) 법령의 개정에 있어서 구 법령의 존속에 대한 당사자의 신뢰가 합리적이고도 정당하며, 법령의 개정으로 야기되는 당사자의 손해가 극심하여 새로운 법령으로 달성하고자 하는 공익적 목적이 그러한 신뢰의 파괴를 정당화할 수 없다면, 입법자는 경과규정을 두는 등 당사자의 신뢰를 보호할 적절한 조치를 하여야 하며, 이와 같은 적절한 조치 없이 새 법령을 그대로 시행하거나 적용하는 것은 허용될 수 없는바, 이는 헌법의 기본원리인 법치주의 원리에서 도출되는 신뢰보호의 원칙에 위배되기 때문이다. 이러한 신뢰보호 원칙의 위배 여부를 판단하기 위하여는 한편으로는 침해받은 이익의 보호가치, 침해의 중한 정도, 신뢰가 손상된 정도, 신뢰침해의 방법 등과 다른 한편으로는 새 법령을 통해 실현하고자 하는 공익적 목적을 종합적으로 비교·형량하여야 한다. (나) 합리적이고 정당한 신뢰에 기하여 절대평가제가 요구하는 합격기준에 맞추어 시험준비를 한 수험생들은 제1차 시험 실시를 불과 2개월밖에 남겨놓지 않은 시점에서 개정 시행령의 즉시 시행으로 합격기준이 변경됨으로 인하여 시험준비에 막대한 차질을 입게 되어 위 신뢰가 크게 손상되었고, 특히 절대평가제에 의한 합격기준

1) 대법원 2006.11.16. 2003두12899; 동 2007.10.29. 2005두4649; 동 2007.11.16. 2005두8092; 동 2009.9.10. 2008두9324 등.

인 매 과목 40점 및 전과목 평균 60점 이상을 득점하고도 불합격처분을 받은 수험생들의 신뢰이익은 그 침해된 정도가 극심하며, 그 반면 개정 시행령에 의하여 상대평가제를 도입함으로써 거둘 수 있는 공익적 목적은 개정 시행령을 즉시 시행하여 바로 임박해 있는 2002년의 변리사 제1차 시험에 적용하면서까지 이를 실현하여야 할 합리적인 이유가 있다고 보기 어려우므로, 결국 개정 시행령의 즉시 시행으로 인한 수험생들의 신뢰이익 침해는 개정 시행령의 즉시 시행에 의하여 달성하려는 공익적 목적을 고려하더라도 정당화될 수 없을 정도로 과도하다. 따라서 변리사 제1차 시험의 상대평가제를 규정한 개정 시행령 제4조 제1항을 2002년의 제1차 시험에 시행하는 것은 헌법상 신뢰보호의 원칙에 비추어 허용될 수 없으므로, 개정 시행령 부칙 중 제4조 제1항을 즉시 2002년의 변리사 제1차 시험에 대하여 시행하도록 그 시행시기를 정한 부분은 헌법에 위반되어 무효이다. * 동지 : 대법원 2007.10.29. 2005두4649; 동 2007.11.16. 2005두8092; 동 2009.9.10. 2008두9324 등.

* 대법원은 시행령 등 행정입법에 대해 구체적 규범통제를 하면서도 헌법이나 법률 등 상위법에 위배된다고 판단되는 행정입법에 대해서는 구체적 규범통제국가에서 일반적으로 하는 적용거부가 아니라 아예 무효라고 선언한다. 위 판시에서도 "헌법에 위반되어 무효이다"라고 하고 있다.

5) 보안처분과 신뢰보호

보안처분은 장래를 향한 처분이므로 소급효금지원칙이 적용되지 않는다는 것이 헌재 판례의 입장이나 그렇더라도 신뢰보호원칙은 준수하여야 한다. '특정 범죄자에 대한 위치추적 전자장치 부착 등에 관한 법률'(이하 '전자장치부착법'이라 함)의 이른바 '전자발찌' 착용 규정이 부칙조항이 동법 시행 당시에는 대상자에 포함되지 않았던 사람들에 대하여도 부착하도록 피부착대상자를 확대한 개정법 부칙조항이 논란된 바 있다. 헌재는 침해받은 신뢰이익의 보호가치, 침해의 중한 정도 및 방법, 위 조항을 통하여 실현하고자 하는 공익적 목적을 종합적으로 비교형량할 때, 법익 균형성원칙에 위배된다고 할 수 없다고 하여 합헌으로 결정하였다. 이 결정은 신뢰보호원칙 위배 여부를 비례원칙 심사 가운데 행한 것이다.

판례 헌재 2012.12.27. 2010헌가82 등, 판례집 24-2하, 300면

[결정요지] 이 사건 부칙 조항은 전자장치 부착명령을 위 부칙 조항 시행 당시 형 집행 종료자 등에게도 확대시키고 있는데, 전자장치 부착명령에 따라 피부착자는 자신의 행적이 추적되고 위치에 관한 정보가 보호관찰소장에 의해 수집되는 불이익을 입게 되고, 자신의 의사에 반하여 전자장치를 신체에 부착하여야 한다. 그런데 앞에서 본 것처럼 전자장치 부착명령은 과거의 행위에 대한 응보로서의 형벌이 아닌 장래의 위험성을 방지하기 위한 보안처분이므로, 그 본질상 부착명령의 대상자가 되는지 여부는 부착 여부를 판단하는 당시의 시점을 기준으로 판단하게 된다. 따라서 이 사건 부칙조항이 신설되기 전 형 집행 종료자 등이 자신이 부착명령 대상자가 아니라는 기대를 가졌다고 하더라도, 보안처분인 전자장치 부착에 관한 한 그 신뢰의 보호가치가 크다고 보기 어렵다. 한편 입법자는 재범의 위험성에 대하여 검사와 법원이 판단하도록 하면서 적용요건에 대하여도 완화된 신법을 적용하는 것이 아니라 비교적 엄격했던 구법의 요건을 적용하도록 하고 있고, 부착명령의 청구기간에 대하여도 출소예정자에 대하여는 형 집행 종료 3개월 전까지, 출소임박자 또는 출소자 중 부착명령 청구요건에 해당되는 사람에 대하여는 2010. 4. 15. 법률 제10257호로 개정된 전자장치부착법의 시행일인 2010. 7. 15.부터 1년 이내에 법원에 부착명령을 청구하도록 제한하고 있다. 그러므로 이 사건 부칙조항이 전자장치 부착명령의 대상자 범위를 소급하여 확대하였다고 하여 대상자들의 신뢰이익의 침해 정도가 과중하다고 볼 수 없

다. 반면 성폭력범죄로 인한 피해는 "인격 살인"으로 부를 정도로 구체적인 사정에 따라서는 피해자에게 회복할 수 없는 육체적, 정신적 상처를 남길 수 있다. 특히 어린 나이에 성폭력범죄를 경험할 경우 심리적인 상처와 후유증으로 인해 평생 정상적인 생활을 하지 못하고 불행한 삶을 살아야 하는 경우도 있다. 이런 점에서 성폭력범죄로부터 국민, 특히 여성과 아동을 보호한다는 공익은 매우 크다. 그런데 개정 전 법률은 성폭력범죄자 신상공개제도, 전자장치 부착명령제도의 신설 등 많은 성폭력범죄 대책에도 불구하고 형 집행 종료자 등에 대하여는 적용되지 않음으로써 가장 재범률이 높은 사람들에 대한 대책이 거의 전무한 실정이었다. 따라서 효과적으로 성폭력범죄의 재범을 방지하고 사회를 보호하기 위하여 종전 법률로는 전자장치 부착명령의 대상자가 되지 않았던 사람들에 대하여도 그 대상자가 되도록 요건을 확대하고 있는 이 사건 부칙조항의 입법목적은 매우 중대하고 긴요한 공익이라 할 것이다. 그렇다면 이 사건 부칙조항은 침해받은 신뢰이익의 보호가치, 침해의 중한 정도 및 방법, 위 조항을 통하여 실현하고자 하는 공익적 목적을 종합적으로 비교형량할 때, 법익 균형성원칙에 위배된다고 할 수 없다.

(4) 신뢰보호의 한계

앞서 언급한 대로 신뢰보호원칙의 적용에 있어서 행해지는 공익과 사익(신뢰이익) 간의 형량에서 공익이 더 클 때에는 신뢰이익은 보호받지 못한다. 이러한 점을 신뢰보호원칙의 한계로 보는 견해들도 있다. 그러나 공익을 우선하여야 한다는 것은 신뢰보호원칙 자체의 적용에 내포되는 것이라고 본다면 이는 신뢰보호원칙의 한계가 아니라 신뢰보호의 한계라고 할 것이다.

(5) 신뢰보호원칙과 비례(과잉금지)원칙

신뢰보호원칙은 앞서 본 대로 법익형량을 통해 그 준수여부가 심사되는 원칙인데 법익형량은 비례원칙심사에서도 이루어진다. 그런 점에서도 신뢰보호원칙과 비례(과잉금지)원칙과의 관계를 살펴볼 필요가 있다. 그리하여 비례원칙을 준수해야 할 기본권제한에 있어서 비례원칙심사를 거치면 신뢰보호원칙심사를 별도로 하지 않아도 되느냐 아니면 별도로 하여야 하느냐가 논의될 수 있다.

1) 헌재 판단의 경향

헌재의 판례를 보면, 다음과 같은 경우들이 있었다.

(가) 양 원칙을 별도로 모두 행한 결정례

헌법재판소 판례에는 신뢰보호원칙심사와 비례원칙심사를 별도로 모두 행한 결정례들이 많다.[1)] 예를 들어 1세대 3주택 이상에 해당하는 자에게 양도소득금액을 정함에 있어 장기보유특별공제를 배제하고 있는 구 소득세법규정이 과잉금지원칙에 위배되어 재산권을 침해하고, 장기보유특별공제 제도와 일반 양도소득세율 제도가 변함없이 존속될 것이라는 신뢰를 침해하여 신뢰보호원칙에 위배된다는 주장의 헌법소원심판사건에서 두 원칙 위배 여부를 각각 심사

---

1) 신뢰보호원칙과 과잉금지원칙을 모두 판단한 예 – 헌재 1995.6.29. 94헌바39, 판례집 7－1, 896면; 헌재 2003.4.24. 2002헌마611, 판례집 15－1, 466면; 헌재 2005.2.3. 2003헌마544, 판례집 17－1, 145면; 헌재 2006.2.23. 2004헌마597, 판례집 18－1 상, 259면; 헌재 2009.9.24. 2009헌바28, 판례집 21－2 상, 633면 등.

한 결정례를 볼 수 있다.[1] 헌재 결정례 중에는 "공익적 목적에 의하여 헌법적으로 보호되는 신뢰이익을 제한하는 경우에도 기본권제한의 한계인 과잉금지의 원칙은 준수되어야 하므로 신뢰이익 제한규정의 위헌 여부는 결국 신뢰이익과 공공복리의 중요성을 비교, 형량하여 결정하여야 할 것이다"라고 하는 결정[2]도 있었는데 이 결정에서는 그러면서도 비례원칙심사와 신뢰보호원칙심사를 각각 하였다.

(나) 양 원칙을 모두 명시적으로 언급하면서 섞어서 한 경우

그러한 예로 아래의 결정례가 있다.

판례 헌재 2003.10.30. 2001헌마700, 약사법 제69조 제1항 제2호 등 위헌확인, 약사법 제16조 제5항 제3호 위헌소원 등, 판례집 15-2 하, 160면

[쟁점] 의약분업의 실효성을 위해 약사법이 개정되어 의료기관의 시설 또는 부지의 일부를 분할·변경 또는 개수하여 약국을 개설하는 것을 금지하고 이미 그러한 약국을 개설하여 영업하고 있는 기존 약국 개설등록자는 개정 약사법 시행일로부터 1년까지만 영업을 할 수 있도록 규정한 부칙조항이 신뢰보호원칙에 반하는지 여부(소극) [판시요약] 1) 이 사건 법률조항들은 청구인들의 직업행사의 자유를 제한하는 것이다. 2) 개정 입법시 기존 직업행사권자의 신뢰보호와 그 한계 – 신뢰보호문제는 개정법률이 직업의 자유를 제한함에 있어서 직업행사권자가 이미 행사해온 직업을 제한하는 경우에 발생하는데, 직업행사권자의 신뢰보호보다 우선시해야 하는 공공복리의 사유가 존재하고 비례의 원칙과 신뢰보호의 원칙이 준수되어야만 개정법률은 헌법에 위반되지 아니한다. 3) 이 사건 법률조항들에 의한 청구인들의 기존 약국 폐쇄가 비례의 원칙 및 신뢰보호 원칙을 준수하는지 여부 : 가) 이 사건 법률조항들에 의한 청구인들의 기존 약국 폐쇄가 입법목적의 달성에 의해서 정당화되는지 여부 – 법 제16조 제5항 제3호가 추구하는 입법목적은 의료기관과 약국간의 담합방지를 통해서 의약분업을 효율적으로 시행하여 국민보건을 향상함으로써 공공복리를 증진하고자 하는 것인데, 이러한 공익의 비중은 상당히 크고 그 효과도 막중하다고 인정된다. 따라서 이 사건에서 법 제16조 제5항 제3호의 입법목적 달성을 통한 공익의 증대는 기존 약국을 폐쇄해야 하는 기존 약국 개설자들인 청구인들의 신뢰이익 제한을 정당화한다고 판단된다. 나) 적합성 원칙 및 최소침해성 원칙 심사 – 이 사건 법률조항들이 청구인들의 기존 약국을 폐쇄토록 한 것은 의료기관과 약국간의 담합행위를 방지하여 국민보건을 향상시키고자 하는 입법목적의 달성에 적합하며, 기존 약국의 폐쇄 이외에는 입법목적의 달성에 적합한 다른 대체수단이 존재하지 아니하므로, 적합성 원칙이나 최소침해성 원칙에 위반되지 아니한다. 다) 법익균형성 원칙 심사 – 이 사건 법률조항들이 청구인들의 기존 약국 폐쇄를 통해서 초래하는 청구인들의 신뢰이익 침해와 입법목적이 추구하는 공적 이익 사이에 법익균형성 원칙이 준수되고 있는지 여부를 양자 사이의 비교형량을 통해서 살펴본다. … 이 사건 법률조항들이 청구인들의 기존 약국 폐쇄를 통해서 초래하는 신뢰이익의 침해보다는 입법목적이 추구하는 국민보건 향상이라는 공적 이익이 보다 더 크므로, 법익균형성 원칙이 준수되고 있다. 4) 위에서 본 바와 같이, 비례의 원칙이나 신뢰보호의 원칙에 위반되지 않으므로 청구인들의 직업행사의 자유를 침해하지 않는다.

헌재는 위 결정에서 신뢰이익 제한에 대한 판단을 비례원칙심사를 하는 가운데 행하였는데 특히 법익균형성 심사에서 ① 청구인들의 신뢰이익과 침해 정도, ② 법률의 존속에 대한

1) 헌재 2010.10.28. 2009헌바67, 판례집 22-2 하, 118면.
2) 헌재 2005.2.3. 2003헌마544, 판례집 17-1, 148면.

기본권자의 신뢰 정도, ③ 기존 약국 영업에 대한 경과규정, ④ 공익의 비중과 정도, ⑤ 법익의 비교형량으로 세분하여 신뢰이익 제한에 대한 판단을 중점적으로 하고 있다.

* 비평 : ③의 문제는 피해최소성 심사에서 판단하는 것이 논리적이었다.

(다) 신뢰보호원칙을 명시적으로 언급하지 않으면서 비례원칙심사에서 신뢰보호·신뢰침해심사를 한 경우

신뢰보호원칙의 위배 여부를 직접 거론하지는 않으면서 비례원칙 위배 여부를 심사함에 있어서 신뢰침해 문제를 다룬 결정례로 다음과 같은 예들을 볼 수 있다.

① 과잉금지원칙심사를 한다고 하면서 그 내용은 신뢰보호원칙심사를 한 경우를 볼 수 있다. 즉 "신뢰보호가 충분히 이루어졌는지 여부가 과잉금지의 원칙의 위반 여부를 판단하는 기준이 될 것이다"라고 하면서 "과잉금지의 원칙의 위반 여부"라는 제목 하에 신뢰보호원칙 위배 여부를 살펴 결국 "이 사건 법률조항은 구법상의 재생처리신고업자의 신뢰이익을 충분히 보호하고 있는 것으로서, 과잉금지의 원칙에 위반하여 헌법 제15조에 의하여 보장된 청구인들의 직업결정의 자유를 침해하는 것이라고 볼 수 없다"라고 판시한 것이 있다.[1] 이러한 판시는 신뢰보호원칙심사가 결국 비례원칙심사가 된다는 것으로 이해하게 하는데 이 결정에서 헌재는 입법목적과 유예기간의 적정 정도를 심사하고 비례원칙 4요소를 모두 심사하지 않았다.[2] * 검토 – 위 결정례는 헌재 자신의 판례이론에 비추어 볼 때 검토되어야 할 문제가 있다. 위 사안은 직업결정의 자유가 문제되는데 헌재는 직업의 자유에는 직업결정의 자유와 직업수행의 자유가 있고 직업결정의 자유의 제한은 엄격하게 이루어져야 하고 비례원칙 4요소가 모두 심사되는 엄격심사가 행해진다고 하는데 여기서 피해최소성심사가 명시적으로 이루어지지 않았다. 유예기간설정이 피해를 줄인다고 보아 유예기간에 대한 심사로 최소성심사가 다소 이루어진 것으로 볼 여지는 있다.

② 또 다른 결정례로 "신뢰를 보호하는 것이 우리 헌법에 구현되어 있는 법치국가원리의 관점에서 요청된다고 할 것이고, 그 보호 여하가 비례의 원칙의 위반 여부를 판단하는 기준이 될 것이다"라고 하여 신뢰이익에 대한 판단으로 비례원칙심사를 대신하는 것으로 이해되게 하는 판시를 한 뒤 입법목적의 정당성과 유예기간의 적정성 심사, 사익과 공익의 비교형량을 하였으나 비례원칙 4요소를 일일이 짚어가면서 하는 비례원칙심사는 하지 않은 결정을 볼 수 있다.[3] 이 결정은 결론적으로 "이 사건 법률조항은 공공복리를 위한 그 입법 목적에 정당성이

1) 헌재 2000.7.20. 99헌마452, 판례집 12－2, 145면.
2) 비슷한 판단례로, 헌재 2009.4.30. 2006헌마1258. [결정요지] 이 사건 고시는 경품용상품권제도를 폐지하면서 그 시행시기에 대하여 적절한 유예기간을 부여함으로써 청구인들의 신뢰이익을 충분히 고려하고 있으므로, 경품용상품권제도를 폐지한 이 사건 고시 부분이 과잉금지의 원칙에 위배하여 청구인들의 직업의 자유를 침해한다고 할 수 없다.
3) 헌재 1997.11.27. 97헌바10, 판례집 9－2, 668면 이하 참조.

있다고 할 것이고, 기존 약사들의 한약의 조제권에 대한 신뢰를 비례의 원칙에 합당하게 보호하고 있으므로 직업의 자유를 위헌적으로 침해하는 것이라고는 볼 수 없다"라고 하여 신뢰보호원칙심사로 비례심사를 함께 한 것으로 보이게 한다.

③ 중고자동차를 거래를 함에 있어서 소비자 피해를 막기 위하여 중고자동차 매매업자가 중고자동차를 소비자에게 판매할 때 거래차량에 대한 성능과 현재의 상태에 대한 내용을 기록한 성능점검부를 매수인에게 의무적으로 교부하게 하고 있는데 이 성능점검부 발행업무를 해오던 주체의 하나인 자동차매매사업조합을 발행주체에서 배제하기로 하는 개정된 시행규칙 규정이 문제된 헌법소원결정을 들 수 있다. 헌재는 위헌성 판단기준을 설시하면서 "신뢰보호가 충분히 이루어졌는지 여부가 과잉금지의 원칙의 위반 여부를 판단하는 관건이 될 것이다"라고 하고 "과잉금지의 원칙 위반 여부"라는 제목 하에 과잉금지원칙 4요소의 위배여부를 판단하면서 신뢰보호 문제에 관해서는 법익균형성의 위배여부 판단에서 이를 다루어 청구인의 신뢰가 특별히 보호되어야 하는 신뢰이익이라 볼 수 없고 적당한 유예기간을 두고 있다고 판시하였다.

판례 헌재 2006.1.26. 2005헌마424, 판례집 18-1 상, 48면

[결정요지] (1) 문제의 제기 – 청구인들은 개정 전 규칙 제120조 제1항 제1호에 의하여 성능점검부 발행영업을 하여 왔으나, 위 시행규칙이 개정됨으로 말미암아 6월의 유예기간이 경과하면 청구인들은 더 이상 성능점검부 발행영업을 할 수 없게 되었으므로, 이는 청구인들을 비롯한 자동차매매사업조합의 직업선택의 자유를 제한하는 규정이라 할 것이고, 이와 같이 국민의 기본권을 제한하는 법률규정이 헌법에 위반되지 않기 위하여는 헌법 제37조 제2항에 의하여 입법활동의 한계라고 할 수 있는 과잉금지의 원칙이 지켜져야 함은 물론이다. (2) 위헌성 판단기준 – 입법자가 공익상의 필요에 의하여 서로 유사한 직종을 통합하거나 직업종사의 요건을 강화하는 등 직업제도를 개혁함에 있어서는 기존 종사자들의 신뢰를 보호하는 것이 헌법상 법치국가의 원리로부터 요청되고, 신뢰보호가 충분히 이루어졌는지 여부가 과잉금지의 원칙의 위반 여부를 판단하는 관건이 될 것이다. 따라서, 시행규칙의 개정을 통하여 성능점검부의 발행주체를 변경하는 과정에서 신뢰보호를 위한 경과조치를 규정하고 있는 이 사건 규칙조항 역시 위와 같은 기준에 따라 과잉금지의 원칙에 위반되는지 여부가 가려져야 할 것이다. (3) 개정규칙의 입법목적 – 개정 전에 성능점검부 발행주체를 청구인들과 같은 자동차매매사업조합, 자동차 정비업자, 교통안전공단으로 하였는데, 자동차매매사업조합은 자동차매매업자들이 구성한 조합으로서 성능점검결과에 따라 중고자동차의 가격이 결정되므로 조합은 조합원의 이해관계에 구속될 수밖에 없어 객관적인 정보제공을 기대할 수 없다는 점 등이 문제점으로 거론되어 왔다. 그리하여, 건설교통부는 성능점검고지제도의 신뢰도를 회복하기 위하여 자동차관리법 시행규칙을 개정하여 자동차매매사업조합을 성능점검부 발행주체에서 배제하였던 것이다. (4) 과잉금지의 원칙 위반 여부 (가) 목적의 정당성과 수단의 적절성 – 위와 같은 시행규칙의 개정은 소비자의 신뢰를 회복하고 중고자동차의 유통질서를 확립하기 위한 것으로 입법목적의 달성을 위하여 성능점검부 발행주체에서 청구인들을 배제하는 것은 정당한 공익적 이유가 존재한다고 할 것이므로, 그 입법목적이 정당하다 하지 않을 수 없고, 그 수단도 위와 같은 입법목적을 달성하는데 적절하다 할 것이다. (나) 피해의 최소성 – 청구인들은 자동차관리법상의 정기검사제도를 보완 등으로 입법목적을 달성할 수 있어 피해의 최소성 원칙에 어긋난다는 의문을 제기하나 성능점검고지제도는 자동차관리법상의 정기검사제도나 하자담보책임과 같은 사후구제 등 다른 제도에 의하여 대체될 수 없는 것이고, 청구인들을 성능점검부의 발행주체에서 배제하지 아니

하고 성능점검전문단체 등 제3의 기관을 추가만 하는 방법으로는 자동차매매사업조합이 성능점검부 발행에 있어서 독점적인 지위를 가지고 있어 그 방법만으로는 성능점검부에 대한 신뢰회복이라는 입법목적을 달성하기 어렵다는 점은 쉽게 예상되므로 청구인들을 성능점검부 발행주체에서 배제한 것은 불가피하여 피해의 최소성의 원칙에 위반되지 않는다. (다) 법익의 균형성 – 이 사건 규칙의 개정을 통하여 직업수행의 주체를 변경하는 과정에서 청구인들이 입는 불이익이 공익을 능가하는 것인지, 능가하지 않는다면 신뢰보호를 위한 경과조치를 규정하고 있는 이 사건 규칙조항이 청구인들의 신뢰이익을 충분히 보호하는 규정인가에 관하여 살펴보기로 한다. 국가는 이미 2001. 4. 19. 자동차관리법 시행규칙을 개정하여 성능점검부의 발행주체였던 자동차매매사업조합과 정비업자 외에 교통안전공단을 추가함으로써 성능점검부 발행주체가 변경될 수 있다는 명확한 규범적 표현을 하였으므로, 청구인들로서는 언제든지 성능점검부 발행주체에서 배제될 수도 있다는 가능성을 예견할 수 있었던 점, 청구인들의 영업행위는 특정 경제정책상의 목표를 달성하기 위하여 국가에 의하여 유도된 사경제의 활동에 속하는 것이 아니라, 스스로의 위험부담으로 법률이 부여한 기회를 활용한 경우에 지나지 않는다는 점, 비영리법인인 청구인들로서는 영리활동인 성능점검부 발행행위가 주된 설립목적이지도 않은 점 등에 비추어 보면, 청구인들이 개정 전 규칙에 의하여 성능점검부 발행업자로서 보호받아야 할 신뢰이익은 규칙개정의 이익에 절대적으로 우선하는 것은 아니라고 할 것이고, 적당한 유예기간을 규정하는 경과규정에 의하여 보호될 수 있는 것이라고 보아야 한다. 그런데, 개정규칙의 부칙 제1항에 의하여 청구인들의 성능점검부 발행업무는 즉시 배제되는 것이 아니라 6개월간의 유예기간을 두어 성능점검 인력의 활용과 시설의 매각이나 업종변경에 대한 준비기간을 두고 있고, 그 유예기간이 개정 전 규칙에 의하여 행하던 성능점검부 발행업자로서의 신뢰이익을 보호하기에 지나치게 짧은 기간이라고 할 수도 없다. 따라서, 개정규칙 제120조 제1항은 직업선택의 자유를 침해하지 아니한다. (라) 결론 – 따라서, 이 사건 규칙조항은 청구인들이 성능점검부 발행주체에서 배제되는 상황변화에 적절히 대처할 수 있도록 하기 위하여 유예기간을 두고 있고, 그 유예기간이 지나치게 짧은 기간이라고 단정할 수 없는 이상, 이 사건 규칙조항이 입법목적 달성을 위하여 필요한 정도를 넘어 과도하게 직업선택의 자유를 제한하는 것이라고는 할 수 없다.

* 비평 : 이 결정에서는 보호가치 있는 신뢰인지와 신뢰이익이 공익을 능가하는지에 대한 판단은 법익균형성에서 다룰 수 있을 것이나 유예기간 문제는 피해최소성에서 다루는 것이 논리적이었다.

④ "직업의 자유의 침해여부"라는 제목 하에 "신뢰보호가 충분히 이루어졌는지 여부가 과잉금지의 원칙의 위반 여부를 판단하는 기준이 된다"라고 하면서 신뢰보호 문제를 살펴본 뒤 "따라서 이 사건 법령조항은 청구인들의 신뢰이익을 충분히 고려하고 있는 것으로서 과잉금지의 원칙에 위반하여 직업의 자유를 침해하는 위헌적인 규정이라 할 수 없다"라고 한 결정례[1]도 있다.

⑤ 국·공립 교육·사범대학 졸업자 신규교사 우선채용 규정에 대한 위헌결정(89헌마89)으로 인한 미임용등록자의 구제를 위해 중등교원 임용시험에 있어서 미임용등록자를 위한 별도의 특별정원을 마련하도록 하는 '국립사범대학졸업자 중 교원미임용자임용 등에 관한 특별법' 규정에 대한 헌법소원심판사건에서 헌재는 별도의 신뢰보호원칙심사를 명시적으로 언급하지 않고 비례원칙심사에서 특별정원 제도를 통한 미임용자들의 신뢰이익을 보호할 필요성을 언급

1) 헌재 2002.7.18. 99헌마574, 판례집 14-2, 40-43면; 헌재 2008.11.27. 2005헌마161등, 판례집 20-2하, 318면; 헌재 1997.11.27. 97헌바10, 판례집 9-2, 667-668면.

하는 판시를 한 바 있다.

판례 헌재 2006.3.30. 2005헌마598

[결정요지] 국립사범대학 졸업자의 교원우선임용 조항에 대한 우리 재판소의 위헌결정(89헌마89) 이전에 국립사범대학을 졸업하고 시·도교육위원회별로 작성된 교사임용후보자명부에 등재되어 임용이 예정되어 있었으나, 위 위헌결정에 따라 교원으로 임용되지 아니한 자에 대하여 중등교원 임용시험에 있어서 별도의 특별정원을 마련하고, 교원자격증의 표시과목을 변경할 수 있도록 하는 국립사범대학졸업자중교원미임용자임용등에관한특별법 제5조 등이 미임용자들의 신뢰를 보호해 주고자 하는 목적은 정당하고, 상대적으로 용이한 중등교원 임용의 기회를 제공하는 것은 위와 같은 입법목적의 달성을 위한 유효한 수단이다. 한편, 입법자는 위 제도의 차별효과를 최소화하기 위해, 일반정원이 축소되지 아니하도록 보호조치를 취하였으며, 미임용자들의 신뢰이익을 보호할 필요성이 다른 일반 응시자들의 불이익보다 크다고 본 입법자의 판단이 헌법적으로 부당한 것이라 하기 어려워, 미임용자들에 대한 특례규정이 중등교사임용시험을 준비하는 지위에 있어 교육공무원직을 두고 경쟁관계에 있는 자의 평등권, 공무담임권을 침해하였다고 볼 수 없다.

⑥ 게임제공업에서 경품용상품권제도의 폐지에 대한 결정에서도 "신뢰보호가 충분히 이루어졌는지 여부가 과잉금지의 원칙의 위반 여부를 판단하는 기준이 된다"라고 판시한 바 있다.

판례 헌재 2009.4.30. 2006헌마1258

[결정요지] 신뢰보호가 충분히 이루어졌는지 여부가 과잉금지의 원칙의 위반 여부를 판단하는 기준이 된다. … 이 사건 고시는 경품용상품권제도를 폐지하면서 그 시행시기에 대하여 적절한 유예기간을 부여함으로써 청구인들의 신뢰이익을 충분히 고려하고 있으므로, 경품용상품권제도를 폐지한 이 사건 고시 부분이 과잉금지의 원칙에 위배하여 청구인들의 직업의 자유를 침해한다고 할 수 없다.

⑦ 또 다른 예로, '특정 범죄자에 대한 위치추적 전자장치 부착 등에 관한 법률'(이하 '전자장치부착법'이라 함)의 이른바 '전자발찌' 착용제도가 처음 도입되어 시행될 때에는 대상자에 포함되지 않았던 사람들에 대하여도 이후 개정법 부칙조항이 그 대상자로 확대한 데 대한 비례심사를 볼 수 있다. 헌재는 부착명령제도가 보안처분이 아니므로 형벌불소급원칙이 적용되지 않는다고 하면서 그렇더라도 피부착대상자를 확대한 것이 침해받은 신뢰이익의 보호가치, 실현하고자 하는 공익적 목적을 종합적으로 비교형량할 때 과도한 것인지 여부가 문제된다고 하면서 비례원칙심사에 들어갔는데 신뢰보호원칙 위배 여부라는 제목으로 판단하지는 않았다. 헌재는 결국 문제의 부칙조항은 침해받은 신뢰이익의 보호가치, 침해의 중한 정도 및 방법, 위 조항을 통하여 실현하고자 하는 공익적 목적을 종합적으로 비교형량할 때, 법익 균형성원칙에 위배된다고 할 수 없고 과잉금지원칙에 위배되지 아니한다고 판단하여 합헌결정을 하였다.

판례 헌재 2012.12.27. 2010헌가82 등, 합헌결정, 판례집 24-2하, 299면

[판시사항] 가. 전자장치 부착을 통한 위치추적 감시제도가 처음 시행될 때 부착명령 대상에서 제외되었던 2008. 9. 1. 이전에 제1심판결을 선고받은 사람들 중 구 '특정 범죄자에 대한 위치추적 전자장치 부착 등에 관한 법률'(2010. 4. 15. 법률 제10257호로 개정되고, 2012. 12. 18. 법률 제11558호로 개정되기

전의 것) 시행 당시 징역형 등의 집행 중이거나 집행이 종료, 가종료·가출소·가석방 또는 면제된 후 3년이 경과하지 아니한 자에 대하여도 위치추적 전자장치를 부착할 수 있도록 규정하고 있는 '특정 범죄자에 대한 위치추적 전자장치 부착 등에 관한 법률'(2008. 6. 13. 법률 제9112호) 부칙 제2조 제1항(2010. 4. 15. 법률 제10257호로 개정된 것, 다음부터 '이 사건 부칙조항'이라 한다)이 형벌불소급의 원칙에 위배되는지 여부(소극) 나. 이 사건 부칙조항이 과잉금지원칙에 위배되는지 여부(소극) [결정요지] 이 사건에서의 첫 번째 쟁점은 이 사건 부칙조항이 헌법상 형벌불소급의 원칙에 위배되는지 여부이고, 두 번째 쟁점은 이 사건 부칙조항이 과도하게 피부착대상자의 범위를 소급적으로 확대시킴으로써 헌법 제37조 제2항에 위반되는지 여부에 관한 것이다. (1) 형벌불소급의 원칙 위배 여부 (첫째 쟁점) — 이 사건 부착명령은 형벌과 구별되는 비형벌적 보안처분으로서 소급효금지원칙이 적용되지 아니한다. (2) 과도한 소급적용으로서 위헌인지 여부 (둘째 쟁점) — (가) 입법목적의 정당성 및 수단의 적절성 — 이 사건 부칙조항은 전자장치 부착명령의 대상자를 확대한 것으로서, 성폭력범죄의 재범을 방지하고 성폭력범죄로부터 국민을 보호하고자 하는 목적의 정당성이 인정되고 입법목적을 달성함에 있어 적절한 수단이다. (나) 피해의 최소성 및 법익 균형성 — 이 사건 부칙조항은 침해받은 신뢰이익의 보호가치, 침해의 중한 정도 및 방법, 위 조항을 통하여 실현하고자 하는 공익적 목적을 종합적으로 비교형량할 때, 법익균형성원칙에 위배된다고 할 수 없다(* 신뢰이익에 관한 자세한 요지는 앞의 보안처분과 신뢰보호 부분의 주를 참조 - 필자주). (다) 소결 — 따라서 이 사건 부칙조항은 과잉금지원칙에 위배되지 아니한다.

(라) 과잉금지원칙을 따로이 명시적으로 거론하지 않고 신뢰보호원칙 위반으로 기본권침해를 인정한 결정례

6인승 밴형화물자동차운송사업에 대해 승차정원을 제한하고(3인), 화물제한을 하는 화물자동차운수사업법시행규칙 조항은 이 승차정원제한 조항을 두기 이전에 사업등록한 6인승 밴형화물자동차운송사업자의 법적 신뢰를 심각하게 예상치 못한 방법으로 제약하여 신뢰보호원칙에 위배한다고 본 뒤 따로이 비례(과잉금지)심사를 하지 않고 "이러한 신뢰보호원칙의 위반은 기본권을 위헌적인 방법으로 제한하는 것이므로 이 사건 조항은 이들의 직업수행의 자유를 침해하는 것이다"라고 판시한 바 있다.

판례 헌재 2004.12.16. 2003헌마226, 한정위헌, 판례집 16-2 하, 592면

[판시] 이 사건 조항은 정원제한조항 제정 전에 등록한 청구인들의 법적 신뢰를 과도하게 침해하므로, 이들에게 대하여 적용되는 한 신뢰보호의 원칙에 위반되는 것이다. 또한 이러한 신뢰보호원칙의 위반은 기본권을 위헌적인 방법으로 제한하는 것이므로 이 사건 조항은 이들의 직업수행의 자유를 침해하는 것이다. 이와 같이 판단한 이상 동 청구인들이 주장한 다른 위헌 사유에 대해서는 별도로 판단하지 아니한다.

(마) 평가

신뢰보호원칙 문제와 비례원칙 문제를 같이 판단하는 경우로 명시적으로 그렇게 하는 경우도 있으나 비례원칙 판단 속에 신뢰보호, 신뢰침해 문제를 판단하는 예들이 상당히 있다.

2) 사견

생각건대 신뢰를 침해하는 것은 기본권의 제한인 것이고 따라서 기본권제한의 한계원칙

인 비례원칙이 신뢰보호 문제에서도 다루어질 가능성을 가지는 것이다. 사실 신뢰보호원칙의 위배 여부 판단이 비교형량에 의하여 이루어지므로 비례원칙의 법익균형성심사에서 이를 다룰 수 있을 것이다. 그리고 유예기간(경과규정)을 둔다는 것은 피해를 보다 완화하려는 노력이므로 유예(경과)규정을 두었는지 여부, 그리고 두었다면 그 유예기간이 적정한지 하는 것을 심사하는 것은 어느 정도 피해최소성심사를 행하는 것이라고 볼 수 있다. 그렇다면 비례원칙심사에서 신뢰보호원칙심사를 함께 할 수 있다고 볼 것이다.

그렇다면 신뢰보호원칙과 비례원칙 양자의 관계가 어떠한지 하는 의문이, 아니면 보다 근본적으로 신뢰보호원칙을 별도로 다룰 필요가 있는지 하는 의문이 들 수도 있다. 그러나 앞서 비례원칙에서 보았듯이 헌재의 입장은 모든 기본권제한에 있어서 비례원칙심사를 행하는 것은 아니라는 것인데 헌재가 비례심사를 할 경우가 아니라고 판단하여 하지 않을 경우에 그렇더라도 그 사안에서 신뢰보호가 문제되는 경우에는 신뢰보호원칙심사를 할 필요가 있을 것이다. 실례로 헌재가 직업선택의 자유를 제한하는 사안에서 비례원칙 4요소 심사를 하진 않고 자의심사만 하였지만 신뢰보호원칙심사는 행한 결정례가 있다.[1] 또 생존권적 기본권(사회적 기본권)과 같은 경우에 비례원칙심사는 하지 않더라도 신뢰보호가 문제된다면 신뢰보호원칙 위배 여부 심사가 이루어질 경우가 있게 된다. 비례원칙심사 속에서 신뢰보호원칙심사가 이루어진다고 하더라도 신뢰보호원칙의 존재의미가 상실되는 것은 아니고 비례성의 요소로서 신뢰보호가 요구되는 것이기에 심사가 함께 될 수 있고 신뢰보호원칙은 나름대로의 의미를 가진다. 요컨대 신뢰보호원칙심사는 별도로 행해질 수도 있고 비례원칙심사가 필요한 경우에는 비례원칙심사로서 신뢰보호원칙심사가 이루어질 수도 있다. 비례원칙심사 속에서 신뢰보호원칙심사가 이루어질 때에는 심사의 중복성을 피하여 헌법재판의 경제성을 가져올 수 있다.

(6) 신뢰보호원칙의 적용범위

1) 법률 외의 적용

신뢰보호원칙이 법률에 적용되어 기본권제한법률의 한계로서 작용한다. 법률 외에 행정입법, 조례 등의 법규범의 개정·폐지에도 적용된다. 법규범뿐 아니라 행정기관의 행정처분 등의 행정작용에 의한 신뢰침해의 경우에도 적용되는 헌법상 원칙이다. 헌재의 판례 중에도 "법률이나 그 하위법규뿐만 아니라 국가관리의 입시제도와 같이 국·공립대학의 입시전형을 구속하여 국민의 권리에 직접 영향을 미치는 제도운영지침의 개폐에도 적용되는 것이다"라고 판시한 예가 있다.[2] 행정기관 행정처분 등의 행정작용에 대한 신뢰보호원칙이 대법원판례에서 많이 적용되는데 대법원의 판례법리에 대해서는 앞서 살펴보았다(전술 헌재판례법리와 대법원판례법리 차

1) 헌재 2010.6.24. 2008헌마271, 판례집 제22권 1집 하, 563면.
2) 헌재 1997.7.16. 97헌마38, 판례집 제9권 2집, 96면.

이점 참조).

2) 시적 적용범위 - 신뢰보호원칙과 소급효 문제

소급효에 의한 기본권제한은 기존의 법률관계를 파기하는 것이기에 신뢰를 깨뜨리는 결과를 가져오므로 신뢰보호원칙은 소급효입법에서 많이 문제되고 관련성이 크다. 이에 대해서는 아래의 '신뢰보호원칙과 소급효금지' 부분에서 다루고 소급효 자체의 문제는 별도로 아래에서 살펴본다(후술 참조).

3) 기본권침해가 없는 경우의 적용 여부 문제

현실적으로 많은 경우에 신뢰보호는 기본권의 제한에서 요구된다. 그러나 기본권이 문제되지 않거나 기본권의 제한이 없는 경우에도 신뢰보호가 요구될 수 있다. 신뢰보호원칙은 모든 국가작용에도 적용되어야 할 헌법상 원칙이기 때문이다. 그런데 사실 기본권이 관련되지 않는 경우에는 국민으로서는 헌법소원으로 다툴 수가 없어 헌재의 판례에서는 신뢰보호원칙의 문제가 기본권제한과 더불어 판단된다. 헌재의 결정례 중에 기본권의 침해 문제가 없다고 보면서도 신뢰보호원칙의 위배 여부를 판단한 다음의 예가 있다.

판례 사업장일반폐기물의 수집·운반업의 업무범위에서 사업장생활계폐기물을 제외하는 개정된 규칙에 대해 헌법소원이 제기되었는데 헌재는 기존의 구 규칙에 의한 허가에 의하여 수행이 가능하였던 어떤 업무가, 개정된 규칙에 의하여 허가되는 업무의 범위에서 제외된 경우에, 기존에 허가를 받은 사람이 그 제외된 다른 업무를 영위할 수 없게 되는 것은 직업의 자유를 침해하는 차원의 문제는 아니고 다만, 헌법상 보장되는 신뢰이익을 침해하는 것인지 여부의 문제가 된다고 보았다. 또 업무범위의 축소변경으로 말미암아 그 영업의 기회 내지 이윤획득의 기대가 다소 줄어드는 정도의 영향을 받은 것에 불과하다고 보여지고 이러한 업무범위의 축소를 가리켜 재산권의 침해라고 보기는 어렵다고 보았다. 그러면서도 신뢰보호원칙의 위배 여부는 심사하여 기각결정을 하였다(헌재 2002.8.29. 2001헌마159).

* 검토 - 그러나 이 결정은 모순을 보여준다. 이 결정의 사건은 '헌마'사건으로서 헌법소원심판사건이었다. 그런데 헌법소원심판사건에서 청구요건으로 기본권침해의 가능성이 있다(헌법소원은 기본권침해시 이를 구제하는 헌법재판이므로 당연한 요건이다). 그런데 신뢰이익침해 문제는 있으나 직업의 자유, 재산권이라는 기본권의 침해 여부 문제가 없다면 기본권침해 가능성 요건을 갖추지 못하여 본안으로 갈 수 없고 따라서 청구의 '기각'이 아니라 '각하'로 결정되어야 한다. 그 점에서 타당하지 못했다. 위 사안은 영업영역 축소로서 직업의 자유라는 기본권 침해 문제가 있었다고 판단했어야 했다.

(7) 신뢰보호원칙과 소급효금지

신뢰보호원칙은 넓게 소급효금지를 요구한다. 헌법재판소 판례는 아래의 소급효에 의한 기본권제한 문제에서 나오지만 소급효를 진정소급효와 부진정소급효로 나누는데 양자의 경우 모두 신뢰의 문제가 있다고 본다. 진정소급효는 더욱 강한 신뢰의 파기를 가져온다. 헌재는 "진정소급입법은 개인의 신뢰보호와 법적 안정성을 내용으로 하는 법치국가원리에 의하여 특단의 사정이 있어 예외적으로 허용되는 경우를 제외하고는 헌법적으로 허용되지 아니하는 것이 원칙이며"라고[1] 한다. 진정소급효로서 신뢰보호원칙에 반한다고 본 위헌결정례로 구법 하에 발생된 하자의 담보기간을 신법으로 축소한 데 대한 위헌결정을 들 수 있다. 즉 신법인 주택법 부칙 제3항은 신법 시행 이전에 이미 발생한 하자에 대해서도 하자담보기간이 더 길었던 구법규정이 아니라 하자담보기간이 단축된 신법규정을 적용하도록 하였는데 이는 구법 질서 아래에서 이미 형성된 하자담보청구권이 소급적으로 박탈되는 진정소급효로서 신뢰보호원칙에 반한다고 보아 위헌결정을 하였다.

판례 헌재 2008.7.31. 2005헌가16, 판례집 20-2 상, 1면

[결정요지] 1) 진정소급입법 여부 – 앞서 본 바와 같이 신법이 시행되기 전에 이미 하자가 발생하였으나, 구법에 의하면 10년의 하자담보기간 내이지만 신법에 의할 때 내력구조가 아닌 한 1 내지 4년의 하자담보기간이 이미 경과된 경우는 이미 하자담보책임이 발생한 경우로서 소유자는 하자보수를 요구하거나 손해배상을 청구할 수 있는 확정적 지위를 가지고 있음에도 불구하고, 부칙 제3항이 소급적으로 이를 박탈하는 결과가 되고, 이는 이미 완성된 법률관계를 사후입법을 통하여 소급적으로 변경하는 것으로서 진정소급입법에 해당한다 할 것이다. 2) 신뢰이익의 보호가치 및 침해의 정도 – 신법이 제정되기 전에는 공동주택의 하자담보책임은 아파트에 관하여 일률적으로 10년의 책임기간이 적용되었으므로 이에 따라 공동주택 소유자들은 공사상 잘못으로 인한 하자에 대하여 그 기간 내에는 분양자에게 하자담보청구권을 행사할 수 있었다. 그리고 앞서 본 대법원 판례는 주택건설촉진법과 집합건물법 중 어느 법이 공동주택의 하자담보에 관하여 적용될 것인지에 관하여 사법적으로 유권해석을 한 것이고, 이는 집합건물의 건축자 내지 분양자로 하여금 하자발생을 방지하도록 유도하고 집합건물의 소유자를 두텁게 보호하기 위한 것이라 볼 수 있으므로, 공동주택의 소유자는 구법 아래에서 발생한 하자에 대하여서는 10년의 기간 내라면 유효한 청구권을 보유하는 것이고, 이러한 법적인 신뢰는 부실공사로부터 공동주택의 소유자를 보호하기 위한 것으로서 나름대로의 보호가치를 지닌다. 그런데 부칙 제3항은 이미 집합건물법이 정한 기간 내에 성립된 하자에 대하여도 주택법을 소급하여 적용하도록 하여 구법 아래에서 적법하게 발생한 하자담보청구권을 소급하여 박탈하는 것으로서, 공동주택의 소유자가 구법에 따라 적법하게 지니고 있던 신뢰를 심각하게 침해하는 것이다. 3) 입법목적의 중요성 정도 – 주택법이 시설공사에 대하여 단기의 하자담보책임을 공동주택에 적용하도록 한 것은 하자담보책임이 장기화되는 것을 방지하고 건축주와 입주자 사이의 이해관계를 조정하기 위한 공익적인 목적 이외에도 건설업체 내지 분양자의 이해관계를 고려한 측면이 없지 아니하므로, 그 공익적인 필요성이 중대한 것이라 보기는 어렵다. 물론 하자담보책임제도가 불합리하여 어느 일방이 지나친 불이익을 보는 것은 피하여야 할 것이나, 현실적으로 공동주택의 부실공사가 적지 않은 상황에서 공동주택 소유자의 보호 역시 중요한 사항이 아닐 수 없고, 또 공사상의 하자가 애초부터 적은 것이라면 하자담보 기간이 길다하여 그 자체로서 심각한 문제가 되지 않으며, 또한 구법상 10년간의 하자담보청구권 행사기간이 적용되지만 법원이 물리적인 내구연한을 고려하여 하자담보책임 기간인 10년 내에서 합리적으로 조정할 수 있는 여지도 있으므로, 주택법의 개정이 중대한 공공복리를 위한 긴요한 것이었다고 단정하기도 어렵다. 따라서 신법이 시행된 이후에 하자가 발생한 경우뿐만 아니라 이미 구법 아래에서 발생한 하자까지 소급하여 신법을 적용하게 할 필요성이 크지 않다. 4) 소결 – 그러므로 구법 아래에서 하자가 발생한 경우에 공동주택 소유자들이 지녔던 신뢰이익의 보호가치, 부칙 제3항이 진정소급입법으로서 하자담보청구권을 박탈하는 점에서의 침해의 중대성, 신법을 통하여 실현하고자 하는 공익목적의 중요성 정도를 종합적으로 비교형량 하여 볼 때, 부칙 제3항이 신법 시행 전에 발생한 하자에 대하여서까지 주택법을 적용하도록 한 것은 당사자의 신뢰를 헌법에 위반된 방법으로 침해하는 것으로서, 신뢰보호원칙에 위배된다.

1) 헌재 1998.9.30. 97헌바38, 판례집 10-2, 539면.

* 비평 : 헌법이 부정하는 소급입법이 진정소급입법이고 아래에 서술하는 대로 진정소급에 해당되면 바로 그 자체로 위헌이라고 헌재 자신도 보는바 신뢰보호원칙 위배여부를 또 따지는 것은 자기 모순이기도 하다. 아래에 보는 대로 진정소급도 예외적 허용이 인정되는데 그 예외에 해당되는지 여부의 심사는 필요할 것이다. 즉 이러한 판단이 나오는 것은 결국 진정소급효 입법이 원칙적으로 금지된다고 하면서 예외를 허용하기 때문이다. 다시 말해서 이는 진정소급의 예외적 허용사유로 "신뢰의 이익이 적은 경우", "신뢰보호의 요청에 우선하는 심히 중대한 공익상의 사유가 소급입법을 정당화하는 경우"를 들고 있기 때문인 것으로 이해할 수는 있겠다. 그렇다면 판시를 우선 "진정소급효이다" 그런데 "예외적 허용사유에 해당하는지 보기 위해 신뢰보호심사를 한다"라고 하는 것이 보다 설득력이 많은 분명한 결정을 보여주는 것이다.

부진정소급효의 경우에도 신뢰보호원칙의 준수를 요구하는 것이 헌법재판소 판례이다(바로 아래의 소급효 문제 참조). 부진정소급효에도가 아니라 오히려 더 그 준수요구가 강하다고 할 것이다. 진정소급효는 신뢰보호 이전에 원칙적으로 부정되기 때문이다. 대법원 판례도 "과거에 발생하였지만 완성되지 않고 진행중인 사실 또는 법률관계 등을 새로운 법령이 규율함으로써 종전에 시행되던 법령의 존속에 대한 신뢰이익을 침해하게 되는 경우에도 신뢰보호의 원칙이 적용될 수 있다"라고[1] 한다.

4. 소급효에 의한 기본권제한의 문제

(1) 개념과 근거

1) 개념

이미 완성된 법률관계나 사실관계를 사후에 국가가 새로운 법률이나 행정작용으로 거슬러 올라가 변화시키는 것을 소급이라고 한다. 소급효의 금지는 법적 안정성을 유지하기 위한 것이다. 소급효(遡及效)에 대비되는 것은 장래효이다. 기존의 법률관계나 사실관계를 건드리지 않고 그대로 인정하되 장래의 행위 등을 규율하는 것은 소급효가 아니라 장래효의 기본권제한이다. 소급효제한, 장래효제한의 구분을 이해하기 위하여 소급효의 기본권제한이라는 주장이 제기된 사안들이었으나 장래효의 기본권제한으로 판단된 몇 가지 예를 아래에서 참고로 본다.

판례 ① 헌재 1995.4.20. 92헌마264등

[쟁점] 부천시와 강남구의 담배자동판매기설치금지조례 부칙 제2항이 이미 설치되어 있는 자판기마저 조례 시행일로부터 3개월 이내에 철거하도록 규정한 것은 사후에 제정된 조례규정을 소급하여 적용하는 것으로 소급입법에 의한 재산권박탈을 금지하는 헌법 제13조에 반하는 것인지 여부(기각결정) [관련설시] 위 부칙조항은 이 사건 조례들의 시행일 이전까지 계속되었던 자판기의 설치 사용에 대하여는 규율하는 바가 없고, 장래에 향하여 자판기의 존치·사용을 규제할 뿐이므로 그 규정의 법적 효과가 시행일 이전의 시점에까지 미친다고 할 수 없어 헌법 제13조 제2항에서 금지하고 있는 소급입법이라고 볼

---

1) 대법원 2006.11.16. 2003두12899 전원합의체 [불합격처분취소] 〈변리사법 시행령 사건〉[집54(2)특,311; 공 2006.12.15.(264),2085].

수는 없다.

② 헌재 1995.7.21. 94헌바27등

[쟁점] 공무원 또는 공무원이었던 자가 재직중의 사유로 금고 이상의 형을 받았거나, 공무원이 탄핵 또는 징계에 의하여 파면이 된 경우에는 퇴직급여액의 일부를 감액하여 지급하도록 규정한 공무원연금법 제64조 제1항은 소급입법에 의한 재산권박탈이어서 위헌인지 여부(합헌결정) [결정요지] 공무원연금법 제64조 제1항이 공무원의 퇴직급여청구권을 제한하는 것임은 분명하나 공무원연금법에 의한 퇴직급여청구권은 공무원의 퇴직 또는 사망으로 인하여 비로소 발생하는 것이지 공무원임용시부터 발생하는 것이 아니므로, 그 지급에 대하여 일정한 요건 하에 제한을 가한다고 하더라도 그것이 임용시부터 이미 발생되어 있었던 권리를 퇴직 혹은 사망의 시점에서 소급하여 제한하는 것이라고는 볼 수 없다. 따라서 법 제64조 제1항은 헌법 제13조 제2항에 규정된 소급입법에 의한 재산권박탈금지의 원칙에 반하지 아니한다.

2) 근거

참정권과 재산권에 관하여는 그 소급효금지의 원칙을 헌법 제13조가 명시적으로 규정하고 있다. 참정권, 재산권 외의 기본권제한에 있어서도 소급효금지원칙은 적용이 되어야 할 것인바 그 헌법적 근거는 법치주의에 있다. 소급효금지는 법적 안정성을 위한 것이고 법적 안정성은 법치주의의 중요한 한 요소이므로 결국 소급효금지는 법치주의에서 도출되는 요구라고 볼 것이기 때문이다. 우리 헌법상 법치주의는 헌법 제37조 제2항에서 나온다고 보기에 소급효금지의 원칙은 헌법 제37조 제2항을 근거로 한다.

(2) 소급효의 유형 - 진정소급효와 부진정소급효의 구분

소급효에는 진정소급효(眞正遡及效)와 부진정소급효(不眞正遡及效)가 있다. 진정소급효는 과거에 그 형성이 시작되어 이미 완성된 사실상태나 법률관계를 후에 새롭게 제정·개정된 법률 등 새로운 국가작용으로 번복 내지 변경하는 효과의 소급효를 말한다. 부진정소급효는 과거에 시작된 법률관계의 형성이긴 하나 아직 완성이 되지 않은 사실상태나 법률관계를 규율하거나 완성되지 않은 법률상태를 새롭게 제정·개정된 법률 등 새로운 국가작용에 의해 번복 내지 변경하는 경우의 소급효를 말한다. 진정소급효는 완전소급효라고도 부를 수 있고, 부진정소급효는 부분적인 소급효를 말한다.

진정소급효와 부진정소급효의 구분은 독일이론의 영향을 받은 것이다. 독일에서조차 이 구분에 대해서는 문제제기가 없지 않다. 완성 여부에 따른 구분이 항상 명확하지 않을 수 있다는 문제가 있다. 일정한 법률관계에 있어서 전체적으로는 미완성이나 일부의 법률관계는 완성된 것으로 볼 수도 있는 등 법적 판단의 관점에서 상대적으로 달리 볼 수도 있다. 우리 헌법재판소 판례 중에도 구분에 대한 이견이 있을 수 있음을 지적하면서도 현재로서 새로운 대안이 없다고 하면서 그 구분을 유지하는 입장이다.[1)]

---

1) 헌재 1995.10.26. 94헌바12, 판례집 7-2, 457-458면. [관련판시] 소급입법을 진정·부진정으로 나누는 척도

여하튼 우리 헌법재판소의 판례도 출범초기부터 이의 구분을 인정하여 오늘에도 이를 구분하여 판단하고 있다.

헌재의 확립된 판례 헌재 1989.3.17. 88헌마1, 사법서사법시행규칙에 관한 헌법소원, 판례집 1, 9면
[관련설시] 과거의 사실관계 또는 법률관계를 규율하기 위한 소급입법의 태양(態樣)에는 이미 과거에 완성된 사실 또는 법률관계를 규율의 대상으로 하는 이른바 진정소급효의 입법과 이미 과거에 시작하였으나 아직 완성되지 아니하고 진행과정에 있는 사실 또는 법률관계를 규율의 대상으로 하는 이른바 부진정소급효의 입법을 상정할 수 있다고 할 것이다.

(3) 허용여부와 예외 및 한계

원칙적으로 진정소급효입법은 허용되지 않고 부진정소급효입법은 허용된다. 헌법재판소도 "전자의 경우(진정소급효입법)에는 입법권자의 입법형성권보다도 당사자가 구법질서에 기대했던 신뢰보호의 견지에서, 그리고 법적 안정성을 도모하기 위해 특단의 사정이 없는 한 구법에 의하여 이미 얻은 자격 또는 권리를 새 입법을 하는 마당에 그대로 존중할 의무가 있다고 할 것이나, 후자의 경우(부진정소급효입법)에는 구법질서에 대하여 기대했던 당사자의 신뢰보호보다는 광범위한 입법권자의 입법형성권을 경시해서는 아니될 일이므로 특단의 사정이 없는 한 새 입법을 하면서 구법관계 내지 구법상의 기대이익을 존중하여야 할 의무가 발생하지는 않는다"라고 판시하여 그 법적 효과를 구분하고 있다.[1]

다만, 진정소급효입법도 극히 예외적으로 인정된다고 보고 부진정소급효입법도 국민의 신뢰를 침해할 수 있으므로 상당한 조건하에 허용된다고 본다.

1) 진정소급효입법

(가) 원칙 - 금지

진정소급효의 경우 당사자가 과거에 완성된 법률관계에 대해 강한 신뢰를 가지고 있으므로 이를 입법자가 보호하여야 하므로 헌법은 원칙적으로 이를 금지한다. 헌재의 판례도 "기존의 법에 의하여 형성되어 이미 굳어진 개인의 법적 지위를 사후입법을 통하여 박탈하는 것 등을 내용으로 하는 진정소급입법은 개인의 신뢰보호와 법적 안정성을 내용으로 하는 법치국가원리에 의하여 특단의 사정이 있어 예외적으로 허용되는 경우를 제외하고는 헌법적으로 허용되지 아니하는 것이 원칙이며"라고 판시하고(헌재 1998.9.30. 97헌바38, 가등기담보등에관한법률 부칙 제2조 등 위헌소원, 판례집 10-2, 530면), 헌법 제13조 제2항에서 금지하는 소급입법이란 진정소급효입법이라고 보고 진정소급효입법의 경우에는 원칙적으로 금지된다는 입장이다.

는 개념상으로는 쉽게 구분되나 사실상 질적 구분이 아닌 양적 구분으로, 단순히 법기술적 차원으로 이루어질 가능성이 있으므로 이와 같은 구분의 기준에 관하여 이견이 있을 수 있다. … 그러나 현재로서는 이를 대체할 새로운 대안도 찾기 어려우므로 종전의 구분을 그대로 유지하는 것이 불가피하다고 생각된다.

1) 헌재 1989.3.17. 88헌마1, 사법서사법시행규칙에 관한 헌법소원, 판례집 1, 9면.

(나) 예외적 허용

진정소급효도 사회적 정의의 수호나 회복, 사회구성원 전부를 위한 매우 중요한 공익의 보호 등을 위하여 극히 예외적으로 허용될 수 있다고 보기도 한다. 헌법재판소도 진정소급입법이 원칙적으로 금지되나 예외적으로 허용될 수 있다고 보고 그 예외사유를 아래와 같이 설정하고 있다.

헌재 판례 법리 진정소급입법이 허용되는 예외적인 경우 : 헌재 1998.9.30. 97헌바38, 판례집 10-2, 539면

[판시] 진정소급입법이 허용되는 예외적인 경우로는 일반적으로,

① 국민이 소급입법을 예상할 수 있었거나, 법적상태가 불확실하고 혼란스러웠거나 하여 보호할만한 신뢰의 이익이 적은 경우와

② 소급입법에 의한 당사자의 손실이 없거나 아주 경미한 경우, 그리고

③ 신뢰보호의 요청에 우선하는 심히 중대한 공익상의 사유가 소급입법을 정당화하는 경우 등을 들 수 있다.

진정소급효를 정당화하는 정의, 중요한 공익 등이 보호되어야 할 필요성이 존재하는지, 개인의 신뢰이익이 상대적으로 경미한 것인지에 대한 판단이 객관적이어야 하고 명백하여야 한다. 진정소급효는 이미 완성된 기본권관계를 변화시키는 것이어서 그 예외를 매우 엄격하게만 받아들일 수 있기 때문이다.

(다) 결정례

진정소급효입법으로 판명되는 경우는 대부분 곧바로 위헌으로 결정될 가능성이 높다. 예외가 허용되는 것이 매우 드물기 때문이다. 지금까지 예외가 한 건만 인정되었다.

ⅰ) 위헌결정례 진정소급효이면서 예외적 허용에 해당되지 않는다고 보아 위헌으로 본 결정례

① 개정전 정정보도청구에 대한 개정법의 적용 구 '언론중재 및 피해구제 등에 관한 법률'(2005. 1. 27. 법률 제7370호로 제정된 것) 부칙 제2조 본문은 동법의 시행 전에 행하여진 언론보도에 대하여도 동법을 적용하도록 규정하고 있었는데 헌법재판소는 이러한 적용으로 인해 정정보도청구권의 성립요건과 정정보도청구소송의 심리절차에 관하여 동법이 소급하여 적용됨으로써 언론사의 종전의 법적 지위가 새로이 변경되었고 이것은 이미 종결된 과거의 법률관계를 소급하여 새로이 규율하는 것이기 때문에 소위 진정 소급입법에 해당한다고 보았고 이러한 진정 소급입법을 예외적으로 허용할 특단의 사정도 이 부칙조항에 대해 인정되지 않는다고 판단하여 위 부칙조항에 대해 위헌으로 선언하였다.[1)]

② 구법 하에 발생된 하자의 담보기간을 신법으로 축소한 경우 공동주택의 하자담보책임에 관하여 내력구조가 아닌 경우 하자담보기간이 구법(집합건물법)에 의하면 10년, 신법(주택법)

1) 헌재 2006.6.29. 2005헌마165등, 판례집 18-1, 408-409면.

에 의할 때 내력구조가 아니어서 1년 내지 4년인데 신법인 주택법 부칙 제3항은 "이 법 시행 전에 주택법 제29조의 규정에 의한 사용검사 또는 건축법 제18조의 규정에 의한 사용승인을 얻은 공동주택의 담보책임 및 하자보수에 관하여는 제46조의 개정규정을 적용한다"라고 규정하고 있다. 그런데 신법이 시행되기 전에 이미 하자가 발생하였는데 구법에 의할 때 10년의 하자담보기간 내이었지만 신법에 의할 때 1년 내지 4년의 하자담보기간이 이미 경과된 경우, 당사자로서는 위 신법 부칙 제3항에 의할 때 구법 질서 아래에서 이미 형성된 하자담보청구권이 소급적으로 박탈되는 결과가 되므로, 이와 관련하여 신뢰보호원칙의 위배 여부가 문제된다. 헌재는 진정소급효로서 신뢰보호원칙에 반한다고 보아 위헌결정을 하였다.

판례 헌재 2008.7.31. 2005헌가16, 판례집 20-2 상, 1면

[결정요지] 1) 진정소급입법 여부 – 앞서 본 바와 같이 신법이 시행되기 전에 이미 하자가 발생하였으나, 구법에 의하면 10년의 하자담보기간 내이지만 신법에 의할 때 내력구조가 아닌 한 1 내지 4년의 하자담보기간이 이미 경과된 경우는 이미 하자담보책임이 발생한 경우로서 소유자는 하자보수를 요구하거나 손해배상을 청구할 수 있는 확정적 지위를 가지고 있음에도 불구하고, 부칙 제3항이 소급적으로 이를 박탈하는 결과가 되고, 이는 이미 완성된 법률관계를 사후입법을 통하여 소급적으로 변경하는 것으로서 진정소급입법에 해당한다 할 것이다. 2) 신뢰이익의 보호가치 및 침해의 정도 – 신법이 제정되기 전에는 공동주택의 하자담보책임은 아파트에 관하여 일률적으로 10년의 책임기간이 적용되었으므로 이에 따라 공동주택 소유자들은 공사상 잘못으로 인한 하자에 대하여 그 기간 내에는 분양자에게 하자담보청구권을 행사할 수 있었다. 그리고 앞서 본 대법원 판례는 주택건설촉진법과 집합건물법 중 어느 법이 공동주택의 하자담보에 관하여 적용될 것인지에 관하여 사법적으로 유권해석을 한 것이고, 이는 집합건물의 건축자 내지 분양자로 하여금 하자발생을 방지하도록 유도하고 집합건물의 소유자를 두텁게 보호하기 위한 것이라 볼 수 있으므로, 공동주택의 소유자는 구법 아래에서 발생한 하자에 대하여서는 10년의 기간 내라면 유효한 청구권을 보유하는 것이고, 이러한 법적인 신뢰는 부실공사로부터 공동주택의 소유자를 보호하기 위한 것으로서 나름대로의 보호가치를 지닌다. 그런데 부칙 제3항은 이미 집합건물법이 정한 기간 내에 성립된 하자에 대하여도 주택법을 소급하여 적용하도록 하여 구법 아래에서 적법하게 발생한 하자담보청구권을 소급하여 박탈하는 것으로서, 공동주택의 소유자가 구법에 따라 적법하게 지니고 있던 신뢰를 심각하게 침해하는 것이다. 3) 입법목적의 중요성 정도 – 주택법이 시설공사에 대하여 단기의 하자담보책임을 공동주택에 적용하도록 한 것은 하자담보책임이 장기화되는 것을 방지하고 건축주와 입주자 사이의 이해관계를 조정하기 위한 공익적인 목적 이외에도 건설업체 내지 분양자의 이해관계를 고려한 측면이 없지 아니하므로, 그 공익적인 필요성이 중대한 것이라 보기는 어렵다. 물론 하자담보책임제도가 불합리하여 어느 일방이 지나친 불이익을 보는 것은 피하여야 할 것이나, 현실적으로 공동주택의 부실공사가 적지 않은 상황에서 공동주택 소유자의 보호 역시 중요한 사항이 아닐 수 없고, 또 공사상의 하자가 애초부터 적은 것이라면 하자담보 기간이 길다하여 그 자체로서 심각한 문제가 되지 않으며, 또한 구법상 10년간의 하자담보청구권 행사기간이 적용되지만 법원이 물리적인 내구연한을 고려하여 하자담보책임 기간인 10년 내에서 합리적으로 조정할 수 있는 여지도 있으므로, 주택법의 개정이 중대한 공공복리를 위한 긴요한 것이었다고 단정하기도 어렵다. 따라서 신법이 시행된 이후에 하자가 발생한 경우뿐만 아니라 이미 구법 아래에서 발생한 하자까지 소급하여 신법을 적용하게 할 필요성이 크지 않다. 4) 소결 – 그러므로 구법 아래에서 하자가 발생한 경우에 공동주택 소유자들이 지녔던 신뢰이익의 보호가치, 부칙 제3항이 진정소급입법으로서 하자담보청구권을 박탈하는 점에서의 침해의 중대성, 신법을 통하여 실현하고자 하는 공익목적의 중요성 정도를 종합적으로

비교형량 하여 볼 때, 부칙 제3항이 신법 시행 전에 발생한 하자에 대하여서까지 주택법을 적용하도록 한 것은 당사자의 신뢰를 헌법에 위반된 방법으로 침해하는 것으로서, 신뢰보호원칙에 위배된다.

* 이 결정에 대한 비평은 전술하였다.

③ **개정법 부칙에 의한 공무원 퇴직연금 환수의 위헌성** 공무원 또는 공무원이었던 자가 재직 중의 사유로 금고 이상의 형을 받은 때에는 퇴직시 대통령령이 정하는 바에 의하여 퇴직급여 및 퇴직수당의 일부를 감액하여 지급하도록 한 구 공무원연금법 제64조 제1항 제1호 규정에 대해서 헌법재판소는 1995년에 합헌결정[1)]을 하였다. 그러나 2007년에 이 규정이 모든 재직 중의 사유로, 즉 직무와 관련된 것인지 여부 및 고의·과실에 의한 것인지 여부를 묻지 아니하고 금고 이상의 형을 받은 경우에는 필요적·획일적으로 퇴직급여 등을 제한하는 점에서 비례원칙에 어긋나 재산권을 침해하고 평등원칙에 위배되어 위헌이라고 판단하여 판례변경하고 2008. 12. 31.까지 개선입법을 마련하라는 헌법불합치결정을 하였다.[2)] 이 결정 후 2009. 1. 1.부터 위 개정규정은 효력을 상실하였다. 이는 헌법불합치결정이 시한을 정해준 경우에 국회가 이 시한을 넘기도록 개정을 하지 않으면 효력을 잃게 되기 때문이다. 국회는 2009. 12. 31.에야 법을 개정하였고 결국 2009. 12. 31. 사이에 공백이 발생하였다. 이 기간 동안에 구법조항이 실효됨으로 인하여 해당되는 사람들은 연금을 전액 지급받았다. 그러나 개정된 법은 비감액대상을 "직무와 관련이 없는 과실로 인한 경우 및 소속상관의 정당한 직무상의 명령에 따르다가 과실로 인한 경우"로 규정하면서 부칙조항이 공백기간 동안에 구법조항의 실효로 전액 지급받은 퇴직연금의 일부를 다시 환수하도록 하였다. 이 개정규정과 부칙조항에 대해서 헌법소원심판이 청구되었는데 헌재는 감액에 대한 개정규정에 대해서는 합헌결정을 하였으나 부칙조항은 소급효금지원칙에 반한다고 하여 위헌으로 결정하였다. 헌재는 소급을 예상하지 못하였다고 볼 수 있고, 소급적으로 환수당하지 않을 것에 대한 신뢰이익이 적지 않으며, 소급으로 보전되는 공무원연금의 재정규모도 그리 크지 않고 헌재가 잠정적용의 시한을 정하여 내린 헌법불합치결정에 대한 입법자의 입법개선의무의 준수도 중요한 공익상의 사유라고 볼 수 있으므로 신뢰보호의 요청이 공익상의 사유에 우선한다고 볼 수 있다고 하여 결국 예외적으로 소급입법이 허용되는 경우에도 해당하지 아니하여 소급입법금지원칙에 위반하여 청구인들의 재산권을 침해한다고 판단한 것이다.

판례 헌재 2013.8.29. 2010헌바354등, 위헌

[결정요지] 가. 이 사건 감액조항의 위헌 여부 – 이 사건 감액조항은 청구인들의 재산권과 인간다운 생활을 할 권리를 침해하지 아니하고 평등원칙에 위배되지 아니한다. 나. 소급입법금지원칙 위배 여부 – 헌법 제23조 제1항은 "모든 국민의 재산권은 보장된다. 그 내용과 한계는 법률로 정한다."고 하는

---

1) 헌재 1995.7.21. 94헌바27, 판례집 7-2, 82면; 헌재 1995.6.29. 91헌마50.

2) 헌재 2007.3.29. 2005헌바33, 판례집 19-1, 211면.

재산권 보장에 대한 일반적인 원칙을 규정하고 있고, 제13조 제2항은 "모든 국민은 소급입법에 의하여 재산권을 박탈당하지 아니한다."고 규정하여 소급입법에 의한 재산권의 박탈을 금지하고 있다. 다만 일반적으로 국민이 소급입법을 예상할 수 있었거나 법적 상태가 불확실하고 혼란스러워 보호할 만한 신뢰이익이 적은 경우와 소급입법에 따른 당사자의 손실이 없거나 아주 경미한 경우 그리고 신뢰보호의 요청에 우선하는 심히 중대한 공익상의 사유가 소급입법을 정당화하는 경우 등에는 예외적으로 허용된다. 이 사건 부칙조항으로 인하여 2009. 1. 1.까지 소급하여 개정 공무원연금법 제64조 제1항 제1호를 적용받게 되었고, 그에 따라 2009년도에 지급받은 퇴직급여액의 2분의 1에 대한 환수처분을 받았다. 그러므로 이 사건 부칙조항은 이미 이행기가 도래하여 청구인들이 퇴직연금을 모두 수령한 부분(2009년 1월분부터 2009년 12월분까지)에까지 사후적으로 소급하여 적용되는 것으로서 헌법 제13조 제2항에 의하여 원칙적으로 금지되는 이미 완성된 사실·법률관계를 규율하는 소급입법에 해당한다. 그렇다면 이 사건 부칙조항이 예외적으로 허용되는 소급입법에 해당하는지 여부를 살펴본다. 일반적으로 소급입법이 금지되는 주된 이유는 문제된 사안이 발생하기 전에 그 사안을 일반적으로 규율할 수 있는 입법을 통하여 행위시법으로 충분히 처리할 수 있었음에도 불구하고, 권력자에 의해 사후에 제정된 법을 통해 과거의 일들이 자의적으로 규율됨으로써 법적 신뢰가 깨뜨려지고 국민의 권리가 침해되는 것을 방지하기 위함이다(헌재 2011.3.31. 2008헌바141, 판례집 23-1상, 276, 307). 따라서 소급입법이 예외적으로 허용되기 위해서는 '그럼에도 불구하고 소급입법을 허용할 수밖에 없는 공익상의 이유'가 인정되어야 한다. 이러한 필요성도 없이 단지 소급입법을 예상할 수 있었다는 사유만으로 소급입법을 허용하는 것은 헌법 제13조 제2항의 소급입법금지원칙을 형해화시킬 수 있으므로 예외사유에 해당하는지 여부는 매우 엄격하게 판단하여야 한다. 헌법재판소가 2007. 3. 29. 구법조항에 대하여 헌법불합치결정을 하면서 입법개선을 명함에 따라, 그 결정의 취지대로 개선입법이 이루어질 것이 미리 예정되어 있기는 하였다. 그러나 그 결정이 내려진 2007. 3. 29.부터 잠정적용시한인 2008. 12. 31.까지 사이에 상당한 시간적 여유가 있었는데도 국회에서 개선입법이 이루어지지 않았다. 그로부터 다시 1년이 경과한 2009. 12. 31.에야 비로소 공무원연금법이 개정되었고, 재직 중의 사유로 금고 이상의 형을 선고받은 퇴직 공무원들은 2009. 1. 1.부터 2009. 12. 31.까지 퇴직연금을 감액 없이 전부 지급받았는데, 이는 전적으로 또는 상당부분 국회가 개선입법을 하지 않은 것에 기인하는 것이다. 이 점에 관하여 퇴직 공무원들에게 어떠한 잘못이나 책임이 있는 것이 아닌데도 그 기간 동안 지급받은 퇴직연금 등을 다시 환수하는 것은 국가기관의 잘못으로 인한 법집행의 책임을 퇴직공무원들에게 전가시키는 것으로 볼 수 있다. 그렇다면 그 기간 동안 퇴직연금 등을 온전히 지급받은 퇴직공무원들이 뒤늦게 개정된 공무원연금법에서 이 사건 부칙조항을 두어 소급적으로 환수할 것까지는 예상하지 못하였다고 볼 수 있고, 소급적으로 환수당하지 않을 것에 대한 퇴직공무원들의 신뢰이익이 적다고 할 수도 없다. 한편, 이 사건 부칙조항으로 달성하려는 공익은 공무원범죄의 예방, 공무원이 재직 중 성실히 근무하도록 유도하는 효과, 제재방안의 실효성 확보 등이다. 그러나 이러한 공익은 범죄를 저지른 공무원을 당연퇴직시키거나, 장래 지급될 퇴직연금을 감액하는 방법으로 충분히 달성할 수 있다. 그러므로 이 사건 부칙조항에 따라 이룰 수 있는 공익은 공무원연금공단의 재정 보전 이익으로 한정된다 할 것이다. 그런데 개정 공무원연금법 제64조 제1항 제1호의 적용을 받는 퇴직공무원들의 숫자가 많지 아니한 점 등을 감안하면, 이 사건 부칙조항으로 인하여 보전되는 공무원연금의 재정규모도 그리 크지 않을 것으로 판단된다. 오히려 헌법재판소가 잠정적용의 시한을 정하여 내린 헌법불합치결정에 대한 입법자의 입법개선의무의 준수, 신속한 입법절차를 통한 법률관계의 안정 등도 중요한 공익상의 사유라고 볼 수 있다. 이 점에 대한 신뢰는 단지 개인적이고 주관적인 것이 아닌, 사법기관과 입법기관 전체에 대한 객관적인 신뢰라는 면도 있다. 그러므로 이 사건에서는 신뢰보호의 요청이 공익상의 사유에 우선한다고 볼 수 있다. 따라서 이 사건 부칙조항은 헌법 제13조 제2항에서 금지하는 소급입법에 해당하며, 예외적으로 소급입법이 허용되는 경우에도 해당하지 아니하므로, 소급입법금지원칙에 위반하여 청구인들의 재산권을 침해한다.

* 해설 – 이 결정에서 법정의견은 '진정소급'이라는 말을 직접 쓰지는 않았으나 "이 사건 부칙조항은 헌법 제13조 제2항에서 금지하는 소급입법에 해당하며"라고 판시한 부분을 보면 헌재 자신이 이전부터 제13조 제2항이 금지하는 소급이 진정소급이라고 하였고 위 판시 중 진정소급의 예외적 인정요건에 대해 설시하고 있는 것을 보면 결국 법정의견은 문제의 소급이 '진정소급'으로 파악하고 있는 것을 알 수 있다.

④ **법인세 환급세액 소급반환** 부당환급받은 세액을 징수하는 근거규정인 개정조항을 개정된 법 시행 후 최초로 환급세액을 징수하는 분부터 적용하도록 규정한 법인세법 부칙 규정은 진정소급효입법으로서 위헌이라는 결정이 있었다.

판례 헌재 2014.7.24. 2012헌바105

[사건개요] 청구인은 2003. 7. 14.부터 2006. 10. 2.까지 오피스텔 건물을 신축하여 분양하였는데, 2007 사업연도에 32억 원이 넘는 결손이 발생하였다. 이에 청구인은, 자신이 건설업을 주된 사업으로 영위하는 법인임을 전제로 2008. 6. 19. 구 법인세법(1998. 12. 28. 법률 제5581호로 개정되고 2008. 12. 26. 법률 제9267호로 개정되기 전의 것, 다음부터 '개정 전 법인세법'이라 한다) 제72조 제1항의 결손금 소급공제에 의한 환급으로서 2006 사업연도에 납부한 법인세의 환급을 신청하여 관할세무서장으로부터 4억3백만여 원을 환급받았다. 그런데 관할세무서장은 2009. 11. 1. 청구인이 건설업이 아니라 부동산 공급업을 주된 사업으로 영위하는 기업으로서 결손금 소급공제 대상인 중소기업에 해당하지 않는다는 이유로 구 법인세법(2008. 12. 26. 법률 제9267호로 개정되고 2010. 12. 30. 법률 제10423호로 개정되기 전의 것, 다음부터 '개정 후 법인세법'이라 한다) 제72조 제5항 제2호(다음부터 '이 사건 개정조항'이라 한다)에 따라 청구인이 환급받은 법인세액에 이자상당액을 가산한 4억6천7백만여 원을 해당 결손금이 발생한 2007 사업연도의 법인세로 징수하는 이 사건 처분을 하였다. 청구인은 관할지방법원에 이 사건 처분의 취소를 구하는 소를 제기하였으나 패소하였고, 이에 불복하여 항소한 뒤 당해 사건 계속 중 개정 후 법인세법 제72조 제5항 및 부칙 제9조에 대하여 위헌법률심판제청신청을 하였으나 기각되자 이 사건 헌법소원심판을 청구하였다. [심판대상] 청구인의 주장은, 결손금 소급공제 대상 중소기업에 해당하지 아니하는 법인이 법인세를 환급받은 경우 당해 환급세액을 반환받을 수 있는 근거규정인 개정 후 법인세법 제72조 제5항 제2호를 시행 후 최초로 환급세액을 징수하는 분부터 적용하도록 한 것이 소급입법 과세금지원칙에 위배된다는 것이다. 따라서 이 사건 심판대상조항은 법인세법 부칙(2008. 12. 26. 법률 제9267호) 제9조로 한정한다. [결정요지] 이 사건 심판대상조항은 개정 후 법인세법의 시행 이전에 결손금 소급공제 대상 중소기업이 아닌 법인이 결손금 소급공제로 법인세를 환급받은 경우에도 이 사건 개정조항을 적용할 수 있도록 규정하고 있으므로, 이는 이미 종결한 과세요건사실에 소급하여 적용할 수 있도록 하는 것이다. 따라서 심판대상조항은 헌법 제13조 제2항에 따라 원칙적으로 금지되는 이미 완성된 사실·법률관계를 규율하는 진정소급입법에 해당한다. 소급입법이 예외적으로 허용되기 위해서는 '소급입법을 허용할 수밖에 없는 공익상 이유'가 인정되어야 한다. 이러한 필요성도 없이 단지 소급입법을 예상할 수 있었다는 사유만으로 소급입법을 허용하는 것은 헌법 제13조 제2항의 소급입법금지원칙을 형해화시킬 수 있으므로 예외사유에 해당하는지 여부는 엄격하게 판단하여야 한다(헌재 2013.8.29. 2010헌바354등 참조). 법인세를 부당 환급받은 법인은 소급입법을 통하여 이자상당액을 포함한 조세채무를 부담할 것이라고 예상할 수 없었고, 환급세액과 이자상당액을 법인세로서 납부하지 않을 것이라는 신뢰는 보호할 필요가 있으며 신뢰의 이익이 적은 경우라거나 소급입법에 의한 당사자의 손실이 가벼운 경우라고 할 수 없다. 나아가 개정 전 법인세법 아래에서도 환급세액을 부당이득 반환청구를 통하여 환수할 수 있었으므로, 신뢰보호의 요청에 우선하여 진정소급입법을 하여야 할 매우 중대한 공익상 이유가 있다고 볼 수도 없다.

ii) **합헌결정례**

① **진정소급효에 해당되지 아니하는 것으로 본 것으로 이해되는 경우** 그냥 진정소급효금지원칙에 합치되는 것으로 정당하다고 한 것은 진정소급효가 아니니 그러하다는 것으로 이해되게 하는 결정의 예가 있었다. 그 예로 가등기담보등에관한법률의 제정배경과 그 내용들을 고려할 때, 동법 부칙 제2항이 동법 시행 전에 성립한 담보계약에 대하여는 동법을 적용하지 아니한다고 규정한 것은 진정소급입법금지원칙에 합치되는 것으로서 정당하고, 동법 시행 전에 성립한 담보계약에 대해서까지 동법을 소급적용하여야 할 특단의 사정 있음이 인정되지도 아니한다고 보아 합헌으로 결정하였다.[1)]

② **진정소급효로 보면서도 허용되는 예외사유를 인정하여 합헌으로 결정한 예**(친일재산 국가귀속조항) 이러한 예는 드물 것인데 이렇게 예외를 인정하여 합헌으로 판단한 다음의 결정례를 볼 수 있다.

㉠ 즉 친일재산을 그 취득·증여 등 원인행위시에 국가의 소유로 하도록 규정한 '친일반민족행위자 재산의 국가귀속에 관한 특별법' 제3조 제1항 본문 – 헌재는 이 규정이 "진정소급입법에 해당하지만 소급입법을 예상할 수 있었던 예외적인 사안이고 진정소급입법을 통해 침해되는 법적 신뢰는 심각하다고 볼 수 없는 데 반해 이를 통해 달성되는 공익적 중대성은 압도적이라고 할 수 있으므로 진정소급입법이 허용되는 경우에 해당한다"라고 보아 합헌이라고 판단하였다.

판례 헌재 2011.3.31. 2008헌바141등

[결정요지] (가) 소급입법금지 원칙 위반 여부 1) 문제의 소재 – 친일재산이 비록 친일행위의 대가로 취득된 재산이라고 하더라도 이는 그 당시의 재산법 관련법제에 의하여 확정적으로 취득된 재산이라 할 것이다. 따라서 현 시점에서 친일재산을 국가로 귀속시키는 행위는 진정소급입법으로서 의 성격을 갖는다. 제헌 헌법은 친일재산의 환수가 헌법적으로 논란이 될 수 있다는 문제의식에 기반하여 소급입법을 통해 친일재산을 환수할 수 있는 헌법적 근거인 부칙 제101조를 마련해 두었다. 그러나 현행 헌법에는 위 부칙조항과 같은 내용의 조문이 존재하지 않는다. 오히려 "모든 국민은 소급입법에 의하여 (……) 재산권을 박탈당하지 아니한다."는 규정을 두고 있다(헌법 제13조 제2항). 그렇다면, 이 사건 귀속조항이 갖는 진정소급입법으로서의 성격이 헌법 제13조 제2항에 위배되는 것은 아닌지 문제된다. 2) 이 사건 귀속조항이 소급입법금지원칙에 반하는지 여부 가) 소급입법 일반론 – 진정소급입법은 개인의 신뢰보호와 법적 안정성을 내용으로 하는 법치국가원리에 의하여 특단의 사정이 없는 한 헌법적으로 허용되지 아니하는 것이 원칙이나 예외적으로 국민이 소급입법을 예상할 수 있었거나, 법적 상태가 불확실하고 혼란스러웠거나 하여 보호할 만한 신뢰의 이익이 적은 경우와 소급입법에 의한 당사자의 손실이 없거나 아주 경미한 경우, 그리고 신뢰보호의 요청에 우선하는 심히 중대한 공익상의 사유가 소급입법을 정당화하는 경우에는 허용될 수 있다. 나) 구체적 검토 ① 현행 헌법 전문(前文)이 '대한민국이 3·1운동으로 건립된 대한민국임시정부의 법통을 계승'한다고 선언한 헌법 전문의 의미는 오늘날의 대한민국이 일제에 항거한 독립운동가의 공헌과 희생을 바탕으로 이룩된 것이라는 점 및 나아가 현행

---

1) 헌재 1998.9.30. 97헌바38, 판례집 10-2, 530면.

헌법은 일본제국주의의 식민통치를 배격하고 우리 민족의 자주독립을 추구한 대한민국임시정부의 정신을 헌법의 근간으로 하고 있다는 점을 뜻한다고 볼 수 있다. 그렇다면 일제강점기에 우리 민족을 부정한 친일반민족행위자들의 친일행위에 대하여 그 진상을 규명하고 그러한 친일행위의 대가로 취득한 재산을 공적으로 회수하는 등 일본제국주의의 식민지로서 겪었던 잘못된 과거사를 청산함으로써 민족의 정기를 바로세우고 사회정의를 실현하며 진정한 사회통합을 추구해야 하는 것은 헌법적으로 부여된 임무라고 보아야 한다. ② 또한, 다음과 같은 이유로 친일재산의 소급적 박탈은 일반적으로 소급입법을 예상할 수 있었던 이례적인 경우에 해당하며, 그로 인해 발생되는 법적 신뢰의 침해는 우리 헌법의 이념 속에서 용인될 수 있다고 보인다. 첫째, 친일재산은 우리 민족을 강압으로 제압하고 불법적인 통치를 자행한 일본제국주의에 부역하여 침략행위를 정당화하고 국권 회복을 위한 항일독립운동을 탄압한 친일반민족행위의 대가로 취득한 재산이다. 따라서 친일반민족행위자측의 입장에서는 그 재산의 취득경위에 내포된 민족배반적 성격에 비추어 향후 우리 민족이 일제로부터의 독립을 쟁취하여 민족의 정통성을 계승한 국가를 건립하였을 때에는 그러한 친일재산을 보유하고 후대에 전수하여 자신과 그 후손들이 대대로 부귀를 누리는 것이 가능하지 않을 것이라는 점에 대하여 충분히 예상할 수 있었다. 둘째, 앞서 본 바와 같이 친일재산을 환수함으로써 정의를 구현하고 민족의 정기를 바로 세우며 일본제국주의에 저항한 3 · 1운동의 헌법이념을 구현하는 일은 제헌 헌법 이래 우리의 모든 헌법 속에서 면면히 계승된 가치이자 헌법적으로 부여되었던 당위라 할 수 있다. 그렇다면, 대한민국 헌법의 제정권자이자 수범자로서 그 헌법 아래에서 살아온 모든 국민들에게 친일재산의 환수를 포함한 일제 식민지 역사의 청산 작업은 언제든지 현실로 성립될 수 있는 이른바 '잠재적 현실'이었다. 셋째, 우리 선조들은 일제의 을사조약에 동조한 친일반민족행위자들의 행위로 인해 국권을 상실하였을 뿐만 아니라 그러한 친일행위로 인해 징용되거나 일본군위안부로 강제동원되는 등 수많은 고초를 겪었다. 민족 자결의 주장을 펼치며 일제의 부당한 통치에 항거하였다는 이유만으로 생명과 신체의 안전 등을 포함한 기본적 권리를 박탈당하거나 침해받기도 하였다. 이에 친일반민족행위자를 역사적 · 법적으로 엄중히 평가하고 사회정의를 실현해야 한다는 사회적 요구가 현재까지 끊임없이 제기되어 왔다. 즉, 일제과거사의 청산 문제, 그 가운데에서도 친일행위의 대가로 취득한 재산의 처리 문제는 오늘에까지 우리 사회의 비중있는 사회적 과제로 남아 있다. 그렇다면 일재산 문제가 본격적으로 불거져 친일재산의 사회적 환수 요청이 제기될 수 있을 것이라는 점은 충분히 예상가능한 일이었다. ③ 한편, 일반적으로 소급입법이 금지되는 주된 이유는 문제된 사안이 발생하기 전에 그 사안을 일반적으로 규율할 수 있는 입법을 통하여 행위시법으로 충분히 처리할 수 있었음에도 불구하고, 권력자에 의해 사후에 제정된 법을 통해 과거의 일들이 자의적으로 규율됨으로써 법적 신뢰가 깨뜨려지고 국민의 권리가 침해되는 것을 방지하기 위함이다. 그러나 과거사 청산에 관한 입법들은 그 사안이 발생하기 이전에 일반적인 규율 체계를 갖출 수 없었던 경우가 대다수였다. 역사상 과거사 청산에 관한 다수 입법들에서 소급입법의 형식을 취하는 것이 용인되어 온 것도 같은 맥락이다. 예컨대, 우리 제헌헌법은 부칙 제101조에서 '이 헌법을 제정한 국회는 단기 4278년(서기 1945년) 8월 15일 이전의 악질적인 반민족행위를 처벌하는 특별법을 제정할 수 있다.'고 규정함으로써 이에 따라 일본정부와 통모하여 한일합병에 적극협력한 자, 한국의 주권을 침해하는 조약 또는 문서에 조인한 자와 모의한 자 등에 대한 중형과 재산의 몰수 등을 규정한 반민법을 제정한 바 있고, 세계 제2차 대전 당시 독일의 지배를 받았던 프랑스에서도 종전 후에는 나치의 괴뢰정권인 비시(Vichy)정부를 위해 복무한 자들과 나치협력자들을 소급적으로 처벌하였다. ④ 지난 세기 인류사회를 휩쓸고 갔던 강대국의 식민지배와 약탈 현상은 제국주의 및 파시즘의 발호에 기인한 역사적 산물이었다. 따라서 과거사 청산의 작업들은 그와 같은 이념에 대한 동조와 추종을 단죄하여 공동체를 보호하고 그 과오와 폐해를 되풀이하지 않기 위한 문명사적 반성의 산물이라 할 것이다. 그렇다면 일제 과거사 청산으로서의 친일재산 환수 문제는 그 시대적 배경에 비추어 역사적으로 매우 특수하고 이례적인 공동체적 과업이라 할 것이므로, 설령 이러한 소급입법의 합헌성을 인정한다고 하더라도 이를 계기로 진정소급입법이 빈번하게 발생해 그로 인한 폐해가 만연될 것이라는 일부의 우려는 충분히 불식될 수 있다. 3) 소결 – 따라서 이 사건 귀속조항은 진정소급입법에 해당하지만 소급입법을 예상할 수 있었던 예외적인 사안이고 진정소급입법을 통해 침해되는 법적 신뢰는 심각하다고 볼 수 없는 데 반해 이를 통해 달성되는 공익적 중대성은 압도적이라고 할 수 있으므로 진정소급입법이 허용되는 경우에 해당한다. 그러므로 이 사건 귀속조항이 진정소급입법이라는 이유만으로 위헌이라 할 수 없다. * 동지 : 헌재 2011.11.24. 2009헌바292.

㉡ 또 다른 예는 위 ㉠ 결정 이전에도 법정의견이 소수의견이긴 하나 진정소급으로 보면서도 예외로 합헌성을 인정한 결정례가 있었다. 그것은 '1979년 12월 12일과 1980년 5월 18일을 전후하여 발생한 헌정질서파괴범죄행위'에 대하여 공소시효의 진행이 정지되도록 규정한 5·18민주화운동 등에 관한 특별법 제2조는 소급처벌을 규정한 법률규정으로서 위헌인지 여부가 논란이 된 위헌심판사건결정이었다. 이 결정에서 헌재는 "특별법 제2조 규정이 위헌인지 여부는 구체적 범죄행위에 관한 공소시효의 완성 여부 및 그 완성시점 등은 당해 사건을 재판하는 법원이 이를 판단할 성질의 것이지 헌법재판소가 판단할 수 있는 사항이 아니므로 헌법재판소로서는 당해 사건을 재판하는 법원에 의하여 특별법 시행당시 공소시효가 완성된 것인지의 여부가 아직 확정되지 아니한 터이므로 법원이 공소시효가 완성되지 않았다고 판단할 경우와 공소시효가 완성되었다고 판단할 두 가지 경우를 가정하여 판단할 수밖에 없다"라고 보았다. 그리하여 헌재는 공소시효가 아직 완성되지 않았다고 법원이 판단할 경우에 대해서는 이는 부진정소급효로서 중대한 공익이 있고 신뢰보호이익은 상대적으로 미약하므로 합헌이라고 보았다. 재판관 전원일치의견이었다. 반면에 공소시효가 완성된 것으로 법원이 판단할 경우에는 이는 특별법이 이미 과거에 완성된 사실 또는 법률관계를 규율대상으로 사후에 이전과 다른 법적 효과를 생기게 하는 이른바 진정소급효를 갖게 된다고 보았는데, 이 부분에 대해서는 재판관들 간에 의견의 대립이 있었다. 특별법조항을 공소시효가 이미 완성된 경우에도 적용하는 한 위헌이라고 본 한정위헌의견이 5인 재판관의 의견으로서 4인 재판관의 합헌의견보다 우세하였으나 법률의 위헌결정에 필요한 정족수 재판관 6인 이상의 위헌의견에 이르지 못하여 합헌결정이 되었다. 결국 합헌의견인 4인 소수의견이 법정의견이 된 것이다. 이 소수의견이 바로 진정소급효의 예외적 정당화사유를 적용하여 합헌으로 보아야 한다는 의견이고 이것이 법정의견이므로 이 결정도 예외적으로 진정소급효입법을 합헌으로 우리 헌재가 본 결정례에 해당된다고 할 것이다.

판례 헌재 1996.2.16. 96헌가2등

[결정요지] * 이 결정에서는 다른 논점들에 대한 판시도 있고 상당히 긴 결정문이었는데 여기서는 가장 핵심이었던 판시부분, 즉 소수의견이나 법정의견에 대해서만 인용한다. [공소시효가 완성되었다고 보는 경우의 법정의견] 진정소급입법이 허용되는 예외적인 경우로는 일반적으로, 국민이 소급입법을 예상할 수 있었거나, 법적 상태가 불확실하고 혼란스러웠거나 하여 보호할 만한 신뢰의 이익이 적은 경우와 소

급입법에 의한 당사자의 손실이 없거나 아주 경미한 경우, 그리고 신뢰보호의 요청에 우선하는 심히 중대한 공익상의 사유가 소급입법을 정당화하는 경우를 들 수 있다. 이를 대별하면 진정소급입법이 허용되는 경우는 구법에 의하여 보장된 국민의 법적 지위에 대한 신뢰가 보호할 만한 가치가 없거나 지극히 적은 경우와 소급입법을 통하여 달성하려는 공익이 매우 중대하여 예외적으로 구법에 의한 법적 상태의 존속을 요구하는 국민의 신뢰보호이익에 비하여 현저히 우선하는 경우로 크게 나누어 볼 수 있다. 물론 그러한 "공익"적 필요가 존재하는지 여부의 문제를 심사함에 있어서는, 부진정소급입법의 경우에 있어서의 신뢰보호의 요청과 서로 비교형량되는 단순한 공익상의 사유보다도 훨씬 엄격한 조건이 적용되지 않으면 아니 된다. 또한 진정소급입법을 헌법적으로 정당화할 수 있는 이러한 예외사유가 존재하는 여부는 특별법과 같이 신체의 자유에 대한 제한과 직결되는 등 중요한 기본권에 대한 침해를 유발하는 입법에 있어서는 더욱 엄격한 기준으로 판단하여야 할 것이다. 이 사건 헌정질서파괴범의 공소시효의 완성으로 인한 법적 지위에 대한 신뢰를 보호하여야 할 필요는 다음과 같은 이유로 매우 미약하다. 즉 이 사건 반란행위 및 내란행위자들이 반란행위 및 내란행위를 통하여 우리 헌법질서의 근간을 이루고 있는 자유민주적 기본질서를 파괴하였고, 그로 인하여 우리의 민주주의가 장기간 후퇴한 것은 말할 것도 없고, 많은 국민의 그 생명과 신체가 침해되었으며, 전국민의 자유가 장기간 억압되는 등 국민에게 끼친 고통과 해악이 너무도 심대하였다. 또한 이 사건 군사반란행위자들 및 내란행위자들 중 주모자인 전두환·노태우 양인이 쿠데타를 통하여 정권을 장악한 뒤에 대를 이어 대통령직에 오름으로써 이 사건 군사반란행위자들 및 내란행위자들에 대한 형사소추가 그들이 정권을 장악하고 있는 동안에는 사실상 불가능하였다. 그러한 기간 동안에도 공소시효의 진행이 정지되지 않는다고 볼 때에는 형사소송법에 규정된 이 사건 군사반란죄와 내란죄에 대한 공소시효의 대부분이 그 기간 동안에 이미 진행되었다고 볼 수밖에 없다. 뿐만 아니라 공소시효완성으로 인한 이익은 단순한 법률적 차원의 이익이고, 헌법상 보장된 기본권적 법익에 속하지는 않는다. 이에 비하여 이 사건 법률조항을 정당화하는 공익적 필요는 매우 중대하다. 즉 집권과정에서 헌정질서파괴범죄를 범한 자들을 응징하여 정의를 회복하여 왜곡된 우리 헌정사의 흐름을 바로 잡아야 할 뿐만 아니라, 앞으로는 우리 헌정사에 다시는 그와 같은 불행한 사태가 반복되지 않도록 자유민주적 기본질서의 확립을 위한 헌정사적 이정표를 마련하는 것이 국민의 줄기찬 요구이자 여망이며, 작금의 시대적 과제이다. 그러므로 이 사건 반란행위자들 및 내란행위자들의 군사반란죄나 내란죄의 공소시효완성으로 인한 법적 지위에 대한 신뢰이익이 보호받을 가치가 별로 크지 않음에 비하여 이 법률조항은 위 행위자들의 신뢰이익이나 법적 안정성을 물리치고도 남을 만큼 월등히 중대한 공익을 추구하고 있다고 평가할 수 있다. 그렇다면 이 법률조항이 위 행위자들의 공소시효완성에 따르는 법적 지위를 소급적으로 박탈하고, 그들에 대한 형사소추를 가능하게 하는 결과를 초래하여 그 합헌성 인정에 있어서 위에서 본 바와 같은 심히 엄격한 심사기준이 적용되어야 한다고 하더라도, 이 법률조항이 공소시효의 완성이라는 헌법상의 기본권이 아닌 단순한 법률적 이익에 대한 위와 같은 미약한 신뢰보호의 필요성에 현저히 우선하는 중대한 공익을 추구하고 있으므로 헌법적으로 정당화된다고 할 것이다. 우리 헌정사에 공소시효에 관한 진정소급입법을 단 한번 예외적으로 허용한다면 바로 이러한 경우에 허용하여야 한다고 할 것이다. 이러한 경우가 진정소급입법의 원칙적 금지의 예외에 해당하지 않는다면, 그 예외는 대체 어디에 해당되고 무엇을 위한 예외인지 진지한 의문을 제기하지 않을 수 없다.

2) 부진정소급효입법(不眞正遡及效立法)

(가) 원칙 - 허용

부진정소급효입법은 그 변경대상이 아직 완전한 법률관계를 형성한 것이 아니기에 그 보호가 강할 수는 없고 일반적으로 허용된다. 헌법재판소판례도 금지되는 것은 진정소급효의 입

법이고 부진정소급효의 입법의 경우에는 원칙적으로 허용되는 것이라고 한다.[1)]

예시 판례 부진정소급효의 예

법 시행전 개발착수하였으나 개발진행중인 사업에 대한 개발부담금 부과. 헌재 2001.2.22. 98헌바19, 판례집 13-1, 212면. [쟁점] 개발이익환수에관한법률 시행전에 개발에 착수하였지만 아직 개발을 완료하지 아니한 사업, 즉 개발이 진행중인 사업에 개발부담금을 부과하는 것이 소급입법금지의 원칙에 어긋나는 것인지 여부(소극) [결정요지] 심판대상조항은 법이 시행된 1990. 1. 1. 이전에 이미 개발을 완료한 사업에 대하여 소급하여 개발부담금을 부과하려는 것이 아니라 법 시행 당시 개발이 진행중인 사업에 대하여 장차 개발이 완료되면 개발부담금을 부과하려는 것이므로 이는 아직 완성되지 아니하여 진행과정에 있는 사실관계 또는 법률관계를 규율대상으로 하는 이른바 부진정소급입법에 해당하는 것이어서 원칙적으로 헌법상 허용되는 것이다. 따라서 심판대상조항은 소급입법금지의 원칙에 어긋나지 않는다.

(나) 한계

그러나 이처럼 부진정소급효입법이 원칙적으로 허용될 수 있는 입법이더라도 헌법적 원칙들을 위반해서는 아니 되는 한계가 있다. 부진정소급효의 기본권제한입법도 평등원칙을 위반하여서는 아니 되고 비례(과잉금지)원칙을 준수하여야 하며 기본권의 본질적 내용을 침해할 수 없다. 특히 부진정소급효입법으로 인한 신뢰파기의 문제가 발생하는데 위에서 본 신뢰보호원칙의 적용법리인 비교형량에 의해 해결해야 할 것이고 일정한 유예(경과)기간 등을 두어야 한다. 헌법재판소도 부진정소급효가 원칙적으로 허용되더라도 신뢰보호원칙이 적용되어야 한다는 한계가 있다고 보고 신뢰보호원칙심사가 장래입법에 비해서 더 강화되어야 한다고 본다.

판례 법리 헌재 1995.10.26. 94헌바12, 조세감면규제법 부칙 제13조 등 위헌소원

[주요판시사항]

▷ 부진정소급효입법의 원칙적 허용. 그러나 장래입법에 비해서보다는 신뢰보호원칙심사가 더 강화되어야 함.

▷ 부진정소급효입법의 경우에도 신뢰보호의 원칙이 적용되어야 함.

▷ 신뢰보호원칙 위반여부의 판단기준 – 비교형량.

(다) 결정례

참고로 보면, 아래의 결정례는 부진정소급효입법에 대해 신뢰보호원칙심사를 한 것인데 헌법재판소는 공익의 필요성이 긴절하지 않고, 신뢰보호를 위한 상당기간의 경과규정을 두지 않아 위헌성을 인정하여 한정위헌결정을 하였다.

판례 한정위헌결정례 : 헌재 1995.10.26. 94헌바12, 판례집 7-2, 447면

[쟁점] 증자소득공제율(增資所得控除率)을 낮추는 조세감면규제법의 개정이 법인(法人)의 사업연도(매년 7월 1일부터 그 다음 해 6월 30일까지 1년간) 중간인 12월 31일에 있었는데, 개정시점 이전에 이미 경과

1) 헌재 1989.3.17. 88헌마1; 1989.12.18. 89헌마32등; 1995.10.26. 94헌바12; 1997.6.26. 96헌바94 등.

된 사업연도 기간(즉 7월 1일부터 12월 31일까지)에 대하여서도 위 개정 신법의 낮은 공제율을 적용하여 더 많은 세금을 부과받은 회사법인이 이처럼 법개정이 있기 이전의 사업연도 기간에 대해서도 신법을 적용하는 것은 소급적용의 재산권침해로서 위헌이라고 주장하여 청구된 헌법소원사건이었다(한정위헌). [주문] "조세감면규제법(1990. 12. 31. 개정 법률 제4285호) 부칙 제13조 및 제21조는 法人의 사업연도 중 이 법 시행일 이전의 당해 자본증가액의 잔존 증자소득 공제기간에 대하여 적용하는 한 헌법에 위반된다." [결정이유의 요지] 부진정소급입법에 속하는 입법에 대해서는 일반적으로 과거에 시작된 구성요건 사항에 대한 신뢰는 더 보호될 가치가 있다고 할 것이기 때문에 신뢰보호원칙에 대한 심사가 장래입법에 비해서보다는 일반적으로 더 강화되어야 할 것이다. 우리 재판소는 신뢰보호의 원칙의 판단은 신뢰보호의 필요성과 개정법률로 달성하려는 공익을 비교형량하여 종합적으로 판단하여야 한다고 하였는 바, 이러한 판시는 부진정소급입법의 경우에도 당연히 적용되어야 할 것이다. 이 사건의 경우도 이와 같은 측면에서 신뢰보호의 이익과 공익을 비교형량하여 판단하여야 할 것이다. 이 사건에서 청구인은 당초 구법 규정에 따라 증자소득공제를 기대하고 증자를 하였는데, 그러한 구법은 기업이 증자를 통하여 재무구조 개선을 하도록 유도하기 위한 목적으로 제정된 것이었다. 한편 구법이 위헌·무효라거나 내용이 모호하거나, 특별히 공익 내지 형평성에 문제가 있다고는 할 수 없으며, 청구인이 구법상의 증자소득공제율이 조만간에 개정될 것을 예견하였다는 사정도 보이지 않는다. 또한 이 사건 규정이 투자유인이라는 입법목적의 달성 정도에 따라 합리적으로 개정된 것이라 하더라도 이로써 청구인과 같이 구법을 신뢰한 국민들의 기대권을 압도할 만큼 공익의 필요성이 긴절한 것이라고도 보여지지 아니한다. 그렇다면 적어도 입법자로서는 구법에 따른 국민의 신뢰를 보호하는 차원에서 상당한 기간 정도의 경과규정을 두는 것이 바람직한데도 그러한 조치를 하지 않아 결국 청구인의 신뢰가 상당한 정도로 침해되었다고 판단된다. 따라서 이 사건 규정과 같은 부진정소급입법의 경우 당사자의 구법에 대한 신뢰는 보호가치가 있다고 할 특단의 사정이 있다고 할 것이므로, 적어도 이 사건 규정의 발효일 이전에 도과된 사업연도분에 대해서는 이 사건 규정은 적용될 수 없다고 할 것이다.

* 진정소급입법이라고 보면서 신뢰보호원칙 위배 여부를 판단한 예
헌재는 신뢰보호원칙 위배 여부를 부진정 소급입법의 경우에 강조하는데 진정소급입법이라고 보면서 신뢰보호원칙 위배 여부를 판단한 예도 있다. 그러한 예로 하자담보기간을 소급적으로 축소한 주택법 부칙에 대한 위헌결정이 있다(헌재 2008.7.31. 2005헌가16, 판례집 20-2 상, 1. 이 결정에 대해서는 3. 신뢰보호원칙, 소급효의 진정소급효 부분 등에서 살펴봄). 이는 진정소급의 예외적 허용사유로 "신뢰의 이익이 적은 경우", "신뢰보호의 요청에 우선하는 심히 중대한 공익상의 사유가 소급입법을 정당화하는 경우"를 들고 있기 때문인 것으로 이해할 수는 있겠다. 그렇다면 판시를 우선 "진정소급효이다" 그런데 "예외적 허용사유에 해당하는지 보기 위해 신뢰보호심사를 한다"라고 하는 것이 명쾌한 결정을 보여주는 것이다.

(4) 형벌과 재산권, 참정권의 경우

한편 형벌의 경우와 재산권, 참정권의 경우 우리 헌법은 명문으로 소급효금지의 규정을 두고 있기도 하다(제13조 1, 2항). 따라서 뒤의 죄형법정주의, 소급입법에 의한 재산권박탈금지 등에서도 다루어진다.

(5) 시혜적(施惠的) 소급입법의 문제

이는 혜택을 주는 것이어서 당사자에게 있어서 기본권제한의 문제는 아니다. 헌법재판소는 새로운 법이 적용되는 사람에게 유리한 경우, 즉 이른바 시혜적인 소급입법이 가능하다고

보면서 그렇지만 시혜적 소급입법을 할 것인가의 여부는 "그 일차적인 판단이 입법기관에 맡겨져 있으므로 입법자는 입법목적, 사회실정이나 국민의 법감정, 법률의 개정이유나 경위 등을 참작하여 시혜적 소급입법을 할 것인가 여부를 결정할 수 있고, 그 판단은 존중되어야 하며, 그 결정이 합리적 재량의 범위를 벗어나 현저하게 불합리하고 불공정한 것이 아닌 한 헌법에 위반된다고 할 수는 없다"고 한다.[1] 시혜적 소급입법이 다른 제3자에게 불이익적인 결과를 가져올 때에는 기본권제한의 법리가 적용되어야 할 것이다.

5. 입법재량과 기본권제한

기본권의 구체적 내용을 형성하거나 기본권을 제한함에 있어서 입법자에게 일정한 재량이 인정된다. 기본권의 제한을 살펴보는 여기에서는 기본권제한에 있어서의 입법재량의 문제를 주로 살피게 된다.

(1) 입법재량의 개념과 주요 영역

입법재량이라 함은 입법자가 특정한 사항에 대해 입법을 함에 있어서 그 내용을 선택하고 정할 수 있는 선택권, 결정권을 말한다. 기본권을 제한하는 방법을 입법자가 선택하는 과정 등에서 입법재량이 인정되는 경우가 있다. 입법재량이 인정되는 영역으로 그동안 판례에서 주로 많이 거론되고 인정되는 기본권 영역들로 예를 들면 자격제,[2] 범죄의 설정과 법정형의 종류·범위의 선택,[3] 선거구의 획정[4] 등에서 입법재량을 인정하는 것을 들 수 있다. 그 외 토지재

---

1) 헌재 1995.12.28. 95헌마196, 판례집 7-2, 899-900면; 헌재 1998.11.26. 97헌바65, 판례집 10-2, 693-694면; 헌재 2002.2.28. 2000헌바69, 판례집 14-1, 139면 등 참조.

2) 헌재 2008.11.27. 2007헌바51, 판례집 20-2 하, 284면. [관련판시] 입법자는 일정한 전문분야에 관한 자격제도를 마련함에 있어서 그 제도를 마련한 목적을 고려하여 정책적인 판단에 따라 그 내용을 구성할 수 있고, 마련한 자격제도의 내용이 불합리하고 불공정하지 않은 한 입법자의 정책판단은 존중되어야 하며(헌재 1997.4.24. 95헌마273, 판례집 9-1, 487, 494), 자격제도에서 입법자에게는 그 자격요건을 정함에 있어 광범위한 입법재량이 인정되는 만큼, 자격요건에 관한 법률조항은 합리적인 근거 없이 현저히 자의적인 경우에만 헌법에 위반된다고 할 수 있다(헌재 2000.4.27. 97헌바88, 판례집 12-1, 495, 503). 그렇다면 자격제도를 시행함에 있어서 설정하는 자격요건에 대한 판단은 원칙적으로 입법자의 입법형성권의 영역에 있다고 할 것이므로, 헌법재판소는 그것이 입법재량의 범위를 일탈하여 현저히 불합리한 경우에 한하여 그 위헌성을 선언할 수 있다.

3) 헌재 2006.7.27. 2004헌바77, 판례집 18-2, 120면. [관련판시] 어떤 행위를 범죄로 규정하고 이를 어떻게 처벌할 것인가 하는 문제, 즉 범죄의 설정과 법정형의 종류와 범위의 선택은 행위의 사회적 악성과 범죄의 죄질 및 보호법익에 대한 고려뿐만 아니라 우리의 역사와 문화, 입법당시의 시대적 상황, 국민일반의 가치관과 법감정 그리고 범죄예방을 위한 형사정책적 측면 등 여러 가지 요소를 종합적으로 고려하여 입법자가 결정할 사항으로서 광범위한 입법재량이 인정되어야 할 분야이다. 따라서 어느 행위를 범죄로 규정하고 그 법정형을 정한 것이 그 범죄의 죄질 및 이에 따른 행위자의 책임에 비하여 지나치게 가혹한 것이어서 현저히 형벌체계상의 균형을 잃고 있다거나 그 범죄에 대한 형벌 본래의 목적과 기능을 달성함에 있어 필요한 정도를 일탈하였다는 등 헌법상의 평등의 원칙 및 비례의 원칙 등에 명백히 위배되는 경우가 아닌 한, 쉽사리 헌법에 위반된다고 단정하여서는 아니 된다. 동지 : 헌재 1992.4.28. 90헌바24; 헌재 1995.10.26. 92헌바45; 헌재 1999.5.27. 96헌바16; 헌재 2002.11.29. 2001헌가16; 헌재 2007.7.26. 2006헌가9 등 참조.

4) 헌재 2001.10.25. 2000헌마92, 판례집 13-2, 510면. [관련판시] 우리 헌법은 제41조 제3항에서 "국회의원의 선거구와 비례대표제 기타 선거에 관한 사항은 법률로 정한다."고 규정하여 선거제도와 선거구의 획정에 관한

선권에 대한 제한,[1] 결사의 자유에 대한 제한,[2] 선거권과 공무담임권의 연령의 설정 등[3] 여러 영역과 사항들에 있어서 입법재량이 인정된 예들을 볼 수 있다.

(2) 입법재량의 광협(廣狹)

기본권의 유형이나 그 효과에 따라 그 제한에 있어서 입법재량의 넓고 좁음이 달라진다. 헌법이 직접 입법내용을 지시하는 경우나 기초적인 기본권에 대한 제한에 있어서는 재량이 좁게 인정될 것이라고 보는 것이 일반적이다. 입법재량의 넓고 좁음에 따라 헌법재판소의 위헌심사의 강도도 약하거나 강해진다.

(3) 입법재량의 한계

입법재량에도 한계가 있다. 기본권의 제한에 앞서 본대로 한계가 있기에 기본권제한에서의 입법재량도 한계를 가진다. 기본권제한에 있어서 입법재량의 문제에 대해서는 기본권제한의 한계로서 입법재량의 한계를 살펴보는 것이 중요하다. 입법재량의 한계에는 재량범위의 일탈금지와 재량의 남용금지가 있다.

1) 재량일탈의 금지

'재량일탈의 금지'라는 한계는 헌법이 위임한 범위를 벗어나서는(일탈해서는) 아니 된다는 당연한 1차적 한계를 말한다. 헌법이 입법자에게 A, B, C사항만을 정하도록 위임하였다고 해석됨에도 불구하고 나아가 D사항까지도 법률로 제한범위에 포함하였다면 재량의 일탈이 된다.

2) 재량남용의 금지

'재량남용의 금지'라 함은 주어진 재량권의 범위 내에서의 제한조치를 입법자가 취하는 입법을 하긴 하였으나 그 제한조치가 평등의 원칙이나 신뢰보호의 원칙 등 헌법의 일반원칙을 위반한 경우를 말한다. 동일한 상황에 있는 사람들인데도 특정한 사람들에 대해서만 기본권제한조치를 강화한다면 평등원칙에 위반한 재량의 남용이 된다. 비례원칙도 입법재량에서 한계로 적용될 수 있다. 아래에 별도로 본다.

구체적 결정을 국회의 재량에 맡기고 있다. 따라서, 국회는 투표가치 평등의 원칙을 고려한 선거구 간의 인구의 균형뿐만 아니라, 우리나라의 행정구역, 지세, 교통사정, 생활권 내지 역사적·전통적 일체감 등 여러 가지 정책적·기술적 요소를 고려하여 선거구를 획정함에 있어서 폭넓은 입법형성의 자유를 가진다고 할 것이다.

1) 헌재 1989.12.22. 88헌가13, 판례집 1, 373면. [관련판시] 재산권에 대하여서는 입법부가 다른 재산권보다 더 엄격하게 규제를 할 필요가 있다고 하겠는데 이에 관한 입법부의 입법재량의 여지는 다른 정신적 기본권에 비하여 넓다고 봐야 하는 것이다.

2) 헌재 1996.4.25. 92헌바47, 판례집 8-1, 370면.

3) 헌재 1997.6.26. 96헌마89, 판례집 9-1, 683면. [관련판시] 선거권과 공무담임권의 연령을 어떻게 규정할 것인가는 입법자가 입법목적 달성을 위한 선택의 문제이고 입법자가 선택한 수단이 현저하게 불합리하고 불공정한 것이 아닌 한 재량에 속하는 것이다. 동지 : 헌재 2001.6.28. 2000헌마111, 판례집 13-1, 1429면.

3) 비례원칙과 입법재량

(가) 적용

비례(과잉금지)원칙이 앞에서 본 대로 기본권제한의 한계원리이고 위에서 본 대로 입법재량에도 한계가 있는바 입법재량이 인정되는 경우에도 그 한계원리로서 비례원칙이 적용된다. 예를 들어 자격제도를 보자. 위에서 본 대로 헌법재판소는 자격제도의 설정에는 입법재량이 인정된다고 본다. 그러면서도 헌법재판소는 직업의 자유에 대한 주관적 사유 제한의 하나로서 자격제를 들고 주관적 사유로 인한 직업의 자유의 제한에 대해서는 그 위헌여부심사에 있어서 엄격심사로서의 비례심사를 하게 된다고 한다.[1] 그렇다면[2] 입법재량이 인정되는 경우에도 비례원칙심사를 한다는 예가 되고 이러한 자격제도의 예를 보더라도 입법재량이 인정되는 경우에는 비례(과잉금지)원칙이 적용되지 않는다고 보는 것은 모순임이 드러난다. 사실 헌법재판소는 위와 같은 법리를 설정하였으면서도 자격제에 관하여 엄격심사도 하고 합리성심사로서 완화심사를 하기도 하여 논리적인 일관성이 없기도 하다.[3]

입법재량이 인정되는 영역별로 그 입법재량의 넓고 좁음에 따라 심사의 강도도 달라진다. 입법재량이 넓은가 좁은가에 따라 합리성심사로서 완화심사에 그치기도 하고, 엄격심사로서 비례심사를 하기도 하고 비례심사에도 입법재량의 정도에 따라 느슨한 비례심사를 할 것인지 아니면 통상의 비례심사를 할 것인지 그 강도에 차이가 있게 될 것이다.

* 용어개념 문제 : 사실 합리성심사에서 '합리성'이란 개념이 문제이다. 위헌심사에서 비례원칙심사를 하지 않는 완화심사를 합리성심사라고 하나 비례적이라 함도 당연히 합리적임을 의미한다고 본다면 적절한 용어인지 의문이 생길 수 있다. 일단은 지금까지의 헌법재판 실무에서 관용해오던 것에 따라 완화심사를 합리성심사라고 부른다.

한편 비례원칙 중 피해최소성원칙의 적용에 있어서는 피해가 최소인 제한방법들이 하나가 아니고 그 최소정도가 동일한 여러 가지일 경우에 입법자는 그들 방법들 중 하나를 택할

---

1) 헌재 1995.6.29. 90헌바43, 판례집 7-1, 868면. [관련판시] 일반적으로 직업선택의 자유를 제한함에 있어, 어떤 직업의 수행을 위한 전제요건으로서 일정한 주관적 요건을 갖춘 자에게만 그 직업에 종사할 수 있도록 제한하는 경우에는, 이러한 주관적 요건을 갖추도록 요구하는 것이, 누구에게나 제한없이 그 직업에 종사하도록 방임함으로써 발생할 우려가 있는 공공의 손실과 위험을 방지하기 위한 적절한 수단이고, 그 직업을 희망하는 모든 사람에게 동일하게 적용되어야 하며, 주관적 요건 자체가 그 제한목적과 합리적인 관계가 있어야 한다는 비례의 원칙이 적용되어야 할 것이다.

2) 우리는 직업의 자유제한에서 우리 헌법재판소가 적용하는 단계론에 대해서는 문제점을 지적하고 있다. 그럼에도 이를 예로 들은 것은 위의 지적은 어디까지나 직업선택의 자유에 관한 헌법재판소의 판례이론을 논리적으로 살펴보고 적용해보면 그렇다는 것이다.

3) 자격제에 관한 사안으로서 입법재량을 인정하면서 비례원칙심사를 한 결정례로, 헌재 2003.6.26. 2002헌마677, 판례집 15-1, 833-834면; 2008.9.25, 2007헌마419, 판례집 제20권 2집 상, 623-625면 등 참조. 반면에 자격제에 관련하여 비례원칙심사가 아닌 완화심사를 한 결정례들도 있다. 헌재 1996.10.4. 94헌바32, 판례집 8-2, 350면; 헌재 2000.4.27. 97헌바88, 판례집 12-1, 502면; 헌재 2008.11.27. 2007헌마389, 판례집 20-2 하, 432면.

수 있는 선택재량이 있지만 피해가 최소인 방법이 하나일 경우에는 그것을 반드시 택하여야 하고 재량이 없게 된다(재량의 '0'으로의 수축).

(나) 현저성원칙

가) 의미 - 판례이론

헌법재판소는 입법재량에 있어서 한계로서 "입법재량이라는 것도 자유재량을 말하는 것은 아니므로 입법목적을 달성하기 위한 수단으로서 반드시 가장 합리적이며 효율적인 수단을 선택하여야 하는 것은 아니라고 할지라도 적어도 현저하게 불합리하고 불공정한 수단의 선택은 피하여야 할 것"이라고 하고 있다.1) 이러한 판례의 입장을 현저성의 원칙이라고 부를 수 있다. 헌법재판소의 이러한 입장은 여러 판례에서 나타나고 있다.

나) 비례심사에서의 현저성 심사 - 판례이론에 대한 검토

i) 헌법재판소가 입법재량의 한계로서 현저성의 심사를 비례원칙심사에서 이를 행하는지 하는 점에 관해서 보면, 우리 헌재판례 중에는 현저성의 이론을 적용하면서 비례원칙심사를 하기도 한 결정례들이 있고 현저성심사를 하면서 비례원칙심사를 하지 않기도 한, 즉 비례원칙심사를 하지 않은 이른바 완화심사로서 합리성심사를 하면서도 현저성의 원칙을 적용한 결정례들이 있다.2)

ii) 다음으로 현저성심사를 비례원칙심사에서 하는 경우에도 방법의 적정성 심사에서 하는 예도 있고 피해최소성심사에서 하는 예도 있다. ① 방법의 적정성에 있어서 현저성심사(현저히 불합리한지를 여부를 따지는 심사)를 하는 것은 의문을 던져준다. 방법의 적정성심사가 방법이 목적달성에 효과가 있는지 없는지 하는 것에만 관심을 가지는 것이므로 "반드시 가장 합리적이며 효율적인 수단을 선택하여야 하는 것은 아니라고 할지라도"라고 하는 것은 방법적정성에서 언급할 것은 아니고 방법적정성은 목적달성효과가 있는 방법인지만 보므로 불합리 여부를 가린다는 것이 방법적정성심사에서 행할 성질의 것인지 하는 의문이 든다. 방법적정성 심사에서 그렇게 한다면 오히려 강화심사를 하는 결과를 가져온다(아무리 효과가 나더라도 현저히 비합리적인 방법이면 안 된다는 것이므로). ② 피해최소성심사에서 현저성의 원칙을 적용할 때에는 상당히 느슨한 심사를 가져오게 된다.3) 현저히 불합리하지 않은 방법이 최소침해방법이 아닐 수 있는

1) 헌재 1996.4.25. 92헌바47, 판례집 8-1, 387면; 헌재 1996.2.29. 94헌마213, 판례집 8-1, 166면; 2004.3.25. 2002헌마411, 판례집 16-1, 479면; 2005.7.21. 2004헌가30, 판례집 17-2, 1면 등.

2) 대표적으로 한 가지 정도만 들면, 비례원칙심사를 한 예 : 헌재 2004.3.25. 2002헌마411, 판례집 16-1, 479-482면. 하지 않은 예 : 헌재 2002.3.28. 2000헌마283, 판례집 14-1, 223면. 헌재 2007.3.29. 2005헌마1144(판례집 19-1, 343면)에서도 그냥 현저성만을 판단하고 비례원칙에 넣어 현저성을 판단하지는 않았다. 2007.6.28. 2004헌마262에서도 합리성 여부 심사라고 하여 판단하는 데 그치고 있다.

3) 비례원칙심사를 하면서 피해최소성에서 현저성원칙을 적용한 헌법재판소의 판례 : 헌재 2003.6.26. 2002헌마677, 판례집 15-1, 833-834면. [관련판시요약] 최소침해성 - 이 사건 조문이 … 기본권을 필요 최소한도로 제한하는 것인지 살펴본다. 먼저, 위 시력 기준에 미달하는 자로 하여금 자동차 운전을 할 수 없도록 하기 위하

데 그렇더라도 최소침해성심사에서 현저히 불합리하지 않으면 통과된 것으로 보겠다는 것은 최소침해성을 느슨하게 인정하겠다는 것이 되기 때문이다. 위에서 보았듯이 헌재는 비례원칙 심사에서 완화된 심사를 한다고 하면서 피해최소성심사를 완화하는 예들을 보여주었는데[앞의 비례원칙 부분의 (5) 2) 나)에서의 완화된 심사례들 참조] 피해최소성 준수 여부에 대한 심사에서 현저성심사를 하는 것은 더욱 완화된 비례심사를 하겠다는 것으로 보게 한다. 결국 입법재량이 인정될 때 비례의 원칙의 적용 강도가 달라진다고 볼 수 있을 것이다. 매우 엄격한 비례원칙심사에서는 최소침해방법이 있는지를 자세히 밝혀야 해서 강도가 강해지는 데 비해 입법재량이 인정되는 심사에서는 피해최소성에 있어서 다소 여유를 인정하는, 나아가 현저성원칙이 적용된다고 보는 영역에서는 매우 완화하는 것으로 이해될 수 있을 것이다.

iii) 문제는 이러한 현저성이 용인되는 경우와 그렇지 않은 경우의 구별이 항상 명백하지 않다는 것이고 현저성의 판단도 주관적일 수 있다는 것이다.[1]

iv) 한편 헌법재판소는 기본권제한의 법률유보가 아니라 기본권형성적 법률유보에서 이 이론을 적용하기도 한다.[2] 어느 법률유보가 기본권형성적 법률유보인지가 명백하지 않을 수도

여 운전면허의 취득을 불가능하게 하는 방법 이외에 달리 적절한 수단이 없다. 다음으로, 운전면허는 운전업무에 종사하는 자에 대하여 일정한 자격을 설정한 것으로 볼 수 있는데, 어떤 자격제도를 만들면서 그 자격요건을 어떻게 설정할 것인가는 원칙적으로 그 업무의 내용과 제반 여건 등을 종합적으로 고려한 입법형성의 자유에 속하는 것이고, 다만 그 자격요건의 설정이 재량의 범위를 넘어 명백히 불합리하게 된 경우에는 기본권 침해 등의 위헌 문제가 생길 수 있는 것인바, 제1종 운전면허의 시력기준을 어떻게 설정할 것인가는 기본적으로 입법자의 입법형성의 자유에 속한다고 할 것이고, 다만 그 기준이 재량의 범위를 넘어 명백히 불합리하게 설정된 경우에만 기본권 침해의 문제가 생길 수 있다고 하겠다. 헌재 2004.3.25. 2002헌마411, 판례집 16-1, 479-482면. [관련판시요약] 피해의 최소성 – 형법 제43조에 따라 금고 이상의 형을 받은 중범죄자에 대해 당연히 그 자격을 상실·정지시키는 형을 부가하는 것이 죄질 및 이에 따른 행위자의 책임에 비해 지나치게 가혹하여 현저히 형벌체계상의 균형을 잃고 있거나 그 범죄에 대한 형벌 본래의 목적과 기능을 달성함에 있어 필요한 정도를 일탈한 것이라고 단정할 수 없는바, 그러한 한에서 이 사건 법률조항에 의한 제한이 입법자의 재량의 범위를 벗어나 현저하게 불합리하고 불공정한 것이라고 볼 수도 없다. 이와 같이 이 사건 법률조항은 과잉입법금지의 원칙을 위배하였다고 보기 어렵고, 헌법에 위반된다고 볼 수 없다.

1) 헌재 2003.6.26. 2002헌마677, 판례집 15-1, 833-834면. [관련판시요약] 최소침해성 – 이 사건 조문이 … 기본권을 필요 최소한도로 제한하는 것인지 살펴본다. 먼저, 위 시력 기준에 미달하는 자로 하여금 자동차 운전을 할 수 없도록 하기 위하여 운전면허의 취득을 불가능하게 하는 방법 이외에 달리 적절한 수단이 없다. 다음으로, 운전면허는 운전업무에 종사하는 자에 대하여 일정한 자격을 설정한 것으로 볼 수 있는데, 어떤 자격제도를 만들면서 그 자격요건을 어떻게 설정할 것인가 는 원칙적으로 그 업무의 내용과 제반 여건 등을 종합적으로 고려한 입법형성의 자유에 속하는 것이고, 다만 그 자격요건의 설정이 재량의 범위를 넘어 명백히 불합리하게 된 경우에는 기본권 침해 등의 위헌 문제가 생길 수 있는 것인바, 제1종 운전면허의 시력기준을 어떻게 설정할 것인가는 기본적으로 입법자의 입법형성의 자유에 속한다고 할 것이고, 다만 그 기준이 재량의 범위를 넘어 명백히 불합리하게 설정된 경우에만 기본권 침해의 문제가 생길 수 있다고 하겠다.

2) 헌재 2003.9.25. 2002헌마533, 형법 제9조 위헌확인 등, 기각결정. [결정요지] 형법 제9조가 형사미성년자(형사면책) 연령을 14세로 하고 있기에 범죄행위자가 14세 미만이어서 불기소처분이 행해지고 재판이 이루어지지 않으므로 헌법상 보장된 피해자의 재판절차진술권이 침해되었다고 하여 형법 제9조에 대해 청구된 헌법소원심판사건에서 우리 헌법재판소는 "헌법 제27조 제5항이 정한 법률유보는 법률에 의한 기본권의 제한을 목적으로 하는 자유권적 기본권에 대한 법률유보의 경우와는 달리 기본권으로서의 재판절차진술권을 보장하고 있는 헌법규범의 의미와 내용을 법률로써 구체화하기 위한 이른바 기본권형성적 법률유보에 해당한다. 따라서 헌법이 보장하는 형사피해자의 재판절차진술권을 어떠한 내용으로 구체화할 것인가에 관하여는 입법자에게 입법형성의

있으나 여하튼 기본권형성적 법률유보인 경우라면 현저성이론을 적용하는 것이 위의 기본권제한에서의 최소침해성에서 적용하는 것에 비해서는 논리적으로 무리가 덜 하다.

v) 이 현저성의 원칙은 평등원칙의 위반여부 심사를 하는 결정례들에서 더러 나타나기도 한다. 즉 "차별이 현저하게 비합리적이고 불공정한 조치라고 보기는 어렵다"라는 판시가 그러한 예이다(헌재 2001.1.18. 98헌바75, 판례집 13-1, 1, 14).

4) 입법재량의 정당성의 전제조건

입법자의 재량을 인정하고 더구나 넓게 인정하는 것이 정당성을 가지려면 입법과정이 의회주의의 원칙에 충실할 것을 전제로 한다. 부실한 입법에 대한 입법재량을 내세워 면죄부를 주어서는 아니 된다. 이 점에서도 입법재량의 한계가 있다.

6. 입법절차에서의 한계

입법이 새로이 정립될 때 그 입법과정에서의 적법절차 등의 준수는 외형적 요건으로서 그 준수 여부는 역시 입법절차과정의 사실들을 살펴봄으로써 이루어질 것이므로 그리 어렵지 않고 쉽게 심사가 이루어질 것이다.

판례 이에 관한 심사의 예로서 헌재 1995.3.23. 94헌마175, 경기도 남양주시 등 33개 도농복합형태의 시 설치 등에 관한 법률 제8조 위헌확인, 합헌성을 인정하는 기각결정, 판례집 7-1, 452면. * 입법절차에 관한 헌법재판에 대해서는 정재황, 헌법재판개론 제2판, 박영사, 2003 참조.

7. 포괄위임금지원칙

법률이 하위의 행정입법(대통령령, 총리령, 부령)에 기본권에 관한 사항을 위임할 수 있긴 하나 구체적으로 범위를 정하여 위임하여야 한다(제75조). 포괄위임금지원칙은 법률이 행정입법에 위임할 때에는 포괄적으로 할 수 없다는 것이므로 위임받는 행정입법에 대한 명령이 아니라 법률에 대한 명령으로서 결국 기본권제한 법률의 한계가 된다. 이는 또한 앞서 본 법률유보의 문제이기도 하다(전술 법률유보 부분 참조).

8. 기본권의 「본질적 내용」의 침해금지

헌법 제37조 제2항은 국민의 모든 자유와 권리를 법률로써 제한하는 경우에도 자유와 권리의 본질적인 내용을 침해할 수 없음을 명시하고 있다. 기본권의 본질적 내용이 무엇이냐가 문제된다.

자유가 부여되고 있으며, 다만 그것이 재량의 범위를 넘어 명백히 불합리한 경우에 비로소 위헌의 문제가 생길 수 있다. … 이처럼 형사책임이 면제되는 소년의 연령을 몇 세로 할 것인가의 문제는 소년의 정신적·신체적 성숙도, 교육적·사회적·문화적 영향, 세계 각국의 추세 등 여러 가지 요소를 종합적으로 고려하여 결정되어야 할 입법정책의 문제로서 현저하게 불합리하고 불공정한 것이 아닌 한 입법자의 재량에 속하는 것이다.

본질적 내용에 관한 헌법규정은 제3차개헌인 1960. 6. 15. 제2공화국헌법에서 처음 명시되기 시작하였다. 제7차개헌인 1972. 12. 27. 제4공화국 유신헌법에서 삭제되었다가 제8차개헌인 1980. 10. 27. 제5공화국헌법에서 부활되었다.

(1) 본질적 내용의 개념

1) 학설 - 독일에서의 논의

독일기본법 제19조 2항도 "어떠한 경우에도 기본권은 그 본질적 내용에 있어서는 침해되어서는 아니 된다"라고 명시하고 있는데 이 본질적 내용이 무엇이냐가 독일에서도 논란되고 있다. 우리 헌법상의 본질적 내용침해 금지의 의미를 파악함에 있어서 참조로 살펴본다.

(가) 주관설과 객관설

본질적 내용의 규정이 보호하고자 하는 대상이 무엇이냐에 따라 ① 주관설과 ② 객관설로 나누어지고 있다. 주관설은 본질적 내용규정의 보호대상이 개인의 주관적인 권리라고 보는 학설이다. 객관설은 본질적 내용이 하나의 객관적인 법규범, 사회적 제도를 보호하는 대상으로 보는 학설이다.

(나) 절대설과 상대설, 절충설

기본권의 본질적 내용이 있다면 그것은 고정적인지 아닌지에 대해 절대설, 상대설, 절충설 등의 견해가 대립된다. ⅰ) 절대설은 기본권의 본질적 내용이 고정적이라고 보는 입장이다. 본질적 내용은 핵심적이고 근본적인 요소로서 상황에 따라 달리 나타나는 것이 아니라 고정적이고 어떠한 경우에도 이 요소는 훼손될 수 없는 영역이라고 본다. 문제는 절대설에 따를 때 그 본질적 내용이 무엇인가 하는 것이다. 그 내용이 없으면 기본권을 형해(形骸)화하거나 유명무실하게 할 것이라고 설명하는 견해, 인간의 존엄과 가치라고 보는 견해 등으로 나누어진다. ⅱ) 상대설은 본질적 내용과 범위는 기본권들마다 그리고 상황에 따라 유동적인 것으로 보고 본질적 내용침해인지 여부는 비례원칙 등의 적용(법익형량)으로 판단하고 해결하여야 한다는 입장을 취한다. 상대설은 법익형량 결과 절대설이었으면 건드릴 수 없다고 볼 핵심적 부분도 제한할 수 있다고 본다. ⅲ) 절충설은 기본권의 핵심이 절대적으로 보호되어야 한다고 보면서도 공동체 존립을 위한 침해를 인정하는 입장을 취한다.

2) 우리 헌법재판소 판례

우리 헌법재판소는 위 절대설과 상대설 중 어느 설을 취하는지를 명시적으로 밝힌 바는 없다.

(가) 절대설적 입장

우리 헌법재판소는 아래의 판례를 예로 볼 수 있듯이 절대설적 입장을 보여주고 있다.

* 판시 : "토지재산권의 본질적인 내용이라는 것은 토지재산권의 핵이 되는 실질적 요소 내지 근본요소

를 뜻하며, 따라서 재산권의 본질적인 내용을 침해하는 경우라고 하는 것은 그 침해로 사유재산권이 유명무실해지고 사유재산제도가 형해화(形骸化)되어 헌법이 재산권을 보장하는 궁극적인 목적을 달성할 수 없게 되는 지경에 이른 경우라고 할 것이다."

위 판시가 나온 판례 헌재 1989.12.22. 88헌가13, 판례집 1, 357면

[쟁점] 토지거래허가제를 규정한 국토이용관리법 제21조의3과 그 규정의 위반에 대한 벌칙규정인 동법 제31조의2는 재산권의 본질적 내용의 침해로서 위헌인지 여부(합헌결정·위헌불선언결정) [결정요지] 토지재산권의 본질적인 내용이라는 것은 토지재산권의 핵이 되는 실질적 요소 내지 근본요소를 뜻하며, 따라서 재산권의 본질적인 내용을 침해하는 경우라고 하는 것은 그 침해로 사유재산권이 유명무실해지고 사유재산제도가 형해화(形骸化)되어 헌법이 재산권을 보장하는 궁극적인 목적을 달성할 수 없게 되는 지경에 이른 경우라고 할 것이다. 사유재산제도의 전면적인 부정, 재산권의 무상몰수, 소급입법에 의한 재산권박탈 등이 본질적인 침해가 된다는 데 대하여서는 이론의 여지가 없으나 본건 심판대상인 토지거래허가제는 헌법의 해석이나 국가, 사회공동체에 대한 철학과 가치관의 여하에 따라 결론이 달라질 수 있는 것이다. 토지거래허가제는 그 주된 목적이 토지의 투기적 거래 억제에 있다. 그런데 국토이용관리법이 규제하고자 하는 것은 모든 사유지가 아니고 투기우심지역 또는 지가폭등지역의 토지에 한정하고 있다는 점과 규제기간이 5년 이내인 점, 설사 규제되더라도 거래목적, 거래면적, 거래가격 등에 있어서 기준에 위배되지 않는 한 당연히 당국의 거래허가를 받을 수 있어 처분권이 완전히 금지되는 것은 아닌 점 및 당국의 거래불허가처분에 대해서는 불복방법이 마련되어 있는 점 등을 종합해 볼 때, 토지거래허가제는 사유재산제도의 부정이라 보기는 어렵고 다만 그 제한의 한 형태라고 봐야 할 것이다. 생산이 자유롭지 않은 토지에 대하여 처분의 자유를 인정하지 않고 이를 제한할 수밖에 없음은 실로 부득이한 것이며, 토지거래허가제는 헌법이 명문으로 인정하고 있는(헌법 제122조) 재산권의 제한의 한 형태로서 재산권의 본질적인 침해라고는 할 수 없는 것이다. * 동지 : 헌재 1990.9.3. 89헌가95, 판례집 2, 256면.

위와 같은 판시는 '핵이 되는 실질적 요소 내지 근본요소', '유명무실해지고 형해화되어' 등으로 본질적 내용을 나타내고 있어서 절대설적인 입장을 보여주는 것이라고 할 것이다. 심사내역 내지 범위 측면에서 살펴보면 절대설적 입장의 판례는 ① 비례원칙심사 없이 본질적 내용의 침해만을 인정한 판례(예를 들어 헌재 1995.9.28. 92헌가11, 특허법규정에 대한 헌법불합치결정, 판례집 7-2, 278 등), ② 비례원칙심사와 본질적 내용침해심사를 각각 행한 판례(위 헌재 1995.4.20. 92헌바29)를 볼 수 있다.

(나) 상대설적 판시가 나타난 판례

한편 헌법재판소는 사형제도에 대한 합헌결정에서 상대설을 취한다고 명시적으로 밝히지는 않았으나 상대설을 취한 것으로 보게 하는 설시를 한 바 있다.

판례 헌재 1996.11.28. 95헌바1, 판례집 8-2, 546면

[관련설시] 생명권에 대한 제한은 곧 생명권의 완전한 박탈을 의미한다 할 것이므로, 사형이 <u>비례의 원칙에 따라서</u> 최소한 동등한 가치가 있는 다른 생명 또는 그에 못지아니한 공공의 이익을 보호하기 위한 불가피성이 충족되는 예외적인 경우에만 적용되는 한, 그것이 비록 생명을 빼앗는 형벌이라 하더라도 헌법 제37조 제2항 단서에 위반되는 것으로 볼 수는 없다 할 것이다. … 인간의 생명을 부정하는 등의 범죄행위에 대한 불법적 효과로서 지극히 한정적인 경우에만 부과되는 사형은 죽음에 대한 인간의

본능적인 공포심과 범죄에 대한 응보욕구가 서로 맞물려 고안된 "필요악"으로서 불가피하게 선택된 것이며 지금도 여전히 제 기능을 하고 있다는 점에서 정당화될 수 있다. 따라서 사형은 이러한 측면에서 헌법상의 비례의 원칙에 반하지 아니한다.

헌법재판소의 판례들 중에는 본질적 내용침해 여부심사를 별도로 하지 않으면서 비례원칙심사만을 한 뒤 그 심사의 결론에 따라 본질적 내용의 침해 여부에 대해서도 언급하는 결정의 예를 보여주기도 하였다.

판례 헌재 2002.7.18. 2000헌바57, 판례집 14-2, 15면

[판시] "과잉금지의 원칙에 위배하여 재산권의 본질적 내용을 침해하는 것으로 헌법에 위반된다." * 이 결정은 구 공무원연금법 제64조 제3항의 급여제한(국가적 법익을 침해하는 일정한 범죄를 범하여 금고 이상의 형을 받은 경우 급여지급금지)규정이 재직 중 사유만이 아니라 퇴직 후의 사유에도 적용하는 것이 이처럼 재산권의 본질적 내용을 침해하는 위헌이라는 '한정위헌결정'이었다. 위와 같은 판단을 한 또 다른 예로서 합헌결정례로는 헌재 1991.9.16. 89헌마165(이 결정은 '정기간행물의 등록 등에 관한 법률의 정정보도청구권 제도가 합헌이라는 결정이었음), 판례집 3, 528면 참조.

3) 사견

ⅰ) 주관설과 객관설의 논의에 관해서는 생각건대 기본권에 있어서의 본질적 내용이므로 그리고 기본권은 권리이므로 본질적 내용 그 자체의 성격은 권리라고 보아야 하기에 주관설이 타당하다. 그렇다고 객관적인 법규범으로서 성격을 부정하는 것은 아니고 객관적 법규범성은 본질적 내용의 효과에서 나타난다. 즉 개별 기본권이 가지는 본질적 내용을 그 누구도 어떤 경우에도 침해하지 못하는데 이러한 효과는 객관적인 것이다. ⅱ) 절대설과 상대설의 대립에 관해서는 각 개별 기본권마다 핵심적 영역이 있다고 볼 것이므로 절대설이 타당하다. 한편 인간의 존엄과 가치와 같은 기본권의 존재연원이 되는 내용은 모든 기본권에 있어서 공통적으로 본질을 이루는 내용이라고 볼 것이다. 상대설은 비례원칙에 따라 본질적 내용의 보호여부를 정한다고 하나 그리하여 비례원칙을 위배하지 않는 경우 기본권의 핵심영역도 건드릴 수 있다는 결과를 가져올 수 있으므로 타당하지 못하다. 예를 들어 생명권과 같은 기본권의 경우에는 그 자체가 본질적 내용으로 되어 있기에 비례원칙을 적용할 대상이 아니다. 그 점에서 우리 헌법재판소의 사형제 판결은 타당하지 못하다. "과잉제한금지원칙에 위반되지 않으면서 본질적 내용을 침해하는 경우는 존재하기 어렵기 때문에 거의 모든 문제는 과잉제한금지원칙위반 여부의 문제로 처리되므로, 이런 논의는 별 실익이 없다고 보인다"라는 견해(정종섭, 383면)도 위와 같은 점에서 타당하지 못하다. 본질적 요소로서 불가훼손적 영역이 존재한다고 봄으로써 최후보루의 기본권제한의 한계를 설정하게 된다. 절대설을 취하지 않으면 헌법 제37조 제2항 단서 조항의 존재의미가 상실된다고 하면서 이를 논거로 제시하는 견해가 있다. 경청할만하나 아래에서 보듯이 본질적 내용침해금지규정이 명문으로 존재하지 않더라도 기본권의 본질적 내

용침해금지를 인정하고 그 금지규정은 확인규정이라는 것이 절대설의 입장에서 취할 바이므로 결정적 논거가 되지는 못한다. 결국 상대설에 따르면 본질적 내용의 불가침원칙이 – 그것이 명시되어 있든 아니든 – 지켜지지 못하게 될 수 있다.

(2) 본질적 내용침해금지규정의 성격

본질적 내용침해금지규정은 기본권의 자연권적 성격이 나타나는 규정이다. 이는 기본권제한에 있어서의 내용적 한계라는 성격을 가진다. 또한 본질적 내용침해를 금지하는 헌법상의 명시적 규정이 없더라도 기본권의 핵심적, 근본적 가치내용을 침해할 수 없다는 점에서 현행 헌법 제37조 제2항 단서의 본질적 내용침해금지규정은 확인적인 성격의 규정으로서 헌법의 근본규범으로서 헌법개정의 대상이 될 수 없다(헌법개정의 한계규정).

(3) 본질적 내용의 침해로서 위헌이라고 판단한 결정례

몇 가지 위헌결정례를 영역별로 아래에서 살펴본다.

가) 자유권

ⅰ) 신체의 자유 - 유신헌법 하 긴급조치 제2조

판례 헌재 2013.3.21. 2010헌바132 등, 공보 제198호, 482면

[결정요지] 유신헌법 하 긴급조치 제2호 제11항의 단서는 "다만, 군법회의법 제132조, 제238조, 제239조 및 제241조의 규정은 준용하지 아니하며 구속기간의 제한을 받지 아니한다."라고 규정하고 있다. 이는 형사소송법의 구속기간을 준용하는 군법회의법 규정의 적용을 전면 배제하여 아무런 기간의 제한이 없이 구속할 수 있도록 하는 것으로서 신체의 자유의 본질적인 내용을 침해하는 것으로서 위헌이다.

ⅱ) 재산권

① 국세의 1년간 소급우선징수 규정

판례 헌재 1990.9.3. 89헌가95, 판례집 2, 245면

[심판대상규정] 국세의 납부기한보다 먼저 설정된 담보물권(전세권·질권 또는 저당권)이라도 그 납부기한 1년 전에 설정된 담보물권이 아니면 그 담보되는 채권보다 국세가 우선징수되도록 한 구 국세기본법 규정 [결정요지] 먼저 성립하고 공시(公示)를 갖춘 담보물권이 후에 발생하고 공시를 전혀 갖추고 있지 않은 조세채권에 의하여 그 우선순위를 추월당함으로써, 합리적인 사유없이 저당권이 전혀 그 본래의 취지에 따른 담보기능을 발휘할 수 없게 된 사정을 엿볼 수 있다. 담보물권의 근본요소가 담보부동산으로부터 우선변제를 확보하는 담보기능에 있다고 할 때, 담보물권에서 담보기능이 배제되어 피담보채권을 확보할 수 없다면 그 점에서 이미 담보물권이라고 할 수도 없는 것이므로, 담보물권 내지 사유재산권의 본질적인 내용의 침해가 있는 점은 의문의 여지가 없다.

② 퇴직금 우선변제규정에 대한 헌법불합치결정

판례 헌재 1997.8.21. 94헌바19등

[결정요지] 퇴직금 전액에 대하여 질권자나 저당권자에 우선하는 변제수령권을 인정함으로써 결과적으

로 질권자나 저당권자가 그 권리의 목적물로부터 거의 또는 전혀 변제를 받지 못하게 되는 경우에는, 그 질권이나 저당권의 본질적 내용을 이루는 우선변제수령권이 형해화하게 되므로 이 사건 법률조항 중 "퇴직금"부분은 질권이나 저당권의 본질적 내용을 침해할 소지가 생기게 되는 것이다.

iii) 직업의 자유

① 건축사 필요적 등록취소

판례 헌재 1995.2.23. 93헌가1, 판례집 7-1, 135면
[결정요지] 건축사가 업무범위를 위반하여 업무를 행한 경우 이를 필요적으로(반드시) 등록취소 사유로 규정하고 있는 구 건축사법 제28조 제1항 단서 제2호는 신청인의 헌법상 기본권인 직업선택의 자유를 제한하는 입법으로서 제한의 방법이 부적절하고 제한의 정도가 과도하여 헌법 제37조 제2항 소정의 과잉금지의 원칙에 위배되어 헌법 제15조에서 보장하고 있는 직업선택의 자유의 본질적 내용을 침해하였다 할 것이다.

② 축산업협동조합의 복수설립금지규정에 대한 위헌결정

판례 헌재 1996.4.25. 92헌바47, 판례집 8-1, 370면
[결정요지] 조합공개의 원칙이 보장되지 아니하고, 입법목적의 달성을 위하여 앞서 본 바와 같은 우리 헌법의 기본원리에 배치되고 협동조합의 본질에 반하는 수단을 택하여 양축인이 자주적으로 협동조합을 설립하여 그들의 권익을 보호할 수 없게 함으로써 양축인의 결사의 자유, 직업수행의 자유의 본질적인 내용을 침해하고 있다. 따라서 이 사건 심판대상조항은 과잉금지의 원칙에 반하여 청구인의 결사의 자유, 직업의 자유를 침해하는 위헌의 법률조항이라고 할 것이다.

③ 약국개설제한규정에 대한 헌법불합치결정례

판례 헌재 2002.9.19. 2000헌바84, 판례집 14-2, 268면
[주문] 약사법(2000. 1. 12. 법률 제6153호로 개정된 것) 제16조 제1항은 헌법에 합치하지 아니한다. 이 법률조항은 입법자가 개정할 때까지 계속 적용된다. [쟁점] "약사 또는 한약사가 아니면 약국을 개설할 수 없다"라고 규정한 약사법(2000. 1. 12. 법률 제6153호로 개정된 것) 제16조 제1항은 약사가 아닌 자연인 및 이들로 구성된 법인은 물론 약국설립을 할 수 없도록 하는 규정이지만, 약사들로만 구성된 법인일지라도 약국설립 및 경영을 할 수 없도록 금지하고 있는바 이는 법인의 직업수행의 자유를 위헌적으로 침해하는 위헌인지 여부(계속적용의 헌법불합치결정) [결정요지] 이 법률조항의 입법취지는 국민보건을 위하여 의약품의 조제와 판매는 그 분야의 전문가인 약사에게 맡겨야 한다는 것인바, 구성원 전원이 약사인 법인에 대하여까지 약국의 개설·운영을 금지하는 것은 위 입법목적을 달성하기 위한 적정한 수단으로서의 정당성을 인정받기 어렵다. 위의 입법목적을 달성하기 위해서는 실제로 약국을 관리하며 약을 취급하는 사람이 약사이면 되는 것이지, 약국의 설립과 경영 자체를 반드시 자연인 약사에게만 허용하여야 하는 것은 아니므로 입법목적 자체에서 약국의 소유자를 자연인 약사로 한정할 합리적 이유가 도출되지는 않는다. 약사가 아닌 일반 개인과 법인에게 약국의 개설·운영을 허용하지 않는 부분은 정당한 입법형성권의 행사로 인정할 수 있지만, 본래 약국의 개설권이 있는 약사들이 모여 구성한 법인 즉, 구성원 전원이 약사들인 법인에게까지 약국의 개설을 금지하는 것은 이러한 법인의 직업수행의 자유와 법인의 구성원인 개개의 약사들이 법인을 설립하는 방법으로 그들의 직업을 수행하는 자유를 합리적 이유없이 과도하게 침해하는 것이라고 보지 않을 수 없다. 직업수행의 방법으로 법인을 설립하여

운영할 수 있는 자유는 그 직업수행의 자유 속에 내포된 본질적 부분의 하나인데, 이에 대한 침해를 정당화할 공익상의 이유가 별로 없기 때문이다. 그렇다면, 이 법률조항이 구성원 전원이 약사인 법인 및 그러한 법인을 구성하여 약국업을 운영하려고 하는 약사 개인들의 헌법상의 기본권인 직업선택(직업수행)의 자유를 제한함에 있어 입법형성권의 재량의 범위를 명백히 넘어 제한의 방법이 부적절하고 제한의 정도가 과도한 경우로서, 헌법 제37조 제2항 소정의 과잉금지의 원칙에 위배되어 헌법 제15조에서 보장하고 있는 직업선택의 자유의 본질적 내용을 침해하였다고 할 것이다.

ⅳ) 표현의 자유 - 결사의 자유 　노동조합 정치자금기부금지규정의 위헌성 인정

판례 헌재 1999.11.25. 95헌마154

[관련판시] 결론적으로, 이 사건 법률조항의 입법목적인 '노동단체의 정치화 방지'나 '노동단체 재정의 부실우려'는 헌법상 보장된 정치적 자유의 의미에 비추어 입법자가 헌법상 추구할 수 있는 정당한 입법목적의 범위를 벗어난 것으로 판단된다. 설사 이러한 입법목적 중 일부가 정당하다고 하더라도, 이 사건 법률조항이 사회세력 누구나가 자유롭게 참여해야 할 정치의사형성과정과 정당한 이익조정과정을 근로자에게 불리하게 왜곡시키는 결과를 가져온다는 점에서 이러한 기본권 침해의 효과는 매우 중대하다. 이에 반하여, 이 사건 법률조항을 통하여 달성하려는 공익인 '노동단체 재정의 부실 우려'의 비중은 상당히 작다고 판단된다. 따라서 노동단체의 기부금지를 정당화하는 중대한 공익을 인정하기 어려우므로 이 사건 법률조항은 노동단체인 청구인의 표현의 자유 및 결사의 자유의 본질적 내용을 침해하는 위헌적인 규정이다. * 위 위헌결정 이후 노동단체의 정치자금 기부가 가능해졌다가 다시 2004년 개정된 정치자금법은 노동조합을 포함한 모든 단체의 정치자금 기부를 금지하였다. 이 개정된 금지규정에 대해서 헌법소원심판이 청구되었으나 헌재는 이번에는 합헌으로 결정하였다(헌재 2010.12.28. 2008헌바89).

ⅴ) 결사의 자유 　축산업협동조합의 복수설립금지규정에 대한 위헌결정

판례 헌재 1996.4.25. 92헌바47, 판례집 8-1, 370면

[결정이유요지] 조합공개의 원칙이 보장되지 아니하고, 입법목적의 달성을 위하여 앞서 본 바와 같은 우리 헌법의 기본원리에 배치되고 협동조합의 본질에 반하는 수단을 택하여 양축인이 자주적으로 협동조합을 설립하여 그들의 권익을 보호할 수 없게 함으로써 양축인의 결사의 자유, 직업수행의 자유의 본질적인 내용을 침해하고 있다. 따라서 이 사건 심판대상조항은 과잉금지의 원칙에 반하여 청구인의 결사의 자유, 직업의 자유를 침해하는 위헌의 법률조항이라고 할 것이다.

나) 생존권에 대한 본질적 내용 침해 인정의 예

생존권에 관한 예로 구 의료보험법이 "범죄행위"로 인하여 발생한 보험사고에 대하여 보험급여를 하지 않는다고 규정하고 있었는데 헌재는 이 '범죄행위'에 고의와 중과실에 의한 범죄행위 이외에 경과실에 의한 범죄행위가 포함되는 것으로 해석하는 한 생존권(사회적 기본권)으로서의 의료보험수급권의 본질을 침해하여 헌법에 위반된다고 판단한 아래의 예를 들 수 있다.

판례 헌재 2003.12.18. 2002헌바1, 판례집 15-2 하, 454면

[결정요지] 경과실의 범죄로 인한 사고는 개념상 우연한 사고의 범위를 벗어나지 않는다. 따라서 경과실의 범죄로 인하여 우연하게 발생한 사고를 보험사고에서 제외하는 것은 우연한 사고로 인한 손해를 대수의 법칙에 의하여 분산시킨다는 보험의 본질에 어긋난다. 위와 같이 의료보험급여의 배제가 보험의

본질과 목적에 어긋난다고 하는 것은 다른 한편으로는, 사회보장급여를 절실히 필요로 하는 곳에 오히려 이를 제공하지 않게 된다는 것을 의미한다. 의료보험을 포함하는 사회보장제도는, 그 발생 여부가 확실치 않거나 또는 그 발생시기를 확실히 하기 어려운 사회생활상의 우연한 위험으로부터 경제적 능력이 충분치 않은 다수의 국민을 보호하기 위하여 원래 만들어진 제도이므로, 예측하지 못한 우연한 위험이 발생한 때에 사회보장으로서의 의료보험의 실시가 가장 절실하게 필요하다. 경과실의 범죄행위에 기인한 보험사고는 의료보험을 가장 절실하게 필요로 하는 바로 이러한 우연한 위험의 하나에 속하는 것이다. 그러므로 이러한 경우에 오히려 의료보험의 수급권을 부정하는 것은 사회보장제도의 목적 내지 필요성에 어긋나는 것이다. 요컨대 범죄행위로 인하여 발생한 보험사고에 대하여 보험급여를 하지 않는다고 규정한 계쟁조항의 '범죄행위'에 경과실에 의한 범죄까지 포함된다고 해석하는 경우에는, 경과실에 의하여 우연히 발생한 보험사고에 대한 보험급여를 부정하게 되는데, 이것은 사회적 기본권으로서의 의료보험수급권의 본질을 침해하여 헌법에 위반된다.

다) 참정권, 정치적 표현의 자유 - 선거운동원 등이 아닌 사람의 선거운동의 금지

판례 헌재 1994.7.29. 93헌가4 등(병합), 판례집 6-2, 40면

[결정이유요지] 구 대통령선거법 제36조 제1항 본문은 원칙적으로 전 국민에 대하여 선거운동을 금지한 다음 정당·후보자·선거사무장·선거연락소장·선거운동원 또는 연설원 등 극소수의 선거관계인들만이 선거운동을 할 수 있도록 하고 있으므로 입법형성권의 한계를 넘어 국민의 선거운동의 자유를 지나치게 제한함으로써 국민의 참정권과 정치적 표현의 자유의 본질적 내용을 침해하여 위헌이다.

라) 청구권의 경우 - 재판청구권의 경우

i) 대법원 단심제 특허소송의 법관에 의한 사실심재판을 받을 권리 침해　　헌법불합치결정례

판례 헌재 1995.9.28. 92헌가11, 헌법불합치결정, 판례집 7-2, 278면

[결정요지] 재판이라 함은 구체적 사건에 관하여 사실의 확정과 그에 대한 법률의 해석적용을 그 본질적인 내용으로 하는 일련의 과정이다. 따라서 법관에 의한 사실확정과 법률의 해석적용의 기회에 접근하도록 하는 보장이 제대로 이루어지지 아니한다면 헌법상 보장된 재판을 받을 권리의 본질적 내용을 침해하는 것으로서 우리 헌법상 허용되지 아니한다(헌법 제37조 제2항). 그런데 구 특허법 제186조 제1항은 특허청의 항고심판절차에 의한 항고심결 또는 보정각하결정에 대하여 불복이 있는 경우에도 법관에 의한 사실확정 및 법률적용의 기회를 주지 아니하고 단지 그 심결이나 결정이 법령에 위반된 것을 이유로 하는 경우에 한하여 곧바로 법률심인 대법원에 상고할 수 있도록 하고 있는바, 결국 구 특허법 제186조 제1항은 법관에 의한 사실확정 및 법률적용의 기회를 박탈한 것으로서 헌법상 국민에게 보장된 "법관에 의한" 재판을 받을 권리의 본질적 내용을 침해하는 위헌규정이다.

판례 헌재 2000.6.29. 99헌가9, 변호사 징계결정에 대한 동지의 위헌결정, 판례집 12-1, 753면

[쟁점] 대한변호사협회징계위원회에서 징계를 받은 변호사는 법무부변호사징계위원회에서의 이의절차를 밟은 후 곧바로 대법원에 즉시항고토록 하고 있는 구 변호사법 제81조 제4항 내지 제6항이, 법관에 의한 재판을 받을 권리를 침해하는 것인지 여부(적극) [결정요지] 이 사건 법률조항은 변호사에 대한 징계결정에 대하여 불복이 있는 경우에도 법관에 의한 사실확정 및 법률적용의 기회를 주지 아니하고, 단지 그 결정이 법령에 위반된 것을 이유로 하는 경우에 한하여 법률심인 대법원에 즉시항고할 수 있도록 하고 있는바, 대한변호사협회변호사징계위원회나 법무부변호사징계위원회의 징계에 관한 결정은 비록 그 징계위원 중 일부로 법관이 참여한다고 하더라도(변호사법 제74조 제1항, 제75조 제2항 참조) 이를

헌법과 법률이 정한 법관에 의한 재판이라고 볼 수 없다. 그렇다면 결국 이 사건 법률조항은 법관에 의한 사실확정 및 법률적용의 기회를 박탈한 것으로서 헌법상 국민에게 보장된 "법관에 의한" 재판을 받을 권리의 본질적 내용을 침해하는 위헌규정이라 아니할 수 없다.

* 현재 법관징계법도 법관의 징계처분에 대해서 대법원 단심으로 재판하도록 하고 있어 논란이 될 수 있다(법 제27조). 그러나 우리 헌재판례는 "대법원이 법관에 대한 징계처분 취소청구소송을 단심으로 재판하는 경우에는 사실확정도 대법원의 권한에 속하여 법관에 의한 사실확정의 기회가 박탈되었다고 볼 수 없으므로" 이 법관징계법 규정을 합헌이라고 본다(헌재 2012.2.23. 2009헌바34, 공보 제185호, 375).

ii) 유신헌법 하 긴급조치 제1호(비상군법회의에 의한 심판)

판례 헌재 2013.3.21. 2010헌바132등, 공보 제198호, 481면

[결정요지] 긴급조치 제1호 제6항은 "이 조치를 위반한 자와 이 조치를 비방한 자는 비상군법회의에서 심판, 처단한다."라고 규정하고 있다. 그런데 긴급조치 제1호의 내용은 모두 유신헌법에 대한 정치적 표현행위를 광범위하게 제한하거나 유언비어 유포행위를 규제하는 것일 뿐이므로, 군사상 필요나 군대의 조직 또는 기능 유지와 관련된 내용이 없고, 비상계엄에 준하여 적과의 교전상태 또는 사회질서가 극도로 교란되어 행정 및 사법기능의 수행이 현저히 곤란한 상황이어서 그 기능을 군대를 통하여 수행하여야 할 필요성이 절실한 가운데 발동된 것이라고 볼 수도 없다. 따라서 긴급조치 제1호 제6항은 일반 국민의 헌법과 법률이 정한 법관에 의한 재판을 받을 권리를 자의적으로 광범위하게 제한함으로써 그 본질적인 내용을 침해한 것이다.

마) 형벌체계상 정당성, 균형 상실 - 과잉처벌 : 교통사고 유기치사의 가중처벌

판례 헌재 1992.4.28. 90헌바24, 판례집 4, 225면

[결정요지] 교통사고에 있어서 사고운전자가 피해자를 사고장소로부터 옮겨 유기하고 도주한 경우로서 피해자를 치사하고 도주하거나 도주 후에 피해자가 사망한 때에는 사형·무기 또는 10년 이상의 징역에 처하도록 규정한 구 특정범죄가중처벌등에관한법률(1966. 2. 23. 법률 제1744호, 개정 1973. 2. 24. 법률 제2550호, 1984. 8. 4. 법률 제3744호) 제5조의3 제2항 제1호의 규정은 과실로 사람을 치상(致傷)하게 한 자가 구호행위를 하지 아니하고 도주하거나 고의로 유기함으로써 치사(致死)의 결과에 이르게 한 경우에 처벌을 하는 것인데 이는 고의적 살인죄와 비교하여 그 법정형을 더 무겁게 한 것으로 형벌체계상의 정당성과 균형을 상실한 것이다. 그렇다면 이 사건 법률조항은 그 입법목적인 교통사고의 예방이나 피해자의 구호에는 실효성이 없는 명분에 불과한 것이고 오히려 그 처벌의 법정형이 그 가중의 정도가 지나쳐 그 위반한 행위자에게 귀책사유 이상으로 과잉처벌하는 것으로서 법의 적용과 법의 내용에 있어서 헌법상 평등의 원리에 반하고, 한편 법정형벌에 의한 기본권의 제한은 범죄행위의 무게 및 그 범행자의 부책에 상응하는 정당한 비례성을 감안하여 기본권의 제한은 필요한 최소한에 그쳐야 한다는 헌법상의 법치국가의 원리에서 나오는 과잉입법금지의 원칙에도 반하는 것이라고 아니할 수 없어 이는 기본권의 본질적 내용을 침해할 수 없다는 헌법 제37조 제2항에 위반되는 것이라고 할 것이다.

9. 기타 한계원칙

헌법재판소의 판례 중에는 부당결부금지(不當結付禁止)의 원칙을 위반하였다는 주장에 대해 판단한 예가 있다. 부당결부금지원칙이란 행정작용과 사인이 부담하는 급부는 부당하게 상호

결부되어서는 아니 된다는 원칙을 말한다(홍정선, 89면 이하). 예를 들어 건축법 위반에 대한 시정명령을 이행하지 않은 사람에 대하여 전기·전화·수도 등의 공급중지를 요청할 수 있게 하는 것은 이 원칙의 위반이라고 본다(현행 건축법에서는 삭제된 규정임). 이 원칙은 행정법학과 대법원판례에서 인정되고 있고[1] 헌법적 지위를 갖는다고 한다(홍정선, 89면). 이 원칙은 비례원칙 중에 방법적절성에서 나오는 것으로 볼 수도 있을 것이다. 헌법재판소는 수형자의 화상접견시간 제한에 관한 사안에 있어서 청구인이 부당결부금지원칙 위반이라고 주장한 것을 받아들이지 않았다.

판례 헌재 2009.9.24. 2007헌마738

[관련판시요지] 피청구인(교도소장)이 7회에 걸쳐 청구인에게 화상접견시간을 각 10분 내외로 부여한 것은 당시 대전교도소의 인적, 물적 접견설비의 범위 내에서 다른 수형자와 미결수용자의 접견교통권을 골고루 적절하게 보장하기 위한 행정목적에 따른 합리적인 필요최소한의 제한이었다 할 것이고, 청구인의 접견교통권을 과도하게 제한한 것으로는 보이지 아니한다. 청구인은 접견실 등 교도소 시설의 한계와 과도한 접견신청건수 등으로 인한 일반접견시간의 제한을 화상접견에까지 결부시켜 화상접견시간을 제한하는 것은 부당결부금지원칙에 위배된다고 주장하나, 피청구인은 대전교도소의 인적, 물적 접견설비의 범위 내에서 이 사건 각 화상접견시간을 부여한 것일 뿐, 이와 관련성이 없는 청구인 등 수형자의 반대급부를 결부시켜서 화상접견시간을 부여한 것이라고는 볼 수 없으므로 청구인의 위 주장은 받아들일 수 없다.

10. 정리(기본권제한의 한계의 정리)

기본권보장은 최대한 이루어져야 하므로 기본권제한에도 엄격한 한계가 있음은 물론이고 위에서 살펴본 기본권제한의 법리들은 사실상 기본권제한의 한계를 이루는 원칙들이다. 이를 다시 정리하면 아래와 같다.

구분	사유 및 원칙
목적상 한계	국가안전보장, 질서유지, 공공복리
형식상 한계	법률, 긴급명령, 긴급재정경제명령, 조약(국회동의)
방법·절차상 한계	적법절차, 방법의 적정성, 피해최소성
비례원칙의 한계	목적정당성, 방법적정성, 피해최소성, 법익균형성
시간적 한계	소급효금지, 신뢰보호원칙
본질적 한계	본질적 내용 침해 금지

1) 예를 들어 대법원 1997.3.11. 96다49650 등.

Ⅷ. 결어 - 기본권제한의 한계의 의미

앞서본 기본권제한에 있어서의 법률주의, 비례원칙 등의 법리의 진정하고도 궁극적인 의미는 사실 기본권의 제한을 최소한으로 줄임으로써 역으로 기본권의 최대한 보장을 가져오기 위한 것에 있다. 기본권제한을 최소에 그치도록 하는 것은 최적치를 찾기 위한 것이기도 하다. 기본권의 제한 자체도 기본권의 신장을 위한 조절임을 앞서 강조한 바 있다. 이러한 제한의 한계법리가 그것을 도모하기 위해 존재하는 법리들이다.

제3항 헌법직접적·개별적 제한한계

기본권제한에 대한 한계를 헌법이 설정하는 경우는 헌법 제37조 제2항의 본질적 내용침해금지 규정을 들 수 있다. 그런데 이러한 일반적인 제한한계 외에 개별적인 제한한계를 헌법이 직접 설정하고 있는 경우도 있다. 대표적인 경우로 언론·출판의 자유의 제한에 대한 한계로서 언론·출판에 대한 사전검열, 사전허가제의 금지를 헌법 제21조 제2항이 직접 명시하고 있다.

제4항 기본권의 예외적 제한

* 여기서 ‘예외적’이란 지금까지 본 통상의 상태에서의 제한, 그리고 일반적으로 국회제정의 형식적 법률에 의해 제한을 하는 경우가 아닌, 즉 특별한 비상상황에서의 제한 또는 법률형식에 의하지 아니한 기본권 제한을 하는 것을 말한다.

Ⅰ. 긴급명령, 긴급재정경제명령·처분, 비상계엄 등 국가긴급권에 의한 제한

1. 제한

“대통령은 국가의 안위에 관계되는 중대한 교전상태에 있어서 국가를 보위하기 위하여 긴급한 조치가 필요하고 국회의 집회가 불가능한 때에 한하여 법률의 효력을 가지는 명령을 발할 수” 있는데(제76조 2항) 이를 긴급명령이라 하고 이러한 긴급명령에 의해서도 국민의 기본권이 제한될 수 있다. 또한 “대통령은 내우·외환·천재·지변 또는 중대한 재정·경제상의 위기에 있어서 국가의 안전보장 또는 공공의 안녕질서를 유지하기 위하여 긴급한 조치가 필요하고 국회의 집회를 기다릴 여유가 없을 때에 한하여 최소한으로 필요한 재정·경제상의 처분을 하거나 이에 관하여 법률의 효력을 가지는 명령을 발할 수” 있는데(제76조 1항), 이러한 긴급재정경제명령이나 처분에 의하여 경제적, 재정적 영역에서의 국민의 기본권제한이 있을 수 있다.

대통령은 전시 · 사변 또는 이에 준하는 국가비상사태에 있어서 병력으로써 군사상의 필요에 응하거나 공공의 안녕질서를 유지할 필요가 있을 때에는 법률이 정하는 바에 의하여 계엄을 선포할 수 있다(제77조 1항). 계엄은 비상계엄과 경비계엄으로 하고, 비상계엄이 선포된 때에는 법률이 정하는 바에 의하여 영장제도, 언론 · 출판 · 집회 · 결사의 자유, 정부나 법원의 권한에 관하여 특별한 조치를 할 수 있다(동조 2, 3항). 유의할 점은 헌법이 i) 계엄 자체의 선포도 법률이 정하는 바에 의하여야 한다고 명시하고 있는 점, ii) 비상계엄도 국회의 사후해제의결이 있으면 해제하여야 하는 한계가 있다는 점과, iii) 비상계엄의 경우에 취할 수 있는 특별한 조치도 비상계엄 발령으로 무조건 취해질 수 있는 것이 아니라 "법률이 정하는 바에 의하여" 취할 수 있도록 하고 있다는 점인데 비상계엄이란 특별한 상황이라는 점에서는 예외적 제한이면서 다른 한편 법률의 제한(법률유보)을 요구하고 있다.

2. 제한의 한계 및 통제

(1) 제한의 한계

긴급명령, 긴급재정경제명령 · 처분은 국가보위, 국회집회 등에 관한 위 헌법 제76조 조문상의 그 발동요건이 존재하여야 발동될 수 있다는 점부터도 한계가 된다. 긴급명령 등이 국가긴급시에 제정되는 비정상적인 상황에서의 명령, 처분이라 할지라도 제한되는 기본권의 본질적 내용은 침해할 수 없다.

긴급권행사로 기본권이 제한될 경우 긴급권행사의 요건을 준수한 것으로도 기본권제한의 요건을 갖추는 것인지 아니면 헌법 제37조 제2항의 비례의 원칙(과잉금지원칙)의 준수여부도 살펴보아야 하는지 하는 문제가 있다. 헌법재판소는 긴급재정경제명령으로 인하여 기본권이 제한되는 경우 그 한계준수여부는 헌법 제76조상의 요건을 충족한 경우 지켜진 것으로 본다. 즉 헌법 제76조 소정의 요건들을 준수한 긴급재정경제명령은 기본권제한의 요건인 헌법 제37조 제2항의 비례의 원칙(과잉금지원칙)을 준수한 것으로 보는 입장이다.

판례 법리 헌재 1996.2.29. 93헌마186, 긴급재정명령 등 위헌확인, 판례집 8-1, 111면

[주요설시사항]

▷ 긴급재정경제명령의 요건 · 한계에 부합 = 과잉금지원칙의 준수

[관련설시] 긴급재정경제명령이 아래에서 보는 바와 같은 헌법 제76조 소정의 요건과 한계에 부합하는 것이라면 그 자체로 목적의 정당성, 수단의 적정성, 피해의 최소성, 법익의 균형성이라는 기본권제한의 한계로서의 과잉금지원칙을 준수하는 것이 되는 것이다.

긴급재정경제명령 · 처분에 대해서는 "최소한으로 필요한"이라는 규정이 헌법조문상 명시되어 있어서(제76조 1항) 비례원칙적인 판단을 헌법이 긴급재정경제명령의 발동요건으로서 요구하고 있다고 볼 수 있다.

계엄의 경우 법률유보의 한계가 있음은 기술하였다.

(2) 통제

이러한 긴급명령, 긴급재정경제명령 등은 국무회의의 의결을 거쳐야 발동될 수 있고(제89조 5호), 사후적으로 국회의 통제로서 승인을 받아야 하며 국회승인을 받지 못하면 그때부터 효력을 상실한다(제76조 3항, 4항). 긴급명령, 긴급재정경제명령이 국민들의 기본권을 위헌적으로 침해할 경우에 위헌법률심판, 헌법소원(법령소원)을, 긴급재정경제처분이 그러할 경우에 법원의 행정소송을 통하여, 또는 헌법소원을 통하여(법원이 통치행위라고 하여 판단을 하지 않을 경우에는 헌법재판소의 헌법소원의 대상이 될 수 있다. 그러나 원행정처분에 대한 헌법소원을 헌재가 부정하여 문제가 있다) 통제할 수 있다. 발동사유가 없는데도 발동된 경우에 국회에 의한 대통령탄핵소추의 사유가 된다. 계엄을 선포한 때에는 대통령은 지체없이 국회에 통고하여야 하고, 국회가 재적의원 과반수의 찬성으로 계엄의 해제를 요구한 때에는 대통령은 이를 해제하여야 한다(제77조 4, 5항).

Ⅱ. 조약에 의한 제한

국가 간의 조약에 의해 국민의 기본권이 제약될 수 있다. 예를 들어 A국과 B국 간에 특정 상품에 대한 수입제한을 하는 조약을 체결함으로써 그 상품을 생산, 수출하는 국민이 영업의 자유에 영향을 받게 되는 경우이다. 관세조약은 기본권제한을 하는 조약의 대표적인 예이다.

기본권제한을 가져오는 조약은 그 체결·비준에 국회의 동의를 요하는 통제제도가 마련되어 있다. 즉 헌법 제60조 제1항은 “국회는 … 국민에게 중대한 재정적 부담을 지우는 조약 또는 입법사항에 관한 조약의 체결·비준에 대한 동의권을 가진다”라고 규정하고 있다.

조약에 의한 기본권제한의 경우에도 비례원칙 등에 위배되어서는 아니 되고, 본질적 내용을 침해해서는 아니 되는 제한의 한계를 가진다.

문제는 기본권제한을 가져오는 조약이 우리 헌법상 인정되는 제한범위를 벗어나거나 위와 같은 한계를 벗어나 우리 헌법에 위배된다고 판단될 때 그러한 판단과 기본권구제를 위한 방법, 특히 헌법재판에 의한 구제방법이 어떠한가 하는 것이다. 조약에 대한 헌법재판에 대해서는 헌법총론에서 살펴본 바 있는데 그 법리가 여기서도 마찬가지로 적용되므로 생략한다.

Ⅲ. 법규명령 등에 의한 제한

* 이에 대해서는 앞의 법률유보에서 살펴보기도 하였다. 여기서는 다시 정리한다.

1. 행정입법

행정주체가 정립한 일반적이고 추상적인 규범을 행정입법이라고 한다. 이에는 법규명령과 행정규칙이 있다. 법규명령에는 다시 위임명령과 집행명령이 있다.

2. 법규명령에 의한 제한

법규명령은 국민의 권리, 의무에 영향을 미치는 외부법적 효과를 가지므로 국민의 기본권에 영향을 미칠 수 있는 규범이다.

(1) 위임명령에 의한 제한

우리 헌법 제75조, 제95조는 법률로 정할 사항을 대통령령, 총리령, 부령 등 행정입법으로 정할 수 있음을 인정하고 있으므로 기본권을 제한하기 위한 사항들을 법률이 규정하지 않고 법률 하위의 대통령령, 총리령, 부령 등 하위의 법규명령에 위임할 수 있다. 그러나 위임이 가능하더라도 아무런 조건 없이 위임이 가능한 것이 아니라 한계와 요건이 설정되어야 한다. 그 한계적 요건은 위임의 내용이나 범위에 대한 요건으로서 구체적인 위임이어야 할 것을 말한다. 우리 헌법 제75조도 내용적, 범위적 한계를 설정하고 있는바 "대통령은 법률에서 구체적으로 범위를 정하여 위임받은 사항 … 에 관하여 대통령령을 발할 수 있다"라고 규정하여 구체적 위임만 허용하고 포괄적 위임은 금지하고 있다. 문제는 모법(母法, 위임하는 법률)이 어느 정도로 규정하여야 구체적인가 하는 것이다. 헌법재판소는 구체적 위임이라고 인정되기 위해서는 앞으로 대통령령에 규정될 내용 및 범위의 기본사항이 가능한 한 구체적이고도 명확하게 규정되어 있어서 누구라도 당해 법률 그 자체로부터 대통령령 등에 규정될 내용의 대강을 예측할 수 있어야 한다고 본다(구체성 판단기준으로서 '예측가능성원칙'). 위임의 구체성의 정도는 기본권행사를 보장하고 확대하여 이익을 부여하는 경우에 비하여 기본권을 제한하는 불이익한 경우에 더욱 엄격하고도 구체적인 범위가 특정되어야 한다. 헌법재판소는 특히 처벌법규, 조세법 등의 경우에는 구체성의 정도가 일반적 급부행정법규의 경우보다 더 엄격해진다고 보고 반면에 규율대상이 지극히 다양하거나 수시로 변화하는 성질의 것일 때에는 위임의 구체성·명확성의 요건이 완화된다고 한다. 입법재량의 넓고 좁음에 따라서도 구체성의 정도가 달라질 것이다. 입법재량이 좁거나 인정되기 힘든 경우에는 구체성의 요구정도가 강해질 것이고 입법재량이 넓게 인정되는 경우에는 구체성의 요구정도가 완화될 것이다. 헌법재판소는 나아가 구체성을 의미하는 예측가능성의 판단에 있어서 유기성 기준론에 따라 입법자에게 여유를 주고 있다. 즉 위임하는 당해 법률조항만 아니라 다른 관련 법조항 전체를 유기적·체계적으로 종합판단하여 예측가능성이 있다면 합헌이라고 본다.

판례 '구체적 위임'의 개념

[헌재판례의 기본법리]

▷ 법률에 이미 대통령령 등 하위법규에 규정될 내용 및 범위의 기본사항이 가능한 한 구체적이고도 명확하게 규정되어 있어서 당해 법률 그 자체로부터 대통령령 등에 규정될 내용의 대강을 예측할 수 있어야 함을 의미.

▷ 예측가능성의 유무는 당해 특정조항 하나만을 가지고 판단할 것은 아니고 관련 법조항 전체를 유기적·체계적으로 종합판단하여야 하며, 각 대상법률의 성질에 따라 구체적·개별적으로 검토하여야 함. 위임조항 자체에서 위임의 구체적 범위를 명확히 규정하고 있지 않다고 하더라도 당해 법률의 전반적 체계와 관련규정에 비추어 위임조항의 내재적인 위임의 범위나 한계를 객관적으로 분명히 확정할 수 있다면 이를 일반적이고 포괄적인 백지위임에 해당하는 것으로 볼 수는 없음.

▷ 이와 같은 위임입법의 구체성, 명확성의 요구 정도는 그 규율대상의 종류와 성격에 따라 달라짐. 처벌법규나 조세법규 등 국민의 기본권을 직접적으로 제한하거나 침해할 소지가 있는 법규에서는 구체성·명확성의 요구가 강화되어 그 위임의 요건과 범위가 일반적인 급부행정법규의 경우보다 더 엄격하게 제한적으로 규정되어야 하는 반면에, 규율대상이 지극히 다양하거나 수시로 변화하는 성질의 것일 때에는 위임의 구체성·명확성의 요건이 완화되어야 할 것임.

(2) 집행명령

헌법은 "대통령은 … 법률을 집행하기 위하여 필요한 사항에 관하여 대통령령을 발할 수 있다"라고 규정하고 있다(제75조). 집행명령은 법률을 집행하기 위한 것일 뿐이므로 법률을 시행하고 적용하기 위하여 필수적인, 주로 방식·절차에 관한 세칙규정을 둘 수 있을 뿐이고 따라서 새로이 기본권 관련 사항을 정할 수 없고, 기본권제한사항을 정할 수 없다. 헌재도 같은 입장인데 법률의 위임없이 금치기간 중 집필을 전면금지한 구 행형법시행령조항에 대해 "이 사건 시행령조항은 금치대상자의 자유와 권리에 관한 사항을 규율하고 있어 도저히 집행명령으로 볼 수 없으므로 모법의 근거 및 위임이 필요없다고 하기도 어렵다"라고[1] 판시한 바 있다. 즉 문제의 시행령조항은 자유와 권리에 관한 것이므로 집행명령조항이 아니고 만약 자유와 권리에 관한 것을 규정하려면 법률의 위임을 받아야 한다는 것, 그리하여 위임명령이 되어야 한다는 것이다. 헌재는 "결국 이 사건 시행령조항은 금치처분을 받은 수형자의 집필에 관한 권리를 법률의 근거나 위임 없이 제한하는 것으로서 헌법 제37조 제2항 및 제75조에 위반된다"라고 판시하였다.

3. 행정규칙

행정규칙은 훈령, 고시, 예규, 내규, 지침 등으로 불리는 것으로 행정규칙은 행정내부에서 그 조직과 사무를 처리하기 위한 규범으로서 원칙적으로 대국민적 효과를 가지지 않는 규범이고 따라서 행정규칙에 의한 기본권제한은 이루어질 수 없다. 그런데 헌재는 "법령의 직접적인

1) 헌재 2005.2.24. 2003헌마289, 판례집 17－1, 272면.

위임에 따라 수임행정기관이 그 법령을 시행하는데 필요한 구체적 사항을 정한 것이면, 그 제정형식은 비록 법규명령이 아닌 고시, 훈령, 예규 등과 같은 행정규칙이더라도, 그것이 상위법령의 위임한계를 벗어나지 아니하는 한, 상위법령과 결합하여 대외적인 구속력을 갖는 법규명령으로서 기능하게 된다고 보아야 한다"라고 한다.[1] 대법원의 판례도 같은 입장이다.[2] 이러한 법규명령으로서 기능하는 행정규칙(이른바 '법률보충규칙')을 인정하면 이로써 기본권에 관한 사항을 둘 수 있다는 결과가 되고 실제 헌재가 헌법소원대상으로 하여 기본권제한의 위헌 여부를 판단한다. 이러한 법규명령으로서 기능하는 행정규칙에 대해서는 찬반 논란이 되고 있다. 여하튼 위 헌재 판례의 이론에서 말하는 위 행정규칙형식의 법규명령은 어디까지나 법령의 위임을 받아 제정되는 것이고 법령이 법령보충규칙에 위임함에 있어서도 법규명령에 대해 본 것과 같이 구체적 위임원칙에 따라야 하고(홍정선, 244면) 헌재도 구체적 위임이어야 할 것을 요구한다.[3]

Ⅳ. 자치입법(조례)에 의한 제한

법률이 아닌 지방자치단체의 입법(조례)에 의해 기본권에 대한 제한을 가할 수 있을 것인가, 있다고 볼 때 조례에 의한 조례의 경우에 헌법 제37조 제2항이 기본권의 제한을 법률에 의해서만 가능하도록 하고 있으므로 법률에 유보가 필요한 것인지(법률이 조례가 규정할 수 있다는 근거를 두어야 하는지) 하는 문제가 있다. 나아가 근거를 두더라도 헌법 제75조에 따라 구체적 위임이어야 하는지 하는 문제가 있다.

법률유보 문제에 대해서는 이를 찬성하는 견해와 부정하는 학설이 갈린다. 헌법재판소와 대법원의 판례는 주민의 권리의무에 관한 사항을 규율하는 조례를 제정함에 있어서는 법률의 위임이 필요하다고 보아 긍정설의 입장이다.[4] 다만 헌법재판소의 판례는 아래와 같이 법률이 위에서 본 행정입법에의 위임에 있어서는 구체적 위임일 것을 요하면서도 법률이 조례에 위임할 때에는 포괄위임이라도 가능하다고 본다. 포괄위임의 인정의 근거로서 i) 조례제정권자인 지방의회는 지역적 정당성을 지닌 주민대표기관이고, ii) 헌법이 지방자치단체에 대한 포괄적인 자치권을 보장하고 있다는 점을 들고 있다.

판례 헌재 1995.4.20. 92헌마264 279(병합), 위 결정, 같은 판례집 7-1, 564면

1) 헌재 1992.6.26. 91헌마25, 판례집 4, 449면; 헌재 2003.12.28. 2001헌마543, 판례집 15-2, 591면; 헌재 2006.7.27. 2004헌마924, 판례집 18, 268면 등.
2) 예를 들어 대법원 2006.4.27. 2004도1078 등.
3) 헌재 2004.10.28. 99헌바91, 판례집 16-2 하, 104면; 헌재 2006.7.27. 2004헌마924, 판례집 18-2, 271면; 헌재 2008.11.27. 2005헌마161등, 판례집 20-2하, 322 등 참조.
4) 헌재 1995.4.20. 92헌마264 279(병합), 판례집 7-1, 564면.

[관련판시] 헌법 제117조 제1항은 "지방자치단체는 주민의 복리에 관한 사무를 처리하고 재산을 관리하며, 법령의 범위 안에서 자치에 관한 규정을 제정할 수 있다"고 규정하고 있고, 지방자치법 제15조는 이를 구체화하여 "지방자치단체는 법령의 범위 안에서 그 사무에 관하여 조례를 제정할 수 있다. 다만, 주민의 권리제한 또는 의무부과에 관한 사항이나 벌칙을 정할 때에는 법률의 위임이 있어야 한다."고 규정하고 있다. 이 사건 조례들은 담배소매업을 영위하는 주민들에게 자판기 설치를 제한하는 것을 내용으로 하고 있으므로 주민의 직업선택의 자유 특히 직업수행의 자유를 제한하는 것이 되어 지방자치법 제15조 단서 소정의 주민의 권리의무에 관한 사항을 규율하는 조례라고 할 수 있으므로 지방자치단체가 이러한 조례를 제정함에 있어서는 법률의 위임을 필요로 한다. 그런데 조례의 제정권자인 지방의회는 선거를 통해서 그 지역적인 민주적 정당성을 지니고 있는 주민의 대표기관이고, 헌법이 지방자치단체에 대해 포괄적인 자치권을 보장하고 있는 취지로 볼 때 조례제정권에 대한 지나친 제약은 바람직하지 않으므로 조례에 대한 법률의 위임은 법규명령에 대한 법률의 위임과 같이 반드시 구체적으로 범위를 정하여 할 필요가 없으며 포괄적인 것으로 족하다고 할 것이다. 이 사건의 경우를 보면, 담배사업법(법률 제4065호)은 제16조 제4항에서 "소매인의 지정기준 기타 지정에 관하여 필요한 사항은 재무부령으로 정한다."고 규정하고 있고, 재무부령인 담배사업법시행규칙은 제11조 제1항의 별표 2 "제조담배소매인의 지정기준" 중 자동판매기란에서 "1. 자동판매기는 이를 일반소매인 또는 구내소매인으로 보아 소매인지정기준을 적용한다. (단서 생략) 2. 청소년의 보호를 위하여 지방자치단체가 조례로 정하는 장소에는 자동판매기의 설치를 제한할 수 있다."고 규정하고 있으며, 이 사건 조례들은 위 규정들에 따라 제정된 것이다. 그렇다면 이 사건 조례들은 법률의 위임규정에 근거하여 제정된 것이라고 할 것이며, 이러한 위임에 의하여 자판기의 설치제한 및 철거에 관하여 규정하고 있는 이 사건 심판대상규정 역시 자판기의 전면적인 설치금지를 내용으로 하는 등의 특별한 사정이 없는 이상 위임의 한계를 벗어난 규정이라고 볼 수 없다.

V. 헌법개정에 의한 제한

시대가 흐르면서 사회적, 경제적 변화에 따른 요구로 기본권에 대한 제한이 필요하여 헌법개정을 통하여 이를 직접 헌법에 규정할 수 있다. 이러한 개정은 헌법직접적 제한이 된다(전술 참조). 국민 전체의 입장에서 보다 더 큰 공익과 기본권확대를 가져오게 하는 개정이어야 한다. 헌법개정에 의한 기본권제한은 그동안 그 필요성이 있어 법률규정이나 헌법해석 등에 의해 제한한 것을 보다 명확하게 하기 위하여 행해질 수 있다. 예를 들어 청소년보호라는 보다 큰 공익을 위하여 시청각매체에 대한 사전심의가 가능하다고 보는데 이를 헌법개정을 통해 명확히 하는 것이다. 그러나 기존의 기본권상태 보다 후퇴하거나 개악적인 헌법개정을 할 수 없다. 과거 군인 등에 대한 국가배상금지규정이 국가배상법이라는 법률규정에 있었는데 이 규정에 대한 대법원의 위헌결정이 1971년에 있었고 그 뒤 위헌시비를 피하기 위하여 유신헌법에 그 규정을 두었다. 이는 개악적 헌법개(제)정의 대표적인 예이다. 기본권의 본질적 내용을 침해하는 헌법개정을 할 수 없는 것은 물론이다. 근본가치로서의 기본권인 인간의 존엄과 가치를 규정한 헌법 제10조, 기본권제한의 한계를 규정한 헌법 제37조 제2항 등은 개정할 수 없다.

위와 같은 헌법개정의 한계를 벗어나서는 아니 된다. 요컨대 사실 위와 같은 점들을 유념하면 헌법에 의한 기본권제한은 제한이라는 소극적 의미보다는 보다 나은 기본권보장을 위한 기본권규정의 변화라고 보는 것이 바람직하다고 할 것이다.

제5항 특수신분자에 대한 제한

이를 '법률'에 의한 기본권제한의 예외라고 보는 것은 문제이다. 왜냐하면 기술한 대로 오늘날 특수신분자에 대한 기본권제한이 강하다고 할지라도 어디까지나 헌법과 법률에 의한 제한이 되어야 하기 때문이다. 따라서 특수신분자의 기본권제한을 비법률적 제한으로서의 예외적 제한이라고 볼 수는 없기에 별도의 항에서 분류하여 서술하는 것이다. 신분의 특수성이라는 점과 그것 때문에 보다 강한 제한을 받는다는 점은 예외적 성격이 있다. 그러나 강한 제한을 할 필요가 있다 하더라도 헌법과 법률에 근거가 있어야 한다는 것이다. 특수신분자의 기본권에 대해서는 앞서 기본권의 주체 문제에서 다루었기에 여기서는 생략한다(전술 참조).

제3절 이른바 '기본권의 내재적 한계'

기본권은 그 자체에 한계를 가진다고 보는 내재적 한계(內在的 限界) 이론이 있다. 이 이론은 독일이론의 영향을 받은 것인데 그 개념부터가 문제되고 우리 헌법상 이를 받아들일 것인지에 대해서도 논란이 된다.

Ⅰ. 기존이론

1. 개념과 적용범위

(1) 개념

기본권의 내재적 한계이론에 따르면 기본권은 사회공동체 속에서 다른 구성원들과 더불어 살아가기 위해서는 제약을 받을 수밖에 없다는, 즉 기본권은 사회공동체 내에서 다른 사람들의 권리를 존중하고 공공복리, 건전한 사회풍속 등을 침해하지 않는 권리여야 한다는 한계를 지니고 이 한계는 기본권 자체에 존재하는 것이라고 보아 이를 내재적 한계라고 한다. 내재적 한계이론은 법률이 없더라도 기본권이 스스로 제약될 수 있다는 결과를 가져온다.

(2) 내재적 한계론의 적용범위에 관한 학설대립

내재적 한계를 긍정하는 견해들 간에도 내재적 한계가 인정되는 대상 기본권들의 범위에 관해서는 의견대립이 있는데 ① 절대적 기본권설과 ② 일반적 인정설이 대립되고 있다. ①설은 절대적 기본권에만 내재적 한계를 인정하여야 한다는 견해이다. 즉 법률로는 제한이 어려운 기본권, 즉 본질적 내용만으로 이루어진 기본권이어서 법률로는 제한이 어려운 기본권, 예를 들어 내심의 자유와 같은 이른바 절대적 기본권에 대한 제한필요성이 있는 경우에 "이를 합리적으로 해결하기 위해서 생각해 낸 헌법이론적 논리형식"이라고 보는 견해(허영, 262면)가 그것이다. 반면 ②설은 오히려 절대적 기본권에는 내재적 한계가 없고 그외 기본권들 일반에 대해 내재적 한계를 인정하려는 취지의 견해이다. 즉 "순수한 내심의 작용(의사)을 제외한 그 밖의 자유와 권리는 헌법유보나 법률유보가 없다고 하여 무제한적으로 행사될 수 있는 것이 아니다. 자유와 권리는 그 내재적 한계 내에서만 행사될 수 있고 내재적 한계 내에서만 보장된다"라고 보는 견해가 그것이다(권영성, 330면).

(3) 논거

내재적 한계론은 독일에서 많이 논의되었다. ① 3요소설 – 독일기본법 제2조 제1항이 "누구든지 다른 사람의 권리를 침해하거나 헌법질서 또는 도덕률에 반하지 않는 한 자기의 인격을 자유로이 실현할 권리를 가진다"라고 규정하고 있는 데서 3요소설이 나왔다. 문제는 이 규정이 인격발현권이라는 기본권에 대한 것이어서 일반적인 내재적 한계로 볼 수 있는가 하는 논란이 있다는 것이다. ② 국가공동체유보설 – 국가공동체의 유지, 운영을 위해서는 기본권이 스스로 제약되어야 할 영역이 있다는 것이다. 그러나 이 유보설에 대해서는 기본권보장이 국가공동체의 존립이유인데 내재적 한계는 그 존립이유와 배치될 수 있고 내재적 제약을 내세워 기본권을 유린할 수 있는 악용의 소지가 있다는 지적이 가해진다. ③ 기본권보호영역설 – 기본권이 보호하는 범위를 벗어나면 제한될 수 있다는 견해이다. 예를 들어 직업의 자유에서 직업이라는 개념과 보호범위에 들어가지 않는 사항에 대해서는 제한이 가해질 수 있다는 것이다. 그러나 기본권보호영역설은 기본권의 보호범위와 혼동할 우려가 있음은 물론이고 보호영역 내에 아예 들어오지 않은 기본권에 대해 제한(=한계)를 인정한다는 것은 모순이다. ④ 규범조화설 – 기본권규범이 조화롭게 구현되기 위해서는 스스로 제약되는 부분이 필요하다는 견해이다. 통합론과 더불어 이러한 입장을 취하는 견해로서 우리나라에서, 기본권의 내재적 한계를 인정하는 논거로 동화적 통합론에서는 기본권의 본질·기능을 내세우면서 기본권의 양면성에 입각하여 그 객관적 가치질서로서의 성격, '價値的인 Konsens'를 뜻하므로 타인의 기본권을 다치지 않는 범위 내에서만 기본권으로서 보호받을 수 있다고 하거나 자유의 한계성은 사회공동체가 동화, 통합되어 가기 위한 필수적 전제조건이라고 보고 또 규범조화적 한계를 인정해야 한다고 보는 견해(허영, 264-265면)가 있다. 이 견해에 대해서는 규법조화적인 해결은 법률로도 가능한데도 굳이 법률에 의하지 않는 내재적 제한이 인정되어 이 내재적 제한만에 의해야 가능한 것인지 의문인지라 규범조화적 해결을 내세우는 것이 과연 의미있는 논거인지 하는 의문이 든다.

2. 내용

기본권의 내재적 한계를 인정하는 견해들에 따르면 다음과 같다.

(1) 타인의 권리·헌법질서·도덕률

3요소설에 따르면 독일기본법 제2조 제1항이 명시하는 타인의 권리·헌법질서·도덕률을 내재적 한계의 내용으로 본다. 우리나라에서도 이와 비슷하게 "타인의 권리의 불가침·도덕률의 준수·헌법질서의 존중 등"을 내재적 한계의 내용으로 드는 견해가 있다.

(2) 기본권보호범위 일탈, 공동체유보 등

위 논거 중 기본권보호영역설이나 국가공동체유보설에 따르면 기본권보호범위에 속하지 않는 부분, 공동체 존속유지를 위해 제한되어야 할 부분 등이 내재적 한계의 내용을 이루게 된다.

(3) 헌법명시적 내재적 한계

우리 헌법 제21조 제4항이 "언론·출판은 타인의 명예나 권리 또는 공중도덕이나 사회윤리를 침해하여서는 아니 된다"라고 명시한 것이나 헌법 제8조 제4항이 정당의 목적이나 활동이 민주적 기본질서에 위배되어서 아니 된다는 취지로 규정한 것을 "기본권의 창설적 제한이 아니라 기본권의 내재적 한계성을 재확인하고 명시한 것일 뿐이다"라고 하여 헌법명시적 내재적 한계를 인정하는 견해도 있다(권영성, 330-331면). 그러나 이러한 견해는 문제점이 있다(이 문제점의 지적은 아래의 Ⅱ. 3. 참조).

Ⅱ. 검토 - 우리 헌법에서의 내재적 한계의 인정여부

1. 학설

(1) 긍정설

"순수한 내심의 작용(의사)을 제외한 그 밖의 자유와 권리는 헌법유보나 법률유보가 없다고 하여 무제한적으로 행사될 수 있는 것이 아니다. 자유와 권리는 그 내재적 한계 내에서만 행사될 수 있고 내재적 한계 내에서만 보장된다"라고 하고 "타인의 권리의 불가침·도덕률의 준수·헌법질서의 존중 등은 그에 관한 명문의 규정을 두고 있지 아니한 헌법의 경우에도, 국가적 공동생활을 위해 기본권에 필연적으로 내재하는 한계적 요소라고 할 수 있다"라고 한다

(권영성, 330면).

(2) 제한적 긍정설

모든 기본권에 내재적 한계를 인정할 수는 없다고 보되 제한적으로 인정한다. 이 이론은 우리 헌법 제37조 제2항은 일반적 법률유보의 대상을 모든 기본권으로 하고 있으므로 절대적 기본권을 인정하기 힘들긴 하나 "'신앙과 양심의 자유'처럼 법률에 의한 외부적인 제약을 가하는 것이 적당치 못한 기본권이 있다'라고 하면서 "이같은 법률의 규제권 밖에 있는 기본권이 다른 기본권 또는 헌법에 의해서 보호되고 있는 다른 '헌법적 가치'와 충돌을 일으키는 경우, 그 구체적인 문제를 해결하기 위한 수단으로 원용되는 때에" 국한하여 내재적 한계를 인정하자는 이론이다(허영, 265－266면).

(3) 부정설

우리 헌법은 기본권의 제한을 법률로써만 하도록 규정하고 있으므로(제37조 2항) 법률이 아닌 기본권제한을 인정하기 어렵다고 보아 내재적 제약이론을 부정하는 이론이다. 우리나라의 다수설이다.

2. 판례

우리 헌법재판소는 형법 제241조(간통죄)의 위헌여부에 관한 헌법소원에서의 합헌결정에서 위 독일기본법에서의 규정과 비슷하게 "개인의 性的 自己決定權도 국가적·사회적 공동생활의 테두리 안에서 타인의 권리·공중도덕·사회윤리·공공복리 등의 존중에 의한 내재적 한계가 있는 것이며"라고 판시한 바 있다.[1] 최근에 내재적 한계를 표명하는 판례를 찾아보기 어렵고 위 간통죄 규정에 대해서는 2015년에 결국 위헌으로 결정되기도 하였다.[2]

3. 사견

다음과 같은 이유로 우리 헌법상 기본권의 내재적 한계를 인정할 수 없다. ⅰ) 절대적 기본권에 있어서 내재적 한계가 필요하다는 이론에는 다음과 같은 문제가 있다. 먼저 우리 헌법은 원칙적으로 모든 자유와 권리에 대하여 법률에 의한 제한이 가능하므로(헌법 제37조 2항) 절대적 기본권을 인정하기가 힘들다는 지적이 많다. 절대적 기본권이란 본질적 내용만으로 이루어진 기본권이어서 본질적 내용침해금지원칙에 따라 결국 그 기본권 전체를 제한할 수 없는 기본권을 말한다. 따라서 절대적 기본권의 내재적 한계란 본질적 내용에 있어서의 한계라는 것이다. 이는 모순이다. 본질적 내용에 대해서는 어떤 경우에도 한계를 인정할 수 없고 보호되

1) 헌재 1990.9.10. 89헌마82, 판례집 2, 310면.
2) 헌재 2015.2.26. 2009헌바17.

어야 하는 것인데 이 본질에서 다시 한계를 찾는 것이기 때문이다. 내심의 자유와 같이 그 의사가 내심에 머물러 있는 경우에는 그 제한이 어렵다고 할 것이고 이러한 기본권을 절대적 기본권으로 관념적으로는 인정할 수 있다. 그러나 기본권의 제한이나 한계가 헌법적 문제로서 헌법 법리의 대상이 되는 것은 그러한 제한이나 한계가 어느 개인의 내심에서 머물러 있지 않고 외부의 기본권 문제로 표출이 될 때이다. 설령 내심의 자유도 한계가 있다고 보아 내재적 한계를 받아들여야 한다고 하더라도 내심에 머물러 있는 한 법적 제재를 가할 수는 없다. 요컨대 내심의 자유와 같은 절대적 기본권은 기본권의 인정에 있어서는 의미가 있으나 기본권의 제한이라는 헌법적인 문제로서는 의미가 없다. 절대적 기본권이 인정될 수는 있으나 그것에 대한 제한은 헌법적으로는 의미가 없으므로 그것에 대한 내재적 제약이란 헌법적 이론도 받아들일 수 없는 것이다. 마음속의 의식으로 자리잡고 있는 의사나 종교심이 어떻게 타인의 권리에 영향을 줄 수 있는 것인가?

ii) 국내이론 중에 내재적 한계가 오히려 절대적 기본권을 제외한 다른 일반적인 기본권들에 대해 인정된다는 이론도 있는데 일반적 기본권들에 대해서는 일반적인 기본권제한의 이론으로 해결하면 될 것이고 아래의 iii), iv)에서 언급하는 비판이 가해질 수 있다.

iii) 긍정설이 내재적 한계로 들고 있는 "타인의 권리의 불가침 · 도덕률의 준수 · 헌법질서의 존중 등"이나 우리의 일부 판례가 들고 있는 "타인의 권리 · 공중도덕 · 사회윤리 · 공공복리 등의 존중에 의한 내재적 한계"라는 것은 사실 일반적인 기본권의 제한사유이다. 타인의 권리를 위하여 타인의 권리와의 충돌시 이를 조절하기 위한 기본권의 제한이 있게 되고 이를 위하여 이익형량 등을 하게 된다. 바로 기본권의 제한의 일반적 모습이다. 우리 헌법 제37조 제2항도 기본권의 제한사유로 국가안전보장, 질서유지, 공공복리를 명시하고 있다. 다만, 중요한 차이는 이를 내재적 한계로 보면 법률에 의하지 않더라도 자기제한이 된다는 것이고 그렇지 않다면 국가안전보장, 질서유지, 공공복리의 사유가 있더라도 우리 헌법 제37조 제2항은 법률에 의하도록 규정하고 있다는 점에 있다. 우리 헌법재판소는 형법 제241조(간통죄)의 위헌여부에 관한 헌법소원에서 "개인의 性的 自己決定權도 국가적 · 사회적 공동생활의 테두리 안에서 타인의 권리 · 공중도덕 · 사회윤리 · 공공복리 등의 존중에 의한 내재적 한계가 있는 것이며, 따라서 절대적으로 보장되는 것은 아닐 뿐만 아니라, 헌법 제37조 제2항이 명시하고 있듯이 질서유지(사회적 안녕질서), 공공복리(국민공동의 행복과 이익) 등 공동체 목적을 위하여 그 제한이 불가피한 경우에는 성적 자기결정권의 본질적 내용을 침해하지 아니하는 한도에서 법률로써 제한할 수 있는 것이다. 그러므로 형법 제241조의 간통죄의 규정이 성적 자기결정권을 제한하는 법률로서 헌법 제37조 제2항이 규정한 기본권제한 기준에 합치되는 법률인가를 보건대"라고 판시한 바 있다(헌재 1990.9.10. 89헌마82, 판례집 2, 310). 이러한 판례의 입장은 내재적 한계가 곧 헌법 제37조 제2항의 기본권제한에 나타나는 것으로 보는 것으로 이해된다. 그러나 내재적 한계라고 하면 헌법 제37조 제2항을 무시하고 법률 없이도 제한된다는 결과를 가져온다. 더욱이 위 간통죄규정 합헌결정에서 헌재는 결국 헌법 제37조 제2항에 비추어 그 위반여부를 판단하였기에 왜 내재적 한계를 판시할 필요가 있었는지 그 실익조차도 의문시되는 것은 물론이었고 더욱 심각한 것은 위와 같은 모순(법률없이도 제한되는 내재적 한계를 인정하면서도 간통죄 법률규정의 위헌 여부를 심사했다는 모순)을 띠게 되었다. 독일의 영향하에 위와 같은 3요소설이 판시되기도 하였으나 도덕률의 준수·헌법질서의 존중이라는 요소의 개념도 모호할 수 있어 기본권제한에 있어서 명확성원칙에도 부합되지 않는다.

ⅳ) 위의 ⅲ)에서 이미 지적된 점인데 결정적인 부정논거는 기본권의 내재적 한계를 인정하는 이론은 우리 헌법 제37조 제2항에 맞지 않다는 데에 있다. 기본권의 내재적 한계는 그 자체로 기본권이 제한되는 것이다. 그러나 우리 헌법은 국민의 모든 자유와 권리는 그 제한의 필요성이 있더라도(제한의 사유가 있더라도) 당연히 제한되는 것이 아니라 법률로써만 제한할 수 있게 하고 있다. 바로 헌법 제37조 제2항이 그렇게 규정하고 있는 것이다. 나아가 비례(과잉금지)원칙에 따른 제한의 한계도 있고 이를 준수하는 제한일 경우에만 제한이 받아들여질 수 있다. 요컨대 기본권의 내재적 한계이론은 법률에 의하지 않은 제한을 인정한다는 점에서 헌법 제37조 제2항에 부합되지 않고 오히려 기본권제한을 확대하고 기본권을 위축시킬 수 있어 기본권최대보장원칙에 부합되지 않는다.

ⅴ) 동화적 통합론에서는 내재적 한계이론이 규범조화적 한계로서 필요하다고 하나 기본권의 조절을 위한 제한이 곧 규범조화적 해석을 지향하는 것이므로 내재적 한계로 다루지 않고 법률에 의한 기본권의 제한 내지 조절로 풀어나가더라도 규범조화적 해석의 효과를 거둘 수 있다.

ⅵ) 위에서 '헌법명시적 내재적 한계'를 지적하는 견해는 이러한 내재적 한계로 스스로 지목한 언론·출판의 책임, 정당의 민주적 기본질서를 개별적 헌법유보라는 제한사유라고도 설명하고 있다(권영성, 332면). 이는 곧 내재적 한계를 특별히 받아들일 것이 아니라 헌법에 의한 직접적인 제한(우리는 '헌법유보'라는 용어가 부적절하여 헌법직접적 제한이라고 한다)으로 보면 된다는 것을 의미한다. 따라서 위에서 문제가 지적되고 있는 내재적 한계를 인정할 이유가 더욱더 없다.[1)]

* 유의 : '한계'라는 용어로 인해 기본권의 내재적 한계를 기본권제한의 한계로 오해해서는 안 되고 내재적 한계도 기본권의 제한이라고 보아야 한다. 기본권제한의 한계는 기본권이 제한되더라도 그 한계가 있다는 점에서 제한이 아니라 제한이 안 되어야 하는 것을 말한다. 내재적 한계는 '－'방향이고 기본권제한의 한계는 '＋'방향이다.

---

1) 성낙인, 279면은 "굳이 헌법내재적 한계를 논의할 실익이 없다"라고 하는데 이는 실익의 문제가 아니라 우리 헌법에 맞는지 여부 문제로서 부정하여야 한다.

제8장 기본권보호와 침해구제

제1절 국가의 기본권보장의무

Ⅰ. 국가의 기본권보장의무의 개념·성격과 기초(근거)

1. 개념과 성격에 관한 논의

국가의 기본권보장의무란 국가가 국민의 기본권을 실현하고 보호하여야 할 의무를 말한다. 국가의 기본권보장의무는 앞서 본 기본권의 효력에서 대국가적 효력의 문제로 다룬 것이기도 하다.

(1) 한국헌법하에서의 논의

1) 학설

국가의 기본권보장의무를 사인(私人)들 간의 기본권침해에 있어서의 국가보호의무만으로 보려는 좁은 견해와 그것뿐 아니라 국가가 기본권 침해에 대한 국가의 보호의무도 포함하는 넓은 견해가 있다. 이상한 견해로 국가의 기본권보장의무의 의의에 대해 서술하면서 "이로써 기본권에 대한 보호의무자로서의 국가는 국민의 기본권에 대한 침해자로서의 지위에 서는 것이 아니라 국민과 동반자로서의 지위에 서게 된다"라고 하여 국가가 침해자인 경우의 기본권보장의무는 제외된다는 취지로 서술하면서도 기본권보장의무의 내용에 대해서는 "우선 국가가 공권력을 통해 국민의 기본권을 스스로 침해해서는 아니 된다는 것이 기본권보장의무의 내용이다"라는 서술을 하는 모순적 견해가 있다(성낙인, 390-391면).

2) 판례

헌재 판례는 넓게 본 것도 있고 좁게 본 것도 있다. 넓게 본 예로는 "우리 헌법은 제10조 제2문에서 "국가는 개인이 가지는 불가침의 기본적 인권을 확인하고 이를 보장할 의무를 진다."라고 규정함으로써 국가의 적극적인 기본권보호의무를 선언하고 있는바, 이러한 국가의 기본권보호의무 선언은 국가가 국민과의 관계에서 국민의 기본권보호를 위해 노력하여야 할 의무가 있다는 의미뿐만 아니라 국가가 사인 상호간의 관계를 규율하는 사법(私法)질서를 형성하는 경우에도 헌법상 기본권이 존중되고 보호되도록 할 의무가 있다는 것을 천명한 것이다"라고 판시한 예를 볼 수 있다.[1] 좁게 본 예로는 "기본권 보호의무란 기본권적 법익을 기본권 주체인 사인에 의한 위법한 침해 또는 침해의 위험으로부터 보호하여야 하는 국가의 의무를 말하며, 주로 사인인 제3자에 의한 개인의 생명이나 신체의 훼손에서 문제되는데, 이는 타인에 의하여 개인의 신체나 생명 등 법익이 국가의 보호의무 없이는 무력화될 정도의 상황에서만 적용될 수 있다"라고 판시한 예가 있다.[2]

3) 평가와 소결

(가) 평가

i) **'부각'필요성으로 인한 오해** 그러나 사인 간 기본권침해시 기본권의 대사인적 효력이 인정될 수 있을 것인가 하는 문제, 국가의 기본권보호의무가 있는가 하는 문제가 '부각'되었다는 것이지 그로써 국가권력이 침해자로서 국가에 의한 기본권침해에 대한 국가의 기본권보호의무가 무시되어야 한다는 것이 결코 아니고 사인 간 기본권침해에 대한 국가의 보호의무가 논의되더라도 국가기관에 의한 기본권침해에 있어서 국가기관에 의한 기본권침해의 경우와 사인들 간의 침해의 경우에 있어서 모두 인정된다. 기본권의 침해자가 누구이든, 즉 국가이든 사인이든 국가가 나서서 그 침해에 대해 보호하여야 하는 의무를 말한다.

ii) **헌법 제10조** 우리 헌법은 제10조 후문에 "국가는 개인이 가지는 불가침의 기본적 인권을 확인하고 이를 보장할 의무를 진다"라고 명시하여 국가의 기본권보장의무를 국가기관의 침해의 경우에만 한하거나 사인에 의한 침해의 경우에 한하는 것으로 규정하고 있지는 않다. 우리 헌재도 "헌법 제10조 제2문은 "국가는 개인이 가지는 불가침의 기본적 인권을 확인하고 이를 보장할 의무를 진다"고 규정함으로써, 소극적으로 국가권력이 국민의 기본권을 침해하는 것을 금지하는데 그치지 아니하고 나아가 적극적으로 국민의 기본권을 타인의 침해로부터 보호할 의무를 부과하고 있다"라고 하여[3] 기본권침해원인이 국가권력이든 사인이든 모두 포함한다는 입장을 표명하는 판시를 한 판례를 보여주었다, 또 출범초기부터 입법부작위에 대한 국가의 입법의무(사인으로부터의 기본권침해에 대응한 입법을 할 의무), 검사의 불기소처분(사인의 범죄에 대한 불기소처분)을 헌법소원의 대상으로 인정하는 근거로서 헌법 제10조를 내세우는 판시

---

1) 헌재 2008.7.31. 2004헌바81, 판례집 20-2 상, 103면. 태아의 손해배상청구권을 부정하는 민법규정에 대한 합헌결정.

2) 헌재 2009.2.26. 2005헌마764, 판례집 21-1 상, 177면. 이 결정은 중과실에 의한 중상해 사고의 경우에도 종합보험가입자에 대한 공소제기를 금지하고 있었던 구 교특법에 대한 결정이었다. 동지 : 양심적 병역거부 처벌규정 합헌결정(헌재 2011.8.30. 2008헌가22, 판례집 23-2 상, 198).

3) 헌재 2003.1.30. 2002헌마358, 판례집 제15권 1집, 151면.

를 빈번히 하였다. 요컨대 사인들 간의 기본권침해에 대해 국가의 기본권보호의무를 지지 않는다고 보아야 한다는 것이 결코 아니라 그것뿐 아니라 국가가 침해자인 경우의 국가의 기본권보호의무도 모두 포함한다는 것이다.

iii) **실익의 문제** 사인에 의한 기본권법익 제약의 경우에 대해서만 국가의 기본권보호의무가 있다고 하여 어떠한 실익이 있는지 의문이다. 오히려 국가에 의한 침해나 제한에 대한 국가의 기본권보호의무는 기본권보호의무가 아니라는 오해만 가져온다. 사인에 의한 기본권법익 제약의 경우에도 국가의 기본권보호의무가 있다는 것을 강조하는 의미를 가져야 할 것이다. 그렇다면 기본권보호의무를 사인에 의한 제약의 경우만으로 한정할 이유가 없다. 국가에 의한 기본권제한에 대응해서는 비례원칙이 적용되고 국가가 기본권을 보호하는 경우에는 과소보호금지원칙에 따르기 때문에 구별되어야 한다는 견해도 있고 헌재의 판시 중에 그러한 언급이 나오는 결정례도 볼 수 있다. 그러나 비례원칙도 제한의 한계원칙으로서 결국 기본권을 보호하려고 나온 원칙이다. 그렇다면 국가의 기본권제한에 있어서의 국가의 기본권보장의무를 기본권보호의무에서 제외할 이유가 없다. 요컨대 사인에 의한 기본권법익 제약에 대한 국가의 기본권보호의무를 배척하는 것이 아니라 적극 인정하면서 그것과 더불어 국가에 의한 기본권 제약에 대한 기본권보호의 국가의무도 국가의 기본권보호의무로 보아야 한다는 것이다. 우리 헌재는 기본권보호의무 문제를 사인에 의한 제약이 아닌 경우에도 인정한 예를 남기고 있다. 쇠고기수입고시 사건이 그 예이다. 오히려 이 사건은 헌재도 "이 사건 고시의 수입위생조건은 가축전염병예방법 제34조 제2항에 근거하여 미국산 쇠고기 수입으로 인한 소해면상뇌증 발병 가능성 등에 대응하기 위하여 취해진 보호조치의 일환으로, 이 사건에 있어서는 고시상의 보호조치가 국가의 기본권 보호의무를 위반함으로써 생명·신체의 안전과 같은 청구인들의 중요한 기본권이 침해되었는지 여부가 문제된다 할 것이다"라고 판시한 바 있다.[1)]

(나) 소결

결국 국가의 기본권보장의무를 살펴봄에 있어서는 국가권력에 의한 침해에 대한 보호의무, 사인에 의한 침해에 대한 보호의무 모두 포함하여 살펴보게 된다. 좁은 개념을 취하더라도 국가가 침해자인 경우의 국가의 기본권보호의무를 저버려서는 아니 된다.

사인에 의한 기본권침해에 대한 국가의 기본권보장의무를 논하면서 주로 국가가 과연 개입하여야 할 의무를 지는가 하는 점과 진다면 어느 정도의 의무를 지는가 하는 점이 많이 논의된다. 이러한 논의를 가져온 문제의 소재 내지는 논의의 근저에는 사인들 간에는 기본권의 침해 문제가 발생하더라도 사적 자치에 맡겨져야 하는 것이라는 관념이 깔려있다. 그러나 사적 자치에 맡겨둘 때 사인들 간의 진정한 자율로 문제해결이 되는 상황이라면 국가나 법은 개

1) 헌재 2008.12.26. 2008헌마419.

입하지 않게 될 것이나 어느 사인의 힘이 우월하게 작용하여 실질적으로 자치가 이루어지지 않는 경우에는 국가의 기본권보호의무가 작동하여야 한다. 예를 들어 사용자와 근로자 간의 관계에서 사용자의 힘이 우월하므로 사적 자치, 계약에만 맡겨 둘 수 없어 국가가 개입하게 된 것을 볼 수 있다.

(2) 독일에서 좁은 개념의 국가의무 논의

우리나라에서 독일이론을 많이 소개하고 있기에 이하에서도 살펴본다.

1) 독일에서의 좁은 개념과 그것에 입각한 구성요건, 발달

독일에서는 국가의 기본권보호의무 문제로 좁은 의미, 즉 사인들 간에 있어서 국가의 기본권보호의무가 주로 논의되고 있다. 즉 어느 사인의 기본권법익에 대해 다른 사인이 가하는 위법한 피해에 있어서 국가가 그 기본권법익을 보호할 의무를 국가의 기본권보호의무라고 본다. 따라서 사인(가해자), 다른 사인(피해자), 국가라는 3자 간의 3각관계(Rechtsdreieck)에서 나타나는 국가의 기본권보호의무라는 것이다.

국가의 기본권보호의무를 성립시키는 구성요건은 ① 사인에 의하여 ② 위법성을 가진(이 요건에 대해서는 비판적으로 보는 견해도 있다) ③ 가해가 있어야 한다는 것이다. 아래 2)에서 보는 보호대상이어야 한다는 점도 요건으로 볼 수 있을 것이다. ①의 요건에 관해 보면, 그 위험의 발생원이 사인이 아닌 자연적 힘에 의한 위해나 사인 스스로 위험을 야기한 자초위해행위(자살, 흡연, 음주 등), 외국의 공권력에 의한 경우는 제외된다는 견해가 많다. 독일의 연방헌법재판소 판례에는 외국의 군사력에 의한 것도 인정한 예가 있다(나토에 의한 핵무기의 배치). ③의 가해가 있어야 한다는 것은 실제 있는 경우뿐 아니라 예상되는 피해의 위험이 있는 경우도 포함한다고 본다.

독일의 연방헌법재판소가 국가의 사인들 간 기본권보호의무에 대해 내린 몇 가지 결정례들을 보면, ① 태아의 생명보호 – 제1차낙태 판결(처음으로 기본권보호의무를 적용한 판결이다. 수정 후 12주 내 낙태를 허용하는 형법규정에 대해 위헌으로 결정한 판결로, 생명권과 인간존엄성 규정인 기본법 제2조 제2항, 제1조 제1항은 국가가 생성중인 생명(태아)을 타인의 침해로부터 방어할 것을 요구하고 이러한 국가의 생명보호의무에는 모친의 침해에 대한 보호도 포함된다고 하였다. BVerfGE 39, 1 ff.), ② 테러로부터의 안전(인질의 구출) – Schleyer 판결(테러리스트들이 전경련회장 슐라이어를 납치하고 연방정부에 동료 수형자들을 석방할 것을 요구하자 변호사들이 그들의 요구를 들어달라는 가처분을 연방헌법재판소에 청구하였다. 피납자(인질)의 생명을 보호할 국가의 기본권보호의무가 있음을 인정하면서도 국가에 대해 특정한 조치를 취해줄 것을 요구할 수는 없다고 하여 기각하는 결정을 하였다. BVerfGE 46, 160 f.), ③ 원자력발전으로부터의 안전(원자력발전소에 관한 관련 법률의 인가기준이 국가의 기본권보호의무를 충족하는 것인지에 대해 판단한 예들인데 발생가능한 위험의 유형, 근접성, 범위, 그리고 헌법적으로 보호되는 법익의 유형, 범위 등을 고려하여 판단하고 합헌성을 인정

하는 결정을 하였다. BVerfGE 49, 89; BVerfGE 53, 30), ④ 직업의 자유 – 대리상 판결(포도주 등을 판매하는 자가 그 대리상이 계약상의 경업금지의무를 어겼다는 이유로 바로 해약하였고 경업중지를 구하는 소송을 제기하여 항소심, 상고심에서 받아들여지자 대리상이 헌법소원을 제기한 사건이다. 연방헌재는 사적 자치가 기본권에 구속된다는 한계가 있다고 하면서 사적 자치에 한계를 설정하는 사법상 강행규정을 입법자가 정하지 않은 때에는 법관이 기본권보호의무를 지게 된다고 하면서 법원이 직업의 자유라는 기본권에 비추어 판단하지 않았다고 보아 그 판결들을 파기환송하는 결정을 하였다. BVerfGE 81, 242), ⑤ 항공기교통소음에 대한 보호의무에 관한 판결(BVerfGE 56, 54) 등이 있다. 과거의 국가도 국민의 안전을 위한 치안유지 등의 의무를 지고 있었지만 현대사회에 와서 과학과 기술의 발달에 따라 발생하는 위험으로부터의 안전을 요구하면서 국가의 기본권보호의무에 대한 논의가 진전하게 되었다.

2) 근거

독일에서는 인간의 존엄성 조항에서 찾는 견해, 안전을 유지하는 것이 국가의 제일의 임무, 목적이므로 이를 수행하는 데에서 찾아야 한다는 국가목적론적 견해, 기본권을 국가권력이 침해하면 국가에 대한 방어권으로서 그 보호를 요구할 수 있는데 마찬가지로 사인이 기본권법익에 위해를 가한 경우에도 방어권과 같이 국가에 그 보호를 요구할 수 있다는 방어권설, 기본권의 객관법적 성격에서 찾는 견해 등이 있다. 연방헌법재판소는 제1차낙태 판결에서 기본법 제1조 제1항의 인간의 존엄성 규정, 제2조 제2항의 생명, 신체를 훼손당하지 않을 권리 규정에서 근거를 찾았다가 그 뒤 기본권의 객관법적 성격을 강조하는 경향을 보여준다.

3) 보호대상

보호대상이 되느냐 하는 문제도 위의 구성요건에 해당되는 것으로 볼 수 있을 것이다. 제1차 낙태판결에서 보듯이 주로 인간의 생명이나 안전 법익에 관련하여 국가의 기본권보호의무가 인정되었지만 국가의 기본권보호의무가 생길 수 있는 그 보호대상범위는 그 외에도 인간의 존엄권, 모든 자유권에 의해 보호되는 법익이 문제될 때 발생할 수 있다고 본다. 반면 생존권(사회적 기본권)에는 적용되지 않는다고 한다. 국가의 기본권보호의무는 타인의 가해로부터의 법익을 유지시켜 주는 보호를 위한 것인 반면 생존권은 그러한 가해가 없이 국가가 사회보장을 위해 법익을 부여하는 권리이기 때문에 생존권의 보호구도는 3각관계구도인 국가의 기본권보호의무 구도와 다르기 때문이라고 한다.

(3) 성격 : 소극적 방어권성의 문제

국가의 기본권보장의무는 적극적 의무로서 자유권과 같은 소극적 성격의 방어권과 구별된다는 견해도 있다. 이 견해는 사인들 간의 기본권침해에 대한 국가의 보장만을 기본권보호의무로 보려는 입장에 서는 결과이다. 자유권은 국가가 간섭, 방해하는 것을 막는 방어적 권리라는 생각에 사인들 간만의 기본권보호 문제를 다루는 것과 방어권적 보호는 구별된다는 관념에 터잡아 있기 때문이다. 그러나 사인들 간에도 자유권의 침해가 문제될 뿐 아니라 국가의 기본권보호의무를 넓게 보는 것이 입장에서는 이 의무에 소극적 방어를 위한 국가의 의무를 제외하여 소극적 방어권과 국가의 기본권의무 양자가 마치 배척관계인 것으로 보는 것은 타당하지 않다.

(4) 침해로부터의 보호만인가?

종래 국가의 기본권보호의무를 침해의 경우에 치중하여 논의하여 왔다. 물론 침해시에 이를 배제하는 의무가 중요하나 기본권침해가 없는 경우에도 기본권의 실현을 위한 국가의 의무가 주어진다.

(5) 한국 헌법 제10조 후문의 의무조항의 법적 성격

이 의무가 도덕적 의무인가 법적 의무인가 하는 문제에 대해서는 후자의 의무로 보는 것이 타당한데 문제는 그 법적 의무가 구체적으로 헌법 제10조에서 바로 나온다고 볼 것인가 하는 문제이다. 헌재는 일반적·추상적 의무를 뜻한다고 본다. 이 판시는 독도에 대피시설이나 의무시설, 관리사무소, 방파제 등을 설치하지 아니한 피청구인의 부작위가 헌법소원 대상이 될 수 있는지 여부가 쟁점이 된 사안에서 나온 것이다. 헌재는 부작위가 헌법소원대상이 되기 위해서는 의무를 전제로 한다고 보므로 국가의무의 존재 여부가 이 사안에서 판단되어져야 했기 때문이다. 이 결정에서 헌재는 결국 의무가 없다고 하여 대상성을 부정하여 각하결정을 하였다.

판례 헌재 2016.5.26. 2014헌마1002, 독도 안전시설 설치 등 부작위 위헌확인

[결정이유] (가) 행정부작위에 대한 헌법소원 – 행정권력의 부작위에 대한 헌법소원은 공권력의 주체에게 헌법에서 유래하는 작위의무가 특별히 구체적으로 규정되어 있음에도 공권력의 주체가 그 의무를 해태하는 경우에만 허용된다. 여기에서 말하는 "공권력의 주체에게 헌법에서 유래하는 작위의무가 특별히 구체적으로 규정되어"가 의미하는 바는, 첫째, 헌법상 명문으로 공권력 주체의 작위의무가 규정되어 있는 경우, 둘째, 헌법의 해석상 공권력 주체의 작위의무가 도출되는 경우, 셋째, 공권력 주체의 작위의무가 법령에 구체적으로 규정되어 있는 경우 등을 포괄하고 있는 것으로 볼 수 있다(헌재 2011.8.30. 2006헌마788). 따라서 이 사건에서는, 헌법과 법령에서 '독도에 대피시설이나 의무시설, 관리사무소, 방파제 등을 설치할 작위의무'를 정하고 있는지가 문제된다. (나) 헌법의 명문 및 해석에 의한 작위의무 존재 여부 – 헌법에는 명문으로 '독도에 대피시설이나 의무시설, 관리사무소, 방파제 등을 설치할 작위의무'가 규정되어 있지는 않다. 청구인은 헌법 제10조와 제12조 제1항의 해석상 위와 같은 작위의무가 도출된다고 주장하는바, 그렇다면 헌법 해석상 그러한 구체적인 작위의무가 발생하는지에 대하여 본다. 헌법 제10조는 "모든 국민은 인간으로서의 존엄과 가치를 가지며, 행복을 추구할 권리를 가진다. 국가는 개인이 가지는 불가침의 기본적 인권을 확인하고 이를 보장할 의무를 진다."라고 규정하고 있다. 그러나 헌법 제10조에 따른 기본적 인권 보장의 의무는, 국가로 하여금 인간의 존엄성을 실현해야 하는 의무, 즉 '국가권력의 한계'로서 국가에 의한 침해로부터의 보호 및 '국가권력의 과제'로서 제3자에 의하여 인간의 존엄성을 위협받을 때 국가의 보호라는 국가의 일반적·추상적 의무를 뜻하는 것이지, 위 헌법조항으로부터 독도 방문객을 위하여 독도에 대피시설이나 의무시설, 관리사무소, 방파제 등의 특정 시설을 설치하여야 한다는 구체적 내용의 의무가 나온다고 보기는 어렵다. 또한, 헌법 제12조 제1항 전문에서의 신체의 자유란 국가로부터 신체의 안정성이 침해당하거나 신체활동의 자유가 억압되

지 않을 권리를 의미하지, 위 헌법조항으로부터 곧바로 국가에게 국민의 신체의 안정성이 침해당하지 않도록 구체적인 조치를 취할 의무가 도출된다거나 더 나아가 국가에게 독도에 대피시설이나 의무시설, 관리사무소, 방파제 등의 특정 시설을 설치할 의무가 도출된다고 볼 수는 없다. 따라서 위 헌법규정 등을 종합적으로 해석하여 국민의 생명과 신체의 안전에 대한 국가의 일반적·추상적 의무를 도출할 수 있다 하더라도, 이러한 헌법규정들에 기하여 피청구인이 독도에 대피시설이나 의무시설, 관리사무소, 방파제 등의 특정 시설을 설치하여야 한다는 구체적인 내용의 작위의무가 나온다고 해석하기는 어렵다. (다) 법령의 구체적인 규정에 의한 작위의무 존재 여부 – 독도의 이용과 관리에 대하여는 '독도의 지속가능한 이용에 관한 법률'에서 정하고 있으나, 독도에 대피시설이나 의무시설, 관리사무소, 방파제 등의 특정 시설을 설치하여야 한다는 명시적인 규정은 없다. 특히 위 법 제2조 제1항에서 "국가는 독도의 보전·관리를 위하여 필요한 정책을 개발하고 시행하여야 한다."고 규정하고 있으나, 이는 독도의 보전·관리를 위한 추상적인 정책방향을 제시하는 것일 뿐, 청구인이 주장하는 바와 같은 특정 시설을 설치할 작위의무의 인정 근거로 삼을 수는 없다. 또한, '시설물의 안전관리에 관한 특별법'은 이미 만들어진 시설물(건설공사를 통하여 만들어진 구조물과 그 부대시설로서 교량·터널·항만·댐·건축물 등)의 안전점검과 적정한 유지관리를 통하여 재해와 재난을 예방하고 시설물의 효용을 증진시키기 위한 법일 뿐(제1조, 제2조) 어떤 새로운 시설을 적극적으로 설치할 것을 의무지우는 법은 아니므로, 청구인이 주장하는 바와 같은 대피시설 등을 설치할 의무가 위 법에 구체적으로 규정되어 있다고 보기는 어렵다.재난의 예방 및 복구 등에 대하여 규정한 '재난 및 안전관리 기본법' 역시 태풍, 홍수, 호우, 강풍 등 특정 자연현상으로 인하여 발생한 자연재난이나 일정 규모 이상의 사회재난 등에 대처하기 위한 법일 뿐(제1조, 제3조 제1호) 평상시의 안전사고 등을 예방하기 위한 시설물 설치를 의무화하고 있는 법이 아니므로, 청구인이 주장하는 바와 같은 대피시설 등을 설치할 의무가 위 법으로부터 도출된다고 보기는 어렵다. 특히 위 법 제4장에서는 '재난의 예방'에 대하여 규정하고 있기는 하나, 그 내용 역시 재난에 대응할 조직의 구성 및 정비, 재난의 예측과 정보전달체계의 구축, 재난발생에 대비한 교육·훈련과 재난관리예방에 관한 홍보, 재난이 발생할 위험이 높은 분야에 대한 안전관리체계의 구축 및 안전관리규정의 제정, 국가기반시설의 지정 및 관리, 특정관리대상시설의 지정 및 관리, 재난방지시설의 점검 및 관리, 재난관리자원의 비축 및 관리(제25조의2, 제26조, 제27조, 제29조, 제34조) 등에 대한 것으로서, 이를 근거로 청구인이 주장하는 바와 같은 대피시설이나 의무시설, 관리사무소, 방파제 등 특정 시설을 설치할 의무가 국가에 있다고 보기는 어렵다. 그 밖에 다른 법령들에서도, 독도에 특정 시설을 설치할 것을 구체적으로 의무지우는 규정들은 찾아볼 수 없다. 따라서 독도에 대피시설이나 의무시설, 관리사무소, 방파제 등을 설치할 피청구인의 작위의무가 법령에 명시적으로 규정되어 있다고 보기 어렵다. (라) 소결 – 결국, 헌법 제10조 및 제12조 제1항 전문의 해석상, 그리고 '독도의 지속가능한 이용에 관한 법률' 등의 법령에 기하여서는 피청구인에게 독도에 대피시설 등의 특정 시설을 설치하여야 할 구체적인 작위의무가 있다고 보기 어려우므로, 이 사건 부작위가 있다 하더라도 이는 헌법소원의 대상이 될 수 없다.

생각건대 헌법 제10조 자체는 추상적일 수밖에 없다. 그러나 이는 문언 자체이고 이 헌법 제10조 후문의 의무규정에서 구체적으로 기본권보장의무가 나오도록 강제한다고 보아야 한다. 따라서 결코 프로그램규정이 아니다. 다시 말하면 헌법 제10조 후문의 국가의무조항은 개별 기본권보장의무를 법률 등으로 구체화하라는 명령이다.

2. 국가의 기본권보장의무의 기초(근거)

(1) 공통의 기초

국가의 침해로부터나 사인의 침해로부터나 국가가 기본권보호를 할 의무의 기초는 다음과 같이 설명될 수 있다.

1) 국가·헌법의 존재이유

국가가 존재하고 국가가 헌법을 제정하며 제도를 창설하는 것은 결국 국민의 권리를 지켜주고 복리를 증진시키는 등 국민의 기본권을 보장하는 데에 종국적 목적이 있다. 바로 이러한 국가와 헌법의 존재목적(이유)에 국가의 기본권보장의무가 기초한다.

2) 헌법 제10조

우리 헌법은 제10조 후문이 "국가는 개인이 가지는 불가침의 기본적 인권을 확인하고 이를 보장할 의무를 진다"라고 하여 국가가 국민의 기본권을 보장할 의무를 진다는 데에 대한 명시적 헌법규정을 두고 있다. 이는 국가의 기본권보장의무에 대한 헌법적 확인규정이다. 이 규정이 없더라도 국가는 위 1)에서 밝히 대로 기본권규범을 준수하여 최대한 기본권을 보장할 의무를 지게 되기 때문이다.

(2) 사인 간에서의 국가의 기본권보장의무의 기초

1) 학설

기본권의 객관적 내용(측면), 객관적 가치질서에서 찾는 견해,[1] 입헌주의헌법과 민주공화국 규정에서 도출하고 헌법 제10조 후문과 헌법전문은 단지 이를 확인하는 것이라고 보는 견해,[2] 헌법 제10조 후문에서 찾는 견해,[3] 기본권의 객관적 가치질서로서의 성격, 개인의 안전보장이라는 국가목적, '안전'이라는 헌법전문 부분, 헌법 제10조 후문, 제30조를 근거로 보는 견해,[4] 헌법 제10조 후문에서 찾으면서 '안전'이라는 헌법전문 부분, 제21조 제4항, 제30조 등 타인의 권리와 관련된 헌법조문은 국가의 기본권보호의무를 간접적으로 시사하고 있는 규정들이라고 보는 견해,[5] 헌법이 정하고 있는 기본권보장과 국가의 본질적 기능, 목적에서 찾는 견해(정종섭, 398면), 제10조 후문과 헌법전문, 개별규정에서 찾는 견해[6] 등이 있다.

---

1) 계희열, 108면; 정태호, 기본권보호의무, 인권과 정의 제252호, 대한변호사협회, 1997, 98-99면; 이부하, 헌법영역에서 기본권보호의무, 공법학연구 제8권 제3호, 한국비교공법학회, 2008, 131면.
2) 송기춘, 국가의 기본권보장의무에 관한 연구, 서울대학교법학박사학위논문, 1999, 108면.
3) 이승우, 국가의 기본권보호의무, 현대공법과개인의권익보호, 균재 양승두교수화갑기념논문집 I, 홍문사, 1994, 1182면; 표명환, 입법자의 기본권보호의무와 헌법적통제, 헌법학연구 제11권 제2호, 2005, 212면 주 4); 정문식, 생명윤리법상 국가의 기본권보호의무, 공법학연구 제8권 제3호, 한국비교공법학회, 2008, 174면.
4) 김선택, 헌법사례연습 제3판, 2004, 274면.
5) 방승주, 헌법소송사례연구, 박영사, 2002, 464면.
6) 최용기, 박현조, 국가의 기본권보장의무, 헌법학연구 제9권 제1호, 2003, 199면.

2) 헌법재판소 판례

헌재는 일반적으로 헌법 제10조 후문에서 찾는 판례를 보여주고 있다. 헌재 2008.7.31. 2004헌바81, 판례집 제20권 2집 상, 103면([판시] 우리 헌법은 제10조 제2문에서 "국가는 개인이 가지는 불가침의 기본적 인권을 확인하고 이를 보장할 의무를 진다."라고 규정함으로써 국가의 적극적인 기본권보호의무를 선언하고 있는바, 이러한 국가의 기본권보호의무 선언은 국가가 국민과의 관계에서 국민의 기본권보호를 위해 노력하여야 할 의무가 있다는 의미뿐만 아니라 국가가 사인 상호간의 관계를 규율하는 사법(私法)질서를 형성하는 경우에도 헌법상 기본권이 존중되고 보호되도록 할 의무가 있다는 것을 천명한 것이다); 헌재 1997.1.16. 90헌마110결정의 4인 합헌의견, 판례집 제9권 1집 , 119－120면.

그런데 헌재는 개별 영역별로 헌법의 개별 기본권을 근거로 제시하기도 한다.

생명·신체에 대한 국가의 기본권보호의무의 헌법적 근거에 대해서는 교통사고처리특례법 결정에서 5인 위헌의견이 "우리들과 우리들의 자손의 안전"이라는 헌법전문 부분, 헌법 제10조, 제30조(범죄피해구조청구권 규정), 헌법 제37조 제1항에서 찾은 바 있다.[1)]

환경권의 국가보호의무에 대해 확성기사건에서 헌재 3인의 합헌의견(법정의견)은 헌법 제10조 후문과 헌법 제35조 제1항(환경권)을 들고 있고 4인의 위헌의견은 명확하지 않으나 "환경권을 보장해야 할 국가의 의무"라는 제목하에 국가의 기본권보호의무를 논하고 있다.[2)]

3) 검토

(가) 기본권의 이중성, 객관성? 기본권보장의 객관성

학설들 중에는 기본권 자체가 객관적 성격을 가진다고 주장하면서 그 기본권의 객관적 성격 내지는 이중성에 사인 간의 국가의 기본권보장의무가 근거한다고 보는 견해가 있다. 그러나 객관적 성격은 권리 그 자체의 성격이 아니라 권리의 효과로서의 성격이다(이중성에 대해서는 앞의 기본권의 성격 부분에서 검토한 바 있다. 전술 참조). 권리 자체의 성격이 객관적이 아니라 권리의 효과나 보장이 객관적이라는 것이다. 그 어느 누구도 예컨대 기본권으로서의 재산권을 다른 모든 사람들에 대해 행사하고 이의 침해에 대항할 수 있는 것은 기본권 자체의 성격이 객관적인 것이 아니라 그 보장이 객관적이라는 것이다. 모든 다른 사람이 그 권리를 인정하고 국가

---

1) 헌재 1997.1.16. 90헌마110. * 이 결정은 합헌의견이 4인재판관의견이고 위헌의견이 5인재판관의견이었는데 위헌의견이 6인을 채우지 못하여 합헌성이 인정(기각)되었고 4인 합헌의견이 법정의견이 되었음. [5인 위헌의견] 헌법전문의 "우리 대한국민은 … 우리들과 우리들의 자손의 안전과 자유와 행복을 영원히 확보할 것을 다짐하면서 … "라는 부분, 제10조의 "모든 국민은 인간으로서의 존엄과 가치를 가지며 행복을 추구할 권리를 가진다. 국가는 개인이 가지는 불가침의 기본적 인권을 확인하고 이를 보장할 의무를 진다", 제30조의 "타인의 범죄행위로 인하여 생명·신체에 대한 피해를 받은 국민은 법률이 정하는 바에 의하여 국가로부터 구조를 받을 수 있다", 제37조 제1항의 "국민의 자유와 권리는 헌법에 열거되지 아니한 이유로 경시되지 아니한다"는 규정내용으로부터 국민의 생명·신체의 안전에 대한 기본권과 그 생명·신체를 사인에 의한 침해로부터 적절히 보호할 국가의 의무가 도출된다고 할 것이다.

2) 헌재 2008.7.31. 2006헌마711, 판례집 제20권 2집 상, 358, 364면.

도 이를 인정하여 객관적으로 그것을 보장하여야 한다는 사실에서 나타난다. 또한 기본권을 보장하는 규범만이 객관적이 아니라 사법(私法)도 객관적이다. 모든 법규범은 객관적이므로 기본권을 보장하는 법규범뿐 아니라 민법도 사인들 간에 적용되어 사법이라고 하나 모든 사인들 간에 공히 적용되는 규범이라는 점에서 객관적이다. 기본권 자체가 객관적 성격을 가지므로 국가가 기본권을 보장할 의무를 진다면 민법 등 사법상의 사권(私權)들에 있어서는 그 객관적 성격이 없어 국가가 보호하여야 할 의무를 지울 수 없다는 결과를 가져오는데 사법상 권리도 국가에 의해 보호되므로 이는 받아들일 수 없음은 물론이다. 공권이든 사권이든 그 권리의 보장에는 국가의 공권력이 개입되어야 한다. 사권의 침해에 대해서도 국가권력, 국가제도(대표적으로 국가의 재판제도)에 의한 구제가 이루어져야 한다. 따라서 객관적 성격이 종래 구분에 따른 공권만이 아니라 사권에 대해서도 그 효력상 인정된다면 기본권만이 객관적 성격을 가진다는 점을 들어 사인 간 기본권의 국가보호의무가 인정된다고 주장하기보다는 사권이든 공권인 기본권이든 그 효과는 마찬가지로 객관성을 가지므로 사인 간의 기본권에 대해서도 국가의 보호의무가 있다고 하는 것이 정확한 것이다.

요컨대 기본권이 객관적 성격을 가져서 국가의 보장의무가 나오는 것이 아니라 객관적 질서는 기본권의 효력으로서 나타나므로 그것에 의해 사인 간에서도 기본권의 보호의무가 국가에게 지워진다. 또 국가의 존재이유가 국민의 기본권보장에 있으므로 국가의 기본권보장의무가 있고 따라서 국가에 의한 기본권보장이 객관적으로 이루어져야 하는 것이다.

사인 간 제약에 대한 국가의 기본권보장의무의 인정으로 기본권의 효력이 더욱 강화되어 가고 있다는 견해가 개진되고 있다.[1)]

(나) 사인 간 기본권효력

앞서 기본권의 효력을 보았는데 오늘날 그 입론에 차이가 있긴 하나 사인들 간에도 기본권이 적용되는 사인 간 효력을 긍정하는 것이 대세이다. 이 사인 간 효력에 의해 사인 간 기본권의 국가보호의무가 인정된다.

(다) 국가후견? 기본권제한으로서의 사적 자치의 제한

사인 간 국가의 기본권보호의무에 대해 소극적인 입장은 국가후견주의(paternalism)적 개입을 꺼려하고 사인들 간에 사적 자치가 구현되도록 국가가 간섭하여서는 안 된다는 관념을 바탕으로 한 것이기도 하다. 그러나 다음의 점들에서 국가후견주의를 지적하는 것은 사인 간 기본권의 국가보호의무를 부정할 논거가 될 수 없게 한다. ⅰ) 비진정 사적 자치의 경우 – 사인들 간에 있어서 사적 자치가 제대로 구현되지 못할 경우에 국가가 기본권보호를 위하여 개입할 필요가 있다. 사인들 간에 어느 한 사인이 우월한 계약상 지위를 가지는 경우에 그렇지

1) 예를 들어 강경근, 헌법, 법문사, 2002, 343면.

못한 다른 사인을 국가가 보호하여 진정한 사적 자치가 구현되도록 할 필요가 있는 것이다. 근로3권의 역사도 사실 사기업과 사인 간의 관계에서 전자가 강하므로 국가가 개입하여 근로3권이 보장되도록 한 것이다. ii) 기본권으로서의 사적 자치권의 한계 − 사인들 간의 사적 자치권도 우리 헌법재판소의 판례를 따르더라도 하나의 기본권이다. 기본권은 제한될 수 있고 그 한계가 인정되기도 한다. 따라서 사적 자치권이 강한 사인에 의해 악용되거나 왜곡되어 행사될 때 당연히 제한되어야 하고 이 제한을 국가가 수행하여야 한다. iii) 기본권의 상충 − 각 사인 간에 서로 기본권이 충돌할 경우도 있다(앞의 기본권상충 참조). 이 상충을 방치하면 무질서가 나타날 수 있다. 이러한 충돌하는 기본권들을 객관적으로 조절하는 임무를 수행할 의무가 국가에 있는 경우도 있다.1)

'후견'이라는 말은 성숙하지 못한 사람을 돌본다는 의미인데 성숙하지 못한 국민을 전제하는 국가후견적이라고 보는 견해는 오늘날 적절하지 못하다.

(라) 특별성 인정의 필요성에 대한 근본적 검토

위에서 본 것처럼 국가의 기본권보장의무론이 사인들 간의 기본권효력에 연관되어 많이 논의되기도 한 것이라 하지만 이 때문에 국가의 기본권보호의무를 특별히 보아야 하는지 하는 근본적인 의문이 제기될 수 있다. 즉 국가가 사인들 간의 기본권침해에 대한 구제의 보호의무를 국가의 기본권침해로도 이론구성할 수는 없는가 하는 문제가 근본적으로 제기된다. 국가가 그 보호의무를 다하지 않고 방치하는 것은 부작위에 의한 침해라고도 볼 수 있기 때문이다. 부작위란 의무를 전제로 하는 것이라는 점인데 부작위로 기본권보호가 되지 않아 기본권침해가 방치되었다는 점에서 국가의 기본권보호의무는 기본권침해 문제로 귀일된다고 볼 수도 있다. 국가가 사인에 의한 침해 이후 사후적 침해자가 되는 것이다. 어떤 사인이 다른 사인의 범죄로 피해를 입거나 입게 되는데 국가가 이를 방치하면 국가도 침해자가 되는 것이다.

우리 헌재가 국가의 기본권보호의무의 문제로 다룬 교통사고처리특례법 결정과 같은 경우에 국가가 형벌권을 가지고 있는데도 처벌하지 않았다는 사실을 두고 보면 침해자가 되었다고 볼 수도 있다. 처벌(형벌)권은 국가가 독점하는데 이를 하지 않는다는 것은 실질적으로는 침해자가 된다는 것이다. 태어나지 못한 태아의 손해배상청구권 박탈의 사안도 손해를 가한 행위에 대한 제재를 막고 있으므로 실질적으로 침해라고 볼 수도 있다. 태아에 손해배상청구권을 인정하면 반대로 가해자는 기본권을 제한받는 입장이 된다. 이를 제한의 문제로 볼 수 있다는 결과가 된다. 그렇다면 사인 간의 국가의 기본권보호의무가 문제되는 사안에서 기본권의

1) 사적 영역에서의 국가의 기본권보호의무가 확대되는 것에 대해 "자유와 자율의 내용에 대한 국가의 후견적 간섭 이른바 paternalism에 바탕하고 있다는 느낌을 강하게 준다"는 비판적 견해가 있다(서경석, 국가의 기본권보호의무 비판, 헌법학연구 제9권 제3호, 2003, 407면). 경청할만한 견해인데 한 당사자 사인에 대한 보호가 다른 사인에 대한 제한을 가져오는 경우에 그 제한의 한계를 충실히 지키도록 하는 것이 그 우려를 불식하는 것이 될 것이기도 하다.

침해 문제는 사인 간의 기본권의 충돌에서의 기본권의 조절 문제가 되는 경우를 볼 수 있다. 위 사안들도 그렇지만 또 다른 예로 선거운동에 있어서 확성기 사용 사건을 들어 생각해 볼만하다. 선거운동에서 확성기 음량 규제를 가하면 소음으로 인하여 피해를 입고 있는 사인에게는 기본권의 보호가 되고 소음을 유발하는 선거운동원 사인에게는 기본권의 제한이 가해지게 된다. 그런데 이는 사실 환경권과 선거운동권의 충돌이라고 볼 수 있고 이를 어떻게 조절하느냐 하는 문제로 귀착된다. 이 사례에서 소음에 대한 규제를 통한 환경권법익의 보호는 선거운동권의 제한이 된다. 헌재도 초기에 검사의 불기소처분에 대한 헌법소원 사안에서 "국가를 상대로 헌법 제10조, 제11조 제1항 및 제30조(이 사건과 같이 생명·신체에 대한 피해를 받은 경우)에 규정된 보호의무 위반 또는 법 앞에서의 평등권 위반이라는 기본권 침해를 주장할 수 있는 것"이라고 판시한[1] 예도 보여주었다(지금은 법원의 재정신청 범위의 대폭확대로 불기소 헌법소원이 바로 제기되기 어렵다. 여하튼 자의적 불기소가 국가의무의 위반이라고 보는 것은 헌법소원대상성 문제를 떠나 여전한 것이다).

사인들 간의 문제에 국가가 개입하거나 후견 역할을 하면 안 된다는 생각이 최소한의 조치라고 하는 기본권보호의무이론의 배경이 되고 있다. 그러나 이는 사인들 간의 문제는 고스란히 사인들 간에만 맡김으로써 국가나 사회의 공동체가 유지될 수 있다면 또 현재 그렇게 하고 있다면 몰라도 사인들 간에 국가가 개입하여야 질서와 공동체의 유지가 가능할 경우에는 개입이 되어야 한다. 당장 사인에 의한 범죄로부터 보호를 생각해도 그렇다. 사인이 저지른 범죄에 대해 국가는 사인들 간 문제이므로 방치하여야 하는가? 방치하고 있는가? 형법이 그것을 예방하고 제재를 가하여 사회질서를 유지하려고 한다. 민법도 사인들 간의 거래질서를 위한 규제를 두고 있지 않은가. 사인에 의한 기본권침해가 있음에도 불구하고 이것을 배제하여야 할 국가의 의무가 이행되지 아니한다면 이 경우 국민은 국가를 상대로 헌법 제10조, 제11조 제1항 및 제30조(이 사건과 같이 생명·신체에 대한 피해를 받은 경우)에 규정된 보호의무 위반의 기본권제약을 주장할 수 있을 것이다. 또는 다른 국민과 달리 기본권침해로부터 보호받지 못하였다는 점을 들어 국가에 대해 법 앞에서의 평등권 위반이라는 기본권 침해를 주장할 수 있는 것이다. 위의 불기소처분에 대한 경우도 그러한 점에서 헌재 자신도 국가의무 위반에 의한 기본권제한으로 본 것이다. 위와 같은 근본적 검토는 국가의 기본권보호의무라는 개념이 필요할지라도 이를 마치 특별히 달리 구성되는 법리로 해결되어야 하는 것으로 다루어져야 하고 또 그 법리가 강조되어야 할 것인지 하는 의문을 들게 한다.

국가가 사인들 간의 기본권침해에 대해서도 구제의 보호의무를 진다고 하여 국가가 후견인 입장이 아니라 국가의 존재 이유에서 이를 찾아야 하는데 이에 대해서 아래의 국가의무의 기초에서 다루게 된다. 한편 국가가 사인들 간의 기본권침해에 대한 구제의 보호의무를 진다

---

1) 헌재 1989.4.17. 88헌마3.

고 하여 모든 경우에 동일한 정도의 의무를 진다는 것은 아니고 기본권에 따라 차이를 보일 수 있다. 위와 같은 검토는 국가의 기본권보호의무의 정도가 뒤에서 살피는 대로 헌재의 위헌심사에서 최소한의 조치를 다하였는가 하는 과소보호금지원칙 심사를 일률적으로 행하는 데에 이의를 제기하게 한다. 또 기존이론은 국가의 기본권보장의무는 주로 국민의 생명, 신체에 관한 사안에 적용된다고 하는데 이는 생명·신체의 안전에 관해서도 필요최소한 조치의 과소보호금지원칙이 적용된다는 것인데 이는 위 검토에 따르더라도 쉽게 수긍이 될 수 없다.

4) 개별헌법규정

사인의 침해에 대한 기본권보호의 국가의무도 국가에 의한 침해에 대한 국가의 기본권보장의무와 마찬가지의 헌법 제10조에 그 근거를 가진다고 위에서 공통근거로 언급한 바 있다. 그 외에도 개별적 헌법규정, 여러 개별 헌법상 기본권들이 사인 간 국가의무의 근거가 될 수도 있다. 예를 들어 헌법 제30조의 범죄피해구조권("타인의 범죄행위로 인하여 생명·신체에 대한 피해를 받은 국민은 법률이 정하는 바에 의하여 국가로부터 구조를 받을 수 있다") 규정을 들 수 있다. 헌법 제36조 제1항의 "혼인과 가족생활은 개인의 존엄과 양성의 평등을 기초로 성립되고 유지되어야 하며, 국가는 이를 보장한다"라는 규정도 사인들 간의 결합인 혼인생활에서의 기본권 침해방지의 국가의무를 밝힌 것이라고 할 것이다.

우리 헌법은 제10조 외에도 헌법전문에서부터 "우리들과 우리들의 자손의 안전과 자유와 행복을 영원히 확보할 것을 다짐하면서"라는 문구에서도 찾을 수 있다. 참고로 1776년 버지니아 인권선언 제3절, 1789년 프랑스 인권선언 제2조도 안전을 명시하고 있다.

재외국민에 대해서는 "국가는 법률이 정하는 바에 의하여 재외국민을 보호할 의무를 진다"라고 규정한 헌법 제2조 제2항에서도 국가의 기본권보호의무를 확인할 수 있다.

3. 용어의 정리 필요성

i) **'국가의 기본권보호의무'와 '국가의 사인 간 기본권보호의무'** '국가의 기본권보호의무'라는 용어로는 사인 간 기본권관계에서의 국가의 보호의무뿐 아니라 국가가 침해자이거나 실현자여야 하는 경우의 국가의 보호의무도 포함되는 의미를 나타낸다. 학설과 판례 중에는 '국가의 기본권보호의무'라는 용어를 '사인 간 기본권보호의무'로만 지칭하는 견해와 판시가[1] 있다. 이는 사인들 간의 경우만 보호대상으로 '국가의 사인적 기본권보호의무'라고 하면 몰라도 그냥 기본권보호의무라고 부르는 것은 사인 간 보호의무만을 국가의 기본권보호의무 전체라고 보는 오해를 가져오게 하여 어의(語義) 자체를 자의적으로 한정하는 것이다. 좁은 개념을

1) "기본권 보호의무란 기본권적 법익을 기본권 주체인 사인에 의한 위법한 침해 또는 침해의 위험으로부터 보호하여야 하는 국가의 의무를 말하며"라는 판시가 그 예이다(헌재 2011.2.24. 2008헌바40).

취하더라도 국가가 침해자인 경우의 국가의 기본권보호의무를 저버릴 수 없다. 오해의 소지를 불식하기 위해서라도 사인의 침해에 대한 국가의 기본권보호의무는 그렇게 '사인 침해에 의한' 이란 말을 붙여 사용하는 것이 적절할 것이고 그게 어려운 일도 아니다.

ii) **기본권의 '보장'이란 말과 '보호'란 말의 구분?** 이 양 용어를 구별하여 '보장'은 국가가 기본권을 침해하는 경우로, '보호'는 사인이 침해하는 경우에 사용하고자 하는 견해가 있다. 그러나 당장 한국말의 뜻이 그렇게 달리 쓰느냐 하는 것부터 문제이다. 우리 국어사전에 따르면 '보장'이란 "어떤 일이 어려움 없이 이루어지도록 조건을 마련하여 보증하거나 보호함" 이라고 하고, '보호'란 "위험이나 곤란 따위가 미치지 아니하도록 잘 보살펴 돌봄"이라고 하여[1] 차이를 별로 볼 수 없다. 독일에서 기본권의 사인 간에서의 기본권보호의 국가의무를 옮겨놓는다면 이렇게 이상한 구별을 할 게 하니라 '사인 간에서 국가의 기본권보호의무'라는 제목으로 다루어야 할 것이다. 그렇지 않으면 국가가 기본권을 침해하는 경우에는 국가가 그 침해로부터 기본권을 지켜내어야 할 보장의무는 없는 것이 된다. 그런데 독일에서의 논의도 그것은 물론 아니다.

따라서 국가의 기본권보장의무는 모든 기본권침해에 대해 국가의 기본권보장의무를 말할 수 있다. 다만, 그동안 사인들 간에 기본권 문제에도 국가가 보호의무를 지는가 하는 것이 국가의 기본권침해에 대한 국가의 기본권보호의무보다 더 많이 논의될 필요가 있었기에 이 문제가 많이 다루어진 것이라고 볼 것이다.

Ⅱ. 국가의 기본권보장의무의 인정요건

1. 국가가 침해자인 경우

국가기관이 국민의 기본권을 제한함에 있어서 그 한계인 법률유보, 비례원칙, 신뢰보호원칙 등을 준수하지 않아 한계를 벗어난 경우에 그 침해에 대해 국가가 기본권을 보호할 의무를 지게 된다.

2. 사인 간 '기본권침해'에 있어서 국가보호의무의 요건

(1) 기존이론 정리

독일의 이론에 영향을 많이 받아 그 요건을 설정하는 견해들이 있다. 그 견해들을 정리하면 다음과 같은 요소들이 요건의 골자를 이룬다. 즉 보호대상성, 위험원의 사인성, 위법성, 위험의 발생 또는 발생우려이다.

---

1) http://krdic.naver.com/search.nhn?kind=all&scBtn=true&query=%EB%B3%B4%ED%98%B8.

1) 보호대상성

이에 대해서는 아래에서 자세히 살펴본다. 주로 자유권적이거나 생명, 신체에 관한 사안에서 기본권보호의무를 강조할 수 있다는 견해들이 있다.

2) 위험원의 사인성

위험은 어느 사인이 다른 사인에 대해 가해지는 행위가 원인이 되어 발생된 것이어야 한다고 본다. 인간의 힘으로 어쩔 수 없는 자연적인 재해, 불가항력의 위험은 제외된다고 보는 것이다. 그러나 이는 우리 헌법에 적용하는 것에 타당성이 없다. 대한민국 헌법 제34조 제6항이 "국가는 재해를 예방하고 그 위험으로부터 국민을 보호하기 위하여 노력하여야 한다"라고 규정한 것과 벌써 부합되지 않는다. 마약흡입, 음주, 흡연 등 사인이 스스로 초래한 경우는 기본권보호의무가 발생하지 않는다고 본다. 그러나 이는 어느 사인이 다른 사인을 침해할 때의 국가의 기본권보호의무를 논하는 여기에서 기본권주체 스스로의 자해행위를 언급하는 것이 적실성부터 없는 것이다.

마약흡입, 음주 등 사인이 자초한 경우라고 국가의 기본권보장의무가 없는 것인지 검토할 일이다. 사인이 스스로 하는 경우에는 국가가 개입할 수 없다는 관념이 자리잡은 견해이나 사인의 행위가 그 사인의 인간존엄성을 말살하는 경우에는 국가가 개입하여 그 사인의 기본권을 보장하여야 할 의무가 있다. 실제 국가는 마약을 금지하고 있다. 우리 헌법은 제36조 제3항은 보건에 관한 국가보호의무를 명시하고 있기도 하다.

3) 위법성

사인이 가하는 위법한 제약으로 피해가 발생하거나 그럴 우려(위험)가 있어야 할 것을 요건으로 한다고 본다. 가해의 위법성이 있어야 하므로 적법한 기본권의 행사로 인해 다른 사인의 기본권법익을 제약하는 경우에는 국가의 기본권보호의무가 성립되지 않는다고 한다. 예를 들어 적법한 단체행동권의 행사, 적법한 영업행위 등을 그 예로 들 수 있다고 한다.

4) 위해(침해)의 발생 또는 발생우려

사인이 행한 행위로 위해가 발생하였거나 실제로 발생하지 않더라도 발생의 우려(위험)가 있을 때에 국가의 보호의무가 발생한다고 본다.

(2) 평가

i) 각 요소를 평가하기 전에 근본적인 문제를 보면 이 성립요건은 '가해자 사인－국가－피해자 사인'이라는 3각구도에서만 국가의 보호의무가 발생한다는 전제를 두고 있다. 그러나 어느 사인에 의한 침해행위가 없는 사인들 간 관계에서도 국가의 기본권보호의무가 발생할 수 있다는 점에서 위 성립요건은 사인에 의한 침해가 있는 경우의 국가의 보호의무라는 경우에 적용되는 한정적인 적용이라는 점에 유의할 일이다.

ⅱ) 위 요건들을 개별적으로 검토해보자. ① 보호대상성 – 아래의 보호범위에서 살펴보는 대로 생명, 신체에 관련된 자유권적 영역으로 치중하려는 견해는 생존권, 참정권 등 다른 영역에서의 사인의 기본권침해가 있을 수 있으므로 타당하지 못하고 전반적인 보호범위를 인정하여야 한다. ② 위험원의 사인성 – 마약흡입 등 사인이 스스로 초래한 경우를 범위에서 제외하나 이는 어느 사인이 다른 사인을 침해할 때의 국가의 기본권보호의무를 논하는 여기에서 자초한 것이어서 다른 사인에 의한 침해가 없으므로 논의범위에 포함되지 않는 것을 배제하는 당연한 것을 요건으로 부과하고 있는 것이다. 오히려 이런 요건과 사인에 의한 침해라는 것을 떠나서 마약흡입, 음주 등 사인이 자초한 경우라고 국가의 기본권보장의무가 없는 것인지 검토할 일이다. 사인이 스스로 하는 경우에는 국가가 개입할 수 없다는 관념이 자리잡은 견해이나 사인의 행위가 그 사인의 인간존엄성을 말살하는 경우에는 비록 타인의 위험부여는 없는 경우이긴 하나 국가가 개입하여 그 사인의 존엄성을 보장하여야 할 의무가 있다. 위에서 우리는 마약금지를 그 예로 들었다. 실제 국가는 마약을 금지하고 있고 우리 헌법은 제36조 제3항은 보건에 관한 국가보호의무를 명시하고 있기도 하다. 그런 맥락에서 자연재해 등의 경우에도 제외된다고 하나 그렇게 사인의 침해가 없는 경우라 하더라도 기본권보호의 국가의무가 없다고 본다면 이는 우리 헌법에 적용에 타당성이 없다. 대한민국 헌법 제34조 제6항이 "국가는 재해를 예방하고 그 위험으로부터 국민을 보호하기 위하여 노력하여야 한다"라고 규정하고 있어서 사인의 침해가 없는 자연재해 경우에도 국가의무를 우리 헌법은 인정하고 있다. ③ 위법성 – 위법성 여부는 법률이 아니라 헌법에 비추어 판단하여야 한다고 한다. 그렇다면 위법성은 제약행위가 헌법적으로 허용되지 않는다는 의미이다. 그런데 위법성, 즉 그 허용 여부는 애초에 명백한 경우도 있겠으나 문제되는 사안에서의 심사를 통해서 판명될 경우가 있다. 어떤 제약행위가 헌법적으로 허용되는지가 비례원칙심사를 통해 판단되어야 할 경우가 있는 것이다. 우리 헌재의 결정례 중 확성기 선거운동 사건과 같은 경우를 보면 확성기 소음발생이라는 행위가 위법하고 그래서 국가의 보호의무가 발생하였다라고 논증하지는 않았다. 이 사안에서 확성기 소음으로 인한 환경권의 제한이라는 기본권제한의 문제로, 그리고 선거운동의 자유와 환경권과의 충돌 문제로 볼 수도 있었다.[1] 그렇다면 사인의 적법한 제약의 경우에도 기본권주체 간의 법익충돌로 보아 그 조절이 필요한 경우 국가가 조절이라는 보호의무를 이행하여야 하는 경우로 볼 수도 있다. 요컨대 위법성 요건이 반드시 요구되는지는 의문이 없지 않다.

1) 조대현 재판관의 의견은 비례원칙심사를 행하고 있다. 헌재 2008.7.31. 2006헌마711, 판례집 20-2, 상, 361면.

3. 국가의 기본권보호의무 위반의 양태와 보호의무실현과정

국가가 이행하여야 할 기본권보호의무를 해태하고 있는 경우로는 의무가 있음에도 불구하고 하지 않고 있는 양태인 경우인 것은 당연하므로 부작위(不作爲)상태가 될 것이다(적극적으로, 명시적으로 거부하는 경우도 물론 양태에 포함된다). 국가의 기본권보호의무 위반의 양태는 따라서 기본권보호를 위한 행정상 조치를 하지 않은 행정부작위, 기본권보호를 위한 법률의 제정, 개정을 하지 않고 있는 입법부작위, 법원의 재판이 이루어지지 않는 사법(司法)부작위의 경우를 들 수 있다. 부작위에는 전혀 없는 정도만이 아니라 부족한 정도인 경우도 포함된다(이른바 진정부작위와 부진정부작위). 이러한 부작위에 대해서는 헌법재판으로 다툴 수 있다. 사법부작위의 경우는 국가의 행정조치 등이 없어 문제되는 행정소송에서 뿐 아니라 좁은 의미의 사인 간 기본권관계에서의 국가의 기본권보호의무에서도 나타날 수 있다. 예를 들어 사인들 간에 손해배상책임이 있느냐 하는 문제를 둘러싼 민사소송에서 그 민사소송의 피고의 불법행위로 인해 원고의 기본권이 침해된 경우에 법원이 손해배상책임을 부정해버리면 국가(법원)의 기본권보호의무를 사법부작위(또는 사법거부)에 의해 저버리는 것이 된다.

Ⅲ. 국가의 기본권보장의무의 내용

1. 기본권 최대보장의 원칙

국가와 헌법의 존재목적이 결국 국민의 자유를 지켜주고 복리를 증진시키는 등 국민의 기본권을 보장하기 위한 것이라면 국가는 국민의 기본권을 최대한 보장하여야 한다. 헌법 제10조 후문의 취지도 그러하다. 따라서 기본권보호를 최소로 하는 것은 금지된다고 할 것이다.

국가는 입법, 행정, 사법의 영역에서 이처럼 국민의 기본권을 최대한 보장할 의무를 진다. 기본권의 효력, 기본권 최대보장의 실효성은 특히 기본권침해에 대한 구제가 충실히 될 때 제대로 나타날 수 있음은 물론이다. 오늘날 기본권의 구제수단으로는 헌법재판이 있고 또 전통적인 행정소송제도 등이 있으며 예방적 수단으로는 행정절차제도 등이 있다. 또한 국가배상제도 등도 중요한 구제제도로서의 기능을 한다. 기본권의 효력을 실질화하기 위한 이러한 구제제도들은 청구권적 기본권의 내용이기도 하다. 따라서 본서에서는 개별적 기본권의 한 부분으로서 제6장 청구권에서 기본권구제제도에 관하여 주로 자세히 살펴보게 된다.

2. 국가행위와 기본권보장의무

국가의 기본권보장의무는 국가기관이 기본권을 침해할 수 없도록 금지하고 침해가 있을 때에 이를 제거하여야 할 의무를 그 내용으로 한다. 이러한 침해금지 · 제거의 의무라는 소극적인 의무 외에 적극적인 기본권실현을 위한 의무도 진다. 국가의 기본권보장의무에 따라 국가의 법제도, 공권력 등을 행사하여 기본권보호가 이루어질 것을 요구할 힘이 발생하고 국가는 입법, 행정, 사법을 통해 그 의무를 이행하여야 한다. 현실적인 여건 때문에 그 실현에 어려움이 있더라도 입법, 행정이 가능한 한 보다 적극적으로 기본권을 실현하고 예방하며 신장할 의무를 진다. 기본권을 실현하기 위하여 필요한 구체적 규정이 없거나 부족한 경우에 입법부는 입법의무를 진다. 행정부도 기본권보호를 위한 적극적 조치를 취할 의무를 진다. 사법부도 기본권의 보장을 위한 적극적인 법해석 · 적용을 하여야 한다.

* 국가기관이 침해하여서는 아니 되는 의무로 법률에 근거한 기본권제한이 되어야 한다는 법률유보원칙 준수의무, 그 제한의 한계를 지켜야 하다는 비례원칙의 준수의무, 본질적 내용침해금지의무 등도 들 수 있다. 그런데 이러한 법률유보, 비례원칙, 본질적 내용침해금지 등은 소극적 방어권으로서 해결될 문제이고 국가의 기본권보장의무가 아니라는 견해가 있다. 이 역시 사인들 간의 보호의무만을 염두에 둔 견해이다.

* 국가보호의무와 입법부작위, 그리고 헌법소원 대상성 : 국가의무의 존재가 부정될 경우에 헌법소원의 대상성도 부정되어 헌재는 각하결정을 한다. 부작위에 대해서는 의무가 존재함에도 행위(작위)를 하지 않은 경우에 헌법소원의 대상인 공권력불행사가 되기 때문이다. 따라서 의무가 없는 경우에 각하결정이 된다. 그러한 일례로 독도에 대피시설이나 의무시설, 관리사무소, 방파제 등을 설치하지 아니한 피청구인(대한민국정부)의 부작위가 헌법소원 대상이 될 수 있는지 여부가 문제된 것에 대해 헌재는 구체적 작위의무가 없다고 보아 부정하고 각하결정을 하였다(독도 행정부작위 사건, 헌재 2016.5.26. 2014헌마1002).

3. 사인 간의 관계, 제3자 관계에서의 국가의 기본권보장의무

(1) 보호대상, 범위

1) 검토

ⅰ) **자유권 한정?** 사인 간 국가의 기본권보호의무의 범위가 자유권에 한정된다는 견해가 있다. 자유권에 한정되는 것이 생존권(사회적 기본권)과 같은 권리는 타인에 의한 침해라는 것이 없이 국가의 복지작용과 같은 작용만 있으면 실현되므로 '국가－침해하는 사인－침해받는 사인'이라는 3각구도가 형성되지 않기 때문이라는 이유를 들고 있다. 일단 이는 침해로부터의 기본권보호만을 염두에 두는 것인데 국가의 기본권보호의무는 침해배제만으로 국한할 것은 아니다. 어느 사인에 의한 침해가 없더라도 국가개입이 필요가 있는 경우가 있다. 이하에서는 사인의 침해가 있는 경우와 그렇지 않은 경우 모두를 두고 살펴본다.

ⅱ) **생존권** 그러나 3각구도가 중요한 것이 아니라 설령 그렇다 하더라도 이는 소극적 방어권으로서 자유권에 대한 것이고 적극적인 생존권의 실현도 국가의 적극적인 활동에 의해

이루어져야 한다는 점에서, 그리고 우리 헌법 제34조 등에서의 국가의 복지의무 등을 규정하고 있기도 한데 이를 무시하고 생존권의 보호는 국가의 기본권보호의무에 포함되지 않는다고 보는 것은 타당하지 못하다. 타인침해를 예상한 우리 헌법규정의 예도 있다, 즉 헌법 제30조의 범죄피해자구조권은 타인의 침해행위로 인한 국가의 보호의무를 명시한 한 예이다. 또한 다른 사람의 악의에 의해 근로권, 생활수단이 박탈되면 국가가 개입하여야 할 것이다. 이는 아래에 보는 헌재의 일부판례가 국가의 기본권보호의무가 적용되는 대상으로 강조하는 생명, 건강, 안전과도 관련된다는 점에서 국가의무에 따라 보호되어야 할 대상에서 마냥 제외되는 것으로만 볼 수는 없다.

iii) **주로 생명, 신체 보호?** 헌재의 판례로는 좁게 보아 기본권 보호의무는 "주로 사인인 제3자에 의한 개인의 생명이나 신체의 훼손에서 문제되는바"라고 판시하는 결정례[1]가 있다. 그러나 이렇게 좁게 범위를 보아야 할 이유가 없을 뿐 아니라 더욱이 생명, 신체 등에 대해서는 보다 강한 보호의무를 부여하여야 할 뿐이다. 우리 헌재도 생명신체뿐 아니라 환경권의 국가보호의무를 사인 간에서도 인정하는 결정례를 보여주고 있다. 선거운동기간 중의 확성기 사용에 관한 결정이 그 예이다.[2] 청구권이나 참정권의 침해에 대해서도 국가의 보호의무가 있다. 예컨대 타인이 재판청구권이라는 청구권을 행사하는 데 방해를 하는 재판방해를 할 경우에 소송법에 제재규정을 두고 있고 참정권의 행사를 방해하는 경우에 국가가 이를 제지하여 보호하여야 할 의무가 있는바 실제 투표방해죄 등으로 처벌하고 있다(공직선거법 제242조).

iv) **평등권** 어느 사인이 다른 사인을 차별하는 경우는 물론이고 그러하지 않은 경우라도 객관적으로 사인들 간에 차별이 있다면 국가는 이를 시정할 의무가 있다. 자유권에 보호의무가 한정된다는 것이 이 점에서도 문제이다.

v) **인간의 존엄성** 자유권뿐 아니라 그 이전에 인간의 존엄과 가치가 사인에 의해 침해되면 국가가 그 침해로부터 사인을 보호할 의무가 있다. 헌재는 제10조의 인간의 존엄성은 '국가권력의 한계'로서 국가에 의한 침해로부터 보호받을 개인의 방어권일 뿐 아니라, '국가권력의 과제'로서 국민이 제 3 자에 의하여 인간존엄성을 위협받을 때 국가는 이를 보호할 의무를 부담한다고 하면서, 일본국에 대하여 가지는 일본군위안부, 원폭피해자로서의 배상청구권이 '대한민국과 일본국 간의 재산 및 청구권에 관한 문제의 해결과 경제협력에 관한 협정' 제 2 조 제 1 항에 의하여 소멸되었는지 여부에 관한 한·일 양국 간 해석상 분쟁을 위 협정 제 3 조가 정한 절차에 따라 해결할 의무가 헌법 제10조에 비추어 볼 때 헌법적 의무이고 이 의무를 이행하지 아니하고 있는 피청구인(외교통상부장관)의 부작위가 위헌이라고 확인하였다.[3] 그러

1) 헌재 2011.2.24. 2008헌바40; 헌재 2009.2.26. 2005헌마764.
2) 헌재 2008.7.31. 2006헌마711, 판례집 제20권 2집 상, 345면.
3) 헌재 2011.8.30. 2006헌마788, 판례집 23-2 상, 366면; 헌재 2011.8.30. 2008헌마648, 판례집 23-2 상, 417면.

나 헌재는 이 결정 이후 일제의 사할린 강제징용자 등이 청구한 같은 취지의 청구에 대해 의무불이행이 아니라고 하여 각하결정하였다(헌재 2019.12.27. 2012헌마939).

* 주의를 요할 것은 국가의 기본권보호의무를 방어권(자유권과 같은 소극적 방어권)의 보장과 구별된다고 하면서 국가의 기본권보호의무의 대상은 자유권에 의해 보호될 가치가 있는 경우에 발생한다는 참고서의 설명은 모순이라는 점이다.

2) 정리

사인 간에서의 국가의 기본권보호의무의 대상과 범위를 기본권의 종류별로 정리하면 다음과 같다. i) 인간의 존엄과 가치 – 어느 개인의 명예훼손적 발언으로 어느 개인의 인격권이 침해되었다면 민사상의 손해배상을 국가기관인 법원 등에서 인정해 주는 것이 그 예이다. 국민의 생명, 건강의 보호의무도 국가에 주어진다. 건강, 보건은 우리 헌법의 경우 제36조 제3항이 생존권영역에서 규정하고 있으나 헌법 제10조 인간의 존엄과 가치에서도 그 보호의무가 나올 수 있다. 무면허의료행위에 대한 국가규제가 건강을 위한 국가의무의 예이다. ii) 평등권 – 사인들 간에 차별이 여러 영역에서 금지된다. 사기업의 고용에서 외모에 의한 채용 등 차별이 그 예이다. 차별금지법 제정, 노동계약의 일방적 강요금지 등의 국가의무가 요구된다. iii) 자유권 – 자유권에 국가의무를 한정하는 것이 문제라는 것이지 사인 간 자유권의 침해에 대해서 국가의 기본권보호의무가 물론 인정된다. 어느 사인의 직업수행의 자유를 침해하는 다른 사인의 시장독점적 영업의 횡포에 대해 공정거래를 위한 국가규제 등이 그 예이다. iv) 생존권 – 근로자 보호 어느 사인인 사용자가 근로자의 권리나 근로3권을 침해하거나 사회보장수급권의 수령을 방해하는 등의 경우에 국가의 기본권보호의무가 인정된다. 사인에 의한 환경파괴에 대해 국가가 예방하고 금지할 의무가 있다. 판례로는 확성기 사건이 있었다. 환경권의 경우에는 국가만이 아니라 국민도 보전의무를 진다는 점에서(제35조 제1항) 다른 기본권들의 경우에 차이가 있다.

(2) 보장방법

국가는 사인들 간의 관계에서의 기본권의 침해를 제거하는 조치를 취하여야 한다. 입법의 불비로 침해되는 경우에 이를 위한 입법을 마련하여야 한다. 사인들 간의 불평등한 처우 등을 시정하는 입법과 조치가 요구된다. 다만, 사인들 간에서의 국가보호의무에 있어서는 사적 자치 등에 따른 한계가 있을 수 있기 때문에 국가의 개입이 요구되는 정도가 달라질 수는 있을 것이다. 사인이 입법불비에 대해 헌법재판을 청구할 수 있고 그 청구에 대해 헌법재판소가 기본권보호의무가 이행되지 않았거나 불충분한 경우 그 원인이 입법불비에 있다고 확인하면 입법을 촉구하는 결정이 필요하다. 사인의 기본권침해에 대해 국가의 공권력인 법원의 힘으로 민사소송을 통한 손해배상, 침해제거명령 등의 조치가 이루어질 수 있다. 사인의 범죄행위에 대해서는 형사재판을 통한 형벌부과, 사인의 영업방해 등에 대해 행정조치 등을 취할 수 있다. 범죄예방을 위한 각종 경찰행정작용을 통한 개입도 국가의무의 실현이다. 그 공권력작용들이 지나치면 안 된다.

(3) 법적 효과

이러한 보호과정에서 사인들 간에 기본권의 조절이 이루어질 수 있다. 국가가 사인들 간의 기본권침해에 있어서 그 보호가 이루어지지 않거나 불충분한 경우에 소송을 통해 의무이행을 요구할 수 있어야 한다. 또한 법원재판에서 받아들여지지 않을 때 헌법소원을 할 수 있어야 보다 실효성이 있을 것인데 현재 재판소원은 원칙적으로 금지되어 있다. 사인 간 기본권침해에 대한 국가보장을 위하여 헌법재판의 심사대상이 된 경우에는 우리 헌재는 아래에서 보듯이 과소보호금지원칙심사가 이루어진다고 한다.

(4) 보호청구권

사인 간 국가의 기본권보호의무가 있다면 그 보호를 청구할 권리도 인정되느냐 하는 논의가 있다. 이를 부정하는 견해도 있지만 국가의 보호의무의 인정이 사인이 어느 사인의 기본권을 침해하는 데 대한 국가의 개입이 의무라는 것을 인정하는 것이므로 그러한 의무를 요구하는 것 또한 권리라고 보아야 한다. 긍정설이 타당하다.

4. 기본권침해 없는 상황에서의 국가의 보호의무

(1) 의의

종래의 사인 간 기본권관계에서의 국가의 보호의무는 어느 사인이 다른 사인의 기본권을 제한하는 행위가 있을 경우이다. 그러한 구도가 아니라 개인의 제한행위가 없이 어느 개인의 기본권이 보장되지 않는 경우에도 국가의 기본권보호의무는 있다. 국가의 적극적인 개입이 필요한 경우이다.

(2) 개별 헌법조항

국민의 기초적인 인간다운 생활을 할 권리가 생존권으로서 생활의 출발이 되는 권리이다. 이러한 생존권의 경우 타인의 제한이 없는 가운데 국가가 그 보장을 책임지게 된다. 생존권은 국가가 적극적으로 개입하여야 실현된다는 점에서 더욱 그러하다. 특히 생존권의 경우가 많다. 즉 헌법 제34조 제1항은 "모든 국민은 인간다운 생활을 할 권리를 가진다", 제2항은 "국가는 사회보장·사회복지의 증진에 노력할 의무를 진다", 제3항은 "국가는 여자의 복지와 권익의 향상을 위하여 노력하여야 한다", 제4항은 "국가는 노인과 청소년의 복지향상을 위한 정책을 실시할 의무를 진다", 제5항은 "신체장애자 및 질병·노령 기타의 사유로 생활능력이 없는 국민은 법률이 정하는 바에 의하여 국가의 보호를 받는다", 제6항은 "국가는 재해를 예방하고 그 위험으로부터 국민을 보호하기 위하여 노력하여야 한다"라고 규정하고 있다. 헌법 제35조도 제1항이 "모든 국민은 건강하고 쾌적한 환경에서 생활할 권리를 가지며, 국가와 국민은 환경보전을 위하여 노력하여야 한다", 제2항이 "환경권의 내용과 행사에 관하여는 법률로 정한다", 제3항이 "국가는 주택개발정책 등을 통하여 모든 국민이 쾌적한 주거생활을 할 수 있도록 노력하여야 한다"라고 규정하고 있다. 헌법 제36조 제1항은 "혼인과 가족생활은 개인의 존엄과 양성의 평등을 기초로 성립되고 유지되어야 하며, 국가는 이를 보장한다", 제2항은 "국가는 모성의 보호를 위하여 노력하여야 한다", 제3항은 "모든 국민은 보건에 관하여 국가의 보호를 받는다"라고 규정하고 있다. 그 보장에 "법률이 정하는 바"에 의하여 하도록 하는 경우가 위 조항들에서 본 대로 많은데 국가가 법률을 제정할 의무를 이행하지 않을 경우에는 그 실현이 어려워진다는 점에서 국가의무를 강조하여야 할 것이다.

사실 생존권만이 아니라 그 외 종류의 기본권들로서 그 국가보호의무가 명시된 기본권이 있다. 자유권의 예로 헌법 제22조 제2항은 "저작자·발명가·과학기술자와 예술가의 권리는 법률로써 보호한다"라고 규정하고 있다(여기서 예술가의 자유가 아니라 '권리'라고 하고 있는데 권리에는 자유권도 포함됨은 물론이다). 청구권적 기본권에 대한 의무로 "국가는 청원에 대하여 심사할 의무를 진다"라고 명시하고 있고(제26조 2항) 재판제도(제27조) 등도 국가의무가 명시되는 규정이기도 하다. 참정권의 경우에도 선거제도의 충실화의무가 헌법이 국가에 부과하는 의무이다.

사실 위의 생존권규정이나 자유권, 청구권의 보호조항들도 사인에 의한 침해의 경우(예를 들어 어느 사인이 다른 사인의 사회보장수급권이라는 생존권을 침해하거나 저작자·예술가의 권리를 침해하거나 선거권을 침해하는 경우)에는 사인 간 기본권관계에서의 국가의 보호의무가 발생하기도 한다.

Ⅳ. 헌법재판과 국가보장의무(의무이행에 대한 위헌심사기준)

1. 논의점 - 사인 간 침해에 대한 국가의 보호의무의 경우

국가의 기본권보호의무에 대한 헌법재판에 있어서 사인 간 침해에 대한 국가의 보호의무 문제가 주로 많이 다루어진다. 그러나 우리는 국가의 기본권보호의무가 사인들 간에만 적용될 것이 아니라고 누누이 강조하였다. 다만, 국가의 공권력에 의한 침해 등은 특히 법률에 의한 침해 등은 앞에서도 그리고 앞으로 기본권각론에서 많이 다루게 된다. 따라서 여기서는 사인 간 침해에 대한 국가의 기본권보장의무가 문제되는 사안의 헌법재판에서 그 심사의 범위와 정도가 어떠한가를 살펴본다.

2. 이른바 '과소보호금지원칙' – 사인 간 기본권의 국가보호의무에서의 헌법재판 심사기준

(1) 개념과 근거 등

1) 개념

과소보호금지원칙(過少保護禁止原則)의 이론이란 지나치게 적(작)은 기본권의 보호가 되어서는 아니 되고 적어도 최소한 정도의 보호는 이루어져야 하는 원칙을 말한다. 이 원칙은 사실 헌법재판에서의 심사밀도 내지 강도를 의미한다. 국가가 기본권의 보장에 있어서 최소한의 보장의 정도 보다 낮은 정도의 보장을 해서는 아니 되고 적어도 최소한의 조치는 취해야 한다는 입장에서 이러한 최소한의 보장조치를 취하였는지 여부가 헌법재판에서의 위헌판단기준이 된다고 보는 이론이다. 이 원칙은 국가가 기본권을 '제한'하는 경우와 달리 국가가 기본권을 '보장'하여야 하는 위치에 있는 경우에는 최소보호에 머무를 수 있다는 사고가 나타나는 이론이기도 하다. 우리나라 헌재도 ① 국가가 기본권을 제한하는 경우와 ② 국가가 기본권을 보장하는 경우를 달리 보아 ②의 경우 그 의무를 다하였는지의 심사에 있어서 아래의 판시에서 보듯이 과소보호금지원칙을 적용하여 최소한의 보호조치를 취했는가를 심사한다는 입장이다.

2) 근거

헌재는 과소보호금지원칙의 근거를 주로 권력분립원리와 입법재량에서 찾고 있다. 헌재는 국가보호의무를 "어떻게 실현하여야 할 것인가 하는 문제는 원칙적으로 권력분립과 민주주의의 원칙에 따라 국민에 의하여 직접 민주적 정당성을 부여받고 자신의 결정에 대하여 정치적 책임을 지는 입법자의 책임범위에 속하므로, 헌법재판소는 단지 제한적으로만 … 보호의무의 이행을 심사할 수 있는 것"이라고 한다. 헌재는 "기본권보호의무의 이행은 입법자의 입법을 통하여 비로소 구체화되는 것이고, 국가가 그 보호의무를 어떻게 어느 정도로 이행할 것인지는 입법자가 제반사정을 고려하여 입법정책적으로 판단하여야 하는 입법재량의 범위에 속하는 것"이라고 한다.[1] 그리하여 이 원칙은 국가의 기본권보장의무이행여부에 관한 헌법재판소의 위헌심사에 있어서는 권력분립의 관점에서 입법에서 재량을 가지는 입법부, 그리고 행정부의 조치를 가능한 존중하지만, 그러나 그렇더라도 통제제도로서의 헌법재판의 기능에서 보면 국가가 필요한 최소한의 조치는 취하였는지를 살피는 정도의 심사는 적어도 위헌심사에서 이루어져야 한다는 입장이다.

판례 법리 ① 헌재 2007.7.31. 2006헌마711

[판시] 국가의 보호의무를 입법자 또는 그로부터 위임받은 집행자가 어떻게 실현하여야 할 것인가 하는 문제는 원칙적으로 권력분립과 민주주의의 원칙에 따라 국민에 의하여 직접 민주적 정당성을 부여받고

1) 헌재 2008.7.31. 2004헌바81, 판례집 제20권 2집 상, 103면.

자신의 결정에 대하여 정치적 책임을 지는 입법자의 책임범위에 속하므로, 헌법재판소는 단지 제한적으로만 입법자 또는 그로부터 위임받은 집행자에 의한 보호의무의 이행을 심사할 수 있는 것이다(헌재 1997.1.16. 90헌마110등, 판례집 9-1, 90, 121면; 헌재 2007.7.31. 2006헌마711, 공보 142, 1146, 1149면 참조). 따라서 국가가 국민의 생명·신체의 안전에 대한 보호의무를 다하지 않았는지 여부를 헌법재판소가 심사할 때에는 국가가 이를 보호하기 위하여 적어도 적절하고 효율적인 최소한의 보호조치를 취하였는가 하는 이른바 '과소보호금지원칙'의 위반 여부를 기준으로 삼아, 국민의 생명·신체의 안전을 보호하기 위한 조치가 필요한 상황인데도 국가가 아무런 보호조치를 취하지 않았든지 아니면 취한 조치가 법익을 보호하기에 전적으로 부적합하거나 매우 불충분한 것임이 명백한 경우에 한하여 국가의 보호의무의 위반을 확인하여야 하는 것이다. * 동지 : 헌재 2008.12.26. 2008헌마419; 헌재 2015.9.24. 2013헌마384 등.

② 헌재 2008.7.31. 2004헌바81, 판례집 20-2 상, 100면 이하

[판시] 국가가 적극적으로 국민의 기본권을 보장하기 위한 제반조치를 취할 의무를 부담하는 경우에는 설사 그 보호의 정도가 국민이 바라는 이상적인 수준에 미치지 못한다고 하여 언제나 헌법에 위반되는 것으로 보기 어렵다. 국가의 기본권보호의무의 이행은 입법자의 입법을 통하여 비로소 구체화되는 것이고, 국가가 그 보호의무를 어떻게 어느 정도로 이행할 것인지는 입법자가 제반사정을 고려하여 입법정책적으로 판단하여야 하는 입법재량의 범위에 속하는 것이기 때문이다. 물론 입법자가 기본권 보호의무를 최대한 실현하는 것이 이상적이지만, 그러한 이상적 기준이 헌재가 위헌 여부를 판단하는 심사기준이 될 수는 없으며, 헌재는 권력분립의 관점에서 소위 "과소보호금지원칙"을, 즉 국가가 국민의 기본권 보호를 위하여 적어도 적절하고 효율적인 최소한의 보호조치를 취했는가를 기준으로 심사하게 된다. 따라서 입법부작위나 불완전한 입법에 의한 기본권의 침해는 입법자의 보호의무에 대한 명백한 위반이 있는 경우에만 인정될 수 있다. 다시 말하면 국가가 국민의 법익을 보호하기 위하여 아무런 보호조치를 취하지 않았든지 아니면 취한 조치가 법익을 보호하기에 명백하게 부적합하거나 불충분한 경우에 한하여 헌재는 국가의 보호의무의 위반을 확인할 수 있을 뿐이다.

과소보호금지원칙은 국가의 기본권보장의무이행여부에 관한 헌법재판소의 위헌심사에 있어서는 권력분립의 관점에서 통제제도로서의 헌법재판의 기능에서 볼 때 헌법재판소가 취한 심사입장이므로 따라서 유의할 것은 과소보호금지원칙이 어디까지나 위헌심사를 행함에 있어서 그 기준으로서 헌법재판소가 취하는 입장일 뿐이지 입법부나 행정부 자신은 국민의 기본권 보호를 위해 최대한의 노력을 기울여야 한다는 점이다. 과소보호금지원칙은 우리 헌재가 자신의 위헌심사에서 적용하는 기준일 뿐이다.

(2) 판례법리에 따른 과소보호금지원칙의 심사방법

우리 헌법재판소가 그동안 해온 과소보호금지심사를 살펴보면 다음과 같은 방법을 생각할 수 있다. ① 당해 보호조치의 존재 여부, 충분성 여부의 판단 - 먼저 ㉠ 보호조치가 취해지고 있는지 여부를 심사하고, 다음으로 ㉡ 취해지고 있다면 그 보호의 정도가 충분한지를 최소보호수준에 비추어 판단하게 될 것이다. 다음으로 ② 최소보호수준의 설정 - 최소보호수준은 보호되어야 기본권, 법익의 유형과 성격, 중요성, 그 침해되는 양태, 정도 등에 따라 결정되게 될 것이다.

(3) 보호정도

헌재는 입법재량을 근거로 소위 "과소보호금지원칙"을, "즉 국가가 국민의 기본권 보호를 위하여 적어도 적절하고 효율적인 최소한의 보호조치를 취했는가를 기준으로 심사하게 된다"라고 한다. 그러면서 "국가가 국민의 법익을 보호하기 위하여 아무런 보호조치를 취하지 않았든지 아니면 취한 조치가 법익을 보호하기에 명백하게 부적합하거나 불충분한 경우에 한하여 헌법재판소는 국가의 보호의무의 위반을 확인할 수 있을 뿐이다"라고 하여[1] 이른바 '명백성 통제'를 하고 있다.

그런데 판례의 구체적 예는 어떠한지 아래에 살펴본다.

(4) 결정례

1) 범죄로부터 국민을 보호하여야 할 국가의 의무

헌재는 출범 초기에 검사의 불기소처분에 대한 헌법소원대상성을 인정하면서 범죄로부터 국민을 보호해야 할 국가의 의무를 인정하였다. 그러나 초기에는 과소보호금지원칙을 언급·적용하지는 않았다. * 또 한 가지 유의할 점은 불기소처분에 대해서는 법원의 재정신청대상이 확대된 이후로 헌법소원의 보충성원칙(법원재판의 구제절차가 있을 경우에는 법원의 재판을 거쳐야 한다는 원칙)으로 현재는 법리적으로 헌법소원대상이 1차적으로 되고 있지 않은 상황이 되었다는 점이다. 여하튼 대표적인 초기판례를 아래에 인용한다.

판례 헌재 1989.4.17. 88헌마3

[판시] (1) 헌법의 규정과 국가의 의무 – 헌법은 제10조에서 "모든 국민은 인간으로서의 존엄과 가치를 가지며 행복을 추구할 권리를 가진다. 국가는 개인이 가지는 불가침의 기본적 인권을 확인하고 이를 보장할 의무를 진다."라고 규정하고 있고, 제11조 제1항에 "모든 국민은 법앞에 평등하다 … "라고 규정하고 있다. 또 제30조에서 "타인의 범죄행위로 인하여 생명·신체에 대한 피해를 받은 국민은 법률이 정하는 바에 의하여 국가로부터 구조를 받을 수 있다"고 규정하고 있으며, 제27조 제5항에서는 "형사피해자는 법률이 정하는 바에 의하여 당해 사건의 재판절차에서 진술할 수 있다"라고 규정하고 있다. 국가가 존립하기 위한 최소요건은 영토와 국민의 보전이다. 국가는 이를 위해 국민에게 국방의 의무와 납세의 의무를 부과함과 아울러 국민에 대하여 국가 외부에서 초래되는 외적의 침입과 국가 내부에서 초래되는 범죄의 발생을 예방하고 이를 물리칠 의무를 스스로 부담하고 있는 것이다. 따라서 국가는 이미 범죄가 발생한 경우에는 범인을 수사하여 형벌권을 행사함으로써 국민을 보호하여야 할 것이고, 형벌권을 행사하지 아니하는 경우에도 최소한 형벌권을 행사하지 아니하는 것이 오히려 보다 더 나은 결과를 초래할 수 있다고 기대되는 경우에 한정되어야 할 것이다. 그런데, 헌법은 위에서 본 바와 같이 범죄로부터 국민을 보호하여야 할 국가의 의무를 이와 같은 소극적 차원에서만 규정하지 아니하고 이에 더 나아가 범죄행위로 인하여 피해를 받은 국민에 대하여 국가가 적극적인 구조행위까지 하도록 규정하여 피해자의 기본권을 생존권적 기본권의 차원으로 인정하였다. (2) 불기소처분과 기본권 침해 – 불기소처분의 실질을 살펴보면, 불기소처분은 처분의 형식상 피의자를 대상으로 하는 적극적 처분이라고 할 수 있으나, 피해자를 중심으로 생각하여 보면 피해자에 대한 보호를 포기한 소극적인 부작위처분이

1) 헌재 2008.7.31. 2004헌바81, 판례집 제20권 2집 상, 103–104.

라는 실질을 함께 가지고 있다. 국가기관이 공소권을 독점하고 피해자에 의한 복수를 허용하지 아니하면서 자력구제를 아주 제한적으로만 인정하고 있는 법제도는 국가에 의한 피해자 보호가 충분히 이루어질 때 비로소 그 존재의의가 있는 것이다. 따라서 범죄로부터 국민을 보호하여야 할 국가의 의무가 이루어지지 아니할 때 국가의 의무위반을 국민에 대한 기본권 침해로 규정할 수 있다. 이 경우 개인의 법익을 직접 침해하는 것은 국가가 아닌 제3자의 범죄행위이므로 위와 같은 원초적인 행위 자체를 기본권침해 행위라고 규정할 수는 없으나, 이와 같은 침해가 있음에도 불구하고 이것을 배제하여야 할 국가의 의무가 이행되지 아니한다면 이 경우 국민은 국가를 상대로 헌법 제10조, 제11조 제1항 및 제30조(이 사건과 같이 생명·신체에 대한 피해를 받은 경우)에 규정된 보호의무 위반 또는 법 앞에서의 평등권 위반이라는 기본권 침해를 주장할 수 있는 것이다. 즉, 검사의 자의적인 수사 또는 판단에 의하여 불기소처분이 이루어진 경우에는 "같은 것은 같게, 같지 아니한 것은 같지 않게" 처리함으로써 실현되는 헌법 제11조에 정한 법 앞에서의 평등권을 침해하게 된다할 것이다. 또한, 헌법은 제27조 제5항을 신설하여 형사피해자의 재판절차에서의 진술권을 규정하고 있다. 위 규정의 취지는 법관이 형사재판을 함에 있어서 피해자의 진술을 청취하여 적절하고 공평한 재판을 하여야 한다는 것을 뜻할 뿐만 아니라 이에 더 나아가 형사피해자에게 법관으로 하여금 적절한 형벌권을 행사하여 줄 것을 청구할 수 있는 사법절차적 기본권을 보장해 준 적극적 입장에 있는 것이라 할 것이다. 그러므로 검사의 불기소처분이 적절하게 행사되지 못하거나 자의적으로 행사된 경우에는 형사피해자는 헌법 제27조 제5항에 규정된 위와 같은 기본권의 침해와 아울러 제11조에 정한 평등권을 침해했다고 주장할 수 있다 할 것이다. * 저자 주 : 그런데 문제의 당해 불기소처분의 대상이 된 피의사실은 헌법재판소 창설 이전인 1988.3.27. 공소시효가 이미 완성되어 헌법소원으로 인용결정이 나더라도 다시 기소로 나아갈 수 없으므로 권리구제가능성을 의미하는 헌법소원 청구요건으로 요구되는 권리보호이익이 없다고 하여 청구요건이 결여되었다고 보아 결국 각하결정이 되었다.

* 위 판시는 "국가의 의무가 이행되지 아니한다면 이 경우 국민은 국가를 상대로 헌법 제10조, 제11조 제1항 및 제30조에 규정된 보호의무 위반 또는 법 앞에서의 평등권 위반이라는 기본권 침해를 주장할 수 있는 것"이라고 하여 국가의 기본권보호의무 문제를 기본권침해의 문제로 환원할 수 있음을 시사하고 있다.

2) 생명·신체안전

헌재는 국민의 생명·신체의 안전에 대한 사안에서의 국가보호의무를 언급하면서 과소보호금지원칙을 적용한 예들을 적지 않게 보여주고 있다.

① 태아의 손해배상청구권 문제 민법은 "태아는 손해배상의 청구권에 관하여는 이미 출생한 것으로 본다"라고 규정하여(민법 제762조) 태아의 손해배상청구권을 인정하고 있으나 법원은 태아가 살아서 출생한 경우에만 인정하고 살아서 출생하지 못한 태아(사산아)의 손해배상청구권을 부정하고 있다. 이는 법원이 민법 제762조를 해석함에 있어 사람은 생존한 동안에만 권리와 의무의 주체가 된다고 규정한 민법 제3조를 함께 적용하고 있기 때문이다. 바로 이러한 법원의 해석과 민법 제3조의 위헌성 여부가 이 사안에서 논란되었던 것인데 헌법재판소는 과소보호금지원칙에 따른 심사를 행한다고 한 뒤 심사결과 국가의 생명권 보호의무를 위반한 것이 아니라는 이유로 민법 제3조와 제762조를 합헌이라고 결정하였다.

판례 헌재 2008.7.31. 2004헌바81, 합헌결정

[결정요지] 태아도 헌법상 생명권의 주체가 되며, 국가는 헌법 제10조에 따라 태아의 생명을 보호할 의무가 있다. 태아는 형성 중의 인간으로서 생명을 보유하고 있으므로 국가는 태아를 위하여 각종 보호조치들을 마련해야 할 의무가 있다. 하지만 그와 같은 국가의 기본권 보호의무로부터 태아의 출생 전에, 또한 태아가 살아서 출생할 것인가와는 무관하게, 태아를 위하여 민법상 일반적 권리능력까지도 인정하여야 한다는 헌법적 요청이 도출되지는 않는다. 법치국가원리로부터 나오는 법적안정성의 요청은 인간의 권리능력이 언제부터 시작되는가에 관하여 가능한 한 명확하게 그 시점을 확정할 것을 요구한다. 따라서 인간이라는 생명체의 형성이 출생 이전의 그 어느 시점에서 시작됨을 인정하더라도, 법적으로 사람의 시기를 출생의 시점에서 시작되는 것으로 보는 것이 헌법적으로 금지된다고 할 수 없다. 입법자는 형법과 모자보건법 등 관련규정들을 통하여 태아의 생명에 대한 직접적 침해위험을 규범적으로 충분히 방지하고 있으므로, 이 사건 법률조항들이 태아가 사산한 경우에 한해서 태아 자신에게 불법적인 생명침해로 인한 손해배상청구권을 인정하지 않고 있다고 하여 단지 그 이유만으로 입법자가 태아의 생명보호를 위해 국가에게 요구되는 최소한의 보호조치마저 취하지 않은 것이라 비난할 수 없다. 생명의 연속적 발전과정에 대해 동일한 생명이라는 이유만으로 언제나 동일한 법적 효과를 부여하여야 하는 것은 아니다. 동일한 생명이라 할지라도 법질서가 생명의 발전과정을 일정한 단계들로 구분하고 그 각 단계에 상이한 법적 효과를 부여하는 것이 불가능하지 않다. 이 사건 법률조항들의 경우에도 '살아서 출생한 태아'와는 달리 '살아서 출생하지 못한 태아'에 대해서는 손해배상청구권을 부정함으로써 후자에게 불리한 결과를 초래하고 있으나 이러한 결과는 사법(私法)관계에서 요구되는 법적 안정성의 요청이라는 법치국가이념에 의한 것으로 헌법적으로 정당화된다 할 것이므로, 그와 같은 차별적 입법조치가 있다는 이유만으로 곧 국가가 기본권 보호를 위해 필요한 최소한의 입법적 조치를 다하지 않아 그로써 위헌적인 입법적 불비나 불완전한 입법상태가 초래된 것이라고 볼 수 없다. 그렇다면 이 사건 법률조항들이 권리능력의 존재 여부를 출생 시를 기준으로 확정하고 태아에 대해서는 살아서 출생할 것을 조건으로 손해배상청구권을 인정한다 할지라도 이러한 입법적 태도가 입법형성권의 한계를 명백히 일탈한 것으로 보기는 어려우므로 이 사건 법률조항들이 국가의 생명권 보호의무를 위반한 것이라 볼 수 없다.

* 검토 : 이 결정에서 침해되는 기본권은 헌법재판소 판시에 따르더라도 생명권이고 생명권이 본질로만 이루어진 기본권이라는 점에서 최대보장이 필요한데 과소보호금지원칙을 적용한 것이 과연 타당한 심사기준이었는지 의문이다.

② **쇠고기수입고시** 역시 과소보호금지원칙을 적용하여 아래와 같이 기각결정을 하였다.

판례 헌재 2008.12.26. 2008헌마419, 기각결정, 판례집 20-2 下, 974면

[결정요지] 국가가 국민의 생명·신체의 안전에 대한 보호의무를 다하지 않았는지 여부를 헌법재판소가 심사할 때에는 국가가 이를 보호하기 위하여 적어도 적절하고 효율적인 최소한의 보호조치를 취하였는가 하는 이른바 '과소보호 금지원칙'의 위반 여부를 기준으로 삼아, 국민의 생명·신체의 안전을 보호하기 위한 조치가 필요한 상황인데도 국가가 아무런 보호조치를 취하지 않았든지 아니면 취한 조치가 법익을 보호하기에 전적으로 부적합하거나 매우 불충분한 것임이 명백한 경우에 한하여 국가의 보호의무의 위반을 확인하여야 한다. 이 사건 고시가 개정 전 고시에 비하여 완화된 수입위생조건을 정한 측면이 있다 하더라도, 미국산 쇠고기의 수입과 관련한 위험상황 등과 관련하여 개정 전 고시 이후에 달라진 여러 요인들을 고려하고 지금까지의 관련 과학기술 지식과 OIE 국제기준 등에 근거하여 보호조치를 취한 것이라면, 이 사건 고시상의 보호조치가 체감적으로 완벽한 것은 아니라 할지라도, 위 기준과 그

내용에 비추어 쇠고기 소비자인 국민의 생명·신체의 안전을 보호하기에 전적으로 부적합하거나 매우 부족하여 그 보호의무를 명백히 위반한 것이라고 단정하기는 어렵다.

③ **교통사고처리특례법규정** 중과실의 교통사고로 중상해를 입힌 경우에도 자동차종합보험에 가입하였다는 이유만으로 공소를 제기하지 못하도록 규정한 이 특례법규정에 대해 판단한 결정례가 두 건 있었다. 첫 번째 결정례에서는 과소보호원칙을 위반하지 않았다는 4인재판관의 합헌의견과 국가가 최소조치를 취하지 않은 것으로 보아 이 원칙의 위반이라고 본 3인재판관의 위헌의견이 있었다. 나머지 2인재판관은 과잉금지원칙, 평등원칙위반을 이유로 위헌의견을 제시하였다. 결국 5인재판관 위헌의견이 우세였으나 위헌결정에 6인 이상 위헌의견이라는 정족수를 충족하지 못하여 기각결정이 되었다. 따라서 이 결정에서는 합헌의견을 낸 소수의견인 4인 재판관의 의견이 법정의견이 되었고 과소보호금지원칙에 관한 판시가 법정의견에 담겨진 것이다. 법정의견이란 주문을 이끌어낸 의견을 말한다(헌재 1997.1.16. 90헌마110, 판례집 9-1, 90). 이후 두 번째 결정은 2009년에 있었는데 역시 과소보호금지원칙의 위반이 아니라고 보았다. 이 두 번째 결정에서는 위 특례법조항이 위헌으로 결정되었는데(헌재 2009.2.26. 2005헌마764, 판례집 21-1 상, 156) 헌재는 그 위헌사유로 재판절차진술권의 위헌적 침해를 들었고 과소보호금지원칙의 위반 여부 문제에 대해서는 과소보호가 아니어서 그 위반은 없다고 보아 위 1997년 결정과 같은 입장을 취하였다. 결국 과소보호금지원칙 위반 문제에 대한 헌재의 입장은 2009년 위헌결정에서도 그대로 유지된 것이다.

판례 헌재 2009.2.26. 2005헌마764

[요지] 국가의 신체와 생명에 대한 보호의무는 교통과실범의 경우 발생한 침해에 대한 사후처벌뿐 아니라, 무엇보다도 우선적으로 운전면허취득에 관한 법규 등 전반적인 교통관련법규의 정비, 운전자와 일반국민에 대한 지속적인 계몽과 교육, 교통안전에 관한 시설의 유지 및 확충, 교통사고 피해자에 대한 보상제도 등 여러 가지 사전적·사후적 조치를 함께 취함으로써 이행된다 할 것이므로, 형벌은 국가가 취할 수 있는 유효적절한 수많은 수단 중의 하나일 뿐이지, 결코 형벌까지 동원해야만 보호법익을 유효적절하게 보호할 수 있다는 의미의 최종적인 유일한 수단이 될 수는 없다 할 것이다. 따라서 이 사건 법률조항은 국가의 기본권보호의무의 위반 여부에 관한 심사기준인 과소보호금지의 원칙에 위반한 것이라고 볼 수 없다.

④ **무면허 의료행위와 국가보호의무** 헌재는 비교적 초기 판례로서 국민보건에 관한 국가보호의무에 관한 사안으로서 무면허 의료행위에 대한 사전적·전면적 금지는 헌법 제36조 제3항이 규정하는 국민보건에 관한 국가의 보호의무를 다하고자 하는 것이라고 아래와 같이 판시한 바 있다. 그런데 이 결정에서 헌재는 비례원칙 심사도 하고 있어서 위에서 우리가 행한 근본적 검토에서의 지적이 음미되어야 함을 보여주는 판례이기도 하다.

판례 헌재 1996.10.31. 94헌가7

[결정요지] (가) 먼저 의사가 아닌 사람이 의료행위를 한 경우에는 그 치료결과에 관계없이 이를 규제할 필요가 있는가 하는 점을 살펴본다. 무면허 의료행위는 그 치료결과가 좋든 나쁘든 이를 규제할 필요성이 있다. 헌법 제10조는 "인간의 존엄과 가치"에 대한 국가의 보장의무를 규정하고 있는데, 사람의 신체와 생명은 인간의 존엄·가치의 근본이므로 사람의 생명이나 신체에 위해를 발생케 할 우려가 있는 의료행위에 대한 규제는, 바로 인간의 존엄과 가치를 보장해야 하는 국가의 헌법적 의무라고도 할 수 있다. (나) 다음으로, 무면허 의료행위에 대한 이 법의 규제방법은 합리적이고 타당한 것인가를 살펴볼 필요가 있다. 과연 무면허 의료행위를 사전에 전면적으로 금지하는 것이 그 목적과 수단사이에 비례성을 상실하여 과잉금지의 원칙에 위배되는 것이 아니냐 하는 것이 위헌론의 핵심이므로, 비례의 원칙의 위배여부를 형식적 측면과 실질적 측면에서 살펴보기로 한다. 먼저, 형식적 측면에서 본다. 이 사건 법률조항은 명백히 입법재량의 한계를 넘은 경우에 해당한다고 볼 수 없으므로 비례성의 형식적 판단 단계에서는 위헌성이 있다고 할 수 없다. 다음으로, 실질적 측면에서 본다. 의료행위는 인간의 존엄과 가치의 근본인 사람의 신체와 생명을 대상으로 하는 것이므로 단순한 의료기술 이상의 "인체(人體)전반에 관한 이론적 뒷받침"과 "인간의 신체 및 생명에 대한 외경심"을 체계적으로 교육받고 이 점에 관한 국가의 검증을 거친 의료인에 의하여 행하여져야 하고, 과학적으로 검증되지 아니한 방법 또는 무면허 의료행위자에 의한 약간의 부작용도 존엄과 가치를 지닌 인간에게는 회복할 수 없는 치명적인 위해를 가할 수 있는 것이다. 또 무면허 의료행위자 중에서 부작용이 없이 의료행위를 할 수 있는 특별한 능력을 갖춘 사람이 있다고 하더라도 이를 구분할 수 있는 것은 실제로는 거의 불가능하며, 또 부분적으로 그 구분이 가능하다고 하더라도 일반인들이 이러한 능력이 있는 무면허 의료행위자를 식별할 수 있는 것은 결국 국가에서 일정한 형태의 자격인증을 하는 방법 이외에는 달리 대안이 없다. 이와 같은 사정들을 종합해 보면, 무면허 의료행위를 일률적, 전면적으로 금지하고 이를 위반한 경우에는 그 치료결과에 관계없이 형사처벌을 받게 하는 이 법의 규제방법은, "대안이 없는 유일한 선택"으로서 실질적으로도 비례의 원칙에 합치되는 것이다. 그렇다면 이 사건 법률조항은 헌법 제10조가 규정하는 인간으로서의 존엄과 가치를 보장하고 헌법 제36조 제3항이 규정하는 국민보건에 관한 국가의 보호의무를 다하고자 하는 것으로서, 국민의 생명권, 건강권, 보건권 및 그 신체활동의 자유 등을 보장하는 규정이지, 이를 제한하거나 침해하는 규정이라고 할 수 없다.

⑤ 강제동원희생자 의료지원금 지급대상의 제한 구 '태평양전쟁 전후 국외 강제동원희생자 등 지원에 관한 법률' 규정이 '국외'로 강제동원되었던 사람에만 의료지원금을 지급하고 '국내'에서의 강제동원자는 의료지원금 지급 대상의 범위에서 제외하고 있는 것이 국민에 대한 국가의 기본권보호의무에 위배되는지 여부의 문제에 대해 헌재는 헌법 전문에 천명된 "대한민국임시정부의 법통"의 계승 규정을 근거로 대한민국 헌법 제정 이전에 발생한 사실에 관하여 국가에 기본권보호의무를 물을 수 있는지는 의문이라고 하면서 설령 이를 현행 헌법상 기본권보호의 문제로 볼 수 있다고 하더라도, 그동안 강제동원진상규명법을 제정하여 그들의 희생을 기리는 조치를 취한 점 등을 종합적으로 고려하여 볼 때, 국가가 아무런 보호조치를 취하지 아니하였다든지 아니면 국가가 취한 조치가 전적으로 부적합하거나 매우 불충분한 것임이 명백한 경우라고 단정하기는 어렵다고 하여 기각결정을 하였다.

판례 헌재 2011.2.24. 2009헌마94

[결정요지] 살피건대, 먼저 헌법 전문에 천명된 "대한민국임시정부의 법통"의 계승 규정을 근거로 대한민국 헌법 제정 이전에 발생한 사실에 관하여 국가에 기본권보호의무를 물을 수 있는지는 의문이다. 설령 당시 강제동원으로 인한 생명권 내지 신체의 자유라는 기본권 침해에 대하여 대한민국임시정부 법통의 계승을 천명한 국가에게 그와 관련된 책임이 있고 이를 현행 헌법상 기본권보호의 문제로 볼 수 있다고 하더라도, 이와 같은 강제동원 피해자들에게 금전적 지원을 해 주는 것만이 유일한 기본권 보호의 방법이라고 볼 헌법적 근거는 존재하지 아니한다. 국가가 그동안 잘 알려지지 않았던 국내 강제동원자들을 비롯한 강제동원자들에 대한 진상 파악을 위하여 구 강제동원진상규명법을 제정하여 일정한 절차를 거쳐 신청자들을 강제동원 피해자로 지정하여 그들의 희생을 기리는 조치를 취한 점 등을 종합적으로 고려하여 볼 때, 비록 태평양전쟁 관련 강제동원자들에 대한 국가의 지원이 충분하지 못한 점이 있다하더라도, 국내 강제동원자들을 위하여 국가가 아무런 보호조치를 취하지 아니하였다든지 아니면 국가가 취한 조치가 전적으로 부적합하거나 매우 불충분한 것임이 명백한 경우라고 단정하기는 어렵다.

* 동지의 결정 : 헌재 2011.12.29. 2009헌마182.

* 대비할 결정 및 비평 : 위 결정례와 대비할 결정으로서 일제강점기에 일본군위안부로 강제 동원되었던 피해자, 징병과 징용으로 일제에 의해 강제이주 당하여 전쟁수행의 도구로 활용되다가 원폭피해를 당한 피해자에 대한 훼손된 인간의 존엄과 가치를 회복시켜야 할 의무를 "대한민국임시정부의 법통"의 계승 규정을 근거로 인정하고 그 의무를 이행하지 않은 부작위가 위헌임을 확인한 예가 있다(헌재 2011.8.30. 2006헌마788; 헌재 2011.8.30. 2008헌마648). 위 2009헌마94에서의 입장보다 2006헌마788에서 더 적극적임을 볼 수 있는데 이 점에서도 과소보호금지원칙을 쉽게 적용할 것은 아니라는 문제점을 간접적으로 엿볼 수 있다. 그러나 헌재는 이 결정 이후 일제의 사할린 강제징용자 등이 청구한 같은 취지의 청구에 대해 피청구인(당시 외교통상부장관)의 작위의무 불이행이 아니라고 하여 각하결정하였다(헌재 2019.12.27. 2012헌마939).

⑥ **밀집사육시설인 이른바 '공장식 축산' 방식을 허용하여 국가의 기본권보호의무를 위반한 것인지 여부** 축산업의 허가 및 등록 기준을 규정한 축산법 시행령 규정이 정한 가축사육시설의 기준이 지나치게 낮고 가축을 건강하게 사육하기 위한 사육환경에 대한 세부적인 기준이 없어 대규모의 집약적 축산방식인 이른바 '공장식 축산' 방식으로 가축을 사육하도록 함으로써 이러한 축산물을 섭취하는 인간도 각종 질병 등으로부터 위협받을 우려가 있어 그 규정이 국민의 생명·신체의 안전에 관한 국가의 기본권 보호의무를 위반하는 것이라는 주장의 헌법소원심판이 청구되었다. 헌재는 이 사건 기준이 과소보호기준위반이 아니라고 보았다. 이것은 가축사육업 허가를 받거나 등록을 하고자 할 경우 가축사육시설이 갖추어야 하는 기준이다. 그런데 가축사육시설의 환경이 지나치게 열악할 경우 그러한 시설에서 사육되고 생산된 축산물을 섭취하는 인간의 건강도 악화될 우려가 있다. 따라서 국가로서는 건강하고 위생적이며 쾌적한 시설에서 가축이 서식할 수 있도록 필요한 적절하고도 효율적인 조치를 취함으로써, 소비자인 국민의 생명·신체의 안전에 관한 기본권을 보호할 구체적인 헌법적 의무가 있다고 보았다. 그런데 헌재는 다음과 같은 이유로 보호의무의 위반이 아니라고 보고 기각결정을 하였다.

판례 헌재 2015.9.24. 2013헌마384

[결정요지] 이 사건 기준은 가축사육업 허가를 받거나 등록을 할 때 갖추어야 하는 가축사육시설기준으로서, 가축사육시설의 환경이 열악해지는 것을 막는 최소한의 기준이라 할 것이고, 그 규제 정도도 점진적으로 강화되고 있다. 따라서 이 사건 기준만으로 곧바로 가축들의 건강상태가 악화되어 결과적으로 청구인들의 생명·신체의 안전이 침해되었다고 보기는 어렵다. 또한, 국가는 이 사건 기준뿐만 아니라 축산법 기타 많은 관련법령들에서 가축의 사육 및 도축, 유통에 이르는 전 단계에 걸쳐 가축의 질병 발생과 확산을 방지하고 가축사육시설을 규제함으로써 국민의 생명·신체에 대한 안전이 침해받지 않도록 여러 가지 조치를 취하고 있다. 따라서 이 사건 기준이 국민의 생명·신체의 안전에 대한 국가의 보호의무에 관한 과소보호금지 원칙을 위반하였다고 볼 수는 없다.

⑦ **담배의 제조·수입·판매 보장** 담배사업법이 담배를 합법적으로 제조하거나 수입하여 판매할 수 있도록 보장해주는 것으로서 국가의 보호의무를 위반하여 청구인의 생명·신체의 안전에 관한 권리를 침해한다는 주장에 대해 헌재는 현재로서는 흡연과 폐암 등의 질병 사이에 필연적인 관계가 있다거나 흡연자 스스로 흡연 여부를 결정할 수 없을 정도로 의존성이 높아서 국가가 개입하여 담배의 제조 및 판매 자체를 금지하여야만 한다고 보기는 어렵고 담배사업법은 담배성분의 표시나 경고문구의 표시, 담배광고의 제한 등 여러 규제들을 통하여 직접흡연으로부터 국민의 생명·신체의 안전을 보호하려고 노력하고 있다고 하여 국가의 보호의무에 관한 과소보호금지 원칙을 위반하여 청구인의 생명·신체의 안전에 관한 권리를 침해하였다고 볼 수 없다고 결정하였다.

판례 헌재 2015.4.30. 2012헌마38

[결정요지] Ⅰ. 제한되는 기본권과 심사기준 등 (1) 제한되는 기본권 – 헌법 제10조는 모든 국민이 인간으로서의 존엄과 가치를 지닌 주체임을 천명하고, 국가권력이 국민의 기본권을 침해하는 것을 금지함은 물론 이에서 더 나아가 적극적으로 국민의 기본권을 보호하고 이를 실현할 의무가 있음을 선언하고 있다. 또한 생명·신체의 안전에 관한 권리는 인간의 존엄과 가치의 근간을 이루는 기본권일 뿐만 아니라, 헌법은 제36조 제3항에서 국민의 보건에 관한 국가의 보호의무를 특별히 강조하고 있다. 따라서 국민의 생명·신체의 안전이 질병 등으로부터 위협받거나 받게 될 우려가 있는 경우 국가는 그 위험의 원인과 정도에 따라 사회·경제적인 여건 및 재정사정 등을 감안하여 국민의 생명·신체의 안전을 보호하기에 필요한 적절하고 효율적인 입법·행정상의 조치를 취하여 그 침해의 위험을 방지하고 이를 유지할 포괄적인 의무를 진다(헌재 2008.12.26. 2008헌마419등). 이 사건에서는 담배사업법에 따라 담배의 제조 및 판매가 이루어짐으로써 담배를 구매하여 직접 흡연하는 일반 국민의 기본권이 침해되었는지 여부, 즉 직접흡연으로 인하여 국민의 생명·신체의 안전이 위협받거나 받게 될 우려가 있는지 여부가 문제 된다. 따라서 이 사건에서 제한되는 기본권은 국가의 보호의무에 상응하는 생명·신체의 안전에 관한 권리이다. (2) 심사기준 – 국가가 국민의 생명·신체의 안전에 대한 보호의무를 다하지 않았는지 여부를 헌법재판소가 심사할 때에는 국가가 이를 보호하기 위하여 적어도 적절하고 효율적인 최소한의 보호조치를 취하였는가 하는 이른바 '과소보호금지 원칙'의 위반 여부를 기준으로 삼아, 국민의 생명·신체의 안전을 보호하기 위한 조치가 필요한 상황인데도 국가가 아무런 보호조치를 취하지 않았든지 아니면 취한 조치가 법익을 보호하기에 전적으로 부적합하거나 매우 불충분한 것임이 명백한 경우에 한하여 국가의 보호의무의 위반을 확인하여야 한다. (3) 이 사건에서의 위험상황 및 이에 상응하는 보

호조치의 특성 – 이 사건에서는 담배의 제조 및 판매에 대하여 규율하고 있는 담배사업법이 직접흡연으로 인한 폐해라는 위험상황으로부터 소비자인 국민의 생명·신체의 안전을 보호하기 위하여 적절하고도 효율적인 최소한의 보호조치를 취하고 있는지가 문제된다. 그런데 '직접흡연으로 인한 생명·신체의 침해'라는 위험상황에는 담배의 제조 및 판매와 담배의 구매 및 흡연, 그리고 이로 인한 폐암 등의 발생이라는 일련의 과정이 존재한다. Ⅱ. 과소보호금지 원칙 위반 여부 (1) 담배의 유해성(위험상황) – 담배연기의 성분 중 인체에 유해하다고 알려진 것은 타르와 니코틴이다. 폐암은 그 외에 여러 가지 선천적 요인과 후천적 요인이 복합적으로 작용하여 발생할 수 있기 때문에 아직까지는 흡연과 폐암이 필연적인 관계가 있다고 단정하기 어렵다. (2) 담배사업법의 규제 내용(보호조치) – 인체에 유해한 물질이라 하더라도 그 유해성은 상대적인 경우가 많고, 해당 물질의 판매조건이나 사용 등에 대한 규제가 적절하다면 그 제조 및 판매를 허용한다는 것 자체만으로 바로 생명·신체의 안전에 관한 국가의 보호의무 위반이라고 단정할 수는 없다. 더욱이 담배사업법은 아래에서 보는 바와 같이 담배의 유해성으로부터 국민의 생명·신체를 보호하고자 일련의 장치들을 두고 있다. (a) 담배제조·판매업에 대한 규제 – 담배사업법상 담배제조업은 엄격한 허가제로 규율되고 있고 담배를 쉽게 사고 팔 수 없도록 하여 담배의 과도한 소비를 억제하고 있다. (b) 담배의 판매조건에 대한 규제 – 담배사업법은 담배의 판매조건들로 담배의 판매가격 규제, 담배성분의 표시, 경고문구 표시의 강제, 광고의 제한 등에 관하여 규정하고 있다. 이들 조건은 주로 담배의 구매 및 흡연의 동기를 약화하는 일응 적절한 보호조치로 보인다. Ⅲ. 소결 – 담배사업법은 담배의 제조 및 판매 자체는 허용하지만 위에서 본 바와 같은 여러 규제들을 통하여 직접흡연으로부터 국민의 생명·신체의 안전을 보호하려고 노력하고 있다. 따라서 담배사업법이 국민의 생명·신체의 안전에 대한 국가의 보호의무에 관한 과소보호금지 원칙을 위반하였다고 볼 수는 없다.

⑧ **방사선 기준 문제** a. 일반인의 방사선 피폭선량 한도를 정한 '원자력안전법 시행령'(2011. 10. 25. 대통령령 제23248호로 제정된 것) 제2조 제4호 별표 1 중 '일반인' 부분(이하 '이 사건 시행령 별표'라 한다)이 국가의 기본권 보호의무를 위반하였는지 여부, b. 식품의 방사능 기준을 정한 '식품의 기준 및 규격'(2011. 8. 19. 식품의약품안전청 고시 제2011-41호로 개정된 것) [제1권] 제2. 식품일반에 대한 공통기준 및 규격 5. 식품일반의 기준 및 규격 7) 방사능 기준(이하 '이 사건 고시'라 한다)이 국가의 기본권 보호의무를 위반하였는지 여부 – 헌재는 그 기준이 지나치게 낮다거나 자의적이라거나 불합리하다고 볼 수 없다고 하여 기각결정을 하였다.

판례 헌재 2015.10.21. 2012헌마89등

[결정요지] a. 이 사건 시행령 별표는 국제방사선방호위원회 권고와 동일한 수준의 선량한도를 정하고 있으며, 위 권고가 정하지 아니한 손·발의 등가선량한도도 별도로 정하고 있다. 나아가 국가는 국내 유통 식품의 검사 및 수입식품의 검역, 방사능 위험지역 생산 식품에 대한 수입제한, 방사선원의 안전관리, 환경방사능 감시 등을 통하여 국민의 방사선 노출을 줄이기 위한 다양한 조치를 시행하고 있다. 이러한 점들을 종합하면, 이 사건 시행령 별표는 그 기준이 지나치게 낮다거나 자의적이라고 볼 수 없으므로, 방사능으로부터 국민을 보호하기 위하여 필요한 최소한의 보호조치를 취하지 않은 것이라고 보기 어렵다. b. 이 사건 고시는 1년 동안 섭취하는 식품의 10%가 이 사건 고시가 정한 기준치의 방사성 물질에 오염될 경우를 가정하여 연간 1밀리시버트의 방사선에 노출되지 않도록 설정된 것이다. 성인의 연간 식품 섭취량 통계에 따르면, 총 섭취 식품 중 10%가 이 사건 고시가 정한 기준치의 방사성 요오드 또는 방사성 세슘에 오염된 경우라고 하더라도 이로 인한 방사선 노출량은 연간 기준치(1밀리시버

트) 미만으로 평가된다. 반면 영·유아는 우유(분유를 물에 섞은 액체상태)를 주된 영양소 공급원으로 계속 섭취하므로 우유에 대하여는 10%가 아닌 100%가 오염될 경우를 가정하고 판단하면, 영·유아의 연간 식품 섭취량 통계에 따라 영아(1세 이하)는 우유 섭취량의 100%가, 유아(1-6세)는 우유 섭취량의 100% 및 기타 식품 섭취량의 10%가 방사성 요오드 또는 방사성 세슘에 오염된 경우라고 하더라도, 이로 인한 방사선 노출량은 방사능에 민감한 영·유아를 고려한 일반인에 대한 연간 기준치(1밀리시버트)에 현저히 미달한다. 그렇다면 이 사건 고시의 기준이 지나치게 낮다거나 불합리하다고 볼 수 없으므로 국민의 생명·신체의 안전을 보호하기 위하여 필요한 최소한의 조치를 취하지 않은 것이라고 보기 어렵다.

⑨ **원전사고로부터의 국민의 생명·신체의 안전을 보호할 국가의 헌법상 의무** 헌법재판소는 원자력발전소 건설허가 신청시 필요한 방사선환경영향평가서 및 그 초안을 작성하는데 있어 '중대사고'에 대한 평가를 제외하고 있는 '원자력이용시설 방사선환경영향평가서 작성 등에 관한 규정(2012. 1. 20. 원자력안전위원회고시 제2012-4호) 제5조 제1항 [별표1], [별표2] 중 해당 부분이 "국가가 국민의 생명·신체의 안전을 보호하는 데 적절하고 효율적인 최소한의 조치조차 취하지 아니한 것이라고 보기는 어렵다"다고 보아 헌법에 위반되지 않는다는 결정을 선고하였다(기각).

판례 헌재 2016.10.27. 2012헌마121

[결정요지] Ⅰ. 쟁점 – 이 사건 각 고시조항에서 방사선환경영향평가 시 '중대사고'를 제외하도록 한 것이 국민의 생명·신체의 안전을 보호하기 위한 적절하고도 효율적인 조치로서 미흡하다면, 이는 국가가 국민의 기본권을 보호할 의무를 위반하여 이 사건 원전의 인근 주민인 청구인들의 생명·신체의 안전에 관한 기본권을 침해하는 것이라고 볼 수 있다. Ⅱ. 심사기준 – 국가가 국민의 생명·신체의 안전에 대한 보호의무를 다하지 않았는지 여부를 헌법재판소가 심사할 때에는, 국가가 적어도 적절하고 효율적인 최소한의 보호조치를 취하였는지를 기준으로 삼아야 한다. Ⅲ. 판단 – 국가는 원자력안전규제체계를 갖추고 원자력발전소(이하 '원전'이라 한다)의 건설·운영 전반에 걸쳐 원전의 안전관리를 위한 규제 장치들을 두면서, 예상 가능한 '자연재해'와 '인위적 사건'을 고려하여 이를 초과하는 여분의 설계를 하도록 함으로써 원전 사고의 위험에 대비하는 한편, 이러한 설계기준을 벗어나 노심의 손상을 가져오는 '중대사고'에 대하여는 원자력안전위원회의 정책 등 행정적 조치를 통하여 관리해 오다가, 2015. 6. 22. 원자력안전법을 개정하면서 법령 차원에서 이를 관리하고 있다. '중대사고'를 비롯한 원전 사고가 본격적으로 문제되는 것은 원전이 운영허가를 받고 실질적으로 운영되기 시작한 이후라는 점과 그 밖에 원전의 안전 관련 조치 등을 종합적으로 고려하면, 이 사건 각 고시조항에서 평가서 초안 및 평가서 작성시 '중대사고'에 대한 평가를 제외하도록 하였다고 하여, 국가가 국민의 생명·신체의 안전을 보호하는 데 적절하고 효율적인 최소한의 조치조차 취하지 아니한 것이라고 보기는 어렵다.

⑩ **일정한 한약서에 수재된 처방에 해당하는 품목의 한약제제를 의약품 품목허가·신고를 위한 안전성·유효성 심사대상에서의 제외** 이렇게 제외하고 있는 '한약(생약)제제 등의 품목허가·신고에 관한 규정'(2015. 9. 21. 식품의약품안전처고시 제2015-62호) 제24조 제1항 제4호, 제5호가 국민의 보건을 위한 정책을 수립하고 시행하여야 할 국가의 기본권보호의무를 위반하지 않았다고 보았다.

판례 헌재 2018.5.31. 2015헌마1181

[결정요지] 심판대상조항에 의하여 일정한 한약서에 수재된 품목으로서 품목허가·신고를 할 때 안전성·유효성 심사가 면제되는 품목은, 사용경험이 풍부하여 안전성·유효성이 확인되고, 위험성이 상대적으로 낮은 제제에 한정되어 있으며, 한약서에 수재된 품목이더라도 안전성을 저해할 우려가 있는 경우에는 안전성·유효성 심사대상에 다시 포함됨으로써 국민의 건강을 보호하기 위한 규제방안이 마련되어 있다. 그뿐만 아니라 의약품이 시판된 후에도 의약품의 안전성·유효성과 적정한 사용을 확인하기 위한 조사의 실시, 안전관리를 위한 부작용 사례보고, 허가사항의 변경 및 의약품재평가 등을 통한 사후규제 절차도 마련되어 있다. 이러한 사정들을 종합하여 보면, 심판대상조항이 일정한 한약서에 수재된 처방에 해당하는 품목의 한약제제를 안전성·유효성 심사대상에서 제외하였더라도, 국가가 국민의 보건권을 보호하는 데 적절하고 효율적인 최소한의 조치를 취하지 아니하였다고는 볼 수 없다. 따라서 심판대상조항은 국민의 보건권에 관한 국가의 보호의무를 위반하지 아니하였으므로, 청구인들의 보건권을 침해하지 아니한다.

* 위 ④, ⑧, ⑨. ⑩ 결정은 '과소보호금지'라는 말을 직접 언급하지 않았으나 실제적으로는 그 법리에 따라 판단한 예라고 보아 위에 정리하였다.

3) 근로자 보호의무

근로자의 보호 문제는 근로자와 국가와의 관계보다는 사용자라는 사인(私人)과 근로자라는 사인 간의 문제이고 이에 개입하는 국가는 기본권보호의무가 문제된다. 헌법은 근로자의 보호를 위한 여러 기본권을 규정하고 있기도 하다. 헌재는 근로자를 보호할 국가의 의무를 긍정한다. 사안은 한국식품위생연구원과 한국보건의료관리연구원을 통폐합하여 한국보건산업진흥원을 설립하고, 정원을 감원하는 내용의 한국보건산업진흥원법이 제정되고 통합과정에서 직원선정에서 배제된 한국식품위생연구원의 직원이 제기한 위헌소원심판 사건이었다. 이 사안에서 법률로 국가보조 연구기관을 통폐합함에 있어 재산상의 권리·의무만 승계시키고, 근로관계의 당연승계 조항을 두지 아니한 것이 국가의 의무를 저버려 위헌인지 여부가 논란이 된 것이다. 헌재는 위 진흥원은 정부출연기관으로서 그 업무에 공공성이 있고, 정부위탁사업을 수행하기도 하지만, 법적으로는 국가와는 독립된 별개의 법인이어서, 진흥원의 임·직원은 사인(私人)으로서의 지위를 갖는다고 판시하였다. 이로써 사안은 사인 간 기본권관계에서의 국가의무의 문제를 가지는 것으로 볼 수 있었는데 헌재는 이 문제를 명시적으로 언급하지는 않았다. 여하튼 헌재는 헌법 제15조의 직업의 자유 또는 헌법 제32조의 근로의 권리, 사회국가원리 등에 근거하여 실업방지 및 부당한 해고로부터 근로자를 보호하여야 할 국가의 의무를 도출할 수는 있을 것이나, 국가에 대한 직접적인 직장존속보장청구권을 근로자에게 인정할 헌법상의 근거는 없다고 판시하였다. 그리고 헌재는 위헌여부에 대해 입법자의 판단은 그것이 현저히 자의적이고 불합리한 것이 아닌 한 존중되어야 하고 근로관계의 존속을 보호하기 위한 최소한의 보호조치를 취하고 있는지의 여부로 판단한다는 입장을 취하였다. * 이 결정례는 과소보호금지원칙을 직접 언급하지 않으면서 최소한 보호의무라는 표현을 쓰고 있는 결정례이기도 하다.

판례 헌재 2002.11.28. 2001헌바50

[결정요지] 1. 헌법 제15조의 직업의 자유 또는 헌법 제32조의 근로의 권리, 사회국가원리 등에 근거하여 실업방지 및 부당한 해고로부터 근로자를 보호하여야 할 국가의 의무를 도출할 수는 있을 것이나, 국가에 대한 직접적인 직장존속보장청구권을 근로자에게 인정할 헌법상의 근거는 없다. 2. (가) 이와 같이 우리 헌법상 국가에 대한 직접적인 직장존속보장청구권을 인정할 근거는 없으므로 근로관계의 당연승계를 보장하는 입법을 반드시 하여야 할 헌법상의 의무를 인정할 수 없다. 따라서 한국보건산업진흥원법 부칙 제3조가 기존 연구기관의 재산상의 권리·의무만을 새로이 설립되는 한국보건산업진흥원에 승계시키고, 직원들의 근로관계가 당연히 승계되는 것으로 규정하지 않았다 하여 위헌이라 할 수 없다. (나) 다만, 우리 헌법상 국가(입법자)는 근로관계의 존속보호를 위하여 최소한의 보호를 제공하여야 할 의무를 지고 있다고 할 것이며, 따라서 위 부칙 제3조가 그러한 최소한의 보호의무마저 저버린 것이 아닌지 문제될 수 있겠으나, 국가가 근로관계의 존속을 보호하기 위한 최소한의 보호조치를 취하고 있는지의 여부는 당해 법률조항만에 의할 것이 아니라, 노사관계에 관한 법체계 전반을 통하여 판단하여야 할 것인바, 헌법 제33조에서 노동기본권을 보장하고 있는 점, 법원이 재판을 통하여 고용승계 여부에 관한 당사자의 의사와 태도를 합리적으로 해석함으로써 근로관계 존속보호의 기능을 수행할 가능성이 열려 있는 점, 고용보험제도를 비롯하여 고용안정, 취업기회의 제공, 직업능력의 개발을 위한 부수적 법제가 마련되어 있는 점 등을 고려할 때, 현행법제상 국가는 근로관계의 존속보호를 위한 최소한의 보호조치마저 제공하고 있지 않다고 보기 어렵다.

4) 환경보호

① **확성기결정 사건** 환경권과 관련한 사안으로 확성기사건이 있었다. 즉 공직선거법이 선거운동시 확성장치의 출력수 등 소음에 대한 허용기준 조항을 두지 아니하여 환경권을 침해한다는 주장의 헌법소원심판에서도 과소보호금지원칙을 적용한 심사가 있었는데 정온한 생활환경이 보장되어야 할 거주 지역에서 저녁시간까지 확성장치를 사용하여 선거운동을 할 수 있도록 허용한 것은 과소보호금지 의무를 위반한 것이라는 다수의견이 있었으나(8인 중 4인 의견), 3인의견은 과소보호금지원칙을 위반하지 않았다는 의견으로 4인 다수의견이 정족수 6인 이상 찬성을 얻지 못하여 결국 기각결정된 바 있다.[1] 그러나 이후 헌재는 판례변경하여 사용시간과 사용지역에 따른 수인한도 내에서 확성장치의 최고출력 내지 소음 규제기준에 관한 규정을 두지 아니한 것은 과소보호금지원칙 위반이라고 하고 헌법불합치결정을 하였다.

판례 헌재 2019.12.27. 2018헌마730

[결정요지] ○ 국가가 국민의 건강하고 쾌적한 환경에서 생활할 권리에 대한 보호의무를 다하지 않았는지 여부를 헌법재판소가 심사할 때에는 이른바 '과소보호금지 원칙'의 위반 여부를 기준으로 삼아야 한다. ○ 공직선거법에는 확성장치를 사용함에 있어 자동차에 부착하는 확성장치 및 휴대용 확성장치의 수는 '시·도지사선거는 후보자와 구·시·군 선거연락소마다 각 1대·각 1조, 지역구지방의회의원선거 및 자치구·시·군의 장선거는 후보자마다 1대·1조를 넘을 수 없다'는 규정만 있을 뿐 확성장치의 최고출력 내지 소음 규제기준이

---

1) 헌재 2008.7.31. 2006헌마711, 판례집 제20권 2집 상, 345면.

마련되어 있지 아니하다. 기본권의 과소보호금지 원칙에 부합하면서 선거운동을 위해 필요한 범위 내에서 합리적인 최고출력 내지 소음 규제기준을 정할 필요가 있다. 심판대상조항에서 확성장치 사용을 허용하되 확성장치를 통한 선거소음의 최고출력을 구체적이고 현실적으로 규율하는 조항을 둘 때 선거운동의 자유가 적극적으로 보장되는 결과를 가져올 수 있다. ○ 공직선거법에는 주거지역과 같이 정온한 생활환경을 유지할 필요성이 높은 지역에 대한 규제기준이 마련되어 있지 아니하다. 예컨대 소음·진동관리법, '집회 및 시위에 관한 법률' 등에서 대상지역 및 시간대별로 구체적인 소음기준을 정한 것과 같이, 공직선거법에서도 이에 준하는 규정을 둘 수 있다. 심판대상조항이 선거운동의 자유를 감안하여 선거운동을 위한 확성장치를 허용할 공익적 필요성이 인정된다고 하더라도 정온한 생활환경이 보장되어야 할 주거지역에서 출근 또는 등교 이전 및 퇴근 또는 하교 이후 시간대에 확성장치의 최고출력 내지 소음을 제한하는 등 사용시간과 사용지역에 따른 수인한도 내에서 확성장치의 최고출력 내지 소음 규제기준에 관한 규정을 두지 아니한 것은, 국민이 건강하고 쾌적하게 생활할 수 있는 양호한 주거환경을 위하여 노력하여야 할 국가의 의무를 부과한 헌법 제35조 제3항에 비추어 보면, 적절하고 효율적인 최소한의 보호조치를 취하지 아니하여 국가의 기본권 보호의무를 과소하게 이행한 것이어서 건강하고 쾌적한 환경에서 생활할 권리를 침해한다. ○ 다만, 심판대상조항에 대하여 단순위헌결정을 하여 즉시 효력을 상실시킨다면 선거운동 시 확성장치의 사용에 관한 근거규정이 사라지고, 후보자 등은 확성장치를 사용하여 선거운동을 할 수 없게 되는 법적 공백상태가 발생할 우려가 있다. 심판대상조항의 위헌성은 공직선거의 선거운동에서 확성장치를 사용하는 것 자체에 있는 것이 아니라, 확성장치의 사용에 따른 소음 규제기준이 마련되어 있지 아니하다는 점에 있고, 그 입법의 내용, 범위 등은 입법자가 결정하여야 할 사항이므로, 헌법불합치결정을 선고하고, 입법자의 개선이 있을 때까지 잠정적용을 명하기로 한다.

② **구 '산업단지 인허가 절차 간소화를 위한 특례법' 제9조 제2항 중 '환경·교통·재해 등에 관한 영향평가법'에 따른 환경영향평가에 관한 부분**('의견청취동시진행조항'), **구 환경영향평가법 제7조 제2항 제1호**('환경기준참고조항') 이에 대해 헌재 청구인들이 주장하는 환경권, 재산권 등 기본권의 침해 여부가 아니라 국가의 기본권 보호의무 및 헌법상 적법절차원칙을 위배하는지의 관점에서 그 위헌 여부를 판단하였다. 판단결과 위배가 없다고 보고 합헌결정을 하였다.

판례 헌재 2016.12.29. 2015헌바280

[판시사항] [가] 산업단지의 지정권자로 하여금 산업단지계획안에 대한 주민의견청취와 동시에 환경영향평가서 초안에 대한 주민의견청취를 진행하도록 한 구 '산업단지 인·허가 절차 간소화를 위한 특례법'(2008. 6. 5. 법률 제9106호로 제정되고, 2011. 8. 4. 법률 제11019호로 개정되기 전의 것. 이하 '산단절차간소화법'이라 한다) 제9조 제2항 중 '환경·교통·재해 등에 관한 영향평가법에 따른 환경영향평가'에 관한 부분(이하 '의견청취동시진행조항'이라 한다)이 국가의 기본권 보호의무에 위배되는지 여부(소극) [나] 의견청취동시진행조항이 적법절차원칙에 위배되는지 여부(소극) [다] 환경영향평가 대상사업의 사업자로 하여금 환경영향평가를 실시하기 위한 환경보전목표를 설정함에 있어 환경정책기본법 제10조에 따른 환경기준을 참고하도록 한 구 환경영향평가법(2008. 3. 28. 법률 제9037호로 전부개정되고, 2011. 7. 21. 법률 제10892호로 전부개정되기 전의 것) 제7조 제2항 제1호(이하 '환경기준참고조항'이라 한다)가 국가의 기본권 보호의무에 위배되는지 여부(소극) [결정요지] [가] 의견청취동시진행조항은 종래 산업단지의 지정을 위한 개발계획 단계와 산업단지 개발을 위한 실시계획 단계에서 각각 개별적으로 진행하던 산업단지개발계획안과 환경영향평가서 초안에 대한 주민의견청취절차 또는 주민의견수렴절차를 산업단지 인·허가 절차의 간소화를 위하여 한 번의 절차에서 동시에 진행하도록 하고 있을 뿐, 환경영향평가

서 초안에 대한 주민의견수렴절차 자체를 생략하거나 주민이 환경영향평가서 초안을 열람하고 그에 대한 의견을 제출함에 있어 어떠한 방법상·내용상 제한을 가하고 있지도 않다. 또한 입법자는 산단절차간소화법 및 환경영향평가법 등에 환경영향평가서 초안에 대한 지역주민의 의견수렴이 부실해지는 것을 방지하기 위한 여러 보완장치를 마련해 두고 있다. 따라서 국가가 산업단지계획의 승인 및 그에 따른 산업단지의 조성·운영으로 인하여 초래될 수 있는 환경상 위해로부터 지역주민을 포함한 국민의 생명·신체의 안전을 보호하기 위하여 필요한 최소한의 보호조치를 취하지 아니한 것이라고 보기는 어려우므로, 의견청취동시진행조항이 국가의 기본권 보호의무에 위배되었다고 할 수 없다. [나] 구 산단절차간소화법은 지정권자가 환경영향평가 대상지역 주민들에게 환경영향평가서 초안에 대하여 적절한 고지를 하고, 이에 따라 주민 등이 환경영향평가서 초안을 산업단지계획안과 종합적·유기적으로 파악하여 그에 대한 의견을 제출할 기회를 부여함으로써 주민의 절차적 참여를 보장해 주고 있으므로, 의견청취동시진행조항이 환경영향평가서 초안에 대한 주민의견청취를 산업단지계획안에 대한 주민의견청취와 동시에 진행하도록 규정하고 있다고 하더라도, 헌법상의 적법절차원칙에 위배된다고 할 수 없다. [다] 환경정책기본법상의 환경기준은 행정기관을 직접 기속하거나 국민의 권리·의무를 규율하는 것이 아니라 행정이 달성·유지하기 위해 노력해야 할 목표에 불과함을 고려할 때, 환경기준참고조항이 사업자로 하여금 환경영향평가를 실시할 때 환경기준을 준수하도록 의무를 부과하지 않고 환경보전목표의 설정에 있어 참고하여야 할 기준으로 삼도록 한 것은 환경기준의 법적 성질 및 환경영향평가제도의 본지에 부합한다. 국가는 환경 관련 법령에서 환경영향평가 대상사업의 시행 전 사업계획 등에 대한 승인단계에서부터 시행 후 산업단지 등의 조성 및 운영 단계에 이르기까지, 나름대로 환경상 위해로부터 지역주민을 포함한 국민의 건강을 보호하고 쾌적한 환경을 보전하기 위한 제도적 장치들을 다각적으로 마련하고 있다. 따라서 환경기준참고조항이 산업단지 조성사업 등 환경영향평가 대상사업의 사업계획 등에 대한 승인 및 그 시행으로 인하여 초래될 수 있는 환경상 위해로부터 국민의 생명·신체의 안전을 보호하기 위하여 필요한 최소한의 보호조치를 취하지 아니한 것이라고 보기 어려우므로, 국가의 기본권 보호의무에 위배되었다고 할 수 없다.

* 위 결정에서 헌재는 '과소보호금지'라는 말을 직접 언급하지 않고 그 법리에 따라 판단한 예이다.

5) 강제동원으로 인한 피해에 대한 국가의 보호의무, 타인의 범죄로부터 국가의 보호의무

위에서 본 구 '태평양전쟁 전후 국외 강제동원희생자 등 지원에 관한 법률' 규정이 '국외'로 강제동원되었던 사람에만 의료지원금을 지급하고 '국내'에서의 강제동원자는 의료지원금 지급 대상의 범위에서 제외하고 있는 것이 국가가 취한 조치가 전적으로 부적합하거나 매우 불충분한 것임이 명백한 경우라고 단정하기는 어려우므로 국민에 대한 국가의 기본권보호의무에 위배되지 않는다는 결정례가 이에 해당된다고 볼 수 있다.

판례 헌재 2011.2.24. 2009헌마94. 이 결정에 대해서는 전술 참조.

* 헌재판례나 대법원판례는 아니나 법원의 기본권보호의무를 인정함에 있어서 과소보호금지원칙을 적용한 고등법원의 민사판례가 있었다.[1)]

---

1) 서울고등법원 제14민사부 2007나72665 판결, 손해배상. [사안과 판결] 서울YMCA가 남성 회원에게는 별다른 심사 없이 총회의결권 등을 가지는 총회원 자격을 부여하면서도 여성 회원의 경우에는 지속적인 요구에도 불구하고 원천적으로 총회원 자격심사에서 배제하여 온 것은, 여성 회원들의 인격적 법익을 침해하여 불법행위를 구성한다고 본 판례 [관련판시] 법원의 기본권 보호의무와 관련하여 민법의 불법행위 조항은 독자적 의미가 있다. 법원 역시 국가기관으로서 적절한 모든 수단을 사용하여 국민의 기본권을 보호하고 이를 실현할 헌법상 책임과

(5) 판례법리에 대한 검토

다음과 같은 점들이 고려되어야 할 것이다.

i) **과소보호금지원칙의 의미와 적용범위** 과소보호금지원칙은 어디까지나 헌법재판에서의 심사기준이다. 헌법재판소와 같은 재판기관이 통제를 함에 있어서 적용되어야 할 원칙이다. 헌재는 "국가가 국민의 생명·신체의 안전에 대한 보호의무를 다하지 않았는지 여부를 헌법재판소가 심사할 때에는 국가가 이를 보호하기 위하여 적어도 적절하고 효율적인 최소한의 보호조치를 취하였는가 하는 이른바 '과소보호 금지원칙'의 위반 여부를 기준으로 삼아, … 국가의 보호의무의 위반을 확인하여야 하는 것이다"라고 하여[1] 생명·신체의 안전에 대한 보호의무를 헌법재판소가 심사함에 있어서 적용되는 기준으로 제시하여 적용하고 있는 것이다. 헌법재판소는 사후적 통제기관이지 정책결정기관이 아니라는 한계를 가지므로 최소한 심사에 그치는 것이 필요하다고는 하나 그렇더라도 적극적인 기본권보호의무를 지게 되는 입법, 행정에 대해 이 원칙을 적용할 것은 아니다. 입법, 행정은 가능한 한 최대한 보장을 하는 것이 요구된다. 사실 헌재의 통제에 있어서도 그 통제가 법적으로는 최종적이라는 점에서 과소여부기준을 너무 낮게 잡을 것이 아니라 가능한 한 통제범위를 넓히는 것이 필요하다.

ii) **정당성의 검토** 굳이 기본권보호의무를 별도로 보면서 과소보호를 강조하는 것이 정당한지 하는 근본적인 검토가 필요하다. 독일에서 사인들 간의 기본권 효력이 문제되는 가운데 그렇다면 사인들 간에 국가가 개입할 수 있는가 하는 관념을 근저에 두고 있다는 점에서 기본권의 사인 간 효력이 인정되고 있는 오늘날에도 타당한지 의문이다. 국가보호의무를 다하지 못한 부작위로 인한 기본권침해로 갈 수 있지 않을까? 안 그러면 굳이 기본권침해 부분에서 부작위로 인한 침해라는 항목을 둘 이유가 없다. 과소보호금지원칙 위배 여부는 따지고 보면 피해최소성심사를 완화하여 판단하는 것으로 가도 되지 않을까 하는 의견도 나올 수 있다. 그렇게 함으로써 과학의 발달이나 진상규명의 진전으로 국민의 건강에 더 유리한 방향으로 입법개선이 되도록 이끌 수 있어서 기본권친화적이 될 수 있지 않은가?

의무를 지고 있는데, 민법상 불법행위 조항은 이른바 구제규범으로서 법원이 개인의 기본권에 대한 보호의무를 실현하는 효과적인 매개가 될 수 있기 때문이다. 그리고 기본권의 보호를 위한 불법행위법의 적용은 이른바 과소보호금지의 원칙에도 맞다. 즉, 법원이 기본권 보호의무를 진다고 하여 사인 간의 법률관계에 직접 개입하여 적극적으로 헌법적 원리에 맞는 법률관계를 형성하는 것은 사적 자율성에 대한 과도한 침해가 될 위험이 있으나, 불법행위법에 따른 구제는 법원이 직접 사법상 법률관계를 형성하는 것이 아니라 특정 사인의 행위가 위법함을 확인하고 이를 금전적으로 제재함으로써 간접적으로 침해된 기본권의 회복을 기대할 수 있게 된다. 이러한 점에서 피고 서울회가 여성회원들에 대하여 총회원 자격을 부인한 것이 헌법질서에 반하는 성차별적 처우에 해당한다고 하여 법원이 직접 해당 여성회원들의 총회원 자격을 인정하거나 피고 서울회에게 총회에 여성회원들을 참여시키도록 강제하기는 어렵겠으나, 그렇다고 하여 법원이 불법행위법에 따른 구제까지 회피하는 것은 기본권 보호에 관한 최소한의 책무도 저버리는 것이 되어 헌법상 과소보호금지의 원칙에 위반된다. [이후 경과] 이 판결은 대법원 상고심에서도 배상책임을 인정하였는데 대법원판결에서는 기본권의 국가보호의무에 대해 판시하지는 않았다.

1) 헌재 2008.12.26. 2008헌마419, 판례집 제20권 2집 하, 975면.

iii) **보호정도의 문제** ① 최소심사의 문제 – 입법재량이 넓게 인정되므로 최소보호의무를 준수하였는지만 보는 판례의 입장은 기본권의 중요성에 따라 그 강도가 달라진다고 하여야 옳다. 건강, 생명이 문제될 경우에 과소보호금지원칙 적용이 된다는 국가보호의무를 운운하게 되는지 문제이다. 사인의 생명을 다른 사인에 의해서 침해될 때 인간의 본질인 생명보호를 국가가 입법재량사항이니 방치한다고 할 수는 없다. 건강, 생명은 인간의 존엄가치 자체라고도 할 수 있는데 이를 최소한의 보호로도 충분하다고 보게 하는 것 자체가 기본권보장법리로서 적절하지 않다고 보인다. 헌재가 과소보호금지원칙의 심사를 "국가가 국민의 기본권 보호를 위하여 적어도 적절하고 효율적인 최소한의 보호조치를 취했는가를 기준으로" 심사하게 된다고 하여 '최소한' 조치에 주의가 쏠리는데 사실은 '적절하고 효율적인'이란 말이 중요하다. 헌법적으로 국가의 보호의무가 판명되면 기본권법익 보호의 효과가 제대로 발휘되는 충분한 조치를 취하여야 한다는 것이다. 그 충분한 조치보다 더 많은 것은 요구하지 않겠다는 것일 뿐 충분해야 한다. ② 당연한 최소심사? – 국가의 보호의무의 정도를 사안에 따라 차이가 있다는 것으로 보면 될 것이지 국가가 최소의무만 다하면 된다는 것을 인식을 강하게 심어놓는 과소보호금지라는 원칙을 굳이 설정하는 것이 필요한 것인지 의문이다.

iv) **근본적인 검토** ① 보다 근본적으로 검토하면 기본권은 국가와 헌법의 존재목적이므로 앞서 여러 번 강조하였듯이 최대한의 보장이 요구된다. 흔히 제도보장은 최소보장이고 기본권은 최대보장이라고 한다. 이러한 기본권의 최대보장의 원칙에 비추어 볼 때 위 과소보호금지원칙에 대해서는 신중한 검토가 필요하다. 전문적인 영역에서 헌법재판소가 심사하거나 입법부, 행정부의 재량적 영역(또는 판단여지적 영역)에 개입하는 것이 적절하지 않은 경우에 최소심사를 행할 수 있겠으나 이에도 중요한 가치를 지니는 기본권의 경우에 적용하여서는 아니된다는 한계를 가진다고 보아야 할 것이다. 최소기준이 헌법재판관들의 의지에 따라 달라질 수 있다는 점에서 문제이다. 최소기준을 어느 정도로 잡느냐에 따라 달라질 수 있다. 당장 위의 교통사고특례법 결정에서 4인 재판관은 과소보호가 아니라고 본 반면에 3인의 재판관은 과소보호라고 하여 의견이 갈린 것도 그러한 점을 보여주고 있다. ② 근본적으로 기본권제한 문제로 갈 수도 있지 않은가 한다. 또한 국가가 기본권침해자인 경우와 기본권보장자인 경우를 구별하는 것이 과소보호금지의 중요한 논거인데(우리 헌재판례의 4인 합헌의견도 그러하다), 국민의 입장에서는 기본권의 침해가 국가에 의한 것이든 다른 국민에 의한 것이든 침해가 있는 것은 마찬가지이다. 또한 판례이론에 따르더라도 위 교통사고처리특례법의 사안은 국가가 기본권보장자라는 지위의 효과가 나오는 것이라고 반드시 볼 사안은 아니다. 왜냐하면 피해를 가져오게 된 원인은 직접적인 것으로는 교통사고 그 자체이나 간접적으로는 교통사고가 있을 경우에 국가가 그 사고에 대한 제재를 막는다는 점(보험가입자에 대한 면책)에 있기도 하기에 국가가 침해자로서의 성격도 가지는 사안이기 때문이다. 국가가 법률로써 개입하였다는 사실 자체로 이제 국가가 침해자로 볼 수 있게 된 것이다.

불충분한 보호는 결국 그 보호를 필요로 하는 기본권에 대해서는 국가에 의한 제한이 될 것이다. 예를 들어 시민들의 생계유지를 위한 일상의 소득활동을 위한 왕래를 보장할 교통수단을 마련해 줄 것이 단순히 국가의 보호의무라서 그것을 요구할 수 있는가 아니면 하나의 권리로서 그것을 요구할 수 있는데 그 실현을 국가가 중간에서 하면서 충분하지 못하면 권리에 대한 제한이 된다고 볼 수 있지 않은가. 이 문제는 국가가 어떤 행위를 하여야 할 것인가 하는 문제가 기본권이 인정되는가, 사인 간 관계가 아닌가 등등 그동안의 소극적 헌법논의에 주눅 든 경향을 보여주는 것이 아닌가. 국가가 모든 것을 해주어야 하는 후견인인가 하는 비판도 국가의무를 피하기 위한 구실이다. 국가가 비대해지는 것은 독재국가에서 반대할 일이다. 국민의 권리를 보호하는 착한 국가를 전제로 한 논의이다. 논의의 본질을 자꾸 흐리지 말아야 한다. 국민의 자율성을 믿지 않고 어떻게 혁명의 산물이기도 한 인권을 논할 수 있을 것인가. 권리를 보장받기 위해 만든 국가인데 무슨 후견을 운운하는지 알 수 없고 국가가 사인들 간에도 개입하는 것이 국가전능 독재가 아니라 사인들 간의 화평한 조절을 위한 국가 본연의 임무인데 이를 부정적으로 볼 것인가. 국가가 공권력을 행사하여 억제하는 것이 아니라 보호를 위하여 행사하여야 할 공권력을 행사하지 않은 데 대한 것이라서 후견 운운은 문제의 본질을 알지 못하고 언급하는 것이다.

여하튼 헌재가 근래에 와서 자주 '국가 기본권보호의무에 대한 판단 = 기본권 제한에 대한 판단'으로 보는 판례들을 내놓고 있어서 문제의 본질에 접근하고 있는 것으로 보인다. 이전에도 헌재 판례 중에 사회적 기본권의 입법에 필요한 최소한 조치를 다했는지를 판단할 수도 있으나 청구인의 의도, 사안의 밀접성을 들어 평등권심사로 판단한 예가 있다 – 공무상 질병 또는 부상으로 '퇴직 이후에 폐질상태가 확정된 군인'에 대해서 상이연금 지급에 관한 규정을 두지 아니한 군인연금법에 대한 헌법불합치결정이 그 예이다.[1)]

1) 헌재 2010.6.24. 2008헌바128. [판시] 이 사건의 경우 만일 입법자가 상이연금수급권자의 범위를 정함에 있어 어느 집단을 합리적인 이유 없이 포함시키지 아니하거나 연금수혜의 대상에서 제외하는 등 소극적이거나 불충분한 입법형성을 함으로써 입법재량의 한계를 일탈한 경우에는 그러한 흠결을 가진 입법 자체에 의하여 청구인의 사회적 기본권이나 평등권이 모두 침해될 수 있다 할 것이다. 다만, 어떤 법률조항이 동시에 여러 헌법규정에 위반된다고 주장하는 경우에는 이를 주장하는 청구인의 의도 및 입법자의 객관적 동기 등을 참작하여 먼저 그 사안과 가장 밀접한 관계에 있는 헌법규정을 중심으로 헌법에 위반되는지 여부를 따져 보아야 한다. 이 사건의 경우, 입법자가 군인의 상이연금수급권 내지 사회적 기본권의 내용에 관한 입법을 형성함에 있어, 상이군인으로 하여금 인간다운 생활을 영위하도록 하기 위하여 '객관적으로 필요한 최소한의 조치'를 취할 의무를 다하였는지 여부를 그 입법행위가 헌법에 합치되는지에 관한 판단기준으로 삼아, 이 사건 법률조항의 내용이 불완전하거나 불충분하여 헌법상 용인될 수 있는 재량의 범위를 명백히 일탈함으로써 '인간다운 생활을 할 권리'를 보장한 헌법에 위반되는지 여부를 판단할 수도 있을 것이다. 그러나 청구인은 주로 공무원연금법에서 정한 장해급여수급권의 혜택을 받는 일반 공무원과의 차별을 문제 삼고 있는 점 등을 고려해 볼 때 이 사건 법률조항이 헌법에 위반되는지 여부는 헌법 제11조 제1항의 평등원칙과 가장 밀접한 관계가 있으므로, 이 사건 법률조항이

* 기본권 국가보호의무와 기본권제한문제를 상응되게 보고 있는 결정례들로 위에서 살펴본 국가 기본권보호의무에 관한 판례들 중 ⑦(위 ⑦ 담배사업법결정에서는 아예 "국가의 보호의무에 상응하는 생명·신체의 안전에 관한 권리"라는 판시를 하여 이러한 입장을 직접적으로 보여주고 있기도 하다), ⑧, ⑩, 그리고 환경부분의 ② 결정 등이 있었다(적어도 그 결정들은 판시를 읽어보면 그러하다는 것). 위 결정들 중 ⑧, ⑩ 두 가지 결정례에서 그 판시 부분을 아래에 인용한다.

판례 ⑧ 헌재 2015.10.21. 2012헌마89등

[판시] 청구인들은 이 사건 시행령 별표로 인하여 생명권 및 건강권, 행복추구권, 소비자의 권리, 인간의 존엄과 가치 등이 침해되었다고 주장하나, 이 사건 시행령 별표는 방사선 피폭과 관련하여 일반 국민의 생명·신체의 안전을 보호하기 위한 위험방지 조치로서 이에 대하여는 국가가 기본권 보호의무를 위반한 것인지가 문제되며, 국가의 기본권 보호의무 위배 여부와 관련된 범위에서 청구인들의 기본권 침해 여부가 판단되므로 이에 대해서는 별도로 판단하지 아니한다. [결정요지] 그 기준이 지나치게 낮다거나 자의적이라거나 불합리하다고 볼 수 없어 기각한다. * 자세한 것은 앞의 기본권보호의무에 관한 결정례들 부분 참조.

⑩ 헌재 2018.5.31. 2015헌마1181

[판시] 가. 쟁점의 정리 (1) 심판대상조항은 일정한 한약서에 수재된 처방에 해당하는 품목의 한약제제를 의약품 품목허가·신고를 위한 안전성·유효성 심사대상에서 제외하고 있는데, 이는 한약제제를 복용하는 국민의 건강에 관련된 문제이므로, 심판대상조항이 헌법 제36조 제3항에서 보장하는 보건권을 침해하는지가 문제된다. 비록 심판대상조항이 안전성·유효성 심사대상에서 일정한 한약서에 수재된 처방품목인 한약제제를 제외하는 내용이기는 하나, 전체적인 약사법령의 체계에 비추어 보면, 위 조항은 의약품의 제조판매에 있어서 안전성·유효성에 관한 구체적인 심사대상과 절차를 규정함으로써 국민의 보건권을 보호하기 위한 것이지, 국민의 보건권을 제한하기 위한 조치라고 볼 수 없다. 따라서 이 사건의 쟁점은, 심판대상조항이 건강의 유지에 필요한 국가적 급부와 배려를 요구할 수 있는 국민의 권리에 대응하여, 국민의 보건을 위한 정책을 수립하고 시행하여야 할 국가의 기본권보호의무를 위반하였는지 여부이다. (2) 생략 나. 판단 (1) 심사기준 – 국가가 국민의 기본권에 대한 보호의무를 다하지 않았는지 여부를 헌법재판소가 심사할 때에는, 국가가 이를 보호하기 위하여 적절하고 효율적인 최소한의 보호조치를 취하였는지를 기준으로 삼아야 한다. * 이하 보호의무 위반이 아니라 보건권침해가 아니라는 결론에 이르름(자세한 요지는 위의 기본권보호의무에 관한 결정례들 참조).

* 판례분석 : 이 결정에서 헌재는 결국 "따라서 심판대상조항은 국민의 보건권에 관한 국가의 보호의무를 위반하지 아니하였으므로, 청구인들의 보건권을 침해하지 아니한다"라고 결론지어 보건권이라는 기본권의 침해여부를 판단하겠다고 서두에서 예고하고는 결론적으로는 국가의 기본권보호의무를 위반하지 않아 보건권침해가 아니라고 하여 기본권침해 문제를 국가의 기본권보호의무 위반문제와 같이 보았다. 그렇다면 기본권제한과 기본권보호의무를 달리 다룰 실익이 있느냐 하는 회의를 가지게 한다.

위와 같은 헌재의 입장은 위에서 우리가 행한 근본적 검토에 비추어 적절한 방향선택이라고 보여진다. 다만, 위에서 비판하였듯이 그 심사기준이 너무 낮게 안주한다는 것이다. 국민의 생명·신체라는 중요한 문제에 대하 것인데 그렇게 기준을 낮게 잡아도 되느냐 하는 것이다. 기존의 논의에서 여전히 벗어나지 못하고 있음을 보여주고 있다.

평등원칙에 위배되거나 청구인의 평등권을 침해하는지 여부를 중심으로 살펴보기로 한다.

위와 같은 근본적 검토와 이러한 결정례들을 보면 헌재가 기본권보호의무 위반 여부를 기본권제한 문제와를 별도로 보아야 할 것인지 하는 회의가 사실 들게 한다. 기본권보호의무는 국가가 침해자가 아니면서 그 보호가 이루어져야 하는 점에서 기본권제한의 문제와는 차이가 있다. 그러나 그 보호의 정도에 따라 기본권의 실현이 되는 정도가 나타나므로 실질적으로 제한의 문제로 나타나기도 한다. 위와 같은 회의와 근본적 고민은 앞으로 더욱 깊이있는 성찰연구를 계속하라는 의미이다.

v) **국가에 대한 방어권을 국가가 침해한 경우** 비례원칙문제가 나올 것이고 과소보호금지원칙 문제로 다룰 수 없다. 기본권의 침해이기 때문이다.

vi) **용어의 문제** 과소보호금지란 그 취지는 결코 가능한 한 기본권보호를 적게 하라는 것이 아니라 적어도 그 수준보다 낮은 보호를 하면 아니 되고 그 수준을 넘어 보호하라는 것이다. 재량의 한계로서 과소보호금지원칙인 것이다. 그런데 사실 과소라는 사전적 의미는 아주 지나치게 적다는 것으로 적더라도 너무 적게 보호하지 말라는 의미로 전달될 수 있을 것이므로 적절한 용어인지는 의문이다.

(6) 참고

경찰직무 수행자에 대한 검사 직무명령 불준수의 처벌 – "경찰의 직무를 행하는 자 또는 이를 보조하는 자가 인권옹호에 관한 검사의 직무집행을 방해하거나 그 명령을 준수하지 아니한 때"에 처벌하는 형법 제139조(1953. 9. 18. 법률 제293호로 제정된 것) 중 인권옹호에 관한 검사의 명령 불준수에 관한 부분이 과잉입법이라는 주장을 헌재는 배척하였다. 이 결정에서 국가보호의무에 비추어 본다는 판시가 나오고 사안이 인권옹호에 관련된 것이어서 참고로 아래에 살펴본다.

판례 헌재 2007.3.29. 2006헌바69

[사건개요] 검사가 구속영장을 청구하기에 앞서 구속사유의 존부를 심사하기 위하여 피의자를 직접 신문할 필요가 있다는 이유로 피의자를 검사실로 데려오라고 명령했음에도 불구하고 정당한 사유없이 이를 이행하지 아니한 경찰관이 기소되었고 그 형사재판에서 위헌소원이 이루어진 사안이었음 [결정요지] 인권옹호에 관한 검사의 직무명령을 준수하지 않는 행위는 피의자 등의 인권에 대한 직접적 침해 또는 구체적 위험을 수반할 가능성이 있고, 검사의 인권옹호에 관한 직무집행에 장애를 초래하여 국가기능의 정상적이고 원활한 작동에 장애를 일으킬 위험이 있는바, 이러한 행위에 대해서는 엄중한 제재를 인정하여 인권침해의 가능성을 최대한 억제하고 사법경찰관리의 의무위반행위를 예방할 필요가 있다고 할 것이므로 인권옹호에 관한 검사의 명령을 준수하지 아니한 사법경찰관리에 대하여 형사책임을 부과한 것은 입법재량의 범위 내의 입법권 행사라고 할 것이다. 또한, 인권옹호에 관한 검사의 명령을 준수하지 아니한 행위를 직무유기죄로 처벌함으로써 이 사건 법률조항의 목적을 달성할 수 있다고 볼 수도 있으나, 직무유기죄는 일반조항의 성격을 가진 것이고 이 사건 법률조항은 기본권 보장의 국가의무와 그 중요성에 비추어 볼 때 그 중 특히 수사기관에 의하여 기본권이 침해될 위험이 있는 행위들을 분리하여 특별조항을 둠으로써 수사절차에서 침해될 수 있는 국민의 인권을 두텁게 보호하려는 것이므로 이를 과잉입법이라고 할 수는 없다. 한편 이 사건 법률조항에 해당하는 행위의 위험성에 비추어 볼 때

법정형의 상한 자체가 과도하게 높다고 보이지 않을 뿐만 아니라, 비교적 죄질이 가벼운 경우에 대하여는 선고유예까지 선고할 수 있으므로 행위의 개별성에 따라 책임에 알맞은 형벌을 선고할 수 없다거나 책임과 형벌 간의 비례의 원칙에 어긋나는 과잉형벌이라고 보기는 어렵다.

(7) 사인 간 기본권침해 외 침해에서의 국가보호의무

사실 국가의 기본권보호의무를 좁은 개념, 즉 사인 간 기본권 관계에서만 인정하는 입장을 고집하지 않으면 국가의 기본권보호의무에 관한 결정례는 헌법재판소 출범초기부터 진작 적지 않았고 지금도 적지 않다. 위에서 본 대로 어느 사인의 침해가 없더라도 국가가 제 때 적절히 개입하지 않아 기본권이 보장되지 않고 있다고 볼 경우(생존권이나 안전에 대한 권리 등의 경우), 그리고 사인이 아닌 공권력에 의한 기본권침해가 있었는데 이후 국가가 이를 제거하고 기본권을 복원하지 않아 여전히 침해상태로 방치하는 경우 국가의 보호의무가 거론되는 경우가 있다. 이 점에서도 국가의 기본권보장의무를 사인들 간 관계에서만 파악하려는 것은 문제를 가진다. 사실 위에서 사인 간 기본권관계에서의 보호의무를 다룬 결정례들 중에는 국가와의 관계에서 생기는 문제를 전혀 배제할 수만은 없는 사례들도 있었다.

* 사인 간 기본권관계에서의 국가보호의무가 아닌 경우의 국가의무 인정 여부가 논란된 결정례들 : 몇 가지 예를 보면 헌재 2015.10.21. 2014헌마456, 헌재 2003.1.30. 2002헌마358 등.

(8) 과거사 민주화보상법 '재판상 화해 간주' 사건 – 정신적 손해에 대한 재판상 화해 간주의 위헌성

헌재는 '민주화운동 관련자 명예회복 및 보상 심의 위원회'의 보상금 등 지급결정에 동의한 경우 "민주화운동과 관련하여 입은 피해"에 대해 재판상 화해가 성립된 것으로 간주하는 구 '민주화운동 관련자 명예회복 및 보상 등에 관한 법률' 제18조 제2항, 이 간주조항의 '민주화운동과 관련하여 입은 피해' 중 불법행위로 인한 정신적 손해에 관한 부분은 국가배상청구권을 침해하여 헌법에 위반된다고 결정하면서 정신적 손해에 대한 국가배상청구권 행사를 금지하는 것은 헌법 제10조 제2문의 취지에도 반한다고 판시한 바 있다.

판례 헌재 2018.8.30. 2014헌바180등

[해당판시] 헌법 제10조 제2문은 "국가는 개인이 가지는 불가침의 기본적 인권을 확인하고 이를 보장할 의무를 진다."라고 규정하고 있는바, 이와 같이 헌법상 기본권 보호의무를 지는 국가가 오히려 소속 공무원의 직무상 불법행위로 인하여 유죄판결을 받게 하거나 해직되게 하는 등으로 관련자에게 정신적 고통을 입혔음에도 그로 인한 정신적 손해에 대한 국가배상청구권 행사를 금지하는 것은 헌법 제10조 제2문의 취지에도 반한다. 이상을 종합하여 보면, 심판대상조항 중 보상금 등의 성격과 중첩되지 않는 정신적 손해에 대한 국가배상청구권의 행사까지 금지하는 것은 국가배상청구권에 대한 지나치게 과도한 제한에 해당하여 침해의 최소성에 위반된다.

(9) 과소보호금지원칙과 비례(과잉금지)원칙과의 관계

과잉금지원칙은 제한의 정도가 벗어나서는(넘어서서는) 아니 되는 상한을 정하는 원칙이고, 과소보호금지원칙은 보호의 정도가 그것을 하회해서는 아니 되는 하한을 정하는 원칙이다. 그런데 가해 사인과 피해를 보는 사인 간에 피해를 보는 사인에 대한 보호가 이루어지면 가해 사인의 법익에 대한 제한이 이루어지는 경우도 있다고 보고 그 경우 제한이므로 과잉금지원칙이 적용되어야 하니 결국 한 사안에서 과잉금지원칙과 과소보호금지원칙이 함께 적용되어야 하느냐 아니면 어느 한 원칙의 적용으로 해결되느냐 하는 문제가 제기된다는 것이다. 그러나 이러한 문제제기를 하는 견해는 앞서 국가의 기본권보호의무가 발생하기 위한 요건으로 어느 사인의 위법한 가해가 있어야 한다고 설명하고 있다. 그렇다면 위법한 가해로 인해 제약을 받는 사인을 보호하는 것은 위법의 제거이지 적법한 행위인 제한이 아니므로 과잉금지원칙이 적용될 경우가 아니라는 결과가 된다. 이 점 규명이 필요하고 앞서도 지적하였듯이 위법한 가해의 위법성 요건에 대해 재고가 필요하다. 생각건대 기본권제약을 하는 행위가 위헌인지 여부는 심사 이전에 확정적으로 밝혀지는 것은 아니고 과잉금지원칙을 통과하지 못하면 위헌으로 될 것이기에 과잉금지원칙심사에서 한계를 벗어난 제약행위라면 위헌이 될 것이라는 것을 전제한 위법성이라고 보아야 설명이 가능해진다. 여하튼 양자가 모두 적용되는 경우라면 그 관계가 어떠한지에 대해 과소보호금지원칙은 독자적 의미가 없고 과잉금지원칙의 적용으로 해결된다는 견해와 독자적 의미가 있다는 견해가 대립되고 있다.

생각건대 비례원칙은 최소의 제한을 추구하는 것이고 과소보호금지는 어느 수준을 넘는 보호를 추구하는 것이므로 제약행위자의 기본권법익을 최소로 제한하는 조치라고 하여 피해자에게 최소보호가 되는 조치라고 볼 수 없는 경우가 있다. 따라서 양 원칙은 각각 적용될 필요가 있고 적용결과 양 당사자 간의 적정점을 찾는 것이 필요하게 된다. 과소보호금지원칙은 국가의 부작위의 경우에 중요하다. 하여야 할 보호의무를 하지 않고 있기 때문이다. 비례원칙이란 엄격한 조건하에 기본권을 제한하라는 것이고 제한을 함부로 하지 말라는 것이다. 앞서 국가의 기본권보호의무를 특별히 논하여야 하는가 하는 문제에서 살핀 대로 사인 간의 기본권 문제는 서로 간 충돌, 그리고 그 충돌에 대한 조절의 해결로 볼 수 있다고 하였다. 그렇다면 그리고 그 조절은 기본권제한의 문제로 귀결되므로 결국 국가의 기본권보장의무의 문제에 있어서도 기본권제한에 적용되는 비례원칙 등 기본권의 한계원칙이 적용될 수 있고 과소보호 여부도 비례성에 따라, 특히 양 당사자의 법익을 비교형량한 결과에 따라 결론이 나온다는 것으로 볼 수 있다.

Ⅴ. 대국가적 효력의 실효화 - 기본권구제의 충실화

기본권의 대국가적 효력의 실질적인 확보는 기본권구제를 위한 제도들의 완비에 있다고 할 것이다. 기본권을 국가나 공권력이 침해할 때 이에 대한 철저한 구제책이 마련되어야 기본권이 실효적으로 보호되고 이러한 구제책은 결국 국가의 제도에 의한 것이므로 국가의 보호요구권을 의미하는 기본권의 효력도 결국 실질화될 수 있을 것이다. 오늘날 기본권구제의 가장 효과적인 제도는 헌법재판이다. 이에 대한 자세한 것은 후술한다. 특히 사인들 간의 기본권침해에 국가가 입법이나 공권력행사 등을 하지 않은 경우에 부작위에 대한 헌법소원 등이 적극적으로 이루어지도록 해야 한다.

제2절 기본권의 침해에 대한 구제

기본권이 국가권력 등에 의해 침해되어서는 아니 되고 최대한 보장되어야 한다. 기본권에 대한 침해가 있으면 그 구제가 이루어져야 한다. 기본권이 실효성 있게 보장되기 위해서 그 침해에 대한 구제방법이 충실하게 마련되어 있어야 한다.

Ⅰ. 침해와 구제의 유형

기본권에 대한 침해는 여러 분류기준에 따라 그 유형이 나누어질 수 있다. i) 침해주체에 따라 공권력의 행사에 의한 침해와 사인에 의한 침해로, ii) 공권력을 세분하여 종류별로, 입법권에 의한 침해, 행정(집행)권에 의한 침해, 사법권에 의한 침해 등으로, iii) 적극적 행위에 의한 침해와 소극적 침해 등으로 나누어볼 수 있다.

구제방법으로는 위 각 침해유형별로 여러 방법들이 있다. i) 사법적(司法的) 구제방법과 비사법적 구제방법 내지 준사법적 구제방법으로 나눌 수도 있고 ii) 시기적으로 사후적 구제와 사전적·예방적 구제로 나눌 수 있다. 이하에서 먼저 국가기관 내지 공권력별로 그 침해의 유형과 구제에 대해서, 그리고 사인의 침해에 대한 구제에 대해서 살펴보고 특별한 국가인권기구에 의한 구제, 비상적(예외적) 구제 그리고 사전적·예방적 구제방법으로 나누어 살펴본다.

Ⅱ. 입법기관(입법권)에 의한 기본권침해와 구제

입법기관에 의한 기본권침해에는 어떠한 기본권침해를 가져오는 법률을 적극적으로 제정한 경우와 기본권보장을 위해 있어야 할 법률을 제정하지 않거나 불충분한 입법을 한 경우(입법부작위, 소극적 침해)가 있다.

1. 적극적 입법에 의한 침해의 경우

국회가 어떠한 법률을 제정하여 국민의 기본권을 침해하는 경우 그 구제방법으로는 사법적 구제방법, 청원제도, 국민소환제도 등이 있다. 국회의원에 대한 국민소환제도는 우리 현행 헌법에서는 없다. ⅰ) 사법적(司法的) 구제방법으로는 ① 위헌법률심판 – 법원의 재판에서 법원이 재판의 전제가 된 법률의 위헌여부의 심판을 제청하여 이루어지는 헌법재판소에 의한 위헌법률심판(제107조 1항), ② 이른바 '위헌소원심판' – 위헌법률심판제청신청을 법원이 기각한 경우에 당사자가 직접 헌법재판소에 청구하는 헌법소원심판(헌법재판소법 제68조 2항), ③ 이른바 '법령소원심판' – 법률이 기본권을 직접 침해하는 경우에 그 법률을 직접 대상으로 하여 청구하는 헌법소원심판, 넓게는 ④ 위헌인 법률을 제안하고 추진한 대통령과 정당에 대한 탄핵심판, 정당해산심판을 들 수 있다(이상의 헌법재판에 의한 구제방법에 대한 자세한 것은 헌법재판 참조). ⑤ 법원은 ㉠ 위헌법률심판제청을 통하여, 그리고 ㉡ 위헌·위법명령심사제(행정부가 제정한 행정입법으로 인한 침해에 대해서는 법원의 위헌·위법명령심사, 제107조 2항)로 구제기능을 할 수 있다. ⅱ) 청원제도 – 위헌인 법률을 폐지하거나 개정해줄 것을 국민은 청원할 수 있다. ⅲ) 참정권의 행사 – 위헌인 법률을 제정하는 데 참여한 국회의원에 대한 차기선거에서의 심판은 간접적 통제방법이 될 것이다. ⅳ) 국가배상의 문제, 손실보상 – 입법으로 인한 손해에 대한 국가배상도 이론적으로는 구제방법이 될 것이나 현실적으로 고의·과실의 입증이 쉽지 않아 어렵고 무과실책임주의에 입각한 손해배상 내지는 손실보상의 방법이 강구되어야 할 것이다. ⅴ) 그 외 국가인권위원회에 의한 구제도 있다(후술 참조).

2. 소극적 침해 – 입법부작위

우리 헌법재판소 판례에 따르면 입법부작위에는 전혀 입법이 없는 진정입법부작위와 입법이 있긴 하나 불완전·불충분한 부진정입법부작위 두 가지 유형이 있다. 입법부작위에 대해서는 ⅰ) 사법적 구제방법으로서 헌법재판소에 의한 구제방법으로, ① 진정입법부작위에 대한 헌법소원심판, ② 부진정입법부작위에 대해서는 불완전하긴 하나 일부 존재하는 법률에 대한 위헌법률심판, 위헌소원심판, 법령소원심판(그 법률이 직접 기본권을 침해하는 경우)이 있다. ⅱ) 청원제도(제26조)도 있다. 부작위인 상태에서 입법으로 나아가줄 것을 요구하는 청원도 구제기능을 할 수 있다.

3. 사전적·예방적 방법

사전적·예방적 방법으로는 ⅰ) 법률안에 대한 공청회, 입법예고, 법제처 심사 등 – 이런 제도, 절차를 거침으로써 입법충실화를 기하여 기본권침해적 법률을 사전에 막아야 한다. ⅱ) 법률안재의요구(거부)권 – 국회에서 기본권침해가능성을 가진 입법을 의결한 뒤 정부에 이송되면 대통령이 법률안재의요구(거부)권을 행사하여 이를 억지하는 것이다. ⅲ) 입법에 대한 청원도 사전예방방법이 될 수 있다. ⅳ) 법적 연구기관(국회 입법조사처, 한국법제연구원 등)·학술단체, 시민단체 등에 의한 의견제시도 다양한 국민의사가 반영되어 기본권침해를 미리 막는 사전예방적 활동이 될 것이다.

Ⅲ. 행정기관(집행권)에 의한 기본권침해와 구제

행정부는 법집행작용을 수행하기에 법집행작용으로 법적 효과가 나타나는 것이고 따라서 법집행을 통한 법효과가 국민에 직접 미치는 경우가 많아 국민의 기본권을 침해할 가능성이 있는 작용을 많이 하게 된다. 그러므로 집행권은 더욱 기본권침해를 방지하고 기본권을 최대한 보장하는 의무를 다하여야 한다. 집행권에 의한 기본권침해에도 적극적인 행정작용을 함으로써 오는 침해와 행정작용을 하지 않는 소극적 상태로 인한 침해가 있을 수 있다.

1. 적극적 행정작용으로 인한 침해

행정청이 행한 적극적 행정작용으로 인한 침해의 경우에는 다음과 같은 구제방법이 있을 수 있다. ⅰ) 사법적 구제방법으로 ① 행정기관에 의한 행정심판, ② 법원에 의한 행정소송[행정처분에 대한 항고소송과 명령·규칙(행정입법)에 대한 위헌·위법심사], ③ 헌법재판소에 의한 헌법소원심판 등이 있다. ⅱ) 각종 청원과 민원, ⅲ) 손해보전제도[① 국가배상제도(제29조 1항), ② 손실보상제도(제23조 3항), ③ 형사보상제도(제28조)]도 구제수단이 된다(손해보전이 법원재판으로 이루어지면 사법적 구제에 해당되기도 한다). ⅳ) 감사원과 같은 헌법기관, 국가인권위원회, 국민권익위원회 등 특별한 기구에 의한 구제도 있다. ⅴ) 국회에 의한 국정감사나 상급기관에 의한 감사 등도 넓게 구제기능을 할 수 있다. 문제는 ⅰ)의 ③의 경우 헌재가 이른바 '원행정처분'에 대한 헌법소원을 인정하지 않고 있다는 점이다.

2. 소극적 행정작용(행정부작위 등)으로 인한 침해

행정청의 작용이 없는 행정부작위로 인한 침해의 경우에는 i) 사법적 구제로서 ① 법원의 행정소송(부작위위법확인소송), 헌법재판소의 행정부작위에 대한 헌법소원심판으로 구제받을 수 있다. ii) 청원, 민원을 통하여 행정작용을 해줄 것을 요구할 수도 있다. iii) 감사원, 국가인권위원회, 국민권익위원회 등 특별한 기구에 의한 구제도 있다. iv) 국회에 의한 국정감사나 상급기관에 의한 감사 등도 넓게 구제기능을 할 수 있다.

3. 사전적·예방적 방법

사전적·예방적 방법으로는 적법절차원칙을 구현하는 행정절차제도를 들 수 있다. 영업정지처분과 같은 불리한 행정작용을 하기 전에 청문절차를 거치도록 하는 것이 그 예이다(예컨대, 공중위생관리법 제12조. 행정절차법 제27조 이하 참조). 행정절차법은 청문제도 외에도 처분의 사전통지, 공청회, 행정상 입법예고, 행정예고, 이유부기제 등을 규정하고 있다.

Ⅳ. 사법기관(사법권)에 의한 기본권침해와 구제

법원은 기본권보장을 수행하는 것을 본무로 하는 기관이긴 하나 사실판단에서의 오류, 법령해석을 그르치거나 위헌인 법령을 적용하는 경우, 재판의 지체 등으로 기본권구제기능을 다하지 못할 수도 있다. 구제방법을 보면, i) 심급제하에서 상급심에 의한 시정기회를 가지도록 하는 상소제도, 재심제도, 비상상고 등을 통하여 구제받을 수 있고 잘못된 재판에 대해서는 국가배상제도를 통하여 구제받을 수 있다. ii) 법원이 위헌법률심판을 헌법재판소에 제청하지 아니한 경우에 헌법재판소법 제68조 제2항에 따라 당사자가 직접 헌법재판소에 위헌여부의 심판을 청구하는 이른바 '위헌소원'을 제기하여 법률의 위헌 여부를 가릴 수 있다. iii) 법원재판에 대한 헌법소원은 부정되고 있다(헌법재판소법 제68조 1항). 다만, 헌법재판소는 자신이 "위헌으로 결정한 법령을 적용함으로써 국민의 기본권을 침해한 법원재판"은 예외적으로 헌법소원의 대상이 된다고 한다(헌재 1997.12.24. 96헌마172·173(병합), 판례집 9-2, 842). iv) 재판 외에 법원의 행정작용에 대해서는 행정소송, 헌법소원이 가능하다. 헌법재판소는 대법원규칙에 대한 헌법소원을 인정한다(헌재 1990.10.15. 89헌마178, 판례집 2, 371). v) 형사재판의 경우 형사보상제도와 대통령의 사면권에 의한 구제가 가능하다. 대통령사면권은 그 남용이 비판되고 있다.

V. 지방자치단체에 의한 기본권침해와 구제

지방자치단체도 공권력을 행사하므로 그 행사에 의해 주민의 기본권이 침해될 수 있다. 조례를 제정하거나 집행권의 행사인 행정처분을 통하여 침해를 할 수 있고(적극적 침해) 기본권 보장을 위해 필요한 조례나 처분이 없거나 불충분한 경우의 부작위로 기본권이 침해될(소극적 침해) 수 있다. 그 구제방법으로서, i) 사법적 방법으로 조례에 대한 법원의 행정소송(기관소송. 지방자치법 제107조 3항, 제172조 3항), 지방자치단체의 처분에 대한 법원의 행정소송이 있다. 헌법재판소의 권한쟁의심판도 지방자치단체 간 또 지방자치단체와 국가기관 간에 권한다툼의 와중에 주민의 기본권이 침해될 수 있다면 구제방법이 될 수 있다. ii) 청원(지방자치법 제73조)도 침해의 구제수단이 된다. iii) 또한 넓게 지방자치단체장의 위법·부당한 명령·처분에 대한 주무부장관, 시·도지사의 시정명령·취소·정지제도(동법 제169조), 지방자치단체의 장에 대한 주무부장관, 시·도지사의 직무이행명령(동법 제170조), 조례의 제정과 개폐 청구(지방자치법 제15조), 주민의 감사청구(동법 제16조), 주민소송(동법 제17조), 주민소환(동법 제20조) 등을 통해 기본권보호가 이루어질 수 있다. iv) 각 지방자치단체별로 설치할 수 있는 시민고충처리위원회에 의한 구제도 있다(부패방지 및 국민권익위원회의 설치와 운영에 관한 법률 제32조 이하).

VI. 사인에 의한 침해와 구제

사인도 다른 사인에 대한 기본권을 침해할 수 있다. 다른 사람의 명예와 인격을 무시하거나 신체에 상해를 가하거나 재산권을 침해하는 경우 등을 들 수 있다. 앞서 기본권효력에서 본 대로 사인들 간에도 기본권의 효력(대사인적 효력)이 미치기 때문에 이에 대한 구제가 이루어져야 한다. 다른 사인에 의한 기본권침해에 대한 구제방법은 다음과 같다. i) 고소, 고발 – 피해자인 사람은 고소를, 피해자가 아닌 사람은 고발을 검찰에 하여 수사를 개시하도록 하고 그 결과 공소를 제기할 수 있게 하고 법원의 재판을 받도록 함으로써 구제받을 수 있다. ii) 재판·손해보전의 청구 – 재산권이나 인격권(명예권) 침해의 경우 민사소송 등 재판을 청구할 수 있고, 국가배상이나 손실보상을 청구할 수 있다. iii) 범죄피해자구조청구권 – 타인의 범죄행위로 인하여 생명·신체에 대한 피해를 받은 국민은 법률이 정하는 바에 의하여 국가로부터 구조를 받을 수 있다(제30조). iv) 국가인권위원회 – 사인에 의한 차별행위에 대해서는 국가인권위원회에 진정하여 조사·구제를 받을 수 있다(아래 참조).

사인에 의한 기본권침해에 대한 구제도 결국 국가에 의한다. 사인에 의한 자력구제는 정당방위나 긴급피난, 정당행위 등은 형법에 의해 예외적으로 인정되는 경우들 외에는 원칙적으로 인정되지 않는다. 정당방위, 긴급피난 등의 경우에는 기본권상충 문제가 나타난다.

Ⅶ. 국가인권기구에 의한 구제

1. 국가인권위원회의 인권침해 조사·구제

(1) 고찰중심과 국가인권위원회법의 적용범위

헌법재판소, 법원, 검찰 등의 국가기관들에 의한 전형적인 사법적 기본권보장 외에 인권보장을 보완하기 위하여 국가인권위원회가 설립되어 인권보호활동을 하고 있다. 국가인권위원회가 개인의 기본권침해에 대해 그 구제를 담당하는 직접적인 경우는 기본권침해자의 진정을 받아(또는 직권으로도) 인권침해·차별행위에 대한 조사와 구제를 행하는 업무를 수행하는 경우이다. 따라서 기본권구제에 대해 살펴보는 여기서도 주로 그것에 대해 살펴본다. 국가인권위는 그 외 인권에 관한 법령·제도 등의 조사와 연구 및 그 개선이 필요한 사항에 관한 권고 등 다른 권한들도 가진다. 아래에서 먼저 국가인권위원회의 성격, 구성, 업무·권한 등에 대해 살펴본다.

국가인권위원회법은 대한민국 국민과 대한민국의 영역에 있는 외국인에 대하여 적용한다(법 제4조).

(2) 국가인권위원회의 성격, 조직·구성·운영, 업무·권한

1) 설립목적과 성격

모든 개인이 가지는 불가침의 기본적 인권을 보호하고 그 수준을 향상시킴으로써 인간으로서의 존엄과 가치를 실현하고 민주적 기본질서의 확립에 이바지함을 목적으로(국가인권위원회법 제1조) 국가인권위원회가 설립되어 활동 중이다.

설립준비 당시 국가기구로 할 것인지 아니면 민간기구로 할 것인지에 대해 논란되었으나 독립적인 성격의 국가기구로 설립되었다. 국가인권위원회법(이하 '법'이라 함)은 "위원회는 그 권한에 속하는 업무를 독립하여 수행한다"라고 규정하고 있고(법 제3조 2항) 국가인권위원회는 입법부, 행정부, 사법부 어디에도 속하지 않는 독립위원회로서의 성격을 가진다. 국가인권위원회는 통상적인 기본권보호의무를 지는 국가기관들을 보완하는 성격을 가진다. 헌법재판소도 국가인권위원회의 보충적 성격을 가지는 것으로 본다.[1)]

---

1) 헌재 2004.8.26. 2002헌마302, 공보 제96호, 890면. 국가인권위원회의 설립목적은 다른 국가기관에 의하여 수행될 수 없거나 수행되고 있지 않은 업무를 수행하는 것이므로, 제대로 운영되고 있는 기존의 국가기관들과 경합하는 것이 아니라 보충하는 방법으로 설립되고 운영되는 것이 바람직하다. 국제연합의 국가인권기구설립지침서 등의 국제적인 기준에서도 국가인권기구는 사법부를 대체하는 것이 아니라 보충하며 최종관할은 법원에 속한다고 하여, 인권보장의 주된 책임이 기존의 국가기관에 있고, 국민의 인권보호의 기본적 구조는 사법제도라고 하고 있다. 다른 법률에 정한 구제절차가 있거나 수사가 개시된 경우에는 진정을 이송하며(법 제33조), 진정의

2) 인권위의 보호활동범위와 그 특색

법은 "인권"이란 「대한민국헌법」 및 법률에서 보장하거나 대한민국이 가입·비준한 국제인권조약 및 국제관습법에서 인정하는 인간으로서의 존엄과 가치 및 자유와 권리를 말한다고 규정하여(법 제2조 1호) 헌법뿐 아니라 법률, 그리고 국내법뿐 아니라 국제적 규범이 보호하는 인권을 포함하고 있다. 문제는 기본권구제활동에 있어서 국가인권위원회의 중심적 임무인 인권침해조사·구제의 대상(진정할 수 있는 대상)은 「헌법」 제10조부터 제22조까지 보장된 인권을 침해당하거나 차별행위를 당한 경우로 한정하고(법 제30조 1항 1호) 있다는 점이다.

국가인권위원회는 국가에 의한 인권침해뿐 아니라 사인에 의한 차별행위에 대한, 그리고 자연인뿐 아니라 법인, 단체로부터 차별행위에 대한 조사·구제도 수행한다(법 제30조 1항 2호). 법은 대한민국 국민과 대한민국의 영역 안에 있는 외국인에 대하여 적용한다고 규정하여(법 제4조) 외국인도 보호대상으로 하고 있다. 차별행위 속에 성희롱 행위를 포함하여 구제대상으로 하고 있다(법 제2조 3호 라목).

3) 구성·조직·운영

(가) 위원의 선출, 자격, 신분

국가위원회(이하 '위원회'라고 함)는 위원장 1명과 상임위원 3명을 포함한 11명의 인권위원(국회가 선출하는 4명, 대통령이 지명하는 4명(상임위원 2명을 포함), 대법원장이 지명하는 3명. 임명은 11명 모두 대통령이 함)으로 구성하는데 위원 중 4명 이상은 여성으로 임명하고 위원장은 위원 중에서 대통령이 국회의 인사청문을 거쳐 임명한다(법 제5조).

위원의 자격으로는 인권문제에 관하여 전문적인 지식과 경험이 있고 인권의 보장과 향상을 위한 업무를 공정하고 독립적으로 수행할 수 있다고 인정되는 사람이어야 한다(법 제5조 2항). 대한민국 국민이 아닌 사람, 국가공무원임용결격자, 정당의 당원 등은 위원이 될 수 없다(법 제9조 1항).

위원장 및 위원의 임기는 3년으로 하고, 한 번만 연임할 수 있다(법 제7조 1항). 위원장과 상임위원은 정무직공무원으로 임명한다(법 제5조 4항). 위원은 금고 이상의 형의 선고에 의하지 아니하고는 본인의 의사에 반하여 면직되지 아니하되 다만, 위원이 신체상 또는 정신상의 장애로 직무수행이 극히 곤란하게 되거나 불가능하게 된 경우에는 전체 위원 3분의 2 이상의 찬성에 의한 의결로 퇴직하게 할 수 있다고 하여 그 신분보장이 된다(법 제8조). 위원은 재직 중 국회 또는 지방의회의 의원 등의 직을 겸할 수 없고 정당에 가입하거나 정치운동에 관여할 수 없다(제10조). 원래 위원은 퇴직 후 2년간 교육공무원이 아닌 공무원으로 임명되거나 공직선거

원인이 된 사실에 관하여 법원 또는 헌법재판소의 재판, 수사기관의 수사 또는 그 밖의 법률에 따른 권리구제절차가 진행중이거나 종결된 경우에는 진정을 각하(법 제32조 5호)하는 것도, 인권구제에 있어서 국가인권위원회가 가지는 보충적 기능의 표지라고 할 것이다.

에 후보자로 출마할 수 없도록 금지하는 규정을 두고 있었는데 이 규정은 아래의 위헌결정을 받아 삭제되었다.

판례 헌재 2004.1.29. 2002헌마788, 판례집 16-1, 154면

[결정요지] 퇴직 위원이 취임하고자 하는 공직이 인권보장 업무와 전혀 관련성이 없더라도 모두 그 취임을 제한하고 있으며 이후 공직취임이 제한되는 것을 꺼려하여 유능하고 소신 있는 인물이 위원으로 임명되는 것을 회피하도록 하는 부정적 결과를 가져올 수도 있다. 그렇다면 참정권과 직업선택의 자유를 제한함에 있어서 갖추어야 할 수단의 적합성이 결여되었고, 피해가 최소화되지 못하였으며, 동 피해가 중대한 데 반하여 달성하려는 공익적 효과는 상당히 불확실한 것으로서 과잉금지의 원칙에 위배된다.

국가인권위원회법은 위원의 공백을 메우기 위한 규정도 두고 있다. 즉 임기가 끝난 위원은 후임자가 임명될 때까지 그 직무를 수행한다(법 제5조 6항).

(나) 조직과 운영

위원회는 그 업무 중 일부를 수행하게 하기 위하여 상임위원회와 침해구제위원회, 차별시정위원회 등의 소위원회를 둘 수 있다(법 제12조 1항). 위원회의 사무를 처리하게 하기 위하여 위원회에 사무처를 두고 사무처에 사무총장과 필요한 직원을 둔다(법 제16조 1, 2항). 국가인권위원회법 제18조에 의하면 국가인권위원회법에 규정된 사항 외에 국가인권위원회의 조직에 관하여 필요한 사항은 대통령령으로 정하도록 하고 있는바, 이에 관한 대통령령이 「국가인권위원회와 그 소속기관 직제」인데 이를 개정하여 조직과 정원을 감축하였는데 이 개정이 헌법 및 국가인권위원회법에 의하여 부여된 청구인의 독립적 업무수행권한을 침해하고 있다고 주장하면서, 대통령을 상대방으로 위 개정행위를 대상으로 하여 그 권한침해 확인 및 위 직제령의 무효확인을 구하는 권한쟁의심판을 청구하였다. 그러나 헌재는 국가인권위원회는 헌법에 의하여 설치된 국가기관이 아니라서 당사자능력이 인정되지 않는다고 하여 심판청구를 각하하였다.

판례 헌재 2010.10.28. 2009헌라6

[결정요지] 권한쟁의심판은 국회의 입법행위 등을 포함하여 권한쟁의 상대방의 처분 또는 부작위가 헌법 또는 법률에 의하여 부여받은 청구인의 권한을 침해하였거나 침해할 현저한 위험이 있는 때 제기할 수 있는 것인데, 헌법상 국가에게 부여된 임무 또는 의무를 수행하고 그 독립성이 보장된 국가기관이라고 하더라도 오로지 법률에 설치근거를 둔 국가기관이라면 국회의 입법행위에 의하여 존폐 및 권한범위가 결정될 수 있으므로 이러한 국가기관은 '헌법에 의하여 설치되고 헌법과 법률에 의하여 독자적인 권한을 부여받은 국가기관'이라고 할 수 없다. 즉, 청구인이 수행하는 업무의 헌법적 중요성, 기관의 독립성 등을 고려한다고 하더라도, 국회가 제정한 국가인권위원회법에 의하여 비로소 설립된 청구인은 국회의 위 법률 개정행위에 의하여 존폐 및 권한범위 등이 좌우되므로 헌법 제111조 제1항 제4호 소정의 헌법에 의하여 설치된 국가기관에 해당한다고 할 수 없다. 결국, 권한쟁의심판의 당사자능력은 헌법에 의하여 설치된 국가기관에 한정하여 인정하는 것이 타당하므로, 법률에 의하여 설치된 청구인에게는 권한쟁의심판의 당사자능력이 인정되지 아니한다.

* 평가 : 필자는 "국가인권위가 독립성을 가지는 점, 권한쟁의심판에서는 법률상 권한침해도 판단대상이 된다는 점(헌법재판의 권한쟁의심판 부분 참조)등에서 이러한 판례를 받아들이기 어렵다"라는 비판을

하였다(신헌법입문, 제2판, 2012). 이후 "이 법에 규정된 사항 외에 위원회의 조직에 관하여 필요한 사항은 위원회의 독립성을 보장하고 업무를 효과적으로 수행할 수 있도록 최대한 고려하여 대통령령으로 정한다."라고 독립성을 강조하는 문언을 두는 법 제18조 제1항의 개정이 있었다.

위원회의 회의는 위원장이 주재하며, 법에 특별한 규정이 없는 한 재적위원 과반수의 찬성으로 의결하며(법 제13조 1항) 위원회의 의사는 공개한다(법 제14조).

4) 업무와 권한 및 의무

위원회는 인권에 관한 법령·제도·정책·관행의 조사와 연구 및 그 개선이 필요한 사항에 관한 권고 또는 의견의 표명, 인권침해행위 및 차별행위에 대한 조사와 구제, 인권상황에 대한 실태조사, 인권에 관한 교육 및 홍보, 인권침해의 유형·판단기준 및 그 예방조치 등에 관한 지침의 제시 및 권고, 국제인권조약 가입 및 그 조약의 이행에 관한 연구와 권고 또는 의견의 표명, 인권의 옹호와 신장을 위하여 활동하는 단체 및 개인과의 협력, 인권과 관련된 국제기구 및 외국의 인권기구와의 교류·협력, 그 밖에 인권의 보장과 향상을 위하여 필요하다고 인정하는 사항의 업무를 수행한다(법 제19조). 위와 같은 여러 업무들 중 보다 중심적인 업무는 인권침해 및 차별행위의 조사와 구제이다. 이에 대해서는 별도로 아래 (3)에서 본다.

위원회는 국가기관 등에 대한 협의요청권(법 제20조 2항), 관계기관에 대한 자료제출 및 사실조회 요구권(법 제22조 1항), 청문회를 실시할 권한(법 제23조), 구금·보호시설의 방문조사권(법 제24조 1항) 등을 가진다. 관계 국가행정기관 또는 지방자치단체의 장은 인권의 보호와 향상에 영향을 미치는 내용을 포함하고 있는 법령을 제정하거나 개정하려는 경우 미리 위원회에 통지하여야 한다(법 제20조 1항). 국제인권규약에 따라 관계 국가행정기관이 정부보고서를 작성할 때에는 위원회의 의견을 들어야 한다(법 제21조). 위원회는 인권의 보호와 향상을 위하여 필요하다고 인정하면 관계기관 등에 정책과 관행의 개선 또는 시정을 권고하거나 의견을 표명할 수 있고 이러한 권고를 받은 관계기관 등의 장은 그 권고사항을 존중하고 이행하기 위하여 노력하여야 하며 그 권고를 받은 관계기관 등의 장은 권고를 받은 날부터 90일 이내에 그 권고사항의 이행계획을 위원회에 통지하여야 하고 그 권고의 내용을 이행하지 아니할 경우에는 그 이유를 위원회에 통지하여야 하며 위원회는 필요하다고 인정하면 위원회의 권고와 의견 표명 및 이행하지 않은 관계기관 등의 장이 통지한 내용을 공표할 수 있다(법 제25조). 위원회는 인권의 보호와 향상에 중대한 영향을 미치는 재판이 계속 중인 경우, 위원회가 조사 또는 처리한 내용에 관하여 재판이 계속 중인 경우 법원 또는 헌법재판소의 요청이 있거나 필요하다고 인정하는 때에는 법원의 담당재판부 또는 헌법재판소에 법률상의 사항에 관하여 의견을 제출할 수 있다(법 제28조).

위원회는 필요한 인권교육과 홍보를 하여야 한다(법 제26조). 위원회는 인권의 보호와 향상에 중대한 영향을 미치는 재판이 계속(係屬) 중인 경우 법원 또는 헌법재판소의 요청이 있거나 필요하다고 인정할 때에는 법원의 담당 재판부 또는 헌법재판소에 법률상의 사항에 관하여 의견을 제출할 수 있다(법 제28조 1항). 또한 위원회가 조사하거나 처리한 내용에 관하여 재판이 계속 중인 경우에도 위원회는 법원 또는 헌법재판소의 요청이 있거나 필요하다고 인정할 때에는 법원의 담당 재판부 또는 헌법재판소에 의견을 제출할 수 있는데 이 경우에는 앞의 경우와 달리 사실상 및 법률상의 사항뿐 아니라 사실상의 사항에 관하여 의견을 제출할 수 있다(법 동조 2항). 위원회는 해마다 전년도의 활동 내용과 인권 상황 및 개선 대책에 관한 보고서를 작성하여 대통령과 국회에 보고하여야 하고 그 보고서를 공개하여야 한다(법 제29조 1, 4항. 국가의 안전보장, 개인의 명예 또는 사생활의 보호를 위하여 필요하거나 다른 법률에 따라 공개가 제한된 사항은 공개하지 아니할 수 있다. 4항 단서).

(3) 인권침해 및 차별행위의 조사와 구제, 조정

1) 조사(진정) 대상

(가) 대상 기관·행위

국가인권위원회법 제30조(위원회의 조사대상) ① 다음 각 호의 어느 하나에 해당하는 경우에 인권침해나 차별행위를 당한 사람(이하 "피해자"라 한다) 또는 그 사실을 알고 있는 사람이나 단체는 위원회에 그 내용을 진정할 수 있다.

1. 국가기관, 지방자치단체,「초·중등교육법」제2조,「고등교육법」제2조와 그 밖의 다른 법률에 따라 설치된 각급 학교,「공직자윤리법」제3조의2 제1항에 따른 공직유관단체 또는 구금·보호시설의 업무 수행(국회의 입법 및 법원·헌법재판소의 재판은 제외한다)과 관련하여「대한민국헌법」제10조부터 제22조까지의 규정에서 보장된 인권을 침해당하거나 차별행위를 당한 경우
2. 법인, 단체 또는 사인(私人)으로부터 차별행위를 당한 경우

③ 위원회는 제1항의 진정이 없는 경우에도 인권침해나 차별행위가 있다고 믿을 만한 상당한 근거가 있고 그 내용이 중대하다고 인정할 때에는 직권으로 조사할 수 있다.

제2조(정의)

2. "구금·보호시설"이란 다음 각 목에 해당하는 시설을 말한다.
   가. 교도소·소년교도소·구치소 및 그 지소, 보호감호소, 치료감호시설, 소년원 및 소년분류심사원
   나. 경찰서 유치장 및 사법경찰관리가 직무 수행을 위하여 사람을 조사하고 유치(留置)하거나 수용하는 데에 사용하는 시설
   다. 군 교도소
   라. 외국인 보호소
   마. 다수인 보호시설

"평등권 침해의 차별행위"란 합리적인 이유 없이 성별, 종교, 장애, 나이, 사회적 신분, 출신 지역, 출신 국가, 출신 민족, 용모 등 신체 조건, 기혼·미혼·별거·이혼·사별·재혼·사실혼 등 혼인 여부, 임신 또는 출산, 가족 형태 또는 가족 상황, 인종, 피부색, 사상 또는 정치

적 의견, 형의 효력이 실효된 전과(前科), 성적(性的) 지향, 학력, 병력(病歷) 등을 이유로 한 ⅰ) ① 고용, ② 재화 · 용역 · 교통수단 · 상업시설 · 토지 · 주거시설의 공급이나 이용, ③ 교육시설이나 직업훈련기관에서의 교육 · 훈련이나 그 이용과 관련하여 특정한 사람을 우대 · 배제 · 구별하거나 불리하게 대우하는 행위, ⅱ) 성희롱 행위를 말한다(법 제2조 3호). 다만, 현존하는 차별을 없애기 위하여 특정한 사람(특정한 사람들의 집단을 포함)을 잠정적으로 우대하는 행위와 이를 내용으로 하는 법령의 제정 · 개정 및 정책의 수립 · 집행은 평등권 침해의 차별행위로 보지 아니하는데(법 동조 동호 단서) 이는 적극적 평등화조치를 위한 것이다. 성희롱이란 업무, 고용, 그 밖의 관계에서 공공기관(국가기관, 지방자치단체, 각급 학교, 공직유관단체)의 종사자, 사용자 또는 근로자가 그 직위를 이용하여 또는 업무 등과 관련하여 성적 언동 등으로 성적 굴욕감 또는 혐오감을 느끼게 하거나 성적 언동 또는 그 밖의 요구 등에 따르지 아니한다는 이유로 고용상의 불이익을 주는 것을 말한다 행위를 말한다(법 동조 3호 라목).

(나) 국회의 입법 및 법원·헌법재판소의 재판의 제외

국회의 입법 및 법원 · 헌법재판소의 재판은 진정의 대상이 아니다(법 제30조 1항 1호). 법원의 재판을 제외한 데 대해 헌법소원이 제기되었으나 헌법재판소는 국가인권위원회가 국가기관들을 보충하는 방법으로 설립되었고 법원재판을 진정대상으로 삼는다면, 분쟁 또는 인권침해의 해결과정이 무한정 반복되고 지연될 가능성마저 있게 된다는 이유로 기각(합헌성 인정)결정을 하였다.

판례 헌재 2004.8.26. 2002헌마302

[결정요지] 입법례를 살피더라도 국가인권기구가 각 나라의 실정에 따라 진정대상을 제한하는 것이 보편적이다. 구두심리절차와 엄격한 증거방법을 모두 채택하기 어려운 국가인권위원회가 법원의 재판의 당부를 판단하는 것도 곤란한 측면이 있으며, 국가인권위원회가 법원의 재판을 진정대상으로 삼는다면, 분쟁 또는 인권침해의 해결과정이 무한정 반복되고 지연될 가능성마저 있게 된다. 또한 국가인권위원회는 인권의 보호와 향상을 위하여 필요하다고 인정하는 경우에는 법원에 대하여 정책과 관행의 개선 또는 시정을 권고하거나 의견을 표명할 수 있고, 법원의 담당재판부에 사실상 또는 법률상의 사항에 관하여 의견을 제출할 수 있다. 이러한 사정을 종합하면 입법자가 법원의 재판을 국가인권위원회의 조사대상에 포함시키지 않은 것이 국민의 기본적 인권보장을 다하지 못한 것이라고 단언할 수는 없어, 국가인권위원회법 제30조 제1항 제1호 중 '법원의 재판을 제외한다' 부분이 청구인의 기본권을 과도하게 침해하는 것이라고 할 수 없다.

2) 진정인

인권침해나 차별행위를 당한 사람, 즉 피해자는 물론이고 피해자뿐 아니라 그 사실을 알고 있는 사람이나 단체도 진정할 수 있다(법 제30조 1항). 시설수용자가 위원회에 진정하려고 하면 그 시설에 소속된 공무원 또는 직원은 그 사람에게 즉시 진정서 작성에 필요한 시간과 장소 및 편의를 제공하여야 한다(법 제31조 1항).

3) 직권조사

위원회는 진정이 없는 경우에도 인권침해나 차별행위가 있다고 믿을 만한 상당한 근거가 있고 그 내용이 중대하다고 인정할 때에는 이를 직권으로 조사할 수 있다(법 제30조 3항).

4) 조사방법

위원회는 진정인·피해자·피진정인(당사자) 또는 관계인에 대한 출석 요구 및 진술 청취 또는 진술서 제출요구, 관련이 있다고 인정되는 자료 등의 제출 요구, 관련이 있다고 인정되는 장소, 시설 또는 자료 등에 대한 현장조사 또는 감정 등의 방법으로 진정에 관하여 조사할 수 있다(법 제36조 1항). 피진정인에 대한 출석 요구는 인권침해행위나 차별행위를 한 행위당사자의 진술서만으로는 사안을 판단하기 어렵고, 인권침해행위와 차별행위가 있었다고 볼 만한 상당한 이유가 있는 경우에만 할 수 있다(법 동조 4항). 위원회가 자료 등의 제출을 요구하거나, 현장조사 또는 감정을 하려고 하는 경우 관계 국가기관의 장은 국가의 안전보장 또는 외교관계에 중대한 영향을 미치는 국가기밀 사항인 경우, 범죄수사나 계속 중인 재판에 중대한 지장을 줄 우려가 있는 경우에는 이에 해당한다는 사실을 위원회에 소명하고 그 자료나 물건의 제출 또는 그 자료, 물건, 시설에 대한 현장조사 또는 감정을 거부할 수 있다(법 동조 7항). 위원회는 조사에 필요한 자료 등이 있는 곳 또는 관계인에 관하여 파악하려면 그 내용을 알고 있다고 믿을 만한 상당한 이유가 있는 사람에게 질문하거나 그 내용을 포함하고 있다고 믿을 만한 상당한 이유가 있는 서류 및 그 밖의 물건을 검사할 수 있다(법 제37조 1항). 시설에 수용되어 있는 진정인(진정을 하려는 사람을 포함한다)과 위원 또는 위원회 소속 직원의 면담에는 구금·보호시설의 직원이 참여하거나 그 내용을 듣거나 녹취하지 못한다(법 제31조 6항 본문).

5) 조사의 한계

위원회는 조사를 할 때에는 국가기관의 기능 수행에 지장을 주지 아니하도록 유의하여야 하고, 개인의 사생활을 침해하거나 계속 중인 재판 또는 수사 중인 사건의 소추(訴追)에 부당하게 관여할 목적으로 조사를 하여서는 아니 된다(법 제35조).

6) 심의·의결에서의 위원의 제척 등

위원회의 심의·의결에 있어서 공정성을 확보하기 위해 위원의 제척, 기피, 회피 제도를 두고 있다. 즉 위원이나 그 배우자 또는 그 배우자이었던 사람이 해당 진정의 당사자이거나 그 진정에 관하여 당사자와 공동권리자 또는 공동의무자인 경우, 위원이 해당 진정의 당사자와 친족이거나 친족이었던 경우 등에 위원은 진정의 심의·의결에서 제척된다(법 제38조 1항). 당사자는 위원에게 심의·의결의 공정을 기대하기 어려운 사정이 있는 경우에는 위원장에게 기피신청을 할 수 있으며 위원장은 기피신청에 대하여 위원회의 의결을 거치지 아니하고 결정한다(법 동조 제2항 본문. 다만, 그가 결정하기에 타당하지 아니하는 경우에는 위원회의 의결로 결정한다. 동항 단서). 위원이 제척 또는 기피 사유에 해당하는 경우에는 스스로 그 진정의 심의 · 의결을 회피할 수 있다(법 동조 3항).

7) 조정

조정의 신속하고 공정한 처리를 위하여 위원회에 성 · 장애 등의 분야별로 조정위원회를 둘 수 있고(법 제41조 1항), 조정위원회는 인권침해나 차별행위와 관련하여 당사자의 신청이나 위원회의 직권으로 조정위원회에 회부된 진정에 대하여 조정절차를 시작할 수 있다(법 제42조 1항). 조정은 조정 절차가 시작된 이후 당사자가 합의한 사항을 조정서에 적은 후 당사자가 기명날인하고 조정위원회가 이를 확인함으로써 성립한다(합의조정. 법 동조 2항). 조정위원회는 조정절차 중에 당사자 사이에 합의가 이루어지지 아니하는 경우 사건의 공정한 해결을 위하여 조정에 갈음하는 결정을 할 수 있는데 이 결정에는 조사대상 인권침해나 차별행위의 중지, 원상회복, 손해배상 그 밖에 필요한 구제조치 등의 사항을 포함시킬 수 있다(법 동조 3, 4항). 당사자가 조정을 갈음하는 결정서를 송달받은 날부터 14일 이내에 이의를 신청하지 아니하면 조정을 수락한 것으로 본다(수락간주조정. 법 동조 6항). 합의조정과 수락간주조정의 결정은 재판상의 화해와 같은 효력이 있다(법 제43조).

8) 조사결과에 따른 처리

(가) 각하

가) 사유

위원회는 진정의 내용이 위원회의 조사대상에 해당하지 아니하는 경우, 진정의 내용이 명백히 거짓이거나 이유없다고 인정되는 경우, 피해자가 아닌 사람이 한 진정에서 피해자가 조사를 원하지 아니하는 것이 명백한 경우, 진정의 원인이 된 사실이 발생한 날부터 1년 이상 지나서 진정한 경우, 진정이 제기될 당시 진정의 원인이 된 사실에 관하여 법원 또는 헌법재판소의 재판, 수사기관의 수사 또는 그 밖의 법률에 따른 권리구제절차가 진행 중이거나 종결된 경우, 진정이 익명이나 가명으로 제출된 경우, 진정이 위원회가 조사하는 것이 적절하지 아니하다고 인정되는 경우, 진정인이 진정을 취하한 경우, 위원회가 기각한 진정과 같은 사실에 대하여 다시 진정한 경우, 진정의 취지가 그 진정의 원인이 된 사실에 관한 법원의 확정판결이나 헌법재판소의 결정에 반하는 경우 등의 하나에 해당하는 경우에는 그 진정을 각하한다(법 제32조 1항).

나) 진정각하에 대한 헌법소원의 결정형식 - 판례

국가인권위원회가 진정에 대해 각하한 결정에 대해 헌법재판소의 헌법소원심판을 청구한 경우에 그 각하결정이 정당하다면 헌법재판소가 어떠한 결정을 하여야 할 것인지가 문제된다. 헌법재판소는 그 헌법소원심판청구에 대해 기각결정(청구가 이유없음의 결정)을 한다. 그 예로서 헌법재판소는 진정의 원인이 된 사실에 관하여 법원 및 헌법재판소의 재판이 종결된 경우에 해당하므로, 이에 대하여 국가인권위원회가 국가인권위원회법 제32조 제1항 제5호에 의하여 각하결정을 한 것은 정당하며, 이 각하 결정에 대한 심판청구는 이유 없다는 취지로 기각결정을 하였다.

판례 헌재 2004.4.29. 2003헌마538

[결정요지] 청구인의 국가인권위원회에 대한 진정의 원인이 된 사실은, 청구인이 국가유공자(공상군경)로 결정되었으나 등록신청한 날이 속한 달부터 국가유공자등예우및지원에관한법률에서 정한 보상을 받고 있을 뿐 그 이전 기간에 대한 소급 보상을 받지 못한 점이다. 그런데 청구인은 이 점에 관하여 법원에 청구인이 의병전역한 후부터 위법에 따라 등록신청하기 전까지의 보상금 지급을 구하는 국가유공자 보상금 청구소송을 제기하여 대법원에서 기각판결이 확정되었으며, 국가유공자 등록일 이전의 기간에 대해서는 보상금을 지급하지 않도록 규정하고 있는 위 법 제9조에 대한 헌법재판소에 헌법소원심판을 청구하였으나 각하된 바 있다. 따라서 청구인의 진정은 진정의 원인이 된 사실에 관하여 법원 및 헌법재판소의 재판이 종결된 경우에 해당하므로, 이에 대하여 국가인권위원회가 국가인권위원회법 제32조 제1항 제5호에 의하여 각하결정을 한 것은 정당하며, 달리 피청구인의 각하결정이 헌법재판소가 관여할 만큼의 자의적 공권력의 행사라고 볼 자료가 없으므로 이로 말미암아 청구인의 헌법상 기본권이 침해되었다고 볼 수 없다(기각결정). 진정기간 1년이 도과하여 진정을 각하한 데 대한 헌법소원심판청구를 기각한 예로, 2004.2.26. 2003헌마207 참조.

(나) 다른 구제 절차와 수사기관에의 이송

진정의 내용이 다른 법률에서 정한 권리구제 절차에 따라 권한을 가진 국가기관에 제출하려는 것이 명백한 경우 위원회는 지체 없이 그 진정을 그 국가기관으로 이송하여야 한다(법 제33조 1항). 위원회가 진정에 대한 조사를 시작한 후에 진정의 원인이 된 사실과 같은 사안에 관한 수사가 피해자의 진정 또는 고소에 의하여 시작된 경우에는 그 진정을 관할 수사기관으로 이송하여야 한다(법 동조 2항).

(다) 수사기관에의 수사개시 의뢰요청

진정의 원인이 된 사실이 범죄행위에 해당한다고 믿을 만한 상당한 이유가 있고 그 혐의자의 도주 또는 증거 인멸 등을 방지하거나 증거 확보를 위하여 필요하다고 인정할 경우에 위원회는 검찰총장 또는 관할 수사기관의 장에게 수사의 개시와 필요한 조치를 의뢰할 수 있다(법 제34조 1항).

(라) 기각

위원회는 진정을 조사한 결과 i) 진정의 내용이 진정내용이 사실이 아님이 명백하거나 사실이라고 인정할 만한 객관적인 증거가 없는 경우이거나, ii) 조사결과 인권침해나 차별행위에 해당하지 아니하는 경우, 또는 iii) 이미 피해 회복이 이루어지는 등 별도의 구제 조치가 필요하지 아니하다고 인정되는 경우에 해당하는 경우에는 그 진정을 기각한다(법 제39조 1항).

국가인권위원회의 기각결정에 대해 헌법소원심판이 청구된 경우 국가인권위가 진정사실에 대하여 현저히 정의와 형평에 반하는 결정을 하였거나 달리 헌법재판소가 관여할 만큼의 자의적 공권력의 행사라고 볼 자료가 없으면 헌법재판소는 기각결정을 한다.[1] 헌재결정의 이러한 판시 중 "현저히 정의와 형평에 반하는 결정을 하였거나"라는 부분은 그런 결정을 하지 않았다고 읽혀져야 하는데 그런 뜻으로 읽히지 않을 오해의 소지가 있다. 그런 결정을 하였다면 기각이 아니게 되니 "현저히 정의와 형평에 반하는 결정이 아니고"라고 하는 것이 분명해진다.

(마) 합의의 권고

위원회는 조사 중이거나 조사가 끝난 진정에 대하여 사건의 공정한 해결을 위하여 필요한 구제 조치를 당사자에게 제시하고 합의를 권고할 수 있다(법 제40조).

(바) 고발 및 징계권고

위원회는 진정을 조사한 결과 진정의 내용이 범죄행위에 해당하고 이에 대하여 형사 처벌이 필요하다고 인정되면 검찰총장에게 그 내용을 고발할 수 있고 인권침해 및 차별행위가 있다고 인정하면 피진정인 또는 인권침해에 책임이 있는 사람을 징계할 것을 소속기관등의 장에게 권고할 수 있다(법 제45조 1, 2항).

(사) 긴급구제 조치의 권고

위원회는 진정을 접수한 후 조사대상 인권침해나 차별행위가 계속되고 있다는 상당한 개연성이 있고, 이를 방치할 경우 회복하기 어려운 피해가 발생할 우려가 있다고 인정하면 그 진정에 대한 결정 이전에 진정인이나 피해자의 신청에 의하여 또는 직권으로 피진정인, 그 소속기관등의 장에게 의료, 급식, 의복 등의 제공, 시설수용자의 구금 또는 수용 장소의 변경 등 긴급구제 조치를 하도록 권고할 수 있다(법 제48조 1항).

(아) 기타

위원회는 그 외 구제조치 등의 권고(법 제44조), 피해자를 위한 법률구조요청(법 제47조) 등을 행한다.

9) 조사와 조정 등의 비공개

위원회의 진정에 대한 조사·조정 및 심의는 비공개로 한다. 다만, 위원회의 의결이 있을 때에는 공개할 수 있다(법 제49조).

10) 처리 결과 등의 공개

위원회는 진정의 조사 및 조정의 내용과 처리 결과, 관계기관 등에 대한 권고와 관계기관 등이 한 조치 등을 공표할 수 있다. 다만, 다른 법률에 따라 공표가 제한되거나 사생활의 비밀이 침해될 우려가 있는 경우에는 그러하지 아니하다(법 제50조).

---

1) 예를 들어, 헌재 2008.11.27. 2006헌마440; 2009.2.26. 2008헌마275 등 참조.

2. 국민권익위원회

기본권이나 국민의 이익을 보호하기 위한 국가기구로서 국민권익위원회는 고충민원의 처리, 부패방지, 행정심판의 3가지 기능을 수행하는 기관이다.[1] 국민권익위원회의 조직, 업무 등에 대해서는 '부패방지 및 국민권익위원회의 설치와 운영에 관한 법률'(이하 '법'이라고 함)이 규정을 두고 있다.

(1) 국민권익위원회의 기능과 특색

국민권익위원회는 고충민원의 처리와 이에 관련된 불합리한 행정제도를 개선하고, 부패의 발생을 예방하며 부패행위를 효율적으로 규제함으로써 국민의 기본적 권익을 보호하고 행정의 적정성을 확보하며 청렴한 공직 및 사회풍토의 확립에 이바지함을 목적으로(법 제1조) 설치된 국가기관이다. 국민권익위원회 기능의 특색은 일종의 Ombudsman으로서의 기능을 수행하고 전형적인 기본권보장기관인 헌법재판소, 법원, 검찰 등이 수행하는 기능 외에 국민의 권리와 이익의 공백을 메우기 위한 기능을 수행한다.

(2) 국민권익위원회의 조직

국민권익위원회(이하 "위원회"라 함)는 국무총리 소속이다(법 제11조). 위원회는 위원장 1명을 포함한 15명의 위원(부위원장 3명과 상임위원 3명을 포함한다)으로 구성한다. 이 경우 부위원장은 각각 고충민원, 부패방지 업무 및 중앙행정심판위원회의 운영업무로 분장하여 위원장을 보좌한다(법 제13조 1항). 위원장, 부위원장과 위원은 고충민원과 부패방지에 관한 업무를 공정하고 독립적으로 수행할 수 있다고 인정되는 자로서 대학이나 공인된 연구기관에서 부교수 이상 또는 이에 상당하는 직에 8년 이상 있거나 있었던 자, 판사·검사 또는 변호사의 직에 10년 이상 있거나 있었던 자 등의 자 중에서 임명 또는 위촉한다(법 동조 2항). 대한민국 국민이 아닌 자, 또는 국가공무원법 제33조 각 호의 어느 하나에 해당하는 자, 또는 정당의 당원, 또는 공직선거법에 따라 실시하는 선거에 후보자로 등록한 자는 위원이 될 수 없다(법 제15조 1항). 위원은 재직 중 국회의원 또는 지방의회의원, 행정기관 등과 대통령령으로 정하는 특별한 이해관계가 있는 개인이나 법인 또는 단체의 임·직원을 겸할 수 없다(법 제17조).

(3) 국민권익위원회의 업무·권한과 운영

1) 업무·권한

법 제12조(기능) 위원회는 다음 각호의 업무를 수행한다.
1. 국민의 권리보호·권익구제 및 부패방지를 위한 정책의 수립 및 시행
2. 고충민원의 조사와 처리 및 이와 관련된 시정권고 또는 의견표명

---

1) 즉 현재의 국민권익위원회는 과거 국민고충처리위원회와 국가청렴위원회, 국무총리 행정심판위원회 등의 기능을 합친 위원회이다.

3. 고충민원을 유발하는 관련 행정제도 및 그 제도의 운영에 개선이 필요하다고 판단되는 경우 이에 대한 권고 또는 의견표명
4. 위원회가 처리한 고충민원의 결과 및 행정제도의 개선에 관한 실태조사와 평가
5. 공공기관의 부패방지를 위한 시책 및 제도개선 사항의 수립·권고와 이를 위한 공공기관에 대한 실태조사
6. 공공기관의 부패방지시책 추진상황에 대한 실태조사·평가
7. 부패방지 및 권익구제 교육·홍보 계획의 수립·시행
8. 비영리 민간단체의 부패방지활동 지원 등 위원회의 활동과 관련된 개인·법인 또는 단체와의 협력 및 지원
9. 위원회의 활동과 관련된 국제협력
10. 부패행위 신고 안내·상담 및 접수 등
11. 신고자의 보호 및 보상
12. 법령 등에 대한 부패유발요인 검토
13. 부패방지 및 권익구제와 관련된 자료의 수집·관리 및 분석
14. 공직자 행동강령의 시행·운영 및 그 위반행위에 대한 신고의 접수·처리 및 신고자의 보호
15.~21. 생략.

위원회는 여러 업무를 수행하는데, 그중 몇 가지를 보면, 국민의 권리보호·권익구제 및 부패방지를 위한 정책의 수립 및 시행, 고충민원의 조사와 처리 및 이와 관련된 시정권고 또는 의견표명, 공공기관의 부패방지를 위한 시책 및 제도개선 사항의 수립·권고와 이를 위한 공공기관에 대한 실태조사, 부패행위 신고 안내·상담 및 접수 등, 신고자의 보호 및 보상, 공직자 행동강령의 시행·운영 및 그 위반행위에 대한 신고의 접수·처리 및 신고자의 보호, 「행정심판법」에 따른 중앙행정심판위원회의 운영에 관한 사항 등의 업무를 수행한다(법 제12조). 위원회는 그 권한에 속하는 업무를 독립적으로 수행한다(법 제16조 1항). 위원의 제척·기피·회피제도를 두고 있다(법 제18조). 위원회는 매년 고충민원과 관련하여 위원회의 운영상황을 대통령과 국회에 보고하고 이를 공표하여야 한다(법 제26조 1항). 위원회는 필요하다고 인정하는 경우 공공기관의 장에게 부패방지를 위한 제도의 개선을 권고할 수 있다(법 제27조 1항).

2) 운영

위원회는 그 권한에 속하는 업무를 독립적으로 수행한다(법 제16조 제1항). 위원의 제척·기피·회피 제도를 두고 있다(법 제18조). 위원회는 재적위원 과반수의 출석으로 개의하고 출석위원 과반수의 찬성으로 의결한다(법 제19조 제1항 본문).

(4) 고충민원의 처리

1) 고충민원의 개념과 대상

"고충민원"이란 행정기관 등의 위법·부당하거나 소극적인 처분(사실행위 및 부작위를 포함한다) 및 불합리한 행정제도로 인하여 국민의 권리를 침해하거나 국민에게 불편 또는 부담을 주는 사항에 관한 민원(현역장병 및 군 관련 의무복무자의 고충민원을 포함)을 말한다(법 제2조 5호). 고충

민원의 대상은 이처럼 권리나 법률상 이익의 침해만이 아니라 보다 넓게 국민의 생활에서의 불편, 부담을 포함하고 사실상의 반사적, 경제적 이익 등도 포함한다는 점에서 행정심판, 행정소송, 헌법소원심판 보다 더 넓다.

2) 신청인

누구든지(국내에 거주하는 외국인을 포함) 위원회 또는 시민고충처리위원회에 고충민원을 신청할 수 있다(법 제39조 1항). 따라서 자신의 고충이 아닌 다른 사람의 고충에 대해서도 신청할 수 있다. 이 점 행정쟁송(행정심판, 행정소송)과 다르다.

3) 조사절차방법

권익위원회는 고충민원을 접수한 경우에는 지체 없이 그 내용에 관하여 필요한 조사를 하여야 한다(법 제41조 1항). 다만, 아래의 각하사유에 해당하는 사항, 고충민원의 내용이 거짓이거나 정당한 사유가 없다고 인정되는 사항, 그 밖에 고충민원에 해당하지 아니하는 경우 등 권익위원회가 조사하는 것이 적절하지 아니하다고 인정하는 사항에 해당하는 경우에는 조사를 하지 아니할 수 있다(법 동조 동항 단서). 조사방법을 보면, 권익위원회는 조사를 함에 있어서 필요하다고 인정하는 경우에는 관계 행정기관 등에 대한 설명요구 또는 관련 자료·서류 등의 제출요구, 관계 행정기관 등의 직원·신청인·이해관계인이나 참고인의 출석 및 의견진술 등의 요구, 조사사항과 관계있다고 인정되는 장소·시설 등에 대한 실지조사, 감정의 의뢰의 조치를 할 수 있다(법 제42조 1항).

4) 조사결과의 처리

(가) 각하와 이송

권익위원회는 접수된 고충민원이 고도의 정치적 판단을 요하거나 국가기밀 또는 공무상 비밀에 관한 사항, 국회·법원·헌법재판소·선거관리위원회·감사원·지방의회에 관한 사항, 수사 및 형집행에 관한 사항으로서 그 관장기관에서 처리하는 것이 적당하다고 판단되는 사항 또는 감사원의 감사가 착수된 사항, 행정심판, 행정소송, 헌법재판소의 심판이나 감사원의 심사청구 그 밖에 다른 법률에 따른 불복구제절차가 진행 중인 사항, 법령에 따라 화해·알선·조정·중재 등 당사자 간의 이해조정을 목적으로 행하는 절차가 진행 중인 사항, 판결·결정·재결·화해·조정·중재 등에 따라 확정된 권리관계에 관한 사항 또는 감사원이 처분을 요구한 사항, 사인 간의 권리관계 또는 개인의 사생활에 관한 사항, 행정기관 등의 직원에 관한 인사행정상의 행위에 관한 사항 중에 어느 하나에 해당하는 경우에는 그 고충민원을 각하하거나 관계 기관에 이송할 수 있다(법 제43조 1항).

(나) 합의의 권고, 조정, 시정·제도개선의 권고·의견표명

권익위원회는 조사 중이거나 조사가 끝난 고충민원에 대한 공정한 해결을 위하여 필요한

조치를 당사자에게 제시하고 합의를 권고할 수 있다(법 제44조, 제45조 1항). 권익위원회는 다수인이 관련되거나 사회적 파급효과가 크다고 인정되는 고충민원의 신속하고 공정한 해결을 위하여 필요하다고 인정하는 경우에는 당사자의 신청 또는 직권에 의하여 조정을 할 수 있는데 조정은 당사자가 합의한 사항을 조정서에 기재한 후 당사자가 기명날인하고 권익위원회가 이를 확인함으로써 성립하고 이렇게 성립된조정은 「민법」상의 화해와 같은 효력이 있다(법 제45조). 또한 고충민원에 대한 조사결과 처분 등이 위법·부당하다고 인정할 만한 상당한 이유가 있는 경우에는 관계 행정기관 등의 장에게 적절한 시정을 권고할 수 있다(법 제46조 1항). 고충민원을 조사·처리하는 과정에서 법령 그 밖의 제도나 정책 등의 개선이 필요하다고 인정되는 경우에는 관계 행정기관등의 장에게 이에 대한 합리적인 개선을 권고하거나 의견을 표명할 수 있다(제47조).

(다) 결정의 통지, 처리결과의 통보

권익위원회는 고충민원의 결정내용을 지체 없이 신청인 및 관계 행정기관 등의 장에게 통지하여야 한다(법 제49조). 구 국민고충처리위원회의 고충민원처리결과 회신은 헌법소원의 대상이 되는 공권력의 행사에 해당되지 않는다고 본다.[1][2] 권고 또는 의견을 받은 관계 행정기관 등의 장은 이를 존중하여야 하며, 그 권고 또는 의견을 받은 날부터 30일 이내에 그 처리결과

---

1) 헌재 제1지정재판부 2008.7.1. 2008헌마449, 공보 제142호, 988면. [결정요지] 공권력의 행사로 인하여 헌법소원을 청구하고자 하는 자의 법적 지위에 아무런 영향이 미치지 않는다면 애당초 기본권침해의 가능성이나 위험성이 없으므로 그 공권력의 행사를 대상으로 헌법소원을 청구하는 것은 허용되지 아니한다. 그런데 국민고충처리위원회의 이○옥에 대한 위 고충민원처리결과 회신은 이○옥의 고충민원, 즉 자신의 아들인 청구인이 국가유공자로 등록될 수 있도록 도와달라는 취지의 민원에 대하여 조사·심의한 결과 청구인의 질병에 대한 발병원인이 군 복무에 기인한다고 판단하기 어려워 고충민원인의 요청에 따른 도움을 줄 수 없다는 내용의 안내에 불과하므로, 위 고충민원처리결과는 청구인 또는 이○옥의 권리나 법적 지위에 어떠한 영향을 미칠 수 없는 것이다. 따라서 위 고충민원처리결과는 헌법소원의 대상이 되는 기본권침해의 가능성이 있는 공권력의 행사에 해당하지 아니하므로, 위 고충민원처리결과의 취소를 구하는 이 사건 심판청구는 부적법하다(각하결정). 헌재 제1지정재판부, 1998.6.2. 98헌마145. [결정요지] 국민고충처리위원회는 민원사무처리에관한법률에 의하여 민원인이 신청한 고충민원에 관하여 필요한 조사를 한 후, 행정기관의 처분 등이 위법·부당하다고 인정할 만한 상당한 이유가 있는 때에는 관계 행정기관의 장에게 적절한 시정조치를 권고할 수 있고(제32조 1항), 고충민원을 조사·처리하는 과정에서 법령 기타 제도나 정책 등의 개선이 필요하다고 인정되는 경우에는 관계 행정기관의 장에게 이에 대한 합리적인 개선을 권고하거나 의견을 표명할 수 있으나(제32조 2항), 그 권고나 의견으로 인하여 직접 법률적 효력이 생기는 것이 아닐 뿐 아니라 위 위원회가 직접 청구인이 구하는 이 사건 임야에 관한 임야도와 지적도가 부합하지 아니한다는 사실을 확인하여 줄 권한이나 의무를 규정한 법률상 근거가 없다. 따라서 피청구인이 청구인의 확인신청에 대하여 응답을 하지 아니한 것이 청구인의 기본권을 침해하는 공권력의 불행사에 해당한다고 할 수 없다.

2) 국민고충처리위원회의 공람종결은 헌법소원의 대상이 아니라고 한 판례 : 헌재 제1지정재판부, 2008.3.25. 2008헌아21. [결정요지] 청구인이 국민고충처리위원회에 접수한 고충민원의 주된 취지는, 수사 및 재판절차의 정당성과 그 결과의 당부에 관한 것이므로, 국민고충처리위원회에서 조사하는 것이 적절치 않은 경우에 해당하고, 또한 청구인은 이미 수사기관에 대하여 같은 취지의 고소, 진정을 반복하여 그에 대한 결정을 받기도 하였다. 이와 같은 사정 등을 종합해보면, 국민고충처리위원회의 위 공람종결은 청구인의 기본권을 침해할 개연성이 있다고 볼 수 없어 헌법소원의 대상이 되는 공권력의 행사에 해당한다고 할 수 없으므로, 청구인의 이 부분 심판청구 역시 부적법하다.

를 권익위원회에 통보하여야 한다(법 제50조 1항).

(라) 감사의 의뢰, 권고 등 이행실태의 확인·점검

고충민원의 조사·처리과정에서 관계 행정기관 등의 직원이 고의 또는 중대한 과실로 위법·부당하게 업무를 처리한 사실을 발견한 경우 위원회는 감사원에, 시민고충처리위원회는 당해 지방자치단체에 감사를 의뢰할 수 있고(법 제51조) 권고 또는 의견의 이행실태를 확인·점검할 수 있다(법 제52조).

5) 공표

권익위원회는 권고 또는 의견표명의 내용, 처리결과, 권고내용의 불이행사유를 공표할 수 있다(법 제53조).

(5) 부패방지 등의 신고 및 신고자 등 보호

1) 부패행위의 신고

누구든지 부패행위를 알게 된 때에는 이를 위원회에 신고할 수 있다(법 제55조). 공직자는 부패행위 신고의무를 진다(법 제56조).

2) 신고방법

부패행위를 신고하고자 하는 자는 신고자의 인적사항과 신고취지 및 이유를 기재한 기명의 문서로써 하여야 하며, 신고대상과 부패행위의 증거 등을 함께 제시하여야 한다(법 제58조).

3) 신고의 처리

위원회는 진위여부를 확인하는데 필요한 범위에서 신고자에게 필요한 자료의 제출을 요구할 수 있고 위원회는 접수된 신고사항에 대하여 조사가 필요한 경우 이를 감사원, 수사기관 또는 해당 공공기관의 감독기관(이하 "조사기관"이라 함)에 이첩하여야 하며 위원회에 신고가 접수된 당해 부패행위의 혐의대상자가 법소정의 고위공직자로서 부패혐의의 내용이 형사처벌을 위한 수사 및 공소제기의 필요성이 있는 경우에는 위원회의 명의로 검찰에 고발을 하여야 한다(법 제59조 2, 3, 4항). 조사기관은 신고를 이첩받은 날부터 60일 이내에 감사·수사 또는 조사를 종결하여야 하는데 정당한 사유가 있는 경우에는 그 기간을 연장할 수 있고, 조사기관은 감사·수사 또는 조사결과를 종료 후 10일 이내에 위원회에 통보하여야 하며, 위원회는 조사기관의 감사·수사 또는 조사가 충분하지 아니하다고 인정되는 경우에는 통보받은 날부터 30일 이내에 새로운 증거자료의 제출 등 합리적인 이유를 들어 조사기관에 대하여 재조사를 요구할 수 있고 재조사를 요구받은 조사기관은 재조사를 종료한 날부터 7일 이내에 그 결과를 위원회에 통보하여야 한다(제60조 1, 2, 4, 5항).

4) 재정신청

법에 정한 일정 사건들에 해당되어 위원회가 직접 검찰에 고발한 경우, 그 사건 또는 그 사건과 관련된 사건에 대하여 위원회가 검사로부터 불기소처분 통보를 받았을 때에는 위원회가 재정신청을 할 수 있도록 하는 제도를 두어 실효성을 강화하고 있다(법 제61조).

5) 신고자의 신분보장, 신변보호 등

누구든지 이 법에 따른 신고나 이와 관련한 진술 그 밖에 자료 제출 등을 한 이유로 소속기관·단체·기업 등으로부터 징계조치 등 어떠한 신분상 불이익이나 근무조건상의 차별을 받지 아니하도록 하는 등 신분보장을 하도록 하고 있다(법 제62조 1항). 신고자는 신고를 한 이유로 자신과 친족 또는 동거인의 신변에 불안이 있는 경우에는 위원회에 신변보호조치를 요구할 수 있다(법 제64조 2항). 신고를 함으로써 그와 관련된 자신의 범죄가 발견된 경우 그 신고자에 대하여 형을 감경 또는 면제할 수 있다(법 제66조 1항). 협조자도 보호된다(법 제65조 1항).

6) 포상 및 보상

위원회는 이 법에 따른 신고에 의하여 현저히 공공기관에 재산상 이익을 가져오거나 손실을 방지한 경우 또는 공익의 증진을 가져온 경우에는 신고를 한 자에 대하여 포상금을 지급할 수 있고 부패행위의 신고자는 신고로 인하여 직접적인 공공기관 수입의 회복이나 증대 또는 비용의 절감을 가져오거나 그에 관한 법률관계가 확정된 때에는 위원회에 보상금의 지급을 신청할 수 있다(법 제68조 1, 2항).

7) 비위면직자의 취업제한

공직자가 재직 중 직무와 관련된 부패행위로 당연퇴직, 파면 또는 해임된 경우에는 공공기관, 퇴직 전 3년간 소속하였던 부서의 업무와 밀접한 관련이 있는 일정규모 이상의 영리를 목적으로 하는 사기업체 등에 퇴직일부터 일정 기간 취업할 수 없도록 하고 있다(법 제82조 1항).

(6) 행정심판

위원회는 「행정심판법」에 따른 국무총리행정심판위원회의 운영에 관한 사항 등의 업무를 수행하는데 행정심판에 관하여는 행정심판법에 따른다(법 제12조 19호, 제85조).

(7) 시민고충처리위원회

지방자치단체 및 그 소속 기관에 관한 고충민원의 처리와 행정제도의 개선 등을 위하여 각 지방자치단체에 시민고충처리위원회를 둘 수 있다(법 제32조 1항). 시민고충처리위원회는 지방자치단체 및 그 소속 기관에 관한 고충민원의 조사와 처리, 고충민원과 관련된 시정권고 또는 의견표명 등의 업무를 수행한다(법 동조 2항).

3. 여러 위원회 - 의문사진상위원회, 민주화운동회복위원회

과거의 민주항쟁을 위한 희생의 진상을 규명하고 희생자의 명예회복과 보상을 위한 여러 위원회들이 기본권의 구제를 위한 특별한 기관의 역할을 수행하기도 하였다. '민주화운동 관련자 명예회복 및 보상 등에 관한 법률'에 의한 민주화운동관련자명예회복및보상금심의위원회, '5·18민주화운동 관련자 보상 등에 관한 법률'에 의한 5·18민주화운동관련자보상심의위원회, '진실·화해를 위한 과거사정리 기본법'에 의한 진실·화해를위한과거사정리위원회, '의문사진상규명에 관한 특별법'에 의한 의문사진상규명위원회 등이 그러한 위원회들이다. 또한 '동학농민혁명 참여자 등의 명예회복에 관한 특별법'에 의한 동학농민혁명참여자명예회복심의위원회가 있다.

Ⅷ. 비상적 구제방법(예외적 구제방법)

이를 예외적 구제방법이라고 하나 정상적이지 않은 상황에서 기본권침해가 있는 경우의 구제방법이기에 비상적(非常的) 구제방법이라고 부르기로 한다.

1. 정당방위 등

기본권침해를 받은 사인은 원칙적으로 헌법과 법률이 정한 통상적 방법에 따라 구제를 받아야 하나 위급한 상황에서 자력으로 기본권보호조치를 취할 수 있는지가 문제된다. 형법에서는 정당방위나 긴급피난, 자구행위 등에 대해 상당한 이유가 있는 때에는 벌하지 아니한다고 규정하여(형법 제21조–제23조) 예외를 인정하고 있다.

2. 저항권

국민이 실정법에 의한 구제방법을 강구하여도 기본권의 침해로부터 구제가 되지 않을 경우에 최종적으로 저항권이 인정된다. 저항권에 대해서는 앞서 살펴보았다.

Ⅸ. 사전적·예방적 구제

사전적·예방적 방법으로는 기본권 관련 입법안에 대한 공청회, 입법예고, 적법절차원칙을 구현하는 행정절차제도, 대통령의 법률안재의요구(거부)권, 청원제도, 국가인권위원회의 인권에 관한 법령·제도의 개선이 필요한 사항에 관한 권고, 국민권익위원회에 의한 고충민원 유발 관련 행정제도의 개선에 대한 권고 등을 들 수 있다. 정당해산심판, 권한쟁의심판 등도 예방방법으로 기능할 수 있다.

X. 법률구조제도

법률지식이 없어 자신의 기본권구제를 스스로 도모하지 못하는 사람이 변호사의 도움을 받을 재력이 없는 경우에 이를 도와주는 제도가 법률구조제도라고 한다. 이를 위한 법률로서 법률구조법에 의해 대한법률구조공단이 설치되어 법률구조 활동을 수행하고 있다.

찾아보기

저자약력

서울대학교 법과대학 법학과, 동 대학원 졸업
법학박사(프랑스 국립 파리(Paris) 제 2 대학교)
프랑스 국립 파리(Paris) 제 2 대학교 초청교수
미국 University of California at Berkeley의 Visiting Scholar
한국헌법학회·한국비교공법학회 부회장
헌법재판소 헌법연구위원
경제인문사회연구회 평가위원
인터넷 정보보호 협의회 운영위원
한국공법학회 회장·한국언론법학회 회장·유럽헌법학회장
사법시험·행정고시·입법고시, 9급 공무원 공채시험, 서울시 공무원 승진시험 등 시험위원
홍익대학교 법학과 교수
대법원 국민사법참여위원회 위원
방송통신심의위원회 규제심사위원회 위원장
헌법재판소 제도개선위원회 위원
국회 헌법개정자문위원회 간사위원
헌법재판소 세계헌법재판회의 자문위원회 부위원장
교육부 국가교육과정정책자문위원회 위원
한국법제연구원 자문위원
헌법재판소·한국공법학회 주최 제 1 회 공법모의재판경연대회 대회장
법학전문대학원협의회 변호사시험 모의시험 출제위원회 공법영역 위원장
중앙행정심판위원회 위원
감사원 감사혁신위원회 위원
법무부 '헌법교육 강화 추진단' 단장
개인정보보호위원회 위원
대법원 법관징계위원회 위원
2018년 세계헌법대회 조직위원장(대회장)
한국법학교수회 수석부회장
한국법학원 부원장
세계헌법학회 부회장

현재 지방자치인재개발원 강사
국가공무원인재개발원 강사
국립외교원 강사
변호사시험 출제위원
세계헌법학회 집행이사
법교육위원회 위원장
한국공법학회 고문
한국헌법학회 고문
세계헌법학회 한국학회 회장
한국교육법학회 회장
감사원 정책자문위원회 위원
개인정보보호위원회 정책자문위원회 위원
성균관대학교 법학전문대학원 교수

주요 저서

기본권연구 I
판례헌법
헌법과 행정실무
헌법판례와 행정실무
헌법재판개론
한국법의 이해(공저)
지방자치단체선거법(공저)
세계비교헌법(공저)
신헌법입문

기본권 총론

초판발행 2020년 4월 15일

지은이 정재황
펴낸이 안종만·안상준

편 집 김선민
기획/마케팅 조성호
표지디자인 BEN STORY
제 작 우인도·고철민·조영환

펴낸곳 (주) 박영사
서울특별시 종로구 새문안로3길 36, 1601
등록 1959. 3. 11. 제300-1959-1호(倫)
전 화 02)733-6771
f a x 02)736-4818
e-mail pys@pybook.co.kr
homepage www.pybook.co.kr
ISBN 979-11-303-3633-6 93360

정 가 35,000원